Poèmes, Pièces, Prose

POÈMES, PIÈCES,

INTRODUCTION

NEW YORK

PROSE

A L'ANALYSE DE TEXTES LITTERAIRES FRANÇAIS

PETER SCHOFER, University of Wisconsin
DONALD RICE, Hamline University
WILLIAM BERG, University of Wisconsin

OXFORD UNIVERSITY PRESS 1973

Library of Congress Catalogue Card Number: 72-91015

Permission to use copyright materials is hereby gratefully acknowledged:

To Editions Gallimard, for permission to use: Michel Butor's *Mobile*; Albert Camus's "Le Renégat" from *L'Exil et le Royaume*; Marcel Proust's "Les Clochers de Martinville" from *A la recherche du temps perdu*; Jean-Paul Sartre's "Le Mur" from *Le Mur*; and all the poems of Michaux, Ponge, and Valéry.

To L'Arche, for Boris Vian's *Les Bâtisseurs d'Empire*.

To Les Editions de Minuit, for Samuel Beckett's *Acte sans paroles I* and Alain Robbe-Grillet's *La Jalousie*.

To Les Editions de la Table Ronde, for Jean Anouilh's *Le Voyageur sans bagage*.

Printed in the United States of America

Preface

Suggestions for Using **Poèmes, Pièces, Prose**

The purpose of *Poèmes, Pièces, Prose* is to teach students to grasp the basic structural relationships of a literary text in order to read critically and imaginatively. Two features of the book—the great number of questions interspersed with the texts and the organization by genre—require special attention if they are to be fully exploited.

The use of detailed questions. To impress upon students the need to be constantly questioning the literary text that they have before them, we use detailed questions which interrupt the texts in the theater and prose sections and follow the poems in the poetry section. The questions are the kind that the students should learn to ask themselves, and we have arranged them accordingly: detailed questions at the beginning of each theater and prose selection are followed by fewer and more general questions as the students gain mastery of the text and begin to ask their own questions; there are poems without questions at the end of each part of the poetry section. In addition, categories by which the questions are arranged vary according to the particular outstanding features of individual poems. As the students' reading skills improve, they should be able to skip many of the more detailed questions and concentrate on general questions at the end of the selections.

The questions are designed primarily for use *outside* class as preparation for class discussion. By asking students to become familiar with basic literary techniques before coming to class, the instructor will be freed to stimulate a more general discussion, using the questions as a point of departure, or he may wish to emphasize just one aspect of the text or a particular critical approach, whether psychological, social, historical, or stylistic.

We have not included answers to the detailed questions because we do not want students to approach literature as a body of knowledge to be memorized. In many cases the questions should provoke two or three valid answers. In addition, the general questions at the end of selections are designed to encourage discussion of different interpretations and, at times, invite the student to evaluate the ideas of specific critics.

Organization by genre. The organization by genre was chosen because certain critical terms and problems in reading are most often associated with a particular genre. Thus, in poetry we emphasize *sound* as well as meaning; we approach theater as a *performed art,* the basis of which is the literary text; in the prose section we stress the *narrator's* role in shaping the reader's interpretation of the text. We do not consider organization by genre as a definitive approach, but rather as a convenient pedagogical device and organizing principle. In fact, the final selection of the book, Butor's *Mobile,* is meant to illustrate that traditional genres may be disappearing in contemporary literature.

In adopting this organization, we have attempted to select works generally considered masterpieces and ones which are interesting in terms of the author's use of the particular genre. In the belief that students should grasp literary works as a coherent whole, we have avoided extracts and "morceaux choisis" as much as possible. However, because of their length, we have chosen to include only the first chapters of *Le Rouge et le noir, Le Père Goriot,* and *La Jalousie.* We suggest that the instructor supplement these selections with a complete reading of one or more of the novels. In addition, space limitations and the difficulty of obtaining rights for certain contemporary works have prevented the inclusion of a greater number of texts. Nevertheless, the relatively low cost of our book should encourage the instructor, particularly of a full-year course, to select additional works for his reading list.

Above all, organization by genre is highly flexible and lends itself to a variety of course programs. We suggest the following:

ONE SEMESTER OR QUARTER: *Introduction to reading French literary texts* (10–15 weeks)

- *Poetry* (3–5 weeks)
  - *Introduction* and *textes modèles*
  - *Option 1:* Comparative study of poems by different poets
  - *Option 2:* Treatment of two or three poets in depth
  - *Option 3:* Comparative study of poems followed by study of one poet in depth
- *Theater* (3–5 weeks)
  - *Introduction* and *texte modèle*
  - Comparative study of two or three plays (for example, a classical tragedy, a classical comedy, a modern play)
- *Prose* (3–5 weeks)
  - *Introduction* and *textes modèles*
  - *Option 1:* Comparative study of prose selections (for example, a comparison of first- and third-person narration)
  - *Option 2:* Comparison of two or three selections followed by the reading of a complete novel (using, for example, the opening chapters from *Le Rouge et le noir, Père Goriot* and *La Jalousie*)

FULL YEAR

Three Quarters

Option 1: Each quarter devoted to a specific genre:

Poetry: *Introduction* and *textes modèles*
Comparative study of individual poems
Study in depth of two or three poets
Study of poems not in the book

Theater: *Introduction* and *texte modèle*
Study of 3–5 plays in the book
Study of plays from other sources

Prose: *Introduction* and *textes modèles*
Comparative study of selections in book
A complete novel or other prose selections not in book

Option 2: In the first quarter one might treat all three genres (as outlined in the program for one quarter or semester) and then do a traditional survey in the second and third quarters.

Two Semesters

Option 1: The first semester would be an introduction to reading French literary texts, as outlined above for a semester course. During the second semester one could treat texts according to historical periods (Renaissance, Classical, Enlightenment, Romantic, Modern); here the emphasis might be placed on the individual periods rather than on historical continuity.

Option 2: In a traditional survey of French literature, *Poèmes, Pièces, Prose* could be the core book, and, unlike conventional anthologies, would permit extensive changes in the program from one year to the next, or among different sections of the course, by varying the supplementary texts. The *Introductions* and *textes modèles* could be easily integrated into the program: poetry with the sixteenth century, theater with the seventeenth, and prose with the eighteenth or nineteenth. As a variation on the traditional approach, the first six to eight weeks could be devoted to studying the three genres before starting the survey.

The above outline is meant to demonstrate the adaptability of this book to a variety of courses and school calendars and in no way exhausts possible course organizations.

If one goal of *Poèmes, Pièces, Prose* is to encourage a critical and imaginative reading of literary texts, an important additional aim is to facilitate the exchange of ideas in the classroom. Too often class discussion falters because the student's class preparation is imprecise or without direction. By giving the student a concrete basis to serve as a point of departure for further directions which the instructor will pursue, we hope that the book will enrich the classroom experience and, indeed, the study of literature.

November, 1972 P.S. D.R. W.B.

Acknowledgments

We wish to express our deep gratitude to the following persons, without whom this book could not have been completed: to Verity Berg for her constant patience and moral support; to Yvonne Schofer and John C. Lapp for their careful reading of the manuscript and many helpful suggestions; to Stephanie Golden of Oxford University Press for her meticulous and sensitive editing of the manuscript; to John Wright, our editor, for his encouragement and good-humored direction; and especially to our students for the constant challenge and criticism which stimulated the conception and the realization of this project.

Avant-Propos

Alain Robbe-Grillet a parlé en ces termes du rôle que joue le lecteur dans la littérature moderne:

> Loin de le [le lecteur] négliger, l'auteur aujourd'hui proclame l'absolu besoin qu'il a de son concours, un concours actif, conscient, *créateur.* Ce qu'il lui demande, ce n'est plus de recevoir tout fait un monde achevé, plein, clos sur lui-même, c'est au contraire de participer à une création, d'inventer à son tour l'œuvre. . . . (*Pour un nouveau roman*)

A notre avis, une telle conception s'applique également à toute œuvre littéraire. En vous encourageant à interroger activement un texte, nous chercherons à vous faire utiliser votre imagination, votre sensibilité et votre intelligence afin de *créer* votre lecture de ce texte.

Les interrogations que nous vous proposerons sont fondées, quel que soit le genre auquel le texte appartient, sur quelques principes de base:

> Si donc l'on m'interroge . . . de ce que j'ai «voulu dire» dans tel poème, je réponds que je n'ai pas *voulu dire,* mais *voulu faire,* et que ce fut l'intention de *faire* qui a *voulu ce* que j'ai *dit.* . . . (Valéry, «Mémoires du poète»)

Comme le suggère Valéry, le sens d'un texte ne se réduit pas à une idée, à une formule intellectuelle; au contraire, un texte agit sur le lecteur de façon intellectuelle, affective et sensuelle, et les éléments du texte sont choisis pour ce qu'ils peuvent *faire* (communiquer un sens intellectuel, évoquer une sensation ou un sentiment, souligner un autre élément du texte, s'y opposer). Pour découvrir ce que fait l'œuvre littéraire, il faut donc commencer par l'analyse des éléments individuels du texte. Ce que propose Roland Barthes au sujet du récit, nous le dirions volontiers à propos de tout texte littéraire:

> Un récit [un texte] n'est jamais fait que de fonctions: tout, à des degrés divers, y signifie . . . quand bien même un détail paraîtrait irréductiblement insignifiant, rebelle à toute fonction, il n'en aurait pas moins pour finir le sens même de l'absurde ou de l'inutile: tout a un sens ou rien n'en a. (*Communications,* no. 8)

Ces éléments individuels—chacun ayant une *fonction,* jouant un rôle signifiant dans l'œuvre—se combinent ensuite pour former un tout, une *structure*:

> La logique d'une œuvre d'art c'est sa structure. Du moment même que cet ensemble s'équilibre et qu'il tient, c'est qu'il est logique. (Reverdy, *Self Defence*)

Donc, analyser un texte, c'est chercher les rapports que les différents éléments—sons, mots, personnages, fonctions, etc.—entretiennent les uns avec les autres, car c'est de ces rapports que se dégage la structure fondamentale de l'œuvre et, en fin de compte, son sens.

En somme, nous espérons que les introductions, les textes et les questions qui suivent vous aideront à mieux comprendre ces trois conceptions fondamentales et surtout à faire de la lecture une activité vraiment créatrice.

Table des matières

La Poésie

Le Théâtre

La Prose

La Mise en question des genres

La Poésie

Ronsard
La Fontaine
Hugo
Baudelaire
Rimbaud
Valéry
Ponge
Michaux

Introduction

Les deux textes suivants s'appellent des «poèmes»:

Si notre vie est moins qu'une journée
En l'éternel, si l'an qui fait le tour
Chasse nos jours sans espoir de retour,
Si périssable est toute chose née,

Que songes-tu, mon âme emprisonnée?
Pourquoi te plaît l'obscur de notre jour,
Si pour voler en un plus clair séjour,
Tu as au dos l'aile bien empennée?

Là est le bien que tout esprit désire,
Là le repos où tout le monde aspire,
Là est l'amour, là le plaisir encore.

Là, ô mon âme au plus haut ciel guidée!
Tu y pourras reconnaître l'Idée
De la beauté, qu'en ce monde j'adore.

JOACHIM DU BELLAY

La maladie que j'ai me condamne à l'immobilité absolue au lit. Quand mon ennui prend des proportions excessives et qui vont me déséquilibrer si l'on n'intervient pas, voici ce que je fais:

J'écrase mon crâne et l'étale devant moi aussi loin que possible et quand c'est bien plat, je sors ma cavalerie. Les sabots tapent clair sur ce sol ferme et jaunâtre. Les escadrons prennent immédiatement le trot, et ça piaffe, et ça rue. Et ce bruit, ce rythme net et multiple, cette ardeur qui respire le combat et la Victoire, enchantent l'âme de celui qui est cloué au lit et ne peut faire un mouvement.

HENRI MICHAUX, *Au Lit*

Ils illustrent la difficulté, sinon l'impossibilité de donner une définition précise et compréhensive de la poésie. Le premier texte ressemble à ce que l'on entend d'habitude par l'expression «un poème»: il se compose de *vers* de même longueur avec des **rimes** à la fin de chaque vers; les vers forment des **strophes** et celles-ci présentent une forme très connue, celle du **sonnet.** Quant au deuxième texte, il ressemble à deux paragraphes de prose.

Mais l'on constate plusieurs ressemblances entre les deux textes, ressemblances qui les rendent poétiques et qui par là même les distinguent de textes de prose. Dans les deux cas, il s'agit d'une *déformation,* sinon *re-formation,* du langage quotidien, par laquelle les mots ne sont pas pris dans leur sens littéral. Nous savons que la vie n'est pas une prison, ainsi que le suggère Du Bellay, et que l'âme n'est pas douée d'ailes. Et nous savons aussi qu'il est impossible à un homme d'écraser son crâne et de l'étaler devant lui ainsi que le dit Michaux dans le second texte.

En fait, les deux poètes s'expriment de manière *métaphorique:* ils se servent de mots concrets pour décrire quelque chose de plus abstrait et insaisissable. Dans la poésie, donc, l'écrivain n'essaie pas de *démontrer* directement, comme on le ferait dans le langage quotidien; le poète déforme, re-forme le langage pour créer un état *émotif* qui fasse appel à l'imagination, aux émotions et à la sensibilité du lecteur.

A la lecture des deux poèmes, le lecteur recrée par l'imagination cet état émotif, cette sensibilité mêmes qu'a créés le poète. Mais cela ne veut pas dire que le poète ne se serve pas de logique, de narration ou de description, procédés qu'on associe dans la plupart des cas à l'idée de prose. En poésie, c'est l'intention qui diffère.

De même, il ne faut pas croire que le lecteur doive, en lisant un poème, se limiter à ses seules émotions; au contraire, il est censé recréer cet état émotif en se servant de toutes ses facultés: physiques (sa voix) et surtout mentales (son intelligence).

Ceci nous amène à la seconde différence importante entre le langage quotidien et la poésie: le côté physique, c'est-à-dire le son et le rythme. En poésie, le **son** d'un mot est aussi important que son **sens.** Le texte de Michaux témoigne d'un souci du son que l'on ne trouverait pas dans de la prose. Par exemple, la prédominance des sons /m/ et /l/ dans la première phrase («*L*a *m*a*l*adie que j'ai *m*e condamne à l'i*mm*obi*l*ité abso*l*ue au *l*it») et les sons /a/ et /c/ au deuxième paragraphe («J'écrase mon crâne et l'étale devant moi aussi loin *que* possible et *qu*and c'est bien plat, je sors ma cavalerie»).

Lié à ce jeu des sons est celui du **rythme.** Après une lecture, même superficielle, du poème de Michaux, on remarque qu'il varie la longueur des phrases et la fréquence des pauses pour créer un rythme qui s'accorde avec les variations de son humeur. Regardez par exemple la différence entre le rythme de la première phrase, où il est question de maladie et d'immobilité, et celui de la dernière, où il s'agit de la charge de cavalerie et de la Victoire du poète.

D'après ce que nous avons vu dans le poème de Michaux, nous

pouvons conclure que tout texte poétique ne devient poésie qu'au moment où le lecteur constate les jeux de sons et les jeux de rythme dans ce texte, jeux révélés surtout par une lecture à haute voix. Nous pouvons ainsi établir la définition suivante comme définition provisoire d'un poème: *un poème est un arrangement de mots, une déformation et re-formation du langage quotidien, où le son des mots et le rythme créé par l'agencement successif des mots ont une importance égale à leur sens.*

Mais il subsiste d'importantes différences entre nos deux poèmes, que nous avons notées précédemment. Du Bellay a écrit son poème selon des **conventions formelles** (c'est-à-dire des règles) assez strictes, qui gouvernent la longueur des vers, la disposition des *rimes,* la nature même des *mots à la rime,* et la longueur et la disposition des *strophes.* Dans la poésie en vers, le poète est conscient des conventions, et s'il s'en écarte, c'est afin d'attirer l'attention du lecteur et pour créer un effet bien précis. Par contraste, il ne reste dans un poème en prose tel que celui de Michaux, que l'essentiel de la structure poétique (le rythme, les métaphores, les sons) sans contrainte formelle.

Dans l'Introduction qui va suivre nous vous proposons d'étudier le développement de ce que l'on appelle un «poème» en commençant par l'élément qui en est la base, le mot, et en terminant par la structure du poème.

Le mot

Sens. En parlant d'un bon poète, on loue souvent son aptitude à trouver «le mot juste» pour s'exprimer. En fait, on peut presque toujours trouver un synonyme pour n'importe quel mot, mais il appartient au poète de choisir le mot qui embrasse exactement le **sens** qu'il cherche. On peut se demander pourquoi Michaux a choisi le mot «crâne» au lieu d'un autre, tel que «cerveau», «chef», «esprit», «caboche», par exemple, mots qui tous peuvent se rapporter à la tête. Mais le mot «crâne», qui a le sens de «skull» en anglais, met justement l'accent sur l'aspect physique de la tête, par contraste avec son aspect spirituel («esprit») ou mental («cerveau»). En outre, le mot «crâne» est souvent et traditionnellement associé à l'idée de la mort, ce qui vient renforcer l'idée de la maladie dans le poème.

Cette recherche du mot juste exige aussi qu'on soit conscient du sens souvent multiple des mots employés par le poète. Un exemple assez simple se trouve dans le poème de Du Bellay: le mot «voler» qui peut signifier «to fly» ou «to steal». Il est évident ici que Du Bellay entend «to fly», mais il est parfois difficile d'être certain du sens que le poète attribue au mot de son choix. En fait, c'est l'un des grands jeux des poètes que de jouer avec deux, voire trois sens d'un même mot et de suggérer ainsi plusieurs idées à la fois. Dans son poème, Michaux exploite les deux sens possibles du mot «ardeur»: «chaleur vive», qui suggère le côté physique de la bataille, et «passion», «vivacité», pour l'action même de la bataille aussi bien que l'état émotif des guerriers.

Pour comprendre la complexité **sémantique** des mots, il faut non seulement constater leurs sens divers, mais aussi découvrir leur sens *étymologique*. Le mot «enchanter» dans la dernière phrase du poème de Michaux prend dans le langage courant le sens de «ravir», mais son sens étymologique («prononcer des formules magiques») lui donne une force plus grande, et souligne l'importance de la transformation du poète malade en poète heureux qui échappe à son ennui.

Regarder le mot individuel, c'est aussi en déterminer l'emploi: le poète s'en sert-il dans un sens littéral ou comme **métaphore?** Au premier vers du sonnet de Du Bellay, le mot «vie» conserve son sens littéral, tandis que «journée» devient une métaphore qui signifie «la vie entière». De même, les mots «voler», «emprisonner», et «aile» sont tous des métaphores: ils expriment une idée, une émotion en des termes différents. Ces trois derniers mots renvoient à l'âme, concept abstrait et indéfinissable, mais qui devient, grâce à ces métaphores, compréhensible et saisissable pour le lecteur. Le poète peut également se servir de la **comparaison,** moyen plus explicite que la métaphore puisqu'elle s'appuie sur un mot de liaison, par exemple «comme» et «tel que». On pourrait imaginer la comparaison suivante: «Ma vie est comme une prison.»

Un mot peut également servir de **symbole.** Dans ce cas, tel mot qui a d'habitude un sens concret, représente quelque chose d'abstrait, idée ou concept, sans avoir de référence ni de lien direct avec cette idée. En poésie, l'aube symbolise souvent la naissance et le soir, la mort, sans que le poète l'indique explicitement. Dans le poème de Du Bellay, le mot «Idée» n'a pas son sens habituel; il représente plutôt la conception platonicienne d' «essence éternelle et purement intelligible des choses sensibles». Dans un monde parfait, dans l'au-delà, le poète trouvera l'essence de la beauté parfaite.

Grammaire. Il va sans dire qu'un poète est obligé de suivre les règles de **grammaire** qui s'appliquent à tous, mais la fonction grammaticale d'un mot implique aussi une fonction poétique dans un poème: le poète manie très souvent la grammaire de manière à créer un effet précis. Par exemple, le temps et le mode des verbes peuvent être révélateurs. (Le poète écrit-il au présent? au passé composé? au futur? au conditionnel? Pourquoi?) Dans le poème de Michaux, tous les verbes sont au présent, mais le présent de la première phrase («La maladie que j'ai . . .») qui indique un état continu existant depuis un temps indéterminé, n'est pas le même que celui de la deuxième phrase («Quand mon ennui prend des proportions excessives . . .») qui suggère une action répétée plusieurs fois.

Sans énumérer toutes les possibilités d'emplois de la grammaire, il convient de signaler l'importance de mots tels que pronoms personnels, adjectifs et articles. Dans le sonnet de Du Bellay, les adjectifs possessifs «notre» et «nos» montrent que le poète cherche à donner à ses paroles une étendue universelle: «notre vie», «nos jours», sont ceux de tous. Par contraste, le «tu» du deuxième quatrain donne au poème un ton immédiatement plus personnel. L'emploi de «vous» aurait établi une distance plus grande entre le poète et son âme.

Son. D'habitude, on pense qu'un poète choisit un mot particulier à cause de son sens et de sa fonction grammaticale, et l'on oublie ainsi qu'il choisit le mot pour ses qualités sonores aussi bien que sémantiques, et que ce mot prend sa valeur à cause du **son.** L'**onomatopée** en est l'exemple le plus frappant: le mot suggère par imitation phonétique la chose dénommée, ainsi que le font les verbes «piaffer» et «taper» dans le texte de Michaux, et dans la langue courante, les mots «glouglou» (gurgling of water), «cliquetis» (rattle), et «tic-tac» (ticking).

On s'aperçoit de l'importance du son si l'on considère les groupes de mots. Le poète joue souvent avec les sons pour en tirer des effets de ressemblance, d'harmonie, et aussi de contraste et de désaccord. Les procédés de ressemblance les plus simples sont l'**allitération** (répétition des mêmes consonnes) et l'**assonance** (répétition des mêmes voyelles). Dans la première phrase du poème de Michaux le poète utilise une allitération en /l/ et en /m/ («*L*a *m*a*l*adie que j'ai *m*e condamne à *l*'i*mm*obi*l*ité abso*l*ue au *l*it»). Dans la première phrase du deuxième paragraphe il se sert de l'assonance («J'écr*a*se mon cr*â*ne et l'ét*a*le dev*a*nt moi aussi loin que possible et quand c'est bien pl*a*t, je sors m*a* c*a*v*a*lerie»).

Le jeu phonétique se complique davantage lorsque le poète rassemble ou oppose des groupes de sons (*phonèmes*) pour former un réseau sonore. Sans donner de groupements trop détaillés, il serait utile de rappeler les catégories principales de voyelles et de consonnes:

Voyelles claires ou antérieures:	i, u, é, è, eu fermé (peu), in (fin)
Voyelles graves ou postérieures:	a, o, ou, au, eu ouvert (peur), e muet (le), on (son), om, an, (sans), am, un (un), um
Consonnes occlusives ou plosives:	p, b, t, d, k, q, g (gare), c (car)
Consonnes fricatives ou spirantes:	f, v, s, z, ch, j, g (page), c (cinq)
Consonnes nasales:	m, n
Consonnes liquides:	l, r
Semi-voyelles:	ill (vieille), x,`h, y

Pour apprécier ces groupements, on doit remarquer qu'ils s'imposent selon les muscles employés pour les prononcer, selon la position des lèvres et celle de la langue. Ainsi les phonèmes /i/ et /on/ s'opposent non seulement par le son qu'ils produisent, mais aussi par l'effort physique qu'ils exigent du lecteur. Il en est de même des phonèmes /p/ et /l/.

Le poème suivant de Robert Desnos nous montre bien le jeu de ressemblances et d'oppositions dans les sons, aussi bien que le plaisir purement phonétique que peut donner un poème:

La chasseresse sans chance
de son sein choie son sang sur ses chasselas
chasuble sur ce chaud si chaud sol
chat sauvage
chat chat sauvage qui vaut sage
chat sage ou sage sauvage
laissez sécher les chasses léchées
chasse ces chars sans chevaux et cette échine
sans châle
si sûre chasseresse
son sort qu'un chancre sigille
chose sans chagrin
chanson sans chair chanson chiche.

Chanson de chasse

Desnos a composé son poème sur des consonnes fricatives (/v/, /s/, /ch/, /c/) auxquelles s'opposent parfois des liquides (/l/, /r/). On ne trouve qu'une consonne nasale (échi*n*e), et que trois consonnes plosives (ce*tt*e, chasu*b*le, chan*c*re). L'absence de sons autres met en relief l'opposition entre les fricatives et les liquides. Les voyelles sont pour la plupart des postérieures (/a/, /au/) qui s'opposent parfois à des antérieures (/i/, /é/, /è/).

Rythme. Le mot «**rythme**» évoque une répétition régulière telle que le battement du cœur, les pas d'un homme, ou une respiration, exemples d'alternance régulière entre des sons et des silences. Ces trois rythmes peuvent varier considérablement: par exemple, la manière de parler n'est pas la même selon qu'on est ému ou calme, car l'alternance des sons (mots prononcés) et des silences (pauses) d'un individu apeuré ne ressemble guère à l'alternance du discours d'une personne qui se sent en sécurité.

Comme celui du langage quotidien, le rythme de la poésie se définit par la longueur des *groupes de mots* prononcés et la fréquence et la durée des *pauses.* (Par groupes de mots, nous entendons des mots rassemblés par la syntaxe; par exemple, un sujet et un verbe, un sujet et l'article qui s'y rapporte ou l'adjectif qui le qualifie, une suite d'adverbes, une courte proposition, ou même une courte phrase.) Dans une prose très soignée, ou dans de la poésie en prose, l'écrivain peut varier le rythme à son gré pour créer des effets divers. Michaux change le rythme de son poème au moment où il introduit la cavalerie: le rythme **imite** le mouvement de la cavalerie, les groupes de mots deviennent moins longs, les coupes plus prononcées et plus abruptes; ainsi le rythme s'accélère et imite l'action des escadrons («Les escadrons prennent immédiatement le trot,/ et ça piaffe,/ et ça rue»). En même temps, le poète peut se servir du rythme pour **accentuer** certains mots; c'est ce que fait Michaux dans la première phrase du poème lorsque les mots-clés tombent à la *coupe,* c'est-à-dire à la fin d'un groupe de mots («La maladie que *j'ai/* me condamne à l'immobilité *absolue/* au lit»). Enfin, le poète peut créer des **contrastes** entre les groupes de mots, comme le fait Michaux en juxtaposant la première phrase avec une phrase plus longue: («Quand mon ennui prend des proportions excessives/ et qui vont me déséquilibrer/ si l'on n'intervient pas,/ voici ce que je fais»). De plus, un contraste est établi entre les longues propositions du début et la dernière, qui est courte. Michaux introduit ainsi un rythme déséquilibré qui **renforce** l'effet du mot-clé de la phrase («déséquilibrer») et met en relief ce qui annonce le passage suivant («voici ce que je fais»).

Le vers

Rythme: Longueur du vers. En poésie formelle, on peut certainement se servir du rythme pour imiter, accentuer, renforcer, et établir des contrastes, mais les exigences de la *métrique* et les conventions poétiques limitent les possibilités de variations du rythme. Il faut aussi rappeler que la métrique française n'obéit pas aux mêmes conventions que celles de la poésie anglaise. Dans celle-ci, on détermine la **longueur d'un vers** selon le nombre de *pieds* (groupes de syllabes) qu'il contient, et le rythme selon la disposition des accents toniques (stresses). En poésie française, le nombre de **syllabes** prises individuellement détermine la longueur des vers; les **coupes** déterminent l'accent tonique et ainsi le rythme. Du Bellay a composé son poème en *décasyllabes* (vers de dix syllabes):

Si/ no/ tre/ vie/ est/ moins/ qu'u/ ne/ jour/ née
En/ l'é/ ter/ nel,/ si/ l'an/ qui/ fait/ le/ tour

Le vers qui suit se décompose en douze syllabes; on appelle cette forme de vers *l'alexandrin:*

Naî/ tre a/ vec/ le/ prin/ temps,/ mou/ ri/ r a/ vec/ les/ roses

Les règles suivantes gouvernent le compte et la déclamation du vers français:

Au contraire de la prose, on prononce tous les /e/ muets à l'intérieur d'un vers lorsqu'ils ne sont pas suivis d'une voyelle ou d'un /h/ muet. Le mot «no/ tre» compte pour deux syllabes et le /e/ muet est prononcé; mais le /e/ muet ne se prononce pas dans le mot «naître», puisqu'il précède un mot («avec») commençant par une voyelle.

On ne compte jamais le /e/ muet à la fin d'un vers. Le mot «roses» ne compte que pour une syllabe, tandis qu'à l'intérieur d'un vers, il compterait pour deux («ro/ ses»). On ne compte jamais un /e/ muet dans les terminaisons en *aient* de l'imparfait et du conditionnel ni dans le subjonctif d'*avoir;* on ne le compte pas dans la terminaison *soient* non plus. Dans les autres cas, on traite la terminaison *ent* comme un /e/ muet.

Quand un mot qui se termine par une consonne précède un mot qui commence par une voyelle, il faut faire une *liaison* entre les deux mots et prononcer la consonne comme si elle faisait partie du deuxième mot («mou/ri/ r a/ vec»). L'exception la plus notable est le cas d'un mot suivant le mot *et.*

D'habitude, lorsque deux voyelles se suivent, on les compte comme une seule syllabe («moins/ *qu'u/* ne», «naî/ *tre a/* vec»). Dans certains cas, cependant, elles comptent pour deux syllabes (ce qui s'appelle une *diérèse*), en particulier dans les combinaisons telles que «ieuse», «ion», et «ie» (stu/ di/ euse, ac/ ti/ on, pi/ ed).

En poésie française, les vers qui produisent le rythme le plus régulier sont les **vers pairs,** vers de deux, quatre, six, huit, dix et douze syllabes. Le vers qui semble le mieux s'accorder à la voix et à la langue française s'appelle l'**alexandrin,** vers de douze syllabes. Ce vers est d'habitude tout à fait symétrique et se divise en deux parties égales, avec la coupe après la sixième syllabe («Naître avec le printemps,// mourir avec les roses»). Chaque partie de l'alexandrin s'appelle un **hémistiche.** La coupe de l'alexandrin s'appelle la **césure.** A l'intérieur de chaque hémistiche se trouvent d'autres coupes moins prononcées, dont la position varie souvent pour des raisons de syntaxe:

3 3 2 4
Sur l'aile/ du zéphyr // nager / dans un ciel pur

Un poète peut souvent varier le rythme afin d'accentuer un mot. Dans les vers qui suivent, le poète Lamartine met en relief le mot «et» pour annoncer la conclusion de son poème:

1 5 3 3
Et, / sans se satisfaire, // effleurant / toute chose
4 2 2 4
Retourne enfin / au ciel // chercher / la volupté.

Au dix-neuvième siècle, il était courant de supprimer la césure et d'avoir deux coupes dans l'alexandrin, ce qui en faisait un *trimètre romantique:*

3 5 4
Il neigeait. / On était vaincu / par sa conquête.
6 6
Pour la première fois // l'aigle baissait la tête.
3 6 3
Sombres jours! / L'empereur revenait / lentement,
6 6
Laissant derrière lui // brûler Moscou fumant.
3 5 4
Il neigeait. / L'âpre hiver fondait / en avalanche.

VICTOR HUGO, *L'Expiation*

Hugo entremêle ces trimètres romantiques d'alexandrins traditionnels afin d'attirer l'attention du lecteur accoutumé à la régularité de l'alexandrin, et souligne ainsi le rôle important de la neige qui força Napoléon à effectuer la retraite de Russie.

Pour une oreille française habituée à l'alexandrin et au vers pair, le **vers impair** (de cinq, sept, neuf ou onze syllabes) manque de plénitude; le vers semble incomplet. Cependant, selon les cas, le vers impair peut être exploité pour donner une impression de fluidité ou de légèreté; l'emploi *alterné* de vers pairs, créant un équilibre et un sens de finalité, et de vers impairs peut produire chez le lecteur une impression de tension et même d'inquiétude.

Vers, rythme et syntaxe. Si la longueur d'un vers et la métrique imposent au rythme des limites, elles obligent aussi le poète à chercher une **syntaxe** qui se plie à ces contraintes pour que le groupement de mots dans le vers ait un sens et pour que la pause à la fin du vers coïncide avec une pause naturelle de la syntaxe. Dans les vers de Lamartine qui suivent, la syntaxe se plie parfaitement aux contraintes du vers. Chaque vers comprend un groupe cohérent de mots, qui accentue la pause à la fin du vers:

Naître avec le printemps, mourir avec les roses:
Sur l'aile du zéphyr nager dans un ciel pur;
Balancé sur le sein des fleurs à peine écloses,
S'enivrer de parfums, de lumière et d'azur. . . .

En même temps, Lamartine révèle ici une tendance, fréquente chez certains poètes, à exploiter les données du vers français. L'un des procédés les plus courants de la versification est l'opposition de deux mots ou de deux idées—l'**antithèse.** En se servant de la forme du vers, le poète peut introduire deux mots ou deux idées opposés dans chacune des deux parties du vers; c'est ce que fait Lamartine quand il oppose «naître» et «mourir» dans les deux hémistiches («*Naître* avec le printemps,// *mourir* avec les roses»). Il réussit cette antithèse grâce à un agencement syntaxique parallèle dans les deux parties du vers (verbe—préposition—nom).

De même Du Bellay, à la première strophe de son sonnet, se sert de ce procédé dans le vers «Si *périssable* / est toute chose *née*»; mais l'opposition des termes se trouve également renforcée, et l'effet d'antithèse atteint, par l'*inversion* de la syntaxe normale (qui serait «Si toute chose née est périssable»). En outre, Du Bellay met à profit les contraintes du vers en plaçant les deux mots-clé à la coupe (c'est-à-dire après la 4e, 5e, ou 6e syllabe dans le décasyllabe) et à la fin du vers.

Si Lamartine et Du Bellay présentent des similitudes dans leur usage de l'antithèse comme procédé poétique, un regard jeté sur l'ensemble de la première strophe du sonnet nous révèle que Du Bellay ne cherche pas l'accord de la syntaxe et du vers que nous avons pu observer chez Lamartine; au contraire, il ne les accorde pas:

Si notre vie est moins qu'une journée
En l'éternel, si l'an qui fait le tour
Chasse nos jours sans espoir de retour,
Si périssable est toute chose née. . . .

En atténuant la pause à la fin du premier vers, Du Bellay accentue la pause suivante, et ainsi le mot «éternel». La pause à la fin du deuxième vers est également atténuée, mais produit sur le rythme un effet d'accélération qui imite et renforce l'action décrite par «chasse nos jours sans espoir de retour» au vers suivant. Par ailleurs, le quatrain est composé entièrement de trois propositions subordonnées introduites par «si». Ces constructions parallèles, qui ne suivent pas les configurations du vers, produisent un effet de rythme plus heurté, en accord avec les doutes et le découragement du poète. En même temps, la répétition de propositions subordonnées de type identique crée une tension, une attente rendues plus fortes encore par le mouvement de la phrase qui se poursuit jusque dans la strophe suivante. Ces répétitions et cette tension sont destinées à suggérer un rythme rapide, et à nouveau le sens des mots (la fuite du temps) se trouve renforcé.

Quand les poètes rompent cet accord du vers avec la syntaxe et forcent le lecteur à continuer sa lecture, sans pause, au-delà de la fin du vers, cela s'appelle l'**enjambement;** il consiste à reporter au vers suivant un ou plusieurs mots nécessaires au sens du vers précédent, et de cette manière met en relief ce mot, ou ces mots:

Il neigeait, il neigeait toujours! La froide bise
Sifflait; sur le verglas, dans les lieux inconnus. . . .

VICTOR HUGO, *L'Expiation*

En mettant en relief «sifflait», Hugo s'assure que le lecteur constate l'importance des forces néfastes de la nature sur l'homme. La rupture du rythme par l'enjambement souligne cette importance et cet aspect néfaste.

La suite des vers

Longueur. Dans les deux exemples précédents, nous avons vu comment un poète peut s'écarter d'une *convention formelle,* la **longueur** du vers, en variant la syntaxe pour en tirer des effets voulus. Mais il convient aussi de remarquer que le poète varie souvent le rythme d'un vers à l'autre en faisant alterner des vers de longueur variable: des alexandrins alternant avec des *octosyllabes* (vers de huit syllabes), par exemple, ou bien des vers pairs avec des vers impairs. Un tel procédé peut parfois souligner des oppositions ou des antithèses dans le poème, servir à créer une tension; des vers encore plus courts peuvent même faire ressortir certaines images avec plus de force. Dans la strophe suivante, tirée d'un sonnet, le poète Maynard (1582–1646) fait alterner les alexandrins et les décasyllabes:

Mon Ame, il faut partir. Ma vigueur est passée,
   Mon dernier jour est dessus l'horizon.
Tu crains ta liberté. Quoi? n'es-tu pas lassée
   D'avoir souffert soixante ans de prison?

Cette alternance aide à dramatiser le dialogue imaginaire entre le poète, qui s'attend à mourir, et son âme, qui hésite à accueillir la liberté que représenterait la mort. L'indécision et l'hésitation sont en outre renforcées par la pause complète à la césure au premier alexandrin («Mon Ame, il faut partir. // Ma vigueur est passée»), et par l'irrégularité de l'alexandrin au troisième vers («Tu crains ta liberté. // Quoi? // N'es-tu pas lassée») relié au suivant par un enjambement («lassée / D'avoir souffert»). Cette combinaison de vers alternés et de variations à l'intérieur des alexandrins produit un rythme qui communique au lecteur les sentiments de doute et de conflit qui agitent le poète.

En poésie formelle, les **vers libres** (suite de vers dont la longueur change sans ordre préétabli) offrent au poète la plus grande souplesse. Vous pourrez en juger en étudiant la poésie de La Fontaine. Les vers libres permettent au poète d'obtenir une grande variété d'effets. Ils permettent par exemple de distinguer entre deux ou trois voix entendues au cours du même poème, chaque voix étant représentée par un vers de longueur différente; ou bien encore, un changement dans la longueur des vers peut marquer un changement d'attitude ou d'intensité. Avec de tels vers, il ne s'agit plus, comme dans un poème composé de vers de même longueur, de faire accorder la syntaxe avec le vers, mais de varier le vers pour le faire se plier au sens.

Rime. L'élément formel qui organise les vers en groupes—en strophes, puis en poème—s'appelle la **rime.** Puisque la rime française est destinée surtout à l'oreille, et non aux yeux, les mots «face» et «passe», par exemple, riment, malgré la dissimilitude de leurs orthographes.

On distingue dans la rime française trois degrés de richesse: rimes **pauvre, suffisante** et **riche.** Les vers à rime pauvre n'ont qu'un élément identique, une voyelle tonique, comme dans v*ie*—gén*ie* et p*ot*—s*ot*. Une rime suffisante contient deux éléments identiques, la voyelle tonique et une consonne qui peut précéder la voyelle (*su*—con*çu*, ai*mé*—ra*mer*), ou la suivre (éterne*lle*—*elle*). Une rime riche comprend au moins trois éléments identiques: une voyelle tonique, une consonne d'appui et une autre voyelle ou consonne (au*tomne*—mono*tone*, *fine*—raf*fine*).

Il importe de remarquer ces jeux sonores à la rime, non seulement pour apprécier la richesse phonétique du poème, mais aussi afin de voir l'intérêt que le poète attache aux sons et de déterminer dans quelle mesure il choisit certains mots à cause de leur son. Un exemple extrême, le poème de deux vers qui suit, montre bien ce jeu sonore:

Gall, amant de la reine, alla, tour magnanime,
Galamment de l'arène à la tour Magne, à Nîmes.

Tandis que, selon les conventions poétiques, les sons à la rime doivent être identiques, le sens des rimes doit être aussi différent que possible. Le poète peut exploiter cette convention pour accentuer certaines idées: dans la rime «emprisonnée—empennée» Du Bellay oppose le sentiment de son état actuel au désir qu'il a d'y échapper. Cependant il arrive souvent qu'un poète choisisse des rimes pour leurs significations complémentaires; c'est ce que fait encore Du Bellay lorsqu'il fait rimer «désire» avec «aspire», mots synonymes, afin d'accentuer cette émotion.

Les rimes jouent un rôle important dans l'organisation des strophes, selon la disposition qui leur est donnée. Il existe trois dispositions conventionnelles dans la poésie française:

rime embrassée:	ABBA ABBA CDDC
rime croisée:	ABAB ABAB CDCD
rime suivie ou plate:	AABB CCDD etc.

En général, on considère que la rime embrassée crée une strophe plutôt fermée et qu'elle accentue l'unité de cette strophe; la rime croisée suggère une lecture et un rythme plus rapides, et entrelace davantage les vers en une suite continue; la rime suivie ou plate tend à arranger les vers en couplets ou petits morceaux sémantiques et syntactiques. Mais ce ne sont là que distinctions généralisées qu'il faut se garder d'appliquer rigoureusement sans examiner le contenu d'un poème particulier.

Ton. Dans un vers, le **ton** est de très près lié à la rime, parce que les deux éléments font partie des effets sonores; mais, tandis que la rime est une donnée du poète, le **ton de voix** que prend le lecteur en lisant à haute voix un poème représente une interprétation qui lui est personnelle; dans les limites dictées par le sens du texte, le lecteur peut opérer un choix entre les tons de voix à adopter.

Afin de pouvoir apprécier la grande variété de choix possibles, prenons une phrase très simple, tirée de l'expérience quotidienne, telle que «Je vais en ville», et lisons cette phrase avec le ton que dicteraient les situations suivantes: une jeune fille va en ville voir son amant (enthousiaste, joyeux); un criminel va se livrer à la police (grave, hésitant); une veuve va rendre visite au tombeau de son mari (solennel, nuancé de pathétique); une femme irritée contre son mari retourne chez sa mère (coléreux, amer, plaintif); le dit mari répète la phrase pour l'agacer (ironique, sarcastique).

Il est certain qu'on imaginerait difficilement un aussi large choix de tons possibles au premier vers du sonnet de Du Bellay («Si notre vie est moins qu'une journée»), mais il reste que le lecteur qui connaît bien le poème doit décider, dès le début de sa lecture à haute voix, s'il veut accentuer le sentiment de désespoir chez le poète, son ambivalence, ou bien ses doutes. En examinant la suite des vers, il lui faut décider si le ton doit rester le même pour les deux quatrains, ou s'il convient d'en adopter un autre au moment où le poète s'adresse directement à son âme («Que songes-tu . . .»). On peut imaginer un ton uni et plat pour toute la première partie du poème. Par contre, il est facile d'imaginer des changements de ton qui souligneraient la progression du drame entre le poète et son âme: un ton neutre, plutôt impersonnel au premier vers, qui devient de plus en plus grave et atteint le désespoir à la fin du premier quatrain («sans espoir», «périssable»), avant d'aboutir dans le deuxième quatrain à un ton plus intime, plus personnel. Dans les tercets, on peut imaginer un autre changement de ton qui révèlerait l'espoir, la joie même, exprimés au fur et à mesure que le poète s'absorbe dans sa contemplation du bonheur dans l'avenir. Ainsi, si l'on considère l'ensemble du poème, on constate le contraste entre le ton grave des quatrains et celui, plus joyeux, des tercets.

Structure

Rapports entre les vers. Les notions de **ressemblance** et d'**opposition** en poésie ont été jusqu'ici implicites dans toute notre discussion:

nous en avons parlé à propos des rimes, des tons, des différentes longueurs de vers, des groupements de sons; nous avons vu les accords et désaccords entre métrique et syntaxe, les parallèles et les antithèses dans les vers isolés. Ces notions occupent une place importante dans l'étude du sens pour une suite de vers, pour tout un poème, parce que c'est justement à travers le jeu des ressemblances et des oppositions de sens que le poète crée un **mouvement** dans son poème.

Dans les vers isolés du poème de Lamartine, nous avons pu remarquer des procédés qui créent des antithèses, mais si nous considérons l'ensemble du poème, nous constatons que Lamartine crée un mouvement surtout grâce à des jeux de ressemblances entre les vers, pour antithétiques qu'ils soient pris séparément:

Naître avec le printemps, mourir avec les roses:
Sur l'aile du zéphyr nager dans un ciel pur;
Balancé sur le sein des fleurs à peine écloses,
S'enivrer de parfums, de lumière et d'azur;
Secouant, jeune encor, la poudre de ses ailes,
S'envoler comme un souffle aux voûtes éternelles:
Voilà du papillon le destin enchanté.
Il ressemble au désir qui jamais ne se pose,
Et, sans se satisfaire, effleurant toute chose,
Retourne enfin au ciel chercher la volupté.

LAMARTINE, *Le Papillon*

Le premier vers du poème annonce un mouvement continué tout au long: la narration de la vie et de la mort d'un papillon. Ainsi, toutes les images qui suivent se rapportent directement à ce papillon. En outre, les images elles-mêmes se rapportent soit aux fleurs («roses», «fleurs à peine écloses», «parfums»), soit à l'air et au ciel («zéphyr», «lumière», «azur», «s'envoler», «voûtes éternelles»). Lamartine construit son dénouement sur une simple comparaison lorsqu'il établit la ressemblance entre le papillon et le désir de l'homme. Ces images du papillon, des fleurs et de l'air représentent, à la seconde lecture du poème, une métaphore du désir éternel de l'homme pour la volupté, désir qu'il ne comble qu'après la mort, «aux voûtes éternelles». Lamartine reprend ainsi des images semblables à travers le poème tout entier pour aboutir à la comparaison finale.

Dans le premier quatrain du sonnet de Du Bellay, nous pouvons remarquer une construction par ressemblance:

Si notre vie est moins qu'une journée
En l'éternel, si l'an qui fait le tour
Chasse nos jours sans espoir de retour,
Si périssable est toute chose née. . . .

Comme chez Lamartine, les vers isolés sont plutôt antithétiques, mais chacun des vers **reprend** et exprime en des termes différents, et grâce à d'autres images, l'idée centrale introduite au premier vers: la brièveté de la vie humaine. A chaque reprise, le poète effectue une modification ou un changement, d'abord en constatant que le temps s'enfuit sans qu'on puisse le retrouver («si l'an qui fait le tour / Chasse nos jours sans espoir de retour»), puis en terminant par la mort («Si périssable est toute chose née»). Ces **reprises** forment une progression: brièveté devient fuite du temps, et finalement, la mort. Du Bellay renforce cette construction par ressemblance à l'aide d'une répétition de la syntaxe et des mots à l'intérieur de la strophe («Si . . . si . . . si . . .»), ce qui intensifie le rythme et l'effet émotif.

Tandis que la première strophe trouve son unité dans l'emploi des reprises et des répétitions, la deuxième révèle une unité atteinte grâce à des oppositions, organisées surtout à partir des images. La strophe se divise exactement en deux: les vers 5 et 6 décrivent l'état actuel du poète, et les vers 7 et 8 proposent la possibilité de parvenir au bonheur qu'on ne trouve pas dans la vie d'ici-bas. L'image de l'âme emprisonnée s'oppose à celle de l'aile empennée, qui représente la liberté; l'obscurité de notre vie à «un plus clair séjour» (c'est-à-dire confusion et ignorance, opposées à la vérité). Ainsi la strophe trouve-t-elle son unité dans une structure antithétique.

En fait, ces quatre vers sont le pivot du poème: le poète y établit le contraste central (opposition entre la vie terrestre et la vie céleste) autour duquel se déroule le mouvement du sonnet. La résolution, clairement marquée dans les tercets par la reprise d'une syntaxe et de mots identiques, aboutit à une affirmation de l'existence de cette autre réalité, supérieure à la nôtre. Mais il faut constater que Du Bellay conserve son opposition principale jusque dans les derniers vers («Tu y pourras reconnaître l'idée / De la Beauté, qu'en ce monde j'adore»); le contraste entre les deux temps de verbes, présent («j'adore») et futur («tu pourras») souligne le décalage qui subsiste entre l'état actuel du poète et son aspiration non encore réalisée.

Le poème de Michaux, lui aussi, se développe autour de contrastes, marqués par les deux paragraphes: le premier décrit son état actuel de malade (immobile, ennuyé), tandis que le second propose le moyen qu'il a découvert pour s'en évader. Mais à la fin de ce second paragraphe, Michaux reprend le commencement de son poème quand il revient à son état physique («cloué au lit et qui ne peut faire un mouvement»). Ce retour donne l'impression d'un mouvement circulaire dans le poème, mais il ne s'agit pas d'un cercle fermé: tout en revenant à sa maladie physique, le poète montre qu'il a triomphé de son ennui par l'enchantement de l'âme.

Ainsi, en regardant la suite des vers, s'agit-il surtout de chercher les *rapports* qui créent une progression ou un mouvement, rapports établis par l'emploi de *reprises,* de *répétitions* et de *jeux d'oppositions* dans les images, les idées, la syntaxe des vers.

Structures formelles. Au commencement de cette introduction, nous avons établi les qualités poétiques qui caractérisent le sonnet de Du

Bellay et le texte de Michaux; nous avons en même temps pu remarquer le contraste entre les conventions formelles qui gouvernent le sonnet et la liberté du texte de Michaux.

Dans les poèmes à forme fixe, tels que le sonnet, la ballade et le rondeau, le poète est censé suivre une organisation strophique déterminée, et il doit construire son poème autour de ces contraintes. Afin de vous donner l'occasion d'approfondir vos connaissances de l'une de ces formes, nous allons nous occuper plus particulièrement du sonnet, le poème à forme fixe qui se rencontre le plus fréquemment dans la littérature française. Selon les conventions, la disposition des rimes dans un sonnet est la suivante: ABBA ABBA CCD EED (ou CCD EDE). Le changement dans la rime entre les quatrains et les tercets s'accompagne d'un changement dans le mouvement du poème et accentue la structure bipartite. Le sonnet de Du Bellay se divise en questions et réponses. Dans d'autres sonnets, les deux parties peuvent correspondre aux mouvements suivants: affirmation—négation, tentative—résultat, généralisation—particularisation, ou narration—commentaire. Le changement qui a lieu au début des tercets peut également marquer une nouvelle attitude, un nouveau ton, ou la reprise et le développement d'un élément déjà introduit dans les quatrains.

Présence du poète: distance. Dans notre discussion du poème, il ne reste qu'un élément essentiel à considérer: c'est la question du poète dans son poème. On fait souvent allusion au «moi» poétique; le poète dit «je» et parle de lui-même. Mais il ne suffit pas de remarquer simplement sa présence ou son absence; il faut surtout déterminer dans quelle mesure il y a présence ou absence. En d'autres termes, il s'agit de déterminer la **distance** entre le poète qui écrit et ce qu'il décrit. Comme dans le roman, la distance peut être **affective, physique** ou **temporelle.** (Pour une définition et des explications plus complètes, consulter la section sur la distance dans l'Introduction à la prose).

Par **distance affective,** on entend le degré de détachement du poète. Il est évident qu'un poète qui ne parle pas à la première personne semble plus détaché que Michaux, par exemple, qui dit «mon crâne». Dans le premier quatrain de son sonnet, Du Bellay atteint une certaine universalité, presque impersonnelle, quand il emploie la première personne du pluriel et embrasse ainsi le monde du lecteur aussi bien que le sien. Au deuxième quatrain, cependant, il devient plus personnel, plus engagé, lorsqu'il s'adresse à son âme en la tutoyant.

La manière la plus aisée de comprendre la **distance physique** est de penser d'abord à la vue: on peut imaginer un poème qui commence par la description d'un objet vu de loin, puis s'en approche de plus en plus. Ce changement de distance s'accompagne souvent d'un changement dans la distance affective, comme dans les quatrains du sonnet de Du Bellay, où les images du premier quatrain suggèrent une grande étendue et font contraste avec celles du second, où le poète est très près de son âme. De la même façon, des détails tels que des adjectifs démonstratifs («ces», «cette») ou des pronoms («celui-ci», «celui-là») peuvent parfois indiquer la distance physique que souhaite établir le poète. Comme dans le roman, la distance physique peut aussi s'attacher aux sensations que suggère le poète et la manière dont il les suggère. Un poème qui fait appel à la vue, au toucher, à l'ouïe et à l'odorat crée une grande présence physique et place le poète et le lecteur au cœur même de la scène du poème.

La **distance temporelle** apparaît surtout dans le jeu des verbes; par exemple, l'emploi du passé simple indique pour le poète l'évocation d'un passé éloigné et comme détaché de lui; le passé composé, par contre, rappelle un passé récent et tout proche; le présent supprime cette distance. La distance temporelle prend son importance dans le rapport qu'elle a avec la distance physique et affective. Un poète peut décrire un événement ayant eu lieu dans un passé lointain, mais pour faire revivre cet événement, il diminuera la distance physique et affective. Par contraste, on pourrait imaginer un poème où le poète décrirait le présent sans émotion et sans donner le sens d'une réalité concrète et physique.

Dans cette Introduction, nous avons essayé d'analyser quelques poèmes pour vous en montrer les divers éléments et l'usage que le poète peut tirer de ces éléments. Dans les questions, nous vous demanderons de vous livrer aux mêmes analyses, mais surtout de recomposer le poème, d'en faire la synthèse, de déterminer comment le poète arrive à créer une structure *intégrée*. Il vous faudra ainsi déterminer les rapports (opposition—ressemblance) entre les mots du point de vue du son et du sens, les rapports entre les parties du vers et de la strophe, le rythme, la rime, la syntaxe, les images, afin que vous puissiez recréer pour vous-même le poème et l'expérience poétique.

Textes modèles

Les questions des textes modèles se proposent un but double:

—Familiariser l'étudiant avec des procédés de versification (métrique et rythme) différents de ceux de la poésie anglaise.

—Reprendre les catégories et les explications présentées dans l'Introduction en les appliquant à des textes précis.

Demain,[1] dès l'aube,[2] à l'heure où blanchit la campagne,
Je partirai. Vois-tu, je sais que tu m'attends.
J'irai par la forêt, j'irai par la montagne.
Je ne puis demeurer loin de toi plus longtemps.

Je marcherai les yeux fixés sur mes pensées,
Sans rien voir au dehors, sans entendre aucun bruit,
Seul, inconnu, le dos courbé, les mains croisées,
Triste, et le jour pour moi sera comme la nuit.

Je ne regarderai ni l'or du soir qui tombe,
Ni les voiles au loin descendant vers Harfleur,[3]
Et quand j'arriverai, je mettrai sur ta tombe
Un bouquet de houx vert et de bruyère en fleur.[4]

VICTOR HUGO

Métrique et rime. Afin de confirmer votre connaissance des conventions formelles d'un poème français, faites d'abord une scansion du poème de Victor Hugo. Divisez tous les vers en syllabes, comptez les syllabes, et marquez les césures et les coupes. Dans votre scansion faites attention aux variations suivantes: plusieurs vers sont écrits en trimètres romantiques; dans d'autres la coupe la plus frappante n'est pas à la césure; il y a aussi des enjambements à relever.

1. Dans ce poème Victor Hugo envisage un pèlerinage au tombeau de sa fille Léopoldine à Villequier, près de l'estuaire de la Seine où Léopoldine s'est noyée.
2. *aube:* dawn.
3. Harfleur est une ville près de Villequier, sur le chemin du poète.
4. *houx:* holly (an evergreen); *bruyère:* heather. Dans le langage des fleurs ces deux plantes signifient permanence et fidélité.

Ensuite déterminez la richesse des rimes. Dans les questions qui suivent nous allons revenir sur la rime et la métrique pour constater les raisons et les effets de chacune.

Vers 1–4: Sens. Quelle progression voyez-vous dans les détails du premier vers? Par ailleurs, quels renseignements nous sont fournis? (Où commence le voyage? A quelle heure précise? Sous quelle sorte de lumière?)

—Quels sont les temps des verbes? A part «blanchit» (qui exprime un état coutumier), relevez les verbes au présent. Quelles sortes de sentiments expriment-ils? Quel sens métaphorique le poète donne-t-il aux mots «vois-tu»? Quel rapport suggère-t-il entre lui-même et sa fille? (D'habitude quand emploierait-on cette expression? Dans quelles circonstances?) Dans le fait même de s'adresser à sa fille morte, quel espoir impossible le poète trahit-il?

Rythme. A quels moments la syntaxe ne suit-elle pas les configurations des vers? (Où les coupes ne tombent-elles pas à la césure?) Quels mots sont mis en relief? Autrement, de quelle manière les variations dans le rythme soulignent-elles le rapport entre le poète et sa fille? Dans quelle mesure peut-on dire que le rythme imite le départ d'un voyage?

Ton. Si l'on ne savait pas que Hugo s'adresse à sa fille, on pourrait croire qu'il parle à une maîtresse, si l'on en juge par la tendresse de ses propos; en même temps, il s'adresse à une personne qui lui semble vivante. D'autre part, le poète exprime son intention urgente de partir. Dans votre *ton de voix,* comment allez-vous exprimer ces deux côtés (tendresse et nécessité pressante)? A quels moments allez-vous accentuer l'un et l'autre? De quelle manière allez-vous combiner les deux aspects pour arriver à un ton uni?

Vers 5–8: Sens. A quel moment dans l'avenir se situe cette strophe par rapport à la première? Quels mots vous le disent?

—Quand le poète dit «les yeux fixés sur mes pensées», «sans rien voir» et «sans entendre aucun bruit» quel sens métaphorique donne-t-il à ces expressions? (Qu'est-ce qu'il veut suggérer en ce qui concerne la réalité physique et la réalité imaginaire?)

—Les mots du vers 7 se rattachent au mot «triste» du vers 8. Comment chacun de ces mots suggère-t-il un aspect différent de la tristesse? De quelle manière cette définition de la tristesse qui en sort se lie-t-elle avec les derniers mots de la strophe pour suggérer la mort? Quelle sorte de mort?

—En somme, quelle est la progression de cette strophe par rapport à la première? (Quel est le rapport entre la vie et la mort dans la première strophe? Et dans celle-ci?)

Rythme. De quelle manière le rythme de la strophe entière imite-t-il le progrès du voyage? (Quel est le rapport entre la syntaxe et la métrique?)

—De quelle manière le rythme des vers individuels imite-t-il la marche du poète en suggérant sa tristesse?

—Autrement, dans quelle mesure Hugo varie-t-il le rythme pour accentuer certains mots?

Ton. Tout en s'adressant à sa fille, Hugo change de ton en parlant de sa tristesse. Dans votre ton de voix, devez-vous accentuer sa tristesse ou devez-vous garder le ton tendre de la première strophe? En d'autres termes, accentuerez-vous les *différences* entre les deux strophes ou les liaisons et la progression de l'une à l'autre?

Vers 9–12: Sens. De quelle manière la strophe marque-t-elle la fin du voyage? (A quel endroit a-t-il commencé? Près de quel endroit se termine-t-il? Et à quel endroit précis?) Du point de vue temporel, comment Hugo marque-t-il une conclusion?

—Cette strophe résoud surtout les conflits entre la vie et la mort et la réalité et l'imagination. Voyons la progression dans la strophe elle-même:

—Quels éléments des strophes précédentes les vers 9 et 10 reprennent-ils?

—Quel changement par rapport à la strophe 2 suggère l'apport de détails précis sur le monde extérieur? Comment le vers 11 confirme-t-il ce changement? (Est-il significatif que le poète dise «ta tombe»?)

—Au vers 12, de quelle manière le houx vert et la bruyère, pris dans leur sens métaphorique, peuvent-ils représenter les sentiments du poète? En mettant les fleurs sur la tombe, quel rapport le poète indique-t-il entre lui-même et sa fille? Le fait qu'il s'agit de fleurs cueillies à la campagne suggère quel rapport entre le poète et le monde extérieur? Est-il significatif que la bruyère et le houx soient «en fleurs»?

Rythme. Comment le rythme diffère-t-il de celui des autres strophes? De quelle manière suggère-t-il la fin du voyage et la résolution des conflits?

Sons. De quelle manière la richesse de la rime diffère-t-elle de la richesse des rimes dans les strophes précédentes? Dans quelle mesure vous semble-t-il que les sons à l'intérieur des vers soient différents de ceux des strophes précédentes? Comment ces procédés sonores s'accordent-ils avec le rythme et le sens?

Ton. On peut imaginer au moins trois tons possibles pour cette strophe: (1) un ton semblable à celui de la première strophe—l'intimité, la tendresse, et un ton qui souligne l'intention qu'a le poète de faire le voyage; (2) un ton semblable à celui de la deuxième strophe—la tristesse; (3) un ton différent de ceux des strophes précédentes qui marquerait la résolution sans être en opposition avec les strophes précédentes. Quelle sorte de ton vous semble le plus juste d'après votre interprétation du poème? (Dans votre réponse, considérez si vous voulez accentuer dans le poème les contrastes, ou bien la progression et les ressemblances.)

Le Message

La porte que quelqu'un a ouverte
La porte que quelqu'un a refermée
La chaise où quelqu'un s'est assis
Le chat que quelqu'un a caressé
Le fruit que quelqu'un a mordu[1]
La lettre que quelqu'un a lue
La chaise que quelqu'un a renversée
La porte que quelqu'un a ouverte
La route où quelqu'un court encore

1. *mordu:* bit into.

Le bois que quelqu'un traverse
La rivière où quelqu'un se jette
L'hôpital où quelqu'un est mort.

JACQUES PRÉVERT

Métrique et rythme. Prévert a écrit son poème en vers libres, vers de longueur variable, qui rappellent ici le langage quotidien. En lisant les questions, essayez de déterminer pourquoi il veut créer un tel effet. Par ailleurs, le rythme est déterminé par le manque de ponctuation et par la répétition des mêmes formes syntaxiques. Quelle sorte de rythme remarquez-vous en lisant le poème? (Rapide ou lent? Coulant? Haché? Emouvant ou monotone?)

Les mots: Sens. L'emploi du mot «quelqu'un» donne très peu de renseignements sur la personne dont il est question dans ce poème. (Quels sont son âge, son sexe, sa profession, ses intérêts, par exemple?) Le choix même d'un tel mot, au lieu d'un nom propre ou d'un mot tel que «l'étudiant», donne quelle sorte de qualité à la personne?

—Malgré l'ambiguïté de ce mot, les autres mots qui entourent «quelqu'un» nous suggèrent la vie et la mort de la personne. Dans les vers 1–5 les mots suggèrent quelle sorte de vie et quelle sorte de personne? Les vers 6–12 suggèrent quelle sorte de mort? (Quelle est la cause de sa mort? Comment la personne réagit-elle avant de mourir?)

Répétition. A la première lecture, quel effet émotif la répétition de la même syntaxe et souvent des mêmes mots a-t-elle sur vous? (Quelle sorte de vie suggère-t-elle?)

—Le sens des deux derniers vers suggère une mort violente, mais dans le contexte des répétitions et du rythme, quelle réaction cette mort provoque-t-elle chez le lecteur? (Cette mort est-elle mise en relief ou plutôt atténuée? Expliquez.)

Oppositions. Nous avons déjà remarqué la plus grande opposition dans le poème, celle entre la vie et la mort. Prévert souligne cette opposition centrale par plusieurs autres procédés. Dans les noms des vers 1–5 quelle est la progression spatiale? (Quels objets sont les plus grands? Les plus petits?) Et quelle est la progression spatiale dans les vers 6–11?

—Dans les vers 1–5, quelles sortes d'actions les verbes décrivent-ils? (Quelles sortes de sentiments évoquent-ils?) Et dans les vers 6–7 et 9–11? Les vers 1 et 8 sont exactement pareils, mais dans le contexte, ils s'opposent. Comment?

La grammaire: Verbes. Jusqu'au vers 9, les verbes sont tous au passé composé, puis ils changent et passent au présent à l'exception du dernier vers. De quelle manière les distances *temporelle* et *émotive* changent-elles? Quelle est l'importance du mot «encore» au vers 9 dans ces changements dans le temps des verbes et dans la distance?

Syntaxe. D'habitude on ne dirait pas «La porte que quelqu'un a ouverte.» Ces mots seraient précédés par une proposition principale («Je vois la porte que . . . .» par exemple), s'ils ne suivaient pas une syntaxe plus conventionnelle («Quelqu'un a ouvert la porte»). Comment l'absence de proposition principale et l'inversion de la syntaxe s'accordent-elles avec la sorte de vie que suggèrent les répétitions et le rythme? En plus, quel rapport voyez-vous entre le titre et cette syntaxe?

morte
dead woman
mort - death

Lecture. Les répétitions suggèrent un ton monotone et plat pour le poème, mais une telle lecture pourrait ne pas considérer l'opposition centrale entre les vers 1–5 et les vers 6–12. Est-ce que vous accentueriez les répétitions ou les contrastes? Comment ce choix influence-t-il l'interprétation du poème?

Chanson d'automne

Les sanglots[1] longs
Des violons
De l'automne
Blessent mon cœur
D'une langueur[2]
Monotone.

Tout suffocant
Et blême,[3] quand
Sonne l'heure,
Je me souviens
Des jours anciens
Et je pleure;

Et je m'en vais
Au vent mauvais
Qui m'emporte
Deçà, delà,[4]
Pareil à la
Feuille morte.

PAUL VERLAINE

RYTHME ET SYNTAXE

Afin de voir comment la disposition des mots à l'intérieur des vers produit un certain rythme, qui n'est pas celui de la prose, lisez le poème d'abord comme s'il ne se divisait pas en vers, comme si c'était de la prose, puis lisez-le en faisant des pauses à la fin du vers (comme il faut). A quels endroits les conventions formelles du vers forcent-elles un arrêt là où la prose ne l'exigerait pas (séparation de l'article et du nom, de l'adjectif et du nom, d'une conjonction du reste de la proposition)? Quels mots ces pauses accentuent-elles? Quel est le rôle de la typographie (disposition des mots sur la page) pour les mots que vous accentuez?

—Le poème tire ses effets rythmiques surtout de la métrique assez ex-

1. *sanglots:* sobs.
2. *langueur:* sickness; gradual weakening.
3. *blême:* livid; wan.
4. *deçà, delà:* here and there.

ceptionnelle. Afin d'en juger, faites une scansion du poème. Comment appelle-t-on les deux sortes de vers qu'on y trouve? Quel est le rapport entre ces vers et la typographie? Trouvez des exemples de cas où Verlaine se sert de ces deux sortes de vers pour accentuer certains mots et pour créer un rythme qui en imite le sens.

LES IMAGES ET LES RAPPORTS ENTRE LES STROPHES.

Strophe 1: Sens. Quelle émotion le mot «sanglot» suggère-t-il? Quelle action physique et quelle sorte de son évoque-t-il? Que suggère le mot «violon»? Quelle qualité ce mot donne-t-il au mot «sanglot»? Les mots «sanglots» et «violons» ont pour complément un mot auquel ils ne s'associent pas d'habitude, «automne». De quelle manière les deux mots suggèrent-ils des phénomènes qu'on associe à l'automne? Quel état le mot «automne» indique-t-il (par contraste à l'été et au printemps)? Comme métaphore pour l'homme, que suggère toute cette suite d'images?

—Quel sens métaphorique doit-on donner aux mots «blessent» et «cœur»? Dans son sens propre et physique, et lié au mot «automne», qu'est-ce que le mot «blesser» suggère en ce qui concerne l'avenir? De quelle manière le mot «langueur» se lie-t-il à ces deux autres?

—De quelle manière le mot «monotone» s'oppose-t-il au mot «blessent»?

Sons. Quelle consonne lie les mots aux vers 1–3?

—Aux vers 4 et 5 Verlaine introduit une nouvelle rime. De quelle manière les consonnes dans ces mots à la rime s'opposent-elles aux autres consonnes dans la strophe?

—Quel groupe de voyelles prédomine dans cette strophe? Quels mots ce groupe phonétique lie-t-il? Quel mot important est exclu? Quel est le rapport entre ce mot et les mots dont les consonnes sont différentes? Dans quelle mesure ce rapport sonore s'accorde-t-il avec le rapport sémantique des mots?

Strophe 2: Sens. De quelle manière les mots «suffocant», «blême» et «pleure» reprennent-ils les mots «sanglot» et «blessent»? Quelle progression marquent-ils? De quelle manière les mots «sonne l'heure» et «jours anciens» reprennent-ils les mots «automne» et «monotone»? Quelle progression marquent-ils?

—Quelle est la signification du fait qu'à la première strophe c'étaient les violons de l'automne qui sanglotaient et qu'il s'agit maintenant du poète? Autrement dit, quel est l'effet émotif produit sur le lecteur par ce procédé qui consiste à s'exprimer d'abord par métaphore, puis plus directement?

Sons. Dans cette strophe la consonne /s/ prédomine. Quels mots dans la première strophe cette consonne rappelle-t-elle? Quels mots dans la deuxième strophe cette consonne lie-t-elle? Dans quelle mesure cette liaison de sons s'accorde-t-elle avec les liaisons sémantiques des mots?

—Comment Verlaine change-t-il les voyelles de cette strophe par rapport à la strophe précédente pour marquer une progression?

—Dans cette strophe Verlaine répète une rime employée dans la première strophe. Quelle association sémantique cette répétition crée-t-elle entre les quatre mots?

Strophe 3: Sens. Cette strophe est dépourvue de métaphores et ne contient qu'une simple comparaison à la fin, mais elle tire beaucoup de sa force des *préparatifs* des strophes précédentes. Par quelles métaphores dans les strophes précédentes le poète a-t-il préparé l'acte de s'en aller? A quelles images s'associent les mots «le vent mauvais» et «la feuille morte»?

—Il existe un contraste implicite entre cette strophe et les autres: l'absence de mots qui suggèrent le son et l'absence de toute émotion qui s'applique directement au poète. Que suggère ce manque en ce qui concerne l'état émotif du poète maintenant? Quels préparatifs le poète a-t-il établis dans les strophes précédentes? (Quels mots suggèrent l'idée d'absence et de diminution?)

Sons. Quelles voyelles prédominent dans la strophe? Dans quelle mesure pouvons-nous dire qu'elles sont onomatopéiques?

—Quelles consonnes prédominent? Quel mot renforcent-elles?

Lecture. Le titre du poème suggère deux aspects: le côté musical du poème et en même temps l'état émotif que crée le poète. Essayez de lire le poème sur un ton qui prendra en considération ces deux aspects sans en exagérer l'un aux dépens de l'autre.

The Granger Collection

RONSARD

> Je fis d'autre façon que n'avaient les antiques,
> Vocables composés et phrases poétiques,
> Et mis la poésie en tel ordre qu'après
> Le Français fut égal aux Romains et aux Grecs.
>
> *Les Discours*

Biographie

Pierre de Ronsard (1524–85) passe son enfance comme page des membres de la famille royale. En 1547 il choisit de suivre des cours au Collège de Coqueret à Paris où il approfondit ses connaissances des auteurs de l'antiquité classique. C'est là que se réunit le groupe de jeunes poètes qui prendra le nom de la Pléiade, groupe qui inclut notamment Joachim Du Bellay. En 1552 Ronsard publie son premier ouvrage important, les *Odes,* qui imite les procédés des poètes de l'antiquité en même temps qu'il établit l'ode comme genre littéraire en France. La même année paraît un recueil de 83 sonnets, *Les Amours,* pour la plupart des imitations de Pétrarque où Ronsard chante son amour pour Cassandre.

Dans sa maturité Ronsard devient le poète de la royauté et de la patrie. La crise nationale et religieuse des années 60 le voit écrire une défense de l'Eglise traditionnelle et de la patrie (les *Discours,* 1562) et une épopée (la *Franciade,* 1585). Entre temps il continue à publier plusieurs livres de poésie lyrique, où il fait preuve de plus en plus d'originalité, aboutissant aux *Amours d'Hélène* (1578), qui comprennent les *Sonnets pour Hélène.*

Henri Matisse, *Florilège des Amours de Ronsard* (1941), anthologie illustrée par Matisse. «J'aime Marie» accompagne un des sonnets dédiés à Marie. Lithographie. (The Museum of Modern Art, New York, Purchase Fund; photo Malcolm Varon)

Théories littéraires

Pour Ronsard et les poètes de la Pléiade, la question de la poésie est inséparablement liée à celle de la langue française. Ils refusent de croire, comme beaucoup de leurs contemporains, que les langues et les littératures anciennes soient supérieures à celles de la France, et ils rejettent l'idée que tout écrit sérieux doit être en latin. Dans la *Défense et illustration de la langue française* (1548) Du Bellay exprime la prise de position de la Pléiade en affirmant que la langue française peut devenir l'égale des autres langues, anciennes et modernes. D'autre part, il montre comment les poètes peuvent embellir la langue, à l'aide de mots nouveaux et par l'imitation des procédés employés par les poètes anciens et modernes (surtout Horace et Pétrarque).

Si Ronsard traite les principes énoncés par Du Bellay de manière plus technique dans son *Abrégé de l'art poétique français,* il définit sa poésie en termes plus généraux dans une section des *Discours.* Selon lui, il doit y avoir, en poésie, un équilibre entre ce qu'il appelle «la fureur» et «l'artifice»: l'inspiration divine d'une part, et d'autre part, le processus de composition, d'ordonnance, de traitement minutieux du langage. Trop de fureur amène à une poésie de fantaisie, «sans ordre se suivant . . . comme des feuilles au vent». En revanche, l'artifice peut conduire à une poésie trop compliquée, trop érudite et sèche.

Ronsard nous invite à chercher dans sa poésie un certain «naturel», «un art caché, qui ne semble pas art».

Quand[1] vous serez bien vieille, au soir, à la chandelle,
Assise auprès du feu, dévidant et filant,[2]
Direz,[3] chantant mes vers, en vous émerveillant:
«Ronsard me célébrait du temps que j'étais belle.»

Lors vous n'aurez servante oyant[4] telle nouvelle,
Déjà sous le labeur à demi sommeillant,
Qui au bruit[5] de Ronsard ne s'aille réveillant,
Bénissant votre nom de louange immortelle.[6]

Je serai sous la terre, et fantôme sans os
Par les ombres myrteux[7] je prendrai mon repos:
Vous serez au foyer une vieille accroupie,[8]

Regrettant[9] mon amour et votre fier dédain.
Vivez, si m'en croyez, n'attendez[10] à demain:
Cueillez dès aujourd'hui les roses de la vie.

Sonnets pour Hélène

Vers 1–5. Quel est ici le rôle de la description? En particulier, quelle ambiance les mots «au soir», «la chandelle» et «auprès du feu» créent-ils? Quelle sorte de vie suggèrent-ils pour la femme? Quelle est la qualité de cette vie d'après les mots «dévidant et filant»? Quelle attitude la femme prendra-t-elle envers son passé (c'est-à-dire sa jeunesse) d'après le mot «émerveillant»? Par contraste, quel état physique les mots «du temps que j'étais belle» suggèrent-ils dans l'avenir dont parle le poète?

—En parlant de cet avenir, Ronsard se sert de participes présents à quatre reprises. Quelle impression de la vie future de la femme veut-il suggérer par ce procédé? Comment l'emploi de l'imparfait renforce-t-il la qualité de vie suggérée par ce tableau?

Vers 5–8. Dans son tableau et la description de la servante, quel parallèle Ronsard suggère-t-il entre cette dernière et la vieille du premier quatrain? En choisissant une servante, qui entend le nom de Ronsard et le reconnaît, et en décrivant son état physique («à demi sommeillant») au moment où elle entend le nom, quelle idée de sa renommée veut-il suggérer? A cause de cette renommée, comment la servante définit-elle la maîtresse? En particulier quelle qualité morale donne-t-elle à la maîtresse en la bénissant? Quelle qualité temporelle le mot «immortelle» donne-t-il?

Vers 1–8. Ronsard emploie deux strophes à décrire l'avenir de la jeune femme. Quelles semblent être ses intentions en ce faisant? A quels senti-

1. Ce sonnet fait partie d'une série de poèmes dédiés à Hélène de Surgères, fille d'honneur de la reine-mère; Ronsard est devenu amoureux d'Hélène, mais elle n'a pas répondu à son ardeur.
2. *dévidant et filant:* reeling off and spinning (yarn).
3. (vous) direz.
4. *oyant:* upon hearing.
5. *bruit:* name.
6. *vous n'aurez servante . . . ne s'aille:* You will have no servant who on waking will not praise (or bless) your name, the glory of which is immortal.
7. *myrteux:* adj. from myrtle.
8. *accroupie:* crouching (in the hearth).
9. *regrettant:* missing; being sorry for.
10. *si* (vous) *m'en croyez, n'attendez* (pas).

ments chez elle fait-il appel? Par implication, comment devrait-elle se voir au présent? Comment devrait-elle regarder Ronsard?

—Sur quel ton de voix une vieille femme prononcerait-elle le vers 4? Et Ronsard? Sur quel ton doit-on prononcer les autres vers afin de communiquer les intentions et l'attitude du poète envers la femme?

Vers 9–12. Ces vers ont pour sujet le poète et la femme qu'il aime. Pourquoi Ronsard se décrit-il lui-même après sa mort aux vers 9 et 10? (Quels sentiments veut-il évoquer chez sa maîtresse?) De quelle manière cette description de la mort s'oppose-t-elle aux louanges de la femme au vers 8? Par ailleurs, de quelle manière le poète a-t-il préparé le lecteur à cette description? (En quels termes parlait-il de lui-même auparavant? Et à quelle distance temporelle et émotionnelle?)

—En reprenant les détails de la première strophe, dites comment la description du vers 11 en diffère.

—Au vers 12, quels sens différents le verbe «regrettant» prend-il lorsqu'il s'applique aux mots «mon amour», et puis «votre fier dédain»? D'après ce vers, comment se définissent son amour et ses rapports avec la femme? Aux vers 9–11 et à celui-ci, par quels moyens essaie-t-il de changer ce rapport? (Sur quels sentiments joue-t-il maintenant pour lui faire surmonter son dédain? Pour se faire accepter? Dans votre réponse considérez non seulement ce qu'il dit mais sa façon de le dire.)

—Sur quel ton lirez-vous ces vers? (Pathétique? Amer? Sans émotion et de manière détachée?) Lirez-vous les vers qui s'appliquent au poète du même ton que ceux qui s'appliquent à la femme?

Vers 13–14. De quelle manière le poète met-il en relief ces vers qui contiennent sa morale? Comment diffèrent le temps et le mode des verbes, le rythme, le ton, les sons (quelles voyelles prédominent?), et les images?

—En termes généraux, quel sens peut-on donner à la métaphore du dernier vers? Quel sens particulier prend-t-elle en ce qui concerne les rapports entre le poète et sa maîtresse?

Comme[1] on voit sur la branche au mois de mai la rose
En sa belle jeunesse, en sa première fleur,
Rendre le ciel jaloux de sa vive couleur,
Quand l'Aube de ses pleurs au point du jour l'arrose;[2]

La Grâce dans sa feuille et l'Amour se repose,[3]
Embaumant les jardins et les arbres d'odeur;
Mais, battue ou de pluie ou d'excessive ardeur,[4]
Languissante elle meurt, feuille à feuille déclose.[5]

1. Ronsard, selon la légende, parle ici d'une de ses maîtresses, Marie, une paysanne qui est morte très jeune.
2. *arrose:* waters.
3. La Grâce et l'Amour sont tous les deux sujets de «se repose» («se reposent» en français moderne).
4. *ardeur:* heat; ardor.
5. *déclose:* unfolded.

Ainsi, en ta première et jeune nouveauté,
Quand la terre et le ciel honoraient ta beauté,
La Parque[6] t'a tuée, et cendre tu reposes.

Pour obsèques[7] reçois mes larmes et mes pleurs,
Ce vase plein de lait, ce panier plein de fleurs,[8]
Afin que vif et mort ton corps ne soit que roses.

Sur la mort de Marie

Vers 1–6. Au premier vers, comment la syntaxe et les sons mettent-ils en relief le mot «rose»?

—D'après ces six premiers vers, quelle est la caractéristique principale de la rose? De quelle manière le poète développe-t-il le cadre naturel de la rose? (A quelles sensations fait-il appel? A quels autres éléments de la nature associe-t-il la rose? Comment le poète personnifie-t-il la rose et les autres éléments? Quels rapports ces personnifications établissent-elles entre la rose et ces éléments?) Quelle valeur symbolique le poète donne-t-il à la rose? Que suggère cette valeur symbolique quant aux rapports entre le poète et la rose?

—En résumé, quels sont le rôle et la place de la rose dans cet univers métaphorique que crée le poète?

Vers 7–8. Quel contraste Ronsard établit-il dans ces vers par rapport aux vers précédents? Pourquoi ce changement abrupt?

—Comment les mots «pluie,» «ardeur» et «feuille» reprennent-ils des images des vers précédents?

—De quel ton liriez-vous ces deux vers par rapport aux précédents?

Vers 9–11. Quel changement de distance émotionnelle l'emploi du pronom «tu» marque-t-il?

—De quelle manière ces vers reprennent-ils la même structure que les vers 1–8? (Comment le sens, les sons, et le rythme des vers 9–10 s'accordent-ils aux vers 1–6? Et le sens, le rythme et les sons du vers 11 par rapport aux vers 7 et 8?)

Vers 12–14. Quel changement dans la distance temporelle les verbes marquent-ils?

—Dans ces vers, comment le poète reprend-il les termes de son univers métaphorique des vers 1–6? De quelle manière les éléments de cet univers ont-ils changé?

—Le sonnet a commencé avec «la rose» et se termine sur «roses». Quel sens doit-on donner à ce dernier mot? Dans votre réponse considérez ce que le poète suggère quand il dit à la fois «vif et mort».

QUESTIONS GENERALES

Rime. Selon les conventions du sonnet, Ronsard ne doit pas employer la même rime dans les tercets que dans les quatrains. Pour quelle raison le

6. *Parque:* une des trois divinités qui filaient la trame de la vie des hommes.
7. *obsèques:* funeral offerings.
8. *lait . . . fleurs:* deux des offrandes aux morts dans l'antiquité.

fait-il? Quelles associations sémantiques ces mots à la rime suggèrent-ils? Dans quelle mesure ces mots donnent-ils une esquisse du mouvement du poème?

Question comparative. Dans les deux sonnets que nous venons d'étudier, Ronsard s'adresse à deux différentes sortes de femmes, l'une aristocrate, l'autre paysanne. Comment suggère-t-il ces différences? Dans les pronoms qu'il emploie en s'adressant à elles? Dans son ton? Dans son choix d'images? Dans le cadre où il les place? Quels rapports différents décrit-il entre lui-même et ces femmes?

Je veux brûler, pour m'envoler aux Cieux,
Tout l'imparfait de cette écorce[1] humaine,
M'éternisant comme le fils d'Alcmène,[2]
Qui tout en feu s'assit entre les Dieux.

Jà[3] mon esprit, chatouillé[4] de son mieux,
Dedans ma chair, rebelle, se promène,
Et jà le bois de sa victime amène
Pour s'enflammer aux rayons de tes yeux.

O saint brasier! ô feu chastement beau!
Las! brûle-moi d'un si chaste flambeau,
Qu'abandonnant ma dépouille[5] connue,

Net, libre et nu, je vole d'un plein saut
Jusques au Ciel, pour adorer là-haut
L'autre beauté dont la tienne est venue.

Les Amours

Ici Ronsard reprend le thème de l'aspiration vers l'Idéal que nous avons déjà vu chez Du Bellay, dans notre Introduction, tout en s'adressant à une femme.

—Comment le traitement de la femme y diffère-t-il de celui des deux autres poèmes de Ronsard? Comment le poète intègre-t-il son amour pour la femme dans l'image principale du poème?

—Comment ce poème diffère-t-il de celui de Du Bellay? (Etudiez les images que les deux poètes emploient pour décrire le monde physique et le monde spirituel, le ton des deux poèmes, et le jeu des verbes dans le sonnet de Ronsard.)

—En somme, comment Ronsard incorpore-t-il le côté amoureux sexuel

1. *écorce:* bark or crust.
2. *le fils d'Alcmène:* allusion à la mort d'Hercule qui par le feu se dépouille des éléments mortels qu'il tenait de sa mère mortelle Alcmène, et ainsi prend sa place parmi les dieux.
3. *Jà:* déjà.
4. *chatouillé:* stung.
5. *dépouille:* skin; remains.

dans ce thème de l'aspiration? (Considérez surtout la métaphore du feu, sa définition, ce qu'elle suggère, et son rôle dans le poème.)

Ronsard et l'art du sonnet. Sans avoir insisté sur la forme du sonnet, nous avons tout de même vu comment Ronsard varie parfois la forme pour en tirer des effets particuliers. Maintenant essayez de déterminer les rapports entre la forme et la structure des trois sonnets en tenant compte des questions suivantes:

—Quelle est la nature des changements entre quatrains et tercets dans les sonnets? (Intensification de l'émotion? Opposition? Changement de distance? Réponse à une question? Reprise du même sujet? etc.) Dans quelle mesure la psychologie de la femme joue-t-elle un rôle dans ces changements?

—Quels autres changements Ronsard introduit-il dans les tercets? Qu'est-ce qui les distingue en tant que changements? Quelle est leur fonction?

—De quelle manière les changements divers déterminent-ils le mouvement des sonnets? (Une progression linéaire, un mouvement cyclique, antithétique, etc.)

Ode à Cassandre

Mignonne,[1] allons voir si la rose
Qui ce matin avait déclose[2]
Sa robe de pourpre au soleil,
A point perdu cette vêprée[3]
Les plis de sa robe pourprée,
Et son teint au vôtre pareil.

Las! voyez comme en peu d'espace,
Mignonne, elle a dessus la place,[4]
Las, las! ses beautés laissé choir![5]
O vraiment marâtre[6] Nature,
Puisqu'une telle fleur ne dure
Que du matin jusques au soir!

Donc, si vous me croyez, mignonne,
Tandis que votre âge fleuronne
En sa plus verte nouveauté,
Cueillez, cueillez votre jeunesse:
Comme à cette fleur, la vieillesse
Fera ternir votre beauté.

Les Amours

1. *mignonne:* terme d'affection pour une jeune fille.
2. *déclose:* unfolded.
3. A *point . . . vêprée:* has not lost this evening.
4. *dessus la place:* on this spot.
5. *laissé choir:* let fall.
6. *marâtre:* cruel; unnatural (applies to mother or step-mother).

Otez[1] votre beauté, ôtez votre jeunesse,
Otez ces rares dons que vous tenez des cieux,
Otez ce docte[2] esprit, ôtez-moi ces beaux yeux,
Cet aller,[3] ce parler digne d'une déesse.

Je ne vous serai plus d'une importune presse,[4]
Fâcheux comme je suis; vos dons si précieux
Me font, en les voyant, devenir furieux,
Et par le désespoir l'âme prend hardiesse.

Pour ce,[5] si quelquefois je vous touche la main,
Par courroux[6] votre teint n'en doit devenir blême;
Je suis fol,[7] ma raison n'obéit plus au frein,

Tant je suis agité d'une fureur extrême;
Ne prenez, s'il vous plaît, mon offense à dédain;
Mais, douce, pardonnez mes fautes à vous-même.

Sonnets pour Hélène

1. *Otez:* remove; take away.
2. *docte:* learned.
3. *aller:* gait; demeanour.
4. *une importune presse:* obtrusive attentions.
5. *Pour ce:* because of this.
6. *courroux:* anger.
7. *fol:* fou.

Adieu, belle Cassandre, et vous, belle Marie,
Pour qui je fus trois ans en servage à Bourgueil;[1]
L'une vit, l'autre est morte, et ores[2] de son œil
Le ciel se réjouit, dont la terre est marrie.[3]

Sur mon premier avril, d'une amoureuse envie
J'adorai vos beautés, mais votre fier orgueil
Ne s'amollit jamais pour larmes ni pour deuil,
Tant d'une gauche main la Parque ourdit ma vie.[4]

Maintenant, en automne encore malheureux,
Je vis comme au printemps, de nature amoureux,
Afin que tout mon âge aille au gré de la peine.[5]

Et, ores que je dusse être exempt du harnois,[6]
Mon colonel m'envoie à grands coups de carquois[7]
Rassiéger Ilion pour conquérir Hélène.[8]

Sonnets pour Hélène

1. *Bourgueil:* ville d'Anjou dont Marie était originaire.
2. *ores:* now.
3. *marrie:* saddened.
4. *Tant . . . ma vie:* Because Fate had woven my life with such a clumsy hand.
5. *Afin . . . la peine:* So that I suffer all my life.
6. *harnois:* harness.
7. *carquois:* quiver.
8. *Ilion:* Troy; *Hélène:* of Troy and probably Hélène de Surgères.

The Granger Collection

LA FONTAINE

Ainsi ces fables sont un tableau où
chacun de nous se trouve dépeint.
Préface, *Fables*

Biographie

Jean de La Fontaine (1621–95) reçoit une éducation religieuse à l'Oratoire avant d'entreprendre des études de droit à Paris en 1646. Il fait rapidement partie d'une petite académie littéraire et mondaine et se dirige vers une carrière littéraire. Tracassé par des soucis d'argent, il se voit obligé de solliciter la protection de divers personnages de la cour, notamment Mme de Montespan, Mme de La Sablière, et le prince de Condé. A cause de ses talents littéraires, il fréquente les meilleurs cercles artistiques. La Fontaine est élu à l'Académie française en 1684 à l'encontre des protestations du roi, qui a refusé d'autoriser l'élection un an auparavant.

Auteur de plusieurs œuvres de théâtre, de contes et nouvelles en vers et de diverses poésies, La Fontaine doit sa réputation aujourd'hui surtout à ses *Fables*, publiées en 12 livres entre 1668 et 1693. Ses fables trouvent leur inspiration dans les fables de l'antiquité, en particulier celles d'Esope.

Marc Chagall, couverture pour les *Fables* de La Fontaine, 1927–31. Ce dessin représente «Le Corbeau et le renard». Eau-forte. (The Museum of Modern Art, New York, Larry Aldrich Fund)

Théories littéraires

Lorsque La Fontaine annonce, dans la Préface à la première édition de ses *Fables,* son but, qui est «d'être utile en même temps qu'agréable», il réitère un des principes littéraires de son époque. Ce but double suit de près la définition plus particulière qu'il donne de sa propre œuvre: «L'apologue est composé de deux parties, dont on peut appeler l'une le corps, l'autre l'âme. Le corps est la fable; l'âme, la moralité.»

Afin d'assurer l'agrément, La Fontaine, en rappelant les rapports étroits entre la musique et la poésie, insiste sur l'importance de l'harmonie dans son œuvre: «Il n'y a pas de bonne poésie sans harmonie.» Il cherche aussi à plaire à son lecteur par la gaieté, «un certain charme, un air agréable, qu'on peut donner à toutes sortes de sujets, mêmes les plus sérieux».

Mais ce qui lui importe le plus, c'est l'utilité et la matière de son ouvrage. Il justifie la parabole (récit allégorique sous lequel se cache un enseignement) comme moyen d'expression en citant l'exemple des vérités religieuses où ce procédé a très souvent servi. En outre, il entend par l'utilité non seulement l'enseignement moral, mais aussi l'élargissement de la connaissance de ses lecteurs. Ainsi la présence des animaux dans ses fables, loin d'être gratuite, enseigne que «nous sommes l'abrégé de ce qu'il y a de bon et de mauvais dans les créatures irraisonnables. Quand Prométhée voulut former l'homme, il prit la qualité dominante de chaque bête: de ces pièces si différentes il composa notre espèce; il fit cet ouvrage qu'on appelle *le petit monde.*»

Au cours de votre lecture vous examinerez les moyens divers et souvent subtils par lesquels La Fontaine atteint son double but d'être agréable et utile.

La Grenouille qui veut se faire aussi grosse que le bœuf

Une grenouille vit un bœuf
Qui lui sembla de belle taille.
Elle qui n'était pas grosse en tout comme un œuf,[1]
Envieuse, s'étend, et s'enfle,[2] et se travaille
Pour égaler l'animal en grosseur,
Disant: «Regardez bien, ma sœur;
Est-ce assez? dites-moi. N'y suis-je point encore?
—Nenni.[3]—M'y voici donc?—Point du tout.—M'y voilà?
—Vous n'en approchez point.» La chétive pécore[4]
S'enfla si bien qu'elle creva.[5]

Le monde est plein de gens qui ne sont pas plus sages:
Tout bourgeois veut bâtir comme les grands seigneurs;
Tout petit prince a des ambassadeurs;
Tout marquis veut avoir des pages.

Puisque La Fontaine montre surtout dans ce poème la maîtrise avec laquelle il sait varier ses rythmes, en abordant le poème nous allons prendre ces variations comme point de départ.

1. *Elle . . . un œuf:* She who was no larger in all than an egg.
2. *s'étend:* stretches, spreads; *s'enfle:* puffs herself up.
3. *Nenni:* no (patois expression, often used by peasants).
4. *chétive:* puny; weak; *pécore:* animal; silly pretentious woman; peasant.
5. *creva:* burst; died.

Vers 1–5. Le poète commence la fable par deux vers courts où la coupe tombe au milieu. Pourquoi ensuite au vers 3 passe-t-il à un alexandrin irrégulier? (Où tombent les coupes? Quels mots accentuent-elles?) Au vers 4 comment le rythme imite-t-il le sens? Quel rôle y jouent les sons? Le mot «envieuse» se divise en 4 syllabes (en-vi-eu-se). Pour quelle raison le poète allonge-t-il ce mot? Pourquoi fait-il suivre un vers long par un vers plus court (vers 4–5)? (Quel est le rapport entre la longueur du vers 5 et le mot «grosseur»?)

—Le changement de longueur de vers suggère des changements de ton. Quel doit être le ton aux vers 1 et 2? Quels sont les tons possibles au vers 3? (Le ton doit-il suggérer la petitesse de la grenouille? Etre ironique? Grave? Expliquez.) Au vers 4 et 5 quel serait le meilleur ton pour décrire l'effort de la grenouille et votre attitude envers cet effort?

Vers 6–10. Comment La Fontaine manie-t-il les alexandrins dans les vers 7–9 pour tirer les meilleurs effets possibles du dialogue? (Quelle voix est à la césure et à la fin des vers 7 et 8? A la césure au vers 9?) Entre les vers 9 et 10 il y a un enjambement. Pourquoi, selon le sens du vers 10, La Fontaine a-t-il fait cet enjambement? Pour quelle raison change-t-il la métrique au vers 10? Où doit-on mettre la coupe pour le meilleur effet dramatique?

—Dans cette partie du poème il est question de trois voix: celles de la grenouille, de sa sœur, et du narrateur. Quel ton doit-on adopter pour chacune de ces voix? En particulier, de quelle manière le ton doit-il changer dans la suite de questions que pose la grenouille? Et dans les réponses de la sœur? Quelle sorte de ton le poète suggère-t-il en employant les mots «chétive pécore»? Au vers 10 quelle sorte de ton les mots semblent-ils exiger? (Le ton doit-il s'accorder à la gravité de l'événement?)

Vers 11–14. Dans cette partie du poème les vers deviennent de plus en plus courts. Ce procédé de raccourcir les vers s'accorde-t-il au sens des vers? Expliquez.

—Ces vers se prêtent facilement à un ton grave, même moralisateur. Y a-t-il d'autres possibilités suggérées par le texte?

—Cette partie du poème comprend toutes les classes sociales sauf les paysans. Pourtant, dans quelle mesure peut-on dire que La Fontaine a déjà décrit cette classe dans les vers 1–10?

QUESTIONS GENERALES

Rime. Déterminez la richesse des rimes. Quels mots sont mis en relief par leur richesse? Et par leur pauvreté comparée aux autres rimes? Pourquoi La Fontaine aurait-il voulu cette rime pauvre?

Le poète dans le poème. La Fontaine raconte une petite histoire et en fait une morale. En faisant la narration, quel jugement implicite porte-t-il sur la grenouille? (Voir les mots qu'il accentue par les effets rythmiques et son choix de vocabulaire.) Dans le fait même de comparer toute la société à une grenouille, quel commentaire fait-il sur les hommes et sur toute la hiérarchie sociale?

Lecture. Dans les questions nous avons insisté sur les changements de ton. Afin d'arriver à un ton unifié du poème, imaginez deux situations contraires: Souvent des écoliers français apprennent ce poème par cœur. Essayez de le lire comme le ferait un écolier de 8 ans. Par contraste, lisez-le tel que le ferait un adulte désabusé et mûr qui connaît bien la vie. Quel ton vous paraît le plus juste? Expliquez.

La Cigale et la fourmi[1]

La cigale, ayant chanté
Tout l'été,
Se trouva fort dépourvue[2]
Quand la bise fut venue:
Pas un seul petit morceau
De mouche ou de vermisseau.[3]
Elle alla crier famine
Chez la fourmi sa voisine,
La priant de lui prêter
Quelque grain pour subsister
Jusqu'à la saison nouvelle.
«Je vous paierai, lui dit-elle,
Avant l'oût,[4] foi d'animal,
Intérêt et principal.»
La fourmi n'est pas prêteuse;
C'est là son moindre défaut.[5]
«Que faisiez-vous au temps chaud?
Dit-elle à cette emprunteuse.
—Nuit et jour à tout venant
Je chantais, ne vous déplaise.[6]
—Vous chantiez? j'en suis fort aise:
Eh bien! dansez maintenant.»

Dans ce poème La Fontaine ne donne que la fable («le corps»), sans morale directe («l'âme»). Par conséquent on prend souvent les derniers mots du poème, les paroles de la fourmi, pour la morale du poète. Mais en regardant les détails du poème et en considérant le ton, essayez de dégager d'autres interprétations possibles.

Vers 1–11. A quelle distance émotionnelle le poète se trouve-t-il? (Semble-t-il objectif et détaché? Sinon, quelle émotion semble-t-il communiquer?)

—Pourquoi le vers 2 est-il plus court que les autres vers?

Vers 12–14. Sur quel ton de voix la cigale fait-elle sa demande? Avec quel ton liriez-vous ces vers? (Pour imiter la voix de la cigale ou pour l'exagérer?) Dans votre choix de ton quel jugement implicite faites-vous?

Vers 15–18. Entre les vers 15 et 16 le poète change la disposition de la rime.

1. *cigale:* cicada (type of Mediterranean grasshopper); *fourmi:* ant.
2. *dépourvue:* destitute; wanting.
3. *vermisseau:* small earthworm.
4. *l'oût:* August; the harvest.
5. *C'est . . . défaut:* vers ambigu, soit "It's the least of her faults" (she has worse), soit "It's the last thing one can reproach her with."
6. *ne vous déplaise:* with your permission.

Ce faisant, quel mot met-il en relief? Il y a deux interprétations possibles pour ces deux vers. Laquelle vous apparaît la plus juste?

—Quel ton imaginez-vous pour la question que pose la fourmi? (Considérez dans votre réponse l'interprétation que vous avez donnée aux vers 15 et 16.)

—Au vers 18 les mots «cette emprunteuse» sont dits par qui—le poète ou la fourmi? Pourquoi est-il important de le savoir? Sur quel ton liriez-vous ces mots?

Vers 19–20. Quelle impression cette explication fait-elle sur vous? Quel effet cette impression a-t-elle sur le ton? En particulier, comment prononceriez-vous les mots «ne vous déplaise»? (Quel changement d'attitude ces mots marquent-ils de la part de la cigale envers la fourmi?)

Vers 21–22. Qu'est-ce que cette réplique révèle de l'attitude de la fourmi envers la cigale? Et de son propre caractère? D'après le jugement que vous portez sur la fourmi, comment prononceriez-vous chacune des petites phrases?

QUESTIONS GENERALES

D'après votre compréhension du texte, essayez de formuler une morale comme le ferait la fourmi, la cigale, et puis le poète. Laquelle des morales est la plus complexe?

—Pour votre interprétation du poème, dans quelle mesure vous appuyez-vous sur le texte même? Le poète vous force-t-il à imposer vos propres valeurs et préjugés sur le poème? Que peut-on conclure en ce qui concerne le rapport entre la narration de quelques faits et les conclusions morales que les hommes en tirent?

La mort et le malheureux
La mort et le bûcheron

Un malheureux appelait tous les jours
La mort à son secours.
«O mort, lui disait-il, que tu me sembles belle!
Viens vite, viens finir ma fortune[1] cruelle.»
La mort crut, en venant, l'obliger en effet.
Elle frappe à sa porte, elle entre, elle se montre.

«Que vois-je! cria-t-il, ôtez-moi cet objet;
Qu'il est hideux! que sa rencontre
Me cause d'horreur et d'effroi!
N'approche pas, ô mort; ô mort, retire-toi.»

Mécénas fut un galant homme:
Il a dit quelque part: «Qu'on me rende impotent,

1. *fortune:* fate.

Marc Chagall, «La Mort et le bûcheron». Eau-forte. (The Museum of Modern Art, New York, Larry Aldrich Fund)

Cul-de-jatte, goutteux, manchot,[2] pourvu qu'en somme
Je vive, c'est assez, je suis plus que content.»
Ne viens jamais, ô mort, on t'en dit tout autant.

Ce sujet a été traité d'une autre façon par Esope, comme la fable suivante le fera voir. Je composai celle-ci pour une raison qui me contraignait de rendre

2. *cul-de-jatte, goutteux, manchot:* legless, sick with gout, one-armed.

la chose ainsi générale. Mais quelqu'un me fit connaître que j'eusse beaucoup mieux fait de suivre mon original, et que je laissais passer un des plus beaux traits qui fût dans Esope.[3] *Cela m'obligea d'y avoir recours. Nous ne saurions aller plus avant que les anciens: ils ne nous ont laissé pour notre part que la gloire de les bien suivre. Je joins toutefois ma fable à celle d'Esope, non que la mienne le mérite, mais à cause du mot de Mécénas que j'y fais entrer, et qui est si beau et si à propos que je n'ai pas cru le devoir omettre.*

Un pauvre bûcheron, tout couvert de ramée,[4]
Sous le faix du fagot[5] aussi bien que des ans
Gémissant[6] et courbé, marchait à pas pesants,
Et tâchait de gagner sa chaumine[7] enfumée.
Enfin, n'en pouvant plus d'effort et de douleur,
Il met bas son fagot, il songe à son malheur.
«Quel plaisir a-t-il eu depuis qu'il est au monde?
En est-il un plus pauvre en la machine ronde?[8]
Point de pain[9] quelquefois, et jamais de repos.»
Sa femme, ses enfants, les soldats, les impôts,
        Le créancier et la corvée[10]
Lui font d'un malheureux la peinture achevée.[11]
Il appelle la mort; elle vient sans tarder,
        Lui demande ce qu'il faut faire.
        «C'est, dit-il, afin de m'aider
A recharger ce bois; tu ne tarderas guère.»[12]

        Le trépas[13] vient tout guérir;
        Mais ne bougeons d'où nous sommes.
        Plutôt souffrir que mourir,
        C'est la devise[14] des hommes.

Dans son commentaire La Fontaine nous invite à comparer deux traitements différents d'un même sujet.

—Dans cette étude comparative, considérez comment ces deux traitements (le général opposé au particulier) exigent des techniques (description des personnages, narration du récit) et des tons différents.

—Etudiez aussi le rapport entre la narration et la morale du point de vue du ton et de la distance du poète envers le sujet.

3. Il s'agit du trait final dans le deuxième poème (recharger le fardeau).
4. *bûcheron:* woodcutter; *ramée:* boughs.
5. *faix du fagot:* burden of the wood.
6. *gémissant:* groaning.
7. *chaumine:* small cottage.
8. *machine ronde:* the earth.
9. *point de pain:* no bread.
10. *créancier:* creditor; *corvée:* forced labor for the king.
11. *peinture achevée:* complete picture.
12. *tu ne tarderas guère:* it won't take you long.
13. *trépas:* death.
14. *devise:* motto.

Le Lion et le moucheron[1]

«Va-t'en, chétif insecte, excrément de la terre!»
C'est en ces mots que le lion
Parlait un jour au moucheron.
L'autre lui déclara la guerre.
«Penses-tu, lui dit-il, que ton titre de roi
Me fasse peur, ni me soucie?[2]
Un bœuf est plus puissant que toi,
Je le mène à ma fantaisie.»[3]
A peine il achevait ces mots
Que lui-même il sonna la charge,
Fut le trompette et le héros.
Dans l'abord il se met au large;
Puis prend son temps, fond[4] sur le cou
Du lion, qu'il rend presque fou.
Le quadrupède écume, et son œil étincelle;[5]
Il rugit,[6] on se cache, on tremble à l'environ;
Et cette alarme universelle
Est l'ouvrage d'un moucheron.
Un avorton de mouche en cent lieux le harcèle,[7]
Tantôt pique l'échine, et tantôt le museau,[8]
Tantôt entre au fond du naseau.
La rage alors se trouve à son faîte[9] montée.
L'invisible ennemi triomphe, et rit de voir
Qu'il n'est griffe ni dent en la bête irritée
Qui de la mettre en sang ne fasse son devoir.
Le malheureux lion se déchire lui-même,
Fait résonner sa queue à l'entour de ses flancs,
Bat l'air, qui n'en peut mais; et sa fureur extrême
Le fatigue, l'abat; le voilà sur les dents.
L'insecte du combat se retire avec gloire:
Comme il sonna la charge, il sonne la victoire,
Va partout l'annoncer, et rencontre en chemin
L'embuscade d'une araignée:[10]
Il y rencontre aussi sa fin.

Quelle chose par là nous peut être enseignée?
J'en vois deux, dont l'une est qu'entre nos ennemis,

1. *moucheron:* gnat.
2. *ni me soucie:* or bothers me.
3. *à ma fantaisie:* as I wish.
4. *fond:* pounces on; sweeps down on.
5. *écume:* foams; *étincelle:* gleams.
6. *rugit:* roars.
7. *avorton:* little runt of a fly; *harcèle:* harasses, torments.
8. *échine:* spine; *museau:* snout.
9. *faîte:* pinnacle (of rage).
10. *embuscade d'une araignée:* spider's ambush.

Les plus à craindre sont souvent les plus petits;
L'autre, qu'aux grands périls tel a pu se soustraire[11]
Qui périt pour la moindre affaire.

11. *tel a pu se soustraire:* he has succeeded in protecting himself.

Le Loup et l'agneau[1]

La raison du plus fort est toujours la meilleure,
Nous l'allons montrer tout à l'heure.[2]
Un agneau se désaltérait[3]
Dans le courant d'une onde pure.
Un loup survient à jeun[4] qui cherchait aventure,
Et que la faim en ces lieux attirait.
«Qui te rend si hardi de troubler mon breuvage?
Dit cet animal plein de rage:
Tu seras châtié[5] de ta témérité.
—Sire, répond l'agneau, que Votre Majesté
Ne se mette pas en colère;
Mais plutôt qu'elle considère
Que je me vas désaltérant
Dans le courant,
Plus de vingt pas au-dessous d'Elle,
Et que par conséquent en aucune façon
Je ne puis troubler sa boisson.
—Tu la troubles, reprit cette bête cruelle,
Et je sais que de moi tu médis[6] l'an passé.
—Comment l'aurais-je fait, si je n'étais pas né?
Reprit l'agneau; je tette[7] encor ma mère.
—Si ce n'est toi, c'est donc ton frère.
—Je n'en ai point.—C'est donc quelqu'un des tiens:
Car vous ne m'épargnez guère,[8]
Vous, vos bergers et vos chiens.
On me l'a dit: il faut que je me venge.»
Là-dessus au fond des forêts
Le loup l'emporte, et puis le mange
Sans autre forme de procès.

1. *agneau:* lamb.
2. *tout à l'heure:* very soon.
3. *se désaltérait:* was quenching his thirst.
4. *survient à jeun:* arrives with an empty stomach.
5. *châtié:* punished.
6. *de moi tu médis:* you spoke ill of me.
7. *tette:* nurse.
8. *ne m'épargnez guère:* you never spare me much.

Marc Chagall, «Le Loup et l'agneau». Eau-forte.(The Museum of Modern Art, New York, Larry Aldrich Fund)

L'Amour et la folie

Tout est mystère dans l'amour,
Ses flèches, son carquois, son flambeau,[1] son enfance.
Ce n'est pas l'ouvrage d'un jour
Que d'épuiser cette science.
Je ne prétends donc point tout expliquer ici.
Mon but est seulement de dire à ma manière
Comment l'aveugle que voici

1. *flèches:* arrows; *carquois:* quiver; *flambeau:* torch.

(C'est un dieu), comment, dis-je, il perdit la lumière;
Quelle suite eut ce mal, qui peut-être est un bien;
J'en fais juge un amant,[2] et ne décide rien.

La Folie et l'Amour jouaient un jour ensemble.
Celui-ci[3] n'était pas encor privé des yeux.
Une dispute vint: l'Amour veut qu'on assemble
Là-dessus le conseil des dieux.
L'autre n'eut pas la patience;
Elle lui donne un coup si furieux
Qu'il en perd la clarté des cieux.
Vénus[4] en demande vengeance.
Femme et mère, il suffit pour juger de ses cris:
Les dieux en furent étourdis,[5]
Et Jupiter,[6] et Némésis,[7]
Et les juges d'enfer, enfin toute la bande.
Elle représenta l'énormité du cas.
Son fils sans un bâton ne pouvait faire un pas.
Nulle peine n'était pour ce crime assez grande.
Le dommage devait être aussi réparé.
Quand on eut bien considéré
L'intérêt du public, celui de la partie,
Le résultat enfin de la suprême cour
Fut de condamner la Folie
A servir de guide à l'Amour.

2. *J'en fais juge un amant:* I leave it to a lover to decide.
3. *celui-ci:* i.e. l'Amour.
4. *Vénus:* goddess of Love.
5. *étourdis:* stunned.
6. *Jupiter:* ruler of the gods.
7. *Némésis:* divine revenge.

The Granger Collection

HUGO

Ma vie est la vôtre, votre vie est la mienne, vous vivez ce que je vis; la destinée est une. Prenez donc ce miroir, et regardez-vous-y.

Préface des *Contemplations*

Biographie

Poète, dramaturge, romancier, homme politique, Victor Hugo (1802–85) a exercé pendant plus de cinquante ans une influence profonde sur la vie culturelle française, par la grande diversité aussi bien que par la qualité et la portée esthétique et sociale de son œuvre. Son premier succès théâtral (*Hernani,* 1830), remporté alors qu'il a déjà été acclamé comme un grand poète, marque aussi le triomphe du mouvement romantique et annonce une nouvelle conception du théâtre. Sa production poétique embrasse une multiplicité de formes et de sujets: lyrisme (*Odes et ballades,* 1826; *Les Feuilles d'automne,* 1831; *Les Chants du crépuscule,* 1835; *Les Rayons et les ombres,* 1840; *Les Contemplations,* 1857; etc.); satire politique (*Les Châtiments,* une attaque contre Napoléon III, 1853); épopée (*La Légende des siècles,* 1857); mysticisme et métaphysique (*Dieu, La Fin de Satin,* inachevés).

Ses romans traitent d'exotisme (*Hans d'Islande*), du passé médiéval reconstitué (*Notre-Dame de Paris*), des problèmes sociaux contemporains (*Les Misérables*). Son opposition politique à Napoléon III force Hugo à s'exiler en 1851, d'abord à Jersey, puis à Guernsey où il restera seize ans, jusqu'à la chute de l'Empereur. En 1870 il retourne en triomphe à Paris où on l'accueille en héros national. Sa prodigieuse production littéraire continuera jusqu'à sa mort en 1885.

Théories littéraires

Réagissant contre l'esthétique du dix-huitième siècle, dont les conventions sont devenues d'étouffants règlements, Hugo proclame une libéralisation de la littérature. Dans un poème célèbre, *Réponse à un acte d'accusation,* Hugo s'attaque d'abord au langage poétique, qui limite par trop le choix de mots offert au poète:

La poésie était la monarchie; un mot
Etait un duc et pair, ou n'était qu'un grimaud.[1]
. . . . .
Les mots, bien ou mal nés, vivaient parqués en castes.

Au contraire, Hugo revendique un langage plus concret et direct, même au risque d'être vulgaire:

Je nommai le cochon par son nom; pourquoi pas?
. . . . .
J'ai dit à la narine: Eh mais! tu n'es qu'un nez!
J'ai dit au long fruit d'or: Mais tu n'es qu'une poire!

En même temps il réclame une souplesse plus grande dans les conventions formelles, celles qui gouvernent le choix des mots à la rime («J'ai pris et démoli la bastille des rimes»), aussi bien que les conventions de versification:

Le vers, qui sur son front
Jadis portait toujours douze plumes en rond,
Et sans cesse sautait sur la double raquette[2]
Qu'on nomme prosodie et qu'on nomme étiquette,
Rompt désormais la règle et trompe le ciseau,
Et s'échappe, volant qui se change en oiseau,
De la cage césure, et fuit vers la ravine,
Et vole dans les cieux, alouette divine.

Pour Hugo, si les traditions littéraires sont à transformer, c'est afin de mieux profiter de la valeur privilégiée des mots:

Car le mot, qu'on le sache, est un être vivant.
. . . . .
Oui, vous tous, comprenez que les mots sont des choses.
. . . . .
Les mots sont les passants mystérieux de l'âme.[3]

1. *grimaud:* ignorant schoolboy.
2. *raquette:* racquet, as in badminton. Le vers, avec ses douze syllabes ou «plumes», est comparé ou volant qui saute sur la raquette.
3. Tous les poèmes de cette section sont tirés des *Contemplations,* œuvre qui prend comme point de départ la mort de Léopoldine, la fille de Hugo. *Les Contemplations* se divisent en deux parties, «Autrefois» et «Aujourd'hui». «Un abîme les sépare, le tombeau», dit Hugo.

Victor Hugo, dessin, «Nu». (Bibliothèque Nationale, Paris)

La Coccinelle[1]

Elle me dit: «Quelque chose
«Me tourmente.» Et j'aperçus
Son cou de neige, et, dessus,
Un petit insecte rose.

J'aurais dû—mais, sage ou fou,
A seize ans, on est farouche,[2]—
Voir le baiser sur sa bouche
Plus que l'insecte à son cou.

On eût dit[3] un coquillage;
Dos rose et taché de noir.
Les fauvettes[4] pour nous voir
Se penchaient dans le feuillage.

Sa bouche fraîche était là;
Je me courbai sur la belle,
Et je pris la coccinelle;
Mais le baiser s'envola.

«Fils, apprends comme on me nomme,»
Dit l'insecte du ciel bleu,
«Les bêtes sont au bon Dieu;
«Mais la bêtise est à l'homme.»

Vers 1. En disant simplement «elle» sans préciser de qui il s'agit, quelle sorte d'image de la femme le poète crée-t-il?

Vers 2. De quelle manière le poète met-il en relief les mots «me tourmente»? Pourquoi? (A quoi s'attend le lecteur?)

Vers 3. Le poète aurait pu dire «cou blanc» au lieu de «cou de neige». Pourquoi ne l'a-t-il pas fait? (Quelle qualité émotive le mot «neige» suggère-t-il à propos de la femme?)

Vers 4. Quelle opposition chromatique (couleurs) existe entre les vers 3 et 4? Quelle opposition affective suggère-t-elle?

Vers 1–4. Dans ces vers le poète voit deux choses: la femme et l'insecte. D'après sa manière de les décrire, lequel attire davantage son attention? (Ou bien met-il les deux sur le même plan?) Par quels moyens suggère-t-il que l'insecte est bien la cause du tourment? En est-on sûr? (Quelles oppositions pourraient créer des doutes à ce sujet?)

Vers 5. A la première strophe, le poète décrit un événement de sa jeunesse, sans intervention de sa part (sans parler directement au lecteur). Mais dès

1. *coccinelle:* ladybug; in French often called «bête à bon Dieu».
2. *farouche:* wild and shy.
3. *On eût dit:* You would have said; *coquillage:* shell.
4. *fauvettes:* warblers.

le premier vers de cette strophe, il intervient. Avec cette intervention comment les distances émotive et temporelle changent-elles? Et le ton?

Vers 6. Le poète dit «on» au lieu de «je». Quel est l'effet de ce mot sur le ton? Qu'entend le poète par le mot «farouche»? Dans quelle mesure ce mot peut-il comprendre à la fois «sage» et «fou?»

Vers 7–8. Par quels mots le poète reprend-il l'opposition femme-insecte des vers 3 et 4? (Quelle progression dans sa pensée cette reprise suggère-t-elle?)

Vers 5–8. Dans cette strophe le poète oppose sa jeunesse à l'âge mûr. Quel portrait en tire-t-on de lui, jeune homme? Et à l'âge mûr? Quelle attitude prend-il envers lui-même, jeune homme?

—Dans quelle mesure doit-on prendre la «morale» de ces vers au sérieux? Expliquez.

Vers 9. A quelle distance temporelle de ce qu'il décrit le poète est-il maintenant?

—A qui se réfère le mot «on» à présent? Et le mot «coquillage»? Comment le savons-nous? Est-ce certain?

Vers 10. Que suggère le fait que le poète décrit l'insecte avec plus de détails qu'auparavant? (Est-ce le poète mûr qui voit ici ou le poète jeune? En regardant l'insecte, qu'est-ce qu'il ne regarde pas?)

Vers 11. A qui réfère le mot «nous», au poète et à l'insecte ou bien au poète et à la femme? Pouvons-nous en être certains?

Vers 11–12. Au vers 11 le poète introduit un nouvel élément, celui des fauvettes. Quel est le rapport entre le savoir des fauvettes (qui s'intéressent au jeune homme et à la femme) et le poète mûr? Entre les fauvettes et le jeune homme? Que peut-on en conclure en ce qui concerne l'attitude du poète envers l'homme et la nature?

Vers 9–12. Dans cette strophe nous avons vu plusieurs ambiguïtés. De plus le poète ne nomme pas directement la femme. Que suggèrent ces ambiguïtés et cette référence oblique à la femme en ce qui concerne ses rapports avec le jeune homme et l'attitude de celui-ci? Quel est l'effet de ces ambiguïtés et de cette référence oblique sur le lecteur? (Quelle sorte de décalage existe entre ce que décrit le poète et ce qu'attend le lecteur?)

—De quelle manière le rythme de cette strophe s'oppose-t-il au rythme des strophes précédentes? Quel est le rapport entre le changement de rythme et les changements de sujet et de distance?

Vers 13. Quel développement le mot «fraîche» marque-t-il par rapport au mot «neige» de la première strophe?

Vers 14. Dans ce vers et le précédent, quel effet dramatique le poète crée-t-il? (A quoi le lecteur s'attend-il? A cause de quels mots?)

Vers 15. Quel est l'effet dramatique de ce vers par rapport au précédent?

Vers 15–16. Ces deux vers constituent la même sorte de reprise que les vers 7 et 8. Quelle progression cette reprise marque-t-elle? Dans quel sens la métaphore «s'envola» est-elle ironique? (A quoi le mot doit-il s'appliquer d'habitude?) Dans quelle mesure peut-on dire que la strophe est ironique? (Dans votre réponse, considérez la distance émotive entre le poète qui écrit et le poète jeune.)

Vers 13–16. Pour la première fois dans le poème, le poète appelle l'insecte par son nom («coccinelle»), mais il continue à décrire la femme indirectement, à l'aide de qualités ou par des détails physiques. En même temps, le poète mûrissant ne précise pas les intentions du jeune homme. Veut-il le baiser de la femme ou la coccinelle? Du point de vue dramatique et ironique, quel est l'effet de ces procédés? (Quelle est la réaction du lecteur envers ce jeune homme?)

—Afin de souligner le petit drame, comment Hugo change-t-il le rythme par rapport aux autres strophes?

Vers 17. Comme dans la troisième strophe, le poète donne une morale et une généralisation, mais cette fois, il le fait indirectement. Pour quelles raisons personnifie-t-il la coccinelle? (Dans votre réponse, considérez les vers 11 et 12 et les qualités déjà attribuées aux animaux.)

Pour la troisième fois le poète emploie le mot «on». Avec quel sens maintenant?

Vers 18. Quelle valeur donne-t-il à la coccinelle en disant «du ciel bleu»?

Vers 19–20. Dans quelle mesure la morale de la fin du poème diffère-t-elle de celle de la deuxième strophe?

QUESTIONS GENERALES

Ce poème semble être d'une grande simplicité, mais il suggère des rapports assez compliqués. Quel est le rapport entre le poète jeune et l'amour? Le poète d'âge mûr et l'amour? Le poète d'âge mûr et la nature? (Comment regarde-t-il la nature par rapport aux hommes?) Le poète jeune et la nature? (Tout en regardant un objet de la nature, comment est-il en désaccord avec elle?) Le poète d'âge mûr et le poète jeune?

Quelle sorte de ton la métrique et la simplicité du vocabulaire suggèrent-elles? De quelle manière le ton doit-il souligner les différences entre les narrations et les commentaires? En somme, quel ton communiquerait le mieux l'attitude du poète d'âge mûr envers le jeune homme?

A Villequier[1]

Maintenant que Paris, ses pavés[2] et ses marbres,
Et sa brume et ses toits sont bien loin de mes yeux;
Maintenant que je suis sous les branches des arbres,
Et que je puis songer à la beauté des cieux;

Maintenant que du deuil[3] qui m'a fait l'âme obscure
Je sors, pâle et vainqueur,
Et que je sens la paix de la grande nature
Qui m'entre dans le cœur;

Maintenant que je puis, assis au bord des ondes,[4]
Emu par ce superbe et tranquille horizon,
Examiner en moi les vérités profondes
Et regarder les fleurs qui sont dans le gazon;[5]

1. Le tombeau de Léopoldine se trouve à Villequier.
2. *pavés:* paving stones; streets.
3. *deuil:* mourning.
4. *ondes:* waves (the sea).
5. *gazon:* grass.

Maintenant, ô mon Dieu! que j'ai ce calme sombre
De pouvoir désormais[6]
Voir de mes yeux la pierre[7] où je sais que dans l'ombre
Elle dort pour jamais;

Maintenant qu'attendri par ces divins spectacles,
Plaines, forêts, rochers, vallons, fleuve argenté,
Voyant ma petitesse et voyant vos miracles,
Je reprends ma raison devant l'immensité;

Je viens à vous, Seigneur, père auquel il faut croire;
Je vous porte, apaisé[8]
Les morceaux de ce cœur tout plein de votre gloire
Que vous avez brisé;

Je viens à vous, Seigneur! confessant que vous êtes
Bon, clément, indulgent et doux, ô Dieu vivant!
Je conviens[9] que vous seul savez ce que vous faites,
Et que l'homme n'est rien qu'un jonc[10] qui tremble au vent;

Je dis que le tombeau qui sur les morts se ferme
Ouvre le firmament;[11]
Et que ce qu'ici-bas nous prenons pour le terme[12]
Est le commencement;

Je conviens à genoux que vous seul, père auguste,
Possédez l'infini, le réel, l'absolu;
Je conviens qu'il est bon, je conviens qu'il est juste
Que mon cœur ait saigné,[13] puisque Dieu l'a voulu!

Je ne résiste plus à tout ce qui m'arrive
Par votre volonté.
L'âme de deuils en deuils, l'homme de rive en rive,
Roule à l'éternité.

Nous ne voyons jamais qu'un seul côté des choses;
L'autre plonge en la nuit d'un mystère effrayant.
L'homme subit le joug[14] sans connaître les causes.
Tout ce qu'il voit est court, inutile et fuyant.

Vous faites revenir toujours la solitude
Autour de tous ses pas.
Vous n'avez pas voulu qu'il eût la certitude
Ni la joie ici-bas!

6. *désormais:* from now on.
7. *pierre:* Une allusion au tombeau.
8. *apaisé:* appeased, soothed.
9. *conviens:* admit, confess.
10. *jonc:* reed.
11. *firmament:* sky.
12. *terme:* end.
13. *saigné:* bled.
14. *joug:* yoke.

Dès qu'il possède un bien, le sort le lui retire.
Rien ne lui fut donné, dans ses rapides jours,
Pour qu'il s'en puisse faire une demeure, et dire:
C'est ici ma maison, mon champ et mes amours!

Il doit voir peu de temps tout ce que ses yeux voient;
Il vieillit sans soutiens.[15]
Puisque ces choses sont, c'est qu'il faut qu'elles soient;
J'en conviens, j'en conviens!

Le monde est sombre, ô Dieu! l'immuable harmonie
Se compose des pleurs aussi bien que des chants;
L'homme n'est qu'un atome en cette ombre infinie,
Nuit où montent les bons, où tombent les méchants.

Je sais que vous avez bien autre chose à faire
Que de nous plaindre tous,
Et qu'un enfant qui meurt, désespoir de sa mère,
Ne vous fait rien, à vous!

Je sais que le fruit tombe au vent qui le secoue,
Que l'oiseau perd sa plume et la fleur son parfum;[16]
Que la création est une grande roue
Qui ne peut se mouvoir sans écraser quelqu'un;

Les mois, les jours, les flots des mers, les yeux qui pleurent,
Passent sous le ciel bleu:
Il faut que l'herbe pousse et que les enfants meurent,
Je le sais, ô mon Dieu!

Dans vos cieux, au delà de la sphère des nues,[17]
Au fond de cet azur immobile et dormant,
Peut-être faites-vous des choses inconnues
Où la douleur de l'homme entre comme élément.

Peut-être est-il utile à vos desseins sans nombre
Que des êtres charmants
S'en aillent, emportés par le tourbillon[18] sombre
Des noirs événements.

Nos destins ténébreux vont sous des lois immenses
Que rien ne déconcerte et que rien n'attendrit.
Vous ne pouvez avoir de subites clémences
Qui dérangent le monde, ô Dieu, tranquille esprit!

15. *Il vieillit sans soutiens:* He gets older without support.
16. Hugo fait une allusion ironique à l'Evangile: «Voyez les oiseaux du ciel: ils ne sèment ni ne moissonnent, ni ne recueillent en des greniers et votre Père céleste les nourrit!» (Matt. 6:26): «Observez les lis des champs, comme ils poussent: ils ne peinent ni ne filent» (Matt. 6:28).
17. *la sphère des nues:* nuages.
18. *tourbillon:* whirl, vortex.

Je vous supplie, ô Dieu! de regarder mon âme,
Et de considérer
Qu'humble comme un enfant et doux comme une femme,
Je viens vous adorer!

Considérez encor que j'avais, dès l'aurore,
Travaillé, combattu, pensé, marché, lutté,
Expliquant la nature à l'homme qui l'ignore,
Eclairant toute chose avec votre clarté;

Que j'avais, affrontant la haine et la colère,
Fait ma tâche ici-bas,
Que je ne pouvais pas m'attendre à ce salaire,[19]
Que je ne pouvais pas

Prévoir que, vous aussi, sur ma tête qui ploie,[20]
Vous appesantiriez votre bras triomphant,
Et que, vous qui voyiez comme j'ai peu de joie,
Vous me reprendriez si vite mon enfant!

Qu'une âme ainsi frappée à se plaindre est sujette,[21]
Que j'ai pu blasphémer,
Et vous jeter mes cris comme un enfant qui jette
Une pierre à la mer!

Considérez qu'on doute, ô mon Dieu! quand on souffre,
Que l'œil qui pleure trop finit par s'aveugler,[22]
Qu'un être que son deuil plonge au plus noir du gouffre,[23]
Quand il ne vous voit plus, ne peut vous contempler,

Et qu'il ne se peut pas que l'homme, lorsqu'il sombre[24]
Dans les afflictions,
Ait présente à l'esprit la sérénité sombre[25]
Des constellations!

Aujourd'hui, moi qui fus faible comme une mère,
Je me courbe à vos pieds devant vos cieux ouverts.
Je me sens éclairé dans ma douleur amère
Par un meilleur regard jeté sur l'univers.

Seigneur, je reconnais que l'homme est en délire
S'il ose murmurer;
Je cesse d'accuser, je cesse de maudire,
Mais laissez-moi pleurer!

19. *Je ni pouvais . . . salaire:* I could not expect being rewarded like this.
20. *ploie:* bends.
21. *sujette:* liable, prone.
22. *s'aveugler:* to become blind.
23. *gouffre:* abyss.
24. *sombre* (v.): to founder, sink.
25. *sombre* (adj.) dark.

Hélas! laissez les pleurs couler de ma paupière,
Puisque vous avez fait les hommes pour cela!
Laissez-moi me pencher sur cette froide pierre
Et dire à mon enfant: Sens-tu que je suis là?

Laissez-moi lui parler, incliné sur ses restes,
    Le soir, quand tout se tait,
Comme si, dans sa nuit rouvrant ses yeux célestes,
    Cet ange m'écoutait!

Hélas! vers le passé tournant un œil d'envie,
Sans que rien ici-bas puisse m'en consoler,
Je regarde toujours ce moment de ma vie
Où je l'ai vue ouvrir son aile et s'envoler.

Je verrai cet instant jusqu'à ce que je meure,
    L'instant, pleurs superflus!
Où je criai: L'enfant que j'avais tout à l'heure,
    Quoi donc! je ne l'ai plus!

Ne vous irritez pas que je sois de la sorte,[26]
O mon Dieu! cette plaie[27] a si longtemps saigné!
L'angoisse dans mon âme est toujours la plus forte.
Et mon cœur est soumis, mais n'est pas résigné.[28]

Ne vous irritez pas! fronts que le deuil réclame,
    Mortels sujets aux pleurs,
Il nous est malaisé de retirer notre âme
    De ces grandes douleurs.

Voyez-vous, nos enfants nous sont bien nécessaires,
Seigneur; quand on a vu dans sa vie, un matin,
Au milieu des ennuis, des peines, des misères,
Et de l'ombre que fait sur nous notre destin,

Apparaître un enfant, tête chère et sacrée,
    Petit être joyeux,
Si beau, qu'on a cru voir s'ouvrir à son entrée
    Une porte des cieux;

Quand on a vu, seize ans, de cet autre soi-même
Croître la grâce aimable et la douce raison,
Lorsqu'on a reconnu que cet enfant qu'on aime
Fait le jour dans notre âme et dans notre maison;

26. *Ne vous . . . de la sorte:* Don't be angry if this is the way I am.
27. *plaie:* wound.
28. *soumis:* subservient, submissive; *résigné:* resigned (to his fate).

Que c'est la seule joie ici-bas qui persiste
De tout ce qu'on rêva,
Considérez que c'est une chose bien triste
De le voir qui s'en va!

Vers 1–20. Ces vers sont liés par la répétition du mot «maintenant» et une contemplation au présent. Mais par implication, cet accent mis sur le présent suppose un passé contre lequel le poète réagit. Dans chacune des strophes déterminez les divers éléments du passé et leur rapport avec le présent. Jusqu'à quel point le poète s'est-il détaché de ce passé? (Voir par exemple le vers 6 où il est à la fois «pâle» et «vainqueur». Aux vers 15 et 16 il dit «pierre» et «elle». Pourquoi n'emploie-t-il pas des mots plus précis?)

—Hugo emploie à plusieurs reprises des verbes et des noms qui se rapportent à la vision (vers 2, 12, 15 et 19). Quels sens (physique, intellectuel, affectif) donne-t-il à ces mots? Quels éléments différents voit-ils? Quelle est la progression dans ce qu'il voit?

—De quelle manière le poète exploite-t-il l'aspect visuel afin de créer des effets spatiaux? (Où son œil l'amène-t-il? Quels sont les jeux entre la petitesse et la grandeur?)

—En somme, quelles sortes de rapports ces strophes établissent-elles entre le poète et le passé? Le poète et la mort? Le monde intérieur du poète et le monde extérieur? Le poète et Dieu? La nature et Dieu?

—Quelle sorte de ton communiquerait le mieux ces rapports et l'état affectif du poète au présent? Ces vers se composent d'une série de longues propositions sans pause. Quelle est l'influence de ces propositions sur le ton? (Dans quelle mesure le ton s'intensifie-t-il?)

Vers 21–40. D'une part, le poète présente une image traditionnelle du Dieu chrétien dans ces vers. Dégagez les qualités de ce Dieu.

—Par contraste, comment la façon de s'exprimer donne-t-elle une impression autre de ce Dieu? Et de son rapport avec le poète? En particulier, quel état affectif le rythme de cette partie du poème et les mots à la rime des vers 21–24 suggèrent-ils? Quel rapport les vers 26 et 36 suggèrent-ils entre le poète et Dieu? Que suggère la répétition du pronom «je» en ce qui concerne la soumission du poète?

—Puisque Hugo parle directement à Dieu, c'est surtout dans le ton que le lecteur révèle son interprétation du rapport entre le poète et Dieu. Quels sont les tons possibles? (Soumis et humble? Ironique? Révolté? Respectueux?) De quelle manière le ton peut-il changer d'un vers à l'autre et révéler ainsi une position ambivalente chez le poète?

Vers 41–60. De quelle manière Hugo élargit-il le cadre humain dans ces vers (quels mots remplacent le «je» des vers précédents?) Quelle définition ces strophes donnent-elles de l'homme? (Ses désirs et sa place dans le monde?) De quelle manière l'emploi du verbe «voir» définit-il la vision de l'homme?

—Quel est le rapport entre cette définition de l'homme et la définition de Dieu qui ressort de ces vers? De quelle manière cette définition de Dieu diffère-t-elle de la définition chrétienne?

—Aux vers 58–60, quel est le rapport entre les hémistiches de chaque vers? Comment ce procédé souligne-t-il le rapport entre Dieu et l'homme déjà énoncé dans les autres vers de cette partie du poème?

—Tout en parlant en termes plus généraux, Hugo continue à s'adresser à Dieu. En considérant la *matière* et l'absence du «je», quel ton imaginez-vous pour ces vers? En particulier, quel serait le ton aux vers 45–48, au vers 56 et au commencement du vers 57 («Le monde est sombre, ô Dieu!»)?

Vers 61–88. En reprenant le «je», comment le poète modifie-t-il la distance affective et intellectuelle?

—De quelle manière cette description de Dieu renforce-t-elle pourtant celle des vers 41–60? (En quels termes le poète décrit-il Dieu?) De quelle manière cette description intensifie-t-elle l'effet émotif des vers précédents? (Comment le poète décrit-il l'homme dans ce monde?) Par contre, dans quelle mesure ces vers contredisent-ils directement et indirectement l'image du Dieu chrétien?

—Par sa manière de s'exprimer comment le poète trahit-il de nouveau son attitude à l'égard de Dieu? (Voir les répétitions des mots «Je sais» suivies de «Peut-être».) Dans quelle mesure cette attitude envers Dieu semble-t-elle contradictoire? (Voir le rapport entre les vers 61–84 et 85–88.) Que peut-on conclure quant à l'état affectif du poète à ce moment?

—Certains considèrent ces vers comme plutôt ironiques. Dans quelle mesure peut-on justifier un ton ironique en lisant le poème? (Quels mots suggèrent cette ironie?) A quels moments n'est-il nullement question d'ironie? Voyez-vous une progression dans ce changement de ton?

Vers 89–112. Quels rapports différents le poète décrit-il entre lui-même et Dieu dans ces vers? De quelle manière les temps des verbes indiquent-ils ces rapports? Quelle sorte de progression voyez-vous dans ces changements? (Aux vers 89–92 quelle est la fonction du poète par rapport à Dieu? Aux vers 105–8 quelle valeur les pleurs et l'œil ont-ils? Et les contrastes de la lumière et du noir tout au long de ces vers?)

—De quelle manière Hugo souligne-t-il ces changements par les variations et les irrégularités techniques? (Voir la liaison entre les vers 96 et 97; les rimes aux vers 102 et 104.)

—Ces vers se composent de deux seules phrases qui commencent avec le mot «considérez». Sur quel ton prononceriez-vous ce mot? Dans quelle mesure ce mot détermine-t-il le ton du reste de la phrase?

Vers 113–40. Aux vers 105–8 le poète a établi un rapport entre les larmes et l'aveuglement. Aux vers 121–24 il demande à Dieu de le laisser pleurer. Que suggère cette demande? Autrement dit, quelle valeur le poète donne-t-il aux yeux et au regard?

—On prend souvent le vers 140 («Et mon cœur est soumis mais n'est pas résigné») comme le vers-clé du poème. Dans quelle mesure ce vers résume-t-il cette partie du poème? Et le reste du poème? (Considérez surtout l'importance du ton dans votre réponse.)

Vers 141–60. Au vers 145 de quel ton prononce-t-on «Voyez-vous»? Dans quelle mesure ces mots s'opposent-ils au mot «Seigneur» isolé au vers suivant?

—En quoi ces vers sont-ils une litote («understatement» en anglais)? Quel effet affectif le poète tire-t-il de ce procédé surtout par rapport au reste du poème? Comment l'imagerie, le vocabulaire et la distance changent-ils pour créer cette litote? De quels tons différents peut-on lire ces vers? (Humble? Ironique? Dédaigneux?)

QUESTIONS GENERALES

Forme. Hugo compose son poème à l'aide de deux sortes de strophes. De quelle manière cette alternance de strophes s'accorde-t-elle avec les variations dans les idées? (Voir par exemple les rapports entre les vers 81–84 et 85–88 et les vers 109–12 et 113–16.) A l'intérieur des strophes à métrique variable, comment Hugo emploie-t-il les vers courts? (Pour accentuer les mots? Faire des oppositions? Créer une tension?)

Structure. Nous avons déjà remarqué une strophe (les vers 56–60) où l'antithèse joue un rôle important. Dans le reste du poème, quel est le rôle de l'antithèse? Quel est le rapport entre ce procédé et la métrique variable des strophes? Et les changements dans l'état émotif du poète?

—Quel est l'effet final de toutes les répétitions dans le poème (surtout les répétitions du pronom «je» et des verbes actifs), par rapport aux antithèses? (Quelles qualités restent les mêmes chez le poète?)

Lecture. De quelle manière la longueur des phrases et l'alternance des strophes influencent-elles le rythme du poème? Est-ce que le rythme qui en résulte se prête à une lecture intellectuelle ou émotionnelle du poème?

—Puisqu'Hugo s'adresse à Dieu, on serait tenté de lire le poème comme une prière. Peut-on dire que le ton en soit celui d'une prière?

Certains lecteurs trouvent que ce poème est trop long et qu'il manque de suite logique et d'organisation. Comment peut-on justifier ces défauts apparents? Dans votre réponse considérez qu'Hugo écrit un poème et pas un traité philosophique; considérez l'importance d'une lecture à haute voix et l'effet qu'elle crée sur l'auditeur; considérez le sujet même du poème et l'état affectif que le poète veut créer pour faire revivre le moment où il se tient en face du tombeau de sa fille.

Mors[1]

Je vis cette faucheuse.[2] Elle était dans son champ.
Elle allait à grands pas moissonnant et fauchant,[3]
Noir squelette laissant passer le crépuscule.
Dans l'ombre où l'on dirait que tout tremble et recule,
L'homme suivait des yeux les lueurs de la faulx.[4]
Et les triomphateurs sous les arcs triomphaux
Tombaient; elle changeait en désert Babylone,[5]
Le trône en échafaud et l'échafaud[6] en trône,
Les roses en fumier,[7] les enfants en oiseaux,
L'or en cendre, et les yeux des mères en ruisseaux.[8]
Et les femmes criaient:—Rends-nous ce petit être.
Pour le faire mourir, pourquoi l'avoir fait naître?—
Ce n'était qu'un sanglot sur terre, en haut, en bas;

1. *mors:* (latin) la mort.
2. *faucheuse:* reaper.
3. *moissonnant:* harvesting; *fauchant:* reaping.
4. *faulx:* scythe.
5. Babylone fut une cité puissante de l'Antiquité.
6. *échafaud:* scaffold. Allusion à la Révolution française et à la mort du roi Louis XVI.
7. *fumier:* manure.
8. *ruisseaux:* streams.

Victor Hugo, dessin, «Le Fou». (Collection de la Maison de Victor Hugo; photo Bulloz)

IL AIMAIT de PRETENDER QU'IL ÉTAIT FOU. CONTRE RATIONALISM.

Des mains aux doigts osseux sortaient des noirs grabats;[9]
Un vent froid bruissait[10] dans les linceuls sans nombre;
Les peuples éperdus semblaient sous la faulx sombre
Un troupeau frissonnant qui dans l'ombre s'enfuit;
Tout était sous ses pieds deuil, épouvante et nuit.
Derrière elle, le front baigné de douces flammes,
Un ange souriant portait la gerbe[11] d'âmes.

9. *grabats:* pallets, wretched beds.
10. *bruissait:* rustled (onomatopée).
11. *gerbe:* sheaf.

Titre. Quelle distance temporelle et affective ce titre latin suggère-t-il?

Vers 1–5. De quelle manière la distance physique et affective change-t-elle par rapport au titre? Et dans ces vers mêmes, à partir de «Je vis cette faucheuse» jusqu'à «L'homme suivait des yeux», quel est le changement progressif dans la distance?

—Dans cette progression Hugo reprend un verbe qui se rapporte à la vision. Du point de vue visuel, comment change la faucheuse? De quelles autres manières Hugo exploite-t-il ce côté visuel dans le jeu de lumières? Et du point de vue émotionnel?

Vers 6–13. La plupart de ces vers comprennent des constructions parallèles (ascension-descente ou descente-ascension). En prenant comme point de départ le terme général «homme» du vers 5, et en aboutissant aux mots «en haut, en bas», déterminez l'étendue de l'humanité décrite (du point de vue social, historique et géographique), aussi bien que l'étendue et les effets de la mort.

—Dans cette progression, de quelle manière sent-on la présence de la faucheuse elle-même (surtout par rapport aux vers 1–5)?

—Afin de rendre la description plus émouvante, par quels moyens Hugo modifie-t-il la distance physique et affective entre lui et ce qu'il décrit? De quels procédés sonores se sert-il dans la même intention? (Voir surtout les vers 6 et 7.)

Vers 14–18. Par quels procédés Hugo lie-t-il les différentes visions de la mort, allant des «mains» aux «troupeaux» et à la «nuit»? (Dans chaque vers quels mots et quels sons servent de liaison avec les vers précédents et suivants?)

Vers 19–20. Depuis le vers 7, le poète n'a pas parlé directement de la faucheuse jusqu'au vers 19, quand il dit «elle». Pourquoi ne parle-t-il pas directement de la mort? En fait, de quoi a-t-il parlé aux vers précédents?

—Presque tous les mots de ces deux vers font contraste avec les éléments des vers précédents. (Par exemple le mot «flammes» qui s'oppose à «nuit», «deuil», «cendre» et «ombre.») Reprenez le poème et montrez comment les autres mots sont en opposition avec le reste du poème.

QUESTIONS GENERALES

Forme. Pourquoi Hugo ne divise-t-il pas le poème en strophes? (Quel est l'effet sur le lecteur de cette grande masse de vers? Comment s'accorde-t-elle avec le sujet du poème?)

—Hugo a choisi une rime plate pour ce poème. De quelle manière cette rime plate s'accorde-t-elle avec le sens et le ton du poème? Avec une telle disposition il lui a fallu éviter la monotonie qui peut en résulter si la syntaxe suit de trop près la disposition des rimes. Comment Hugo résoud-il ce problème?

Structure. A l'exception des deux derniers vers, ce poème se compose de variations sur le même thème. De quelle manière Hugo atteint-il une telle unité sans se répéter et sans faire de simple énumération? En fait, quel est le mouvement du poème? (Comment les mots «deuil, épouvante et nuit» sont-ils le point culminant du mouvement aux vers 1–18?) Nous avons déjà constaté les oppositions que créent les deux derniers vers, qui sont un véritable coup de théâtre. A quelles fins Hugo a-t-il créé un tel dénouement? Vous semble-t-il réussi? Expliquez.

Ibo[1]

Dites, pourquoi, dans l'insondable[2]
Au mur d'airain,[3]
Dans l'obscurité formidable[4]
Du ciel serein,

Pourquoi, dans ce grand sanctuaire
Sourd et béni,
Pourquoi, sous l'immense suaire[5]
De l'infini,

Enfouir[6] vos lois éternelles
Et vos clartés?
Vous savez bien que j'ai des ailes,
O vérités!

Pourquoi vous cachez-vous dans l'ombre
Qui nous confond?
Pourquoi fuyez-vous l'homme sombre
Au vol profond?

Que le mal détruise ou bâtisse,
Rampe ou soit roi,
Tu sais bien que j'irai, Justice,
J'irai vers toi!

Beauté sainte, Idéal qui germes[7]
Chez les souffrants,
Toi par qui les esprits sont fermes
Et les cœurs grands,

Vous le savez, vous que j'adore,
Amour, Raison,
Qui vous levez comme l'aurore
Sur l'horizon,

1. *Ibo* (latin): J'irai.
2. *insondable:* unfathomable.
3. *airain:* bronze.
4. *formidable:* which inspires fear (etymological meaning).
5. *suaire:* shroud.
6. *enfouir:* to bury.
7. *germes:* germinates.

Foi, ceinte[8] d'un cercle d'étoiles,
Droit, bien de tous,
J'irai, Liberté qui te voiles,
J'irai vers vous!

Vous avez beau, sans fin, sans borne,
Lueurs de Dieu,
Habiter la profondeur morne[9]
Du gouffre bleu,

Ame à l'abîme habituée
Dès le berceau,
Je n'ai pas peur de la nuée;
Je suis oiseau.

Je suis oiseau comme cet être
Qu'Amos rêvait,
Que saint Marc voyait apparaître
A son chevet,[10]

Qui mêlait sur sa tête fière,
Dans les rayons,
L'aile de l'aigle à la crinière
Des grands lions.

J'ai des ailes. J'aspire au faîte;[11]
Mon vol est sûr;
J'ai des ailes pour la tempête
Et pour l'azur.

Je gravis les marches sans nombre.
Je veux savoir;
Quand la science serait sombre
Comme le soir!

Vous savez bien que l'âme affronte
Ce noir degré,
Et que, si haut qu'il faut qu'on monte,
J'y monterai!

Vous savez bien que l'âme est forte
Et ne craint rien
Quand le souffle de Dieu l'emporte!
Vous savez bien

8. *ceinte:* girded.
9. *morne:* dreary.
10. Le prophète Amos avait des visions terrifiantes; saint Marc est symbolisé par le lion ailé.
11. *faîte:* top, summit.

Que j'irai jusqu'aux bleus pilastres,
Et que mon pas,
Sur l'échelle qui monte aux astres,
Ne tremble pas!

L'homme, en cette époque agitée, MAN MUST MAKE LIKE PROMETHEUS.
Sombre océan,
Doit faire comme Prométhée[12]
Et comme Adam.
LES IMAGES SONT PLUTOT BIBLIQUE

Il doit ravir au ciel austère
L'éternel feu;
Conquérir son propre mystère,
Et voler Dieu.

L'homme a besoin, dans sa chaumière,[13]
Des vents battu,
D'une loi qui soit sa lumière
Et sa vertu.

Toujours ignorance et misère!
L'homme en vain fuit,
Le sort le tient; toujours la serre! RATIR - prophet = alone, isolated, telling truths to people.
Toujours la nuit!

Il faut que le peuple s'arrache
Au dur décret,
Et qu'enfin ce grand martyr[14] sache I WILL LOOK FOR OWN TRUTHS, IL PREND L'INITIATE, IN N'ENTEND QUE. IL CHERCHE - (HUGO).
Le grand secret!

Déjà l'amour, dans l'ère obscure
Qui va finir, IL ÉTAIT UN SOCIALIST.
Dessine la vague figure
De l'avenir. HUGO IL N'AIME PAS LA RÉPUBLIQUE.

Les lois de nos destins sur terre,
Dieu les écrit;
Et, si ces lois sont le mystère,
Je suis l'esprit.

Je suis celui que rien n'arrête,
Celui qui va,
Celui dont l'âme est toujours prête
A Jéhovah;

12. Prométhée: fut l'initiateur de la première civilisation humaine; ayant formé l'homme du limon et de la terre, il vola le feu aux dieux.

13. *chaumière:* cottage.

14. *ce grand martyr:* le peuple.

CERTAINS IMAGES —
1. OISEAUX
2. LIONS
3.

Je suis le poëte farouche,
L'homme devoir,
Le souffle des douleurs, la bouche
Du clairon noir;[15]

Le rêveur qui sur ses registres
Met les vivants,
Qui mêle des strophes sinistres
Aux quatre vents;

IL TROUVE LA SOLUTION À CERTAINS PROBLÈMES QUI EXISTE.
IL NE DIT PAS COMMENT ON TROUVE LE REPOND.

Le songeur ailé, l'âpre[16] athlète
Au bras nerveux,
Et je traînerais la comète
Par les cheveux.

Donc, les lois de notre problème,
Je les aurai;
J'irai vers elles, penseur blême,
Mage effaré![17]

QUE VEUT DIRE ??

Pourquoi cacher ces lois profondes?
Rien n'est muré.[18]
Dans vos flammes et dans vos ondes
Je passerai;

J'irai lire la grande bible;
J'entrerai nu
Jusqu'au tabernacle terrible
De l'inconnu,

DÉFIT – challenge.

Jusqu'au seuil de l'ombre et du vide,
Gouffres ouverts
Que garde la meute[19] livide
Des noirs éclairs,

Jusqu'aux portes visionnaires
Du ciel sacré;
Et, si vous aboyez, tonnerres,
Je rugirai.[20]

Dans *Ibo* Hugo décrit la fonction du poète et son rapport avec la vérité et la société. De quelle manière Hugo se définit-il progressivement (en

15. *clairon noir:* black bugle.
16. *âpre:* rough, eager.
17. *effaré:* scared.
18. *muré:* walled up.
19. *meute:* pack (of hounds).
20. *aboyez:* bark; *rugirai:* will roar.

tant que poète) en commençant par la métaphore de l'oiseau? (Comment cette métaphore change-t-elle? A quels autres animaux et personnes se compare-t-il? De quelle manière?)

—En décrivant les vérités absolues et éternelles, Hugo prend une abstraction et la rend concrète. Par quels procédés rend-il la vérité concrète?

—Quel est le mouvement du poème? Comment le rapport même entre le poète et la vérité dicte-t-il la structure? (Quand dit-il «je»? Quand répète-t-il «vous savez»? Quand emploie-t-il des verbes au présent? Et au futur?)

On considère Hugo comme l'un des grands poètes cosmiques. Dans ce poème comment montre-t-il sa capacité d'intégrer le ciel et la terre? Le monde concret et le monde spirituel? Le connu et l'inconnu? Comment élargit-il le temps pour y inclure ces mondes multiples? En répondant, considérez surtout les images.

Elle avait pris ce pli[1] dans son âge enfantin
De venir dans ma chambre un peu chaque matin;
Je l'attendais ainsi qu'un rayon qu'on espère;
Elle entrait, et disait: «Bonjour, mon petit père»;
Prenait ma plume, ouvrait mes livres, s'asseyait
Sur mon lit, dérangeait mes papiers, et riait,
Puis soudain s'en allait comme un oiseau qui passe.
Alors, je reprenais, la tête un peu moins lasse,
Mon œuvre interrompue, et, tout en écrivant,
Parmi mes manuscrits je rencontrais souvent
Quelque arabesque folle[2] et qu'elle avait tracée,
Et mainte page blanche entre ses mains froissée[3]
Où, je ne sais comment, venaient mes plus doux vers.
Elle aimait Dieu, les fleurs, les astres, les prés verts,
Et c'était un esprit avant d'être une femme.
Son regard reflétait la clarté de son âme.
Elle me consultait sur tout à tous moments.
Oh! que de soirs d'hiver radieux et charmants,
Passés à raisonner langue, histoire et grammaire,
Mes quatre enfants groupés sur mes genoux, leur mère
Tout près, quelques amis causant au coin du feu!
J'appelais cette vie être content de peu!
Et dire qu'elle est morte! hélas! que Dieu m'assiste!
Je n'étais jamais gai quand je la sentais triste;
J'étais morne au milieu du bal le plus joyeux
Si j'avais, en partant, vu quelque ombre en ses yeux.

1. *avait pris ce plis:* had formed the habit.
2. *arabesque folle:* uncontrolled swirls.
3. *froissée:* crumpled up.

On vit, on parle, on a le ciel et les nuages
Sur la tête; on se plaît aux livres des vieux sages;
On lit Virgile et Dante; on va joyeusement
En voiture publique à quelque endroit charmant,
En riant aux éclats de l'auberge et du gîte;[1]
Le regard d'une femme en passant vous agite;
On aime, on est aimé, bonheur qui manque aux rois!
On écoute le chant des oiseaux dans les bois;
Le matin, on s'éveille, et toute une famille
Vous embrasse, une mère, une sœur, une fille!
On déjeune en lisant son journal; tout le jour
On mêle à sa pensée espoir, travail, amour;
La vie arrive avec ses passions troublées;
On jette sa parole aux sombres assemblées;[2]
Devant le but qu'on veut et le sort qui vous prend,
On se sent faible et fort, on est petit et grand;
On est flot[3] dans la foule, âme dans la tempête;
Tout vient et passe; on est en deuil, on est en fête;
On arrive, on recule, on lutte avec effort...—
Puis, le vaste et profound silence de la mort!

1. *En riant . . . gîte:* boisterously making fun of the inn and the lodgings.
2. *sombres assemblées:* Hugo fait allusion à ses discours politiques, prononcés à la Chambre des Pairs.
3. *flot:* wave.

Paroles sur la dune

Maintenant que mon temps décroît[1] comme un flambeau,
    Que mes tâches sont terminées;
Maintenant que voici que je touche au tombeau
    Par les deuils et par les années,

Et qu'au fond de ce ciel que mon essor[2] rêva,
    Je vois fuir, vers l'ombre entraînées,
Comme le tourbillon du passé qui s'en va,
    Tant de belles heures sonnées;

Maintenant que je dis:—Un jour, nous triomphons;
    Le lendemain, tout est mensonge!—
Je suis triste, et je marche au bord des flots profonds,
    Courbé comme celui qui songe.

1. *décroît:* decreases.
2. *essor:* flight.

Je regarde, au-dessus du mont et du vallon,
Et des mers sans fin remuées,
S'envoler, sous le bec du vautour aquilon,[3]
Toute la toison[4] des nuées;

J'entends le vent dans l'air, la mer sur le récif,[5]
L'homme liant la gerbe mûre;
J'écoute, et je confronte en mon esprit pensif
Ce qui parle à ce qui murmure;

Et je reste parfois couché sans me lever
Sur l'herbe rare de la dune,
Jusqu'à l'heure où l'on voit apparaître et rêver
Les yeux sinistres de la lune.

Elle monte, elle jette un long rayon dormant
A l'espace, au mystère, au gouffre;
Et nous nous regardons tous les deux fixement,
Elle qui brille et moi qui souffre.

Où donc s'en sont allés mes jours évanouis?[6]
Est-il quelqu'un qui me connaisse?
Ai-je encor quelque chose en mes yeux éblouis,[7]
De la clarté de ma jeunesse?

Tout s'est-il envolé? Je suis seul, je suis las;
J'appelle sans qu'on me réponde;
O vents! ô flots! ne suis-je aussi qu'un souffle, hélas!
Hélas! ne suis-je aussi qu'une onde?

Ne verrai-je plus rien de tout ce que j'aimais?
Au dedans de moi le soir tombe.
O terre, dont la brume efface les sommets,
Suis-je le spectre, et toi la tombe?

Ai-je donc vidé tout, vie, amour, joie, espoir?
J'attends, je demande, j'implore;
Je penche tour à tour mes urnes pour avoir
De chacune une goutte encore!

Comme le souvenir est voisin du remord!
Comme à pleurer tout nous ramène!
Et que je te sens froide en te touchant, ô mort,
Noir verrou[8] de la porte humaine!

3. *vautour:* vulture; *aquilon:* (etymologically, eagle) North Wind.
4. *toison:* fleece.
5. *récif:* reef.
6. *évanouis:* vanished.
7. *éblouis:* bedazzled.
8. *verrou:* bolt.

Victor Hugo, illustration pour son roman *Les Travailleurs de la mer*, montrant l'insignifiance de l'homme soumis à la force déchaînée des élements. (Bibliothèque Nationale, Paris)

Et je pense, écoutant gémir le vent amer,
Et l'onde aux plis infranchissables;
L'été rit, et l'on voit sur le bord de la mer
Fleurir le chardon bleu[9] des sables.

9. *chardon bleu:* blue thistle.

O gouffre! l'âme plonge et rapporte le doute.
Nous entendons sur nous les heures, goutte à goutte,
    Tomber comme l'eau sur les plombs;[1]
L'homme est brumeux, le monde est noir, le ciel est sombre;
Les formes de la nuit vont et viennent dans l'ombre;
    Et nous, pâles, nous contemplons.

Nous contemplons l'obscur, l'inconnu, l'invisible.
Nous sondons[2] le réel, l'idéal, le possible,
    L'être, spectre toujours présent.
Nous regardons trembler l'ombre indéterminée.
Nous sommes accoudés sur notre destinée,
    L'œil fixe et l'esprit frémissant.

Nous épions des bruits dans ces vides funèbres;
Nous écoutons le souffle, errant dans les ténèbres,
    Dont frissonne[3] l'obscurité;
Et, par moments, perdus dans les nuits insondables,
Nous voyons s'éclairer de lueurs formidables
    La vitre de l'éternité.

1. *plombs:* lead roof covering.
2. *sondons:* probe.
3. *frissonne:* shivers.

The Granger Collection

BAUDELAIRE

De la vaporisation et de la centralisation du *Moi*. Tout est là.
Mon Cœur mis à nu

Biographie

Charles Baudelaire (1821–67) est né à Paris, fils d'un artiste-peintre qui meurt quand l'enfant n'a que six ans. En 1828 la mère de Baudelaire épouse le commandant Aupick, homme avec qui Baudelaire ne pourra jamais s'entendre. Baudelaire fait des études brillantes au lycée, surtout en latin, mais est renvoyé en 1838 pour insubordination. Dès l'âge de dix-huit ans, il déclare son intention de suivre une vocation artistique malgré les protestations de son beau-père. Il s'installe à Paris où il passe la plupart de sa vie, à l'exception d'un voyage aux tropiques en 1841 et un voyage en Belgique juste avant sa mort.

Critique littéraire et artistique célèbre, Baudelaire traduit les œuvres d'Edgar Poe en français. Il écrit de nombreux essais sur ses contemporains littéraires et artistiques, dont les plus célèbres sont ceux sur Eugène Delacroix, Théophile Gautier, et Wagner. Les œuvres suivantes sont parmi ses plus importantes: *Salon de 1846,* où Baudelaire définit le romantisme et loue surtout Delacroix comme maître de la peinture romantique; *Histoires extraordinaires* de Poe (1854–55), traduites avec une préface de

Baudelaire; *Les Fleurs du mal* (1857), son œuvre poétique la plus importante, composée de cent poèmes, dont six seront jugés immoraux; *Richard Wagner et Tannhäuser à Paris* (1861), essai dans lequel Baudelaire définit l'opéra comme «l'art par excellence, le plus synthétique, et le plus parfait», et où il déclare la supériorité de Wagner «à peindre l'espace et la profondeur, matériels et spirituels»; *Le Peintre de la vie moderne* (1863), essai sur le peintre Constantin Guys où Baudelaire définit l'art moderne et son rapport avec la société; *Le Spleen de Paris* (œuvre posthume), recueil de poèmes en prose dont la plupart sont publiés du vivant de Baudelaire dans des revues.

Théories littéraires

Baudelaire a peu écrit sur ses propres œuvres, mais on peut dégager son esthétique en regardant ce qu'il admire chez ses contemporains.

Dans sa préface à l'œuvre de Poe, Baudelaire insiste sur la séparation entre le Vrai, le Bien et le Beau. D'après lui, une des hérésies de son époque est de croire que la poésie doit avoir un but moral et doit *enseigner* quelque chose. Au contraire, une des originalités de la poésie de Baudelaire est qu'elle décrit souvent le *mal* et le *péché,* et l'un des buts de Baudelaire est de dégager la beauté qui réside dans le mal. L'unique but de la poésie reste quand même la description de l'homme intérieur tel qu'il est et le plaisir même d'écrire le poème.

A la base de cette création du poème se trouve le *mot.* Baudelaire parle du pouvoir des mots avec un respect presque religieux: «Il y a dans, le mot, dans le *verbe,* quelque chose de *sacré* qui nous défend d'en faire un jeu de hasard. Manier savamment une langue, c'est pratiquer une espèce de sorcellerie évocatoire.» Mais pour être capable de «manier savamment» la langue, il faut que le poète ait le don de *l'imagination,* telle que Baudelaire la retrouve chez Poe: «L'imagination est une faculté quasi divine qui perçoit tout d'abord, en dehors des méthodes philosophiques, les rapports intimes et secrets des choses, les correspondances et les analogies.»

En parlant de Constantin Guys, Baudelaire insiste que l'artiste doit chercher ces «rapports et analogies» dans sa propre société afin d'en extraire les éléments:

> Il [Guys] cherche quelque chose qu'on nous permettra d'appeler la *modernité,* car il ne se présente pas de meilleur mot pour exprimer l'idée en question. Il s'agit, pour lui, de dégager de la mode ce qu'elle peut contenir de poétique dans l'historique, de tirer l'éternel du transitoire. . . . La modernité, c'est le transitoire, le fugitif, le contingent, la moitié de l'art, dont l'autre est l'éternel et l'immuable.

Mais dans cette attention à la vie réelle, le devoir de l'artiste n'est pas d'*imiter* la nature; au contraire, l'art est «surnaturel» et avant tout «artifice»: une déformation de la nature, ou plutôt un essai permanent et successif de reformation de la nature.

Afin de communiquer les rapports «intimes et secrets des choses» et de transformer la nature, il faut que le poète soit toujours conscient de son art et qu'il cherche des moyens précis:

La vie parisienne vue par Constantin Guys, dessin typique de la «modernité» que Baudelaire voyait dans l'œuvre de Guys. (Cabinet des Dessins du Louvre; photo Musées Nationaux)

Le choix des moyens! Il [Poe] y revient sans cesse; il insiste avec une éloquence savante sur l'approbation du moyen à l'effet, sur l'usage de la rime, sur le perfectionnement du refrain, sur l'adaptation du rythme au sentiment. . . . Tout pour le dénouement! répète-t-il souvent. Un sonnet, lui-même, a besoin d'un plan, et la construction, l'armature, pour ainsi dire, est la plus importante garantie de la vie mystérieuse des œuvres de l'esprit.

Une dernière «garantie de la vie mystérieuse de l'esprit» ressort de la concentration et de la compression, qualités essentielles que soulignent des considérations psychologiques de la poésie:

Un long poème n'existe pas; ce qu'on entend par un long poème est une parfaite contradiction de termes. En effet, un poème ne mérite pas son titre qu'autant qu'il excite, qu'il enlève l'âme, et la valeur positive d'un poème est en raison de cette excitation, de cet *enlèvement* de l'âme.

Tous les poèmes en vers dans cette section appartiennent au recueil des *Fleurs du mal.*

Parfum exotique

Quand, les deux yeux fermés, en un soir chaud d'automne,
Je respire l'odeur de ton sein chaleureux,
Je vois se dérouler des rivages heureux
Qu'éblouissent[1] les feux d'un soleil monotone;[2]

Une île paresseuse où la nature donne
Des arbres singuliers et des fruits savoureux;
Des hommes dont le corps est mince et vigoureux,
Et des femmes dont l'œil par sa franchise étonne.

Guidé par ton odeur vers de charmants climats,
Je vois un port rempli de voiles et de mâts[3]
Encor tout fatigués par la vague[4] marine,

Pendant que le parfum des verts tamariniers,[5]
Qui circule dans l'air et m'enfle la narine,[6]
Se mêle dans mon âme au chant des mariniers.

Vers 1. Le poète commence avec une précision temporelle («un soir chaud d'automne»). En étudiant chacun de ces mots, peut-on dire que le poète décrit un événement habituel ou au contraire exceptionnel?

Vers 2. Que suggère chacun des mots «ton sein chaleureux» en ce qui concerne le rapport entre le poète et sa maîtresse?

Vers 3. Pourquoi le poète se sert-il du verbe «se dérouler» au lieu d'un verbe tel qu' «apparaître»?

1. *éblouissent:* dazzle.
2. *monotone:* (ety., monotonos—single tone) uniform, monotonous.
3. *mâts:* masts (of ships).
4. *vague:* wave.
5. *tamarinier:* tamarind tree—a tropical tree grown for its fruit.
6. *narine:* nostril.

—Le poète a commencé le poème «les deux yeux fermés», mais maintenant il «voit». Dans quel sens voit-il? Quelle est la cause de ce changement?

Vers 4. Lequel des deux sens du mot «monotone» semble s'appliquer ici? Dans quelle mesure les sons du quatrain renforcent-ils le sens de ce mot?

—Dans quelle mesure les mots «éblouir» et «monotone» marquent-ils une opposition?

Vers 1–4. Quelles sont les différences entre l'endroit et le moment où se termine le quatrain et ceux où il a commencé?

—A plusieurs reprises il est question de *chaleur* et de *lumière* dans le quatrain. De quelle manière ces allusions se ressemblent-elles? Comment sont-elles différentes?

Vers 5. Pourquoi le poète ne commence-t-il pas une nouvelle phrase au commencement de ce quatrain? (A quelle distance est-il de ce qu'il voit?)

—Dans quelle mesure le mot «paresseuse» renforce-t-il le mot «monotone» du quatrain précédent? Quel nouvel élément suggère-t-il?

Vers 6. Par rapport à quel endroit les arbres sont-ils «singuliers»?

Vers 7. Tandis que les vers 5 et 6 décrivent l'île, les vers 7 et 8 décrivent les habitants. Les mots «mince» et «vigoureux» semblent s'opposer aux mots «paresseuse» et «la nature donne» du vers 5. Le font-ils en fait?

Vers 8. Qui est étonné? Pourquoi?

Vers 6–8. Le poète se sert de constructions parallèles. Quel est l'effet de cette construction sur le sens? Et sur le son? (Quel sons semblent dominer dans ces vers et dans le reste du quatrain?)

Vers 1–8. Le poème a commencé par les yeux du poète et le corps de sa maîtresse; le deuxième quatrain termine sur l'œil des femmes et le corps des hommes. Quelles oppositions cette reprise suggère-t-elle?

—Reprenez les adjectifs des deux quatrains et définissez l'exotisme dans le titre du poème (regardez surtout les côtés sensuels et moraux).

—Reprenez les verbes. Lesquels décrivent l'activité? Quelle sorte d'activité? A quoi s'oppose cette activité?

—Après le vers 2, la maîtresse disparaît, mais dans quelle mesure peut-on sentir sa présence?

—Dans ces vers précisez le rapport entre: le poète et sa maîtresse; le poète et l'île; le poète et les humains sur l'île; la maîtresse et les femmes du vers 8; les objets et les humains dans la nature. Lesquels sont en opposition? Lesquels se complémentent?

Vers 9. Le commencement du premier tercet doit marquer un changement. Quelle est la nature de ce changement?

—Le mot «guidé» souligne le thème du voyage. Quel est le rôle de la maîtresse dans ce voyage? (Pourquoi le poète dit-il simplement «ton odeur» et non pas «l'odeur de ton sein» comme avant?)

Vers 10. De quelle façon le poète indique-t-il que le voyage s'est terminé? Où se trouve-t-il maintenant? Pourquoi se sert-il de la métonymie «voiles et mâts» (où il décrit une partie pour le tout) du point de vue du sens et du son?

Vers 11. Que suggère le mot «encor»?

—D'habitude on ne se sert pas de personnification pour des voiles et des mâts. Pourquoi Baudelaire le fait-il en employant le mot «fatigués»?

Vers 12. Pourquoi le poète dit-il «parfum» maintenant au lieu de «odeur» comme avant? Pourquoi dit-il «tamariniers» au lieu d'«arbres»? De même, pourquoi se sert-il d'une couleur précise?

Vers 13. Avant le poète a dit «je respire l'odeur»; maintenant il dit que le parfum «enfle la narine». Que suggère ce changement?

—Dans ce vers, quel rapport explicite établit-il entre lui-même et l'île imaginaire? Que suggère-t-il au sujet de son rapport avec sa maîtresse?

Vers 14. Dans quelle mesure le verbe «se mêler» complémente-t-il «circuler»? Quelle est l'importance des mots «dans mon âme» qui apparaissent dans le poème pour la première fois?

Vers 12–14. A quels sens le poète fait-il appel dans ces vers? Quel sens apparaît pour la première fois? Que suggère cette addition? Quel est le rapport entre ces sens et le mot «âme»?

—Dans quelle mesure maintenant le monde de la maîtresse et celui de l'île sont-ils reliés? Lequel semble le plus significatif pour le poète? Expliquez.

QUESTIONS GENERALES

Grammaire. Le sonnet se compose de deux seules phrases, l'une dans les quatrains et l'autre dans les tercets. Comment la longueur de ces phrases renforce-t-elle le sens du poème? Comment ces phrases sont-elles différentes (quelle est l'importance des mots «quand» et «pendant que»)? De quelle façon ces différences soulignent-elles les différences entre les deux parties du poème?

—Tous les verbes du poème sont au présent. Ce présent décrit-il une seule action, une action continue, ou plutôt une action répétée plusieurs fois? Expliquez.

Forme et métrique. Ce sonnet est un des rares sonnets réguliers de Baudelaire. De même, la métrique est tout à fait régulière. Comment cette régularité renforce-t-elle le sens du poème?

Lecture. Dans le poème il s'agit souvent d'une certaine sensualité. Précisez comment les jeux des sons renforcent cette sensualité (allitération, répétition, etc.).

—Sur quel ton doit-on lire le poème? Ce ton change-t-il à travers le poème?

Conclusion. Reprenez le titre du poème et précisez le sens des deux mots pour Baudelaire. Comment le parfum est-il «exotique»?

—Dans les derniers vers on a l'impression de l'unité. Quels sont les éléments de cette unité? Quel est le rapport entre cette unité et le monde réel?

—Dans ce poème Baudelaire n'a guère employé de métaphores. Mais dans quel sens le poème est-il métaphorique?

Duellum[1]

Deux guerriers ont couru l'un sur l'autre; leurs armes
Ont éclaboussé[2] l'air de lueurs et de sang.

1. *duellum:* vieille forme d'un mot latin qui veut dire «la guerre» ou plus précisément le combat entre deux personnes.
2. *éclaboussé:* splashed or spattered (often with mud).

Ces jeux, ces cliquetis[3] du fer sont les vacarmes
D'une jeunesse en proie à l'amour vagissant.[4]

Les glaives sont brisés! comme notre jeunesse,
Ma chère! Mais les dents, les ongles acérés,[5]
Vengent bientôt l'épée et la dague traîtresse.
—O fureur des cœurs mûrs par l'amour ulcérés!

Dans le ravin hanté des chats-pards[6] et des onces[7]
Nos héros, s'étreignant méchamment, ont roulé,
Et leur peau fleurira l'aridité des ronces.

—Ce gouffre, c'est l'enfer, de nos amis peuplé!
Roulons-y sans remords, amazone inhumaine,
Afin d'éterniser l'ardeur de notre haine.

Titre. Quel est l'effet du titre en latin?

Premier quatrain. Précisez le portrait de l'amour que donnent les métaphores de guerre en regardant chacune de ces métaphores et leurs rapports.

—Sur quel ton doit-on lire ce quatrain?

Deuxième quatrain. Dans le premier quatrain il est question de la jeunesse; dans ce quatrain-ci, de quel âge s'agit-il? De quelle manière les métaphores changent-elles pour refléter ce changement dans le temps? Quels mots en particulier suggèrent l'âge du poète et l'état de son amour?

—Par contraste avec le premier quatrain, le poète s'adresse directement à sa maîtresse. Quel est l'effet de ce changement? En particulier, comment le ton change-t-il par rapport au premier quatrain? Quels sont les changements de ton dans ce quatrain même (par exemple, lit-on les mots «ma chère» de la même façon que le vers 8)?

—Le poète met un tiret devant le vers 8 pour le faire ressortir. Pourquoi? De quels procédés sonores et syntaxiques se sert-il pour créer cette mise en relief?

Premier tercet. Quel changement le premier vers du tercet marque-t-il?

—D'après ce que suggère le dernier vers de ce tercet, quel est l'état de leur amour? Que suggère le mot «fleurira»? A quelle idée s'oppose-t-il dans le poème? Pouvez-vous rattacher ce mot au titre du volume, *Les Fleurs du mal?*

—Dans quelle mesure les sons dans le dernier vers renforcent-ils le mot «fleurira»?

—Sur quel ton doit-on lire le tercet?

Dernier tercet. De nouveau le poète se sert d'un tiret pour mettre en relief un vers. Le fait-il pour les mêmes raisons et avec le même effet qu'au vers 8?

—En prenant ce vers *mot à mot,* étudiez les préparatifs par contraste et par similitude dans le reste du poème. En particulier, comment les

3. *cliquetis:* sound of rattling or clashing.
4. *vagissant:* act of crying or wailing (of a new-born baby).
5. *acéré:* sharp.
6. *chat-pard:* a type of lynx found in southern Europe.
7. *once:* a type of lynx or small panther (usually associated with Africa or Asia).

métaphores se développent-elles dans les strophes précédentes pour aboutir aux mots «amazone inhumaine»?

—Le ton de ce tercet doit-il être le même que celui du tercet précédent?

QUESTIONS GENERALES

Grammaire. Quels sont les temps et le mode des verbes dans le poème? Voyez-vous un rapport entre ce jeu de verbes et le verbe «éterniser» à la fin?

Forme. Duellum est un sonnet irrégulier. Quelles sont les irrégularités dans la disposition des rimes? Dans quelle mesure ces irrégularités se reflètent-elles dans la structure interne du poème?

Lecture. Nous avons déjà indiqué certains changements de ton dans le poème, mais à la fin, quel ton semble prédominer?

—Il y a certaines irrégularités dans le rythme du poème (enjambement, déplacement ou affaiblissement de la césure, par exemple). Indiquez-les. Voyez-vous un rapport entre ces irrégularités et les changements dans le ton?

—Quels sons semblent prédominer dans le poème? Comment renforcent-ils le sens?

Harmonie du soir

Voici venir les temps[1] où vibrant sur sa tige
Chaque fleur s'évapore ainsi qu'un encensoir;[2]
Les sons et les parfums tournent dans l'air du soir;
Valse mélancolique[3] et langoureux[4] vertige!

Chaque fleur s'évapore ainsi qu'un encensoir;
Le violon frémit[5] comme un cœur qu'on afflige;
Valse mélancolique et langoureux vertige!
Le ciel est triste et beau comme un grand reposoir.[6]

Le violon frémit comme un cœur qu'on afflige,
Un cœur tendre, qui hait le néant vaste et noir!
Le ciel est triste et beau comme un grand reposoir;
Le soleil s'est noyé dans son sang qui se fige.[7]

1. «Voici venir les temps . . .» évoque les versets bibliques tirés des prophéties de l'apocalypse dans l'Ancien Testament (cf. Isaïe 13, 9: «Voici venir, cruel, le jour de Iahvé»; Jérémie 23, 5: «Voici que viennent les jours . . .»).
2. *encensoir:* censer, vessel for burning incense during Mass.
3. *mélancolique* (ety., black bile): characterized by a morbid sadness or depression.
4. *langoureux:* languid; *langueur* can mean a progressive weakening from sickness.
5. *frémir:* (ety.: to murmur, make a muffled noise) tremble, quiver.
6. *reposoir:* temporary altar for the host when it is carried in processions; resting place.
7. *se figer:* to coagulate.

Un cœur tendre, qui hait le néant vaste et noir;
Du passé lumineux recueille tout vestige!
Le soleil s'est noyé dans son sang qui se fige . . .
Ton souvenir en moi luit comme un ostensoir![8]

Forme. Harmonie du soir est un *pantoum,* forme malaise (de Sumatra, Bornéo, Malacca) que les romantiques ont empruntée. Il est composé de quatrains à rimes croisées avec un enchaînement de refrains entrelacés. Baudelaire modifie la forme traditionnelle de plusieurs manières: il écrit son poème en rimes embrassées sur deux rimes seulement, et il ne reprend pas le premier vers à la fin comme l'exigent les règles traditionnelles.

—Dans le poème précisez exactement l'entrelacement des vers.

—Pourquoi Baudelaire ne reprend-il pas le premier vers à la fin du poème? Quel est l'effet du nouveau vers qu'il introduit?

Lecture. Quel ton l'allusion biblique donne-t-elle au commencement? Quelles variations de ton les points d'exclamation exigent-ils?

—Comment doit-on changer de ton en relisant les vers qui sont répétés? (Par exemple, quels mots accentuez-vous au vers 7 que vous n'avez pas accentués au vers 4?)

—Quelles sortes d'*harmonies* existent dans les jeux de sons et de rythmes? De quelle manière ces harmonies renforcent-elles le sens du poème? Par contraste, quelle sorte de désaccord se manifeste dans les vers 6 et 10?

Grammaire. Le poème commence avec un futur immédiat («Voici venir. . .»), puis passe au présent, ensuite au passé composé avant de terminer au présent. Pourquoi le poète change-t-il le temps des verbes?

—Quelle sorte de progression y a-t-il dans le sens de ces verbes?

Structure. Baudelaire se sert d'images empruntées à la nature et d'images religieuses et sensorielles. En même temps, il y a des mots qui ont à la fois un sens physique et émotif («tendre» et «mélancolique» par exemple). De quelles façons une harmonie s'établit-elle entre ces images dans chaque strophe? Quelle est l'harmonie finale du poème?

Mais le poème suggère beaucoup de contrastes, même de conflits, entre (1) le présent et le passé; (2) la lumière et le noir; (3) le mouvement et l'immobilité; (4) le poète et la femme à qui il parle; (5) le monde extérieur (physique) et intérieur (émotif et spirituel); (6) la vie et la mort; (7) la présence et l'absence du poète dans le poème même. Etudiez la progression de ces contrastes. A quels moments s'établit-il une harmonie entre eux? Comment l'harmonie finale résout-elle ces contrastes et conflits?

Rime. Nous avons déjà remarqué que Baudelaire a écrit le poème sur deux rimes seulement. Ces rimes sont d'une grande richesse sonore et sémantique. Quels sont les jeux sonores et sémantiques des rimes, et comment ces jeux renforcent-ils la structure du poème?

Conclusion. Dans un essai Baudelaire décrit l'art dans les termes suivants: «Qu'est-ce que l'art pur suivant la conception moderne? C'est créer une magie suggestive contenant à la fois l'objet et le sujet, le monde extérieur et l'artiste lui-même.» Appliquez cette définition à *Harmonie du soir.*

8. *ostensoir:* monstrance; gold receptacle in which the consecrated host is displayed; it is often shaped like a sun.

Spleen[1]

Quand le ciel bas et lourd pèse[2] comme un couvercle
Sur l'esprit gémissant[3] en proie[4] aux longs ennuis,
Et que de l'horizon embrassant tout le cercle
Il nous verse un jour noir plus triste que les nuits;

Quand la terre est changée en un cachot[5] humide,
Où l'Espérance, comme une chauve-souris,[6]
S'en va battant les murs de son aile timide
Et se cognant la tête à des plafonds pourris;

Quand la pluie étalant[7] ses immenses traînées
D'une vaste prison imite les barreaux,
Et qu'un peuple muet d'infâmes araignées[8]
Vient tendre[9] ses filets au fond de nos cerveaux,

Des cloches tout à coup sautent avec furie
Et lancent vers le ciel un affreux hurlement,
Ainsi que des esprits errants et sans patrie
Qui se mettent à geindre[10] opiniâtrement.

—Et de longs corbillards,[11] sans tambour ni musique,
Défilent lentement dans mon âme; l'Espoir,
Vaincu, pleure, et l'Angoisse atroce, despotique,
Sur mon crâne[12] incliné plante son drapeau noir.[13]

Grammaire. Ce poème se compose de deux phrases, dont la première s'étend à travers les quatre premières strophes, qui sont liées par la conjonction «quand». Quel est l'effet de cette longue phrase et de la répétition du mot «quand»?

—Beaucoup de verbes sont soit des infinitifs, soit des participes présents. Pourquoi?

Structure. Dans quelle mesure la syntaxe détermine-t-elle la structure du poème? Quelles sortes de contrastes existent entre les strophes 1–3 et 4; 4 et 5; 5 et les autres?

—On peut distinguer au moins trois sortes d'images dans le poème: de pesanteur, de clôture, et de fluidité. De quelle manière ces images changent-elles pour aboutir aux derniers vers?

1. *spleen* (mot anglais): La rate (spleen) est un organe qui passait autrefois pour sécréter la bile, appelée par les anciens «l'humeur noire» et censée être la source de la mélancolie.
2. *pèse:* weighs.
3. *gémissant:* moaning.
4. *en proie:* prey to; caught by.
5. *cachot:* dungeon cell.
6. *chauve-souris:* bat (animal).
7. *étalant:* displaying; spreading or laying out.
8. *araignées:* spiders.
9. *tendre:* to stretch.
10. *geindre:* to whine, to whimper.
11. *corbillards:* hearses (horse-drawn).
12. *crâne:* skull.
13. *drapeau noir:* of death or anarchy.

—Dans chaque strophe il s'agit d'une transformation ou d'une déformation du monde extérieur. Précisez ces transformations et déformations et leurs progressions.

Lecture. De quelle manière le ton change-t-il dans chaque partie?

—Quels sont les changements dans le rythme des strophes 1–4 et la dernière strophe? Pourquoi le poète fait-il ces changements?

Conclusion. D'après ce poème quelle définition Baudelaire donne-t-il du «spleen»? Dans quelle mesure cette définition s'accorde-t-elle avec la définition conventionnelle du mot?

Correspondances[1]

La Nature est un temple où de vivants piliers
Laissent parfois sortir de confuses paroles;
L'homme y passe à travers des forêts de symboles
Qui l'observent avec des regards familiers.

Comme de longs échos qui de loin se confondent[2]
Dans une ténébreuse[3] et profonde unité,
Vaste comme la nuit et comme la clarté,
Les parfums, les couleurs et les sons se répondent.

Il est des parfums frais comme des chairs[4] d'enfants,
Doux comme les hautbois,[5] verts comme les prairies,
—Et d'autres, corrompus, riches et triomphants,

Ayant l'expansion des choses infinies,
Comme l'ambre,[6] le musc,[7] le benjoin[8] et l'encens
Qui chantent les transports[9] de l'esprit[10] et des sens.

Ce poème est parmi les plus célèbres de la langue française. Certains critiques voient deux sortes de correspondances dans le poème: (1) des correspondances entre le monde matériel ou naturel et le monde spirituel ou divin (correspondances «verticales»); (2) des correspondances entre les divers sens eux-mêmes, ou la *synesthésie* (correspondances «horizontales»). D'autres critiques acceptent cette interprétation, mais ils accentuent le côté «humaniste» du poème, où l'homme est le centre de l'univers et le poète l'interprète.

Mais un autre groupe de critiques insiste qu'il existe un décalage entre

1. *correspondance:* agreement or conformity among things; communication among places.
2. *se confondent:* blend, intermingle.
3. *ténébreuse:* gloomy, dark; mysterious, sinister.
4. *chair:* flesh.
5. *hautbois:* oboe.
6. *ambre:* amber—either yellow (from fossils) or grey (extracted from sperm whales; this has a musk-like odor and is used in perfumes).
7. *musc:* musk (base for perfumes, taken from mammals).
8. *benjoin:* gum benzoin (aromatic resin usually from Asiatic trees, used in medicine).
9. *transport:* (trans-port—carry from one place to another); rapture.
10. *esprit:* mind, as well as spirit.

le premier quatrain et le reste du poème. En rejetant l'idée de correspondances entre le monde physique et le monde divin, ils mettent l'accent sur l'homme et son rapport avec le monde qui l'entoure.

Essayez de développer votre propre interprétation du poème en considérant ces interprétations et en vous servant des questions suivantes:

—Quels sens apparaissent dans chaque strophe? Lequel est le plus important?

—Dans le deuxième quatrain et les tercets Baudelaire emploie le mot «comme» six fois. Que suggère cette répétition? Pourquoi Baudelaire le *poète* insiste-t-il sur ce mot? Que suggère le fait qu'il ne l'emploie pas dans le premier quatrain?

—En regardant bien les noms et les adjectifs dans chaque strophe, déterminez les diverses sortes de correspondances entre ces mots et le développement de ces correspondances.

—Le poète n'apparaît pas directement dans le poème, mais il fait sentir sa présence par le ton de lecture. Quel doit être ce ton?

—A la fin du poème ce sont les parfums qui «chantent les transports», et non le poète. Quel est donc le rôle du poète?

—D'après ce poème, qu'est-ce que la poésie? Cette définition de la poésie s'applique-t-elle aux autres poèmes de Baudelaire que vous avez lus? Comment?

Spleen

J'ai plus de souvenirs que si j'avais mille ans.

Un gros meuble à tiroirs encombré de bilans,
De vers, de billets doux, de procès, de romances,[1]
Avec de lourds cheveux roulés dans des quittances,[2]
Cache moins de secrets que mon triste cerveau.
C'est une pyramide, un immense caveau,
Qui contient plus de morts que la fosse commune.[3]
—Je suis un cimetière abhorré de la lune,
Où, comme des remords, se traînent de longs vers
Qui s'acharnent[4] toujours sur mes morts les plus chers.
Je suis un vieux boudoir plein de roses fanées,
Où gît tout un fouillis de modes surannées,[5]
Où les pastels plaintifs et les pâles Boucher,[6]
Seuls, respirent l'odeur d'un flacon débouché.

Rien n'égale en longueur les boiteuses[7] journées,
Quand sous les lourds flocons des neigeuses années

1. *encombré . . . de romances:* littered with financial accounts, verses, love letters, lawsuits, ballads.
2. *quittances:* receipts.
3. *la fosse commune:* common burial-ground (for the poor).
4. *s'acharnent:* attack persistently.
5. *fouillis de modes surannes:* jumble of outdated fashions.
6. Boucher fut un peintre décoratif du dix-huitième siècle qui prit souvent pour sujets les femmes.
7. *boiteuses:* limping.

L'Ennui, fruit de la morne incuriosité,
Prend les proportions de l'immortalité.
—Désormais[8] tu n'es plus, ô matière vivante!
Qu'un granit entouré d'une vague épouvante,[9]
Assoupi[10] dans le fond d'un Saharah brumeux;
Un vieux sphinx ignoré du monde insoucieux,
Oublié sur la carte, et dont l'humeur farouche
Ne chante qu'aux rayons du soleil qui se couche.

8. *désormais:* from now on.
9. *une vague épouvante:* a vague terror.
10. *assoupi:* dozing.

Chant d'automne

I

Bientôt nous plongerons dans les froides ténèbres;
Adieu, vive clarté de nos étés trop courts!
J'entends déjà tomber avec des chocs funèbres
Le bois retentissant sur le pavé des cours.[1]

Tout l'hiver va rentrer dans mon être: colère,
Haine, frissons, horreur, labeur dur et forcé,
Et, comme le soleil dans son enfer polaire,
Mon cœur ne sera plus qu'un bloc rouge et glacé.

J'écoute en frémissant[2] chaque bûche qui tombe;
L'échafaud[3] qu'on bâtit n'a pas d'écho plus sourd.
Mon esprit est pareil à la tour qui succombe
Sous les coups du bélier[4] infatigable et lourd.

Il me semble, bercé par ce choc monotone,
Qu'on cloue en grande hâte un cercueil[5] quelque part.
Pour qui?—C'était hier l'été; voici l'automne!
Ce bruit mystérieux sonne comme un départ.

II

J'aime de vos longs yeux la lumière verdâtre,
Douce beauté, mais tout aujourd'hui m'est amer,
Et rien, ni votre amour, ni le boudoir, ni l'âtre,[6]
Ne me vaut le soleil rayonnant sur la mer.

1. *retentissant . . . cours:* resounding on the pavement of the courtyards.
2. *frémissant:* quivering; *bûche:* log.
3. *échafaud:* scaffold (for executions).
4. *bélier:* battering ram.
5. *cercueil:* casket.
6. *âtre:* hearth.

Et pourtant aimez-moi, tendre cœur! soyez mère,
Même pour un ingrat, même pour un méchant;
Amante ou sœur, soyez la douceur éphémère
D'un glorieux automne ou d'un soleil couchant.

Courte tâche! La tombe attend; elle est avide!
Ah! laissez-moi, mon front posé sur vos genoux,
Goûter, en regrettant l'été blanc et torride,
De l'arrière-saison le rayon jaune et doux!

A une passante

La rue assourdissante[1] autour de moi hurlait.
Longue, mince, en grand deuil, douleur majestueuse,
Une femme passa, d'une main fastueuse[2]
Soulevant, balançant le feston et l'ourlet;[3]

Agile et noble, avec sa jambe de statue.
Moi, je buvais, crispé[4] comme un extravagant,
Dans son œil, ciel livide où germe[5] l'ouragan,
La douceur qui fascine et le plaisir qui tue.

Un éclair . . . puis la nuit!—Fugitive beauté
Dont le regard m'a fait soudainement renaître,
Ne te verrai-je plus que dans l'éternité?

Ailleurs, bien loin d'ici! trop tard! *jamais* peut-être!
Car j'ignore où tu fuis, tu ne sais où je vais,
O toi que j'eusse aimée, ô toi qui le savais!

1. *assourdissant:* deafening.
2. *fastueuse:* sumptuous.
3. *le feston et l'ourlet:* the scallop and hem (of her dress).
4. *crispé:* contracted, tense.
5. *germe:* sprouts.

L'Invitation au voyage

Mon enfant, ma sœur,
    Songe à la douceur
D'aller là-bas vivre ensemble!
    Aimer à loisir,[1]
    Aimer et mourir

1. *loisir:* leisure.

Au pays qui te ressemble!
Les soleils mouillés[2]
De ces ciels brouillés[3]
Pour mon esprit ont les charmes
Si mystérieux
De tes traîtres yeux,
Brillant à travers leurs larmes.

Là, tout n'est qu'ordre et beauté,
Luxe,[4] calme et volupté.

Des meubles luisants,[5]
Polis par les ans,
Décoreraient notre chambre;
Les plus rares fleurs
Mêlant leurs odeurs
Aux vagues senteurs de l'ambre.
Les riches plafonds,
Les miroirs profonds,
La splendeur orientale,
Tout y parlerait
A l'âme en secret
Sa douce langue natale.

Là, tout n'est qu'ordre et beauté,
Luxe, calme et volupté.

Vois sur ces canaux
Dormir ces vaisseaux[6]
Dont l'humeur est vagabonde;
C'est pour assouvir[7]
Ton moindre désir
Qu'ils viennent du bout du monde.
—Les soleils couchants
Revêtent les champs,
Les canaux, la ville entière,
D'hyacinthe et d'or;
Le monde s'endort
Dans une chaude lumière.

Là, tout n'est qu'ordre et beauté,
Luxe, calme et volupté.

2. *mouillés:* moistened.
3. *brouillés:* murky.
4. *luxe:* luxury, sumptuousness.
5. *luisants:* shining.
6. *vaisseaux:* vessels.
7. *assouvir:* to satisfy (hunger or passion).

PETITS POEMES EN PROSE (LE SPLEEN DE PARIS)[1]

L'Invitation au voyage

Il est un pays superbe, un pays de Cocagne,[2] dit-on, que je rêve de visiter avec une vieille amie. Pays singulier, noyé dans les brumes de notre Nord, et qu'on pourrait appeler l'Orient de l'Occident, la Chine de l'Europe, tant la chaude et capricieuse fantaisie s'y est donné carrière,[3] tant elle l'a patiemment et opiniâtrement illustré de ses savantes et délicates végétations.

Un vrai pays de Cocagne, où tout est beau, riche, tranquille, honnête; où le luxe a plaisir à se mirer[4] dans l'ordre: où la vie est grasse et douce à respirer; d'où le désordre, la turbulence et l'imprévu sont exclus; où le bonheur est marié au silence; où la cuisine elle-même est poétique, grasse et excitante à la fois; où tout vous ressemble, mon cher ange.

Tu connais cette maladie fiévreuse qui s'empare[5] de nous dans les froides misères, cette nostalgie du pays qu'on ignore, cette angoisse de la curiosité? Il est une contrée qui te ressemble, où tout est beau, riche, tranquille et honnête, où la fantaisie a bâti et décoré une Chine occidentale, où la vie est douce à respirer, où le bonheur est marié au silence. C'est là qu'il faut aller vivre, c'est là qu'il faut aller mourir!

Oui, c'est là qu'il faut aller respirer, rêver et allonger les heures par l'infini des sensations. Un musicien a écrit l'*Invitation à la valse;* quel est celui qui composera l'*Invitation au voyage*, qu'on puisse offrir à la femme aimée, à la sœur d'élection?

Oui, c'est dans cette atmosphère qu'il ferait bon vivre,—là-bas, où les heures plus lentes contiennent plus de pensées, où les horloges sonnent le bonheur avec une plus profonde et plus significative solennité.

Sur des panneaux luisants, ou sur des cuirs[6] dorés et d'une richesse sombre, vivent discrètement des peintures béates,[7] calmes et profondes, comme les âmes des artistes qui les créèrent. Les soleils couchants, qui colorent si richement la salle à manger ou le salon, sont tamisés[8] par de belles étoffes ou par ces hautes fenêtres ouvragées que le plomb divise en nombreux compartiments. Les meubles sont vastes, curieux, bizarres, armés de serrures[9] et de secrets comme des âmes raffinées. Les miroirs, les métaux, les étoffes, l'orfè-

1. Dans sa préface au *Spleen de Paris* Baudelaire indique le but de ses poèmes en prose en posant cette question: «Quel est celui de nous qui n'a pas, dans ses jours d'ambition, rêvé le miracle d'une prose poétique, musicale sans rythme et sans rime, assez souple et assez heurtée pour s'adapter aux mouvements lyriques de l'âme, aux ondulations de la rêverie, aux soubresauts de la conscience?»
2. Cocagne est le nom traditionnel d'un pays imaginaire et idyllique où tout est abondance et agrément.
3. *est donné carrière:* is given free rein.
4. *se mirer:* to reflect.
5. *s'empare:* takes hold.
6. *cuirs:* leather.
7. *béates:* blissful.
8. *tamisés:* softened; filtered.
9. *serrures:* locks.

vrerie et la faïence[10] y jouent pour les yeux une symphonie muette et mystérieuse; et de toutes choses, de tous les coins, des fissures des tiroirs et des plis des étoffes s'échappe un parfum singulier, un *revenez-y* de Sumatra, qui est comme l'âme de l'appartement.

Un vrai pays de Cocagne, te dis-je, où tout est riche, propre et luisant, comme une belle conscience, comme une magnifique batterie de cuisine, comme une splendide orfèvrerie, comme une bijouterie bariolée![11] Les trésors du monde y affluent, comme dans la maison d'un homme laborieux et qui a bien mérité du monde entier. Pays singulier, supérieur aux autres, comme l'Art l'est à la Nature, où celle-ci est réformée par le rêve, où elle est corrigée, embellie, refondue.

Qu'ils cherchent, qu'ils cherchent encore, qu'ils reculent sans cesse les limites de leur bonheur, ces alchimistes de l'horticulture! Qu'ils proposent des prix de soixante et de cent mille florins pour qui résoudra leurs ambitieux problèmes! Moi, j'ai trouvé ma *tulipe noire* et mon *dahlia bleu!*[12]

Fleur incomparable, tulipe retrouvée, allégorique dahlia, c'est là, n'est-ce pas, dans ce beau pays si calme et si rêveur, qu'il faudrait aller vivre et fleurir? Ne serais-tu pas encadrée dans ton analogie, et ne pourrais-tu pas te mirer, pour parler comme les mystiques, dans ta propre *correspondance?*

Des rêves! toujours des rêves! et plus l'âme est ambitieuse et délicate, plus les rêves l'éloignent du possible. Chaque homme porte en lui sa dose d'opium naturel, incessamment sécrétée et renouvelée, et, de la naissance à la mort, combien comptons-nous d'heures remplies par la jouissance positive, par l'action réussie et décidée? Vivrons-nous jamais, passerons-nous jamais dans ce tableau qu'a peint mon esprit, ce tableau qui te ressemble?

Ces trésors, ces meubles, ce luxe, cet ordre, ces parfums, ces fleurs miraculeuses, c'est toi. C'est encore toi, ces grands fleuves et ces canaux tranquilles. Ces énormes navires qu'ils charrient,[13] tout chargés de richesses, et d'où montent les chants monotones de la manœuvre, ce sont mes pensées qui dorment ou qui roulent sur ton sein. Tu les conduis doucement vers la mer qui est l'Infini, tout en réfléchissant les profondeurs du ciel dans la limpidité de ta belle âme;—et quand, fatigués par la houle et gorgés des produits de l'Orient, ils rentrent au port natal, ce sont encore mes pensées enrichies qui reviennent de l'infini vers toi.

10. *orfèvrerie:* gold and silver plate; *faïence:* chinaware.
11. *bariolée:* multicolored.
12. La *tulipe noire* et le *dahlia bleu* étaient des fleurs idéales que cherchaient les botanistes.
13. *charrient:* carry.

Le Mauvais vitrier[1]

Il y a des natures purement contemplatives et tout à fait impropres à l'action, qui cependant, sous une impulsion mystérieuse et inconnue, agissent

1. Au dix-neuvième siècle les *vitriers* marchaient dans les rues pour vendre leurs vitres, qu'ils portaient sur le dos.

quelquefois avec une rapidité dont elles se seraient crues elles-mêmes incapables.

Tel qui, craignant de trouver chez son concierge une nouvelle chagrinante,[2] rôde[3] lâchement une heure devant sa porte sans oser rentrer, tel qui garde quinze jours une lettre sans la décacheter, ou ne se résigne qu'au bout de six mois à opérer une démarche nécessaire depuis un an, se sentent quelquefois brusquement précipités vers l'action par une force irrésistible, comme la flèche d'un arc. Le moraliste et le médecin, qui prétendent tout savoir, ne peuvent pas expliquer d'où vient si subitement une si folle énergie à ces âmes paresseuses et voluptueuses, et comment, incapables d'accomplir les choses les plus simples et les plus nécessaires, elles trouvent à une certaine minute un courage de luxe pour exécuter les actes les plus absurdes et souvent même les plus dangereux.

Un de mes amis, le plus inoffensif rêveur qui ait existé, a mis une fois le feu à une forêt pour voir, disait-il, si le feu prenait avec autant de facilité qu'on l'affirme généralement. Dix fois de suite, l'expérience manqua; mais, à la onzième, elle réussit beaucoup trop bien.

Un autre allumera un cigare à côté d'un tonneau de poudre, *pour voir, pour savoir, pour tenter la destinée,* pour se contraindre lui-même à faire preuve d'énergie, pour faire le joueur, pour connaître les plaisirs de l'anxiété, pour rien, par caprice, par désœuvrement.

C'est une espèce d'énergie qui jaillit de l'ennui et de la rêverie; et ceux en qui elle se manifeste si opinément sont, en général, comme je l'ai dit, les plus indolents et les plus rêveurs des êtres.

Un autre, timide à ce point qu'il baisse les yeux même devant les regards des hommes, à ce point qu'il lui faut rassembler toute sa pauvre volonté pour entrer dans un café ou passer devant le bureau d'un théâtre, où les contrôleurs[4] lui paraissent investis de la majesté de Minos, d'Eaque et de Rhadamanthe,[5] sautera brusquement au cou d'un vieillard qui passe à côté de lui et l'embrassera avec enthousiasme devant la foule étonnée.

Pourquoi? Parce que . . . parce que cette physionomie lui était irrésistiblement sympathique? Peut-être; mais il est plus légitime de supposer que lui-même il ne sait pas pourquoi.

J'ai été plus d'une fois victime de ces crises et de ces élans, qui nous autorisent à croire que des Démons malicieux se glissent en nous et nous font accomplir, à notre insu,[6] leurs plus absurdes volontés.

Un matin je m'étais levé maussade, fatigué d'oisiveté, et poussé, me semblait-il, à faire quelque chose de grand, une action d'éclat; et j'ouvris la fenêtre, hélas!

(Observez, je vous prie, que l'esprit de mystification qui, chez quelques

2. *une nouvelle chagrinante:* distressing news.
3. *rôde:* prowls.
4. *contrôleurs:* ticket collectors.
5. Minos, Eaque et Rhadamanthe étaient les trois juges des Enfers dans la mythologie grecque.
6. *à notre insu:* without our knowing.

personnes, n'est pas le résultat d'un travail ou d'une combinaison, mais d'une inspiration fortuite, participe beaucoup, ne fût-ce que par l'ardeur du désir, de cette humeur, hystérique selon les médecins, satanique selon ceux qui pensent un peu mieux que les médecins, qui nous pousse sans résistance vers une foule d'actions dangereuses ou inconvenantes.)

La première personne que j'aperçus dans la rue, ce fut un vitrier dont le cri perçant, discordant, monta jusqu'à moi à travers la lourde et sale atmosphère parisienne. Il me serait d'ailleurs impossible de dire pourquoi je fus pris à l'égard de ce pauvre homme d'une haine aussi soudaine que despotique.

«—Hé! hé!» et je lui criai de monter. Cependant je réfléchissais, non sans quelque gaieté, que, la chambre étant au sixième étage et l'escalier fort étroit, l'homme devait éprouver quelque peine à opérer son ascension et accrocher en maint endroit les angles de sa fragile marchandise.

Enfin il parut: j'examinai curieusement toutes ses vitres, et je lui dis: «—Comment? vous n'avez pas de verres de couleur? des verres roses, rouges, bleus, des vitres magiques, des vitres de paradis? Impudent que vous êtes! vous osez vous promener dans des quartiers pauvres, et vous n'avez pas même de vitres qui fassent voir la vie en beau!» Et je le poussai vivement vers l'escalier, où il trébucha[7] en grognant.

Je m'approchai du balcon et je me saisis d'un petit pot de fleurs, et quand l'homme reparut au débouché de la porte, je laissai tomber perpendiculairement mon engin de guerre sur le rebord postérieur de ses crochets;[8] et le choc le renversant, il acheva de briser sous son dos toute sa pauvre fortune ambulatoire qui rendit le bruit éclatant d'un palais de cristal crevé par la foudre.

Et, ivre de ma folie, je lui criai furieusement: «La vie en beau! la vie en beau!»

Ces plaisanteries nerveuses ne sont pas sans péril, et on peut souvent les payer cher. Mais qu'importe l'éternité de la damnation à qui a trouvé dans une seconde l'infini de la jouissance.

7. *trébucha:* stumbled.
8. *le rebord postérieur de ses crochets:* the back edge of his brackets (which held the glass).

Les Foules

Il n'est pas donné à chacun de prendre un bain de multitude: jouir de la foule est un art; et celui-là seul peut faire, aux dépens du genre humain, une ribote[1] de vitalité, à qui une fée a insufflé dans son berceau le goût[2] du travestissement et du masque, la haine du domicile et la passion du voyage.

Multitude, solitude: termes égaux et convertibles par le poëte actif et fécond. Qui ne sait pas peupler sa solitude, ne sait pas non plus être seul dans une foule affairée.[3]

1. *ribote:* drunken bout.
2. *à qui une fée a insufflé . . . le goût:* in whom a fairy breathed . . . the taste. . . .
3. *affairée:* busy.

Le poëte jouit de cet incomparable privilège, qu'il peut à sa guise[4] être lui-même et autrui. Comme ces âmes errantes qui cherchent un corps, il entre, quand il veut, dans le personnage de chacun. Pour lui seul, tout est vacant; et si de certaines places paraissent lui être fermées, c'est qu'à ses yeux elles ne valent pas la peine d'être visitées.

Le promeneur solitaire et pensif tire une singulière ivresse de cette universelle communion. Celui-là qui épouse facilement la foule connaît des jouissances fiévreuses, dont seront éternellement privés l'égoïste, fermé comme un coffre, et le paresseux, interné comme un mollusque. Il adopte comme siennes[5] toutes les professions, toutes les joies et toutes les misères que la circonstance lui présente.

Ce que les hommes nomment amour est bien petit, bien restreint et bien faible, comparé à cette ineffable orgie, à cette sainte prostitution de l'âme qui se donne tout entière, poésie et charité, à l'imprévu qui se montre, à l'inconnu qui passe.

Il est bon d'apprendre quelquefois aux heureux de ce monde, ne fût-ce que pour humilier un instant leur sot orgueil, qu'il est des bonheurs supérieurs au leur, plus vastes et plus raffinés. Les fondateurs de colonies, les pasteurs de peuples, les prêtres missionnaires exilés au bout du monde, connaissent sans doute quelque chose de ces mystérieuses ivresses; et, au sein de la vaste famille que leur génie s'est faite, ils doivent rire quelquefois de ceux qui les plaignent pour leur fortune si agitée et pour leur vie si chaste.

4. *à sa guise:* as he wishes.
5. *comme siennes:* as his own.

Enivrez-vous[1]

Il faut être toujours ivre. Tout est là: c'est l'unique question. Pour ne pas sentir l'horrible fardeau[2] du Temps qui brise vos épaules et vous penche vers la terre, il faut vous enivrer sans trêve.[3]

Mais de quoi? De vin, de poésie ou de vertu, à votre guise.[4] Mais enivrez-vous.

Et si quelquefois, sur les marches d'un palais, sur l'herbe verte d'un fossé, dans la solitude morne de votre chambre, vous vous réveillez, l'ivresse déjà diminuée ou disparue, demandez au vent, à la vague, à l'étoile, à l'oiseau, à l'horloge, à tout ce qui fuit, à tout ce qui gémit,[5] à tout ce qui roule, à tout ce qui chante, à tout ce qui parle, demandez quelle heure il est; et le vent, la vague, l'étoile, l'oiseau, l'horloge, vous répondront: «Il est l'heure de s'enivrer! Pour n'être pas les esclaves martyrisés du Temps, enivrez-vous; enivrez-vous sans cesse! De vin, de poésie ou de vertu, à votre guise.»

1. *enivrez-vous:* get drunk, get intoxicated.
2. *fardeau:* weight, burden.
3. *trêve:* respite, truce.
4. *à votre guise:* as you wish.
5. *gémit:* groans.

The Granger Collection

RIMBAUD

La poésie ne rythmera plus l'action; *elle sera en avant.*
Lettre à Paul Demeny, 15 mai, 1871

Biographie

Arthur Rimbaud (1854–91), enfant prodige de la poésie française, est né à Charleville, dans les Ardennes. Ne s'entendant jamais avec sa mère, qui semble le terroriser, et détestant la vie bourgeoise, il passe une enfance malheureuse et souvent tumultueuse, n'ayant comme consolation que l'évasion dans la lecture. Il fait d'ailleurs de brillantes études, grâce surtout à la protection de son professeur de rhétorique Georges Izambard, et reçoit le premier prix de vers latins en 1869. En 1870, à l'âge de seize ans, il commence à écrire sérieusement de la poésie. Ces premières poésies (1871–73), écrites en vers, sont souvent des commentaires ironiques et cruels, traitant de sujets propres à un enfant (parfois scatologiques et sexuels, souvent des expressions du désir de s'évader). A la même époque Rimbaud fait nombre de voyages et de fugues à Paris (où il fait partie de la Commune pendant quelque temps), à Bruxelles et à Londres. En 1871 il fait la connaissance du poète Paul Verlaine avec qui il mènera une liaison scandaleuse jusqu'en 1873, époque où Verlaine tire sur Rimbaud et le blesse. Entre temps sa poésie évolue à une allure étonnante: *Une Saison en enfer,* œuvre en prose entremêlée de poèmes en vers (probablement écrite en 1873), prend comme point de départ ses expériences avec Verlaine, mais représente surtout la narration infernale d'une tentative de refaire le monde et de briser avec la société contemporaine; les *Illuminations* (datant problement de 1874) comprennent une série de poèmes en prose souvent très obscurs, qui marquent par leur originalité une nouvelle voie dans la poésie française.

Théories littéraires

L'expression la plus cohérente des théories littéraires de Rimbaud se trouve dans une seule lettre, la «Lettre du voyant» (adressé à Paul Demeny), dans laquelle Rimbaud propose une poétique bouleversante et révolutionnaire. Tout en reconnaissant les traditions antiques et françaises de la poésie, il les rejette afin de rechercher des «inventions d'inconnu» qui «réclament des formes nouvelles», et qui exigent une nouvelle langue.

Le point de départ de la nouvelle poétique est le poète lui-même:

> Car JE est un autre . . . Cela m'est évident: j'assiste à l'éclosion[1] de ma pensée: je la regarde, je l'écoute: je lance un coup d'archet:[2] la symphonie fait son remuement[3] dans les profondeurs, ou vient d'un bond sur les scènes. . . .

1. *éclosion:* blossoming.
2. *un coup d'archet:* a stroke of the (violin) bow.
3. *remuement:* stirring.

Fantin-Latour, fragment d'un tableau montrant Arthur Rimbaud (à d.) et Paul Verlaine. (Musée du Louvre; photo Giraudon)

La première étude de l'homme qui veut être poëte est sa propre connaissance, entière; il cherche son âme, et il l'inspecte, il la tente, l'apprend. . . . Mais il s'agit de faire l'âme monstrueuse: à l'instar des comprachicos,[4] quoi! Imaginez un homme s'implantant et se cultivant des verrues[5] sur le visage.

Je dis qu'il faut être *voyant*, se faire *voyant*.

Le poète se fait voyant par un long, immense et raisonné *dérèglement de tous les sens*. Toutes les formes d'amour, de souffrance, de folie; . . . Ineffable torture . . . où il devient entre tous le grand malade, le grand criminel, le grand maudit—et le suprême Savant!—Car il arrive à l'inconnu! . . . Il arrive à l'inconnu, et quand, affolé, il finira par perdre intelligence de ses visions, il les a vues!

Au cours de votre lecture de Rimbaud, déterminez comment sa poésie illustre cette définition du «voyant», surtout en ce qui concerne son imagerie visuelle, et comment il arrive au «dérèglement de tous les sens». En même temps, essayez de déterminer dans quelle mesure il s'appuie dans sa tentative sur la poésie traditionnelle.

4. Les *comprachicos*, dans *L'Homme qui rit* de Victor Hugo, étaient des voleurs d'enfants qui défiguraient leurs victimes afin de les exhiber comme monstres dans les foires.
5. *verrues:* warts.

Le Dormeur du val

C'est un trou de verdure où chante une rivière
Accrochant follement aux herbes des haillons
D'argent;[1] où le soleil, de la montagne fière,
Luit: c'est un petit val qui mousse de rayons.

Un soldat jeune, bouche ouverte, tête nue,
Et la nuque baignant dans le frais cresson[2] bleu,
Dort; il est étendu dans l'herbe, sous la nue,[3]
Pâle dans son lit vert où la lumière pleut.

Les pieds dans les glaïeuls,[4] il dort. Souriant comme
Sourirait un enfant malade, il fait un somme:
Nature, berce-le chaudement: il a froid.

Les parfums ne font pas frissonner[5] sa narine;
Il dort dans le soleil, la main sur sa poitrine
Tranquille. Il a deux trous rouges au côté droit.

Vers 1–4. Dans cette strophe, Rimbaud décrit et personnifie la nature. Quelles qualités lui attribue-t-il? Quels mots indiquent la personnification? A quelles sensations fait-il appel? Quelles sortes de qualités chromatiques (couleurs et lumières) dominent?

1. *accrochant . . . des haillons d'argent:* wildly hooking rags of silver (i.e. splashes of water) to the weeds.
2. *cresson:* watercress.
3. *nue:* clouds.
4. *glaïeuls:* gladioli.
5. *frissonner:* to shiver.

—Par quels procédés rythmiques Rimbaud accentue-t-il certaines qualités de la nature?

—Rimbaud commence sa description en disant «C'est un trou», expression brutale, même crue pour la nature; il termine en disant «C'est un petit val qui mousse», un des lieux communs de la poésie romantique. Dans quelle mesure peut-on dire qu'une de ces deux expressions s'accorde le mieux aux autres éléments de la description? Dans votre réponse, considérez les effets rythmiques de la strophe et l'effet même sur vous de ces deux expressions.

Vers 5–8. C'est dans ce quatrain qu'apparaît le dormeur du titre. Quelles idées se forme-t-on de lui d'après les adjectifs du vers 5? Pour quelle raison le poète dit-il «soldat jeune» au lieu de «jeune soldat»? De quelle manière le reste de la description renforce-t-elle ce que nous imaginons être un «soldat jeune»?

—A présent, quelles sensations sont mises en jeu? Comment ce jeu diffère-t-il de celui de la première strophe? Dans quelle mesure les couleurs mettent-elles en opposition le soldat et la nature? En fait, comment se définit maintenant la nature par rapport à la première strophe?

—Comment doit-on prendre les mots «la lumière pleut»? Comme métaphore gratuite et recherchée de la part de Rimbaud? Ou comme métaphore intégrée dans le poème? (Essayez de rattacher ces mots aux autres métaphores dans les deux strophes, surtout les images des trous. Quel portrait de la nature en résulte?)

—De nouveau, il y a plusieurs variations rythmiques dans le poème. Quels mots font-elles ressortir à présent?

Vers 9–11. Ce tercet reprend et modifie des images des strophes précédentes Précisez ces reprises et déterminez comment elles changent nos impressions du soldat.

—Dans le tercet même, quelles sortes de répétitions et reprises y a-t-il? Quel est leur effet sur le lecteur? Précisez en quelle manière les juxtapositions et les oppositions sont troublantes. En particulier, Rimbaud se sert d'un enjambement aux vers 9 et 10. Quand on lit le mot «souriant» tout seul, quelle impression en a-t-on? Quelle impression le reste de la comparaison provoque-t-il?

—Comment le traitement des sensations change-t-il par rapport aux quatrains?

Vers 12–14. Jusqu'au dernier mot de ce tercet, Rimbaud cache son jeu: non seulement il ne dit jamais explicitement que le soldat est mort, mais, comme au tercet précédent, il suggère des possibilités contraires. Par quels mots crée-t-il cette attente et cette ambiguïté?

—Reprenez la dernière phrase du poème et précisez comment Rimbaud l'a préparée. Quel rapport souligne-t-il par la répétition du mot «trou», employé au premier quatrain? (On fait des spéculations sur la précision de *deux* trous. A votre avis, quel est l'effet de cette précision du point de vue du sens et du son?) Quel est le rapport entre la couleur rouge et les autres couleurs attribuées précédemment au soldat et à la nature?

QUESTIONS GENERALES

Forme. Ce sonnet est très irrégulier, sans véritable changement au commencement du premier tercet. Pour un lecteur habitué au sonnet régulier, quel est l'effet de cette suppression du changement?

Grammaire. Pourquoi Rimbaud a-t-il écrit ce poème au présent? A quelle distance de ce que le poète décrit l'emploi de ce temps met-il le lecteur?

Oppositions et répétitions. Reprenez les jeux de répétitions et d'oppositions dans le vocabulaire et le rythme afin de voir comment le portrait du soldat et celui de la nature, et le rapport entre les deux, changent à travers le poème. Faites cette étude en tenant compte de l'intention ironique du poète.

Lecture. L'ironie du poème présente certains problèmes: Est-ce que le ton reste le même tout au long, ou bien doit-il changer d'une strophe à une autre? Doit-on accentuer les enjambements? (Si oui, pour créer quelle sorte d'impression?)

Pour quelles raisons Rimbaud en écrivant un poème contre la guerre a-t-il choisi un cadre bucolique où la guerre n'entre pas directement?

—Certains poètes romantiques croyaient à un rapport entre l'homme et la nature (Voir Hugo, par exemple.) Dans quelle mesure peut-on considérer ce poème comme un commentaire sur cette croyance? (Quelles images, juxtapositions, et effets rythmiques suggèrent cette interprétation du poème?)

Le Bateau ivre

Comme je descendais des Fleuves impassibles,[1]
Je ne me sentis plus guidé par les haleurs:[2]
Des Peaux-Rouges criards les avaient pris pour cibles,[3]
Les ayant cloués nus aux poteaux de couleurs.[4]

J'étais insoucieux de tous les équipages,
Porteur de blés flamands ou de cotons anglais.[5]
Quand avec mes haleurs ont fini ces tapages,[6]
Les Fleuves m'ont laissé descendre où je voulais.

Dans les clapotements furieux des marées,[7]
Moi, l'autre hiver, plus sourd[8] que les cerveaux d'enfants,
Je courus! Et les Péninsules démarrées[9]
N'ont pas subi tohu-bohus[10] plus triomphants.

La tempête a béni[11] mes éveils maritimes.
Plus léger qu'un bouchon j'ai dansé sur les flots
Qu'on appelle rouleurs éternels de victimes,[12]
Dix nuits, sans regretter l'œil niais des falots![13]

1. *impassibles:* insensitive.
2. *haleurs:* men who tow the boat.
3. *Peaux-Rouges:* Indians (Redskins); *cibles:* targets.
4. *poteaux de couleurs:* totem poles.
5. *porteur . . . anglais:* carrier of Flemish wheat and English cottons.
6. *tapages:* uproar.
7. *marées:* tides.
8. *sourd:* literally, deaf; stubborn.
9. *démarrées:* unmoored.
10. *tohu-bohu:* confusion.
11. *béni:* blessed.
12. *Qu'on appelle . . . victimes:* Rimbaud fait allusion probablement à un poème de Victor Hugo, *Oceano Nox*, qui décrit la force destructrice de la mer.
13. *l'œil niais des falots:* literally, the foolish eyes of the lanterns; the lights on shore.

Arthur Rimbaud, dessin du «bateau ivre». (Bibliothèque Nationale, Paris)

Plus douce qu'aux enfants la chair des pommes sures,[14]
L'eau verte pénétra ma coque de sapin
Et des taches de vins bleus[15] et des vomissures
Me lava,[16] dispersant gouvernail et grappin.[17]

Et dès lors, je me suis baigné dans le Poème
De la Mer, infusé d'astres,[18] et lactescent,
Dévorant les azurs verts; où, flottaison[19] blême
Et ravie, un noyé pensif parfois descend;

Où, teignant tout à coup les bleuités,[20] délires
Et rhythmes lents sous les rutilements[21] du jour,

14. *pommes sures:* unripe apples.
15. *vins bleus:* strong wines.
16. *l'eau . . . des taches . . des vomissures me lava:* the water washed the stains and vomit from me.
17. *gouvernail et grappin:* rudder and grappling hook.
18. *infusé d'astres:* infused with stars; *lactescent:* becoming milky.
19. *flottaison:* floating object.
20. *bleuités:* neologism from blue.
21. *rutilements:* red lights.

Plus fortes que l'alcool, plus vastes que nos[22] lyres,
Fermentent les rousseurs amères de l'amour![23]

Je sais les cieux crevant en éclairs, et les trombes[24]
Et les ressacs[25] et les courants: je sais le soir,
L'Aube exaltée ainsi qu'un peuple de colombes,[26]
Et j'ai vu quelquefois ce que l'homme a cru voir!

J'ai vu le soleil bas, taché d'horreurs mystiques,
Illuminant de longs figements[27] violets,
Pareils à des acteurs de drames très-antiques
Les flots roulant au loin leurs frissons de volets![28]

J'ai rêvé la nuit verte aux neiges éblouies,[29]
Baiser montant aux yeux des mers avec lenteurs,
La circulation des sèves inouïes,
Et l'éveil jaune et bleu des phosphores chanteurs!

J'ai suivi, des mois pleins, pareille aux vacheries[30]
Hystériques, la houle à l'assaut des récifs,[31]
Sans songer que les pieds lumineux des Maries[32]
Pussent forcer le mufle aux Océans poussifs![33]

J'ai heurté, savez-vous, d'incroyables Florides
Mêlant aux fleurs des yeux de panthères à peaux
D'hommes! Des arcs-en-ciel tendus comme des brides[34]
Sous l'horizon des mers, à de glauques[35] troupeaux!

J'ai vu fermenter les marais énormes, nasses[36]
Où pourrit dans les joncs tout un Léviathan![37]
Des écroulements d'eaux au milieu des bonaces,[38]
Et les lointains vers les gouffres cataractant![39]

22. *nos, vos:* Il est difficile de déterminer si ce mot commence par «n» ou par «v» dans le manuscrit original; le choix qu'on fait change considérablement l'interprétation du vers.
23. *rousseurs amères de l'amour:* bitter redness of love.
24. *trombe:* waterspout, cyclone.
25. *ressac:* undertow.
26. *exalté:* (ety.) raised; *colombes:* doves.
27. *figement:* coagulation (of blood).
28. *frissons de volets:* shutter-like shivers (movement of the waves).
29. *éblouies:* dazzled.
30. *vacheries:* cow stables.
31. *houle:* surge of the sea; *récifs:* reefs.
32. Rimbaud fait allusion aux trois saintes —Marie-Madeleine, Marie, femme de Cléopas et Marie-Salomé—qui, selon une légende provençale, sont venues de Palestine et après avoir traversé la mer pendant une tempête, ont débarqué en France à l'endroit qui s'appelle aujourd'hui Saintes-Maries-de-la-Mer.
33. *mufle:* muzzle; *poussifs:* broken-winded (as a horse).
34. *brides:* reins.
35. *glauques:* sea-green.
36. *marais:* marshlands; *nasse:* net for trapping birds.
37. *Léviathan:* Biblical monster.
38. *bonaces:* smooth seas.
39. *cataractant:* neologism from «cataracte».

Glaciers, soleils d'argent, flots nacreux, cieux de braises![40]
Echouages hideux au fond des golfes bruns
Où les serpents géants dévorés des punaises[41]
Choient,[42] des arbres tordus, avec de noirs parfums!

J'aurais voulu montrer aux enfants ces dorades[43]
Du flot bleu, ces poissons d'or, ces poissons chantants.
—Des écumes de fleurs ont bercé mes dérades[44]
Et d'ineffables vents m'ont ailé par instants.

Parfois, martyr lassé des pôles et des zones,
La mer dont le sanglot faisait mon roulis doux
Montait vers moi ses fleurs d'ombre aux ventouses[45] jaunes
Et je restais, ainsi qu'une femme à genoux . . .

Presque île,[46] ballottant sur mes bords les querelles
Et les fientes d'oiseaux clabaudeurs[47] aux yeux blonds.
Et je voguais, lorsqu'à travers mes liens frêles
Des noyés descendaient dormir, à reculons!

Or moi, bateau perdu sous les cheveux des anses,[48]
Jeté par l'ouragan dans l'éther sans oiseau,
Moi dont les Monitors[49] et les voiliers des Hanses
N'auraient pas repêché la carcasse ivre d'eau;

Libre, fumant, monté de brumes violettes,
Moi qui trouais le ciel rougeoyant comme un mur
Qui porte, confiture exquise aux bons poètes,
Des lichens de soleil et des morves[50] d'azur;

Qui courais, taché de lunules[51] électriques,
Planche folle, escorté des hippocampes[52] noirs,
Quand les juillets faisaient crouler à coups de triques[53]
Les cieux ultramarins aux ardents entonnoirs;[54]

Moi qui tremblais, sentant geindre à cinquante lieues
Le rut des Béhémots et les Maelstroms[55] épais,

40. *nacreux:* neologism from «nacre», mother-of-pearl; *braises:* embers.
41. *punaises:* bugs.
42. *choient:* fall.
43. *dorades:* small gold or silver fish.
44. *dérades:* neologism from «dérader», to drift.
45. *ventouses:* suckers.
46. *presque île:* almost an island.
47. *fientes:* dung; *clabaudeurs:* barking; gossiping.
48. *cheveux des anses:* seaweed in coves.
49. *Monitors:* iron-clad ships to defend coasts; *Hanses* est une allusion à la Ligue Hanséatique d'Allemagne du Nord, formée en 1241 pour protéger les vaisseaux marchands contre les pirates.
50. *morves:* nasal mucus.
51. *lunules:* crescent-shaped figures.
52. *hippocampes:* sea horses.
53. *crouler:* to collapse; *à coups de triques:* with blows from cudgels.
54. *entonnoirs:* funnels.
55. *Béhémots:* monstrous animals; *Maelstroms:* whirlpools.

Fileur éternel des immobilités bleues,
Je regrette l'Europe aux anciens parapets!

J'ai vu des archipels sidéraux![56] et des îles
Dont les cieux délirants sont ouverts au vogueur:[57]
—Est-ce en ces nuits sans fonds que tu dors et t'exiles,
Million d'oiseaux d'or, ô future Vigueur?

Mais, vrai, j'ai trop pleuré! Les Aubes sont navrantes.[58]
Toute lune est atroce et tout soleil amer:
L'âcre[59] amour m'a gonflé de torpeurs enivrantes.
O que ma quille éclate! O que j'aille à la mer!

Si je désire une eau d'Europe, c'est la flache[60]
Noire et froide où vers le crépuscule embaumé
Un enfant accroupi[61] plein de tristesse, lâche
Un bateau frêle comme un papillon de mai.

Je ne puis plus, baigné de vos langueurs, ô lames,
Enlever leur sillage aux porteurs de cotons,[62]
Ni traverser l'orgueil des drapeaux et des flammes,[63]
Ni nager sous les yeux horribles des pontons.[64]

Pendant votre lecture essayez d'abord de vous créer des images visuelles, de *voir* ce que Rimbaud décrit. Faites attention surtout à la position du bateau dans l'eau, à l'état de l'eau (calme, orageuse, en cascade, etc.), à l'état du ciel (le moment de la journée ou de la nuit, nuageux, clair, etc.), aux rapports entre le bateau et l'espace qui l'entoure, et aux rapports entre le ciel et la mer.

Vers 1–20. Quels rapports le poète établit-il entre le bateau et la société? (Comment se définit le rôle du bateau dans la société d'après le vers 6? Quels mots suggèrent l'attitude du bateau envers la société?) Quels sont les rapports entre le bateau et les Fleuves? (Voir surtout les vers 1 et 8.) Et le bateau et la mer? (Quels sentiments le bateau éprouve-t-il envers la mer? Comment ces sentiments diffèrent-ils de ceux qu'il ressent à l'égard de la société et des Fleuves? Aux vers 17–20, que fait la mer?)

—Dans ces vers précisez la progression géographique, commençant avec les Fleuves et aboutissant à la mer. De quelle manière cette progression s'accorde-t-elle avec les changements dans les sentiments du bateau et dans son état physique?

—Quelle valeur (littérale? métaphorique? allégorique?) le poète donne-t-il aux mots «Fleuves», «Peaux-Rouges» et «Péninsules» en leur donnant des majuscules? Quelle valeur suggère-t-il ainsi pour son poème?

—Il y a un mélange des temps de verbes (imparfait, passé simple, passé

56. *sidéraux:* of stars ("sea of star islands").
57. *vogueur:* sailor.
58. *navrantes:* heartbreaking.
59. *âcre:* acrid.
60. *flache:* puddle.
61. *accroupi:* squatting.
62. *Enlever . . . cotons:* follow in the wake of commercial ships.
63. *flammes:* pennants or streamers.
64. *pontons:* prison ships.

composé, présent). A quelle distance temporelle de ce qu'il décrit le poète est-il? Quelle est la durée de cette expérience?

—En lisant ces vers à haute voix, comment indiqueriez-vous une progression par le rythme et le ton?

Vers 21–28. Ces strophes présentent des problèmes syntaxiques considérables. Essayez de dégager le sujet, le verbe et le complément. (Par exemple qui «dévore», qui «teint», qui «fermente»?) De quelle manière cette ambiguïté syntaxique s'accorde-t-elle avec la vision suggérée par les mots «Poème de la Mer»?

—Trouvez les irrégularités dans la métrique. Comment les variations qui en résultent renforcent-elles cette vision ambiguë et confuse?

—De quelle manière cette ambiguïté s'étend-elle jusqu'aux images («infusé d'astres», «azurs verts», «rutilements du jour» par exemple)? Quel rôle les couleurs y jouent-elles? (Qu'est-ce qui arrive aux couleurs?) Quel est leur rapport avec les objets auxquels elles sont attribuées? Au vers 27 le poète emploie un superlatif («plus fortes que . . .»), ce qu'il a déjà fait plusieurs fois auparavant. Quelle est la signification de ces superlatifs en ce qui concerne les rapports entre le bateau et les hommes?

—En considérant les ambiguïtés, les couleurs, les images, et les superlatifs, quelle sorte de monde sensoriel et émotif le poète décrit-il? Quel est le rapport entre ce monde et le nôtre?

—Aux vers 1–20 on sentait toujours la présence du bateau, ce qui n'est pas le cas dans ces strophes. Que signifie ce changement?

Vers 29–52. Le poète commence chaque strophe par le mot «je» suivi d'un verbe. De quelle manière le rôle du bateau a-t-il changé depuis le début du poème? Quelle valeur cette répétition donne-t-elle au bateau par rapport à ses environs? Voyez-vous une progression dans cette répétition du pronom suivi d'un verbe?

—Dans cette section du poème le poète reprend beaucoup d'images. En lisant les questions suivantes, essayez de déterminer la progression dans ces reprises et le rapport entre cette progression et l'état physique et affectif du bateau: (1) De quelle manière le poète décrit-il le soleil? (Quelles couleurs? Quelles sortes de lumières?) Quels moments de la journée suggère-t-il? (Quelles sont les positions du soleil dans le ciel?) Quelles saisons? (2) Au commencement de ces strophes, où se trouve-t-on dans la mer? Et aux vers 49–52? Comment les descriptions de la mer changent-elles? (Voir par exemple les vers 29, 45 et 49.) Quel est le rapport entre le ciel et la mer? (3) De quelles couleurs le poète se sert-il pour décrire le ciel et la mer? De quelles couleurs se sert-il pour la première fois aux vers 34 et 40? Pourquoi? (4) Comme auparavant, le poète anime la nature. Quelles sortes d'effets émotifs tire-t-il de ces animations? Quelles sortes d'animaux décrit-il? Quelle est la réaction du bateau à l'égard de ces animaux? Et celle du lecteur?

—De quelle manière les vers 45–52 servent-ils de paroxysme à cette accumulation de détails? En particulier, comment l'image «d'incroyables Florides / Mêlant aux fleurs des yeux de panthères à peaux / D'hommes» sert-elle à unifier les images précédentes? Et de quelle manière les verbes «fermenter» et «pourrit» (vers 49 et 50) reprennent-ils certains mots des vers précédents? (Voir par exemple les vers 15, 20, 24 et 28.)

—Quel est le temps de la plupart des verbes? A quelle distance temporelle de cette expérience le poète se trouve-t-il?

—En lisant les vers à haute voix, déterminez la cause des variations dans la métrique. (Pour accentuer des mots? S'accorder au sens?) Quels changements de ton montreraient le mieux les changements dans l'état physique et émotif du bateau?

Vers 53–56. En prenant cette strophe mot à mot, déterminez dans quelle mesure elle sert à résumer toute l'expérience que le poète a décrite dans le poème jusqu'ici.

—Quelles nouvelles couleurs le poète introduit-il dans ces vers? Avec quelles couleurs précédentes font-elles contraste? Que suggère ce changement pour le voyage?

Vers 57–68. Au vers 57 le poète se sert du mode conditionnel pour la première fois («J'aurais voulu . . .»). Que suggère ce changement en ce qui concerne l'attitude du bateau envers le voyage? Que suggèrent les mots «martyr», «sanglot», «une femme à genoux» quant à cette attitude? Quels sont d'autres changements dans le bateau? Quel est son rapport avec la mer?

—Le poète reprend l'image du noyé. (Voir les vers 15 et 24.) Emploie-t-il cette image de la même manière qu'avant? (Quelles réactions suggère-t-il de la part du bateau?) Il reprend aussi des images animales. Lesquelles? De quelle manière?

—Comment le rythme et la syntaxe changent-ils par rapport aux vers précédents? Et le ton?

Vers 69–84. «Or moi» marque un nouveau changement. De quelle sorte? Dans quelle mesure la répétition du mot «moi» reprend-elle celle des vers 29–52 («J'ai vu», etc.). Comment la conception du «moi» a-t-elle changé?

—Comment le poète décrit-il l'état physique du bateau de manières opposées? (Voir par exemple les vers 69–72 et 73–76.) Et quelle sorte de lutte intérieure suggère-t-il chez le bateau? Que suggère cette lutte quant à l'attitude du bateau envers l'expérience du voyage?

Le poète reprend des images des vers précédents (les animaux, les couleurs, le soleil, le ciel). Comment les emploie-t-il par rapport aux vers précédents? Comment ces images s'accordent-elles avec l'état présent (physique et spirituel) du bateau?

—De quelle manière le vers 83 («Fileur éternel des immobilités bleues») définit-il les aspirations du bateau auparavant? Comment chacun des mots du vers 84 s'oppose-t-il à ces aspirations?

Vers 85–100. Aux vers 87–88 le bateau pose une question pour la première fois. Dans cette question quelle est le signification du mot «Vigueur» par rapport au reste du poème? (Voir surtout les verbes: lesquels suggèrent l'activité du bateau? Lesquels la passivité?) Quelle est la signification du fait que le bateau s'adresse aux oiseaux en même temps qu'à la vigueur dans ces deux vers? (Qu'est-ce que les oiseaux représentaient au moment de ses délires précédents?)

—Au vers 92, que suggère la demande «O que ma quille éclate! O que j'aille à la mer!»? (Pour les uns le vers suggère un désir de mourir; pour d'autres l'incapacité de continuer; l'acte sexuel; le désir de se libérer totalement. Quelle interprétation vous apparaît la plus juste?)

—Pourquoi le bateau dit-il «Si» au vers 93? De quelle manière les images des vers 93–96 résument-elles la position finale du bateau? Quelle est cette position par rapport à l'expérience du voyage et par rapport à la société?

—Dans cette dernière partie, quelles valeurs nouvelles le poète donne-t-il au soleil, à la lune, à l'eau, et aux couleurs? (Quelles couleurs sont attirantes pour le bateau maintenant?) Pourquoi le poète n'anime-t-il plus la nature, à part les oiseaux? (Quel est le rapport entre les animaux et l'attitude du bateau envers son expérience?)

Le mouvement. Afin de saisir le mouvement général du poème, répondez aux questions suivantes:

—Reconstruisez le voyage du bateau. Où commence le voyage? Dans quels endroits le bateau va-t-il ensuite? Dans quels temps se passe le voyage? Comment l'état physique du bateau change-t-il pendant le voyage?

—Maintenant revoyez les changements dans les perceptions et les sentiments du bateau envers le voyage qu'il raconte. Comment les reprises et les répétitions suivent-elles les changements affectifs du bateau? (A quels moments les reprises marquent-elles une progression linéaire dans le mouvement du poème? A quels moments les reprises marquent-elles un retour en arrière?)

—Dans quelle mesure la narration des sentiments et des réactions dépasse-t-elle la simple narration du voyage? Quel est le rapport entre ce mouvement et la position affective du bateau dans les derniers vers du poème?

Ce poème se prête à de nombreuses interprétations. Certains critiques regardent le bateau comme le symbole de la création poétique. D'autres voient le bateau comme le symbole d'un enfant qui devient adulte et trouve la liberté, puis la corruption et l'impuissance avant de souhaiter soit la mort, soit un retour à l'enfance. On peut même regarder le poème du point de vue sexuel ou philosophique en y voyant une lutte entre le corps et l'esprit. Mais on a suggéré qu'il ne faut pas regarder le bateau comme un symbole puisqu'il est impossible de réduire de manière rationnelle tous les éléments du bateau à une personne: il faut regarder le poème comme un *mythe* qui présente une vision prélogique et animiste de l'existence.

Tout en considérant ces diverses interprétations, développez la vôtre en vous appuyant rigoureusement sur le texte.

Roman

I

On n'est pas sérieux, quand on a dix-sept ans.
—Un beau soir, foin des bocks[1] et de la limonade,
Des cafés tapageurs[2] aux lustres éclatants!
—On va sous les tilleuls[3] verts de la promenade.

Les tilleuls sentent bon dans les bons soirs de juin!
L'air est parfois si doux, qu'on ferme la paupière;
Le vent chargé de bruits,—la ville n'est pas loin,—
A des parfums de vigne et des parfums de bière. . . .

1. *foin des bocks:* never mind glasses of beer.
2. *tapageurs:* rowdy.
3. *tilleuls:* linden trees.

II

—Voilà qu'on aperçoit un tout petit chiffon
D'azur sombre, encadré d'une petite branche,
Piqué d'une mauvaise étoile, qui se fond
Avec de doux frissons, petite et toute blanche. . . .

Nuit de juin! Dix-sept ans!—On se laisse griser.[4]
La sève est du champagne et vous monte à la tête. . . .
On divague;[5] on se sent aux lèvres un baiser
Qui palpite là, comme une petite bête. . . .

III

Le cœur fou Robinsonne[6] à travers les romans,
—Lorsque, dans la clarté d'un pâle réverbère,
Passe une demoiselle aux petits airs charmants,
Sous l'ombre du faux-col effrayant de son père. . . .

Et, comme elle vous trouve immensément naïf,
Tout en faisant trotter ses petites bottines,[7]
Elle se tourne, alerte et d'un mouvement vif. . . .
—Sur vos lèvres alors meurent les cavatines. . . .[8]

IV

Vous êtes amoureux. Loué jusqu'au mois d'août.
Vous êtes amoureux.—Vos sonnets La font rire.
Tous vos amis s'en vont, vous êtes mauvais goût.
—Puis l'adorée, un soir, a daigné vous écrire! . . .

—Ce soir-là, . . .—vous rentrez aux cafés éclatants,
Vous demandez des bocks ou de la limonade. . . .
—On n'est pas sérieux, quand on a dix-sept ans
Et qu'on a des tilleuls verts sur la promenade.

Titre. Quelle sort de poème le titre suggère-t-il?

Forme. De quelle manière la division en quatre parties numérotées s'accorde-t-elle avec le titre? Que représente chacune des parties?

Structure. Le poème se compose d'une narration en même temps que de la juxtaposition et du mélange de différentes sortes d'expériences. Dégagez le rapport entre le café et les tilleuls, les tilleuls et la jeune fille, la jeune fille et le café. Quelles sont les deux sortes d'expériences qu'il décrit dans ces rapports?

4. *griser:* to get tipsy.
5. *divague:* wanders.
6. *Robinsonne:* i.e. Robinson Crusoe.
7. *bottines:* ankle-boots.
8. *cavatines:* short songs (often sentimental).

—Comment la distance émotive du poète change-t-elle à travers le poème? (Voir surtout le jeu entre les pronoms «vous» et «on».)

—Quelles sensations sont mises en jeu dans le poème? De quelle manière les sensations changent-elles de strophe en strophe? Quel est le rapport entre ces sensations et les deux sortes d'expériences dans le poème?

Lecture. En considérant les changements de distance et le jeu entre les deux sortes d'expériences, déterminez les changements de ton d'une partie du poème à une autre. Comment le ton doit-il changer dans les parties individuelles? (Par exemple lit-on le commencement de la troisième partie de la même façon que la fin? Dans quelle mesure les tirets indiquent-ils les changements de ton? Quelle autre fonction pourraient-ils avoir?) Sur quel ton lit-on les vers 1 et 31?

—Est-ce que vous pouvez imaginez un ton ironique pour le poème? Justifiez votre réponse.

Le titre «Roman» suggère la recréation d'une réalité et aussi l'intervention de l'imagination du narrateur dans cette recréation. Dans quel sens ce poème est-il la recréation d'une réalité? Peut-on dire, par contre, qu'il représente la création d'une réalité imaginaire dans un esprit romanesque?

Voyelles

A noir, E blanc, I rouge, U vert, O bleu: voyelles,
Je dirai quelque jour vos naissances latentes:
A, noir corset velu[1] des mouches éclatantes
Qui bombinent[2] autour des puanteurs[3] cruelles,

Golfes d'ombre; E, candeurs[4] des vapeurs et des tentes,
Lances[5] des glaciers fiers, rois blancs, frissons d'ombelles;
I, pourpres, sang craché, rire des lèvres belles
Dans la colère ou les ivresses pénitentes;

U, cycles, vibrements divins des mers virides,[6]
Paix des pâtis[7] semés d'animaux, paix des rides
Que l'alchimie imprime aux grands fronts studieux;

O, suprême Clairon[8] plein de strideurs étranges,
Silences traversés des Mondes et des Anges:
—O l'Oméga, rayon violet de Ses Yeux!

Ce poème reste parmi les plus obscurs et les plus discutés de la poésie rimbaldienne. Certains critiques le considèrent comme étant inspiré des

1. *corset velu:* hairy corset.
2. *bombinent:* neologism from "buzzing of bees".
3. *puanteur:* stench.
4. *candeur:* (ety.) whiteness.
5. *lances:* spears.
6. *vibrements* (neologism): vibrations; *virides* (neologism): greenish.
7. *pâtis:* pastures.
8. *Clairon:* bugle (trumpet of Last Judgment, perhaps).

Caricature représentant Rimbaud et son sonnet «Les Voyelles». (Photo Harlingue-Viollet)

illustrations dans un abécédaire de Rimbaud enfant. D'autres y voient les influences de l'occultisme et de l'alchimie (les couleurs représentant les changements dans les métaux de base, par exemple) et traitent le poème comme la clef d'un système quasi-alchimique. D'autres ont suggéré que le poème n'est qu'un simple jeu d'adolescent, soit une tentative de rivaliser avec Baudelaire en créant de nouvelles correspondances, soit un poème profondément sexuel, les voyelles représentant les parties du corps féminin. Cependant, la plupart des critiques voient le poème comme une pièce maîtresse du système rimbaldien: à la fois un *art poétique* et une explication métaphysique et cosmique. Rimbaud lui-même a dit:

> J'inventai la couleur des voyelles!—A noir, E blanc, I rouge, O bleu, U vert.—Je réglai la forme et le mouvement de chaque consonne, et, avec des rythmes instinctifs, je me flattai d'inventer un verbe poétique accessible, un jour ou l'autre, à tous les sens. Je réservais la traduction. (*Une Saison en enfer,* «Délires II»)

Afin d'arriver à une interprétation provisoire (un simple jeu, une imitation de Baudelaire, un art poétique, un poème cosmique, par exemple), considérez les éléments suivants comme point de départ:

—Les rapports entre les voyelles elles-mêmes: A se lie à E de quelle manière? E et I partagent quels éléments communs? Pourquoi Rimbaud ne suit-il pas l'ordre alphabétique?

—Les liens entre les images qui se rapportent à l'homme et ses émotions, et celles qui se rapportent au monde extérieur.

Sensation

Par les soirs bleus d'été, j'irai dans les sentiers,[1]
Picoté[2] par les blés, fouler l'herbe menue:
Rêveur, j'en sentirai la fraîcheur à mes pieds.
Je laisserai le vent baigner ma tête nue.

Je ne parlerai pas, je ne penserai rien:
Mais l'amour infini me montera dans l'âme,
Et j'irai loin, bien loin, comme un bohémien,
Par la Nature,—heureux comme avec une femme.

1. *sentiers:* paths.
2. *picoté:* pricked.

Les Effarés[1]

Noirs dans la neige et dans la brume,
Au grand soupirail[2] qui s'allume,
Leurs culs[3] en rond,

A genoux, cinq petits,—misère!—
Regardent le Boulanger faire
Le lourd pain blond.

Ils voient le fort bras blanc qui tourne
La pâte grise et qui l'enfourne[4]
Dans un trou clair.

1. *Effarés:* frightened ones.
2. *soupirail:* ventilation hole.
3. *culs:* backsides.
4. *enfourne:* put in the oven.

Ils écoutent le bon pain cuire.
Le Boulanger au gras sourire
Grogne[5] un vieil air.

Ils sont blottis,[6] pas un ne bouge,
Au souffle du soupirail rouge
Chaud comme un sein.

Quand pour quelque médianoche,[7]
Façonné comme une brioche
On sort le pain,

Quand, sous les poutres enfumées,
Chantent les croûtes parfumées
Et les grillons,[8]

Que ce trou chaud souffle la vie,
Ils ont leur âme si ravie
Sous leurs haillons,

Ils se ressentent si bien vivre,
Les pauvres Jésus pleins de givre,[9]
Qu'ils sont là tous,

Collant leurs petits museaux roses
Au treillage, grognant des choses
Entre les trous,

Tout bêtes, faisant leurs prières
Et repliés vers ces lumières
Du ciel rouvert,

Si fort, qu'ils crèvent leur culotte
Et que leur chemise tremblote[10]
Au vent d'hiver.

5. *grogne:* grunts.
6. *blottis:* huddled.
7. *médianoche:* midnight meal (normally elegant).
8. *grillons:* crickets.
9. *givre:* frost.
10. *tremblote:* trembles.

Larme[1]

Loin des oiseaux, des troupeaux, des villageoises,
Je buvais, accroupi dans quelque bruyère
Entourée de tendres bois de noisetiers,[2]
Par un brouillard d'après-midi tiède et vert.

1. *larme:* tear.
2. *noisetiers:* hazel trees.

Que pouvais-je boire dans cette jeune Oise,[3]
Ormeaux[4] sans voix, gazon sans fleurs, ciel couvert.
Que tirais-je à la gourde de colocase?[5]
Quelque liqueur d'or, fade et qui fait suer.[6]

Tel, j'eusse été mauvaise enseigne d'auberge.[7]
Puis l'orage changea le ciel, jusqu'au soir.
Ce furent des pays noirs, des lacs, des perches,
Des colonnades sous la nuit bleue, des gares.

L'eau des bois se perdait sur des sables vierges,
Le vent, du ciel, jetait des glaçons aux mares . . .[8]
Or! tel qu'un pêcheur d'or ou de coquillages,[9]
Dire que je n'ai pas eu souci de boire!

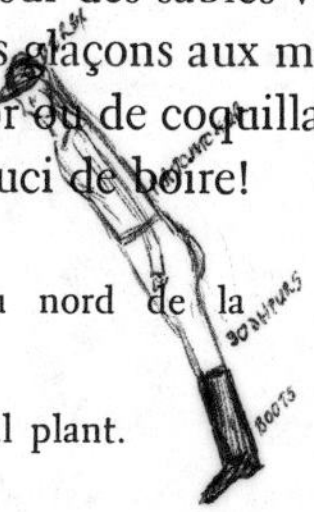

3. L'Oise est un fleuve du nord de la France.
4. *ormeaux:* elms.
5. *colocase:* a kind of tropical plant.
6. *fade:* insipid; *suer:* to sweat.
7. *enseigne d'auberge:* inn sign.
8. *mares:* ponds.
9. *coquillages:* seashells.

POEMES EN PROSE (LES ILLUMINATIONS)

Aube

J'ai embrassé l'aube d'été.

Rien ne bougeait encore au front des palais. L'eau était morte. Les camps d'ombres ne quittaient pas la route du bois. J'ai marché, réveillant les haleines[1] vives et tièdes, et les pierreries regardèrent, et les ailes se levèrent sans bruit.

Le première entreprise fut, dans le sentier déjà empli de frais et blêmes éclats, une fleur qui me dit son nom.

Je ris au wasserfall blond qui s'échevela[2] à travers les sapins: à la cime argentée je reconnus la déesse.

Alors je levai un à un les voiles. Dans l'allée, en agitant les bras. Par la plaine, où je l'ai dénoncée[3] au coq. A la grand'ville, elle fuyait parmi les clochers et les dômes, et, courant comme un mendiant[4] sur les quais de marbre, je la chassais.

En haut de la route, près d'un bois de lauriers, je l'ai entourée avec ses voiles amassés, et j'ai senti un peu son immense corps. L'aube et l'enfant tombèrent au bas du bois.

Au réveil il était midi.

1. *haleines:* literally, breaths (the air).
2. *s'échevela:* undid its hair.
3. *dénoncée:* announced.
4. *mendiant:* beggar.

Paul Verlaine, croquis de Rimbaud. (Bibliothèque Nationale, Paris)

Mystique

Sur la pente du talus[1] les anges tournent leurs robes de laine dans les herbages d'acier et d'émeraude.

Des prés de flammes bondissent[2] jusqu'au sommet du mamelon.[3] A gauche le terreau de l'arête est piétiné[4] par tous les homicides et toutes les batailles, et tous les bruits désastreux filent leur courbe.[5] Derrière l'arête de droite la ligne des orients, des progrès.

Et, tandis que la bande en haut du tableau est formée de la rumeur tournante et bondissante des conques[6] des mers et des nuits humaines,

La douceur fleurie des étoiles et du ciel et du reste descend en face du talus, comme un panier,—contre notre face, et fait l'abîme fleurant et bleu là-dessous.

1. *la pente du talus:* the slope of the embankment.
2. *bondissent:* leap.
3. *mamelon:* small hill; nipple.
4. *le terreau de l'arête est piétiné:* the humus of the ridge is trampled.
5. *filent leur courbe:* spin their curve.
6. *conques:* conches, marine shells.

Après le Déluge[1]

Aussitôt que l'idée du Déluge se fut rassise,[2]

Un lièvre s'arrêta dans les sainfoins[3] et les clochettes mouvantes et dit sa prière à l'arc-en-ciel à travers la toile de l'araignée.[4]

1. *déluge:* flood (comme celui de la Bible).
2. *rassise:* settled, stale.
3. *sainfoin:* plant of the pea family, grown as fodder.
4. *toile de l'araignée:* spider's web.

Oh! les pierres précieuses qui se cachaient,—les fleurs qui regardaient déjà.

Dans la grande rue sale les étals[5] se dressèrent, et l'on tira les barques vers la mer étagée là-haut comme sur les gravures.

Le sang coula, chez Barbe-Bleue,[6]—aux abattoirs,[7]—dans les cirques, où le sceau[8] de Dieu blêmit les fenêtres. Le sang et le lait coulèrent.

Les castors[9] bâtirent. Les «mazagrans»[10] fumèrent dans les estaminets.[11]

Dans la grande maison de vitres encore ruisselante les enfants en deuil regardèrent les merveilleuses images.

Une porte claqua,—et sur la place du hameau, l'enfant tourna ses bras, compris des girouettes[12] et des coqs des clochers de partout, sous l'éclatante giboulée.[13]

Madame*** établit un piano dans les Alpes. La messe et les premières communions se célébrèrent aux cent mille autels de la cathédrale.

Les caravanes partirent. Et le Splendide-Hôtel fut bâti dans le chaos de glaces et de nuit du pôle.

Depuis lors, la Lune entendit les chacals piaulant[14] par les déserts de thym,—et les églogues[15] en sabots grognant dans le verger. Puis, dans la futaie[16] violette, bourgeonnante, Eucharis[17] me dit que c'était le printemps.

Sourds, étang,—Ecume, roule sur le pont et pardessus les bois;—draps noirs et orgues,—éclairs et tonnerre,—montez et roulez;—Eaux et tristesses, montez et relevez les Déluges.

Car depuis qu'ils se sont dissipés,—oh les pierres précieuses s'enfouissant,[18] et les fleurs ouvertes!—c'est un ennui! et la Reine, la Sorcière qui allume sa braise dans le pot de terre, ne voudra jamais nous raconter ce qu'elle sait, et que nous ignorons.

5. *étals:* butcher stalls.
6. Barbe-Bleue est un personnages légendaire qui a tué six épouses avant d'être tué lui-même.
7. *abattoirs:* slaughterhouses.
8. *sceau:* seal.
9. *castors:* beavers.
10. *mazagrans:* glasses of black coffee.
11. *estaminets:* cafés.
12. *compris des girouettes:* understood by weather vanes.
13. *giboulée:* sudden downpour.
14. *piaulant:* whining.
15. *églogues:* pastoral poems.
16. *futaie:* forest.
17. Eucharis est une nymphe, personnage des *Aventures de Télémaque* (1699), roman épique de Fénelon.
18. *s'enfouissant:* burying themselves.

Conte

Un Prince était vexé de ne s'être employé jamais qu'à la perfection des générosités vulgaires. Il prévoyait d'étonnantes révolutions de l'amour, et soupçonnait ses femmes de pouvoir mieux que cette complaisance agrémentée[1] de ciel et de luxe. Il voulait voir la vérité, l'heure du désir et de la satisfaction essentiels. Que ce fût ou non une aberration de piété, il voulut. Il possédait au moins un assez large pouvoir humain.

1. *complaisance agrémentée:* kindness, obligingness, embellished with . . .

Toutes les femmes qui l'avaient connu[2] furent assassinées. Quel saccage[3] du jardin de la beauté! Sous le sabre, elles le bénirent.[4] Il n'en commanda point de nouvelles.—Les femmes réapparurent.

Il tua tous ceux qui le suivaient, après la chasse ou les libations.—Tous le suivaient.

Il s'amusa à égorger[5] les bêtes de luxe. Il fit flamber les palais. Il se ruait sur[6] les gens et les taillait[7] en pièces.—La foule, les toits d'or, les belles bêtes existaient encore.

Peut-on s'extasier dans la destruction, se rajeunir par la cruauté! Le peuple ne murmura pas. Personne n'offrit le concours[8] de ses vues.

Un soir, il galopait fièrement. Un Génie apparut, d'une beauté ineffable, inavouable même. De sa physionomie et de son maintien ressortait la promesse d'un amour multiple et complexe! d'un bonheur indicible, insupportable même! Le Prince et le Génie s'anéantirent[9] probablement dans la santé essentielle. Comment n'auraient-ils pas pu en mourir? Ensemble donc ils moururent.

Mais ce Prince décéda, dans son palais, à un âge ordinaire. Le Prince était le Génie. Le Génie était le Prince.

La musique savante manque à notre désir.

2. *connu:* dans le sens sexuel du mot.
3. *saccage:* pillage.
4. *le bénirent:* blessed him.
5. *égorger:* to cut the throat of.
6. *se ruait sur:* flung himself on.
7. *taillait:* cut up.
8. *le concours:* the assistance.
9. *s'anéantirent:* destroyed themselves.

French Embassy, New York

VALERY

Le poème—cette hésitation
prolongée entre le son et le sens.
Rhumbs

Biographie

Paul Valéry (1871–1945) ne fut pas seulement un poète, mais aussi un théoricien de la poésie, un critique de la littérature et de la culture, et un intellectuel au sens le plus large du terme. Né à Sète, sur la Méditerranée, Valéry s'installe à Paris en 1894. Là, il subit l'influence des poètes symbolistes, en particulier celle du plus grand d'entre eux, Mallarmé; il compte parmi ses amis des écrivains, des peintres et des musiciens tels qu'André Gide, Degas, Debussy. Ses premières œuvres, en prose, (*Introduction à la méthode de Léonard de Vinci,* 1895, et *La Soirée avec M. Teste,* 1896) affirment sa préoccupation avec les mécanismes de l'intelligence et la connaissance du moi intime. Cette recherche l'amène à garder un silence de quinze ans, pendant lesquels il médite sur la philosophie, les mathématiques, les idées abstraites et la littérature, particulièrement la poésie. En 1917 il rompt ce silence avec la parution de *Vers anciens,* recueil de poèmes écrits entre 1890 et 1894, et *La Jeune Parque,* poème qu'il traite de simple «exercice». En 1922 paraît *Charmes,* recueil de vingt et un poèmes, chef-d'œuvre de la poésie moderne aussi bien que dernière œuvre poétique de Valéry. Jusqu'à sa mort, il commente les arts et les écrivains de diverses époques (Baudelaire, Poe, Verlaine, La Fontaine, entre autres), et développe ses idées sur la poésie en des conférences, des collections d'essais (*Variété,* 4 vol., 1924–44), et ses *Cahiers.* A sa mort, il est, comme il le dit lui-même, «une institution» en France.

Théories littéraires

Il n'est pas surprenant que Valéry, qui s'intéresse tant aux mécanismes de l'esprit, trouve le plaisir poétique dans l'acte de création du poème, et non dans son résultat, à savoir le poème dans sa forme définitive.

> Ce n'est point l'œuvre faite et ses apparences ou ses effets dans le monde qui peuvent nous accomplir et nous édifier, mais seulement la manière dont nous l'avons faite.

Dans la création, il cherche une lucidité totale, rejetant toute conception d'inspiration irrationnelle et inconsciente:

> Si je devais écrire, j'aimerais infiniment mieux écrire en toute conscience et dans une entière lucidité quelque chose de faible, que d'enfanter à la faveur d'une transe et hors de moi-même un chef-d'œuvre d'entre les plus beaux.

Ce souci de composition du poème l'amène à insister sur la forme, essence même de la poésie: pour lui, la poésie se distingue de la prose comme la danse se distingue de la marche; cette dernière a un but précis, tandis que la danse n'a pour but que l'acte même de danser:

> La poésie n'a pas le moins du monde pour objet de communiquer à quelqu'un quelque notion déterminée,—à quoi la prose doit suffire. Observez seulement le destin de la prose, comme elle expire à peine entendue, et expire de l'être. . . .
>
> Tout autre est la fonction de la poésie. Tandis que le fond unique est exigible de la prose, c'est ici la forme unique qui ordonne et survit. C'est le son, c'est le rythme, ce sont les rapprochements physiques des mots, leurs effets d'induction ou leurs influences mutuelles qui dominent, aux dépens de leur propriété de se consommer en un sens défini et certain. Il faut donc que dans un poème le sens ne puisse l'emporter sur la forme et la détruire sans retour; c'est au contraire le retour, la forme conservée, ou plutôt exactement reproduite comme unique et nécessaire expression de l'état ou de la pensée qu'elle vient d'engendrer au lecteur, qui est le ressort de la puissance poétique. Un beau vers renaît de son effet,—cause harmonique de soi-même.

Une telle définition de la poésie, dans laquelle la forme constitue l'acte même de création, implique pour Valéry un langage de l'ambiguïté, grâce auquel un poème n'a plus une signification unique:

> Il n'y a pas de vrai sens d'un texte. Pas d'autorité de l'auteur. Quoi qu'il ait voulu dire, il a écrit ce qu'il a écrit. Une fois publié, un texte est comme un appareil dont chacun se peut servir à sa guise et selon ses moyens: il n'est pas sûr que le constructeur en use mieux qu'un autre.

Tous les poèmes ici sont tirés de *Charmes,* titre qui veut dire en latin «chants magiques».

Les Pas

Tes pas,[1] enfants de mon silence,
Saintement, lentement placés,
Vers le lit de ma vigilance
Procèdent muets et glacés.

Personne pure, ombre divine,
Qu'ils sont doux, tes pas retenus![2]
Dieux! . . . tous les dons que je devine
Viennent à moi sur ces pieds nus!

Si, de tes lèvres avancées,
Tu prépares pour l'apaiser,
A l'habitant de mes pensées
La nourriture d'un baiser,

Ne hâte pas cet acte tendre,
Douceur d'être et de n'être pas,
Car j'ai vécu de vous attendre
Et mon cœur n'était que vos pas.

Vers 1–4. Sans considérer le sens des mots, déterminez par quels moyens le rythme imite celui des pas. Et les sons? Quelle sorte de pas le rythme et les sons suggèrent-ils? (Rapides? Lents? Lourds? Légers? Réels? Imaginaires?)

—Quels sont les mots qui donnent aux pas une valeur immatérielle, abstraite? Si l'on considère seulement ces mots, quelle est la définition des pas qui en ressort? (En particulier, quelle valeur précise le mot «saintement» indique-t-il? Quelle qualité morale les mots «lentement placés» suggèrent-ils?)

—Quels mots suggèrent la présence physique et matérielle des pas? (Dans quelle mesure peut-on dire que le poète les voit? qu'il les entend?)

—Quel semble être le rapport entre les pas et le poète? (Quel rapport est suggéré par l'emploi des deux adjectifs possessifs au premier vers?) Que signifie le tutoiement employé par le poète? Quel rapport les mots «enfants de mon silence» suggèrent-ils?

—Pour ce qui est de l'état du poète, que suggère le mot «lit»? Et le mot «vigilance»? Et les deux mots pris ensemble?

—Cette strophe, ainsi que la suivante, est au présent. Quelle sorte de temps présent le poète décrit-il? (Une action générale et répétée? Une action précise dans un présent immédiat?) Quel est ainsi le rapport entre l'action que décrit le poème et l'acte même de la décrire?

—Dans quelle mesure le lecteur se trouve-t-il au même niveau de connaissance que le poète dans ce déroulement? (En sait-il davantage, moins, ou autant que celui qui attend?)

1. *pas:* footsteps.

2. *retenus:* restrained, held back.

Vers 5–8. Comment les sons diffèrent-ils de ceux de la première strophe? Semblent-ils imiter le son des pas ou semblent-ils suggérer l'émotion de celui qui attend?

—Etudiez le rythme de cette strophe par rapport à la précédente. Quel sentiment est révélé chez le poète par ce rythme, surtout au vers 7? Et par l'emploi des points d'exclamation? Quelle réaction émotive envers la «personne» le poète suggère-t-il par la déclaration «Qu'ils sont doux»? Et par son exclamation «Dieux!»? Que laisse-t-il supposer par ce mot quant à l'origine de la «personne»? Comment les vers précédents nous ont-ils préparés à ce mot? De quelle manière le verbe «devine» renforce-t-il encore cette déclaration? Que révèle ce mot en ce qui concerne l'ordre de connaissance du poète?

—De quelle manière cette strophe marque-t-elle une progression dans le rapport entre les qualités matérielles et immatérielles? (Comment les mots du vers 5 suggèrent-ils un équilibre entre ces deux aspects? Au vers 8, que signifie la précision «ces pieds nus» par contraste avec les premier mots du poème, «tes pas»? Que suggère le mot «nus» par rapport au mot «glacés» du vers 4? Par rapport à la description au vers 5?)

Vers 1–8. Dans quelle mesure doit-on interpréter le mouvement du poème comme la simple description d'une personne qui s'approche d'une autre? (Quelles autres significations est-il possible d'attribuer aux pas?)

Vers 9–12. Toute cette strophe, ainsi que la suivante, dépend de la conjonction «si». Quelle est l'importance de cette conjonction en ce qui concerne l'acte que décrit le poète et le déroulement du drame? Comment l'action semble-t-elle changer? (Comment la description diffère-t-elle à présent de celle des deux premières strophes? Comment le rythme et la syntaxe reflètent-ils ce changement dans l'action?)

—Nous avons remarqué, avec la deuxième strophe, une progression dans la description de la «personne», progression qui va des «pas» aux «pieds nus». Comment cette progression se poursuit-elle ici? (Dans quelle mesure la description des pas devient-elle plus matérielle? Quels mots de la strophe 2 sont repris ici? De quelle manière? Comment la présence physique de la «personne» s'agrandit-elle?) Jusqu'où peut-on tout de même trouver à ce portrait un sens abstrait?

—Par contraste, comment le poète décrit-il son propre état? (A quel nom se réfère le régime direct de «l'apaiser»? Que veut suggérer le poète par l'image du vers 11? Comment la nature du langage de ce vers s'oppose-t-elle au langage qui décrit le baiser?) Que peut-on en conclure en ce qui concerne le jeu entre les aspects matériels et immatériels?

Vers 13–14. De quelle manière ces vers marquent-ils l'aboutissement de la progression dans ce jeu? (Peut-on distinguer les côtés matériels et abstraits?) D'après les vers précédents, quels sont les sens possibles du vers 14?

Vers 15–16. Ces deux vers marquent un changement abrupt. Comment les sons changent-ils? Et le rythme? Le pronom personnel? Qu'est-ce que ce changement de pronom personnel peut suggérer à l'égard des rapports du poète et de la «personne»? Et que suggèrent les changements de temps de verbes quant à l'acte décrit par le poète et son état actuel?

—Au dernier vers le poète établit un lien entre son cœur et les pas, l'intérieur et l'extérieur. Comment le reste du poème nous a-t-il préparés à cette intégration? Et quels sens possibles pouvons-nous attribuer au mot «cœur»?

Vers 13–16. Que semble-t-il s'être passé entre les vers 14 et 15? Peut-on être certain que quelque chose s'est passé? (Considérez dans votre réponse l'importance de «Si» au vers 9).

QUESTIONS GENERALES

Ce poème se prête à une variété d'interprétations, surtout en raison de l'ambiguïté de certains mots, tels que «pas». Quelles sont, d'après vous, les interprétations possibles? (Qui est la «personne»? Quelles sortes d'expériences sont décrites? Que fait celui qui parle?) Qu'ont en commun toutes ces interprétations?

La Ceinture[1]

Quand le ciel couleur d'une joue
Laisse enfin les yeux le chérir[2]
Et qu'au point doré de périr
Dans les roses le temps se joue,

Devant le muet de plaisir[3]
Qu'enchaîne une telle peinture,
Danse une Ombre à libre ceinture
Que le soir est près de saisir.

Cette ceinture vagabonde
Fait dans le souffle aérien
Frémir le suprême lien
De mon silence avec ce monde . . .

Absent, présent . . . Je suis bien seul,
Et sombre, ô suave linceul.[4]

Sons. De quelle manière Valéry relie-t-il les deux premières strophes grâce aux sons? (Quelles sortes de consonnes répète-t-il? Quelles voyelles?) Quel rôle la rime joue-t-elle dans cette unification de sons?

—A la strophe 3, quels sont les sons présents dans les strophes précédentes qui disparaissent ou deviennent à présent moins fréquents? Quel nouveau son le poète introduit-il?

—Aux deux derniers vers, quelle consonne prédomine? Quelle voyelle se détache? Quels sons disparaissent? Lesquels ont été gardés depuis le début du poème jusqu'aux deux derniers vers?

1. *ceinture:* waistband, belt (around an area).
2. *chérir:* to cherish.
3. *Devant le muet de plaisir:* in front of the one whom pleasure makes speechless.
4. *linceul:* shroud.

—Dans l'ensemble, quelle est la progression dans les sons? (Valéry augmente-t-il ou diminue-t-il les sons?)

Syntaxe. Quelle progression, analogue à celle des sons, voyez-vous dans la syntaxe? (Dans quelles strophes rencontre-t-on certains problèmes possibles de compréhension, dûs à une syntaxe complexe et ambiguë? Dans quelle strophe la syntaxe apparaît-elle plus conventionnelle? Où est-elle la plus simple de tout le poème?)

Images: la progression du coucher de soleil. En vous limitant aux images qui semblent se référer au coucher du soleil, établissez la progression dans ce coucher. A quel stade est-il à la première strophe? A la deuxième? (Comment les couleurs changent-elles?) A la strophe 3 et à la fin? Dans quelle mesure existe-t-il une progression parallèle dans la présence des éléments physiques? (Où est-on le plus conscient de ces éléments? Le moins conscient?) Que reste-t-il du monde physique à la fin du poème?

—Quel rôle l'idée de personnification joue-t-elle dans cette progression? (A quels moments la nature semble-t-elle le plus personnifiée? Le moins?) Quel est le rapport entre cette progression et la présence de l'homme dans le poème? (Où sa présence se fait-elle sentir indirectement? et directement?) Dans chacune des strophes, quels mots lient l'homme et le monde extérieur?

—Comment cette progression s'accorde-t-elle avec celle des sons et celle de la syntaxe?

Oppositions. Valéry termine le poème par des oppositions, sinon des contradictions, dont la plus évidente est sans doute «absent, présent». Quelles autres oppositions existent dans ces deux derniers vers? Comment peut-on les voir dans le reste du poème? (Pour la première strophe, regardez surtout les verbes; pour la seconde, les adjectifs aussi bien que les verbes.) Dans quelle mesure peut-on dire que la troisième strophe semble concilier ces oppositions, en les équilibrant? (Dans votre réponse, considérez aussi le jeu de progressions dans les sons, la syntaxe, la personnification.) D'après les jeux d'opposition et les progressions, quelles interprétations possibles ressortent pour le mot «ceinture»? Par suite, quelles sont les interprétations possibles du poème?

Palme

à Jeannie.[1]

De sa grâce redoutable
Voilant à peine l'éclat,
Un ange met sur ma table
Le pain tendre, le lait plat;
Il me fait de la paupière
Le signe d'une prière
Qui parle à ma vision:
—Calme, calme, reste calme!

1. *Jeannie:* Mme Paul Valéry.

Connais le poids d'une palme[2]
Portant sa profusion!

Pour autant qu'elle se plie
A l'abondance des biens,
Sa figure est accomplie,
Ses fruits lourds sont ses liens.
Admire comme elle vibre,
Et comme une lente fibre
Qui divise le moment,
Départage[3] sans mystère
L'attirance de la terre
Et le poids du firmament!

Ce bel arbitre mobile
Entre l'ombre et le soleil,
Simule d'une sibylle[4]
La sagesse et le sommeil.
Autour d'une même place
L'ample palme ne se lasse
Des appels ni des adieux . . .
Qu'elle est noble, qu'elle est tendre!
Qu'elle est digne de s'attendre
A la seule main des dieux!

L'or léger qu'elle murmure
Sonne au simple doigt de l'air,
Et d'une soyeuse[5] armure
Charge l'âme du désert.
Une voix impérissable
Qu'elle rend au vent de sable
Qui l'arrose de ses grains,
A soi-même sert d'oracle,
Et se flatte du miracle
Que se chantent les chagrins.

Cependant qu'elle s'ignore
Entre le sable et le ciel,
Chaque jour qui luit encore
Lui compose un peu de miel.
Sa douceur est mesurée

2. *palme:* palm leaf.
3. *départage:* decides between, separates.
4. *sibylle:* sibyl (dans l'Antiquité, les sibylles prédisaient l'avenir).
5. *soyeuse:* silky.

Par la divine durée
Qui ne compte pas les jours,
Mais bien qui les dissimule[6]
Dans un suc[7] où s'accumule
Tout l'arôme des amours.

Parfois si l'on désespère,
Si l'adorable rigueur
Malgré tes larmes n'opère
Que sous ombre de langueur,
N'accuse pas d'être avare
Une Sage qui prépare
Tant d'or et d'autorité:
Par la sève solennelle
Une espérance éternelle
Monte à la maturité!

Ces jours qui te semblent vides
Et perdus pour l'univers
Ont des racines avides
Qui travaillent les déserts.
La substance chevelue[8]
Par les ténèbres élue
Ne peut s'arrêter jamais
Jusqu'aux entrailles du monde,
De poursuivre l'eau profonde
Que demandent les sommets.

Patience, patience,
Patience dans l'azur!
Chaque atome de silence
Est la chance d'un fruit mûr!
Viendra l'heureuse surprise:
Une colombe, la brise,
L'ébranlement le plus doux,
Une femme qui s'appuie,
Feront tomber cette pluie
Où l'on se jette à genoux!

Qu'un peuple à présent s'écroule,[9]
Palme! . . . irrésistiblement!
Dans la poudre qu'il se roule

6. *dissimule:* conceals.
7. *suc:* juice; essence.
8. *substance chevelue:* (literally, hairy substance) roots.
9. *s'écroule:* collapses.

Sur les fruits du firmament!
Tu n'as pas perdu ces heures
Si légère tu demeures
Après ces beaux abandons;
Pareille à celui qui pense
Et dont l'âme se dépense
A s'accroître[10] de ses dons!

Dans son commentaire de *Charmes,* le critique Alain remarque, au sujet de la musicalité de ces poèmes, que *Palme* offre un exemple de plus de «la chanson [qui] est premièrement chanson et toujours chanson»:

Le rythme appelle la rime, et encore par un concert et une compensation des sonorités qui s'étend d'une strophe à l'autre. Qui dira en quel sens une strophe rime avec la précédente et avec la suivante? Toujours est-il que l'on a ici le sentiment d'une harmonie continue. Après cela l'objet offre des figures, et l'idée se développe d'après ces conditions de nature, et par un mouvement de bas en haut, comme le fruit de l'arbre. Ainsi l'idée se répète comme en un miroir à mille faces; et cette idée même définit encore une fois le poète.

Déterminez comment le poème croît comme le fruit d'un arbre, «de bas en haut», par la répétition. (Au commencement quel état l'ange cherche-t-il, par les objets qu'il apporte et par ses paroles, à créer chez le poète? Comment Valéry définit-il ensuite la palme de manière cumulative dans les strophes 2 à 5? Comment reprend-il les images et les métaphores du reste du poème en les appliquant au poète?) Comment le rythme et les sons créent-ils des effets de répétition? (Quelle est la métrique du poème? Quelle sorte de rythme en résulte? Quels groupes de sons semblent se répéter au long du poème?)

10. *s'accroître:* to grow.

Les Grenades[1]

Dures grenades entr'ouvertes[2]
Cédant à l'excès de vos grains,
Je crois voir des fronts souverains
Eclatés de leurs découvertes![3]

Si les soleils par vous subis,[4]
O grenades entre-bâillées,[5]
Vous ont fait d'orgueil travaillées
Craquer les cloisons[6] de rubis,

1. *grenades:* pomegranates.
2. *entr'ouvertes:* half-open.
3. *découvertes:* discoveries.
4. *subis:* endured.
5. *entre-bâillées:* half-open.
6. *craquer les cloisons:* burst the partitions.

Et que si[7] l'or sec de l'écorce
A la demande d'une force
Crève en gemmes rouges de jus,

Cette lumineuse rupture
Fait rêver une âme que j'eus
De sa secrète architecture.

7. *Et que si:* and if.

La Dormeuse

Quels secrets dans son cœur brûle ma jeune amie,
Ame par le doux masque aspirant[1] une fleur?
De quels vains aliments[2] sa naïve chaleur
Fait ce rayonnement d'une femme endormie?

Souffle, songes, silence, invincible accalmie,[3]
Tu triomphes, ô paix plus puissante qu'un pleur,
Quand de ce plein sommeil l'onde[4] grave et l'ampleur
Conspirent[5] sur le sein d'une telle ennemie.

Dormeuse, amas doré d'ombres et d'abandons,
Ton repos redoutable est chargé de tels dons,
O biche avec langueur longue auprès d'une grappe,

Que malgré l'âme absente, occupée aux enfers,
Ta forme au ventre pur qu'un bras fluide drape,
Veille; ta forme veille,[6] et mes yeux sont ouverts.

1. *aspirant* (ety.: breathing): inhaling, sucking in.
2. *vains:* immaterial.
3. *accalmie:* lull (in storm or war).
4. *onde:* wave.
5. *conspirent:* (ety.) breathe together.
6. *veille:* stays awake, keeps watch.

La Fausse Morte

Humblement, tendrement, sur le tombeau charmant,
    Sur l'insensible monument,
Que d'ombres, d'abandons, et d'amour prodiguée,
    Forme[1] ta grâce fatiguée,
Je meurs, je meurs sur toi, je tombe et je m'abats,[2]

Mais à peine abattu sur le sépulcre bas,
Dont la close étendue aux cendres me convie,[3]

1. *monument,/Que . . . Forme:* le monument que ta grâce forme.
2. *m'abats:* fall.
3. *convie:* invites.

Cette morte apparente, en qui revient la vie,
Frémit, rouvre les yeux, m'illumine et me mord,
Et m'arrache toujours une nouvelle mort
Plus précieuse que la vie.

Le Sylphe[1]

Ni vu ni connu
Je suis le parfum
Vivant et défunt
Dans le vent venu!

Ni vu ni connu,
Hasard ou génie?
A peine venu
La tâche est finie!

Ni lu ni compris?
Aux meilleurs esprits
Que d'erreurs promises![2]

Ni vu ni connu,
Le temps d'un sein nu
Entre deux chemises!

1. Un sylphe est un petit génie de l'air. Se dit souvent d'une femme ou d'une jeune fille mince et légère.

2. *Que d'erreurs promises:* how many mistakes in store!

French Embassy, New York

PONGE

Il y a donc d'une part ce monde extérieur, d'autre part ce monde du langage, qui est un monde entièrement distinct, sauf qu'il y a le dictionnaire, qui fait partie du monde extérieur, naturellement.

La Pratique de la littérature

Biographie

Francis Ponge (1899–) a connu une enfance calme et aisée. Il conserve surtout des souvenirs de sa jeunesse passée à Montpellier, en Provence. Ses études universitaires à Paris se trouvent interrompues par sa mobilisation en 1918. Bien qu'étudiant excellent, il échoue cependant à ses examens oraux, faute de pouvoir parler au moment de ses épreuves. Pendant les années vingt et trente, il occupe des postes subalternes dans des maisons d'éditions. Entre temps, il devient syndicaliste très actif et membre du parti communiste, qu'il ne quittera qu'en 1947. Pendant la deuxième guerre mondiale, il participe activement à la Résistance. Tracassé par des dettes après la guerre, sa sécurité est enfin assurée par un poste à l'Alliance Française en 1954. Il prend sa retraite en 1964 et depuis, se consacre à ses écrits en Provence.

Jusqu'aux années soixante, la réputation de Ponge était surtout limitée aux milieux artistiques français. Pendant les années vingt il a publié des textes dans des revues, fait paraître *Douze petits écrits* (1926), s'est associé avec les surréalistes; cette association de courte durée n'a pas laissé de traces dans son œuvre. En 1942, il publie *Le Parti pris des choses,* son œuvre la plus ample jusque là, qui mérite en 1947 un important article de Sartre. Il est l'ami de nombreux artistes de notre temps—Picasso, Braque, Dubuffet, Giacometti par exemple—et écrit des articles et des préfaces aux éditions limitées de leurs œuvres. En 1961 il publie la plus grande partie de son œuvre sous le titre *Le Grand recueil,* trois tomes (*Lyres, Méthodes, Pièces*) de textes, critiques, théories et réflexions. Plus récemment, sa réputation s'est étendue grâce à la nouvelle génération d'écrivains et de critiques, en particulier du groupe *Tel Quel,* groupe d'avant-garde qui cherche à redéfinir et réorienter «l'écriture» (mot qui pour eux remplace «littérature»). En 1966, Ponge publie *Le Savon,* suivi de *Nouveau Recueil* en 1967.

Théories littéraires

Ponge annonce l'abolition des formes traditionnelles: «Plus de sonnets, d'odes, d'épigrammes: que la forme même du poème soit en quelque sorte déterminée par son objet.» Il prend le mot *objet* au sens le plus littéral et le plus immanent, les sujets de ses textes étant pour la plupart des *objets:* la pluie, la cigarette, l'huître et la crevette par exemple. Et ce sont ces objets, ces choses, qui donnent ce que Ponge appelle «une forme rhétorique» particulière au texte. Il n'impose pas de forme extérieure aux objets; les objets dictent la forme du texte.

Ponge cherche à limiter son œuvre à la description et à la définition des choses:

> Ne pourrait-on imaginer une sorte d'écrits (nouveaux) qui, se situant à peu près entre les deux genres (définition et description), emprunteraient au premier son infaillibilité, son indubitabilité, sa brièveté aussi, au second son respect de l'aspect sensoriel des choses. . . .

Mais dans ces nouveaux écrits que projette Ponge, l'objet ne se sépare nullement du mot: «En somme voici le point important: PARTI PRIS DES CHOSES égale COMPTE TENU DES MOTS.» Ce compte tenu des mots implique une connaissance de la langue et l'emploi des mots dans toute leur richesse, avec leurs sens multiples et leurs résonnances historiques, tels qu'on les trouve dans le dictionnaire. Dans un texte de Ponge, un lieu commun est soumis à un renouvellement qui ramène les sens perdus et originaux du mot; en même temps Ponge insiste beaucoup sur l'importance des sons des mots et sur les rapports phonétiques et sémantiques dans un texte.

Le but d'une telle littérature n'est ainsi rien moins qu'une étude totale de la langue, qui vise à refaire le monde où nous vivons:

> Seule la littérature (et seule dans la littérature celle de description—par opposition à celle d'explication—: parti pris des choses, dictionnaire phénoménologique, cosmogonie), permet de jouer le grand jeu: de refaire le monde,

à tous les sens du mot *refaire*, grâce au caractère à la fois concret et abstrait, intérieur et extérieur du VERBE, grâce à son épaisseur sémantique.

Tous les textes de Ponge ici se trouvent dans *Le Parti pris des choses.*

Le Pain

La surface du pain est merveilleuse d'abord à cause de cette impression quasi panoramique qu'elle donne: comme si l'on avait à sa disposition[1] sous la main[2] les Alpes, le Taurus ou la Cordillère des Andes.[3]

Ainsi donc une masse amorphe[4] en train d'éructer[5] fut glissée pour nous dans le four stellaire, où durcissant elle s'est façonnée en vallées, crêtes,[6] ondulations, crevasses . . . Et tous ces plans dès lors si nettement articulés, ces dalles[7] minces où la lumière avec application couche ses feux,—sans un regard pour la mollesse ignoble[8] sous-jacente.[9]

Ce lâche[10] et froid sous-sol[11] que l'on nomme la mie[12] a son tissu pareil à celui des éponges: feuilles ou fleurs y sont comme des sœurs siamoises soudées[13] par tous les coudes à la fois. Lorsque le pain rassit[14] ces fleurs fanent et se rétrécissent:[15] elles se détachent alors les unes des autres, et la masse en devient friable . . .[16]

Mais brisons-la:[17] car le pain doit être dans notre bouche moins objet de respect que de consommation.[18]

Paragraphe 1. A quelle distance physique du pain le poète se trouve-t-il réellement aux deux premières lignes du poème? Comment le mot «panoramique» tend-il à suggérer une autre distance entre l'observateur et l'objet? Quelle est la distance émotive?

—Aux lignes 2 et 3, quelle distance physique les mots «sous la main» et «à sa disposition» suggèrent-ils? (Quels rapports physiques et affectifs suggèrent-ils entre l'homme et le pain?) Quelle distance et quelle étendue les noms «Alpes», «Taurus», et «Cordillère des Andes» suggèrent-ils? Dans

1. *à sa disposition:* available.
2. *sous la main:* at hand; also, literally, under the hand.
3. Les Alpes sont en Europe, le Taurus en Turquie; la Cordillère des Andes est une chaîne de montagnes en Amérique du Sud.
4. *amorphe:* uncrystallized (minerology); disorganized; soft.
5. *éructer* (ety., vomit): emit, belch.
6. *crêtes:* crest (of bird or wave); ridge (of mountain).
7. *dalles:* stone slabs (for paving and floors).
8. *ignoble:* (ety.) not noble, without distinction.
9. *sous-jacente:* lying underneath.
10. *lâche:* loose, soft; cowardly.
11. *sous-sol:* underground.
12. *mie:* inside of the bread, as opposed to crust.
13. *soudées:* welded.
14. *rassit:* becomes stale, but not yet hard.
15. *se rétrécissent:* shrink.
16. *friable:* crumbly.
17. *brisons-la:* let's break it. En même temps Ponge fait un jeu de mot sur l'expression «brisons-là» (let's stop there).
18. *objet de consommation:* consumers' product; *consommation:* bringing something to its end.

quelle mesure peut-on dire qu'il s'agit de deux sortes de distances et de deux objets?

Paragraphe 2. A quoi se réfère le mot «masse» à la première ligne? (Un seul objet, ou bien deux?) Que suggèrent les mots «four» et «stellaire»? (Quels objets? Quelles sortes d'actions?) Dans le reste du paragraphe, quels mots s'appliquent au pain? A la terre? Aux deux à la fois?

—Au premier paragraphe, le poète se sert de «on»; maintenant, il dit «nous». Quel est le sens de ce «nous»? Il dit aussi que la masse «fut glissée». Par qui? Aux lignes 7 et 8, le poète écrit «sans un regard». Qui semble être l'auteur de ce regard? En somme, comment le rapport entre l'homme et le pain a-t-il changé, en comparaison avec le premier paragraphe? Quel est maintenant le rôle de l'homme? Comment sent-on sa présence?

—Le premier paragraphe est au présent; quel est le temps des verbes ici? De quelle sorte de temps est-il question à présent? (A quelle distance temporelle sommes-nous de la masse?)

—A la fin du paragraphe, quels sont les nouveaux éléments de qualité physique et de jugement moral introduits dans le texte par les mots «mollesse ignoble»? Quel nouveau point de vue le mot «sous-jacente» apporte-t-il?

—En lisant à haute voix le second paragraphe, quelle sorte d'action est suggérée par le rythme, la syntaxe et la ponctuation? Comment unifient-ils les actions multiples du paragraphe? (Quelles sont ces diverses actions? Qu'ont-elles en commun?)

Paragraphe 3. Comment les images s'attachent-elles au pain et à la terre? En quoi diffèrent-elles de celles du second paragraphe au point de vue visuel et tactile? (Quels nouveaux éléments apportent-elles à notre impression du pain? Quelle action progressive décrivent-elles? Remarquez surtout les mots «tissu», «éponges», «soudées», «rassit» et «friable».) Comment la nature de l'action qu'elles décrivent change-t-elle par rapport au second paragraphe? (Qui agit ici? Et auparavant?)

—Comment les distances physique et temporelle ont-elles changé? Comment la distance affective a-t-elle changé depuis le premier paragraphe?

—Dans quelle mesure sent-on maintenant la présence de l'homme? Que signifie le fait que le pain a maintenant des qualités humaines?

—Le poète a parlé plus haut d' «une masse»; il termine ce paragraphe en disant «la masse devient friable». Pourquoi dit-il maintenant «*la* masse» au lieu d' «une masse»? Quel état le mot «friable» suggère-t-il? Dans quelle mesure ce mot représente-t-il l'aboutissement des processus décrits par le poète?

Paragraphe 4. Ponge termine le poème par un jeu de mots: «brisons-la» qui rappelle l'expression «brisons-là». A quoi renvoie le pronom «la»? (Pourquoi ne dit-il pas «le», c'est-à-dire le pain?) Que suggère l'acte de «la briser» par rapport à tout ce que le poète vient de décrire et de rapprocher? Pour quelles raisons lui faut-il s'arrêter brusquement, c'est-à-dire «briser là»? (Quel rapport rétablit-il entre l'homme et le pain?)

—On a proposé un ton ironique pour cette dernière phrase. Déterminez dans quelle mesure cet emploi serait justifié et déterminez la nature de cette ironie. (Serait-elle dirigée contre le pain, le lecteur, le poète lui-même? Quelle est l'importance des mots «objet de respect»?)

L'Huître[1]

L'huître, de la grosseur d'un galet[2] moyen, est d'une apparence plus rugueuse,[3] d'une couleur moins unie, brillamment blanchâtre.[4] C'est un monde opiniâtrement clos. Pourtant on peut l'ouvrir: il faut alors la tenir au creux d'un torchon,[5] se servir d'un couteau ébréché[6] et peu franc,[7] s'y reprendre à plusieurs fois. Les doigts curieux[8] s'y coupent, s'y cassent les ongles: c'est un travail grossier.[9] Les coups qu'on lui porte marquent son enveloppe de ronds blancs, d'une sorte de halos.

A l'intérieur l'on trouve tout un monde, à boire et à manger: sous un *firmament*[10] (à proprement parler) de nacre, les cieux d'en-dessus s'affaissent[11] sur les cieux d'en-dessous, pour ne plus former qu'une mare,[12] un sachet[13] visqueux et verdâtre, qui flue[14] et reflue à l'odeur et à la vue, frangé d'une dentelle noirâtre sur les bords.

Parfois très rare une formule perle[15] à leur gosier[16] de nacre, d'où l'on trouve aussitôt à s'orner.

Paragraphe 1. A quoi sert la comparaison entre les qualités physiques de l'huître et celles du galet? (Quels aspects physiques le poète relève-t-il? Quelle impression nous donne-t-il de l'huître?) Quelle sorte de jugement le poète semble-t-il porter sur l'huître dans cette première phrase? (Voir surtout les mots «brillamment blanchâtre».) Comment la description suivante vous semble-t-elle contenir des oppositions? (Voir par exemple le rapport entre les deuxième et troisième phrases; ce que suggèrent les mots «monde», «opiniâtrement», «grossier» et «halos».)

—De quelle manière les consonnes et le rythme changent-ils à travers le paragraphe? Quel est le rôle de l'onomatopée dans ces changements? Comment ces changements sont-ils en accord avec les changements dans la description? (Quelles actions, quels jugements soulignent-ils?)

—En somme, quelles impressions physiques de l'huître le poète crée-t-il? Quelles impressions morales? Quelles impressions diverses sont produites par la description de l'ouverture de l'huître donnée par le poète?

Paragraphe 2. Comment le point de vue change-t-il au début de ce paragraphe?

—Par quels moyens les aspects multiples de l'huître sont-ils suggérés? (Etendue spatiale du monde de l'huître, éléments naturels dans cet univers, aussi bien qu'éléments humains?) Par quels moyens le poète suggère-t-il l'unité et l'indépendance de ce monde? (Considérez la syntaxe, le rythme, la répétition de certains noms, verbes et prépositions; la répétition des sons.)

1. *huître:* oyster.
2. *galet:* stone rubbed smooth by waves.
3. *rugueuse:* rough, coarse.
4. *blanchâtre:* whitish (slightly pejorative).
5. *au creux d'un torchon:* in the hollow of a cloth.
6. *ébréché:* notched, chipped.
7. *peu franc:* crooked.
8. *curieux:* prying.
9. *grossier:* crude.
10. *firmament:* (ety., support) celestial vault.
11. *s'affaissent:* cave in, slump.
12. *mare:* stagnant pond.
13. *sachet:* small bag.
14. *flue:* flows.
15. *perle,* from the verb perler (ety., to embellish with pearls): to execute to perfection; to form in beads.
16. *gosier:* throat, gullet.

—Dans la première phrase de ce second paragraphe, on sent la présence indirecte de l'homme («à boire et à manger»). Comment cette présence se fait-elle sentir dans le reste du paragraphe? Que peut-on en conclure à l'égard de la définition du monde de l'huître et de son rapport avec l'homme?

—Par rapport au premier paragraphe, quels semblent être le jugement et l'attitude implicites du poète envers l'huître?

Paragraphe 3. Dans quelle mesure peut-on dire (malgré les différences évidentes entre cette phrase et les paragraphes précédents) que Ponge continue à présenter le monde de l'huître comme multiple et même parfois contradictoire?

—En parlant de cette phrase, Ponge lui-même a insisté sur le double sens du mot «formule», en disant: «C'est une petite forme . . . Et en même temps, bien sûr, il s'agit de la formule au sens d'un bref énoncé, d'une chose dite de la façon la plus brève, la plus résumante possible», et il remarque qu'il y a un art poétique à l'intérieur de son texte. De la même manière, il prend le mot «s'orner» comme «une sorte d'autocritique à l'intérieur du poème, du fait que je m'orne, moi-même, de la qualité précieuse et rare de mon style». En reprenant le texte, essayez de dégager cet art poétique et cette autocritique. Comment peut-on dire que ce deuxième sens qu'on donne au poème s'accorde avec le sens que Ponge donne à l'huître? (Par exemple, quel sens les verbes «s'y coupent, s'y cassent» prennent-ils selon cette interprétation?)

—Ponge a fait la remarque que ce dernier paragraphe est beaucoup plus court que les autres «parce que la perle est proportionnellement beaucoup moins importante, du point de vue du volume, enfin de l'importance quantitative, que l'huître elle-même». Comment le poème suit-il la forme physique (ou quantitative) de l'huître? Comment notre impression et le jugement que nous portons sur l'huître, et sur le poème même, dépassent-ils cette forme? (A quelle partie du poème attache-t-on la plus grande valeur?)

QUESTION GENERALE

Un professeur américain a accusé Ponge d'anthropomorphisme dans ce poème, à cause de l'emploi du mot «opiniâtrement». Ponge a répondu qu'il avait choisi ce mot «à cause de l'accent circonflexe et du t-r-e», c'est-à-dire que le son dans le mot «huître» a déterminé le choix. Essayez de trouver quels autres mots ont été choisis pour la même raison. Essayez de voir, à travers le poème, d'autres groupes de mots étroitement liés par les sons. Comment cette insistance sur les sons affecte-t-elle le sens du poème?

—Semble-t-il exister, dans *Le pain,* la même sorte de rapport entre le son et le sens?

Notes pour un coquillage

Un coquillage[1] est une petite chose, mais je peux la démesurer en la replaçant où je la trouve, posée sur l'étendu du sable. Car alors je prendrai une

1. *coquillage:* shellfish; empty shell.

poignée de sable et j'observerai le peu qui me reste dans la main après que par les interstices[2] de mes doigts presque toute la poignée aura filé, j'observerai quelques grains, puis chaque grain, et aucun de ces grains de sable à ce moment ne m'apparaîtra plus une petite chose, et bientôt le coquillage formel, cette coquille d'huître ou cette tiare bâtarde, ou ce «couteau»,[3] m'impressionnera comme un énorme monument, en même temps colossal et précieux, quelque chose comme le temple d'Angkor, Saint-Maclou,[4] ou les Pyramides, avec une signification beaucoup plus étrange que ces trop incontestables produits d'hommes.

Si alors il me vient à l'esprit que ce coquillage, qu'une lame[5] de la mer peut sans doute recouvrir, est habité par une bête, si j'ajoute une bête à ce coquillage en l'imaginant replacé sous quelques centimètres d'eau, je vous laisse à penser de combien s'accroîtra, s'intensifiera de nouveau mon impression, et deviendra différente de celle que peut produire le plus remarquable des monuments que j'évoquais tout à l'heure!

Les monuments de l'homme ressemblent aux morceaux de son squelette ou de n'importe quel squelette, à de grands os décharnés:[6] ils n'évoquent aucun habitant à leur taille. Les cathédrales les plus énormes ne laissent sortir qu'une foule informe de fourmis,[7] et même la villa, le château le plus somptueux faits pour un seul homme sont encore plutôt comparables à une ruche[8] ou à une fourmilière[9] à compartiments nombreux, qu'à un coquillage. Quand le seigneur sort de sa demeure il fait certes moins d'impression que lorsque le bernard-l'hermite[10] laisse apercevoir sa monstrueuse pince à l'embouchure[11] du superbe cornet[12] qui l'héberge.

Je puis me plaire à considérer Rome, ou Nîmes,[13] comme le squelette épars,[14] ici le tibia, là le crâne d'une ancienne ville vivante, d'un ancien vivant, mais alors il me faut imaginer un énorme colosse en chair et en os, qui ne correspond vraiment à rien de ce qu'on peut raisonnablement inférer de ce qu'on nous a appris, même à la faveur[15] d'expressions au singulier, comme le Peuple Romain, ou la Foule Provençale.

Que j'aimerais qu'un jour l'on me fasse entrevoir qu'un tel colosse a réelement existé, qu'on nourrisse en quelque sorte la vision très fantomatique et

2. *interstices:* chinks.
3. *coquille:* shell; *tiare bâtarde:* volute shell (spiral-shaped); *couteau:* knife-shaped shell.
4. *Angkor* est une allusion aux ruines des temples d'Angkor-vat et du Bayon au Cambodge. *Saint-Maclou* est une église médiévale à Rouen.
5. *lame:* wave.
6. *os décharnés:* fleshless bones.
7. *fourmis:* ants.
8. *ruche:* beehive.
9. *fourmilière:* anthill.
10. *bernard-l'hermite:* hermit crab. Le bernard-l'hermite se loge dans des coquilles abandonées.
11. *l'embouchure:* mouth.
12. *cornet qui l'héberge:* the horn that harbors it (the hermit crab).
13. Rome et Nîmes sont deux villes connues pour leurs ruines de la civilisation romaine. Nîmes se trouve au sud de la France, en Provence.
14. *épars:* scattered.
15. *à la faveur:* by means of.

uniquement abstraite sans aucune conviction que je m'en forme! Qu'on me fasse toucher ses joues, la forme de son bras et comment il le posait le long de son corps.

Nous avons tout cela avec le coquillage: nous sommes avec lui en pleine chair, nous ne quittons pas la nature: le mollusque ou le crustacé sont là présents. D'où, une sorte d'inquiétude qui décuple[16] notre plaisir.

Je ne sais pourquoi je souhaiterais que l'homme, au lieu de ces énormes monuments qui ne témoignent que de la disproportion grotesque[17] de son imagination et de son corps (ou alors de ses ignobles mœurs sociales, compagniales), au lieu encore de ces statues à son échelle ou légèrement plus grandes (je pense au David de Michel-Ange) qui n'en sont que de simples représentations, sculpte des espèces de niches,[18] de coquilles à sa taille, des choses très différentes de sa forme de mollusque mais cependant y proportionnées (les cahutes[19] nègres me satisfont assez de ce point de vue), que l'homme mette son soin à se créer aux générations une demeure pas beaucoup plus grosse que son corps, que toutes ses imaginations, ses raisons soient là comprises, qu'il emploie son génie à l'ajustement, non à la disproportion,—ou, tout au moins, que le génie se reconnaisse les bornes du corps qui le supporte.

Et je n'admire même pas ceux comme Pharaon qui font exécuter par une multitude des monuments pour un seul: j'aurais voulu qu'il employât cette multitude à une œuvre pas plus grosse ou pas beaucoup plus grosse que son propre corps,—ou—ce qui aurait été plus méritoire encore, qu'il témoignât de sa supériorité sur les autres hommes par le caractère de son œuvre propre.

De ce point de vue j'admire surtout certains écrivains ou musiciens mesurés, Bach, Rameau, Malherbe, Horace, Mallarmé—, les écrivains par-dessus tous les autres parce que leur monument est fait de la véritable sécrétion commune du mollusque homme, de la chose la plus proportionnée et conditionnée à son corps, et cependant la plus différente de sa forme que l'on puisse concevoir: je veux dire la PAROLE.

O Louvre de lecture, qui pourra être habité, après la fin de la race peut-être par d'autres hôtes, quelques singes par exemple, ou quelque oiseau, ou quelque être supérieur, comme le crustacé se substitue au mollusque dans la tiare bâtarde.

Et puis, après la fin de tout le règne animal, l'air et le sable en petits grains lentement y pénètrent, cependant que sur le sol il luit encore et s'érode, et va brillamment se désagréger,[20] ô stérile, immatérielle poussière, ô brillant résidu, quoique sans fin brassé et trituré entre les laminoirs[21] aériens et marins, ENFIN!

16. *décuple:* increases tenfold.
17. *qui ne témoignent . . . grotesque:* which only testify to the grotesque disproportion of. . . .
18. *niches:* nooks.
19. *cahutes:* huts.
20. *désagréger:* to disintegrate.
21. *brassé et trituré:* mashed and ground to powder; *laminoirs:* rolling mills.

l'on n'est plus là et ne peut rien reformer du sable, même pas du verre, et C'EST FINI!

Suivez le développement de la comparaison entre le coquillage et les monuments de l'homme dans le texte, en vous appuyant sur les questions suivantes:

—Comment le poète décrit-il tout d'abord le coquillage? (A partir de quel point de vue? De quelle distance affective? Avec quel jugement par rapport aux monuments de l'homme?) Quelles diverses définitions des monuments donne-t-il dans le reste du texte? Quels jugements explicites et implicites porte-t-il sur ceux-ci? Quelle est la progression dans cette suite de définitions? (Quels monuments lui plaisent le moins? Celui qui lui plaît davantage? Lequel lui semble être l'équivalent du coquillage?)

—Comment le poète développe-t-il ses analogies entre le corps vivant à l'intérieur du coquillage et l'intérieur des monuments humains? (Comment décrit-il l'intérieur du coquillage? Et l'intérieur des monuments?) Comment ces descriptions changent-elles au cours du texte? Vers la fin (lignes 59–64), comment le coquillage, l'homme, les monuments, l'intérieur et l'extérieur s'intègrent-ils?

—Comment le temps et le mode des verbes changent-ils? Que suggère chacun de ces changements? De quelles époques historiques le poète parle-t-il dans le texte? Quel est le rapport entre le temps des verbes et ces temps historiques? Quel est l'effet des changements de pronoms (le «je» des deux premières parties; «nous», aux lignes 38–40; l'absence du pronom «je» dans les deux derniers paragraphes)? Quel rapport existe-t-il entre ces changements, le jeu des verbes et le traitement des époques historiques? Enfin, quelle est la dernière définition des monuments?

—Ponge commence son poème avec le sable et le termine avec le sable. Afin de bien voir la progression du texte, précisez l'emploi de cette image. (A quelle distance physique et temporelle de l'homme le sable se trouve-t-il dans les deux paragraphes? En quels termes le poète décrit-il le sable? Que représente le sable?)

Ponge donne comme titre à ce texte «Notes pour un coquillage», et non pas «notes sur un coquillage». Que suggère l'emploi de la préposition «pour» sur le but du poète? (Veut-il suggérer qu'il va écrire un poème intitulé «Le Coquillage»? Ecrit-il littéralement pour un coquillage?) L'emploi du mot «notes» par Ponge nous permet-il d'appeler ce texte un poème? (Le mot est-il justifié par la structure du texte? Le texte paraît-il inachevé?) Expliquez.

Le Cageot[1]

A mi-chemin de la cage au cachot[2] la langue française a cageot, simple caissette à claire-voie[3] vouée[4] au transport de ces fruits qui de la moindre suffocation font à coup sûr une maladie.

1. *cageot* (ety., cage): fruit or vegetable crate.
2. *cachot:* dungeon.
3. *claire-voie:* latticework.
4. *vouée:* dedicated (as to a divinity).

Agencé[5] de façon qu'au terme de son usage il puisse être brisé sans effort, il ne sert pas deux fois. Ainsi dure-t-il moins encore que les denrées[6] fondantes[7] ou nuageuses qu'il enferme.

A tous les coins de rues qui aboutissent aux halles, il luit alors de l'éclat sans vanité[8] du bois blanc. Tout neuf encore, et légèrement ahuri[9] d'être dans une pose maladroite à la voirie[10] jeté sans retour, cet objet est en somme des plus sympathiques,—sur le sort duquel il convient toutefois de ne s'appesantir longuement.

5. *agencé:* designed.
6. *denrées:* foodstuffs.
7. *fondantes:* melting, dissolving (in the mouth).
8. *il luit:* there shines; there emits; *éclat:* splinter or chip; flash of light; *sans vanité:* unassuming; not futile.
9. *ahuri:* surprised and disconcerted.
10. *voirie* (ety.: lower jurisdictions of a lord): garbage dump.

La Jeune Mère

Quelques jours après les couches[1] la beauté de la femme se transforme.

Le visage souvent penché sur la poitrine s'allonge un peu. Les yeux attentivement baissés sur un objet proche, s'ils se relèvent parfois paraissent un peu égarés.[2] Ils montrent un regard empli de confiance, mais en sollicitant la continuité. Les bras et les mains s'incurvent[3] et se renforcent. Les jambes qui ont beaucoup maigri et se sont affaiblies sont volontiers assises, les genoux très remontés. Le ventre ballonné, livide, encore très sensible; le bas-ventre s'accommode du repos, de la nuit des draps.

. . . Mais bientôt sur pieds, tout ce grand corps évolue à l'étroit[4] parmi le pavois[5] utile à toutes hauteurs des carrés blancs du linge,[6] que parfois de sa main libre il[7] saisit, froisse,[8] tâte avec sagacité, pour les retendre ou les plier[9] ensuite selon les résultats de cet examen.

1. *les couches:* childbirth.
2. *égarés:* distracted.
3. *s'incurvent:* curve in.
4. *à l'étroit:* narrowly.
5. *pavois:* group of nautical flags.
6. *carrés blancs du linge:* diapers.
7. *il:* corps.
8. *froisse:* crumples.
9. *retendre:* hang again; *plier:* fold.

Le Papillon

Lorsque le sucre élaboré dans les tiges surgit au fond des fleurs, comme des tasses mal lavées,—un grand effort se produit par terre d'où les papillons tout à coup prennent leur vol.

Mais comme chaque chenille[1] eut la tête aveuglée et laissée noire, et le torse amaigri par la véritable explosion d'où les ailes symétriques flambèrent,[2]

1. *chenille:* caterpillar.
2. *flambèrent:* burst into flame.

Dès lors le papillon erratique ne se pose plus qu'au hasard de sa course, ou tout comme.[3]

Allumette volante, sa flamme n'est pas contagieuse. Et d'ailleurs, il arrive trop tard et ne peut que constater les fleurs écloses. N'importe: se conduisant en lampiste,[4] il vérifie la provision d'huile de chacune. Il pose au sommet des fleurs la guenille atrophiée[5] qu'il emporte et venge ainsi sa longue humiliation amorphe de chenille au pied des tiges.

Minuscule voilier[6] des airs maltraité par le vent en pétale superfétatoire,[7] il vagabonde au jardin.

3. *ou tout comme:* or quite like that.
4. *lampiste:* lamplighter.
5. *guenille atrophiée:* literally, atrophied dirty rag. Il s'agit probablement de la trompe et des palpes labiaux, qui pompent le pollen.
6. *voilier:* sailing ship.
7. *superfétatoire:* superfluous.

Les Trois Boutiques

Près de la place Maubert,[1] à l'endroit où chaque matin de bonne heure j'attends l'autobus, trois boutiques voisinent: Bijouterie, Bois et Charbons, Boucherie.[2] Les contemplant tour à tour, j'observe les comportements différents à mes yeux du métal, de la pierre précieuse, du charbon, de la bûche,[3] du morceau de viande.

Ne nous arrêtons pas trop aux métaux, qui sont seulement la suite d'une action violente ou divisante de l'homme sur des boues ou certains agglomérés qui par eux-mêmes n'eurent jamais de pareilles intentions; ni aux pierres précieuses, dont la rareté justement doit faire qu'on ne leur accorde que peu de mots très choisis dans un discours sur la nature équitablement composé.

Quant à la viande, un tremblement à sa vue, une espèce d'horreur ou de sympathie m'oblige à la plus grande discrétion. Fraîchement coupée, d'ailleurs, un voile de vapeur ou de fumée *sui generis*[4] la dérobe[5] aux yeux même qui voudraient faire preuve à proprement parler de cynisme:[6] j'aurai dit tout ce que je peux dire lorsque j'aurai attiré l'attention, une minute, sur son aspect *pantelant*.[7]

Mais la contemplation du bois et du charbon est une source de joies aussi faciles que sobres et sûres, que je serais content de faire partager. Sans doute y faudrait-il plusieurs pages, quand je ne dispose ici que de la moitié d'une.

1. *place Maubert:* une place de Paris.
2. *Bijouterie:* jewelry shop; *Bois et Charbons:* wood and coal merchant; *Boucherie:* butcher shop.
3. *bûche:* firewood.
4. *sui generis:* Latin: literally, of its own kind; as a euphemism: unpleasant.
5. *dérobe:* hides.
6. *cynisme* (from *cynique,* ety., like a dog): A l'origine le cynisme était une philosophie qui préconisait un retour à la nature et méprisait les conventions sociales.
7. *pantelant:* panting; quivering and still warm.

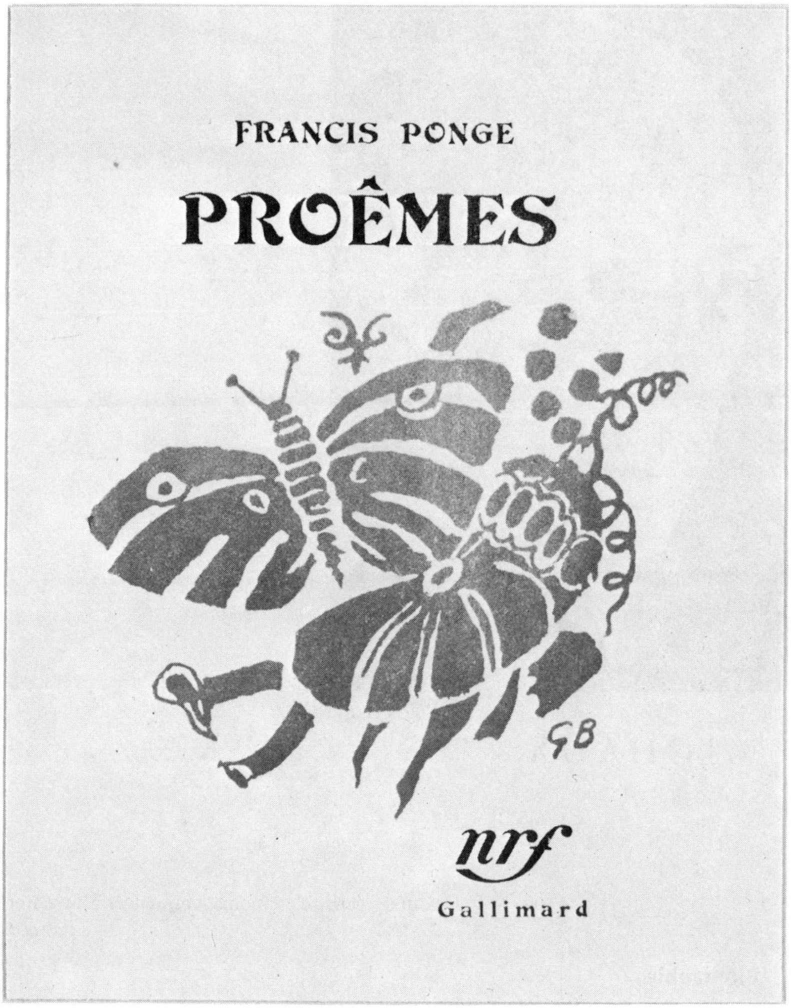

Georges Braque, couverture pour *Proêmes* de Ponge, 1948. (The Granger Collection)

C'est pourquoi je me borne à vous proposer ce sujet de méditations: «1°) LE TEMPS OCCUPÉ EN VECTEURS SE VENGE TOUJOURS, PAR LA MORT.—2° BRUN, PARCE QUE LE BRUN EST ENTRE LE VERT ET LE NOIR SUR LE CHEMIN DE LA CARBONISATION, LE DESTIN DU BOIS COMPORTE ENCORE—QUOIQU'AU MINIMUM—UNE GESTE,[8] C'EST-A-DIRE L'ERREUR, LE FAUX PAS, ET TOUS LES MALENTENDUS POSSIBLES.»

8. *geste:* exploit, as in the *chansons de geste.*

Gisèle Freund

MICHAUX

Dès que j'écris, c'est pour commencer à inventer.
Passages

Biographie

Henri Michaux (1899–) nous a fourni les détails essentiels de sa biographie dans «Quelques renseignements sur cinquante-neuf années d'existence» (1958). Né d'un père ardennais, d'une mère wallonne, et descendant de grands-parents d'origine allemande, il a passé la plus grande partie de sa jeunesse en Belgique. Il décrit une jeunesse malheureuse où «le manger lui répugne. Les odeurs, les contacts. . . .» «Secret. Retranché.[1] Honteux de ce qui l'entoure. . . .» Commençant par des rêves «sans images, sans mots, immobile,» il découvre le dictionnaire et «des mots et en quantité, et dont on pourra se servir soi-même à sa façon.» Ensuite le latin, et des lectures «en tout sens. Lectures de recherche pour découvrir les siens, épars[2] dans le monde. Ses vrais parents, pas tout à fait parents, non plus cependant, pour découvrir ceux qui peut-être—savent.»

En 1920 commence une longue série de voyages, dont le dernier qu'il

1. *retranché:* cut off. 2. *épars:* scattered.

note, en Egypte, en 1947. Ces voyages l'emmènent en Amérique du Sud, plusieurs fois, en Amérique du Nord, en Afrique du Nord, aux Indes, «pour expulser de lui sa patrie, ses attaches de toutes sortes». Quand les voyages cessent, il fait l'expérience des drogues (1956), et surtout de la mescaline. En 1922 il commence à écrire; en 1925 il se met à peindre. Il pratiquera désormais ces deux arts. Ses œuvres révèlent une grande variété d'intérêts et de styles: fragments (*Qui je fus,* 1927); journaux de voyages et reportages (*Ecuador,* 1929, *Un Barbare en Asie,* 1933); récits de voyages imaginaires (*Ailleurs,* 1948); poésie (*La Nuit remue,* 1935, *Plume,* 1938, *Peintures,* 1939, *Epreuves, Exorcisme,* 1945); essais (*Passages,* 1950); et des œuvres inspirées de son expérience des drogues (*Misérable Miracle,* 1956, *L'Infini turbulent,* 1957, *Paix dans les brisements,* 1959, *Vers la complétude,* 1967). En 1966, Michaux publie une anthologie, *L'Espace du dedans,* qui rassemble ceux de ses textes qu'il juge être les meilleurs. Les textes que vous allez lire sont tirés de ce recueil.

Théories littéraires

Michaux donnerait volontiers l'impression d'être un naïf, qui ne pense pas de manière théorique et refuse même le titre de poète:

> Je ne sais pas faire des poèmes, ne me considère pas comme un poète, ne trouve pas particulièrement de la poésie dans les poèmes et ne suis pas le premier à le dire . . . la poésie est un cadeau de la nature, une grâce pas un travail. La seule ambition de faire un poème suffit à le tuer.

D'autre part, il accentue le côté tout à fait subjectif de la poésie:

> Un écrivain, il semble, n'a pas besoin de plus d'un sentiment majeur. Amour, ou envie, ou peur, avec les ligatures profondes et multiples d'un bon complexe de base, avec ça il peut aller. Mais il lui en faut un. Sur cette onde il module les autres et tout son univers c'est le *sentiment porteur.*

Ainsi Michaux regarde la poésie comme l'expression des émotions complexes dont l'une donne une unité aux autres.

Cependant, on s'aperçoit que Michaux possède une connaissance profonde du langage en général, et surtout de son langage poétique. Dans *Un Barbare en Asie,* Michaux remarque les différences entre les diverses langues orientales et les rythmes différents qu'elles créent aussi bien que leur syntaxe et la longueur des mots. Il rêve pendant quelque temps d'une langue universelle, l'idéographie «que chaque enfant partout réinvente». Dans sa propre œuvre, il insiste sur l'importance de la qualité musicale et suggestive des mots, «mots qui viennent expliquer, commenter, ravaler, rendre plausible, raisonnable, réel, mots, prose, comme le chacal». Finalement, il donne sa propre définition de la phrase. Au lieu de considérer la phrase comme un moyen d'élaborer les idées, Michaux insiste sur la force de la pensée directe qui peut en sortir: «La phrase est le passage d'un point de pensée à un autre point de pensée. Le passage est pris dans un manchon[1] pensant. . . . Attention au bourgeonnement:[2] écrire plutôt pour court-circuiter.»

1. *manchon:* casing, sleeve.
2. *bourgeonnement:* budding; breaking out into pimples.

Nausée ou C'est la mort qui vient?

27 avril.

Rends-toi,[1] mon cœur.
Nous avons assez lutté.
Et que ma vie s'arrête.
On n'a pas été des lâches,
On a fait ce qu'on a pu.

Oh! mon âme,
Tu pars ou tu restes,
Il faut te décider.
Ne me tâte[2] pas ainsi les organes,
Tantôt avec attention, tantôt avec égarement,
Tu pars ou tu restes,
Il faut te décider.

Moi, je n'en peux plus.

Seigneurs de la Mort
Je ne vous ai ni blasphémés ni applaudis.
Ayez pitié de moi, voyageur déjà de tant de voyages sans valises.
Sans maître non plus, sans richesse et la gloire s'en fut ailleurs,[3]
Vous êtes puissants assurément et drôles par-dessus tout,
Ayez pitié de cet homme affolé qui avant de franchir la barrière vous crie déjà son nom,
Prenez-le au vol,
Qu'il se fasse, s'il se peut, à vos tempéraments et à vos mœurs,
Et s'il vous plaît de l'aider, aidez-le, je vous prie.

Vers 1–5. Ces vers constituent une apostrophe dans laquelle le poète s'adresse à son cœur. Dans sa façon de parler, quelle distance affective établit-il entre lui-même et son cœur? (Regardez le pronon qu'il emploie pour se décrire dans le passé.) Comment cette distance semble-t-elle changer entre lui-même et son passé? (De nouveau, observez le changement dans les pronoms.)

—Dans cette apostrophe, à l'aide de quel langage métaphorique le poète décrit-il la vie? De quelle manière, dans ce langage, la vie et la mort s'opposent-elles?

—Quel est le rapport entre la longueur des vers et celle des propositions grammaticales dans cette partie du poème? Quelle sorte de rythme en résulte? Comment ce rythme s'accorde-t-il avec le sens? (Dans votre réponse considérez le rapport poète-cœur et le rapport vie-mort.)

—Quelle sorte de ton le rythme et le sens suggèrent-ils pour cette apostrophe?

1. *Rends-toi:* give up.
2. *tâte:* touch, explore.
3. *s'en fut ailleurs:* went elsewhere.

Vers 6–12. Maintenant le poète s'adresse à son âme. Quelle sorte de progression ce changement de sujet marque-t-il? (Quelle est la différence entre le cœur et l'âme?) Comment la distance change-t-elle pour souligner cette progression? (De nouveau, voyez le jeu des pronoms et l'emploi du possessif «mon».)

—Afin de souligner sa description de l'âme, comment le poète manie-t-il le rythme? (Comment la longueur des vers et des propositions change-t-elle maintenant par rapport à la première strophe?) Et les sons?

—Afin de présenter votre interprétation du rapport entre le poète et l'âme, quel ton pourrait, le mieux, selon vous, recréer le ton du poète parlant à son âme? En particulier, sur quel ton diriez-vous le mot «Oh!» (Surprise? Dégoût? Résignation?)?

Vers 13. Dans les vers précédents, les jeux des adjectifs possessifs (*mon* cœur, *mon* âme) et des pronoms personnels (*tu* et *toi*) ont accentué la distinction entre le poète passif, et le cœur et l'âme, plutôt actifs. Quel est ce «moi»? (Le cœur? L'âme? Les deux à la fois? Quelque chose d'autre? Considérez surtout la séparation dans la typographie entre ce vers et les autres parties du poème.)

Vers 14–22. Maintenant le poète s'adresse aux Seigneurs et se place directement en face de la mort. Comment définit-il ces Seigneurs? Et la mort? Dans ces deux définitions, comment transforme-t-il la conception traditionnelle (chrétienne) de Dieu et de la vie après la mort, tout en la déformant?

—Par quels mots se définit-il lui-même? Comment cette définition change-t-elle à travers ces vers? Dans le jeu des pronoms et le changement de distance qui en résulte, comment le poète se regarde-t-il? Ce jeu de pronoms rappelle ceux que nous avons rencontrés aux vers 1–13. Vous semble-t-il qu'il existe un lien entre les rapports poète-cœur, poète-âme et le poète seul du vers 13, et cette description finale du poète? En d'autres termes, voyez-vous une progression dans le poème, ou plutôt un décalage marqué par le vers 13? Expliquez.

—Dans sa manière de se définir et de définir les Seigneurs, aussi bien que dans sa manière de leur parler, quel rapport le poète veut-il établir entre lui-même et ces Seigneurs? (Comment mène-t-il sa plaidoirie? Comment essaie-t-il de s'attirer leur sympathie?)

Les vers 16–22 comprennent des propositions qui pourraient être des phrases indépendantes, mais que le poète a liées par des virgules. Comment le rythme qui en résulte et les répétitions ajoutent-ils de nouveaux éléments à notre impression du poète et suggèrent-ils son état d'âme?

—On pourrait lire ces vers sur plusieurs tons différents (comme une plaidoirie calculée, comme une sorte de litanie, comme les divagations d'un fou, ou même comme une sorte de parodie). Quel ton vous paraît le plus juste? Justifiez votre réponse d'après votre interprétation précédente.

QUESTIONS GENERALES

Dans ce poème, Michaux reprend un thème cher aux poètes du seizième siècle, celui de l'aspiration vers la mort et de l'élan vers une vie meilleure, thème fréquemment traité dans des sonnets (revoyez le sonnet de Du Bellay au commencement de notre Introduction, le quatrain tiré d'un sonnet de Maynard, et celui de Ronsard, «Je veux brûler, pour

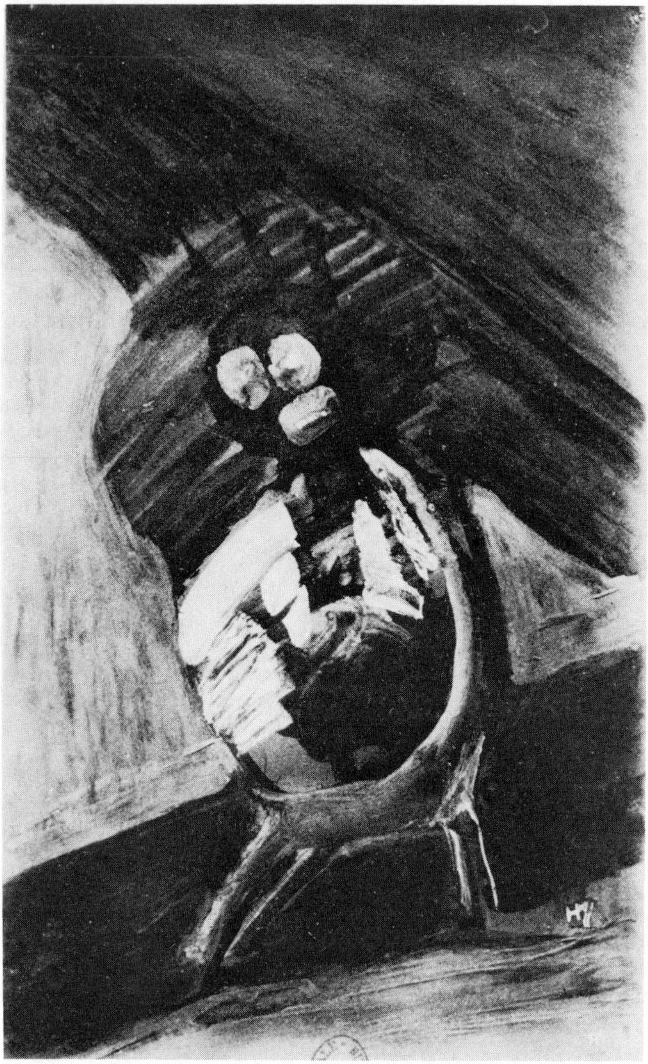

Henri Michaux, «Clown», illustrant le poème du même titre. (Bibliothèque Nationale, Paris)

m'envoler aux Cieux»). Un poème de ce genre se termine d'habitude sur l'espérance qu'a le poète vivant sur terre de trouver le bonheur éternel. En considérant la *forme* du poème, et particulièrement la division en strophes et le rythme, déterminez comment Michaux renouvelle et dépasse le traitement traditionnel du thème.

Le titre du poème pose une question et suggère en même temps deux possibilités de réponses (nausée *ou* mort qui vient). Dans quelle mesure le poème apporte-t-il une réponse précise à la question? Peut-on interpréter le poème à la fois comme nausée *et* mort qui vient?

—Dans l'Introduction à Michaux, nous avons insisté sur l'idée du «sentiment porteur» dans le poème. D'après votre réponse à la question précédente et d'après le choix que vous avez fait des tons à donner tout au long du poème, quel vous semble être le «sentiment porteur» de l'ensemble du poème?

Clown

Un jour.

Un jour, bientôt peut-être.

Un jour j'arracherai[1] l'ancre qui tient mon navire loin des mers.

Avec la sorte de courage qu'il faut pour être rien et rien que rien, je lâcherai ce qui paraissait m'être indissolublement proche.

Je le trancherai,[2] je le renverserai, je le romprai, je le ferai dégringoler.[3]

D'un coup dégorgeant[4] ma misérable pudeur, mes misérables combinaisons et enchaînements «de fil en aiguille».[5]

Vidé de l'abcès d'être quelqu'un, je boirai à nouveau l'espace nourricier.

A coups de ridicules, de déchéances[6] (qu'est-ce que la déchéance?), par éclatement, par vide, par une totale dissipation-dérision-purgation, j'expulserai de moi la forme qu'on croyait si bien attachée, composée, coordonnée, assortie[7] à mon entourage et à mes semblables, si dignes, si dignes, mes semblables.

Réduit à une humilité de catastrophe, à un nivellement[8] parfait comme après une intense trouille.[9]

Ramené[10] au-dessous de toute mesure à mon rang réel, au rang infime[11] que je ne sais quelle idée-ambition m'avait fait déserter.

Anéanti quant à la hauteur, quant à l'estime.

Perdu en un endroit lointain (ou même pas), sans nom, sans identité.

CLOWN, abattant[12] dans la risée,[13] dans le grotesque, dans l'esclaffement,[14] le sens que contre toute lumière je m'étais fait de mon importance.

Je plongerai.

Sans bourse dans l'infini-esprit sous-jacent ouvert à tous,
ouvert moi-même à une nouvelle et incroyable rosée[15]
à force d'être[16] nul
et ras . . .
et risible . . .[17]

1. *arracherai:* will tear out.
2. *trancherai:* will cut up, slice.
3. *dégringoler:* to tumble down.
4. *dégorgeant:* disgorging.
5. *combinaisons et enchaînements «de fil en aiguille»:* arrangements and series (put together) bit by bit.
6. *déchéances:* downfalls, disgraces.
7. *assortie:* matched.
8. *nivellement:* leveling.
9. *trouille:* (popular) extreme fright.
10. *ramené:* brought back.
11. *infime:* lowly.
12. *abattant:* knocking down.
13. *risée:* jeering, mockery.
14. *esclaffement:* roar of laughter.
15. *rosée:* dew.
16. *à force d'être:* by sheer force of being.
17. *nul:* nothing; *ras:* shaven, bare; *risible:* laughable.

Lignes 1–6. En commençant par les mots «un jour» qu'il répète, à quelle distance temporelle le poète se place-t-il de l'action qu'il va décrire? Quelle distance affective suggère-t-il au commencement? Comment cette distance se modifie-t-elle au fur et à mesure de ces lignes? Comment les changements dans le rythme et les sons renforcent-ils ce changement de distance?

—Le poète décrit son état présent à l'aide de métaphores de navire, d'ancre et de mer. Que semble représenter chacune de ces métaphores?

—Il décrit ensuite des actions situées dans l'avenir. Quelles sortes d'actions les verbes décrivent-ils? A la ligne 6 les verbes ont pour objet le pronom «le»; à quoi se réfère ce pronom? D'autre part, comment les verbes, pris ensemble, semblent-ils décrire la même sorte d'action? Comment les sons lient-ils et mettent-ils en relief certains de ces verbes?

Lignes 7–14. Quels processus les verbes, les noms et les adjectifs décrivent-ils maintenant? (Quelles actions biologiques suggèrent-ils? Et quels traitements spatiaux?) Comment les noms et les adjectifs reprennent-ils les métaphores de l'ancre et du navire? Quelle est la progression dans cette suite de verbes, de noms et d'adjectifs?

—Cette partie du texte abonde en consonnes /s/ et /c/. Quels mots ces consonnes lient-elles et mettent-elles en relief? Quelle émotion cette liaison de sons et de sens suggère-t-elle?

—Comment les répétitions de certains mots, celles des sons, et le rythme de cette longue phrase sans pause imitent-ils le processus que décrit le poète?

—En somme, d'après ce passage, quel serait l'état du poète dans l'avenir? Et son rapport avec les autres? Dans le présent, quelle sorte de définition suggère-t-il pour lui-même? Et quel semble être son rapport avec les autres?

Lignes 15–20. Dans cette partie du texte, il ne se trouve ni phrases complètes ni verbes actifs. En fait, quelle sorte d'état physique, géographique et spatial les verbes suggèrent-ils? Quelle progression ce changement suggère-t-il en ce qui concerne le processus que subit le poète?

—En même temps que les verbes sont des participes passés, il n'y a pas de verbes au futur. Quelle sorte de temps le poète décrit-il? (Peut-on déterminer s'il se situe au présent? Au passé? Dans l'avenir? Ou bien un autre temps assez indéfini?) A quelle distance temporelle semble-t-il se trouver par conséquent?

—Comment les sons et le rythme créent-ils un effet différent de celui produit par les lignes 6–14?

Lignes 21–28. On a presque l'impression que les phrases précédentes (lignes 1–20) forment une unité et que le mot «clown», mis en relief, amorce un nouveau poème. Mais nous avons déjà vu ce mot dans le titre. Dans quelle mesure convient-il à la description de l'homme aux lignes précédentes?

Regardez le temps des verbes dans cette partie du poème. Décrivent-ils un événement hypothétique dans un avenir non encore réalisé, ou bien décrivent-ils un processus en train de se dérouler devant nous? (Dans votre réponse, considérez surtout le verbe «je plongerai». Semble-t-il marquer une progression par rapport au premier verbe du poème, «j'arracherai», ou bien semble-t-il représenter simplement la répétition d'une intention semblable?)

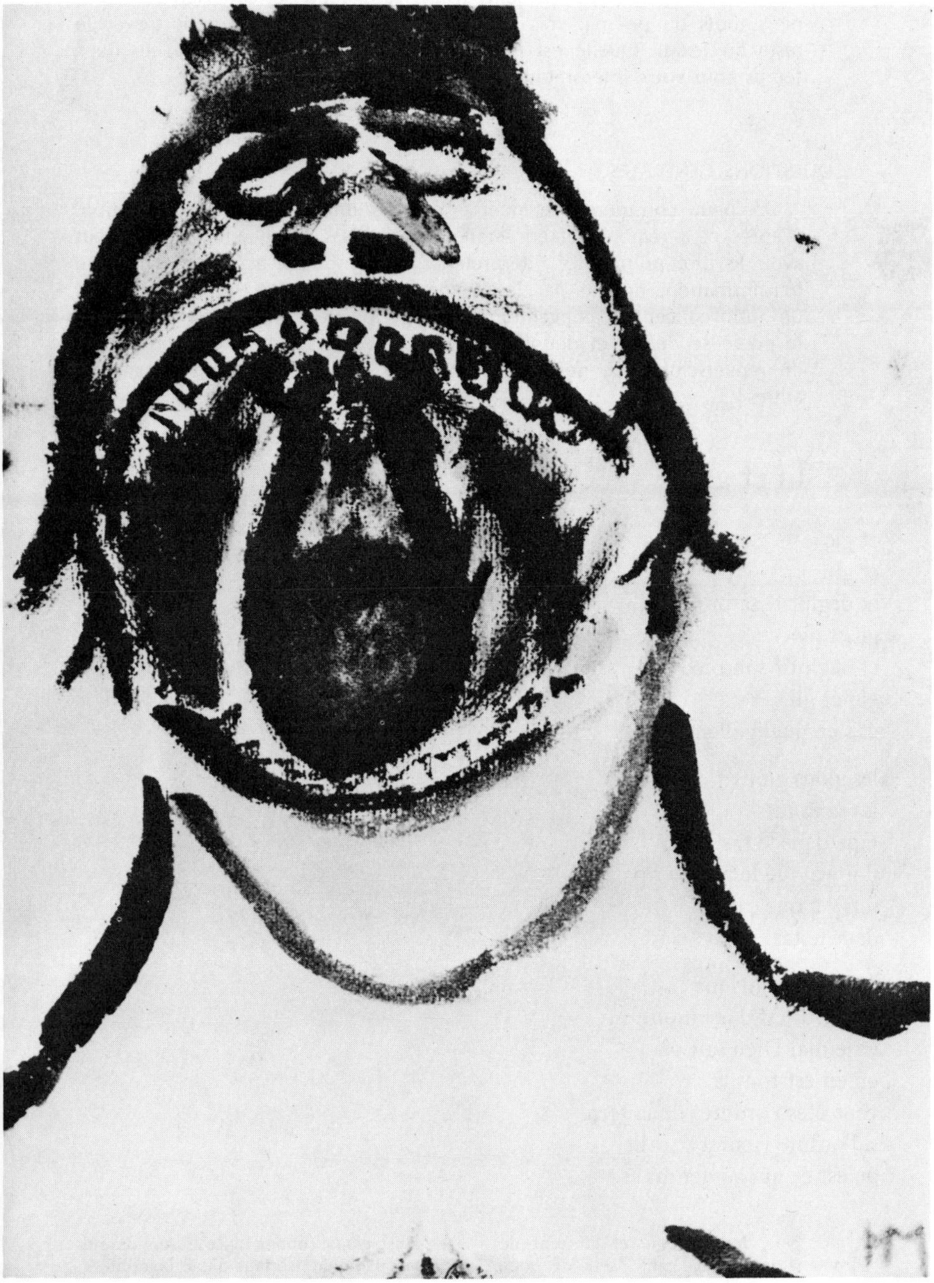

Henri Michaux, dessin, «Crier». (Bibliothèque Nationale, Paris)

—A la fin du poème, on a le sentiment d'une résolution; se situe-t-elle dans l'avenir ou dans le présent? (Dans votre réponse, considérez les derniers mots du poème, «ras . . . et risible . . .», et leur rapport avec le reste du texte). Quelle est l'importance de la distinction entre ces deux temps pour votre interprétation du poème?

QUESTIONS GENERALES

On peut considérer ce poème comme une tentative de libération. D'après ce poème, quel en serait le processus? Quelle importance peut avoir le titre pour votre interprétation de ce processus? Comment cette transformation, décrite par le poème, représente-t-elle un renversement de notre conception conventionnelle du «clown»? Comment la façon dont le poète se définit et définit son rapport avec les autres représente-t-elle un renversement de notre conception du «moi» et du rapport avec les autres?

Glu et gli[1]

et glo
et glu
et déglutit[2] sa bru[3]
gli et glo
et déglutit son pied
glu et gli
et s'englugliglolera

les glous glous[4]
les sales rats
tape dans le tas!
il n'y a que le premier pas!
il n'y a que ça!
dans le tas!

le rire est dans ma . . .
un pleur est dans mon . . .
et le mal Dieu sait où
on en est tous là
vous êtes l'ordure[5] de la terre
si l'ordure vient à se salir
qu'est-ce qui adviendra![6]

1. *glu:* glue; les sons *glu* et *gli* sont des onomatopées, suggérant l'acte de boire.
2. *déglutit:* swallows.
3. *bru:* daughter-in-law.
4. *glous glous* (onomatopée): son produit par un liquide sortant d'une bouteille.
5. *ordure:* waste, excrement.
6. *adviendra:* will happen.

l'ordure n'est pas faite pour la démonstration[7]
un homme qui n'aurait que son pet[8] pour s'exprimer . . .
pas de rire
pas d'ordure
pas de turlururu
et pas se relire surtout Messieurs les écrivains
Ah! que je te hais Boileau
Boiteux, Boignetière, Boiloux, Boigermain,
Boirops, Boitel, Boivéry,
Boicamille,[9]
Boit de travers[10]
Bois ça.

7. *démonstration:* explanation; logical demonstration of proofs.
8. *pet:* fart.
9. Michaux fait un jeu de mots sur «boire» et le nom de Boileau, un poète, critique et théoricien célèbre du dix-septième siècle. En même temps il semble jouer avec d'autres noms de personnalités littéraires tel que Bateux (Boiteux), théoricien du dix-huitième siècle, Brunetière (Boignetière), grand critique de la fin du dix-neuvième siècle, Daniel-Rops (Boirops), écrivain du début du vingtième siècle.
10. *boit de travers:* drink (so it goes down) the wrong way.

Ce poème et le suivant, «Exorcismes» (qui a servi de préface au recueil *Epreuves, Exorcismes*) présentent deux conceptions complémentaires de l'écriture et deux manières différentes de s'exprimer. Dans chacun de ces textes, dégagez ce que dit Michaux, et ce qu'il *fait,* afin de voir ce qu'il pense de ses écrits et de ceux d'autres écrivains.

—En vous servant de ses deux textes, essayez de donner votre propre définition de la poésie, en gardant présente à l'esprit notre définition provisoire dans l'Introduction.

Exorcismes

Il serait bien extraordinaire que, des milliers d'événements qui surviennent chaque année, résultât une harmonie parfaite. Il y en a toujours qui ne passent pas, et qu'on garde en soi, blessants.

Une des choses à faire: l'exorcisme.

Toute situation est dépendance et centaines de dépendances. Il serait inouï[1] qu'il en résultât une satisfaction sans ombre ou qu'un homme pût,[2] si actif fût-il, les combattre toutes efficacement, dans la réalité.

Une des choses à faire: l'exorcisme.

L'exorcisme, réaction en force, en attaque de bélier,[3] est le véritable poème du prisonnier.

Dans le lieu même de la souffrance et de l'idée fixe, on introduit une exaltation telle, une si magnifique violence, unies au martèlement[4] des mots, que

1. *inouï:* unheard of.
2. *pût:* could.
3. *bélier:* battering ram.
4. *martèlement:* hammering.

le mal progressivement dissous[5] est remplacé par une boule[6] aérienne et démoniaque—état merveilleux!

Nombre de poèmes contemporains, poèmes de délivrance, sont aussi un effet de l'exorcisme, mais d'un exorcisme par ruse. Par ruse de la nature subconsciente qui se défend par une élaboration imaginaire appropriée: Rêves. Par ruse concertée ou tâtonnante, cherchant son point d'application optimus: Rêves éveillés.

Pas seulement les rêves mais une infinité de pensées sont «pour en sortir»,[7] et même des systèmes de philosophie furent surtout exorcisants qui se croyaient tout autre chose.

Effet libérateur pareil, mais nature parfaitement différente.

Rien là de cet élan en flèche,[8] fougueux[9] et comme supra-humain de l'exorcisme. Rien de cette sorte de tourelle de bombardement[10] qui se forme à ces moments où l'objet à refouler,[11] rendu comme électriquement présent, est magiquement combattu.

Cette montée verticale et explosive est un des grands moments de l'existence. On ne saurait assez en conseiller l'exercice à ceux qui vivent malgré eux en dépendance malheureuse. Mais la mise en marche du moteur est difficile, le presque-désespoir seul y arrive.

Pour qui l'a compris, les poèmes du début de ce livre ne sont point précisément faits en haine de ceci, ou de cela, mais pour se délivrer d'emprises.[12]

La plupart des textes qui suivent sont en quelque sorte des exorcismes par ruse. Leur raison d'être: tenir en échec[13] les puissances environnantes du monde hostile.

5. *dissous:* dissolved.
6. *boule:* globe.
7. *«pour en sortir»:* to get out of it.
8. *élan en flèche:* springing like an arrow, soaring.
9. *fougueux:* fiery.
10. *tourelle de bombardement:* bombing tower.
11. *à refouler:* to be driven back.
12. *emprises:* authority or influence of others.
13. *tenir en échec:* to hold in check.

Dans la nuit

Dans la nuit
Dans la nuit
Je me suis uni à la nuit
A la nuit sans limites
A la nuit.
Mienne, belle, mienne.
Nuit
Nuit de naissance
Qui m'emplis de mon cri

De mes épis[1]
Toi qui m'envahis
Qui fais houle[2] houle
Qui fais houle tout autour
Et fume, es fort dense
Et mugis[3]
Es la nuit.
Nuit qui gît,[4] Nuit implacable.
Et sa fanfare, et sa plage
Sa plage en haut, sa plage partout,
Sa plage boit, son poids est roi, et tout ploie[5] sous lui
Sous lui, sous plus ténu[6] qu'un fil
Sous la nuit
La Nuit.

1. *épis:* ears (of grain).
2. *houle:* surge (of the sea).
3. *mugis:* bellow; blow.
4. *gît:* lies.
5. *ploie:* bends.
6. *plus ténu qu'un fil:* more slender than a thread.

Mes occupations

Je peux rarement voir quelqu'un sans le battre. D'autres préfèrent le monologue intérieur. Moi, non. J'aime mieux battre.

Il y a des gens qui s'assoient en face de moi au restaurant et ne disent rien, ils restent un certain temps, car ils ont décidé de manger.

En voici un.

Je te l'agrippe,[1] toc.

Je te le ragrippe, toc.

Je le pends au portemanteau.

Je le décroche.[2]

Je le repends.

Je le redécroche.

Je le mets sur la table, je le tasse[3] et l'étouffe.

Je le salis,[4] je l'inonde.

Il revit.

Je le rince, je l'étire[5] (je commence à m'énerver, il faut en finir), je le masse, je le serre, je le résume et l'introduis dans mon verre, et jette ostensiblement le contenu par terre, et dis au garçon: «Mettez-moi donc un verre plus propre.»

Mais je me sens mal, je règle promptement l'addition[6] et je m'en vais.

1. *agrippe:* grab.
2. *décroche:* unhook.
3. *tasse:* cram together.
4. *salis:* dirty (verb).
5. *étire:* stretch out.
6. *règle l'addition:* pay the bill.

Henri Michaux, «Eux». (Bibliothèque Nationale, Paris)

Insectes

M'éloignant davantage vers l'ouest, je vis des insectes à neuf segments avec des yeux énormes semblables à des râpes[1] et un corsage en treillis[2] comme les lampes des mineurs, d'autres avec des antennes murmurantes; ceux-ci avec une vingtaine de paires de pattes, plus semblables à des agrafes;[3] ceux-là faits de laque noire et de nacre, qui croustillaient[4] sous les pieds comme des coquillages; d'autres hauts sur pattes comme des faucheux avec de petits yeux

1. *râpes:* graters, rasps.
2. *un corsage en treillis:* latticed bodice.
3. *agrafes:* hooks.
4. *croustillaient:* crunched.

d'épingle,[5] rouges comme ceux des souris albinos,[6] véritables braises[7] montées sur tiges, ayant une expression d'indicible[8] affolement; d'autres avec une tête d'ivoire, surprenantes calvities dont on se sentait tout à coup si frères, si près, dont les pattes partaient en avant comme des bielles[9] qui zigzaguaient en l'air.

Enfin, il y en avait de transparents, carafes qui par endroits seraient poilues;[10] ils avançaient par milliers, faisant une cristallerie, un étalage de lumière et de soleil tel, qu'après cela tout paraissait cendre et produit de nuit noire.

5. *épingle:* pin.
6. *souris albinos:* albino mice.
7. *braises:* embers.
8. *indicible:* inexpressible.
9. *bielles:* tie-rods.
10. *poilues:* hairy.

Le Théâtre

Beckett
Corneille
Molière
Racine
Anouilh
Vian

Introduction

Quand le ciel bas et lourd pèse comme un couvercle
Sur l'esprit gémissant en proie aux longs ennuis,
Et que de l'horizon embrassant tout le cercle
Il nous verse un jour noir plus triste que les nuits. . . .

BAUDELAIRE, *Spleen*

Estragon: (*renonçant à nouveau*) Rien à faire.

Vladimir: (*s'approchant à petits pas raides, les jambes écartées*) Je commence à le croire. (*Il s'immobilise*) J'ai longtemps résisté à cette idée en me disant, Vladimir, sois raisonnable. Tu n'as pas encore tout essayé. Et je reprenais le combat. (*Il se recueille, songeant au combat. A Estragon*) Alors, te revoilà, toi.

Estragon: Tu crois?

Vladimir: Je suis content de te revoir. Je te croyais parti pour toujours.

Estragon: Moi aussi.

Vladimir: Que faire pour fêter cette réunion? (*Il réfléchit*) Lève-toi que je t'embrasse. (*Il tend la main à Estragon*)

Estragon: (*avec irritation*) Tout à l'heure, tout à l'heure.

BECKETT, *En attendant Godot*

A première vue rien de plus dissemblable que ces vers pleins d'images et ce dialogue écrit dans une prose volontairement plate et banale. Pourtant, ces deux morceaux se ressemblent par leur nature littéraire—c'est-à-dire que, dans les deux cas, l'écrivain veut *faire* quelque chose, et c'est ce qu'il a voulu faire qui a déterminé ce qu'il a dit. Dans les vers de Baudelaire, le poète veut communiquer au lecteur un état d'esprit, une dépression profonde qui risque de sombrer dans la folie, mais, plutôt que de décrire cet état, il essaie surtout de le suggérer. De son côté, Beckett, au début de *Godot,* veut suggérer au spectateur les différences qui existent entre ses deux personnages et la nature de leurs rapports; en même temps, il cherche à provoquer chez le spectateur une certaine gêne.

Néanmoins, la différence fondamentale entre ces deux passages demeure justement les moyens dont l'écrivain dispose pour *faire* ce qu'il veut. Afin de nous faire sentir l'angoisse, Baudelaire combine les mots et les sons pour suggérer des sensations (lourdeur, emprisonnement, douleur sourde, absence de lumière, humidité) qui évoquent à la fois un paysage extérieur (un orage qui s'annonce) et un état intérieur (un sentiment d'étouffement et d'immobilité). Mais, tandis que le poète ne peut utiliser que les diverses propriétés du langage (sonorités, rythme, valeur suggestive des mots), le dramaturge trouve à sa disposition non seulement les ressources du langage mais aussi les éléments concrets du spectacle—acteurs, costumes, décors. Dans un certain sens, si le poète déforme le langage quotidien, le dramaturge déforme la vie elle-même, car il peut manipuler les éléments mêmes de cette vie—les personnes (ici les acteurs qui parlent, se déplacent, font des gestes) et les choses. Par exemple, dans le passage ci-dessus, Beckett souligne le caractère transitoire des rapports entre les deux personnages et les différences fondamentales qui les séparent en précisant leurs activités: Estragon, par terre, se livrant à une occupation élémentaire (il veut enlever sa chaussure), indifférent à toute autre chose; Vladimir, debout, préoccupé par ses pensées, soucieux d'établir un contact humain. En même temps, l'auteur vise le spectateur: le décor sur lequel le rideau se lève (scène assez nue à l'exception d'un arbe squelettique), les costumes (ils sont habillés en clochards), leurs gestes (Vladimir marche avec difficulté, Estragon peine en enlevant sa chaussure), tout sert à dérouter le spectateur auquel on refuse la sécurité d'une pièce «confortable» (décor réaliste, personnages reconnaissables, situation et gestes familiers).

De cette courte analyse comparée, une conclusion fondamentale est à tirer. Au théâtre, la parole (c'est-à-dire, le dialogue tel que l'écrit le dramaturge) n'est qu'un élément d'un contexte beaucoup plus large. Par conséquent, il ne nous semble pas possible d'aborder une pièce de la même manière qu'on étudie un poème ou un roman (c'est-à-dire, comme un texte écrit). Au contraire, nous insisterons, dans cet ouvrage, sur le théâtre comme genre *représenté*. A tout moment, nous vous demanderons non seulement de lire la pièce mais aussi de la voir, c'est-à-dire, de l'imaginer. Ce faisant, vous pourrez donner au texte écrit son double rôle dans la creation théâtrale—point de départ (le metteur en scène s'inspire du texte pour régler la mise en scène, l'acteur pour composer un personnage) et moyen de contrôle (ils doivent revenir constamment au texte pour vérifier leurs interprétations).

Les éléments du théâtre

Le théâtre, c'est d'abord un *lieu* où parlent et agissent *des acteurs* pendant un certain *temps* et devant un *public*. Nous allons donc commencer par discuter trois éléments fondamentaux d'une représentation théâtrale—l'endroit où elle a lieu, les personnes réelles et fictives qui la peuplent, et le temps qu'elle remplit. Ensuite, nous étudierons les façons dont le *dramaturge* et le *metteur en scène* organisent ces éléments pour créer, avec l'aide du spectateur, l'expérience théâtrale.

LE LIEU THEATRAL

Le lieu théâtral, tel que nous le concevons, comprend deux éléments principaux: le *lieu de représentation* (l'endroit même où la pièce est jouée, c'est-à-dire, la *scène*) et le *décor* (tout ce dont on se sert pour remplir ce lieu physique).

Les lieux de représentation. On peut diviser les **lieux de représentation** en quatre catégories:

1. Les plus anciens exemples d'art dramatique en France (les mystères médiévaux) ont été représentés d'abord à l'intérieur des églises, ensuite sur les parvis des cathédrales ou sur les places centrales des villes. On ne s'étonne donc pas que les metteurs en scène contemporains cherchent parfois des **lieux historiques** pour monter des pièces anciennes ou même des pièces modernes.

2. Au moyen âge les comédiens ambulants jouaient leurs farces sur des tréteaux (pièces de bois longues, portées par quatre pieds et servant à soutenir des planches). De nos jours, ce sont les **théâtres en plein air,** scènes simples aménagées d'habitude dans un jardin public ou à la foire, qui continuent cette tradition.

3. Les «**boîtes théâtrales**» sont les scènes les plus connues du public moderne. On les appelle en anglais «proscenium stages» à cause du manteau d'Arlequin («proscenium arch») qui les encadre et leur donne la forme d'une boîte à trois parois (murs). Au dix-septième siècle, la «boîte» ne comprenait que la moitié de la scène, le reste étant occupé par l'avant-scène, qui s'étendait devant les décors et vers le public. Au dix-neuvième siècle, on eut tendance à éliminer l'avant-scène, réduisant ainsi la scène à une véritable «boîte» à quatre parois, dont le quatrième était invisible, mais «réel»—c'est-à-dire que les acteurs jouaient comme si les spectateurs n'étaient pas là, afin de donner à ceux-ci l'impression de regarder une scène de la vie réelle sans être observés par les participants.

4. Les trois sortes de scènes décrites ci-dessus mettent presque toujours le spectateur en face des acteurs. De nos jours, on fait construire de plus en plus de **théâtres en rond,** c'est-à-dire des théâtres où le public entoure la scène. Inspirées du moins partiellement par les amphithéâtres grecs, ces scènes peuvent être aussi aménagées en plein air ou à l'intérieur d'un monument historique. Tout en favorisant un

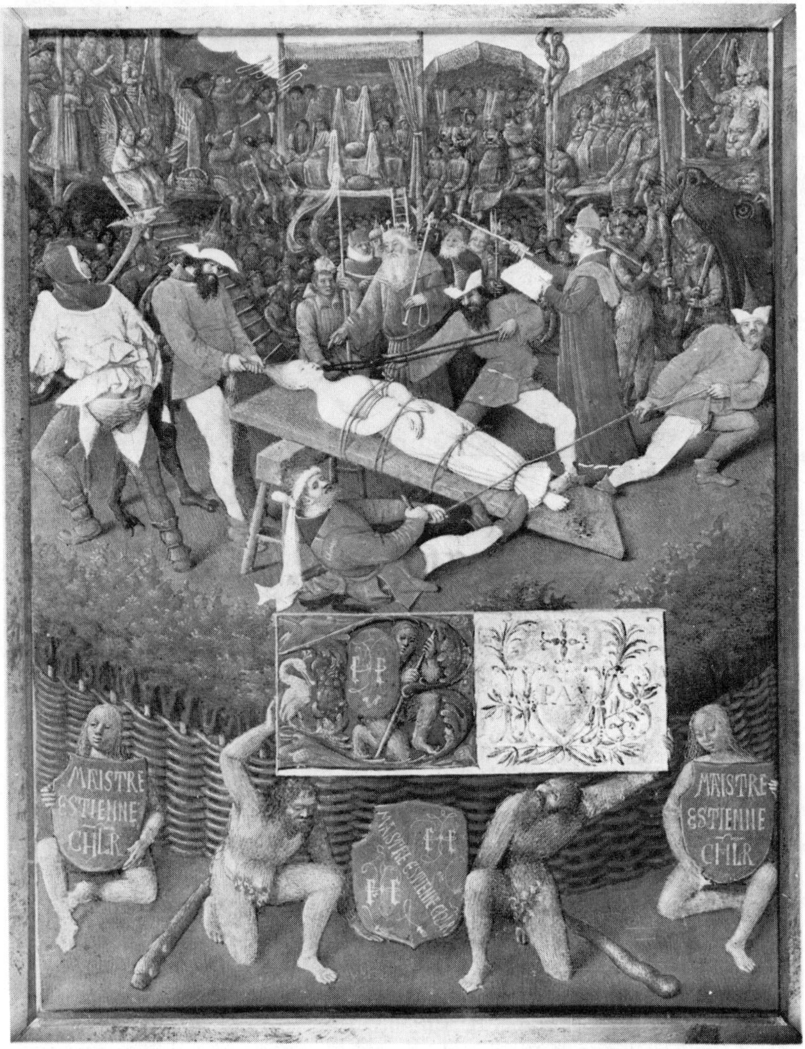

Trois étapes dans le développement du lieu théâtral

(*Ci-dessus*) Sur la place d'une ville médiévale on présente un drame religieux; les *mansions* autour de la place servent de décors—p.e., à gauche, le Ciel; à droite, l'Enfer. Au milieu de la place on voit le régisseur (stage manager or prompter) qui dirige la répétition (ou peut-être la représentation même). *Martyre de Ste Apolline*, miniature de Fouquet. (Musée Condé, Chantilly; photo Giraudon)

(*A d. en haut*) Au début du seizième siècle, les tréteaux, dressés en plein air, servaient de lieu théâtral à des troupes ambulantes. («Théâtre de la rue», Bibliothèque municipale de Cambrai)

(*A d. en bas*) Cette vue d'un théâtre du dix-huitième siècle montre la longueur de l'avant-scène. Les aristocrates et les bourgeois riches s'installaient dans les loges; les gens moins aisés restaient debout au parterre. (L'Hôtel de Bourgogne, vers 1765; Bibliothèque Nationale, Paris)

53

(*En haut*) Décor naturel: *Cromwell* de Hugo, dans la Cour Carrée du Louvre. (French Government Tourist Office, New York)

(*Ci-dessus*) Décor réaliste: Petite salle dans la maison du'un tisserand (*Les Tisserands* de Hauptmann, au Théâtre Libre). (Theatre Collection, New York Public Library)

(A *d. en haut*) Décor schématisé: Route à la campagne (*En attendant Godot* de Beckett, au Théâtre Babylone). (Agence de Presse Bernand)

(A *d. en bas*) Décor schématisé: Square devant le palais de Troie (*La Guerre de Troie n'aura pas lieu*, de Jean Giraudoux, au Théâtre de la Ville). (Agence de Presse Bernand)

rapport plus intime entre le spectateur et l'action, elles opèrent un changement assez considérable dans les décors et dans le jeu des acteurs.

Le décor. Quelque scène qu'on choisisse, elle a néanmoins un attribut certain: comme le dit le metteur en scène et théoricien de théâtre Antonin Artaud, «la scène est un lieu physique et concret qui demande qu'on le remplisse. . . .» Mais de quoi? Lorsqu'on parle du **décor,** on pense d'abord aux objets qu'on voit sur la scène—toiles de fond ou châssis peints pour suggérer une maison ou un palais, arbres ou colonnes, fauteuils Louis XI ou machines ultramodernes. Cependant, le décor proprement dit comprend aussi l'*éclairage* (lumières et ombres), les *effets sonores* (bruits et musique) et même les *costumes* (y compris les accessoires). Il est possible de diviser les décors en trois catégories générales:

1. Les **décors naturels,** associés d'habitude aux lieux historiques, sont effectivement caractérisés par un manque de décoration: c'est-à-dire qu'on ajoute très peu à ce qu'on y trouve déjà.

2. Extensions théâtrales du décor naturel, les **décors réalistes** s'efforcent de reproduire en détail un endroit réel. Tout—meubles, accessoires, éclairage, bruitage, costumes—doit contribuer à l'illusion de la réalité.

3. Aux antipodes des décors réalistes, les **décors schématisés** n'essaient pas de masquer leur artificialité. Les éléments de ces décors—toiles de fond peintes, objets réduits à leurs caractéristiques essentielles (par exemple, deux piliers et une chaise pour représenter une salle de trône), plateformes et estrades—se contentent de suggérer un endroit réel sans vouloir le reproduire et tendent souvent à rappeler au spectateur qu'il regarde une pièce de théâtre plutôt qu'une situation «réelle».

LES ACTEURS

Pour parler de cet aspect de la représentation théâtrale, il faut considérer l'**acteur** et le **personnage.**

La composition d'un personnage. Pour l'acteur il s'agit de composer un personnage: homme réel (ayant, par exemple, une femme, des enfants et une maison), il doit se transformer en un être fictif qui, d'habitude, ne lui ressemble en rien. Souvent notre première vision de l'acteur nous dispose, grâce au costume et au maquillage (éléments du décor), à l'accepter comme personnage. Pourtant la pleine réalisation du personnage dépend surtout du **jeu** de l'acteur—sa façon de parler (ton de voix, rythme, accent) et sa mimique (position du corps, gestes, mouvements). Par exemple, pour composer le personnage de Vladimir dans *Godot,* un jeune acteur, qui est en réalité le fils préféré d'une famille aisée, pourrait d'abord se déguiser au moyen du maquillage (cheveux grisonnants, teint pâle et maladif) et du costume (chapeau melon, vieux vêtements râpés, chaussures usées). Cependant, à cette transformation superficielle il faudrait ajouter une démarche pénible, des gestes nerveux et saccadés, une mimique qui rappelle parfois celle des clowns, une voix fluette et ainsi de suite.

Qu'il s'agisse d'une interprétation générale du personnage ou de l'interprétation particulière d'une seule réplique, l'acteur s'inspire du texte écrit. Un dramaturge tel que Beckett rend cette interprétation plus claire par les nombreuses indications scéniques qu'il donne. Mais, même dans le cas où l'auteur ne précise pas directement le jeu qu'il imagine, le texte donne des indications indirectes. Regardons, par exemple, cette scène d'*Andromaque,* tragédie de Racine:

Phoenix: Seigneur . . .
Pyrrhus: Une autre fois je t'ouvrirai mon âme:
Andromaque paraît.

SCENE IV

Pyrrhus: Me cherchiez-vous, Madame?
Un espoir si charmant me serait-il permis?
Andromaque: Je passais jusqu'aux lieux où l'on garde mon fils.
Puisqu'une fois le jour vous souffrez que je voie
Le seul bien qui me reste et d'Hector et de Troie,
J'allais, Seigneur, pleurer un moment avec lui:
Je ne l'ai point embrassé d'aujourd'hui.
Pyrrhus: Ah! Madame, les Grecs, si j'en crois leurs alarmes,
Vous donneront bientôt d'autres sujets de larmes.
Andromaque: Et quelle est cette peur dont leur cœur est frappé,
Seigneur? Quelque Troyen vous est-il échappé?

Le roi Pyrrhus aime Andromaque, veuve du héros troyen Hector. Elle et son fils sont prisonniers de Pyrrhus, et les Grecs veulent que celui-ci leur livre le fils d'Hector. Pyrrhus, à la vue d'Andromaque, coupe la parole à son gouverneur Phoenix, révélant ainsi l'émotion que lui inspire cette femme. L'acteur peut traduire cette émotion par ses mouvements (Pyrrhus tourne rapidement le dos à Phoenix et s'approche d'Andromaque afin de lui barrer le passage) et par sa voix (ton ému et plein d'espoir). La réplique d'Andromaque, où elle ne parle que d'Hector, de son fils et de ses larmes, suggère une certaine attitude (démarche lente, refus de regarder Pyrrhus) et un certain ton de voix (tristesse qui renferme un reproche). Cette réaction brise sans doute l'élan de Pyrrhus qui s'arrête, blessé, et s'efforce de percer la froideur d'Andromaque par des paroles où il met une certaine dureté.

Celle-ci répond tout de suite: la forme interrogative des phrases, la dureté des consonnes (k, r, t) poussent sans doute l'actrice à jeter au visage de Pyrrhus cette réplique amère et ironique. Malgré l'absence d'indications directes, le texte écrit suffit à suggérer clairement aux acteurs un jeu (dont, bien entendu, la description donnée ci-dessus n'est qu'une version possible).

De plus, cette interprétation dépend non seulement d'indications particulières, qu'elles soient directes ou indirectes, mais aussi d'une impression générale que le metteur en scène, s'appuyant toujours sur le texte, veut communiquer. Cette impression générale peut se traduire par le **style de jeu** qu'adoptent les acteurs. D'habitude, on loue chez un acteur le réalisme du personnage qu'il compose. Quelle que soit sa technique—identification totale au personnage (la «méthode» de Stanislavsky) ou analyse froide des effets qu'il veut créer—l'acteur cherche à donner l'illusion que son personnage est «vrai» ou «réel». Toutefois, certaines pièces exigent une façon de jouer complètement différente: c'est ainsi qu'on parle d'un jeu **stylisé** où l'acteur choisit des gestes, des mouvements et un ton de voix qui correspondent parfaitement à des stéréotypes qu'accepte déjà le spectateur. Un exemple extrême de cette stylisation du jeu, c'est le théâtre oriental où les gestes ont même un sens symbolique. Pour les occidentaux, le mélodrame—la belle héroïne qui pousse des cris et lève les bras au ciel, le traître qui rit méchamment tout en se frottant les mains, et le héros qui fait une entrée de grand éclat—illustre de façon plus familière un jeu qui ne cherche nullement à imiter la réalité.

Le personnage comme type. Le style de jeu peut donc varier selon la pièce ou, lorsqu'il s'agit de deux interprétations de la même pièce, selon le metteur en scène. Cependant, quel que soit le degré de ressemblance à la vérité qu'on veuille suggérer, un *personnage* n'est jamais une personne. Comme le propose Bentley dans *The Life of the Drama,* tout personnage, même le plus développé, le plus réaliste, est en fin de compte un type, une simplification de la vie réelle. Tout d'abord, il est foncièrement impossible de reproduire chez un personnage qui n'existe que pendant deux heures la complexité d'un homme qui a vécu un certain nombre d'années. De plus, un seul personnage peut être interprété de façons variées par des acteurs ayant une voix, une mimique et un physique différents. Certainement, on ressent très clairement la différence qu'il y a entre un personnage secondaire (dit un **figurant**) au sujet duquel on apprend très peu de choses et un personnage plus «développé» dont l'auteur nous révèle le passé et que l'on voit en plusieurs situations. De plus, le héros de tragédie est infiniment plus complexe que le traître de mélodrame ou le mari complaisant de la farce. Néanmoins, tous ces personnages demeurent, malgré leurs différences, des types.

En se limitant aux personnages principaux d'une pièce, il est possible de distinguer en gros deux sortes de personnages-types. Il y a d'abord les **types théâtraux,** personnages «plats» et souvent caricaturaux, n'ayant qu'un ou deux traits bien accusés: par exemple, le père de famille autoritaire, la jeune amoureuse naïve et timide, le jeune héros pur et courageux et le valet habile et spirituel. De tels personnages se trouvent, d'ordinaire, dans des pièces où la psychologie est subordonnée soit à l'intrigue (souvent comique), soit au commentaire social. D'autre part, il y a les **types humains,** personnages souvent complexes qui incarnent une caractéristique que l'auteur pense retrouver chez un certain nombre de gens. On pense, par exemple, à Andromaque. Elle représente d'abord sans doute l'amour maternel; mais, en même temps, cette héroine n'est pas que *la* mère: elle est aussi veuve (elle aime le souvenir de son mari mort), femme (consciente de sa beauté, elle s'en sert pour sauver la vie de son fils) et reine (à la fin de la pièce, c'est elle qui prend le pouvoir politique).

Entre ces deux pôles (c'est-à-dire, deux sortes de types extrêmes—l'un conventionnel; l'autre, individualisé), on trouve toutes les formes intermédiaires imaginables: tantôt le type théâtral est humanisé, particularisé; tantôt le type humain joue dans l'intrigue le rôle d'habitude dévolu au type théâtral.

LE TEMPS THEATRAL

Malgré les illusions que le dramaturge cherche parfois à créer (certaines scènes sont censées durer des heures, certaines pièces embrassent en principe des années), le temps théâtral consiste en une succession de moments qui, d'habitude, ne dure pas plus de deux heures. Nous voulons étudier ici le moment théâtral isolé et puis la suite de ces moments.

Le moment théâtral. Le **moment théâtral** comprend non seulement le texte même de la réplique[1] mais aussi le ton de voix et les gestes de l'acteur qui la prononce, la mimique de celui qui l'écoute. En tant qu'élément linguistique, elle peut être analysée comme un vers de poésie. Prenons, par exemple, ces deux répliques—la première tirée d'*Antigone* de Jean Anouilh; la seconde, de *Godot:*

Antigone: Pas envie de vivre . . . Qui se levait la première, le matin, rien que pour sentir l'air froid sur sa peau nue? Qui se couchait la dernière seulement quand elle n'en pouvait plus de fatigue, pour vivre encore un peu de la nuit? Qui pleurait déjà toute

1. Le mot *réplique* peut désigner n'importe quelle phrase (ou groupe de mots) que l'auteur met dans la bouche d'un personnage. Une *tirade* est une réplique longue. Dans le théâtre classique, si le personnage était tout seul à parler sur la scène, on appelait la tirade un *monologue;* s'il venait raconter à d'autres personnages ce qui s'était passé en dehors de la scène, on l'appelait un *récit.*

petite, en pensant qu'il y avait tant de petites bêtes, tant de brins d'herbe dans le pré et qu'on ne pouvait pas tous les prendre?

Vladimir: Des fois je me dis que ça vient quand même. Alors je me sens tout drôle. Comment dire? Soulagé et en même temps . . . épouvanté. E-pou-van-té. Ça alors! Enfin . . .

Dans le premier texte, le parallélisme des phrases et la répétition de mots donnent à cette réplique un rythme coulant. Un tel rythme et le vocabulaire simple mais concret soulignent l'émotion profonde et la sincérité touchante du personnage. Par contre, dans le texte de Beckett, le vocabulaire quotidien («ça alors») mais en même temps abstrait, les phrases tronquées et l'absence de rythme régulier traduisent l'état d'esprit rêveur mais sérieux du personnage.

Pourtant, se limiter à une telle analyse poétique, c'est négliger le contexte théâtral dans lequel se trouve la réplique dramatique. Dans la pièce d'Anouilh l'apparence physique d'Antigone (d'habitude, on choisit une actrice de petite taille sans grande beauté et on l'habille de façon simple: jupe courte, pieds nus), ses gestes un peu maladroits et sa voix (ici, douce et émue) lui donnent un air de petite fille qui fait contraste avec l'apparence de sa sœur, Ismène. Celle-ci (jouée d'habitude par une actrice grande, élégante et belle) propose au spectateur une image de richesse, de raffinement et de sophistication. Au moyen de ce moment—c'est-a-dire, les mots dits par Antigone *et* l'image visuelle qui les accompagne—Anouilh suggère clairement l'opposition entre deux façons de concevoir le bonheur. Dans cet exemple le contexte théâtral sert à souligner la réplique du personnage; par contre, dans *Godot,* Beckett utilise le contexte pour détruire la valeur de la réplique. A ne considérer que les mots de Vladimir, on croirait à une méditation, hésitante mais sérieuse, sur la mort. Pourtant, pendant que Vladimir parle, «il ôte son chapeau, regarde dedans, y promène sa main, le secoue, le remet—Il ôte à nouveau son chapeau, regarde dedans, le remet»; en même temps, Estragon est assis par terre où il s'efforce de nouveau d'enlever ses chaussures sans prêter aucune attention à Vladimir. C'est ainsi que Beckett utilise des gestes pour rendre tout à fait dérisoires les réflexions quasi-philosophiques de son personnage.

La suite de moments: le rythme. Lorsque les moments commencent à se succéder, de nouvelles considérations entrent en jeu, parmi lesquelles le **rythme.** Comme nous l'avons vu ci-dessus, la conception théâtrale du rythme a comme base le rythme poétique. Pareille à la poésie, une réplique—qu'elle soit en vers ou en prose—a un élément rythmique (structure syntaxique, longueur des mots, nombre et place des coupes, répétition et parallélisme) qui dicte la façon de la prononcer. Or on peut également appliquer cette conception de rythme à une suite de répliques. Mais ici le rythme est déterminé à la fois par la nature rythmique de chaque réplique (lente, rapide, coulante, saccadée, régulière) et par les rapports entre les répliques, le tout étant traduit par le jeu des acteurs. Ces rapports peuvent prendre des formes variées: série de répliques de même nature, opposition de répliques de nature différente, absence de pause entre les répliques (enchaînement) ou silence entre deux répliques.[2] Voici deux passages que nous vous proposons à titre d'exemples. Dans *Le Cid,* la régularité de l'alexandrin crée une progression rythmique destinée à souligner une dispute entre deux nobles espagnols. D'abord, la querelle s'échauffe peu à peu dans des répliques assez longues—Don Diègue: 9 vers; Le Comte: 15 vers; Don Diègue: 6 vers; Le Comte: 16 vers; Don Diègue, qui l'interrompt: 8 vers. Puis, tout d'un coup, leur colère éclate en des répliques comprenant chacun un seul vers:

Le Comte: Ce que je méritais, vous l'avez emporté.
Don Diègue: Qui l'a gagné sur vous l'avait mieux mérité.
Le Comte: Qui peut mieux l'exercer en est bien le plus digne.
Don Diègue: En être refusé n'en est pas un bon signe.

Ce jeu de ricochets se poursuit (encore 6 vers individuels comprenant une seule réplique) jusqu'à ce que Cornelle accélère encore le rythme en brisant la réplique au milieu d'un vers:

Le Comte: Ne le méritait pas! Moi?
Don Diègue: Vous.
Le Comte: Ton imprudence,
Téméraire vieillard, aura sa récompense.
Il lui donne un soufflet.

Le rythme ascendant de ce passage, qui aboutit à un geste physique violent, est très différent du rythme saccadé de *Godot:*

Vladimir: Ça fait comme un bruit de plumes.
Estragon: De feuilles.
Vladimir: De cendres.
Estragon: De feuilles.
Long silence.
Vladimir: Dis quelque chose!
Estragon: Je cherche.
Long silence.
Vladimir: Dis n'importe quoi.

2. Au dix-septième siècle, les auteurs ne donnaient guère d'indications sur la façon de prononcer les répliques. Depuis le dix-neuvième siècle, ils précisent de plus en plus certains aspects du jeu de scène—notamment le ton de voix et le rythme. Mais, de tout temps, les rapports entre les répliques et les silences ont joué un rôle fondamental dans la représentation théâtrale.

Estragon: Qu'est-ce qu'on fait maintenant?
Vladimir: On attend Godot.
Estragon: C'est vrai.
Silence.

Ici les phrases courtes ou incomplètes ponctuées de longs silences rendent impossible un mouvement continu ou progressif.

La suite de moments: le ton. Liée à la conception du rythme est celle du **ton.** D'habitude on utilise ce mot pour parler de la voix (ton calme, inquiet) ou du style littéraire (didactique, lyrique). Au théâtre, le ton fait allusion surtout à l'ambiance ou, si l'on veut, à la valeur affective d'une série de moments. C'est ainsi qu'on peut parler d'un ton comique ou d'un ton pessimiste. Dans cette perspective, bien que chaque réplique individuelle puisse contribuer à la création du ton, elle seule n'y suffit pas, car le ton est le produit de la situation dramatique, du texte (style littéraire), de l'acteur (style de jeu), du décor et aussi du rythme. C'est donc le jeu réciproque entre tous les éléments physiques et temporels de la pièce qui donne à une série de moments théâtraux leur valeur affective.

On peut voir à la fois comment un dramaturge crée un ton, et l'importance que le ton a pour une pièce en comparant deux scènes traitant d'un sujet semblable—deux amoureux qui, après de nombreuses difficultés, se retrouvent et se déclarent leur amour. Au dernier acte du *Cid,* Rodrigue vient voir pour la dernière fois Chimène, dont il a tué le père:

Chimène: Quoi! Rodrigue, en plein jour! d'où te vient cette audace?
Va, tu me perds d'honneur; retire-toi de grâce.
Rodrigue: Je vais mourir, Madame, et vous viens en ce lieu,
Avant le coup mortel, dire un dernier adieu:
Cet immuable amour qui sous vos lois m'engage
N'ose accepter sa mort sans vous en faire hommage.
Chimène: Tu vas mourir!

En annonçant ainsi son intention de se laisser tuer, Rodrigue arrache à Chimène l'aveu qu'elle l'aime malgré tout. Pareillement, au dernier acte du *Barbier de Séville,* lorsque le héros vient sous un déguisement enlever la belle Rosine, celle-ci résiste jusqu'au moment où le Comte révèle son identité:

Le Comte: (*jetant son large manteau, paraît en habit magnifique*) O la plus aimée des femmes! il n'est plus temps de vous abuser: l'heureux homme que vous voyez à vos pieds n'est point Lindor; je suis le comte Almaviva, qui meurt d'amour et vous cherche en vain depuis six mois.
Rosine: (*tombe dans les bras du comte*) Ah!

A première vue, la façon exagérée que les personnages ont de s'exprimer semble rapprocher les deux passages. Pourtant, dans *Le Cid,* le décor austère, les costumes simples mais élégants, les vers alexandrins, le vocabulaire abstrait, la sincérité et la jeunesse que le jeu des acteurs doit traduire, tout concourt à donner à cette scène un ton élevé, noble, héroïque. Par contre, dans *Le Barbier,* le décor de mélodrame (il fait nuit; la salle est éclairée de bougies; le Comte et Figaro viennent de monter sur une échelle), les costumes (des manteaux qui leur masquent les yeux), la présence même du personnage comique de Figaro, les gestes exagérés, tout donne à cette scène un ton léger et comique qui est presque une parodie du *Cid.* A cause de cette différence de ton, les répliques du *Cid* touchent ou font sourire de tendresse tandis que celles du *Barbier* provoquent un rire franc et gai.

La scène et l'acte. Les suites de moments théâtraux tendent à se grouper à leur tour en **scènes** et en **actes.** Au dix-septième et au dix-huitième siècles, tout changement du nombre des personnages sur scène exigeait qu'une nouvelle scène soit indiquée, laquelle était clairement marquée dans le texte. De nos jours on tend à omettre ces indications; néanmoins, pour le metteur en scène et les acteurs ces divisions existent toujours. Toutefois, pour eux, une scène est surtout une unité dramatique—c'est-à-dire, une série de moments réunis par un même centre d'intérêt. Cette série peut comprendre plusieurs divisions marquées d'habitude par un changement de rythme ou de ton.

Pour analyser une scène, il est utile d'en considérer trois aspects—la **préparation,** le **mouvement** et la **résolution.** D'habitude, le dramaturge prépare de deux façons principales une scène importante. Dans les scènes qui la précèdent, il crée une **situation dramatique**—c'est-à-dire qu'il donne à chaque personnage des idées, des émotions, des besoins, un état d'esprit que celui-ci va apporter à la scène. En même temps, il prépare le spectateur à cette scène, soit en jouant sur son anticipation, soit en créant une situation de choc. Reprenons, à titre d'exemple, la scène où le Comte se démasque. Au moyen d'une série de courtes scènes (Rosine et son vieux tuteur, Rosine seule, le Comte et Figaro), Beaumarchais établit pour le spectateur l'état d'esprit des deux amants qui ont rendez-vous cette nuit: Rosine, croyant que Lindor (le Comte déguisé) lui a menti, est fâchée et dépitée; au contraire, le comte attend avec impatience ce rendez-vous, car il va lui demander de l'épouser.

Une fois la situation établie, le *mouvement* dépend surtout des rapports entre les personnages: l'un domine, l'autre est dominé; ils se disputent, ils s'entendent. Parfois, le mouvement est uni; c'est-à-dire qu'il y a une progression—montante ou descendante; d'autres fois, la scène se divise en plusieurs parties signalées par un revirement dans les rapports entre les personnages et soulignées par des changements de ton et de rythme. Dans *Le Barbier,* l'entrée de Rosine dans la chambre où se trouvent le Comte et Figaro déclenche le mouvement d'une scène à trois parties. Première partie: manque de communication total (Rosine qui s'indigne, le Comte qui s'émerveille devant sa bien-aimée) souligné par les tons de voix opposés. Deuxième partie: joie et émotion (le Comte se démasque, Rosine s'évanouit puis reprend ses esprits) rendues comiques par le ton mélodramatique. Troisième partie: panique (le vieux tuteur de Rosine va les découvrir) traduite par un mouvement scénique intense et un rythme de jeu accéléré.

Cette troisième partie marque aussi la fin de la scène (en effet, l'arrivée d'un nouveau personnage paralyse les autres personnages). Ce faisant, elle comprend à la fois une *résolution* (le Comte et Rosine se jurent un amour éternel) et la préparation d'une nouvelle scène (malgré leur bonheur ils doivent affronter le vieux tuteur).[3]

Nous ne parlerons pas longuement ici de l'*acte*. Composé d'une suite de scènes, il est susceptible de la même sorte d'analyse que la scène. En particulier, le mouvement de l'acte, qui dépend des combinaisons de rythmes et de tons que l'on y trouve, et son schéma, surtout la résolution ou l'irrésolution de la fin, ont un rôle important dans l'analyse d'une pièce de théâtre.

L'intrigue. Qu'elle comprenne un ou plusieurs actes, toute pièce s'organise autour d'une **intrigue.** L'intrigue, pour nous, c'est l'agencement d'une série d'incidents ou d'événements que l'on peut raconter en adoptant le *point de vue des personnages.* C'est ainsi un moyen dont dispose le dramaturge pour relier les divers moments de la pièce.

L'intrigue traditionnelle, fondée sur un problème à résoudre, suit un schéma qui ressemble à celui de la scène (voir plus haut): (1) la préparation ou l'**exposition,** dans laquelle l'auteur présente les personnages, la situation, et le problème; (2) le mouvement, qui a d'habitude deux aspects: la **complication,** où l'auteur multiplie les obstacles à la résolution du problème, et la (les) **crise**(**s**), moments dont dépend la solution heureuse ou malheureuse du problème; et enfin (3) la résolution, qu'on appelle d'habitude le **dénouement.**

Il existe, bien entendu, de nombreuses pièces qui n'obéissent pas à ce schéma formel. Néanmoins, elles aussi ont une intrigue (dans le sens plus large que nous donnons au terme), car elles comprennent une suite d'«événements» qui ont lieu *devant* le spectateur pendant la durée de la pièce. Dans *Godot,* il y a bien une question: Godot va-t-il venir? Il est tout de même impossible de diviser la pièce en exposition (s'il y en a une, elle continue tout au long de la pièce), en complication ou en crises (aucun personnage n'intervient pour empêcher que Godot vienne) et en dénouement (rien n'est résolu: Godot viendra demain, peut-être). Pourtant, ou peut y découvrir une in-

3. Nous parlons ici d'une pièce qui suit une forme plus ou moins traditionnelle. Il y a certainement des pièces qui refusent ou qui semblent parodier ce schéma de la scène. Néanmoins, pour réagir à ces scènes, il faut justement les comparer au schéma habituel.

trigue: Vladimir et Estragon se parlent, mangent, partent, reviennent; Pozzo et Lucky arrivent, Pozzo brutalise Lucky, les deux s'en vont; Vladimir et Estragon se parlent, mangent, etc. Bref, dès qu'il y a sur la scène un personnage qui fait n'importe quoi (même si c'est se tenir coi sans rien faire), il y a une sorte d'intrigue: on peut *raconter* ce que ce *personnage* fait.

L'experience théâtrale

En analysant trois éléments fondamentaux du théâtre—le lieu, les acteurs, le temps—nous les avons décomposés pour insister sur des considérations plutot formelles—décors, types, rythme, ton, intrigue. Pourtant, le théâtre, c'est avant tout *quelque chose qui se passe,* un événement que le spectateur éprouve de deux façons fondamentales: comme une expérience directe, subie, immédiate *et* comme une expérience reconstruite, comparative, cumulative. Autrement dit, l'acteur se transforme en personnage et joue avec d'autres personnages pour créer sur une scène la matière première d'une expérience; le spectateur réagit directment et à tout moment à cette matière première tout en établissant dans son esprit des rapports entre le moment théâtral actuel et ce qu'il a déjà vu, entendu, senti, pensé pendant la pièce. Dans cette partie de notre introduction, nous allons vous proposer un moyen d'aborder cette expérience théâtrale qui vous aidera à intégrer les éléments théâtraux dont nous avons parlé et à découvrir le sens le plus large de la pièce.

LES FONCTIONS

Chaque élément d'une pièce peut avoir à la fois une **fonction dramatique,** un rôle dans la création de l'expérience directe (les réactions immédiates du spectateur) et une **fonction structurale,** un rôle dans le développement de l'expérience reconstruite (les réactions cumulatives et comparatives du spectateur). Le metteur en scène fait tout pour souligner, au moyen de sa mise en scène, les fonctions de chaque élément: à son tour, le spectateur doit se demander à tout moment: *pourquoi* fait-on cela ou *quel est l'effet* de ce qu'on dit ici?—c'est-à-dire, *quelle en est la fonction?*[4]

4. Il y a aussi une troisième fonction, qu'on pourrait appeler *pratique,* sur laquelle nous n'insisterons ni dans cette introduction ni dans nos questions. La fonction pratique est liée à l'intrigue; elle se rapporte à ce qui se passe sur la scène, au déroulement de l'expérience jouée de la piece. Les fonctions pratiques que l'auteur ou le metteur en scène peuvent donner à un élément se divisent de façon générale en deux catégories: (1) exigences du texte ou de la mise en scène; (2) exigences de l'intrigue.

Certains éléments du décor, par exemple, sont imposés, directement ou indirectement, car les acteurs doivent pouvoir accomplir les gestes et les mouvements que le dramaturge prévoit (entrer, sortir, s'asseoir, etc.) D'autres sont rendus nécessaires par le fait que le metteur en scène veut exploiter l'espace scénique pour des effets particuliers. Parfois, une réplique ou une courte scène existent

La fonction dramatique. La **fonction dramatique** d'un élément théâtral est liée à la réaction immédiate qu'il provoque chez le spectateur. A tout moment, celui-ci réagit à ce qui se passe sur la scène, et c'est en maniant cette réaction que le dramaturge engage le spectateur dans l'expérience théâtrale. Cette manipulation prend en général trois formes. D'abord, le dramaturge peut vouloir faire naître une *pensée* ou proposer une *idée*. Par exemple, dans *Andromaque,* lorsque Racine fait interrompre Phoenix par Pyrrhus il veut que le spectateur reconnaisse tout de suite la force de l'amour que Pyrrhus éprouve pour Andromaque, un amour qui se traduit par l'espoir toujours présent.

Très souvent, le dramaturge cherche à susciter chez le spectateur un *sentiment* ou une *émotion.* Il est rare que nous restions indifférents à ce qui a lieu sur la scène et surtout aux personnages que nous y voyons. Au moyen des répliques qu'il donne à un personnage et grâce aux situations dramatiques dans lesquelles il le place, l'auteur peut contrôler nos réactions affectives à l'égard de ce personnage. Dans *Le Barbier de Seville,* Beaumarchais présente Figaro au spectateur au moyen d'un long monologue où celui-ci compose une chanson sur le bonheur. Son costume (habit de *majo* espagnol), les accessoires (sa guitare en bandoulière) et le ton gai et insouciant de sa chanson («Le vin et la paresse/Partagent mon cœur/Si l'une est maîtresse/L'autre est mon serviteur») font sourire le spectateur et, plus important encore, lui rendent Figaro très sympathique.

Finalement, la fonction dramatique comprend aussi la création d'un *ton.* Comme nous l'avons vu ci-dessus, le ton dépend d'habitude du jeu simultané de plusieurs éléments. Il arrive pourtant qu'un élément puisse y jouer le rôle principal. Par exemple, *Antigone* commence par un prologue où un monsieur, vêtu d'habitude d'un smoking, présente au public tous les personnages et annonce ce qui va leur advenir. Au moyen de ce personnage-narrateur, qui reparaît de temps en temps, Anouilh colore tout ce qui suit par une atmosphère de désespoir inévitable.

La fonction structurale. La fonction dramatique dépend d'un seul moment ou d'un seul élément (scène, personnage, décor); la **fonction structurale,** du jeu entre deux ou plusieurs moments ou éléments. Encore une fois c'est au spectateur qu'est dévolu le travail actif; à tout moment il doit essayer d'associer chaque réaction immédiate à

---

afin de faciliter la tâche de l'acteur (changer de costume, traverser la scène derrière le décor).

Mais la fonction pratique d'un élément dépend surtout de son rôle dans l'intrigue. Certains personnages (qu'ils soient figurants ou protagonistes) sont appelés à jouer un rôle dans l'exposition (par exemple, les *confidents,* qui posent des questions afin de susciter chez un personnage un exposé de ses activités passées ou présentes) ou dans le déroulement de l'intrigue (les *messagers,* qui surviennent pour annoncer une nouvelle ou pour faire un reportage). En fait, l'intrigue même dépend presque exclusivement des personnages. Dans leur rôle d'agents de l'intrigue, ils rendent possibles les complications et les activités qui servent à remplir le temps de l'expérience jouée.

d'autres réactions qu'il a eues. Parfois les rapports (les structures) qu'il découvre ainsi sont fondés sur la *reprise* d'éléments semblables. Revoyez, par exemple, la réplique de Pyrrhus; tout en renseignant le spectateur sur l'état mental de Pyrrhus, cette réplique doit rappeler aussi d'autres répliques (surtout d'Hermione et d'Oreste) où on garde vivant un amour qui n'est pas partagé. En associant ainsi les répliques et, par la suite, les personnages, le spectateur peut commencer à saisir la conception racinienne de l'amour.

Très souvent, les structures qu'on découvre sont fondées sur l'*opposition* d'éléments semblables. Dans *Antigone,* Anouilh oppose du point de vue philosophique et moral ces deux protagonistes: Antigone—jeune, idéaliste, celle qui dit «non» à tout compromis—et Créon—vieux, pragmatique, celui qui accepte le travail difficile de gouverner les hommes.

Ces deux catégories—reprise et opposition—déterminent aussi une autre sorte de relation—qu'on pourrait appeler le **mouvement général** (ou la structure temporelle) de la pièce. Il s'agit de la juxtaposition de scènes et d'actes considérés par rapport aux sujets discutés, aux personnages présents ou absents, au rythme et au ton. Dans certaines pièces l'auteur crée une structure temporelle fondée sur le *parallélisme,* une scène reprenant la précédente quant au sujet, mais avec des personnages différents. Dans d'autres pièces la structure est fondée sur des *antithèses,* par exemple, l'alternance de scènes comiques et de scènes sérieuses. Enfin, elle peut aussi prendre la forme d'un cercle, la dernière scène ressemblant donc à la première.

En somme, le nombre et la variété de structures sont énormes. Aux premières petites structures qui se révèlent (comparaison de répliques ou de scènes) s'ajoutent des ensembles plus grands (oppositions de personnages, structures temporelles) jusqu'à ce que ces structures elles-mêmes se mettent à jouer entre elles. Par exemple, pour *Godot,* Beckett prévoit un décor très schématisé: «Route à la campagne, avec arbre.» Au cours de la représentation le spectateur commence à établir des rapports entre le décor et les activités des personnages, donnant ainsi au décor une sorte de valeur symbolique: la route figure le mouvement, le progrès; l'arbre, à qui mystérieusement il pousse des feuilles pendant la nuit, le temps qui passe. Pourtant, à cette structure Beckett nous fait opposer la structure temporelle de la pièce—répétition, circularité. De cette nouvelle opposition se dégage une image paradoxale du temps humain à la fois mobile et figé. Et c'est à l'aide de ce travail structural, pour ainsi dire, que l'on arrive à saisir le(s) sens de la pièce.

L'ACTION

Pourtant ces fonctions ne sont que des moyens d'analyse, une façon d'aborder la pièce; elles doivent toujours mener à l'**action,** c'est-à-dire, à l'expérience théâtrale *telle que le spectateur la vit.*

La distinction entre l'action et l'intrigue. Pour bien comprendre la nature de l'expérience théâtrale, il importe de distinguer clairement entre l'**action** et l'**intrigue.**[5] Les deux comprennent la suite générale des moments dont la pièce se compose, mais l'intrigue se déroule sur la scène tandis que l'action se forme dans l'esprit de celui qui regarde la scène. L'intrigue consiste en la succession d'activités qu'on voit sur la scène; l'action est composée de la suite d'impressions recueillies et organisées par le spectateur. Comme nous l'avons vu plus haut, on peut *raconter* l'intrigue du point de vue des *personnages.* Par contre, l'action ne se raconte pas; on ne peut que la *décrire* et uniquement du point de vue du *spectateur.*

Le déroulement de l'action. Chaque moment théâtral est une totalité —mots, gestes, mouvements, costumes, décors, pris tous ensemble. Cet ensemble, tout en provoquant chez le spectateur une impression sensuelle, intellectuelle, affective (fonction dramatique), entre en jeu avec d'autres moments pour créer un nouvel ensemble, de nouvelles impressions (fonction structurale). Mais il n'y a que le spectateur qui, occupant dans le théâtre une place privilégiée, puisse et doive saisir l'action.

Nous pouvons voir le travail que l'expérience théâtrale exige du spectateur en considérant ce dialogue tiré d'*Antigone:*

Antigone entr'ouvre la porte et rentre de l'extérieur sur la pointe de ses pieds nus, ses souliers à la main. Elle reste un instant immobile à écouter. La nourrice surgit.

La Nourrice: D'où viens-tu?

Antigone: De me promener, nourrice. C'était beau. Tout était gris. Maintenant, tu ne peux pas savoir, tout est déjà rose, jaune, vert. C'est devenu une carte postale. Il faut te lever plus tôt, nourrice, si tu veux voir un monde sans couleur.

La Nourrice: Je me lève quand il fait encore noir, je vais à ta chambre pour voir si tu n'es pas découverte en dormant et je ne te trouve plus dans ton lit!

L'apparence d'Antigone (sa façon d'ouvrir la porte, son costume simple, ses pieds nus, son regard doux et calme) doit inspirer, dès le début, de la sympathie pour elle.

Par contre, la Nourrice (sa démarche précipitée, ses gestes de vieille femme, la brusquerie de sa réplique) évoque chez le spectateur l'image amusante d'une grand-mère tourmentée par les tours que lui ont joués les enfants. Les deux répliques qui suivent confirment, par leur contenu et par leur forme, ces deux impressions initiales. Pourtant, le spectateur ne les laisse pas isolées. En juxtaposant ces deux

5. Comme l'*intrigue,* l'*action* est un terme qui fait partie du vocabulaire habituel de la critique théâtrale. Pourtant, on n'est pas toujours d'accord sur le sens précis qu'il faut lui attribuer; il arrive parfois que les deux termes semblent se confondre l'un avec l'autre. Nous vous demanderons donc de tenir compte des définitions particulières que nous donnons à ces deux mots.

impressions dans son esprit, il en tire une troisième: celle d'une séparation, d'un gouffre entre ces deux personnages qui ont l'air tellement différent (physique, âge, costumes) et qui ne peuvent pas se comprendre (l'une enfermée dans ces occupations quotidiennes; l'autre ouverte à la beauté du monde naturel). En même temps, cette impression donnée par Antigone et soulignée par le contraste avec la Nourrice se heurte, toujours dans l'esprit du spectateur, aux paroles qu'il vient d'entendre prononcées par le Prologue («Elle [Antigone] pense qu'elle va mourir, qu'elle est jeune et qu'elle aussi aurait bien aimé vivre. Mais il n'y a rien à faire!»), ajoutant à la sympathie et au sourire un sentiment de tristesse.

C'est ainsi donc que l'action se développe, le spectateur juxtaposant une impression à une autre pour en tirer une troisième. Peu à peu certaines structures plus larges commencent aussi à se dégager, et ces structures elles-mêmes entrent en jeu les unes avec les autres. Parfois, l'action semble complémenter l'intrigue; d'autres fois, elle s'y oppose. Mais, en fin de compte, le sens le plus large de la pièce dépend de l'action, de la somme de toutes ces réactions sensuelles, intellectuelles, affectives; ce que fait le spectateur—de façon directe ou indirecte, consciente ou inconsciente—c'est de s'interroger sur les fonctions de chaque élément de la pièce afin d'arriver à cette somme, c'est-à-dire, à l'action.

Conclusion: le lecteur et le spectateur

En somme, nous essayons, dans cette Introduction et dans les questions qui accompagnent les pièces, de vous aider à mieux percevoir, en tant que spectateur, et à mieux imaginer, en tant que lecteur, les ensembles dont une œuvre théâtrale se compose. Il est évident pourtant que l'expérience du spectateur diffère de celle du lecteur. Favorisé par le caractère sensoriel de la représentation scénique, le premier se heurte pourtant à deux difficultés: (1) le déroulement temporel de la pièce ne lui permet pas de revenir sur des passages; (2) son expérience de la pièce dépend jusqu'à un certain point de l'interprétation qu'en donnent le metteur en scène et les acteurs. Par contre, le lecteur, à l'abri de ces deux difficultés (il a le loisir de revenir en arrière, il est libre d'imaginer sa propre mise en scène), risque justement d'oublier le caractère sensoriel et immédiat d'une représentation. L'expérience idéale d'une pièce serait donc un dialogue ou une dialectique entre l'expérience du spectateur et celle du lecteur. C'est pour cette raison que nous vous demanderons d'adopter un point de vue particulier en lisant les pièces qui suivent—celui du metteur en scène, qui doit être à la fois lecteur (avant de faire la mise en scène il doit avoir étudié à fond le texte de la pièce) et spectateur (en montant la pièce il doit s'interroger constamment sur les réactions que chaque élément de la pièce va provoquer). Nous vous invitons donc à faire *votre* mise en scène en essayant de réunir tous les éléments de la pièce en un spectacle imaginaire cohérent.

Texte modèle

Avant de vous faire étudier les œuvres dramatiques que nous avons choisies, nous voudrions que vous essayiez d'utiliser les idées discutées dans l'introduction en analysant une courte pièce de Samuel Beckett, *Acte sans paroles I*.[1] Comme le suggère son titre, cette pièce n'a pas de dialogue; elle est donc réduite aux éléments purement théâtraux (décor, gestes, mouvements). Grâce à cette réduction, nous pouvons insister ici sur l'importance qu'a la représentation scénique pour l'étude du théâtre: sans paroles, cette pièce doit *faire* si elle veut *dire* quelque chose. Néanmoins, vous allez trouver, malgré l'absence de dialogue, qu'elle illustre tout ce dont nous avons parlé—fonction dramatique et fonction structurale, intrigue et action, décor, rythme, ton.

Pour étudier cette pièce (et celles qui suivent), nous vous proposons au moins deux et, de préférence, trois lectures. La première fois, lisez le texte sans vous occuper des questions; à la fin de cette lecture, interrogez-vous sur vos réactions générales devant la pièce. Ensuite, relisez le texte selon les divisions que nous avons suggérées; à la fin de chaque partie, considérez les questions qui s'y trouvent. Enfin, si vous avez le temps, relisez le texte, cette fois d'un seul trait, en essayant d'accorder vos premières impressions et les résultats de votre analyse detaillée.

Acte sans paroles I

PERSONNAGE:

Un homme. Geste familier: il plie et déplie son mouchoir.

SCÈNE:

Désert. Eclairage éblouissant.

Acteur. Comment imaginez-vous cet homme (taille, visage, costume)? Quelle impression doit-il donner au spectateur? Comment le mouchoir peut-il contribuer à cette impression?

1. Cette courte pièce mimée a été écrite en 1957 pour accompagner *Fin de partie*, pièce de Beckett que le public américain connaît sous le titre de *Endgame*.

Décor. Voudriez-vous pour cette pièce un décor réaliste ou un décor schématisé? En répondant à cette question, décrivez le décor tel que vous l'imaginez et précisez le rôle que l'éclairage doit y jouer.

ACTION:

Projeté à reculons[2] de la coulisse[3] droite, l'homme trébuche,[4] tombe, se relève aussitôt, s'époussette,[5] réfléchit.

Coup de sifflet[6] coulisse droite.

Il réfléchit, sort à droite.

Rejeté aussitôt en scène, il trébuche, tombe, se relève aussitôt, s'époussette, réfléchit.

Coup de sifflet coulisse gauche.

Il réfléchit, sort à gauche.

Rejeté aussitôt en scène, il trébuche, tombe, se relève aussitôt, s'époussette, réfléchit.

Coup de sifflet coulisse gauche.

Il réfléchit, va vers la coulisse gauche, s'arrête avant de l'atteindre, se jette en arrière, trébuche, tombe, se relève aussitôt, s'époussette, réfléchit.

Fonction dramatique. Quel effet voudriez-vous que cette première scène ait sur le spectateur? (Comique? Mystérieux? Troublant? Autre chose?) Comment le jeu de l'acteur pourrait-il y contribuer? (Imaginez ses gestes: sont-ils lents ou rapides? Unis ou saccadés? Les répète-t-il chaque fois de la même façon? Durent-ils toujours le même temps?) Comment le rythme de la scène y contribue-t-il? (Quel effet la répétition de la même série de gestes a-t-elle? A quel moment l'auteur brise-t-il cette série? Comment y réagit le spectateur?) Précisez donc le ton de cette scène.

Fonction structurale. Comparez d'abord les trois premiers moments de la pièce: à quelle conclusion le spectateur arrive-t-il en voyant répéter la même série de gestes? (Quel rapport peut-il établir entre ce qui arrive à l'homme—«projeté . . . rejeté . . . rejeté . . .»—et les coups de sifflets? Entre ce qui lui arrive et le fait qu'il réfléchit chaque fois?) Comparez ensuite les trois premières chutes de l'homme à la quatrième: qu'est-ce que cette comparaison suggère au sujet de ses réflexions?

Un petit arbre descend des cintres,[7] atterrit. Une seule branche à trois mètres[8] du sol et à la cime[9] une maigre touffe de palmes qui projette une ombre légère.

Il réfléchit toujours.

Coup de sifflet en haut.

Il se retourne, voit l'arbre, réfléchit, va vers l'arbre, s'assied à l'ombre, regarde ses mains.

2. *à reculons:* backwards.
3. *coulisse droite:* right wing.
4. *trébuche:* stumbles.
5. *s'époussette:* brushes himself off.
6. *sifflet:* whistle.
7. *cintres:* flies (space above the stage).
8. *trois mètres:* between nine and ten feet.
9. *cime:* top.

Des ciseaux de tailleur descendent des cintres, s'immobilisent devant l'arbre à un mètre du sol.

Il regarde toujours ses mains.

Coup de sifflet en haut.

Il lève la tête, voit les ciseaux, réfléchit, les prend et commence à se tailler les ongles.

Les palmes se rabattent[10] contre le tronc, l'ombre disparaît.

Il lâche les ciseaux, réfléchit.

Décor. Imaginez l'arbre: dans quelle mesure doit-il ressembler à un arbre réel? Pourquoi Beckett précise-t-il que ce sont des ciseaux de *tailleur?*

Fonction dramatique. En quoi cette scène maintient-elle le rythme établi au début de la pièce? Quel rapport rythmique imaginez-vous entre le jeu de l'acteur (rapidité et forme des gestes), la descente des objets (vitesse) et le coup de sifflet (ton et durée)? Quelles réactions voudriez-vous que cette scène provoque chez le spectateur? (Faut-il qu'il en rie? Sinon, comment devrait-il y réagir?)

Fonction structurale. Quel rapport le spectateur peut-il établir maintenant entre les coups de sifflet (à gauche, à droite, en haut) et les actions qu'ils annoncent? Après que «les palmes se rabattent contre le tronc», il n'y a pas de coup de sifflet, pourtant l'homme réagit («il lâche les ciseaux, réfléchit»): qu'est-ce qui remplace ici le sifflet? en quoi cette réaction-ci sert-elle à renforcer les conclusions que le spectateur a tirées des rapports entre le sifflet et les actions?

Une petite carafe,[11] munie d'une grande étiquette rigide portant l'inscription EAU, descend des cintres, s'immobilise à trois mètres du sol.

Il réfléchit toujours.

Coup de sifflet en haut.

Il lève les yeux, voit la carafe, réfléchit, se lève, va sous la carafe, essaie en vain de l'atteindre, se détourne, réfléchit.

Un grand cube descend des cintres, atterrit.

Il réfléchit toujours.

Coup de sifflet en haut.

Il se retourne, voit le cube, le regarde, regarde la carafe, prend le cube, le place sous la carafe, en éprouve la stabilité, monte dessus, essaie en vain d'atteindre la carafe, descend, rapporte le cube à sa place, se détourne, réfléchit.

Un second cube plus petit descend des cintres, atterrit.

Il réfléchit toujours.

Coup de sifflet en haut.

Il se retourne, voit le second cube, le regarde, le place sous la carafe,

10. *se rabattent:* fold down.

11. *carafe:* decanter.

en éprouve la stabilité, monte dessus, essaie en vain d'atteindre la carafe, descend, veut rapporter le cube à sa place, se ravise, le dépose, va chercher le grand cube, le place sur le petit, en éprouve la stabilité, monte dessus, le grand cube glisse, il tombe, se relève aussitôt, s'époussette, réfléchit.

Il prend le petit cube, le place sur le grand, en éprouve la stabilité, monte dessus et va atteindre la carafe lorsque celle-ci remonte légèrement et s'immobilise hors d'atteinte.

Il descend, réfléchit, rapporte les cubes à leur place, l'un après l'autre, se détourne, réfléchit.

Un troisième cube encore plus petit descend des cintres, atterrit.

Il réfléchit toujours.

Coup de sifflet en haut.

Il se retourne, voit le troisième cube, le regarde, réfléchit, se détourne, réfléchit.

Le troisième cube remonte et disparaît dans les cintres.

Décor. Quelle est la fonction pratique de la carafe et des cubes? (Quel rôle jouent-ils dans l'intrigue?) Quelle est leur fonction dramatique? (Quelle impression se trouve renforcée par la descente de ces objets et par l'étiquette sur la carafe?) Précisez surtout la fonction structurale de la carafe: quelle valeur symbolique pourrait-on attribuer à l'eau? Quel rapport y a-t-il entre elle et les autres objects descendus des cintres?

Geste. A la fin de cette scène, l'homme entend le sifflet, regarde le troisième cube, puis s'en détourne. Quelle est la valeur dramatique de ce geste? (Quelle pensée ce geste fait-il naître chez le spectateur? Quels sont les sentiments de celui-ci lorsque l'homme refuse d'essayer une fois de plus?) Quelle est la valeur structurale de ce geste? (En quoi marque-t-elle une progression?) En quoi la disparition du troisième cube sert-elle à souligner la valeur dramatique et structurale de ce geste?

Rythme. Etudiez le mouvement rythmique de cette scène en considérant surtout la présence ou l'absence de l'indication «il réfléchit»: sur quel rythme la scène commence-t-elle? A quel moment le rythme se met-il à s'accélérer? Sur quel rythme la scène se termine-t-elle? Dans quelle mesure le jeu de l'acteur doit-il refléter ces changements? Par quels moyens? Précisez enfin la fonction dramatique (l'activité humaine qu'il pourrait suggérer) et structurale (les rapports entre cette activité et ce que l'homme fait dans les autres scènes) de ce mouvement rythmique.

Ton. En quoi ce rythme se prête-t-il à une mimique comique de la part de l'acteur? Quels autres éléments comiques y a-t-il? Dans quelle mesure voudriez-vous insister sur cet aspect du ton? Expliquez.

A côté de la carafe, une corde à nœuds descend des cintres, s'immobilise à un mètre du sol.

Il réfléchit toujours.

Coup de sifflet en haut.

Il se retourne, voit la corde, réfléchit, monte à la corde et va atteindre la carafe lorsque la corde se détend et le ramène au sol.

Il se détourne, réfléchit, cherche des yeux les ciseaux, les voit, va les ramasser, retourne vers la corde et entreprend de la couper.

La corde se tend, le soulève, il s'accroche, achève de couper la corde, retombe, lâche les ciseaux, tombe, se relève aussitôt, s'époussette, réfléchit.

La corde remonte vivement et disparaît dans les cintres.

Avec son bout de corde il fait un lasso dont il se sert pour essayer d'attraper la carafe.

La carafe remonte vivement et disparaît dans les cintres.

Il se détourne, réfléchit.

Lasso en main il va vers l'arbre, regarde la branche, se retourne, regarde les cubes, regarde de nouveau la branche, lâche le lasso, va vers les cubes, prend le petit et le porte sous la branche, retourne prendre le grand et le porte sous la branche, veut placer le grand sur le petit, se ravise, place le petit sur le grand, en éprouve la stabilité, regarde la branche, se détourne et se baisse pour reprendre le lasso.

La branche se rabat le long du tronc.

Il se redresse, le lasso à la main, se retourne, constate.

Il se détourne, réfléchit.

Il rapporte les cubes à leur place, l'un après l'autre, enroule soigneusement le lasso et le pose sur le petit cube.

Il se détourne, réfléchit.

Scène. Comme dans la scène précédente, l'homme se livre d'abord à une série d'actions dans l'espoir d'atteindre la carafe. Dans quelle mesure cette scène représente-t-elle une intensification de la scène précédente? (Considérez surtout le rythme de la scène et le rôle du décor.) En quoi s'oppose-t-elle à la scène précédente? (Pourquoi l'homme va-t-il vers l'arbre? Quelle progression les gestes qui terminent cette scène semblent-ils marquer chez l'homme?)

Coup de sifflet coulisse droite.

Il réfléchit, sort à droite.

Rejeté aussitôt en scène, il trébuche, tombe, se relève aussitôt, s'époussette, réfléchit.

Coup de sifflet coulisse gauche.

Il ne bouge pas.

Il regarde ses mains, cherche des yeux les ciseaux, les voit, va les ramasser, commence à se tailler les ongles, s'arrête, réfléchit, passe le doigt sur la lame des ciseaux, l'essuie avec son mouchoir, va poser ciseaux et mouchoir sur le petit cube, se détourne, ouvre son col, dégage son cou et le palpe.

Le petit cube remonte et disparaît dans les cintres emportant lasso, ciseaux et mouchoir.

Il se retourne pour reprendre les ciseaux, constate, s'assied sur le grand cube.

Le grand cube s'ébranle, le jetant par terre, remonte et disparaît dans les cintres.

Il reste allongé sur le flanc, face à la salle, le regard fixe.
La carafe descend, s'immobilise à un demi-mètre de son corps.
Il ne bouge pas.
Coup de sifflet en haut.
Il ne bouge pas.
La carafe descend encore, se balance autour de son visage.
Il ne bouge pas.
La carafe remonte et disparaît dans les cintres.
La branche de l'arbre se relève, les palmes se rouvrent, l'ombre revient.
Coup de sifflet en haut.
Il ne bouge pas.
L'arbre remonte et disparaît dans les cintres.
Il regarde ses mains.

RIDEAU

Structure. Montrez les détails qui rappellent le début de la pièce. Comment Beckett les varie-t-il ici? Précisez la fonction structurale de ces variations: que révèlent-elles sur l'esprit de l'homme? Comment s'insèrent-elles dans la progression commencée au moment où il s'est détourné du petit cube?

Gestes. Dans cette scène, l'homme «ouvre son col, dégage son cou et le palpe»: pourquoi a-t-il attendu ce moment pour faire ces gestes? Quelle pourrait être leur signification? Quelle autre série de gestes rappellent-ils? De plus, en se retournant pour reprendre les ciseaux, il *constate* leur disparition: comment le jeu de l'acteur peut-il distinguer entre *constater* et *réfléchir*? A quel autre moment l'homme a-t-il constaté? Quelle peut être donc la signification de ce geste? A la fin de la pièce, il regarde ses mains: le fait-il de la même façon qu'auparavant? Justifiez votre réponse en répondant aux questions qui suivent.

Le tableau final. Pendant que les objets descendent et remontent, l'homme reste allongé par terre, le regard fixe. Quelle est la fonction dramatique de ce tableau? (Analysez les pensées et les sentiments du spectateur: dans quelle mesure le fait que l'homme ne bouge pas constitue-t-il une victoire? Dans quelle mesure cette victoire inquiète-t-elle le spectateur? Quel effet le rythme de la dernière scène a-t-il sur ses sentiments?) Quelle est la fonction structurale de ce tableau? (Comparez-le à d'autres images de l'homme—debout, assis, tombé; comparez les trois moments où l'homme regarde ses mains—situation, type de geste, décor: quel semble être le sens de ces progressions?)

QUESTIONS GENERALES

Lieu. Imaginez cette pièce jouée dans les lieux de représentation signalés dans l'Introduction: quelle influence chaque lieu aurait-il sur l'action de la pièce? Dans quelle sorte de lieu préféreriez-vous monter la pièce? Pourquoi?

Beckett semble prévoir pour cette pièce un décor schématisé. Pourquoi? Dans quelle mesure le décor pourrait-il ou devrait-il être symbolique? Expliquez.

Le cousin de Beckett a écrit de la musique pour cette pièce. Quelle sorte de musique voudriez-vous y entendre? A quels moments? Quel en serait le rôle?

Acteur. Le comique de cette pièce (homme qui trébuche et tombe, objets qui se déplacent ou disparaissent) rappelle les premiers films muets et les sketches de music-hall. Comment le jeu de l'acteur pourrait-il accentuer cette parenté? Quel effet ce style de jeu aurait-il sur l'action?

Un tel jeu suggérerait que l'homme était un *type théâtral.* Dans quelle mesure pourrait-on le jouer comme un *type humain?* (Quelles sortes de caractéristiques voudrait-on suggérer? Imaginez le jeu qui pourrait traduire une telle interprétation.) Quel effet ce style de jeu aurait-il sur l'action? Quelle sorte de jeu préféreriez-vous? Pourquoi?

Temps. Racontez brièvement l'intrigue (c'est-à-dire, ce qui se passe sur la scène); décrivez ensuite l'action (c'est-à-dire, l'accumulation progressive de réactions intellectuelles et affectives chez le spectateur). Quels rapports y a-t-il dans cette pièce entre action et intrigue? (Dans quelle mesure sont-elles identiques? A quels moments entrent-elles en conflit? Pour y répondre, comparez les pensées et les sentiments de l'homme à ceux du spectateur.)

Synthèse. L'homme n'a aucune nationalité; le désert n'a pas de situation géographique; il n'y a rien qui indique l'époque où se déroule cette pièce. Par ce manque de précision, Beckett invite le spectateur à y reconnaître ses propres expériences, rêves, hantises et désirs. Quel est le sens de cette pièce pour vous? (En y répondant, considérez surtout ce que l'auteur *fait* en se servant de ces éléments purement théâtraux.)

The Granger Collection

CORNEILLE

Il y va de ma gloire.
Le Cid

Biographie

Pierre Corneille, né à Rouen en 1601 et mort à Paris en 1684, a été le premier des grands auteurs dramatiques du dix-septième siècle. La vie de ce bourgeois normand renferme un paradoxe assez frappant: le père de famille nombreuse (six enfants) qui exerce à Rouen pendant vingt-deux ans sa charge d'avocat du Roi est en même temps un poète de génie dont les œuvres dramatiques (comédies, tragédies, tragi-comédies) exaltent dans les théâtres de Paris la majesté antique et la grandeur héroïque de l'homme. Corneille fait ses débuts dans la comédie (*La Veuve, L'Illusion comique*), mais c'est surtout au *Cid* (1636–37) qu'il doit son succès le plus éclatant. Cette tragi-comédie d'inspiration espagnole lui vaut pourtant les attaques de l'Académie française, que Richelieu vient de fonder. Corneille attend donc trois ans avant de donner ses chefs-d'œuvre—*Horace* (1640), *Cinna* (1640–41) et *Polyeucte* (1642). Après ces tragédies romaines où il explore trois visages différents de son idéal héroïque, il s'efforce, à de nombreuses reprises, de se renouveler—p.e., *Rodogune* (1645), *Nicomède* (1651) et *Suréna* (1674). Sa vieillesse est à certains égards assez aigre et triste; malgré l'appui de plusieurs écrivains et critiques, dont son frère Thomas, lui aussi auteur de tragédies, Corneille se voit éclipsé, à partir de 1665, par un jeune rival nommé Racine.

Théories littéraires

En 1660, Corneille fait publier une édition de son théâtre complet, accompagnée de trois *Discours sur l'art dramatique*. Bien que vingt ans séparent la composition de ses meilleures tragédies et la rédaction de ses écrits théoriques, ces derniers peuvent néanmoins servir d'introduction générale au théâtre cornélien.

Selon Corneille, la tragédie «veut pour son sujet une action illustre, extraordinaire, sérieuse. . . .» Il s'explique ainsi là-dessus:

> Les grands sujets qui remuent fortement les passions, et en opposent l'impétuosité aux lois du devoir et aux tendresses du sang, doivent toujours aller au-delà du vraisemblable. . . .
>
> [La] dignité [de la tragédie] demande quelque grand intérêt d'Etat, quelque passion plus noble et plus mâle que l'amour, telles que sont l'ambition ou la vengeance, et veut donner à craindre des malheurs plus grands que la perte d'une maîtresse. Il est à propos d'y mêler l'amour, parce qu'il a toujours beaucoup d'agrément, et peut servir de fondement à ces intérêts . . . mais il faut qu'il se contente du second rang dans le poème, et leur laisse le premier.
>
> [La tragédie] demande de grands périls pour ses héros . . . bien qu'il y ait de grands intérêts d'Etat dans un poème . . . s'il ne s'y rencontre point de péril de vie, de pertes d'Etats, ou de banissement, je ne pense pas qu'il ait droit de prendre un nom plus relevé que celui de comédie.

En lisant *Horace,* essayez de voir dans quelle mesure cette conception de la tragédie y trouve sa réalisation.

Vocabulaire

Il y a certains mots chez Corneille qui revêtent un sens très particulier. Ces mots sont étroitement liés à la morale cornélienne, qu'on peut résumer ainsi:

Le *généreux* est celui qui s'attire l'*estime* des autres en faisant preuve de son *mérite:* voilà la première forme que prend la *gloire*. Mais, le généreux est surtout celui dont la *vertu* lui permet de suivre son *devoir* et de garder son *honneur:* c'est ainsi qu'on atteint cette parfaite estime de soi qui est la forme la plus élevée de la *gloire*.

En lisant *Horace,* cherchez des vers qui puissent vous aider à préciser le sens et la valeur qu'ont ces mots dans le système de Corneille.

Horace

tragédie

TULLE, *roi de Rome.*
LE VIEIL HORACE, *chevalier romain.*
HORACE, *son fils.*
CURIACE, *gentilhomme*[1] *d'Albe, amant*[2] *de Camille.*
VALÈRE, *chevalier romain, amoureux*[3] *de Camille.*
SABINE, *femme d'Horace et sœur de Curiace.*
CAMILLE, *amante de Curiace et sœur d'Horace.*
JULIE, *dame romaine, confidente de Sabine et de Camille.*
FLAVIAN, *soldat de l'armée d'Albe.*
PROCULE, *soldat de l'armée de Rome.*

La scène est à Rome, dans une salle de la maison d'Horace.

Au dix-septième siècle, on tendait à simplifier les décors, et les acteurs portaient des costumes d'époque; bref, on se souciait fort peu de la couleur locale. En lisant cette pièce, essayez d'imaginer un décor et des costumes pour *Horace*. Jusqu'à quel point voudriez-vous suggérer une ambiance romaine? Comment? Pourquoi?

ACTE PREMIER

SCÈNE PREMIÈRE.—SABINE, JULIE.

SABINE. Approuvez ma faiblesse, et souffrez[4] ma douleur;
Elle n'est que trop juste en un si grand malheur:
Si près[5] de voir sur soi fondre de tels orages,
L'ébranlement sied[6] bien aux plus fermes courages;[7]
Et l'esprit le plus mâle et le moins abattu
Ne saurait sans désordre exercer sa vertu.
Quoique le mien s'étonne à ces rudes alarmes,
Le trouble de mon cœur ne peut rien sur mes larmes,
Et parmi les soupirs qu'il pousse vers les cieux,
Ma constance du moins règne encor sur mes yeux.

1. Le peuple romain était divisé en trois classes: patriciens (ou gentilhommes), chevaliers et plébiens. Curiace est donc d'un rang plus élevé que la famille de sa fiancée.
2. *amant:* one who loves and is loved in return.
3. *amoureux:* one who loves without being loved in return.
4. *souffrez:* put up with.
5. *Si près:* Quand on est si près.
6. *sied:* suits.
7. *courages:* cœurs.

Quand on arrête là les déplaisirs d'une âme,
Si l'on fait moins qu'un homme, on fait plus qu'une femme.
Commander à ses pleurs en cette extrémité,
C'est montrer pour le sexe[8] assez de fermeté.
JULIE. C'en est peut-être assez pour une âme commune,
Qui du moindre péril se fait une infortune;
Mais de cette faiblesse un grand cœur est honteux;
Il ose espérer tout dans un succès[9] douteux.
Les deux camps sont rangés au pied de nos murailles;
Mais Rome ignore encor comme on perd des batailles.
Loin de trembler pour elle, il lui faut applaudir:
Puisqu'elle va combattre, elle va s'agrandir.
Bannissez, bannissez une frayeur si vaine,
Et concevez des vœux dignes d'une Romaine.

Imaginez le commencement de la pièce: Sabine et Julie sont-elles sur la scène au lever du rideau? Décrivez leurs attitudes. Sinon, comment entrent-elles?

On pourrait résumer ainsi la première réplique de Sabine—«Ne me reprochez pas ma faiblesse et ma douleur; mon malheur est grand, mais, bien que je me plaigne, je ne pleure pas.» Pour quelles raisons dramatiques et structurales Corneille utilise-t-il 14 vers pour exprimer cette idée? (Par quels mots renforce-t-il le sentiment suggéré au v. 1? Quel ton crée-t-il ainsi? Quelle opposition propose-t-il entre hommes et femmes? Voir surtout les v. 5–6 et 13–14.)

Julie est Romaine; Sabine est d'Albe. Quelle opposition fondamentale Corneille suggère-t-il entre les peuples de ces deux pays?

SABINE. Je suis Romaine, hélas! puisqu'Horace est Romain;
J'en ai reçu le titre en recevant sa main;
Mais ce nœud me tiendrait en esclave enchaînée,
S'il m'empêchait de voir en quels lieux je suis née.
Albe, où j'ai commencé de respirer le jour,
Albe, mon cher pays et mon premier amour;
Lorsqu'entre nous et toi je vois la guerre ouverte,
Je crains notre victoire autant que notre perte.
Rome, si tu te plains que c'est là te trahir,
Fais toi des ennemis que je puisse haïr.
Quand je vois de tes murs leur armée et la nôtre,
Mes trois frères dans l'une, et mon mari dans l'autre,
Puis-je former des vœux, et sans impiété
Importuner le ciel pour ta félicité?
Je sais que ton Etat, encor en sa naissance,

8. *pour le sexe:* for a woman.

9. *succès:* outcome.

Ne saurait, sans la guerre, affermir sa puissance;
Je sais qu'il doit s'accroître, et que tes grands destins
Ne le borneront pas chez les peuples latins;
Que les dieux t'ont promis l'empire de la terre,
Et que tu n'en peux voir l'effet que par la guerre:[10]
Bien loin de m'opposer à cette noble ardeur
Qui suit l'arrêt des dieux et court à ta grandeur,
Je voudrais déjà voir tes troupes couronnées,
D'un pas victorieux franchir les Pyrénées.
Va jusqu'en Orient pousser tes bataillons;
Va sur les bords du Rhin planter tes pavillons;[11]
Fais trembler sous tes pas les colonnes d'Hercule;[12]
Mais respecte une ville à qui tu dois Romule.[13]
Ingrate, souviens-toi que du sang de ses rois
Tu tiens ton nom, tes murs et tes premières lois.
Albe est ton origine: arrête, et considère
Que tu portes le fer dans le sein de ta mère.
Tourne ailleurs les efforts de tes bras triomphants;
Sa joie éclatera dans l'heur[14] de ses enfants;
Et se laissant ravir à l'amour maternelle,[15]
Ses vœux seront pour toi, si tu n'es plus contre elle.

A qui Sabine s'adresse-t-elle aux v. 29–32? Aux v. 33–60? On appelle ce procédé rhétorique une *apostrophe*. En quoi consiste-t-il? Quel effet a-t-il sur le ton de la pièce? (Etudiez surtout les v. 39–56: longueur des phrases, rythme des vers.) Quelle sorte de jeu convient à un tel langage? (Réaliste? Stylisé? Expliquez.)

JULIE. Ce discours me surprend, vu que depuis le temps
Qu'on a contre son peuple armé nos combattants,
Je vous ai vu pour elle autant d'indifférence
Que si d'un sang romain vous aviez pris naissance.
J'admirais la vertu qui réduisait en vous
Vos plus chers intérêts à ceux de votre époux;

10. L'action de la pièce a lieu pendant le règne de Tulle (670–630 av. J.-C.). L'empereur a provoqué une guerre contre sa voisine, Albe-la-Longue, la plus ancienne ville de Latium. Rome était à cette époque une ville assez jeune; elle n'avait pas réalisé son destin—c'est-à-dire, l'Empire romain n'existait pas encore.
11. *pavillons:* banners.
12. *les . . . Hercule:* the Pillars of Hercules (Straits of Gilbraltar).
13. Selon la légende, Albe avait été fondée par Ascagne, fils d'Enée (Aeneas). Romulus, fondateur de Rome, était le petit-fils de Numitor, roi d'Albe. Cette guerre entre Romains et Albains était donc une guerre civile, les deux peuples tirant leur origine de la ville de Troie.
14. *heur:* bonheur.
15. *se laissant . . . maternelle:* giving full sway to a mother's love for her child.

Et je vous consolais au milieu de vos plaintes,
Comme si notre Rome eût fait toutes vos craintes.
SABINE. Tant qu'on ne s'est choqué qu'en de légers combats,
Trop faibles pour jeter un des partis à bas,
Tant qu'un espoir de paix a pu flatter[16] ma peine,
Oui, j'ai fait vanité[17] d'être toute Romaine.
Si j'ai vu Rome heureuse avec quelque regret,
Soudain j'ai condamné ce mouvement secret;
Et si j'ai ressenti, dans ses destins contraires,
Quelque maligne joie en faveur de mes frères,
Soudain, pour l'étouffer, rappelant ma raison,
J'ai pleuré quand la gloire entrait dans leur maison.
Mais aujourd'hui qu'il faut que l'une ou l'autre tombe,
Qu'Albe devienne esclave, ou que Rome succombe,
Et qu'après la bataille il ne demeure plus
Ni d'obstacle aux vainqueurs, ni d'espoir aux vaincus,
J'aurais pour mon pays une cruelle haine,
Si je pouvais encore être toute Romaine,
Et si je demandais votre triomphe aux dieux,
Au prix de tant de sang qui m'est si précieux.
Je m'attache un peu moins aux intérêts d'un homme:
Je ne suis point pour Albe, et ne suis plus pour Rome;
Je crains pour l'une et l'autre en ce dernier effort,
Et serai du parti qu'affligera le sort.[18]
Egale à[19] tous les deux jusques à la victoire,
Je prendrai part aux maux sans en prendre à la gloire,
Et je garde, au milieu de tant d'âpres rigueurs,
Mes larmes aux vaincus, et ma haine aux vainqueurs.

Précisez le dilemme de Sabine. Par quels vers Corneille souligne-t-il l'ambivalence des sentiments qu'elle éprouve envers ses deux patries? Quelle progression y a-t-il dans ses sentiments? (Voir, par exemple, le jeu de pronoms aux v. 31, 32 et 85.)

JULIE. Qu'on voit naître souvent de pareilles traverses,
En des esprits divers, des passions diverses!
Et qu'à nos yeux Camille agit bien autrement!
Son frère est votre époux, le vôtre est son amant;
Mais elle voit d'un œil bien différent du vôtre
Son sang dans une armée, et son amour dans l'autre.

16. *flatter:* calm.
17. *j'ai . . . vanité:* I was proud.
18. *Et . . . sort:* I'll be on the side that destiny overcomes (i.e., the losers).
19. *Egale à:* Feeling the same towards.

Lorsque vous conserviez un esprit tout romain,
Le sien, irrésolu, le sien, tout incertain,
De la moindre mêlée appréhendait l'orage,
De tous les deux partis détestait l'avantage,
Au malheur des vaincus donnait toujours ses pleurs,
Et nourrissait ainsi d'éternelles douleurs.
Mais hier, quand elle sut qu'on avait pris journée,
Et qu'enfin la bataille allait être donnée,
Une soudaine joie éclatant sur son front . . .
SABINE. Ah! que je crains, Julie, un changement si prompt!
Hier dans sa belle humeur elle entretint Valère;
Pour ce rival, sans doute, elle quitte mon frère;
Son esprit, ébranlé par les objets présents,
Ne trouve point d'absent aimable après deux ans.
Mais excusez l'ardeur d'une amour fraternelle;
Le soin[20] que j'ai de lui me fait craindre tout d'elle;
Je forme des soupçons d'un trop léger sujet:
Près d'un jour si funeste on change peu d'objet;[21]
Les âmes rarement sont de nouveau blessées,[22]
Et dans un si grand trouble on a d'autres pensées;
Mais on n'a pas aussi de si doux entretiens,
Ni de contentements qui soient pareils aux siens.
JULIE. Les causes, comme à vous, m'en semblent fort obscures;
Je ne me satisfais d'aucunes conjectures.
C'est assez de constance en un si grand danger
Que de le voir, l'attendre, et ne point s'affliger;
Mais certes c'en est trop d'aller jusqu'à la joie.
SABINE. Voyez qu'un bon génie à propos nous l'envoie.
Essayez sur ce point à la faire parler:
Elle vous aime assez pour ne vous rien celer.
Je vous laisse. Ma sœur, entretenez Julie:
J'ai honte de montrer tant de mélancolie,
Et mon cœur, accablé de mille déplaisirs,
Cherche la solitude à cacher ses soupirs.

Pour quelles raisons structurales et dramatiques Corneille introduit-il maintenant le nom de Camille? (En quoi la situation de Camille ressemble-t-elle à celle de Sabine? Quel nouvel accent la mention de Camille ajoute-t-elle au ton de la scène? A quoi le spectateur s'attend-il maintenant?)

Imaginez la fin de la scène: à qui Sabine s'adresse-t-elle au v. 129? A

20. *soin:* concern.
21. *objet:* object of one's affections (conventional language of love in the seventeenth century).
22. *blessées:* love-struck (conv. lang.).

partir du v. 131? Où les acteurs sont-ils disposés sur la scène à la sortie de Sabine?

Faites le portrait de Sabine et de Julie: apparence physique, costumes, mouvements, gestes. Laquelle doit être plus âgée? Pourquoi?

SCÈNE II.—CAMILLE, JULIE.

CAMILLE. Qu'elle a tort de vouloir que je vous entretienne!
Croit-elle ma douleur moins vive que la sienne,
Et que plus insensible à de si grands malheurs,
A mes tristes discours je mêle moins de pleurs?
De pareilles frayeurs mon âme est alarmée;
Comme elle je perdrai dans l'une et l'autre armée:
Je verrai mon amant, mon plus unique bien,
Mourir pour son pays ou détruire le mien,
Et cet objet d'amour devenir, pour ma peine,
Digne de mes soupirs ou digne de ma haine.
Hélas!

Jeu de scène: sur quel ton de voix Camille parle-t-elle? Par quels autres moyens l'actrice peut-elle montrer les sentiments qu'éprouve Camille envers Sabine et envers sa propre situation?

Dans quelle mesure Camille correspond-elle à l'image qu'on a présentée à la première scène? Pour quelles raisons dramatiques Corneille n'a-t-il pas laissé Sabine sur la scène?

JULIE. Elle est pourtant plus à plaindre que vous:
On peut changer d'amant, mais non changer d'époux.
Oubliez Curiace, et recevez Valère,
Vous ne tremblerez plus pour le parti contraire;
Vous serez toute nôtre, et votre esprit remis[23]
N'aura plus rien à perdre au camp des ennemis.
CAMILLE. Donnez-moi des conseils qui soient plus légitimes,
Et plaignez mes malheurs sans m'ordonner des crimes.
Quoiqu'à peine à mes maux je puisse résister,
J'aime mieux les souffrir que de les mériter.
JULIE. Quoi! vous appelez crime un change raisonnable?
CAMILLE. Quoi! le manque de foi vous semble pardonnable?
JULIE. Envers un ennemi qui peut nous obliger?[24]
CAMILLE. D'un serment solennel qui peut nous dégager?

23. *remis:* calmed down.

24. *Envers . . . obliger:* What can bind (obligate) us to an enemy?

Sur quel ton de voix Julie parle-t-elle? Quelle attitude morale propose-t-elle ici? Comparez ces paroles à celles qu'elle a adressées à Sabine. Quelle est la fonction pratique de Julie (la confidente) dans ces deux scènes?

On appelle le procédé employé aux v. 155–58 la *stichomythie*. En quoi consiste-t-il exactement? Quel effet a-t-il sur le rythme de la scène?

JULIE. Vous déguisez en vain une chose trop claire:
Je vous vis encore hier entretenir Valère;
Et l'accueil gracieux qu'il recevait de vous
Lui permet de nourrir un espoir assez doux.

CAMILLE. Si je l'entretins hier et lui fis bon visage,
N'en imaginez rien qu'à son désavantage:
De mon contentement un autre était l'objet.
Mais pour sortir d'erreur sachez-en le sujet;
Je garde à Curiace une amitié[25] trop pure
Pour souffrir plus longtemps qu'on m'estime parjure.
Il vous souvient[26] qu'à peine on voyait de sa sœur
Par un heureux hymen mon frère possesseur,
Quand, pour comble de joie, il obtint de mon père
Que de ses chastes feux[27] je serais le salaire.[28]
Ce jour nous fut propice et funeste à la fois:
Unissant nos maisons, il désunit nos rois;
Un même instant conclut notre hymen et la guerre,
Fit naître notre espoir et le jeta par terre,
Nous ôta tout, sitôt qu'il nous eut tout promis,
Et, nous faisant amants, il nous fit ennemis.
Combien nos déplaisirs parurent lors extrêmes!
Combien contre le ciel il vomit de blasphèmes!
Et combien de ruisseaux coulèrent de mes yeux!
Je ne vous le dis point, vous vîtes nos adieux;
Vous avez vu depuis les troubles de mon âme:
Vous savez pour la paix quels vœux a faits ma flamme,
Et quels pleurs j'ai versés à chaque événement,
Tantôt pour mon pays, tantôt pour mon amant.
Enfin mon désespoir, parmi ces longs obstacles,
M'a fait avoir recours à la voix des oracles.
Ecoutez si celui qui me fut hier rendu
Eut droit de rassurer mon esprit éperdu.
Ce Grec si renommé, qui depuis tant d'années
Au pied de l'Aventin prédit nos destinées,

25. *amitié:* love.
26. *Il . . . souvient:* Vous vous souvenez.
27. *feux:* love (conv. lang.).
28. *salaire:* reward (conv. lang.).

Lui qu'Apollon jamais n'a fait parler à faux,[29]
Me promit par ces vers la fin de mes travaux:[30]
«Albe et Rome demain prendront une autre face;
Tes vœux sont exaucés, elles auront la paix,
Et tu seras unie avec ton Curiace,
Sans qu'aucun mauvais sort[31] t'en sépare jamais.»
Je pris sur cet oracle une entière assurance,
Et comme le succès passait mon espérance,
J'abandonnai mon âme à des ravissements
Qui passaient les transports[32] des plus heureux amants.
Jugez de leur excès: je rencontrai Valère,
Et contre sa coutume il ne put me déplaire,
Il me parla d'amour sans me donner d'ennui:
Je ne m'aperçus pas que je parlais à lui;
Je ne lui pus montrer de mépris ni de glace;[33]
Tout ce que je voyais me semblait Curiace;
Tout ce qu'on me disait me parlait de ses feux;
Tout ce que je disais l'assurait de mes vœux.
Le combat général aujourd'hui se hasarde;[34]
J'en sus hier la nouvelle, et je n'y pris pas garde:
Mon esprit rejetait ces funestes objets,
Charmé des doux pensers d'hymen et de la paix.
La nuit a dissipé des erreurs si charmantes:
Mille songes affreux, mille images sanglantes,
Ou plutôt mille amas de carnage et d'horreur,
M'ont arraché ma joie et rendu ma terreur.
J'ai vu du sang, des morts, et n'ai rien vu de suite;[35]
Un spectre en paraissant prenait soudain la fuite;
Ils s'effaçaient l'un l'autre, et chaque illusion
Redoublait mon effroi par sa confusion.

L'alexandrin classique, forme fixe du vers, impose certaines limites au poète (12 syllabes, césure après la sixième syllabe, coupe logique à la fin du vers): comment Corneille se sert-il de l'alexandrin pour mieux traduire sa pensée? (Etudiez d'abord les v. 173–78: le procédé s'appelle l'*antithèse;* en quoi consiste-t-il? Comment Corneille le varie-t-il? Quel rapport y a-t-il entre la structure de ces vers et la situation de Camille? Comparez ce passage aux v. 206–10: comment le rythme de ces vers suggère-t-il ce sentiment de Camille?)

29. L'Aventin est une des sept collines de Rome; Apollon, connu pour ses oracles, aurait inspiré de nombreux prophètes.
30. *travaux:* torments.
31. *sort:* fate.
32. *transport:* burst of delight.
33. *glace:* coldness (conv. lang.).
34. *se hasarde:* is going to be risked.
35. *n'ai . . . suite:* saw nothing coherent.

Pour quelle raison dramatique Corneille a-t-il varié la rime aux v. 195–98? Quelles sont les fonctions dramatiques de l'oracle? Du songe?

Comment l'actrice doit-elle réciter cette tirade pour mettre en valeur les différents aspects du personnage et pour garder l'intérêt du spectateur? (Quelles divisions peut-on y marquer? Sur quel ton de voix faut-il prononcer chaque partie de la tirade?) Que fait l'actrice qui joue le rôle de Julie pendant que Camille parle?

JULIE. C'est en contraire sens qu'un songe s'interprète.
CAMILLE. Je le dois croire ainsi, puisque je le souhaite;
Mais je me trouve enfin, malgré tous mes souhaits,
Au jour d'une bataille, et non pas d'une paix.
JULIE. Par là finit la guerre et la paix lui succède.
CAMILLE. Dure à jamais le mal, s'il y faut ce remède!
Soit que Rome y succombe ou qu'Albe ait le dessous,
Cher amant, n'attends plus d'être un jour mon époux;
Jamais, jamais ce nom ne sera pour un homme
Qui soit ou le vainqueur ou l'esclave de Rome.

En juxtaposant ces deux scènes, quel contraste Corneille crée-t-il entre Camille et Sabine? Considérez leurs différences physiques ainsi que psychologiques et morales.

Envers laquelle va la sympathie du spectateur? Pourquoi?

Mais quel objet nouveau se présente en ces lieux?
Est-ce toi, Curiace? en croirai-je mes yeux?

SCÈNE III.—CURIACE, CAMILLE, JULIE.

CURIACE. N'en doutez point, Camille, et revoyez un homme
Qui n'est ni le vainqueur ni l'esclave de Rome;

Jeu de scène: à quel moment Curiace entre-t-il en scène? Quand Camille le voit-elle? Sur quel ton de voix prononce-t-elle les v. 233–34?

Cessez d'appréhender de voir rougir mes mains
Du poids honteux des fers[36] ou du sang des Romains.
J'ai cru que vous aimiez assez Rome et la gloire
Pour mépriser ma chaîne et haïr ma victoire;
Et comme également en cette extrémité
Je craignais la victoire et la captivité . . .
CAMILLE. Curiace, il suffit, je devine le reste:
Tu fuis une bataille à tes vœux si funeste,

36. *fers:* chains (which he would wear if a slave).

Et ton cœur, tout à moi, pour ne me perdre pas,
Dérobe à ton pays le secours de ton bras.
Qu'un autre considère ici ta renommée
Et te blâme, s'il veut, de m'avoir trop aimée;
Ce n'est point à Camille à t'en mésestimer:
Plus ton amour paraît, plus elle doit t'aimer;
Et si tu dois beaucoup aux lieux qui t'ont vu naître,
Plus tu quittes pour moi, plus tu le[37] fais paraître.
Mais as-tu vu mon père, et peut-il endurer
Qu'ainsi dans sa maison tu t'oses retirer?
Ne préfère-t-il point l'Etat à sa famille?
Ne regarde-t-il point Rome plus que sa fille?
Enfin notre bonheur est-il bien affermi?
T'a-t-il vu comme gendre ou bien comme ennemi?

CURIACE. Il m'a vu comme gendre, avec une tendresse
Qui témoignait assez une entière allégresse;
Mais il ne m'a point vu, par une trahison,
Indigne de l'honneur d'entrer dans sa maison.
Je n'abandonne point l'intérêt de ma ville,
J'aime encor mon honneur en adorant Camille.
Tant qu'a duré la guerre, on m'a vu constamment
Aussi bon citoyen que véritable amant.
D'Albe avec mon amour j'accordais la querelle:[38]
Je soupirais pour vous en combattant pour elle;
Et s'il fallait encor que l'on en vînt aux coups,
Je combattrais pour elle en soupirant pour vous.
Oui, malgré les désirs de mon âme charmée,
Si la guerre durait, je serais dans l'armée;
C'est la paix qui chez vous me donne un libre accès,
La paix à qui nos feux doivent ce beau succès.

CAMILLE. La paix! Et le moyen de croire un tel miracle?

JULIE. Camille, pour le moins, croyez-en votre oracle,
Et sachons pleinement par quels heureux effets
L'heure d'une bataille a produit cette paix.

Par quels moyens Corneille insiste-t-il sur la jeunesse de Camille déjà montrée à la scène 2?

Comparez l'attitude qu'a Curiace envers la guerre avec celles de Sabine et de Camille. De ce point de vue, quelle est la fonction structurale de chaque personnage?

Discutez le ton général de cette première partie de la scène: comment le rythme de la pièce change-t-il à partir du v. 233? Imaginez surtout la

37. *le*: ton amour.
38. *D'Albe . . . querelle*: I reconciled the interests of Alba with my love (for you).

mimique de Camille pendant que Curiace parle; sur quel ton de voix prononce-t-elle le v. 275?

CURIACE. L'aurait-on jamais cru? Déjà les deux armées,
D'une égale chaleur au combat animées,
Se menaçaient des yeux et, marchant fièrement,
N'attendaient, pour donner,[39] que le commandement,
Quand notre dictateur devant les rangs s'avance,[40]
Demande à votre prince un moment de silence,
Et, l'ayant obtenu: «Que faisons-nous, Romains,
Dit-il, et quel démon nous fait venir aux mains?
Souffrons que la raison éclaire enfin nos âmes:
Nous sommes vos voisins, nos filles sont vos femmes,
Et l'hymen nous a joints par tant et tant de nœuds
Qu'il est peu de nos fils qui ne soient vos neveux.
Nous ne sommes qu'un sang et qu'un peuple en deux villes:
Pourquoi nous déchirer par des guerres civiles,
Où la mort des vaincus affaiblit les vainqueurs,
Et le plus beau triomphe est arrosé de pleurs?
Nos ennemis communs attendent avec joie
Qu'un des partis défait[41] leur donne l'autre en proie,
Lassé, demi-rompu, vainqueur, mais, pour tout fruit,
Dénué d'un secours par lui-même détruit.
Ils ont assez longtemps joui de nos divorces;
Contre eux dorénavant joignons toutes nos forces;
Et noyons dans l'oubli ces petits différends
Qui de si bons guerriers font de mauvais parents.
Que si[42] l'ambition de commander aux autres
Fait marcher aujourd'hui vos troupes et les nôtres,
Pourvu qu'à moins de sang nous voulions l'apaiser,[43]
Elle nous unira, loin de nous diviser.
Nommons des combattants pour la cause commune:
Que chaque peuple aux siens attache sa fortune;
Et suivant ce que d'eux ordonnera le sort
Que le faible parti prenne loi du plus fort;
Mais sans indignité pour des guerriers si braves,
Qu'ils deviennent sujets sans devenir esclaves,
Sans honte, sans tribut, et sans autre rigueur

39. *donner:* to attack.
40. A cette époque le dictateur était un magistrat investi de l'autorité suprême, mais seulement pour une mission déterminée; il demeurait entièrement responsable au peuple.
41. *un . . . défait:* (in the situation where) one of the sides (is) defeated.
42. *Que si:* Et si.
43. *Pourvu . . . apaiser:* Provided that we are willing to allay it (ambition) with less bloodshed.

Que de suivre en tous lieux les drapeaux du vainqueur.
Ainsi nos deux Etats ne feront qu'un empire.»
Il semble qu'à ces mots notre discorde expire:
Chacun, jetant les yeux dans un rang ennemi,
Reconnaît un beau-frère, un cousin, un ami;
Ils s'étonnent comment leurs mains, de sang avides,
Volaient, sans y penser, à tant de parricides,[44]
Et font paraître un front couvert tout à la fois
D'horreur pour la bataille et d'ardeur pour ce choix.
Enfin l'offre s'accepte, et la paix désirée
Sous ces conditions est aussitôt jurée:
Trois combattront pour tous; mais pour les mieux choisir,
Nos chefs ont voulu prendre un peu plus de loisir:
Le vôtre est au sénat, le nôtre dans sa tente.

Quelle conception du caractère national albain Corneille propose-t-il? (Etudiez les valeurs et les attitudes du dictateur, de Curiace et de Sabine.) Pour quelles raisons structurales voudrait-il insister là-dessus? (A quoi Corneille oppose-t-il ces valeurs?)

Lisez à haute voix le récit de Curiace: où faut-il s'arrêter? Pourquoi? Comment Corneille l'indique-t-il? Dans quel style le récit est-il écrit? Quel en est l'effet sur le ton de la scène? Quelle autre fonction dramatique a-t-il?

CAMILLE. O dieux, que ce discours rend mon âme contente!
CURIACE. Dans deux heures au plus, par un commun accord,
Le sort de nos guerriers réglera notre sort.
Cependant tout est libre, attendant qu'on les nomme:
Rome est dans notre camp, et notre camp dans Rome;
D'un et d'autre côté l'accès étant permis,
Chacun va renouer avec ses vieux amis.
Pour moi, ma passion m'a fait suivre vos frères;
Et mes désirs ont eu des succès si prospères
Que l'auteur de vos jours m'a promis à demain
Le bonheur sans pareil de vous donner la main.
Vous ne deviendrez pas rebelle à sa puissance?
CAMILLE. Le devoir d'une fille est en l'obéissance.
CURIACE. Venez donc recevoir ce doux commandement,
Qui doit mettre le comble à mon contentement.
CAMILLE. Je vais suivre vos pas, mais pour revoir mes frères
Et savoir d'eux encor la fin de nos misères.
JULIE. Allez, et cependant[45] au pied de nos autels
J'irai rendre pour vous grâces aux immortels.

44. *parricides:* murders of relatives.

45. *cependant:* in the meantime.

Etudiez l'ambiance de cette fin de scène: quel sentiment le jeu des acteurs doit-il traduire à partir du v. 329? Sur quel nouveau ton de voix Curiace prononce-t-il le v. 339? Comment Camille lui répond-elle? Imaginez leur mimique et ensuite la sortie des personnages.

Faites le portrait de Curiace: apparence physique, costume, gestes, mouvements. Comment l'imaginez-vous par rapport à Sabine et à Camille?

Une fonction principale du premier acte est l'exposition. Discutez l'art de l'exposition chez Corneille: de quels moyens pratiques se sert-il pour la faire? Dans quelle mesure est-elle vraisemblable? Comment crée-t-elle un intérêt? La doctrine classique veut qu'on entre en matière aussi près que possible du moment de la crise, mais, dans *Horace,* la situation politique change au milieu de l'exposition (i.e., au lieu d'une grande bataille il y aura un duel). Pour quelles raisons dramatiques Corneille a-t-il divisé ainsi l'exposition?

Tracez le mouvement dramatique du premier acte. La dernière scène dissipe-t-elle le pessimisme sombre du début? Expliquez.

ACTE II

SCÈNE PREMIÈRE.—HORACE, CURIACE.

CURIACE. Ainsi Rome n'a point séparé[1] son estime,
Elle eût cru faire ailleurs un choix illégitime:
Cette superbe ville en vos frères et vous
Trouve les trois guerriers qu'elle préfère à tous;
Et son illustre ardeur d'oser plus que les autres
D'une seule maison[2] brave toutes les nôtres:
Nous croirons, à la voir tout entière en vos mains,
Que hors les fils d'Horace, il n'est point de Romains.
Ce choix pouvait combler trois familles de gloire,
Consacrer hautement leurs noms à la mémoire:
Oui, l'honneur que reçoit la vôtre par ce choix
En pouvait à bon titre immortaliser trois;
Et puisque c'est chez vous que mon heur et ma flamme
M'ont fait placer ma sœur et choisir une femme,
Ce que je vais vous être et ce que je vous suis
Me font y prendre part autant que je le puis;
Mais un autre intérêt tient ma joie en contrainte,
Et parmi ses douceurs mêle beaucoup de crainte:
La guerre en tel éclat a mis votre valeur
Que je tremble pour Albe et prévois son malheur:
Puisque vous combattez, sa perte est assurée;
En vous faisant nommer, le destin l'a jurée.

1. *séparé:* shared; divided.

2. *D'une seule maison:* With the help of a single family.

Je vois trop dans ce choix ses funestes projets,
Et me compte déjà pour un de vos sujets.

HORACE. Loin de trembler pour Albe, il vous faut plaindre Rome,
Voyant ceux qu'elle oublie et les trois qu'elle nomme.
C'est un aveuglement pour elle bien fatal,
D'avoir tant à choisir et de choisir si mal.
Mille de ses enfants beaucoup plus dignes d'elle
Pouvaient bien mieux que nous soutenir sa querelle;
Mais quoique ce combat me promette un cercueil,
La gloire de ce choix m'enfle d'un juste orgueil;
Mon esprit en conçoit une mâle assurance:
J'ose espérer beaucoup de mon peu de vaillance;
Et du sort envieux quels que soient les projets,
Je ne me compte point pour un de vos sujets.
Rome a trop cru de moi; mais mon âme ravie
Remplira son attente ou quittera la vie.
Qui veut mourir ou vaincre est vaincu rarement:
Ce noble désespoir périt malaisément.
Rome, quoi qu'il en soit, ne sera point sujette,
Que[3] mes derniers soupirs n'assurent ma défaite.

Ces deux répliques sont construites de la même façon; par quelles idées conventionelles commence-t-on? A partir du mot «mais» (v. 363, 377) quel changement se produit? Comment Corneille souligne-t-il le parallélisme? (Voir v. 366, 371; 370, 382.) Quelle est la valeur structurale de ce parallélisme?

Le v. 386 est un exemple de la figure rhétorique appelée la *sentence*. En quoi consiste-t-elle? Qu'est-ce que son emploi suggère sur le caractère d'Horace?

CURIACE. Hélas! c'est bien ici[4] que je dois être plaint.
Ce que veut mon pays, mon amitié le craint.
Dures extrémités de voir Albe asservie,
Ou sa victoire au prix d'une si chère vie,
Et que l'unique bien où tendent ses désirs
S'achète seulement par vos derniers soupirs!
Quels vœux puis-je former, et quel bonheur attendre?
De tous les deux côtés, j'ai des pleurs à répandre;
De tous les deux côtés mes désirs sont trahis.

HORACE. Quoi! vous me pleureriez mourant pour mon pays!
Pour un cœur généreux ce trépas[5] a des charmes;

3. *Que:* Sans que.
4. *c'est bien ici:* It's just for this reason.
5. *trépas:* death.

La gloire qui le suit ne souffre point de larmes,
Et je le recevrais en bénissant mon sort,
Si Rome et tout l'Etat perdaient moins en ma mort.
CURIACE. A vos amis pourtant permettez de le craindre;
Dans un si beau trépas ils sont les seuls à plaindre:
La gloire en est pour vous, et la perte pour eux;
Il vous fait immortel, et les rend malheureux:
On perd tout quand on perd un ami si fidèle.
Mais Flavian m'apporte ici quelque nouvelle.

Contrairement à ses habitudes, Corneille n'a pas préparé directement l'entrée en scène d'Horace; au premier acte on n'apprend presque rien sur lui. Quel effet cette absence de préparation a-t-elle sur la façon dont le spectateur forme ses impressions du personnage?

Cet acte commence par opposer Horace à Curiace: lequel semble le plus jeune? Pourquoi? De quel point de vue Curiace parle-t-il? A qui ressemble-t-il parfois? (Voir surtout les v. 396–97.) Sur quelle valeur Horace fonde-t-il ses sentiments? Comment peut-on expliquer cette différence? Dans quelle mesure a-t-on raison de dire que Curiace a peur et qu'Horace est sûr de lui?

SCÈNE II.—HORACE, CURIACE, FLAVIAN.

CURIACE. Albe de trois guerriers a-t-elle fait le choix?
FLAVIAN. Je viens pour vous l'apprendre.
CURIACE. Eh bien, qui sont les trois?
FLAVIAN. Vos deux frères et vous.
CURIACE. Qui?
FLAVIN. Vous et vos deux frères.
Mais pourquoi ce front triste et ces regards sévères?
Ce choix vous déplaît-il?
CURIACE. Non, mais il me surprend:
Je m'estimais trop peu pour un honneur si grand.
FLAVIAN. Dirai-je au dictateur, dont l'ordre ici m'envoie,
Que vous le recevez avec si peu de joie?
Ce morne et froid accueil me surprend à mon tour.
CURIACE. Dis-lui que l'amitié, l'alliance et l'amour
Ne pourront empêcher[6] que les trois Curiaces
Ne servent[7] leur pays contre les trois Horaces.

6. *Ne . . . empêcher:* Ne pourront pas empêcher.

7. *Ne servent:* pleonastic *ne* (not a negative).

FLAVIAN. Contre eux! Ah! c'est beaucoup me dire en peu de mots.
CURIACE. Porte-lui ma réponse, et nous laisse en repos.

Imaginez le mouvement de cette scène: sur quel ton de voix Curiace pose-t-il la première question (v. 409)? La seconde (v. 410)? Doit-on débiter rapidement les répliques qui forment les v. 411–12? Où va-t-on s'arrêter? Pourquoi? Figurez-vous le visage de Curiace et celui d'Horace; comment Curiace prononce-t-il les v. 413–14? Les v. 418, 420? Sur quel ton de voix renvoie-t-il Flavian?

Quelle est la fonction dramatique de Flavian?

Pourquoi Corneille n'a-t-il pas fait annoncer le choix des Albains en même temps que celui des Romains?

SCÈNE III.—HORACE, CURIACE.

CURIACE. Que désormais le ciel, les enfers et la terre
Unissent leurs fureurs à nous faire la guerre;
Que les hommes, les dieux, les démons et le sort
Préparent contre nous un général effort!
Je mets à faire pis,[8] en l'état où nous sommes,
Le sort, et les démons, et les dieux, et les hommes.
Ce qu'ils ont de cruel, et d'horrible et d'affreux,
L'est bien moins que l'honneur qu'on nous fait à tous deux.

A qui Curiace s'adresse-t-il? Sur quel ton de voix parle-t-il? Qu'est-ce que cette réplique ajoute à ce qu'on a vu à la scène 2?

HORACE. Le sort qui de l'honneur nous ouvre la barrière
Offre à notre constance une illustre matière,[9]
Il épuise sa force à former un malheur
Pour mieux se mesurer avec notre valeur;
Et comme il voit en nous des âmes peu communes,
Hors de l'ordre commun il nous fait des fortunes.
Combattre un ennemi pour le salut de tous,
Et contre un inconnu s'exposer seul aux coups,
D'une simple vertu c'est l'effet ordinaire:
Mille déjà l'ont fait, mille pourraient le faire;
Mourir pour le pays est un si digne sort
Qu'on briguerait en foule[10] une si belle mort;
Mais vouloir au public[11] immoler ceux qu'on aime,
S'attacher au combat contre un autre soi-même,
Attaquer un parti qui prend pour défenseur

8. *Je . . . pis:* I challenge (fate, demons) to do any worse.
9. *une . . . matière (à):* a splendid test (for).
10. *on . . . foule:* everybody would vie for.
11. *au public:* for the public good.

Le frère d'une femme et l'amant d'une sœur,
Et, rompant tous ces nœuds, s'armer pour la patrie
Contre un sang qu'on voudrait racheter de sa vie,
Une telle vertu n'appartenait qu'à nous;
L'éclat de son grand nom lui fait peu de jaloux,
Et peu d'hommes au cœur l'ont assez imprimée
Pour oser aspirer à tant de renommée.

CURIACE. Il est vrai que nos noms ne sauraient plus périr.
L'occasion est belle, il nous la faut chérir.
Nous serons les miroirs d'une vertu bien rare;
Mais votre fermeté tient un peu du barbare:
Peu, même des grands cœurs, tireraient vanité
D'aller par ce chemin à l'immortalité.
A quelque prix qu'on mette une telle fumée,[12]
L'obscurité vaut mieux que tant de renommée.
Pour moi, je l'ose dire, et vous l'avez pu voir,
Je n'ai point consulté[13] pour suivre mon devoir;
Notre longue amitié, l'amour, ni l'alliance,
N'ont pu mettre un moment mon esprit en balance;[14]
Et puisque par ce choix Albe montre en effet
Qu'elle m'estime autant que Rome vous a fait,
Je crois faire pour elle autant que vous pour Rome.
J'ai le cœur aussi bon, mais enfin je suis homme.
Je vois que votre honneur demande tout mon sang,
Que tout le mien consiste à vous percer le flanc,
Près d'épouser la sœur, qu'il faut tuer le frère,
Et que pour mon pays j'ai le sort si contraire.
Encor qu'à mon devoir je coure sans terreur,
Mon cœur s'en effarouche, et j'en frémis d'horreur;
J'ai pitié de moi-même et jette un œil d'envie
Sur ceux dont notre guerre a consumé la vie,
Sans souhait toutefois de pouvoir reculer.
Ce triste et fier honneur m'émeut sans m'ébranler.
J'aime ce qu'il me donne, et je plains[15] ce qu'il m'ôte;
Et si Rome demande une vertu plus haute,
Je rends grâces aux dieux de n'être pas Romain,
Pour conserver encor quelque chose d'humain.

La typographie (v. 437, 461) divise la réplique d'Horace et celle de Curiace en deux parties: qu'est-ce qui distingue les deux parties? Comparez en particulier la deuxième partie de chaque tirade: les v. 437–52

12. *fumée:* smoke (insubstantial or vain glory).
13. *consulté:* hesitated.
14. *en balance:* in a state of oscillation.
15. *plains:* deplore.

comprennent une seule phrase (16 vers) construite avec des infinitifs sujets (appelée, en rhétorique, une *période*); les v. 461–82 sont divisés en cinq phrases de longueur et de forme variées: quel est l'effet de cette opposition de styles; en quoi le style correspond-il au personnage?

Le mouvement de cette scène est fondé sur les rapports entre les deux amis. Etudiez-en la progression: sur quel pronom Horace insiste-t-il aux v. 431–36? Pourquoi? Analysez ensuite le jeu de pronoms dans la réplique de Curiace; sur quel ton de voix prononce-t-il la fin de son discours (v. 481–82)? Comparez ces deux vers aux v. 467–68: par quel moyen poétique Corneille résume-t-il l'opposition Horace-Curiace?

Aux v. 433–44 Curiace accuse Horace d'insensibilité: est-ce que le spectateur accepte ce jugement? Sinon, comment peut-on définir et expliquer les différentes solutions que ces deux personnages prévoient à un dilemme qui est, au fond, le même pour tous les deux? Comment l'acteur peut-il traduire l'explication que vous proposez?

HORACE. Si vous n'êtes Romain, soyez digne de l'être;
Et si vous m'égalez, faites-le mieux paraître.
La solide vertu dont je fais vanité
N'admet point de faiblesse avec sa fermeté;
Et c'est mal de l'honneur entrer dans la carrière[16]
Que dès le premier pas regarder en arrière.
Notre malheur est grand; il est au plus haut point;
Je l'envisage entier, mais je n'en frémis point:
Contre qui que ce soit que mon pays m'emploie,
J'accepte aveuglément cette gloire avec joie;
Celle de recevoir de tels commandements
Doit étouffer en nous tous autres sentiments.
Qui, près de le servir, considère autre chose,
A faire ce qu'il doit lâchement se dispose;[17]
Ce droit saint et sacré rompt tout autre lien.
Rome a choisi mon bras, je n'examine rien:
Avec une allégresse aussi pleine et sincère
Que j'épousai la sœur, je combattrai le frère;
Et, pour trancher enfin ces discours superflus,
Albe vous a nommé, je ne vous connais plus.
CURIACE. Je vous connais encore, et c'est ce qui me tue;
Mais cette âpre vertu ne m'était pas connue;
Comme notre malheur elle est au plus haut point:
Souffrez que je l'admire et ne l'imite point.
HORACE. Non, non, n'embrassez pas de vertu par contrainte;
Et puisque vous trouvez plus de charme à la plainte,
En toute liberté goûtez un bien si doux;

16. *Et . . . carrière:* Et c'est entrer mal dans la carrière (path) de l'honneur.
17. *Qui . . . dispose:* (Celui) qui, près de le (son pays) servir, considère autre chose se dispose lâchement à faire ce qu'il doit.

Voici venir ma sœur pour se plaindre avec vous.
Je vais revoir la vôtre et résoudre son âme
A se bien souvenir qu'elle est toujours ma femme,
A vous aimer encor, si je meurs par vos mains,
Et prendre en son malheur des sentiments romains.

Etudiez les verbes aux v. 483–84: quel est leur effet sur le ton de la scène? En quoi le vocabulaire d'Horace pendant le reste de sa tirade ajoute-t-il à ce ton? Jusqu'à quel point les paroles de Curiace (v. 503–06) sont-elles une continuation de ce même ton?

Jeu de scène: Horace regarde-t-il Curiace en parlant? Comment se tient-il? Sur quel ton de voix parle-t-il? Quelle doit être la mimique de Curiace en l'écoutant? Quel geste pourrait-il faire au v. 506? Sur quel ton de voix Horace lui répond-il (v. 507–14)?

Quelles différentes explications psychologiques pourriez-vous offrir pour expliquer les v. 501–2? Laquelle préférez-vous? Pourquoi?

Tracez la courbe affective de cette scène: (1) Du point de vue des personnages—qui est nerveux au début? Qui semble se maîtriser? Dans quel sens peut-on dire que les situations se renversent? (2) Du point de vue du spectateur—quels sont ses sentiments envers les deux personnages? Corneille veut-il qu'on choisisse entre eux? Expliquez.

Note à l'étudiant. C'est à vous maintenant de continuer à poser des questions sur le jeu de scène, le ton et le rythme, la fonction des personnages, la valeur structurale des oppositions, la fonction de chaque scène, etc. Nous nous contenterons d'analyser quatre scenes (III, 1; III, 6; IV, 4 et 5) et de poser des questions générales à la fin de chaque acte.

SCÈNE IV.—HORACE, CURIACE, CAMILLE.

HORACE. Avez-vous su l'état qu'on fait de Curiace,[18]
Ma sœur?
CAMILLE. Hélas! mon sort a bien changé de face.
HORACE. Armez-vous de constance, et montrez-vous ma sœur;
Et si par mon trépas il retourne vainqueur,
Ne le recevez point en meurtrier d'un frère,
Mais en homme d'honneur qui fait ce qu'il doit faire,
Qui sert bien son pays, et sait montrer à tous,
Par sa haute vertu, qu'il est digne de vous.
Comme si je vivais, achevez l'hyménée;
Mais si ce fer aussi tranche sa destinée,
Faites à ma victoire un pareil traitement:
Ne me reprochez point la mort de votre amant.
Vos larmes vont couler, et votre cœur se presse,[19]

18. *l'état . . . Curiace:* the honor they pay Curiace.
19. *se presse:* grows heavy.

Consumez avec lui toute cette faiblesse,
Querellez ciel et terre, et maudissez le sort;
Mais après le combat ne pensez plus au mort.
(A Curiace.)
Je ne vous laisserai qu'un moment avec elle,
Puis nous irons ensemble où l'honneur nous appelle.

SCÈNE V.—CAMILLE, CURIACE.

CAMILLE. Iras-tu, Curiace, et ce funeste honneur
Te plaît-il aux dépens de tout notre bonheur?
CURIACE. Hélas! je vois trop bien qu'il faut, quoi que je fasse,
Mourir, ou de douleur, ou de la main d'Horace.
Je vais comme au supplice à cet illustre emploi;
Je maudis mille fois l'état qu'on fait de moi,
Je hais cette valeur qui fait qu'Albe m'estime;
Ma flamme au désespoir passe jusques au crime,
Elle se prend au ciel et l'ose quereller,
Je vous plains, je me plains; mais il y faut aller.
CAMILLE. Non; je te connais mieux, tu veux que je te prie
Et qu'ainsi mon pouvoir t'excuse à ta patrie.
Tu n'es que trop fameux par tes autres exploits:
Albe a reçu par eux tout ce que tu lui dois.
Autre n'a mieux que toi soutenu cette guerre;
Autre de plus de morts n'a couvert notre terre.
Ton nom ne peut plus croître, il ne lui manque rien;
Souffre qu'un autre ici puisse ennoblir le sien.
CURIACE. Que je souffre à mes yeux qu'on ceigne une autre tête
Des lauriers immortels que la gloire m'apprête,
Ou que tout mon pays reproche à ma vertu
Qu'il aurait triomphé si j'avais combattu,
Et que sous mon amour ma valeur endormie
Couronne tant d'exploits d'une telle infamie!
Non, Albe, après l'honneur que j'ai reçu de toi,
Tu ne succomberas ni vaincras que par moi;
Tu m'as commis ton sort, je t'en rendrai bon compte,
Et vivrai sans reproche, ou périrai sans honte.
CAMILLE. Quoi! tu ne veux pas voir qu'ainsi tu me trahis!
CURIACE. Avant que d'être à vous, je suis à mon pays.
CAMILLE. Mais te priver pour lui toi-même d'un beau-frère,
Ta sœur de son mari!
CURIACE. Telle est notre misère:

Le choix d'Albe et de Rome ôte toute douceur
Aux noms jadis si doux de beau-frère et de sœur.
CAMILLE. Tu pourras donc, cruel, me présenter sa tête,
Et demander ma main pour prix de ta conquête!
CURIACE. Il n'y faut plus penser: en l'état où je suis,
Vous aimer sans espoir, c'est tout ce que je puis.
Vous en pleurez, Camille?
CAMILLE. Il faut bien que je pleure:
Mon insensible amant ordonne que je meure;
Et quand l'hymen pour nous allume son flambeau,[20]
Il l'éteint de sa main pour m'ouvrir le tombeau.
Ce cœur impitoyable à ma perte s'obstine,
Et dit qu'il m'aime encore alors qu'il m'assassine.
CURIACE. Que les pleurs d'une amante ont de puissants discours,
Et qu'un bel œil[21] est fort avec un tel secours!
Que mon cœur s'attendrit à cette triste vue!
Ma constance contre elle à regret s'évertue.
N'attaquez plus ma gloire avec tant de douleurs,
Et laissez-moi sauver ma vertu de vos pleurs;
Je sens qu'elle chancelle et défend mal la place:
Plus je suis votre amant, moins je suis Curiace.
Faible d'avoir déjà combattu l'amitié,
Vaincrait-elle à la fois l'amour et la pitié?
Allez, ne m'aimez plus, ne versez plus de larmes,
Ou j'oppose l'offense à de si fortes armes;
Je me défendrai mieux contre votre courroux,
Et pour le mériter je n'ai plus d'yeux pour vous.
Vengez-vous d'un ingrat, punissez un volage.[22]
Vous ne vous montrez point sensible à cet outrage!
Je n'ai plus d'yeux pour vous, vous en avez pour moi!
En faut-il plus encor? je renonce à ma foi.[23]
Rigoureuse vertu dont je suis la victime,
Ne peux-tu résister sans le secours d'un crime?
CAMILLE. Ne fais point d'autre crime, et j'atteste les dieux
Qu'au lieu de t'en haïr, je t'en aimerai mieux;
Oui, je te chérirai, tout ingrat et perfide,
Et cesse d'aspirer au nom de fratricide.
Pourquoi suis-je Romaine, ou que n'es-tu[24] Romain?
Je te préparerais des lauriers de ma main;

20. Il s'agit du flambeau porté par Hymen, dieu du mariage.
21. *bel œil:* beautiful woman (conventional metaphor).
22. *volage:* fickle or unfaithful lover.
23. *ma foi:* my faithfulness (in love).
24. *que n'est tu:* pourquoi n'es-tu pas.

Je t'encouragerais, au lieu de te distraire;
Et je te traiterais comme j'ai fait mon frère.
Hélas! j'étais aveugle en mes vœux aujourd'hui;
J'en ai fait contre toi quand j'en ai fait pour lui.
Il revient: quel malheur, si l'amour de sa femme
Ne peut non plus sur lui que le mien sur ton âme.

SCÈNE VI.—HORACE, CURIACE, CAMILLE, SABINE.

CURIACE. Dieux! Sabine le suit! Pour ébranler mon cœur,[25]
Est-ce peu de Camille?[26] y joignez-vous ma sœur?
Et laissant à ses pleurs vaincre ce grand courage,
L'amenez-vous ici chercher même avantage?
SABINE. Non, non, mon frère, non; je ne viens en ce lieu
Que pour vous embrasser et pour vous dire adieu.
Votre sang est trop bon, n'en craignez rien de lâche,
Rien dont la fermeté de ces grands cœurs se fâche:
Si ce malheur illustre ébranlait l'un de vous,
Je le désavouerais pour frère ou pour époux.
Pourrais-je toutefois vous faire une prière
Digne d'un tel époux et digne d'un tel frère?
Je veux d'un coup si noble ôter l'impiété,
A l'honneur qui l'attend rendre sa pureté,
La mettre en son éclat sans mélange de crimes;
Enfin je vous veux faire ennemis légitimes.
Du saint nœud qui vous joint je suis le seul lien:
Quand je ne serai plus, vous ne vous serez rien.
Brisez votre alliance et rompez-en la chaîne;
Et puisque votre honneur veut des effets de haine,
Achetez par ma mort le droit de vous haïr:
Albe le veut, et Rome; il faut leur obéir.
Qu'un de vous deux me tue, et que l'autre me venge:
Alors votre combat n'aura plus rien d'étrange
Et du moins l'un des deux sera juste agresseur,
Ou pour venger sa femme, ou pour venger sa sœur.
Mais quoi? vous souilleriez une gloire si belle,
Si vous vous animiez par quelque autre querelle:
Le zèle du pays vous défend de tels soins;
Vous feriez peu pour lui si vous vous étiez moins:
Il lui faut, et sans haine, immoler un beau-frère.

25. *cœur:* courage (conv. lang.; see v. 4).

26. *est-ce . . . Camille?:* isn't Camille enough?

Ne différez donc plus ce que vous devez faire:
Commencez par sa sœur à répandre son sang,
Commencez par sa femme à lui percer le flanc.
Commencez par Sabine à faire de vos vies
Un digne sacrifice à vos chères patries:
Vous êtes ennemis en ce combat fameux,
Vous d'Albe, vous de Rome, et moi de toutes deux.
Quoi? me réservez-vous à voir une victoire
Où, pour haut appareil d'une pompeuse gloire,[27]
Je verrai les lauriers d'un frère ou d'un mari
Fumer encor d'un sang que j'aurai tant chéri?
Pourrai-je entre vous deux régler[28] alors mon âme,
Satisfaire aux devoirs et de sœur et de femme,
Embrasser le vainqueur en pleurant le vaincu?
Non, non, avant ce coup Sabine aura vécu:
Ma mort le préviendra, de qui que je l'obtienne;
Le refus de vos mains y condamne la mienne.
Sus[29] donc, qui vous retient? Allez, cœurs inhumains,
J'aurai trop de moyens pour y forcer vos mains.
Vous ne les aurez point au combat occupées
Que ce corps au milieu n'arrête vos épées;
Et, malgré vos refus, il faudra que leurs coups
Se fassent jour ici[30] pour aller jusqu'à vous.

HORACE. O ma femme!

CURIACE. O ma sœur!

CAMILLE. Courage! ils s'amollissent.

SABINE. Vous poussez des soupirs; vos visages pâlissent!
Quelle peur vous saisit? Sont-ce là ces grands cœurs,
Ces héros qu'Albe et Rome ont pris pour défenseurs?

HORACE. Que t'ai-je fait, Sabine, et quelle est mon offense
Qui t'oblige à chercher une telle vengeance?
Que t'a fait mon honneur et par quel droit viens-tu
Avec toute ta force attaquer ma vertu?
Du moins contente-toi de l'avoir étonnée,
Et me laisse achever cette grande journée.
Tu me viens de réduire en un étrange point;
Aime assez ton mari pour n'en triompher point.
Va-t'en, et ne rends plus la victoire douteuse;

27. *pour . . . gloire:* as the proud ornaments of the triumphal parade.
28. *régler:* divide fairly.
29. *Sus:* Allons.
30. *se . . . ici:* pass through here (her heart).

La dispute[31] déjà m'en est assez honteuse:
Souffre qu'avec honneur je termine mes jours.
SABINE. Va, cesse de me craindre: on vient à ton secours.

SCÈNE VII.—LE VIEIL HORACE, HORACE, CURIACE, SABINE, CAMILLE.

LE VIEIL HORACE. Qu'est ceci, mes enfants? écoutez-vous vos flammes,[32]
Et perdez-vous encor le temps avec des femmes?
Prêts à verser du sang, regardez-vous des pleurs?
Fuyez, et laissez-les déplorer leurs malheurs.
Leurs plaintes ont pour vous trop d'art et de tendresse.
Elles vous feraient part enfin de[33] leur faiblesse,
Et ce n'est qu'en fuyant qu'on pare de tels coups.
SABINE. N'appréhendez rien d'eux, ils sont dignes de vous.
Malgré tous nos efforts, vous en devez attendre
Ce que vous souhaitez et d'un fils et d'un gendre;
Et si notre faiblesse ébranlait leur honneur,
Nous vous laissons ici pour leur rendre du cœur.
Allons, ma sœur, allons, ne perdons plus de larmes:
Contre tant de vertus ce sont de faibles armes.
Ce n'est qu'au désespoir qu'il nous faut recourir.
Tigres, allez combattre, et nous, allons mourir.

SCÈNE VIII.—LE VIEIL HORACE, HORACE, CURIACE.

HORACE. Mon père, retenez des femmes qui s'emportent,[34]
Et de grâce empêchez surtout qu'elles ne sortent.
Leur amour importun viendrait avec éclat
Par des cris et des pleurs troubler notre combat;
Et ce qu'elles nous sont ferait qu'avec justice
On nous imputerait ce mauvais artifice.
L'honneur d'un si beau choix serait trop acheté,
Si l'on nous soupçonnait de quelque lâcheté.
LE VIEIL HORACE. J'en aurai soin. Allez, vos frères vous attendent;
Ne pensez qu'aux devoirs que vos pays demandent.
CURIACE. Quel adieu vous dirai-je? et par quels compliments . . .
LE VIEIL HORACE. Ah! n'attendrissez point ici mes sentiments;
Pour vous encourager ma voix manque de termes;

31. *La dispute:* The fact I've even discussed it.
32. *flammes:* love (conv. lang.).
33. *Elles . . . de:* They would have you share in.
34. *qui s'emportent:* who are carried away (by their despair).

Mon cœur ne forme point de pensers assez fermes;
Moi-même en cet adieu j'ai des larmes aux yeux.
Faites votre devoir, et laissez faire aux dieux.

Le vieil Horace. Dans quelle mesure le père d'Horace et de Camille confirme-t-il l'impression que le spectateur a déjà de lui (voir les v. 253–56)? Faites le portrait du vieil Horace: apparence physique, costume, gestes. Quelle est sa fonction dramatique dans cet acte?

Tracez le mouvement des deux premiers actes. Comment Corneille le varie-t-il à l'intérieur de chaque acte (tons et rythmes). Quels sentiments, quelles réactions évoque-t-il ainsi chez le spectateur? En quoi les deux actes suivent-ils un mouvement inverse? Pourquoi Corneille a-t-il créé une telle structure? Quel rapport y a-t-il entre cette structure et l'intrigue (la progression de la guerre)?

Les personnages. Les oppositions présentées par Corneille semblent donner lieu à une interprétation assez simple de la pièce: il s'agirait d'un débat moral entre les Romains et les Albains, entre deux systèmes de valeurs opposés. Pourtant dans quelle mesure s'agit-il d'un conflit de valeurs? Dans quelle mesure peut-on dire que Camille et Horace se ressemblent? Sabine

Deux interprétations scéniques d'Horace à la Comédie Française. (Agence de Presse Bernand)
(*Ci-dessous*, 1954; *à d.*, 1971)

et Curiace? Quelles autres oppositions Corneille développe-t-il? En répondant à ces questions, essayez d'organiser les personnages selon leurs fonctions structurales: i.e., quels rapports (de contraste et de similitude) y a-t-il entre leurs réactions individuelles au même drame?

ACTE III

SCÈNE PREMIÈRE.—SABINE.

Prenons parti, mon âme, en de telles disgrâces:[1]
Soyons femme d'Horace, ou sœur des Curiaces;
Cessons de partager nos inutiles soins;
Souhaitons quelque chose, et craignons un peu moins.
Mais, las! quel parti prendre en un sort si contraire?
Quel ennemi choisir, d'un époux ou d'un frère?
La nature ou l'amour parle pour chacun d'eux,

1. *disgrâces:* misfortunes.

Et la loi du devoir m'attache à tous les deux.
Sur leurs hauts sentiments réglons plutôt les nôtres;
Soyons femme de l'un ensemble[2] et sœur des autres:
Regardons leur honneur comme un souverain bien;
Imitons leur constance, et ne craignons plus rien.
La mort qui les menace est une mort si belle
Qu'il en faut sans frayeur attendre la nouvelle.
N'appelons point alors les destins inhumains,[3]
Songeons pour quelle cause, et non par quelles mains;
Revoyons les vainqueurs, sans penser qu'à la gloire[4]
Que toute leur maison reçoit de leur victoire;
Et, sans considérer aux dépens de quel sang
Leur vertu les élève en cet illustre rang,
Faisons nos intérêts de ceux de leur famille:
En l'une je suis femme, en l'autre je suis fille,
Et tiens à toutes deux par de si forts liens
Qu'on ne peut triompher que par les bras des miens.
Fortune, quelques maux que ta rigueur m'envoie,
J'ai trouvé les moyens d'en tirer de la joie,
Et puis voir aujourd'hui le combat sans terreur,
Les morts sans désespoir, les vainqueurs sans horreur.
Flatteuse illusion, erreur douce et grossière,
Vain effort de mon âme, impuissante lumière,
De qui le faux brillant prend droit de m'éblouir,
Que tu sais peu durer et tôt t'évanouir!
Pareille à ces éclairs qui dans le fort[5] des ombres
Poussent un jour[6] qui fuit et rend les nuits plus sombres,
Tu n'as frappé mes yeux d'un moment de clarté
Que pour les abîmer dans plus d'obscurité.
Tu charmais trop ma peine, et le ciel, qui s'en fâche,
Me vend déjà bien cher ce moment de relâche.
Je sens mon triste cœur percé de tous les coups
Qui m'ôtent maintenant un frère ou mon époux.
Quand je songe à leur mort, quoi que je me propose,
Je songe par quel bras, et non pour quelle cause,
Et ne vois les vainqueurs en leur illustre rang
Que pour considérer aux dépens de quel sang.
La maison des vaincus touche seule mon âme:
En l'une je suis fille, en l'autre je suis femme,

2. *ensemble:* both (at the same time).
3. *N'appelons . . . inhumains:* Let's not accuse fate of being inhuman.
4. *sans . . . gloire:* without thinking of anything except the glory.
5. *le fort:* the thickest (darkest) part.
6. *Poussent un jour:* Project a light.

Et tiens à toutes deux par de si forts liens
Qu'on ne peut triompher que par la mort des miens.
C'est là donc cette paix que j'ai tant souhaitée!
Trop favorables dieux, vous m'avez écoutée!
Quels foudres lancez-vous quand vous vous irritez,
Si même vos faveurs ont tant de cruautés?
Et de quelle façon punissez-vous l'offense,
Si vous traitez ainsi les vœux de l'innocence?

Cet acte commence par un *monologue,* convention dramatique très en faveur au dix-septième siecle. Quelles peuvent être les fonctions dramatiques d'un monologue? Pour quelle raison dramatique Corneille en a-t-il mis un ici?

Analysez le monologue de Sabine. Structure: en quoi consistent les v. 711–18? Les v. 759–64? Quelles sont les deux parties en lesquelles on peut diviser le corps du monologue? Quelle est leur longueur? Comparez les v. 726–34 et les v. 751–58; pourquoi Corneille insiste-t-il sur cette symétrie? Langage: comparez le jeu de pronoms dans chaque partie; quelle métaphore Corneille développe-t-il aux v. 739–46? Y a-t-il des métaphores dans chaque partie? Expliquez. Pourquoi le monologue se termine-t-il sur des exclamations et des interrogations?

A la représentation on supprime souvent cette scène puisqu'elle n'avance en rien l'intrigue. A-t-on raison de la supprimer ou a-t-elle une autre fonction? Expliquez.

SCÈNE II.—SABINE, JULIE.

SABINE. En est-ce fait, Julie, et que m'apportez-vous?
Est-ce la mort d'un frère, ou celle d'un époux?
Le funeste succès de leurs armes impies
De tous les combattants a-t-il fait des hosties[7]
Et, m'enviant l'horreur que j'aurais des vainqueurs,
Pour tous tant qu'ils étaient demande-t-il mes pleurs?
JULIE. Quoi? ce qui s'est passé, vous l'ignorez encore?
SABINE. Vous faut-il étonner de ce que je l'ignore,
Et ne savez-vous point que de cette maison
Pour Camille et pour moi l'on fait une prison?
Julie, on nous renferme, on a peur de nos larmes;
Sans cela nous serions au milieu de leurs armes,
Et, par les désespoirs d'une chaste amitié,
Nous aurions des deux camps tiré quelque pitié.
JULIE. Il n'était pas besoin d'un si tendre spectacle:
Leur vue à leur combat apporte assez d'obstacle.

7. *hosties:* victims.

Sitôt qu'ils ont paru prêts à se mesurer,
On a dans les deux camps entendu murmurer.
A voir de tels amis, des personnes si proches,
Venir pour leur patrie aux mortelles approches,[8]
L'un s'émeut de pitié, l'autre est saisi d'horreur,
L'autre d'un si grand zèle admire la fureur;
Tel porte jusqu'aux cieux leur vertu sans égale,
Et tel l'ose nommer sacrilège et brutale.
Ces divers sentiments n'ont pourtant qu'une voix;
Tous accusent leurs chefs, tous détestent[9] leur choix;
Et, ne pouvant souffrir un combat si barbare,
On s'écrie, on s'avance, enfin on les sépare.

SABINE. Que je vous dois d'encens, grands dieux, qui m'exaucez!

JULIE. Vous n'êtes pas, Sabine, encore où vous pensez:
Vous pouvez espérer, vous avez moins à craindre;
Mais il vous reste encore assez de quoi vous plaindre.
En vain d'un sort si triste on les veut garantir;
Ces cruels généreux[10] n'y peuvent consentir:
La gloire de ce choix leur est si précieuse
Et charme tellement leur âme ambitieuse
Qu'alors qu'on les déplore[11] ils s'estiment heureux
Et prennent pour affront la pitié qu'on a d'eux.
Le trouble des deux camps souille leur renommée;
Ils combattront plutôt et l'une et l'autre armée,
Et mourront par les mains qui leur font d'autres lois,
Que pas un d'eux renonce aux honneurs d'un tel choix.

SABINE. Quoi? dans leur dureté ces cœurs d'acier s'obstinent!

JULIE. Oui, mais d'autre côté les deux camps se mutinent,
Et leurs cris, des deux parts poussés en même temps
Demandent la bataille ou d'autres combattants,
La présence des chefs à peine est respectée,
Leur pouvoir est douteux, leur voix mal écoutée;
Le roi même s'étonne, et, pour dernier effort:
«Puisque chacun, dit-il, s'échauffe en ce discord,
Consultons des grands dieux la majesté sacrée,
Et voyons si ce change à leurs bontés agrée.
Quel impie osera se prendre à leur vouloir,[12]
Lorsqu'en un sacrifice ils nous l'auront fait voir?»
Il se tait, et ces mots semblent être des charmes.

8. *aux . . . approches:* close to death.
9. *détestent:* denounce (curse).
10. *Ces . . . généreux:* les trois Horaces et les trois Curiaces.
11. *déplore:* pities.
12. *se prendre . . . vouloir:* oppose their wishes.

Même aux six combattants ils arrachent les armes;
Et ce désir d'honneur qui leur ferme les yeux,
Tout aveugle qu'il est, respecte encor les dieux.
Leur plus bouillante ardeur cède à l'avis de Tulle;
Et soit par déférence, ou par un prompt scrupule,
Dans l'une et l'autre armée on s'en fait une loi,
Comme si toutes deux le connaissaient pour roi.
Le reste s'apprendra par la mort des victimes.[13]

SABINE. Les dieux n'avoueront[14] point un combat plein de crimes;
J'en espère beaucoup, puisqu'il est différé,
Et je commence à voir ce que j'ai désiré.

SCÈNE III.—SABINE, CAMILLE, JULIE.

SABINE. Ma sœur, que je vous die[15] une bonne nouvelle.

CAMILLE. Je pense la savoir, s'il faut la nommer telle.
On l'a dite à mon père, et j'étais avec lui;
Mais je n'en conçois rien qui flatte mon ennui.[16]
Ce délai de nos maux rendra leurs coups plus rudes;
Ce n'est qu'un plus long terme à nos inquiétudes;
Et tout l'allégement qu'il en faut espérer,
C'est de pleurer plus tard ceux qu'il faudra pleurer.

SABINE. Les dieux n'ont pas en vain inspiré ce tumulte.

CAMILLE. Disons plutôt, ma sœur, qu'en vain on les consulte.
Ces mêmes dieux à Tulle ont inspiré ce choix;
Et la voix du public n'est pas toujours leur voix;
Ils descendent bien moins dans de si bas étages
Que dans l'âme des rois, leurs vivantes images,
De qui l'indépendante et sainte autorité
Est un rayon secret de leur divinité.

JULIE. C'est vouloir sans raison vous former des obstacles
Que de chercher leur voix ailleurs qu'en leurs oracles;
Et vous ne vous pouvez figurer tout perdu,
Sans démentir celui qui vous fut hier rendu.

CAMILLE. Un oracle jamais ne se laisse comprendre:
On l'entend[17] d'autant moins que plus on croit l'entendre;
Et loin de s'assurer[18] sur un pareil arrêt,
Qui n'y voit rien d'obscur doit croire que tout l'est.

SABINE. Sur ce qui fait pour nous[19] prenons plus d'assurance,

13. A Rome, pour connaître la volonté des dieux, on faisait tuer des animaux dont on examinaient les entrailles.
14. *avoueront:* will authorize.
15. *die:* dise.
16. *flatte mon ennui:* eases my despair.
17. *entend:* comprend.
18. *s'assurer sur:* trust in.
19. *ce qui . . . nous:* that which works in our favor.

Et souffrons les douceurs d'une juste espérance,
Quand la faveur du ciel ouvre à demi ses bras,
Qui ne s'en promet rien ne la mérite pas;
Il empêche souvent qu'elle ne se déploie,
Et lorsqu'elle descend, son refus la renvoie.
CAMILLE. Le ciel agit sans nous en ces événements,
Et ne les règle point dessus nos sentiments.
JULIE. Il ne vous a fait peur que pour vous faire grâce.
Adieu: je vais savoir comme enfin tout se passe.
Modérez vos frayeurs; j'espère à mon retour
Ne vous entretenir que de propos d'amour,
Et que nous n'emploierons la fin de la journée
Qu'aux doux préparatifs d'un heureux hyménée.
SABINE. J'ose encor l'espérer.
CAMILLE. Moi, je n'espère rien.
JULIE. L'effet[20] vous fera voir que nous en jugeons bien.

SCÈNE IV.—SABINE, CAMILLE.

SABINE. Parmi vos déplaisirs souffrez que je vous blâme:
Je ne puis approuver tant de trouble en votre âme;
Que feriez-vous, ma sœur, au point où je me vois,
Si vous aviez à craindre autant que je le dois,
Et si vous attendiez de leurs armes fatales
Des maux pareils aux miens, et des pertes égales?
CAMILLE. Parlez plus sainement de vos maux et des miens:
Chacun voit ceux d'autrui d'un autre œil que les siens:
Mais à bien regarder ceux où le ciel me plonge,
Les vôtres auprès d'eux vous sembleront un songe.
La seule mort d'Horace est à craindre pour vous.
Des frères ne sont rien à l'égal d'un époux;
L'hymen qui nous attache en une autre famille
Nous détache de celle où l'on a vécu fille;
On voit d'un œil divers des nœuds si différents,
Et pour suivre un mari l'on quitte ses parents;
Mais, si près d'un hymen, l'amant que donne un père
Nous est moins qu'un époux, et non pas moins qu'un frère:
Nos sentiments entre eux demeurent suspendus,
Notre choix impossible, et nos vœux confondus.
Ainsi, ma sœur, du moins vous avez dans vos plaintes
Où porter vos souhaits et terminer vos craintes;

20. *L'effet:* What really happens.

Mais si le ciel s'obstine à nous persécuter,
Pour moi, j'ai tout à craindre, et rien à souhaiter.

SABINE. Quand il faut que l'un meure et par les mains de l'autre,
C'est un raisonnement bien mauvais que le vôtre.
Quoique ce soient, ma sœur, des nœuds bien différents,
C'est sans les oublier qu'on quitte ses parents:
L'hymen n'efface point ces profonds caractères;
Pour aimer un mari, l'on ne hait pas ses frères:
La nature en tout temps garde ses premiers droits;
Aux dépens de leur vie on ne fait point de choix:
Aussi bien qu'un époux ils sont d'autres nous-mêmes;
Et tous maux sont pareils alors qu'ils sont extrêmes.
Mais l'amant qui vous charme et pour qui vous brûlez
Ne vous est, après tout, que ce que vous voulez;
Une mauvaise humeur, un peu de jalousie,
En fait assez souvent passer la fantaisie;
Ce que peut le caprice, osez-le par raison,
Et laissez votre sang hors de comparaison:
C'est crime qu'opposer des liens volontaires
A ceux que la naissance a rendus nécessaires.
Si donc le ciel s'obstine à nous persécuter,
Seule j'ai tout à craindre, et rien à souhaiter;
Mais pour vous, le devoir vous donne, dans vos plaintes,
Où porter vos souhaits et terminer vos craintes.

CAMILLE. Je le vois bien, ma sœur, vous n'aimâtes jamais;
Vous ne connaissez point ni l'amour ni ses traits:
On peut lui résister quand il commence à naître,
Mais non pas le bannir quand il s'est rendu maître,
Et que l'aveu[21] d'un père, engageant notre foi,
A fait de ce tyran un légitime roi:
Il entre avec douceur, mais il règne par force;
Et quand l'âme une fois a goûté son amorce,[22]
Vouloir ne plus aimer, c'est ce qu'elle ne peut,
Puisqu'elle ne peut plus vouloir que ce qu'il veut:
Ses chaînes sont pour nous aussi fortes que belles.

SCÈNE V.—LE VIEIL HORACE, SABINE, CAMILLE.

LE VIEIL HORACE. Je viens vous apporter de fâcheuses nouvelles,
Mes filles; mais en vain je voudrais vous celer[23]

21. *aveu:* consent.
22. *goûté son amorce:* undergone its seductive force (tasted its bait).
23. *celer:* hide.

Ce qu'on ne vous saurait longtemps dissimuler:
Vos frères sont aux mains, les dieux ainsi l'ordonnent.

SABINE. Je veux bien l'avouer, ces nouvelles m'étonnent;
Et je m'imaginais dans la divinité
Beaucoup moins d'injustice et bien plus de bonté.
Ne nous consolez point: contre tant d'infortune
La pitié parle en vain, la raison importune.
Nous avons en nos mains la fin de nos douleurs,
Et qui veut bien mourir peut braver les malheurs.
Nous pourrions aisément faire en votre présence
De notre désespoir une fausse constance;
Mais quand on peut sans honte être sans fermeté,
L'affecter au dehors, c'est une lâcheté;
L'usage d'un tel art, nous le laissons aux hommes,
Et ne voulons passer que pour ce que nous sommes.
Nous ne demandons point qu'un courage si fort
S'abaisse à notre exemple à se plaindre du sort.
Recevez sans frémir ces mortelles alarmes;
Voyez couler nos pleurs sans y mêler vos larmes;
Enfin, pour toute grâce, en de tels déplaisirs,
Gardez votre constance, et souffrez nos soupirs.

LE VIEIL HORACE. Loin de blâmer les pleurs que je vous vois répandre,
Je crois faire beaucoup de m'en pouvoir défendre,
Et céderais peut-être à de si rudes coups,
Si je prenais ici même intérêt que vous:
Non qu'Albe par son choix m'ait fait haïr vos frères,
Tous trois me sont encor des personnes bien chères;
Mais enfin l'amitié n'est pas du même rang
Et n'a point les effets de l'amour ni du sang;
Je ne sens point pour eux la douleur qui tourmente
Sabine comme sœur, Camille comme amante:
Je puis les regarder comme nos ennemis,
Et donne sans regret mes souhaits à mes fils.
Ils sont, grâces aux dieux, dignes de leur patrie;
Aucun étonnement n'a leur gloire flétrie,[24]
Et j'ai vu leur honneur croître de la moitié,
Quand ils ont des deux camps refusé la pitié.
Si par quelque faiblesse ils l'avaient mendiée,
Si leur haute vertu ne l'eût répudiée,
Ma main bientôt sur eux m'eût vengé hautement
De l'affront que m'eût fait ce mol consentement.

24. *n'a . . . flétrie:* n'a flétri(e) leur gloire.

Mais lorsqu'en dépit d'eux on en a voulu d'autres,
Je ne le cèle point, j'ai joint mes vœux aux vôtres.
Si le ciel pitoyable eût écouté ma voix,
Albe serait réduite à faire un autre choix;
Nous pourrions voir tantôt triompher les Horaces
Sans voir leurs bras souillés du sang des Curiaces,
Et de l'événement[25] d'un combat plus humain
Dépendrait maintenant l'honneur du nom romain.
La prudence des dieux autrement en dispose;
Sur leur ordre éternel mon esprit se repose:
Il s'arme en ce besoin[26] de générosité,
Et du bonheur public fait sa félicité.
Tâchez d'en faire autant pour soulager vos peines,
Et songez toutes deux que vous êtes Romaines:
Vous l'êtes devenue, et vous l'êtes encor;
Un si glorieux titre est un digne trésor.
Un jour, un jour viendra que par toute la terre
Rome se fera craindre à l'égal du tonnerre,
Et que, tout l'univers tremblant dessous ses lois,
Ce grand nom deviendra l'ambition des rois:
Les dieux à notre Enée ont promis cette gloire.

SCÈNE VI.—LE VIEIL HORACE, SABINE, CAMILLE, JULIE.

LE VIEIL HORACE. Nous venez-vous, Julie, apprendre la victoire?
JULIE. Mais plutôt du combat les funestes effets:
Rome est sujette d'Albe, et vos fils sont défaits;
Des trois les deux sont morts, son époux[27] seul vous reste.

Jeu de scène: à quel moment Julie entre-t-elle? En quel état est-elle? Sur quel ton le vieil Horace pose-t-il la question au v. 992? Comment les trois personnages réagissent-ils à la nouvelle (v. 993–95)?

Le changement soudain d'une situation dramatique s'appelle une *péripétie* ou un *coup de théâtre*. Où Corneille a-t-il déjà employé ce procédé? Quel effet en tire-t-il ici? Comment l'a-t-il préparé dans les scènes précédentes pour s'assurer le plus grand effet possible?

Julie joue une seconde fois le rôle de messagère. Dans la deuxième scène de cet acte Corneille lui a fait annoncer sa nouvelle dans un long récit (v. 779–827): pourquoi? Ici il lui donne moins de dix vers: pourquoi?

LE VIEIL HORACE. O d'un triste combat effet vraiment funeste!
Rome est sujette d'Albe, et pour l'en garantir

25. *événement:* outcome.
26. *en ce besoin:* in this moment of peril.
27. *son époux:* Horace (Julie désigne du doigt Sabine).

Il n'a pas employé jusqu'au dernier soupir!
Non, non, cela n'est point, on vous trompe, Julie;
Rome n'est point sujette, ou mon fils est sans vie:
Je connais mieux mon sang; il sait mieux son devoir.
JULIE. Mille, de nos remparts, comme moi l'ont pu voir.
Il s'est fait admirer tant qu'ont duré ses frères;
Mais, comme il s'est vu seul contre trois adversaires,
Près d'être enfermé d'eux, sa fuite l'a sauvé.
LE VIEIL HORACE. Et nos soldats trahis ne l'ont point achevé?
Dans leurs rangs à ce lâche ils ont donné retraite?
JULIE. Je n'ai rien voulu voir après cette défaite.

Par quels moyens poétiques Corneille souligne-t-il la tension dramatique de ce moment? (Voir la division des couplets, le rythme des vers.)

CAMILLE. O mes frères!
LE VIEIL HORACE. Tout beau,[28] ne les pleurez pas tous;
Deux jouissent d'un sort dont leur père est jaloux.
Que des plus nobles fleurs leur tombe soit couverte;
La gloire de leur mort m'a payé de leur perte:
Ce bonheur a suivi leur courage invaincu,
Qu'[29]ils ont vu Rome libre autant qu'ils ont vécu,
Et ne l'[30]auront point vue obéir qu'[31]à son prince,
Ni d'un Etat voisin devenir la province.
Pleurez l'autre, pleurez l'irréparable affront
Que sa fuite honteuse imprime à notre front;
Pleurez le déshonneur de toute notre race,
Et l'opprobre éternel qu'il laisse au nom d'Horace.

Jeu de scène: sur quel ton de voix Camille dit-elle «O mes frères»? A qui pense-t-elle depuis le début de la scène? Comment l'actrice peut-elle suggérer cela?

Quels mots Corneille met-il en valeur aux v. 1017–20? Dans quel sens peut-on parler d'une évolution dans les sentiments du vieil Horace? (Comparez les v. 999–1001; 1006–7; 1017–20.)

JULIE. Que vouliez-vous qu'il fît contre trois?
LE VIEIL HORACE. Qu'il mourût,
Ou qu'un beau désespoir alors le secourût.

28. *Tout beau:* Hold on, Nay.
29. *Que* a comme antécédent *Ce bonheur.*
30. *l':* Rome.
31. *que:* except.

N'eût-il que d'un moment reculé sa défaite,
Rome eût été du moins un peu plus tard sujette;
Il eût avec honneur laissé mes cheveux gris,
Et c'était de sa vie un assez digne prix.
Il est de tout son sang comptable à sa patrie;
Chaque goutte épargnée a sa gloire flétrie;
Chaque instant de sa vie, après ce lâche tour,
Met d'autant plus ma honte avec la sienne au jour.
J'en romprai bien le cours, et ma juste colère,
Contre un indigne fils usant des droits d'un père,
Saura bien faire voir dans sa punition
L'éclatant désaveu d'une telle action.

Le vers 1021 est un des plus célèbres de la littérature française. Quels mots Corneille y met-il en valeur? Comment? Comment comprenez-vous le vers suivant? Quelle est la valeur dramatique de cette déclaration?

Qui prononce les v. 1021–34—Le père? Le chef de famille? Le citoyen romain? Quelle est l'importance structurale de ces distinctions? Expliquez.

SABINE. Ecoutez un peu moins ces ardeurs généreuses,
Et ne nous rendez point tout à fait malheureuses.
LA VIEIL HORACE. Sabine, votre cœur se console aisément;
Nos malheurs jusqu'ici vous touchent faiblement.
Vous n'avez point encor de part à nos misères:
Le ciel vous a sauvé votre époux et vos frères;
Si nous sommes sujets, c'est de votre pays;
Vos frères sont vainqueurs quand nous sommes trahis;
Et, voyant le haut point où leur gloire se monte,
Vous regardez fort peu ce qui nous vient de honte.
Mais votre trop d'amour pour cet infâme époux
Vous donnera bientôt à plaindre comme à nous.
Vos pleurs en sa faveur sont de faibles défenses:
J'atteste des grands dieux les suprêmes puissances
Qu'avant ce jour fini, ces mains, ces propres mains
Laveront dans son sang la honte des Romains.

Etudiez la structure de cette scène: quel rythme s'établit à partir du v. 1009? Pourquoi Corneille l'a-t-il construite ainsi?

Quel effet la réaction du vieil Horace a-t-elle sur les autres personnages? Sur le spectateur?

SABINE. Suivons-le promptement, la colère l'emporte.
Dieux! verrons-nous toujours des malheurs de la sorte?

Nous faudra-t-il toujours en craindre de plus grands,
Et toujours redouter la main de nos parents?

Jeu de scène: qui sort le premier? Comment? A qui Sabine parle-t-elle? Comment les femmes sortent-elles?

On critique souvent dans cet acte les scènes entre Camille et Sabine—surtout la quatrième, où on trouve des échos de la préciosité. Selon ces critiques, de telles discussions, malgré l'intérêt qu'elles aient pu avoir pour le public du dix-septième siècle, ne sont plus au goût du spectateur moderne. A-t-on raison de dire que ces scènes n'ont qu'une utilité pratique (i.e., de créer une intervalle entre les deux messages de Julie) ou ont-elles aussi une fonction structurale? Expliquez.

Etudiez la structure et le mouvement de cet acte: en quoi cet acte diffère-t-il des deux premiers? Quelle est la fonction dramatique de Julie? Celle du vieil Horace?

Au dix-septième siècle, les spectateurs avaient le temps de causer et de se promener après chaque acte; de nos jours on a tendance à n'avoir qu'un seul entr'acte, d'habitude à la fin du troisième acte. En quoi *Horace* se prête-t-il bien à l'habitude moderne? Au tomber du rideau, quels sont les sentiments du spectateur? Qu'est-ce qu'il va discuter avec ses compagnons? A quoi s'attend-il au quatrième acte?

ACTE IV

SCÈNE PREMIÈRE.—LE VIEIL HORACE, CAMILLE.

LE VIEIL HORACE. Ne me parlez jamais en faveur d'un infâme;
Qu'il me fuie à l'égal des[1] frères de sa femme:
Pour conserver un sang qu'il tient si précieux,
Il n'a rien fait encor s'il n'évite mes yeux,
Sabine y peut mettre ordre, ou derechef[2] j'atteste
Le souverain pouvoir de la troupe céleste . . .
CAMILLE. Ah! mon père, prenez un plus doux sentiment;
Vous verrez Rome même en user autrement
Et de quelque malheur que le ciel l'ait comblée,
Excuser la vertu sous le nombre accablée.
LE VIEIL HORACE. Le jugement de Rome est peu pour mon regard,
Camille; je suis père, et j'ai mes droits à part.
Je sais trop comme agit la vertu véritable:
C'est sans en triompher que le nombre l'accable;
Et sa mâle vigueur, toujours en même point,
Succombe sous la force, et ne lui cède point.
Taisez-vous, et sachons ce que nous veut Valère.

1. *à l'égal de:* in the same way he fled from.
2. *derechef:* again.

SCÈNE II.—LE VIEIL HORACE, VALÈRE, CAMILLE.

VALÈRE. Envoyé par le roi pour consoler un père,
Et pour lui témoigner . . .
LE VIEIL HORACE. N'en prenez aucun soin:
C'est un soulagement dont je n'ai pas besoin;
Et j'aime mieux voir morts que couverts d'infamie
Ceux que vient de m'ôter une main ennemie.
Tous deux pour leur pays sont morts en gens d'honneur;
Il me suffit.
VALÈRE. Mais l'autre est un rare bonheur;
De tous les trois chez vous il doit tenir la place.
LE VIEIL HORACE. Que n'a-t-on vu périr en lui le nom d'Horace!
VALÈRE. Seul vous le maltraitez après ce qu'il a fait.
LE VIEIL HORACE. C'est à moi seul aussi de punir son forfait.
VALÈRE. Quel forfait trouvez-vous en sa bonne conduite?
LE VIEIL HORACE. Quel éclat de vertu trouvez-vous en sa fuite?
VALÈRE. La fuite est glorieuse en cette occasion.
LE VIEIL HORACE. Vous redoublez ma honte et ma confusion.
Certes, l'exemple est rare et digne de mémoire,
De trouver dans la fuite un chemin à la gloire.
VALÈRE. Quelle confusion, et quelle honte à vous
D'avoir produit un fils qui nous conserve tous,
Qui fait triompher Rome, et lui gagne un empire?
A quels plus grands honneurs faut-il qu'un père aspire?
LE VIEIL HORACE. Quels honneurs, quel triomphe, et quel empire enfin,
Lorsqu'Albe sous ses lois range notre destin?
VALÈRE. Que parlez-vous ici d'Albe et de sa victoire?
Ignorez-vous encor la moitié de l'histoire?
LE VIEIL HORACE. Je sais que par sa fuite il a trahi l'Etat.
VALÈRE. Oui, s'il eût en fuyant terminé le combat;
Mais on a bientôt vu qu'il ne fuyait qu'en homme
Qui savait ménager l'avantage de Rome.
LE VIEIL HORACE. Quoi, Rome donc triomphe?
VALÈRE. Apprenez, apprenez
La valeur de ce fils qu'à tort vous condamnez.
Resté seul contre trois, mais en cette aventure
Tous trois étant blessés, et lui seul sans blessure,
Trop faible pour eux tous, trop fort pour chacun d'eux,
Il sait bien se tirer d'un pas si dangereux.
Il fuit pour mieux combattre, et cette prompte ruse
Divise adroitement trois frères qu'elle abuse.
Chacun le suit d'un pas ou plus ou moins pressé,

Selon qu'il se rencontre ou plus ou moins blessé;
Leur ardeur est égale à poursuivre sa fuite;
Mais leurs coups inégaux séparent leur poursuite.[3]
Horace, les voyant l'un de l'autre écartés,
Se retourne, et déjà les croit demi domptés:
Il attend le premier, et c'était votre gendre.[4]
L'autre,[5] tout indigné qu'il ait osé l'attendre,
En vain en l'attaquant fait paraître un grand cœur;
Le sang qu'il a perdu ralentit sa vigueur.
Albe à son tour commence à craindre un sort contraire;
Elle crie au second qu'il secoure son frère:
Il se hâte et s'épuise en efforts superflus;
Il trouve en les joignant que son frère n'est plus.

CAMILLE. Hélas!

VALÈRE. Tout hors d'haleine il prend pourtant sa place,
Et redouble bientôt la victoire d'Horace:
Son[6] courage sans force est un débile appui;
Voulant venger son frère, il tombe auprès de lui.
L'air résonne des cris qu'au ciel chacun envoie;
Albe en jette d'angoisse, et les Romains de joie.
Comme notre héros se voit près d'achever,
C'est peu pour lui de vaincre, il veut encor braver:
«J'en viens d'immoler deux aux mânes de mes frères;[7]
Rome aura le dernier de mes trois adversaires.
C'est à ses intérêts que je vais l'immoler»,
Dit-il; et tout d'un temps[8] on le voit y voler.
La victoire entre eux deux n'était pas incertaine;
L'Albain percé de coups ne se traînait qu'à peine,
Et, comme une victime aux marches de l'autel,
Il semblait présenter sa gorge au coup mortel:
Aussi le reçoit-il, peu s'en faut, sans défense,
Et son trépas de Rome établit la puissance.

LE VIEIL HORACE. O mon fils! ô ma joie! ô l'honneur de nos jours!
O d'un Etat penchant[9] l'inespéré secours!
Vertu digne de Rome, et sang digne d'Horace!
Appui de ton pays, et gloire de ta race!
Quand pourrai-je étouffer dans tes embrassements
L'erreur dont j'ai formé de si faux sentiments?

3. *leurs . . . poursuite:* the different degree of severity of their wounds separates them during the chase.
4. *votre gendre:* Curiace.
5. *L'autre:* Curiace.
6. *Son:* le deuxième Curiace.
7. A Rome, on offrait pendant l'année de nombreux sacrifices aux âmes des morts (mânes), qu'on considérait comme divinités.
8. *tout . . . temps:* immediately.
9. *penchant:* tottering.

Quand pourra mon amour baigner avec tendresse
Ton front victorieux de larmes d'allégresse?

VALÈRE. Vos caresses bientôt pourront se déployer:
Le roi dans un moment vous le va renvoyer,
Et remet à demain la pompe[10] qu'il prépare
D'un sacrifice aux dieux pour un bonheur si rare;
Aujourd'hui seulement on s'acquitte vers eux
Par des chants de victoire et par de simples vœux.
C'est où le roi le mène, et tandis[11] il m'envoie
Faire office vers vous de[12] douleur et de joie;
Mais cet office encor n'est pas assez pour lui;
Il y viendra lui-même, et peut-être aujourd'hui:
Il croit mal reconnaître une vertu si pure,
Si de sa propre bouche il ne vous en assure,
S'il ne vous dit chez vous combien vous doit l'Etat.

LE VIEIL HORACE. De tels remerciements ont pour moi trop d'éclat,
Et je me tiens déjà trop payé par les vôtres
Du service d'un fils, et du sang des deux autres.

VALÈRE. Il ne sait ce que c'est d'honorer à demi;
Et son sceptre arraché des mains de l'ennemi
Fait qu'il tient cet honneur qu'il lui plaît de vous faire
Au-dessous du mérite et du fils et du père.
Je vais lui témoigner quels nobles sentiments
La vertu vous inspire en tous vos mouvements,
Et combien vous montrez d'ardeur pour son service.

LE VIEIL HORACE. Je vous devrai beaucoup pour un si bon office.

SCÈNE III.—LE VIEIL HORACE, CAMILLE.

LE VIEIL HORACE. Ma fille, il n'est plus temps de répandre des pleurs;
Il sied mal d'en verser où l'on voit tant d'honneurs:
On pleure injustement des pertes domestiques,[13]
Quand on en voit sortir des victoires publiques.
Rome triomphe d'Albe, et c'est assez pour nous;
Tous nos maux à ce prix doivent nous être doux.
En la mort d'un amant vous ne perdez qu'un homme
Dont la perte est aisée à réparer dans Rome;
Après cette victoire, il n'est point de Romain
Qui ne soit glorieux de vous donner la main.
Il me faut à Sabine en porter la nouvelle;

10. *pompe:* solemn ceremony.
11. *tandis:* meanwhile.
12. *Faire . . . de:* To act as his official representative in conveying to you.
13. *domestiques:* personal (in the family).

Ce coup sera sans doute assez rude pour elle,
Et ses trois frères morts par la main d'un époux
Lui donneront des pleurs bien plus justes qu'à vous;
Mais j'espère aisément en dissiper l'orage,
Et qu'un peu de prudence aidant son grand courage
Fera bientôt régner sur un si noble cœur
Le généreux amour qu'elle doit au vainqueur.
Cependant étouffez cette lâche tristesse;
Recevez-le, s'il vient, avec moins de faiblesse;
Faites-vous voir sa sœur, et qu'en un même flanc
Le ciel vous a tous deux formés d'un même sang.

SCÈNE IV.—CAMILLE.

Oui, je lui ferai voir, par d'infaillibles marques,
Qu'un véritable amour brave[14] la main des Parques,[15]
Et ne prend point de lois de ces cruels tyrans
Qu'un astre injurieux[16] nous donne pour parents.
Tu blâmes ma douleur, tu l'oses nommer lâche;
Je l'aime d'autant plus que plus elle te fâche,
Impitoyable père, et par un juste effort
Je la veux rendre égale aux rigueurs de mon sort.
En vit-on jamais un dont les rudes traverses
Prissent en moins de rien tant de faces diverses,
Qui fût doux tant de fois, et tant de fois cruel,
Et portât tant de coups avant le coup mortel?
Vit-on jamais une âme en un jour plus atteinte
De joie et de douleur, d'espérance et de crainte,
Asservie en esclave à plus d'événements,
Et le piteux jouet de plus de changements?
Un oracle m'assure, un songe me travaille;[17]
La paix calme l'effroi que me fait la bataille;
Mon hymen se prépare, et presque en un moment
Pour combattre mon frère on choisit mon amant;
Ce choix me désespère, et tous le désavouent;
La partie est rompue,[18] et les dieux la renouent;
Rome semble vaincue, et seul des trois Albains
Curiace en mon sang n'a point trempé ses mains.

14. *brave:* confronts.
15. Les Parques, divinités mythologiques des Enfers, présidaient à la destinée des hommes; une des trois, Atropos, coupait le fil qui representait la vie (action symbolisant la mort).
16. *astre injurieux:* unjust fate.
17. *travaille:* torments.
18. *La . . . rompue:* The contest (duel) is canceled.

O dieux! sentais-je alors des douleurs trop légères
Pour le malheur de Rome et la mort de deux frères,
Et me flattais-je trop quand je croyais pouvoir
L'aimer encor sans crime et nourrir quelque espoir?
Sa mort m'en punit bien, et la façon cruelle
Dont mon âme éperdue en reçoit la nouvelle:
Son rival me l'apprend, et, faisant à mes yeux
D'un si triste succès le récit odieux,
Il porte sur le front une allégresse ouverte,
Que le bonheur public fait bien moins que ma perte;[19]
Et bâtissant en l'air sur le malheur d'autrui,
Aussi bien que mon frère il triomphe de lui.
Mais ce n'est rien encore au prix de ce qui reste:
On demande ma joie en un jour si funeste;
Il me faut applaudir aux exploits du vainqueur,
Et baiser une main qui me perce le cœur.
En un sujet de pleurs si grand, si légitime,
Se plaindre est une honte, et soupirer un crime;
Leur brutale vertu veut qu'on s'estime heureux,
Et si l'on n'est barbare, on n'est point généreux.
  Dégénérons, mon cœur, d'un si vertueux père;
Soyons indigne sœur d'un si généreux frère:
C'est gloire de passer pour un cœur abattu,
Quand la brutalité fait la haute vertu.
Eclatez, mes douleurs: à quoi bon vous contraindre?
Quand on a tout perdu, que saurait-on plus craindre?
Pour ce cruel vainqueur n'ayez point de respect;
Loin d'éviter ses yeux, croissez à son aspect;
Offensez sa victoire, irritez sa colère,
Et prenez, s'il se peut, plaisir à lui déplaire.
Il vient: préparons-nous à montrer constamment[20]
Ce que doit une amante à la mort d'un amant.

Quel est l'état d'esprit du spectateur au moment où le vieil Horace quitte la scène? Par quels moyens dramatiques Corneille a-t-il préparé ce moment?

La typographie divise le monologue de Camille en trois parties; lisez-le à haute voix en soulignant par le ton de voix les trois mouvements: (a) V. 1195–1202—à quel moment Camille se met-elle à parler? A qui s'adresse-t-elle? Quel accent donne-t-elle à ses paroles? (b) V. 1203–38—à qui s'adresse-t-elle maintenant? Quelle progression doit-on souligner à l'inté-

19. *Que . . . perte:* In which the happiness of the people plays a lesser role than does my loss of Curiace.

20. *constamment:* unswervingly.

rieur de ce mouvement? (c) V. 1239–50—sur quels mots apparemment contradictoires insiste-t-elle ici? Jusqu'à quel point doit-elle sembler maîtresse de ses sentiments?

Comparez ce monologue-ci à celui de Sabine (III, 1): ont-ils la même structure? Ont-ils la même fonction dramatique? Expliquez.

SCÈNE V.—HORACE, CAMILLE, PROCULE.

HORACE. Ma sœur, voici le bras qui venge nos deux frères,
Le bras qui rompt le cours de nos destins contraires,
Qui nous rend maîtres d'Albe; enfin voici le bras
Qui seul fait aujourd'hui le sort de deux Etats;
Vois ces marques d'honneur,[21] ces témoins de ma gloire,
Et rends ce que tu dois à l'heur de ma victoire.
CAMILLE. Recevez donc mes pleurs, c'est ce que je lui dois.

Quel est l'état d'esprit du spectateur au moment où Horace apparaît? Comment cette scène s'insère-t-elle dans le rythme de cet acte?

Pourquoi Corneille fait-il accompagner Horace de Procule? Celui-ci ne dit rien au cours de la scène: qu'est-ce que l'acteur peut faire pour y participer?

Par quels moyens Corneille souligne-t-il dès le début le gouffre qui sépare maintenant le frère et la sœur? (Etudiez en détail les v. 1256–57.)

Jeu de scène: quel ton de voix Horace prend-il? Camille doit-elle le regarder? Sur quel ton lui répond-elle? Quel rôle donneriez-vous aux épées dans votre mise en scène?

HORACE. Rome n'en veut point voir après de tels exploits,
Et nos deux frères morts dans le malheur des armes
Sont trop payés de sang pour exiger des larmes:
Quand la perte est vengée, on n'a plus rien perdu.
CAMILLE. Puisqu'ils sont satisfaits par le sang épandu,
Je cesserai pour eux de paraître affligée,
Et j'oublierai leur mort que vous avez vengée;
Mais qui me vengera de celle d'un amant,
Pour me faire oublier sa perte en un moment?
HORACE. Que dis-tu, malheureuse?
CAMILLE. O mon cher Curiace!
HORACE. O d'une indigne sœur insupportable audace!
D'un ennemi public dont je reviens vainqueur
Le nom est dans ta bouche et l'amour dans ton cœur!
Ton ardeur criminelle à la vengeance aspire!
Ta bouche la demande, et ton cœur la respire!

21. *ces . . . honneur:* les épées des Curiaces (trophées de guerre gagnées par Horace) que porte Procule.

Suis moins ta passion, règle mieux tes désirs,
Ne me fais plus rougir d'entendre tes soupirs;
Tes flammes désormais doivent être étouffées;
Bannis-les de ton âme, et songe à mes trophées
Qu'ils soient dorénavant ton unique entretien.
CAMILLE. Donne-moi donc, barbare, un cœur comme le tien;
Et si tu veux enfin que je t'ouvre mon âme,
Rends-moi mon Curiace, ou laisse agir ma flamme:
Ma joie et mes douleurs dépendaient de son sort;
Je l'adorais vivant, et je le pleure mort.
  Ne cherche plus ta sœur où tu l'avais laissée;
Tu ne revois en moi qu'une amante offensée,
Qui, comme une furie[22] attachée à tes pas,
Te veut incessamment reprocher son trépas.
Tigre altéré de sang, qui me défends les larmes,
Qui veux que dans sa mort je trouve encor des charmes,
Et que, jusques au ciel élevant tes exploits,
Moi-même je le tue une seconde fois!
Puissent[23] tant de malheurs accompagner ta vie
Que tu tombes au point de me porter envie;
Et toi, bientôt souiller par quelque lâcheté
Cette gloire si chère à ta brutalité!

Sur quel ton de voix Camille dit-elle «O mon cher Curiace!» (v. 1267)? Comment Horace désigne-t-il Curiace au v. 1269? Quelle est la fonction dramatique de cette désignation?

Quel changement a lieu au v. 1278? Quels mots Camille détache-t-elle aux v. 1278, 1280, 1287?

Quel doit être l'effet des v. 1291–94 sur Horace? Sur le spectateur?

HORACE. O ciel! qui vit jamais une pareille rage!
Crois-tu donc que je sois insensible à l'outrage,
Que je souffre en mon sang ce mortel déshonneur?
Aime, aime cette mort qui fait notre bonheur,
Et préfère du moins au souvenir d'un homme
Ce que doit ta naissance aux intérêts de Rome.
CAMILLE. Rome, l'unique objet de mon ressentiment!
Rome, à qui vient ton bras d'immoler mon amant!
Rome qui t'a vu naître, et que ton cœur adore!
Rome enfin que je hais parce qu'elle t'honore!

22. Les Furies, filles de la Terre, devaient punir les crimes en poursuivant sans cesse les criminels; elles avaient les cheveux entrelacés de serpents et portaient un poignard et une torche ardente.

23. *Puissent:* May (beginning of an imprecation).

Puissent tous ses voisins ensemble conjurés
Saper ses fondements encor mal assurés!
Et si ce n'est assez de toute l'Italie,
Que l'Orient contre elle à l'Occident s'allie;
Que cent peuples unis des bouts de l'univers
Passent pour la détruire et les monts et les mers!
Qu'elle-même sur soi renverse ses murailles,
Et de ses propres mains déchire ses entrailles!
Que le courroux du ciel allumé par mes vœux
Fasse pleuvoir sur elle un déluge de feux!
Puissé-je de mes yeux y voir tomber ce foudre,
Voir ses maisons en cendre, et tes lauriers en poudre,
Voir le dernier Romain à son dernier soupir,
Moi seule en être cause, et mourir de plaisir!

Quelles oppositions Corneille met-il en valeur aux v. 1298–1300? Quels sentiments le jeu de l'acteur doit-il révéler à ce moment de la confrontation?

Imaginez le jeu de scène pour la tirade de Camille (v. 1301–18): où sont les deux personnages? Sur quel ton de voix Camille prononce-t-elle chaque fois le mot «Rome»? Quelle progression y a-t-il dans les imprécations de Camille (v. 1305–18)? Sur quel(s) ton(s) de voix l'actrice doit-elle les dire? Comment Horace y réagit-il?

HORACE. *(mettant la main à l'épée, et poursuivant sa sœur qui s'enfuit.)*
C'est trop, ma patience à la raison fait place;
Va dedans les enfers plaindre ton Curiace.

CAMILLE. *(blessée derrière le théâtre.[24])*
Ah! traître!

HORACE. *(revenant sur le théâtre.)* Ainsi reçoive un châtiment soudain
Quiconque ose pleurer un ennemi romain!

Imaginez le jeu de scène pour le meurtre. Pourquoi Corneille a-t-il fait tuer Camille dans les coulisses plutôt que sur la scène?

Expliquez les v. 1319–20: comment comprenez-vous le mot «raison»? Pourquoi Horace dit-il «ton Curiace»?

Sur quel ton de voix Horace prononce-t-il les v. 1321–22? Quel effet ces vers et le meurtre de Camille ont-ils sur le spectateur?

Pour quelles raisons dramatiques et structurales Corneille a-t-il choisi ce moment précis (v. 1319) pour faire tuer Camille?

SCÈNE VI.—HORACE, PROCULE.

PROCULE. Que venez-vous de faire?

24. *derrière le théâtre:* offstage.

HORACE. Un acte de justice:
Un semblable forfait vaut un pareil supplice.
PROCULE. Vous deviez la traiter avec moins de rigueur.
HORACE. Ne me dis point qu'elle est et mon sang et ma sœur.
Mon père ne peut plus l'avouer pour sa fille:
Qui maudit son pays renonce à sa famille;
Des noms si pleins d'amour ne lui sont plus permis;
De ses plus chers parents il fait ses ennemis:
Le sang même les arme en haine de son crime.[25]
La plus prompte vengeance en est plus[26] légitime:
Et ce souhait impie encore qu'impuissant,
Est un monstre qu'il faut étouffer en naissant.

SCÈNE VII.—HORACE, SABINE, PROCULE.

SABINE. A quoi s'arrête ici ton illustre colère?
Viens voir mourir ta sœur dans les bras de ton père;
Viens repaître tes yeux d'un spectacle si doux:
Ou, si tu n'es point las de ces généreux coups,
Immole au cher pays des vertueux Horaces
Ce reste malheureux du sang des Curiaces.
Si prodigue du tien, n'épargne pas le leur;
Joins Sabine à Camille, et ta femme à ta sœur;
Nos crimes sont pareils, ainsi que nos misères;
Je soupire comme elle et déplore mes frères:
Plus coupable en ce point contre tes dures lois,
Qu'elle n'en pleurait qu'un, et que j'en pleure trois,
Qu'après son châtiment ma faute continue.
HORACE. Sèche tes pleurs, Sabine, ou les cache à ma vue.
Rends-toi digne du nom de ma chaste moitié,
Et ne m'accable point d'une indigne pitié.
Si l'absolu pouvoir d'une pudique flamme
Ne nous laisse à tous deux qu'un penser et qu'une âme,
C'est à toi d'élever tes sentiments aux miens,
Non à moi de descendre à la honte des tiens.
Je t'aime, et je connais la douleur qui te presse;
Embrasse ma vertu pour vaincre ta faiblesse,
Participe à ma gloire au lieu de la souiller.
Tâche à t'en revêtir, non à m'en dépouiller.
Es-tu de mon honneur si mortelle ennemie,

25. *Le . . . crime:* Their common lineage fills them (his relatives) with even greater hatred of his crime.

26. *plus:* le plus.

Que je te plaise mieux couvert d'une infamie?
Sois plus femme que sœur, et, te réglant sur moi,
Fais-toi de mon exemple une immuable loi.
SABINE. Cherche pour t'imiter des âmes plus parfaites.
Je ne t'impute point les pertes que j'ai faites,
J'en ai les sentiments que je dois en avoir,
Et je m'en prends au sort plutôt qu'à ton devoir;
Mais enfin je renonce à la vertu romaine,
Si pour la posséder je dois être inhumaine;
Et ne puis voir en moi la femme du vainqueur
Sans y voir des vaincus la déplorable sœur.
  Prenons part en public aux victoires publiques,
Pleurons dans la maison nos malheurs domestiques,
Et ne regardons point des biens communs à tous,
Quand nous voyons des maux qui ne sont que pour nous.
Pourquoi veux-tu, cruel, agir d'une autre sorte?
Laisse en entrant ici tes lauriers à la porte;
Mêle tes pleurs aux miens. Quoi? ces lâches discours
N'arment point ta vertu contre mes tristes jours?
Mon crime redoublé n'émeut point ta colère?
Que Camille est heureuse! elle a pu te déplaire;
Elle a reçu de toi ce qu'elle a prétendu,[27]
Et recouvre là-bas tout ce qu'elle a perdu.
Cher époux, cher auteur du tourment qui me presse,
Ecoute la pitié, si ta colère cesse;
Exerce l'une ou l'autre, après de tels malheurs,
A punir ma faiblesse ou finir mes douleurs:
Je demande la mort pour grâce, ou pour supplice;
Qu'elle soit un effet d'amour ou de justice,
N'importe: tous ses traits n'auront rien que de doux,
Si je les vois partir de la main d'un époux.
HORACE. Quelle injustice aux dieux d'abandonner aux femmes
Un empire si grand sur les plus belles âmes,
Et de se plaire à voir de si faibles vainqueurs
Régner si puissamment sur les plus nobles cœurs!
A quel point ma vertu devient-elle réduite!
Rien ne la saurait plus garantir que la fuite.
Adieu: ne me suis point, ou retiens tes soupirs.
SABINE. (*seule.*) O colère, ô pitié, sourdes à mes désirs,
Vous négligez mon crime, et ma douleur vous lasse,

27. *prétendu:* sought.

Et je n'obtiens de vous ni supplice ni grâce!
Allons-y par nos pleurs faire encore un effort,
Et n'employons après que nous à notre mort.[28]

Le quatrième acte commence par une scène entre Camille et le vieil Horace. Ils sont souvent ensemble (II, 7; III, 5, 6; IV, 1, 2, 3), mais Camille ne s'adresse directement à son pere qu'à une seule occasion (v. 1061–64). Quels effets dramatiques et structuraux Corneille tire-t-il de cette absence de contact direct?

Camille est sur la scène dès le début de l'acte; pourtant, après avoir parlé à son père (v. 1061–64) elle ne dit qu'un seul mot (v. 1123) jusqu'au début de la scène 4 (v. 1195). Imaginez sa mimique au cours des scènes 2 et 3; où est-elle sur la scène? Dans quelle mesure faut-il que le spectateur soit conscient de sa présence? Quel effet sa présence peut-elle avoir sur le ton de ces scènes? Comment ces scènes contribuent-elles au mouvement de l'acte?

Pourquoi Corneille n'a-t-il pas terminé l'acte après son moment le plus intensément dramatique (i.e., le meurtre de Camille)? Quelles sont les fonctions dramatiques et structurales de la scène 6 (Horace-Procule)? De la scène 7 (Horace-Sabine)?

Le quatrième acte pose de nombreux problèmes pour le metteur en scène: Camille veut-elle qu'Horace la tue? Ses imprécations sont-elles une démarche calculée ou l'explosion d'une âme cruellement blessée? Horace tue-t-il froidement au nom de la justice? Se laisse-t-il emporter par son patriotisme? Par autre chose? Est-il un monstre? Un héros? Une victime? En réfléchissant à ces questions, imaginez les différentes façons de jouer cet acte (et surtout la scène 5): comment influencent-elles l'action et, par conséquent, le sens de la pièce? Laquelle préférez-vous? Pourquoi?

28. *Et . . . mort:* After that (final effort) let's rely only on ourselves (i.e., myself) to find a way to die.

ACTE V

SCÈNE PREMIÈRE.—LE VIEIL HORACE, HORACE.

LE VIEIL HORACE. Retirons nos regards de cet objet funeste,[1]
Pour admirer ici le jugement céleste:
Quand la gloire nous enfle, il sait bien comme il faut
Confondre notre orgueil qui s'élève trop haut.
Nos plaisirs les plus doux ne vont point sans tristesse;
Il mêle à nos vertus des marques de faiblesse
Et rarement accorde à notre ambition
L'entier et pur honneur d'une bonne action.
Je ne plains point Camille: elle était criminelle;

1. *objet funeste:* le cadavre de Camille.

Je me tiens plus à plaindre, et je te plains plus qu'elle:
Moi, d'avoir mis au jour un cœur si peu romain;
Toi, d'avoir par sa mort déshonoré ta main.
Je ne la trouve point injuste ni trop prompte;
Mais tu pouvais, mon fils, t'en épargner la honte:
Son crime, quoique énorme et digne du trépas,
Etait mieux impuni que puni par ton bras.

HORACE. Disposez de mon sang, les lois vous en font maître;
J'ai cru devoir le sien aux lieux qui m'ont vu naître.
Si dans vos sentiments mon zèle est criminel,
S'il m'en faut recevoir un reproche éternel,
Si ma main en devient honteuse et profanée,
Vous pouvez d'un seul mot trancher ma destinée.
Reprenez tout ce sang de qui ma lâcheté
A si brutalement souillé la pureté.
Ma main n'a pu souffrir de crime en votre race;
Ne souffrez point de tache en la maison d'Horace.
C'est en ces actions dont[2] l'honneur est blessé
Qu'un père tel que vous se montre intéressé.[3]
Son amour doit se taire où toute excuse est nulle;
Lui-même il y prend part lorsqu'il les dissimule;
Et de sa propre gloire il fait trop peu de cas,
Quand il ne punit point ce qu'il n'approuve pas.

LE VIEIL HORACE. Il n'use pas toujours d'une rigueur extrême;
Il épargne ses fils bien souvent pour soi-même;
Sa vieillesse sur eux aime à se soutenir,
Et ne les punit point, de peur de se punir.
Je te vois d'un autre œil que tu ne te regardes;
Je sais . . . Mais le roi vient, je vois entrer ses gardes.

SCÈNE II.—TULLE, VALÈRE, LE VIEIL HORACE, HORACE, TROUPE DE GARDES.

LE VIEIL HORACE. Ah! sire, un tel honneur a trop d'excès pour moi;
Ce n'est point en ce lieu que je dois voir mon roi:
Permettez qu'à genoux . . .

TULLE. Non, levez-vous, mon père:
Je fais ce qu'en ma place un bon prince doit faire.
Un si rare service et si fort important

2. *dont:* par lesquelles.

3. *se . . . intéressé:* takes a definite stand.

Veut l'honneur le plus rare et le plus éclatant.
(Montrant Valère.)
Vous en aviez déjà sa parole pour gage;
Je ne l'ai pas voulu différer davantage.
J'ai su par son rapport, et je n'en doutais pas,
Comme de vos deux fils vous portez le trépas,
Et que déjà votre âme étant trop résolue,
Ma consolation vous serait superflue:
Mais je viens de savoir quel étrange malheur
D'un fils victorieux a suivi la valeur,
Et que son trop d'amour pour la cause publique
Par ses mains à son père ôte une fille unique.
Ce coup est un peu rude à l'esprit le plus fort,
Et je doute[4] comment vous portez[5] cette mort.

LE VIEIL HORACE. Sire, avec déplaisir, mais avec patience.

TULLE. C'est l'effet vertueux de votre expérience.
Beaucoup par un long âge ont appris comme vous
Que le malheur succède au bonheur le plus doux:
Peu savent comme vous s'appliquer ce remède,
Et dans leur intérêt[6] toute leur vertu cède.
Si vous pouvez trouver dans ma compassion
Quelque soulagement pour votre affliction,
Ainsi que votre mal sachez qu'elle est extrême
Et que je vous en plains autant que je vous aime.

VALÈRE. Sire, puisque le ciel entre les mains des rois
Dépose sa justice et la force des lois,
Et que l'Etat demande aux princes légitimes
Des prix pour les vertus, des peines pour les crimes,
Souffrez qu'un bon sujet vous fasse souvenir
Que vous plaignez beaucoup ce qu'il vous faut punir.
Souffrez . . .

LE VIEIL HORACE. Quoi? Qu'on envoie un vainqueur au supplice?

TULLE. Permettez qu'il achève, et je ferai justice:
J'aime à la rendre à tous, à toute heure, en tout lieu.
C'est par elle qu'un roi se fait un demi-dieu;
Et c'est dont je vous plains, qu'après un tel service
On puisse contre lui me demander justice.

VALÈRE. Souffrez donc, ô grand roi, le plus juste des rois,
Que tous les gens de bien vous parlent par ma voix.
Non que nos cœurs jaloux de ses honneurs s'irritent;

4. *doute:* wonder.
5. *portez:* bear.
6. *dans . . . intérêt:* when they are involved.

S'il en reçoit beaucoup, ses hauts faits le méritent;
Ajoutez-y plutôt que d'en diminuer:
Nous sommes tous encor prêts d'y contribuer;
Mais puisque d'un tel crime il s'est montré capable,
Qu'il triomphe en vainqueur et périsse en coupable.
Arrêtez sa fureur, et sauvez de ses mains,
Si vous voulez régner, le reste des Romains:
Il y va de la perte ou du salut du reste.
 La guerre avait un cours si sanglant, si funeste,
Et les nœuds de l'hymen, durant nos bons destins,
Ont tant de fois uni des peuples si voisins
Qu'il est peu de Romains que le parti contraire
N'intéresse en la mort d'un gendre ou d'un beau-frère,[7]
Et qui ne soient forcés de donner quelques pleurs,
Dans le bonheur public, à leurs propres malheurs.
Si c'est offenser Rome, et que l'heur de ses armes
L'autorise à punir ce crime de nos larmes.[8]
Quel sang épargnera ce barbare vainqueur,
Qui ne pardonne pas à celui de sa sœur,
Et ne peut excuser cette douleur pressante
Que la mort d'un amant jette au cœur d'une amante,
Quand, près d'être éclairés du nuptial flambeau,
Elle voit avec lui son espoir au tombeau?
Faisant triompher Rome, il se l'est asservie;
Il a sur nous un droit et de mort et de vie;
Et nos jours criminels ne pourront plus durer
Qu'autant qu'à sa clémence il plaira l'endurer.
 Je pourrais ajouter aux intérêts de Rome
Combien un pareil coup est indigne d'un homme;
Je pourrais demander qu'on mît devant vos yeux
Ce grand et rare exploit d'un bras victorieux:
Vous verriez un beau sang, pour accuser sa rage,
D'un frère si cruel rejaillir au visage:
Vous verriez des horreurs qu'on ne peut concevoir;
Son âge et sa beauté vous pourraient émouvoir;
Mais je hais ces moyens qui sentent l'artifice.
Vous avez à demain remis le sacrifice:
Pensez-vous que les dieux, vengeurs des innocents,
D'une main parricide acceptent de l'encens?

7. *Qu'il . . . beau-frère:* That there are few Romans who are not affected by the death of a son-in-law or a brother-in-law.

8. *ce . . . larmes:* this crime we commit by mourning.

Sur vous ce sacrilège attirerait sa peine;[9]
Ne le considérez qu'en objet de leur haine,
Et croyez avec nous qu'en tous ces trois combats
Le bon destin de Rome a plus fait que son bras,
Puisque ces mêmes dieux, auteurs de sa victoire,
Ont permis qu'aussitôt il en souillât la gloire,
Et qu'un si grand courage, après ce noble effort,
Fût digne en même jour de triomphe et de mort.
Sire, c'est ce qu'il faut que votre arrêt décide.
En ce lieu Rome a vu le premier parricide,[10]
La suite en est à craindre, et la haine des cieux:
Sauvez-vous de sa main, et redoutez les dieux.

TULLE. Défendez-vous, Horace.

HORACE. A quoi bon me défendre?
Vous savez l'action, vous la venez d'entendre;
Ce que vous en croyez me doit être une loi.
Sire, on se défend mal contre l'avis d'un roi
Et le plus innocent devient soudain coupable,
Quand aux yeux de son prince il paraît condamnable.
C'est crime qu'envers lui se vouloir excuser:
Notre sang est son bien, il en peut disposer;
Et c'est à nous de croire, alors qu'il en dispose,
Qu'il ne s'en prive point sans une juste cause.
Sire, prononcez donc, je suis prêt d'obéir;
D'autres aiment la vie, et je la dois haïr.
Je ne reproche point à l'ardeur de Valère
Qu'en amant de la sœur il accuse le frère:
Mes vœux avec les siens conspirent[11] aujourd'hui;
Il demande ma mort, je la veux comme lui.
Un seul point entre nous met cette différence,
Que mon honneur par là cherche son assurance,
Et qu'à ce même but nous voulons arriver,
Lui pour flétrir ma gloire, et moi pour la sauver.
Sire, c'est rarement qu'il s'offre une matière
A montrer d'un grand cœur la vertu tout entière.
Suivant l'occasion elle agit plus ou moins,
Et paraît forte ou faible aux yeux de ses témoins.
Le peuple, qui voit tout seulement par l'écorce,[12]

9. *Sur . . . peine:* This sacrilegious person (Horace) would cause to fall upon you the punishment he deserves (from the gods).

10. Romulus (Romule), fondateur de Rome, a tué son frère Remus.

11. *conspirent:* are in agreement.

12. *écorce:* bark (of a tree).

S'attache à son effet[13] pour juger de sa force,[14]
Il veut que ses dehors gardent un même cours,
Qu'ayant fait un miracle, elle en fasse toujours.
Après une action pleine, haute, éclatante,
Tout ce qui brille moins remplit mal son attente;
Il veut qu'on soit égal en tout temps, en tous lieux;
Il n'examine point si lors on pouvait mieux,
Ni que, s'il ne voit pas sans cesse une merveille,
L'occasion est moindre et la vertu pareille:
Son injustice accable et détruit les grands noms;
L'honneur des premiers faits se perd par les seconds,
Et quand la renommée a passé l'ordinaire,
Si l'on n'en veut déchoir, il faut ne plus rien faire.
  Je ne vanterai point les exploits de mon bras;
Votre Majesté, sire, a vu mes trois combats:
Il est bien malaisé qu'un pareil les seconde,[15]
Qu'une autre occasion à celle-ci réponde,
Et que tout mon courage, après de si grands coups,
Parvienne à des succès qui n'aillent au-dessous;
Si bien que, pour laisser une illustre mémoire,
La mort seule aujourd'hui peut conserver ma gloire:
Encor la fallait-il sitôt que j'eus vaincu,
Puisque pour mon honneur j'ai déjà trop vécu.
Un homme tel que moi voit sa gloire ternie,
Quand il tombe en péril de quelque ignominie,
Et ma main aurait su déjà m'en garantir;
Mais sans votre congé[16] mon sang n'ose sortir:
Comme il vous appartient, votre aveu doit se prendre;[17]
C'est vous le dérober qu'autrement le répandre.
Rome ne manque point de généreux guerriers;
Assez d'autres sans moi soutiendront vos lauriers;
Que Votre Majesté désormais m'en dispense;
Et si ce que j'ai fait vaut quelque récompense,
Permettez, ô grand roi, que de ce bras vainqueur
Je m'immole à ma gloire, et non pas à ma sœur.

SCÈNE III.—TULLE, VALÈRE, LE VIEIL HORACE, SABINE.

SABINE. Sire, écoutez Sabine, et voyez dans son âme
Les douleurs d'une sœur, et celles d'une femme

13. *effet:* results.
14. *force:* strength.
15. *qu'un . . . seconde:* that a similar (combat) follow them.
16. *congé:* permission.
17. *votre . . . prendre:* your consent must be obtained.

Qui, toute désolée, à vos sacrés genoux,
Pleure pour sa famille et craint pour son époux.
Ce n'est pas que je veuille avec cet artifice
Dérober un coupable aux bras de la justice:
Quoi qu'il ait fait pour vous, traitez-le comme tel,
Et punissez en moi ce noble criminel;
De mon sang malheureux expiez tout son crime;
Vous ne changerez point pour cela de victime:
Ce n'en sera point prendre une injuste pitié,
Mais en sacrifier la plus chère moitié.
Les nœuds de l'hyménée et son amour extrême
Font qu'il vit plus en moi qu'il ne vit en lui-même;
Et si vous m'accordez de mourir aujourd'hui,
Il mourra plus en moi qu'il ne mourrait en lui;
La mort que je demande, et qu'il faut que j'obtienne,
Augmentera sa peine et finira la mienne.
Sire, voyez l'excès de mes tristes ennuis,[18]
Et l'effroyable état où mes jours sont réduits.
Quelle horreur d'embrasser un homme dont l'épée
De toute ma famille a la trame coupée!
Et quelle impiété de haïr un époux
Pour avoir bien servi les siens, l'Etat et vous!
Aimer un bras souillé du sang de tous mes frères!
N'aimer pas un mari qui finit nos misères!
Sire, délivrez-moi par un heureux trépas
Des crimes de l'aimer et de ne l'aimer pas;
J'en nommerai l'arrêt une faveur bien grande.
Ma main peut me donner ce que je vous demande;
Mais ce trépas enfin me sera bien plus doux,
Si je puis de sa honte affranchir mon époux;
Si je puis par mon sang apaiser la colère
Des dieux qu'a pu fâcher sa vertu trop sévère,
Satisfaire en mourant aux mânes de sa sœur,
Et conserver à Rome un si bon défenseur.

LE VIEIL HORACE. *(au roi.)* Sire, c'est donc à moi de répondre à Valère.
Mes enfants avec lui conspirent contre un père:
Tous trois veulent me perdre et s'arment sans raison
Contre si peu de sang qui reste en ma maison.
(A Sabine.)
Toi, qui, par des douleurs à ton devoir contraires,
Veux quitter un mari pour rejoindre tes frères,
Va plutôt consulter leurs mânes généreux;

18. *ennuis:* afflictions.

Ils sont morts, mais pour Albe, et s'en tiennent heureux:
Puisque le ciel voulait qu'elle fût asservie,
Si quelque sentiment demeure après la vie,
Ce mal leur semble moindre, et moins rudes ses coups,
Voyant que tout l'honneur en retombe sur nous;
Tous trois désavoueront la douleur qui te touche,
Les larmes de tes yeux, les soupirs de ta bouche,
L'horreur que tu fais voir d'un mari vertueux.
Sabine, sois leur sœur, suis ton devoir comme eux.
(Au roi.)
Contre ce cher époux Valère en vain s'anime:
Un premier mouvement[19] ne fut jamais un crime;
Et la louange est due, au lieu du châtiment,
Quand la vertu produit ce premier mouvement.
Aimer nos ennemis avec idolâtrie,
De rage en leur trépas maudire la patrie,
Souhaiter à l'Etat un malheur infini,
C'est ce qu'on nomme crime, et ce qu'il a puni.
Le seul amour de Rome a sa main animée:
Il serait innocent s'il l'avait moins aimée.
Qu'ai-je dit, sire? il l'est, et ce bras paternel
L'aurait déjà puni s'il était criminel:
J'aurais su mieux user de l'entière puissance
Que me donne sur lui les droits de la naissance;
J'aime trop l'honneur, sire, et ne suis point de rang
A souffrir ni d'affront ni de crime en mon sang.
C'est dont je ne veux point de témoin que[20] Valère:
Il[21] a vu quel accueil lui[22] gardait ma colère,
Lorsqu'ignorant encor la moitié du combat,
Je croyais que sa fuite avait trahi l'Etat.
Qui[23] le fait se charger des soins de ma famille?
Qui le fait, malgré moi, vouloir venger ma fille?
Et par quelle raison, dans son juste trépas,
Prend-il un intérêt qu'un père ne prend pas?
On craint qu'après sa sœur il n'en maltraite d'autres!
Sire, nous n'avons part qu'à la honte des nôtres,
Et de quelque façon qu'un autre puisse agir,
Qui ne nous touche point ne nous fait point rougir.
(A Valère.)
Tu peux pleurer, Valère, et même aux yeux d'Horace;

19. *premier mouvement:* impulsive action.
20. *point . . . que:* no other witness than.
21. *Il:* Valère.
22. *lui:* Horace.
23. *Qui:* Qu'est-ce qui.

Il ne prend intérêt qu'aux crimes de sa race:
Qui n'est point de son sang ne peut faire d'affront
Aux lauriers immortels qui lui ceignent le front.
Lauriers, sacrés rameaux qu'on veut réduire en poudre,
Vous qui mettez sa tête à couvert de la foudre,
L'abandonnerez-vous à l'infâme couteau
Qui fait choir les méchants sous la main d'un bourreau?
Romains, souffrirez-vous qu'on vous immole un homme
Sans qui Rome aujourd'hui cesserait d'être Rome,
Et qu'un Romain s'efforce à tacher le renom
D'un guerrier à qui tous doivent un si beau nom?
Dis, Valère, dis-nous, si tu veux qu'il périsse,
Où tu penses choisir un lieu pour son supplice?
Sera-ce entre ces murs que mille et mille voix
Font résonner encor du bruit de ses exploits?
Sera-ce hors des murs, au milieu de ces places
Qu'on voit fumer encor du sang des Curiaces,
Entre leurs trois tombeaux, et dans ce champ d'honneur
Témoin de sa vaillance et de notre bonheur?
Tu ne saurais cacher sa peine à sa victoire;[24]
Dans les murs, hors des murs, tout parle de sa gloire,
Tout s'oppose à l'effort de ton injuste amour,
Qui veut d'un si bon sang souiller un si beau jour.
Albe ne pourra pas souffrir un tel spectacle,
Et Rome par ses pleurs y mettra trop d'obstacle.
(Au roi.)
Vous les préviendrez,[25] sire; et par un juste arrêt
Vous saurez embrasser bien mieux son intérêt.
Ce qu'il a fait pour elle, il peut encor le faire:
Il peut la garantir encor d'un sort contraire.
Sire, ne donnez rien à mes débiles ans:
Rome aujourd'hui m'a vu père de quatre enfants;
Trois en ce même jour sont morts pour sa querelle;
Il m'en reste encor un, conservez-le pour elle:
N'ôtez pas à ces murs un si puissant appui;
Et souffrez, pour finir, que je m'adresse à lui.
(A Horace.)
Horace, ne crois pas que le peuple stupide
Soit le maître absolu d'un renom bien solide:
Sa voix tumultueuse assez souvent fait bruit;

24. *Tu . . . victoire:* You would not be able to hide his punishment from (the places and people who witnessed) his triumph.

25. *préviendrez:* will anticipate.

Mais un moment l'élève, un moment le détruit;
Et ce qu'il contribue à notre renommée
Toujours en moins de rien se dissipe en fumée.
C'est aux rois, c'est aux grands, c'est aux esprits bien faits,
A voir la vertu pleine en ses moindres effets;
C'est d'eux seuls qu'on reçoit la véritable gloire:
Eux seuls des vrais héros assurent la mémoire.
Vis toujours en Horace, et toujours auprès d'eux
Ton nom demeurera grand, illustre, fameux,
Bien que l'occasion, moins haute ou moins brillante,
D'un vulgaire ignorant trompe l'injuste attente.[26]
Ne hais donc plus la vie, et du moins vis pour moi,
Et pour servir encor ton pays et ton roi.
Sire, j'en ai trop dit; mais l'affaire vous touche;
Et Rome tout entière a parlé par ma bouche.

VALÈRE. Sire, permettez-moi . . .

TULLE. Valère, c'est assez:
Vos discours par les leurs ne sont pas effacés;
J'en garde en mon esprit les forces plus pressantes[27]
Et toutes vos raisons me sont encor présentes.
Cette énorme action faite presque à nos yeux
Outrage la nature et blesse jusqu'aux dieux.
Un premier mouvement qui produit un tel crime
Ne saurait lui servir d'excuse légitime:
Les moins sévères lois en ce point sont d'accord;
Et si nous les suivons, il est digne de mort.
Si d'ailleurs nous voulons regarder le coupable,
Ce crime quoique grand, énorme, inexcusable,
Vient de la même épée et part du même bras
Qui me fait aujourd'hui maître de deux Etats.
Deux sceptres en ma main, Albe à Rome asservie,
Parlent bien hautement en faveur de sa vie:
Sans lui j'obéirais où je donne la loi,
Et je serais sujet où je suis deux fois roi.
Assez de bons sujets dans toutes les provinces
Par des vœux impuissants s'acquittent vers leurs princes;
Tous les peuvent aimer, mais tous ne peuvent pas
Par d'illustres effets[28] assurer leurs Etats;
Et l'art et le pouvoir d'affermir des couronnes

26. *Bien . . . attente:* Even though the ignorant man in the street may be unfairly disappointed by the less glorious and exceptional opportunities that you may have (to continue being a hero).

27. *les . . . pressantes:* the most convincing arguments.

28. *effets:* deeds.

Sont des dons que le ciel fait à peu de personnes.
De pareils serviteurs sont les forces des rois,
Et de pareils aussi sont au-dessus des lois.
Qu'elles se taisent donc; que Rome dissimule
Ce que dès sa naissance elle vit en Romule.
Elle peut bien souffrir en son libérateur
Ce qu'elle a bien souffert en son premier auteur.
Vis donc, Horace, vis, guerrier trop magnanime:
Ta vertu met ta gloire au-dessus de ton crime;
Sa chaleur généreuse a produit ton forfait;
D'une cause si belle il faut souffrir l'effet.
Vis pour servir l'Etat; vis, mais aime Valère.
Qu'il ne reste entre vous ni haine ni colère;
Et soit qu'il ait suivi l'amour ou le devoir,
Sans aucun sentiment[29] résous-toi de le voir.
Sabine, écoutez moins la douleur qui vous presse;
Chassez de ce grand cœur ces marques de faiblesse:
C'est en séchant vos pleurs que vous vous montrerez
La véritable sœur de ceux que vous pleurez.
Mais nous devons aux dieux demain un sacrifice;
Et nous aurions le ciel à nos vœux mal propice,
Si nos prêtres, avant que de sacrifier,
Ne trouvaient les moyens de le purifier:
Son père en prendra soin; il lui sera facile
D'apaiser tout d'un temps les mânes de Camille.
Je la plains; et pour rendre à son sort rigoureux
Ce que peut souhaiter son esprit amoureux,
Puisqu'en un même jour l'ardeur d'un même zèle
Achève le destin de son amant et d'elle,
Je veux qu'un même jour, témoin de leurs deux morts,
En un même tombeau voie enfermer leurs corps.

Quel nouvel élément visuel cet acte (à partir de la scène 2) apporte-t-il à la pièce? Quel rapport y a-t-il entre cet aspect visuel et le rythme de cet acte tout en longs discours? Pour quelles raisons dramatiques et structurales Corneille voudrait-il terminer ainsi la pièce?

Le «procès» d'Horace. C'est la réplique de Tulle (v. 1476–80) qui en annonce le début. Jeu de scène: quels mouvements scéniques pouvez-vous imaginer pour transformer la maison d'Horace en palais de justice? Où les personnages sont-ils disposés les uns par rapport aux autres? Analyse: c'est Valère qui joue le rôle du procureur général; pourquoi Corneille l'a-t-il choisi comme accusateur d'Horace? C'est le vieil Horace qui donne le plaidoyer; quelle est le valeur dramatique du fait qu'Horace refuse de se

29. *sentiment:* hard feelings.

défendre? Du choix du vieil Horace comme son défenseur? Comparez le style du réquisitoire de Valère et celui du plaidoyer que fait le vieil Horace: en quoi ces styles révèlent-ils les différences qui existent entre leurs arguments respectifs? Quelle est la valeur structurale de ces différences?

Le jugement du roi. Examinez-le par rapport au réquisitoire de Valère et au plaidoyer du vieil Horace: quel argument chez ce premier demeure sans réfutation véritable? Quelle en est l'importance dramatique et structurale? Le pardon qu'accorde le roi est-il une victoire pour Horace? Pour répondre à cette question, précisez les sentiments d'Horace envers sa propre situation: étudiez surtout la conversation avec son père (V, 1) et sa tirade (v. 1535–94); quelle est sa conception de la gloire? A-t-elle changé depuis l'acte III? S'accorde-t-elle à la conception qu'ont les autres personnages? Expliquez.

Horace. Bien qu'il ne prononce pas un seul mot, il est présent pendant toute la dernière scène. Examinez les problèmes que sa présence crée pour la mise en scène: où est-il sur la scène? Quels rapports a-t-il avec les autres personnages? Quelles différentes façons y a-t-il de jouer cette dernière scène? Quels effets ont-elles sur la réaction du spectateur envers Horace et, par conséquent, sur l'action et sur le sens de la pièce? Laquelle préférez-vous? Pourquoi?

QUESTIONS GENERALES

Lieu. Le théâtre classique est avant tout un théâtre de langage (voir par exemple les nombreuses conventions dramatiques sur lesquelles il repose—monologues, récits, tirades, absence d'action physique, unités de temps et de lieu). Quel y est donc le rôle du décor? Doit-il être réaliste? Doit-il avoir une valeur symbolique ou évocatrice? Discutez cette question par rapport à *Horace*.

Horace a été écrit pour la scène classique (i.e., un plateau nu au fond duquel se trouve une toile peinte): jusqu'à quel point la pièce réclame-t-elle une telle scène? Pourrait-on ajouter à la pièce en la montant dans un autre lieu théâtral (p.e., théâtre en rond, lieu historique, plateau absolument nu)? Discutez.

Personnages. La pièce porte comme titre le nom d'Horace; pourtant, Horace est un personnage assez ambigu. Dans quelle mesure illustre-t-il le héros cornélien tel que nous l'avons décrit à la page 183? Quelle semble être l'attitude de Corneille envers Horace et, par extension, envers cette conception du héros? Horace peut-il avoir une valeur héroïque pour le spectateur moderne? Expliquez.

Dans quelle mesure les autres personnages ne sont-ils que des *emplois dramatiques?* (Lesquels n'ont qu'une fonction pratique? Lesquels ont un caractère «développé»? Quel rapport y a-t-il entre ce «développement» et leurs fonctions structurales?) Est-ce que certains personnages peuvent être considérés comme héros de la pièce au même titre qu'Horace? Justifiez votre réponse.

Pour les uns, *Horace* est une pièce à thèse, i.e., une pièce didactique où Corneille cherche à illustrer une morale. D'autres y voient un débat d'idées (surtout morales) où l'auteur se garde d'offrir une seule réponse.

Il y a enfin ceux qui croient que c'est une pièce symbolique portant sur des questions politiques (un pays, Rome ou la France du dix-septième siècle, pris entre son passé et son avenir). Discutez les questions suivantes dans la perspective de chacune de ces interprétations: quelles sont les fonctions structurales des personnages principaux? Pourquoi Corneille a-t-il inventé le personnage de Sabine, qui ne figure pas dans le récit historique où Corneille a puisé son sujet? Pourquoi a-t-il choisi Horace comme personnage principal? Laquelle de ces interprétations préférez-vous? Pourquoi?

Temps. Racontez brièvement l'*intrigue*. Dans quelle mesure ce résumé rend-il compte de la pièce? De quels éléments ce résumé ne tient-il pas compte? Quelle est l'importance de ces éléments pour une compréhension et pour une appréciation de la pièce? En quoi la pièce d'*Horace* illustre-t-elle bien la différence entre intrigue et *action?*

Spectateur. Quelles sont les attitudes possibles du spectateur envers Horace à la fin de la pièce? Quelles sortes d'expériences la pièce fait-elle subir au spectateur? Dans quel sens peut-on l'appeler une tragédie? (Par exemple, quels sont dans cette pièce les rapports entre les dieux et les hommes? Peut-on parler d'une faute tragique chez Horace? Est-ce une autre conception de la tragédie qui se réalise ici?)

Y aurait-il de l'intérêt à faire représenter *Horace* à l'heure actuelle? Faudrait-il mettre l'accent sur certains aspects de la pièce pour atteindre un public moderne? Lesquels? Une telle interprétation risquerait-elle de déformer la pièce? Justifiez votre réponse.

The Granger Collection

MOLIERE

C'est une étrange entreprise que
celle de faire rire les honnêtes gens.
Critique de l'Ecole des femmes

Biographie

Jean-Baptiste Poquelin, dit Molière (1622–63), était avant tout homme de théâtre; impossible donc de séparer de façon artificielle l'auteur de comédies, le directeur de théâtre et l'acteur comique. Molière est né à Paris en 1622; son père était tapissier et exerçait une charge de tapissier ordinaire du roi (il fournissait au roi des meubles). Molière commence par faire des études—d'abord, chez les jésuites, ensuite à la Faculté de Droit. Cependant, à l'âge de vingt et un ans, il abandonne ses études et renonce à la charge qu'il hérite de son père pour fonder avec l'actrice Madeleine Béjart une troupe dramatique qu'ils nomment l'Illustre Théâtre. L'année suivante, il prend le surnom de Molière et devient directeur de cette troupe. A la suite de quelques difficultés financières, l'Illustre Théâtre doit quitter Paris. De 1645 à 1658, Molière et sa compagnie sont en tournée; ce séjour de treize ans dans les provinces lui permet de faire l'apprentissage de son triple métier—acteur, metteur en scène, auteur. Enfin, la troupe de Molière regagne Paris où, protégée par Monsieur (frère du roi), elle connaît en 1659 un vif succès en jouant *Les Précieuses ridicules* de Molière et *Cinna* de Corneille. Trois ans après, Molière se marie avec l'actrice Armande Béjart. A partir de cette époque-là, la vie de Molière se confond avec l'histoire de ses pièces: *L'Ecole des femmes* (1662), *Le Tartuffe* (1664, 1667, 1669; voir la note 65 à la page 260), *Dom Juan* (1665), *Le Misanthrope* et *Le Médecin malgré lui* (1666), *L'Avare* (1668), *Le Bourgeois gentilhomme* (1670), *Les Fourberies de Scapin* (1671), *Les Femmes savantes* (1672) et *Le Malade imaginaire* (1673). Molière tombe malade en jouant dans cette dernière; transporté chez lui, il meurt à l'âge de cinquante et un ans. Sa troupe, devenue en 1665 Troupe du Roi sous la protection de Louis XIV, fusionnera avec deux autres troupes pour former, à partir de 1680, la Comédie-Française, appelée souvent «la maison de Molière».

Théories littéraires

Homme de théâtre, réalisateur plutôt que théoricien, Molière n'a pas laissé d'ouvrages théoriques sur le théâtre. Pourtant, dans ses préfaces et surtout dans deux courtes pièces, *La Critique de l'Ecole des femmes* et *L'Impromptu de Versailles,* on peut trouver certaines de ses idées fondamentales.

«Je voudrais bien savoir si la grande règle de toutes les règles n'est pas de plaire.» Molière entend sans doute plaire au roi et à la cour, mais il s'adresse également au parterre[1]:

> Je me fierais assez à l'approbation du parterre, par la raison qu'entre ceux qui le composent il y en a plusieurs qui sont capables de juger d'une pièce selon les règles, et que les autres en jugent par la bonne façon d'en juger, qui est de se laisser prendre aux choses, d'avoir ni prévention aveugle, ni complaisance affectée, ni délicatesse ridicule.

Pourtant, bien que son premier but soit de faire rire, Molière y joint souvent une intention satirique: «Le devoir de la Comédie étant de corriger les hommes en les divertissant, j'ai cru que . . . je n'avais rien de mieux à faire que d'attaquer par des peintures ridicules les vices de mon siècle.» Il cherche donc ses sujets dans l'actualité qui l'entoure: «. . . lorsque vous peignez les hommes, il faut peindre d'après nature, on veut que ces portraits ressemblent et vous n'avez rien fait si vous n'y faites reconnaître les gens de votre siècle.» Une telle conception de la comédie soulève pourtant un problème. En lisant *Le Tartuffe,* vous allez voir dans quelle mesure un sujet d'actualité (voir ci-dessous) peut avoir une valeur universelle.

Fond historique

Au dix-septième siècle, il s'est développé un «parti dévot» composé de gens qui n'approuvaient ni l'indépendance de Louis XIV à l'égard du pape

1. Les places les moins coûteuses se trouvaient dans le parterre, partie du théâtre entre la scène et les loges ou galeries. Au parterre, il n'y avait pas de sièges. S'adresser au parterre, c'est donc s'adresser à ceux qui ne sont ni aristocrates ni riches.

ni la vie privée de ce roi. Une partie de ces dévots[2] appartenaient aussi à une organisation secrète, la Compagnie du Saint-Sacrement. Consacrée officiellement aux bonnes œuvres (visites de prisonniers, aumônes aux pauvres, etc.), elle avait comme but principal la surveillance des mœurs; ses membres n'hésitaient pas, paraît-il, à se mêler aux affaires personnelles de familles bourgeoises sous prétexte de restaurer la foi et la vertu chrétiennes. Selon de nombreux critiques, le personnage de Tartuffe serait modelé d'après ces «faux dévots» qui fleurissaient en France vers 1660.

2. Un *dévot* est une personne pieuse et très attachée aux pratiques religieuses; un *faux dévot* est une personne qui affecte la piété, c'est-à-dire, un hypocrite religieux.

Le Tartuffe

MADAME PERNELLE, *mère d'Orgon.*
ORGON,[1] *mari d'Elmire.*
ELMIRE, *femme d'Orgon.*
DAMIS, *fils d'Orgon.*
MARIANE, *fille d'Orgon et amante de Valère.*
VALÈRE, *amant de Mariane.*
CLÉANTE, *beau-frère d'Orgon.*
TARTUFFE, *faux dévot.*
DORINE, *suivante de Mariane.*
MONSIEUR LOYAL, *sergent.*
UN EXEMPT[2]
FLIPOTE, *servante de Madame Pernelle.*

La scène est à Paris[3]

Lorsqu'on joue les tragédies du dix-septième siècle, on tend à schématiser les décors; par contre, les comédies de Molière ont comme décor un intérieur où les objets prennent de l'importance. En lisant la pièce vous allez songer aux problèmes présentés par le décor: combien de portes faut-il? Où mènent-elles? Où allez-vous les disposer? Quels meubles sont essentiels?

ACTE PREMIER

SCÈNE PREMIÈRE.—MADAME PERNELLE et FLIPOTE, sa servante, ELMIRE, MARIANE, DORINE, DAMIS, CLÉANTE.

MADAME PERNELLE. Allons, Flipote, allons, que d'eux je me délivre.
ELMIRE. Vous marchez d'un tel pas qu'on a peine à vous suivre.

1. C'est Molière lui-même qui tenait ce rôle.
2. L'*exempt* était au dix-septième siècle un officier du roi qui se chargeait des arrestations.
3. On est chez Orgon, riche bourgeois, dans la grande salle basse (i.e., le salon) située au rez-de-chaussée.

MADAME PERNELLE. Laissez, ma bru,[4] laissez; ne venez pas plus loin;
Ce sont toutes façons dont je n'ai pas besoin.
ELMIRE. De ce que l'on vous doit envers vous on s'acquitte.
Mais ma mère, d'où vient que vous sortez si vite?
MADAME PERNELLE. C'est que je ne puis voir tout ce ménage-ci,[5]
Et que de me complaire on ne prend nul souci.
Oui, je sors de chez vous fort mal édifiée;
Dans toutes mes leçons j'y suis contrariée;
On n'y respecte rien, chacun y parle haut,
Et c'est tout justement la cour du roi Pétaud.[6]

Jeu de scène: imaginez l'entrée des personnages; quel âge Mme Pernelle doit-elle avoir? Quelles sortes de gestes fait-elle? Vers quoi se dirige-t-elle? Quel contraste faut-il faire ressortir dès l'apparition des personnages?

DORINE. Si . . .
MADAME PERNELLE. Vous êtes, mamie,[7] une fille suivante[8]
Un peu trop forte en gueule[9] et fort impertinente;
Vous vous mêlez sur tout de dire votre avis.
DAMIS. Mais . . .
MADAME PERNELLE. Vous êtes un sot en trois lettres, mon fils:
C'est moi qui vous le dis, qui suis votre grand-mère,
Et j'ai prédit cent fois à mon fils, votre père,
Que vous preniez tout l'air d'un méchant garnement,
Et ne lui donneriez jamais que du tourment.
MARIANE. Je crois . . .
MADAME PERNELLE. Mon Dieu, sa sœur, vous faites la discrète,
Et vous n'y touchez pas, tant vous semblez doucette;
Mais il n'est, comme on dit, pire eau que l'eau qui dort,
Et vous menez sous chape[10] un train que je hais fort.
ELMIRE. Mais, ma mère . . .
MADAME PERNELLE. Ma bru, qu'il ne vous en déplaise,
Votre conduite en tout est tout à fait mauvaise:
Vous devriez leur mettre un bon exemple aux yeux,
Et leur défunte mère en usait beaucoup mieux.
Vous êtes dépensière, et cet état me blesse
Que vous alliez vêtue ainsi qu'une princesse.

4. *bru:* daughter-in-law.
5. *ménage:* disorder, goings-on.
6. Autrefois les mendiants choisissaient un chef, appelé par plaisanterie le roi Pétaud; puisqu'il n'avait aucune autorité, l'expression *la cour du roi Pétaud* désigne une maison où règne l'anarchie.
7. *mamie:* mon amie (familiar form used for servants).
8. *fille suivante:* lady's maid.
9. *forte en gueule:* talkative (big-mouthed).
10. *sous chape:* secretly.

Quiconque à son mari veut plaire seulement,
Ma bru, n'a pas besoin de tant d'ajustement.[11]
CLÉANTE. Mais, madame, après tout . . .
MADAME PERNELLE. Pour vous, monsieur son frère,
Je vous estime fort, vous aime et vous révère;
Mais enfin, si j'étais de mon fils, son époux,
Je vous prierais bien fort de n'entrer point chez nous.
Sans cesse vous prêchez des maximes de vivre
Qui par d'honnêtes gens ne se doivent point suivre.
Je vous parle un peu franc, mais c'est là mon humeur,
Et je ne mâche point ce que j'ai sur le cœur.

Etudiez le comique de cette scène: sur quel procédé est-il fondé? Quel personnage en est l'instrument? Quel rythme s'en dégage? Comment le jeu de scène peut-il traduire ce rythme? Comment ce procédé sert-il à caractériser Mme Pernelle?

L'exposition. Tout en suggérant le caractère de chacun des personnages, quelles autres sortes de renseignements Molière donne-t-il dans les 40 premiers vers?

DAMIS. Votre monsieur Tartuffe est bien heureux sans doute . . .
MADAME PERNELLE. C'est un homme de bien qu'il faut que l'on écoute,
Et je ne puis souffrir sans me mettre en courroux
De le voir querellé par un fou comme vous.
DAMIS. Quoi! je souffrirai, moi, qu'un cagot de critique[12]
Vienne usurper céans[13] un pouvoir tyrannique,
Et que nous ne puissions à rien nous divertir
Si ce beau monsieur-là n'y daigne consentir?
DORINE. S'il le faut écouter et croire à ses maximes,
On ne peut faire rien qu'on ne fasse des crimes:
Car il contrôle tout, ce critique zélé.
MADAME PERNELLE. Et tout ce qu'il contrôle est fort bien contrôlé.
C'est au chemin du ciel qu'il prétend vous conduire
Et mon fils à l'aimer vous devrait tous induire.[14]
DAMIS. Non, voyez-vous, ma mère, il n'est père ni rien
Qui me puisse obliger à lui vouloir du bien.
Je trahirais mon cœur de parler d'autre sorte;
Sur ses façons de faire à tous coups je m'emporte;
J'en prévois une suite, et qu'avec ce pied plat[15]
Il faudra que j'en vienne à quelque grand éclat.

11. *ajustement:* finery.
12. *cagot de critique:* carping bigot.
13. *céans:* ici dedans (dans la maison).
14. *induire:* lead.
15. *pied plat:* boor, lout (nobles wore heels).

DORINE. Certes, c'est une chose aussi qui scandalise
De voir qu'un inconnu céans s'impatronise;[16]
Qu'un gueux, qui, quand il vint, n'avait pas de soulier,
Et dont l'habit entier valait bien six deniers,
En vienne jusque-là que de se méconnaître,
De contrarier tout et de faire le maître.

MADAME PERNELLE. Hé! merci de ma vie, il en irait bien mieux
Si tout se gouvernait par ses ordres pieux!

DORINE. Il passe pour un saint dans votre fantaisie:
Tout son fait,[17] croyez-moi, n'est rien qu'hypocrisie.

MADAME PERNELLE. Voyez la langue![18]

DORINE. A lui, non plus qu'à son Laurent,
Je ne me fierais, moi, que sur un bon garant.

MADAME PERNELLE. J'ignore ce qu'au fond le serviteur peut être,
Mais pour homme de bien je garantis le maître.
Vous ne lui voulez mal et ne le rebutez
Qu'à cause qu'il vous dit à tous vos vérités.
C'est contre le péché que son cœur se courrouce,
Et l'intérêt du ciel est tout ce qui le pousse.

Jeu de scène: par quel geste Mme Pernelle pourrait-elle signaler la fin de son réquisitoire contre la famille? Comment réagit-elle aux mots de Damis (v. 41)? Imaginez ensuite les mouvements de Damis, de Dorine et de Mme Pernelle; que font les autres personnages en les écoutant?

Faites le portrait de Dorine (physique, gestes, costume). En quoi est-elle un personnage comique? Comment le spectateur réagit-il devant elle? Pourquoi?

Molière nous donne ici deux images de Tartuffe. Laquelle le spectateur accepte-t-il? Pourquoi?

DORINE. Oui; mais pourquoi, surtout depuis un certain temps,
Ne saurait-il souffrir qu'aucun hante[19] céans?
En quoi blesse le ciel une visite honnête,
Pour en faire un vacarme à nous rompre la tête?
Veut-on que là-dessus je m'explique entre nous?
Je crois que de madame il est, ma foi, jaloux.

MADAME PERNELLE. Taisez-vous, et songez aux choses que vous dites.
Ce n'est pas lui tout seul qui blâme ces visites:
Tout ce tracas qui suit les gens que vous hantez,
Ces carrosses sans cesse à la porte plantés,

16. *s'impatronise:* comes in and takes over.
17. *tout son fait:* everything he does.
18. *langue:* mauvaise langue (gossip).
19. *hante:* frequent.

Et de tant de laquais le bruyant assemblage,
Font un éclat fâcheux dans tout le voisinage.
Je veux croire qu'au fond il ne se passe rien,
Mais enfin on en parle, et cela n'est pas bien.

CLÉANTE. Hé! voulez-vous, madame, empêcher qu'on ne cause?
Ce serait dans la vie une fâcheuse chose
Si, pour les sots discours où l'on peut être mis,
Il fallait renoncer à ses meilleurs amis;
Et, quand même on pourrait se résoudre à le faire,
Croiriez-vous obliger tout le monde à se taire?
Contre la médisance[20] il n'est point de rempart.
A tous les sots caquets[21] n'ayons donc nul égard,
Efforçons-nous de vivre avec toute innocence,
Et laissons aux causeurs une pleine licence.

DORINE. Daphné, notre voisine, et son petit époux
Ne seraient-ils point ceux qui parlent mal de nous?
Ceux de qui la conduite offre le plus à rire
Sont toujours sur autrui les premiers à médire;
Ils ne manquent jamais de saisir promptement
L'apparente lueur du moindre attachement,[22]
D'en semer la nouvelle avec beaucoup de joie
Et d'y donner le tour qu'ils veulent qu'on y croie.
Des actions d'autrui teintes de leurs couleurs
Ils pensent dans le monde autoriser les leurs,
Et, sous le faux espoir de quelque ressemblance,
Aux intrigues qu'ils ont donner de l'innocence,
Ou faire ailleurs tomber quelques traits partagés
De ce blâme public dont ils sont trop chargés.

MADAME PERNELLE. Tous ces raisonnements ne font rien à l'affaire:
On sait qu'Orante mène une vie exemplaire;
Tous ses soins vont au ciel; et j'ai su, par des gens,
Qu'elle condamne fort le train[23] qui vient céans.

DORINE. L'exemple est admirable, et cette dame est bonne!
Il est vrai qu'elle vit en austère personne;
Mais l'âge dans son âme a mis ce zèle ardent,
Et l'on sait qu'elle est prude à son corps défendant.[24]
Tant qu'elle a pu des cœurs attirer les hommages,
Elle a fort bien joui de tous ses avantages;
Mais, voyant de ses yeux tous les brillants baisser,

20. *médisance:* slander.
21. *sots caquets:* foolish gossip.
22. *attachement:* mutual attraction, romantic affair.
23. *le train:* the great number of visitors.
24. *prude . . . défendant:* virtuous in spite of herself.

Au monde, qui la quitte, elle veut renoncer,
Et du voile pompeux d'une haute sagesse
De ses attraits usés déguiser la faiblesse.
Ce sont là les retours des coquettes du temps.
Il leur est dur de voir déserter les galants.
Dans un tel abandon, leur sombre inquiétude
Ne voit d'autre recours que le métier de prude,
Et la sévérité de ces femmes de bien
Censure toute chose et ne pardonne à rien:
Hautement d'un chacun[25] elles blâment la vie,
Non point par charité, mais par un trait d'envie
Qui ne saurait souffrir qu'une autre ait les plaisirs
Dont le penchant de l'âge a sevré leurs désirs.

Molière cherche à donner un maximum de variété à cette très longue scène: comment le rythme du jeu à partir du v. 79 fait-il contraste avec la première partie de la scène? Distinguez les tons de voix qu'adoptent les trois personnages qui parlent ici.

Quelle est la fonction dramatique de la discussion sur les voisines (qu'est-ce que Daphné et Orante ont en commun)? La fonction structurale (qu'est-ce que ces portraits préfigurent)?

MADAME PERNELLE. Voilà les contes bleus[26] qu'il vous faut pour vous plaire.
Ma bru, l'on est chez vous contrainte de se taire,
Car madame à jaser tient le dé tout le jour;[27]
Mais enfin je prétends discourir à mon tour.
Je vous dis que mon fils n'a rien fait de plus sage
Qu'en recueillant chez soi ce dévot personnage;
Que le ciel, au besoin, l'a céans envoyé
Pour redresser à tous votre esprit fourvoyé;
Que pour votre salut vous le devez entendre,
Et qu'il ne reprend rien qui ne soit à reprendre.
Ces visites, ces bals, ces conversations,
Sont du malin esprit[28] toutes inventions.
Là, jamais on n'entend de pieuses paroles;
Ce sont propos oisifs, chansons et fariboles:
Bien souvent le prochain en a sa bonne part,
Et l'on y sait médire et du tiers et du quart.[29]
Enfin les gens sensés ont leurs têtes troublées
De la confusion de telles assemblées;

25. *un chacun:* anyone, everyone.
26. *contes bleus:* children's stories, idle nonsense.
27. *à . . . jour:* chatters on the whole day long.
28. *malin esprit:* Devil.
29. *du tiers . . . quart:* about everyone.

Mille caquets divers s'y font en moins de rien,
Et comme l'autre jour un docteur[30] dit fort bien,
C'est véritablement la tour de Babylone,[31]
Car chacun y babille, et tout du long de l'aune;[32]
Et, pour conter l'histoire où ce point l'engagea . . .
(Montrant Cléante.)
Voilà-t-il pas monsieur qui ricane déjà?
Allez chercher vos fous qui vous donnent à rire,
Et sans . . . Adieux, ma bru, je ne veux plus rien dire.
Sachez que pour céans j'en rabats de moitié,[33]
Et qu'il fera beau temps quand j'y mettrai le pied.
(Donnant un soufflet à Flipote.)
Allons, vous! vous rêvez et bayez aux corneilles.
Jour de Dieu! je saurai vous frotter les oreilles.
Marchons, gaupe,[34] marchons!

Comment Molière insiste-t-il sur le comique de Mme Pernelle à la fin de la scène? (Précisez l'ironie de sa réplique; qu'est-ce que les v. 164–66 suggèrent pour la mise en scène?) Quel effet la sortie de Mme Pernelle a-t-elle sur le spectateur?

Comment imaginez-vous Flipote? Où est-elle installée sur la scéne? Flipote ne semble nullement participer à ce qui se passe: quelle est donc sa fonction dramatique?

Les questions qu'on vous a posées sur cette première scène suggèrent une interprétation comique et même un peu ridicule du rôle de Mme Pernelle. Dans quelle mesure serait-il possible d'interpréter le rôle de façon différente? Quelles en seraient les conséquences pour l'action de la pièce?

SCÈNE II.—CLÉANTE, DORINE.

CLÉANTE. Je n'y veux point aller,
De peur qu'elle ne vînt encor me quereller;
Que cette bonne femme . . .[35]
DORINE. Ah! certes, c'est dommage
Qu'elle ne vous ouït tenir un tel langage;
Elle vous dirait bien qu'elle vous trouve bon,
Et qu'elle n'est point d'âge à lui donner ce nom.

30. *docteur:* docteur en théologie.
31. Mme Pernelle veut dire sans doute la tour de Babel. Selon la Bible, pour en arrêter la construction par les fils de Nöé, Dieu y a fait parler un grand nombre de langues—i.e., la confusion y régnait.
32. Mme Pernelle fait un mauvais jeu de mots: Babylone—*babille* (parler beaucoup sur rien) et *aune* (mesure de longueur; donc longuement, sans arrêt).
33. *j'en . . . moitié:* I withdraw half the esteem (that I had for this household).
34. *gaupe:* trollop, hussy.
35. *bonne femme:* vieille femme.

CLÉANTE. Comme elle s'est pour rien contre nous échauffée,
Et que de son Tartuffe elle paraît coiffée!
DORINE. Oh! vraiment, tout cela n'est rien au prix du fils;
Et, si vous l'aviez vu, vous diriez: «C'est bien pis.»
Nos troubles[36] l'avaient mis sur le pied d'homme sage,
Et pour servir son prince il montra du courage,
Mais il est devenu comme un homme hébété
Depuis que de Tartuffe on le voit entêté.
Il l'appelle son frère et l'aime dans son âme
Cent fois plus qu'il ne fait mère, fils, fille et femme.
C'est de tous ses secrets l'unique confident
Et de ses actions le directeur prudent.
Il le choie, il l'embrasse; et pour une maîtresse
On ne saurait, je pense, avoir plus de tendresse;
A table, au plus haut bout il veut qu'il soit assis;
Avec joie il l'y voit manger autant que six;
Les bons morceaux de tout, il fait qu'on les lui cède;
Et, s'il vient à roter,[37] il lui dit: «Dieu vous aide!»
Enfin il en est fou; c'est son tout, son héros;
Il l'admire à tous coups, le cite à tous propos,
Ses moindres actions lui semblent des miracles,
Et tous les mots qu'il dit sont pour lui des oracles.
Lui,[38] qui connaît sa dupe et qui veut en jouir,
Par cent dehors fardés a l'art de l'éblouir;
Son cagotisme[39] en tire à toute heure des sommes
Et prend droit de gloser sur tous tant que nous sommes.
Il n'est pas jusqu'au fat[40] qui lui sert de garçon
Qui ne se mêle aussi de nous faire leçon;
Il[41] vient nous sermonner avec des yeux farouches,
Et jeter nos rubans, notre rouge et nos mouches.[42]
Le traître, l'autre jour, nous rompit de ses mains
Un mouchoir[43] qu'il trouva dans une *Fleur des saints*,[44]
Disant que nous mêlions, par un crime effroyable,
Avec la sainteté les parures du diable.

Jeu de scène: imaginez le mouvement des personnages pour qu'il ne reste que Cléante et Dorine sur la scène.

36. Dorine fait allusion ici à la Fronde (1648–53), guerre civile pendant la minorité de Louis XIV. Orgon a été évidemment du parti de Mazarin, qui défendait le pouvoir royal contre certains nobles insurgents.
37. *roter:* belch.
38. *Lui:* Tartuffe.
39. *cagotisme:* hypocrisy.
40. *fat:* fop, fool.
41. *Il:* Laurent (le serviteur de Tartuffe).
42. *mouches:* beauty marks.
43. *mouchoir:* shawl used to cover the bosom.
44. *Fleur des saints* est un livre de piété très volumineux écrit par un jésuite espagnol.

Quelles sont les fonctions pratiques et dramatiques de cette scène? (Qu'est-ce qu'elle contribue à l'exposition? Par quels détails Molière réussit-il à rendre Orgon et Tartuffe antipathiques? Quelle réaction Molière prépare-t-il chez le spectateur en mettant cette tirade dans la bouche de Dorine?)

SCÈNE III.—ELMIRE, MARIANE, DAMIS, CLÉANTE, DORINE.

ELMIRE. Vous êtes bienheureux de n'être point venu
Au discours qu'à la porte elle nous a tenu.
Mais j'ai vu mon mari; comme il ne m'a point vue,
Je veux aller là-haut attendre sa venue.
CLÉANTE. Moi, je l'attends ici pour moins d'amusement,[45]
Et je vais lui donner le bonjour seulement.
DAMIS. De l'hymen de ma sœur touchez-lui quelque chose.
J'ai soupçon que Tartuffe à son effet s'oppose,
Qu'il oblige mon père à des détours si grands;
Et vous n'ignorez pas quel intérêt j'y prends.
Si même ardeur enflamme et ma sœur et Valère,
La sœur de cet ami, vous le savez, m'est chère;
Et s'il fallait . . .
DORINE. Il entre.

Jeu de scène: d'où reviennent les personnages? A quel moment Elmire sort-elle? Mariane? Damis? Par où Orgon entrera-t-il?
Quel élément de l'intrigue Molière introduit-il ici?

SCÈNE IV.—ORGON, CLÉANTE, DORINE.

ORGON. Ah! mon frère, bonjour.
CLÉANTE. Je sortais, et j'ai joie à vous voir de retour:
La campagne à présent n'est pas beaucoup fleurie.
ORGON. *(A Cléante.)* Dorine . . . Mon beau-frère, attendez, je vous prie.
Vous voulez bien souffrir, pour m'ôter de souci,
Que je m'informe un peu des nouvelles d'ici?
(A Dorine.)
Tout s'est-il, ces deux jours, passé de bonne sorte?
Qu'est-ce qu'on fait céans? comme est-ce qu'on s'y porte?
DORINE. Madame eut, avant-hier, la fièvre jusqu'au soir,
Avec un mal de tête étrange à concevoir.
ORGON. Et Tartuffe?

45. *pour . . . amusement:* in order to save time.

DORINE. Tartuffe? il se porte à merveille,
Gros et gras, le teint frais et la bouche vermeille.
ORGON. Le pauvre homme!
DORINE. Le soir elle eut un grand dégoût
Et ne put au souper toucher à rien du tout,
Tant sa douleur de tête était encor cruelle.
ORGON. Et Tartuffe?
DORINE. Il soupa, lui tout seul, devant elle,
Et fort dévotement il mangea deux perdrix
Avec une moitié de gigot en hachis.
ORGON. Le pauvre homme!
DORINE. La nuit se passa tout entière
Sans qu'elle pût fermer un moment la paupière;
Des chaleurs l'empêchaient de pouvoir sommeiller,
Et jusqu'au jour près d'elle il nous fallut veiller.
ORGON. Et Tartuffe?
DORINE. Pressé[46] d'un sommeil agréable,
Il passa dans sa chambre au sortir de la table,
Et dans son lit bien chaud il se mit tout soudain,
Où sans trouble il dormit jusques au lendemain.
ORGON. Le pauvre homme!
DORINE. A la fin, par nos raisons gagnée,
Elle se résolut à souffrir la saignée,[47]
Et le soulagement suivit tout aussitôt.
ORGON. Et Tartuffe?
DORINE. Il reprit courage comme il faut,
Et, contre tous les maux fortifiant son âme,
Pour réparer le sang qu'avait perdu madame,
But, à son déjeuner, quatre grands coups de vin.
ORGON. Le pauvre homme!
DORINE. Tous deux se portent bien enfin;
Et je vais à madame annoncer par avance
La part que vous prenez à sa convalescence.

Voici une des scènes comiques les plus célèbres du théâtre français. Sur quel procédé est-elle fondée? Comment le jeu de scène peut-il mettre en valeur le comique? (Par exemple, à quels moments Orgon s'approche-t-il de Dorine? Quand s'éloigne-t-il d'elle? Comment imaginez-vous la mimique de Cléante? Quels rapports établit-il avec Dorine? Imaginez surtout la sortie de celle-ci.)

Dans quelle mesure Orgon correspond-il à l'image que nous avons déjà de lui? Décrivez son physique. Comment est-il habillé? Sur quels tons dif-

46. *Pressé:* Overcome.

47. *saignée:* blood-letting.

férents prononce-t-il «le pauvre homme»? En quoi est-il, dès le premier abord, un personnage comique? (Qu'est-ce que cette scène révèle sur la psychologie d'Orgon? Pourquoi en rit-on?)

Qu'est-ce que cette scène ajoute à l'image que nous nous faisons de Tartuffe?

SCÈNE V.—ORGON, CLÉANTE.

CLÈANTE. A votre nez, mon frère, elle se rit de vous,
Et, sans avoir dessein de vous mettre en courroux,
Je vous dirai tout franc que c'est avec justice.
A-t-on jamais parlé d'un semblable caprice?
Et se peut-il qu'un homme ait un charme[48] aujourd'hui
A vous faire oublier toutes choses pour lui?
Qu'après avoir chez vous réparé sa misère,
Vous en veniez au point . . .
ORGON. Halte-là, mon beau-frère;
Vous ne connaissez pas celui dont vous parlez.
CLÉANTE. Je ne le connais pas, puisque vous le voulez,
Mais enfin, pour savoir quel homme ce peut être . . .
ORGON. Mon frère, vous seriez charmé de le connaître,
Et vos ravissements ne prendraient point de fin.
C'est un homme . . . qui . . . ah! . . . un homme . . . un homme enfin.
Qui suit bien ses leçons goûte une paix profonde
Et comme du fumier[49] regarde tout le monde.
Oui, je deviens tout autre avec son entretien;
Il m'enseigne à n'avoir affection pour rien,
De toutes amitiés il détache mon âme,
Et je verrais mourir frère, enfants, mère et femme,
Que je m'en soucierais autant que de cela.
CLÉANTE. Les sentiments humains, mon frère, que voilà!

Quel contraste physique imaginez-vous entre Cléante et Orgon? En quoi consiste l'opposition Cléante-Orgon que Molière crée ici?

Au début, c'est Mme Pernelle qui a défendu Tartuffe; ici, c'est Orgon. Comment ce choix de personnages influence-t-il l'image que le spectateur a de Tartuffe? Par quels moyens Molière souligne-t-il le comique d'Orgon? (Voir surtout les v. 271–79.)

ORGON. Ah! si vous aviez vu comme j'en fis rencontre,
Vous auriez pris pour lui l'amitié que je montre.
Chaque jour à l'église il venait, d'un air doux,
Tout vis-à-vis de moi se mettre à deux genoux.

48. *charme:* magical power.

49. *fumier:* manure.

Il attirait les yeux de l'assemblée entière
Par l'ardeur dont au ciel il poussait sa prière;
Il faisait des soupirs, de grands élancements,[50]
Et baisait humblement la terre à tous moments;
Et, lorsque je sortais, il me devançait vite
Pour m'aller à la porte offrir de l'eau bénite.
Instruit par son garçon, qui dans tout l'imitait,
Et de son indigence et de ce qu'il était,
Je lui faisais des dons; mais, avec modestie,[51]
Il me voulait toujours en rendre une partie.
«C'est trop, me disait-il, c'est trop de la moitié.[52]
Je ne mérite pas de vous faire pitié.»
Et, quand je refusais de le vouloir reprendre,
Aux pauvres, à mes yeux, il allait le répandre.
Enfin le ciel chez moi me le fit retirer,
Et, depuis ce temps-là, tout semble y prospérer.
Je vois qu'il reprend tout, et qu'à ma femme même
Il prend, pour mon honneur, un intérêt extrême;
Il m'avertit des gens qui lui font les yeux doux,
Et plus que moi six fois il s'en montre jaloux.
Mais vous ne croiriez point jusqu'où monte son zèle;
Il s'impute à péché la moindre bagatelle;
Un rien presque suffit pour le scandaliser,
Jusque-là qu'il se vint l'autre jour accuser
D'avoir pris une puce, en faisant sa prière,
Et de l'avoir tuée avec trop de colère.

CLÉANTE. Parbleu! vous êtes fou, mon frère, que je croi.
Avec de tels discours vous moquez-vous de moi?
Et que prétendez-vous que tout ce badinage . . .

ORGON. Mon frère, ce discours sent le libertinage.[53]
Vous en êtes un peu dans votre âme entiché,[54]
Et comme je vous l'ai plus de dix fois prêché,
Vous vous attirerez quelque méchante affaire.

> En quoi la tirade d'Orgon (v. 281–310) est-elle ironique? Comment le jeu de scène peut-il faire ressortir cette ironie? (Imaginez la mimique d'Orgon et les réactions de Cléante.)

CLÉANTE. Voilà de vos pareils le discours ordinaire.
Ils veulent que chacun soit aveugle comme eux;

50. *élancements:* movements of the soul towards God.
51. *modestie:* moderation.
52. *c'est . . . moitié:* you give me twice as much as I need.
53. *libertinage:* free-thinking.
54. *entiché:* enamored, fond.

C'est être libertin que d'avoir de bons yeux,
Et qui n'adore pas de vaines simagrées[55]
N'a ni respect ni foi pour les choses sacrées.
Allez, tous vos discours ne me font point de peur;
Je sais comme je parle, et le ciel voit mon cœur.
De tous vos façonniers[56] on n'est point les esclaves:
Il est de faux dévots ainsi que de faux braves;
Et, comme on ne voit pas qu'où l'honneur les conduit
Les vrais braves soient ceux qui font beaucoup de bruit,
Les bons et vrais dévots, qu'on doit suivre à la trace,
Ne sont pas ceux aussi[57] qui font tant de grimace.
Hé quoi! vous ne ferez nulle distinction
Entre l'hypocrisie et la dévotion?
Vous les voulez traiter d'un semblable langage,
Et rendre même honneur au masque qu'au visage;
Egaler l'artifice à la sincérité,
Confondre l'apparence avec la vérité,
Estimer le fantôme autant que la personne,
Et la fausse monnaie à l'égal de la bonne?
Les hommes, la plupart, sont étrangement faits!
Dans la juste nature on ne les voit jamais;
La raison a pour eux des bornes trop petites;
En chaque caractère ils passent ses limites,
Et la plus noble chose, ils la gâtent souvent
Pour la vouloir outrer et pousser trop avant.
Que cela vous soit dit en passant, mon beau-frère.

ORGON. Oui, vous êtes, sans doute, un docteur qu'on révère;
Tout le savoir du monde est chez vous retiré;
Vous êtes le seul sage et le seul éclairé,
Un oracle, un Caton,[58] dans le siècle où nous sommes,
Et, près de vous, ce sont des sots que tous les hommes.

CLÉANTE. Je ne suis point, mon frère, un docteur révéré,
Et le savoir chez moi n'est pas tout retiré,
Mais, en un mot, je sais, pour toute ma science,
Du faux avec le vrai faire la différence;
Et, comme je ne vois nul genre de héros
Qui soient plus à priser que les parfaits dévots,
Aucune chose au monde et plus noble et plus belle
Que la sainte ferveur d'un véritable zèle,
Aussi ne vois-je rien qui soit plus odieux

55. *simagrées:* affectations.
56. *façonniers:* simulators.
57. *aussi:* non plus.
58. Caton l'Ancien était un orateur romain connu pour sa sagesse et sa vertu.

Que le dehors plâtré d'un zèle spécieux,
Que ces francs charlatans, que ces dévots de place[59]
De qui la sacrilège et trompeuse grimace
Abuse impunément et se joue, à leur gré,
De ce qu'ont les mortels de plus saint et sacré;
Ces gens qui, par une âme à l'intérêt soumise,
Font de dévotion métier et marchandise,
Et veulent acheter crédit et dignités
A prix de faux clins d'yeux et d'élans affectés;
Ces gens, dis-je, qu'on voit d'une ardeur non commune
Par le chemin du ciel courir à leur fortune;
Qui, brûlants[60] et priants, demandent chaque jour
Et prêchent la retraite au milieu de la cour;
Qui savent ajuster leur zèle avec leurs vices,
Sont prompts, vindicatifs, sans foi, pleins d'artifices,
Et, pour perdre quelqu'un, couvrent insolemment
De l'intérêt du ciel leur fier[61] ressentiment;
D'autant plus dangereux dans leur âpre colère
Qu'ils prennent contre nous des armes qu'on révère,
Et que leur passion, dont on leur sait bon gré,
Veut nous assassiner avec un fer sacré.
De ce faux caractère on en voit trop paraître:
Mais les dévots de cœur sont aisés à connaître.
Notre siècle, mon frère, en expose à nos yeux
Qui peuvent nous servir d'exemples glorieux.
Regardez Ariston, regardez Périandre,
Oronte, Alcidamas, Polydore, Clitandre:
Ce titre par aucun ne leur est débattu:[62]
Ce ne sont point du tout fanfarons de vertu,
On ne voit point en eux ce faste[63] insupportable,
Et leur dévotion est humaine et traitable.
Ils ne censurent point toutes nos actions:
Ils trouvent trop d'orgueil dans ces corrections,
Et, laissant la fierté des paroles aux autres,
C'est par leurs actions qu'ils reprennent les nôtres.
L'apparence du mal a chez eux peu d'appui,
Et leur âme est portée à juger bien d'autrui.
Point de cabale[64] en eux, point d'intrigues à suivre;
On les voit, pour tous soins, se mêler de bien vivre.

59. *dévots de place:* who shout their piety in the town square.
60. *brûlants:* burning (with zeal).
61. *fier:* cruel, fierce.
62. *débattu:* contested.
63. *faste:* pride.
64. *cabale:* interest in banding together as a secret organization.

Jamais contre un pécheur ils n'ont d'acharnement:
Ils attachent leur haine au péché seulement
Et ne veulent point prendre avec un zèle extrême
Les intérêts du ciel plus qu'il ne veut lui-même.
Voilà mes gens, voilà comme il en faut user,
Voilà l'exemple enfin qu'il se faut proposer.
Votre homme, à dire vrai, n'est pas de ce modèle.
C'est de fort bonne foi que vous vantez son zèle,
Mais par un faux éclat je vous crois ébloui.

Il est probable que Molière a dû ajouter ces deux tirades de Cléante pour parer des attaques contre l'irréligion de sa pièce;[65] elles ne semblent pas vraiment nécessaires à l'intrigue et elles présentent peu d'intérêt pour le spectateur moderne. Par quel jeu scénique le metteur en scène peut-il tirer de cette partie de la scène une valeur dramatique (i.e., éviter la monotonie) et une valeur structurale (i.e., souligner l'opposition Cléante-Orgon)? (Par exemple, à quels moments Orgon écoute-t-il vraiment son beau-frère? Quelles autres occupations pouvez-vous lui imaginer? Quels sont leurs mouvements à travers l'espace scénique?)

ORGON. Monsieur mon cher beau-frère, avez-vous tout dit?
CLÉANTE. Oui.
ORGON. Je suis votre valet.[66]
Il veut s'en aller.
CLÉANTE. De grâce, un mot, mon frère.
Laissons là ce discours. Vous savez que Valère
Pour être votre gendre a parole de vous.
ORGON. Oui.
CLÉANTE. Vous aviez pris jour pour un lien si doux.
ORGON. Il est vrai.
CLÉANTE. Pourquoi donc en différer la fête?
ORGON. Je ne sais.
CLÉANTE. Auriez-vous autre pensée en tête?
ORGON. Peut-être.
CLÉANTE. Vous voulez manquer à votre foi?[67]
ORGON. Je ne dis pas cela.

65. Il y a eu trois versions du *Tartuffe*. La première, intitulée *Tartuffe ou l'Hypocrite*, ne comprenait que trois actes; jouée à Versailles en 1664 devant le roi, elle a été immédiatement interdite. En 1667, Molière a fait représenter à Paris une nouvelle version appelée *Panulphe ou l'Imposteur* qui a subi le même sort. Ce n'était qu'en 1669 que Molière a réussi à jouer sa pièce, comportant maintenant cinq actes et ayant comme titre *Le Tartuffe ou l'Imposteur*.

66. *Je . . . valet:* Your servant (fixed expression used for taking leave of someone).

67. *foi:* word.

CLÉANTE. Nul obstacle, je croi,
Ne vous peut empêcher d'accomplir vos promesses.
ORGON. Selon.[68]
CLÉANTE. Pour dire un mot faut-il tant de finesses?
Valère sur ce point me fait vous visiter.
ORGON. Le ciel en soit loué!
CLÉANTE. Mais que lui reporter?
ORGON. Tout ce qu'il vous plaira.
CLÉANTE. Mais il est nécessaire
De savoir vos desseins. Quels sont-ils donc?
ORGON. De faire
Ce que le ciel voudra.
CLÉANTE. Mais parlons tout de bon.
Valère a votre foi. La tiendrez-vous, ou non?
ORGON. Adieu.
CLÉANTE. *(seul.)* Pour son amour[69] je crains une disgrâce,
Et je dois l'avertir de tout ce qui se passe.

Quel changement y a-t-il dans le rythme de la scène à partir du v. 408? Imaginez le jeu de scène qui accompagne ce nouveau rythme.

Etudiez la progression dans les répliques d'Orgon (v. 412–25). Quel nouvel élément de son caractère Molière révèle-t-il ici?

Dans la plupart des pièces classiques, l'auteur fait son exposition au moyen d'une conversation entre deux personnages, souvent un héros et son confident; ici Molière fait paraître six personnages sur la scène dès le lever du rideau. Quels en sont les avantages dramatiques? Pour quelle raison structurale Molière aurait-il écrit cette sorte d'exposition? (Quelle opposition fondamentale Molière crée-t-il dans cette première scène? A quels deux autres personnages Mme Pernelle est-elle liée?)

En quoi les scènes 2–5 complètent-elles l'exposition? Quelles sont les deux intrigues qui s'en dégagent? Comment sont-elles liées?

Quel ton domine le premier acte? Quels sont les sentiments du spectateur à la fin de l'acte? (S'attend-il à voir un drame sérieux où tout pourrait tourner mal ou une comédie légère où tout finira bien? Quelle est son attitude envers les différents personnages? Craint-il ce qui va leur advenir? Pourquoi?)

Note à l'étudiant. A partir de cet endroit-ci, nous ne poserons de questions détaillées que sur certaines scènes-clés (II, 2 et 4; III, 2 et 3; IV, 5–7). Nous vous demanderons de continuer l'étude détaillée de chaque scène et d'utiliser vos analyses pour répondre aux questions générales à la fin de chaque acte.

68. *Selon:* That depends.

69. *son amour:* l'amour de Valère pour Mariane.

ACTE II

Scène première.—orgon, mariane.

orgon. Mariane.
mariane. Mon père.
orgon. Approchez. J'ai de quoi
Vous parler en secret.
mariane. Que cherchez-vous?
orgon. *(il regarde dans un petit cabinet.*[1]*)* Je voi
Si quelqu'un n'est point là qui pourrait nous entendre,
Car ce petit endroit est propre pour surprendre.
Or sus,[2] nous voilà bien. J'ai, Mariane, en vous
Reconnu de tout temps un esprit assez doux,
Et de tout temps aussi vous m'avez été chère.
mariane. Je suis fort redevable à cet amour de père.
orgon. C'est fort bien dit, ma fille; et, pour le mériter,
Vous devez n'avoir soin que de me contenter.
mariane. C'est où je mets aussi ma gloire la plus haute.
orgon. Fort bien. Que dites-vous de Tartuffe notre hôte?
mariane. Qui, moi?
orgon. Vous. Voyez bien comme vous répondrez.

1. *cabinet:* closet or side-room. 2. *sus:* allons!

Deux interprétations scéniques du *Tartuffe*
(*Ci-dessous*) à la Comédie Française (French Government Tourist Office, New York)
(*A d. en haut*) au Théâtre de France (Agence de Presse Bernand)

MARIANE. Hélas! j'en dirai, moi, tout ce que vous voudrez.
ORGON. C'est parler sagement. Dites-moi, donc, ma fille,
Qu'en toute sa personne un haut mérite brille,
Qu'il touche votre cœur, et qu'il vous serait doux
De le voir par mon choix devenir votre époux.
Eh?

Mariane se recule avec surprise.

MARIANE. Eh?
ORGON. Qu'est-ce?
MARIANE. Plaît-il?
ORGON. Quoi?
MARIANE. Me suis-je méprise?
ORGON. Comment?
MARIANE. Qui voulez-vous, mon père, que je dise
Qui me touche le cœur, et qu'il me serait doux
De voir par votre choix devenir mon époux?
ORGON. Tartuffe.
MARIANE. Il n'en est rien, mon père, je vous jure.

Pourquoi me faire dire une telle imposture?
ORGON. Mais je veux que cela soit une vérité;
Et c'est assez pour vous que je l'aie arrêté.[3]
MARIANE. Quoi! vous voulez, mon père . . .
ORGON. Oui, je prétends, ma fille,
Unir par votre hymen Tartuffe à ma famille.
Il sera votre époux, j'ai résolu cela;
Et comme sur vos vœux je . . .

SCÈNE II.—DORINE, ORGON, MARIANE.

ORGON. Que faites-vous là?
La curiosité qui vous presse est bien forte.
Mamie, à nous venir écouter de la sorte.
DORINE. Vraiment, je ne sais pas si c'est un bruit qui part
De quelque conjecture ou d'un coup de hasard,
Mais de ce mariage on m'a dit la nouvelle,
Et j'ai traité cela de pure bagatelle.
ORGON. Quoi donc! la chose est-elle incroyable?
DORINE. A tel point
Que vous-même, monsieur, je ne vous en crois point.
ORGON. Je sais bien le moyen de vous le faire croire.
DORINE. Oui, oui, vous nous contez une plaisante histoire.
ORGON. Je conte justement ce qu'on verra dans peu.
DORINE. Chansons![4]
ORGON. Ce que je dis, ma fille, n'est point jeu.
DORINE. Allez, ne croyez point à monsieur votre père!
Il raille.
ORGON. Je vous dis . . .
DORINE. Non, vous avez beau faire,
On ne vous croira point.
ORGON. A la fin, mon courroux . . .
DORINE. Hé bien! on vous croit donc, et c'est tant pis pour vous.
Quoi! se peut-il, monsieur, qu'avec l'air d'homme sage
Et cette large barbe au milieu du visage,
Vous soyez assez fou pour vouloir . . .
ORGON. Ecoutez:
Vous avez pris céans certaines privautés
Qui ne me plaisent point, je vous le dis, mamie.

Dans la première scène de cet acte, un père veut imposer à sa fille un mari déplaisant. Une telle situation pourrait bien tourner au mélodrame; en effet, l'actrice qui joue Mariane se met d'habitude à pleurer. Quelle

3. *arrêté:* decided. 4. *Chansons!:* Nonsense!

est donc la fonction dramatique du début de la scène 2? Comment Molière s'y sert-il de Dorine? (A quel moment entre-t-elle en scène? Quelle pourrait être sa mimique en face de Mariane? En face d'Orgon?) Etudiez le rythme de ce début de scène: comment contribue-t-il à la fonction dramatique de ces répliques?

DORINE. Parlons sans nous fâcher, monsieur, je vous supplie.
Vous moquez-vous des gens d'avoir fait ce complot?
Votre fille n'est point l'affaire d'un bigot,
Il a d'autres emplois auxquels il faut qu'il pense;
Et puis, que vous apporte une telle alliance?
A quel sujet aller, avec tout votre bien,
Choisir un gendre gueux . . .[5]
ORGON. Taisez-vous. S'il n'a rien,
Sachez que c'est par là qu'il faut qu'on le révère.
Sa misère est sans doute une honnête misère.
Au-dessus des grandeurs elle doit l'élever,
Puisqu'enfin de son bien il s'est laissé priver
Par son trop peu de soin des choses temporelles
Et sa puissante attache aux choses éternelles.
Mais mon secours pourra lui donner les moyens
De sortir d'embarras et rentrer dans ses biens.
Ce sont fiefs qu'à bon titre au pays on renomme.[6]
Et, tel que l'on le voit, il est bien gentilhomme.
DORINE. Oui, c'est lui qui le dit, et cette vanité,
Monsieur, ne sied pas bien avec la piété.
Qui d'une sainte vie embrasse l'innocence
Ne doit point tant prôner son nom et sa naissance,
Et l'humble procédé[7] de la dévotion
Souffre mal[8] les éclats de cette ambition.
A quoi bon cet orgueil? . . . Mais ce discours vous blesse:
Parlons de sa personne, et laissons sa noblesse.
Ferez-vous possesseur, sans quelque peu d'ennui,[9]
D'une fille comme elle un homme comme lui?
Et ne devez-vous pas songer aux bienséances
Et de cette union prévoir les conséquences?
Sachez que d'une fille on risque la vertu
Lorsque dans son hymen son goût est combattu;
Que le dessein d'y vivre en honnête personne
Dépend des qualités du mari qu'on lui donne,

5. *gueux:* beggarly.
6. *Ce . . . renomme:* They are lands (fiefs) that are well known, and for good reason, in his province.
7. *procédé:* conduct.
8. *souffre mal:* does not tolerate very well.
9. *ennui:* unhappiness.

Et que ceux dont partout on montre au doigt le front
Font leurs femmes souvent ce qu'on voit qu'elles sont.
Il est bien difficile enfin d'être fidèle
A de certains maris faits d'un certain modèle,
Et qui donne à sa fille un homme qu'elle hait
Est responsable au ciel des fautes qu'elle fait.
Songez à quels périls votre dessein vous livre.
ORGON. Je vous dis qu'il me faut apprendre d'elle à vivre![10]
DORINE. Vous n'en feriez que mieux de suivre mes leçons.

A partir du v. 478, le ton et le rythme de cette scène changent; en particulier, la tirade de Dorine ne ressemble guère à son ton habituel (en effet, dans la version de 1667, ces mots se trouvaient dans un autre acte et ont été prononcés par Cléante). Pour quelles raisons dramatiques ou pratiques (mouvement de la scène? exposition?) Molière a-t-il inséré ici cette conversation entre Dorine et Orgon (v. 478–519)? Cette conversation a-t-elle une valeur structurale? Discutez.

ORGON. *(à Mariane.)* Ne nous amusons point,[11] ma fille, à ces chansons,
Je sais ce qu'il vous faut, et je suis votre père.
J'avais donné pour vous ma parole à Valère;
Mais, outre qu'à jouer on dit qu'il est enclin,
Je le soupçonne encor d'être un peu libertin;
Je ne remarque point qu'il hante les églises.
DORINE. Voulez-vous qu'il y coure à vos heures précises,
Comme ceux qui n'y vont que pour être aperçus?
ORGON. Je ne demande pas votre avis là-dessus.
Enfin avec le ciel l'autre est le mieux du monde,
Et c'est une richesse à nulle autre seconde.
Cet hymen de tous biens comblera vos désirs,
Il sera tout confit en[12] douceurs et plaisirs.
Ensemble vous vivrez, dans vos ardeurs fidèles,
Comme deux vrais enfants, comme deux tourterelles.
A nul fâcheux débat jamais vous n'en viendrez,
Et vous ferez de lui tout ce que vous voudrez.
DORINE. Elle? Elle n'en fera qu'un sot, je vous assure.
ORGON. Ouais! quels discours!
DORINE. Je dis qu'il en a l'encolure,[13]
Et que son ascendant,[14] monsieur, l'emportera
Sur toute la vertu que votre fille aura.

10. *Je . . . vivre!:* I'm supposed to take lessons from her on how to live!
11. *Ne . . . point:* Let's not waste time.
12. *confit en:* full of.
13. *encolure:* appearance.
14. *ascendant:* dominant characteristic (astrological term).

ORGON. Cessez de m'interrompre, et songez à vous taire,
Sans mettre votre nez où vous n'avez que faire.

A partir du v. 520, le ton change encore une fois: Molière commence à monter un mécanisme comique à plusieurs mouvements. Pour l'apprécier il faut imaginer le jeu de chaque personnage à tout moment. La préparation (v. 520–42): où les personnages sont-ils disposés sur la scène? Quelle situation fondamentale Molière a-t-il créée? (A qui Orgon veut-il parler? Qui l'en distrait? Comment réagit-il à la distraction?)

DORINE. Je n'en parle, monsieur, que pour votre intérêt.
Elle l'interrompt toujours au moment qu'il se retourne pour parler à sa fille.
ORGON. C'est prendre trop de soin; taisez-vous, s'il vous plaît.
DORINE. Si l'on ne vous aimait . . .
ORGON. Je ne veux pas qu'on m'aime.
DORINE. Et je veux aimer, monsieur, malgré vous-même.
ORGON. Ah!
DORINE. Votre honneur m'est cher, et je ne puis souffrir
Qu'aux brocards[15] d'un chacun vous alliez vous offrir.
ORGON. Vous ne vous tairez point?
DORINE. C'est une conscience[16]
Que de vous laisser faire une telle alliance.
ORGON. Te tairas-tu, serpent, dont les traits effrontés . . .
DORINE. Ah! vous êtes dévot, et vous vous emportez!
ORGON. Oui, ma bile s'échauffe à toutes ces fadaises,
Et tout résolument je veux que tu te taises.
DORINE. Soit. Mais, ne disant mot, je n'en pense pas moins.
ORGON. Pense, si tu le veux; mais applique tes soins
A ne m'en point parler ou . . . Suffit.

Premier mouvement (v. 543–57): après avoir prononcé le v. 542, vers qui Orgon s'est-il tourné? A quel moment Dorine parle-t-elle? Comment Orgon réagit-il? Après avoir prononcé le v. 544, que fait-il? Combien de fois ce jeu se répète-t-il? Quelle progression y a-t-il?

Se retournant vers sa fille.
Comme sage,
J'ai pesé mûrement toutes choses.
DORINE. J'enrage
De ne pouvoir parler.
Elle se tait lorsqu'il tourne la tête.
ORGON. Sans être damoiseau,[17]

15. *brocards:* taunts.
16. *conscience:* matter of conscience.
17. *damoiseau:* young and elegant gentleman.

Tartuffe est fait de sorte . . .
DORINE. Oui, c'est un beau museau![18]
ORGON. Que, quand tu n'aurais même aucune sympathie
Pour tous les autres dons . . .
Il se tourne devant elle et la regarde, les bras croisés.
DORINE. La voilà bien lotie!
Si j'étais en sa place, un homme, assurément,
Ne m'épouserait pas de force impunément,
Et je lui ferais voir, bientôt après la fête,
Qu'une femme a toujours une vengeance prête.
ORGON. Donc, de ce que je dis on ne fera nul cas?
DORINE. De quoi vous plaignez-vous? Je ne vous parle pas.
ORGON. Qu'est-ce que tu fais donc?
DORINE. Je me parle à moi-même.

Deuxième mouvement (v. 557–69): cette fois, à quel moment Dorine parle-t-elle? Regarde-t-elle Orgon? Comment réagit-il? Et elle? Que fait Mariane pendant ce temps?

ORGON. Fort bien. Pour châtier son insolence extrême,
Il faut que je lui donne un revers de ma main.
Il se met en posture de lui donner un soufflet; et Dorine, à chaque coup d'œil qu'il jette, se tient droite sans parler.
Ma fille, vous devez approuver mon dessein . . .
Croire que le mari . . . que j'ai su vous élire . . .
(A Dorine.)
Que ne te parles-tu?
DORINE. Je n'ai rien à me dire.
ORGON. Encore un petit mot.
DORINE. Il ne me plaît pas, moi.
ORGON. Certes, je t'y guettais.
DORINE. Quelque sotte, ma foi![19]

Troisième mouvement (v. 570–76): à qui Orgon dit-il «Pour châtier son insolence . . . ma main»? Qui regarde-t-il en prononcant le v. 572? Comment est-elle? A qui dit-il «Croire que le mari . . .?» Que fait-il au milieu du vers? Pourquoi s'adresse-t-il enfin à Dorine?

ORGON. Enfin, ma fille, il faut payer d'obéissance,
Et montrer pour mon choix entière déférence.
DORINE, *en s'enfuyant.*

18. *museau:* mug.

19. *Quelque . . . foi!:* I'm not foolish enough (to speak now).

Je me moquerais fort[20] de prendre un tel époux.
Il lui veut donner un soufflet et la manque.
ORGON. Vous avez là, ma fille, une peste avec vous,
Avec qui sans péché je ne saurais plus vivre.
Je me sens hors d'état maintenant de poursuivre;
Ses discours insolents m'ont mis l'esprit en feu,
Et je vais prendre l'air pour me rasseoir[21] un peu.

Dernier mouvement (v. 577–84): que fait Orgon en prononçant les v. 577–78? Quel effet dramatique Molière crée-t-il en rompant brusquement la progression dans ce mouvement? Imaginez le jeu de scène (le soufflet manqué et la sortie d'Orgon).

Les procédés comiques employés ici font penser à la *farce*. Dans quelles autres scènes les retrouve-t-on? Molière s'en sert-il uniquement pour faire rire le spectateur ou a-t-il d'autres raisons dramatiques et structurales pour les utiliser? Discutez.

Après avoir opposé Orgon à Cléante (I, 5) et à Mariane (II, 1), Molière le met en face de Dorine: à quoi ces scènes de confrontation servent-elles?

SCÈNE III.—DORINE, MARIANE.

DORINE. Avez-vous donc perdu, dites-moi, la parole,
Et faut-il qu'en ceci je fasse votre rôle?
Souffrir qu'on vous propose un projet insensé
Sans que du moindre mot vous l'ayez repoussé!
MARIANE. Contre un père absolu que veux-tu que je fasse?
DORINE. Ce qu'il faut pour parer une telle menace.
MARIANE. Quoi?
DORINE. Lui dire qu'un cœur n'aime point par autrui;
Que vous vous mariez pour vous, non pas pour lui;
Qu'étant celle pour qui se fait toute l'affaire,
C'est à vous, non à lui, que le mari doit plaire,
Et que, si son Tartuffe est pour lui si charmant,
Il le peut épouser sans nul empêchement.
MARIANE. Un père, je l'avoue, a sur nous tant d'empire
Que je n'ai jamais eu la force de rien dire.
DORINE. Mais raisonnons. Valère a fait pour vous des pas:[22]
L'aimez-vous, je vous prie, ou ne l'aimez-vous pas?
MARIANE. Ah! qu'envers mon amour ton injustice est grande,
Dorine! Me dois-tu faire cette demande?
T'ai-je pas là-dessus ouvert cent fois mon cœur,
Et sais-tu pas pour lui jusqu'où va mon ardeur?

20. *Je . . . fort:* I'd have to be really kidding myself.
21. *me rasseoir:* compose myself.
22. *a . . . pas:* has indicated interest in you.

DORINE. Que sais-je si le cœur a parlé par la bouche,
Et si c'est tout de bon que cet amant vous touche?
MARIANE. Tu me fais un grand tort, Dorine, d'en douter,
Et mes vrais sentiments ont su trop éclater.
DORINE. Enfin, vous l'aimez donc?
MARIANE. Oui, d'une ardeur extrême.
DORINE. Et, selon l'apparence, il vous aime de même?
MARIANE. Je le crois.
DORINE. Et tous deux brûlez également
De vous voir mariés ensemble?
MARIANE. Assurément.
DORINE. Sur cette autre union quelle est donc votre attente?
MARIANE. De me donner la mort, si l'on me violente.
DORINE. Fort bien. C'est un recours où je ne songeais pas:
Vous n'avez qu'à mourir pour sortir d'embarras.
Le remède, sans doute, est merveilleux. J'enrage
Lorsque j'entends tenir ces sortes de langage.
MARIANE. Mon Dieu, de quelle humeur, Dorine, tu te rends!
Tu ne compatis point aux déplaisirs des gens.
DORINE. Je ne compatis point à qui dit des sornettes,
Et dans l'occasion[23] mollit comme vous faites.
MARIANE. Mais que veux-tu? Si j'ai de la timidité . . .
DORINE. Mais l'amour dans un cœur veut de la fermeté.
MARIANE. Mais n'en gardé-je pas pour les feux[24] de Valère?
Et n'est-ce pas à lui de m'obtenir d'un père?
DORINE. Mais quoi! si votre père est un bourru fieffé,[25]
Qui s'est de son Tartuffe entièrement coiffé[26]
Et manque à l'union qu'il avait arrêtée,
La faute à votre amant doit-elle être imputée?
MARIANE. Mais, par un haut refus et d'éclatants mépris,
Ferai-je dans mon choix voir un cœur trop épris?
Sortirai-je pour lui, quelque éclat dont il brille,
De la pudeur du sexe et du devoir de fille?
Et veux-tu que mes feux par le monde étalés . . .
DORINE. Non, non, je ne veux rien. Je vois que vous voulez
Etre à monsieur Tartuffe, et j'aurais, quand j'y pense,
Tort de vous détourner d'une telle alliance.
Quelle raison aurais-je à combattre vos vœux?
Le parti, de soi-même, est fort avantageux.

23. *dans l'occasion:* at the crucial moment.
24. *feux:* love (conventional language of gallant love).
25. *bourru fieffé:* downright madman.
26. *Qui . . . coiffé:* Who's gone completely crazy over his Tartuffe.

Monsieur Tartuffe! Oh! oh! n'est-ce rien qu'on propose?
Certes monsieur Tartuffe, à bien prendre la chose,
N'est pas un homme, non, qui se mouche du pié,[27]
Et ce n'est pas peu d'heur[28] que d'être sa moitié.
Tout le monde déjà de gloire le couronne;
Il est noble chez lui,[29] bien fait de sa personne.
Il a l'oreille rouge et le teint bien fleuri:
Vous vivrez trop contente avec un tel mari.

MARIANE. Mon Dieu . . .

DORINE. Quelle allégresse aurez-vous dans votre âme
Quand d'un époux si beau vous vous verrez la femme!

MARIANE. Ah! cesse, je te prie, un semblable discours,
Et contre cet hymen ouvre-moi du secours.
C'en est fait, je me rends et suis prête à tout faire.

DORINE. Non, il faut qu'une fille obéisse à son père,
Voulût-il lui donner un singe pour époux.
Votre sort est fort beau, de quoi vous plaignez-vous?
Vous irez par le coche en sa petite ville,
Qu'en oncles et cousins vous trouverez fertile,
Et vous vous plairez fort à les entretenir.
D'abord chez le beau monde on vous fera venir;
Vous irez visiter, pour votre bienvenue,
Madame la baillive et madame l'élue,[30]
Qui d'un siège pliant[31] vous feront honorer.
Là, dans le carnaval, vous pourrez espérer
Le bal et la grand-bande,[32] à savoir deux musettes,[33]
Et, parfois, Fagotin[34] et les marionnettes.
Si pourtant votre époux . . .

MARIANE. Ah! tu me fais mourir!
De tes conseils plutôt songe à me secourir.

DORINE. Je suis votre servante.[35]

MARIANE. Eh! Dorine, de grâce . . .

DORINE. Il faut, pour vous punir, que cette affaire passe.

MARIANE. Ma pauvre fille!

DORINE. Non.

27. *N'est . . . pié:* Is not a man who wipes his nose with his foot (i.e., he is cultured).
28. *heur:* bonheur.
29. *chez lui:* in his province.
30. *Madame . . . élue:* wives of local officials.
31. Au dix-septième siècle, le siège qu'on offrait à quelqu'un servait à marquer son rang social. Le fauteuil et la chaise désignaient un personnage de haute condition, le pliant une personne de basse condition.
32. *grand-bande:* orchestra composed of twenty-four violins.
33. *à . . . musettes:* rather, two bagpipes.
34. Fagotin était un singe savant, célèbre à l'époque.
35. *Je . . . servante:* play on the expression *Je suis votre valet.*

MARIANE. Si mes vœux déclarés . . .
DORINE. Point. Tartuffe est votre homme, et vous en tâterez.[36]
MARIANE. Tu sais qu'à toi toujours je me suis confiée.
Fais-moi . . .
DORINE. Non. Vous serez, ma foi, tartuffiée.
MARIANE. Hé bien! puisque mon sort ne saurait t'émouvoir,
Laisse-moi désormais toute à mon désespoir.
C'est de lui que mon cœur empruntera de l'aide,
Et je sais de mes maux l'infaillible remède.
Elle veut s'en aller.
DORINE. Hé! là, là, revenez, je quitte mon courroux.
Il faut nonobstant tout avoir pitié de vous.
MARIANE. Vois-tu, si l'on m'expose à ce cruel martyre,
Je te le dis, Dorine, il faudra que j'expire.
DORINE. Ne vous tourmentez point, on peut adroitement
Empêcher . . . Mais voici Valère, votre amant.

SCÈNE IV.—VALÈRE, MARIANE, DORINE.

VALÈRE. On vient de débiter, madame, [37] une nouvelle
Que je ne savais pas, et qui sans doute est belle.
MARIANE. Quoi!
VALÈRE. Que vous épousez Tartuffe.
MARIANE. Il est certain
Que mon père s'est mis en tête ce dessein.
VALÈRE. Votre père, madame . . .
MARIANE. A changé de visée.
La chose vient par lui de m'être proposée.
VALÈRE. Quoi! sérieusement?
MARIANE. Oui, sérieusement;
Il s'est pour cet hymen déclaré hautement.
VALÈRE. Et quel est le dessein où votre âme s'arrête,
Madame?
MARIANE. Je ne sais.
VALÈRE. La réponse est honnête.
Vous ne savez?
MARIANE. Non.
VALÈRE. Non?
MARIANE. Que me conseillez-vous?
VALÈRE. Je vous conseille, moi, de prendre cet époux.

36. *vous . . . tâterez:* you must try him out.
37. Au dix-septième siècle, on s'adressait ainsi à toute femme bourgeoise, qu'elle soit mariée ou non.

MARIANE. Vous me le conseillez?
VALÈRE. Oui.
MARIANE. Tout de bon?
VALÈRE. Sans doute.
Le choix est glorieux et vaut bien qu'on l'écoute.
MARIANE. Hé bien, c'est un conseil, monsieur, que je reçois.
VALÈRE. Vous n'aurez pas grand-peine à le suivre, je crois.
MARIANE. Pas plus qu'à le donner en a souffert votre âme.
VALÈRE. Moi, je vous l'ai donné pour vous plaire, madame.
MARIANE. Et moi, je le suivrai pour vous faire plaisir.
DORINE. *(à part.)* Voyons ce qui pourra de ceci réussir.[38]
VALÈRE. C'est donc ainsi qu'on aime? et c'était tromperie,
Quand vous . . .
MARIANE. Ne parlons point de cela, je vous prie.
Vous m'avez dit tout franc que je dois accepter
Celui que pour époux on veut me présenter,
Et je déclare, moi, que je prétends le faire,
Puisque vous m'en donnez le conseil salutaire.
VALÈRE. Ne vous excusez point sur mes intentions:
Vous aviez pris déjà vos résolutions,
Et vous vous saisissez d'un prétexte frivole
Pour vous autoriser à manquer de parole.
MARIANE. Il est vrai, c'est bien dit.
VALÈRE. Sans doute, et votre cœur
N'a jamais eu pour moi de véritable ardeur.
MARIANE. Hélas! permis à vous d'avoir cette pensée.
VALÈRE. Oui, oui, permis à moi; mais mon âme offensée
Vous préviendra[39] peut-être en un pareil dessein:
Et je sais où porter et mes vœux et ma main.
MARIANE. Ah! je n'en doute point; et les ardeurs qu'excite
Le mérite . . .
VALÈRE. Mon Dieu, laissons là le mérite:
J'en ai fort peu, sans doute, et vous en faites foi;
Mais j'espère aux bontés qu'une autre aura pour moi,
Et j'en sais de qui l'âme, à ma retraite ouverte,[40]
Consentira sans honte à réparer ma perte.
MARIANE. La perte n'est pas grande, et de ce changement
Vous vous consolerez assez facilement . . .
VALÈRE. J'y ferai mon possible, et vous le pouvez croire.
Un cœur qui nous oublie engage notre gloire:

38. *de . . . réussir:* come of this.
39. *vous préviendra:* will be one step ahead of you.
40. *J'en . . . ouverte:* I know someone who, willing to welcome me after I've left you.

Il faut à l'oublier mettre aussi tous nos soins.
Si l'on n'en vient à bout, on le doit feindre au moins;
Et cette lâcheté jamais ne se pardonne
De montrer de l'amour pour qui nous abandonne.

MARIANE. Ce sentiment sans doute est noble et relevé.

VALÈRE. Fort bien, et d'un chacun il doit être approuvé.
Hé quoi? vous voudriez qu'à jamais dans mon âme
Je gardasse pour vous les ardeurs de ma flamme,[41]
Et vous visse à mes yeux passer en d'autres bras,
Sans mettre ailleurs un cœur dont vous ne voulez pas?

MARIANE. Au contraire, pour moi, c'est ce que je souhaite,
Et je voudrais déjà que la chose fût faite.

VALÈRE. Vous le voudriez?

MARIANE. Oui.

VALÈRE. C'est assez m'insulter,
Madame, et de ce pas je vais vous contenter.

Il fait un pas pour s'en aller et revient toujours.

MARIANE. Fort bien.

VALÈRE. Souvenez-vous au moins que c'est vous-même
Qui contraignez mon cœur à cet effort extrême.

MARIANE. Oui.

VALÈRE. Et que le dessein que mon âme conçoit
N'est rien qu'à votre exemple.

MARIANE. A mon exemple, soit.

VALÈRE. Suffit; vous allez être à point nommé servie.

MARIANE. Tant mieux.

VALÈRE. Vous me voyez, c'est pour toute ma vie.

MARIANE. A la bonne heure!

VALÈRE. *(s'en va, et, lorsqu'il est vers la porte, il se retourne)*
Euh?

MARIANE. Quoi?

VALÈRE. Ne m'appelez-vous pas?

MARIANE. Moi! vous rêvez.

VALÈRE. Hé bien, je poursuis donc mes pas.
Adieu, madame.

MARIANE. Adieu, monsieur.

DORINE. Pour moi, je pense
Que vous perdez l'esprit par cette extravagance,
Et je vous ai laissé tout du long quereller,
Pour voir où tout cela pourrait enfin aller.
Holà! seigneur Valère.

Elle va l'arrêter par le bras, et Valère fait mine de grande résistance.

41. *flamme:* love (conv. lang.).

VALÈRE. Hé! que veux-tu, Dorine?
DORINE. Venez ici.
VALÈRE. Non, non, le dépit me domine.
Ne me détourne point de ce qu'elle a voulu.
DORINE. Arrêtez.
VALÈRE. Non, vois-tu, c'est un point résolu.
DORINE. Ah!
MARIANE. Il souffre à me voir, ma présence le chasse,
Et je ferai bien mieux de lui quitter la place.
DORINE. *(quitte Valère et court à Mariane)*
A l'autre! où courrez-vous?
MARIANE. Laisse.
DORINE. Il faut revenir.
MARIANE. Non, non, Dorine, en vain tu veux me retenir.
VALÈRE. Je vois bien que ma vue est pour elle un supplice,
Et sans doute il vaut mieux que je l'en affranchisse.
DORINE. *(elle quitte Mariane et court à Valère)*
Encor? Diantre soit fait de vous[42] si je le veux!
Cessez ce badinage, et venez çà tous deux.
Elle les tire l'un et l'autre.
VALÈRE. Mais quel est ton dessein?
MARIANE. Qu'est-ce que tu veux faire?
DORINE. Vous bien remettre ensemble et vous tirer d'affaire.
(A Valère.)
Etes-vous fou d'avoir un pareil démêlé?
VALÈRE. N'as-tu pas entendu comme elle m'a parlé?
DORINE. *(à Mariane)* Etes-vous folle, vous, de vous être emportée?
MARIANE. N'as-tu pas vu la chose, et comme il m'a traitée?
DORINE. *(à Valère)* Sottise des deux parts. Elle n'a d'autre soin[43]
Que de se conserver à vous, j'en suis témoin.
(A Mariane.)
Il n'aime que vous seule, et n'a point d'autre envie
Que d'être votre époux, j'en réponds sur ma vie.
MARIANE. Pourquoi donc me donner un semblable conseil?
VALÈRE. Pourquoi m'en demander sur un sujet pareil?
DORINE. Vous êtes fous tous deux. Çà, la main, l'un et l'autre.
(A Valère.)
Allons, vous.
VALÈRE. *(en donnant sa main à Dorine)*
A quoi bon ma main?
DORINE. *(à Mariane)* Ah! çà, la vôtre.

42. *Diantre . . . vous:* The Devil hang both of you.

43. *soin:* concern.

MARIANE. *(en donnant aussi sa main)*
De quoi sert tout cela?
DORINE. Mon Dieu! vite, avancez.
Vous vous aimez tous deux plus que vous ne pensez.
VALÈRE. *(à Mariane)* Mais ne faites donc point les choses avec peine,
Et regardez un peu les gens sans nulle haine.
Mariane tourne l'œil sur Valère et fait un petit souris.[44]
DORINE. A vous dire le vrai, les amants sont bien fous!
VALÈRE. Oh çà! n'ai-je pas lieu de me plaindre de vous?
Et, pour n'en point mentir, n'êtes-vous pas méchante
De vous plaire à me dire une chose affligeante?
MARIANE. Mais vous, n'êtes-vous pas l'homme le plus ingrat . . .
DORINE. Pour une autre saison laissons tout ce débat,
Et songeons à parer[45] ce fâcheux mariage.
MARIANE. Dis-nous donc quels ressorts il faut mettre en usage.
DORINE. Nous en ferons agir de toutes les façons.
Votre père se moque, et ce sont des chansons.
Mais, pour vous, il vaut mieux qu'à son extravagance
D'un doux consentement vous prêtiez l'apparence,
Afin qu'en cas d'alarme il vous soit plus aisé
De tirer en longueur cet hymen proposé.
En attrapant du temps à tout on remédie.
Tantôt vous payerez de[46] quelque maladie
Qui viendra tout à coup et voudra des délais,
Tantôt vous payerez de présages mauvais:
Vous aurez fait d'un mort la rencontre fâcheuse,
Cassé quelque miroir, ou songé d'eau bourbeuse.
Enfin, le bon de tout, c'est qu'à d'autres qu'à lui
On ne vous peut lier que[47] vous ne disiez oui.
Mais, pour mieux réussir, il est bon, ce me semble,
Qu'on ne vous trouve point tous deux parlant ensemble.
(A Valère.)
Sortez, et sans tarder, employez vos amis,
Pour vous faire tenir ce qu'on vous a promis.
Nous allons réveiller les efforts de son frère,
Et dans notre parti jeter la belle-mère.[48]
Adieu.
VALÈRE. *(à Mariane)* Quelques efforts que nous préparions tous,
Ma plus grande espérance, à vrai dire, est en vous.

44. *souris:* sourire.
45. *parer:* ward off.
46. *payerez de:* will use as a pretext.
47. *que:* à moins que.
48. *Et . . . belle-mère:* And get your stepmother on our side.

MARIANE. *(à Valère)* Je ne vous réponds pas des volontés d'un père;
Mais je ne serai point à d'autre qu'à Valère.
VALÈRE. Que vous me comblez d'aise! et, quoi que puisse oser . . .
DORINE. Ah! jamais les amants ne sont las de jaser.
Sortez, vous dis-je.
VALÈRE. *(fait un pas et revient)* Enfin . . .
DORINE. Quel caquet est le vôtre!
Les poussant chacun par l'épaule.
Tirez de cette part,[49] et vous, tirez de l'autre.

Voilà une scène traditionnelle de *dépit amoureux*—c'est-à-dire, une scène où deux amoureux se querellent mais qui finissent dans la même scène par se réconcilier. La psychologie est assez élémentaire; l'art de l'auteur se déploie donc dans la construction de cette scène. Divisez-la selon sa structure dramatique: quel est le rapport entre la psychologie des personnages et les différents mouvements dramatiques que vous y avez dégagés? Par quel moyen dramatique Molière suggère-t-il le passage d'un mouvement à un autre?

Précisez le ton et le rythme dominants de cette scène. Par quels moyens Molière réussit-il à y créer de la variété? (Quels légers changements de rythme y a-t-il? Imaginez la variété de tons de voix qu'adoptent les personnages pour s'exprimer.)

La mise en scène peut-elle être improvisée ou faut-il la régler avec précision comme un ballet? Pourquoi? Quel effet voulez-vous créer? Imaginez les gestes et les mouvements des personnages: quand se regardent-ils? Quand regardent-ils le public? Quand se tournent-ils le dos? Comment faut-il utiliser l'espace scénique aux v. 757–84? (Où mettez-vous Valère? Mariane? Que fait Dorine?)

La structure de l'acte II. Comparez les scènes 2, 3 et 4: quel personnage les domine? Dans quel sens? Quel procédé comique se retrouve dans chaque scène? Comment Molière réussit-il à en varier l'emploi?

La fonction de l'acte II. Un grand nombre de critiques trouvent le deuxième acte amusant mais sans utilité; pour eux, c'est «un hors-d'œuvre comique». Dans quelle mesure ont-ils raison? Qu'est-ce que cet acte apporte à l'intrigue? à l'action?

49. *Tirez . . . part:* Go out this way.

ACTE III

SCÈNE PREMIÈRE.—DAMIS, DORINE.

DAMIS. Que la foudre sur l'heure achève mes destins,
Qu'on me traite partout du plus grand des faquins,[1]
S'il est aucun respect ni pouvoir qui m'arrête,
Et si je ne fais pas quelque coup de ma tête.

1. *faquins:* scamps.

DORINE. De grâce, modérez un tel emportement;
Votre père n'a fait qu'en parler simplement;
On n'exécute pas tout ce qui se propose,
Et le chemin est long du projet à la chose.
DAMIS. Il faut que de ce fat j'arrête les complots,
Et qu'à l'oreille un peu je lui dise deux mots.
DORINE. Ah! tout doux! envers lui, comme envers votre père,
Laissez agir les soins de votre belle-mère.
Sur l'esprit de Tartuffe elle a quelque crédit;
Il se rend complaisant à tout ce qu'elle dit,
Et pourrait bien avoir douceur de cœur pour elle.
Plût à Dieu qu'il fût vrai! la chose serait belle!
Enfin votre intérêt l'oblige à le mander,[2]
Sur l'hymen qui vous trouble elle veut le sonder,
Savoir ses sentiments, et lui faire connaître
Quels fâcheux démêlés il pourra faire naître,
S'il faut qu'à ce dessein il prête quelque espoir.
Son valet dit qu'il prie, et je n'ai pu le voir;
Mais ce valet m'a dit qu'il s'en allait descendre.
Sortez donc, je vous prie, et me laissez l'attendre.
DAMIS. Je puis être présent à tout cet entretien.
DORINE. Point: il faut qu'ils soient seuls.
DAMIS. Je ne lui dirai rien.
DORINE. Vous vous moquez: on sait vos transports[3] ordinaires,
Et c'est le vrai moyen de gâter les affaires.
Sortez.
DAMIS. Non, je veux voir sans me mettre en courroux.
DORINE. Que vous êtes fâcheux! Il vient, retirez-vous.

SCÈNE II.—TARTUFFE, LAURENT, DORINE.

TARTUFFE. *(apercevant Dorine)* Laurent, serrez ma haire avec ma discipline,[4]
Et priez que toujours le ciel vous illumine.
Si l'on vient pour me voir, je vais aux prisonniers
Des aumônes que j'ai partager les deniers.[5]
DORINE. Que d'affectation et de forfanterie!
TARTUFFE. Que voulez-vous?

2. *votre . . . mander:* Elmire is forced to send for him in your best interest.
3. *transports:* outbursts.
4. *serrez . . . discipline:* lock up my hair-shirt with my whip (instruments for doing penitence).
5. *Des . . . deniers:* Share (with them) the money from the alms I have (collected).

DORINE. Vous dire . . .

TARTUFFE. *(il tire un mouchoir de sa poche)* Ah! mon Dieu, je vous prie,
Avant que de parler, prenez-moi ce mouchoir.

DORINE. Comment?

TARTUFFE. Couvrez ce sein que je ne saurais voir.
Par de pareils objets les âmes sont blessées,
Et cela fait venir de coupables pensées.

DORINE. Vous êtes donc bien tendre à la tentation,
Et la chair sur vos sens fait grande impression!
Certes, je ne sais pas quelle chaleur vous monte,
Mais à convoiter, moi, je ne suis point si prompte,
Et je vous verrais nu du haut jusques en bas
Que toute votre peau ne me tenterait pas.

TARTUFFE. Mettez dans vos discours un peu de modestie,
Ou je vais sur-le-champ vous quitter la partie.

DORINE. Non, non, c'est moi qui vais vous laisser en repos,
Et je n'ai seulement qu'à vous dire deux mots.
Madame va venir dans cette salle basse
Et d'un mot d'entretien vous demande la grâce.

TARTUFFE. Hélas! très volontiers.

DORINE. *(en soi-même)* Comme il se radoucit!
Ma foi, je suis toujours pour ce que j'en ai dit.

TARTUFFE. Viendra-t-elle bientôt?

DORINE. Je l'entends, ce me semble.
Oui, c'est elle en personne, et je vous laisse ensemble.

Jeu de scène: malgré les protestations de Dorine, Damis ne sort pas; il se cache plutôt dans le petit cabinet (voir II, 1). Comment peut-il gagner sa cachette sans être vu de Dorine? Tartuffe entre-t-il tout de suite après la réplique de Dorine (v. 852) ou faut-il un moment de silence? Justifiez votre réponse par des raisons dramatiques. Lorsque Tartuffe entre en scène, Dorine le regarde-t-elle? Quel air a-t-il? Que fait-il avant de s'adresser à Dorine? Quels tons de voix différents adopte-t-il pour prononcer ses répliques? (Etudiez surtout les contrastes—v. 853–56 et v. 858; v. 860–62 et v. 869–70; v. 875 et v. 877.)

Depuis le début de la pièce, Molière prépare l'entrée de Tartuffe. Quelles impressions le spectateur a-t-il de lui après cette courte scène? Dans quelle mesure cette scène confirme-t-elle l'image qu'on avait déjà de lui? Quels éléments de son caractère Molière souligne-t-il (voir surtout les v. 859–64: imaginez les gestes et le regard de Tartuffe; quelle sorte de robe Dorine porte-t-elle?)

Pour quelles raisons dramatiques Molière a-t-il attendu le troisième acte pour faire entrer en scène Tartuffe? Pour quelles raisons dramatiques et structurales a-t-il mis Tartuffe en face de Dorine lorsqu'on le voit pour la première fois?

SCÈNE III.—ELMIRE, TARTUFFE.

TARTUFFE. Que le ciel à jamais, par sa toute bonté,
Et de l'âme et du corps vous donne la santé,
Et bénisse vos jours autant que le désire
Le plus humble de ceux que son amour inspire!
ELMIRE. Je suis fort obligée à ce souhait pieux;
Mais prenons une chaise afin d'être un peu mieux.
TARTUFFE. Comment de votre mal vous sentez-vous remise?
ELMIRE. Fort bien, et cette fièvre a bientôt quitté prise.
TARTUFFE. Mes prières n'ont pas le mérite qu'il faut
Pour avoir attiré cette grâce d'en haut,
Mais je n'ai fait au ciel nulle dévote instance
Qui n'ait eu pour objet votre convalescence.
ELMIRE. Votre zèle pour moi s'est trop inquiété.
TARTUFFE. On ne peut trop chérir votre chère santé,
Et pour la rétablir j'aurais donné la mienne.
ELMIRE. C'est pousser bien avant la charité chrétienne,
Et je vous dois beaucoup pour toutes ces bontés.
TARTUFFE. Je fais bien moins pour vous que vous ne méritez.

Jeu de scène: imaginez les gestes et le ton de voix de Tartuffe en accueillant Elmire; où met-il sa chaise à lui? Comment Elmire l'écoute-t-elle?

Voici la première grande scène de confrontation. Analysez la situation dramatique que Molière a créée: dans quelle mesure les deux personnages se trouvent-ils devant un problème identique? (Quels sont les vrais sentiments d'Elmire? Quelle impression doit-elle donner? Quelle intention a Tartuffe? Quelle impression veut-il donner?) Quel avantage Elmire a-t-elle pourtant au début de la scène?

ELMIRE. J'ai voulu vous parler en secret d'une affaire,
Et suis bien aise ici qu'aucun ne nous éclaire.[6]
TARTUFFE. J'en suis ravi de même, et sans doute il m'est doux,
Madame, de me voir seul à seul avec vous.
C'est une occasion qu'au ciel j'ai demandée,
Sans que jusqu'à cette heure il me l'ait accordée.
ELMIRE. Pour moi, ce que je veux, c'est un mot d'entretien
Où tout votre cœur s'ouvre et ne me cache rien.
TARTUFFE. Et je ne veux aussi, pour grâce singulière,
Que montrer à vos yeux mon âme tout entière,
Et vous faire serment que les bruits que j'ai faits

6. *éclaire:* is watching.

Des visites qu'ici reçoivent vos attraits
Ne sont pas envers vous l'effet d'aucune haine,
Mais plutôt d'un transport de zèle qui m'entraîne
Et d'un pur mouvement . . .

ELMIRE. Je le prends bien aussi,
Et crois que mon salut vous donne ce souci.

TARTUFFE. *(il lui serre le bout des doigts)*
Oui, madame, sans doute, et ma ferveur est telle . . .

ELMIRE. Ouf! vous me serrez trop.

TARTUFFE. C'est par excès de zèle.
De vous faire aucun mal je n'eus jamais dessein,
Et j'aurais bien plutôt . . .

Il lui met la main sur le genou.

ELMIRE. Que fait là votre main?

TARTUFFE. Je tâte votre habit; l'étoffe en est moelleuse.

ELMIRE. Ah! de grâce, laissez; je suis fort chatouilleuse.

Elle recule sa chaise, et Tartuffe rapproche la sienne.

TARTUFFE. Mon Dieu! que de ce point[7] l'ouvrage est merveilleux!
On travaille aujourd'hui d'un air[8] miraculeux;
Jamais en toute chose on n'a vu si bien faire.

Etudiez le mouvement de la scène à partir du v. 897: quelle progression les mots et puis les gestes de Tartuffe traduisent-ils? Quel effet les répliques d'Elmire ont-elles sur ce mouvement?

Qui semble dominer la situation dramatique? Pourquoi? L'acteur se trouve devant deux possibilités d'interprétation; il peut insister sur la malveillance de Tartuffe ou sur la sensualité que Tartuffe ne réussit pas à dominer. Imaginez le jeu qui accompagne chaque interprétation. Laquelle préférez-vous? Pourquoi?

ELMIRE. Il est vrai. Mais parlons un peu de notre affaire.
On tient que mon mari veut dégager sa foi
Et vous donner sa fille: est-il vrai, dites-moi?

TARTUFFE. Il m'en a dit deux mots; mais, madame, à vrai dire,
Ce n'est pas le bonheur après quoi je soupire,
Et je vois autre part les merveilleux attraits
De la félicité qui fait tous mes souhaits.

ELMIRE. C'est que vous n'aimez rien des choses de la terre.

TARTUFFE. Mon sein n'enferme pas un cœur qui soit de pierre.

ELMIRE. Pour moi, je crois qu'au ciel tendent tous vos soupirs
Et que rien ici-bas n'arrête vos désirs.

TARTUFFE. L'amour qui nous attache aux beautés éternelles

7. *point:* lace around the bodice.
8. *air:* manner.

N'étouffe pas en nous l'amour des temporelles,
Nos sens facilement peuvent être charmés
Des ouvrages parfaits que le ciel a formés.
Ses attraits réfléchis brillent dans vos pareilles,
Mais il étale en vous ses plus rares merveilles.
Il a sur votre face épanché des beautés
Dont les yeux sont surpris et les cœurs transportés;
Et je n'ai pu vous voir, parfaite créature,
Sans admirer en vous l'auteur de la nature,
Et d'une ardente amour sentir mon cœur atteint
Au plus beau des portraits où lui-même il s'est peint.
D'abord j'appréhendai que cette ardeur secrète
Ne fût du noir esprit une surprise adroite,
Et même à fuir vos yeux mon cœur se résolut,
Vous croyant un obstacle à faire mon salut.
Mais enfin je connus, ô beauté toute aimable,
Que cette passion peut n'être point coupable;
Que je puis l'ajuster[9] avecque la pudeur,
Et c'est ce qui m'y fait abandonner mon cœur.
Ce m'est, je le confesse, une audace bien grande
Que d'oser de ce cœur vous adresser l'offrande;
Mais j'attends en mes vœux tout de votre bonté,
Et rien des vains efforts de mon infirmité.
En vous est mon espoir, mon bien, ma quiétude:
De vous dépend ma peine ou ma béatitude:
Et je vais être enfin, par votre seul arrêt,[10]
Heureux, si vous voulez, malheureux, s'il vous plaît.

Quels sont les deux tons de voix sur lesquels Tartuffe prononce le v. 925? Quel en est l'effet sur le mouvement de la scène?

Analysez la déclaration d'amour: en quoi ressemble-t-elle à une déclaration traditionnelle? Qu'est-ce qui l'en distingue? Etudiez surtout le choix du vocabulaire.

Qui commence à prendre le dessus? Comment?

ELMIRE. La déclaration est tout à fait galante;
Mais elle est, à vrai dire, un peu bien surprenante.
Vous deviez,[11] ce me semble, armer mieux votre sein[12]
Et raisonner un peu sur un pareil dessein.
Un dévot comme vous, et que partout on nomme . . .
TARTUFFE. Ah! pour être dévot, je n'en suis pas moins homme;

9. *ajuster:* reconcile.
10. *arrêt:* decision.
11. *deviez:* auriez dû.
12. *sein:* heart.

Et lorsqu'on vient à voir vos célestes appas,
Un cœur se laisse prendre et ne raisonne pas.
Je sais qu'un tel discours de moi paraît étrange;
Mais, madame, après tout, je ne suis pas un ange,
Et, si vous condamnez l'aveu que je vous fais,
Vous devez vous en prendre à vos charmants attraits.
Dès que j'en vis briller la splendeur plus qu'humaine,
De mon intérieur vous fûtes souveraine.
De vos regards divins l'ineffable douceur
Força la résistance où s'obstinait mon cœur;
Elle surmonta tout, jeûnes, prières, larmes,
Et tourna tous mes vœux[13] du côté de vos charmes.
Mes yeux et mes soupirs vous l'ont dit mille fois,
Et pour mieux m'expliquer j'emploie ici la voix.
Que si vous contemplez d'une âme un peu bénigne
Les tribulations de votre esclave indigne,
S'il faut que vos bontés veuillent me consoler
Et jusqu'à mon néant daignent se ravaler,
J'aurai toujours pour vous, ô suave merveille,
Une dévotion à nulle autre pareille.
Votre honneur avec moi ne court point de hasard[14]
Et n'a nulle disgrâce à craindre de ma part.
Tous ces galants de cour dont les femmes sont folles
Sont bruyants dans leurs faits et vains dans leurs paroles;
De leurs progrès sans cesse on les voit se targuer;
Ils n'ont point de faveurs qu'ils n'aillent divulguer,
Et leur langue indiscrète, en qui l'on se confie,
Déshonore l'autel où leur cœur sacrifie.
Mais les gens comme nous brûlent d'un feu discret,
Avec qui pour toujours on est sûr du secret.
Le soin que nous prenons de notre renommée
Répond de toute chose à la personne aimée,
Et c'est en nous qu'on trouve, acceptant notre cœur,
De l'amour sans scandale et du plaisir sans peur.

Comparez cette tirade (v. 966–1000) à la précédente: comment avance-t-elle le mouvement de la scène? Comment le langage de Tartuffe trahit-il ce progrès?

Jeu de scène: imaginez le geste que fait Tartuffe pour marquer la fin de sa déclaration? Comment Elmire y réagit-elle?

Quelle est la réaction du spectateur envers Tartuffe? Dans quelle mesure craint-il qu'Elmire soit obligée de céder aux avances de Tartuffe? Expliquez.

13. *vœux:* hopes (conv. lang.).

14. *hasard:* risk.

ELMIRE. Je vous écoute dire, et votre rhétorique
En termes assez forts à mon âme s'explique.
N'appréhendez-vous point que je ne sois d'humeur
A dire à mon mari cette galante ardeur,
Et que le prompt avis d'un amour de la sorte
Ne pût bien altérer l'amitié qu'il vous porte?

TARTUFFE. Je sais que vous avez trop de bénignité,
Et que vous ferez grâce à ma témérité;
Que vous m'excuserez sur l'humaine faiblesse
Des violents transports d'un amour qui vous blesse,
Et considérerez, en regardant votre air,
Que l'on n'est pas aveugle, et qu'un homme est de chair.

ELMIRE. D'autres prendraient cela d'autre façon peut-être;
Mais ma discrétion se veut faire paraître.[15]
Je ne redirai point l'affaire à mon époux;
Mais je veux en revanche une chose de vous:
C'est de presser tout franc, et sans nulle chicane,
L'union de Valère avecque Mariane;
De renoncer vous-même à l'injuste pouvoir
Qui veut du bien d'un autre enrichir votre espoir;
Et . . .

Lequel des deux semble l'avoir emporté sur l'autre? Pourquoi? Comment le ton de voix d'Elmire peut-il souligner sa victoire?

Dans cette scène les deux personnages portent des «masques». Lequel s'est démasqué? Quels effets dramatiques et structuraux Molière en tire-t-il?

SCÈNE IV.—ELMIRE, DAMIS, TARTUFFE.

DAMIS. *(sortant du petit cabinet où il s'était retiré)*
Non, madame, non, ceci doit se répandre.
J'étais en cet endroit, d'où j'ai pu tout entendre,
Et la bonté du ciel m'y semble avoir conduit
Pour confondre[16] l'orgueil d'un traître qui me nuit,
Pour m'ouvrir une voie à prendre la vengeance
De son hypocrisie et de son insolence,
A détromper mon père et lui mettre en plein jour
L'âme d'un scélérat qui vous parle d'amour.

ELMIRE. Non, Damis, il suffit qu'il se rende plus sage,
Et tâche à mériter la grâce où je m'engage.

15. *se . . . paraître:* wants to show itself. 16. *confondre:* humble.

Puisque je l'ai promis, ne m'en dédites pas.
Ce n'est point mon humeur de faire des éclats;
Une femme se rit de sottises pareilles
Et jamais d'un mari n'en trouble les oreilles.

DAMIS. Vous avez vos raisons pour en user ainsi,
Et pour faire autrement j'ai les miennes aussi.
Le vouloir épargner est une raillerie;
Et l'insolent orgueil de sa cagoterie
N'a triomphé que trop de mon juste courroux,
Et que trop excité de désordres chez nous.
Le fourbe[17] trop longtemps a gouverné mon père
Et desservi mes feux avec ceux de Valère.
Il faut que du perfide il soit désabusé,
Et le ciel, pour cela, m'offre un moyen aisé.
De cette occasion je lui suis redevable,
Et pour la négliger elle est trop favorable;
Ce serait mériter qu'il me la vînt ravir
Que de l'avoir en main et ne m'en pas servir.

ELMIRE. Damis . . .

DAMIS. Non, s'il vous plaît, il faut que je me croie.[18]
Mon âme est maintenant au comble de sa joie,
Et vos discours en vain prétendent m'obliger
A quitter le plaisir de me pouvoir venger;
Sans aller plus avant, je vais vider d'affaire;[19]
Et voici justement de quoi me satisfaire.

SCÈNE V.—ORGON, DAMIS, TARTUFFE, ELMIRE.

DAMIS. Nous allons régaler, mon père, votre abord[20]
D'un incident tout frais qui vous surprendra fort.
Vous êtes bien payé de toutes vos caresses,
Et monsieur d'un beau prix reconnaît vos tendresses.
Son grand zèle pour vous vient de se déclarer.
Il ne va pas à moins qu'à vous déshonorer,
Et je l'ai surpris là qui faisait à madame
L'injurieux aveu d'une coupable flamme.
Elle est d'une humeur douce, et son cœur trop discret
Voulait à toute force en garder le secret;
Mais je ne puis flatter[21] une telle impudence
Et crois que vous la taire est vous faire une offense.

17. *fourbe:* cheat, knave.
18. *il . . . croie:* I have to do it my way.
19. *vider d'affaire:* have done with this.
20. *abord:* arrival.
21. *flatter:* put up with.

ELMIRE. Oui, je tiens[22] que jamais de tous ces vains propos
On ne doit d'un mari traverser[23] le repos;
Que ce n'est point de là que l'honneur peut dépendre,
Et qu'il suffit pour nous de savoir nous défendre.
Ce sont mes sentiments; et vous n'auriez rien dit,
Damis, si j'avais eu sur vous quelque crédit.

SCÈNE VI.—ORGON, DAMIS, TARTUFFE.

ORGON. Ce que je viens d'entendre, ô ciel! est-il croyable?
TARTUFFE. Oui, mon frère, je suis un méchant, un coupable,
Un malheureux pécheur tout plein d'iniquité,
Le plus grand scélérat qui jamais ait été.
Chaque instant de ma vie est chargé de souillures;
Elle n'est qu'un amas de crimes et d'ordures,
Et je vois que le ciel, pour ma punition,
Me veut mortifier en cette occasion.
De quelque grand forfait qu'on me puisse reprendre,
Je n'ai garde d'avoir l'orgueil de m'en défendre.
Croyez ce qu'on vous dit, armez votre courroux,
Et comme un criminel chassez-moi de chez vous.
Je ne saurais avoir tant de honte en partage
Que je n'en aie encor mérité davantage.
ORGON. *(à son fils)* Ah! traître, oses-tu bien, par cette fausseté,
Vouloir de sa vertu ternir la pureté?
DAMIS. Quoi! la feinte douceur de cette âme hypocrite
Vous fera démentir . . .
ORGON. Tais-toi, peste maudite!
TARTUFFE. Ah! laissez-le parler; vous l'accusez à tort,
Et vous ferez bien mieux de croire à son rapport.
Pourquoi sur un tel fait m'être si favorable?
Savez-vous, après tout, de quoi je suis capable?
Vous fiez-vous, mon frère, à mon extérieur?
Et, pour tout ce qu'on voit, me croyez-vous meilleur?
Non, non, vous vous laissez tromper à l'apparence,
Et je ne suis rien moins,[24] hélas! que ce qu'on pense.
Tout le monde me prend pour un homme de bien;
Mais la vérité pure est que je ne vaux rien.
(S'adressant à Damis.)
Oui, mon cher fils, parlez, traitez-moi de perfide,
D'infâme, de perdu, de voleur, d'homicide;
Accablez-moi de noms encor plus détestés;
Je n'y contredis point, je les ai mérités,

22. *tiens:* strongly believe.
23. *traverser:* disturb.
24. *rien moins:* absolument pas.

Et j'en veux à genoux souffrir l'ignominie,
Comme une honte due aux crimes de ma vie.

ORGON. *(à Tartuffe)* Mon frère, c'en est trop.
(A son fils.)
Ton cœur ne se rend point,
Traître?

DAMIS. Quoi! ses discours vous séduiront[25] au point . . .

ORGON. Tais-toi, pendard![26]
(A Tartuffe.)
Mon frère, eh! levez-vous, de grâce.
(A son fils.)
Infâme!

DAMIS. Il peut . . .

ORGON. Tais-toi.

DAMIS. J'enrage! Quoi! je passe . . .

ORGON. Si tu dis un seul mot, je te romprai les bras.

TARTUFFE. Mon frère, au nom de Dieu, ne vous emportez pas.
J'aimerais mieux souffrir la peine la plus dure
Qu'il eût reçu pour moi[27] la moindre égratignure.

ORGON. *(à son fils)* Ingrat!

TARTUFFE. Laissez-le en paix. S'il faut à deux genoux
Vous demander sa grâce . . .

ORGON. *(à Tartuffe)* Hélas! vous moquez-vous?[28]
(A son fils.)
Coquin, vois sa bonté.

DAMIS. Donc . . .

ORGON. Paix!

DAMIS. Quoi, je . . .

ORGON. Paix, dis-je!
Je sais bien quel motif à l'attaquer t'oblige.
Vous le haïssez tous, et je vois aujourd'hui
Femme, enfants et valets déchaînés contre lui.
On met impudemment toute chose en usage
Pour ôter de chez moi ce dévot personnage;
Mais plus on fait d'efforts afin de l'en bannir,
Plus j'en veux employer à l'y mieux retenir,
Et je vais me hâter de lui donner ma fille
Pour confondre l'orgueil de toute ma famille.

DAMIS. A recevoir sa main on pense l'obliger?

25. *séduiront:* will deceive.
26. *pendard:* rascal.
27. *Qu'il . . . moi:* Rather than have him receive because of me.
28. A ce moment on voit un jeu scénique devenu traditionnel: au v. 1115 Tartuffe se jette aux genoux d'Orgon; au vers suivant Orgon tombe lui aussi à genoux, le dos tourné à son fils.

ORGON. Oui, traître, et dès ce soir, pour vous faire enrager.
Ah! je vous brave tous et vous ferai connaître
Qu'il faut qu'on m'obéisse et que je suis le maître.
Allons, qu'on se rétracte, et qu'à l'instant, fripon,
On se jette à ses pieds pour demander pardon.
DAMIS. Qui, moi? de ce coquin qui par ses impostures . . .
ORGON. Ah! tu résistes, gueux, et lui dis des injures?
Un bâton, un bâton!
(A Tartuffe.)
Ne me retenez pas.
(A son fils.)
Sus, que de ma maison on sorte de ce pas,
Et que d'y revenir on n'ait jamais l'audace.
DAMIS. Oui, je sortirai, mais . . .
ORGON. Vite, quittons la place.
Je te prive, pendard, de ma succession[29]
Et te donne, de plus, ma malédiction.

SCÈNE VII.—ORGON, TARTUFFE.

ORGON. Offenser de la sorte une sainte personne!
TARTUFFE. O ciel! pardonne-lui la douleur qu'il me donne.
(A Orgon.)
Si vous pouviez savoir avec quel déplaisir
Je vois qu'envers mon frère on tâche à me noircir . . .
ORGON. Hélas!
TARTUFFE. Le seul penser de cette ingratitude
Fait souffrir à mon âme un supplice si rude . . .
L'horreur que j'en conçois . . . J'ai le cœur si serré
Que je ne puis parler et crois que j'en mourrai.
ORGON. *(il court tout en larmes à la porte par où il a chassé son fils)*
Coquin! je me repens que ma main t'ait fait grâce,
Et ne t'ait pas d'abord assommé sur la place.[30]
Remettez-vous, mon frère, et ne vous fâchez pas.
TARTUFFE. Rompons, rompons le cours de ces fâcheux débats.
Je regarde céans quels grands troubles j'apporte
Et crois qu'il est besoin, mon frère, que j'en sorte.
ORGON. Comment? Vous moquez-vous?
TARTUFFE. On m'y hait, et je voi
Qu'on cherche à vous donner des soupçons de ma foi.[31]
ORGON. Qu'importe! Voyez-vous que mon cœur les écoute?

29. *succession:* inheritance.
30. *sur la place:* on the spot.
31. *foi:* sincerity.

TARTUFFE. On ne manquera pas de poursuivre, sans doute;
Et ces mêmes rapports, qu'ici vous rejetez,
Peut-être une autre fois seront-ils écoutés.
ORGON. Non, mon frère, jamais.
TARTUFFE. Ah! mon frère, une femme
Aisément d'un mari peut bien surprendre[32] l'âme.
ORGON. Non, non.
TARTUFFE. Laissez-moi vite, en m'éloignant d'ici,
Leur ôter tout sujet de m'attaquer ainsi.
ORGON. Non, vous demeurerez, il y va de ma vie.
TARTUFFE. Hé bien, il faudra donc que je me mortifie.[33]
Pourtant, si vous vouliez . . .
ORGON. Ah!
TARTUFFE. Soit, n'en parlons plus.
Mais je sais comme il faut en user là-dessus.
L'honneur est délicat, et l'amitié m'engage
A prévenir les bruits et les sujets d'ombrage:[34]
Je fuirai votre épouse et vous ne me verrez . . .
ORGON. Non, en dépit de tous, vous la fréquenterez.
Faire enrager le monde est ma plus grande joie,
Et je veux qu'à toute heure avec elle on vous voie.
Ce n'est pas tout encor: pour les mieux braver tous,
Je ne veux pas avoir d'autre héritier que vous,
Et je vais de ce pas, en fort bonne manière,
Vous faire de mon bien donation entière.[35]
Un bon et franc ami, que pour gendre je prends,
M'est bien plus cher que fils, que femme et que parents.
N'accepterez-vous pas ce que je vous propose?
TARTUFFE. La volonté du ciel soit faite en toute chose!
ORGON. Le pauvre homme! Allons vite en dresser un écrit,
Et que puisse l'envie en crever de dépit![36]

Faites le portrait de Damis (physique, gestes, costume, psychologie). Pour quelles raisons pratiques et dramatiques Molière le fait-il entrer dans la cachette? (En quoi cela sert-il l'intrigue? Quelle influence sa présence, quoique invisible, a-t-elle sur la façon dont le spectateur réagit à la confrontation Tartuffe-Elmire?) Quelle est la fonction structurale de l'opposition Damis-Elmire à la scène 5? Pourquoi Molière veut-il montrer d'abord Tartuffe aux prises avec Damis?

C'est Tartuffe qui domine cet acte. Faites son portrait (physique, gestes,

32. *surprendre:* influence (without his being aware).
33. *je . . . mortifie:* I do penance (by physical torture, in order to overcome the desire for sin).
34. *ombrage:* suspicion.
35. *Vous . . . entière:* To sign over to you (by deed) all of my property.
36. *Et . . . dépit!:* And let envy burst with rage!

costume). Dans quelle mesure est-il un personnage comique? Pourquoi? Dans quelle mesure Orgon en est-il un? Dans le même sens? Quels sont les sentiments du spectateur envers ces deux personnages?

Certains critiques prétendent que la pièce glisse progressivement de la comédie au drame, que cet acte s'achève en tragédie. Etes-vous d'accord? Expliquez en précisant surtout le ton des scènes 6 et 7 (Imaginez-y, par exemple, le jeu de Tartuffe). Quel est l'état d'esprit du spectateur à la fin de cet acte? A quoi s'attend-il dans le reste de la pièce?

C'est à la fin de la scène 7 qu'on place, de nos jours, l'entr'acte. Revoyez la structure dramatique de la pièce: comment les trois premiers actes ont-ils préparé la dernière scène de l'acte III? En quoi cette scène représente-t-elle le comble de la situation qu'a créée Molière? (A-t-on vu Tartuffe et Orgon seuls ensemble avant ce moment-là? Dans quel sens cette scène révèle-t-elle pleinement le génie de Tartuffe et la crédulité d'Orgon? Etudiez l'ironie que Molière fait jouer au dépens d'Orgon.)

ACTE IV

SCÈNE PREMIÈRE.—CLÉANTE, TARTUFFE.

CLÉANTE. Oui, tout le monde en parle et, vous m'en pouvez croire,
L'éclat que fait ce bruit[1] n'est point à votre gloire;
Et je vous ai trouvé, monsieur, fort à propos
Pour vous en dire net ma pensée en deux mots.
Je n'examine point à fond ce qu'on expose;
Je passe là-dessus et prends au pis la chose.
Supposons que Damis n'en ait pas bien usé,
Et que ce soit à tort qu'on vous ait accusé:
N'est-il pas d'un chrétien de pardonner l'offense
Et d'éteindre en son cœur tout désir de vengeance?
Et devez-vous souffrir, pour votre démêlé,
Que du logis d'un père un fils soit exilé?
Je vous le dis encore et parle avec franchise,
Il n'est petit ni grand qui ne s'en scandalise;
Et, si vous m'en croyez, vous pacifierez tout
Et ne pousserez point les affaires à bout.
Sacrifiez à Dieu toute votre colère,
Et remettez le fils en grâce avec le père.

TARTUFFE. Hélas! je le voudrais, quant à moi, de bon cœur:
Je ne garde pour lui, monsieur, aucune aigreur;
Je lui pardonne tout, de rien je ne le blâme
Et voudrais le servir du meilleur de mon âme;
Mais l'intérêt du ciel n'y saurait consentir,
Et, s'il rentre céans, c'est à moi d'en sortir.

1. *bruit:* rumor.

Après son action, qui n'eut jamais d'égale,
Le commerce[2] entre nous porterait du scandale:
Dieu sait ce que d'abord tout le monde en croirait;
A pure politique on me l'imputerait,
Et l'on dirait partout que, me sentant coupable,
Je feins, pour qui m'accuse, un zèle charitable;
Que mon cœur l'appréhende et veut le ménager
Pour le pouvoir sous main[3] au silence engager.

CLÉANTE. Vous nous payez ici d'excuses colorées,[4]
Et toutes vos raisons, monsieur, sont trop tirées;[5]
Des intérêts du ciel pourquoi vous chargez-vous?
Pour punir le coupable a-t-il besoin de nous?
Laissez-lui, laissez-lui le soin de ses vengeances,
Ne songez qu'au pardon qu'il prescrit des offenses
Et ne regardez point aux jugements humains
Quand vous suivez du ciel les ordres souverains.
Quoi! le faible intérêt de ce qu'on pourra croire
D'une bonne action empêchera la gloire?
Non, non; faisons toujours ce que le ciel prescrit;
Et d'aucun autre soin ne nous brouillons l'esprit.

TARTUFFE. Je vous ai déjà dit que mon cœur lui pardonne,
Et c'est faire, monsieur, ce que le ciel ordonne;
Mais, après le scandale et l'affront d'aujourd'hui,
Le ciel n'ordonne pas que je vive avec lui.

CLÉANTE. Et vous ordonne-t-il, monsieur, d'ouvrir l'oreille
A ce qu'un pur caprice à son père conseille,
Et d'accepter le don qui vous est fait d'un bien
Où le droit vous oblige à ne prétendre rien?

TARTUFFE. Ceux qui me connaîtront n'auront pas la pensée
Que ce soit un effet d'une âme intéressée.
Tous les biens de ce monde ont pour moi peu d'appas,
De leur éclat trompeur je ne m'éblouis pas;
Et, si je me résous à recevoir du père
Cette donation qu'il a voulu me faire,
Ce n'est, à dire vrai, que parce que je crains
Que tout ce bien ne tombe en de méchantes mains;
Qu'il ne trouve des gens qui, l'ayant en partage,
En fassent dans le monde un criminel usage
Et ne s'en servent pas, ainsi que j'ai dessein,
Pour la gloire du ciel et le bien du prochain.

2. *commerce:* further relations.
3. *sous main:* secretly.
4. *colorées:* sham.
5. *tirées:* far-fetched.

CLÉANTE. Eh! monsieur, n'ayez point ces délicates craintes,
Qui d'un juste héritier peuvent causer les plaintes.
Souffrez, sans vous vouloir embarrasser de rien,
Qu'il soit, à ses périls, possesseur de son bien,
Et songez qu'il vaut mieux encor qu'il en mésuse
Que si de l'en frustrer il faut qu'on vous accuse.
J'admire[6] seulement que sans confusion
Vous en ayez souffert la proposition;
Car, enfin, le vrai zèle a-t-il quelque maxime
Qui montre à dépouiller l'héritier légitime?
Et, s'il faut que le ciel dans votre cœur ait mis
Un invincible obstacle à vivre avec Damis,
Ne vaudrait-il pas mieux qu'en personne discrète
Vous fissiez de céans une honnête retraite
Que de souffrir ainsi, contre toute raison,
Qu'on en chasse pour vous le fils de la maison?
Croyez-moi, c'est donner, de votre prud'homie,[7]
Monsieur . . .

TARTUFFE. Il est, monsieur, trois heures et demie;
Certain devoir pieux me demande là-haut,
Et vous m'excuserez de vous quitter sitôt.

CLÉANTE. Ah!

SCÈNE II.—ELMIRE, MARIANE, DORINE, CLÉANTE.

DORINE. De grâce, avec nous employez-vous pour elle,
Monsieur: son âme souffre une douleur mortelle,
Et l'accord que son père a conclu pour ce soir
La fait à tous moments entrer en désespoir.
Il va venir; joignons nos efforts, je vous prie,
Et tâchons d'ébranler, de force ou d'industrie,[8]
Ce malheureux dessein qui nous a tous troublés.

SCÈNE III.—ORGON, ELMIRE, MARIANE, CLÉANTE, DORINE.

ORGON. Ah! je me réjouis de vous voir assemblés.
(*A Mariane.*)
Je porte en ce contrat de quoi vous faire rire,
Et vous savez déjà ce que cela veut dire.

MARIANE. (*à genoux*) Mon père, au nom du ciel, qui connaît ma douleur,

6. *admire:* am surprised.
7. *prud'homie:* integrity.
8. *industrie:* ingenuity.

Et par tout ce qui peut émouvoir votre cœur,
Relâchez-vous un peu des droits de la naissance,
Et dispensez mes vœux de cette obéissance.
Ne me réduisez point, par cette dure loi,
Jusqu'à me plaindre au ciel de ce que je vous doi;
Et cette vie, hélas! que vous m'avez donnée,
Ne me la rendez pas, mon père, infortunée.
Si, contre un doux espoir que j'avais pu former,
Vous me défendez d'être à ce que j'ose aimer,
Au moins, par vos bontés, qu'à vos genoux j'implore,
Sauvez-moi du tourment d'être à ce que j'abhorre,
Et ne me portez point à quelque désespoir,
En vous servant sur moi de tout votre pouvoir.

ORGON. *(se sentant attendrir)*
Allons, ferme, mon cœur! point de faiblesse humaine!

MARIANE. Vos tendresses pour lui ne me font point de peine:
Faites-les éclater, donnez-lui votre bien,
Et, si ce n'est assez, joignez-y tout le mien;
J'y consens de bon cœur, et je vous l'abandonne;
Mais au moins n'allez pas jusques à ma personne,
Et souffrez qu'un couvent, dans les austérités,
Use les tristes jours que le ciel m'a comptés.

ORGON. Ah! voilà justement de mes religieuses,
Lorsqu'un père combat leurs flammes amoureuses!
Debout! Plus votre cœur répugne à l'accepter,
Plus ce sera pour vous matière à mériter.
Mortifiez vos sens avec ce mariage,
Et ne me rompez pas la tête davantage.

DORINE. Mais quoi! . . .

ORGON. Taisez-vous, vous. Parlez à votre écot;[9]
Je vous défends tout net d'oser dire un seul mot.

CLÉANTE. Si par quelque conseil vous souffrez qu'on réponde . . .

ORGON. Mon frère, vos conseils sont les meilleurs du monde:
Ils sont bien raisonnés, et j'en fais un grand cas;
Mais vous trouverez bon que je n'en use pas.

ELMIRE. *(à son mari)* A voir ce que je vois, je ne sais plus que dire,
Et votre aveuglement fait que je vous admire.
C'est être bien coiffé, bien prévenu de lui,
Que de nous démentir sur le fait d'aujourd'hui.[10]

ORGON. Je suis votre valet et crois les apparences;

9. *parlez . . . écot:* mind your own business.

10. *Que . . . aujourd'hui:* To refuse to believe us about what happened today.

Pour mon fripon de fils je sais vos complaisances,
Et vous avez eu peur de le désavouer
Du trait[11] qu'à ce pauvre homme il a voulu jouer.
Vous étiez trop tranquille enfin pour être crue,
Et vous auriez paru d'autre manière émue.

ELMIRE. Est-ce qu'au simple aveu d'un amoureux transport
Il faut que notre honneur se gendarme[12] si fort?
Et ne peut-on répondre à tout ce qui le touche
Que[13] le feu dans les yeux et l'injure à la bouche?
Pour moi, de tels propos je me ris simplement,
Et l'éclat là-dessus ne me plaît nullement.
J'aime qu'avec douceur nous nous montrions sages
Et ne suis point du tout pour ces prudes sauvages
Dont l'honneur est armé de griffes et de dents
Et veut au moindre mot dévisager[14] les gens.
Me préserve le ciel d'une telle sagesse!
Je veux une vertu qui ne soit point diablesse,
Et crois que d'un refus la discrète froideur
N'en est pas moins puissante à rebuter un cœur.

ORGON. Enfin, je sais l'affaire, et ne prends point le change.[15]

ELMIRE. J'admire encore un coup cette faiblesse étrange.
Mais que me répondrait votre incrédulité,
Si je vous faisais voir qu'on vous dit vérité?

ORGON. Voir?

ELMIRE. Oui.

ORGON. Chansons!

ELMIRE. Mais quoi! si je trouvais manière
De vous le faire voir avec pleine lumière? . . .

ORGON. Contes en l'air!

ELMIRE. Quel homme! Au moins répondez-moi.
Je ne vous parle pas de nous ajouter foi;
Mais supposons ici que, d'un lieu qu'on peut prendre,[16]
On vous fît clairement tout voir et tout entendre:
Que diriez-vous alors de votre homme de bien?

ORGON. En ce cas je dirais que . . . Je ne dirais rien,
Car cela ne se peut.

ELMIRE. L'erreur trop longtemps dure,
Et c'est trop condamner ma bouche d'imposture.
Il faut que, par plaisir, et sans aller plus loin,
De tout ce qu'on vous dit je vous fasse témoin.

11. *trait:* dirty trick.
12. *se gendarme:* take offense.
13. *Que:* Except with.
14. *dévisager:* disfigure.
15. *ne . . . change:* am not led off the track.
16. *prendre:* choose.

ORGON. Soit, je vous prends au mot. Nous verrons votre adresse,
Et comment vous pourrez remplir cette promesse.
ELMIRE. Faites-le-moi venir.
DORINE. Son esprit est rusé,
Et peut-être à surprendre il sera malaisé.
ELMIRE. Non: on est aisément dupé par ce qu'on aime,
Et l'amour-propre engage à se tromper soi-même.
Faites-le-moi descendre.
(Parlant à Cléante et à Mariane.)
Et vous, retirez-vous.

SCÈNE IV.—ELMIRE, ORGON.

ELMIRE. Approchons cette table, et vous mettez dessous.
ORGON. Comment!
ELMIRE. Vous bien cacher est un point nécessaire.
ORGON. Pourquoi sous cette table?
ELMIRE. Ah! mon Dieu! laissez faire;
J'ai mon dessein en tête, et vous en jugerez.
Mettez-vous là, vous dis-je, et, quand vous y serez,
Gardez qu'on ne vous voie[17] et qu'on ne vous entende.
ORGON. Je confesse qu'ici ma complaisance est grande;
Mais de votre entreprise il vous faut voir sortir.
ELMIRE. Vous n'aurez, que je crois, rien à me repartir.
(A son mari, qui est sous la table.)
Au moins, je vais toucher une étrange matière;[18]
Ne vous scandalisez en aucune manière.
Quoi que je puisse dire, il doit m'être permis,
Et c'est pour vous convaincre, ainsi que j'ai promis.
Je vais par des douceurs, puisque j'y suis réduite,
Faire poser le masque à cette âme hypocrite,
Flatter de son amour les désirs effrontés
Et donner un champ libre à ses témérités.
Comme c'est pour vous seul, et pour mieux le confondre,
Que mon âme à ses vœux va feindre de répondre,
J'aurai lieu de cesser dès que vous vous rendrez,
Et les choses n'iront que jusqu'où vous voudrez.
C'est à vous d'arrêter son ardeur insensée
Quand vous croirez l'affaire assez avant poussée,
D'épargner votre femme et de ne m'exposer
Qu'à ce qu'il vous faudra pour vous désabuser.

17. *Gardez . . . voie:* Don't let anyone see you.

18. *toucher . . . matière:* bring up a strange topic of conversation.

Ce sont vos intérêts, vous en serez le maître,
Et . . . L'on vient; tenez-vous et gardez de paraître.

SCÈNE V.—TARTUFFE, ELMIRE, ORGON, *caché sous la table.*

TARTUFFE. On m'a dit qu'en ce lieu vous me vouliez parler.
ELMIRE. Oui, l'on a des secrets à vous y révéler.
Mais tirez cette porte avant qu'on vous les dise,
Et regardez partout de crainte de surprise:
Une affaire pareille à celle de tantôt
N'est pas assurément ici ce qu'il nous faut.
Jamais il ne s'est vu de surprise de même;[19]
Damis m'a fait pour vous une frayeur extrême,
Et vous avez bien vu que j'ai fait mes efforts
Pour rompre son dessein et calmer ses transports.
Mon trouble, il est bien vrai, m'a si fort possédée
Que de le démentir je n'ai point eu l'idée;
Mais, par là, grâce au ciel, tout a bien mieux été,
Et les choses en sont dans plus de sûreté.
L'estime où l'on vous tient a dissipé l'orage,
Et mon mari de vous ne peut prendre d'ombrage.
Pour mieux braver l'éclat des mauvais jugements,
Il veut que nous soyons ensemble à tous moments;
Et c'est par où je puis, sans peur d'être blâmée,
Me trouver ici seule avec vous enfermée,
Et ce qui m'autorise à vous ouvrir un cœur
Un peu trop prompt peut-être à souffrir votre ardeur.
TARTUFFE. Ce langage à comprendre est assez difficile,
Madame, et vous parliez tantôt d'un autre style.

Voici la deuxième grande scène de confrontation. En quoi la situation est-elle pareille à celle de la scène 4 de l'acte III? En quoi est-elle changée? Qui a l'avantage au début de la scène? Par quels moyens scéniques peut-on rappeler ici la scène précédente?

ELMIRE. Ah! si d'un tel refus vous êtes en courroux,
Que le cœur d'une femme est mal connu de vous!
Et que vous savez peu ce qu'il veut faire entendre
Lorsque si faiblement on le voit se défendre!
Toujours notre pudeur combat, dans ces moments,
Ce qu'on peut nous donner de tendres sentiments.
Quelque raison qu'on trouve à l'amour qui nous dompte,

19. *Jamais . . . même:* I was never so surprised.

On trouve à l'avouer toujours un peu de honte.
On s'en défend d'abord; mais, de l'air qu'on s'y prend,
On fait connaître assez que notre cœur se rend,
Qu'à nos vœux, par honneur, notre bouche s'oppose,
Et que de tels refus promettent toute chose.
C'est vous faire, sans doute, un assez libre aveu
Et sur notre pudeur me ménager bien peu;[20]
Mais, puisque la parole enfin en est lâchée,
A retenir Damis me serais-je attachée?
Aurais-je, je vous prie, avec tant de douceur
Ecouté tout au long l'offre de votre cœur?
Aurais-je pris la chose ainsi qu'on m'a vu faire,
Si l'offre de ce cœur n'eût eu de quoi me plaire?
Et lorsque j'ai voulu moi-même vous forcer
A refuser l'hymen qu'on venait d'annoncer,
Qu'est-ce que cette instance a dû vous faire entendre
Que[21] l'intérêt qu'en vous on s'avise de prendre,
Et l'ennui qu'on aurait que ce nœud qu'on résoud[22]
Vînt partager au moins un cœur que l'on veut tout?

TARTUFFE. C'est sans doute, madame, une douceur extrême
Que d'entendre ces mots d'une bouche qu'on aime;
Leur miel dans tous mes sens fait couler à longs traits
Une suavité qu'on ne goûta jamais.
Le bonheur de vous plaire est ma suprême étude
Et mon cœur de vos vœux fait sa béatitude;[23]
Mais ce cœur vous demande ici la liberté
D'oser douter un peu de sa félicité.
Je puis croire ces mots un artifice honnête
Pour m'obliger à rompre un hymen qui s'apprête,
Et, s'il faut librement m'expliquer avec vous,
Je ne me fierai point à des propos si doux
Qu'[24]un peu de vos faveurs, après quoi je soupire,
Ne vienne m'assurer tout ce qu'ils m'ont pu dire
Et planter dans mon âme une constante foi
Des charmantes bontés que vous avez pour moi.

ELMIRE. *(elle tousse pour avertir son mari)*
Quoi! vous voulez aller avec cette vitesse
Et d'un cœur tout d'abord épuiser la tendresse?
On se tue à vous faire un aveu des plus doux;

20. *me . . . peu:* show very little moderation.
21. *Que:* Except that.
22. *ce . . . résoud:* this marriage that has been decided.
23. *béatitude:* happiness (religious vocab.).
24. *Qu':* A moins qu'.

Cependant ce n'est pas encore assez pour vous,
Et l'on ne peut aller jusqu'à vous satisfaire
Qu'aux dernières faveurs on ne pousse l'affaire?
TARTUFFE. Moins on mérite un bien, moins on l'ose espérer.
Nos vœux sur des discours ont peine à s'assurer.
On soupçonne aisément un sort tout plein de gloire,
Et l'on veut en jouir avant que de le croire.
Pour moi, qui crois si peu mériter vos bontés,
Je doute du bonheur de mes témérités,
Et je ne croirai rien que vous n'ayez, madame,
Par des réalités su convaincre ma flamme.

Lequel des personnages commence à prendre le dessus? Par quels moyens Molière le souligne-t-il? (Etudiez les deux discours d'Elmire: forme et longueur des phrases; temps des verbes; opposez-les ensuite aux répliques de Tartuffe: choix de vocabulaire, «progrès» dans la logique) Comment le jeu de scène peut-il souligner la rupture de l'équilibre? (Elmire est-elle toujours assise? Quels gestes Tartuffe fait-il? Quel est le jeu d'Orgon caché sous la table?)

ELMIRE. Mon Dieu! que votre amour en vrai tyran agit,
Et qu'en un trouble étrange il me jette l'esprit!
Que sur les cœurs il prend un furieux empire,
Et qu'avec violence il veut ce qu'il désire!
Quoi! de votre poursuite on ne peut se parer,[25]
Et vous ne donnez pas le temps de respirer?
Sied-il bien de tenir une rigueur si grande,
De vouloir sans quartier[26] les choses qu'on demande,
Et d'abuser ainsi, par vos efforts pressants,
Du faible que pour vous vous voyez qu'ont les gens?
TARTUFFE. Mais, si d'un œil bénin[27] vous voyez mes hommages,
Pourquoi m'en refuser d'assurés témoignages?
ELMIRE. Mais comment consentir à ce que vous voulez
Sans offenser le ciel, dont toujours vous parlez?
TARTUFFE. Si ce n'est que le ciel qu'à mes vœux on oppose,
Lever un tel obstacle est à moi peu de chose,
Et cela ne doit pas retenir votre cœur.
ELMIRE. Mais des arrêts du ciel on nous fait tant de peur!
TARTUFFE. Je puis vous dissiper ces craintes ridicules,
Madame, et je sais l'art de lever les scrupules.
Le ciel défend, de vrai, certains contentements;

25. *se parer:* protect onself.
26. *sans quartier:* without concessions.
27. *bénin:* favorable.

(C'est un scélérat qui parle.)
Mais on trouve avec lui des accommodements.
Selon divers besoins, il est une science
D'étendre les liens de notre conscience,
Et de rectifier le mal de l'action
Avec la pureté de notre intention.
De ces secrets, madame, on saura vous instruire;
Vous n'avez seulement qu'à vous laisser conduire.
Contentez mon désir, et n'ayez point d'effroi;
Je vous réponds de tout et prends le mal sur moi.
Vous toussez fort, madame.

ELMIRE. Oui, je suis au supplice.

TARTUFFE. Vous plaît-il un morceau de ce jus de réglisse?[28]

ELMIRE. C'est un rhume obstiné, sans doute, et je vois bien
Que tous les jus du monde ici ne feront rien.

TARTUFFE. Cela, certe, est fâcheux.

ELMIRE. Oui, plus qu'on ne peut dire.

TARTUFFE. Enfin votre scrupule est facile à détruire;
Vous êtes assurée ici d'un plein secret,
Et le mal n'est jamais que dans l'éclat qu'on fait.
Le scandale du monde est ce qui fait l'offense,
Et ce n'est pas pécher que pécher en silence.

Comment le rythme de la scène change-t-il à partir du v. 1477? Comment la mise en scène peut-elle traduire ce changement? (Imaginez les mouvements des deux personnages; à quel moment Elmire tousse-t-elle? Par quels gestes peut-on marquer l'intensification du désir chez Tartuffe? Quels autres gestes Elmire pourrait-elle faire en passant près de la table?)

Comparez le mouvement dramatique de cette scène à celui de la première scène de confrontation. A quoi le spectateur s'attend-il? Quels effets dramatiques et structuraux Molière tire-t-il de cette anticipation?

ELMIRE. *(après avoir encore toussé)*
Enfin je vois qu'il faut se résoudre à céder,
Qu'il faut que je consente à vous tout accorder,
Et qu'à moins de cela je ne dois point prétendre
Qu'on puisse être content et qu'on veuille se rendre.
Sans doute, il est fâcheux d'en venir jusque-là,
Et c'est bien malgré moi que je franchis cela;
Mais, puisque l'on s'obstine à m'y vouloir réduire,
Puisqu'on ne veut point croire à tout ce qu'on peut dire,
Et qu'on veut des témoins qui soient plus convaincants,
Il faut bien s'y résoudre et contenter les gens.
Si ce consentement porte en soi quelque offense,

28. *jus de réglisse:* cough syrup.

Tant pis pour qui me force à cette violence:
La faute assurément n'en doit pas être à moi.
TARTUFFE. Oui, madame, on s'en charge, et la chose de soi . . .
ELMIRE. Ouvrez un peu la porte, et voyez, je vous prie,
Si mon mari n'est point dans cette galerie.
TARTUFFE. Qu'est-il besoin pour lui du soin que vous prenez?
C'est un homme, entre nous, à mener par le nez.
De tous nos entretiens il est pour faire gloire,[29]
Et je l'ai mis au point de voir tout sans rien croire.
ELMIRE. Il n'importe. Sortez, je vous prie, un moment,
Et partout là dehors voyez exactement.

Pourquoi Molière fait-il répéter par Elmire les mots «on» et «il faut» (v. 1507–19)? A qui ses mots sont-ils adressés? Quelle est la valeur dramatique de cette réplique?

Pour quelles raisons pratiques et dramatiques Molière coupe-t-il la scène à cet endroit-ci?

SCÈNE VI.—ORGON, ELMIRE.

ORGON. *(sortant de dessous la table)*
Voilà, je vous l'avoue, un abominable homme!
Je n'en puis revenir, et tout ceci m'assomme.
ELMIRE. Quoi! vous sortez si tôt? Vous vous moquez des gens.
Rentrez sous le tapis, il n'est pas encor temps;
Attendez jusqu'au bout pour voir les choses sûres,
Et ne vous fiez point aux simples conjectures.
ORGON. Non, rien de plus méchant n'est sorti de l'enfer.
ELMIRE. Mon Dieu, l'on ne doit point croire trop de léger;
Laissez-vous bien convaincre avant que de vous rendre,
Et ne vous hâtez point de peur de vous méprendre.
Elle fait mettre son mari derrière elle.

Quel effet comique Molière crée-t-il ici par l'opposition Orgon-Elmire? (Imaginez d'abord l'air qu'a Orgon en sortant à quatre pattes de dessous la table; sur quel ton de voix parle-t-il? Quelle attitude Elmire prend-elle? Sur quel ton de voix s'adresse-t-elle à son mari?)

Quelle est la valeur dramatique de cette scène?

SCÈNE VII.—TARTUFFE, ELMIRE, ORGON.

TARTUFFE. Tout conspire, madame, à mon contentement:
J'ai visité de l'œil tout cet appartement;
Personne ne s'y trouve, et mon âme ravie . . .

29. *il . . . gloire:* he's inclined to take pride.

ORGON. *(en l'arrêtant)* Tout doux! vous suivez trop votre amoureuse envie,
Et vous ne devez pas vous tant passionner.
Ah! ah! l'homme de bien, vous m'en voulez donner![30]
Comme aux tentations s'abandonne votre âme!
Vous épousiez ma fille et convoitiez ma femme!
J'ai douté fort longtemps que ce fût tout de bon,
Et je croyais toujours qu'on changerait de ton;
Mais c'est assez avant pousser le témoignage:
Je m'y tiens et n'en veux, pour moi, pas davantage.
ELMIRE. *(à Tartuffe)* C'est contre mon humeur que j'ai fait tout ceci;
Mais on m'a mise au point de vous traiter ainsi.
TARTUFFE. Quoi! vous croyez . . .
ORGON. Allons, point de bruit, je vous prie,
Dénichons de céans, et sans cérémonie.
TARTUFFE. Mon dessein . . .
ORGON. Ces discours ne sont plus de saison;
Il faut, tout sur-le-champ, sortir de la maison.
TARTUFFE. C'est à vous d'en sortir, vous qui parlez en maître.
La maison m'appartient, je le ferai connaître,
Et vous montrerai bien qu'en vain on a recours,
Pour me chercher querelle, à ces lâches détours,
Qu'on n'est pas où l'on pense en me faisant injure,
Que j'ai de quoi confondre et punir l'imposture,
Venger le ciel qu'on blesse, et faire repentir
Ceux qui parlent ici de me faire sortir.

Voici le lieu d'un autre jeu de scène devenu traditionnel. Lorsqu'Elmire voit s'ouvrir la porte, elle cache Orgon derrière elle. Tartuffe, le sourire à la bouche, fonce directement vers elle; au dernier moment, elle s'écarte légèrement de sorte que Tartuffe tombe dans les bras d'Orgon. A quel genre comique associe-t-on un tel jeu? A quelle fin Molière s'en sert-il ici?

Dans une tragédie, cette scène serait celle de la reconnaissance—i.e., le moment où le héros voit ce qui l'aveuglait et reconnaît sa faute. Par quels moyens Moliere maintient-il le ton et la nature comiques de cette pièce? (Voir surtout les v. 1544–50: en quoi ces vers sont-ils ironiques? Qu'est-ce que l'ironie révèle au sujet d'Orgon?) Quel effet le maintien du comique a-t-il sur la réaction du spectateur envers Orgon?

Quelle est l'importance dramatique du renversement qui a lieu à partir du v. 1557? Par quels moyens dramatiques Molière l'a-t-il préparé? Par quelle mimique l'acteur doit-il le souligner?

SCÈNE VIII.—ELMIRE, ORGON.

ELMIRE. Quel est donc ce langage, et qu'est-ce qu'il veut dire?
ORGON. Ma foi, je suis confus, et n'ai pas lieu de rire.

30. *vous . . . donner:* you're trying to make a fool of me.

ELMIRE. Comment?
ORGON. Je vois ma faute aux choses qu'il me dit,
Et la donation m'embarrasse l'esprit.
ELMIRE. La donation? . . .
ORGON. Oui, c'est une affaire faite.
Mais j'ai quelque autre chose encor qui m'inquiète.
ELMIRE. Eh quoi?
ORGON. Vous saurez tout; mais voyons au plus tôt
Si certaine cassette[31] est encore là-haut.

Revoyez les deux scènes de confrontation (III, 4 et IV, 5–7): en quoi se ressemblent-elles? Comment Molière a-t-il su les varier? Aurait-il pu en renverser l'ordre? La première est suivie de deux scènes assez longues; pourquoi la seconde est-elle située juste avant la fin d'un acte?

C'est Elmire qui domine cet acte. Faites son portrait (physique, gestes, psychologie). Pourquoi Molière a-t-il précisé (v. 28) que c'est la *seconde* femme d'Orgon? Quelle est sa fonction pratique dans la pièce? Quelle est sa fonction structurale? Pour répondre à cette question-ci, considérez la structure des confrontations: Molière oppose Tartuffe à Dorine (III, 2), à Elmire (III, 4), à Damis (III, 4–6), et à Cleante (IV, 1) avant de revenir à la confrontation Elmire-Tartuffe (IV, 5, 7). Pourquoi? Quelle est la valeur de cette structure et de ce retour à Elmire?

Sur quel ton l'acte IV finit-il? En quoi la dernière scène fait-elle contraste avec le reste de l'acte? Pourquoi Molière termine-t-il ainsi l'acte?

31. *cassette:* strongbox.

ACTE V

SCÈNE PREMIÈRE.—ORGON, CLÉANTE.

CLÉANTE. Où voulez-vous courir?
ORGON. Las! que sais-je?
CLÉANTE. Il me semble
Que l'on doit commencer par consulter ensemble
Les choses qu'on peut faire en cet événement.
ORGON. Cette cassette-là me trouble entièrement;
Plus que le reste encore elle me désespère.
CLÉANTE. Cette cassette est donc un important mystère?
ORGON. C'est un dépôt qu'Argas, cet ami que je plains,
Lui-même en grand secret m'a mis entre les mains.
Pour cela, dans sa fuite, il me voulut élire;
Et ce sont des papiers, à ce qu'il m'a pu dire,
Où sa vie et ses biens se trouvent attachés.
CLÉANTE. Pourquoi donc les avoir en d'autres mains lâchés?
ORGON. Ce fut par un motif de cas de conscience.

J'allai droit à mon traître en faire confidence,
Et son raisonnement me vint persuader
De lui donner plutôt la cassette à garder,
Afin que pour nier, en cas de quelque enquête,
J'eusse d'un faux-fuyant la faveur toute prête,[1]
Par où ma conscience eût pleine sûreté
A faire des serments contre la vérité.

CLÉANTE. Vous voilà mal, au moins si j'en crois l'apparence;
Et la donation et cette confidence[2]
Sont, à vous en parler selon mon sentiment,
Des démarches par vous faites légèrement.
On peut vous mener loin avec de pareils gages;
Et cet homme sur vous ayant ces avantages,
Le pousser est encor grande imprudence à vous,
Et vous deviez chercher quelque biais plus doux.

ORGON. Quoi! sous un beau semblant de ferveur si touchante
Cacher un cœur si double, une âme si méchante!
Et moi, qui l'ai reçu gueusant[3] et n'ayant rien . . .
C'en est fait, je renonce à tous les gens de bien.
J'en aurai désormais une horreur effroyable
Et m'en vais devenir pour eux pire qu'un diable.

CLÉANTE. Eh bien! ne voilà pas de vos emportements!
Vous ne gardez en rien les doux tempéraments;
Dans la droite raison jamais n'entre la vôtre.
Et toujours d'un excès vous vous jetez dans l'autre.
Vous voyez votre erreur, et vous avez connu
Que par un zèle feint vous étiez prévenu;[4]
Mais, pour vous corriger, quelle raison demande
Que vous alliez passer dans une erreur plus grande,
Et qu'avecque le cœur d'un perfide vaurien
Vous confondiez les cœurs de tous les gens de bien?
Quoi! parce qu'un fripon vous dupe avec audace
Sous le pompeux éclat d'une austère grimace,
Vous voulez que partout on soit fait comme lui,
Et qu'aucun vrai dévot ne se trouve aujourd'hui?
Laissez aux libertins ces sottes conséquences,
Démêlez la vertu d'avec ses apparences,
Ne hasardez jamais votre estime trop tôt,
Et soyez pour cela dans le milieu qu'il faut.

1. *J'eusse . . . prête:* I might have the help of a ready subterfuge.
2. *confidence:* secret (which he told Tartuffe).
3. *gueusant:* when he was a beggar.
4. *prévenu:* favorably disposed (here, taken in).

Gardez-vous, s'il se peut, d'honorer l'imposture;
Mais au vrai zèle aussi n'allez pas faire injure,
Et, s'il vous faut tomber dans une extrémité,
Péchez plutôt encor de cet autre côté.

SCÈNE II.—DAMIS, ORGON, CLÉANTE.

DAMIS. Quoi! mon père, est-il vrai qu'un coquin vous menace,
Qu'il n'est point de bienfait qu'en son âme il n'efface,
Et que son lâche orgueil, trop digne de courroux,
Se fait de vos bontés des armes contre vous?
ORGON. Oui, mon fils, et j'en sens des douleurs non pareilles.
DAMIS. Laissez-moi, je lui veux couper les deux oreilles.
Contre son insolence on ne doit point gauchir;[5]
C'est à moi tout d'un coup de vous en affranchir;
Et, pour sortir d'affaire, il faut que je l'assomme.
CLÉANTE. Voilà tout justement parler en vrai jeune homme;
Modérez, s'il vous plaît, ces transports éclatants;
Nous vivons sous un règne et sommes dans un temps
Où par la violence on fait mal ses affaires.

SCÈNE III.—MADAME PERNELLE, MARIANE, ELMIRE, DORINE, DAMIS, ORGON, CLÉANTE.

MADAME PERNELLE. Qu'est-ce? J'apprends ici de terribles mystères.
ORGON. Ce sont des nouveautés dont mes yeux sont témoins,
Et vous voyez le prix dont sont payés mes soins.
Je recueille avec zèle un homme en sa misère;
Je le loge et le tiens comme mon propre frère;
De bienfaits chaque jour il est par moi chargé;
Je lui donne ma fille et tout le bien que j'ai;
Et, dans le même temps, le perfide, l'infâme,
Tente le noir dessein de suborner ma femme;
Et non content encor de ces lâches essais,[6]
Il m'ose menacer de mes propres bienfaits
Et veut à ma ruine user des avantages
Dont le viennent d'armer mes bontés trop peu sages,
Me chasser de mes biens où je l'ai transféré[7]
Et me réduire au point d'où je l'ai retiré.
DORINE. Le pauvre homme!

5. *gauchir:* go (at it) indirectly.
6. *essais:* endeavors.
7. *où . . . transféré:* to which I gave him the rights.

MADAME PERNELLE. Mon fils, je ne puis du tout croire
Qu'il ait voulu commettre une action si noire.
ORGON. Comment?
MADAME PERNELLE.
Les gens de bien sont enviés toujours.
ORGON. Que voulez-vous donc dire avec votre discours,
Ma mère?
MADAME PERNELLE. Que chez vous on vit d'étrange sorte,
Et qu'on ne sait que trop la haine qu'on lui porte.
ORGON. Qu'a cette haine à faire avec ce qu'on vous dit?
MADAME PERNELLE. Je vous l'ai dit cent fois quand vous étiez petit:
La vertu, dans le monde, est toujours poursuivie;
Les envieux mourront, mais non jamais l'envie.
ORGON. Mais que fait ce discours aux choses d'aujourd'hui?
MADAME PERNELLE. On vous aura forgé cent sots contes de lui.
ORGON. Je vous ai dit déjà que j'ai vu tout moi-même.
MADAME PERNELLE. Des esprits médisants la malice est extrême.
ORGON. Vous me feriez damner, ma mère. Je vous di
Que j'ai vu de mes yeux un crime si hardi.
MADAME PERNELLE. Les langues ont toujours du venin à répandre,
Et rien n'est ici-bas qui s'en puisse défendre.
ORGON. C'est tenir un propos de sens bien dépourvu.
Je l'ai vu, dis-je, vu, de mes propres yeux vu,
Ce qu'on appelle vu. Faut-il vous le rebattre[8]
Aux oreilles cent fois et crier comme quatre?
MADAME PERNELLE. Mon Dieu! le plus souvent l'apparence déçoit:
Il ne faut pas toujours juger sur ce qu'on voit.
ORGON. J'enrage.
MADAME PERNELLE.
Aux faux soupçons la nature est sujette,
Et c'est souvent à mal que le bien s'interprète.
ORGON. Je dois interpréter à charitable soin
Le désir d'embrasser ma femme?
MADAME PERNELLE. Il est besoin,
Pour accuser les gens, d'avoir de justes causes,
Et vous deviez attendre à vous voir sûr des choses.
ORGON. Hé! diantre! le moyen de m'en assurer mieux?
Je devais donc, ma mère, attendre qu'à mes yeux
Il eût . . . Vous me feriez dire quelque sottise.
MADAME PERNELLE. Enfin d'un trop pur zèle on voit son âme éprise,
Et je ne puis du tout me mettre dans l'esprit
Qu'il ait voulu tenter les choses que l'on dit.

8. *le rebattre:* drum it.

ORGON. Allez, je ne sais pas, si vous n'étiez ma mère,
Ce que je vous dirais, tant je suis en colère.
DORINE. Juste retour, monsieur, des choses d'ici-bas;
Vous ne vouliez point croire, et l'on ne vous croit pas.
CLÉANTE. Nous perdons des moments en bagatelles pures
Qu'il faudrait employer à prendre des mesures.
Aux[9] menaces du fourbe on doit ne dormir point.
DAMIS. Quoi! son effronterie irait jusqu'à ce point?
ELMIRE. Pour moi, je ne crois pas cette instance possible,
Et son ingratitude est ici trop visible.
CLÉANTE. Ne vous y fiez pas; il aura des ressorts[10]
Pour donner contre vous raison à ses efforts,
Et sur moins que cela le poids d'une cabale
Embarrasse[11] les gens dans un fâcheux dédale.[12]
Je vous le dis encore: armé de ce qu'il a,
Vous ne deviez jamais le pousser jusque-là.
ORGON. Il est vrai; mais qu'y faire? A l'orgueil de ce traître,
De mes ressentiments je n'ai pas été maître.
CLÉANTE. Je voudrais de bon cœur qu'on pût entre vous deux
De quelque ombre de paix raccommoder les nœuds.
ELMIRE. Si j'avais su qu'en main il a de telles armes,
Je n'aurais pas donné matière à tant d'alarmes,
Et mes . . .
ORGON. *(à Dorine)* Que veut cet homme? Allez tôt le savoir,
Je suis bien en état que l'on me vienne voir![13]

SCÈNE IV.—MONSIEUR LOYAL, MADAME PERNELLE, ORGON, DAMIS, MARIANE, DORINE, ELMIRE, CLÉANTE.

MONSIEUR LOYAL. Bonjour, ma chère sœur.[14] Faites, je vous supplie,
Que je parle à monsieur.
DORINE. Il est en compagnie.
Et je doute qu'il puisse à présent voir quelqu'un.
MONSIEUR LOYAL. Je ne suis pas pour[15] être en ces lieux importun.
Mon abord n'aura rien, je crois, qui lui déplaise,
Et je viens pour un fait dont il sera bien aise.
DORINE. Votre nom?
MONSIEUR LOYAL. Dites-lui seulement que je vien
De la part de monsieur Tartuffe, pour son bien.

9. *Aux:* Devant les.
10. *ressorts:* means.
11. *embarrasse:* involves.
12. *fâcheux dédale:* unfortunate mess (maze).
13. *Je . . . voir!:* What a time for someone to come to see me!
14. *Ma chère sœur* est une forme de salutation souvent employée par les dévots.
15. *Je . . . pour:* I don't intend to.

DORINE. *(à Orgon)* C'est un homme qui vient, avec douce manière,
De la part de monsieur Tartuffe, pour affaire
Dont vous serez, dit-il, bien aise.
CLÉANTE. Il vous faut voir
Ce que c'est que cet homme et ce qu'il peut vouloir.
ORGON. Pour nous raccommoder il vient ici peut-être.
Quels sentiments aurai-je à lui faire paraître?
CLÉANTE. Votre ressentiment ne doit point éclater;
Et, s'il parle d'accord, il le faut écouter.
MONSIEUR LOYAL. Salut, monsieur. Le ciel perde qui vous veut nuire[16]
Et vous soit favorable autant que je désire!
ORGON. Ce doux début s'accorde avec mon jugement
Et présage déjà quelque accommodement.
MONSIEUR LOYAL. Toute votre maison[17] m'a toujours été chère,
Et j'étais serviteur de monsieur votre père.
ORGON. Monsieur, j'ai grande honte et demande pardon
D'être sans vous connaître ou savoir votre nom.
MONSIEUR LOYAL. Je m'appelle Loyal, natif de Normandie.
Et suis huissier à verge,[18] en dépit de l'envie.
J'ai depuis quarante ans, grâce au ciel, le bonheur
D'en exercer la charge avec beaucoup d'honneur,
Et je vous viens, monsieur, avec votre licence,[19]
Signifier l'exploit de certaine ordonnance.[20]
ORGON. Quoi! vous êtes ici . . .
MONSIEUR LOYAL. Monsieur, sans passion:
Ce n'est rien seulement qu'une sommation,
Un ordre de vider[21] d'ici, vous et les vôtres,
Mettre vos meubles hors, et faire place à d'autres,
Sans délai ni remise, ainsi que besoin est.
ORGON. Moi! sortir de céans?
MONSIEUR LOYAL. Oui, monsieur, s'il vous plaît.
La maison à présent, comme savez de reste,
Au bon monsieur Tartuffe appartient sans conteste.
De vos biens désormais il est maître et seigneur,
En vertu d'un contrat duquel je suis porteur.
Il est en bonne forme, et l'on n'y peut rien dire.
DAMIS. Certes cette impudence est grande, et je l'admire.
MONSIEUR LOYAL. Monsieur, je ne dois point avoir affaire à vous;

16. *Le . . . nuire* est une autre formule dévote de salutation.
17. *maison:* family.
18. *huissier à verge:* sheriff's officer charged with serving warrants.
19. *licence:* permission.
20. *Signifier . . . ordonnance:* To serve a writ (for seizure of property) based on a judge's order.
21. *vider:* vacate.

C'est à monsieur: il est et raisonnable et doux,
Et d'un homme de bien il sait trop bien l'office
Pour se vouloir du tout opposer à justice.
ORGON. Mais . . .
MONSIEUR LOYAL. Oui, monsieur, je sais que pour un million
Vous ne voudriez pas faire rébellion,
Et que vous souffrirez en honnête personne.
Que j'exécute ici les ordres qu'on me donne.
DAMIS. Vous pourriez bien ici sur votre noir jupon,[22]
Monsieur l'huissier à verge, attirer le bâton.
MONSIEUR LOYAL. Faites que votre fils se taise ou se retire,
Monsieur; j'aurais regret d'être obligé d'écrire
Et de vous voir couché dans mon procès-verbal.
DORINE. *(à part)* Ce monsieur Loyal porte un air bien déloyal.
MONSIEUR LOYAL. Pour tous les gens de bien j'ai de grandes tendresses,
Et ne me suis voulu, monsieur, charger des pièces
Que pour vous obliger et vous faire plaisir,
Que pour ôter par là le moyen d'en[23] choisir
Qui, n'ayant pas pour vous le zèle qui me pousse,
Auraient pu procéder d'une façon moins douce.
ORGON. Et que peut-on de pis que d'ordonner aux gens
De sortir de chez eux?
MONSIEUR LOYAL. On vous donne du temps,
Et jusques à demain je ferai surséance[24]
A l'exécution, monsieur, de l'ordonnance.
Je viendrai seulement passer ici la nuit
Avec dix de mes gens, sans scandale et sans bruit.
Pour la forme, il faudra, s'il vous plaît, qu'on m'apporte,
Avant que se coucher, les clefs de votre porte.
J'aurai soin de ne pas troubler votre repos
Et de ne rien souffrir qui ne soit à propos.
Mais demain, du matin,[25] il vous faut être habile[26]
A vider de céans jusqu'au moindre ustensile.
Mes gens vous aideront, et je les ai pris forts
Pour vous faire service à tout mettre dehors.
On n'en peut pas user mieux que je fais, je pense;
Et, comme je vous traite avec grande indulgence,
Je vous conjure aussi, monsieur, d'en user bien,
Et qu'au dû de[27] ma charge on ne me trouble en rien.
ORGON. *(bas)* Du meilleur de mon cœur je donnerais sur l'heure

22. *jupon:* "petticoat".
23. *en:* d'autres huissiers.
24. *je . . . surséance (à):* I will delay.
25. *du matin:* early in the morning.
26. *habile:* ready.
27. *au dû de:* in the execution of.

Les cent plus beaux louis de ce qui me demeure,
Et[28] pouvoir à plaisir sur ce mufle assener
Le plus grand coup de poing qui se puisse donner.
CLÉANTE. *(bas à Orgon)* Laissez, ne gâtons rien.
DAMIS. A cette audace étrange
J'ai peine à me tenir, et la main me démange.
DORINE. Avec un si bon dos, ma foi, monsieur Loyal,
Quelques coups de bâton ne vous siéraient pas mal.
MONSIEUR LOYAL. On pourrait bien punir ces paroles infâmes,
Mamie, et l'on décrète aussi contre les femmes.
CLÉANTE. Finissons tout cela, monsieur; c'en est assez.
Donnez tôt ce papier, de grâce, et nous laissez.
MONSIEUR LOYAL. Jusqu'au revoir. Le ciel vous tienne tous en joie!
ORGON. Puisse-t-il te confondre,[29] et celui qui t'envoie!

SCÈNE V.—ORGON, CLÉANTE, MARIANE, ELMIRE, MADAME PERNELLE, DORINE, DAMIS.

ORGON. Eh bien! vous le voyez, ma mère, si j'ai droit,[30]
Et vous pouvez juger du reste par l'exploit,
Ses trahisons enfin vous sont-elles connues?
MADAME PERNELLE. Je suis toute ébaudie,[31] et je tombe des nues.
DORINE. Vous vous plaignez à tort, à tort vous le blâmez,
Et ses pieux desseins par là sont confirmés.
Dans l'amour du prochain sa vertu se consomme;[32]
Il sait que très souvent les biens corrompent l'homme,
Et, par charité pure, il veut vous enlever
Tout ce qui vous peut faire obstacle à vous sauver.
ORGON. Taisez-vous: c'est le mot qu'il vous faut toujours dire.
CLÉANTE. Allons voir quel conseil on doit vous faire élire.
ELMIRE. Allez faire éclater[33] l'audace de l'ingrat.
Ce procédé détruit la vertu[34] du contrat;
Et sa déloyauté va paraître trop noire
Pour souffrir qu'il[35] en ait le succès qu'on veut croire.

SCÈNE VI.—VALÈRE, ORGON, CLÉANTE, ELMIRE, MARIANE.

VALÈRE. Avec regret, monsieur, je viens vous affliger;
Mais je m'y vois contraint par le pressant danger.

28. *Et:* Pour.
29. *confondre:* bring to ruin.
30. *droit:* raison.
31. *ébaudie:* dumbfounded.
32. *se consomme:* reaches perfection.
33. *faire éclater:* reveal.
34. *vertu:* validity.
35. *Pour . . . qu'il:* For (us) to allow him (that he).

Un ami qui m'est joint d'une amitié fort tendre,
Et qui sait l'intérêt qu'en vous j'ai lieu de prendre,
A violé pour moi, par un pas délicat,[36]
Le secret que l'on doit aux affaires d'Etat,
Et me vient d'envoyer un avis dont la suite
Vous réduit au parti d'une soudaine fuite.[37]
Le fourbe qui longtemps a pu vous imposer[38]
Depuis une heure au prince a su vous accuser
Et remettre en ses mains, dans les traits qu'il vous jette,
D'un criminel d'Etat l'importante cassette,
Dont, au mépris, dit-il, du devoir d'un sujet,
Vous avez conservé le coupable secret.
J'ignore le détail du crime qu'on vous donne,
Mais un ordre est donné contre votre personne,
Et lui-même est chargé, pour mieux l'exécuter,
D'accompagner celui qui vous dois arrêter.

CLÉANTE. Voilà ses droits armés, et c'est par où le traître
De vos biens, qu'il prétend,[39] cherche à se rendre maître.

ORGON. L'homme est, je vous l'avoue, un méchant animal.

VALÈRE. Le moindre amusement[40] vous peut être fatal.
J'ai, pour vous emmener, mon carrosse à la porte,
Avec mille louis qu'ici je vous apporte.
Ne perdons point de temps, le trait est foudroyant,
Et ce sont de ces coups que l'on pare en fuyant.
A vous mettre en lieu sûr je m'offre pour conduite
Et veux accompagner jusqu'au bout votre fuite.

ORGON. Las! que ne dois-je point à vos soins obligeants!
Pour vous en rendre grâce il faut un autre temps,
Et je demande au ciel de m'être assez propice
Pour reconnaître un jour ce généreux service.
Adieu, prenez le soin, vous autres . . .

CLÉANTE. Allez tôt;
Nous songerons, mon frère, à faire ce qu'il faut.

SCÈNE VII.—L'EXEMPT, TARTUFFE, VALÈRE, ORGON, ELMIRE, MARIANE, etc.

TARTUFFE. Tout beau, monsieur, tout beau, ne courez point si vite;
Vous n'irez pas fort loin pour trouver votre gîte,
Et de la part du prince on vous fait prisonnier.

ORGON. Traître, tu me gardais ce trait pour le dernier!

36. *pas délicat:* ticklish maneuver.
37. *Vous . . . fuite:* Compels you to decide on a hasty departure.
38. *imposer:* delude.
39. *prétend:* claims (for himself).
40. *amusement:* hesitation.

C'est le coup, scélérat, par où tu m'expédies,[41]
Et voilà couronner toutes tes perfidies.
TARTUFFE. Vos injures n'ont rien à me pouvoir aigrir,
Et je suis pour le ciel appris[42] à tout souffrir.
CLÉANTE. La modération est grande, je l'avoue!
DAMIS. Comme du ciel l'infâme impudemment se joue!
TARTUFFE. Tous vos emportements ne sauraient m'émouvoir,
Et je ne songe à rien qu'à faire mon devoir.
MARIANE. Vous avez de ceci grande gloire à prétendre,
Et cet emploi pour vous est fort honnête à prendre.
TARTUFFE. Un emploi ne saurait être que glorieux
Quand il part du pouvoir qui m'envoie en ces lieux.
ORGON. Mais t'es-tu souvenu que ma main charitable,
Ingrat, t'a retiré d'un état misérable?
TARTUFFE. Oui, je sais quels secours j'en ai pu recevoir;
Mais l'intérêt du prince est mon premier devoir;
De ce devoir sacré la juste violence
Etouffe dans mon cœur toute reconnaissance,
Et je sacrifierais à de si puissants nœuds
Amis, femme, parents, et moi-même avec eux.
ELMIRE. L'imposteur!
DORINE. Comme il sait de traîtresse manière
Se faire un beau manteau de tout ce qu'on révère!
CLÉANTE. Mais, s'il[43] est si parfait que vous le déclarez,
Ce zèle qui vous pousse et dont vous vous parez,
D'où vient que pour paraître il[43] s'avise d'attendre
Qu'à poursuivre sa femme il[44] ait su vous surprendre,
Et que vous ne songez à l'aller dénoncer
Que lorsque son honneur l'oblige à vous chasser?
Je ne vous parle point, pour devoir en distraire,[45]
Du don de tout son bien qu'il venait de vous faire;
Mais, le voulant traiter en coupable aujourd'hui,
Pourquoi consentiez-vous à rien prendre de lui?
TARTUFFE. *(à l'exempt)* Délivrez-moi, monsieur, de la criaillerie,
Et daignez accomplir votre ordre, je vous prie.
L'EXEMPT. Oui, c'est trop demeurer, sans doute, à l'accomplir.
Votre bouche à propos m'invite à le remplir;
Et, pour l'exécuter, suivez-moi tout à l'heure[46]
Dans la prison qu'on doit vous donner pour demeure.
TARTUFFE. Qui? moi, monsieur?

41. *m'expédies:* finish me off.
42. *appris:* accustomed.
43. *il:* ce zèle.
44. *il:* Orgon.
45. *pour . . . distraire:* in an effort to get it back (from you).
46. *tout à l'heure:* at once.

L'EXEMPT. Oui, vous.
TARTUFFE. Pourquoi donc la prison?
L'EXEMPT. Ce n'est pas vous à qui j'en veux rendre raison.
(A Orgon.)
Remettez-vous, monsieur, d'une alarme si chaude.
Nous vivons sous un prince ennemi de la fraude,
Un prince dont les yeux se font jour dans les cœurs,
Et que ne peut tromper tout l'art des imposteurs.
D'un fin discernement sa grande âme pourvue
Sur les choses toujours jette une droite vue;
Chez elle jamais rien ne surprend trop d'accès,
Et sa ferme raison ne tombe en nul excès.
Il donne aux gens de bien une gloire immortelle,
Mais sans aveuglement il fait briller ce zèle,
Et l'amour pour les vrais ne ferme point son cœur
A tout ce que les faux doivent donner d'horreur.
Celui-ci n'était pas pour le pouvoir surprendre,
Et de pièges plus fins on le voit se défendre.
D'abord[47] il[48] a percé par ses vives clartés
Des replis de son cœur toutes les lâchetés.
Venant vous accuser, il[49] s'est trahi lui-même
Et, par un juste trait de l'équité suprême,
S'est découvert au prince un fourbe renommé
Dont sous un autre nom il[50] était informé;
Et c'est un long détail d'actions toutes noires
Dont on pourrait former des volumes d'histoires.
Ce monarque, en un mot, a vers vous détesté
Sa lâche ingratitude et sa déloyauté,[51]
A ces autres horreurs il a joint cette suite[52]
Et ne m'a jusqu'ici soumis à sa conduite[53]
Que pour voir l'impudence aller jusques au bout
Et vous faire par lui faire raison de tout.[54]
Oui, de tous vos papiers, dont il se dit le maître,
Il veut qu'entre vos mains je dépouille le traître.
D'un souverain pouvoir, il brise les liens
Du contrat qui lui fait un don de tous vos biens,
Et vous pardonne enfin cette offense secrète
Où vous a d'un ami fait tomber la retraite;

47. *D'abord:* right away.
48. *il:* le roi.
49. *il:* Tartuffe.
50. *il:* le roi.
51. *a . . . déloyauté:* a détesté sa lâche ingratitude et sa déloyauté envers vous.
52. *cette suite:* this latest crime.
53. *m'a . . . conduite:* made me go along with him until now.
54. *Et . . . tout:* And in order to make him give you complete satisfaction.

Et c'est le prix qu'il donne au zèle qu'autrefois
On vous vit témoigner en appuyant ses droits,
Pour montrer que son cœur sait, quand moins on y pense,
D'une bonne action verser la récompense,
Que jamais le mérite avec lui ne perd rien,
Et que mieux que du mal il se souvient du bien.

DORINE. Que le ciel soit loué!
MADAME PERNELLE. Maintenant je respire.
ELMIRE. Favorable succès!
MARIANE. Qui l'aurait osé dire?
ORGON. *(à Tartuffe)* Hé bien, te voilà, traître . . .
CLÉANTE. Ah! mon frère, arrêtez,
Et ne descendez point à des indignités,
A son mauvais destin laissez un misérable,
Et ne vous joignez point au remords qui l'accable.
Souhaitez bien plutôt que son cœur, en ce jour,
Au sein de la vertu fasse un heureux retour,
Qu'il corrige sa vie en détestant son vice
Et puisse du grand prince adoucir la justice,
Tandis qu'à sa bonté vous irez à genoux
Rendre ce que demande un traitement si doux.

ORGON. Oui, c'est bien dit. Allons à ses pieds avec joie
Nous louer des bontés que son cœur nous déploie;
Puis, acquittés un peu de ce premier devoir,
Aux justes soins d'un autre il nous faudra pourvoir,
Et par un doux hymen couronner en Valère
La flamme d'un amant généreux et sincère.

Cléante. Comment cet acte souligne-t-il sa fonction structurale? (Quelle attitude adopte-t-il? A qui Molière l'oppose-t-il?) Quel rapport y a-t-il entre sa fonction structurale et la fonction dramatique qu'il exerce dans cet acte? En quoi ce rôle peut-il être ingrat pour l'acteur? Comment peut-il l'égayer (costume, ton de voix, gestes)?

Molière introduit dans cet acte deux nouveaux personnages (M. Loyal, l'Exempt): précisez leurs fonctions dramatiques et structurales. M. Loyal: faites son portrait (costume, âge, gestes); quels sont les deux tons de voix sur lesquels il parle? Quel rapport y a-t-il entre sa voix et ses gestes? A quel autre personnage ressemble-t-il? Comment? Pourquoi Molière a-t-il suggéré cette parallèle? L'Exempt: dans quelle mesure Molière a-t-il préparé l'arrivée de l'Exempt et de Tartuffe? Dans quelle mesure a-t-il préparé le renversement de la situation aux v. 1899–1904? Par quel jeu de scène peut-on tirer le plus grand effet dramatique de ce revirement? Pourquoi Molière donne-t-il à l'Exempt une longue tirade? (v. 1905–44)? A la représentation on la raccourcit très souvent en supprimant les v. 1909–16, 1919–26 et 1929–32; pourquoi?

Tartuffe. Quel nouveau «masque» Molière lui donne-t-il dans cet acte? Pour quelle raison structurale? Par quel moyen souligne-t-il l'unité du personnage? (Voir le langage de Tartuffe à la scène 7.) Cette unité est-elle brisée par son arrestation? (Par exemple, imaginez la mimique de Tartuffe pendant la tirade de l'Exempt et à la sortie finale.)

Quels sont les deux tons contrastants de cet acte? Comment Molière les crée-t-il? Pour y répondre, tenez compte de la situation dramatique, de l'éclairage (quel moment de la journée est-ce?), des personnages qui y figurent; à quels moments cet acte-ci rappelle-t-il ce qu'on a déjà vu (répliques, procédés comiques)? Quel est le ton à la fin de l'acte? Imaginez la sortie des personnages: qui l'organise? Par quels groupes sortent-ils? Si on ne les fait pas sortir, en quel tableau scénique peut-on les disposer? Quelle est la valeur théâtrale de ces deux mises en scène? Quel en est l'effet sur le spectateur?

QUESTIONS GENERALES

Lieu théâtral. Dans quelle mesure voudriez-vous que la décoration ait une valeur suggestive ou symbolique—i.e., qu'elle traduise l'atmosphère de la maison d'Orgon et l'influence qu'y exerce Tartuffe? Comment pourriez-vous le faire?

D'habitude on joue la pièce en costumes d'époque; les meubles sont du style Louis XIV. En 1960, on a monté la pièce à Paris dans des costumes et dans un mobilier des années 1930. Quels sont les avantages et les inconvénients de ces deux sortes de décoration? Laquelle préférez-vous? Pourquoi? Si vous alliez «moderniser» *Le Tartuffe,* quelles sortes de costumes choisiriez-vous? Quel style de mobilier?

Personnages. L'intrigue sentimentale de la pièce dépend d'une combinaison de personnages traditionnels: le *père* aveugle et coléreux (Orgon), le *vieux barbon* (Tartuffe), l'*ingénue* ou la jeune fille naïve à marier (Mariane), le *jeune premier* ou le fiancé bon et héroïque (Valère) et le *valet* franc et impertinent (ici, son répondant féminin, la domestique Dorine). Pourtant Molière multiple le nombre de personnages—quatre autres membres de la famille (Elmire, Damis, Cléante, Mme Pernelle) sans compter M. Loyal et l'Exempt. Pourquoi? En examinant tous les personnages de la pièce, répondez aux questions suivantes: lesquels ne sont que des emplois pratiques? Lesquels exercent une fonction structurale? (Justifiez surtout la présence de chaque membre de la famille; quelles oppositions Molière crée-t-il en se servant d'eux?)

Pour certains, Tartuffe est odieux plutôt que ridicule; pour d'autres, Tartuffe est un personnage odieux certes, mais aussi sincère et par conséquent un peu sympathique et même assez tragique; enfin, il y a ceux pour qui Tartuffe est avant tout un personnage comique. Laquelle de ces interprétations préférez-vous? Pourquoi? Comment pourrait-on varier les jeux de scène pour insister sur chacune de ces idées? Pourquoi la pièce s'appelle-t-elle *LE Tartuffe?*

Quelle est la fonction structurale d'Orgon dans la pièce? (Dans quelle mesure Molière l'oppose-t-il à Tartuffe? Dans quel sens peut-on trouver des ressemblances entre ces deux personnages?) Dans ses «grandes comédies» (*L'Avare, Le Misanthrope, Le Bourgeois gentilhomme, Le Malade imaginaire*), Molière se moque d'un personnage au caractère obsessionnel. A votre avis, qui est le sujet comique de cette pièce—Tartuffe? Orgon? Tous les deux? Défendez votre choix et montrez les conséquences qu'il a pour une interprétation générale de la pièce.

Temps. Etudiez la structure temporelle de la pièce et le rapport entre les éléments comiques et les éléments plus sérieux: dès la seconde moitié du troisième acte, le comique occupe-t-il une part de moins en moins grande? Pourrait-on jouer le dernier acte, jusqu'au revirement final, comme un drame assez sérieux? Justifiez vos réponses.

On critique souvent le dénouement comme invraisemblable et artificiel; on reproche surtout à Molière le *deus ex machina* (au sens étymologique, l'intervention d'un dieu ou d'un être surnaturel descendu sur la scène au moyen d'une machine; ici, au sens figuré, l'intervention d'un personnage extérieur à l'intrigue pour la résoudre de façon heureuse). Quelle est la valeur théâtrale de ce dénouement? Résout-il les deux fils de l'intrigue? Dans quelle mesure s'accorde-t-il avec le ton général de la pièce? Quel pourrait donc être son effet sur le sens de la pièce? (Pourquoi Molière voudrait-il donner un dénouement surtout théâtral à cette pièce?)

Synthèse. Selon le philosophe Bergson, le ressort principal du comique, c'est «du mécanique plaqué sur du vivant». Dans quelle mesure cette définition explique-t-elle les rires que suscite *Le Tartuffe* à la représentation?

Examinez les réactions du spectateur à cette pièce: quel est son état d'esprit pendant la représentation? Au tomber du rideau? Dans quelle mesure pourrait-il, à la réflexion, mettre en question cette impression première? Comment? A votre avis, aurait-on raison d'appeler *Le Tartuffe* «une comédie noire»? Expliquez votre réponse.

The Granger Collection

RACINE

. . . toute l'invention consiste
à faire quelque chose de rien.
Préface à *Britannicus*

Biographie

Jean Racine est né en 1639 à La Ferté-Milon, petit village situé à michemin entre Paris et Reims. Ses parents étant morts avant qu'il n'ait atteint l'âge de quatre ans, Racine a été élevé par sa grand-mère maternelle qui, en 1649, l'a emmené à Port-Royal des Champs, abbaye de femmes et foyer du jansénisme. C'est là que Racine a acquis une connaissance solide de la culture grecque et latine. En 1664 la troupe de Molière monte à Paris la première pièce de Racine, *La Thébaïde,* qui est suivie, un an après, d'*Alexandre.* Cette tragédie occasionne deux brouilles: condamné comme «empoisonneur d'âmes» par les jansénistes, Racine rompt avec Port-Royal; en même temps, il retire sa pièce du théâtre de Molière pour la porter chez les comédiens de l'Hôtel de Bourgogne. C'est donc cette dernière troupe qui jouera ses grandes tragédies—*Andromaque* (1667), *Britannicus* (1669), *Bérénice* (1670) et *Phèdre* (1677). Réconcilié avec les jansénistes, nommé par Louis XIV historiographe du roi, Racine abandonnera le théâtre pendant treize ans. Il ne rompra son silence qu'avec deux pièces d'inspiration chrétienne, *Esther* (1689) et *Athalie* (1691). Racine est mort à Paris en 1699, et on l'a enterré, conformément à ses vœux, à Port-Royal.

Théories littéraires

Au dix-septième siècle, les critiques examinaient chaque pièce à la loupe pour trouver des défaillances aux règles de l'art dramatique. Ces règles comprenaient surtout les *trois unités*—d'action (la pièce doit avoir une seule intrigue), de temps (tout est censé se passer en moins de vingt-quatre heures) et de lieu (tout doit se dérouler au même endroit)—et les *bienséances* (il faut éviter des mots crus ou familiers, des scènes d'un réalisme vulgaire; on ne doit pas montrer sur la scène des combats, des duels ou des morts violentes). Racine, lui, accusait les spectateurs de s'inquiéter trop de ces règles:

> Je les (les spectateurs) conjure d'avoir assez bonne opinion d'eux pour ne pas croire qu'une pièce qui les touche et qui leur donne du plaisir puisse être absolument contre les règles. La principale règle est de plaire et de toucher. Toutes les autres ne sont faites que pour parvenir à cette autre.

Néanmoins, de tous les dramaturges classiques, c'est Racine qui respectait le plus fidèlement les unités et les bienséances. Il ne faut pas y voir pourtant une question de servitude. Racine savait utiliser ces contraintes, si adaptées à son goût et à son génie, pour réaliser les tragédies dont il rêvait. Pour lui, l'intensité et la concentration, résultats nécessaires de ces conventions, étaient des éléments essentiels du tragique, d'où cet idéal dramatique:

> Une action simple, chargée de peu de matière, telle que doit être une action qui se passe en un seul jour, et qui, s'avançant par degrés vers sa fin, n'est soutenue que par les intérêts, les sentiments et les passions des personnages.

Traducteur d'Aristote, il trouvait chez l'auteur de la *Poétique* une justification de son goût pour la simplicité: «Il n'y a que le vraisemblable qui touche dans la tragédie. Et quelle vraisemblance y a-t-il qu'il arrive en un jour une multitude de choses qui pourraient à peine arriver en plusieurs semaines.» Plus important encore, il y trouvait une exposition de la fonction qu'exerce la tragédie.

> [La tragédie], en excitant la terreur et la pitié, purge et tempère ces sortes de passions. C'est-à-dire qu'en émouvant ces passions, elle leur ôte ce qu'elles ont d'excessif et de vicieux et les ramène à un état modéré et conforme à la raison.

En lisant *Phèdre,* demandez-vous (1) comment Racine se sert des conventions du théâtre classique, (2) jusqu'à quel point cette «action simple» réussit à vous «toucher» et (3) dans quelle mesure cette pièce excite chez vous «la terreur et la pitié».

Fond mythologique

L'histoire de Phèdre et d'Hippolyte a comme fond la mythologie grecque. Selon la légende, Phèdre est née de l'union de *Minos* et de *Pasiphaé*. Le roi de Crète, Minos, fils de Zeus et d'Europe, était célèbre par sa sagesse: après son décès il siégeait aux Enfers comme juge des morts. Fille du *Soleil,* Pasiphaé, après avoir donné à Minos deux filles (*Phèdre* et *Ariane*), a provoqué la colère de *Vénus* (déesse de l'Amour), qui l'a punie en suscitant chez Pasiphaé une passion irrésistible pour un taureau. De cette union Pasiphaé a enfanté le *Minotaure,* monstre à corps d'homme et à tête de taureau. Minos a fait bâtir par Dédale un palais fabuleux en forme de *labyrinthe* pour cacher le monstre, qui se nourissait de chair humaine. C'est *Thésée* qui a tué le Minotaure et qui a réussi à sortir du labyrinthe à l'aide d'un fil qu'Ariane, amoureuse de Thésée, lui avait donné. Celui-ci a abandonné par la suite Ariane dans l'île de Naxos, lui préférant sa sœur Phèdre, qu'il a épousée. Célèbre pour son courage physique et pour ses nombreuses amours, Thésée avait déjà un fils, *Hippolyte,* dont la mère était l'amazone *Antiope,* femme guerrière que Thésée avait enlevée. Après ses aventures avec le Minotaure, Thésée est devenu roi d'Athènes et de Trézène, succédant à son père, *Egée,* qui s'était jeté à la mer en apprenant la fausse nouvelle de la mort de son fils. En effet, c'était Thésée qui avait rétabli son père sur le trône à la suite d'une révolte dirigée par les *Pallantides* (nom donné aux fils de Pallas, frère d'Egée). C'est pour cette raison qu'*Aricie,* sœur des Pallantides, est prisonnière de Thésée au moment où la pièce commence.

Phèdre

THÉSÉE, *fils d'Egée, roi d'Athènes.*
PHÈDRE, *femme de Thésée, fille de Minos et de Pasiphaé.*
HIPPOLYTE, *fils de Thésée et d'Antiope, reine des Amazones.*
ARICIE, *princesse du sang royal d'Athènes.*
THÉRAMÈNE, *gouverneur d'Hippolyte.*
ŒNONE, *nourrice et confidente de Phèdre.*
ISMÈNE, *confidente d'Aricie.*
PANOPE, *femme de la suite de Phèdre.*
Gardes.

La scène est à Trézène,[1] *ville du Péloponnèse.*[2]

A l'époque où Racine a écrit *Phèdre,* la plupart des pièces de théâtre étaient jouées dans un décor unique, représentant d'habitude un seul endroit (place publique, antichambre de palais, salle d'une maison particulière). En lisant *Phèdre,* essayez d'imaginer son décor: dans quel endroit

1. Trézène était une ville de l'ancienne Grèce où Thésée s'était réfugié pour se purifier du massacre des Pallantides.

2. Le Péloponnèse, situé au sud de la Grèce, est une presqu'île qui se rattache au continent par l'isthme de Corinthe.

ont lieu toutes ces conversations? Quelles sont les voies d'acces à cet endroit? D'où viennent-elles?

En lisant la pièce, considérez aussi l'ambiance qu'il faut suggérer: veut-on que le spectateur pense à la Grèce? A la France du dix-septième siècle? A une autre époque? Pourquoi? Comment peut-on créer cette ambiance?

ACTE PREMIER

SCÈNE PREMIÈRE.—HIPPOLYTE, THÉRAMÈNE.

HIPPOLYTE. Le dessein[3] en est pris: je pars, cher Théramène,
Et quitte le séjour de l'aimable Trézène.
Dans le doute mortel dont je suis agité,
Je commence à rougir de mon oisiveté.
Depuis plus de six mois éloigné de mon père,
J'ignore le destin d'une tête si chère;
J'ignore jusqu'aux lieux qui le peuvent cacher.
THÉRAMÈNE. Et dans quels lieux, Seigneur, l'allez-vous donc chercher?
Déjà, pour satisfaire à votre juste crainte,
J'ai couru les deux mers que sépare Corinthe;[4]
J'ai demandé Thésée aux peuples de ces bords
Où l'on voit l'Achéron[5] se perdre chez les morts;
J'ai visité l'Elide, et laissant le Ténare,[6]
Passé jusqu'à la mer qui vit tomber Icare.[7]
Sur quel espoir nouveau, dans quels heureux climats
Croyez-vous découvrir la trace de ses pas?
Qui sait même, qui sait si le Roi votre père
Veut que de son absence on sache le mystère?
Et si, lorsqu'avec vous nous tremblons pour ses jours,
Tranquille, et nous cachant de nouvelles amours,
Ce héros n'attend point qu'une amante[8] abusée . . .[9]
HIPPOLYTE. Cher Théramène, arrête, et respecte Thésée.
De ses jeunes erreurs désormais revenu,
Par un indigne obstacle il n'est point retenu;

3. *dessein:* decision.
4. Corinthe, une des cités les plus riches de l'ancienne Grèce, a donné son nom à l'isthme qui sépare la mer Ionienne et la mer Egée.
5. L'Achéron était un fleuve prenant sa source dans une région de la Grèce appelée l'Epire. Selon la légende, il allait se perdre dans les Enfers.
6. L'Elide était une contrée de la Grèce qui bordait le Péloponnèse à l'ouest; le Ténare, un cap situé au sud du Péloponnèse.
7. Selon la légende, Icare, fils de Dédale, s'est enfui avec son père du labyrinthe de Minos au moyen d'ailes attachées avec de la cire. Lorsqu'il s'est trop approché du soleil, la cire a fondu et Icare est tombé dans la mer Egée, au large de l'Asie Mineure.
8. *amante:* woman who loves and is loved in return.
9. *abusée:* deceived.

Et fixant de ses vœux l'inconstance fatale,[10]
Phèdre depuis longtemps ne craint plus de rivale.
Enfin en le cherchant je suivrai mon devoir,
Et je fuirai ces lieux que je n'ose plus voir.
THÉRAMÈNE. Hé! depuis quand, Seigneur, craignez-vous la présence
De ces paisibles lieux, si chers à votre enfance,
Et dont je vous ai vu préférer le séjour
Au tumulte pompeux d'Athène et de la cour?[11]
Quel péril, ou plutôt quel chagrin vous en chasse?
HIPPOLYTE. Cet heureux temps n'est plus. Tout a changé de face,
Depuis que sur ces bords les Dieux ont envoyé
La fille de Minos et de Pasiphaé.
THÉRAMÈNE. J'entends: de vos douleurs la cause m'est connue.
Phèdre ici vous chagrine, et blesse votre vue.
Dangereuse marâtre,[12] à peine elle vous vit,
Que votre exil d'abord signala son crédit.[13]
Mais sa haine, sur vous autrefois attachée,
Ou s'est évanouie, ou s'est bien relâchée.
Et d'ailleurs quels périls vous peut faire courir
Une femme mourante et qui cherche à mourir?
Phèdre, atteinte d'un mal qu'elle s'obstine à taire,
Lasse enfin d'elle-même et du jour qui l'éclaire,
Peut-elle contre vous former quelques desseins?
HIPPOLYTE. Sa vaine inimitié n'est pas ce que je crains.
Hippolyte en partant fuit une autre ennemie:
Je fuis, je l'avouerai, cette jeune Aricie,
Reste d'un sang fatal conjuré contre nous.
THÉRAMÈNE. Quoi! vous-même, Seigneur, la persécutez-vous?
Jamais l'aimable sœur des cruels Pallantides
Trempa-t-elle aux complots de ses frères perfides?
Et devez-vous haïr ses innocents appas?
HIPPOLYTE. Si je la haïssais, je ne la fuirais pas.

Jeu de scène: v. 1–2—qu'est-ce que les deux premiers vers suggèrent pour la mise en scène? (Imaginez l'entrée d'Hippolyte et de Théramène; est-ce le début de leur conversation?) V. 1–55: comparez le jeu des deux acteurs (Théramène domine: sur quel ton de voix parle-t-il? A quelle vitesse? Par quels moyens Hippolyte peut-il traduire son embarras?) Comment le texte suggère-t-il ce contraste (longueur des répliques, forme des phrases)? V. 56: sur quel ton de voix Hippolyte le prononce-t-il?

10. *fixant . . . fatale:* attracting (to herself) the fatal (determined by destiny) inconstancy of his amorous desires.
11. Athènes était la capitale officielle du royaume de Thésée.
12. *marâtre:* stepmother.
13. *votre . . . crédit:* your exile revealed clearly the favor she enjoyed (with Theseus).

Hippolyte donne tour à tour trois raisons différentes pour partir. En quoi cette multiplication de raisons facilite-t-elle l'exposition? Qu'est-ce qu'elle nous apprend sur la psychologie d'Hippolyte?

Aux v. 37–47, Racine nous donne une première image de Phèdre: qu'est-ce qu'il y a de mystérieux dans cette présentation? Par quels autres détails dans ce début de scène Racine cherche-t-il à éveiller la curiosité du spectateur?

THÉRAMÈNE. Seigneur, m'est-il permis d'expliquer votre fuite?
Pourriez-vous n'être plus ce superbe[14] Hippolyte,
Implacable ennemi des amoureuses lois
Et d'un joug que Thésée a subi tant de fois?
Vénus,[15] par votre orgueil si longtemps méprisée,
Voudrait-elle à la fin justifier Thésée?
Et vous mettant au rang du reste des mortels,
Vous a-t-elle forcé d'encenser ses autels?
Aimeriez-vous, Seigneur?

HIPPOLYTE. Ami, qu'oses-tu dire?
Toi, qui connais mon cœur depuis que je respire,
Des sentiments d'un cœur si fier,[16] si dédaigneux,
Peux-tu me demander le désaveu honteux?
C'est peu qu'avec son lait une mère amazone
M'ait fait sucer encor cet orgueil qui t'étonne;
Dans un âge plus mûr moi-même parvenu,
Je me suis applaudi quand je me suis connu.
Attaché près de moi par un zèle sincère,
Tu me contais alors l'histoire de mon père.
Tu sais combien mon âme, attentive à ta voix,
S'échauffait aux récits de ses nobles exploits,
Quand tu me dépeignais ce héros intrépide
Consolant les mortels de l'absence d'Alcide,[17]
Les monstres étouffés et les brigands punis,
Procuste, Cercyon, et Scirron, et Sinnis,[18]
Et les os dispersés du géant d'Epidaure,[19]
Et la Crète fumant du sang du Minotaure.[20]
Mais quand tu récitais des faits moins glorieux,
Sa foi[21] partout offerte et reçue en cent lieux;

14. *superbe:* proud.
15. Vénus est le nom latin d'Aphrodite, déesse de la Beauté et de l'Amour.
16. *fier:* too proud to succumb to love.
17. Alcide est le nom donné au héros fabuleux Hercule, petit-fils d'Alcée.
18. Ces quatre brigands, qui avaient profité de l'absence d'Hercule pour semer la terreur sur l'isthme de Corinthe, ont été tués par Thésée.
19. Le géant d'Epidaure, Périphète, a été massacré par Thésée après avoir terrorisé les voyageurs, dont il mangeait la chair.
20. La Crète, île grecque de la Méditerranée, était le lieu où Minos a fait construire le Labyrinthe.
21. *foi:* pledge (of love).

Hélène à ses parents dans Sparte dérobée;[22]
Salamine témoin des pleurs de Péribée;[23]
Tant d'autres, dont les noms lui sont même échappés,
Trop crédules esprits que sa flamme a trompés:
Ariane aux rochers contant ses injustices,
Phèdre enlevée enfin sous de meilleurs auspices;
Tu sais comme, à regret écoutant ce discours,
Je te pressais souvent d'en abréger le cours,
Heureux si j'avais pu ravir à la mémoire[24]
Cette indigne moitié d'une si belle histoire!
Et moi-même, à mon tour, je me verrais lié?[25]
Et les Dieux jusque-là m'auraient humilié?
Dans mes lâches soupirs d'autant plus méprisable,
Qu'un long amas d'honneurs rend Thésée excusable,
Qu'aucuns monstres par moi domptés jusqu'aujourd'hui
Ne m'ont acquis le droit de faillir comme lui.
Quand même ma fierté pourrait s'être adoucie,
Aurais-je pour vainqueur[26] dû choisir Aricie?
Ne souviendrait-il plus à mes sens égarés
De l'obstacle éternel qui nous a séparés?
Mon père la réprouve; et par des lois sévères
Il défend de donner des neveux à ses frères:
D'une tige coupable il craint un rejeton;
Il veut avec leur sœur ensevelir leur nom,
Et que jusqu'au tombeau soumise à sa tutelle,
Jamais les feux d'hymen[27] ne s'allument pour elle.
Dois-je épouser ses droits contre un père irrité?
Donnerai-je l'exemple à la témérité?
Et dans un fol amour ma jeunesse embarquée . . .

THÈRAMÉNE. Ah! Seigneur, si votre heure est une fois marquée,
Le ciel de nos raisons ne sait point s'informer.[28]
Thésée ouvre vos yeux en voulant les fermer;
Et sa haine, irritant une flamme[29] rebelle,[30]
Prête à son ennemie une grâce nouvelle.
Enfin d'un chaste amour pourquoi vous effrayer?
S'il a quelque douceur, n'osez-vous l'essayer?
En croirez-vous toujours un farouche scrupule?

22. Hélène, la célèbre héroïne de la guerre de Troie, avait été enlevée une première fois par Thésée et son ami Pirithoüs.
23. Péribée, fille d'un roi, s'est mariée avec le roi de Salamine après avoir été enlevée et puis abandonnée par Thésée.
24. *mémoire:* memory of history.
25. *lié:* bound by the ties of love (conventional language of gallant love).
26. *vainqueur:* conqueror of my heart (conv. lang.).
27. *feux d'hymen:* fires to celebrate a marriage.
28. *Le . . . s'informer:* Fate does not take into account our arguments (wishes).
29. *flamme:* love (conv. lang.).
30. *rebelle:* contrary to his wishes.

Craint-on de s'égarer sur les traces d'Hercule?
Quels courages[31] Vénus n'a-t-elle point domptés?
Vous-même, où seriez-vous, vous qui la combattez,
Si toujours Antiope à ses lois opposée,
D'une pudique ardeur n'eût brûlé pour Thésée?
Mais que sert d'affecter un superbe discours?
Avouez-le, tout change; et depuis quelques jours
On vous voit moins souvent, orgueilleux et sauvage,
Tantôt faire voler un char sur le rivage,
Tantôt, savant dans l'art par Neptune inventé,[32]
Rendre docile au frein un coursier indompté.
Les forêts de nos cris moins souvent retentissent;
Chargés d'un feu secret, vos yeux s'appesantissent.
Il n'en faut point douter: vous aimez, vous brûlez;
Vous périssez d'un mal que vous dissimulez.
La charmante[33] Aricie a-t-elle su vous plaire?

HIPPOLYTE. Théramène, je pars, et vais chercher mon père.

Analysez la tirade d'Hippolyte (v. 66–113): quelles sont les deux images qu'Hippolyte a de son père? Quelle sorte de dualité retrouve-t-on chez Hippolyte lui-même? (Jusqu'au v. 94, à qui s'adresse-t-il? A partir du v. 95, quel changement y a-t-il? Quelle lutte a lieu dans l'esprit d'Hippolyte?) Quelle est donc la valeur dramatique de l'interruption de Théramène (v. 114)?

Analysez ensuite la tirade de Théramène (v. 114–37): en quoi sert-elle à compléter l'idée de la dualité? Quelle image de l'amour Racine présente-t-il ici? Par quels mots insiste-t-il sur l'effet de l'amour? Quelle est la valeur dramatique de la réplique d'Hippolyte (v. 138)?

Quelle est la fonction dramatique du confident (Théramène) dans cette scène? Quel rapport y a-t-il entre cette fonction et l'identité (vieux gouverneur d'Hippolyte) que Racine lui donne? Par quels moyens peut-on souligner les différences entre Hippolyte et Théramène?

Quelle est la structure de cette scène? (Quel autre vers le v. 138 rappelle-t-il?) Comment la mise en scène peut-elle souligner cette structure? (Imaginez les mouvements des personnages tout au long de la scène; où se trouvent-ils l'un par rapport à l'autre au moment où Hippolyte prononce le v. 138?) Quel lien pourrait-il y avoir entre cette structure et la psychologie d'Hippolyte?

La première scene est pleine d'allusions à l'histoire grecque et à la mythologie. Examinez les vers où elles apparaissent (par exemple, v. 10–14, 35, 78–82): quelle est la valeur poétique de ces vers (sonorités, puissance de suggestion)? Quel effet initial l'emploi de ce fond grec et mythologique a-t-il sur le spectateur?

31. *courages:* cœurs.
32. Neptune était expert en équitation, tenant renfermés dans son palais les chevaux qui traînaient son char sur les mers.
33. *charmante:* exercising a magical power (conv. lang.).

THÉRAMÈNE. Ne verrez-vous point Phèdre avant que de partir,
Seigneur?
HIPPOLYTE. C'est mon dessein: tu peux l'en avertir.
Voyons-la, puisqu'ainsi mon devoir me l'ordonne.
Mais quel nouveau malheur trouble sa chère Œnone?

SCÈNE II.—HIPPOLYTE, ŒNONE, THÉRAMÈNE.

ŒNONE. Hélas! Seigneur, quel trouble au mien peut être égal?
La Reine touche presque à son terme fatal.
En vain à l'observer jour et nuit je m'attache:
Elle meurt dans mes bras d'un mal qu'elle me cache.
Un désordre éternel règne dans son esprit.
Son chagrin inquiet l'arrache de son lit.
Elle veut voir le jour; et sa douleur profonde
M'ordonne toutefois d'écarter tout le monde . . .
Elle vient.
HIPPOLYTE. Il suffit: je la laisse en ces lieux,
Et ne lui montre point un visage odieux.

A l'intérieur d'un acte l'action scénique est continue; la division en scènes ne fait que marquer les entrées et les sorties des personnages. Comment Racine arrive-t-il à *enchaîner* les scènes 1 et 2? (Après avoir prononcé le v. 138, quel mouvement Hippolyte fait-il? A quel moment Œnone entre-t-elle en scène? Qui doit la voir d'abord? Quelle impression doit-elle créer?) En plus, quelle est la fonction pratique de la scène 2? (A quel moment le spectateur voit-il Phèdre? Lequel des personnages la voit? A quel moment? Imaginez la sortie d'Hippolyte et de Théramène.)

SCÈNE III.—PHÈDRE, ŒNONE.

PHÈDRE. N'allons point plus avant. Demeurons, chère Œnone.
Je ne me soutiens plus: ma force m'abandonne.
Mes yeux sont éblouis du jour que je revoi,
Et mes genoux tremblants se dérobent sous moi.
Hélas!
Elle s'assit.
ŒNONE. Dieux tout-puissants, que nos pleurs vous apaisent!
PHÈDRE. Que ces vains ornements, que ces voiles me pèsent!
Quelle importune main, en formant tous ces nœuds,
A pris soin sur mon front d'assembler mes cheveux?
Tout m'afflige et me nuit, et conspire à me nuire.
ŒNONE. Comme on voit tous ses vœux l'un l'autre se détruire!
Vous-même, condamnant vos injustes desseins,

Tantôt à vous parer vous excitiez nos mains;
Vous-même, rappelant votre force première,
Vous vouliez vous montrer et revoir la lumière.
Vous la voyez, Madame; et prête à vous cacher,
Vous haïssez le jour que vous veniez chercher?
PHÈDRE. Noble et brillant auteur d'une triste famille,
Toi, dont ma mère osait se vanter d'être fille,
Qui peut-être rougis du trouble où tu me vois,
Soleil, je te viens voir pour la dernière fois.
ŒNONE. Quoi? vous ne perdrez point cette cruelle envie?
Vous verrai-je toujours, renonçant à la vie,
Faire de votre mort les funestes[34] apprêts?
PHÈDRE. Dieux! que ne suis-je assise à l'ombre des forêts!
Quand pourrai-je, au travers d'une noble poussière,
Suivre de l'œil un char fuyant dans la carrière?[35]
ŒNONE. Quoi, Madame?
PHÈDRE. Insensée, où suis-je? et qu'ai-je dit?
Où laissé-je égarer mes vœux et mon esprit?
Je l'[36]ai perdu: les Dieux m'en ont ravi l'usage.
Œnone, la rougeur me couvre le visage:
Je te laisse trop voir mes honteuses douleurs;
Et mes yeux, malgré moi, se remplissent de pleurs.

Quelle réaction Racine veut-il que la première apparition de Phèdre provoque chez le spectateur? Par quel jeu l'actrice pourra-t-elle y parvenir? Comment le texte impose-t-il ce jeu à l'actrice (rythme, vocabulaire, sons)?

Etudiez les rapports entre Phèdre et Œnone: dans quelle mesure se parlent-elles et s'écoutent-elles? (A qui Œnone s'adresse-t-elle au v. 157? Au v. 162? Aux v. 163–68?) Pourquoi répète-t-elle le mot *vous?* A qui Phèdre s'adresse-t-elle aux v. 169–72 et 176–78? Aux v. 179–84? Quelle est donc la valeur dramatique de l'exclamation d'Œnone—«Quoi, Madame?»)? En quoi ce début de scène rappelle-t-il la discussion entre Hippolyte et Théramène? (Considérez le jeu des acteurs, le mouvement de la scène et les oppositions.) Quelle parallèle Racine réussit-il ainsi à créer dans l'esprit du spectateur?

Selon la légende, quel rapport y a-t-il entre Phèdre et le Soleil? Qu'est-ce que l'imagination poétique de Racine tire de ce rapport? (Etudiez les images associées à la lumière.) Comment la poésie suggère-t-elle l'état d'âme de Phèdre?

ŒNONE. Ah! s'il vous faut rougir, rougissez d'un silence
Qui de vos maux encore aigrit[37] la violence.

34. *funestes:* deadly (concerning death).
35. *carrière:* race-course (here, for chariots).
36. *l':* mon esprit.
37. *aigrit:* adds to.

Rebelle à tous nos soins, sourde à tous nos discours,
Voulez-vous sans pitié laisser finir vos jours?
Quelle fureur les borne[38] au milieu de leur course?
Quel charme ou quel poison en a tari la source?
Les ombres par trois fois ont obscurci les cieux
Depuis que le sommeil n'est entré dans vos yeux,
Et le jour a trois fois chassé la nuit obscure
Depuis que votre corps languit sans nourriture.
A quel affreux dessein vous laissez-vous tenter?
De quel droit sur vous-même osez-vous attenter?
Vous offensez les Dieux auteurs de votre vie;
Vous trahissez l'époux à qui la foi vous lie;
Vous trahissez enfin vos enfants malheureux,[39]
Que vous précipitez sous un joug rigoureux.
Songez qu'un même jour leur ravira leur mère,
Et rendra l'espérance au fils de l'étrangère,
A ce fier ennemi de vous, de votre sang,
Ce fils qu'une Amazone a porté dans son flanc,
Cet Hippolyte . . .

PHÈDRE. Ah, Dieux!

ŒNONE. Ce reproche vous touche.

PHÈDRE. Malheureuse, quel nom est sorti de ta bouche?

ŒNONE. Hé bien! votre colère éclate avec raison:
J'aime à vous voir frémir à ce funeste nom.
Vivez donc. Que l'amour, le devoir vous excite.
Vivez, ne souffrez pas que le fils d'une Scythe,[40]
Accablant vos enfants d'un empire[41] odieux,
Commande au plus beau sang de la Grèce et des Dieux.
Mais ne différez point: chaque moment vous tue.
Réparez promptement votre force abattue,
Tandis que de vos jours, prêts à se consumer,
Le flambeau dure encore, et peut se rallumer.

PHÈDRE. J'en ai trop prolongé la coupable durée.

ŒNONE. Quoi? de quelque remords êtes-vous déchirée?
Quel crime a pu produire un trouble si pressant?[42]
Vos mains n'ont point trempé dans le sang innocent?

38. *borne:* (wishes to) limit (to put an end to).
39. Selon la légende, Phèdre a eu deux fils d'un premier mariage, Acamas et Démophon. Il sera plus loin (v. 326, 343) question de l'aîné, un des prétendants au trône de Thésée.
40. Antiope, la mère amazone d'Hippolyte, était de la région que les Anciens appelaient la Scythie.
41. *empire:* power.
42. *pressant:* overwhelming.

PHÈDRE. Grâces au ciel, mes mains ne sont point criminelles.
Plût aux Dieux que mon cœur fût innocent comme elles!
ŒNONE. Et quel affreux projet avez-vous enfanté
Dont votre cœur encor doive être épouvanté?
PHÈDRE. Je t'en ai dit assez. Epargne-moi le reste.
Je meurs, pour ne point faire un aveu si funeste.
ŒNONE. Mourez donc, et gardez un silence inhumain;
Mais pour fermer vos yeux cherchez une autre main.
Quoiqu'il vous reste à peine une faible lumière,
Mon âme chez les morts descendra la première.
Mille chemins ouverts y conduisent toujours,
Et ma juste douleur choisira les plus courts.
Cruelle, quand ma foi[43] vous a-t-elle déçue?
Songez-vous qu'en naissant mes bras vous ont reçue?
Mon pays, mes enfants, pour vous j'ai tout quitté.
Réserviez-vous ce prix à ma fidélité?
PHÈDRE. Quel fruit espères-tu de tant de violence?
Tu frémiras d'horreur si je romps le silence.
ŒNONE. Et que me direz-vous qui ne cède, grands Dieux!
A l'horreur de vous voir expirer à mes yeux?
PHÈDRE. Quand tu sauras mon crime, et le sort qui m'accable,
Je n'en mourrai pas moins, j'en mourrai plus coupable.
ŒNONE. Madame, au nom des pleurs que pour vous j'ai versés,
Par vos faibles genoux que je tiens embrassés,
Délivrez mon esprit de ce funeste doute.
PHÈDRE. Tu le veux. Lève-toi.
ŒNONE. Parlez, je vous écoute.

Quel contraste imaginez-vous entre le jeu des deux actrices (gestes, mouvements, ton de voix)? Justifiez votre réponse par des allusions au texte. Qu'est-ce que ce contraste doit révéler quant au caractère et aux préoccupations des deux personnages?

Quelles sont les fonctions dramatiques de cette partie de la scène? (Pour quelle raison dramatique Racine retarde-t-il l'aveu de Phèdre? Qu'est-ce que ce retard suggère de la psychologie de Phèdre?)

PHÈDRE. Ciel! que lui vais-je dire, et par où commencer?
ŒNONE. Par de vaines frayeurs cessez de m'offenser.
PHÈDRE. O haine de Vénus! O fatale colère!
Dans quels égarements l'amour jeta ma mère!
ŒNONE. Oublions-les, Madame; et qu'à tout l'avenir
Un silence éternel cache ce souvenir.

43. *foi:* devotion, faithfulness.

PHÈDRE. Ariane, ma sœur, de quel amour blessée,
Vous mourûtes aux bords où vous fûtes laissée!
ŒNONE. Que faites-vous, Madame? et quel mortel ennui[44]
Contre tout votre sang[45] vous anime aujourd'hui?
PHÈDRE. Puisque Vénus le veut, de ce sang déplorable
Je péris la dernière et la plus misérable.
ŒNONE. Aimez-vous?
PHÈDRE. De l'amour j'ai toutes les fureurs.
ŒNONE. Pour qui?
PHÈDRE. Tu vas ouïr le comble des horreurs.
J'aime . . . A ce nom fatal, je tremble, je frissonne,
J'aime . . .
ŒNONE. Qui?
PHÈDRE. Tu connais ce fils de l'Amazone,
Ce prince si longtemps par moi-même opprimé?
ŒNONE. Hippolyte? Grands Dieux!
PHÈDRE. C'est toi qui l'as nommé.
ŒNONE. Juste ciel! tout mon sang dans mes veines se glace.
O désespoir! ô crime! ô déplorable race!
Voyage infortuné! Rivage malheureux,
Fallait-il approcher de tes bords dangereux?

Jeu de scène: où se trouvent les personnages l'un par rapport à l'autre? A quels moments Phèdre doit-elle regarder Œnone? Quels sentiments Phèdre doit-elle suggérer par ses gestes et surtout par ses tons de voix? (Quelle est la valeur dramatique, à cet égard, des mots d'Œnone—«Aimez-vous?») Comment le texte impose-t-il un rythme au jeu des actrices?

Précisez la valeur des allusions mythologiques dans les v. 249–58: qu'est-ce qui réunit la mère, la sœur et Vénus? quel en est le rapport avec la situation de Phèdre?

PHÈDRE. Mon mal vient de plus loin. A peine au fils d'Egée
Sous les lois de l'hymen je m'étais engagée,
Mon repos, mon bonheur semblait être affermi;
Athènes me montra mon superbe ennemi.
Je le vis, je rougis, je pâlis à sa vue;
Un trouble s'éleva dans mon âme éperdue;
Mes yeux ne voyaient plus, je ne pouvais parler;
Je sentis tout mon corps et transir[46] et brûler.
Je reconnus Vénus et ses feux redoutables,
D'un sang qu'elle poursuit tourments inévitables.

44. *ennui:* torment.
45. *sang:* family.
46. *transir:* become numb with cold.

Par des vœux assidus je crus les détourner:
Je lui bâtis un temple, et pris soin de l'orner.
De victimes moi-même à toute heure entourée,
Je cherchais dans leurs flancs ma raison égarée.
D'un incurable amour remèdes impuissants!
En vain sur les autels ma main brûlait l'encens:
Quand ma bouche implorait le nom de la Déesse,
J'adorais Hippolyte; et le voyant sans cesse,
Même au pied des autels que je faisais fumer,
J'offrais tout à ce dieu que je n'osais nommer.
Je l'évitais partout. O comble de misère!
Mes yeux le retrouvaient dans les traits de son père.
Contre moi-même enfin j'osai me révolter:
J'excitai mon courage à le persécuter.
Pour bannir l'ennemi dont j'étais idolâtre,
J'affectai les chagrins[47] d'une injuste marâtre;
Je pressai son exil, et mes cris éternels
L'arrachèrent du sein et des bras paternels.
Je respirais, Œnone; et depuis son absence,
Mes jours moins agités coulaient dans l'innocence.
Soumise à mon époux, et cachant mes ennuis,
De son fatal[48] hymen je cultivais les fruits.[49]
Vaines précautions! Cruelle destinée!
Par mon époux lui-même à Trézène amenée,
J'ai revu l'ennemi que j'avais éloigné:
Ma blessure trop vive aussitôt a saigné.
Ce n'est plus une ardeur dans mes veines cachée:
C'est Vénus tout entière à sa proie attachée.
J'ai conçu pour mon crime une juste terreur;
J'ai pris la vie en haine, et ma flamme en horreur.
Je voulais en mourant prendre soin de ma gloire,
Et dérober au jour une flamme si noire:
Je n'ai pu soutenir tes larmes, tes combats;
Je t'ai tout avoué; je ne m'en repens pas,
Pourvu que de ma mort respectant les approches,
Tu ne m'affliges plus par d'injustes reproches,
Et que tes vains secours cessent de rappeler
Un reste de chaleur tout prêt à s'exhaler.

La tirade de Phèdre (v. 269–316). Fonction dramatique: quels renseignements Racine fournit-il ici au spectateur? Pourquoi a-t-il attendu ce mo-

47. *chagrins:* hostility.
48. *fatal:* ill-fated.
49. *les fruits:* les enfants.

ment pour les donner? (En quoi cette tirade est-elle vraisemblable du point de vue psychologique?) Fonction structurale: quel conflit trouve-t-on ici? (Quelle conception de l'amour Racine développe-t-il? Qu'est-ce qu'il oppose à cet amour? A quel autre personnage Phèdre ressemble-t-elle?) Forme et structure: par quels moyens stylistiques Racine traduit-il ce conflit? (Rythme: comparez les v. 273–76 et les v. 313–16. Ton: à quels endroits le ton monte-t-il? A quels endroits devient-il ironique? Qu'est-ce que cette ironie révèle sur l'état d'esprit de celle qui parle?) Quelle est la structure temporelle de la tirade? (Pourquoi Racine emploie-t-il le passé simple aux v. 269–300 et le passé composé aux v. 301–2?) Dans ce contexte, quelle est l'importance du temps des verbes aux v. 305–6?

A la fin de cette scène, quels sont les sentiments du spectateur envers Phèdre?

Analysez la structure de cette scène: quels autres vers de cette scène les v. 313–16 rappellent-ils? Comment la mise en scène peut-elle souligner ce rappel? Comparez cette scène à la première: quels autres aspects des deux scènes sont parallèles? (Personnages? Situation? Fonction des confidents? Mouvement? Retours en arrière? Thèmes?) Par quels moyens stylistiques Racine insiste-t-il sur cette parallèle? (Comparez, par exemple, les v. 134–36 et les v. 269, 276, 299.) Dans quelle mesure cette scène marque-t-elle une progression sur la première?

SCÈNE IV.—PHÈDRE, ŒNONE, PANOPE.

PANOPE. Je voudrais vous cacher une triste nouvelle,
Madame; mais il faut que je vous la révèle.
La mort vous a ravi votre invincible époux;
Et ce malheur n'est plus ignoré que de vous.
ŒNONE. Panope, que dis-tu?
PANOPE. Que la Reine abusée
En vain demande au ciel le retour de Thésée;
Et que par des vaisseaux arrivés dans le port
Hippolyte, son fils, vient d'apprendre sa mort.
PHÈDRE. Ciel!
PANOPE. Pour le choix d'un maître Athènes se partage.
Au Prince votre fils l'un donne son suffrage,
Madame; et de l'Etat l'autre oubliant les lois,
Au fils de l'étrangère ose donner sa voix.
On dit même qu'au trône une brigue[50] insolente
Veut placer Aricie et le sang de Pallante.
J'ai cru de ce péril vous devoir avertir.
Déjà même Hippolyte est tout prêt à partir;
Et l'on craint, s'il paraît dans ce nouvel orage,
Qu'il n'entraîne après lui tout un peuple volage.
ŒNONE. Panope, c'est assez. La Reine, qui t'entend,
Ne négligera point cet avis important.

50. *brigue:* faction.

Jeu de scène: Comment et à quel moment Panope entre-t-elle en scène? Quel contraste faut-il suggérer dans les réactions de Phèdre et d'Œnone aux mots de Panope? Comment la mise en scène (situation et gestes des personnages) peut-elle traduire ce contraste?

L'annonce de Panope est un *coup de théâtre*—i.e., juste après la fin de l'exposition, il y a un changement subit dans la situation. Précisez les fonctions dramatiques de cette scène: quel effet a-t-elle sur le spectateur? (A quoi pense-t-il? Quels sentiments a-t-il?) Quel rôle joue-t-elle dans l'intrigue? (Comment change-t-elle la situation de Phèdre? Celle d'Hippolyte?) Discutez sa fonction structurale: comment complète-t-elle la symétrie du premier acte?

SCÈNE V.—PHÈDRE, ŒNONE.

ŒNONE. Madame, je cessais de vous presser de vivre;
Déjà même au tombeau je songeais à vous suivre;
Pour vous en détourner je n'avais plus de voix;
Mais ce nouveau malheur vous prescrit d'autres lois.
Votre fortune change et prend une autre face:
Le Roi n'est plus, Madame; il faut prendre sa place.
Sa mort vous laisse un fils à qui vous vous devez,
Esclave s'il vous perd, et roi si vous vivez.
Sur qui, dans son malheur, voulez-vous qu'il s'appuie?
Ses larmes n'auront plus de main qui les essuie;
Et ses cris innocents, portés jusques aux Dieux,
Iront contre sa mère irriter ses aïeux.
Vivez, vous n'avez plus de reproche à vous faire.
Votre flamme devient une flamme ordinaire.
Thésée en expirant vient de rompre les nœuds
Qui faisaient tout le crime et l'horreur de vos feux.
Hippolyte pour vous devient moins redoutable;
Et vous pouvez le voir sans vous rendre coupable.
Peut-être, convaincu de votre aversion,
Il va donner un chef à la sédition.[51]
Détrompez son erreur, fléchissez son courage.
Roi de ces bords heureux, Trézène est son partage.
Mais il sait que les lois donnent à votre fils
Les superbes remparts que Minerve a bâtis.[52]
Vous avez l'un et l'autre une juste ennemie:
Unissez-vous tous deux pour combattre Aricie.

PHÈDRE. Hé bien! à tes conseils je me laisse entraîner.
Vivons, si vers la vie on peut me ramener,
Et si l'amour d'un fils en ce moment funeste
De mes faibles esprits peut ranimer le reste.

51. *donner . . . sédition:* provide the revolutionary faction with a leader (himself).

52. Athènes est nommée d'après la déesse Minerve (en grec, Athéna).

Examinez la réplique d'Œnone: quels sont les deux arguments différents qu'elle donne? Comment les relie-t-elle? Considérez ensuite la réplique de Phèdre: à quel argument répond-elle? Qu'est-ce que cette scène (la tactique d'Œnone, le silence de Phèdre) suggère des rapports entre ces deux personnages et de leur psychologie? Quelle est l'attitude du spectateur envers elles?

A ne considérer que la dernière scène de cet acte, on pourrait croire que le drame émotionnel va se doubler d'un drame politique. Dans quelle mesure le spectateur a-t-il cette impression? Expliquez.

ACTE II

SCÈNE PREMIÈRE.—ARICIE, ISMÈNE.

ARICIE. Hippolyte demande à me voir en ce lieu?
Hippolyte me cherche, et veut me dire adieu?
Ismène, dis-tu vrai? N'es-tu point abusée?
ISMÈNE. C'est le premier effet de la mort de Thésée.
Préparez-vous, Madame, à voir de tous côtés
Voler vers vous les cœurs par Thésée écartés.
Aricie à la fin de son sort est maîtresse,
Et bientôt à ses pieds verra toute la Grèce.
ARICIE. Ce n'est donc point, Ismène, un bruit mal affermi?
Je cesse d'être esclave, et n'ai plus d'ennemi?
ISMÈNE. Non, Madame, les Dieux ne vous sont plus contraires;
Et Thésée a rejoint les mânes[1] de vos frères.
ARICIE. Dit-on quelle aventure[2] a terminé ses jours?
ISMÈNE. On sème de sa mort d'incroyables discours.[3]
On dit que, ravisseur d'une amante nouvelle,
Les flots ont englouti cet époux infidèle.
On dit même, et ce bruit est partout répandu,
Qu'avec Pirithoüs aux enfers descendu,
Il a vu le Cocyte[4] et les rivages sombres,
Et s'est montré vivant aux infernales ombres;
Mais qu'il n'a pu sortir de ce triste séjour,
Et repasser les bords qu'on passe sans retour.
ARICIE. Croirai-je qu'un mortel, avant sa dernière heure,
Peut pénétrer des morts la profonde demeure?
Quel charme l'attirait sur ces bords redoutés?
ISMÈNE. Thésée est mort, Madame, et vous seule en doutez.

1. *mânes:* shades (souls of the dead).
2. *aventure:* accidental happening.
3. *discours:* stories.
4. Selon la légende, Pirithoüs, roi des Lapithes et ami de Thésée, est descendu aux Enfers pour enlever Perséphone, reine des Enfers. Le Cocyte, fleuve d'Epire comme l'Achéron, devait descendre lui aussi pour devenir un des quatre fleuves infernaux.

Athènes en gémit, Trézène en est instruite,
Et déjà pour son roi reconnaît Hippolyte.
Phèdre, dans ce palais, tremblante pour son fils,
De ses amis troublés demande les avis.

ARICIE. Et tu crois que pour moi plus humain que son père,
Hippolyte rendra ma chaîne plus légère?
Qu'il plaindra mes malheurs?

ISMÈNE. Madame, je le croi.

ARICIE. L'insensible Hippolyte est-il connu de toi?
Sur quel frivole espoir penses-tu qu'il me plaigne,
Et respecte en moi seule un sexe qu'il dédaigne?
Tu vois depuis quel temps il évite nos pas,
Et cherche tous les lieux où nous ne sommes pas.

ISMÈNE. Je sais de ses froideurs tout ce que l'on récite;
Mais j'ai vu près de vous ce superbe Hippolyte;
Et même, en le voyant, le bruit de sa fierté[5]
A redoublé pour lui ma curiosité.
Sa présence[6] à ce bruit n'a point paru répondre:
Dès vos premiers regards je l'ai vu se confondre.[7]
Ses yeux, qui vainement voulaient vous éviter,
Déjà pleins de langueur, ne pouvaient vous quitter.
Le nom d'amant peut-être offense son courage;
Mais il en a les yeux, s'il n'en a le langage.

ARICIE. Que mon cœur, chère Ismène, écoute avidement
Un discours qui peut-être a peu de fondement!
O toi qui me connais, te semblait-il croyable
Que le triste jouet d'un sort impitoyable,
Un cœur toujours nourri d'amertume et de pleurs
Dût connaître l'amour et ses folles douleurs?
Reste du sang d'un roi, noble fils de la Terre,[8]
Je suis seule échappée aux fureurs de la guerre.
J'ai perdu, dans la fleur de leur jeune saison,
Six frères . . . Quel espoir d'une illustre maison!
Le fer moissonna tout; et la terre humectée
But à regret le sang des neveux[9] d'Erechthée.
Tu sais, depuis leur mort, quelle sévère loi
Défend à tous les Grecs de soupirer pour moi:
On craint que de la sœur les flammes téméraires
Ne raniment un jour la cendre de ses frères.

5. *le . . . fierté:* his reputation of being insensitive to love.
6. *présence:* appearance, way of acting.
7. *se confondre:* become embarrassed.
8. Erechthée, aïeul de Pallas (père d'Aricie et des Pallantides) était, dans la mythologie, le fils de la Terre.
9. *neveux:* descendants.

Mais tu sais bien aussi de quel œil dédaigneux
Je regardais ce soin[10] d'un vainqueur soupçonneux.
Tu sais que de tout temps à l'amour opposée,
Je rendais souvent grâce à l'injuste Thésée,
Dont l'heureuse rigueur secondait mes mépris.
Mes yeux alors, mes yeux n'avaient pas vu son fils.
Non que par les yeux seuls lâchement enchantée,[11]
J'aime en lui sa beauté, sa grâce tant vantée,
Présents dont la nature a voulu l'honorer,
Qu'il méprise lui-même, et qu'il semble ignorer.
J'aime, je prise en lui de plus nobles richesses,
Les vertus de son père, et non point les faiblesses.
J'aime, je l'avouerai, cet orgueil généreux[12]
Qui jamais n'a fléchi sous le joug amoureux.
Phèdre en vain s'honorait des soupirs de Thésée:
Pour moi, je suis plus fière, et fuis la gloire aisée
D'arracher un hommage à mille autres offert,
Et d'entrer dans un cœur de toutes parts ouvert.
Mais de faire fléchir un courage inflexible,
De porter la douleur[13] dans une âme insensible,
D'enchaîner un captif de ses fers étonné,[14]
Contre un joug qui lui plaît vainement mutiné:
C'est là ce que je veux, c'est là ce qui m'irrite;[15]
Hercule à désarmer coûtait moins qu'Hippolyte;
Et vaincu plus souvent, et plus tôt surmonté,
Préparait moins de gloire aux yeux qui l'ont dompté.
Mais, chère Ismène, hélas! quelle est mon imprudence!
On ne m'opposera que trop de résistance.
Tu m'entendras peut-être, humble dans mon ennui,
Gémir du même orgueil que j'admire aujourd'hui.
Hippolyte aimerait? Par quel bonheur extrême
Aurais-je pu fléchir . . .

ISMÈNE. Vous l'entendrez lui-même:
Il vient à vous.

En quoi le ton de cette scène contraste-t-il avec celui de la fin du premier acte? Comment la mise en scène peut-elle souligner le contraste? (Les deux personnages: apparence physique, costumes; le jeu des actrices: mouvements, gestes, ton de voix.)

10. *soin:* concern.
11. *enchantée:* charmed (by a magic spell).
12. *généreux:* noble.
13. *douleur:* suffering caused by love (conv. lang.).
14. *de . . . étonné:* struck with wonder by his chains of love (conv. lang.).
15. *irrite:* excites.

Pour certains critiques, Aricie est une «médiocre princesse de boudoir», un personnage «superficiel et un peu inconsistant». Avez-vous cette impression? En répondant à cette question, analysez surtout les v. 441–60 dans la tirade d'Aricie. V. 441–56—à qui s'adresse-t-elle? Sur quel ton de voix? Quelle sorte de langage emploie-t-elle? V. 457–60: à qui s'adresse-t-elle? Quel nouveau ton y trouve-t-on? Comment le langage qu'elle emploie ici y contribue-t-il? Qu'est-ce que ces contrastes suggèrent de sa psychologie? A quel autre personnage ressemble-t-elle? En quoi?

Décrivez la structure de cette scène: comparez les v. 367–69 et les v. 461–62. Quelles autres parallèles Racine a-t-il établies entre cette scène et les scènes 1 et 3 de l'acte premier?

Quelles sont les fonctions dramatiques de cette scène? (Quel effet a-t-elle sur le spectateur? Pourquoi Racine n'a-t-il pas commencé l'acte par la confrontation Hippolyte-Aricie?) Quelle est sa fonction structurale? (Dans quelle mesure Racine souligne-t-il la conception de l'amour déjà présentée? Quelle nouvelle dimension Aricie y ajoute-t-elle?)

SCÈNE II.—HIPPOLYTE, ARICIE, ISMÈNE.

HIPPOLYTE. Madame, avant que de partir,
J'ai cru de votre sort vous devoir avertir.
Mon père ne vit plus. Ma juste défiance
Présageait les raisons de sa trop longue absence.
La mort seule, bornant ses travaux[16] éclatants,
Pouvait à l'univers le cacher si longtemps.
Les Dieux livrent enfin à la Parque homicide[17]
L'ami, le compagnon, le successeur d'Alcide.
Je crois que votre haine, épargnant ses vertus,
Ecoute sans regret ces noms qui lui sont dus.
Un espoir adoucit ma tristesse mortelle:
Je puis vous affranchir d'une austère tutelle.
Je révoque des lois dont j'ai plaint[18] la rigueur.
Vous pouvez disposer de vous, de votre cœur;
Et dans cette Trézène, aujourd'hui mon partage,
De mon aïeul Pitthée[19] autrefois l'héritage,
Qui m'a, sans balancer,[20] reconnu pour son roi,
Je vous laisse aussi libre, et plus libre que moi.
ARICIE. Modérez des bontés dont l'excès m'embarrasse.
D'un soin si généreux honorer ma disgrâce,
Seigneur, c'est me ranger, plus que vous ne pensez,
Sous ces austères lois dont vous me dispensez.

16. *travaux:* deeds.
17. Selon les Grecs, les trois Parques étaient les maîtresses du destin des hommes: de manière symbolique, l'une présidait à la naissance; la deuxième, à la vie; et la troisième, à la mort.
18. *plaint:* deplored.
19. Pitthée était le grand-père maternel de Thésée.
20. *balancer:* hesitate.

HIPPOLYTE. Du choix d'un successeur Athènes incertaine
Parle de vous, me nomme, et le fils de la Reine.
ARICIE. De moi, Seigneur?
HIPPOLYTE. Je sais, sans vouloir me flatter,
Qu'une superbe[21] loi semble me rejeter.
La Grèce me reproche une mère étrangère.
Mais si pour concurrent je n'avais que mon frère,
Madame, j'ai sur lui de véritables droits
Que je saurais sauver du caprice des lois.
Un frein plus légitime arrête mon audace:
Je vous cède, ou plutôt je vous rends une place,
Un sceptre que jadis vos aïeux ont reçu
De ce fameux mortel que la Terre a conçu.
L'adoption le mit entre les mains d'Egée.[22]
Athènes, par mon père accrue et protégée,
Reconnut avec joie un roi si généreux,
Et laissa dans l'oubli vos frères malheureux.
Athènes dans ses murs maintenant vous rappelle.
Assez elle a gémi d'une longue querelle;
Assez dans ses sillons votre sang englouti
A fait fumer le champ dont il était sorti.
Trézène m'obéit. Les campagnes de Crète
Offrent au fils de Phèdre une riche retraite.
L'Attique[23] est votre bien. Je pars, et vais pour vous
Réunir tous les vœux partagés entre nous.
ARICIE. De tout ce que j'entends étonnée et confuse,
Je crains presque, je crains qu'un songe ne m'abuse.
Veillé-je? Puis-je croire un semblable dessein?
Quel Dieu, Seigneur, quel Dieu l'a mis dans votre sein?
Qu'à bon droit votre gloire en tous lieux est semée!
Et que la vérité passe la renommée!
Vous-même, en ma faveur, vous voulez vous trahir?[24]
N'était-ce pas assez de ne me point haïr,
Et d'avoir si longtemps pu défendre votre âme
De cette inimitié . . .
HIPPOLYTE. Moi, vous haïr, Madame?
Avec quelques couleurs qu'on ait peint ma fierté,

21. *superbe:* unfair (overly noble).
22. Selon la légende, Egée, père de Thésée, était le fils adoptif de Pandion, petit-fils d'Erechthée; Pallas, père d'Aricie et des Pallantides, était le fils légitime de Pandion.
23. L'Attique est la péninsule de la Grèce où se trouve Athènes.
24. *vous trahir:* go against your own interests.

Croit-on que dans ses flancs un monstre m'ait porté?
Quelles sauvages mœurs, quelle haine endurcie
Pourrait, en vous voyant, n'être point adoucie?
Ai-je pu résister au charme décevant . . .

ARICIE. Quoi? Seigneur.

HIPPOLYTE. Je me suis engagé trop avant.
Je vois que la raison cède à la violence.
Puisque j'ai commencé de rompre le silence,
Madame, il faut poursuivre: il faut vous informer
D'un secret que mon cœur ne peut plus renfermer.
Vous voyez devant vous un prince déplorable,[25]
D'un téméraire orgueil exemple mémorable.
Moi qui, contre l'amour fièrement révolté,
Aux fers de ses captifs[26] ai longtemps insulté;
Qui des faibles mortels déplorant les naufrages,
Pensais toujours du bord contempler les orages;
Asservi[27] maintenant sous la commune loi,
Par quel trouble me vois-je emporté loin de moi!
Un moment a vaincu mon audace imprudente:
Cette âme si superbe est enfin dépendante.
Depuis près de six mois, honteux, désespéré,
Portant partout le trait dont je suis déchiré,
Contre vous, contre moi, vainement je m'éprouve:
Présente, je vous fuis; absente, je vous trouve;
Dans le fond des forêts votre image me suit;
La lumière du jour, les ombres de la nuit,
Tout retrace à mes yeux les charmes que j'évite;
Tout vous livre à l'envi le rebelle Hippolyte.
Moi-même, pour tout fruit de mes soins superflus,
Maintenant je me cherche et ne me trouve plus.
Mon arc, mes javelots, mon char, tout m'importune;
Je ne me souviens plus des leçons de Neptune;
Mes seuls gémissements font retentir les bois,
Et mes coursiers oisifs ont oublié ma voix.
Peut-être le récit d'un amour si sauvage
Vous fait, en m'écoutant, rougir de votre ouvrage.
D'un cœur qui s'offre à vous quel farouche entretien!
Quel étrange captif pour un si beau lien!
Mais l'offrande à vos yeux en doit être plus chère.

25. *déplorable:* to be pitied.
26. *fers . . . captifs:* the chains of its (love's) prisoners (conv. lang.).
27. *asservi:* enslaved.

Songez que je vous parle une langue étrangère;
Et ne rejetez pas des vœux mal exprimés,
Qu'Hippolyte sans vous n'aurait jamais formés.

Etudiez la structure de cette scène: quelle est l'importance dramatique du v. 518? Distinguez entre l'Hippolyte du début de la scène et celui qui prononce les v. 519–60 (ton de voix, langage, rapports avec Aricie); en quoi les réactions d'Aricie correspondent-elles à cette division de la scène? Au moyen de cette confrontation qu'est-ce que Racine révèle sur la psychologie des deux personnages?

Le problème que pose cette scène est celui du rôle d'Aricie. Pour les uns, c'est une jeune coquette qui joue avec Hippolyte; pour d'autres, cependant, Aricie, comme Hippolyte, est jeune et peu sûre d'elle-même. Comparez ces deux interprétations: dans quelle mesure le texte les autorise-t-il? Quelles en sont les conséquences pour la mise en scène? (Qui domine le jeu? Comment? Où les deux personnages sont-ils situés l'un par rapport à l'autre—au début? A la fin?) Quels effets ont-elles sur le spectateur? Quelle interprétation préférez-vous? Pourquoi? (En y répondant, tenez compte de vos réponses aux questions sur la scène précédente.)

Quelle est la fonction structurale de cette scène? (Comparez, par exemple, les v. 540 et 304; 542–45 et 268–90.)

SCÈNE III.—HIPPOLYTE, ARICIE, THÉRAMÈNE, ISMÈNE.

THÉRAMÈNE. Seigneur, la Reine vient, et je l'ai devancée.
Elle vous cherche.
HIPPOLYTE. Moi?
THÉRAMÈNE. J'ignore sa pensée.
Mais on vous est venu demander de sa part.
Phèdre veut vous parler avant votre départ.
HIPPOLYTE. Phèdre? Que lui dirai-je? Et que peut-elle attendre . . .
ARICIE. Seigneur, vous ne pouvez refuser de l'entendre.
Quoique trop convaincu de son inimitié,
Vous devez à ses pleurs quelque ombre de pitié.
HIPPOLYTE. Cependant[28] vous sortez. Et je pars. Et j'ignore
Si je n'offense point les charmes que j'adore!
J'ignore si ce cœur que je laisse en vos mains . . .
ARICIE. Partez, Prince, et suivez vos généreux desseins.
Rendez de mon pouvoir Athènes tributaire.[29]
J'accepte tous les dons que vous me voulez faire.
Mais cet empire enfin si grand, si glorieux,
N'est pas de vos présents le plus cher à mes yeux.

28. *Cependant:* In the meantime.

29. *tributaire:* subject.

SCÈNE IV.—HIPPOLYTE, THÉRAMÈNE.

HIPPOLYTE. Ami, tout est-il prêt? Mais la Reine s'avance.
Va, que pour le départ tout s'arme en diligence.
Fais donner le signal, cours, ordonne, et revien
Me délivrer bientôt d'un fâcheux[30] entretien.

Etudiez surtout le mouvement dramatique de ces deux courtes scènes de transition: sur quel ton la scène 3 commence-t-elle? (Imaginez l'entrée de Théramène; sur quel ton de voix les personnages parlent-ils? Sur quel rythme?) Où Racine brise-t-il le mouvement du début de la scène? Comment? Pourquoi? (Quelles impressions les v. 569–76 devraient-ils créer chez le spectateur? Quel est donc le ton de ces vers?)

Quelle utilisation dramatique le metteur en scène peut-il faire de Phèdre? (A quel moment entre-t-elle? A quel moment Hippolyte la voit-il?)

SCÈNE V.—PHÈDRE, HIPPOLYTE, ŒNONE.

PHÈDRE. *(à Œnone, dans le fond du théâtre)*
Le voici. Vers mon cœur tout mon sang se retire.
J'oublie, en le voyant, ce que je viens lui dire.
ŒNONE. Souvenez-vous d'un fils qui n'espère qu'en vous.
PHÈDRE. On dit qu'un prompt départ vous éloigne de nous,
Seigneur. A vos douleurs je viens joindre mes larmes.
Je vous viens pour un fils expliquer mes alarmes.
Mon fils n'a plus de père; et le jour n'est pas loin
Qui de ma mort encor doit le rendre témoin.
Déjà mille ennemis attaquent son enfance.
Vous seul pouvez contre eux embrasser sa défense.
Mais un secret remords agite mes esprits.
Je crains d'avoir fermé votre oreille à ses cris.
Je tremble que sur lui votre juste colère
Ne poursuive bientôt une odieuse mère.
HIPPOLYTE. Madame, je n'ai point des sentiments si bas.
PHÈDRE. Quand vous me haïriez, je ne m'en plaindrais pas,
Seigneur. Vous m'avez vue attachée à vous nuire;
Dans le fond de mon cœur vous ne pouviez pas lire.
A votre inimitié j'ai pris soin de m'offrir.
Aux bords que j'habitais je n'ai pu vous souffrir.
En public, en secret, contre vous déclarée,[31]
J'ai voulu par des mers en être séparée.
J'ai même défendu, par une expresse loi,

30. *fâcheux:* inopportune.

31. *contre vous déclarée:* declaring myself your enemy.

Qu'on osât prononcer votre nom devant moi.
Si pourtant à l'offense on mesure la peine,
Si la haine peut seule attirer votre haine,
Jamais femme ne fut plus digne de pitié,
Et moins digne, Seigneur, de votre inimitié.

HIPPOLYTE. Des droits de ses enfants une mère jalouse
Pardonne rarement au fils d'une autre épouse.
Madame, je le sais. Les soupçons importuns[32]
Sont d'un second hymen les fruits les plus communs.
Toute autre aurait pour moi pris les mêmes ombrages,[33]
Et j'en aurais peut-être essuyé plus d'outrages.

Phèdre adresse les v. 581–82 à Œnone. Imaginez la mise en scène: où sont-elles? Où Hippolyte se trouve-t-il? A quel moment Phèdre s'approche-t-elle de lui? Comment?

Analysez la situation dramatique que Racine a préparée: quel est l'état d'esprit de Phèdre au début de cette confrontation? (Comment la longueur de ses répliques le révèle-t-elle?) Quel est l'état d'esprit d'Hippolyte? Comment le jeu des acteurs peut-il traduire ces états? Quel contraste le rythme et le ton de cette scène offrent-ils avec la fin de la scène précédente?

Dans cette scène (et dans celle entre Hippolyte et Aricie) les personnages utilisent les appellations «Seigneur» et «Madame». Par quel moyen poétique Racine les met-il en valeur? Quel emploi en fait-il? (Quel effet ces appellations ont-elles sur le ton de la pièce? Sur quels tons de voix différents les personnages les prononcent-ils? Quelle est leur valeur psychologique?) En lisant cette scène, considérez le rôle qu'elles y jouent.

PHÈDRE. Ah! Seigneur, que le ciel, j'ose ici l'attester,
De cette loi commune a voulu m'excepter!
Qu'un soin bien différent me trouble et me dévore!

HIPPOLYTE. Madame, il n'est pas temps de vous troubler encore.
Peut-être votre époux voit encore le jour;
Le ciel peut à nos pleurs accorder son retour.
Neptune le protège, et ce Dieu tutélaire
Ne sera pas en vain imploré par mon père.

PHÈDRE. On ne voit point deux fois le rivage des morts,
Seigneur. Puisque Thésée a vu les sombres bords,
En vain vous espérez qu'un Dieu vous le renvoie;
Et l'avare Achéron ne lâche point sa proie.
Que dis-je? Il n'est point mort, puisqu'il respire en vous.
Toujours devant mes yeux je crois voir mon époux.
Je le vois, je lui parle; et mon cœur . . . Je m'égare,
Seigneur, ma folle ardeur malgré moi se déclare.

32. *importuns:* continual.

33. *ombrages:* jealousy.

HIPPOLYTE. Je vois de votre amour l'effet prodigieux.
Tout mort qu'il est, Thésée est présent à vos yeux;
Toujours de son amour votre âme est embrasée.

Cette partie de la scène est fondée sur un *quiproquo*—i.e., une méprise où quelqu'un prend une chose pour une autre. Quelle est la valeur psychologique de ce quiproquo? (Qu'est-ce qu'il révèle sur le caractère d'Hippolyte? Sur la nature de l'amour que lui porte Phèdre? Voir, par exemple, le jeu de pronoms aux v. 620 et 625.) Quelle est sa valeur dramatique? (Quel changement amène-t-il dans le ton de la scène? Comment le langage de Phèdre traduit-il ce changement? Etudiez surtout les sonorités du v. 626 et le rythme des v. 627–30.)

PHÈDRE. Oui, Prince, je languis, je brûle pour Thésée.
Je l'aime, non point tel que l'ont vu les enfers,
Volage adorateur de mille objets[34] divers,
Qui va du Dieu des morts déshonorer la couche;[35]
Mais fidèle, mais fier, et même un peu farouche,
Charmant, jeune, traînant tous les cœurs après soi,
Tel qu'on dépeint nos Dieux, ou tel que je vous voi.
Il avait votre port, vos yeux, votre langage,
Cette noble pudeur colorait son visage,
Lorsque de notre Crète il traversa les flots,
Digne sujet des vœux des filles de Minos.
Que faisiez-vous alors? Pourquoi, sans Hippolyte,
Des héros de la Grèce assembla-t-il l'élite?
Pourquoi, trop jeune encor, ne pûtes-vous alors
Entrer dans le vaisseau qui le mit sur nos bords?
Par vous aurait péri le monstre de la Crète,
Malgré tous les détours de sa vaste retraite.
Pour en développer l'embarras incertain,[36]
Ma sœur du fil fatal eût armé votre main.
Mais non, dans ce dessein je l'aurais devancée;
L'amour m'en eût d'abord[37] inspiré la pensée.
C'est moi, prince, c'est moi, dont l'utile secours
Vous eût du Labyrinthe enseigné les détours.
Que de soins m'eût coûtés cette tête charmante!
Un fil n'eût point assez rassuré votre amante.
Compagne du péril qu'il vous fallait chercher,
Moi-même devant vous j'aurais voulu marcher;

34. *objets:* people who are loved (conv. lang.).
35. Selon la légende, Thésée a aidé Pirithoüs à enlever Proserpine, reine des Enfers.
36. *Pour . . . incertain:* To unravel the confusion (of the labyrinth).
37. *d'abord:* immediately.

Et Phèdre au Labyrinthe avec vous descendue
Se serait avec vous retrouvée, ou perdue.

Au dix-septième siècle, l'*alexandrin,* forme fixe du vers en douze syllabes, tendaient souvent à la régularité (césure obligatoire, absence d'enjambements). Comment Racine réussit-il à rendre l'alexandrin beaucoup plus souple? (Marquez les coupes dans les vers de cette tirade; relevez des enjambements; trouvez des répétitions; quels rythmes différents crée-t-il ainsi?) Comment le rythme de cette tirade traduit-il les sentiments de Phèdre?

Quel emploi Racine fait-il ici de la mythologie? (Relevez dans cette tirade les allusions à la légende de Thésée; quelles transformations la légende subit-elle? Qu'est-ce que ces transformations révèlent sur la psychologie de Phèdre?)

HIPPOLYTE. Dieux! qu'est-ce que j'entends? Madame, oubliez-vous
Que Thésée est mon père, et qu'il est votre époux?
PHÈDRE. Et sur quoi jugez-vous que j'en perds la mémoire,
Prince? Aurais-je perdu tout le soin de ma gloire?
HIPPOLYTE. Madame, pardonnez. J'avoue, en rougissant,
Que j'accusais à tort un discours innocent.
Ma honte ne peut plus soutenir votre vue;
Et je vais . . .
PHÈDRE. Ah! cruel, tu m'as trop entendue.

Quelle est la fonction dramatique de cette partie de la scène? (Quel est son rythme? Comment ce rythme s'insère-t-il dans le mouvement général de la scène?) Quelle est sa valeur psychologique—du côté de Phèdre? Du côté d'Hippolyte?

En quoi le langage de Phèdre au v. 670 souligne-t-il son état psychologique et moral? (Revoyez la progression à travers la scène: par exemple, v. 585, v. 634, v. 670.)

Je t'en ai dit assez pour te tirer d'erreur.
Hé bien! connais donc Phèdre et toute sa fureur.
J'aime. Ne pense pas qu'au moment que je t'aime,
Innocente à mes yeux, je m'approuve moi-même,
Ni que du fol amour qui trouble ma raison
Ma lâche complaisance ait nourri le poison.
Objet infortuné des vengeances célestes,
Je m'abhorre encor plus que tu ne me détestes.
Les Dieux m'en sont témoins, ces Dieux qui dans mon flanc
Ont allumé le feu fatal à tout mon sang;
Ces Dieux qui se sont fait une gloire cruelle
De séduire[38] le cœur d'une faible mortelle.

38. *séduire:* lead astray.

Toi-même en ton esprit rappelle le passé.
C'est peu de t'avoir fui, cruel, je t'ai chassé.
J'ai voulu te paraître odieuse, inhumaine;
Pour mieux te résister, j'ai recherché ta haine.
De quoi m'ont profité mes inutiles soins?
Tu me haïssais plus, je ne t'aimais pas moins.
Tes malheurs te prêtaient encor de nouveaux charmes.
J'ai langui, j'ai séché, dans les feux, dans les larmes.
Il suffit de tes yeux pour t'en persuader,
Si tes yeux un moment pouvaient me regarder.
Que dis-je? Cet aveu que je te viens de faire,
Cet aveu si honteux, le crois-tu volontaire?
Tremblante pour un fils que je n'osais trahir,
Je te venais prier de ne le point haïr.
Faibles projets d'un cœur trop plein de ce qu'il aime!
Hélas! je ne t'ai pu parler que de toi-même.
Venge-toi, punis-moi d'un odieux amour.
Digne fils du héros qui t'a donné le jour,
Délivre l'univers d'un monstre qui t'irrite.
La veuve de Thésée ose aimer Hippolyte!
Crois-moi, ce monstre affreux ne doit point t'échapper.
Voilà mon cœur. C'est là que ta main doit frapper.
Impatient déjà d'expier son offense,
Au-devant de ton bras je le sens qui s'avance.
Frappe. Ou si tu le crois indigne de tes coups,
Si ta haine m'envie[39] un supplice si doux,
Ou si[40] d'un sang trop vil ta main serait trempée,
Au défaut de ton bras prête-moi ton épée.
Donne.

ŒNONE. Que faites-vous, Madame? Justes Dieux!
Mais on vient. Evitez des témoins odieux;
Venez, rentrez, fuyez une honte certaine.

Etudiez la fonction structurale de cette tirade: en quoi marque-t-elle l'aboutissement du mouvement de la scène? (Comparez, par exemple, les v. 673 et 635, les v. 690 et 634; précisez le rythme et le ton de cette tirade par rapport au reste de la scène.) Dans quelle mesure Phèdre ne fait-elle que reprendre ici ce qu'elle avait déjà dit à Œnone? (Voir surtout Acte I, scène 3.) Sur quel aspect du drame intérieur de Phèdre insiste-t-il cependant ici? (Voir surtout les v. 678, 688, 694 et 699; dans quelle mesure Phèdre cherche-t-elle pourtant des excuses? Pourquoi cette confession n'arrive-t-elle pas à apaiser son âme?)

La poésie classique tendait souvent à l'abstraction, faisant appel surtout

39. *envie:* refuses.

40. *Ou si:* Ou si tu crois que.

à l'intellect. Comment Racine réussit-il à rendre sa poésie concrète, à faire appel à l'imagination? (Voir, par exemple, l'image du *monstre* aux v. 701 et 703: quelle est la valeur suggestive de ce nom? Comment Racine a-t-il préparé le spectateur à y trouver cette valeur?) Pourtant, la poésie de Racine n'est pas gratuite: quelle est la fonction structurale de cette image? (Pourquoi Racine la met-il dans la bouche de Phèdre?)

Relisez la scène en essayant d'imaginer la mimique et les mouvements de Phèdre et d'Hippolyte: à quels moments sont-ils proches l'un de l'autre? Eloignés? Qui recule? Qui avance? Quand se regardent-ils? Quand détournent-ils les yeux? Dans quelle mesure voudriez-vous insister sur la sensualité de cette scène? Comment? Que fait Œnone? (Regarde-t-elle de loin ce qui se passe? Phèdre s'approche-t-elle et s'éloigne-t-elle alternativement d'elle?) Imaginez surtout la fin de la scène: que fait Hippolyte au mot «Frappe» (v. 707)? Quel geste Phèdre fait-elle au v. 711? Quelle est la réaction d'Œnone? Comment sortent-elles? (Voir aussi les v. 714–16.)

Quelle impression l'actrice qui joue Phèdre doit-elle essayer de créer chez le spectateur? (Faut-il rendre Phèdre odieuse? Folle? Digne de pitié?) Justifiez votre réponse.

Scène VI.—HIPPOLYTE, THÉRAMÈNE.

THÉRAMÈNE. Est-ce Phèdre qui fuit, ou plutôt qu'on entraîne?
Pourquoi, Seigneur, pourquoi ces marques de douleur?
Je vous vois sans épée, interdit, sans couleur?
HIPPOLYTE. Théramène, fuyons. Ma surprise est extrême.
Je ne puis sans horreur me regarder moi-même.
Phèdre . . . Mais non, grands Dieux! qu'en un profond oubli
Cet horrible secret demeure enseveli.
THÉRAMÈNE. Si vous voulez partir, la voile est préparée.
Mais Athènes, Seigneur, s'est déjà déclarée.
Ses chefs ont pris les voix de toutes ses tribus.
Votre frère[41] l'emporte, et Phèdre a le dessus.
HIPPOLYTE. Phèdre?
THÉRAMÈNE. Un héraut chargé des volontés d'Athènes
De l'Etat en ses mains vient remettre les rênes.
Son fils est roi, Seigneur.
HIPPOLYTE. Dieux, qui la connaissez,
Est-ce donc sa vertu que vous récompensez?
THÉRAMÈNE. Cependant un bruit sourd veut que le Roi respire.
On prétend que Thésée a paru dans l'Epire.
Mais moi qui l'y cherchai, Seigneur, je sais trop bien . . .
HIPPOLYTE. N'importe, écoutons tout, et ne négligeons rien.

41. *frère:* le fils de Phèdre.

Examinons ce bruit, remontons à sa source.
S'il ne mérite pas d'interrompre ma course,[42]
Partons; et quelque prix qu'il en puisse coûter,
Mettons le sceptre aux mains dignes de le porter.

Quels doivent être le ton et le rythme de cette fin d'acte? Imaginez surtout les mouvements d'Hippolyte: quel état intérieur doivent-ils traduire?

Etudiez la structure de cet acte: en quoi la scène 5 ressemble-t-elle à la scène 2 (situation; mouvements; fonction pratique de Théramène; thèmes) En quoi l'acte II ressemble-t-il donc à l'acte I (agencement des scènes, opposition des personnages, valeur dramatique de la dernière scène)?

Pour quelles raisons dramatiques Racine aurait-il voulu composer deux actes symétriques? (Imaginez la pièce sans l'amour d'Hippolyte pour Aricie; comment l'attitude du spectateur envers Phèdre serait-elle peut-être différente?) Quelle est la valeur structurale de ce parallélisme? Des structures qu'il emploie pour créer cette symétrie (i.e., la circularité de certaines scènes; les interventions de Théramène)?

Malgré la symétrie des deux premiers actes, quelles différences de ton et de rythme y a-t-il? De nos jours, on place d'habitude l'entr'acte d'une pièce classique entre le troisième et le quatrième actes; pourtant, dans le cas de *Phèdre,* il a lieu à la fin du deuxième. Pourquoi? (En répondant à cette question, considérez aussi le rapport entre la division en actes et l'intrigue.)

Note à l'étudiant. A vous maintenant de continuer l'analyse détaillée de la pièce en vous posant des questions pareilles à celles qu'on vous a données ci-dessus. A l'exception de deux scènes (IV, 2 et V, 6) que nous analyserons en détail, nous nous bornerons à vous proposer quelques questions générales à la fin de chaque acte.

42. *S'il . . . course:* If this rumor does not warrant putting off my departure.

ACTE III

SCÈNE PREMIÈRE.—PHÈDRE, ŒNONE.

PHÈDRE. Ah! que l'on porte ailleurs les honneurs qu'on m'envoie.
Importune, peux-tu souhaiter qu'on me voie?
De quoi viens-tu flatter[1] mon esprit désolé?
Cache-moi bien plutôt: je n'ai que trop parlé.
Mes fureurs au dehors ont osé se répandre.
J'ai dit ce que jamais on ne devait[2] entendre.
Ciel! comme il m'écoutait! Par combien de détours

1. *flatter:* appease, soothe.

2. *devait:* aurait dû.

L'insensible a longtemps éludé mes discours!
Comme il ne respirait[3] qu'une retraite prompte!
Et combien sa rougeur a redoublé ma honte!
Pourquoi détournais-tu mon funeste dessein?
Hélas! quand son épée allait chercher mon sein,
A-t-il pâli pour moi? me l'a-t-il arrachée?
Il suffit que ma main l'ait une fois touchée,
Je l'ai rendue horrible à ses yeux inhumains;
Et ce fer malheureux profanerait ses mains.

ŒNONE. Ainsi, dans vos malheurs ne songeant qu'à vous plaindre,
Vous nourrissez un feu qu'il vous faudrait éteindre.
Ne vaudrait-il pas mieux, digne sang de Minos,
Dans de plus nobles soins chercher votre repos,
Contre un ingrat qui plaît recourir à la fuite,
Régner, et de l'Etat embrasser la conduite?[4]

PHÈDRE. Moi, régner! Moi, ranger un Etat sous ma loi,
Quand ma faible raison ne règne plus sur moi!
Lorsque j'ai de mes sens abandonné l'empire!
Quand sous un joug honteux à peine je respire!
Quand je me meurs!

ŒNONE. Fuyez.

PHÈDRE. Je ne le puis quitter.

ŒNONE. Vous l'osâtes bannir, vous n'osez l'éviter.

PHÈDRE. Il n'est plus temps. Il sait mes ardeurs insensées.
De l'austère pudeur les bornes sont passées.
J'ai déclaré ma honte aux yeux de mon vainqueur,
Et l'espoir, malgré moi, s'est glissé dans mon cœur.
Toi-même, rappelant ma force défaillante,
Et mon âme[5] déjà sur mes lèvres errante,
Par tes conseils flatteurs tu m'as su ranimer.
Tu m'as fait entrevoir que je pouvais l'aimer.

ŒNONE. Hélas! de vos malheurs innocente ou coupable,
De quoi pour vous sauver n'étais-je point capable?
Mais si jamais l'offense irrita vos esprits,[6]
Pouvez-vous d'un superbe oublier les mépris?
Avec quels yeux cruels sa rigueur obstinée
Vous laissait à ses pieds peu s'en faut[7] prosternée
Que son farouche orgueil le rendait odieux!
Que[8] Phèdre en ce moment n'avait-elle mes yeux?

3. *respirait:* wished for.
4. *embrasser la conduite:* take over the running.
5. *âme:* life (breath).
6. *Mais . . . esprits:* But if you were ever upset by an insult.
7. *peu s'en faut:* very nearly.
8. *Que:* Oh, why.

PHÈDRE. Œnone, il peut quitter cet orgueil qui te blesse.
Nourri dans les forêts, il en a la rudesse,
Hippolyte, endurci par de sauvages lois,
Entend parler d'amour pour la première fois.
Peut-être sa surprise a causé son silence,
Et nos plaintes peut-être ont trop de violence.
ŒNONE. Songez qu'une barbare en son sein l'a formé.
PHÈDRE. Quoique Scythe et barbare, elle a pourtant aimé.
ŒNONE. Il a pour tout le sexe une haine fatale.
PHÈDRE. Je ne me verrai point préférer de rivale.
Enfin tous tes conseils ne sont plus de saison.
Sers ma fureur, Œnone, et non point ma raison.
Il oppose à l'amour un cœur inaccessible:
Cherchons pour l'attaquer quelque endroit plus sensible.
Les charmes d'un empire ont paru le toucher;
Athènes l'attirait, il n'a pu s'en cacher;
Déjà de ses vaisseaux la pointe était tournée,[9]
Et la voile flottait aux vents abandonnée.
Va trouver de ma part ce jeune ambitieux,
Œnone; fais briller la couronne à ses yeux.
Qu'il mette sur son front le sacré diadème;
Je ne veux que l'honneur de l'attacher moi-même.
Cédons-lui ce pouvoir que je ne puis garder;
Il instruira mon fils dans l'art de commander;
Peut-être il voudra bien lui tenir lieu de père.
Je mets sous son pouvoir et le fils et la mère.
Pour le fléchir enfin tente tous les moyens:
Tes discours trouveront plus d'accès que les miens.
Presse, pleure, gémis; plains-lui[10] Phèdre mourante;
Ne rougis point de prendre une voix suppliante.
Je t'avouerai de tout,[11] je n'espère qu'en toi.
Va: j'attends ton retour pour disposer de moi.

SCÈNE II.—PHÈDRE. *(seule)*

O toi, qui vois la honte où je suis descendue,
Implacable Vénus, suis-je assez confondue?[12]
Tu ne saurais plus loin pousser ta cruauté.
Ton triomphe est parfait;[13] tous tes traits ont porté.

9. *la . . . tournée:* the prow was headed (toward Athens).
10. *plains-lui:* lament to him.
11. *Je . . . tout:* I'll confirm everything you say.
12. *confondue:* humiliated, covered with shame.
13. *parfait:* complete.

Cruelle, si tu veux une gloire nouvelle,
Attaque un ennemi qui te soit plus rebelle.
Hippolyte te fuit; et bravant ton courroux,
Jamais à tes autels n'a fléchi les genoux.
Ton nom semble offenser ses superbes oreilles.
Déesse, venge-toi: nos causes sont pareilles.
Qu'il aime . . . Mais déjà tu reviens sur tes pas,
Œnone? On[14] me déteste, on ne t'écoute pas.

SCÈNE III.—PHÈDRE, ŒNONE.

ŒNONE. Il faut d'un vain[15] amour étouffer la pensée,
Madame. Rappelez votre vertu passée.
Le Roi, qu'on a cru mort, va paraître à vos yeux;
Thésée est arrivé, Thésée est dans ces lieux.
Le peuple, pour le voir, court et se précipite.
Je sortais par votre ordre, et cherchais Hippolyte,
Lorsque jusques au ciel mille cris élancés . . .
PHÈDRE. Mon époux est vivant, Œnone, c'est assez.
J'ai fait l'indigne aveu d'un amour qui l'outrage.
Il vit: je ne veux pas en savoir davantage.
ŒNONE. Quoi?
PHÈDRE. Je te l'ai prédit; mais tu n'as pas voulu.
Sur mes justes remords tes pleurs ont prévalu.
Je mourais ce matin digne d'être pleurée;
J'ai suivi tes conseils, je meurs déshonorée.
ŒNONE. Vous mourez?
PHÈDRE. Juste ciel! qu'ai-je fait aujourd'hui?
Mon époux va paraître et son fils avec lui.
Je verrai le témoin de ma flamme adultère
Observer de quel front j'ose aborder son père,
Le cœur gros de soupirs, qu'il n'a point écoutés,
L'œil humide de pleurs, par l'ingrat rebutés.
Penses-tu que, sensible à l'honneur de Thésée,
Il lui cache l'ardeur dont je suis embrasée?
Laissera-t-il trahir et son père et son roi?
Pourra-t-il contenir l'horreur qu'il a pour moi?
Il se tairait en vain. Je sais mes perfidies,[16]
Œnone, et ne suis point de ces femmes hardies
Qui, goûtant dans le crime une tranquille paix,
Ont su se faire un front qui ne rougit jamais.

14. *On:* conv. lang. for the loved one (here, Hippolyte).
15. *vain:* impossible.
16. *perfidies:* infidelités.

Je connais mes fureurs, je les rappelle toutes.
Il me semble déjà que ces murs, que ces voûtes
Vont prendre la parole, et prêts à m'accuser,
Attendent mon époux pour le désabuser.
Mourons. De tant d'horreurs qu'un trépas me délivre.
Est-ce un malheur si grand que de cesser de vivre?
La mort aux malheureux ne cause point d'effroi.
Je ne crains que le nom[17] que je laisse après moi.
Pour mes tristes[18] enfants quel affreux héritage!
Le sang de Jupiter doit enfler leur courage;
Mais quelque juste orgueil qu'inspire un sang si beau,
Le crime d'une mère est un pesant fardeau.
Je tremble qu'un discours, hélas! trop véritable,
Un jour ne leur reproche une mère coupable.
Je tremble qu'opprimés de ce poids odieux
L'un ni l'autre jamais n'ose lever les yeux.

ŒNONE. Il n'en faut point douter, je les plains l'un et l'autre;
Jamais crainte ne fut plus juste que la vôtre.
Mais à de tels affronts pourquoi les exposer?
Pourquoi contre vous-même allez-vous déposer?
C'en est fait: on dira que Phèdre, trop coupable,
De son époux trahi fuit l'aspect redoutable.
Hippolyte est heureux qu'aux dépens de vos jours
Vous-même en expirant appuyez ses discours.
A votre accusateur que pourrai-je répondre?
Je serai devant lui trop facile à confondre.
De son triomphe affreux je le verrai jouir,
Et conter votre honte à qui voudra l'ouïr.
Ah! que plutôt du ciel la flamme me dévore!
Mais ne me trompez point, vous est-il cher encore?
De quel œil voyez-vous ce prince audacieux?

PHÈDRE. Je le vois comme un monstre effroyable à mes yeux.

ŒNONE. Pourquoi donc lui céder une victoire entière?
Vous le craignez. Osez l'accuser la première
Du crime dont il peut vous charger aujourd'hui.
Qui vous démentira? Tout parle contre lui:
Son épée en vos mains heureusement[19] laissée,
Votre trouble présent, votre douleur passée,
Son père par vos cris dès longtemps prévenu,[20]
Et déjà son exil par vous-même obtenu.

17. *nom:* reputation.
18. *tristes:* unfortunate.
19. *heureusement:* fortunately.
20. *prévenu:* prejudiced.

PHÈDRE. Moi, que j'ose opprimer et noircir l'innocence?
ŒNONE. Mon zèle n'a besoin que de votre silence.
Tremblante comme vous, j'en[21] sens quelque remords.
Vous me verriez plus prompte affronter mille morts.
Mais puisque je vous perds sans ce triste remède,
Votre vie est pour moi d'un prix à qui tout cède.
Je parlerai. Thésée, aigri par mes avis,[22]
Bornera sa vengeance à l'exil de son fils.
Un père, en punissant, Madame, est toujours père:
Un supplice léger suffit à sa colère.
Mais le sang innocent dût-il être versé,
Que ne demande point votre honneur menacé?
C'est un trésor trop cher pour oser le commettre.[23]
Quelque loi qu'il vous dicte, il faut vous y soumettre,
Madame; et pour sauver votre honneur combattu,[24]
Il faut immoler tout, et même la vertu.
On vient; je vois Thésée.
PHÈDRE. Ah! je vois Hippolyte;
Dans ses yeux insolents je vois ma perte écrite.
Fais ce que tu voudras, je m'abandonne à toi.
Dans le trouble où je suis, je ne puis rien pour moi.

SCÈNE IV.—THÉSÉE, HIPPOLYTE, PHÈDRE, ŒNONE, THÉRAMÈNE.

THÉSÉE. La fortune à mes vœux cesse d'être opposée,
Madame, et dans vos bras met . . .
PHÈDRE. Arrêtez, Thésée,
Et ne profanez point des transports si charmants.
Je ne mérite plus ces doux empressements.[25]
Vous êtes offensé. La fortune jalouse
N'a pas en votre absence épargné votre épouse.
Indigne de vous plaire et de vous approcher,
Je ne dois désormais songer qu'à me cacher.

SCÈNE V.—THÉSÉE, HIPPOLYTE, THÉRAMÈNE.

THÉSÉE. Quel est l'étrange accueil qu'on fait à votre père,
Mon fils?
HIPPOLYTE. Phèdre peut seule expliquer ce mystère.
Mais si mes vœux ardents vous peuvent émouvoir,

21. *en:* d'opprimer et de noircir l'innocence (v. 893).
22. *aigri . . . avis:* irritated by what I tell him.
23. *commettre:* compromise, risk.
24. *combattu:* threatened.
25. *empressements:* signs of affection.

Permettez-moi, Seigneur, de ne la plus revoir.
Souffrez que pour jamais le tremblant Hippolyte
Disparaisse des lieux que votre épouse habite.

THÉSÉE. Vous, mon fils, me quitter?

HIPPOLYTE. Je ne la cherchais pas:
C'est vous qui sur ces bords conduisîtes ses pas.
Vous daignâtes, Seigneur, aux rives de Trézène
Confier en partant Aricie et la Reine.
Je fus même chargé du soin de les garder.
Mais quels soins désormais peuvent me retarder?[26]
Assez dans les forêts mon oisive jeunesse
Sur de vils ennemis[27] a montré son adresse.
Ne pourrai-je, en fuyant un indigne repos,
D'un sang plus glorieux teindre mes javelots?
Vous n'aviez pas encore atteint l'âge où je touche,
Déjà plus d'un tyran, plus d'un monstre farouche
Avait de votre bras senti la pesanteur;
Déjà, de l'insolence heureux persécuteur,
Vous aviez des deux mers assuré les rivages.
Le libre voyageur ne craignait plus d'outrages;
Hercule, respirant sur le bruit[28] de vos coups,
Déjà de son travail se reposait sur vous.
Et moi, fils inconnu d'un si glorieux père,
Je suis même encor loin des traces de ma mère.
Souffrez que mon courage ose enfin s'occuper.[29]
Souffrez, si quelque monstre a pu vous échapper,
Que j'apporte à vos pieds sa dépouille honorable,
Ou que d'un beau trépas la mémoire durable,
Eternisant des jours si noblement finis,
Prouve à tout l'univers que j'étais votre fils.

THÉSÉE. Que vois-je? Quelle horreur dans ces lieux répandue
Fait fuir devant mes yeux ma famille éperdue?
Si je reviens si craint et si peu désiré,
O ciel, de ma prison pourquoi m'as-tu tiré?
Je n'avais qu'un ami. Son imprudente flamme
Du tyran de l'Epire allait ravir la femme;
Je servais à regret ses desseins amoureux;
Mais le sort irrité nous aveuglait tous deux.[30]
Le tyran m'a surpris sans défense et sans armes.

26. *me retarder:* keep me here.
27. *vils ennemis:* animaux.
28. *bruit:* reknown.
29. *s'occuper:* do something (with itself).
30. Racine mêle à la légende de Pirithoüs descendant aux Enfers pour enlever Perséphone celle de la femme d'Haedonnée, elle aussi nommée Perséphone; le mari, roi des Molosses, aurait fait dévorer Pirithoüs par son chien, nommé Cerbère comme le monstre qui gardait la porte des Enfers.

J'ai vu Pirithoüs, triste objet de mes larmes,
Livré par ce barbare à des monstres cruels
Qu'il nourrissait du sang des malheureux mortels.
Moi-même, il m'enferma dans des cavernes sombres,
Lieux profonds, et voisins de l'empire des ombres.
Les Dieux, après six mois, m'ont enfin regardé:
J'ai su tromper les yeux de qui j'étais gardé.
D'un perfide ennemi j'ai purgé la nature;
A ses monstres lui-même a servi de pâture.
Et lorsque avec transport[31] je pense m'approcher
De tout ce que les Dieux m'ont laissé de plus cher;
Que dis-je? quand mon âme, à soi-même rendue,
Vient se rassasier d'une si chère vue,
Je n'ai pour tout accueil que des frémissements:
Tout fuit, tout se refuse à mes embrassements.
Et moi-même, éprouvant la terreur que j'inspire,
Je voudrais être encor dans les prisons d'Epire.
Parlez. Phèdre se plaint que je suis outragé.
Qui m'a trahi? Pourquoi ne suis-je pas vengé?
La Grèce, à qui mon bras fut tant de fois utile,
A-t-elle au criminel accordé quelque asile?
Vous ne répondez point. Mon fils, mon propre fils
Est-il d'intelligence avec mes ennemis?
Entrons. C'est trop garder un doute qui m'accable.
Connaissons à la fois le crime et le coupable.
Que Phèdre explique enfin le trouble où je la voi.

SCÈNE VI.—HIPPOLYTE, THÉRAMÈNE.

HIPPOLYTE. Où tendait ce discours qui m'a glacé d'effroi?
Phèdre, toujours en proie à sa fureur extrême,
Veut-elle s'accuser et se perdre elle-même?
Dieux! que dira le Roi? Quel funeste poison
L'amour a répandu sur toute sa maison!
Moi-même, plein d'un feu que sa haine réprouve,
Quel il m'a vu jadis, et quel il me retrouve![32]
De noirs pressentiments viennent m'épouvanter.
Mais l'innocence enfin n'a rien à redouter.
Allons, cherchons ailleurs par quelle heureuse adresse[33]
Je pourrai de mon père émouvoir la tendresse,

31. *avec transport:* with great emotion.
32. *Quel . . . retrouve!:* Think what he saw in me previously, think what he finds me like now!
33. *adresse:* skill.

Et lui dire un amour qu'il peut vouloir troubler,
Mais que tout son pouvoir ne saurait ébranler.

Le retour de Thésée. Une *péripétie* (ou un *coup de théâtre*) est un changement subit dans une situation dramatique, occasionné d'habitude par un événement extérieur. Le retour de Thésée en est-il une? Expliquez. (Comment Racine a-t-il préparé ce retour? Voir, par exemple, II, 1 et II, 6; dans quelle mesure ce retour répond-il aux désirs des personnages?) Quel emploi dramatique Racine en fait-il? (Pourquoi fait-il annoncer le retour par Œnone avant de faire entrer Thésée sur la scène? Pourquoi évite-t-il la confrontation Thésée-Phèdre-Hippolyte?) Quelle valeur structurale Racine donne-t-il à ce retour? (Pourquoi précèderait-il l'annonce du retour par les scènes 1 et 2 de cet acte?)

La structure de la pièce. Les v. 827 et 828, qui annoncent le retour de Thésée, se trouvent au centre *exact* de la pièce. Qu'est-ce que cela suggère au sujet des intentions artistiques de Racine? Quel rapport y trouvez-vous avec la structure des deux premiers actes? Quelles autres manifestations de ces intentions pouvez-vous découvrir? (Voir, par exemple, la scène 5.)

Le rôle d'Œnone. Pour quelle raison dramatique Racine a-t-il voulu qu'Œnone, au lieu de Phèdre, propose l'idée d'accuser Hippolyte? Le rôle d'Œnone suscite de nombreuses interprétations: pour les uns, Œnone est l'incarnation du Mal; pour d'autres, c'est le double (i.e., l'alter-ego) de Phèdre; il y a ceux qui voient en elle une femme amorale (i.e., qui choisit toujours la solution la plus opportune); il y a enfin ceux qui trouvent en elle une autre variation du thème de la passion destructrice. Comment interprétez-vous le rôle d'Œnone? Quelle influence votre interprétation aurait-elle sur l'aspect visuel du rôle (choix d'actrice, costume, mimique)? Sur le jeu des actrices dans la troisième scène de cet acte? (Qui domine le jeu? Comment? Où sont-elles situées l'une par rapport à l'autre? Quelle impression centrale veut-on avoir créée au moment où la scène aboutit—v. 909–12?)

Cet acte est le plus court de la pièce. Pourquoi? A quoi sert-il? Quel est l'état d'esprit du spectateur en attendant le quatrième acte?

ACTE IV

SCÈNE PREMIÈRE.—THÉSÉE, ŒNONE.

THÉSÉE. Ah! qu'est-ce que j'entends? Un traître, un téméraire
Préparait cet outrage à l'honneur de son père?
Avec quelle rigueur, destin, tu me poursuis!
Je ne sais où je vais, je ne sais où je suis.
O tendresse! ô bonté trop mal récompensée!
Projet audacieux! détestable pensée!
Pour parvenir au but de ses noires amours,
L'insolent de la force empruntait le secours.
J'ai reconnu le fer, instrument de sa rage,

Ce fer dont je l'armai pour un plus noble usage.
Tous les liens du sang n'ont pu le retenir?
Et Phèdre différait à le faire punir?
Le silence de Phèdre épargnait le coupable?
ŒNONE. Phèdre épargnait plutôt un père déplorable.
Honteuse du dessein d'un amant furieux
Et du feu criminel qu'il a pris dans ses yeux,
Phèdre mourait, Seigneur, et sa main meurtrière
Eteignait de ses yeux l'innocente lumière.
J'ai vu lever le bras, j'ai couru la sauver.
Moi seule à votre amour j'ai su la conserver;
Et plaignant à la fois son trouble et vos alarmes,
J'ai servi, malgré moi, d'interprète à ses larmes.
THÉSÉE. Le perfide! Il n'a pu s'empêcher de pâlir.
De crainte, en m'abordant, je l'ai vu tressaillir.
Je me suis étonné de son peu d'allégresse;
Ses froids embrassements ont glacé ma tendresse.
Mais ce coupable amour dont il est dévoré
Dans Athènes déjà s'était-il déclaré?
ŒNONE. Seigneur, souvenez-vous des plaintes de la Reine.
Un amour criminel causa toute sa haine.
THÉSÉE. Et ce feu dans Trézène a donc recommencé?
ŒNONE. Je vous ai dit, Seigneur, tout ce qui s'est passé.
C'est trop laisser la Reine à sa douleur mortelle;
Souffrez que je vous quitte et me range auprès d'elle.

SCÈNE II.—THÉSÉE, HIPPOLYTE.

THÉSÉE. Ah! le voici. Grands Dieux! à ce noble maintien
Quel œil ne serait pas trompé comme le mien?
Faut-il que sur le front d'un profane adultère
Brille de la vertu le sacré caractère?
Et ne devrait-on pas à des signes certains
Reconnaître le cœur des perfides humains?
HIPPOLYTE. Puis-je vous demander quel funeste nuage,
Seigneur, a pu troubler votre auguste visage?
N'osez-vous confier ce secret à ma foi?
THÉSÉE. Perfide! oses-tu bien te montrer devant moi?
Monstre, qu'a trop longtemps épargné le tonnerre,
Reste impur des brigands dont j'ai purgé la terre.
Après que le transport d'un amour plein d'horreur
Jusqu'au lit de ton père a porté sa fureur,
Tu m'oses présenter une tête ennemie,
Tu parais dans des lieux pleins de ton infamie,

Et ne vas pas chercher, sous un ciel inconnu,
Des pays où mon nom ne soit point parvenu.
Fuis, traître. Ne viens point braver ici ma haine,
Et tenter un courroux que je retiens à peine.[1]
C'est bien assez pour moi de l'opprobre éternel
D'avoir pu mettre au jour un fils si criminel,
Sans que ta mort encor, honteuse à ma mémoire,
De mes nobles travaux vienne souiller la gloire.
Fuis; et si tu ne veux qu'un châtiment soudain
T'ajoute aux scélérats qu'a punis cette main,
Prends garde que jamais l'astre qui nous éclaire
Ne te voie en ces lieux mettre un pied téméraire.[2]
Fuis, dis-je; et sans retour précipitant tes pas,
De ton horrible aspect purge tous mes Etats.
Et toi, Neptune, et toi, si jadis mon courage
D'infâmes assassins nettoya ton rivage,
Souviens-toi que pour prix de mes efforts heureux,
Tu promis d'exaucer le premier de mes vœux.
Dans les longues rigueurs d'une prison cruelle
Je n'ai point imploré ta puissance immortelle.
Avare du secours que j'attends de tes soins,
Mes vœux t'ont réservé pour de plus grands besoins.
Je t'implore aujourd'hui. Venge un malheureux père.
J'abandonne ce traître à toute ta colère;
Etouffe dans son sang ses désirs effrontés:
Thésée à[3] tes fureurs[4] connaîtra[5] tes bontés.

Jeu de scène: il faut qu'Œnone voie Hippolyte qui arrive pour parler au roi (voir IV, 4); comment imaginez-vous donc la sortie d'Œnone et l'entrée d'Hippolyte? Celui-ci doit-il ressembler au jeune héros du premier acte ou au fils tremblant de l'acte III? Pourquoi? A qui Thésée adresse-t-il les v. 1035–40? Sur quel ton de voix? Quel contraste prépare-t-on ainsi?

Analysez la tirade de Thésée (v. 1044–76): en quoi le langage traduit-il l'état d'esprit du roi (épithètes, rythme et mouvement des phrases; place des impératifs; sonorités)? Quelle est l'importance dramatique de l'invocation à Neptune? Quelle autre scène rappelle-t-elle? Imaginez les réactions d'Hippolyte.

HIPPOLYTE. D'un amour criminel Phèdre accuse Hippolyte!
Un tel excès d'horreur rend mon âme interdite;[6]
Tant de coups imprévus m'accablent à la fois,
Qu'ils m'ôtent la parole et m'étouffent la voix.

1. *à peine:* with difficulty.
2. *téméraire:* overly bold.
3. *à:* by.
4. *fureurs:* avenging anger.
5. *connaîtra:* reconnaîtra.
6. *interdite:* stunned.

THÉSÉE. Traître, tu prétendais qu'en un lâche silence
Phèdre ensevelirait ta brutale insolence.
Il fallait, en fuyant, ne pas abandonner
Le fer qui dans ses mains aide à te condamner;
Ou plutôt il fallait, comblant[7] ta perfidie,
Lui ravir tout d'un coup[8] la parole et la vie.

HIPPOLYTE. D'un mensonge si noir justement irrité,
Je devrais faire ici parler la vérité,
Seigneur; mais je supprime[9] un secret qui vous touche.
Approuvez le respect qui me ferme la bouche;
Et sans vouloir vous-même augmenter vos ennuis,
Examinez ma vie, et songez qui je suis.
Quelques crimes toujours précèdent les grands crimes.
Quiconque a pu franchir les bornes légitimes[10]
Peut violer enfin[11] les droits les plus sacrés;
Ainsi que la vertu, le crime a ses degrés;
Et jamais on n'a vu la timide innocence
Passer subitement à l'extrême licence.
Un jour seul ne fait point d'un mortel vertueux
Un perfide assassin, un lâche incestueux.
Elevé dans le sein d'une chaste héroïne,
Je n'ai point de son sang démenti l'origine.
Pitthée, estimé sage entre tous les humains,
Daigna m'instruire encore au sortir de ses[12] mains.
Je ne veux point me peindre avec trop d'avantage;
Mais si quelque vertu m'est tombée en partage,
Seigneur, je crois surtout avoir fait éclater
La haine des forfaits qu'on ose m'imputer.[13]
C'est par là qu'Hippolyte est connu dans la Grèce.
J'ai poussé la vertu jusques à la rudesse.
On sait de mes chagrins l'inflexible rigueur.
Le jour n'est pas plus pur que le fond de mon cœur.
Et l'on veut qu'Hippolyte, épris d'un feu profane . . .

Comment le v. 1080 aide-t-il l'*acteur* à jouer la réplique d'Hippolyte? Comment le v. 1080 sert-il a révéler la psychologie du *personnage?*

Analysez la tirade d'Hippolyte (v. 1087–113): en quoi fait-elle contraste avec celle de Thésée (ton, mouvement, langage)? En quoi le v. 1112 résume-t-il cette tirade? Quelle est la valeur poétique de ce vers (sonorités, images)?

7. *comblant:* fulfilling, completing.
8. *tout d'un coup:* with a single blow.
9. *supprime:* pass over in silence.
10. *légitimes:* established by law.
11. *Peut . . . enfin:* May end up by violating.
12. *ses:* d'Antiope.
13. *je . . . imputer:* I think that I have proved my hatred for the deeds of which I am accused.

THÉSÉE. Oui, c'est ce même orgueil, lâche! qui te condamne.
Je vois de tes froideurs le principe odieux:
Phèdre seule charmait tes impudiques yeux;
Et pour tout autre objet ton âme indifférente
Dédaignait de brûler d'une flamme innocente.
HIPPOLYTE. Non, mon père, ce cœur, c'est trop vous le celer,
N'a point d'un chaste amour dédaigné de brûler.
Je confesse à vos pieds ma véritable offense:
J'aime, j'aime, il est vrai, malgré votre défense.
Aricie à ses lois tient mes vœux asservis;
La fille de Pallante a vaincu votre fils.
Je l'adore, et mon âme, à vos ordres rebelle,
Ne peut ni soupirer ni brûler que pour elle.
THÉSÉE. Tu l'aimes? ciel! Mais non, l'artifice est grossier.
Tu te feins criminel pour te justifier.
HIPPOLYTE. Seigneur, depuis six mois je l'évite, et je l'aime.
Je venais en tremblant vous le dire à vous-même.
Hé quoi? de votre erreur rien ne vous peut tirer?
Par quel affreux serment faut-il vous rassurer?
Que la terre, le ciel, que toute la nature . . .
THÉSÉE. Toujours les scélérats ont recours au parjure.
Cesse, cesse, et m'épargne un importun discours,
Si ta fausse vertu n'a point d'autre secours.
HIPPOLYTE. Elle vous paraît fausse et pleine d'artifice.
Phèdre au fond de son cœur me rend plus de justice.
THÉSÉE. Ah! que ton impudence excite mon courroux!
HIPPOLYTE. Quel temps à mon exil, quel lieu prescrivez-vous?
THÉSÉE. Fusses-tu par delà les colonnes d'Alcide,[14]
Je me croirais encor trop voisin d'un perfide.
HIPPOLYTE. Chargé du crime affreux dont vous me soupçonnez,
Quels amis me plaindront, quand vous m'abandonnez?
THÉSÉE. Va chercher des amis dont l'estime funeste
Honore l'adultère, applaudisse à l'inceste,
Des traîtres, des ingrats sans honneur et sans loi,
Dignes de protéger un méchant tel que toi.
HIPPOLYTE. Vous me parlez toujours d'inceste et d'adultère?
Je me tais. Cependant Phèdre sort d'une mère,
Phèdre est d'un sang, Seigneur, vous le savez trop bien,
De toutes ces horreurs plus rempli que le mien.
THÉSÉE. Quoi! ta rage à mes yeux perd toute retenue?
Pour la dernière fois, ôte-toi de ma vue:

14. *colonnes d'Alcide:* Pillars of Hercules (Straits of Gibraltar).

Sors, traître. N'attends pas qu'un père furieux
Te fasse avec opprobre[15] arracher de ces lieux.

Etudiez le mouvement de cette fin de scène: quel est le ton général des v. 1114–56? Comment le rythme y contribue-t-il? (Considérez les vers individuels et l'agencement des répliques.) Quelles variations y a-t-il pourtant dans ce ton? (Voir, par exemple, les v. 1127–28; v. 1131; v. 1143, 1144; v. 1150.) Comment le jeu des acteurs peut-il traduire ces variations?

Quelle est la fonction dramatique des v. 1150–52? (Quel effet ont-ils sur Thésée? Sur le mouvement de la scène?) Quelle est leur fonction structurale? (Voir aussi les v. 36; 249–50; 257–58.) Pour quelles raisons psychologiques Hippolyte ne dit-il pas la vérité?

Quelle est la réaction du spectateur devant une telle scène? Pour quelles raisons dramatiques et structurales Racine voudrait-il créer à ce moment de la pièce une telle réaction?

SCÈNE III.—THÉSÉE. *(seul)*

Misérable, tu cours à ta perte infaillible.
Neptune, par le fleuve[16] aux Dieux mêmes terrible,
M'a donné sa parole, et va l'exécuter.
Un Dieu vengeur te suit, tu ne peux l'éviter.
Je t'aimais; et je sens que malgré ton offense
Mes entrailles[17] pour toi se troublent par avance.
Mais à te condamner tu m'as trop engagé.[18]
Jamais père en effet fut-il plus outragé?
Justes Dieux, qui voyez la douleur qui m'accable,
Ai-je pu mettre au jour un enfant si coupable?

SCÈNE IV.—PHÈDRE, THÉSÉE.

PHÈDRE. Seigneur, je viens à vous, pleine d'un juste effroi.
Votre voix redoutable a passé jusqu'à moi.
Je crains qu'un prompt effet n'ait suivi la menace.
S'il en est temps encore, épargnez votre race,
Respectez votre sang, j'ose vous en prier.
Sauvez-moi de l'horreur de l'entendre crier;
Ne me préparez point la douleur éternelle
De l'avoir fait répandre à la main paternelle.
THÉSÉE. Non, Madame, en mon sang ma main n'a point trempé.

15. *opprobre:* public shame.
16. Ce fleuve est le Styx, qui faisait, dit-on, sept fois le tour des Enfers. Jurer par le Styx, c'était donner à son serment un caractère extrêmement solennel.
17. *entrailles:* heart (entrails).
18. *tu . . . engagé:* you forced me.

Mais l'ingrat toutefois ne m'est point échappé.
Une immortelle main de sa perte est chargée.
Neptune me la doit, et vous serez vengée.
PHÈDRE. Neptune vous la doit! Quoi? vos vœux irrités . . .
THÉSÉE. Quoi? craignez-vous déjà qu'ils ne soient écoutés?
Joignez-vous bien plutôt à mes vœux légitimes.
Dans toute leur noirceur retracez-moi ses crimes;
Echauffez mes transports[19] trop lents, trop retenus.
Tous ses crimes encor ne vous sont pas connus:
Sa fureur contre vous se répand en injures:
Votre bouche, dit-il, est pleine d'impostures;
Il soutient qu'Aricie a son cœur, a sa foi,
Qu'il l'aime.
PHÈDRE. Quoi! Seigneur?
THÉSÉE. Il l'a dit devant moi.
Mais je sais rejeter un frivole[20] artifice.
Espérons de Neptune une prompte justice.
Je vais moi-même encore au pied de ses autels
Le presser d'accomplir ses serments immortels.

SCÈNE V.—PHÈDRE. *(seule)*

Il sort. Quelle nouvelle a frappé mon oreille?
Quel feu mal étouffé dans mon cœur se réveille?
Quel coup de foudre, ô ciel! et quel funeste avis![21]
Je volais toute entière au secours de son fils;
En m'arrachant des bras d'Œnone épouvantée,
Je cédais au remords dont j'étais tourmentée.
Qui sait même où m'allait porter ce repentir?
Peut-être à m'accuser j'aurais pu consentir;
Peut-être, si la voix ne m'eût été coupée,
L'affreuse vérité me serait échappée.
Hippolyte est sensible,[22] et ne sent rien pour moi!
Aricie a son cœur! Aricie a sa foi!
Ah, Dieux! Lorsqu'à mes vœux l'ingrat inexorable
S'armait d'un œil si fier, d'un front si redoutable,
Je pensais qu'à l'amour son cœur toujours fermé
Fût contre tout mon sexe également armé.
Une autre cependant a fléchi son audace;[23]

19. *transports:* here, anger.
20. *frivole:* not to be taken seriously.
21. *avis:* news.
22. *sensible:* in love (conv. lang.).
23. *audace:* indifference to love.

Devant ses yeux cruels une autre a trouvé grâce.
Peut-être a-t-il un cœur facile à s'attendrir.
Je suis le seul objet qu'il ne saurait souffrir;
Et je me chargerais du soin de le défendre?

Scène VI.—PHÈDRE, ŒNONE.

PHÈDRE. Chère Œnone, sais-tu ce que je viens d'apprendre?
ŒNONE. Non, mais je viens tremblante, à ne vous point mentir.
J'ai pâli du dessein qui vous a fait sortir:
J'ai craint une fureur à vous-même fatale.
PHÈDRE. Œnone, qui l'eût cru? j'avais une rivale.
ŒNONE. Comment?
PHÈDRE. Hippolyte aime, et je n'en puis douter.
Ce farouche ennemi qu'on ne pouvait dompter,
Qu'offensait le respect, qu'importunait la plainte,
Ce tigre, que jamais je n'abordai sans crainte,
Soumis, apprivoisé, reconnaît un vainqueur:
Aricie a trouvé le chemin de son cœur.
ŒNONE. Aricie?
PHÈDRE. Ah! douleur non encore éprouvée!
A quel nouveau tourment je me suis réservée!
Tout ce que j'ai souffert, mes craintes, mes transports,
La fureur de mes feux, l'horreur de mes remords,
Et d'un refus cruel l'insupportable injure,
N'était qu'un faible essai[24] du tourment que j'endure.
Ils s'aiment! Par quel charme ont-ils trompé mes yeux?
Comment se sont-ils vus? Depuis quand? Dans quels lieux?
Tu le savais. Pourquoi me laissais-tu séduire?
De leur furtive ardeur ne pouvais-tu m'instruire?
Les a-t-on vus souvent se parler, se chercher?
Dans le fond des forêts allaient-ils se cacher?
Hélas! ils se voyaient avec pleine licence.[25]
Le ciel de leurs soupirs approuvait l'innocence;
Ils suivaient sans remords leur penchant amoureux;
Tous les jours se levaient clairs et sereins pour eux.
Et moi, triste rebut[26] de la nature entière,
Je me cachais au jour, je fuyais la lumière:
La mort est le seul Dieu que j'osais implorer.
J'attendais le moment où j'allais expirer;
Me nourrissant de fiel,[27] de larmes abreuvée,

24. *essai:* sample.
25. *avec . . . licence:* in complete freedom.
26. *rebut:* outcast.
27. *fiel:* gall, bitterness.

Encor dans mon malheur de trop près observée,
Je n'osais dans mes pleurs me noyer à loisir;
Je goûtais en tremblant ce funeste plaisir;
Et sous un front serein déguisant mes alarmes,[28]
Il fallait bien souvent me priver de mes larmes.

ŒNONE. Quel fruit recevront-ils de leurs vaines amours?
Ils ne se verront plus.

PHÈDRE. Ils s'aimeront toujours.
Au moment que je parle, ah! mortelle pensée!
Ils bravent la fureur d'une amante insensée.
Malgré ce même exil qui va les écarter,[29]
Ils font mille serments de ne se point quitter.
Non, je ne puis souffrir un bonheur qui m'outrage,
Œnone. Prends pitié de ma jalouse rage.
Il faut perdre[30] Aricie. Il faut de mon époux
Contre un sang odieux réveiller le courroux.
Qu'il ne se borne pas à des peines légères:
Le crime de la sœur passe[31] celui des frères.
Dans mes jaloux transports je le veux implorer.
Que fais-je? Où ma raison se va-t-elle égarer?
Moi jalouse! et Thésée est celui que j'implore!
Mon époux est vivant, et moi je brûle encore!
Pour qui? Quel est le cœur où prétendent mes vœux?
Chaque mot sur mon front fait dresser mes cheveux.
Mes crimes désormais ont comblé la mesure.
Je respire à la fois l'inceste et l'imposture.
Mes homicides mains, promptes à me venger,
Dans le sang innocent brûlent de se plonger.
Misérable! et je vis? et je soutiens la vue
De ce sacré soleil dont je suis descendue?
J'ai pour aïeul le père et le maître des Dieux;
Le ciel, tout l'univers est plein de mes aïeux.
Où me cacher? Fuyons dans la nuit infernale.
Mais que dis-je? mon père y tient l'urne fatale;[32]
Le sort, dit-on, l'a mise en ses sévères mains:
Minos juge aux enfers tous les pâles humains.
Ah! combien frémira son ombre épouvantée,
Lorsqu'il verra sa fille à ses yeux présentée,
Contrainte d'avouer tant de forfaits divers,

28. *alarmes:* problems.
29. *écarter:* separate.
30. *perdre:* get rid of.
31. *passe:* goes beyond.
32. *urne fatale:* urn into which the judges of Hades dropped their votes as to the destiny of souls.

Et des crimes peut-être inconnus aux enfers!
Que diras-tu, mon père, à ce spectacle horrible?
Je crois voir de ta main tomber l'urne terrible;
Je crois te voir, cherchant un supplice nouveau,
Toi-même de ton sang devenir le bourreau.
Pardonne. Un Dieu cruel[33] a perdu ta famille;
Reconnais sa vengeance aux fureurs de ta fille.
Hélas! du crime affreux dont la honte me suit
Jamais mon triste cœur n'a recueilli le fruit.
Jusqu'au dernier soupir de malheurs poursuivie,
Je rends dans les tourments une pénible vie.

ŒNONE. Hé! repoussez, Madame, une injuste terreur.
Regardez d'un autre œil une excusable erreur.
Vous aimez. On ne peut vaincre sa destinée.
Par un charme fatal vous fûtes entraînée.
Est-ce donc un prodige inouï parmi nous?
L'amour n'a-t-il encore triomphé que de vous?[34]
La faiblesse aux humains n'est que trop naturelle.
Mortelle, subissez le sort d'une mortelle.
Vous vous plaignez d'un joug imposé dès longtemps.
Les Dieux même, les Dieux, de l'Olympe habitants,
Qui d'un bruit si terrible épouvantent les crimes,[35]
Ont brûlé quelquefois de feux illégitimes.

PHÈDRE. Qu'entends-je? Quels conseils ose-t-on me donner?
Ainsi donc jusqu'au bout tu veux m'empoisonner,
Malheureuse? Voilà comme tu m'as perdue.[36]
Au jour que je fuyais c'est toi qui m'as rendue.
Tes prières m'ont fait oublier mon devoir.
J'évitais Hippolyte, et tu me l'as fait voir.
De quoi te chargeais-tu? Pourquoi ta bouche impie
A-t-elle, en l'accusant, osé noircir sa vie?
Il en mourra peut-être, et d'un père insensé
Le sacrilège vœu peut-être est exaucé.
Je ne t'écoute plus. Va-t'en, monstre exécrable.
Va, laisse-moi le soin de mon sort déplorable.
Puisse le juste ciel dignement te payer!
Et puisse ton supplice à jamais effrayer
Tous ceux qui, comme toi, par de lâches adresses,

33. *Un Dieu cruel:* Jupiter (Zeus).
34. *L'amour . . . vous:* Are you the only one who has ever been vanquished by love?
35. *Qui . . . crimes:* Who make crimes seem so terrifying because of the reputation they (the gods) give them (the crimes).
36. *perdue:* led me to (my) downfall.

Des princes malheureux nourrissent les faiblesses,
Les poussent au penchant où leur cœur est enclin,
Et leur osent du crime aplanir le chemin,
Détestables flatteurs, présent le plus funeste
Que puisse faire aux rois la colère céleste!

ŒNONE. *(seule)* Ah, Dieux! pour la servir j'ai tout fait, tout quitté;
Et j'en reçois ce prix? Je l'ai bien mérité.

La psychologie et la poésie. En quoi Phèdre ressemble-t-elle dans cet acte à la Phèdre qu'on avait déjà vue? Dans quelle mesure peut-on parler d'une évolution chez elle? Vers quoi? Par quels moyens stylistiques Racine suggère-t-il l'état d'esprit de Phèdre? (Etudiez dans les v. 1225–94 le rythme des vers, les liens entre les phrases et le choix d'images et d'allusions.) Comment les images et les allusions mythologiques s'intègrent-elles dans la structure poétique de la pièce?

Le mouvement dramatique de cet acte. (a) En quoi le rythme et le ton de la première scène font-ils contraste avec la fin de l'acte III? Par quel moyen Racine crée-t-il ce contraste? (A quel moment la scène commence-t-elle? Que s'est-il donc passé entre les actes? A la représentation faut-il attendre un certain temps entre les actes pour que la situation soit vraisemblable ou vaut-il mieux lever le rideau tout de suite après la fin du troisième acte? Pourquoi?) (b) Les trois scènes principales (Thésée-Hippolyte; Thésée-Phèdre; Phèdre-Œnone) sont séparées par des monologues: quel effet ces monologues ont-ils sur le mouvement de l'acte? Pour quelles raisons dramatiques Racine a-t-il voulu créer cet effet? (c) Quel effet les deux derniers vers d'Œnone (v. 1327–28) ont-ils sur le ton de l'acte? Pour quelles raisons dramatiques et structurales Racine a-t-il voulu terminer ainsi l'acte? A quoi le spectateur s'attend-il?

Les réactions du spectateur. Précisez les sentiments qu'éprouve le spectateur envers Thésée, Hippolyte, Phèdre et Œnone dans chaque scène. Ses réactions sont-elles simples (i.e., le même personnage provoque toujours la même sorte de réaction) ou complexes (i.e., elles varient selon le personnage et la situation)? Justifiez votre réponse et discutez les raisons dramatiques et structurales qu'aurait Racine de vouloir provoquer de telles réactions.

Quel rôle cet acte joue-t-il dans le développment de l'intrigue? Quelle place cet acte occupe-t-il dans la tonalité générale de la pièce? Comment le rythme de cet acte s'inscrit-il dans le mouvement général de la pièce? Comment la structure de la pièce sert-elle à souligner la situation de Phèdre?

ACTE V

SCÈNE PREMIÈRE.—HIPPOLYTE, ARICIE.

ARICIE. Quoi? vous pouvez vous taire en ce péril extrême?
Vous laissez dans l'erreur un père qui vous aime?
Cruel, si de mes pleurs méprisant le pouvoir,

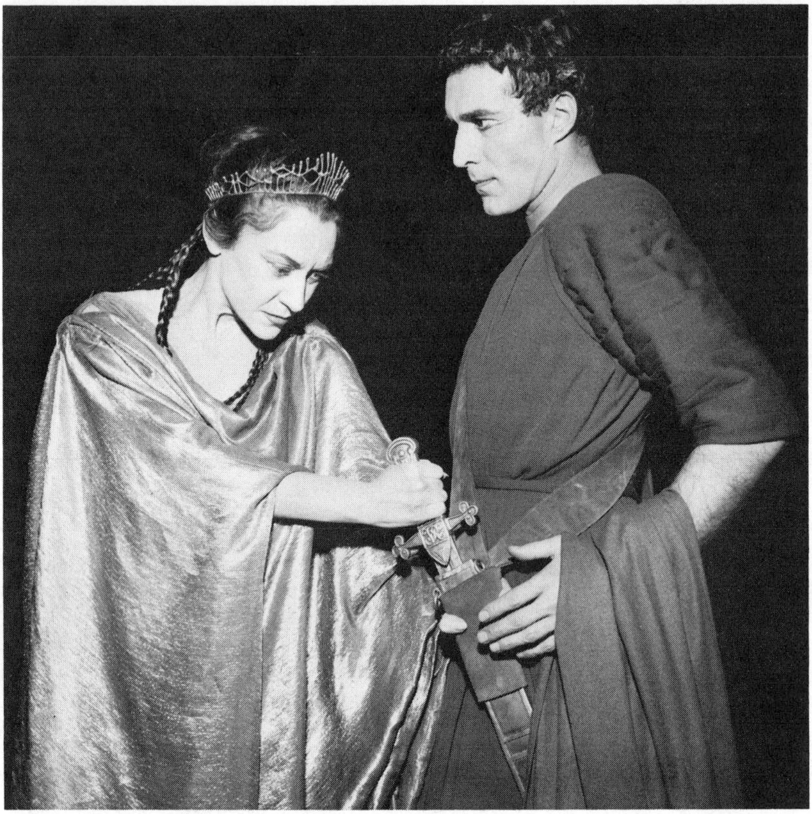

DEUX INTERPRÉTATIONS SCÉNIQUES DE *Phedre* (Agence de Presse Bernard)
(*Ci-dessus*) au Théâtre National Populaire (*A d.*) à la Comédie Française

Vous consentez sans peine à ne me plus revoir,
Partez, séparez-vous de la triste Aricie.
Mais du moins en partant assurez votre vie.
Défendez votre honneur d'un reproche honteux,
Et forcez votre père à révoquer ses vœux.
Il en est temps encor. Pourquoi, par quel caprice,
Laissez-vous le champ libre à votre accusatrice?
Eclaircissez[1] Thésée.

HIPPOLYTE. Hé! que n'ai-je point dit?
Ai-je dû[2] mettre au jour l'opprobre de son lit?
Devais-je, en lui faisant un récit trop sincère,
D'une indigne rougeur couvrir le front d'un père?
Vous seule avez percé ce mystère odieux.
Mon cœur pour s'épancher n'a que vous et les Dieux.

1. *Eclaircissez:* Explain the truth to. 2. *Ai-je dû:* Aurais-je dû.

Je n'ai pu vous cacher, jugez si je vous aime,
Tout ce que je voulais me cacher à moi-même.
Mais songez sous quel sceau[3] je vous l'ai révélé.
Oubliez, s'il se peut, que je vous aï parlé,
Madame; et que jamais une bouche si pure
Ne s'ouvre pour conter cette horrible aventure.
Sur l'équité des Dieux osons nous confier:[4]
Ils ont trop d'intérêt à me justifier;
Et Phèdre, tôt ou tard de son crime punie,
N'en saurait éviter la juste ignominie.
C'est l'unique respect que j'exige de vous.
Je permets tout le reste à mon libre courroux.
Sortez de l'esclavage où vous êtes réduite;
Osez me suivre, osez accompagner ma fuite;
Arrachez-vous d'un lieu funeste et profané,
Où la vertu respire un air empoisonné.

3. *sceau:* seal (of secrecy).

4. *nous confier:* trust in.

Profitez, pour cacher votre prompte retraite,[5]
De la confusion que ma disgrâce y jette.
Je vous puis de la fuite assurer les moyens.
Vous n'avez jusqu'ici de gardes que les miens.
De puissants défenseurs prendront notre querelle;[6]
Argos nous tend les bras, et Sparte nous appelle:[7]
A nos amis communs portons nos justes cris;
Ne souffrons pas que Phèdre, assemblant nos débris,[8]
Du trône paternel nous chasse l'un et l'autre,
Et promette à son fils ma dépouille et la vôtre.
L'occasion est belle, il la faut embrasser.
Quelle peur vous retient? Vous semblez balancer?
Votre seul intérêt m'inspire cette audace.
Quand je suis tout de feu, d'où vous vient cette glace?[9]
Sur les pas d'un banni craignez-vous de marcher?

ARICIE. Hélas! qu'un tel exil, Seigneur, me serait cher!
Dans quels ravissements, à votre sort liée,[10]
Du reste des mortels je vivrais oubliée!
Mais n'étant point unis par un lien si doux,
Me puis-je avec honneur dérober[11] avec vous?
Je sais que, sans blesser l'honneur le plus sévère,
Je me puis affranchir des mains de votre père:
Ce n'est point m'arracher du sein de mes parents;
Et la fuite est permise à qui fuit ses tyrans.
Mais vous m'aimez, Seigneur; et ma gloire alarmée . . .

HIPPOLYTE. Non, non, j'ai trop de soin de votre renommée.
Un plus noble dessein m'amène devant vous:
Fuyez vos ennemis, et suivez votre époux.
Libres dans nos malheurs, puisque le ciel l'ordonne,
Le don de notre foi ne dépend de personne.
L'hymen n'est point toujours entouré de flambeaux.
Aux portes de Trézène, et parmi ces tombeaux,
Des princes de ma race antiques sépultures,
Est un temple sacré formidable aux parjures.[12]
C'est là que les mortels n'osent jurer en vain.
Le perfide y reçoit un châtiment soudain;

5. *retraite:* departure.
6. *prendront notre querelle:* will be on our side.
7. Argos et Sparte étaient des villes de l'ancienne Grèce et rivales, surtout Sparte, d'Athènes.
8. *assemblant nos débris:* taking advantage of our misfortune.
9. *feu . . . glace:* conventional images for activity and inactivity, passion and indifference.
10. *à . . . liée:* if I (my fate) were linked with yours.
11. *me dérober:* run away.
12. *formidable aux parjures:* fearsome to swearers of false oaths.

Et craignant d'y trouver la mort inévitable,
Le mensonge n'a point de frein plus redoutable.
Là, si vous m'en croyez, d'un amour éternel
Nous irons confirmer le serment solennel;
Nous prendrons à témoin le Dieu qu'on y révère;
Nous le prierons tous deux de nous servir de père.
Des Dieux les plus sacrés j'attesterai[13] le nom.
Et la chaste Diane, et l'auguste Junon,[14]
Et tous les Dieux enfin, témoins de mes tendresses,
Garantiront la foi de mes saintes promesses.

ARICIE. Le Roi vient. Fuyez, Prince, et partez promptement.
Pour cacher mon départ je demeure un moment.
Allez; et laissez-moi quelque fidèle guide,
Qui conduise vers vous ma démarche timide.

SCÈNE II.—THÉSÉE, ARICIE, ISMÈNE.

THÉSÉE. Dieux! éclairez mon trouble, et daignez à mes yeux
Montrer la vérité que je cherche en ces lieux.

ARICIE. Songe à tout, chère Ismène, et sois prête à la fuite.

SCÈNE III.—THÉSÉE, ARICIE.

THÉSÉE. Vous changez de couleur et semblez interdite,
Madame. Que faisait Hippolyte en ce lieu?

ARICIE. Seigneur, il me disait un éternel adieu.

THÉSÉE. Vos yeux ont su dompter ce rebelle courage,
Et ses premiers soupirs sont votre heureux ouvrage.

ARICIE. Seigneur, je ne vous puis nier la vérité:
De votre injuste haine il n'a pas hérité;
Il ne me traitait point comme une criminelle.

THÉSÉE. J'entends: il vous jurait une amour éternelle.
Ne vous assurez point sur ce cœur inconstant;
Car à d'autres que vous il en jurait autant.

ARICIE. Lui, Seigneur?

THÉSÉE. Vous deviez le rendre moins volage.
Comment souffriez-vous cet horrible partage?

ARICIE. Et comment souffrez-vous que d'horribles discours
D'une si belle vie osent noircir le cours?
Avez-vous de son cœur si peu de connaissance?
Discernez-vous si mal le crime et l'innocence?

13. *attesterai:* will swear by.
14. Diane était la déesse vierge de la chasse; Junon, la protectrice des épouses et du foyer.

Faut-il qu'à vos yeux seuls un nuage odieux
Dérobe sa vertu qui brille à tous les yeux?
Ah! c'est trop le livrer à des langues perfides.
Cessez: repentez-vous de vos vœux homicides;
Craignez, Seigneur, craignez que le ciel rigoureux
Ne vous haïsse assez pour exaucer vos vœux.
Souvent dans sa colère il reçoit nos victimes;
Ses présents sont souvent la peine de nos crimes.

THÉSÉE. Non, vous voulez en vain couvrir son attentat:[15]
Votre amour vous aveugle en faveur de l'ingrat.
Mais j'en crois des témoins certains, irréprochables:
J'ai vu, j'ai vu couler des larmes véritables.

ARICIE. Prenez garde, Seigneur. Vos invincibles mains
Ont de monstres sans nombre affranchi les humains;
Mais tout n'est pas détruit, et vous en laissez vivre
Un . . . Votre fils, Seigneur, me défend de poursuivre.
Instruite du respect qu'il veut vous conserver,
Je l'affligerais trop si j'osais achever.
J'imite sa pudeur,[16] et fuis votre présence
Pour n'être pas forcée à rompre le silence.

SCÈNE IV.—THÉSÉE. *(seul)*

Quelle est donc sa pensée? et que cache un discours
Commencé tant de fois, interrompu toujours?
Veulent-ils m'éblouir[17] par une feinte vaine?
Sont-ils d'accord tous deux pour me mettre à la gêne?[18]
Mais moi-même, malgré ma sévère rigueur,
Quelle plaintive voix crie au fond de mon cœur?
Une pitié secrète et m'afflige et m'étonne.[19]
Une seconde fois interrogeons Œnone.
Je veux de tout le crime être mieux éclairci.
Gardes, qu'Œnone sorte, et vienne seule ici.

SCÈNE V.—THÉSÉE, PANOPE.

PANOPE. J'ignore le projet que la Reine médite,
Seigneur, mais je crains tout du transport qui l'agite.
Un mortel désespoir sur son visage est peint;
La pâleur de la mort est déjà sur son teint.
Déjà, de sa présence avec honte chassée,

15. *attentat:* crime (against moral laws).
16. *pudeur:* discretion.
17. *éblouir:* blind.
18. *gêne:* torture.
19. *étonne:* shakes my mind.

Dans la profonde mer Œnone s'est lancée.
On ne sait point d'où part ce dessein furieux;
Et les flots pour jamais l'ont ravie à nos yeux.
THÉSÉE. Qu'entends-je?
PANOPE. Son trépas n'a point calmé la Reine:
Le trouble semble croître en son âme incertaine.
Quelquefois, pour flatter[20] ses secrètes douleurs,
Elle prend ses enfants et les baigne de pleurs;
Et soudain, renonçant à l'amour maternelle,
Sa main avec horreur les repousse loin d'elle.
Elle porte au hasard ses pas irrésolus;
Son œil tout égaré ne nous reconnaît plus.
Elle a trois fois écrit; et changeant de pensée,
Trois fois elle a rompu sa lettre commencée.
Daignez la voir, Seigneur, daignez la secourir.
THÉSÉE. O ciel! Œnone est morte, et Phèdre veut mourir?
Qu'on rappelle mon fils, qu'il vienne se défendre!
Qu'il vienne me parler, je suis prêt de l'entendre.
Ne précipite point tes funestes bienfaits,
Neptune; j'aime mieux n'être exaucé jamais.
J'ai peut-être trop cru des témoins peu fidèles,
Et j'ai trop tôt vers toi levé mes mains cruelles.
Ah! de quel désespoir mes vœux seraient suivis!

SCÈNE VI.—THÉSÉE, THÉRAMÈNE.

THÉSÉE. Théramène, est-ce toi? Qu'as-tu fait de mon fils?
Je te l'ai confié dès l'âge le plus tendre.
Mais d'où naissent les pleurs que je te vois répandre?
Que fait mon fils?
THÉRAMÈNE. O soins tardifs et superflus!
Inutile tendresse! Hippolyte n'est plus.
THÉSÉE. Dieux!
THÉRAMÈNE. J'ai vu des mortels périr le plus aimable,
Et j'ose dire encor, Seigneur, le moins coupable.
THÉSÉE. Mon fils n'est plus? Hé quoi? quand[21] je lui tends les bras,
Les Dieux impatients ont hâté son trépas?
Quel coup me l'a ravi? quelle foudre soudaine?

Jeu de scène: faut-il que l'entrée de Théramène rappelle directement celle de Panope (V, 5) ou faut-il en changer le ton et le rythme? Justifiez votre choix en précisant les effets que vous voudriez créer.

20. *flatter:* calm.

21. *quand:* at the very moment when.

THÉRAMÈNE. A peine nous sortions des portes de Trézène,
Il était sur son char; ses gardes affligés
Imitaient son silence, autour de lui rangés.
Il suivait tout pensif le chemin de Mycènes;[22]
Sa main sur ses chevaux laissait flotter les rênes.
Ses superbes coursiers, qu'on voyait autrefois
Pleins d'une ardeur si noble obéir à sa voix,
L'œil morne maintenant et la tête baissée
Semblaient se conformer à sa triste pensée.
Un effroyable cri, sorti du fond des flots,
Des airs en ce moment a troublé le repos;
Et du sein de la terre une voix formidable[23]
Répond en gémissant à ce cri redoutable.
Jusqu'au fond de nos cœurs notre sang s'est glacé.
Des coursiers attentifs le crin s'est hérissé.
Cependant sur le dos de la plaine liquide
S'élève à gros bouillons une montagne humide.
L'onde approche, se brise, et vomit à nos yeux,
Parmi des flots d'écume, un monstre furieux.
Son front large est armé de cornes menaçantes;
Tout son corps est couvert d'écailles jaunissantes;
Indomptable taureau, dragon impétueux,
Sa croupe se recourbe en replis tortueux.
Ses longs mugissements font trembler le rivage.
Le ciel avec horreur voit ce monstre sauvage;
La terre s'en émeut, l'air en est infecté;
Le flot, qui l'apporta, recule épouvanté.
Tout[24] fuit; et sans s'armer d'un courage inutile,
Dans le temple voisin[25] chacun cherche un asile.
Hippolyte lui seul, digne fils d'un héros,
Arrête ses coursiers, saisit ses javelots,
Pousse[26] au monstre, et d'un dard lancé d'une main sûre,
Il lui fait dans le flanc une large blessure.
De rage et de douleur le monstre bondissant
Vient aux pieds des chevaux tomber en mugissant,
Se roule, et leur présente une gueule enflammée,
Qui les couvre de feu, de sang et de fumée.
La frayeur les emporte; et sourds à cette fois,
Ils ne connaissent plus ni le frein ni la voix.

22. Mycènes était une ville de l'ancienne Grèce, à l'ouest de Trézène.
23. *formidable:* frightening.
24. *Tout:* Every living thing.
25. C'est le temple de Neptune, auquel Hippolyte a fait allusion aux v. 1392–1406.
26. *Pousse:* Attacks.

En efforts impuissants leur maître se consume.
Ils rougissent le mors d'une sanglante écume.
On dit qu'on a vu même, en ce désordre affreux,
Un Dieu qui d'aiguillons pressait leur flanc poudreux.[27]
A travers les rochers la peur les précipite;
L'essieu crie et se rompt. L'intrépide Hippolyte
Voit voler en éclats tout son char fracassé;
Dans les rênes lui-même il tombe embarrassé.
Excusez ma douleur. Cette image cruelle
Sera pour moi de pleurs une source éternelle.
J'ai vu, Seigneur, j'ai vu votre malheureux fils
Traîné par les chevaux que sa main a nourris.
Il veut les rappeler, et sa voix les effraie.
Ils courent. Tout son corps n'est bientôt qu'une plaie.
De nos cris douloureux la plaine retentit.
Leur fougue impétueuse enfin se ralentit:
Ils s'arrêtent, non loin de ces tombeaux antiques
Où des rois ses aïeux sont les froides reliques.
J'y cours en soupirant, et sa garde me suit.
De son généreux sang la trace nous conduit:
Les rochers en sont teints; les ronces dégouttantes
Portent de ses cheveux les dépouilles[28] sanglantes.
J'arrive, je l'appelle; et me tendant la main,
Il ouvre un œil mourant, qu'il referme soudain.[29]
«Le ciel, dit-il, m'arrache une innocente vie.
Prends soin après ma mort de la triste Aricie.
Cher ami, si mon père un jour désabusé[30]
Plaint le malheur d'un fils faussement accusé,
Pour apaiser mon sang et mon ombre plaintive,
Dis-lui qu'avec douceur il traite sa captive;
Qu'il lui rende . . .» A ce mot ce héros expiré
N'a laissé dans mes bras qu'un corps défiguré,
Triste objet, où des Dieux triomphe la colère,
Et que méconnaîtrait[31] l'œil même de son père.

THÉSÉE. O mon fils! cher espoir que je me suis ravi!
Inexorables Dieux, qui m'avez trop servi!
A quels mortels regrets ma vie est réservée!

THÉRAMÈNE. La timide Aricie est alors arrivée.
Elle venait, Seigneur, fuyant votre courroux,
A la face des Dieux l'accepter pour époux.

27. *poudreux:* covered with dust.
28. *dépouilles:* remains.
29. *soudain:* immediately.
30. *désabusé:* undeceived (recognizing the truth).
31. *méconnaîtrait:* would not recognize.

Elle approche: elle voit l'herbe rouge et fumante;
Elle voit (quel objet pour les yeux d'une amante!)
Hippolyte étendu, sans forme et sans couleur.
Elle veut quelque temps douter de son malheur;
Et ne connaissant plus ce héros qu'elle adore,
Elle voit Hippolyte, et le demande encore.
Mais trop sûre à la fin qu'il est devant ses yeux,
Par un triste regard elle accuse les Dieux;
Et froide, gémissante, et presque inanimée,
Aux pieds de son amant elle tombe pâmée.
Ismène est auprès d'elle; Ismène, toute en pleurs,
La rappelle à la vie, ou plutôt aux douleurs.
Et moi, je suis venu, détestant la lumière,[32]
Vous dire d'un héros la volonté dernière,
Et m'acquitter, Seigneur, du malheureux emploi[33]
Dont son cœur expirant s'est reposé sur moi.
Mais j'aperçois venir sa mortelle ennemie.

Le récit de Théramène comprend une série de petites scènes où l'élément visuel est mis en valeur. En les analysant, essayez d'apprécier l'art de Racine:

a. V. 1498–1506—quel ton Racine crée-t-il? Par quels détails? Comment le rythme des vers y contribue-t-il?

b. V. 1507–26—quel changement les sonorités des v. 1507–8 marquent-elles? En quoi le rythme des vers et l'ordre des mots évoquent-ils l'apparition du monstre (v. 1513–16)? Précisez la valeur plastique de cette description; pourquoi Racine y insiste-t-il?

c. V. 1527–54—comment le rythme des vers marque-t-il les différents moments du combat (l'attaque d'Hippolyte, les mouvements convulsifs du monstre, la fuite effrénée des chevaux, le calme qui revient)? Pour quelles raisons dramatiques Racine brise-t-il le rythme du récit aux v. 1545–46?

d. V. 1555–70—pourquoi le rythme rapide reprend-il au v. 1555? A quel moment l'acteur doit-il ralentir son débit? Sur quel ton de voix faut-il prononcer les mots d'Hippolyte?

e. V. 1574–92—quelle différence faut-il établir entre le récit de la lutte et les vers consacrés à Aricie? Quel effet cherche-t-on? Comment les sonorités et le rythme des vers y contribuent-ils? Sur quel ton de voix faut-il achever le récit?

Ce long récit a suscité de nombreuses critiques: pour les uns, il est invraisemblable qu'un père écoute toutes ces descriptions «inutiles»; pour d'autres, ce n'est qu'un morceau de bravoure destiné à révéler les talents de l'auteur et de l'acteur. Enfin, il y a ceux qui trouvent que le récit fait partie intégrante de la pièce. Quel est le rôle de Thésée dans cette scène? (Doit-il occuper une place centrale dans la mise en scène ou Théramène doit-il s'adresser surtout aux spectateurs? Quelle importance les réactions

32. *détestant la lumière:* cursing life.

33. *emploi:* commission.

de Thésée ont-elles pour l'action?) Quelle est la fonction dramatique de la tirade? (Quels sentiments peut-elle évoquer chez le spectateur? Quel effet a-t-elle sur son attitude envers Hippolyte? Envers Thésée?) Quelle est sa fonction structurale? (Discutez le rôle que jouent ici les dieux, les chevaux et le monstre.)

SCÈNE VII.—THÉSÉE, PHÈDRE, THÉRAMÈNE, PANOPE, GARDES.

THÉSÉE. Hé bien! vous triomphez, et mon fils est sans vie.
Ah! que j'ai lieu de craindre! et qu'un cruel soupçon,
L'excusant dans mon cœur, m'alarme avec raison!
Mais, Madame, il est mort, prenez votre victime:
Jouissez de sa perte, injuste ou légitime.
Je consens que mes yeux soient toujours abusés.
Je le crois criminel, puisque vous l'accusez.
Son trépas à mes pleurs offre assez de matières,
Sans que j'aille chercher d'odieuses lumières,[34]
Qui ne pouvant le rendre à ma juste douleur,
Peut-être ne feraient qu'accroître mon malheur.
Laissez-moi, loin de vous et loin de ce rivage,
De mon fils déchiré fuir la sanglante image.
Confus,[35] persécuté d'un mortel souvenir,
De l'univers entier je voudrais me bannir.
Tout semble s'élever contre mon injustice.
L'éclat de mon nom même augmente mon supplice.
Moins connu des mortels, je me cacherais mieux.
Je hais jusques aux soins dont m'honorent les Dieux;
Et je m'en vais pleurer leurs faveurs meurtrières,
Sans plus les fatiguer d'inutiles prières.
Quoi qu'ils fissent pour moi, leur funeste bonté
Ne me saurait payer de ce qu'ils m'ont ôté.
PHÈDRE. Non, Thésée, il faut rompre un injuste silence:
Il faut à votre fils rendre son innocence.
Il n'était point coupable.
THÉSÉE. Ah! père infortuné!
Et c'est sur votre foi[36] que je l'ai condamné!
Cruelle, pensez-vous être assez excusée . . .
PHÈDRE. Les moments me sont chers,[37] écoutez-moi, Thésée.
C'est moi qui sur ce fils chaste et respectueux
Osai jeter un œil profane,[38] incestueux.
Le ciel mit dans mon sein une flamme funeste;

34. *odieuses lumières:* explanations which would fill me with horror.
35. *Confus:* Emotionally upset.
36. *foi:* word (of honor).
37. *chers:* precious.
38. *profane:* impure.

La détestable Œnone a conduit tout le reste.
Elle a craint qu'Hippolyte, instruit de ma fureur,
Ne découvrît[39] un feu qui lui faisait horreur.
La perfide, abusant de ma faiblesse extrême,
S'est hâtée à vos yeux de l'accuser lui-même.
Elle s'en est punie, et, fuyant mon courroux,
A cherché dans les flots un supplice trop doux.
Le fer aurait déjà tranché ma destinée;
Mais je laissais gémir la vertu soupçonnée.
J'ai voulu, devant vous exposant mes remords,
Par un chemin plus lent descendre chez les morts.
J'ai pris, j'ai fait couler dans mes brûlantes veines
Un poison que Médée[40] apporta dans Athènes.
Déjà jusqu'à mon cœur le venin parvenu
Dans ce cœur expirant jette un froid inconnu;
Déjà je ne vois plus qu'à travers un nuage
Et le ciel et l'époux que ma présence outrage;
Et la mort, à mes yeux dérobant la clarté,
Rend au jour, qu'ils souillaient, toute sa pureté.

PANOPE. Elle expire, Seigneur!

THÉSÉE. D'une action si noire
Que ne peut avec elle expirer la mémoire!
Allons, de mon erreur, hélas! trop éclaircis,
Mêler nos pleurs au sang de mon malheureux fils.
Allons de ce cher fils embrasser ce qui reste,
Expier la fureur d'un vœu que je déteste.
Rendons-lui les honneurs qu'il a trop mérités;
Et pour mieux apaiser ses mânes irrités,
Que, malgré les complots d'une injuste famille,
Son amante aujourd'hui me tienne lieu de fille.

La structure. Quelle ambiance Racine voudrait-il avoir créée dans la salle au tomber du rideau? Quel rôle le cinquième acte joue-t-il dans la création de cette ambiance? (Comment s'insère-t-il dans la structure générale de la pièce—du point de vue de l'intrigue? Du point de vue de l'action?) Comment le rythme du dernier acte y contribue-t-il? (Comparez le début de cet acte à la fin de l'acte IV; à quel moment Racine brise-t-il le mouvement de l'acte V? Comment?) Dans quelle mesure le ton de l'acte s'accorde-t-il à la structure rythmique?

Aricie. Absente depuis le milieu du deuxième acte, elle reparaît au

39. *découvrît:* reveal.
40. Médée, petite-fille du Soleil (comme Phèdre), après s'être vengée de son mari Jason en tuant les enfants qu'elle avait eus de lui, est venue à Athènes où elle a tenté d'empoisonner Thésée. Elle était connue dans l'Antiquité comme magicienne.

début de cet acte. Sur quel aspect du personnage Racine insiste-t-il ici? Pour quelles raisons dramatiques? (Pourquoi fallait-il trouver un prétexte pour les v. 1392–1406? Quelle impression le couple Hippolyte-Aricie doit-il faire sur le spectateur? Avec quoi cette impression fait-elle contraste?) Quelle autre fonction dramatique Aricie exerce-t-elle? Racine aurait-il pu employer un autre personnage à cette fin? Expliquez. Quelle influence l'emploi d'Aricie a-t-il sur les réactions du spectateur envers Thésée?

Thésée. Bien qu'il n'entre en scène qu'au milieu de la pièce, Thésée est celui des personnages qui évolue le plus. Discutez cette idée en étudiant les sentiments du roi envers Hippolyte (voir surtout IV, 2, 3 et V, 2, 3). A cet égard, considérez le rôle des *yeux* dans la pièce (voir, par exemple, les v. 959–63; 1009; 1024; 1035–40 et 1439–42). Dans cette perspective, quelle autre fonction le récit de Théramène a-t-il? Quels sont donc les sentiments du spectateur envers ce personnage au moment où le rideau tombe?

La mort de Phèdre. Imaginez le jeu scénique: par quels moyens l'actrice peut-elle indiquer le progrès du poison? Quels sentiments variés veut-elle suggérer? Comment? Comparez votre dernière vision de Phèdre avec son entrée en scène au premier acte: en quoi cette comparaison souligne-t-elle les structures fondamentales de la pièce? Précisez la réaction du spectateur envers elle: quelle part de responsabilité accepte-t-elle? Dans quelle mesure le spectateur partage-t-il son interprétation des événements? Quelle est la valeur poétique des v. 1641–44? Comment ces vers influencent-ils votre réaction au personnage?

QUESTIONS GENERALES

Lieu. L'action de la pièce se déroule en moins de vingt-quatre heures; Phèdre est la fille du Soleil; les images poétiques tournent souvent autour de la lumière. Imaginez donc l'éclairage pour cette pièce: comment voudriez-vous répartir les ombres et la lumière à chaque acte? Quel emploi le metteur en scène pourrait-il faire de l'éclairage dans les scènes principales? Quels moments de la journée le début et la fin de la pièce devraient-ils représenter?

Imaginez le lieu théâtral: sur quelle sorte de scène (lieu historique, théâtre dans le rond, «boîte théâtrale») voudriez-vous monter cette pièce? Pourquoi? Le décor doit-il suggérer un intérieur ou un extérieur? Quelle décoration, quels accessoires le texte même impose-t-il au décorateur? Qu'est-ce que vous y ajouteriez? Dans quelle mesure voudriez-vous y créer un décor réaliste? Symbolique? De quoi?

Personnages. «La fille de Minos et de Pasiphaé» (v. 36) est un des vers les plus célèbres de la poésie française. Analysez d'abord sa valeur poétique: quelles oppositions sonores y trouve-t-on? Quel est le sens des allusions mythologiques? Précisez l'harmonie entre les sons et le sens. Dans quelle mesure ce vers suggère-t-il le drame et le caractère de Phèdre?

Pour au moins un critique, le personnage principal de la pièce est Thésée—c'est-à-dire, celui que Racine laisse en vie à la fin de la pièce pour recueillir la leçon de la mort de Phèdre, d'Hippolyte et d'Œnone. Dans quelle mesure peut-on parler d'une *reconnaissance tragique* chez

Thésée? Qu'est-ce qu'il reconnaît—l'innocence de son fils et la culpabilité de Phèdre? Sa propre erreur? La faiblesse et la servitude des hommes? Jusqu'à quel point le texte autorise-t-il une interprétation de la pièce qui propose Thésée comme personnage principal? Quelle influence cette interprétation aurait-elle sur la mise en scène? (Pensez surtout à la fin de la pièce.)

Pour d'autres critiques, le personnage principal ne figure pas dans la liste qui précède le texte—les Dieux. Quel est le rôle des Dieux dans cette pièce? (Symbolisent-ils le Dieu chrétien? Représentent-ils des puissances extérieures qui déterminent la vie d'un homme? Ne sont-ils que des extériorisations des forces régissant la vie intérieure de l'individu?) Justifiez votre interprétation. Quelles difficultés une pièce faisant intervenir des Dieux offre-t-elle pour un public du vingtième siècle?

Temps. Résumez brièvement l'*intrigue*. Dans quelle mesure votre résumé semble-t-il justifier une interprétation «à vedette» de la pièce (i.e., une représentation théâtrale qui met tout l'accent sur le rôle de Phèdre)?

Examinez ensuite la part qu'occupe l'intrigue dans la pièce. Choisissez une des scènes principales: quels vers servent à avancer l'intrigue? Quels vers ont une autre fonction? Lesquels sont les plus nombreux? Revoyez votre résumé de l'intrigue: à ne considérer que les événements et les péripéties, quel semble être le mouvement de la pièce? Quel est pourtant le mouvement affectif de la pièce (les réactions du spectateur à chaque moment de la pièce)? En quoi ce mouvement est-il différent de celui des événements? Lequel de ces mouvements domine la pièce? Qu'est-ce que votre analyse de l'intrigue et de l'*action* vous révèle des préoccupations de Racine?

Spectateur. Dans quelle mesure Phèdre et Thésée sont-ils des personnages tragiques? Selon quelle définition de la tragédie (voir, pour commencer, ce que dit Racine sur Aristote, p. 317)? Sont-ils tragiques au même degré? Dans quelle mesure le spectateur moderne peut-il s'identifier à eux et à cette conception de la tragédie?

Poésie. Le théâtre classique est un théâtre de langage. Quelles difficultés un tel théâtre pose-t-il au metteur en scène? Aux acteurs? Au spectateur? Dans cette pièce, Racine se sert souvent d'expressions empruntées au vocabulaire galant de son siècle (p.e., feu, flamme, brûler, chaînes) et d'images associées aux légendes mythologiques (p.e., monstre, soleil, labyrinthe). Comment réussit-il à transformer ce langage artificiel et cette mythologie ancienne en poésie? Comment le metteur en scène peut-il ajouter à cette appréciation en établissant des rapports entre la poésie du langage et la «poésie concrète» du théâtre?

Synthèse. On a proposé de nombreuses interprétations de *Phèdre:* pièce chrétienne posant les problèmes du bien et du mal, du péché et de la conscience morale; pièce psychologique dépeignant les ravages du cœur humain; pièce philosophique soulevant les questions universelles de la liberté et de la pureté. En tenant compte de l'*action* de la pièce, examinez les thèmes mentionnés ci-dessus et proposez votre interprétation.

Agence de Presse Bernand

ANOUILH

—Comment cela va-t-il finir?

—Comme dans la vie, ou comme au théâtre, du temps qu'il était encore bon. Un dénouement arrangé, pas trop triste en apparence, et dont personne n'est vraiment dupe—et quelque temps après: rideau.

La Valse des toréadors

Biographie

«Je n'ai pas de biographie et j'en suis très content.» C'est ainsi que Jean Anouilh a répondu à une interrogation du critique Hubert Gignoux. Né à Bordeaux en 1910, bientôt venu à Paris, il abandonne après un an et demi ses études de droit pour entrer dans une maison de publicité. Sa véritable passion ne tarde pourtant pas à se révéler: en 1931 il fait jouer, avec succès, sa première pièce, *L'Hermine*. A partir de ce moment, il se consacre exclusivement au théâtre et, en 1972, on compte plus de trente pièces dont il est l'auteur. Il divise lui-même ses premières œuvres en deux groupes—«pièces roses» (*Le Bal des voleurs, Léocadia*), où domine un ton léger et fantaisiste, et «pièce noires» (*L'Hermine, La Sauvage, Le Voyageur sans bagage*), qui traitent d'aspects tragiques et sordides de la vie. A ces premières pièces succèdent d'autres, caractérisées elles aussi par l'auteur: «pièces brillantes» (*Colombe, La Répétition*); «pièces grinçantes» (*La Valse des toréadors, Pauvre Bitos*); «pièces costumées» (*L'Alouette*). Le public théâtral américain le connaît surtout par deux pièces: *Antigone,* qui, comme de nombreuses pièces contemporaines, réinterprète la légende grecque, et *Becket,* d'où on a tiré un film connu.

Théories littéraires

Comme Molière, Anouilh est homme de théâtre: il a toujours collaboré étroitement à toute représentation de ses pièces et depuis quelque temps c'est lui qui s'occupe de la mise en scène. Très conscient donc du côté «vivant» de l'entreprise théâtrale, il reconnaît sans hésiter le grand rôle qu'y joue le spectateur: «Le théâtre a ceci de merveilleux et de terrible qu'on ne peut s'y passer du succès. Une pièce se joue avec des acteurs et l'un de ces acteurs, qu'on le veuille ou non, c'est le public.»

Le spectateur vient ainsi au théâtre pour participer à un jeu. Pour Anouilh, le théâtre a ses origines et sa justification profonde dans les jeux d'enfance où l'on fait semblant d'être un autre. Une pièce n'est, pour lui, qu'une extension de cette féerie enfantine, «un jeu libre de l'intellect». Bien entendu, puisqu'il est jeu, le théâtre est nécessairement artificiel: il n'offre certainement pas une représentation exacte et réaliste de la vie. Néanmoins, ce jeu ne déforme nullement le «réel»; au contraire, plus on joue avec le réel, plus on s'en approche. Dans une de ses pièces (*La Répétition*), Anouilh exprime ainsi cet apparent paradoxe:

> Le naturel, le vrai, celui du théâtre, est la chose la moins naturelle du monde, ma chère. N'allez pas croire qu'il suffit de retrouver le ton de la vie. D'abord dans la vie le texte est toujours si mauvais! Nous vivons dans un monde qui a complètement perdu l'usage du point-virgule, nous parlons tous par phrases inachevées, avec trois petits points sous-entendus, parce que nous ne trouvons jamais le mot juste. Et puis, le naturel de la conversation, que les comédiens prétendent retrouver: ces balbutiements, ces hoquets, ces hésitations, ces bavures, ce n'est vraiment pas la peine de réunir cinq ou six cents personnes dans une salle et leur demander de l'argent, pour leur en donner le spectacle. Ils adorent cela, je le sais, ils s'y reconnaissent. Il n'empêche qu'il faut écrire et jouer la comédie mieux qu'eux. C'est très joli la vie, mais cela n'a pas de forme. L'art a pour objet de lui en donner une précisément et de faire par tous les artifices possibles—plus vrai que le vrai.

En lisant *Le Voyageur sans bagage* (1937), essayez de voir comment l'artificiel peut «faire . . . plus vrai que le vrai».

Le Voyageur sans bagage

Personnages

GASTON, *amnésique.*
GEORGES RENAUD, *son frère présumé.*

Madame Renaud, *mère présumée de Gaston.*
Valentine Renaud, *femme de Georges.*
La duchesse Dupont-Dufort, *dame patronnesse.*
Maître[1] Huspar, *avoué, chargé des intérêts de Gaston.*
Le petit garçon
Maître Picwick, *avocat du petit garçon.*
Le Maître d'hôtel[2] }
Le chauffeur } *domestiques*
Le valet de chambre } *de la*
La cuisinière } *famille Renaud.*
Juliette }

PREMIER TABLEAU

Le salon d'une maison de province très cossue,[3] *avec une large vue sur un jardin à la française.*[4] *Au lever du rideau la scène est vide, puis le maître d'hôtel introduit la duchesse Dupont-Dufort, maître Huspar et Gaston.*

Puisque la scène est vide au lever du rideau, le spectateur a un moment pour regarder le décor. Quelles limites le texte du premier acte impose-t-il au décorateur? (Indiquez les meubles, les accessoires et les voies d'accès qui sont nécessaires.) Si vous étiez metteur en scène, quelle impression voudriez-vous que ce décor crée chez le spectateur? Comment le décorateur pourrait-il la créer?

le maître d'hôtel. Qui dois-je annoncer, Madame?

la duchesse. La duchesse Dupont-Dufort, maître Huspar, avoué, et Monsieur . . . *(Elle hésite)* Monsieur Gaston. *(A Huspar)* Nous sommes bien obligés de lui donner ce nom jusqu'à nouvel ordre.[5]

le maître d'hôtel. *(qui a l'air au courant)* Ah! Madame la duchesse voudra bien excuser Monsieur et Madame, mais Madame la duchesse n'était attendue par Monsieur et Madame qu'au train de 11 heures 50. Je vais faire prévenir immédiatement Monsieur et Madame de la venue de Madame la duchesse.

la duchesse. *(le regardant s'éloigner)* Parfait, ce maître d'hôtel! . . . Ah! mon petit Gaston, je suis follement heureuse. J'étais sûre que vous étiez le fils d'une excellente famille.

1. *maître:* titre donné aux avoués (avocats).
2. Le *maître d'hôtel* préside au service de table et annonce les invités.
3. *cossue:* wealthy.
4. Dans un *jardin à la française,* les arbrisseaux, les fleurs et les allées sont disposées selon des formes géométriques, par opposition à un *jardin à l'anglaise,* où on permet aux plantes de pousser beaucoup plus librement.
5. *jusqu'à . . . ordre:* until further developments.

HUSPAR. Ne vous laissez pas emporter par l'enthousiasme. N'oubliez pas qu'en plus de ces Renaud nous avons encore cinq familles possibles.

LA DUCHESSE. Ah! non, maître . . . Quelque chose me dit que Gaston va reconnaître ces Renaud pour les siens; qu'il va retrouver dans cette maison l'atmosphère de son passé. Quelque chose me dit que c'est ici qu'il va retrouver sa mémoire. C'est un instinct de femme qui m'a rarement trompée.

HUSPAR. *(s'incline devant un tel argument)* Alors . . .

Gaston s'est mis à regarder les tableaux sans s'occuper d'eux, comme un enfant en visite.

LA DUCHESSE. *(l'interpellant)* Eh bien, Gaston, vous êtes ému, j'espère?

GASTON. Pas trop.

LA DUCHESSE. *(soupire)* Pas trop! Ah! mon ami, je me demande parfois si vous vous rendez compte de ce que votre cas a de poignant?

GASTON. Mais, Madame la duchesse . . .

LA DUCHESSE. Non, non, non. Rien de ce que vous pourrez me dire ne m'ôtera mon idée de la tête. Vous ne vous rendez pas compte. Allons, avouez que vous ne vous rendez pas compte.

GASTON. Peut-être pas très bien. Madame la duchesse.

LA DUCHESSE. *(satisfaite)* Ah! vous êtes tout au moins un charmant garçon et qui sait reconnaître ses erreurs. Cela, je ne cesse de le répéter. Mais il n'en demeure pas moins vrai que votre insouciance, votre désinvolture sont extrêmement blâmables. N'est-ce pas, Huspar?

HUSPAR. Mon Dieu, je . . .

LA DUCHESSE. Si, si. Il faut me soutenir, voyons, et lui faire comprendre qu'il doit être ému. *(Gaston s'est remis à regarder les œuvres d'art)* Gaston!

GASTON. Madame la duchesse?

LA DUCHESSE. Etes-vous de pierre?

GASTON. De pierre?

LA DUCHESSE. Oui, avez-vous le cœur plus dur que le roc?

GASTON. Je . . . je ne le crois pas, Madame la duchesse.

LA DUCHESSE. Excellente réponse! Moi non plus, je ne le crois pas. Et pourtant, pour un observateur moins averti que nous, votre conduite laisserait croire que vous êtes un homme de marbre.

GASTON. Ah?

LA DUCHESSE. Gaston, vous ne comprenez peut-être pas la gravité de ce que je vous dis? J'oublie parfois que je parle à un amnésique et qu'il y a des mots que vous avez pu ne pas réapprendre depuis dix-huit ans. Savez-vous ce que c'est que du marbre?

GASTON. De la pierre.

LA DUCHESSE. C'est bien. Mais savez-vous encore quelle sorte de pierre? La pierre la plus dure, Gaston. Vous m'entendez?

GASTON. Oui.

LA DUCHESSE. Et cela ne vous fait rien que je compare votre cœur à la pierre la plus dure?

GASTON. *(gêné)* Ben[6] non . . . *(Un temps)* Ça me ferait plutôt rigoler.[7]

LA DUCHESSE. Avez-vous entendu, Huspar?

HUSPAR. *(pour arranger les choses)* C'est un enfant.

LA DUCHESSE. *(péremptoire)* Il n'y a plus d'enfants: c'est un ingrat. *(A Gaston)* Ainsi, vous êtes un des cas les plus troublants de la psychiatrie; une des énigmes les plus angoissantes de la Grande Guerre—et, si je traduis bien votre grossier langage, cela vous fait rire? Vous êtes, comme l'a dit très justement un journaliste de talent, le soldat inconnu vivant—et cela vous fait rire? Vous êtes donc incapable de respect, Gaston?

GASTON. Mais puisque c'est moi . . .

LA DUCHESSE. Il n'importe! Au nom de ce que vous représentez, vous devriez vous interdire de rire de vous-même. Et j'ai l'air de dire une boutade,[8] mais elle exprime le fond de ma pensée: quand vous vous rencontrez dans une glace, vous devriez vous tirer le chapeau, Gaston.

GASTON. Moi . . . à moi?

LA DUCHESSE. Oui, vous à vous! Nous le faisons bien tous, en songeant à ce que vous personnifiez. Qui vous croyez-vous donc pour en être dispensé?

GASTON. Personne, Madame la duchesse.

LA DUCHESSE. Mauvaise réponse! Vous vous croyez quelqu'un de très important. Le bruit que les journaux ont fait autour de votre cas vous a tourné la tête, voilà tout. *(Il veut parler)* Ne répliquez rien, vous me fâcheriez! *(Il baisse la tête et retourne aux œuvres d'art)*

Imaginez l'entrée des personnages: dans quel ordre entrent-ils en scène? Comment les acteurs peuvent-ils suggérer le caractère du personnage et sa fonction dans la pièce dès cette entrée? (Décrivez les gestes et le débit du maître d'hôtel; par quels moyens la Duchesse peut-elle dominer le jeu? Où se trouve Huspar par rapport à elle? En quoi le jeu de Gaston fait-il contraste avec celui des autres?)

La Duchesse. Faites son portrait (apparence, costume, voix, gestes et mouvements). Analysez la structure de ses répliques: par quelle sorte de phrase commence-t-elle? (Voir, par exemple, «Parfait, ce maître d'hotel»; «Ah, non, maître»; «Excellente réponse».) Quels sont les deux tons de voix qui y alternent? (Comparez, par exemple, «Ah! mon petit Gaston, je suis follement heureuse» et «Il n'y a plus d'enfants: c'est un ingrat.») Comment faudrait-il jouer ce rôle? Comme un type? Comme une caricature théâtrale? Discutez.

Gaston. Par quels moyens linguistiques Anouilh suggère-t-il les différences entre Gaston et la Duchesse? Comment le jeu de Gaston peut-il souligner ces différences? Quelle est donc la première réaction du spectateur à son égard?

6. *ben:* bien.
7. *rigoler:* laugh.
8. *boutade:* joke.

Comment le trouvez-vous, Huspar?

HUSPAR. Lui-même, indifférent.

LA DUCHESSE. Indifférent. C'est le mot. Je l'avais depuis huit jours sur le bout de la langue et je ne pouvais pas le dire. Indifférent! c'est tout à fait cela. C'est pourtant son sort[9] qui se joue, que diable! Ce n'est pas nous qui avons perdu la mémoire, ce n'est pas nous qui recherchons notre famille? N'est-ce pas, Huspar?

HUSPAR. Certainement non.

LA DUCHESSE. Alors?

HUSPAR. *(haussant les épaules, désabusé)* Vous avez encore les illusions d'une foi neuve. Voilà des années qu'il oppose cette inertie à toutes nos tentatives.

LA DUCHESSE. Il est impardonnable en tout cas de ne pas reconnaître le mal que mon neveu se donne pour lui. Si vous saviez avec quel admirable dévouement il le soigne, quel cœur il met à cette tâche! J'espère qu'avant de partir il vous a confié l'événement?

HUSPAR. Le docteur Jibelin n'était pas à l'asile lorsque je suis passé prendre les dossiers de Gaston. Je n'ai malheureusement pas pu l'attendre.

LA DUCHESSE. Que me dites-vous, Maître? Vous n'avez pas vu mon petit Albert avant votre départ? Mais vous ne savez donc pas la nouvelle?

HUSPAR. Quelle nouvelle?

LA DUCHESSE. Au dernier abcès de fixation[10] qu'il lui a fait, il a réussi à le faire parler dans son délire. Oh! il n'a pas dit grand-chose. Il a dit: «Foutriquet.[11]»

HUSPAR. Foutriquet?

LA DUCHESSE. Foutriquet, oui. Vous me direz que c'est peu de chose, mais ce qu'il y a d'intéressant, c'est que c'est un mot, qu'éveillé, personne ne lui a jamais entendu prononcer, un mot que personne ne se rappelle avoir prononcé devant lui, un mot qui a donc toutes chances d'appartenir à son passé.

HUSPAR. Foutriquet?

LA DUCHESSE. Foutriquet. C'est un très petit indice, certes, mais c'est déjà quelque chose. Son passé n'est plus un trou noir. Qui sait si ce foutriquet-là ne nous mettra pas sur la voie? *(Elle rêve)* Foutriquet . . . Le surnom d'un ami, peut-être. Un juron[12] familier, que sais-je? Nous avons au moins une petite base, maintenant.

HUSPAR. *(rêveur)* Foutriquet . . .

LA DUCHESSE. *(répète, ravie)* Foutriquet. Quand Albert est venu m'annoncer ce résultat inespéré, il m'a crié en entrant: «Tante, mon malade a dit un

9. *sort:* fate.
10. *abcès de fixation:* medical term for an artificial abcess created to localize a general infection.
11. *Foutriquet:* Little squirt (word based on the vulgar expression *foutre*).
12. *juron:* swearword.

mot de son passé: c'est un juron!» Je tremblais, mon cher. J'appréhendais une ordure.[13] Un garçon qui a l'air si charmant, je serais désolée qu'il fût d'extraction basse. Cela serait bien la peine que mon petit Albert ait passé ses nuits—il en a maigri, le cher enfant—à l'interroger et à lui faire des abcès à la fesse;[14] si le gaillard[15] retrouve sa mémoire pour nous dire qu'avant la guerre il était ouvrier maçon![16] Mais quelque chose me dit le contraire. Je suis une romanesque, mon cher Maître. Quelque chose me dit que le malade de mon neveu est un homme extrêmement connu. J'aimerais un auteur dramatique. Un grand auteur dramatique.

HUSPAR. Un homme très connu, c'est peu probable. On l'aurait déjà reconnu.

LA DUCHESSE. Les photographies étaient toutes mauvaises . . . Et puis la guerre est une telle épreuve, n'est-ce pas?

HUSPAR. Je ne me rappelle d'ailleurs pas avoir entendu dire qu'un auteur dramatique connu ait été porté disparu à l'ennemi pendant les hostilités. Ces gens-là notifient dans les magazines leurs moindres déplacements, à plus forte raison leur disparition.

LA DUCHESSE. Ah! Maître, vous êtes cruel! Vous détruisez un beau rêve. Mais c'est tout de même un homme de race,[17] cela j'en suis sûre. Regardez l'allure qu'il a avec ce costume. Je l'ai fait habiller par le tailleur d'Albert.

HUSPAR. *(mettant son lorgnon)* Mais, en effet, je me disais: «Je ne reconnais pas le costume de l'asile . . .»

LA DUCHESSE. Vous ne pensez pas tout de même, mon cher, que puisque j'avais décidé de le loger au château et de promener moi-même dans les familles qui le réclament le malade de mon neveu, j'allais le supporter vêtu de pilou[18] gris?

HUSPAR. Ces confrontations à domicile sont une excellente idée.

LA DUCHESSE. N'est-ce pas? Mon petit Albert l'a dit dès qu'il l'a pris en main. Ce qu'il faut pour qu'il retrouve son passé, c'est le replonger dans l'atmosphère même de ce passé. De là à décider de le conduire chez les quatre ou cinq familles qui ont donné les preuves les plus troublantes, il n'y avait qu'un pas. Mais Gaston n'est pas son unique malade, il ne pouvait être question pour Albert de quitter l'asile pendant le temps des confrontations. Demander un crédit au ministère pour organiser un contrôle sérieux? Vous savez comme ces gens-là son chiches.[19] Alors, qu'auriez-vous fait à ma place? J'ai répondu: «Présent!» Comme en 1914.

13. *ordure:* dirty word.
14. *fesse:* buttock.
15. *gaillard:* strapping fellow.
16. *ouvrier maçon:* bricklayer.
17. *homme de race:* thoroughbred.
18. *pilou:* cotton flannel.
19. *chiches:* stingy.

HUSPAR. Admirable exemple!

LA DUCHESSE. Quand je pense que du temps du docteur Bonfant les familles venaient en vrac[20] tous les lundis à l'asile, le voyaient quelques minutes chacune et s'en retournaient par le premier train! . . . Qui retrouverait ses père et mère dans de telles conditions, je vous le demande? Oh! non, non, le docteur Bonfant est mort, c'est bien, nous avons le devoir de nous taire, mais le moins qu'on pourrait dire, si le silence au-dessus d'une tombe n'était pas sacré, c'est qu'il était une mazette[21] et un criminel.

HUSPAR. Oh! un criminel . . .

LA DUCHESSE. Ne me mettez pas hors de moi. Je voudrais qu'il ne fût pas mort pour lui jeter le mot à la face. Un criminel! C'est sa faute si ce malheureux se traîne depuis 1918 dans les asiles. Quand je pense qu'il l'a gardé à Pont-au-Bronc pendant près de quinze ans sans lui faire dire un mot de son passé et que mon petit Albert qui ne l'a que depuis trois mois lui a déjà faire dire «Foutriquet», je suis confondue! C'est un grand psychiatre, Maître, que mon petit Albert.

HUSPAR. Et un charmant jeune homme.

LA DUCHESSE. Le cher enfant! Avec lui, heureusement tout cela est en train de changer. Confrontations, expertises graphologiques, analyses chimiques, enquêtes policières, rien de ce qui est humainement possible ne sera épargné pour que son malade retrouve les siens. Côté clinique également, Albert est décidé à le traiter par les méthodes les plus modernes. Songez qu'il a fait déjà dix-sept abcès de fixation!

HUSPAR. Dix-sept! . . . Mais c'est énorme!

LA DUCHESSE. *(ravie)* C'est énorme! et extrêmement courageux de la part de mon petit Albert. Car il faut bien le dire: c'est risqué.

HUSPAR. Mais Gaston?

LA DUCHESSE. De quoi pourrait-il se plaindre? Tout est pour son bien. Il aura le derrière comme une écumoire[22] sans doute, mais il retrouvera son passé. Et notre passé, c'est le meilleur de nous-mêmes! Quel homme de cœur hésiterait entre son passé et la peau de son derrière?

HUSPAR. La question ne se pose pas.

Huspar. Faites son portrait (apparence, costume, gestes, mouvements, voix). Quel usage pratique Anouilh fait-il de lui? Quelles sont ses fonctions dramatiques? (En quoi fait-il ressortir le personnage de la Duchesse? Qu'est-ce qu'il ajoute au ton de la pièce?) Est-il un type humain ou une caricature théâtrale? Discutez.

L'intrigue et l'action. C'est la Duchesse qui fait ici l'exposition. Quelle est pour l'intrigue l'importance de ce qu'elle raconte? (Résumez les faits

20. *en vrac:* pell-mell.
21. *mazette:* duffer, incompetent.
22. *écumoire:* flat spoon, full of holes and used for skimming off fat.

dont Anouilh nous informe.) Pour l'action? (Etudiez les réactions du spectateur: tous les détails lui semblent-ils vraisemblables? Pourquoi trouve-t-il le mot «Foutriquet» comique? A quels autres moments rit-il?)

LA DUCHESSE. *(avisant Gaston qui passe près d'elle)* N'est-ce pas, Gaston, que vous êtes infiniment reconnaissant au docteur Jibelin de mettre—après tant d'années perdues par le docteur Bonfant—tout en œuvre pour vous rendre à votre passé?

GASTON. Très reconnaissant, Madame la duchesse.

LA DUCHESSE. *(à Huspar)* Je ne le lui fais pas dire. *(A Gaston)* Ah! Gaston, mon ami, comme c'est émouvant, n'est-ce pas, de se dire que derrière cette porte il y a peut-être un cœur de mère qui bat, un vieux père qui se prépare à vous tendre les bras!

GASTON. *(comme un enfant)* Vous savez, j'en ai tellement vu de vieilles bonnes femmes qui se trompaient et m'embrassaient avec leur nez humide; de vieillards en erreur qui me frottaient à leur barbe . . . Imaginez un homme avec près de quatre cents familles, Madame la duchesse. Quatre cents familles acharnées à le chérir. C'est beaucoup.

LA DUCHESSE. Mais des petits enfants, des bambinos! Des bambinos qui attendent leur papa. Oserez-vous dire que vous n'avez pas envie de les embrasser ces mignons, de les faire sauter sur vos genoux?

GASTON. Ce serait mal commode, Madame la duchesse. Les plus jeunes doivent avoir une vingtaine d'années.

LA DUCHESSE. Ah! Huspar . . . Il éprouve le besoin de profaner les choses les plus saintes!

GASTON. *(soudain rêveur)* Des enfants . . . J'en aurais en ce moment, des petits, des vrais, si on m'avait laissé vivre.

LA DUCHESSE. Vous savez bien que c'était impossible!

GASTON. Pourquoi? Parce que je ne me rappelais rien avant le soir de printemps 1918 où l'on m'a découvert dans une gare de triage?[23]

HUSPAR. Exactement, hélas! . . .

GASTON. Cela a fait peur aux gens sans doute qu'un homme puisse vivre sans passé. Déjà les enfants trouvés sont mal vus . . . Mais enfin on a eu le temps de leur inculquer quelques petites notions. Mais un homme, un homme fait, qui avait à peine de pays, pas de ville natale, pas de traditions, pas de nom . . . Foutre! Quel scandale!

LA DUCHESSE. Mon petit Gaston, tout nous prouve, en tout cas, que vous aviez besoin d'éducation. Je vous ai déjà interdit d'employer ce mot.

GASTON. Scandale?

LA DUCHESSE. Non . . . *(Elle hésite)* L'autre.

GASTON. *(qui continue son rêve)* Pas de casier judiciaire[24] non plus . . . Y pensez-vous, Madame la duchesse? Vous me confiez votre argenterie à

23. *gare de triage:* siding depot.

24. *casier judiciaire:* police record.

table; au château ma chambre est à deux pas de la vôtre . . . Et si j'avais déjà tué trois hommes?

LA DUCHESSE. Vos yeux me disent que non.

GASTON. Vous avez de la chance qu'ils vous honorent de leurs confidences. Moi, je les regarde quelquefois jusqu'à m'étourdir pour y chercher un peu de tout ce qu'ils ont vu et qu'ils ne veulent pas rendre. Je n'y vois rien.

LA DUCHESSE. *(souriant)* Vous n'avez pourtant pas tué trois hommes, rassurez-vous. Il n'est pas besoin de connaître votre passé pour le savoir.

GASTON. On m'a trouvé devant un train de prisonniers venant d'Allemagne. Donc j'ai été au front. J'ai dû lancer, comme les autres, de ces choses qui sont si dures à recevoir sur nos pauvres peaux d'hommes qu'une épine de rose fait saigner. Oh! je me connais, je suis un maladroit. Mais à la guerre l'état-major[25] comptait plutôt sur le nombre des balles que sur l'adresse des combattants. Espérons cependant que je n'ai pas atteint trois hommes . . .

LA DUCHESSE. Mais que me chantez-vous là? Je veux croire que vous avez été un héros, au contraire. Je parlais d'hommes tués dans le civil!

GASTON. Un héros, c'est vague aussi en temps de guerre. Le médisant, l'avare, l'envieux, le lâche même étaient condamnés par le règlement à être des héros côte à côte et presque de la même façon.

LA DUCHESSE. Rassurez-vous. Quelque chose qui ne peut me tromper me dit—à moi—que vous étiez un garçon très bien élevé.

GASTON. C'est une maigre référence pour savoir si je n'ai rien fait de mal! J'ai dû chasser . . Les garçons bien élevés chassent. Espérons aussi que j'étais un chasseur dont tout le monde riait et que je n'ai pas atteint trois bêtes.

LA DUCHESSE. Ah! mon cher, il faut beaucoup d'amitié pour vous écouter sans rire. Vos scrupules sont exagérés.

GASTON. J'étais si tranquille à l'asile . . . Je m'étais habitué à moi, je me connaissais bien et voilà qu'il faut me quitter, trouver un autre moi et l'endosser[26] comme une vieille veste. Me reconnaîtrai-je demain, moi qui ne bois que de l'eau, dans le fils du lampiste[27] à qui il ne fallait pas moins de quatre litres de gros rouge[28] par jour? Ou, bien que je n'aie aucune patience, dans le fils de la mercière[29] qui avait collectionné et classé par familles douze cents sortes de boutons?

LA DUCHESSE. Si j'ai tenu à commencer par ces Renaud, c'est que ce sont des gens très bien.

GASTON. Cela veut dire qu'ils ont une belle maison, un beau maître d'hôtel, mais quel fils avaient-ils?

25. *état-major:* general staff.
26. *endosser:* put on.
27. *lampiste:* lampmaker.
28. *gros rouge:* ordinary red wine.
29. *mercière:* woman who sells buttons and thread.

LA DUCHESSE. *(voyant entrer le maître d'hôtel)* Nous allons le savoir à l'instant. *(Elle l'arrête d'un geste)* Une minute, mon ami, avant d'introduire vos maîtres. Gaston, voulez-vous vous retirer un moment au jardin, nous vous ferons appeler.

GASTON. Bien, Madame la duchesse.

LA DUCHESSE. *(le prenant à part)* Et puis, dites-moi, ne m'appelez plus Madame la duchesse. C'était bon du temps où vous n'étiez que le malade de mon neveu.

GASTON. C'est entendu, Madame.

LA DUCHESSE. Allez. Et n'essayez pas de regarder par le trou de la serrure![30]

GASTON. *(s'en allant)* Je ne suis pas pressé. J'en ai déjà vu trois cent quatre-vingt-sept.

LA DUCHESSE. *(le regardant sortir)* Délicieux garçon. Ah! Maître, quand je pense que le docteur Bonfant l'employait à bêcher[31] les salades, je frémis![32] *(Au maître d'hôtel)* Vous pouvez faire entrer vos maîtres, mon ami. *(Elle prend le bras d'Huspar)* Je suis terriblement émue, mon cher. J'ai l'impression d'entreprendre une lutte sans merci contre la fatalité, contre la mort, contre toutes les forces obscures du monde . . . Je me suis vêtue de noir, j'ai pensé que c'était le plus indiqué.

L'intrigue et l'action. C'est maintenant Gaston qui continue l'exposition. Qu'est-ce qu'il ajoute à l'intrigue? (Quels nouveaux détails nous apprend-il?) A l'action? (Etudiez les idées présentées dans cette scène: quelles questions Gaston soulève-t-il au sujet de sa situation? En quoi ses idées s'opposent-elles à celles de la Duchesse? Quel problème fondamental cette opposition suggère-t-elle au spectateur? Précisez aussi les reactions de celui-ci aux deux personnages: lequel a sa sympathie? Pourquoi?)

Entrent les Renaud. De grands bourgeois de province.

MADAME RENAUD. *(sur le seuil)* Vous voyez, je vous l'avais dit! Il n'est pas là.

HUSPAR. Nous lui avons simplement dit de s'éloigner un instant, Madame.

GEORGES. Permettez-moi de me présenter. Georges Renaud. *(Présentant les deux dames qui l'accompagnent)* Ma mère et ma femme.

HUSPAR. Lucien Huspar. Je suis l'avoué chargé des intérêts matériels du malade. Mme la duchesse Dupont-Dufort, présidente des différentes œuvres d'assistance du Pont-au-Bronc, qui, en l'absence de son neveu, le docteur Jibelin, empêché de quitter l'asile, a bien voulu se charger d'accompagner le malade.

Saluts.

LA DUCHESSE. Oui, je me suis associée dans la mesure de mes faibles forces à l'œuvre de mon neveu. Il s'est donné à cette tâche avec tant de fougue, avec tant de foi! . . .

30. *par . . . serrure:* through the keyhole.
31. *bêcher:* dig for.
32. *frémis:* shudder.

MADAME RENAUD. Nous lui garderons une éternelle reconnaissance des soins qu'il a donnés à notre petit Jacques, Madame . . . Et ma plus grande joie eût été de le lui dire personnellement.

LA DUCHESSE. Je vous remercie, Madame.

MADAME RENAUD. Mais je vous prie de m'excuser . . . Asseyez-vous. C'est une minute si émouvante . . .

LA DUCHESSE. Je vous comprends tellement, Madame!

MADAME RENAUD. Songez, Madame, quelle peut être en effet notre impatience . . . Il y a plus de deux ans déjà que nous avons été à l'asile pour la première fois . . .

GEORGES. Et, malgré nos réclamations incessantes, il nous a fallu attendre jusqu'aujourd'hui pour obtenir cette seconde entrevue.

HUSPAR. Les dossiers étaient en si grand nombre, Monsieur. Songez qu'il y a eu en France quatre cent mille disparus. Quatre cent mille familles, et bien peu qui acceptent de renoncer à l'espoir, croyez-moi.

MADAME RENAUD. Mais deux ans, Monsieur! . . . Et encore si vous saviez dans quelles circonstances on nous l'a montré alors . . . Je pense que vous en êtes innocente, Madame, ainsi que M. votre neveu, puisque ce n'est pas lui qui dirigeait l'asile à cette époque . . . Le malade est passé près de nous dans une bousculade, sans que nous puissions même l'approcher. Nous étions près de quarante ensemble.

LA DUCHESSE. Les confrontations du docteur Bonfant étaient de véritables scandales!

MADAME RENAUD. Des scandales! . . . Oh! nous nous sommes obstinés . . . Mon fils, rappelé par ses affaires, a dû repartir; mais nous sommes restées à l'hôtel avec ma belle-fille,[33] dans l'espoir d'arriver à l'approcher. A force d'argent, un gardien nous a ménagé une entrevue de quelques minutes, malheureusement sans résultat. Une autre fois, ma belle-fille a pu prendre la place d'une lingère[34] qui était tombée malade. Elle l'a vu tout un après-midi, mais sans rien pouvoir lui dire, n'ayant jamais eu l'occasion d'être seule avec lui.

LA DUCHESSE. *(à Valentine)* Comme c'est romanesque! Mais si on vous avait démasquée? Vous savez coudre au moins?

VALENTINE. Oui, Madame.

LA DUCHESSE. Et vous n'avez jamais pu être seule avec lui?

VALENTINE. Non, Madame, jamais.

LA DUCHESSE. Ah! ce docteur Bonfant, ce docteur Bonfant est un grand coupable!

GEORGES. Ce que je ne m'explique pas, étant donné les preuves que nous vous avons apportées, c'est qu'on ait pu hésiter entre plusieurs familles.

HUSPAR. C'est extraordinaire, oui, mais songez qu'après nos derniers recoupe-

33. *belle-fille:* daughter-in-law.   34. *lingère:* laundress.

ments,[35] qui furent extrêmement minutieux, il reste encore—avec vous —cinq familles dont les chances sont sensiblement égales.

MADAME RENAUD. Cinq familles, Monsieur, mais ce n'est pas possible! . . .

HUSPAR. Si, Madame, hélas! . . .

LA DUCHESSE. *(lisant dans son agenda)* Les familles Brigaud, Bougran, Grigou, Legropâtre et Madensale. Mais je dois vous dire tout de suite que si j'ai voulu qu'on commence par vous, c'est que vous avez toute ma sympathie.

MADAME RENAUD. Je vous remercie, Madame.

LA DUCHESSE. Non, non, ne me remerciez pas. Je vous le dis comme je le pense. Votre lettre m'a, dès l'abord, donné l'impression que vous étiez des gens charmants, impression que notre rencontre confirme en tous points . . . Après vous, d'ailleurs, Dieu sait dans quel monde nous allons tomber! Il y a une crémière,[36] un lampiste . . .

MADAME RENAUD. Un lampiste?

LA DUCHESSE. Un lampiste, oui, Madame, un lampiste! Nous vivons à une époque inouïe! Ces gens-là ont toutes les prétentions . . . Oh! mais, n'ayez crainte, moi vivante on ne donnera pas Gaston à un lampiste!

HUSPAR. *(à Georges)* Oui, on avait annoncé que ces visites se feraient par ordre d'inscription—ce qui était logique—mais, comme vous auriez été ainsi les derniers, Mme la duchesse Dupont-Dufort a voulu, un peu imprudemment, sans doute, passer outre et venir chez vous en premier lieu.

MADAME RENAUD. Pourquoi imprudemment? J'imagine que ceux qui ont la charge du malade sont bien libres . . .

HUSPAR. Libres, oui, peut-être; mais vous ne pouvez pas savoir, Madame, quel déchaînement de passions—souvent intéressées, hélas!—il y a autour de Gaston. Sa pension de mutilé,[37] qu'il n'a jamais pu toucher, le met à la tête d'une véritable petite fortune . . . Songez que les arrérages[38] et intérêts composés de cette pension se montent aujourd'hui à plus de deux cent cinquante mille francs.

MADAME RENAUD. Comment cette question d'argent peut-elle jouer dans une alternative aussi tragique? . . .

HUSPAR. Elle le peut, malheureusement, Madame. Permettez-moi, à ce propos, un mot sur la situation juridique du malade . . .

MADAME RENAUD. Après, Monsieur, après, je vous en prie . . .

LA DUCHESSE. Maître Huspar a un code à la place du cœur! Mais comme il est très gentil . . . *(Elle pince discrètement Huspar)* il va aller nous chercher Gaston tout de suite!

HUSPAR. *(n'essaie plus de lutter)* Je m'incline, Mesdames. Je vous demande

35. *recoupements:* cross-checks.
36. *crémière:* woman who sells dairy products.
37. *mutilé:* disabled veteran.
38. *arrérages:* arrears.

simplement de ne pas crier, de ne pas vous jeter à sa rencontre. Ces expériences qui se sont renouvelées tant de fois le mettent dans un état nerveux extrêmement pénible.

Il sort.

Imaginez l'entrée de la famille Renaud: dans quel ordre entre-t-elle? Pour quelle raison dramatique les présentations doivent-elles être cérémonieuses? A quel moment les personnages s'asseyent-ils? Où voudriez-vous les disposer? Pourquoi?

Examinez la première réplique de chaque membre de la famille: comment aide-t-elle l'acteur à comprendre et, par conséquent, à composer le personnage qu'il joue? En quoi le reste de cette scène sert-il à confirmer ces interprétations? Quelle impression générale la famille devrait-elle faire sur le spectateur?

LA DUCHESSE. Vous devez avoir une immense hâte de le revoir, Madame.

MADAME RENAUD. Une mère ne peut guère avoir un autre sentiment, Madame.

LA DUCHESSE. Ah! je suis émue pour vous! . . . *(A Valentine)* Vous avez également connu notre malade—ou enfin celui que vous croyez être notre malade—Madame?

VALENTINE. Mais oui, Madame. Je vous ai dit que j'avais été à l'asile.

LA DUCHESSE. C'est juste! Suis-je étourdie . . .

MADAME RENAUD. Georges, mon fils aîné, a épousé Valentine toute jeune, ces enfants étaient de vrais camarades. Ils s'aimaient beaucoup, n'est-ce pas, Georges?

GEORGES. *(froid)* Beaucoup, mère.

LA DUCHESSE. L'épouse d'un frère, c'est presque une sœur, n'est-ce pas, Madame?

VALENTINE. *(drôlement)* Certainement, Madame.

LA DUCHESSE. Vous devez être follement heureuse de le revoir.

Valentine, gênée, regarde Georges qui répond pour elle.

GEORGES. Très heureuse. Comme une sœur.

LA DUCHESSE. Je suis une grande romanesque . . . J'avais rêvé—vous le dirai-je?—qu'une femme qu'il aurait passionnément aimée serait là pour le reconnaître et échanger avec lui un baiser d'amour, le premier au sortir de cette tombe. Je vois que ce ne sera pas.

GEORGES. *(net)* Non, Madame. Ce ne sera pas.

LA DUCHESSE. Tant pis pour mon beau rêve! *(Elle va à la baie[39])* Mais comme maître Huspar est long! . . . Votre parc est si grand et il est un peu myope:[40] je gage qu'il s'est perdu.

VALENTINE. *(bas à Georges)* Pourquoi me regardez-vous ainsi. Vous n'allez pas ressortir toutes vos vieilles histoires?

39. *baie:* bay window.

40. *myope:* nearsighted.

GEORGES. *(grave)* En vous pardonnant, j'ai tout effacé.

VALENTINE. Alors ne me jetez pas un coup d'œil à chaque phrase de cette vieille toquée![41]

MADAME RENAUD. *(qui n'a pas entendu et qui ne sait vraisemblablement rien de cette histoire)* Bonne petite Valentine. Regarde, Georges, elle est tout émue . . C'est bien de se souvenir comme cela de notre petit Jacques, n'est-ce pas, Georges?

GEORGES. Oui, mère.

LA DUCHESSE. Ah! le voilà! *(Huspar entre seul)* J'en étais sûre, vous ne l'avez pas trouvé!

HUSPAR. Si, mais je n'ai pas osé le déranger.

LA DUCHESSE. Qu'est-ce à dire? Que faisait-il?

HUSPAR. Il était en arrêt devant une statue.

VALENTINE *(crie)* Une Diane chasseresse avec un banc circulaire, au fond du parc?

HUSPAR. Oui. Tenez, on l'aperçoit d'ici.

Tout le monde regarde.

GEORGES. *(brusquement)* Eh bien, qu'est-ce que cela prouve?

LA DUCHESSE. *(à Huspar)* C'est passionnant, mon cher!

VALENTINE. *(doucement)* Je ne sais pas. Je crois me rappeler qu'il aimait beaucoup cette statue, ce banc . . .

LA DUCHESSE. *(à Huspar)* Nous brûlons, mon cher, nous brûlons.

MADAME RENAUD. Vous m'étonnez, ma petite Valentine. Ce coin du parc faisait partie de l'ancienne propriété de M. Dubanton. Nous avions déjà acheté cette parcelle, c'est vrai, du temps de Jacques, mais nous n'avons abattu le mur qu'après la guerre.

VALENTINE. *(se troublant)* Je ne sais pas, vous devez avoir raison.

HUSPAR. Il avait l'air si drôle en arrêt devant cette statue que je n'ai pas osé le déranger avant de venir vous demander si ce détail pouvait être significatif. Puisqu'il ne l'est pas, je vais le chercher.

Il sort.

GEORGES. *(bas à Valentine)* C'est sur ce banc que vous vous rencontriez?

VALENTINE. Je ne sais pas ce que vous voulez dire.

LA DUCHESSE. Madame, malgré votre légitime émotion, je vous conjure de rester impassible.

MADAME RENAUD. Comptez sur moi, Madame.

Le ton. Quelle opposition trouve-t-on dans cette scène? En quoi ressemble-t-elle à d'autres scènes dans cet acte? Dans quelle mesure y a-t-il pourtant une progression?

Précisez les fonctions dramatiques de cette scène: quels détails suggèrent une liaison entre Jacques et Valentine? Quel effet cette suggestion

41. *vieille toquée:* old fool.

a-t-elle sur les attitudes du spectateur envers Jacques? Envers Valentine? Envers les autres membres de la famille Renaud?

(Huspar entre avec Gaston. Mme Renaud murmure) Ah! c'est bien lui, c'est bien lui . . .

LA DUCHESSE. *(allant à Gaston dans un grand geste théâtral et lui cachant les autres)* Gaston, essayez de ne rien penser, laissez-vous aller sans chercher, sans faire d'efforts. Regardez bien tous les visages . . .

Silence, ils sont tous immobiles. Gaston passe d'abord devant Georges, le regarde, puis Mme Renaud. Devant Valentine, il s'arrête une seconde. Elle murmure imperceptiblement.

VALENTINE. Mon chéri . . .

Il la regarde, surpris, mais il passe et se retourne vers la duchesse, gentiment, écartant les bras dans un geste d'impuissance.

GASTON. *(poli)* Je suis navré . . .[42]

LE RIDEAU TOMBE

42. *navré:* very sorry.

Jeu de scène: à quelle vitesse faut-il jouer cette première confrontation entre Gaston et la famille Renaud? Pour quelles raisons dramatiques? Où les acteurs devraient-ils être situés les uns par rapport aux autres? Imaginez la mimique de chaque personnage au moment où Gaston passe devant lui? Quels regards les autres échangent-ils? Que fait la Duchesse?

Précisez la réaction (pensées et sentiments) du spectateur pendant cette scène; au tomber du rideau.

L'intrigue et l'action. Quelle sorte d'émotions une telle intrigue (l'amnésique va-t-il retrouver sa famille?) met-elle d'ordinaire en jeu chez le spectateur? Dans quelle mesure Anouilh réussit-il à compliquer les réactions du spectateur? Comment? Pour celui-ci la pièce est-elle jusqu'ici une comédie? Expliquez.

On a critiqué le premier acte du *Voyageur:* selon certains, l'exposition est parfois un peu gratuite à cause de la Duchesse, qui débite une longue suite de calembours et de plaisanteries qui n'ont rien à voir avec le reste de la pièce. Etes-vous d'accord? Etudiez la structure de cet acte: dans quelle mesure peut-on dire que toutes les petites scènes préparent la scène finale? Dans quelle mesure peut-on trouver une fonction à chaque élément de l'acte (y compris les calembours)? Y a-t-il des répliques qui sont sans utilité?

DEUXIEME TABLEAU

Une porte Louis XV[1] aux deux battants[2] fermés devant laquelle sont réunis, chuchotants, les domestiques des Renaud. La cuisinière

1. Une porte Louis XV est une porte traditionnelle du décor théâtral; d'habitude, elle est en deux couleurs et comprend parfois un dessein.
2. *(porte) à deux battants:* double door.

est accroupie et regarde par le trou de la serrure; les autres sont groupés autour d'elle.

LA CUISINIÈRE. *(remettant sa perruque)* Attendez, attendez . . . Ils sont tous à le regarder comme une bête curieuse. Le pauvre garçon ne sait plus où se mettre . . .

LE CHAUFFEUR. Fais voir . . .

LA CUISINIÈRE. Attends! Il s'est levé d'un coup. Il en a renversé sa tasse. Il a l'air d'en avoir assez de leurs questions . . . Voilà M. Georges qui le prend à part dans la fenêtre. Il le tient par le bras, gentiment, comme si rien ne s'était passé . . .

LE CHAUFFEUR. Eh ben! . . .

JULIETTE. Ah! si vous l'aviez entendu, M. Georges, quand il a découvert leurs lettres après la guerre! . . . Il a pourtant l'air doux comme un mouton. Eh bien, je peux vous assurer que ça bardait![3]

LE VALET DE CHAMBRE. Tu veux que je te dise: il avait raison, cet homme.

JULIETTE. *(furieuse)* Comment! il avait raison? Est-ce qu'on cherche des pouilles aux morts?[4] C'est propre, toi, tu crois, de chercher des pouilles aux morts?

LE VALET DE CHAMBRE. Les morts n'avaient qu'à pas commencer à nous faire cocus![5]

JULIETTE. Ah toi, depuis qu'on est mariés, tu n'as que ce mot-là à la bouche! C'est pas les morts qui vous font cocus. Ils en seraient bien empêchés, les pauvres: c'est les vivants. Et les morts, ils n'ont rien à voir avec[6] les histoires des vivants.

LE VALET DE CHAMBRE. Tiens! ça serait trop commode. Tu fais un cocu et, hop! ni vu ni connu, j't'embrouille.[7] Il suffit d'être mort.

JULIETTE. Eh ben! quoi, c'est quelque chose, d'être mort!

LE VALET DE CHAMBRE. Et d'être cocu, donc! . . .

JULIETTE. Oh! tu en parles trop, ça finira par t'arriver.

LA CUISINIÈRE. *(poussée par le chauffeur)* Attends, attends. Ils vont tous au fond maintenant. Ils lui montrent des photographies . . . *(Cédant sa place)* Bah! avec les serrures d'autrefois on y voyait, mais avec ces serrures modernes . . . c'est bien simple: on se tire les yeux.

LE CHAUFFEUR. *(penché à son tour)* C'est lui! C'est lui! Je reconnais sa sale gueule[8] à ce petit salaud-là![9]

JULIETTE. Dis donc, pourquoi tu dis ça, toi? Ferme-la toi-même, ta sale gueule![10]

3. *ça bardait:* things got really "hot".
4. *cherche . . . morts:* argue with the dead.
5. *cocus:* cuckolds.
6. *n'ont . . . avec:* have nothing to do with.
7. *hop! . . . embrouille:* presto, chango, he's gone and unheard of.
8. *sale gueule:* dirty puss (face).
9. *salaud:* bastard.
10. *Ferme . . . gueule:* Shut your own ugly face.

LE VALET DE CHAMBRE. Et pourquoi tu le défends, toi? Tu ne peux pas faire comme les autres?

JULIETTE. Moi, je l'aimais bien, M. Jacques. Qu'est-ce que tu peux en dire, toi? tu ne l'as pas connu. Moi, je l'aimais bien.

LE VALET DE CHAMBRE. Et puis après? C'était ton patron. Tu lui cirais ses chaussures.

JULIETTE. Et puis je l'aimais bien, quoi! Ça a rien à voir.

LE VALET DE CHAMBRE. Ouais! comme son frère . . . une belle vache![11]

LE CHAUFFEUR. *(cédant la place à Juliette)* Pire, mon vieux, pire! Ah! ce qu'il a pu me faire poireauter[12] jusqu'à des quatre heures du matin devant des bistrots . . . Et au petit jour, quand tu étais gelé, ça[13] sortait de là congestionné, reniflant le vin à trois mètres, et ça venait vomir sur les coussins de la voiture . . . Ah! le salaud!

LA CUISINIÈRE. Tu peux le dire . . . Combien de fois je me suis mis les mains dedans, moi qui te parle! Et ça avait dix-huit ans.

LE CHAUFFEUR. Et pour étrennes des engueulades![14]

LA CUISINIÈRE. Et des brutalités! Tu te souviens, à cette époque, il y avait un petit gâte-sauce[15] aux cuisines. Chaque fois qu'il le voyait, le malheureux, c'était pour lui frotter les oreilles[16] ou le botter.[17]

LE CHAUFFEUR. Et sans motif! Un vrai petit salaud, voilà ce que c'était. Et quand on a appris qu'il s'était fait casser la gueule[18] en 1918, on n'est pas plus méchants que les autres, mais on a dit que c'était bien fait.

LE MAÎTRE D'HÔTEL. Allons, allons, maintenant, il faut s'en aller.

LE CHAUFFEUR. Mais enfin, quoi! . . . Vous n'êtes pas de notre avis, vous, Monsieur Jules?

LE MAÎTRE D'HÔTEL. Je pourrais en dire plus que vous, allez! . . . J'ai écouté leurs scènes à table. J'étais même là quand il a levé la main sur Madame.

LA CUISINIÈRE. Sur sa mère! . . . A dix-huit ans! . . .

LE MAÎTRE D'HÔTEL. Et les petites histoires avec Mme Valentine, je les connais, je puis dire, dans leurs détails . . .

LE CHAUFFEUR. Ben, permettez-moi de vous dire que vous êtes bien bon d'avoir fermé les yeux, Monsieur Jules . . .

LE MAÎTRE D'HÔTEL. Les histoires des maîtres sont les histoires des maîtres . . .

LE CHAUFFEUR. Oui, mais avec un petit coco[19] pareil . . . Fais voir un peu que je le regarde encore.

JULIETTE. *(cédant sa place)* Ah! c'est lui, c'est lui, j'en suis sûre . . . M.

11. *une belle vache:* a real swine.
12. *poireauter:* cool my heels.
13. *ça:* Jacques.
14. *Et . . . engueulades:* And a bawling out for thanks.
15. *gâte-sauce:* kitchen boy.
16. *lui . . . oreilles:* box his ears.
17. *botter:* kick.
18. *il . . . gueule:* had gotten himself killed.
19. *coco:* chap.

Jacques! C'était un beau gars, tu sais, à cette époque. Un vrai beau gars.[20] Et distingué!

LE VALET DE CHAMBRE. Laisse donc, il y en a d'autres, des beaux gars, et des plus jeunes!

JULIETTE. C'est vrai. Vingt ans bientôt. C'est quelque chose. Tu crois qu'il me trouvera très changée?

LE VALET DE CHAMBRE. Qu'est-ce que ça peut te faire?[21]

JULIETTE. Ben, rien . . .

LE VALET DE CHAMBRE. *(après réflexion, tandis que les autres domestiques font des mines[22] derrière son dos)* Dis donc, toi . . . Pourquoi que tu soupires depuis que tu sais qu'il va peut-être revenir?

JULIETTE. Moi? pour rien.

Les autres rigolent.

LE VALET DE CHAMBRE. Pourquoi que tu t'arranges dans la glace et que tu demandes si t'as changé?

JULIETTE. Moi?

LE VALET DE CHAMBRE. Quel âge t'avais quand il est parti pour la guerre?

JULIETTE. Quinze ans.

LE VALET DE CHAMBRE. Le facteur, c'était ton premier?

JULIETTE. Puisque je t'ai même dit qu'il m'avait bâillonnée[23] et fait prendre des somnifères . . .[24]

Les autres rigolent.

LE VALET DE CHAMBRE. Tu es sûre que c'était ton vrai premier?

JULIETTE. Tiens! cette question. C'est des choses qu'une fille se rappelle. Même qu'il avait pris le temps de poser sa boîte, cette brute-là, et que toutes ses lettres étaient tombées dans la cuisine . . .

LE CHAUFFEUR. *(toujours à la serrure)* La Valentine, elle ne le quitte pas des yeux . . . Je vous parie bien que, s'il reste ici, le père Georges se paie une seconde paire de cornes[25] avec son propre frangin![26]

LE MAÎTRE D'HÔTEL. *(prenant sa place)* C'est dégoûtant.

LE CHAUFFEUR. Si c'est comme ça qu'il les aime, M'sieur Jules . . .

Ils rigolent.

LE VALET DE CHAMBRE. Ils me font rigoler avec leur «mnésie»[27], moi! Tu penses que si ce gars-là, c'était sa famille, il les aurait reconnus depuis ce matin. Y a pas de «mnésie» qui tienne.

LA CUISINIÈRE. Pas sûr, mon petit, pas sûr. Moi qui te parle, il y a des fois où je suis incapable de me rappeler si j'ai déjà salé mes sauces.

20. *gars:* garçon.
21. *Qu' . . . faire:* What difference does it make to you?
22. *font des mines:* are making faces.
23. *bâillonnée:* gagged.
24. *somnifères:* sleeping pills.
25. *le père . . . cornes:* old George will get himself a second pair of horns (i.e., will be cuckolded again).
26. *frangin:* frère.
27. *mnésie:* amnésie.

LE VALET DE CHAMBRE. Mais . . . une famille!

LA CUISINIÈRE. Oh! pour ce qu'il s'y intéressait, à sa famille, ce petit vadrouilleur[28]-là . . .

LE MAÎTRE D'HÔTEL. *(à la serrure)* Mais pour être lui, c'est lui! J'y parierais ma tête.

LA CUISINIÈRE. Mais puisqu'ils disent qu'il y a cinq autres familles qui ont les mêmes preuves!

LE CHAUFFEUR. Vous voulez que je vous dise le fin mot de l'histoire, moi? C'est pas à souhaiter pour nous ni pour personne que ce petit salaud-là, il soit pas mort! . . .

LA CUISINIÈRE. Ah! non, alors.

JULIETTE. Je voudrais vous y voir, moi, à être morts . . .

LE MAÎTRE D'HÔTEL. Ça, bien sûr, ça n'est pas à souhaiter, même pour lui, allez! Parce que les vies commencées comme ça ne se terminent jamais bien.

LE CHAUFFEUR. Et puis, s'il s'est mis à aimer la vie tranquille et sans complications dans son asile. Qu'est-ce qu'il a à apprendre, le frère! . . . L'histoire avec le fils Grandchamp, l'histoire Valentine, l'histoire des cinq cent mille balles[29] et toutes celles que nous ne connaissons pas . . .

LE MAÎTRE D'HÔTEL. Ça, bien sûr. J'aime mieux être à ma place qu'à la sienne.

LE VALET DE CHAMBRE. *(qui regarde par la serrure)* Attention, les voilà qui se lèvent! Ils vont sortir par la porte du couloir.

Les domestiques s'égaillent.[30]

JULIETTE. *(en sortant)* M. Jacques, tout de même . . .

LE VALET DE CHAMBRE. *(la suivant, méfiant)* Ben quoi? M. Jacques?

JULIETTE. Ben, rien.

Ils sont sortis.

LE RIDEAU TOMBE

Mise en scène. Puisque le deuxième tableau est très court, il n'y a pas d'entr'acte entre les deux premiers tableaux. Quelles difficultés pratiques le deuxième tableau pose-t-il donc au décorateur et au metteur en scène? Comment peuvent-ils les résoudre? (Faut-il tout l'espace scénique pour jouer ce tableau ou bien peut-on se contenter d'une partie de la scène? Comment va-t-on assurer la transition entre les deux tableaux? Comment imaginez-vous ce nouveau décor?)

Les domestiques. Faites le portrait de chacun des domestiques. En quoi se ressemblent-ils? Comment Anouilh a-t-il su les individualiser? (Comment les répliques de chacun—sujet *et* langage—aident-elles l'acteur à composer son personnage?)

Etudiez la fonction dramatique de cette scène: dans quelle situation

28. *vadrouilleur:* gadabout.
29. *balles:* anciens francs.
30. *s'égaillent:* scatter.

met-elle la spectateur—du point de vue intellectuel? (Dans quelle mesure occupe-t-il une situation privilégiée par rapport à tous les personnages? Qu'est-ce qu'il va chercher en regardant le reste de la pièce?) Du point de vue affectif? (Quels sont ses sentiments envers Gaston? Envers Jacques? quelle sorte de dénouement souhaite-t-il?)

Analysez ensuite la fonction structurale de cette scène: quelles comparaisons Anouilh impose-t-il au spectateur en juxtaposant ces deux tableaux? (Quelles sont les deux impressions qu'on a maintenant de la famille Renaud? Le monde des domestiques semble-t-il moins dérisoire que celui des maîtres? Discutez.)

Les domestiques voient tout «par le trou de la serrure». Quels rapports voyez-vous entre le point de vue impliqué par «le trou de la serrure» et les fonctions dramatiques et structurales qu'Anouilh donne à ce tableau?

Quelle différence de ton y a-t-il entre les deux premiers tableaux? Par quels moyens (personnages, langage, rythme) Anouilh l'établit-il? En quoi les deux tableaux se ressemblent-ils? (Discutez le mélange de tons que l'on trouve dans chacun.)

TROISIEME TABLEAU

La chambre de Jacques Renaud et les longs couloirs sombres de la vieille maison bourgeoise qui y aboutissent. D'un côté un vestibule dallé[1] *où vient se terminer un large escalier de pierre à la rampe*[2] *de fer forgé. Mme Renaud, Georges et Gaston apparaissent par l'escalier et traversent le vestibule.*

MADAME RENAUD. Pardon, je vous précède. Alors, ici, tu vois, c'est le couloir que tu prenais pour aller à ta chambre. *(Elle ouvre la porte)* Et voici ta chambre. *(Ils sont entrés tous les trois dans la chambre)* Oh! quelle négligence! J'avais pourtant demandé qu'on ouvre ces persiennes[3] . . .

Elle les ouvre; la chambre est inondée de lumière; elle est de pur style 1910.[4]

Le décor. Pour quelle raison dramatique Anouilh a-t-il voulu que la chambre soit obscure au lever du rideau? Quelles réactions ce décor devrait-il susciter chez le spectateur?

Note à l'étudiant. Dans les tableaux qui suivent, nous ne poserons de questions détaillées que sur quelques scènes choisies. C'est à vous de lire chaque tableau en considérant les fonctions dramatiques et structurales de chaque scène et en analysant l'action de la pièce. A la fin du tableau nous proposerons quelques questions générales comme guides.

1. *dallé:* with a flagstone floor.
2. *rampe:* railing.
3. *persiennes:* venetian blinds.
4. Le style 1910 est associé à l'art nouveau; à l'époque où Anouilh a écrit cette pièce, on le trouvait de mauvais goût.

GASTON. *(regardant autour de lui)* Ma chambre . . .

MADAME RENAUD. Tu avais voulu qu'elle soit décorée selon tes plans. Tu avais des goûts tellement modernes!

GASTON. J'ai l'air d'avoir aimé d'un amour exclusif les volubilis et les renoncules.[5]

GEORGES. Oh! tu étais très audacieux, déjà!

GASTON. C'est ce que je vois. *(Il avise un meuble ridicule)* Qu'est-ce que c'est que cela? Un arbre sous la tempête?

GEORGES. Non, c'est un pupitre à musique.

GASTON. J'étais musicien?

MADAME RENAUD. Nous aurions voulu te faire apprendre le violon, mais tu n'as jamais accepté. Tu entrais dans des rages folles quand on voulait te contraindre à étudier. Tu crevais tes instruments à coups de pied. Il n'y a que ce pupitre qui a résisté.

GASTON. *(sourit)* Il a eu tort. *(Il va à un portrait)* C'est lui?

MADAME RENAUD. Oui, c'est toi, à douze ans.

GASTON. Je me voyais blond et timide.

GEORGES. Tu étais châtain[6] très foncé. Tu jouais au football toute la journée, tu cassais tout.

MADAME RENAUD. *(lui montrant une grosse malle)* Tiens, regarde ce que j'ai fait descendre du grenier . . .

GASTON. Qu'est-ce que c'est? ma vieille malle? Mais vous allez finir par me faire croire que j'ai vécu sous la Restauration . . .

MADAME RENAUD. Mais non, sot. C'est la malle de l'oncle Gustave et ce sont tes jouets.

GASTON. *(ouvre la malle)* Mes jouets! . . . J'ai eu des jouets, moi aussi? C'est pourtant vrai, je ne savais plus que j'avais eu des jouets . . .

MADAME RENAUD. Tiens, ta fronde.[7]

GASTON. Une fronde . . . Et cela n'a pas l'air d'une fronde pour rire . . .

MADAME RENAUD. En tuais-tu, des oiseaux, avec cela, mon Dieu! Tu étais un vrai monstre . . . Et tu sais, tu ne te contentais pas des oiseaux du jardin . . . J'avais une volière[8] avec des oiseaux de prix; une fois, tu es entré dedans et tu les as tous abattus!

GASTON. Les oiseaux? Des petits oiseaux?

MADAME RENAUD. Oui, oui.

GASTON. Quel âge avais-je?

MADAME RENAUD. Sept ans, neuf ans peut-être . . .

GASTON. *(secoue la tête)* Ce n'est pas moi.

MADAME RENAUD. Mais si, mais si . . .

GASTON. Non. A sept ans, j'allais dans le jardin avec des mies de pain, au

5. *volubilis . . . renoncules:* decorative floral motifs.
6. *châtain:* brown.
7. *fronde:* slingshot.
8. *volière:* bird-house.

contraire, et j'appelais les moineaux[9] pour qu'ils viennent picorer[10] dans ma main.

GEORGES. Les malheureux, mais tu leur aurais tordu le cou!

MADAME RENAUD. Et le chien auquel il a cassé la patte avec une pierre?

GEORGES. Et la souris qu'il promenait au bout d'une ficelle?

MADAME RENAUD. Et les écureuils, plus tard, les belettes,[11] les putois.[12] En as-tu tué, mon Dieu, de ces petites bêtes! tu faisais empailler[13] les plus belles; il y en a toute une collection là-haut, il faudra que je te les fasse descendre. *(Elle fouille dans la malle)* Voilà tes couteaux, tes premières carabines . . .

GASTON. *(fouillant aussi)* Il n'y a pas de polichinelles, d'arche de Noé?[15]

MADAME RENAUD. Tout petit, tu n'as plus voulu que des jouets scientifiques. Voilà tes gyroscopes, tes éprouvettes,[16] tes électroaimants, tes cornues,[17] ta grue[18] mécanique.

GEORGES. Nous voulions faire de toi un brillant ingénieur.

GASTON. *(pouffe)* De moi?

MADAME RENAUD. Mais, ce qui te plaisait le plus, c'étaient tes livres de géographie! Tu étais d'ailleurs toujours premier en géographie . . .

GEORGES. A dix ans, tu récitais tes départements à l'envers!

GASTON. A l'envers . . . Il est vrai que j'ai perdu la mémoire . . . J'ai pourtant essayé de les réapprendre à l'asile. Eh bien, même à l'endroit . . . Laissons cette malle à surprises. Je crois qu'elle ne nous apprendra rien. Je ne me vois pas du tout comme cela, enfant. *(Il a fermé la malle, il erre dans la pièce, touche les objets, s'assoit dans les fauteuils. Il demande soudain)* Il avait un ami, ce petit garçon? Un autre garçon qui ne le quittait pas et avec lequel il échangeait ses problèmes et ses timbres-poste?

MADAME RENAUD. *(volubile)* Mais naturellement, naturellement. Tu avais beaucoup de camarades. Tu penses, avec le collège et le patronage! . . .[19]

GASTON. Oui, mais . . . pas les camarades. Un ami . . . Vous voyez, avant de vous demander quelles femmes ont été les miennes . . .

MADAME RENAUD. *(choquée)* Oh! tu étais si jeune, Jacques, quand tu es parti!

GASTON. *(sourit)* Je vous le demanderai quand même . . . Mais, avant de vous demander cela, il me paraît beaucoup plus urgent de vous demander quel ami a été le mien.

MADAME RENAUD. Eh bien, mais tu pourras voir leurs photographies à tous

9. *moineaux:* sparrows.
10. *picorer:* peck.
11. *belettes:* weasels.
12. *putois:* skunks.
13. *empailler:* stuff.
14. *polichinelles:* dolls (Punch of Punch and Judy).
15. *arche de Noé:* Noah's ark.
16. *éprouvettes:* test tubes.
17. *cornues:* retorts.
18. *grue:* crane.
19. *patronage:* Catholic club for children.

sur les groupes du collège. Après, il y a eu ceux avec lesquels tu sortais le soir . . .

GASTON. Mais celui avec lequel je préférais sortir, celui à qui je racontais tout?

MADAME RENAUD. Tu ne préférais personne, tu sais. *(Elle a parlé vite, après un coup d'œil furtif à Georges. Gaston la regarde)*

GASTON. Votre fils n'avait donc pas d'ami? C'est dommage. Je veux dire, c'est dommage si nous découvrons que c'est moi. Je crois qu'on ne peut rien trouver de plus consolant, quand on est devenu un homme, qu'un reflet de son enfance dans les yeux d'un ancien petit garçon. C'est dommage. Je vous avouerai même que c'est de cet ami imaginaire que j'espérais recevoir la mémoire—comme un service tout naturel.

GEORGES. *(après une hésitation)* Oh! c'est-à-dire . . . un ami, si, tu en as eu un et que tu aimais beaucoup. Tu l'as même gardé jusqu'à dix-sept ans . . . Nous ne t'en reparlions pas parce que c'est une histoire si pénible . . .

GASTON. Il est mort?

GEORGES. Non, non. Il n'est pas mort, mais vous vous êtes quittés, vous vous êtes fâchés . . . définitivement.

GASTON. Définitivement, à dix-sept ans! *(Un temps)* Et vous avez su le motif de cette brouille?

GEORGES. Vaguement, vaguement . . .

GASTON. Et ni votre frère ni ce garçon n'ont cherché à se revoir depuis?

MADAME RENAUD. Tu oublies qu'il y a eu la guerre. Et puis, tu sais . . . Voilà. Vous vous étiez disputés pour une chose futile, vous vous étiez même battus, comme des garçons de cet âge . . . Et sans le vouloir, sans doute, tu as eu un geste brutal . . un geste malheureux surtout. Tu l'as poussé du haut d'un escalier. En tombant, il a été atteint à la colonne vertébrale. On a dû le garder dans le plâtre[20] très longtemps et depuis il est resté infirme.[21] Tu comprends maintenant comme il aurait été difficile, pénible, même pour toi, d'essayer de le revoir.

GASTON. *(après un temps)* Je comprends. Et où cela s'est-il passé, cette dispute, au collège, dans sa maison?

MADAME RENAUD. *(vite)* Non, ici. Mais ne parlons plus d'une chose aussi affreuse, une de celles qu'il vaut mieux ne pas te rappeler, Jacques.

GASTON. Si j'en retrouve une, il faut que je les retrouve toutes, vous le savez bien. Un passé ne se vend pas au détail.[22] Où est-il, cet escalier, je voudrais le voir?

MADAME RENAUD. Là, près de ta chambre, Jacques. Mais à quoi bon?

GASTON. *(à Georges)* Vous voulez me conduire?

20. *plâtre:* plaster cast.
21. *infirme:* (an) invalid.
22. *au détail:* retail.

GEORGES. Si tu veux, mais je ne vois vraiment pas pourquoi tu veux revoir cette place . . .

Ils ont été jusqu'au vestibule.

MADAME RENAUD. Eh bien, c'est là.

GEORGES. C'est là.

GASTON. *(regarde autour de lui, se penche sur la rampe)* Où nous battions-nous?

GEORGES. Tu sais, nous ne l'avons pas su exactement. C'est une domestique qui a raconté la scène . . .

GASTON. Ce n'est pas une scène courante . . . J'imagine qu'elle a dû la raconter avec beaucoup de détails. Où nous battions-nous? Ce palier[23] est si large . . .

MADAME RENAUD. Vous deviez vous battre tout au bord. Il a fait un faux pas. Qui sait, tu ne l'as peut-être même pas poussé.

GASTON. *(se retournant vers elle)* Alors, si ce n'était qu'un incident de cette sorte, pourquoi n'ai-je pas été lui tenir compagnie chaque jour dans sa chambre? Perdre avec lui, pour qu'il ne sente pas trop l'injustice, tous mes jeudis sans courir au soleil?

GEORGES. Tu sais, chacun a donné son interprétation . . . La malignité publique s'en est mêlée.

GASTON. Quelle domestique nous avait vus?

MADAME RENAUD. As-tu besoin de savoir ce détail! D'abord, cette fille n'est plus à la maison.

GASTON. Il y en a sûrement d'autres à l'office[24] qui étaient là à cette époque. Je les interrogerai.

MADAME RENAUD. J'espère que tu ne vas pas aller ajouter foi à des commérages[25] de cuisine. Ils t'en diront de belles, bien sûr, les domestiques, si tu les interroges. Tu sais ce que c'est que ces gens-là . . .

GASTON. *(se retournant vers Georges)* Monsieur, je suis sûr que vous devez me comprendre, vous. Je n'ai rien reconnu encore chez vous. Ce que vous m'avez appris sur l'enfance de votre frère me semble aussi loin que possible de ce que je crois être mon tempérament. Mais—peut-être est-ce la fatigue, peut-être est-ce autre chose—pour la première fois un certain trouble me prend en écoutant des gens me parler de leur enfant.

MADAME RENAUD. Ah! mon petit Jacques, je savais bien . . .

GASTON. Il ne faut pas s'attendrir, m'appeler prématurément mon petit Jacques. Nous sommes là pour enquêter comme des policiers—avec une rigueur et, si possible, une insensibilité de policiers. Cette prise de contact avec un être qui m'est complètement étranger et que je serai peut-être obligé dans un instant d'accepter comme une partie de moi-même,

23. *palier:* landing.
24. *office:* pantry.
25. *commérages:* gossip.

ces bizarres fiançailles avec un fantôme, c'est une chose déjà suffisamment pénible sans que je sois obligé de me débattre en outre contre vous. Je vais accepter toutes les épreuves, écouter toutes les histoires, mais quelque chose me dit qu'avant tout je dois savoir la vérité sur cette dispute. La vérité, si cruelle qu'elle soit.

MADAME RENAUD. *(commence, hésitante)* Eh bien, voilà: pour une bêtise de jeunes gens, vous avez échangé des coups . . . Tu sais comme on est vif à cet âge . . .

GASTON. *(l'arrête)* Non, pas vous. Cette domestique est encore ici, n'est-ce pas, vous avez menti tout à l'heure?

GEORGES. *(soudain, après un silence)* Oui, elle est encore à la maison.

GASTON. Appelez-la, s'il vous plaît, Monsieur. Pourquoi hésiter davantage, puisque vous savez bien que je la retrouverai et que je l'interrogerai un jour ou l'autre?

GEORGES. C'est si bête, si affreusement bête.

GASTON. Je ne suis pas là pour apprendre quelque chose d'agréable. Et puis, si ce détail était celui qui peut me rendre ma mémoire, vous n'avez pas le droit de me le cacher.

GEORGES. Puisque tu le veux, je l'appelle.

Il sonne.

MADAME RENAUD. Mais tu trembles, Jacques. Tu ne vas pas être malade, au moins?

GASTON. Je tremble?

MADAME RENAUD. Tu sens peut-être quelque chose qui s'éclaire en ce moment en toi?

GASTON. Non. Rien que la nuit, la nuit la plus obscure.

MADAME RENAUD. Mais pourquoi trembles-tu alors?

GASTON. C'est bête. Mais, entre des milliers de souvenirs possibles, c'est justement le souvenir d'un ami que j'appelais avec le plus de tendresse. J'ai tout échafaudé[26] sur le souvenir de cet ami imaginaire. Nos promenades passionnées, les livres que nous avions découverts ensemble, une jeune fille qu'il avait aimée en même temps que moi et que je lui avais sacrifiée, et même—vous allez rire—que je lui avais sauvé la vie un jour en barque. Alors, n'est-ce pas, si je suis votre fils, il va falloir que je m'habitue à une vérité tellement loin de mon rêve . . .

Juliette est entrée.

JULIETTE. Madame a sonné?

MADAME RENAUD. M. Jacques voudrait vous parler, Juliette.

JULIETTE. A moi?

GEORGES. Oui. Il voudrait vous interroger sur ce malheureux accident de Marcel Grandchamp dont vous avez été témoin.

26. *échafaudé:* built.

MADAME RENAUD. Vous savez la vérité, ma fille. Vous savez aussi que si M. Jacques était violent, il ne pouvait avoir une pensée criminelle.

GASTON. *(la coupe encore)* Ne lui dites rien, s'il vous plaît! Où étiez-vous, Mademoiselle, quand l'accident s'est produit?

JULIETTE. Sur le palier, avec ces Messieurs, Monsieur Jacques.

GASTON. Ne m'appelez pas encore Monsieur Jacques. Comment a commencé cette dispute?

JULIETTE. *(un coup d'œil aux Renaud)* C'est-à-dire que . . .

GASTON. *(va à eux)* Voulez-vous être assez gentils pour me laisser seul avec elle? Je sens que vous la gênez.

MADAME RENAUD. Je suis prête à tout ce que tu veux si tu peux nous revenir, Jacques.

GASTON. *(les accompagnant)* Je vous rappellerai.

> Grâce au décor 1910 et aux accessoires qui le remplissent, Anouilh a présenté à Gaston (et au spectateur) le passé de Jacques. Voici que commence une série de confrontations entre Gaston et les ombres de ce passé. Nous étudierons d'abord la scène entre Gaston et Juliette. Quelle situation dramatique Anouilh a-t-il créée? (Quelles sont les intentions de Gaston en renvoyant les Renaud? Dans quel état est-il? Quelles impressions le spectateur a-t-il déjà de Juliette? A quoi s'attend-il?)

(A Juliette, quand ils sont seuls) Asseyez-vous.

JULIETTE. Monsieur permet?

GASTON. *(s'asseyant en face d'elle)* Et laissons de côté la troisième personne, je vous en prie. Elle ne pourrait que nous gêner. Quel âge avez-vous?

JULIETTE. Trente-trois ans. Vous le savez bien, Monsieur Jacques, puisque j'avais quinze ans lorsque vous êtes parti au front. Pourquoi me le demander?

GASTON. D'abord parce que je ne le savais pas; ensuite, je vous répète que je ne suis peut-être pas Monsieur Jacques.

JULIETTE. Oh! si, moi, je vous reconnais bien, Monsieur Jacques.

GASTON. Vous l'avez bien connu?

JULIETTE. *(éclatant soudain en sanglots)* Ah! c'est pas possible d'oublier à ce point-là! . . . Mais vous ne vous rappelez donc rien, Monsieur Jacques?

GASTON. Exactement rien.

JULIETTE. *(braille[27] dans ses larmes)* S'entendre poser des questions pareilles après ce qui s'est passé . . . Ah! ce que ça peut être torturant, alors, pour une femme . . .

GASTON. *(reste un instant ahuri;[28] puis, soudain, il comprend)* Ah! . . . oh! pardon. Je vous demande pardon. Mais alors, Monsieur Jacques . . .

27. *braille:* howls.

28. *ahuri:* bewildered.

JULIETTE. *(renifle)* Oui.

GASTON. Oh! je vous demande pardon, alors . . . Mais quel âge aviez-vous?

JULIETTE. Quinze ans. C'était mon premier.

GASTON. *(sourit soudain, détendu)* Quinze ans et lui dix-sept . . . Mais c'est très gentil cette histoire. C'est la première chose que j'apprends de lui qui me paraisse un peu sympathique. Et cela a duré longtemps?

JULIETTE. Jusqu'à ce qu'il parte.

GASTON. Et moi qui ai tant cherché pour savoir quel était le visage de ma bonne amie! Eh bien, elle était charmante!

JULIETTE. Elle était peut-être charmante, mais elle n'était pas la seule, allez!

GASTON. *(sourit encore)* Ah! non?

JULIETTE. Oh! non, allez!

GASTON. Eh bien, cela non plus, ce n'est pas tellement antipathique.

JULIETTE. Vous, vous trouvez peut-être ça drôle! Mais, tout de même, avouez que pour une femme . . .

GASTON. Bien sûr, pour une femme . . .

JULIETTE. C'est dur, allez, pour une femme, de se sentir bafouée[29] dans son douloureux amour!

GASTON. *(un peu ahuri)* Dans son doulou . . . ? Oui, bien sûr.

JULIETTE. Je n'étais qu'une toute petite bonne de rien du tout, mais ça ne m'a pas empêchée de la boire jusqu'à la lie,[30] allez, cette atroce douleur de l'amante outragée . . .

GASTON. Cette atroce? . . . Bien sûr.

JULIETTE. Vous n'avez jamais lu: «*Violée*[31] *le soir de son mariage?*»

GASTON. Non.

JULIETTE. Vous devriez le lire; vous verrez, il y a une situation presque semblable. L'infâme séducteur de Bertrande s'en va lui aussi (mais en Amérique, lui, où l'appelle son oncle richissime) et c'est alors qu'elle le lui dit, Bertrande, qu'elle l'a bue jusqu'à la lie, cette atroce douleur de l'amante outragée.

GASTON. *(pour qui tout s'éclaire)* Ah! c'était une phrase du livre?

JULIETTE. Oui, mais ça s'appliquait tellement bien à moi!

GASTON. Bien sûr . . . *(Il s'est levé soudain. Il demande drôlement)* Et il vous aimait beaucoup, M. Jacques?

JULIETTE. Passionnément. D'ailleurs, c'est bien simple, il me disait qu'il se tuerait pour moi.

GASTON. Comment êtes-vous devenue sa maîtresse?

JULIETTE. Oh! c'est le second jour que j'étais dans la maison. Je faisais sa chambre, il m'a fait tomber sur le lit. Je riais comme une idiote, moi. Forcément, à cet âge! Ça s'est passé comme qui dirait malgré moi. Mais, après, il m'a juré qu'il m'aimerait toute la vie!

29. *bafouée:* flouted.
30. *lie:* dregs.
31. *Violée:* Raped.

GASTON. *(la regarde et sourit)* Drôle de M. Jacques . . .

JULIETTE. Pourquoi drôle?

GASTON. Pour rien. En tout cas, si je deviens M. Jacques, je vous promets de vous reparler très sérieusement de cette situation.

JULIETTE. Oh! vous savez, moi, je ne demande pas de réparation. Je suis mariée maintenant . . .

GASTON. Tout de même, tout de même . . . *(Un temps)* Mais je fais l'école buissonnière[32] et je ne serai pas reçu à mon examen. Revenons à cette horrible histoire qu'il serait si agréable de ne pas savoir et qu'il faut que j'apprenne de bout en bout.

JULIETTE. Ah! oui, la bataille avec M. Marcel.

GASTON. Oui. Vous étiez présente?

JULIETTE. *(qui se rengorge)*[33] Bien sûr, j'étais présente!

GASTON. Vous avez assisté à la naissance de leur dispute?

JULIETTE. Mais bien sûr.

GASTON. Alors vous allez pouvoir me dire pour quelle étrange folie ils se sont battus aussi sauvagement?

JULIETTE. *(tranquillement)* Comment une étrange folie? Mais c'est pour moi qu'ils se sont battus.

GASTON *(se lève)* C'est pour vous?

JULIETTE. Mais bien sûr, c'est pour moi, Ça vous étonne?

GASTON. *(répète, abasourdi*[34]*)* C'est pour vous?

JULIETTE. Mais, bien sûr. Vous comprenez, j'étais la maîtresse de M. Jacques—je vous dis ça à vous, n'est-ce pas, parce qu'il faut bien que vous le sachiez, mais pas de gaffes,[35] hein? je ne tiens pas à perdre ma place pour une histoire d'il y a vingt ans! Oui, j'étais la maîtresse de M. Jacques et, il faut bien le dire, M. Marcel tournait un peu autour de moi.

GASTON. Alors?

JULIETTE. Alors un jour qu'il essayait de m'embrasser derrière la porte . . . Je ne me laissais pas faire, hein? mais vous savez ce que c'est qu'un garçon quand ça a cela en tête . . . Juste à ce moment, M. Jacques est sorti de sa chambre et il nous a vus. Il a sauté sur M. Marcel, qui a riposté. Ils se sont battus, ils ont roulé par terre . . .

GASTON. Où se trouvaient-ils?

JULIETTE. Sur le grand palier du premier, là, à côté.

GASTON. *(crie soudain comme un fou)* Où? Où? Où? Venez, je veux voir la place exacte.

Il l'a traînée par le poignet jusqu'au vestibule.

JULIETTE. Mais vous me faites mal!

GASTON. Où? Où?

32. *je . . . buissonière:* I'm playing hooky.
33. *se rengorge:* puffs herself up.
34. *abasourdi:* dumbfounded.
35. *pas . . . gaffes:* (don't make) any blunders.

JULIETTE. *(s'arrache de ses mains, se frotte le poignet)* Eh bien, là! Ils sont tombés là, à moitié dans le vestibule, à moitié sur le palier. M. Marcel était dessous.

GASTON. *(crie)* Mais là ils étaient loin du bord! Comment a-t-il pu glisser jusqu'au bas des marches? Ils ont roulé tous les deux en luttant?

JULIETTE. Non, c'est M. Jacques qui a réussi à se relever et qui a traîné M. Marcel par la jambe jusqu'aux marches . . .

GASTON. Et puis?

JULIETTE. Et puis il l'a poussé, pardi! En lui criant: «Tiens, petit salaud, ça t'apprendra à embrasser les poules[36] des autres!» Voilà. *(Il y a un silence)* Ah! c'était quelqu'un, M. Jacques!

GASTON. *(sourdement)* Et c'était son ami?

JULIETTE. Pensez! Depuis l'âge de six ans qu'ils allaient à l'école ensemble.

GASTON. Depuis l'âge de six ans.

JULIETTE. Ah! c'est horrible, bien sûr! . . . Mais qu'est-ce que vous voulez? L'amour, c'est plus fort que tout.

GASTON. *(la regarde et murmure)* L'amour, bien sûr, l'amour. Je vous remercie, Mademoiselle.

Analysez le mouvement de cette scène: quel en est le rythme au début? Le ton? Au moyen de quelle opposition Anouilh crée-t-il ce ton? Dans quelle mesure cette partie de la scène correspond-elle à ce que le spectateur attendait? A quel moment le ton et le rythme de la scène changent-ils? Quel effet ce changement a-t-il sur le spectateur? En quoi les dernières répliques de Juliette («Ah! c'était quelqu'un, M. Jacques» et «L'amour, c'est plus fort que tout») sont-elles ironiques?

Juliette. Dans quelle mesure correspond-elle à notre première impression d'elle? Quelle réaction le spectateur a-t-il devant elle? Par quels moyens Anouilh crée-t-il cette réaction? (Considérez surtout les idées de Juliette et le langage qu'elle emploie pour les exprimer.)

Gaston. Quelle est la valeur dramatique de son cri «Où? Où? Où?»? (Quel effet a-t-il sur le ton de la scène? Quelle pensée provoque-t-il chez le spectateur?)

Etudiez enfin la valeur structurale des personnages dans cette scène: Quelles oppositions morales Anouilh suggère-t-il entre Juliette et Gaston? Entre Juliette et Jacques? Entre Jacques et Gaston? Dans quelle mesure cette scène sert-elle à souligner le dilemme de Gaston?

GEORGES. *(frappe à la porte de la chambre, puis, ne les voyant pas, vient jusqu'au vestibule)* Je me suis permis de revenir. Vous ne nous rappeliez plus; maman était inquiète. Eh bien, vous savez ce que vous voulez savoir?

GASTON. Oui, je vous remercie. Je sais ce que je voulais savoir.

Juliette est sortie.

36. *poules:* "chicks".

GEORGES. Oh! ce n'est pas une bien jolie chose, certainement . . . Mais je veux croire, malgré tout ce qu'on a pu dire, que ce n'était au fond qu'un accident et—tu avais dix-sept ans, il ne faut pas l'oublier—un enfantillage, un sinistre enfantillage. *(Un silence. Il est gêné)* Comment vous a-t-elle raconté cela?

GASTON. Comme elle l'a vu, sans doute.

GEORGES. Elle vous l'a dit, que cette bataille c'était pour votre rivalité de club? Marcel avait démissionné[37] du tien pour des raisons personnelles; vous faisiez partie d'équipes adverses et, malgré tout, n'est-ce pas, dans votre ardeur sportive . . . *(Gaston ne dit rien)* Enfin, c'est la version que, moi, j'ai voulu croire. Parce que, du côté des Grandchamp, on a fait circuler une autre histoire, une histoire que je me suis toujours refusé à accepter pour ma part. Ne cherche pas à la connaître, celle-là, elle n'est que bête et méchante.

GASTON. *(le regarde)* Vous l'aimiez bien?

GEORGES. C'était mon petit frère, malgré tout. Malgré tout le reste. Parce qu'il y a eu bien d'autres choses . . . Ah! tu étais terrible.

GASTON. Tant que j'en aurai le droit, je vous demanderai de dire: *il* était terrible.

GEORGES. *(avec un pauvre sourire à ses souvenirs)* Oui . . . terrible. Oh! tu nous as causé bien des soucis! Et, si tu reviens parmi nous, il faudra que tu apprennes des choses plus graves encore que ce geste malheureux, sur lequel tu peux conserver tout de même le bénéfice du doute.

GASTON. Je dois encore apprendre autre chose?

GEORGES. Tu étais un enfant, que veux-tu, un enfant livré à lui-même dans un monde désorganisé. Maman, avec ses principes, se heurtait maladroitement à toi sans rien faire que te refermer davantage. Moi, je n'avais pas l'autorité suffisante . . . Tu as fait une grosse bêtise, oui, d'abord, qui nous a coûté très cher . . . Tu sais, nous, les aînés, nous étions au front. Les jeunes gens de ton âge se croyaient tout permis. Tu as voulu monter une affaire.[38] Y croyais-tu seulement, à cette affaire? Ou n'était-ce qu'un prétexte pour exécuter tes desseins? Toi seul pourras nous le dire si tu recouvres complètement ta mémoire. Toujours est-il que tu as ensorcelé—ensorcelé,[39] c'est le mot—une vieille amie de la famille. Tu lui as fait donner une grosse somme, près de cinq cent mille francs. Tu étais soi-disant intermédiaire. Tu t'étais fait faire un faux papier à l'en-tête[40] d'une compagnie . . . imaginaire sans doute . . . Tu signais de faux reçus. Un jour, tout s'est découvert. Mais il était trop tard. Il ne te restait plus que quelques milliers de francs. Tu avais dépensé le reste, Dieu sait dans quels tripots,[41] dans quelles boîtes,[42] avec

37. *démissionné:* resigned.
38. *monter . . . affaire:* start a business.
39. *ensorcelé:* bewitched.
40. *à l'en-tête:* with the heading.
41. *tripots:* gambling dens.
42. *boîtes:* "dives".

des femmes et quelques camarades . . . Nous avons remboursé naturellement.

GASTON. La joie avec laquelle vous vous apprêtez à voir revenir votre frère est admirable.

GEORGES. *(baisse la tête)* Plus encore que tu ne le crois, Jacques.

GASTON. Comment! il y a autre chose?

GEORGES. Nous en parlerons une autre fois.

GASTON. Pourquoi une autre fois?

GEORGES. Il vaut mieux. Je vais appeler maman. Elle doit s'inquiéter de notre silence.

GASTON. *(l'arrête)* Vous pouvez me parler. Je suis presque sûr de n'être pas votre frère.

GEORGES. *(le regarde un moment en silence. Puis, d'une voix sourde)* Vous lui ressemblez beaucoup pourtant. C'est son visage, mais comme si une tourmente[43] était passée sur lui.

GASTON. *(souriant)* Dix-huit ans! Le vôtre aussi, sans doute, quoique je n'aie pas l'honneur de me le rappeler sans rides.

GEORGES. Ce ne sont pas seulement des rides. C'est une usure. Mais une usure qui, au lieu de raviner, de durcir, aurait adouci, poli. C'est comme une tourmente de douceur et de bonté qui est passée sur votre visage.

GASTON. Oui. Il y a beaucoup de chances, je le comprends maintenant, pour que le visage de M. votre frère n'ait pas été particulièrement empreint de douceur.

GEORGES. Vous vous trompez. Il était dur, oui, léger, inconstant . . . Mais . . . oh! je l'aimais bien avec ses défauts. Il était plus beau que moi. Pas plus intelligent peut-être—de l'intelligence qu'il faut au collège ou dans les concours—mais plus sensible, plus brillant sûrement . . . *(Il dit sourdement)* Plus séduisant. Il m'aimait bien aussi, vous savez, à sa façon. Il avait même, au sortir de l'enfance du moins, une sorte de tendresse reconnaissante qui me touchait beaucoup. C'est pourquoi cela a été si dur quand j'ai appris. *(Il baisse la tête comme si c'était lui qui avait tort)* Je l'ai détesté, oui, je l'ai détesté. Et puis, très vite, je n'ai plus su lui en vouloir.[44]

GASTON. Mais de quoi?

GEORGES. *(a relevé la tête, il le regarde)* Est-ce toi, Jacques? *(Gaston fait un geste)* J'ai beau me dire qu'il était jeune, qu'il était faible au fond comme tous les violents . . . J'ai beau me dire que tout est facile à de belles lèvres un soir d'été quand on va partir au front. J'ai beau me dire que j'étais loin, qu'elle aussi était toute petite . . .

GASTON. Je vous suis mal. Il vous a pris une femme? *(Un temps)* Votre femme? *(Georges fait «oui». Gaston, sourdement)* Le salaud.

43. *tourmente:* storm.

44. *lui en vouloir:* hold it against him.

GEORGES. *(a un petit sourire triste)* C'est peut-être vous.

GASTON. *(après un temps, demande d'une voix cassée*[45]*)* C'est Georges que vous vous appelez?

GEORGES. Oui.

GASTON. *(le regarde un moment, puis il a un geste de tendresse maladroite)* Georges . . .

MADAME RENAUD. *(paraît dans l'antichambre)* Tu es là, Jacques?

GEORGES. *(les larmes aux yeux, honteux de son émotion)* Excusez-moi, je vous laisse.

Il sort rapidement par l'autre porte.

Voici que commence la scène de confrontation entre Gaston et Mme Renaud. Quelle situation dramatique Anouilh a-t-il créée? (Quel est l'état d'esprit de Gaston au moment où Georges le quitte? Quels sentiments le spectateur a-t-il envers Gaston? Que sait-il déjà de Mme Renaud? Qu'attend-il de cette confrontation?)

MADAME RENAUD. *(entrant dans la chambre)* Jacques . . .

GASTON. *(sans bouger)* Oui.

MADAME RENAUD. Devine qui vient de venir? . . . Ah! c'est une audace.

GASTON. *(las)* Je n'ai déjà pas de mémoire, alors . . . les devinettes . . .

MADAME RENAUD. Tante Louise, mon cher! Oui, tante Louise!

GASTON. Tante Louise. Et c'est une audace? . . .

MADAME RENAUD. Ah! tu peux m'en croire . . . Après ce qui s'est passé! J'espère bien que tu me feras le plaisir de ne pas la revoir si elle tentait de t'approcher malgré nous. Elle s'est conduite d'une façon! . . . Et puis d'ailleurs tu ne l'aimais pas. Oh! mais quelqu'un de la famille que tu détestais, mon petit, tu avais pour lui une véritable haine, justifiée d'ailleurs, je dois le reconnaître, c'est ton cousin Jules.

GASTON. *(toujours sans bouger)* J'ai donc une véritable haine que je ne savais pas.

MADAME RENAUD. Pour Jules? Mais tu ne sais pas ce qu'il t'a fait, le petit misérable? Il t'a dénoncé au concours général[46] parce que tu avais une table de logarithmes . . . C'est vrai, il faut bien que je te raconte toutes ces histoires, tu serais capable de leur faire bonne figure, à[47] tous ces gens, toi qui ne te souviens de rien! . . . Et Gérard Dubuc qui viendra sûrement te faire des sucreries . . .[48] Pour pouvoir entrer à la Compagnie Fillière où tu avais beaucoup plus de chances que lui d'être pris à cause de ton oncle, il t'a fait éliminer en te calomniant[49] auprès de la direction.[50] Oui, nous avons su plus tard que c'était lui. Oh! mais j'espère

45. *cassée:* choked (with emotion).
46. *concours général:* national contest for the best students in each subject.
47. *leur . . . à:* be nice to.
48. *te . . . sucreries:* will come butter you up.
49. *calomniant:* slandering.
50. *direction:* management.

bien que tu lui fermeras la porte, comme à certains autres que je te dirai et qui t'ont trahi ignoblement.

GASTON. Comme c'est plein de choses agréables, un passé! . . .

MADAME RENAUD. En revanche, quoiqu'elle soit un peu répugnante depuis qu'elle est paralytique, la pauvre, il faudra bien embrasser la chère Mme Bouquon. Elle t'a vu naître.

GASTON. Cela ne me paraît pas une raison suffisante.

MADAME RENAUD. Et puis c'est elle qui t'a soigné pendant ta pneumonie quand j'étais malade en même temps que toi. Elle t'a sauvé, mon petit!

GASTON. C'est vrai, il y a aussi la reconnaissance. Je n'y pensais plus, à celle-là. *(Un temps)* Des obligations, des haines, des blessures . . . Qu'est-ce que je croyais donc que c'était, des souvenirs? *(Il s'arrête, réflechit)* C'est juste, j'oubliais des remords. J'ai un passé complet maintenant. *(Il sourit drôlement, va à elle)* Mais vous voyez comme je suis exigeant. J'aurais préféré un modèle avec quelques joies. Un petit enthousiasme aussi si c'était possible. Vous n'avez rien à m'offrir?

MADAME RENAUD. Je ne te comprends pas, mon petit.

GASTON. C'est pourtant bien simple. Je voudrais que vous me disiez une de mes anciennes joies. Mes haines, mes remords ne m'ont rien appris. Donnez-moi une joie de votre fils, que je voie comment elle sonne en moi.

MADAME RENAUD. Oh! ce n'est pas difficile. Des joies, tu en as eu beaucoup, tu sais . . . Tu as été tellement gâté!

GASTON. Eh bien, j'en voudrais une . . .

MADAME RENAUD. Bon. C'est agaçant quand il faut se rappeler comme cela d'un coup, on ne sait que choisir . . .

GASTON. Dites au hasard.

MADAME RENAUD. Eh bien, tiens, quand tu avais douze ans . . .

GASTON. *(l'arrête)* Une joie d'homme. Les autres sont trop loin.

MADAME RENAUD. *(soudain gênée)* C'est que . . . tes joies d'homme . . . Tu ne me les disais pas beaucoup. Tu sais, un grand garçon! . . . Tu sortais tellement. Comme tous les grands garçons . . . Vous étiez les rois à cette époque. Tu allais dans les bars, aux courses . . . Tu avais des joies avec tes camarades, mais avec moi . . .

GASTON. Vous ne m'avez jamais vu joyeux devant vous?

MADAME RENAUD. Mais tu penses bien que si! Tiens, le jour de tes derniers prix, je me rappelle . . .

GASTON. *(la coupe)* Non, pas les prix! Plus tard. Entre le moment où j'ai posé mes livres de classe et celui où l'on m'a mis un fusil dans les mains; pendant ces quelques mois qui devaient être, sans que je m'en doute, toute ma vie d'homme.

MADAME RENAUD. Je cherche. Mais tu sortais tellement, tu sais . . . Tu faisais tellement l'homme . . .

GASTON. Mais enfin, à dix-huit ans, si sérieusement qu'on joue à l'homme, on est encore un enfant! Il y a bien eu un jour une fuite[51] dans la salle de bains que personne ne pouvait arrêter, un jour où la cuisinière a fait un barbarisme[52] formidable, où nous avons rencontré un receveur de tramway comique . . . J'ai ri devant vous. J'ai été content d'un cadeau, d'un rayon de soleil. Je ne vous demande pas une joie débordante . . . une toute petite joie. Je n'étais pas neurasthénique?[53]

MADAME RENAUD. *(soudain gênée)* Je vais te dire, mon petit Jacques . . . J'aurais voulu t'expliquer cela plus tard, et plus posément . . . Nous n'étions plus en très bons termes à cette époque, tous les deux! . . . Oh! c'était un enfantillage! . . . Avec le recul, je suis sûre que cela va te paraître beaucoup plus grave que cela ne l'a été. Oui, à cette époque précisément, entre le collège et le régiment, nous ne nous adressions pas la parole.

GASTON. Ah!

MADAME RENAUD. Oui. Oh! pour des bêtises, tu sais.

GASTON. Et . . . cela a duré longtemps, cette brouille?[54]

MADAME RENAUD. Presque un an.

GASTON. Fichtre![55] Nous avions tous deux de l'endurance. Et qui avait commencé?

MADAME RENAUD. *(après une hésitation)* Oh! moi, si tu veux . . . Mais c'était bien à cause de toi. Tu t'étais entêté stupidement.

GASTON. Quel entêtement de jeune homme a donc pu vous entraîner à ne pas parler à votre fils pendant un an?

MADAME RENAUD. Tu n'as jamais rien fait pour faire cesser cet état de choses. Rien!

GASTON. Mais, quand je suis parti pour le front, nous nous sommes réconciliés tout de même, vous ne m'avez pas laissé partir sans m'embrasser?

MADAME RENAUD. *(après un silence, soudain)* Si. *(Un temps, puis vite)* C'est ta faute, ce jour-là aussi je t'ai attendu dans ma chambre. Toi, tu attendais dans la tienne. Tu voulais que je fasse les premiers pas, moi, ta mère! . . . Alors que tu m'avais gravement offensée. Les autres ont eu beau s'entremettre.[56] Rien ne t'a fait céder. Rien. Et tu partais pour le front.

GASTON. Quel âge avais-je?

MADAME RENAUD. Dix-huit ans.

GASTON. Je ne savais peut-être pas où j'allais. A dix-huit ans, c'est une aventure amusante, la guerre. Mais on n'était plus en 1914 où les mères mettaient des fleurs au fusil; vous deviez le savoir, vous, où j'allais.

MADAME RENAUD. Oh! je pensais que la guerre serait finie avant que tu quit-

51. *fuite:* leak.
52. *barbarisme:* gross mistake in language (malapropism).
53. *neurasthénique:* person afflicted with a disease of the nervous system.
54. *brouille:* split.
55. *Fichtre:* Damn it.
56. *Les . . . s'entremettre:* The others tried in vain to intercede.

tes la caserne[57] ou que je te reverrais à ta première permission[58] avant le front. Et puis, tu étais toujours si cassant, si dur avec moi.

GASTON. Mais vous ne pouviez pas descendre me dire: «Tu es fou, embrasse-moi!»

MADAME RENAUD. J'ai eu peur de tes yeux . . . Du rictus d'orgueil que tu aurais eu sans doute. Tu aurais été capable de me chasser, tu sais . . .

GASTON. Eh bien, vous seriez revenue, vous auriez pleuré à ma porte, vous m'auriez supplié, vous vous seriez mise à genoux pour que cette chose ne soit pas et que je vous embrasse avant de partir. Ah! c'est mal de ne pas vous être mise à genoux.

MADAME RENAUD. Mais une mère, Jacques! . .

GASTON. J'avais dix-huit ans, et on m'envoyait mourir. J'ai un peu honte de vous dire cela, mais, j'avais beau être brutal, m'enfermer dans mon jeune orgueil imbécile, vous auriez dû tous vous mettre à genoux et me demander pardon.

MADAME RENAUD. Pardon de quoi? Mais je n'avais rien fait, moi!

GASTON. Et qu'est-ce que j'avais fait, moi, pour que cet infranchissable fossé[59] se creuse entre nous?

MADAME RENAUD. *(avec soudain le ton d'autrefois)* Oh! tu t'étais mis dans la tête d'épouser une petite couturière que tu avais trouvée Dieu sait où, à dix-huit ans, et qui refusait sans doute de devenir ta maîtresse . . . Le mariage n'est pas une amourette! Devions-nous te laisser compromettre ta vie, introduire cette fille chez nous? Ne me dis pas que tu l'aimais . . . Est-ce qu'on aime à dix-huit ans, je veux dire: est-ce qu'on aime profondément, d'une façon durable, pour se marier et fonder un foyer, une petite cousette[60] rencontrée dans un bal trois semaines plus tôt?

GASTON. *(après un silence)* Bien sûr, c'était une bêtise . . . Mais ma classe allait être appelée dans quelques mois, vous le saviez. Si cette bêtise était la seule qu'il m'était donné de faire; si cet amour, qui ne pouvait pas durer, celui qui vous le réclamait n'avait que quelques mois à vivre, pas même assez pour l'épuiser?

MADAME RENAUD. Mais on ne pensait pas que tu allais mourir! . . . Et puis, je ne t'ai pas tout dit. Tu sais ce que tu m'as crié, en plein visage, avec ta bouche toute tordue, avec ta main levée sur moi, moi ta mère? «Je te déteste, je te déteste!» voilà ce que tu m'as crié. *(Un silence)* Comprends-tu maintenant pourquoi je suis restée dans ma chambre en espérant que tu monterais, jusqu'à ce que la porte de la rue claque derrière toi?

GASTON. *(doucement, après un silence)* Et je suis mort à dix-huit ans, sans avoir eu ma petite joie, sous prétexte que c'était une bêtise, et sans que

57. *caserne:* barracks.
58. *permission:* leave.
59. *infranchissable fossé:* uncrossable ditch.
60. *cousette:* seamstress (slang).

vous m'ayez reparlé. J'ai été couché sur le dos toute une nuit avec ma blessure à l'épaule, et j'étais deux fois plus seul que les autres qui appelaient leur mère. *(Un silence, il dit soudain comme pour lui)* C'est vrai, je vous déteste.

MADAME RENAUD. *(crie, épouvantée)* Mais, Jacques, qu'est-ce que tu as?

GASTON. *(revient à lui, la voit)* Comment? Pardon . . . Je vous demande pardon. *(Il s'est éloigné, fermé, dur)* Je ne suis pas Jacques Renaud; je ne reconnais rien ici de ce qui a été à lui. Un moment, oui, en vous écoutant parler, je me suis confondu avec lui. Je vous demande pardon. Mais, voyez-vous pour un homme sans mémoire, un passé tout entier, c'est trop lourd à endosser en une seule fois. Si vous voulez me faire plaisir, pas seulement me faire plaisir, me faire du bien, vous me permettriez de retourner à l'asile. Je plantais des salades, je cirais les parquets.[61] Les jours passaient . . . Mais même au bout de dix-huit ans—une autre moitié exactement de ma vie—ils n'étaient pas parvenus, en s'ajoutant les uns aux autres, à faire cette chose dévorante que vous appelez un passé.

MADAME RENAUD. Mais, Jacques . . .

GASTON. Et puis, ne m'appelez plus Jacques . . Il a fait trop de choses, ce Jacques. Gaston, c'est bien; quoique ce ne soit personne, je sais qui c'est. Mais ce Jacques dont le nom est déjà entouré des cadavres de tant d'oiseaux, ce Jacques qui a trompé, meurtri, qui s'en est allé tout seul à la guerre sans personne à son train, ce Jacques qui n'a même pas aimé, il me fait peur.

MADAME RENAUD. Mais enfin, mon petit . . .

GASTON. Allez-vous-en! Je ne suis pas votre petit.

MADAME RENAUD. Oh! tu me parles comme autrefois!

GASTON. Je n'ai pas d'autrefois, je vous parle comme aujourd'hui. Allez-vous-en!

MADAME RENAUD. *(se redresse, comme autrefois elle aussi)* C'est bien, Jacques! Mais, quand les autres t'auront prouvé que je suis ta mère, il faudra bien que tu viennes me demander pardon.

Elle sort sans voir Valentine qui a écouté les dernières répliques du couloir.

Le mouvement de cette scène. Quels rapports y a-t-il entre Gaston et Mme Renaud au début de la scène? Comment le jeu de scène peut-il souligner ces rapports? A partir du moment où Gaston va à Mme Renaud, quel changement y a-t-il dans leurs rapports? Etudiez surtout l'évolution des personnages: par quelles étapes Mme Renaud se met-elle à parler «comme autrefois»? Par quels moyens psychologiques (ce que Gaston dit) et stylistiques (les pronoms dont Gaston se sert) Anouilh montre-t-il un

61. *je . . . parquets:* I waxed the floors.

changement chez ce personnage? Précisez la nature exacte de ce changement: *qui* dit «Allez-vous-en! Je ne suis pas votre petit»? A *qui?*

Faites le portrait de Mme Renaud (apparence, costume, gestes, voix). Quelle réaction doit-elle provoquer chez le spectateur? Pour quelles raisons dramatiques et structurales?

VALENTINE. *(s'avance quand elle est sortie)* Vous dites qu'il n'a jamais aimé. Qu'en savez-vous, vous qui ne savez rien?

GASTON. *(la toise*[62]*)* Vous aussi, allez-vous-en!

VALENTINE. Pourquoi me parlez-vous ainsi? Qu'est-ce que vous avez?

GASTON. *(crie)* Allez-vous-en! Je ne suis pas Jacques Renaud.

VALENTINE. Vous le criez comme si vous en aviez peur.

GASTON. C'est un peu cela.

VALENTINE. De la peur, passe encore.[63] La jeune ombre de Jacques est une ombre redoutable à endosser, mais pourquoi de la haine et contre moi?

GASTON. Je n'aime pas que vous veniez me faire des sourires comme vous n'avez cessé de m'en faire depuis que je suis ici. Vous avez été sa maîtresse.

VALENTINE. Qui a osé le dire?

GASTON. Votre mari.

Un silence.

VALENTINE. Eh bien, si vous êtes mon amant, si je vous retrouve et que je veuille vous reprendre . . . Vous êtes assez ridicule pour trouver cela mal?

GASTON. Vous parlez à une sorte de paysan du Danube.[64] D'un drôle de Danube, d'ailleurs, aux eaux noires et aux rives sans nom. Je suis un homme d'un certain âge, mais j'arrive frais éclos[65] au monde. Cela n'est peut-être pas si mal après tout de prendre la femme de son frère, d'un frère qui vous aimait, qui vous a fait du bien?

VALENTINE. *(doucement)* Quand nous nous sommes connus en vacances à Dinard, j'ai joué au tennis, j'ai nagé plus souvent avec vous qu'avec votre frère . . . J'ai fait plus de promenades sur les rochers avec vous. C'est avec vous, avec vous seul, que j'ai échangé des baisers. Je suis venue chez votre mère, ensuite, à des parties de camarades et votre frère s'est mis à m'aimer; mais c'était vous que je venais voir.

GASTON. Mais c'est tout de même lui que vous avez épousé?

VALENTINE. Vous étiez un enfant. J'étais orpheline, mineure sans un sou, avec une tante bienfaitrice qui m'avait déjà fait payer très cher les premiers partis refusés. Devais-je me vendre à un autre plutôt qu'à lui qui me rapprochait de vous?

62. *la toise:* looks her over from head to foot.
63. *passe encore:* that's understandable.
64. *paysan du Danube:* a particularly naive and frank individual (allusion to a fable by La Fontaine).
65. *frais éclos:* freshly hatched.

GASTON. Il y a une rubrique dans les magazines féminins où l'on répond à ce genre de questions.

VALENTINE. Je suis devenue votre maîtresse au retour de notre voyage de noces.

GASTON. Ah! nous avons tout de même attendu un peu.

VALENTINE. Un peu? Deux mois, deux horribles mois. Puis, nous avons eu trois ans bien à nous, car la guerre a éclaté tout de suite et Georges est parti le 4 août . . . Et après ces dix-sept ans, Jacques . . .

Elle a mis sa main sur son bras, il recule.

GASTON. Je ne suis pas Jacques Renaud.

VALENTINE. Quand bien même . . . Laissez-moi contempler le fantôme du seul homme que j'aie aimé . . . *(Elle a un petit sourire)* Oh! tu plisses[66] ta bouche . . . *(Elle le regarde bien en face, il est gêné)* Rien de moi ne correspond à rien dans votre magasin aux accessoires, un regard, une inflexion?

GASTON. Rien.

VALENTINE. Ne soyez pas si dur, de quelque Danube infernal que vous veniez! C'est grave, vous comprenez, pour une femme qui a aimé de retrouver un jour, après une interminable absence, sinon un amant, du moins, avec la reconstitution du plus imperceptible plissement de bouche, son fantôme scrupuleusement exact.

GASTON. Je suis peut-être un fantôme plein d'exactitude, mais je ne suis pas Jacques Renaud.

VALENTINE. Regardez-moi bien.

GASTON. Je vous regarde bien. Vous êtes charmante, mais je ne suis pas Jacques Renaud!

VALENTINE. Je ne suis rien pour vous, vous en êtes sûr?

GASTON. Rien.

VALENTINE. Alors, vous ne retrouverez jamais votre mémoire.

GASTON. J'en arrive à le souhaiter. *(Un temps, il s'inquiéte tout de même)* Pourquoi ne retrouverai-je jamais ma mémoire?

VALENTINE. Vous ne vous souvenez même pas des gens que vous avez vus il y a deux ans.

GASTON. Deux ans?

VALENTINE. Une lingère, une lingère en remplacement . . .

GASTON. Une lingère en remplacement? *(Un silence. Il demande soudain)* Qui vous a raconté cela?

VALENTINE. Personne. J'avais—avec l'approbation de ma belle-mère d'ailleurs—adopté cette personnalité pour vous approcher librement. Regardez-moi bien, homme sans mémoire . . .

GASTON. *(l'attire malgré lui, troublé)* C'était vous la lingère qui n'est restée qu'un jour?

66. *plisses:* wrinkle.

VALENTINE. Oui, c'était moi.

GASTON. Mais vous ne m'avez rien dit ce jour-là!

VALENTINE. Je ne voulais rien vous dire avant . . . J'espérais, vous voyez comme je crois à l'amour—à votre amour—qu'en me prenant vous retrouveriez la mémoire.

GASTON. Mais après?

VALENTINE. Après, comme j'allais vous dire, rappelez-vous, nous avons été surpris.

GASTON. *(sourit à ce souvenir)* Ah? l'économe![67]

VALENTINE. *(sourit aussi)* L'économe, oui.

GASTON. Mais vous n'avez pas crié partout que vous m'aviez reconnu?

VALENTINE. Je l'ai crié, mais nous étions cinquante familles à le faire.

GASTON. *(a un rire nerveux, soudain)* Mais c'est vrai, suis-je bête, tout le monde me reconnaît! Cela ne prouve en rien que je suis Jacques Renaud.

VALENTINE. Vous vous en êtes souvenu tout de même de votre lingère et de son gros paquet de draps?

GASTON. Mais, bien sûr, je m'en suis souvenu. A part mon amnésie, j'ai beaucoup de mémoire.

VALENTINE. Vous voulez la reprendre dans vos bras, votre lingère?

GASTON. *(la repousse)* Attendons de savoir si je suis Jacques Renaud.

VALENTINE. Et si vous êtes Jacques Renaud?

GASTON. Si je suis Jacques Renaud, je ne la reprendrai pour rien au monde dans mes bras. Je ne veux pas être l'amant de la femme de mon frère.

VALENTINE. Mais vous l'avez déjà été! . . .

GASTON. Il y a si longtemps et j'ai été si malheureux depuis, je suis lavé de ma jeunesse.

VALENTINE. *(a un petit rire triomphant)* Vous oubliez déjà votre lingère! . . . Si vous êtes Jacques Renaud, c'est il y a deux ans que vous avez été l'amant de la femme de votre frère. Vous, bien vous, pas un lointain petit jeune homme.

GASTON. Je ne suis pas Jacques Renaud!

VALENTINE. Ecoute, Jacques, il faut pourtant que tu renonces à la merveilleuse simplicité de ta vie d'amnésique. Ecoute, Jacques, il faut pourtant que tu t'acceptes. Toute notre vie avec notre belle morale et notre chère liberté, cela consiste en fin de compte à nous accepter tels que nous sommes . . . Ces dix-sept ans d'asile pendant lesquels tu t'es conservé si pur, c'est la durée exacte d'une adolescence, ta seconde adolescence qui prend fin aujourd'hui. Tu vas redevenir un homme, avec tout ce que cela comporte de taches, de ratures[68] et aussi de joies. Accepte-toi et accepte-moi, Jacques.

67. *économe:* business manager.

68. *ratures:* erasures, "foul-ups."

GASTON. Si j'y suis obligé par quelque preuve, il faudra bien que je m'accepte; mais je ne vous accepterai pas!

VALENTINE. Mais puisque malgré toi c'est fait déjà, depuis deux ans!

GASTON. Je ne prendrai pas la femme de mon frère.

VALENTINE. Quand laisseras-tu tes grands mots? Tu vas voir, maintenant que tu vas être un homme, aucun de tes nouveaux problèmes ne sera assez simple pour que tu puisses le résumer dans une formule . . . Tu m'as prise à lui, oui. Mais le premier, il m'avait prise à toi, simplement parce qu'il avait été un homme, maître de ses actes, avant toi.

GASTON. Et puis, il n'y a pas que vous . . . Je ne tiens pas à avoir dépouillé[69] de vieilles dames, violé des bonnes.

VALENTINE. Quelles bonnes?

GASTON. Un autre détail . . . Je ne tiens pas non plus à avoir levé la main sur ma mère, ni à aucune des excentricités de mon affreux petit sosie.[70]

VALENTINE. Comme tu cries! . . . Mais, à peu de choses près, tu as déjà fait cela aussi tout à l'heure . . .

GASTON. J'ai dit à une vieille dame inhumaine que je la détestais, mais cette vieille dame n'était pas ma mère.

VALENTINE. Si, Jacques! Et c'est pour cela que tu le lui as dit avec tant de véhémence. Et, tu vois, il t'a suffi, au contraire, de côtoyer une heure les personnages de ton passé pour reprendre inconsciemment avec eux tes anciennes attitudes. Ecoute, Jacques, je vais monter dans ma chambre, car tu vas être très en colère. Dans dix minutes, tu m'appelleras, car tes colères sont terribles, mais ne durent jamais plus de dix minutes.

GASTON. Qu'en savez-vous? Vous m'agacez à la fin. Vous avez l'air d'insinuer que vous me connaissez mieux que moi.

VALENTINE. Mais bien sûr! . . . Ecoute, Jacques, écoute. Il y a une preuve décisive que je n'ai jamais pu dire aux autres . . .!

GASTON. *(recule)* Je ne vous crois pas!

VALENTINE. *(sourit)* Attends, je ne l'ai pas encore dite.

GASTON. *(crie)* Je ne veux pas vous croire, je ne veux croire personne. Je ne veux plus que personne me parle de mon passé!

LA DUCHESSE. *(entre en trombe,*[71] *suivie de maître Huspar, Valentine se cache dans la salle de bain)* Gaston, Gaston, c'est épouvantable! Des gens viennent d'arriver, furieux, tonitruants,[72] c'est une de vos familles. J'ai été obligée de les recevoir. Ils m'ont couverte d'insultes. Je comprends maintenant que j'ai été follement imprudente de ne pas suivre l'ordre d'inscription que nous avions annoncé par voie de presse . . . Ces gens-là se croient frustrés. Ils vont faire un scandale, nous accuser de Dieu sait quoi!

69. *dépouillé:* robbed.
70. *sosie:* double.
71. *entre en trombe:* dashes in.
72. *tonitruants:* thundering.

HUSPAR. Je suis sûr, Madame, que personne n'oserait vous suspecter.

LA DUCHESSE. Mais vous ne comprenez donc point que ces deux cent cinquante mille francs les aveuglent! Ils parlent de favoritisme, de passe-droit.[73] De là à prétendre que mon petit Albert touche la forte somme de la famille à laquelle il attribue Gaston il n'y a qu'un pas!

LE MAÎTRE D'HÔTEL. *(entre)* Madame. Je demande pardon à Madame la duchesse. Mais voici d'autres personnes qui réclament maître Huspar ou Madame la duchesse.

LA DUCHESSE. Leur nom?

LE MAÎTRE D'HÔTEL. Ils m'ont donné cette carte que je ne me permettais pas de présenter dès l'abord à Madame la duchesse, vu qu'elle est commerciale. *(Il lit, très digne) Beurre, œufs, fromages. Maison Bougran.*

LA DUCHESSE. *(cherchant dans son agenda)* Bougran? Vous avez dit Bougran? C'est la crémière!

LE VALET DE CHAMBRE. *(frappe et entre)* Je demande pardon à Madame; mais c'est un Monsieur, ou plutôt un homme, qui demande Madame la duchesse. Vu sa tenue, je dois dire à Madame que je n'ai pas osé l'introduire.

LA DUCHESSE. *(dans son agenda)* Son nom? Legropâtre ou Madensale?

LE VALET DE CHAMBRE. Legropâtre, Madame la duchesse.

LA DUCHESSE. Legropâtre, c'est le lampiste! Introduisez-le avec beaucoup d'égards! Ils sont tous venus par le même train. Je parie que les Madensale vont suivre. J'ai appelé Pont-au-Bronc au téléphone. Je vais tâcher de les faire patienter!

Elle sort rapidement, suivie de maître Huspar.

GASTON. *(murmure, harassé)* Vous avez tous des preuves, des photographies ressemblantes, des souvenirs précis comme des crimes . . . Je vous écoute tous et je sens surgir peu à peu derrière moi un être hybride où il y a un peu de chacun de vos fils et rien de moi, parce que vos fils n'ont rien de moi. *(Il répète)* Moi. Moi. J'existe, moi, malgré toutes vos histoires . . . Vous avez parlé de la merveilleuse simplicité de ma vie d'amnésique tout à l'heure . . . Vous voulez rire. Essayez de prendre toutes les vertus, tous les vices et de les accrocher derrière vous.

VALENTINE. *(qui est rentrée à la sortie de la duchesse)* Ton lot va être beaucoup plus simple si tu veux m'écouter une minute seulement, Jacques. Je t'offre une succession un peu chargée, sans doute, mais qui te paraîtra légère puisqu'elle va te délivrer de toutes les autres. Veux-tu m'écouter?

GASTON. Je vous écoute.

VALENTINE. Je ne t'ai jamais vu nu, n'est-ce pas? Eh bien, tu as une cicatrice, une toute petite cicatrice[74] qu'aucun des médecins qui t'ont examiné n'a

73. *passe-droit:* special (illegal) favor. 74. *cicatrice:* scar.

découverte, j'en suis sûre, à deux centimètres sous l'omoplate[75] gauche. C'est un coup d'épingle à chapeau—crois-tu qu'on était affublée[76] en 1915!—je te l'ai donné un jour où j'ai cru que tu m'avais trompée.

Elle sort. Il reste abasourdi un instant, puis il commence lentement à enlever sa veste.[77]

LE RIDEAU TOMBE

La structure. Ce tableau comprend quatre scènes de confrontation: quelles oppositions fondamentales retrouve-t-on dans toutes les scènes? Pour quelles raisons dramatiques et structurales Anouilh a-t-il mis ces confrontations dans l'ordre Juliette-Georges-Mme Renaud-Valentine? (Quel rôle chacun a-t-il joué dans la vie de Jacques? En quoi Valentine s'oppose-t-elle aux autres personnages? Dans quel sens peut-on dire qu'Anouilh se sert d'elle pour élargir la portée de la pièce?) Quelle progression chaque scène marque-t-elle sur la précédente—du point de vue de l'intrigue? (Quelle question le spectateur se pose-t-il dès le début de la pièce? Dans quelle mesure cet acte y répond-il?) Du point de vue de l'action? (Considérez le ton de l'acte et les sentiments du spectateur envers Gaston.)

Gaston. A la fin de ce tableau, il crie: «Moi. Moi. J'existe, moi, malgré toutes vos histoires . . .» Etudiez dans ce tableau le jeu de pronoms: quelles distinctions fait-on entre *vous* et *tu*? Entre *tu* et *il*? Entre *il* et *je*? Qu'est-ce que ce jeu révèle au sujet des rapports humains? Dans cette perspective, quel est le sens du cri final de Gaston? Quelle conception de l'homme une telle affirmation implique-t-elle? Quelle est la valeur structurale de cette affirmation? (Dans quelle mesure s'oppose-t-elle à la conception qu'en ont les autres personnages? Quel rapport y a-t-il entre elle et les événements du troisième acte?)

Le ton. Comment le ton de la pièce a-t-il évolué depuis le premier tableau? Quelle est pourtant la fonction dramatique de la Duchesse? (A quel moment Anouilh la fait-il intervenir? Quel effet la présence de la Duchesse a-t-elle sur le ton de la scène?) Bien que cette courte scène avec la Duchesse serve à souligner la situation fondamentale de Gaston (c'est elle qui organise sa vie), il ne semble pas que la scène soit nécessaire pour le déroulement de la pièce. Pour quelle raison dramatique Anouilh voudrait-il donc interrompre une scène à son moment le plus intense? (Quel effet une telle intervention a-t-elle sur la distance entre le spectateur et les personnages? Une telle intervention sert-elle à diminuer ou à souligner le tragique de la situation? Discutez.)

75. *omoplate:* shoulder blade.
76. *affublée:* decked out.
77. *veste:* jacket.

QUATRIEME TABLEAU

Le chauffeur et le valet de chambre grimpés sur une chaise dans un petit couloir obscur et regardant par un œil-de-bœuf.[1]

1. *œil-de-bœuf:* round or oval window.

LE VALET DE CHAMBRE. Hé! dis donc! Y se déculotte[2] . . .

LE CHAUFFEUR. *(le poussant pour prendre sa place)* Sans blague.[3] Mais il est complètement sonné,[4] ce gars-là! Qu'est-ce qu'il fait? Il se cherche une puce?[5] Attends, attends. Le voilà qui grimpe sur une chaise pour se regarder dans la glace de la cheminée . . .

LE VALET DE CHAMBRE. Tu rigoles . . . Y monte sur une chaise?

LE CHAUFFEUR. Je te le dis.

LE VALET DE CHAMBRE. *(prenant sa place)* Fais voir ça . . . Ah! dis donc! Et tout ça c'est pour voir son dos. Je te dis qu'il est sonné. Bon. Le voilà qui redescend. Il a vu ce qu'il voulait. Y remet sa chemise. Y s'assoit . . . Ah! dis donc . . . Mince alors!

LE CHAUFFEUR. Qu'est-ce qu'il fait?

LE VALET DE CHAMBRE. *(se retourne, médusé[6])* Y chiale[7] . . .

LE RIDEAU TOMBE

Une seconde fois Anouilh ajoute à un tableau assez long qui a lieu chez les personnages principaux une courte scène présentée du point de vue des domestiques. Pourtant, cette fois l'action est continue: Gaston commence à enlever sa chemise, les domestiques le voient achever ce geste. On se demande donc pourquoi Anouilh n'a pas laissé Gaston sur la scène, d'autant plus que ce nouveau tableau, qui ne dure que deux ou trois minutes, pose des problèmes considérables au décorateur et au metteur en scène. Pour quelles raisons dramatiques Anouilh aurait-il voulu ce nouveau tableau? (Quelle place ce moment occupe-t-il dans la vie de Gaston? De quel point de vue Anouilh le présente-t-il? Quel effet ce point de vue a-t-il sur les réactions du spectateur? En répondant à cette dernière question, imaginez aussi une présentation directe de la scène.) Quelle est la valeur structurale de ce tableau? (Par quels détails rappelle-t-il le deuxième tableau? En quoi ce rappel souligne-t-il le dilemme de Gaston?)

L'intrigue et l'action. Dans quel sens ce nouveau tableau semble-t-il marquer un tournant dans l'intrigue? (A quelle question du spectateur répond-il? Quelles nouvelles questions suscite-t-il chez lui?) Dans quel sens ce tableau marque-t-il effectivement un tournant dans l'action? (Quel effet a-t-il sur les sentiments qu'éprouve le spectateur envers Gaston?)

2. *y . . . déculotte:* il se déshabille.
3. *Sans blague:* No kidding.
4. *sonné:* crazy.
5. *puce:* flea.
6. *médusé:* stupefied.
7. Y *chiale:* Il pleure.

CINQUIEME TABLEAU

La chambre de Jacques. Les persiennes sont fermées, l'ombre rousse est rayée de lumière. C'est le matin. Gaston est couché dans le lit, il dort. Le maître d'hôtel et le valet de chambre sont en train d'apporter dans la pièce des animaux empaillés qu'ils disposent autour du lit. La duchesse et Mme Renaud dirigent les opérations du couloir. Tout se joue en chuchotements et sur la pointe des pieds.

LE MAÎTRE D'HÔTEL. Nous les posons également autour du lit, Madame la duchesse?

LA DUCHESSE. Oui, oui, autour du lit, qu'en ouvrant les yeux il les voie toutes en même temps.

MADAME RENAUD. Ah! si la vue de ces petits animaux pouvait le faire revenir à lui!

LA DUCHESSE. Cela peut le frapper beaucoup.

MADAME RENAUD. Il aimait tant les traquer! Il montait sur les arbres à des hauteurs vertigineuses pour mettre de la glu sur les branches.

LA DUCHESSE. *(au maître d'hôtel)* Mettez-en une sur l'oreiller, tout près de lui. Sur l'oreiller, oui, oui, sur l'oreiller.

LE MAITRE D'HOTEL. Madame la duchesse ne craint pas qu'il ait peur en s'éveillant de voir cette bestiole[1] si près de son visage?

LA DUCHESSE. Excellente, la peur, dans son cas, mon ami. Excellente. *(Elle revient à Mme Renaud)* Ah! je ne vous cacherai pas que je suis dévorée d'inquiétude, Madame! J'ai pu calmer ces gens, hier soir, en leur disant qu'Huspar et mon petit Albert seraient ici ce matin à la première heure; mais qui sait si nous arriverons à nous en débarrasser sans dégâts? . . .[2]

LE VALET DE CHAMBRE. *(entre)* Les familles présumées de M. Gaston viennent d'arriver, Madame la duchesse.

LA DUCHESSE. Vous voyez! Je leur avais dit neuf heures, ils sont là à neuf heures moins cinq. Ce sont des gens que rien ne fera céder.

MADAME RENAUD. Où les avez-vous introduits, Victor?

LE VALET DE CHAMBRE. Dans le grand salon, Madame.

LA DUCHESSE. Ils sont autant qu'hier? C'est bien une idée de paysans de venir en groupe pour mieux se défendre.

LE VALET DE CHAMBRE. Ils sont davantage, Madame la duchesse.

LA DUCHESSE. Davantage? Comment cela?

LE VALET DE CHAMBRE. Oui, Madame la duchesse, trois de plus, mais ensemble. Un monsieur de bonne apparence, avec un petit garçon, et sa gouvernante.

LA DUCHESSE. Une gouvernante? Quel genre de gouvernante?

LE VALET DE CHAMBRE. Anglais, Madame la duchesse.

LA DUCHESSE. Ah! ce sont les Madensale! . . . Des gens que je crois charmants. C'est la branche anglaise de la famille qui réclame Gaston . . . C'est touchant de venir d'aussi loin rechercher un des siens, vous ne

1. *bestiole:* petite bête. 2. *dégats:* damage.

Deux interprétations scéniques du *Voyageur sans bagage* (Agence de Presse Bernand)
(*Ci-dessus*) au Théâtre Montparnasse (*A d.*) Tournée Georges Herbert

trouvez pas? Priez ces personnes de patienter quelques minutes, mon ami.

MADAME RENAUD. Mais ces gens ne vont pas nous le reprendre avant qu'il ait parlé, n'est-ce pas, Madame?

LA DUCHESSE. N'ayez crainte. L'épreuve a commencé par vous, il faudra, qu'ils le veuillent ou non, que nous la terminions régulièrement. Mon petit Albert m'a promis d'être très ferme sur ce point. Mais d'un autre côté nous sommes obligés à beaucoup de diplomatie pour éviter le moindre scandale.

MADAME RENAUD. Un scandale dont j'ai l'impression que vous vous exagérez le danger, Madame.

LA DUCHESSE. Détrompez-vous, Madame! La presse de gauche guette mon petit Albert, je le sais: j'ai mes espions. Ces gens-là vont bondir sur cette calomnie comme des molosses[3] sur une charogne.[4] Et cela, quel que soit mon désir de voir Gaston entrer dans une famille adorable, je ne peux

3. *molosses:* dogs.

4. *charogne:* carrion.

pas le permettre. Comme vous êtes mère, je suis tante—avant tout. *(Elle lui serre le bras)* Mais croyez que j'ai le cœur brisé comme vous par tout ce que cette épreuve peut avoir de douloureux et de torturant. *(Le valet de chambre passe près d'elle avec des écureuils empaillés. Elle le suit des yeux)* Mais c'est ravissant une peau d'écureuil! Comment se fait-il qu'on n'ait jamais pensé à en faire des manteaux?

MADAME RENAUD. *(ahurie)* Je ne sais pas.

LE VALET DE CHAMBRE. Ça doit être trop petit.

LE MAÎTRE D'HÔTEL. *(qui surveille la porte)* Attention, Monsieur a bougé!

LA DUCHESSE. Ne nous montrons surtout pas. *(Au maître d'hôtel)* Ouvrez les persiennes.

Pleine lumière dans la chambre. Gaston a ouvert les yeux. Il voit quelque chose tout près de son visage. Il recule, se dresse sur son séant.

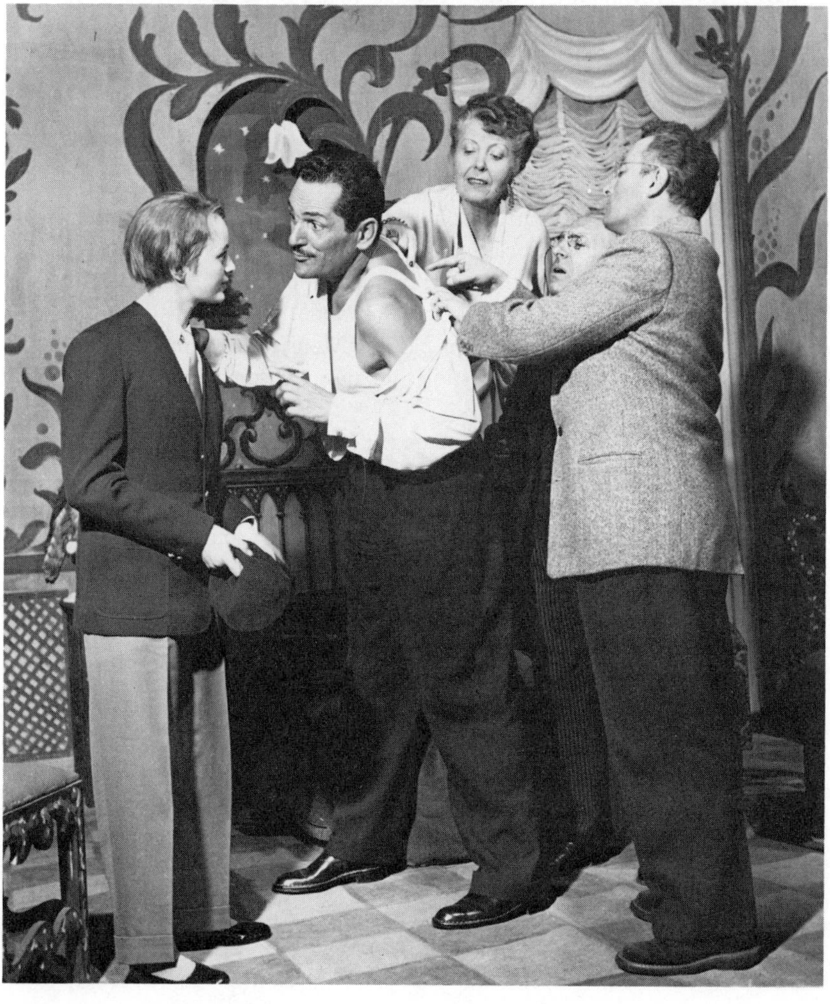

GASTON. Qu'est-ce que c'est? *(Il se voit entouré de belettes, de putois, d'écureuils empaillés, il a les yeux exorbités, il crie)* Mais qu'est-ce que c'est que toutes ces bêtes? Qu'est-ce qu'elles me veulent?

LE MAÎTRE D'HÔTEL. *(s'avance)* Elles sont empaillées, Monsieur. Ce sont les petites bêtes que Monsieur s'amusait à tuer. Monsieur ne les reconnaît donc pas?

GASTON. *(crie d'une voix rauque*[5]*)* Je n'ai jamais tué de bêtes! *(Il s'est levé, le valet s'est précipité avec sa robe de chambre. Ils passent tous deux dans la salle de bain. Mais Gaston ressort et revient aussitôt aux bêtes)* Comment les prenait-il?

LE MAÎTRE D'HÔTEL. Que Monsieur se rappelle les pièges d'acier qu'il choisissait longuement sur le catalogue de la Manufacture d'Armes et Cycles de Saint-Etienne . . . Pour certaines, Monsieur préférait se servir de la glu.

GASTON. Elles n'étaient pas encore mortes quand il les trouvait?

LE MAÎTRE D'HÔTEL. Généralement pas, Monsieur. Monsieur les achevait avec son couteau de chasse. Monsieur était très adroit pour cela.

GASTON. *(après un silence)* Qu'est-ce qu'on peut faire pour des bêtes mortes? *(Il va vers elles avec un geste timide qui n'ose pas être une caresse, il rêve un instant)* Quelles caresses sur ces peaux tendues, séchées? J'irai jeter des noisettes et des morceaux de pain à d'autres écureuils, tous les jours. Je défendrai, partout où la terre m'appartiendra, qu'on fasse la plus légère peine aux belettes . . . Mais comment consolerai-je celles-ci de la longue nuit où elles ont eu mal et peur sans comprendre, leur patte retenue dans cette mâchoire[6] immobile?

LE MAÎTRE D'HÔTEL. Oh! il ne faut pas que Monsieur se peine à ce point. Ce n'est pas bien grave, des bestioles; et puis, en somme maintenant, c'est passé.

GASTON. *(répète)* C'est passé. Et même si j'étais assez puissant à présent pour rendre à jamais heureuse la race des petits animaux des bois . . . Vous l'avez dit: c'est passé. *(Il s'en va vers la salle de bain en disant)* Pourquoi n'ai-je pas la même robe de chambre qu'hier soir?

LE MAÎTRE D'HÔTEL. Elle est également à Monsieur. Madame m'a recommandé de les faire essayer toutes à Monsieur, dans l'espoir que Monsieur en reconnaîtrait une.

GASTON. Qu'est-ce qu'il y a dans les poches de celle-là? Des souvenirs encore, comme hier?

LE MAÎTRE D'HÔTEL. *(le suivant)* Non, Monsieur. Cette fois ce sont des boules de naphtaline.[7]

5. *rauque:* hoarse.
6. *mâchoire:* jaw (i.e., trap).
7. *boules de napthaline:* mothballs.

La porte de la salle de bain s'est refermée. La duchesse et Mme Renaud sortent de leur cachette.

LE MAÎTRE D'HÔTEL. *(a un geste avant de sortir)* Madame a pu entendre. Je ne crois pas que Monsieur ait rien reconnu.

MADAME RENAUD. *(dépitée)* On dirait vraiment qu'il y met de la mauvaise volonté.

LA DUCHESSE. Si c'était cela, croyez que je lui parlerais très sévèrement, mais j'ai malheureusement peur que ce ne soit plus grave.

GEORGES. *(entrant)* Eh bien, il s'est réveillé?

LA DUCHESSE. Oui, mais notre petite conspiration n'a rien donné.

MADAME RENAUD. Il a eu l'air péniblement surpris de voir les dépouilles de ces bêtes, mais c'est tout.

GEORGES. Est-ce que vous voulez me laisser un moment, je voudrais essayer de lui parler.

MADAME RENAUD. Puisses-tu réussir, Georges! Moi, je commence à perdre l'espoir.

GEORGES. Il ne faut pas, voyons, maman, il ne faut pas. Il faut espérer jusqu'au bout, au contraire. Espérer contre l'évidence même.

MADAME RENAUD. *(un peu pincée)* Son attitude est vraiment lassante. Tu veux que je te dise? Il me semble qu'il me fait la tête comme autrefois . . .

GEORGES. Mais puisqu'il ne t'a même pas reconnue . . .

MADAME RENAUD. Oh! il avait un si mauvais caractère! Amnésique ou non, pourquoi veux-tu qu'il ne l'ait plus?

LA DUCHESSE. *(s'en allant avec elle)* Je crois que vous exagérez son animosité contre vous, Madame. En tout cas, je n'ai pas de conseil à vous donner, mais je voulais vous dire que je trouve votre façon d'agir un peu trop froide. Vous êtes mère, que diable! soyez pathétique. Roulez-vous à ses pieds, criez.

MADAME RENAUD. Voir Jacques reprendre sa place ici est mon plus cher désir, Madame; mais je ne saurais vraiment aller jusque-là. Surtout après ce qui s'est passé.

LA DUCHESSE. C'est dommage. Je suis sûre que cela le frapperait beaucoup. Moi, si l'on voulait me prendre mon petit Albert, je sens que je deviendrais redoutable comme une bête sauvage. Vous ai-je raconté que, lorsqu'on l'a refusé à son bachot,[8] je me suis pendue à la barbe du doyen de la faculté?[9]

Elles sont sorties. Georges a frappé pendant ce temps à la porte de la chambre, puis il est entré, timide.

8. *bachot:* baccalaureat degree (awarded at the end of secondary school studies).

9. *doyen . . . faculté:* dean of the university.

GEORGES. Je peux te parler, Jacques?

LA VOIX DE GASTON. *(de la salle de bain)* Qui est là, encore? J'avais demandé que personne ne vienne. Je ne peux donc même pas me laver sans qu'on me harcèle de questions, sans qu'on me flanque des souvenirs sous le nez?

LE VALET DE CHAMBRE. *(entrouvrant la porte)* Monsieur est dans son bain, Monsieur. *(A Gaston invisible)* C'est Monsieur, Monsieur.

LA VOIX DE GASTON. *(encore, bourrue,*[10] *mais radoucie)* Ah! c'est vous?

GEORGES. *(au valet de chambre)* Laissez-nous un instant, Victor. *(Il sort. Georges se rapproche de la porte)*

> Voici la deuxième confrontation entre Georges et Gaston. Sur quel ton le cinquième tableau a-t-il commencé? (Dans quelle mesure est-il comique? Qu'est-ce qui—situation, personnages, réplique—sonne faux dans ce comique?) En quoi le début de la confrontation («Je peux te parler, Jacques»—«Laissez-nous un instant, Victor») semble-t-il continuer ce ton? Quel nouvel accent la présence de Georges y ajoute-t-elle? (En quoi la première confrontation entre lui et Gaston était-elle différente de toutes les autres confrontations? Comment la situation a-t-elle changé depuis ce moment-là? A quoi le spectateur s'attend-il ici?)

Je te demande pardon, Jacques . . . Je comprends bien, qu'à la longue nous t'agaçons avec nos histoires . . . Mais ce que je veux te dire est important tout de même . . . Si cela ne t'ennuie pas trop, je voudrais bien que tu me permettes . . .

LA VOIX DE GASTON. *(de la salle de bain)* Quelle saleté[11] avez-vous encore trouvée dans le passé de votre frère pour me la coller sur les épaules?

GEORGES. Mais ce n'est pas une saleté, Jacques, au contraire, ce sont des réflexions, des réflexions que je voudrais te communiquer, si tu le permets. *(Il hésite une seconde et commence)* Tu comprends, sous prétexte qu'on est un honnête homme, qu'on l'a toujours été, qu'on n'a jamais rien fait de mal (ce qui est bien facile après tout pour certains), on se croit tout permis . . . On parle aux autres du haut de sa sérénité . . . On fait des reproches, on se plaint . . . *(Il demande brusquement)* Tu ne m'en veux pas d'hier?

La réponse vient, bourrue comme l'autre, et comme à regret, en retard d'une seconde.

LA VOIX DE GASTON. De quoi?

GEORGES. Mais de tout ce que je t'ai raconté en exagérant, en me posant en victime. De cette sorte de chantage[12] que je t'ai fait avec ma pauvre histoire . . . *(On entend un bruit dans la salle de bain. Georges, épouvanté, se lève)* Attends, attends, ne sors pas tout de suite de la salle de bain,

10. *bourrue:* gruff.
11. *saleté:* dirty deed.
12. *chantage:* blackmail.

laisse-moi finir, j'aime mieux. Si je t'ai devant moi, je vais reprendre mon air de frère, et je n'en sortirai plus . . . Tu comprends, Jacques, j'ai bien réfléchi cette nuit; ce qui s'est passé a été horrible, bien sûr, mais tu étais un enfant et elle aussi, n'est-ce pas? Et puis, à Dinard,[13] avant notre mariage, c'était plutôt avec toi qu'elle avait envie de se promener, vous vous aimiez peut-être avant, tous les deux, comme deux pauvres gosses[14] qui ne peuvent rien . . . Je suis arrivé entre vous avec mes gros sabots,[15] ma situation,[16] mon âge . . . J'ai joué les fiancés sérieux . . . sa tante a dû la pousser à accepter ma demande . . . Enfin ce que j'ai pensé cette nuit, c'est que je n'avais pas le droit de te les faire, ces reproches, et que je les retire tous. Là.

Il tombe assis, il n'en peut plus. Gaston est sorti de la salle de bain, il va doucement à lui en lui posant la main sur l'épaule.

GASTON. Comment avez-vous pu aimer à ce point cette petite fripouille,[17] cette petite brute?

GEORGES. Que voulez-vous? c'était mon frère.

GASTON. Il n'a rien fait comme un frère. Il vous a volé, il vous a trompé . . . Vous auriez haï votre meilleur ami s'il avait agi de la sorte.

GEORGES. Un ami, ce n'est pas pareil, c'était mon frère . . .

GASTON. Et puis comment pouvez-vous souhaiter de le voir revenir, même vieilli, même changé, entre votre femme et vous?

GEORGES. *(simplement)* Qu'est-ce que tu veux, même si c'était un assassin, il fait partie de la famille, sa place est dans la famille.

GASTON. *(répète, après un temps)* Il fait partie de la famille, sa place est dans la famille. Comme c'est simple! *(Il dit pour lui)* Il se croyait bon, il ne l'est pas; honnête, il ne l'est guère. Seul au monde et libre, en dépit des murs de l'asile—le monde est peuplé d'êtres auxquels il a donné des gages et qui l'attendent—et ses plus humbles gestes ne peuvent être que des prolongements de gestes anciens. Comme c'est simple! *(Il prend Georges par le bras brutalement)* Pourquoi êtes-vous venu me raconter votre histoire par-dessus le marché? Pourquoi êtes-vous venu me jeter votre affection au visage? Pour que ce soit plus simple encore, sans doute? *(Il est tombé assis sur son lit, étrangement las)* Vous avez gagné.

GEORGES. *(éperdu)* Mais, Jacques, je ne comprends pas tes reproches . . . Je suis venu te dire cela péniblement, crois-moi, pour te faire un peu chaud, au contraire, dans la solitude que tu as dû découvrir depuis hier autour de toi.

GASTON. Cette solitude n'était pas ma pire ennemie . . .

GEORGES. Tu as peut-être surpris des regards de domestiques, une gêne autour de toi. Il ne faut pas que tu croies quand même que personne ne

13. Dinard est une station d'été située sur la Manche.
14. *gosses:* kids.
15. *sabots:* wooden shoes.
16. *situation:* job.
17. *fripouille:* scoundrel.

t'aimait . . . Maman . . . *(Gaston le regarde, il se trouble)* Et puis, enfin, surtout, moi, je t'aimais bien.

GASTON. A part vous?

GEORGES. Mais . . . *(Il est gêné)* Qu'est-ce que tu veux . . . Valentine sans doute.

GASTON. Elle a été amoureuse de moi, ce n'est pas la même chose . . . Il n'y a que vous.

GEORGES. *(baisse la tête)* Peut-être, oui.

GASTON. Pourquoi? Je ne peux pas arriver à comprendre pourquoi.

GEORGES. *(doucement)* Vous n'avez jamais rêvé d'un ami qui aurait été d'abord un petit garçon que vous auriez promené par la main? Vous qui aimez l'amitié, songez quelle aubaine[18] cela peut être pour elle un ami assez neuf pour qu'il doive tenir de vous le secret des premières lettres de l'alphabet, des premiers coups de pédale à bicyclette, des premières brasses[19] dans l'eau. Un ami assez fragile pour qu'il ait tout le temps besoin de vous pour le défendre . . .

GASTON. *(après un temps)* J'étais tout petit quand votre père est mort?

GEORGES. Tu avais deux ans.

GASTON. Et vous?

GEORGES. Quatorze . . . Il a bien fallu que je m'occupe de toi. Tu étais si petit. *(Un temps, il lui dit sa vraie excuse)* Tu as toujours été si petit pour tout. Pour l'argent que nous t'avons donné trop tôt comme des imbéciles, pour la dureté de maman, pour ma faiblesse à moi aussi, pour ma maladresse. Cet orgueil, cette violence contre lesquels tu te débattais déjà à deux ans, c'étaient des monstres dont tu étais innocent et dont c'était à nous de te sauver. Non seulement nous n'avons pas su le faire, mais encore nous t'avons accusé; nous t'avons laissé partir tout seul pour le front . . . Avec ton fusil, ton sac, ta boîte à masque, tes deux musettes,[20] tu devais être un si petit soldat sur le quai de la gare!

GASTON. *(hausse les épaules)* J'imagine que ceux qui avaient de grosses moustaches et l'air terrible étaient de tout petits soldats, eux aussi, à qui on allait demander quelque chose au-dessus de leurs forces . . .

GEORGES. *(crie presque douloureusement)* Oui, mais toi, tu avais dix-huit ans! Et après les langues mortes et la vie décorative des conquérants, la première chose que les hommes allaient exiger de toi, c'était de nettoyer des tranchées avec un couteau de cuisine.

GASTON. *(a un rire qui sonne faux)* Et après? Donner la mort, cela me paraît pour un jeune homme une excellente prise de contact avec la vie.

LE MAÎTRE D'HÔTEL. *(paraît)* Madame la duchesse prie Monsieur de bien vouloir venir la rejoindre au grand salon dès que Monsieur sera prêt.

18. *aubaine:* windfall.
19. *brasses:* strokes.
20. *musettes:* knapsacks.

GEORGES. *(s'est levé)* Je vous laisse. Mais, s'il vous plaît, malgré tout ce qu'on a pu vous dire, ne le détestez pas trop, ce Jacques . . . Je crois que c'était surtout un pauvre petit.

Il sort. Le maître d'hôtel est resté avec Gaston et l'aide à s'habiller.

Georges. Faites son portrait (costume, apparence, voix, gestes). Etudiez surtout sa fonction structurale: qu'est-ce qui le distingue des autres membres de la famille? (Quelle opinion a-t-il de Jacques? Quels sentiments éprouve-t-il en voyant Gaston? Voir aussi le troisième tableau.) En quoi leur ressemble-t-il? (Quelle est la vraie raison qu'il a de parler ainsi à Gaston?)

Gaston. Par quels moyens Anouilh suggère-t-il le débat intérieur auquel Gaston se livre (choix de pronoms, ton de voix)? Quelle opposition Anouilh suggère-t-il entre Georges et Gaston? (Pour répondre à cette question, précisez les attitudes différentes qu'ils ont envers la vie et envers Jacques.)

GASTON. *(lui demande brusquement)* Maître d'hôtel?

LE MAÎTRE D'HÔTEL. Monsieur?

GASTON. Vous n'avez jamais tué quelqu'un?

LE MAÎTRE D'HÔTEL. Monsieur veut sans doute plaisanter. Monsieur pense bien que si j'avais tué quelqu'un je ne serais plus au service de Madame.

GASTON. Même pendant la guerre? Un brusque tête-à-tête en sautant dans un abri pendant la seconde vague d'assaut?

LE MAÎTRE D'HÔTEL. J'ai fait la guerre comme caporal d'habillement, et je dois dire à Monsieur que dans l'intendance[21] nous avions assez peu d'occasions.

GASTON. *(immobile, tout pâle et très doucement)* Vous avez de la chance, maître d'hôtel. Parce que c'est une épouvantable sensation d'être en train de tuer quelqu'un pour vivre.

LE MAÎTRE D'HÔTEL. *(se demande s'il doit rire ou non)* Monsieur le dit bien, épouvantable! Surtout pour la victime.

GASTON. Vous vous trompez, maître d'hôtel. Tout est affaire d'imagination. Et la victime a souvent beaucoup moins d'imagination que l'assassin. *(Un temps)* Parfois, elle n'est même qu'une ombre dans un songe de l'assassin.

LE MAÎTRE D'HÔTEL. Dans ce cas, je comprends qu'elle souffre peu, Monsieur.

GASTON. Mais l'assassin, lui, en revanche, a le privilège des deux souffrances. Vous aimez vivre, maître d'hôtel?

LE MAÎTRE D'HÔTEL. Comme tout un chacun, Monsieur.

GASTON. Imaginez que, pour vivre, il vous faille plonger à jamais dans le

21. *intendance:* quartermaster's corps.

néant un jeune homme. Un jeune homme de dix-huit ans . . . Un petit orgueilleux, une petite fripouille, mais tout de même . . . un pauvre petit. Vous serez libre, maître d'hôtel, l'homme le plus libre du monde, mais, pour être libre, il vous faut laisser ce petit cadavre innocent derrière vous. Qu'allez-vous faire?

LE MAÎTRE D'HÔTEL. J'avoue à Monsieur que je ne me suis pas posé la question. Mais je dois dire également que, si j'en crois les romans policiers, il ne faut jamais laisser le cadavre derrière soi.

GASTON. *(éclate soudain de rire)* Mais si personne—hors l'assassin—ne peut voir le cadavre? *(Il va à lui et gentiment)* Tenez, maître d'hôtel. C'est fait. Il est là à vos pieds. Le voyez-vous?

Le maître d'hôtel regarde ses pieds, fait un saut de côté, regarde autour de lui et se sauve, épouvanté, aussi vite que sa dignité le permet. Valentine paraît rapidement dans le couloir. Elle court à la chambre.

Voici la dernière scène de confrontation. Comment Anouilh l'a-t-il préparée? (Expliquez la décision que Gaston vient de prendre; A quoi le spectateur s'attend-il en voyant Valentine? Quel effet de contraste Anouilh a-t-il préparé au moyen du ton de la scène précédente—Gaston et le maître d'hôtel?)

VALENTINE. Que me dit Georges? Tu ne leur as rien dit encore? Je n'ai pas voulu entrer la première dans ta chambre ce matin, mais je croyais qu'ils allaient m'appeler avec une bonne nouvelle. Pourquoi ne leur as-tu pas dit? *(Gaston la regarde sans rien dire)* Mais enfin, ne me fais pas devenir folle? Cette cicatrice, tu l'as vue hier, j'en suis sûre, dans une glace?

GASTON. *(doucement, sans cesser de la regarder)* Je n'ai vu aucune cicatrice.

VALENTINE. Qu'est-ce que tu dis?

GASTON. Je dis que j'ai regardé très attentivement mon dos et que je n'ai vu aucune cicatrice. Vous avez dû vous tromper.

VALENTINE. *(le regarde un instant, abasourdie, puis comprend et crie soudain)* Oh! je te déteste! Je te déteste! . . .

GASTON. *(très calme)* Je crois que cela vaut mieux.

VALENTINE. Mais est-ce que tu te rends compte seulement de ce que tu es en train de faire?

GASTON. Oui. Je suis en train de refuser mon passé et ses personnages—moi compris. Vous êtes peut-être ma famille, mes amours, ma véridique histoire. Oui, mais seulement, voilà . . . vous ne me plaisez pas. Je vous refuse.

VALENTINE. Mais tu es fou! Mais tu es un monstre! On ne peut pas refuser son passé. On ne peut pas se refuser soi-même . . .

GASTON. Je suis sans doute le seul homme, c'est vrai, auquel le destin aura donné la possibilité d'accomplir ce rêve de chacun . . . Je suis un homme et je peux être, si je veux, aussi neuf qu'un enfant! C'est un privilège dont il serait criminel de ne pas user. Je vous refuse. Je n'ai déjà depuis hier que trop de choses à oublier sur mon compte.

VALENTINE. Et mon amour, à moi, qu'est-ce que tu en fais? Lui non plus, sans doute, tu n'as pas la curiosité de le connaître?

GASTON. Je ne vois de lui, en ce moment, que la haine de vos yeux . . . C'est sans doute un visage de l'amour dont seul un amnésique peut s'étonner! En tout cas, il est bien commode. Je ne veux pas en voir un autre. Je suis un amant qui ne connaît pas l'amour de sa maîtresse—un amant qui ne se souvient pas du premier baiser, de la première larme—un amant qui n'est le prisonnier d'aucun souvenir, qui aura tout oublié demain. Cela aussi, c'est une aubaine assez rare . . . J'en profite.

VALENTINE. Et si j'allais le crier, moi, partout, que je reconnais cette cicatrice?

GASTON. J'ai envisagé cette hypothèse. Au point de vue amour: je crois que l'ancienne Valentine l'aurait déjà fait depuis longtemps et que c'est un signe assez consolant que vous soyez devenue prudente . . . Au point de vue légal: vous êtes ma belle-sœur, vous vous prétendez ma maîtresse . . . Quel tribunal accepterait de prendre une décision aussi grave sur ce louche imbroglio d'alcôve[22] dont vous seule pouvez parler?

VALENTINE. *(pâle, les dents serrées)* C'est bien. Tu peux être fier. Mais ne crois pas que tout ton fatras[23] d'amnésie mis à part, ta conduite soit bien surprenante pour un homme . . . Je suis même sûre qu'au fond tu dois être assez faraud de ton geste. C'est tellement flatteur de refuser une femme qui vous a attendu si longtemps! Eh bien, je te demande pardon de la peine que je vais te faire, mais, tu sais . . . j'ai tout de même eu d'autres amants depuis la guerre.

GASTON. *(sourit)* Je vous remercie. Ce n'est pas une peine . . .

Jeu de scène: qui domine la première partie de la confrontation? Comment le jeu des acteurs peut-il traduire cette situation? (Gaston: est-il assis ou debout? Sur quel ton de voix parle-t-il? Quels gestes fait-il? Valentine: où est-elle? Que fait-elle? Comment parle-t-elle?)

Quelle est la fonction dramatique de cette partie de la scène? (De quel côté se trouve la sympathie du spectateur? En quoi la dernière réplique de Valentine—«J'ai tout de même eu d'autres amants depuis la guerre»—influence-t-elle les sentiments du spectateur?) La fonction structurale? (Quelles autres répliques les paroles de Gaston rappellent-elles? Voir surtout la première confrontation entre lui et Valentine; en quoi son refus du passé souligne-t-il les valeurs morales que Gaston représente?)

Dans le couloir paraissent le maître d'hôtel et le valet de chambre. A leur mimique, on comprend qu'ils ont pensé qu'il valait mieux être deux pour aborder Gaston.

22. *ce . . . alcôve:* this shady bedroom intrigue.

23. *fatras:* stuff, nonsense.

LE VALET DE CHAMBRE. *(du seuil)* Madame la duchesse Dupont-Dufort me prie de dire à Monsieur qu'il se dépêche et qu'il veuille bien la rejoindre au plus tôt au grand salon parce que les familles de Monsieur s'impatientent.

Gaston n'a pas bougé, les domestiques disparaissent.

VALENTINE. *(éclate de rire)* Tes familles, Jacques! Ah! c'est bête, j'ai envie de rire . . . Parce qu'il y a une chose que tu oublies: c'est que, si tu refuses de venir avec nous, il va falloir que tu ailles avec elles de gré ou de force. Tu vas devoir aller coucher dans les draps de leur mort, endosser les gilets de flanelle de leur mort, ses vieilles pantoufles pieusement gardées . . . Tes familles s'impatientent . . . Allons, viens, toi qui as si peur de ton passé, viens voir ces têtes de petits bourgeois et de paysans, viens te demander quels passés de calculs et d'avarice ils ont à te proposer.

GASTON. Il leur serait difficile de faire mieux que vous, en tout cas.

VALENTINE. Tu crois? Ces cinq cent mille francs escroqués[24] et dépensés en rires et en fêtes te paraîtront peut-être bien légers à côté de certaines histoires de mur mitoyen[25] et de bas de laine[26] . . . Allons, viens, puisque tu ne nous veux pas, tu te dois à tes autres familles maintenant.

Elle veut l'entraîner, il résiste.

GASTON. Non, je n'irai pas.

VALENTINE. Ah? Et que vas-tu faire?

GASTON. M'en aller.

VALENTINE. Où?

GASTON. Quelle question! N'importe où.

VALENTINE. C'est un mot d'amnésique. Nous autres, qui avons notre mémoire, nous savons qu'on est toujours obligé de choisir une direction dans les gares et qu'on ne va jamais plus loin que le prix de son billet . . . Tu as à choisir entre la direction de Blois et celle d'Orléans. C'est te dire que si tu avais de l'argent le monde s'ouvrirait devant toi! Mais tu n'as pas un sou en poche, qu'est-ce que tu vas faire?

GASTON. Déjouer[27] vos calculs. Partir à pied, à travers champs, dans la direction de Châteaudun.

VALENTINE. Tu te sens donc si libre depuis que tu t'es débarrassé de nous? Mais pour les gendarmes tu n'est qu'un fou échappé d'un asile. On t'arrêtera.

GASTON. Je serai loin. Je marche très vite.

VALENTINE. *(lui crie en face)* Crois-tu que je ne donnerais pas l'alarme si tu faisais un pas hors de cette chambre? *(Il est allé soudain à la fenêtre)* Tu es ridicule, la fenêtre est trop haute et ce n'est pas une solution. *(Il s'est retourné vers elle comme une bête traquée. Elle le regarde et lui dit*

24. *escroqués:* swindled.
25. *histoires . . . mitoyen:* disputes over ownership of the wall between two properties.
26. *bas de laine:* wool stockings (in which money was hoarded).
27. *déjouer:* foil.

doucement) Tu te débarrasseras peut-être de nous, mais pas de l'habitude de faire passer tes pensées une à une dans tes yeux . . . Non, Jacques, même si tu me tuais pour gagner une heure de fuite, tu serais pris. *(Il a baissé la tête, acculé*[28] *dans un coin de la chambre)* Et puis, tu sais bien que ce n'est pas seulement moi qui te traque et veux te garder. Mais toutes les femmes, tous les hommes . . . Jusqu'aux morts bien pensants qui sentent obscurément que tu es en train d'essayer de leur brûler la politesse[29] . . . On n'échappe pas à tant de monde Jacques. Et, que tu le veuilles ou non, il faudra que tu appartiennes à quelqu'on ou que tu retournes dans ton asile.

GASTON. *(sourdement)* Eh bien, je retournerai dans mon asile.

VALENTINE. Tu oublies que j'y ai été lingère tout un jour, dans ton asile! que je t'y ai vu bêchant bucoliquement les salades peut-être, mais aussi aidant à vider les pots, à faire la vaisselle; bousculé par les infirmiers auxquels tu quémandais[30] une pincée de tabac pour ta pipe . . . Tu fais le fier avec nous; tu nous parles mal, tu nous railles, mais sans nous tu n'es qu'un petit garçon impuissant qui n'a pas le droit de sortir seul et qui doit se cacher dans les cabinets pour fumer.

GASTON. *(a un geste quand elle a fini)* Allez-vous-en maintenant. Il ne me reste pas le plus petit espoir: vous avez joué votre rôle.

Elle est sortie sans un mot. Gaston reste seul, jette un regard lassé dans sa chambre; il s'arrête devant son armoire à glace, se regarde longtemps. Soudain, il prend un objet sur la table, près de lui, sans quitter son image des yeux, et il le lance à toute volée dans la glace qui s'écroule en morceaux. Puis il s'en va s'asseoir sur son lit, la tête dans ses mains.

Etudiez le mouvement de cette seconde partie de la scène: quelle est la fonction dramatique du valet de chambre? (Considérez l'effet qu'il a sur le ton, sur le rythme et sur la structure de la scène.) A partir de sa sortie, quel changements y a-t-il dans les rapports entre Gaston et Valentine? Quelle progression Anouilh crée-t-il? Par quels moyens le jeu de scène peut-il traduire cette progression (disposition des personnages, tons de voix, gestes, rythme du jeu)?

La glace brisée. Quelle est la fonction dramatique de ce geste? (Quel effet a-t-il sur le mouvement de l'acte et de la pièce? Par quel moyen scénique Anouilh veut-il qu'on souligne cet effet? Quelle réaction ce geste provoque-t-il chez le spectateur?) La fonction structurale? (Quelle réponse ce geste semble-t-il apporter à la question philosophique—l'identité du *moi*—que le cas de Gaston propose?) Dans ce contexte la glace a-t-elle une valeur symbolique? Laquelle?)

Faites le portrait de Valentine (apparence, costume, gestes, voix). Etudiez surtout sa fonction structurale: en quoi ressemble-t-elle aux autres membres de la famille? Qu'est-ce qui la distingue d'eux? (Com-

28. *acculé:* backed into a corner.
29. *brûler la politesse:* leave impolitely.
30. *quémandais:* used to beg.

parez en particulier leurs façons d'aborder la question de Jacques et, par extension, de la vie—voir surtout la fin du troisième tableau.) Pourquoi Anouilh aurait-il choisi d'opposer Valentine à Gaston à ce moment décisif de la pièce? (Quelle sorte de solution Gaston a-t-il choisi? Au nom de quelles valeurs? Quel point de vue Valentine représente-t-elle? A qui Anouilh semble-t-il donner raison?) Quelle fonction dramatique a-t-elle? (Quelle réaction intellectuelle ses paroles provoquent-elles chez le spectateur? Quelle réaction affective? Ces deux réactions se renforcent-elles ou se contredisent-elles? Discutez.)

Dans quelle mesure cette confrontation pourrait-elle marquer la fin de la pièce? En ce cas, quelle serait l'importance de cette image de Gaston (assis sur son lit, le visage caché, la glace en petits morceaux) pour l'intrigue (que deviendrait Gaston)? Pour l'action? (Comment le spectateur se sentirait-il en quittant le théâtre? A quoi penserait-il?) Pour le sens de la pièce? (Dans cette perspective, qu'est-ce qu'Anouilh aurait «dit» sur le *moi* et sur les rapports entre l'individu et la société, entre l'individu et lui-même?)

Un silence, puis doucement la musique commence, assez triste d'abord, puis peu à peu, malgré Gaston, malgré nous, plus allègre. Au bout d'un moment, un petit garçon habillé en collégien d'Eton ouvre la porte de l'antichambre, jette un coup d'œil fureteur, puis referme soigneusement la porte et s'aventure dans le couloir sur la pointe des pieds. Il ouvre toutes les portes qu'il trouve sur son passage et jette un coup d'œil interrogateur à l'intérieur des pièces. Arrivé à la porte de la chambre, même jeu. Il se trouve devant Gaston, qui lève la tête, étonné par cette apparition.

LE PETIT GARÇON. Je vous demande pardon, Monsieur. Mais vous pourrez peut-être me renseigner. Je cherche le petit endroit.

GASTON. *(qui sort d'un rêve)* Le petit endroit? Quel petit endroit?

LE PETIT GARÇON. Le petit endroit où on est tranquille.

GASTON. *(comprend, le regarde, puis soudain éclate d'un bon rire, malgré lui)* Comme cela se trouve! . . . Figurez-vous que, moi aussi, je le cherche en ce moment le petit endroit où on est tranquille . . .

LE PETIT GARÇON. Je me demande bien alors à qui nous allons pouvoir le demander.

GASTON. *(rit encore)* Je me le demande aussi.

LE PETIT GARÇON. En tout cas, si vous restez là, vous n'avez vraiment pas beaucoup de chances de le trouver. *(Il aperçoit les débris de la glace)* Oh! là là. C'est vous qui avez cassé la glace?

GASTON. Oui, c'est moi.

LE PETIT GARÇON. Je comprends alors que vous soyez très ennuyé. Mais, croyez-moi, vous feriez mieux de le dire carrément. Vous êtes un Monsieur, on ne peut pas vous faire grand-chose. Mais, vous savez, on dit que cela porte malheur.

GASTON. On le dit, oui.

LE PETIT GARÇON. *(s'en allant)* Je m'en vais voir dans les couloirs si je rencontre un domestique . . . Dès qu'il m'aura donné le renseignement, je reviendrai vous expliquer où il se trouve . . . *(Gaston le regarde)* . . . le petit endroit que nous cherchons tous les deux.

GASTON. *(sourit et le rappelle)* Ecoutez, écoutez . . . Votre petit endroit où on est tranquille, à vous, est beaucoup plus facile à trouver que le mien. Vous en avez un là, dans la salle de bain.

LE PETIT GARÇON. Je vous remercie beaucoup. Monsieur. *(Il entre dans la salle de bain, la musique a repris son petit thème moqueur. Le petit garçon revient au bout de quelques secondes. Gaston n'a pas bougé)* Maintenant, il faut que je retourne au salon. C'est par là?

GASTON. Oui, c'est par là. Vous êtes avec les familles?

LE PETIT GARÇON. Oui. C'est plein de gens de tout acabit[31] qui viennent pour essayer de reconnaître un amnésique de la guerre. Moi aussi, je viens pour cela. Nous avons fait précipitamment le voyage en avion, parce qu'il paraît qu'il y a une manœuvre sous roche.[32] Enfin moi, vous savez, je n'ai pas très bien compris. Il faudra en parler à l'oncle Job. Vous avez déjà été en avion?

GASTON. De quelle famille faites-vous partie?

LE PETIT GARÇON. Madensale.

GASTON. Madensale . . . Ah! oui . . . Madensale, les Anglais . . . Je vois le dossier, très bien. Degré de parenté: oncle . . . C'est même moi qui ai recopié l'étiquette.[33] Il y a un oncle sans doute chez les Madensale.

LE PETIT GARÇON. Oui, Monsieur . . .

GASTON. L'oncle Job, c'est vrai. Eh bien, vous direz à l'oncle Job que, si j'ai un conseil à lui donner, c'est de ne pas avoir trop d'espoir au sujet de son neveu.

LE PETIT GARÇON. Pourquoi me dites-vous cela, Monsieur?

GASTON. Parce qu'il y a beaucoup de chances pour que le neveu en question ne reconnaisse jamais l'oncle Job.

LE PETIT GARÇON. Mais il n'y a aucune raison pour qu'il le reconnaisse, Monsieur. Ce n'est pas l'oncle Job qui recherche son neveu.

GASTON. Ah! il y a un autre oncle Madensale?

LE PETIT GARÇON. Bien sûr, Monsieur. Et c'est même un peu drôle, au fond . . . L'oncle Madensale, c'est moi.

GASTON. *(ahuri)* Comment c'est vous? Vous voulez votre père?

LE PETIT GARÇON. Non, non. Moi-même. C'est même très ennuyeux, vous le pensez bien, pour un petit garçon d'être l'oncle d'une grande personne. J'ai mis longtemps à comprendre d'ailleurs et à m'en convaincre. Mais mon grand-père a eu des enfants très tard, alors voilà, cela s'est fait comme cela. Je suis né vingt-six ans après mon neveu.

31. *de tout acabit:* of all ilks.
32. *sous roche:* undercover.
33. *étiquette:* label.

GASTON. *(éclate franchement de rire et l'attire sur ses genoux)* Alors c'est vous l'oncle Madensale?

LE PETIT GARÇON. Oui, c'est moi. Mais il ne faut pas trop se moquer, je n'y peux rien.

GASTON. Mais, alors, cet oncle Job dont vous parliez . . .

LE PETIT GARÇON. Oh! c'est un ancien ami de papa qui est mon avocat pour toutes mes histoires de succession.[34] Alors n'est-ce pas, comme cela m'est tout de même difficile de l'appeler cher Maître, je l'appelle oncle Job.

GASTON. Mais comment se fait-il que vous soyez seul à représenter les Madensale?

LE PETIT GARÇON. C'est à la suite d'une épouvantable catastrophe. Vous avez peut-être entendu parler du naufrage du «Neptunia»?

GASTON. Oui. Il y a longtemps.

LE PETIT GARÇON. Eh bien, toute ma famille était partie dessus en croisière.

Gaston le regarde, émerveillé.

GASTON. Alors tous vos parents sont morts?

LE PETIT GARÇON. *(gentiment)* Oh! mais, vous savez, il ne faut pas me regarder comme cela. Ce n'est pas tellement triste. J'étais encore un très petit baby à l'époque de la catastrophe . . . A vrai dire je ne m'en suis même pas aperçu.

GASTON. *(l'a posé par terre, il le considère, puis lui tape sur l'épaule)* Petit oncle Madensale, vous êtes un grand personnage sans le savoir!

LE PETIT GARÇON. Je joue déjà très bien au cricket, vous savez. Vous jouez, vous?

GASTON. Ce que je ne comprends pas, c'est pourquoi l'oncle Job vient du fond de l'Angleterre chercher un neveu pour son petit client. Un neveu qui va plutôt lui compliquer son affaire, j'imagine.

LE PETIT GARÇON. Oh! c'est parce que vous n'êtes pas au courant des successions. C'est très compliqué, mais je crois comprendre que si nous ne le retrouvons pas, notre neveu, la plus grande partie de mon argent nous passe sous le nez. Cela m'ennuie beaucoup parce que, parmi les héritages en question, il y a une très belle maison dans le Sussex avec des poneys superbes . . . Vous aimez monter à cheval?

GASTON. *(soudain rêveur)* Alors l'oncle Job doit avoir une bien grande envie de retrouver votre neveu?

LE PETIT GARÇON. Vous pensez! Pour moi . . . et pour lui. Parce qu'il ne me l'a pas avoué, mais ma gouvernante m'a dit qu'il avait un pourcentage sur toutes mes affaires.

GASTON. Ah! bon. Et quel genre d'homme est-ce, cet oncle Job?

LE PETIT GARÇON. *(les yeux bien clairs)* Un Monsieur plutôt rond, avec des cheveux blancs . . .

34. *succession:* inheritance.

GASTON. Non, ce n'est pas cela que je veux dire. C'est d'ailleurs un renseignement que vous ne pouvez pas me donner.

Où est-il en ce moment?

LE PETIT GARÇON. Il fume sa pipe dans le jardin. Il n'a pas voulu rester avec les autres à attendre dans le salon.

GASTON. Bon. Vous pouvez me conduire auprès de lui?

LE PETIT GARÇON. Si vous voulez.

GASTON. *(sonne. Au valet de chambre qui entre)* Voulez-vous prévenir Madame la duchesse Dupont-Dufort que j'ai une communication capitale, vous entendez bien: capitale, à lui faire. Qu'elle veuille bien avoir l'obligeance de venir ici.

LE VALET DE CHAMBRE. Une communication capitale. Bien, Monsieur peut compter sur moi. *(Il sort, très surexcité, en murmurant)* Capitale.

GASTON. *(entraîne le petit garçon vers la porte opposée)* Passons par là. *(Arrivé à la porte, il s'arrête et lui demande)* Dites donc, vous êtes bien sûr qu'ils sont tous morts dans votre famille?

LE PETIT GARÇON. Tous. Même les amis intimes qu'on avait invités au grand complet à cette croisière.

GASTON. C'est parfait.

Il le fait passer devant lui et sort. La musique reprend, moqueuse. La scène reste vide un instant, puis la duchesse entre, suivie du valet de chambre.

LA DUCHESSE. Comment, il veut me voir? Mais il sait pourtant que je l'attends moi-même depuis un quart d'heure. Une communication, vous a-t-il dit?

LE VALET DE CHAMBRE. Capitale.

LA DUCHESSE. *(dans la chambre vide)* Eh bien, où est-il?

Gaston, suivi de l'oncle Job et du petit garçon, entre solennellement dans la chambre. Trémolo à l'orchestre ou quelque chose comme ça.

GASTON. Madame la duchesse, je vous présente maître Picwick, solicitor de la famille Madensale, dont voici l'unique représentant. Maître Picwick vient de m'apprendre une chose extrêmement troublante: il prétend que le neveu de son client possédait, à deux centimètres sous l'omoplate gauche, une légère cicatrice qui n'était connue de personne. C'est une lettre, retrouvée par hasard dans un livre, qui lui en a dernièrement fait savoir l'existence.

PICWICK. Lettre que je tiens d'ailleurs à la disposition des autorités de l'asile, Madame, dès mon retour en Angleterre.

LA DUCHESSE. Mais enfin cette cicatrice, Gaston, vous ne l'avez jamais vue? Personne ne l'a jamais vue, n'est-ce pas?

GASTON. Personne.

PICWICK. Mais elle est si petite. Madame, que j'ai pensé qu'elle avait pu passer jusqu'ici inaperçue.

GASTON. *(sortant sa veste)* L'expérience est simple. Voulez-vous regarder?

Il tire sa chemise, la duchesse prend son face-à-main, maître Picwick ses grosses lunettes. Tout en leur présentant son dos, il se penche vers le petit garçon.

LE PETIT GARÇON. Vous l'avez, au moins, cette cicatrice? Je serais désolé que ce ne soit pas vous.

GASTON. N'ayez crainte. C'est moi . . . Alors, c'est vrai que vous ne vous rappelez rien de votre famille . . . Même pas un visage? même pas une petite histoire?

LE PETIT GARÇON. Aucune histoire. Mais si cela vous ennuie, peut-être que je pourrais tâcher de me renseigner.

GASTON. N'en faites rien.

LA DUCHESSE. *(qui lui regardait le dos, crie soudain)* La voilà! La voilà! Ah! mon Dieu, la voilà!

PICWICK. *(qui cherchait aussi)* C'est exact, la voilà!

LA DUCHESSE. Ah! embrassez-moi, Gaston . . . Il faut que vous m'embrassiez, c'est une aventure merveilleuse!

PICWICK. *(sans rire)* Et tellement inattendue . . .

LA DUCHESSE. *(tombe, assise)* C'est affrayant, je vais peut-être m'évanouir!

GASTON. *(la relevant, avec un sourire)* Je ne le crois pas.

LA DUCHESSE. Moi non plus! Je vais plutôt téléphoner à Pont-au-Bronc. Mais dites-moi, monsieur Madensale, il y a une chose que je voudrais tant savoir: au dernier abcès de fixation, mon petit Albert vous a fait dire «Foutriquet» dans votre délire. Est-ce un mot qui vous rattache maintenant à votre ancienne vie? . . .

GASTON. Chut! Ne le répétez à personne. C'est lui que j'appelais ainsi.

LA DUCHESSE. *(horrifiée)* Oh! mon petit Albert! *(Elle hésite un instant, puis se ravise)* Mais cela ne fait rien, je vous pardonne . . . *(Elle s'est tournée vers Picwick, minaudante)* Je comprends maintenant que c'était l'humour anglais.

PICWICK. Lui-même!

LA DUCHESSE. *(qui y pense soudain)* Mais, pour ces Renaud, quel coup épouvantable! Comment leur annoncer cela?

GASTON. *(allégrement)* Je vous en charge! J'aurai quitté cette maison dans cinq minutes sans les revoir.

LA DUCHESSE. Vous n'avez même pas une commission pour eux?

GASTON. Non. Pas de commission. Si, pourtant . . . *(Il hésite)* . . . Vous direz à Georges Renaud que l'ombre légère de son frère dort sûrement quelque part dans une fosse commune[35] en Allemagne. Qu'il n'a jamais été qu'un enfant digne de tous les pardons, un enfant qu'il peut aimer sans

35. *fosse commune:* common grave (Potter's Field).

crainte, maintenant, de jamais rien lire de laid sur son visage d'homme. Voilà! Et maintenant . . . *(Il ouvre la porte toute grande, leur montre gentiment le chemin. Il tient le petit garçon contre lui)* Laissez-moi seul avec ma famille. Il faut que nous confrontions nos souvenirs . . .

Musique triomphante. La duchesse sort avec maître Picwick.

FIN DU VOYAGEUR SANS BAGAGE

Etudiez la fonction dramatique du dénouement: quelles impressions le spectateur en retire-t-il? Par quels moyens Anouilh crée-t-il ces impressions? En traitant ces questions, tenez compte des éléments suivants. La musique: y a-t-il d'autres moments où il y a de la musique? Quel rapport voyez-vous entre la musique qu'Anouilh décrit et ce qui se passe sur la scène? L'intrigue: dans quelle mesure l'histoire du petit garçon est-elle vraisemblable? Le dialogue: appréciez l'ironie des répliques suivantes: «. . . le petit endroit où on est tranquille»; «Je comprends maintenant que c'était l'humour anglais»; «Il faut que nous confrontions nos souvenirs . . .» Les personnages: lesquels paraissent dans cette dernière scène? Lesquels en sont absents?

Le petit garçon. Pour quelles raisons dramatiques Anouilh aurait-il choisi un petit garçon pour dénouer l'intrigue? Pour quelles raisons structurales? (Retrouvez dans la pièce des allusions aux enfants—indications scéniques et répliques; quelles sortes de valeurs morales et philosophiques l'enfant résume-t-il? A quoi Anouilh oppose-t-il cette image?) Dans une reprise récente de cette pièce, on a fait jouer le rôle du petit garçon par une femme. Une telle substitution s'accorde-t-elle avec vos idées sur le dénouement? Discutez.

Revoyez maintenant vos réponses aux questions sur la scène de la glace brisée. Quel effet le denouement a-t-il sur l'intrigue? Sur l'action? Quel est le sens de ces transformations? Pour certains, la fin de la pièce est «rose», c'est-à-dire que tout y finit bien; pour d'autres, qui signalent que l'auteur lui-même l'a classée parmi ses «pièces noires», le dénouement est d'une ironie profonde et cruelle. Comment interprétez-vous la fin de la pièce? Justifiez votre réponse.

QUESTIONS GENERALES

Le mélange d'éléments «noirs» et d'éléments «roses» exige que le metteur en scène et le décorateur fassent des choix difficiles, qui vont déterminer le sens le plus large de la pièce. En répondant aux questions générales, tenez compte de ces difficultés, que la pièce impose aux réalisateurs.

Lieu. Imaginez un décor réaliste pour cette pièce (meubles, accessoires, costumes): quelle fonction dramatique un tel décor pourrait-il jouer? Imaginez ensuite un décor non-réaliste: quelle forme pourrait-il prendre? Quelle serait sa fonction dramatique? Dans quelle mesure serait-il possible de mélanger les deux sortes de décors? Quels en seraient les avantages? Les inconvénients? Si vous alliez monter cette pièce, laquelle de ces solutions adopteriez-vous? Pourquoi?

Personnages. Anouilh a créé dans cette pièce deux sortes de personnages—ceux qui sont plus ou moins «réalistes» et ceux qui sont «fantasques» ou «théâtraux». Mettez chaque personnage dans la catégorie qui lui convient. Par quels moyens peut-on souligner les différences entre eux (costumes, style de jeu)? Quelle est la fonction dramatique de ces deux groupes? (Quelle influence l'absence ou la présence de certains personnages a-t-elle sur le ton de chaque partie de la pièce?) La fonction structurale? (Quelle valeur philosophique ou morale Anouilh donne-t-il à cette opposition? Où faut-il situer Gaston par rapport à ces deux groupes—au début de la pièce? Pourquoi? A la fin de la pièce? Quel est le sens philosophique ou moral de son choix ultime?)

Temps. Dans quelles scènes un ton léger et comique («rose») domine-t-il? Dans quelles scènes le ton devient-il plus sérieux («noir»)? Pouvez-vous en dégager une structure formelle? (Quelle progression Anouilh a-t-il créée? jusqu'à quel point permet-il au tragique de s'imposer? Comment a-t-il préparé le dénouement?) Quelles sont les fonctions dramatiques de cette alternance de tons? (Quel sentiment est provoqué chez le spectateur par l'intervention d'un personnage comique à un moment décisif? Quel effet ces tons différents ont-ils sur les rapports entre le spectateur et ce qui se passe sur la scène?) Quelle en est la fonction structurale? (Quelle vision du monde se dégage du dualisme fondamental—Gaston–Jacques; personnages réels–personnages théâtraux; scènes comiques–scènes sérieuses—qui semble dominer la pièce?)

Synthèse. On a assez sévèrement attaqué la fin du *Voyageur sans bagage.* Selon un critique, «pour résoudre le problème moral, qui a atteint les proportions d'un dilemme, Anouilh a recours à la fantaisie . . . En réalité, il a esquivé le problème; et l'esthétique d'Anouilh est dévalorisée par une question morale qu'il refuse, pareil à Gaston qui refuse d'accepter et d'assumer son passé.» De quelle question morale pourrait-il parler? Dans quelle mesure partagez-vous sa réaction à la pièce? Quelles autres interprétations de cette pièce pourriez-vous proposer? (Dans quelle mesure faut-il y voir une pièce morale? Quelle image la pièce donne-t-elle de la condition humaine? Quels sentiments ambigus fait-elle naître chez le spectateur?) En discutant ces questions, essayez de préciser ce qu'Anouilh *fait* dans cette pièce.

Agence de Presse Bernand

VIAN

On est toujours déguisé, alors autant se déguiser; de cette façon, on n'est plus déguisé.

Biographie

Boris Vian est né en 1920 à Ville-d'Avray, dans la banlieue parisienne. Il a fait des études d'ingénieur, mais la grande passion de sa jeunesse était la musique: amateur fanatique de Duke Ellington et de Louis Armstrong, il jouait lui-même de la trompette. En 1946, comme «plaisanterie», il écrit un roman, *J'irai cracher sur vos tombes,* qui a pour cadre le Sud des Etats-Unis; on le publie sous le pseudonyme de Vernon Sullivan, et Vian prétend l'avoir traduit de l'anglais. Le succès populaire de ce «best-seller» scandaleux a pendant longtemps caché au public ses meilleurs romans qu'il publie sous son vrai nom—*L'Ecume des jours* (1947), *L'Automne à Pékin* (1947), *L'Arrache-cœur* (1953). Après avoir quitté son travail d'ingénieur, Vian mène une vie très variée—journaliste (aux *Temps Modernes,* ce qui lui fait fréquenter les milieux existentialistes de St-Germain-des-Prés, et au *Jazz-Hot,* revue de musique), poète, compositeur (de chansons populaires), traducteur (*The Man with the Golden Arm, The Three Faces of Eve* et *The Memoirs of Gen. Omar N. Bradley*). Il écrit aussi plusieurs pièces de théâtre, dont seule *Les Bâtisseurs d'Empire* aura du succès. Ecrite en 1957, elle ne sera montée qu'après la mort de Vian, survenue en 1959 à la suite d'une longue maladie de cœur.

Théories littéraires

Ecrivain «populaire» dans le meilleur sens du terme—c'est-à-dire, qui cherche à èckrire des œuvres de qualité pour un public aussi varié que possible—Vian ne s'est jamais préoccupé de la théorie littéraire proprement dite. En effet, il semble avoir une conception du rôle de l'auteur qui s'oppose à celle de la plupart des écrivains et des critiques modernes:

> Une chose que l'on peut faire, c'est justement *apprendre*. On peut apprendre qui était untel. On peut *étudier* sa vie, son milieu social, son environnement. On peut *rechercher* les influences subies par lui. On peut finalement tenter de *comprendre* pourquoi il a fait telle ou telle œuvre. Car on ne *comprend pas une œuvre . . .* , on *comprend l'homme* qui l'a faite, et il faut d'abord, je le crains, aimer l'œuvre, ce qui vous donne le goût de connaître l'homme.

En lisant *Les Bâtisseurs d'Empire,* essayez de voir dans quelle mesure la pièce correspond à cette conception d'une littérature personnelle. Ensuite discutez les questions suivantes: en quoi cette conception de la littérature s'oppose-t-elle à celle sur laquelle notre livre est fondée? Est-il possible de concilier ces deux notions ou bien faut-il opter pour l'une ou pour l'autre? Expliquez.

Les Bâtisseurs d'Empire

Personnages

LE PÈRE
LE SCHMÜRZ
LE VOISIN
LA MÈRE
ZÉNOBIE, *la fille*
CRUCHE, *la bonne*

ACTE I

La scène se passe dans une pièce sans particularités, bourgeoisement meublée, avec un buffet Henri II[1] *au fond, une table de salle à manger et des chaises, le tout dans un coin, des fenêtres fermées, des portes qui*

1. Un buffet Henri II est une reproduction d'un meuble de la Renaissance dans un style très lourd; il était très en faveur chez la petite bourgeoisie au début du vingtième siècle.

mènent partout où il faut et dans le coin où il n'y a pas de table, l'arrivée d'un escalier censé[2] *partir d'une pièce supposée*[3] *au-dessous, et qui enchaîne sur un escalier censé mener à une pièce qui serait au-dessus. La scène est vide de gens, même quand le rideau n'est pas levé, et elle le reste quand on le lève. De l'escalier, montant d'en bas, viennent d'abord des voix.*

Examinez soigneusement le décor tel que Vian le décrit: quels éléments peuvent suggérer «une pièce sans particularité, bourgeoisement meublée»? Quels aspects du décor semblent contredire cette impression?

VOIX DU PÈRE. *(pressant)* Allons, Anna, dépêche-toi . . . plus que cinq marches. *(On entend trébucher, puis un cri)* Je t'avais dit de ne pas mettre la main là où je mets mes pieds, Zénobie . . . vous êtes indisciplinés, c'est votre faute . . .

VOIX DE ZÉNOBIE. *(qui râle)*[4] Pourquoi c'est toujours toi qui passes le premier, aussi?

VOIX DU PÈRE. *(terrifiée)* Tais-toi . . .

On entend, venu du dehors, un bruit à faire peur, dont la nature reste à préciser. Un bruit grave roulant surmonté de battements aigres.

VOIX DE ZÉNOBIE. *(calme)* J'ai peur . . .

VOIX DU PÈRE. Vite . . . un dernier effort! . . .

Il apparaît dans la pièce, muni d'une boîte à outils et de planches.[5] *Il s'affale,*[6] *se relève et regarde autour de lui. Pendant ce temps-là, le reste de la famille émerge: Zénobie, la fille, qui a seize ou dix-sept ans. Anna, la mère, trente-neuf, quarante ans. Le père lui-même est un quinquagénaire*[7] *barbu. Il y a encore la bonne qui se nomme Cruche,*[8] *et tout ce monde porte des tas de paquets, valises. Il y a déjà, dans un coin, le schmürz.*[9] *Il est tout enveloppé de bandages et vêtu de loques.*[10] *Il a un bras en écharpe*[11] *et tient une canne de l'autre. Il boite,*[12] *saigne et il est laid à voir. Il se tasse*[13] *dans un coin.*

2. *censé:* supposed to.
3. *supposée:* which makes one think there is another floor.
4. *qui râle:* who is angry.
5. *planches:* boards.
6. *s'affale:* flops down.
7. *quinquagénaire:* fifty-year old man.
8. Cruche est un mot employé pour désigner une personne stupide.
9. On peut lire dans un article de journal (*Carrefour*, 9 décembre 1959) les renseignements suivants sur le mot *schmürz:* «Schmürz» est un mot forgé par Ursula Kübler, femme de Boris Vian, pour définir l'indéfinissable. C'est un dérivé du mot allemand qui signifie peine, «Schmerz». Dans le groupe qui se réunissait à Paris ou à Saint-Tropez, *Schmürz* voulait dire une chose, un objet, qui s'oppose à vous. C'est une boîte d'allumettes, le porte-clé posé devant vous sur la table qu'on envoie promener parce qu'il vous énerve, la pierre dans laquelle on flanque un coup de pied. Il arrive aussi que l'on se traite de «schmürz.»
10. *loques:* rags.
11. *en écharpe:* in a sling.
12. *boite:* limps.
13. *se tasse:* huddles.

Analysez la valeur dramatique de ce début: quelle(s) réaction(s) Vian cherche-t-il à provoquer chez le spectateur? par quels moyens y parvient-il? (Pourquoi veut-il qu'on entende les personnages avant de les voir? Quel contraste marque-t-il entre les voix du père et de la fille? Imaginez le bruit; quel rôle les accessoires y jouent-ils? A quel moment le spectateur doit-il voir le schmürz?)

PÈRE. On y est presque, les enfants. Un ultime sursaut.

Le bruit se fait entendre à nouveau dans la rue, c'est-à-dire par-delà les fenêtres. Zénobie renifle.[14]

MÈRE. Ma chérie, voyons . . .

Elle va la caresser, mais le père l'arrête.

PÈRE. Anna! Vite un coup de main. C'est le plus urgent. *(Il se précipite à l'escalier dont il commence à barrer la volée descendante*[15] *avec des planches; elle court l'aider, et, au passage, aperçoit le schmürz, s'immobilise, lui lance un mauvais regard et hausse les épaules.*[16]*)* Tiens la planche, je cherche un clou.[17] *(Il fouille dans sa boîte à outils et trouve un clou.)* En réalité, je devrais mettre des vis,[18] mais ça pose des tas de problèmes.

MÈRE. Comment ça?

PÈRE. D'abord, je n'ai pas de vis. Ensuite, je n'ai pas de tournevis. Troisièmement, je ne sais jamais de quel côté on tourne pour visser.

MÈRE. Comme ça . . .

Elle lui montre à l'envers.

PÈRE. Non, c'est comme ça.

Il lui montre dans le bon sens—Le bruit s'enfle[19] *dans la rue; Zénobie hurle, furieuse.*

ZÉNOBIE. Allons, dépêche-toi!

PÈRE. Où ai-je la tête . . . et toi qui me fais bavarder.

Il cloue.

MÈRE. Comment, je te fais bavarder?

PÈRE. Ne nous disputons pas, ma chérie. *(Il se jette sur elle et l'embrasse violemment.)* Ah, là, là, ce que tu m'inspires . . .

Il se remet à sa planche.

ZÉNOBIE. J'ai faim.

MÈRE. Cruche, donnez à manger à la petite.

Pendant ce temps-là, la bonne s'est affairée à tout ranger, évitant soigneusement d'approcher le schmürz.

CRUCHE. Oui, madame. *(A Zénobie)* Veux-tu des œufs, du lait, du gratin, du porridge, du chocolat, du café, des tartines, de la confiture d'abricots, du raisin, des fruits, des légumes?

ZÉNOBIE. Non, je veux manger.

14. *renifle:* snivels.
15. *volée descendante:* down staircase.
16. *hausse les épaules:* shrugs her shoulders.
17. *clou:* nail.
18. *vis:* screws.
19. *s'enfle:* gets louder.

CRUCHE. Bon. *(Elle lui tend un paquet de biscuits.)* Alors, mange, puisque tu ne veux rien.

Elle repasse devant le schmürz et s'en écarte[20] *visiblement. Le père repose son marteau,*[21] *se relève.*

Dans quels sens la pièce pourrait-elle ressembler à un portrait conventionnel de la bourgeoisie? (Quels sont les personnages? Quelles activités les préoccupent?) Montrez ensuite comment les éléments dramatiques éloignent la pièce de son cadre bourgeois: (1) L'intrigue—qu'est-ce que le père semble être en train de faire? En quoi cela peut-il sembler étrange? (2) Les rapports entre les personnages—quelles émotions les membres de la famille éprouvent-ils? Comment les expriment-ils? (3) Le langage—relevez des contradictions et des non-sens dans le dialogue.

Vian semble vouloir créer une tension entre une situation conventionnelle et des éléments qui sortent de l'ordinaire. Quelles différentes sortes de réactions le metteur en scène pourrait-il provoquer chez le spectateur en jouant sur cette tension? (Le rire? La peur? L'incompréhension? Le dégoût? Autre chose?)

Le schmürz. Jusqu'ici ce personnage n'a rien dit; pourtant il joue un rôle central dans la pièce. Par quels moyens Vian attire-t-il l'attention du spectateur sur le schmürz? (Considérez surtout le jeu de Cruche dans cette scène.) Quelle impression le spectateur a-t-il du schmürz d'après cette scène?

PÈRE. Ouf! . . . Ça y est . . . On va pouvoir se détendre un peu.

Il s'étire.[22]

MÈRE. Le cuir ne sera pas cher cette année.

PÈRE. Comment dis-tu?

MÈRE. Je dis que le cuir ne sera pas cher cette année. Les veaux s'étirent. C'est un vieux proverbe normand. Tu devrais le savoir.

PÈRE. Pourquoi, je devrais le savoir?

MÈRE. Tu ne te rappelles pas que tu étais équarrisseur[23] en Normandie? Jadis? Auparavant?

PÈRE. Non . . . ça m'a échappé.

MÈRE. A Arromanches . . .

PÈRE. Ah? Tiens *(Il se gratte la barbe.)* C'est très singulier. *(Il va vers le schmürz et, à toute volée, le gifle,*[24] *puis il revient, toujours pensif.)* Ce que tu dis là me stupéfie.

MÈRE. Pourquoi?

PÈRE. Cela me stupéfie, voilà tout. J'ai complètement oublié. *(Il frappe dans ses mains.)* Alors, Cruche, ce rangement? Ça se termine? *(Il inspecte autour de lui.)* C'est gentil, ici.

La mère va au schmürz et le frappe à coups de pied.

20. *s'en écarte:* moves away from him.
21. *marteau:* hammer.
22. *s'étire:* stretches his limbs.
23. *équarisseur:* knacker (someone who cuts up animal carcasses).
24. *à . . . gifle:* gives him a good slap.

Jeu de scène: imaginez les différences entre la façon de parler du père et ses gestes: sur quel ton de voix dit-il «Ah? Tiens. C'est très singulier»? Comment frappe-t-il le schmürz? Sur quel ton dit-il «Ce que tu dis là me stupéfie»? Imaginez également le jeu de la mère (ton de voix, gestes). Comment ces deux jeux s'insèrent-ils dans le mouvement rythmique de la scène?

Précisez ensuite les réactions du spectateur devant cette scène. Du point de vue affectif: comment réagit-il à la gifle et aux coups de pied? Dans quelle mesure y a-t-il un changement dans ses impressions du schmürz? De la famille? Du point de vue intellectuel: à quelles conclusions arrive-t-il sur le père? (Considérez ce que le père dit, sa façon de la dire, ses gestes habituels et sa façon de traiter le schmürz.)

ZÉNOBIE. *(qui regarde le buffet)* C'est affreux.

PÈRE. Comment? Tu n'es pas contente?

ZÉNOBIE. Combien de temps est-ce que ça va continuer? Combien de fois est-ce qu'on va être obligés de se précipiter comme ça, dans la nuit, en laissant la moitié des choses derrière nous, tous les coins qu'on connaît, le soleil, les arbres . . .

PÈRE. Mais écoute, on a encore de la chance . . . regarde cet escalier . . .

MÈRE. Oh, il n'a rien d'extraordinaire, ça, la petite a raison.

PÈRE. Je prétends qu'il n'est pas mal. Un escalier comme ça, même en pleine obscurité, on peut le grimper . . .

Il essaie en se lançant vivement, puis redescend.

MÈRE. Il est moins bien que le précédent.

PÈRE. Il doit être tout pareil.

Il s'époussette les mains.

ZÉNOBIE. Mais comment peux-tu être d'aussi mauvaise foi? En bas, j'avais ma chambre . . .

PÈRE. Comment? En bas, on avait trois pièces, comme ici. Tu couchais dans le studio.

ZÉNOBIE. Mais non, je ne parle pas d'hier . . . Je veux dire, en bas, bien avant . . .

PÈRE. *(à la mère)* Elle avait sa chambre?

MÈRE. Je ne me rappelle pas très bien. *(A Zénobie)* Tu avais ta chambre?

ZÉNOBIE. Oui, j'avais ma chambre; à côté de la vôtre, en face du petit salon.

MÈRE. Comment, du petit salon?

ZÉNOBIE. Le petit salon, avec les fauteuils rouge foncé et la glace de Venise, et les jolis rideaux en soie rouge. Le tapis rouge et le lustre[25] doré.

MÈRE. Zénobie, tu es sûre de ce que tu dis?

ZÉNOBIE. Oui, je suis sûre de ce que je dis.

PÈRE. Moi, je ne me souviens pas de ça . . . Par conséquent, comment toi une enfant . . .

25. *lustre:* chandelier.

ZÉNOBIE. C'est bien pour ça; c'est les jeunes qui se souviennent. Les vieux, ils oublient tout.

PÈRE. Zénobie, respecte tes parents.

ZÉNOBIE. Il y avait six pièces.

MÈRE. Six pièces! Eh bien! Quel entretien!

ZÉNOBIE. Et Cruche avait sa chambre aussi! et il n'était pas là!

PÈRE. Qui ça, n'était pas là?

ZÉNOBIE. Lui!

Du doigt, elle désigne le schmürz, immobile. Il y a un très long silence.

MÈRE. *(attentive)* Zénobie, ma petite fille, de qui parles-tu?

PÈRE. Zénobie, tu devrais te reposer.

Entre temps, Cruche est sortie côté jardin.[26] *Le père et la mère s'approchent de Zénobie.*

MÈRE. Tu vois bien qu'il n'y a personne. *(Elle s'approche du schmürz et lui tape dessus.*[27]*)* Tu vois bien.

Elle halète.[28]

ZÉNOBIE. *(perd pied*[29]*)* On avait six pièces . . . on y était seuls . . . des arbres devant les fenêtres.

PÈRE. *(hausse les épaules)* Des arbres! *(Il s'approche du schmürz, tape dessus.)* Des arbres . . .

Il s'essuie les mains.

ZÉNOBIE. Des cabinets tout blancs . . .

Cruche rentre.

CRUCHE. Monsieur . . .

PÈRE. Quoi, encore?

CRUCHE. Il n'y a que deux pièces, ici, alors où est-ce que je vais coucher?

PÈRE. Eh bien . . . nous allons nous mettre à côté, ma femme, ma fille et moi . . . et vous, vous dormirez ici . . .

CRUCHE. *(décisive et froide)* Non . . .

PÈRE. *(rit, gêné)* Non . . . elle dit non, voilà . . . eh bien, heu . . .

MÈRE. *(au père)* Tu vas lui faire une cloison.[30] *(A Cruche, dure)* Est-ce que vous allez vous décider, au moins?

CRUCHE. *(hausse les épaules)* Si monsieur me fait une cloison . . . *(Elle va au schmürz et tape dessus sans conviction)* Avec une cloison, je veux bien dormir ici . . .

Elle rehausse les épaules et repasse dans la seconde pièce en emportant quelque ustensile.—Un silence.

ZÉNOBIE. Tu vois . . . Il n'y a que deux pièces. J'en étais sûre.

26. *côté jardin:* stage left.
27. *lui tape dessus:* hits him.
28. *halète:* gasps for breath.
29. *perd pied:* loses her foothold (assurance).
30. *cloison:* partition.

Le père s'est assis, il a l'air, pour la première fois, un peu déconcerté.

PÈRE. Deux pièces . . . ce n'est pas si mal . . . il y a des gens qui vivent dans moins grand que ça . . .

ZÉNOBIE. *(effrayée)* Mais enfin, pourquoi . . . pourquoi . . .

MÈRE. Pourquoi quoi?

ZÉNOBIE. Pourquoi est-ce qu'on s'en va chaque fois qu'on entend ce bruit? *(Le père et la mère ont rentré le cou dans les épaules.)* Qu'est-ce que c'est, ce bruit? Dis-le-moi! Dis-le-moi, maman . . .

MÈRE. Zénobie, mon petit ange, on t'a répété cent fois de ne pas demander ça.

PÈRE. *(évasif)* On ne le sait pas, ce que c'est. Si on le savait, on te le dirait.

ZÉNOBIE. Mais tu sais tout, d'habitude.

PÈRE. D'habitude, oui. Mais justement c'est une circonstance exceptionnelle. Et puis les choses que je sais, c'est plutôt les choses qui ont une importance réelle, pas les mirages.

ZÉNOBIE. Ce bruit, ça n'a pas une importance réelle, alors?

PÈRE. Au fond, non.

MÈRE. C'est une image.

PÈRE. Un symbole.

MÈRE. Un repère.[31]

PÈRE. Un avertissement.[32] Mais il ne faut pas confondre l'image, le signal, le symbole, le repère et l'avertissement avec la chose elle-même. Ce serait une grave erreur.

MÈRE. Une confusion.

PÈRE. Toi, ne te mêle pas de la discussion. Après tout, cette petite est ta fille.

ZÉNOBIE. Mais si ça n'a pas d'importance réelle, pourquoi on s'en va?

PÈRE. C'est plus prudent.

ZÉNOBIE. C'est plus prudent, même si on finit par quitter un appartement de six pièces où on était seuls pour arriver à deux.

Elle regarde le schmürz.

PÈRE. La prudence avant tout.

Il va au schmürz, lui crache[33] dessus, et revient.

ZÉNOBIE. J'avais ma chambre, un pick-up,[34] des disques, je n'ai plus rien et il faut tout recommencer à zéro.

PÈRE. A zéro! Ecoute, il y a ici un buffet Henri II plus qu'honorable.

MÈRE. Tu n'es vraiment pas à plaindre. Songe aux autres.

ZÉNOBIE. Quels autres?

MÈRE. Il y en a de plus malheureux que toi.

31. *repère:* point of reference.
32. *avertissement:* warning.
33. *crache:* spits.
34. *pick-up:* record player.

PÈRE. Que nous. *(Satisfait)* Hé, oui. Deux pièces, par le temps qui court . . .

MÈRE. *(déclame)*

Où court-il, d'où vient-il, qu'importe . . .
Il chemine de porte en porte.

Elle s'interrompt:

C'est pas ça . . .

PÈRE. Ça commençait bien, pourquoi tu ne continues pas?

MÈRE. La lassitude[35] . . .

PÈRE. Moi, je suis très content de cet escalier. *(Il y va, le frappe du plat de la main.)* C'est du chêne.[36]

MÈRE. C'est du hêtre[37] façon chêne.

PÈRE. Du hêtre . . . non. Du sapin[38] si tu veux, mais ce n'est pas du hêtre. C'est un bois trop . . . euh . . . le hêtre, je veux dire.

MÈRE. Où est la cuisine?

PÈRE. *(désigne une porte)* Ça doit être par là.

ZÉNOBIE. *(reprend comme une mélopée[39] vague)* En bas, j'avais ma chambre, elle était bleue, comme pour un garçon; au milieu, un petit bureau, dans le tiroir de droite mon album de photos de vedettes,[40] en-dessous, mes cahiers de classe et mes livres sur l'étagère;[41] et puis par la fenêtre, je voyais les arbres verts, le soleil passait toujours, c'était des années avec douze mois de mai, des mois de mai avec trente-et-un dimanches, des dimanches qui sentaient la cire[42] fraîche et le bonbon anglais, et sur mon lit, une courtepointe[43] de dentelle, elle était fausse mais très jolie, on la faisait tremper dans de l'eau avec du thé pour lui donner la couleur du pain beige. Le dimanche soir, je dansais.

MÈRE. Chérie, à ton âge, on ne vit pas avec ses souvenirs.

Elle vaque. Le père a ouvert toutes les portes, les placards, le buffet, donnant de temps à autre un horion[44] au schmürz.

Cette partie de l'acte a comme armature «la visite» de la maison (remarquez, par exemple, le jeu du père qui, au cours de cette scène, «a ouvert toutes les portes, les placards, le buffet» et a essayé l'escalier): quelle fonction pratique cette visite a-t-elle? (Quels renseignements Vian donne-t-il au spectateur grâce aux discussions occasionnées par cette visite?) Quelle fonction dramatique? (En quoi cette scène peut-elle ajouter à l'ambiance—comique? tragique? effrayante? sordide? autre?—que vous avez décidé de créer?)

Cette scène sert également à marquer une opposition entre les parents et Zénobie. Quelle attitude Zénobie a-t-elle envers leur situation? (Quelles émotions manifeste-t-elle? Quelles questions pose-t-elle?) En quoi l'attitude

35. *lassitude:* fatigue.
36. *chêne:* oak.
37. *hêtre:* beech.
38. *sapin:* fir.
39. *mélopée:* chant.
40. *vedettes:* stars (entertainment).
41. *étagère:* shelf.
42. *cire:* wax.
43. *courtepointe:* quilt.
44. *horion:* violent blow.

des parents est-elle différente? Comment le langage de ceux-ci souligne-t-il leur attitude à l'égard de la réalité? Pour répondre à cette question, considérez surtout les lignes 11–15, page 447 («Zénobie, ma petite fille, de quoi parles-tu?» . . . «Tu vois bien») et les lignes 13–33, page 448 («Mais tu sais tout d'habitude» . . . «La prudence avant tout»). En quoi cette opposition a-t-elle néanmoins un caractère paradoxal? (D'habitude, qui se penche sur les souvenirs? Et ici?)

Etudiez enfin le mouvement de cette scène—d'abord, du point de vue du rythme: de quelle longueur sont les répliques? de quelle façon s'enchaînent-elles? quel est donc l'effet du très long silence à la ligne 9, page 447? De la dernière réplique de Zénobie («En bas, j'avais ma chambre . . .»)? Du point de vue de la structure: cette scène commence par une comparaison entre le nouvel appartement et celui (ou ceux) qu'ils avaient autrefois; sur quel sujet la scène se termine-t-elle? Quels autres sujets y discute-t-on? Au cours de la scène, quelles questions Zénobie pose-t-elle? Auxquelles y a-t-il une réponse?

PÈRE. Ah! Voici la porte palière,[45] ainsi nommée parce qu'elle donne sur le palier.

ZÉNOBIE. Et elle donne quoi?

PÈRE. Zénobie, ne prends pas tout au pied de la lettre, tu me donnes le vertige.

ZÉNOBIE. *(murmure)* Au pied de la lettre.

Elle hausse les épaules.

PÈRE. Zénobie, tu devrais faire tes devoirs. *(Le père est sorti sur le palier, on le voit scruter la porte de l'appartement vis-à-vis. Il rentre tandis que Zénobie traîne[46] distraitement.)* Le voisin a l'air d'un homme comme il faut.

MÈRE. Tu l'as vu?

PÈRE. Non, j'ai vu sa carte.[47]

MÈRE. La carte n'est pas le territoire. Tu me l'as répété assez souvent.

PÈRE. Il est conseiller.[48]

MÈRE. Cela peut être utile.

Cruche rentre.

CRUCHE. Qu'est-ce que je fais pour le déjeuner?

ZÉNOBIE. Pour le déjeuner ou pour nous?

CRUCHE. Qu'est-ce que je fais cuire?

MÈRE. On pourrait manger froid.

ZÉNOBIE. Manger qui?

PÈRE. Manger quoi?

CRUCHE. Du veau, du potage, des radis, de la semoule,[49] du turbot,[50] des

45. *porte palière:* landing door (*palier:* landing).
46. *traîne:* dawdles.
47. *carte:* business card or map.
48. *conseiller:* vague designation for an administrative job.
49. *semoule:* cream of wheat.
50. *turbot:* kind of fish.

carottes ou des quenelles?[51] Ou alors de l'anguille,[52] du salami, du fricandeau,[53] de la tête de porc vinaigrette, ou des moules?[54]

MÈRE. D'abord, qu'est-ce qui reste?

CRUCHE. Des nouilles.[55]

PÈRE. Je ne veux pas de nouilles. Tout de même, après une nuit comme celle-là . . .

MÈRE. Faites des nouilles, puisqu'il n'y a pas autre chose.

CRUCHE. C'est pas la peine d'en faire puisqu'il y en a.

MÈRE. Alors faites-les cuire.

CRUCHE. Bon.

Elle sort vers la cuisine.

PÈRE. Je me demande quel genre de conseils il peut donner.

MÈRE. Qui?

Elle va frapper le schmürz.

PÈRE. *(tombe dans un fauteuil et allume sa pipe)* Le voisin.

MÈRE. Ah, le conseiller.

ZÉNOBIE. Maman, je peux faire marcher la radio?

MÈRE. *(au père)* Est-ce qu'elle peut faire marcher la radio?

PÈRE. La radio . . . *(Il se gratte la tête.)* Où est-elle? Je l'avais emballée dans la couverture à carreaux. C'est toi qui l'as prise?

MÈRE. Non . . . moi, j'avais la vieille valise noire, le sac de linge[56] et les provisions.

PÈRE. Moi, j'avais le panier d'osier,[57] la boîte à outils, les planches . . . *(Il appelle.)* Cruche! Cruche!

Entre Cruche.

MÈRE. Nous ne trouvons pas la radio. Qu'est-ce que vous portiez quand nous sommes arrivés?

CRUCHE. La grande lampe, la vaisselle, le tableau du cousin, la malle de fer, le casier à bouteilles, le garde-manger, la boîte à chaussures, l'aspirateur, et mes affaires . . .

PÈRE. Et naturellement, vous avez oublié la couverture jaune.

CRUCHE. Personne ne m'avait dit de la prendre.

Elle va frapper le schmürz. La mère hoche la tête.

PÈRE. Eh bien, nous nous passerons de[58] radio.

MÈRE. D'ailleurs, nous ne l'écoutons jamais. *(Zénobie sort.)* La petite est fâchée.

PÈRE. Pourquoi?

MÈRE. Je ne sais pas.

Un silence.

51. *quenelles:* kind of fish pie.
52. *anguille:* eel.
53. *fricandeau:* veal stew.
54. *moules:* mussels.
55. *nouilles:* noodles.
56. *linge:* table linen.
57. *panier d'osier:* wicker basket.
58. *nous . . . de:* we'll do without.

PÈRE. Je vais aller faire une visite au voisin.

MÈRE. C'est ça, vas-y, ça t'occupera.

Elle prend un ouvrage[59] *tandis que le père ouvre la porte et la laisse ouverte. On le voit frapper à la porte en face. Qui s'ouvre. Il entre et la porte se referme. Silence. Zénobie revient.*

ZÉNOBIE. *(menaçante)* Et qu'est-ce qui va se passer, maintenant?

MÈRE. *(cousant)* Ton père s'occupe de ça.

ZÉNOBIE. Ça va être comme avant, juste un peu moins bien. On va vivre un peu moins bien, on refera les mêmes gestes, un peu moins vifs, les mêmes travaux, un peu moins soigneusement. Les nuits passeront, les jours seront pareils aux nuits et tout d'un coup, on entendra le bruit, on montera l'escalier, on oubliera quelque chose . . . et on n'aura plus qu'une seule pièce . . . avec déjà quelqu'un.

MÈRE. *(affectueuse)* Tais-toi, mon petit, tu déraisonnes.

ZÉNOBIE. Mais *moi*, là-dedans, qu'est-ce que je deviens?

MÈRE. Je te dis que ton père s'occupe de ça. Il y a des quantités de solutions possibles.

ZÉNOBIE. Tu reconnais donc que c'est un problème?

MÈRE. Zénobie, tu m'irrites. Les enfants ne posent des problèmes à leurs parents que dans la mesure où ces derniers les reconnaissent comme tels.

ZÉNOBIE. Reconnaissent quoi? Les enfants ou les problèmes?

MÈRE. Nous n'avons aucun problème, Dieu merci. *(Elle se lève et larde*[60] *sauvagement le schmürz de coups de ciseau.)* Je ne vois pas ce qui peut te tourmenter.

Le langage. Dans cette pièce Vian joue constamment avec le langage; pourtant, ce jeu n'est pas gratuit. Relevez des jeux de mots dans les répliques des parents; voir, par exemple, la ligne 1, page 450 («porte palière»), la ligne 13, page 450 («carte»). Cherchez ensuite des jeux de mots dans les répliques de Zénobie; voir, par exemple, la ligne 3, page 450 («donne»), les lignes 19, 22, page 450 («pour», «manger»). Les parents jouent sur le(s) sens des mots: comment les jeux linguistiques de Zénobie sont-ils différents? En quoi cette différence est-elle associée à l'opposition déjà établie entre Zénobie et ses parents?

Cruche. D'habitude, les domestiques ont un rôle pratique (développer l'exposition, faciliter l'intrigue); dans quelle mesure Cruche a-t-elle cette fonction? Discutez. Quelle particularité linguistique Vian lui donne-t-il (voir les pages 444, 450, 451)? Quel effet crée-t-il en juxtaposant les répliques de Cruche et les réponses que les autres y donnent? Quels rapports semble-t-elle avoir avec ses maîtres? Quelle fonction dramatique a-t-elle donc dans cet acte?

Le mouvement. Divisez cette scène selon les sujets qu'on y discute (le

59. *ouvrage:* work (probably knitting or sewing).

60. *larde:* inflict (wounds).

voisin, le déjeuner, la radio, les problèmes): qu'est-ce que ces sujets ont en commun? Dans quelle mesure cette scène manque-t-elle pourtant de cohérence? Quelle conclusion le spectateur peut-il en tirer?

Le père revient, accompagné du voisin.

PÈRE. Que je vous présente ma petite famille. Anna, ma femme . . . Zénobie, ma fille.

LE VOISIN. Madame!

Il s'incline.

PÈRE. Monsieur Garet . . .

ZÉNOBIE. On le connaît depuis longtemps. *(Un silence.)* Il habitait déjà en face de chez nous quand j'avais ma chambre avec mes disques.

PÈRE. *(s'éclaircit la voix)* Hum . . . Eh bien, je n'ai pas besoin de vous faire visiter l'appartement, puisque le vôtre est symétrique.

ZÉNOBIE. Et ensuite, quand on est montés d'un étage, c'était encore lui qui vivait sur le même palier . . .

PÈRE. *(parle fort)* Ce buffet, vous le voyez ne le cède en rien au vôtre . . .

Le voisin regarde le schmürz.

LE VOISIN. *(mi-voix)* Il est tout à fait pareil au nôtre.

PÈRE. *(même jeu)* N'est-ce pas . . . moi je trouve qu'ils se ressemblent tous . . .

Le voisin donne un coup de pied au schmürz.

ZÉNOBIE. Et ensuite, quand on est encore montés d'un étage, il a fait la même chose que nous.

LE VOISIN. Cette petite a une mémoire! Trivia Pinter play

PÈRE. *(flatté)* Qu'en dites-vous?

LE VOISIN. Oui, les enfants sont étonnants, de nos jours.

PÈRE. *(intrigué)* Qu'est-ce que vous entendez exactement par là?

LE VOISIN. Eh bien, autrefois, n'est-ce pas, ils étaient assez différents.

MÈRE. *(convaincue)* Vous avez bien raison.

ZÉNOBIE. Autrefois, ils étaient différents de quoi? C'est vous qui étiez des enfants, autrefois; alors? comment voulez-vous comparer?

LE VOISIN. *(au père)* Vous avez là une fille qui réfléchit beaucoup, c'est visible.

PÈRE. *(se lance dans une explication)* N'est-ce pas, Zénobie, tu dois comprendre qu'une comparaison peut prendre place dans le temps.

ZÉNOBIE. Mais *qui* compare, à ce moment-là? Tu ne peux pas, toi, comparer maintenant, avec ta mentalité idiote, l'enfant que tu étais autrefois avec la jeune fille que je suis en ce moment.

PÈRE. Zénobie, tu vas trop loin.

LE VOISIN. Votre fille a néanmoins mis le doigt sur quelque chose. C'est le problème de l'observateur impartial.

ZÉNOBIE. Ça n'existe pas.

LE VOISIN. *(s'installe)* Je serais curieux de connaître votre point de vue.

ZÉNOBIE. S'il observe, il n'est pas impartial; il a déjà un désir, celui d'observer. Ou alors il observe distraitement. Et ce n'est plus un bon observateur.

PÈRE. Il peut . . . heu . . . il peut être impartial par construction.

Il va frapper le schmürz et revient.

ZÉNOBIE. Et qui l'aurait construit?

LE VOISIN. Son éducation peut être telle qu'il est doué d'impartialité.

ZÉNOBIE. Quelle éducation? Celle que lui donnent ses parents? *(Elle renifle, méprisante.)* Et qui jugera s'il a reçu une éducation impartiale? Ses parents partiaux? Ou partiels?[61]

PÈRE. *(éclate)* C'est insupportable. Veux-tu te taire, à la fin.

ZÉNOBIE. *(très calme)* Je me tais.

Elle se tait. Silence. Le voisin tambourine[62] sur ses genoux, la mère va frapper le schmürz qui se colle des sparadraps.[63] Elle lui en arrache un et s'en dégage avec peine.

LE VOISIN. Votre fille est charmante.

PÈRE. *(soulagé)* Là . . . nous y arrivons . . . c'est exactement par là que vous auriez dû commencer. Ça me facilite les choses. Je continue. *(Mondain)* Votre fils lui-même, que j'entrevis au passage, me semble un solide gaillard![64]

ZÉNOBIE. Tu vas recommencer à essayer de me faire jouer avec son fils? Je ne suis plus d'âge.

PÈRE. *(dur)* Assez! *(Au voisin)* Il doit être difficile à manier, l'animal! Ha! Ha!

LE VOISIN. C'est qu'il va sur ses dix-huit ans . . .

ZÉNOBIE. Il y va comment? A pied, à cheval ou en patins à roulettes?[65]

MÈRE. *(au voisin)* Vous devriez nous l'amener, ce serait une fête pour la petite.

ZÉNOBIE. Si Xavier a envie de me voir, il n'a pas besoin que son père l'amène.

Chaque fois qu'elle parle personne ne l'écoute.

LE VOISIN. Eh bien, je vous remercie de cette aimable invitation, Xavier sera ravi de connaître une compagne comme Zénobie.

PÈRE. *(à la mère)* Qu'est-ce que je dis, maintenant, en principe?

MÈRE. Attends . . . elle n'est plus tout à fait aussi jeune que la dernière fois. Je crois qu'il faut . . .

Elle lui murmure quelque chose à l'oreille. Le voisin s'est levé et retourne[66] méchamment un des bras du schmürz, puis revient se rasseoir.

61. *partial:* biased; *partiel:* incomplete.
62. *tambourine:* drums.
63. *se . . . sparadraps:* sticks band-aids all over himself.
64. *gaillard:* chap.
65. *patins à roulettes:* roller skates.
66. *retourne:* twists.

PÈRE. Tu as raison.

MÈRE. Toute l'intrigue en dépend.

PÈRE. *(au voisin)* Sur quel plan nous plaçons-nous?

LE VOISIN. A leur âge, il me semble que . . .

MÈRE. *(pressante, au père)* Naturellement, Léon. L'amour . . .

PÈRE. Bon. *(Il se lève et annonce)* Profession de foi.

ZÉNOBIE. Ah, là là . . .

Elle se lève, passe et sort côté cuisine.

MÈRE. *(au voisin)* Elle est bien élevée, n'est-ce pas. Une discrétion!

LE VOISIN. Je la trouve charmante. Mon fils est un heureux gaillard.

PÈRE. Minute! *(Il reprend)* Profession de foi! *(Un temps.)* Je ne suis pas un de ces personnages tyranniques comme la nature et les livres en montrent si souvent, aux dépens de la culture mondiale et des progrès de la véritable civilisation.

Il s'essuie le front.

MÈRE. *(mi-voix)* Léon, tu n'es jamais si bien parti.

Le père lui fait signe de se taire et enchaîne. Le voisin écoute dans une pose avantageuse; il prend le cendrier et le jette à la tête du schmürz.

PÈRE. D'ailleurs, si ce n'était que de moi, il y a longtemps que les fausses valeurs auraient disparu au profit de ces valeurs beaucoup plus sûres que sont la morale, les idées en marche, l'avancement des sciences physiques, l'éclairage des rues et la mise au pilon[67] des résidus pourris d'une démagogie toujours plus croulante,[68] à l'instar[69] . . . heu . . . à l'instar des grands bâtisseurs de jadis qui fondaient leurs travaux sur le sens du devoir et de la chose commune . . .

LE VOISIN. Est-ce que vous ne perdez pas un peu le fil?

MÈRE. *(au voisin)* Oui . . . Je ne sais pas s'il va exactement là où il faut.

PÈRE. *(ton naturel)* C'est embêtant, j'ai la même impression. Je crois que les mots m'entraînent.

MÈRE. Souviens-toi qu'il s'agit de ta fille et de son fils.

LE VOISIN. Il ne saurait s'agir d'autre chose. Les jeunes doivent être le centre de l'intérêt général.

PÈRE. Je vais essayer d'y revenir. *(Déclamatoire)* Quel plaisir de voir autour de soi s'épanouir les jeunes bourgeons.[70]

Il s'arrête net.

MÈRE. Vas-y, ça s'annonçait bien . . .

PÈRE. Je suis à court d'adjectifs.

Entre Cruche.

CRUCHE. Cette cuisine est ignoble, dégoûtante, infecte, sale, moche,[71] sor-

67. *pilon:* steam hammer.
68. *croulante:* tottering.
69. *à l'instar:* after the fashion.
70. *s'épanouir . . . bourgeons:* the young buds blossom.
71. *moche:* rotten, lousy (slang).

dide, nauséabonde, innommable, pustuleuse, croulante, écaillée,[72] malodorante, dégueulasse,[73] et ainsi de suite. *(Un temps, puis furieuse)* Et pourtant, j'y retourne.

Elle sort.

MÈRE. Prends-en de la graine![74]

PÈRE. Ah! C'est malin, de trouver des qualificatifs dépréciatoires . . . Mais les bourgeons, vas-y, tiens . . . Je te passe le crachoir.[75]

MÈRE. Les jeunes bourgeons verdoyants.

PÈRE. Non . . . verdoyants, c'est lourd. Je voudrais évoquer le vert tendre des chatons de noisetier;[76] ou la teinte claire qui tourne un peu au tilleul[77] et qui fonce délicatement à la base de cette frêle efflorescence[78] végétale pour virer au vert pistache, cette nuance subtile qui vous met le cœur en boule dans la gorge quand on se promène au printemps dans un sentier plein de merde.[79]

MÈRE. Oh! Léon.

PÈRE. *(furieux)* C'est vrai, quoi, ces cochons[80]-là viennent baisser la culotte[81] à l'endroit où c'est le plus joli. Pourquoi, à la fin, pourquoi?

Il crie presque.

MÈRE. Calme-toi.

PÈRE. *(se calme)* Tu as raison. *(Il déclame)* Quelle joie ce sera pour nous de voir ces deux jeunes têtes tendrement enlacées . . . heu . . . enlacées par les oreilles . . .

MÈRE. Léon! Tu bats la campagne.[82]

PÈRE. Ecoute, j'ai dit ces deux jeunes têtes enlacées, il faut bien qu'elles s'enlacent par quelque chose . . .

MÈRE. Par les bras . . .

PÈRE. Une tête n'a pas de bras.

LE VOISIN. Rien de ce qui est abstrait n'a de bras, chère madame. L'agriculture, par exemple.

MÈRE. Et la Vénus de Milo, c'est abstrait?

Le père, distrait et méditatif, va frapper le schmürz et revient.

PÈRE. Nous dérivons.[83] *(A la mère)* Je fais la demande?

MÈRE. Non, tu vas trop vite . . . et en outre, c'est à lui de la faire. C'est le père du jeune homme qui doit demander la main de la jeune fille.

Zénobie rentre, mordant dans un sandwich.

ZÉNOBIE. La cuisine est immonde.[84] Vous êtes encore en train de faire vos pitreries?[85]

72. *écaillée:* with paint peeling off.
73. *dégueulasse:* pukey (slang).
74. *Prends . . . graine:* Let it be a lesson to you.
75. *Je . . . crachoir:* I give you the floor (to speak); *crachoir:* spittoon.
76. *châtons de noisetier:* hazel buds.
77. *tilleul:* linden tree.
78. *efflorescence:* buds.
79. *merde:* shit.
80. *cochons:* pigs.
81. *baisser la culotte:* take a crap.
82. *Tu . . . campagne:* Your mind is wandering.
83. *dérivons:* get off the subject.
84. *immonde:* foul.
85. *pitreries:* nonsense, foolery.

MÈRE. *(au voisin)* Ma fille est très primesautière,[86] mais je suis moderne, et je pense que les jeunes gens d'aujourd'hui doivent avoir leur franc-parler.

Le schmürz s'effondre,[87] le père le regarde, va à la cuisine, rapporte une carafe, la lui vide sur la tête; le schmürz se redresse avec peine, le père lui balance son pied sur la figure;[88] pendant tout ce temps, la mère continue.

MÈRE. Autant je suis partisan . . . ou partisante . . . ou partiseuse,[89] c'est ça, autant je suis partiseuse d'être assez sévère avec les très jeunes enfants pour leur enseigner que tout n'est pas miel dans la vie, autant j'estime qu'il faut, une fois le cap du bas âge franchi,[90] laisser voguer grand largue[91] et au plus près[92] ces blancs esquifs[93] sur les eaux tièdes de l'existence.

ZÉNOBIE. Théorie d'ailleurs complètement inepte.

Elle mord de plus belle.

LE VOISIN. Elle s'entendra à merveille avec Xavier.

Zénobie, excédée, s'assied sur une chaise, se retire une chaussure et se gratte un pied. On entend vaguement au dehors le Bruit. Aussitôt, le père, la mère et le voisin se dressent, Cruche entre, le schmürz est le seul à ne pas s'immobiliser, et Zénobie s'arrête de se gratter, terrorisée. Le Bruit cesse, chacun, sauf le schmürz, paraît soulagé.

Les fiançailles. De nouveau le sujet d'une scène semble appartenir au drame bourgeois—ici, la demande en mariage faite par les parents. De quelles manières Vian se moque-t-il de ce rite bourgeois? (En quoi la situation est-elle à l'envers? Quels aspects parodiques pouvez-vous trouver dans la conversation? Quel rôle Zénobie joue-t-elle dans cette scène? Et le schmürz?)

Le discours du père. Le discours semble comprendre deux parties—une profession de foi et une éloge des jeunes: quelles idées, quels sentiments le père veut-il exprimer? Par quels moyens Vian tourne-t-il ce discours en ridicule? (Considérez d'abord le texte même du discours—organisation, ton de voix, langage: trouvez surtout des non-sens et des contrastes comiques; considérez ensuite le rôle des autres personnages—ce qu'ils disent, ce qu'ils font.)

La structure temporelle. En quoi la structure de ce discours (agencement des répliques, rapports entre les paroles et les gestes) reflète-t-elle celle de la scène entière? (Voir surtout la discussion de la mère sur l'éducation des jeunes.) Celle de tout l'acte? Quel effet une telle structure a-t-elle sur le spectateur?

Le schmürz et le Bruit. A quels intervalles Vian force-t-il le spectateur à être conscient du schmürz? Ce faisant, quel contraste prépare-t-il (com-

86. *primesautière:* impulsive.
87. *s'effondre:* collapses.
88. *lui . . . figure:* kicks him in the face.
89. *partisante, partiseuse:* invented feminine forms of *partisan.*
90. *le cap . . . franchi:* the cape of youth weathered.
91. *voguer . . . largue:* sail off the wind.
92. *(voguer . . .) près:* sail on a wind.
93. *esquifs:* skiffs.

parez les réactions du schmürz à celles des autres personnages au moment où on entend le Bruit)?

MÈRE. J'ai l'impression que nous n'aurons guère le loisir de nous habituer à ce logis délicieux.

CRUCHE. Est-ce que je m'arrête, ou est-ce que je continue à laver, à frotter, à astiquer, à récurer,[94] à brosser, à fourbir,[95] à entretenir, à nettoyer, à racler,[96] à balayer, à cirer, à épousseter et à faire reluire?

MÈRE. Continuez, continuez, bien sûr.

PÈRE. Nous sommes ici pour un bout de temps. A vue de nez, je dirais pour au moins . . . pour au moins une certaine durée.

LE VOISIN. J'ai la même impression, mais peut-être serait-il sain que je rentrasse en mes appartements vérifier la chose sur mon livre de comptes.

PÈRE. *(le conduit à la porte)* Rien ne vous presse. *(Il le pousse dehors.)* Au revoir. *(Il referme la porte.)* Ouf! Quel raseur.[97]

MÈRE. Ah, là là. Mais tu sais, je crois que la petite a raison. Il me semble que je connais son visage.

PÈRE. *(n'écoute pas)* C'est tout de même en famille qu'on est le mieux.

Il cherche, dans les paquets, et trouve une cravache.[98] *Il retire son veston et commence à cravacher le schmürz avec une sauvagerie incroyable.*

MÈRE. C'est surtout le grain de beauté[99] qu'il a près du nez qui me ferait penser que je l'ai déjà vu. Mais où et quand?

PÈRE. *(voix naturelle)* Oui, ses traits ont quelque chose de familier.

MÈRE. De courant.

PÈRE. De banal, même.

ZÉNOBIE. *(rêve)* Quand j'avais ma chambre et mes disques, Xavier avait la même chambre que moi de l'autre côté de la cour, et on s'échangeait des disques tout le temps. Ça nous en faisait deux fois plus à chacun. Son père est toujours aussi idiot. *(Elle regarde son père et se met à crier)* Mais qu'est-ce que tu lui fais! Qu'est-ce que tu lui fais! Vas-tu le laisser!

PÈRE. *(se tourne vers elle, le visage complètement fermé*[100]*)* Où en est Cruche avec les nouilles?

MÈRE. *(visage fermé)* C'est vrai, ça devrait être prêt.

Zénobie sort, accablée, vers la cuisine.

PÈRE. *(continue à cravacher un instant puis s'arrête et, posément, se frotte les mains en faisant craquer ses articulations*[101]*)* Veux-tu que je déballe[102] la valise noire? On a le temps, avant que Cruche ne mette le couvert.

94. *récurer:* scour (pots and pans).
95. *fourbir:* polish.
96. *racler:* scrape.
97. *raseur:* bore.
98. *cravache:* riding-whip.
99. *grain de beauté:* mole.
100. *fermé:* without expression.
101. *articulations:* knuckles.
102. *déballe:* unpack.

MÈRE. C'est vrai, mon chéri, ça me rendrait bien service. Je crois que les fourchettes sont au fond. Tu n'oublies pas la cloison, au moins.

PÈRE. Non, non, je vais la fabriquer aussitôt qu'on aura desservi. (*Il se frotte les mains, regarde autour de lui.*) Moi, je me sens déjà tout à fait chez moi, ici.

Il lui fait une bise.[103] *Entre Cruche avec un plat fumant et Zénobie avec du pain et une carafe d'eau. La mère apprête les assiettes et les couverts.*

ZÉNOBIE. (*qui a vu ses parents s'embrasser*) Non, écoutez, vous n'êtes plus d'âge . . .

MÈRE. Il n'y a pas d'âge pour faire ça quand on s'aime.

ZÉNOBIE. Alors c'est moi qui ne suis plus d'âge à regarder; ça me dégoûte. Maintenant, ça me dégoûte.

Le père et la mère se sont assis et s'installent.

PÈRE. L'amour n'est jamais ridicule.

ZÉNOBIE. L'amour, peut-être. (*Elle s'assied.*) Je n'ai pas faim.

Cruche commence à servir.

CRUCHE. Ça va être froid.

Le père sert.

PÈRE. Hum! . . . Ça sent bon.

CRUCHE. Ça sent les nouilles.

MÈRE. Elles ont l'air très réussies. Laissez le plat, ma petite Cruche, nous ferons le service nous-mêmes.

Cruche lui met le plat entre les mains et s'en va en évitant le schmürz. Le père mange et n'a pas l'air de la voir.

Quand elle arrive à la cuisine, il appelle, brièvement:

PÈRE. Cruche . . . Vous n'oubliez rien?

Résignée, Cruche revient, prend la cravache et commence à cravacher le schmürz.

MÈRE. C'est excellent!

Zénobie laisse tomber sa tête sur ses bras et se bouche les oreilles, courbée sur la table, pendant que le père et la mère mangent, que Cruche cravache et que le rideau tombe. Cruche s'arrête et sort.

PÈRE. Fameux!

MÈRE. Très bon!

PÈRE. Succulent!

MÈRE. Délicieux . . .

En quoi ce tableau final résume-t-il le premier acte? (Quel événement de la vie bourgeoise représente-t-il? Quelles oppositions y voit-on entre les personnages? Entre ce que les parents disent et ce que Cruche fait?)

103. *bise:* kiss.

Quelle(s) réaction(s) ce tableau provoque-t-il chez le spectateur? (Le trouve-t-il comique? Dégoûtant? Effrayant? Inquiétant? Discutez.)

Le schmürz. Quelle est la fonction structurale des coups (de poing, de pied, de cravache) qu'on lui donne dans cet acte? Pour répondre à cette question, revoyez les différents moments où on le bat: quelles raisons pouvez-vous trouver pour expliquer pourquoi on le bat? Ces raisons diffèrent-elles selon le moment? Selon le personnage? Dans quelle mesure est-il possible d'arriver à des conclusions? Discutez. Quelle est sa fonction dramatique? (Quels sentiments le spectateur éprouve-t-il à l'égard du schmürz? Ces sentiments évoluent-ils au cours de l'acte? Quelle influence le schmürz a-t-il sur l'attitude du spectateur à l'égard des autres personnages? Sur ses réactions affectives et intellectuelles au premier acte?)

Les autres personnages. Au début de la pièce, Vian donne quelques précisions sur les personnages; pourtant, le metteur en scène et les acteurs disposent tout de même d'une grande liberté dans la réalisation. En tenant compte des effets que vous voudriez créer, complétez les portraits (taille, apparence, costumes): quelles différences faut-il établir entre les personnages? Quelles sortes de réactions chacun doit-il susciter chez le spectateur? Dans quelle mesure doivent-ils ressembler à de vraies personnes? (Faut-il un jeu réaliste ou bien un jeu stylisé? La réponse doit-elle être la même pour tous les personnages? Discutez.)

Le ton. Le metteur en scène se trouve devant un problème, celui du ton dominant de cet acte. Selon vous, faut-il insister sur l'étrangeté, sur le comique, sur la menace, sur autre chose? ou bien peut-on mélanger deux ou plusieurs tons? En répondant à cette question, tenez compte des rapports entre le spectateur et les personnages: en quoi le texte même crée-t-il une certaine distance? (Y a-t-il des personnages auxquels le spectateur peut s'identifier? Expliquez; pourquoi le schmürz est-il décrit comme étant si laid à voir?) Quel effet cette distance a-t-elle sur la possibilité de créer certains tons?

ACTE II

Décor changé. C'est une nouvelle pièce mansardée,[1] *encore un peu plus moche. Eléments identiques, les bagages, les ballots*[2] *déjà véhiculés au premier tableau. Mais il y a moins de portes. La pièce où on se trouve n'est plus un vivoir,*[3] *mais une sorte de pièce à tout faire; réchaud*[4] *sur une table, cuvette*[5] *sur une autre, etc . . . Au fond, porte palière au même emplacement qu'à l'acte précédent. Mais il ne reste plus qu'une porte qui donne dans la chambre où dorment les parents et Cruche. Il y a un lit-divan minable, Zénobie y est couchée. Le schmürz, encore en plus piteux état qu'à l'acte qui précède, se soigne avec des vieux chif-*

1. *mansardé:* with a dormer.
2. *ballots:* bundles.
3. *vivoir:* living room (modern, pretentious word).
4. *réchaud:* portable stove.
5. *cuvette:* dishpan.

fons,[6] *arrangera notamment la plaie*[7] *saignante d'une de ses jambes, dont il chassera les mouches de temps en temps avec sa loque.*

Au lever du rideau, Zénobie est étendue, et Cruche, assise sur le bord de son lit, dévide[8] *la laine d'un vieux chandail qu'elle détricote pour faire une pelote.*[9]

Il y a, dans la pièce, un escalier comme dans la précédente, moins large, plus branlant.[10]

ZÉNOBIE. Quel jour sommes-nous?

CRUCHE. Lundi, Samedi, Mardi, Jeudi, Pâques, Noël, le Dimanche de l'Avent, le Dimanche du Pendant, le Dimanche de l'Après, ou pas de dimanche du tout, et même encore la Pentecôte.

ZÉNOBIE. C'est ce que je me disais. Le temps passe mal.

CRUCHE. Il n'a pas la place.

ZÉNOBIE. Il y a trop de gens, ou trop de quoi? Qu'est-ce qui l'empêche de passer? D'ailleurs, où est-ce qu'il passe? Par le chas d'une aiguille?[11] Dans la rue?

CRUCHE. Il a passé par ici, il repassera par là.

ZÉNOBIE. Pendant qu'ils ne sont pas là, donne-lui un verre d'eau.

CRUCHE. *(la regarde, fermée)* Quoi?

ZÉNOBIE. *(désigne le schmürz du menton)* Donne-lui un verre d'eau.

CRUCHE. *(voix blanche)* A qui?

ZÉNOBIE. *(silence—elle hausse les épaules, n'insiste pas)* Donne-moi un verre d'eau. *(Cruche la regarde, hésite.)* J'ai soif.

CRUCHE. Tu es sûre que tu as soif?

ZÉNOBIE. Non. Je voulais le lui donner.

CRUCHE. De qui parles-tu?

Zénobie la regarde longuement, et finit par détourner les yeux.

ZÉNOBIE. Pourquoi est-ce que je reste couchée?

CRUCHE. Tu n'es pas bien. Tu es en mauvaise santé. Tu es mal portante. Tu présentes des symptômes avant-coureurs de désordres. Ton état ne semble pas satisfaisant.

ZÉNOBIE. Je suis malade?

CRUCHE. On ne peut pas vraiment dire que tu sois malade.

ZÉNOBIE. C'est l'escalier. On est montés trop vite. *(Elle regarde autour d'elle.)* On ne peut guère descendre plus bas.

CRUCHE. Il n'y a plus de cuisine.

ZÉNOBIE. Plus qu'une chambre, et cette pièce. Comment peut-on définir une pièce pareille.

CRUCHE. Ça n'a pas de nom. Mais on pourrait dire un foutoir, un cagibi, un

6. *chiffons:* rags.
7. *plaie:* wound.
8. *dévide:* is unraveling.
9. *pelote:* ball (of yarn).
10. *branlant:* shaky.
11. *chas . . . aiguille:* eye of a needle.

grenier, un boxon, un placard, une souillarde, encore bien d'autres choses, sans compter un capharnaüm[12] encore qu'il ne s'y trouve pas de cafards.[13] Tout au moins, je l'espère.

ZÉNOBIE. Pourquoi est-ce que je suis malade?

CRUCHE. Moi-même, je ne suis pas tellement flambarde.[14] Et chez ton père et ta mère on peut déceler[15] des prodromes . . .[16]

ZÉNOBIE. Quel genre?

CRUCHE. *(hausse les épaules)* Oh, des prodromes d'un genre inquiétant.

ZÉNOBIE. En dehors de leur idiotie intégrale, je n'ai jamais rien décelé chez eux.

CRUCHE. *(la regarde dans les yeux)* Rien?

ZÉNOBIE. *(un silence)* Qu'est-ce que tu vas faire avec cette laine?

CRUCHE. Un chandail, un tricot, un vêtement, un jersey, un sweater, un pull-over, une camisole,[17] un ouvrage au crochet.

ZÉNOBIE. Un cardigan.

CRUCHE. Il n'y a pas assez de laine pour un cardigan. Celui-ci est usé aux coudes. Donc, le prochain n'aura pas de manches.

ZÉNOBIE. Une chasuble.[18]

CRUCHE. Peut-être que je n'aurai pas le temps de la finir.

ZÉNOBIE. Qu'est-ce que c'est que le bruit, Cruche?

CRUCHE. *(détourne la tête)* Quel bruit?

ZÉNOBIE. Le Bruit. . .

CRUCHE. Il y a mille espèces de bruits. Quand ce ne serait que les cris d'animaux . . .

ZÉNOBIE. *(l'arrête)* Non . . . le Bruit . . . chaque fois qu'on s'en va . . . chaque fois qu'on se lève, en pleine nuit, pour monter l'escalier, comme des fous, en oubliant tout, en se faisant mal . . . pourquoi on ne reste pas, une fois, une seule fois? Pourquoi on a peur, comme ça . . . c'est tellement grotesque . . .

CRUCHE. On n'a pas peur . . . on monte l'escalier, et voilà.

ZÉNOBIE. Mais si on restait? Si on était restés?

CRUCHE. Personne ne reste.

ZÉNOBIE. Et maintenant, en dessous, qu'est-ce qu'il y a? On n'entend rien . . . On n'entend jamais rien . . . Si on écoutait ce qu'il y a? Si on redescendait?

CRUCHE. Tu as la fièvre. Ta température monte. La chaleur augmente. L'agitation moléculaire croît.

ZÉNOBIE. Moi, je veux redescendre.

12. *foutoir . . . capharnaüm:* series of vulgar words, more or less synonymous, indicating messy or untidy rooms where people throw discards, etc.
13. *cafards:* cockroaches.
14. *flambarde:* cocky.
15. *déceler:* discover.
16. *prodromes:* advance symptoms.
17. *camisole:* old-fashioned women's underwear.
18. *chasuble:* jumper.

Le schmürz a bougé un peu, il se traîne lentement vers l'escalier.

CRUCHE. Ton père a bouché l'escalier . . .

ZÉNOBIE. Je déclouerai les planches . . . Je veux descendre . . . Je veux aller voir qui habite chez nous . . . Je veux même redescendre jusque tout en bas, jusqu'à mon ancienne chambre, quand j'avais de la musique sur mon pick-up.

Elle se lève, titube un peu comme une fiévreuse. Cruche la soutient.

CRUCHE. Recouche-toi. Mets-toi au lit. Etends-toi. Allonge-toi. Repose-toi. Calme-toi.

ZÉNOBIE. *(va vers l'escalier, voit le schmürz couché sur la trappe,*[19] *tapi*[20] *comme un animal, et qui lui barre le passage. Elle a un geste de désespoir et s'appuie à une table)* Donne-moi un verre d'eau!

CRUCHE. *(se lève, verse un verre d'eau avec le broc*[21] *qui est dans la cuvette, lui donne le verre d'eau sans la regarder et sort dans la seconde pièce. Restée seule, Zénobie prend le verre, s'approche du schmürz, essaie de lui tendre le verre. D'un geste comme un coup de griffe,*[22] *il fait voler le verre et elle recule effrayée. Elle retombe sur le lit et sanglote tandis que Cruche revient, ramasse le verre, essuie et remet en place, évitant de regarder le schmürz. Puis elle revient à Zénobie, lui caresse l'épaule)* Ne pleure pas.

Zénobie se redresse et se mouche.[23] *La porte palière s'ouvre, la mère entre suivie du père. Ils ont des mines de circonstance.*[24]

MÈRE. Le pauvre homme, c'est vraiment trop de malchance.

PÈRE. Oui . . . à la réflexion, comparés à lui, nous ne sommes pas à plaindre.

ZÉNOBIE. *(est assise sur le lit, Cruche s'est écartée d'elle et vaque à des occupations ménagères)* Comment va Xavier?

MÈRE. Ecoute, ma cocotte[25] chérie, après tout, ce garçon, tu ne le connaissais pas beaucoup.

PÈRE. En somme, nous n'habitons ici que depuis deux jours, et Xavier était à peine plus qu'une relation de bon voisinage.

MÈRE. Tu ne peux pas prendre un tel événement aussi à cœur que si c'eût été, par exemple, ton frère.

PÈRE. Ton neveu.

MÈRE. Ton cousin.

PÈRE. Ton fils.

MÈRE. Ou même ton fiancé.

ZÉNOBIE. *(froide)* Xavier est mort?

PÈRE. Euh . . . malheureusement, on peut dire qu'il n'y a plus grand-chose à espérer.

19. *trappe:* trapdoor.
20. *tapi:* squatting.
21. *broc:* pitcher.
22. *griffe:* claw.
23. *se mouche:* blows her nose.
24. *mines de circonstance:* suitable expressions.
25. *ma cocotte:* darling.

MÈRE. On l'a enterré hier, le pauvre petit.

ZÉNOBIE. *(répète, d'une voix plate)* Xavier est mort.

MÈRE. La douleur des parents fait peine à voir.

PÈRE. Oui, ces gens sont bien éprouvés. Nous avons vraiment beaucoup de chance.

Il regarde autour de lui, se frotte les mains, va frapper le schmürz et revient.

MÈRE. Il ne faut pas se dissimuler que c'est très dur pour eux.

ZÉNOBIE. Oh, ils se feront une raison. Tout le monde se fait une raison. Nous-mêmes *(elle hausse les épaules)* . . . sans effort.

PÈRE. Notre sort est enviable, Zénobie, je t'assure que notre sort est enviable.

MÈRE. *(cherche des yeux, va donner un coup au schmürz, revient)* Je ne vois pas la pendule.[26]

PÈRE. Je l'ai emballée avant-hier dans le sac de papier gris, Cruche . . . C'est vous qui le portiez?

CRUCHE. Non.

Elle sort.

PÈRE. Tiens . . . elle n'est pas causante[27] aujourd'hui.

MÈRE. *(au père)* Alors?

PÈRE. On a dû la laisser en bas. *(Il hausse les épaules.)* Ça ne nous manque pas beaucoup, la preuve, ça fait deux jours qu'on est ici et on ne s'était pas encore aperçus qu'elle est restée en dessous.

MÈRE. Il doit être trois heures et demie quatre heures . . .

ZÉNOBIE. Si j'avais encore mon pick-up, ou même la radio . . .

MÈRE. Comment, la radio? Mais nous n'avons jamais eu la radio, mon chéri, voyons . . .

ZÉNOBIE. Avant d'être en dessous *(geste vers l'étage inférieur)* on avait la radio.

PÈRE. Je t'assure qu'en dessous, on n'avait pas la radio. Une pendule, ça, d'accord, il y avait une pendule. Mais de radio, point.

ZÉNOBIE. J'ai dit: avant d'être en dessous. Si j'avais voulu dire en dessous, j'aurais dit: avant d'être ici.

MÈRE. J'ai pourtant bonne mémoire, et je ne me souviens pas du tout de cette radio. C'est comme le voisin, ce pauvre homme, ton père m'affirme qu'il a l'impression de l'avoir déjà rencontré, et moi, je lui trouve bien un aspect familier, mais je ne me rappelle en aucune façon les relations éventuelles que nous aurions pu nouer. Pourtant, j'ai bonne mémoire, je te le répète, et, pour t'en donner un exemple, il me suffit d'un instant pour évoquer la silhouette fière et avantageuse de ton père le jour qu'il me conduisit à l'autel.[28]

26. *pendule:* clock.
27. *causante:* talkative.
28. *autel:* altar.

PÈRE. *(à la mère)* Il faut distraire cette gosse.[29] *(Haut)* Evidemment, ce Xavier, nous ne le connaissions guère, mais par simple solidarité humaine, je dirai plus, par esprit de palier, je conçois qu'elle éprouve un vif regret de sa disparition et qu'elle éprouve le besoin de se raccrocher à des broutilles.[30]

ZÉNOBIE. *(les regarde)* C'est effrayant ce que ça peut être bavard à cet âge-là.

Le père va asticoter[31] le schmürz et termine par trois bons coups de pied au ventre.

MÈRE. Tu n'es pas plus touchée que ça par la disparition de Xavier?

ZÉNOBIE. Je trouve qu'il a de la veine.[32]

PÈRE. De la veine? Mon petit lapin, tu ne te rends plus compte . . . nous qui avons un toit, de quoi manger, un peu de place . . .

ZÉNOBIE. De moins en moins.

PÈRE. De moins en moins? Le voisin n'en a pas plus.

ZÉNOBIE. Je m'en fous complètement, du voisin. Si ça lui suffit, tant mieux pour lui. N'empêche qu'autrefois, il avait six pièces, comme nous.

PÈRE. Six pièces . . . c'est de la vanité.

La mère va frapper le schmürz.

ZÉNOBIE. Et combien d'étages reste-t-il au-dessus de nous?

PÈRE. *(très sincère)* Je ne comprends pas ta question.

ZÉNOBIE. Et si le Bruit revient?

MÈRE. Mais quel bruit?

On entend vaguement le bruit, et tous s'immobilisent sauf le schmürz qui continue à grouiller[33] un peu.

ZÉNOBIE. *(pâle, poings serrés.[34])* Si le Bruit revient?

PÈRE. Nous monterons.

Il va palper l'escalier.

ZÉNOBIE. S'il n'y a rien au-dessus?

PÈRE. Cet escalier mène bien à quelque chose, tu me l'accorderas?

ZÉNOBIE. *(patiente)* Bon. Mais au-dessus, il n'y aura plus qu'une pièce.

PÈRE. Ça, tu n'en sais rien. Ce n'est pas du tout prouvé. Tu n'as pas le droit d'inférer d'un changement d'étage qu'il y aura moins de place au suivant.

ZÉNOBIE. Et s'il n'y a plus d'escalier, quand nous aurons monté d'un cran?[35]

PÈRE. S'il n'y a plus d'escalier, c'est que nous n'aurons plus à nous en servir, et ton fameux bruit, tu ne l'entendras plus, par conséquent.

ZÉNOBIE. *(découragée)* Si c'est ça ta façon de raisonner . . .

PÈRE. Je te trouve étrange, Zénobie. A ta place, bien des jeunes filles seraient heureuses.

29. *gosse:* kid.
30. *se . . . broutilles:* grasp at straws.
31. *asticoter:* tease.
32. *a . . . veine:* is lucky.
33. *grouiller:* crawl about.
34. *poings serrés:* fists clenched.
35. *monter d'un cran:* go up a peg.

Il va frapper le schmürz.

MÈRE. Tu oublies qu'elle est un peu fiévreuse, ma pauvre minette.

Elle va cajoler Zénobie qui se dégage.

ZÉNOBIE. Qu'est-ce que vous allez faire, maintenant?

PÈRE. Comment, qu'est-ce que nous allons faire? La question ne se pose pas. Le vent se lève. Il faut tenter de vivre.

MÈRE. Je t'assure qu'elle est fiévreuse. *(A Zénobie)* Viens t'étendre, ma mignonne.

Zénobie se laisse faire, la mère l'allonge et va cogner sur le schmürz, puis revient tandis que le père feuillette un livre en fredonnant.[36]

ZÉNOBIE. De quoi est mort Xavier?

PÈRE. Pardon?

ZÉNOBIE. De quoi Xavier est-il mort?

PÈRE. Bah! de tout et de rien, tu sais bien comment on meurt, quand on est jeune.

ZÉNOBIE. Non.

PÈRE. Enfin, Xavier a fait quelques imprudences et son père a eu le tort de ne pas l'en empêcher.

ZÉNOBIE. Il a descendu l'escalier?

PÈRE. *(gêné)* Je ne sais pas.

ZÉNOBIE. Il a refusé de quitter l'étage du dessous?

PÈRE. Eh, je ne sais pas, je te dis. L'essentiel, c'est qu'il soit mort.

ZÉNOBIE. Il a dû essayer de descendre; sans ça, on ne l'a pas enterré; s'il était resté en bas, personne n'aurait osé aller le rechercher.

PÈRE. L'enterrer, l'enterrer, enfin, nous supposons qu'on l'a enterré. S'il était mort, c'était la seule chose à faire, après tout.

Il va cogner le schmürz. La mère est sortie, revient, s'occupe.

ZÉNOBIE. *(rêve)* Et Jean, qu'est-ce qu'il est devenu?

PÈRE. Jean?

Il paraît sincèrement surpris.

MÈRE. De qui parles-tu, Zénobie?

ZÉNOBIE. *(rêve)* Quand on habitait les quatre pièces avec le balcon; juste à côté, sur l'autre moitié du balcon, le fils des voisins venait lancer des avions. Il se nommait Jean. Il dansait très bien.

MÈRE. Zénobie, mon petit poulet, tu rêves tout éveillée.

ZÉNOBIE. Je ne rêve pas.

MÈRE. Ecoute, ma perle, tu prends ta maman pour une vieille bête . . . *(Au père)* Il faut la distraire, je te jure qu'il faut la distraire.

Elle va cogner le schmürz.

PÈRE. *(s'interroge)* Comment? Il est vrai que les parents, autant qu'il est en leur pouvoir de le faire, ont pour rôle de former leurs jeunes enfants et

36. *fredonnant:* humming.

de leur donner une éducation telle que le contact avec la vie réelle qui les guette[37] au sortir du nid[38] familial se produise de façon insensible et douce sans les blesser le moins du monde. Mais est-il dans leur rôle de les distraire et la formation comporte-t-elle la distraction?

MÈRE. Une distraction éducative. Il est certain que Xavier n'était pas unique. Zénobie doit être préparée à la rencontre d'un futur compagnon.

ZÉNOBIE. Et ce compagnon et moi, où vivrons-nous, à supposer que je le rencontre?

MÈRE. C'est sans importance.

PÈRE. Ce problème se résoudra de lui-même.

ZÉNOBIE. *(sarcastique)* Ce sera bien le seul. Du reste, qui le pose, le problème?

MÈRE. Je suis persuadée, à bien réfléchir, que l'exemple est le meilleur des guides. Notre exemple en l'occurrence.

PÈRE. Notre exemple est, en effet, exemplaire. *(A la mère)* Si je mimais notre aventure?

MÈRE. Chéri, tu mimes si bien. Mais parle, ne te borne pas à mimer. A quoi bon te priver d'un moyen d'expression dont tu as la maîtrise complète?

PÈRE. *(annonce)* Reconstitution. *(Il commence son récit)* On se représente un beau matin de printemps, la ville en fête, les oriflammes[39] en train de claquer au vent et le vacarme[40] des véhicules à moteur couvrant la rumeur joyeuse qui montait de cette énorme fourmilière[41] humaine. Moi, le cœur traversé de décharges électriques, je comptais les heures à l'aide d'un abaque[42] chinois légué par mon grand-oncle, celui qui avait participé au pillage du Palais d'Eté à Pékin. *(Il s'interrompt, réfléchit.)* Où est-il passé, cet abaque? *(A la mère)* Tu ne l'as pas vu récemment?

MÈRE. Ma foi non, mais tu sais, on va probablement le retrouver en faisant le rangement.

PÈRE. N'importe, le fait est là.

ZÉNOBIE. Si c'est arrivé autrefois, le fait n'est plus là, justement. Le fait que tu t'en souviennes est d'un tout autre ordre.

PÈRE. Zénobie, j'essaie de te distraire; mais ne me fais pas perdre le fil.

ZÉNOBIE. *(indifférente)* Oh! vas-y, vas-y.

Elle sort vers l'autre pièce. Le père reprend.

PÈRE. Bref, je comptais les heures, et comme j'étais fort en arithmétique, ce calcul ne présentait aucune difficulté pour moi. Non plus qu'un certain nombre d'autres calculs, tel celui de la circonférence du cercle, du nombre de grains de sable contenu dans un tas de sable, pour lequel on procède comme dans la sommation des piles de boulets,[43] et ainsi de suite.

37. *guette:* is lying in wait for.
38. *nid:* nest.
39. *oriflammes:* banners.
40. *vacarme:* racket, noise.
41. *fourmilière:* anthill.
42. *abaque:* abacus.
43. *piles de boulets:* piles of cannonballs.

Les fournisseurs se succédaient dans l'antichambre de l'heureuse fiancée, pliant sous le poids des corbeilles de fleurs, de fruits et de linge[44] sale, car certains confondaient avec la blanchisserie voisine. Mais tout ceci, je ne le rapporte que par ouï-dire, car elle était chez elle, et moi chez moi. J'étais prêt, resplendissant, un air de santé flottait autour de mon visage bien rasé, et, seul avec mes pensées, c'est-à-dire vraiment seul, je m'apprêtais à cette fusion des états-civils dont on a pu dire qu'elle était . . . heu . . .

MÈRE. *(réfléchit)* Qui a bien pu dire ça?

PÈRE. Mais enchaînons, enchaînons, je te passe le crachoir . . .

MÈRE. Moi, de mon côté, timide et rougissante, encore qu'en réalité je susse, car mes parents étaient des gens modernes, à quoi m'en tenir, et que ce vaurien[45] n'aurait de cesse, une fois seul avec moi, qu'il ne parvînt à me grimper,[46] je babillais, entourée de mes filles d'honneur, de choses et d'autres, et des sujets les plus divers, car une épousée du jour ne pense qu'au petit truc, mais la société refuse que l'on dénomme le petit truc avant de l'avoir subi, sauf chez les êtres primitifs qui sont bien à plaindre, hélas. *(Le père revient de frapper le schmürz.)* Léon, reprends, cette évocation m'épuise.

Ils continuent à danser une sorte de ballet, mimant toute la journée du mariage.

PÈRE. Je bouillais, mon sang faisait des bulles,[47] et quand le sang fait des bulles, l'embolie[48] n'est pas loin. *(La mère va frapper le schmürz.)* Aussi, je dis à mon cousin Gautier, Jean-Louis Gautier, qui venait d'entrer dans la pièce et qui terminait ses études de médecine: «Ne crois-tu pas qu'une saignée me ferait du bien?» Il s'esclaffa.[49] *(Il s'esclaffe.)* Il riait tant que . . . Je me suis mis à rire aussi. *(Il va au schmürz et cogne.[50])* Non, vraiment, c'était trop marrant.[51] *(Il s'arrête et très platement)* Ah, on a bien rigolé[52] ce jour-là.

MÈRE. J'avais vingt-deux ans.

PÈRE. Je passe sur la cérémonie elle-même. *(Il mime.)* Acceptez-vous de prendre pour femme cette ravissante blondinette? Et comment, monsieur le maire! Qu'est-ce que vous feriez à ma place? Moi, dit le maire, je suis pédéraste.[53] *(Il se tape sur les cuisses.[54])* Ça, c'était la meilleure. Le maire était pédéraste.

MÈRE. Un si bel homme. Quelle pitié.

44. *linge:* underwear.
45. *vaurien:* good-for-nothing.
46. *grimper:* climb on.
47. *bulles:* bubbles.
48. *embolie:* blood clot.
49. *s'esclaffa:* broke out laughing.
50. *cogne:* hits.
51. *marrant:* funny (slang).
52. *rigolé:* had fun.
53. *pédéraste:* homosexual.
54. *cuisses:* thighs.

PÈRE. Le curé, à son tour: «Aimez-vous les uns les autres», l'encens, les enfants de chœur, la quête,[55] bref on avait bien fait les choses. Il y a eu cinq quêtes.

MÈRE. Tu es sûr?

PÈRE. J'affabule[56] un peu, mais je me souviens avec précision de ces cinq quêtes. Ça m'a touché. Puis, le lunch, chez les beaux-parents. *(Cruche paraît avec un plat sur lequel il y a des tranches de veau froid et des bouts de poulet.)* On s'est gòrgés.

Il prononce: on s'égorgeait.

MÈRE. Tu exagères . . .

PÈRE. On s'est gorgés de nourriture. *(Il enlève le plat à Cruche et se met à manger. Cruche va pour sortir en évitant le schmürz, le père, impératif, fait claquer ses doigts, elle revient et frappe le schmürz.)* Le champagne coulait à flots grisants.

MÈRE. Le mousseux.[57]

PÈRE. Tes parents étaient radins,[58] c'est juste.

Zénobie entre, elle mord dans un sandwich.

ZÉNOBIE. C'est bientôt fini, ton son et lumière?[59]

PÈRE. La suite, je la laisse à votre imagination. Nous seuls, tous deux, mariés du matin, dans la petite chambre . . .

ZÉNOBIE. *(coupe)* Neuf mois plus tard, je naquis.

MÈRE. Et nous allâmes nous établir à Arromanches, où l'on t'offrait un bon métier.

PÈRE. Equarrisseur. Un peu comme sculpteur, mais en plus vivant.

MÈRE. Et nous voilà. Un ménage souriant, *(leur ballet se termine, elle va vers le père, lui vers elle, leur mouvement va converger sur le schmürz qu'ils assommeront de coups)* heureux, jamais désuni malgré l'adversité.

Ils cognent.

ZÉNOBIE. *(voix morte)* Entre temps, il ne s'est rien passé?

Elle s'assied sur le lit.

PÈRE. *(revient)* Entre temps?

ZÉNOBIE. Depuis Arromanches?

PÈRE. Nous avons quitté le village pour la grand'ville . . . Et nous continuons notre vie de couple uni pour le meilleur et pour le pire, et même pour entre les deux, ce qui se produit le plus souvent, car le meilleur et le pire, c'est comme les heures de pointe, c'est exceptionnel.

ZÉNOBIE. En matière de distribution d'électricité, les heures de pointe[60] n'ont rien d'exceptionnel. C'est quotidien.

55. *quête:* collection.
56. *affabule:* make up.
57. *mousseux:* bubbly (imitation champagne).
58. *radins:* cheapskates.
59. *son et lumière:* spectacles of music and floodlights for tourists visiting historical monuments.
60. *heures de pointe:* rush hours, peak hours.

MÈRE. Zénobie, je me demande de qui tu peux tenir ce caractère ratiocineur?[61]

ZÉNOBIE. Je le tiens de vous, probablement par contraste.

MÈRE. J'ai beau me remémorer les membres de la famille, je n'arrive pas à imaginer par quel phénomène tu as hérité ces particularités, et qui te les a léguées.

PÈRE. *(à la mère)* On peut étudier méthodiquement la famille, si tu le désires. Tout ce qui est méthodique m'enchante. On pourrait même dresser un arbre généalogique. Tu m'aideras.

ZÉNOBIE. Tu feras mieux de le laisser pousser tout seul. Moi, je laisse tomber.

Cruche vient d'entrer, elle enchaîne.

CRUCHE. Elle passe la main, elle se dégage, elle abandonne, elle se retire du coup, elle voit venir, elle ne marche plus, elle fait Charlemagne, et, en résumé, elle se désintéresse de la conjoncture.

PÈRE. *(vexé)* Cruche, on se demande de quoi vous vous mêlez.

CRUCHE. Qui se pose cette ridicule question?

PÈRE. Moi.

CRUCHE. Alors ne dites pas «on». Dites «Je me demande de quoi vous vous mêlez» ou «Cruche, c'est-y vos oignons?» ou «en quoi est-ce que ce problème vous regarde?», ou «quel intérêt cela peut-il présenter pour vous?». Mais soyez direct et ne procédez pas par allusions. Est-ce que j'alluse,[62] moi?

Elle empoigne un élément de mobilier et se met à l'astiquer.

PÈRE. Oh! Nom de Dieu! *(Furieux, il va se verser un verre d'eau, tandis que la mère, qui n'écoute rien, a choisi une belle aiguille, genre épingle à chapeau, dans un nécessaire de couture[63] et va la piquer dans le schmürz.)* Je ne vous paie pas pour discuter.

CRUCHE. J'ai un certain travail à vendre, je le vends. Au prix où vous le payez, vous n'êtes pas volé. Et en dehors de la vente, rien n'empêche le vendeur de discuter avec l'acheteur, surtout s'il n'y a pas fraude sur la marchandise. *(Elle flanque bruyamment son tablier[64] par terre.)* D'ailleurs, je ferme.

PÈRE. Comment, vous fermez?

CRUCHE. Je ne vends plus. Vous irez acheter ailleurs. Ou plutôt, j'irai vendre ailleurs.

ZÉNOBIE. Cruche . . . tu t'en vas pour de vrai?

CRUCHE. Ecoute, il est vraiment trop bête, ton père . . . Où et quand est-ce qu'il se croit. Je suis la seule qui ne risque rien, ici . . .

PÈRE. *(supérieur et sarcastique)* Et pourriez-vous m'expliquer en quoi vous ne risquez rien?

61. *ratiocineur:* quibbling.
62. *alluse:* invented word (from *allusion*).
63. *nécessaire de couture:* sewing basket.
64. *tablier:* apron.

CRUCHE. Parce que je vends un travail très demandé par les feignants, les paresseux, les bons à rien, les inutiles, les oisifs, les éléments superfétatoires[65] de la société, et que ces bêtes-là, ça abonde.

Elle se coiffe de son chapeau de paille, saisit une petite valise et sort par la porte du palier.

PÈRE. *(outré)* Ma parole! Mais elle m'engueulerait![66]

Cruche revient, pose sa valise, embrasse Zénobie.

CRUCHE. Au revoir, mon petit chat. Fais bien attention.

Elle reprend sa valise et sort.

PÈRE. *(impératif)* Cruche . . . vous oubliez quelque chose . . .

Cruche regarde autour d'elle, fixe quelques instants le schmürz, secoue la tête en signe de dénégation.

CRUCHE. Non . . . Je ne vois rien que j'oublie.

Elle sort et referme la porte.

PÈRE. *(se frotte les mains)* Ouf. Bon débarras. Cette fille devenait de plus en plus insolente. Je suis ravi. *(Il va cogner le schmürz.)* En outre, ça va nous faire des économies, et une pièce de plus, pratiquement.

ZÉNOBIE. *(froide)* Je ne dormirai pas seule ici.

PÈRE. Bon, bon . . . eh bien, tu dormiras à côté, avec nous . . .

ZÉNOBIE. Je pourrais dormir seule à côté . . .

PÈRE. *(rit)* Comme tu y vas! La plus belle chambre pour Mademoiselle . . .

ZÉNOBIE. Pourquoi a-t-on des enfants? Pour leur donner la chambre la plus moche?

MÈRE. Zénobie, ne te monte pas[67] comme ça . . . d'abord, on n'a pas toujours des enfants exprès . . .

ZÉNOBIE. *(dure)* Si on ne sait pas, on se retient.

Un silence.

PÈRE. Hum . . . *(A la mère)* Je trouve qu'elle a *beaucoup* grandi.

MÈRE. Pouvons-nous encore la considérer comme une enfant?

PÈRE. Elle est certainement voisine de l'âge adulte.

MÈRE. C'est une adolescente, mais déjà formée.

PÈRE. Il n'y aurait rien de ridicule à ce qu'elle fût mariée.

Il va frapper le schmürz.

MÈRE. Et si elle était mariée, ne serait-il pas juste qu'elle se sacrifiât pour ses vieux parents?

PÈRE. Il faut ajouter que nous sommes *déjà* installés dans la chambre d'à côté . . .

La mère y va, tourne la poignée de la porte, et la porte ne s'ouvre pas. Elle est subitement affolée.

MÈRE. *(voix basse et tendue)* Léon!

65. *superfétatoires:* superfluous.
66. *Mais . . . engueulerait:* One would think she's yelling at me!
67. *ne . . . pas:* don't get excited.

PÈRE. *(surpris, revient en s'essuyant la main)* Qu'est-ce que tu as? Tu m'as fait peur.

MÈRE. Léon . . . la porte ne s'ouvre plus.

PÈRE. Ne dis pas ça . . . il y a la valise noire et mon appareil photographique. *(Il va à la porte, essaie de l'ouvrir.)* C'est Cruche qui l'a fermée à clé en s'en allant . . .

On entend, loin dehors, le Bruit, et tous s'immobilisent sauf le schmürz.

ZÉNOBIE. *(indifférente)* Cruche ne s'est pas approchée de la porte.

Le père essaie encore une fois d'ouvrir sans y parvenir.

PÈRE. Ce n'est pas fermé à clé . . . le bouton est comme bloqué . . . soudé . . .[68]

ZÉNOBIE. *(imite Cruche)* Coincé[69] . . . immobilisé . . . rivé . . . inébranlable . . . impossible à remuer, et, pour ainsi dire, on peut pas le tourner.

Elle éclate de rire et s'arrête très vite.

PÈRE. *(revient à la porte du palier, essaie de l'ouvrir et elle s'ouvre; puis jovial)* Ah! Ah! . . . Je pensais bien que celle-là marchait encore . . . on a tort de s'alarmer trop vite . . . *(Il va cogner le schmürz en passant.)* Tout va bien . . . il nous reste une pièce d'assez grandes dimensions, et, par bonheur, c'est de ce côté que se trouvent le réchaud et la toilette. *(Il rit.)* Vois-tu que nous ayons été enfermés dans l'autre chambre . . . *(A Zénobie)* Qui, entre nous, n'avait rien d'exceptionnel, je t'assure . . . Tu seras beaucoup mieux ici, avec nous.

ZÉNOBIE. Certainement.

PÈRE. Il n'en reste pas moins que je me crois le devoir de prendre diverses précautions élémentaires. *(Il va à l'escalier, en éprouve la solidité.)* Hum . . . il me paraît plus chancelant[70] qu'hier, tu ne trouves pas, Anna?

MÈRE. Je n'ai pas fait bien attention, mais si tu le dis, mon chéri, c'est sûrement vrai . . .

Le père prend son élan[71] et essaie à plusieurs reprises de gravir l'escalier en question.

PÈRE. Non . . . il a l'air de bien marcher encore . . . *(Il redescend.)* Organisons-nous. Où va-t-on faire coucher la petite?

ZÉNOBIE. Par terre, je serai très bien.

Elle s'assied, porte la main à sa tête, oscille un peu.

MÈRE. Zénobie, ne sois pas stupide, nous allons t'installer un petit coin très confortable. *(Au père)* Léon! J'ai une idée; tu pourrais peut-être emprunter au voisin le lit de Xavier.

PÈRE. C'est une excellente suggestion . . . *(Il se frotte les mains.)* Encore qu'évidemment, cela me gêne un peu, étant donné son deuil[72] si proche.

68. *soudé:* soldered.
69. *coincé:* stuck.
70. *chancelant:* shaky.
71. *prend son élan:* gets a running start.
72. *deuil:* mourning.

MÈRE. Xavier aimait beaucoup la petite. *(Elle s'aperçoit que Zénobie n'a pas l'air d'aller bien.)* Mais qu'est-ce qui t'arrive, mon poulet vert?

ZÉNOBIE. J'ai un peu mal à la tête.

La mère s'approche et lui prend le pouls tandis que le père se gratte le menton et regarde autour de lui.

MÈRE. Ce n'est rien, un peu de fièvre . . .

ZÉNOBIE. Je voudrais des oranges.

MÈRE. Ecoute, mon petit chat, tu n'es pas raisonnable . . . tu sais bien qu'on les garde pour ton papa qui en a besoin à cause de sa santé . . .

ZÉNOBIE. Oui . . . mais j'en voudrais quand même . . .

MÈRE. Zénobie, représente-toi la situation actuelle. Nous n'avons que très peu d'oranges et ton père est un homme adulte, un homme fait; ton père n'est plus une promesse, c'est un individu complet, achevé, qui a donné des preuves de . . . heu . . . des preuves. D'un autre côté, toi, une jeune fille, presque une enfant, tu es . . . disons un billet de loterie; on peut miser[73] sur toi, certes mais il y a un aléa.[74] Je suis persuadée quant à moi, note-le, que tu arriveras à être quelqu'un de très bien, mais je crois que pour l'instant, entre la fleur et le fruit, il est sage de choisir le fruit.

ZÉNOBIE. C'est papa, le fruit?

MÈRE. C'est une comparaison, et ce n'est que cela, mon petit, mais elle est significative, vois-tu. La fleur doit se sacrifier au fruit.

ZÉNOBIE. Ah!

Le père sort de sa méditation.

PÈRE. Le mieux, ce serait que la petite aille elle-même demander le lit de Xavier au voisin. Il ne peut pas dire non. Moi, cela me met un peu mal à l'aise . . . Ce n'est pas bien mon rôle . . .

MÈRE. Elle ne demande sûrement pas mieux; et au fond, c'est pour elle, ce lit, veux-tu essayer d'y aller, ma perle fine?

ZÉNOBIE. *(morte)* Bien sûr . . . C'est parfaitement normal . . . Que chacun se démerde.[75]

MÈRE. Comme cela, ce soir, tu auras un bon lit pour dormir . . .

ZÉNOBIE. C'est essentiel . . .

Elle se lève.

PÈRE. Au reste, qu'est-ce que nous risquons, à lui demander ce lit, au voisin? Hein? S'il accepte, il accepte, et s'il refuse . . .

ZÉNOBIE. Il refuse.

PÈRE. Voilà . . . c'est sans aucun danger.

ZÉNOBIE. *(s'appuie à la table)* Toi, le danger, tu ne l'as jamais vu; comment peux-tu en parler?

PÈRE. Je m'en rends compte quand il y en a. Tu te crois capable de le voir mieux que moi?

73. *miser:* bet.
74. *aléa:* risk.
75. *Que . . . démerde:* Everyone for himself (vulgar).

ZÉNOBIE. *(regarde le schmürz)* Il y a longtemps que je le vois.

PÈRE. Tu n'as tout de même pas peur du voisin.

Il rit et va donner un coup au schmürz.

ZÉNOBIE. Non . . . Je n'ai pas peur . . . du voisin . . .

Elle va à la porte du palier, l'ouvre. On la voit traverser, cogner à l'huis[76] *du voisin, attendre.*

PÈRE. *(crie)* Insiste un peu . . . il est sûrement là . . .

La mère va agresser le schmürz. Le père s'assied avec un livre. Zénobie cogne, essaie de tourner le bouton de la porte du voisin, revient et parle dans l'ouverture de la porte.

ZÉNOBIE. Sa porte a l'air d'être bloquée . . .

PÈRE. Mais non, sonne voyons, ma cocotte . . . Tu es assez grande pour faire seule une démarche aussi simple . . .

Zénobie hausse les épaules. Elle retraverse le palier, cogne à la porte du voisin. Le Bruit commence à retentir très loin. Elle hésite, va lâcher le bouton de la porte du voisin. Doucement, puis très vite, la porte palière du père se referme et claque. On a entrevu Zénobie qui s'élançait pour revenir, mais trop tard. Elle frappe contre l'huis qui s'est refermé devant elle—le Bruit retentit de plus belle. Le père et la mère sont figés. La mère est atterrée,[77] *mais immobile. Le père a lâché son livre. Le Bruit baisse. La mère va à la porte du palier, essaie de l'ouvrir. Son bras retombre. Le schmürz semble se marrer.*[78] *La mère revient, s'assied sur le lit, lisse*[79] *machinalement la couverture. Les coups de Zénobie ont cessé. Il n'y a plus que le silence.*

PÈRE. Calme-toi, ma bonne . . . Les enfants finissent toujours par quitter leurs parents. C'est la vie.

Il va frapper le schmürz.

Au premier acte le spectateur se trouve devant une série de scènes qui le laissent peut-être perplexe et incertain; le deuxième acte lui donne la possibilité de comparer les éléments des deux actes afin de résoudre, peut-être, des questions laissées sans réponse. Autrement dit, le premier acte a surtout une valeur dramatique; au deuxième, nos questions porteront avant tout sur la fonction structurale des divers éléments. Commencez donc par étudier les ressemblances entre les deux actes.

Les scènes. En quoi la structure des scènes ressemble-t-elle à celle des scènes de l'acte I? (Regardez, par exemple, la scène entre Cruche et Zénobie, pp. 461–63: quels sujets discutent-elles? Comment les différentes parties de la scène s'enchaînent-elles? Quelle impression Vian crée-t-il ainsi?) Examinez aussi la scène de la «reconstitution»: à quelle scène du premier acte ressemble-t-elle? Justifiez cette comparaison en considérant la structure, le rôle des personnages, le langage et l'effet de la scène.

76. *huis:* door.
77. *atterrée:* crushed (by what's happened).
78. *se marrer:* split his sides laughing.
79. *lisse:* smooths.

Les personnages. Comme dans le premier acte, on trouve une opposition—d'un côté, le père et la mère; de l'autre côté, Zénobie; et au milieu, Cruche. Examinez comment ces rapports se développent et se précisent au deuxième acte. Le père et la mère: ils semblent représenter une certaine attitude. (Philosophie? Savoir-vivre? Point de vue?) Précisez cette attitude en examinant leurs idées sur la vie qu'ils mènent, sur la mort, sur l'éducation des jeunes; quel rapport y a-t-il entre leurs théories et leur situation réelle? En quoi la fin de l'acte («Calme-toi . . . C'est la vie») résume-t-elle cette attitude? Zénobie: dans quelle mesure joue-t-elle le même rôle vis-à-vis de ses parents qu'au premier acte? Quel sens peut-on donner au fait que c'est elle qui est malade? Cruche: par quels moyens Vian a-t-il préparé au premier acte le départ coléreux de ce personnage? (Considérez surtout les habitudes et les attitudes qu'elle reprend et intensifie ici.) Enfin, quelle est la signification de la disparition de ces deux personnages au cours de l'acte? (Qu'est-ce que Cruche représente pour le père? Et Zénobie? Qu'est-ce leur absence suggère?)

Cherchez maintenant les oppositions entre ces deux actes en montrant dans quelle mesure elles marquent une progression.

Le décor. Vian donne une description assez précise du décor: par quels détails s'oppose-t-il à celui du premier acte? Comment le décorateur peut-il rendre ces changements immédiatement sensibles au spectateur? Quel rôle pratique ce décor joue-t-il au cours de l'acte? (Comment Vian s'en sert-il pour informer le spectateur de ce qui s'est passé entre les deux actes?) Quel rôle structural le décor prend-il à la fin de l'acte? (La porte se ferme toute seule: à quels autres éléments de la pièce peut-on associer cette fermeture? Quelle en est la signification pour le spectateur?)

Le schmürz. Quelles différences y a-t-il entre le schmürz du premier acte et celui du deuxième: considérez son apparence et surtout ce qu'il **fait.** Dans quelle mesure ces changement modifient-ils le ton de la pièce et, par conséquent, les réactions du spectateur?

L'intrigue et le mouvement. L'intrigue de cette pièce est fondée sur une progression ascendante: depuis longtemps, la famille est en train de *monter;* par contre, le mouvement de la pièce semble comprendre une progression inverse (la *descente,* la réduction, la destruction). En revoyant rapidement les questions données ci-dessus, montrez brièvement comment les éléments de la pièce (décor, nombre de personnages, ton) contribuent à ce mouvement. Quel pourrait être le sens de cette structure paradoxale? Quelques suggestions: quelle est la signification de la mort de Xavier? Quel autre personnage voudrait descendre? Qu'est-ce que ce personnage voudrait y trouver? Qui accepte de monter? Quelle est leur attitude envers le passé? Quels rôles le schmürz et le Bruit jouent-ils dans cette montée? Dans quelle mesure la pièce demeure-t-elle assez ambiguë?

ACTE III

Une pièce plus petite que les précédentes. Mansardée. Une fenêtre praticable,[1] *d'un bleu lumineux, on la sentira très haute. Une porte bloquée,*

1. *praticable:* real (as opposed to painted for a stage set).

une arrivée d'escalier par où va émerger le père. Il fait sombre. Aucun confort. Un grabat.[2] *Une table. Une glace ébréchée.*[3] *Un schmürz, pas éclairé au lever du rideau. Pas d'escalier qui monte au-dessus. D'ailleurs, pas de dessus. Le Bruit, en pleine action, monotone et odieux, une vague lueur*[4] *vient de l'arrivée de l'escalier qui aboutit au sol de la mansarde. On entend un sourd remue-ménage*[5] *en bas. Des cris indistincts poussés par la mère, puis la voix du père venue d'en bas; il est en train de monter l'escalier comme au premier acte.*

> De nouveau Vian précise un changement de décor; pourtant, en quoi le changement décrit ici suggère-t-il une progression plus importante que celui qui se produit entre les actes I et II? Comment peut-on souligner l'importance de ce changement? (Considérez surtout le rôle de l'éclairage.) Quelles réactions intellectuelles et affectives ce décor doit-il provoquer chez le spectateur au lever du rideau?

PÈRE. *(se retourne et crie)* Le sac jaune . . . N'oublie surtout pas le sac jaune, Anna, il y a le moulin-légumes[6] dedans . . . *(Il apparaît, tire des paquets avec force, les pousse devant lui, redescend deux marches, même jeu.)* Anna! Anna! Tu viens! Dépêche-toi, voyons . . . Passe-moi le sac jaune. *(Il s'énerve.)* Mais non, tu ne risques rien! . . . Passe-moi le sac jaune, je te dis, nous avons tout le temps . . . *(Il émerge, pousse un sac devant lui, redescend.)* La petite valise de fibre, maintenant. *(Murmure indistinct de la mère.)* Mais si, Bon Dieu, elle est contre la table de toilette, je l'ai préparée moi-même . . . *(Il redescend, saisit la petite valise de fibre, réémerge.)* Je crois qu'il ne reste que le sac de linge. *(Voix de la mère: «Je n'aurai pas le temps.»)* Mais si, tu auras le temps, ah, là, là, que d'histoires pour si peu de chose . . . *(Il redescend, on entend, poussé par la mère, un cri atroce.)* Anna! Anna! Que se passe-t-il? *(Il remonte prudemment.)* Mais si, je suis là, ma chérie . . . fais un effort . . . Redescendre te chercher? Voyons, Anna, ne fais pas l'enfant, j'ai les mains pleines de paquets . . . *(Un second cri, comme un râle.)* Anna! Ne joue pas à me faire peur, voyons, ce n'est plus de ton âge . . . *(Il recule prudemment, commence à sortir des outils et des planches et à murer*[7] *la trappe—il penche l'oreille—le ton un peu inquiet, mais plus intrigué qu'inquiet:)* Anna! *(A lui-même)* Enfin . . . ce n'est pas possible . . . elle ne répond plus? *(Il écoute, le Bruit s'interrompt soudain, on n'entend plus rien qu'un vague remue-ménage à l'étage au-dessous.)* Anna . . . Ce n'est pas une façon de laisser tomber les gens, tu sais . . . *(La lumière commence à venir de la fenêtre et va tomber sur un schmürz, debout dans un coin*

2. *grabat:* bed of straw.
3. *ébréchée:* jagged.
4. *lueur:* glimmer of light.
5. *remue-ménage:* stirring around.
6. *moulin-légumes:* food-mill (for grinding vegetables).
7. *murer:* wall up.

de la pièce. Le père, marteau en main, clous dans la bouche, achève fébrilement de murer la trappe en monologuant de façon hachée.) Après vingt ans de mariage . . . abandonner un homme de cette façon-là . . . Les femmes sont tout de même incroyables . . . *(Il hoche la tête.)* Incroyables. *(Il cloue la dernière planche et se redresse.)* Là . . . ça doit aller comme ça . . . *(Il se relève—il parcourt la pièce des yeux—un temps de sursaut lorsqu'il voit le schmürz.)* Voyons . . . Hum . . . C'est gentil, ici . . . *(Il parcourt la pièce en longeant d'abord les murs.)* Les murs sont bons. *(Il lève la tête.)* Pas de fuites à la toiture.[8] *(Il regarde les murs et essaie la porte, qui ne s'ouvre pas.)* Pas de porte, ou tout comme . . . ça veut dire, comme je le supposais, qu'il n'y aura plus de raison de s'en servir. *(Il donne, en passant, un coup de pied au schmürz.)* Ce qui est parfaitement logique, n'importe qui le reconnaîtrait. Et je ne suis pas n'importe qui. Loin de là. *(Il s'immobilise.)*

> Par quels détails le début de cet acte rappelle-t-il le début du premier acte? Comment s'insère-t-il dans la structure paradoxale (monter-descendre) de la pièce? Dans quelle mesure continue-t-il le(s) ton(s) sur le(s)quel(s) vous imaginez qu'on a joué la pièce jusqu'ici?

Qui suis-je? *(Il déclame)* Récapitulation. Dupont Léon, âge quarante-neuf ans, dentition bien entretenue, vaccins élégamment répartis sur les membres, taille un mètre quatre-vingts, ce qui est supérieur à la moyenne, on en conviendra, sain de corps et d'esprit. Intelligence que l'on a également des raisons de croire supérieure à la moyenne. Domaine d'action: une pièce, ma foi, de taille largement suffisante pour un homme . . . heu . . . pour un homme seul. *(Silence.)* Pour un homme seul. *(Rire léger.)* Eh oui, pour un homme seul. Voilà. *(Un temps.)* Question: que fait l'homme seul dans sa cellule?[9] *(Il se reprend.)* Cellule, le mot est trop fort . . . Il y a là une fenêtre largement suffisante pour livrer passage à un homme de corpulence parfaitement normale, *(Il va à la fenêtre)* et lui permettre de *(Il regarde en bas, se retourne, revient)* se casser la gueule[10] sur le pavé en tombant d'une hauteur de vingt-neuf mètres et des fractions. *(Il revient à la fenêtre.)* Il y a un petit balcon sur lequel on pourrait, si l'on craignait de manquer de distraction, ce qui n'est pas le cas, faire pousser, dans des pots, des géraniums, des pois de senteur, des volubilis, des capucines, des liserons, des chèvrefeuilles, des roses trémières.[11] *(Il s'interrompt.)* Cette façon d'énumérer me rappelle, on ne sait trop pourquoi, quelqu'un. Qui? Tout le problème est là. Au reste, quand je dis «faire pousser», c'est une façon de parler; entre nous,

8. *Pas . . . toiture:* No leaks in the roof.
9. *cellule:* prison cell, biological cell.
10. *se . . . gueule:* kill himself, smash his puss.
11. *pois . . . trémières:* sweet peas, convulvulus, nasturtiums, bindweeds, honeysuckle, hollyhock.

ces végétaux se débrouilleraient bien eux-mêmes.[12] *(Il revient au centre.)* Mais je m'étais posé une question. Que fait l'homme seul dans sa . . . retraite. Hum. Retraite. Le mot n'est pas très juste. C'est-à-dire qu'il est juste, évidemment, lorsque l'on considère l'une de ses acceptions, courante d'ailleurs: l'ermite dans sa retraite, le bénédictin fait retraite . . . Mais dans retraite, il y a aussi retraite . . . fuite devant l'ennemi. Est-ce une fuite que cette ascension? Un homme *(Il va frapper le schmürz)* digne de ce nom ne fuit jamais. Fuir,[13] c'est bon pour un robinet.[14] *(Il attend, ne rit pas.)* Non . . . ça ne me fait pas rire. C'est drôle. Mais il est sage de remarquer, incidemment, que l'on *bat* en retraite. Et qui bat-on? L'ennemi. Ainsi, par un retour étrange des choses, cette cellule . . . cette retraite . . . sera ma victoire sur l'ennemi. Quel ennemi? *(Un temps.)* Voilà ce qu'il convient de déterminer. *(Un assez long silence durant lequel il arpente la pièce en tous sens[15] pour finir par s'arrêter devant la valise de fibre. Il reprend alors sur le ton du récit)* Je n'ai pas atteint l'âge d'homme sans avoir manifesté, comme tout individu libre, mon attachement à cette entité invisible mais palpable, intangible mais ô combien saisissante que l'on s'accorde à nommer la patrie, encore qu'elle porte un autre nom dans les langues étrangères. Mes vertus ordinaires aidant, j'ai même acquis au service de ma patrie des titres à la reconnaissance de tous, discrètement manifestée par quelques fleurettes d'or[16] sur la manche du tissu rêche[17] de ma vareuse.[18] *(Il se baisse, va pour ouvrir la valise de fibre, se redresse, s'interroge.)* Quel mobile me pousse, en cet instant, à revêtir mon uniforme de connétable de réserve?[19] Suis-je donc une bête, pour agir d'instinct? NON. *(Il s'écarte de la valise.)* A la base de chacun de mes actes, il y a une raison raisonnante, une réserve raisonnable, une intelligence active et quasi cybernétique,[20] à cela près qu'elle est régie par une loi plus élevée que moi-même, le désintéressement. *(Il se gratte le menton.)* Indéniablement, le Bruit est la cause de mon ascension. Et pourquoi revêtirais-je mon uniforme en entendant un bruit? Ah, si quelque estafette[21] était entrée dans la pièce, couverte de sang et de boue sèche, brandissant un message cerné de noir et lourd d'une amère signification, s'écriant «Alerte!» ou . . . «Aux armes» et s'écroulant héroïquement sur le sol, certes en pareil cas je me trouverais justifié de . . . *(Il tapote la valise du pied.)* Mais que s'est-il passé? J'ai entendu un Bruit. Je suis monté. *(Il va au schmürz.)* La situation est identique à

12. *se . . . eux-mêmes:* would make out all right on their own.
13. *fuir:* to flee, to leak.
14. *robinet:* faucet.
15. *arpente . . . sens:* strides around the room in every direction.
16. *fleurettes d'or:* insignia (to indicate rank).
17. *rêche:* rough.
18. *vareuse:* field jacket.
19. *connétable de réserve:* ridiculous military rank (*connétable* is a medieval term).
20. *cybernétique:* machine-like.
21. *estafette:* courier.

ce qu'elle était plus bas, à quelques détails matériels près. Et je suis complètement indifférent aux détails matériels. Donc. *(Il est gagné par l'évidence.)* Donc, puisque *(il cogne le schmürz)*, puisque tout est identique, c'est à la source qu'il faut frapper . . . c'est le Bruit qui est cause de tout. *(Il ricane.)* J'ai feint, un temps, de ne pas l'entendre lorsqu'il venait à retentir. Oui . . . la façade . . . devant la famille. *(Il s'arrête.)* . . . Ma famille? J'avais donc une famille. *(Il réfléchit.)* . . . Par moments, c'est à croire que je me suis approprié les souvenirs de quelqu'un d'autre. *(Il rit.)* De quelqu'un d'autre, alors que je suis tout seul . . . c'est impayable. Pour en revenir à ce bruit, on ne m'ôtera pas de l'esprit que c'est un signal. *(Il s'interrompt. Pensif)* J'étais sûr que c'est uniquement l'absence de calme réel qui m'interdisait de découvrir la source et les fondements des choses. *(Avec satisfaction)* En voilà-t-il pas la preuve? Je sens que je suis sur le chemin d'une découverte énorme. *(Un temps.)* Un signal. Un signal d'alerte, d'abord. *Mon* signal d'alerte. Mais cela, c'est le rôle qu'il joue pour moi. Ce signal, qui le fait retentir? *(Un temps.)* Supposons le problème résolu. Je fous le camp. *(Il se reprend.)* Non . . . Je monte un étage. Bon. Pourquoi? Parce que j'entends le signal. Il va de soi que ce signal est donc dirigé *contre* le fait que je reste. Qui cela peut-il donc gêner que je reste? *(Il va cogner le schmürz.)* Je me le demande et je me le demanderai toujours. Mais le monde est ainsi fait. Ce signal est dirigé *contre* moi. Il est donc agressif. C'est un signal d'attaque. *(Il revient à la valise.)* Que l'on ait envie d'attaquer un homme comme moi, cela me plonge dans la stupeur. Mais une chose est sûre. Qui dit attaque dit défense. Et qui dit défense . . . *(Il se penche et ouvre la valise, et en retire son uniforme qu'il déploie.)* Heureusement, question défense, je suis paré.[22] *(Il défripe[23] son uniforme.)* Connétable de réserve . . . ce n'est pas grand-chose, peut-être . . . mais ils y regarderont à deux fois. *(Il commence à se changer, ôtant ses vêtements qu'il va remplacer par l'uniforme.)* Me voici donc éclairé sur ma situation. On m'attaque. Je me défends. Ou du moins, je me prépare à me défendre. *(Il regarde.)* En raison de l'absence d'issues[24] dans cette pièce, j'incline, ai-je dit, à croire que les attaques sont désormais sans objet. Si l'on voulait que je m'en aille d'ici, ai-je déjà noté, on m'en aurait donné les moyens. *(Un temps, il ajuste son uniforme.)* Mon sabre . . . *(Il va à un autre des colis, en retire son sabre qu'il ceint.)* Je mettrai le képi[25] en temps voulu, et s'il y a lieu. *(Un temps.)* Je me rappelle . . . *(Un temps, puis froid)* Non, je ne me rappelle pas. Un homme de mon âge ne vit pas dans le passé. Je suis en train de construire l'avenir. *(Il s'approche du schmürz dans le silence, lentement, puis soudain il se jette sur lui, le*

22. *paré:* ready.
23. *défripe:* shakes to get out wrinkles.
24. *issues:* exits.
25. *képi:* military cap.

terrasse et commence à l'étrangler,[26] *longtemps. Il parle, ce faisant, d'une voix parfaitement naturelle.)* Je crois que ce qui fera le mieux sur la fenêtre, ce sera des pois de senteur. Et j'aime leur parfum. *(Il se redresse, le schmürz gît,*[27] *inerte, mais dans quelques minutes, il va se remettre à grouiller et se redresser.)* Des pois de senteur que je moissonnerai[28] en temps voulu, le moment venu, le cas échéant,[29] c'est-à-dire grosso modo lorsqu'ils seront en fleur. Car j'aime les fleurs. *(Il se regarde.)* Un guerrier qui aime les fleurs, cela paraît saugrenu,[30] et pourtant j'aime les fleurs. *(Un clin d'œil.)* Est-ce à dire que je ne serais pas un guerrier? *(Un temps: il se redresse et annonce)* Confession. En réalité—et quel moment mieux choisi pour cerner la réalité, tel l'épervier[31] sa victime, que celui où l'homme, isolé par la force des choses, se trouve devant son âme nue qu'il regarde bien en face, comme un naturiste honnête n'hésite pas à dévisager les parties de son voisin pour voir si, d'aventure, elles seraient plus grosses que les siennes—ce qui, sans doute, ne signifie rien, mais l'habitude de juger d'après les apparences extérieures est an-

26. *étrangler:* strangle.
27. *gît:* lies (as in a cemetery).
28. *moissonnerai:* will harvest.
29. *le cas échéant:* if the situation arises.
30. *saugrenu:* ridiculous.
31. *épervier:* sparrow-hawk.

Deux scènes des *Bâtisseurs d'Empire* au Théâtre Récamier. (Agence de Presse Bernand)

crée au cœur de l'homme telle l'arapède[32] à son caillou[33]—en réalité, malgré cet uniforme, je suis, et ne fais en cela que manifester une caractéristique nationale, foncièrement antimilitariste. *(Un temps.)* On se perd souvent en conjectures sur les raisons qui font éclore[34] au sein de tout un peuple le goût et le désir de l'uniforme. *(Il ricane.*[35]*)* Ah . . . Ah . . . Ah . . . Le motif est pourtant simple. Le raison d'être du militaire, c'est la guerre. La raison d'être de la guerre, c'est l'ennemi. Un ennemi habillé en militaire est deux fois un ennemi pour un antimilitariste. Car un antimilitariste n'en a pas moins des sentiments nationaux et cherche donc à nuire à[36] l'ennemi de sa nation. Or, quel meilleur moyen, si cet ennemi est habillé en militaire, que de lui opposer un autre militaire? Il s'ensuit de ce qui précède que tout antimilitariste a le devoir d'entrer dans l'armée; et ce faisant, il accomplit trois exploits: d'abord, il irrite le militaire ennemi; accessoirement, il déplaît sur son propre sol, au soldat d'une autre armée, l'uniforme ayant ceci de beau qu'entre uniformes différents, on se déteste; mais il se transforme en outre en élément d'une armée qu'il abomine et qui, de ce fait, sera une

32. *arapède:* kind of barnacle or mollusk.
33. *caillou:* pebble.
34. *éclore:* open, blossom.
35. *ricane:* laughs mockingly.
36. *nuire à:* harm.

mauvaise armée. Car une armée antimilitariste porte en elle-même son cancer et ne saurait s'opposer à une armée véritable, composée de civils patriotes. *(Il se gratte le menton.)* Mon ennemi serait-il civil? *(Un silence. Il change de ton.)* On a tort de consacrer à la spéculation pure un temps que l'on pourrait occuper à l'examen des réalités tangibles, audibles, en un mot accessibles à nos organes de perception. Car il y a des moments où je me demande si je ne suis pas en train de jouer avec les mots. *(Un temps—il regarde par la fenêtre.)* Et si les mots étaient faits pour cela? *(Un temps, puis il annonce)* Retour à la réalité. *(Il change de ton.)* Ce retour à la réalité, qui interrompt une confession pourtant bien amorcée,[37] me paraît essentiel. Il se trouve en effet que j'ai des idées sur à peu près tout; il n'est que de constater ce que j'ai découvert à propos d'un uniforme—et quel uniforme banal que celui d'un connétable de réserve—pour s'en persuader. J'aurais pu, et tout le monde n'en est pas capable, émettre mes opinions sur d'autres grands problèmes de l'homme . . . mais n'est-ce pas un leurre?[38] et les grands problèmes de l'homme ne se posent-ils pas uniquement lorsqu'il vit en société. *(Un temps.)* Or, je suis seul. Je l'ai déjà dit. *(Il se retourne et voit le schmürz qui s'est relevé et qui a changé de place, se rapprochant de la fenêtre. Il a une sorte de haut-le-corps,[39] on a l'impression qu'il comprend pour la première fois qu'il n'est pas devant un objet. Il parle comme pour se défendre)* J'ai toujours eu l'impression d'être seul, en tout cas. *(Un temps.)* Il faudrait une évidence . . . une preuve nette de changement pour m'amener à réviser cette impression voisine de la certitude. Ai-je eu tort, ai-je eu raison de récapituler avant de répertorier . . . de faire passer la synthèse avant l'analyse? *(Il se tâte les yeux.)* Je vois. *(Il se tâte les oreilles.)* J'entends. *(Il s'arrête et annonce)* Inventaire. *(A partir de ce moment, il va éviter le schmürz de plus en plus systématiquement et le schmürz, au contraire, va le suivre des yeux avec une attention de plus en plus soutenue.)* Le monde n'a pas de raison de s'étendre très au-delà des murs qui m'entourent; ce qui est sûr, c'est que j'en suis le centre. *(Il s'interroge.)* Vais-je faire la liste de mes organes internes? Ce serait peut-être pousser l'analyse trop loin *(il réfléchit)* et je ne connais mon intérieur que par ouï-dire[40] et de façon vague. Il est possible que mon cœur fasse circuler mon sang, mais s'il se trouvait que le mouvement de mon sang fût la cause réelle des battements de mon cœur . . . *(Il s'interrompt.)* Non, l'extérieur seulement. *(Il va au miroir ébréché.)* Avec l'aide de cet ustensile, je progresserai plus vite. *(Il se regarde dans le miroir et reprend le ton du récit.)* Je me suis toujours demandé pour quel motif un homme est amené à désirer orienter son as-

37. *amorcée:* begun.
38. *leurre:* decoy.
39. *haut-le-corps:* sudden start, jump.
40. *ouï-dire:* hearsay.

pect physique, et, notamment à se laisser pousser la barbe. *(Il se caresse la barbe.)* Donc, soucieux de répondre à cette question, je me suis laissé pousser la barbe. Et je me trouve en mesure d'affirmer que de motif, il n'y en a pas. J'ai laissé pousser ma barbe pour voir *pourquoi* on se laissait pousser la barbe. Et je n'ai rien trouvé qu'une barbe. La barbe est la raison de la barbe. *(Il change de ton.)* Bon début; non, décidément, mes capacités ne sont pas affaiblies par l'altitude. *(Il se penche, gêné, la main sur le front.)* Il me semble qu'autrefois, nous étions plusieurs ici . . . et qu'il faisait moins chaud. *(Il défait la ceinture de son uniforme qu'il va ôter peu à peu.)* Cette mansarde m'attriste. *(Il change de ton.)* Nous étions plusieurs, mais je conservais la majorité absolue. Nous avons cessé d'être plusieurs, et je sens ma majorité qui s'effrite. Paradoxe, à coup sûr, paradoxe . . . *(Il change de ton, s'affaire près d'une valise.)* J'avais jadis un revolver, outre mon sabre *(il a défait le baudrier*[41] *et le sabre)* et je préférerais mon revolver. *(Il trouve le revolver, le vérifie.)* C'est une arme légère, bien en main, qui doit me permettre de reconquérir les sièges perdus . . . *(Il le prend, vise*[42] *diverses choses et vise enfin le schmürz qui ne bouge pas et qui continue à le suivre des yeux dans ses mouvements. Il baisse enfin le revolver.)* J'en étais à ma barbe. Elle vit, puisqu'elle pousse, et si je la coupe, elle ne crie pas. Une plante non plus. Ma barbe est une plante. *(Il va à la fenêtre.)* Des capucines, à la place des pois de senteur? Je pourrais les manger en salade . . . Harmonieuse combinaison de l'os, de la chair, et du système pileux[43] qui réunit en l'homme le règne animal, le minéral et le règne végétal. *(Il réfléchit.)* On peut en dire autant de n'importe quel bestiau velu.[44] *(Il se ressaisit.)* A ceci près que l'homme est le seul animal qui ne soit pas un animal. *(Brusquement, il lève son revolver, tire sur le schmürz qui ne bronche*[45] *pas.—Un temps.—Il reprend d'une voix un peu tremblante)* Autant qu'il m'en souvienne, ce revolver était chargé à blanc, sans cela, évidemment, je n'aurais pas la fantaisie de tirer sur les cloisons de ma chambre, au risque de blesser quelqu'un. *(Il va commencer à tourner autour du schmürz comme autour d'un serpent éventuellement fascinateur.)* Les gens qui se laissent entraîner à des actes aussi inconsidérés ne méritent pas qu'on les décore du titre de roseaux pensants . . .[46] et pourtant, elle tourne . . . *(Il tire dans la fenêtre, une vitre se brise avec fracas.*[47]*)* Chargé à blanc . . . *(Il regarde le revolver, le jette.)* En ce qui me concerne, cet individu peut aller se faire foutre;[48] il faut avoir le temps, pour un inventaire, et je n'ai pas le temps. Je l'avais naguère, sur ma cheminée, dans

41. *baudrier:* shoulder-belt.
42. *vise:* aims at.
43. *système pileux:* capillary system.
44. *vélu:* hairy.
45. *bronche:* flinch.
46. *roseaux pensants:* thinking reeds (cf. Pascal).
47. *avec fracas:* noisily.
48. *peut . . . foutre:* can go to hell.

une boîte. *(Il s'agenouille, pose son oreille sur le sol, écoute.)* Ils ont dû oublier de la remonter. *(Il a retiré son uniforme, il se trouve en caleçon*[49] *long.)* Je n'ai plus le temps. Je ne l'ai jamais eu. *(Un silence.)* La vie est un scandale. *(Il regarde ses jambes, se gratte le menton.)* Il faut que je me vête. *(Il va fouiller parmi ses valises et en retire une tenue*[50] *classique, pantalon rayé*[51] *et jaquette*[52] *noire.)* Voilà un costume qui me rappelle quelque chose. Une cérémonie. *(Il hoche la tête.)* Non . . . je ne tirerai rien des objets. *(Il laisse choir sa jaquette et remet le vêtement qu'il portait au début.)* Comme ça, je me sens mieux, il n'y a pas à dire. *(Il repère un mouvement du schmürz et fait un écart. Un temps long.)* Le sentiment de la solitude chez l'individu adulte peut-il se développer autrement qu'au contact de ses semblables? Non. S'il en est ainsi, ce sentiment de solitude que j'ai toujours éprouvé, je le tenais sans doute d'une ou de diverses personnes hypothétiques dont j'étais—peut-être—entouré. Je hasarde tout ceci pour faciliter le travail de raisonnement auquel je me livre *(durant ce qui suit, il va prendre quelques objets dans ses bagages et les approcher du schmürz en guise d'hommage, comme on dépose des offrandes)* en ce moment. Si je me sentais seul, c'est que je n'étais pas seul. Il s'ensuit que si je continue à me sentir seul . . . *(Il s'interrompt, va à la porte, essaie de tourner le bouton et la martèle dans un accès de rage désespérée.)* Ce n'est pas vrai . . . Je *suis seul* . . . et j'ai *toujours* fait mon devoir . . . plus que mon devoir. *(Un temps.)* Nous courons à toutes jambes vers l'avenir, et nous allons si vite que le présent nous échappe, et la poussière de notre course nous dissimule le passé. D'où l'expression bien connue . . . heu . . . d'où la centaine d'expressions bien connues que je pourrais énumérer . . . *(Il commence à avoir le souffle court—un temps, il reprend d'un ton très différent, la voix blanche.*[53]*)* Je ne suis pas seul, ici.

Discutez d'abord la valeur dramatique du monologue: à quel(s) moment(s) de sa vie le père pourrait-il faire une «récapitulation», une «confession» et un «inventaire»? comment la structure du monologue en souligne-t-il la valeur dramatique? (Etudiez l'enchaînement d'idées: dans quelle mesure la suite d'idées du père est-elle cohérente? Quelle alternance s'impose de plus en plus?

Etudiez ensuite la valeur sémantique du monologue. (1) Le père se sert ici de la raison—dans quelle mesure cela fait-il contraste avec les autres actes? Jusqu'à quel point cette faculté humaine lui permet-elle de répondre aux questions qu'il se pose? (2) De plus, il semble se servir de la méthode expérimentale pour vérifier l'état du revolver—qu'est-ce qu'il apprend sur la nature du schmürz? Sur l'efficacité de cette méthode?

49. *caleçon:* underwear.
50. *tenue:* outfit.
51. *rayé:* striped.
52. *jaquette:* morning coat (with tails).
53. *blanche:* toneless.

(3) Quels rapports y a-t-il entre la raison, la méthode expérimentale et la société bourgeoise? Quel rôle le père y envisage-t-il pour lui-même? Dans quelle mesure ses idées s'accordent-elles avec la réalité? Quelles conclusions Vian veut-il faire naître chez le spectateur à l'égard de la société?

Le ton. Sur quel ton le monologue commence-t-il? (En quoi ressemble-t-il au ton de la «profession de foi» et de la «reconstitution»? Par quels moyens Vian crée-t-il ce ton? Considérez surtout le rôle du langage, des costumes et de la mimique de l'acteur.) Comment le ton change-t-il au cours du monologue? (Etudiez surtout la présence ou l'absence de jeux de mots et la valeur symbolique du monologue, c'est-à-dire, ce qu'il représente dans la vie du père.) Quel rôle le schmürz joue-t-il dans la transformation du ton? (Quel effet doit-il avoir sur le père? Sur le spectateur? Comment la mise en scène peut-elle contribuer à ces effets?)

(Un très long temps pendant lequel il cherche quelque chose sans le trouver, sans quitter des yeux le schmürz. Le Bruit commence à se faire doucement entendre, d'abord très lointain et va se rapprocher très, très doucement.) Fermer les yeux devant l'évidence est une méthode qui n'a jamais rien donné . . . Un aveugle, passe encore . . . *(Il s'interrompt.)* Je n'entends rien. *(Plus fort)* Je n'entends rien. *(Il déniche, dans le paquet jaune, le moulin-légumes et le saisit, et tourne la manivelle*[54] *d'un geste las.)* En ce temps-là, il restait au moins l'espoir d'une génération future qui laverait le linge sale de ses aînés dans un moulin-légumes. *(Il crie, tandis que le bruit monte.)* Je n'entends rien!!! *(Il jette le moulin-légumes, regarde ses mains.)* Ces mains-là sont blanches. *(Il regarde la fenêtre.)* L'idée des capucines n'était pas si mauvaise, après tout, mais je pense que le chèvrefeuille me donnera des satisfactions d'un autre ordre . . . plus élevé. Ça ne se mange pas . . . je contrôlerai mes appétits. *(Il hurle)* Je le jure! Je contrôlerai mes appétits! *(Il hausse les épaules.)* Pour mieux m'en rendre compte et mieux les assouvir.[55] *(Il se jette à genoux et hurle)* Je n'entends rien! Je n'entends rien! *(Le bruit cesse soudain, le schmürz s'affaisse,*[56] *visiblement mort, le long du mur où il se tenait. On entend des coups à la porte. Le père se relève.)* Des comptes? Je n'ai pas de comptes à rendre . . . J'ai toujours été seul. *(Les coups se font plus insistants, il se rapproche de la fenêtre, l'obscurité se fait peu à peu.)* Le chèvrefeuille, ça ne vaut pas les liserons . . . le liseron, c'est frais, c'est naturel. *(Les coups s'accentuent, il se rue*[57] *vers la fenêtre, enjambe l'appui.*[58]*)* J'ai toujours été seul . . . dans la poussière du passé, je ne distingue rien *(il chancelle, son pied glisse, il reste accroché à la fenêtre)*, elle couvre les gens comme des housses . . .[59] des meubles . . . C'étaient des meubles . . . ce n'étaient que des meubles.

54. *manivelle:* handle.
55. *assouvir:* satisfy.
56. *s'affaisse:* collapses.
57. *se rue:* flings himself.
58. *enjambe l'appui:* steps over the window ledge.
59. *housses:* covers (for furniture).

(Les coups ont cessé, le Bruit reprend soudain extrêmement proche, il tâtonne,[60] *cherche un appui pour son pied.)* Je ne savais pas . . . Pardon . . . *(Il glisse et tombe en hurlant)* Je ne savais pas . . .

Le Bruit envahit la scène, et le noir (et peut-être que la porte s'ouvre et qu'il entre, vagues silhouettes dans le noir, des schmürz . . .)

La mise en scène. Etudiez la façon dont Vian se sert des moyens concrets du théâtre pour créer une fin de pièce bouleversante. (1) Le bruitage —il n'y a pas un seul moment de silence dès le retour du Bruit (l. 2, p. 485). Imaginez la progression montante du Bruit; comment les coups à la porte doivent-ils relayer le Bruit (fréquence, intensité)? A quelle intensité le Bruit doit-il reprendre? Quelle intensité doit-il avoir atteinte à la fin de la pièce? (2) L'éclairage—sous quelle sorte d'éclairage a-t-on joué l'acte jusqu'ici? A quelle vitesse la lumière doit-elle baisser? (3) Le jeu de l'acteur—quelle alternance faut-il marquer dans les tons de voix? Tout en insistant sur cette alternance, quelle progression le jeu doit-il souligner? Par quels moyens?

La fonction dramatique. Etudiez les effets que cette dernière scène pourrait avoir sur le spectateur. (1) Réactions affectives—dans quelle mesure peut-il s'identifier au père? Dans quelle mesure est-il ému par cette dernière scène? Précisez la(les) émotion(s). (2) Réactions intellectuelles—comment explique-t-il le lien apparent entre la mort du schmürz et celle du père? Quel sens donne-t-il aux répliques répétées («Je n'entends rien!», «J'ai toujours été seul», «Je ne savais pas»)?

La fonction structurale. En quoi cette dernière scène marque-t-elle le terme du mouvement (monter-descendre) de la pièce? En quoi cette fin confirme-t-elle ou modifie-t-elle les hypothèses que vous avez faites à la fin de l'acte II sur le sens de cette structure paradoxale?

QUESTIONS GENERALES

Interprétation. A la fin des *Bâtisseurs d'Empire* il reste plusieurs aspects troublants qui semblent rendre difficile une synthèse complète de la pièce. Nous allons donc vous demander de discuter trois de ces aspects:

Le bruit. Au début de la pièce, Vian le définit ainsi—«un bruit à faire peur, venu de dehors . . . un bruit grave roulant surmonté de battements aigres». Considérez d'abord les problèmes techniques que le Bruit pose: comment va-t-on le produire? De quels endroits doit-il sembler provenir? Doit-il suggérer un son reconnaissable ou plutôt étrange? Discutez. Etudiez ensuite ses fonctions dans la pièce. (1) Quel rôle joue-t-il dans l'intrigue? (2) A quels moments l'entend-on? (Voir surtout la fin de l'acte II et de l'acte III: qu'est-ce qui se passe après qu'on entend le Bruit? Quel rapport peut-on établir entre ces deux événements?) En tenant compte de son rôle dans l'intrigue et de sa fonction structurale, essayez de trouver la signification qu'il pourrait avoir. (Selon le père, c'est «l'ennemi»: quel est donc cet ennemi?)

60. *tâtonne:* gropes.

Le schmürz. Les critiques ont proposé toutes sortes de significations pour ce personnage—le côté mortel de l'homme, le «Id» freudien, la mort même, une créature inventée qui réintroduit au théâtre la peur métaphysique de l'inconnu et de l'irrationnel. Pourtant, Vian semble avoir voulu laisser au spectateur la tâche de donner un sens à ce symbole. Quelle(s) signification(s) voudriez-vous lui attribuer? Pourquoi? Comment votre interprétation se rapporte-t-elle à ce que vous avez conclu sur le sens du Bruit? Dans le contexte de ces réponses, proposez une solution à deux problèmes de mise en scène. (1) Au dernier acte les indications scéniques (l. 2, p. 476) disent *un*, plutôt que *le*, schmürz; faut-il donc suggérer aux spectateurs qu'il s'agit d'un nouveau personnage? (2) Vian propose deux dénouements possibles—voudriez-vous faire envahir la scène par d'autres schmürz ou bien n'y laisser qu'un seul? Pourquoi?

Le titre. Dans sa «profession de foi», le père fait allusion aux «bâtisseurs de jadis qui fondaient leurs travaux sur le sens du devoir et de la chose commune . . .»; de plus, il définit ainsi son rôle dans la vie: «Je suis en train de construire l'avenir». Dans quels sens le père est-il un «bâtisseur»? (Qu'est-ce qu'il bâtit—au sens propre du mot? Au sens figuré? Quel est son empire? Quelle pourrait être la valeur symbolique du moulin-légumes avec lequel il joue à la dernière scène?) Pourquoi Vian met-il le mot «Bâtisseurs» au pluriel? En songeant à ces questions, essayez de trouver des rapports entre la structure de la pièce, le Bruit, le schmürz et ce titre.

Théâtre et langage. Le langage prend dans cette pièce les proportions d'un thème proprement dit. Dès le début, tous les personnages semblent jouer, d'une manière ou d'une autre, avec le langage. Examinez ce thème en considérant les questions suivantes: quelles différentes sortes de langage Vian emploie-t-il? A quelles sortes de jeux linguistiques se livre-t-il à travers ses personnages? Quelles contradictions sont relevées par l'opposition entre ce qu'on dit et ce qu'on fait? En *faisant* cela, qu'est-ce que Vian semble vouloir *dire* sur le langage et sur l'homme?

Cette conception du langage se rattache à celle du «nouveau théâtre» (dit aussi «théâtre de l'absurde») qu'on pratique depuis les années 1950. Selon le critique Martin Esslin, ce théâtre est caractérisé par «une dévaluation radicale de la parole, [par] une poésie qui doit surgir des images concrètes et objectives du spectacle même. Le langage joue toujours un rôle important, quoique subordonné, dans cette conception, mais ce qui *se passe* sur la scène dépasse, et souvent contredit, les mots prononcés par les personnages.» Essayez de voir dans quelle mesure *Les Bâtisseurs* illustre cette conception du théâtre en discutant les questions suivantes: Dans cette pièce, le Bruit et le schmürz jouent un rôle primordial, pourtant les personnages n'en parlent guère—quel rapport y a-t-il entre ce que les personnages disent et ce qui les préoccupe? Entre ce qu'ils disent et ce qui se passe chez le spectateur? Votre interprétation de la pièce dépend-elle davantage de ce qu'ils disent ou du spectacle visuel? Expliquez.

La Prose

Voltaire
Chateaubriand
Stendhal
Balzac
Flaubert
Sartre
Camus
Robbe-Grillet

Introduction

O Toison, moutonnant jusque sur l'encolure!
O boucles! O parfum chargé de nonchaloir!
Extase! Pour peupler ce soir l'alcôve obscure
Des souvenirs dormant dans cette chevelure,
Je la veux agiter dans l'air comme un mouchoir!

BAUDELAIRE, «La Chevelure», *Les Fleurs du Mal*

Laisse-moi respirer longtemps, longtemps, l'odeur de tes cheveux, y plonger tout mon visage, comme un homme altéré dans l'eau d'une source, et les agiter avec ma main comme un mouchoir odorant, pour secouer des souvenirs dans l'air.

BAUDELAIRE, «Un Hémisphère dans une chevelure», *Le Spleen de Paris*

Lorsque Baudelaire reprend en *prose* un sujet—la chevelure d'une femme—qu'il avait traité en *poésie,* ses techniques sont celles que nous associons d'habitude à la création poétique. Dans la phrase en prose il se sert de répétitions («longtemps, longtemps»), de sons («*sou*rce», «m*ou*choir», «*sou*venir»), de comparaisons («comme un homme», «comme un mouchoir») et d'une syntaxe régulière pour créer un rythme lent et uniforme qui suggère, sans doute, le mouvement des cheveux de la femme. Donc, la construction d'une phrase en prose peut dépendre du rythme, de répétitions et d'images comme en poésie, et la prose exige une attention particulière aux effets linguistiques aussi bien qu'aux idées, aux personnages et à l'intrigue. La prose doit *faire* aussi bien que *dire.*

Pourtant, il est vrai que la longueur des œuvres en prose (romans, nouvelles, contes) ne permet pas que le lecteur prête une attention aussi intense au mot individuel que pour la poésie et même le théâtre . . . d'autant plus que la prose est *lue,* tandis que poèmes et pièces dramatiques sont faits pour être *récités,* ce qui renforce leur valeur «musicale» et «poétique». Alors, sans perdre de vue l'importance du détail et des techniques «poétiques» dans la prose, nous allons accorder une attention particulière à des ensembles, à des champs d'analyse plus larges: le narrateur, le personnage, le décor et les événements. En ce faisant, nous espérons mieux dégager la structure des œuvres que nous lirons, tâche très compliquée en ce qui concerne la prose, qui a été comparée à un «monstre» (Henry James), une «éponge» (E. M. Forster) et une «herbe folle» (Roger Caillois) à cause de la longueur et de l'apparence touffue des œuvres en prose.

Il faut noter, tout d'abord, qu'à l'exception de quelques textes modèles, nous nous sommes limités, dans notre présentation de textes en prose, à des œuvres de «fiction» (le conte, la nouvelle et le roman) et que pour simplifier notre introduction, nous groupons toutes ces œuvres sous un titre—le roman.

En vue d'une analyse du roman, nous proposons le point de départ suivant:

> Dans un roman (conte ou nouvelle) l'auteur crée—à travers la voix d'un *narrateur*—des *personnages* et un *décor*. L'interaction de ces trois éléments fondamentaux détermine la composition des *événements* et la *structure* même de l'œuvre.

Nous allons prendre chacun de ces éléments à son tour en insistant sur (1) les techniques de présentation (techniques littéraires) de chacun des éléments; (2) les rapports toujours changeants entre les différents éléments; et (3) la fonction de chaque élément dans la structure du roman.

Le narrateur

Le choix fondamental du romancier, lorsqu'il conçoit son œuvre, est celui du narrateur—intermédiaire toujours présent entre le lecteur et l'œuvre, celui qui voit et raconte, directement ou indirectement, l'histoire. Par contraste avec le théâtre, où le spectateur est en contact direct et immédiat avec les phénomènes de l'œuvre, les éléments du roman sont toujours vus et racontés à travers le tempérament d'un narrateur. Imaginez que vous écoutez la description d'un match sportif à la radio—que vous n'assistez pas directement au match même. Le rôle du speaker («announcer») est comparable à celui du narrateur dans un roman. Il contrôle nos impressions, et dirige, par son ton, ses façons de parler, ses opinions et ses préjugés, notre interprétation du spectacle auquel lui seul assiste directement. Préciser son tempérament, dégager l'attitude du narrateur envers lui-même, envers les autres éléments (personnage, décor, événements) du roman et envers le lecteur, est le travail fondamental de l'analyse du roman. Ce travail nous semble être facilité par la notion de la *distance*—physique, temporelle, et affective—du narrateur par rapport à ce qu'il décrit.

La distance physique ou spatiale du narrateur envers ce qu'il décrit, son point de *vue,* sa position «hypothétique» dans l'espace vis-à-vis des objets, des personnages et des événements du roman, se révèle surtout par la disposition des choses mêmes. Une vue panoramique, où un grand nombre d'objets ou de personnes sont décrits à la fois, implique, sans doute, que l'observateur, l'œil qui regarde, reste assez loin de la scène pour pouvoir tout embrasser d'un seul coup d'œil. Par contre, une attention accordée à beaucoup de détails minutieux contenus dans un espace assez limité, impliquerait une vue rapprochée de la part de l'observateur, qui doit voir de plus près pour pouvoir enregistrer de tels détails.

L'auteur peut varier la distance de son narrateur, comme le cinéaste peut rapprocher ou éloigner sa caméra, selon l'effet qu'il cherche à créer. Pour préciser la **distance physique** du narrateur, de l'observateur, et dégager l'effet qu'y cherche l'auteur, nous délimitons trois sortes de points de vue, qui peuvent se combiner et varier de nombreuses façons différentes au cours d'un même roman.

Dans le cas d'un **point de vue général** *ou illimité,* le narrateur fait une description panoramique où il reste assez loin des choses qu'il décrit et où, par conséquent, notre *vue,* nos impressions de cette scène restent assez générales. Prenons comme exemple les phrases suivantes, tirées du début de *La Peste* d'Albert Camus:

> A première vue, Oran est, en effet, une ville ordinaire et rien de plus qu'une préfecture française de la côte algérienne. La cité elle-même, on doit l'avouer, est laide. D'aspect tranquille, il faut quelque temps pour apercevoir ce qui la rend différente de tant d'autres villes commerçantes, sous toutes les latitudes. Comment faire imaginer, par exemple, une ville sans pigeons, sans arbres et sans jardins, où l'on ne rencontre ni battements d'ailes, ni froissements de feuilles, un lieu neutre pour tout dire? . . . Cette cité sans pittoresque, sans végétation et sans âme finit par sembler reposante et on s'y endort enfin. Mais il est juste d'ajouter qu'elle s'est greffée sur un paysage sans égal, au milieu d'un plateau nu, entouré de collines lumineuses, devant une baie au dessin parfait. On peut seulement regretter qu'elle se soit construite en tournant le dos à cette baie et que, partant, il soit impossible d'apercevoir la mer qu'il faut toujours aller chercher.

Ici, Camus cherche à créer une impression générale de la ville d'Oran; l'absence d'endroits particuliers et d'un moment particulier dans le temps, une prose dénuée de détails, ce point de vue qui embrasse toute la ville—sa situation géographique et son essence même («un lieu neutre»)—d'un seul coup: tout implique une distance physique assez grande entre le narrateur et ce qu'il décrit. On ne pourrait voir cette scène que de loin.

Par contraste, dans un **point de vue spécifique** *ou limité,* l'observateur, l'œil ou la caméra qui regarde, se rapproche physiquement des choses décrites pour s'occuper de détails particuliers saisis à un moment précis, tel que dans le texte suivant de *Madame Bovary* de Gustave Flaubert:

> Mais ce qui attire le plus les yeux, c'est, en face de l'auberge du *Lion d'or,* la pharmacie de M. Homais! Le soir, principalement, quand son quinquet est

allumé et que les bocaux rouges et verts qui embellissent sa devanture allongent au loin, sur le sol, leurs deux clartés de couleur, alors, à travers elles, comme dans des feux de Bengale, s'entrevoit l'ombre du pharmacien accoudé sur son pupitre. Sa maison, du haut en bas, est placardée d'inscriptions écrites en anglaise, en ronde, en moulée: «Eaux de Vichy, de Saltz et de Barèges, robs dépuratifs, médecine Raspail, racahout des Arabes, pastilles Darcet, pâte Regnault, bandages, bains, chocolats de santé, etc.» Et l'enseigne, qui tient toute la largeur de la boutique, porte en lettres d'or: *Homais, pharmacien.*

Ici le point de vue est plus spécifique—plus limité dans le temps (le soir) et dans l'espace (on est devant la pharmacie)—et, par conséquent, la distance physique n'est pas grande. Puisqu'on arrive à saisir les moindres détails, même à l'intérieur de la pharmacie, on ne pourrait être qu'assez près de cette scène. Le point de *vue* dans ce passage, quoique spécifique, reste impersonnel—tel celui, peut-être, qu'une caméra l'aurait enregistré pour nous.

Pourtant, en employant le **point de vue personnel,** l'auteur met son «centre de vision» (le mot est de Henry James) dans la scène même; tout est vu par les yeux d'un personnage qui est présent dans la scène. Prenons, par exemple, la description de la mine (le Voreux) tirée de *Germinal* d'Emile Zola:

Le Voreux, à présent, sortait du rêve. Etienne, qui s'oubliait devant le brasier à chauffer ses pauvres mains saignantes, regardait, retrouvait chaque partie de la fosse, le hangar goudronné du criblage, le beffroi du puits, la vaste chambre de la machine d'extraction, la tourelle carrée de la pompe d'épuisement. Cette fosse, tassée au fond de son creux, avec ses constructions trapues de briques, dressant sa cheminée comme une corne menaçante, lui semblait avoir un air mauvais de bête goulue, accroupie là pour manger le monde. Tout en l'examinant, il songeait à lui. . . .

Ici le point de vue se trouve dans la scène même; c'est le personnage principal, Etienne Lantier, qui voit («regardait», «retrouvait», «l'examinant») ce qui est devant lui. Par conséquent, la distance physique semble encore plus courte que dans l'exemple précédent. En effet, l'observateur, le point de vue, est présent dans la scène, directement en face des choses décrites.

Comme le cinéaste peut changer la distance de sa caméra, le romancier peut varier la distance physique de son observateur—le narrateur ou un personnage—selon l'effet qu'il cherche à créer. Zola atteint une certaine vivacité et force en mettant son point de vue en contact direct et immédiat avec la mine, tandis qu'en restant très loin de la ville d'Oran, à une grande distance physique, le point de vue du début de *La Peste* renforce l'impression de la ville morte et neutre que veut créer Camus.

La distance temporelle du narrateur par rapport à son histoire—raconte-t-il au *présent* les choses telles qu'elles arrivent? ou parle-t-il au *passé*? récent ou lointain?—se révèle parfois par des indications assez précises telles que des dates, des adverbes et surtout le temps des verbes. Alors que le lecteur n'éprouve pas trop de difficultés à préciser la **distance temporelle** d'un narrateur à la troisième personne, le concept de la distance temporelle a une application spéciale en ce qui concerne les romans racontés à la première personne.

Au premier abord, une narration à la première personne semble se distinguer par l'absence d'un narrateur (c'est le personnage, un «je», qui semble raconter sa propre histoire). Mais assez souvent il y a une séparation dans le temps, une distance temporelle entre celui qui raconte l'histoire et celui qui est décrit (lui-même au passé), et ces «deux personnes» ne partagent pas toujours les mêmes idées et opinions. En effet, il nous semble très utile de distinguer entre un «je» sujet, qui raconte ou écrit l'histoire, et un «je» objet, dont la vie est décrite. Le premier est le narrateur; le second un personnage. Par exemple, dans *Dominique,* roman d'Eugène Fromentin, le narrateur (Dominique à quarante ans) décrit la vie d'un personnage (Dominique à vingt ans). Le narrateur a tellement changé d'idées, d'apparence physique, de moralité, etc. qu'il semble un être différent de celui qu'il décrit (lui-même au passé). De plus, il est nécessaire de distinguer nettement entre le Dominique qui parle au présent (le maire de village, responsable de ses actions) et le Dominique qu'il décrit au passé (le jeune homme «romantique» et irresponsable) pour bien saisir les intentions psychologiques et morales de Fromentin. C'est précisément la distance temporelle assez grande (vingt ans) entre Dominique (narrateur) et Dominique (personnage) qui nous permet de saisir les distinctions d'ordre psychologique et moral que Fromentin veut nous faire comprendre.

La distance affective ou émotive du narrateur se révèle surtout par son attitude—partiale ou impartiale, subjective ou objective, enthousiaste ou réservée—envers ce qu'il décrit. Un narrateur qui prend parti pour ou contre ses personnages, qui exprime des opinions et porte des jugements à leur propos, qui s'identifie à leur histoire, se met dans le roman; le lecteur sent sa présence affective (émotive) dans l'œuvre. Au contraire, un narrateur qui supprime ses émotions, ses opinions—un narrateur impartial ou objectif—semble plus distant, plus détaché envers les phénomènes qu'il décrit.

Le narrateur peut intervenir directement et ouvertement dans sa narration pour parler de lui-même, pour exprimer ses propres idées, pour porter des jugements et émettre des généralités à propos de ce qu'il raconte:

> Toute vraie passion ne songe qu'à elle. C'est pourquoi, ce me semble, les passions sont si ridicules à Paris, où le voisin prétend toujours qu'on pense beaucoup à lui. Je me garderai de raconter les transports de Julien à la Malmaison. Il pleura.

Dans ce passage, le narrateur du *Rouge et le noir* de Stendhal, au lieu de «raconter les transports de Julien,» son personnage principal, parle directement de lui-même. Il parle à la première personne («me», «je me»), exprime ses opinions («ce me semble»), porte des jugements («ridicules») et exprime des généralités («toute vraie passion»). C'est, en fait, un narrateur partial qui est présent, d'un point de vue affectif, dans le texte.

Certains auteurs ont réagi contre de telles interventions, comme on le voit dans les paroles célèbres de Gustave Flaubert—«C'est un de mes principes qu'il ne faut pas s'écrire. L'artiste doit être dans son œuvre comme Dieu dans la création, invisible et tout-puissant; qu'on le sente partout mais qu'on ne le voie pas.» Ainsi, la prose de Flaubert et d'autres auteurs s'efforce de se libérer des interventions, jugements et opinions du narrateur, et semble se raconter de façon objective et impartiale:

> Un jour qu'en prévision de son départ elle faisait des rangements dans un tiroir, elle se piqua les doigts à quelque chose. C'était le fil de fer de son bouquet de mariage. Les boutons d'oranger étaient jaunes de poussière, et les rubans de satin, à liséré d'argent, s'effiloquaient par le bord. Elle le jeta dans le feu.

Dans ce texte de *Madame Bovary* de Flaubert, le narrateur s'abstient de porter des jugements directs, même sur la signification assez évidente du geste d'Emma Bovary lorsqu'elle brûle son bouquet de mariage. Il fait preuve d'un détachement, d'une **distance affective** assez grande envers la scène qu'il décrit. Remarquez, pourtant, que la *distance physique* dans ce texte n'est pas très grande—le narrateur enregistre des détails minutieux, saisis d'assez près. En effet, les trois formes de distance—physique, temporelle et affective—peuvent se combiner de plusieurs manières selon l'effet que l'auteur cherche à communiquer dans un passage particulier.

La distance de l'auteur et du lecteur par rapport au narrateur. Comme le narrateur se place à une certaine distance—de loin ou de près—envers les phénomènes du roman, l'auteur et, par conséquent, le lecteur doivent se situer à une certaine distance par rapport au narrateur. L'auteur peut s'identifier avec son narrateur—soit à la première personne, soit à la troisième personne—ou il peut s'écarter, se séparer de lui. Il peut créer exprès un narrateur ridicule ou très limité intellectuellement, ce qui établirait une distance affective assez grande entre eux. Dans ce dernier cas, des hésitations, des doutes, des renseignements incomplets et même faux de la part du narrateur aboutiraient à une méfiance de la part du lecteur envers ce qu'on appelle en anglais «an unreliable narrator».

D'ailleurs, la **distance du lecteur** par rapport au narrateur varie selon la distance de l'auteur et, en plus, selon les caractéristiques du narrateur lui-même—sa façon de s'adresser au lecteur (indirectement ou directement, par «tu» ou par «vous»), sa manière de concevoir le lecteur (en ami ou en adversaire), son style même (élevé ou bas, hautain ou familier). Parfois la distance (surtout affective) du lecteur ne s'accorde pas tout à fait avec celle de l'auteur; par exemple, l'auteur peut s'identifier avec son narrateur à un tel degré, avec un tel enthousiasme, que le lecteur se sent exclu, gêné, et se tient à l'écart. Parfois aussi la distance du lecteur est très variable et change de moment en moment, ou se précise au cours du roman. En effet, la distance du lecteur par rapport au narrateur dépend beaucoup des particularités de chaque texte. Ce concept, avec toutes ses variations, sera illustré et précisé dans nos deux textes modèles sur la narration.

Le personnage

Il faut souligner tout d'abord la différence, assez évidente mais très importante, entre le personnage de théâtre et le personnage de roman: au théâtre, le personnage est représenté par une personne réelle, un acteur, dont l'apparence, les actions, les paroles sont perçus directement par le spectateur. Dans le roman, cependant, le personnage n'est représenté que par des mots, par les paroles du narrateur; le romancier doit créer par des moyens linguistiques, par des techniques littéraires, l'illusion de la réalité qui peut s'accomplir directement par l'acteur dans une pièce.

Il y a plusieurs techniques de présentation, plusieurs moyens par lesquels l'auteur, à travers les paroles du narrateur, peut suggérer les sentiments, l'état d'esprit, la psychologie de ses personnages. L'auteur peut se servir d'une *description* de l'extérieur du personnage, d'une *présentation directe* des paroles et des pensées du personnage, et d'une *analyse de la part du narrateur.*

L'un des principaux moyens pour faire sentir la psychologie, le caractère du personnage est par la **description** de son extérieur—son corps, son visage, ses gestes, ses vêtements—et la description des choses qui l'entourent, qui lui sont extérieures—la réaction des autres et le décor où il se trouve. Prenons, par exemple, le passage suivant de *La Peste* où Camus décrit le docteur Rieux, son personnage principal:

> Paraît trente-cinq ans. Taille moyenne. Les épaules fortes. Visage presque rectangulaire. Les yeux sombres et droits, mais les mâchoires saillantes. Le nez fort est régulier. Cheveux noirs coupés très court. La bouche est arquée avec des lèvres pleines et presque toujours serrées. Il a un peu l'air d'un paysan sicilien avec sa peau cuite, son poil noir et ses vêtements de teintes toujours foncées mais qui lui vont bien. Il marche vite. Il descend les trottoirs sans changer son allure, mais deux fois sur trois remonte sur le trottoir opposé en faisant un léger saut. Il est distrait au volant de son auto et laisse souvent ses flèches de direction levées, même après qu'il a effectué son tournant. Toujours nu-tête. L'air renseigné.

Ici le caractère sérieux et solide du docteur Rieux est indiqué par la description du **corps** (épaules fortes), du **visage** (les yeux sombres, le nez régulier, les lèvres serrées) et des **vêtements** (foncés). Ses **gestes,** ses actions et habitudes, renforcent ces indications et nous font sentir aussi une certaine énergie (il marche vite, le léger saut) et détermination dans les idées qu'il poursuit (il est distrait, l'air renseigné). Plus loin Camus se sert du **décor** pour décrire la psychologie collective de tous les habitants de la ville d'Oran. En se servant du paysage qui entoure les personnages, il suggère leur état d'esprit, leurs émotions, leurs sentiments, au moment où la peste les assiège:

Mais pendant qu'on parlait, le temps se gâtait. Au lendemain de la mort du concierge, de grandes brumes couvrirent le ciel. Des pluies diluviennes et brèves s'abattirent sur la ville; une chaleur orageuse suivait ces brusques ondées. La mer elle-même avait perdu son bleu profond et, sous le ciel brumeux, elle prenait des éclats d'argent ou de fer, douloureux pour la vue. La chaleur humide de ce printemps faisait souhaiter les ardeurs de l'été. Dans la ville, bâtie en escargot sur son plateau, à peine ouverte vers la mer, une torpeur morne régnait. Au milieu de ses longs murs crépis, parmi les rues aux vitrines poudreuses, dans les tramways d'un jaune sale, on se sentait un peu prisonnier du ciel.

Ici, l'aspect physique du décor—brumes, pluies, saleté, etc.—suggère des aspects émotionnels—douleur, torpeur morne, etc.—et finalement crée une impression générale («on se sentait un peu prisonnier du ciel») de l'état d'esprit, la psychologie collective, des habitants d'Oran.

Le romancier complète souvent son portrait physique par une **présentation directe** des paroles et des pensées du personnage. Encore une fois, il existe plusieurs techniques, plusieurs moyens pour accomplir ce but. Par exemple, dans le **style direct,** l'auteur se sert d'une citation directe, entre guillemets, pour laisser parler le personnage—«je réussirai, dit-il.» Dans la phrase suivante, pourtant—«il disait qu'il réussirait»—c'est la proposition principale, «il disait que», qui prépare la voix du personnage, qui est exprimée de façon *indirecte* («il réussirait») plutôt que directe («je réussirai»). Dans le texte suivant, la technique de présentation est encore différente:

En face, au-delà des toits, le grand ciel pur s'étendait, avec le soleil rouge se couchant. Qu'il devait faire bon là-bas! Quelle fraîcheur sous la hêtrée! Et il ouvrait les narines pour aspirer les bonnes odeurs de la campagne, qui ne venaient pas jusqu'à lui.

Ces quatre phrases, tirées de *Madame Bovary,* sont toutes à la troisième personne, et la voix semble être seulement celle du narrateur. Mais certains détails dans la deuxième et la troisième phrases—les exclamations «que» et «quelle», la ponctuation (points d'exclamation) et la suppression du verbe dans la troisième phrase, qui rend l'expression plus directe—indiquent que c'est plutôt la voix, les façons de parler du personnage, Charles Bovary. Seulement, il n'y a aucune préparation, aucune transition, pour ce changement de voix—ni par guillemets (style direct) ni par proposition principale (style indirect). C'est le **style indirect libre,** technique souvent employée dans le roman moderne.

Dans ce dernier exemple il s'agit des pensées du personnage plutôt que de ses paroles, et il en est ainsi avec une technique parallèle—le style direct libre ou **monologue intérieur.** A la différence du théâtre, dans un roman l'auteur peut entrer à l'intérieur de son personnage pour présenter directement le déroulement de ses pensées, ses sentiments et ses sensations. L'un des premiers à développer cette technique du monologue intérieur fut Stendhal, comme on peut le voir dans le passage suivant, tiré du *Rouge et le noir,* où l'on entend directement les pensées de M. de Rênal au moment où il apprend que sa femme entretient une liaison amoureuse avec Julien Sorel (le précepteur):

> Il examina son couteau de chasse, qui était fort tranchant; mais l'idée du sang lui fit peur.
>
> Je puis rouer de coups ce précepteur insolent et le chasser; mais quel éclat dans Verrières et même dans tout le département! . . . L'amener devant les tribunaux! . . . L'insolent insinuera de mille façons qu'il a dit vrai. Un homme bien né, qui tient son rang comme moi, est haï de tous les plébéiens. Je me verrai dans ces affreux journaux de Paris; ô mon Dieu! quel abîme! voir l'antique nom de Rênal plongé dans la fange du ridicule. . . . Si je voyage jamais, il faudra changer de nom; quoi! quitter ce nom qui fait ma gloire et ma force. Quel comble de misère!

Comme avec le style indirect libre, l'auteur passe sans transition d'une narration à la troisième personne aux pensées intimes du personnage même. Mais ici il s'agit de réflexions directes (à la première personne) et soutenues (le passage est assez long)—deux caractéristiques du monologue intérieur. Dans cet exemple-ci, la plongée dans la psychologie du personnage reste au niveau de ses pensées conscientes, tandis que certains auteurs veulent entrer plus profondément à l'intérieur du personnage pour explorer des sentiments, des sensations, des notions subconscientes ou inconscientes:

> Elle resta perdue de stupeur, et n'ayant plus conscience d'elle-même que par le battement de ses artères, qu'elle croyait entendre s'échapper comme une assourdissante musique qui emplissait la campagne. Le sol, sous ses pieds, était plus mou qu'une onde et les sillons lui parurent d'immenses vagues brunes, qui déferlaient. Tout ce qu'il y avait dans sa tête de réminiscences, d'idées, s'échappait à la fois, d'un seul bond, comme les mille pièces d'un feu d'artifice.

Dans ces phrases de *Madame Bovary,* Flaubert essaie de dépeindre directement l'inconscient («n'ayant plus conscience d'elle-même») d'Emma selon ses propres façons de sentir, selon les images qui se trouvent à l'intérieur du personnage; mais on sent ici la présence du narrateur qui doit formuler et exprimer de façon nette des idées, images et sensations qui restent assez vagues pour Emma elle-même. Le rôle du narrateur nous amène au dernier moyen que possède le romancier pour faire le portrait d'un personnage.

L'*analyse de la part du narrateur* représente encore une dimension qui n'existe pas au théâtre. Dans un roman, le narrateur peut révéler et identifier explicitement la nature et l'origine de certains mobiles et complèxes qui sont au fond de la psychologie de son personnage. Il peut même nous révéler des sentiments dont le personnage lui-même est ignorant; par exemple:

«Du moins, ajouta-t-il [Julien], ma petite intrigue avec la maîtresse du logis va me distraire un moment.» Heureusement pour lui, même dans ce petit incident subalterne, l'intérieur de son âme répondait mal à son langage cavalier.

La première phrase de cette citation du *Rouge et le noir* montre les pensées conscientes de Julien, présentées de façon directe, mais dans la deuxième phrase c'est le narrateur qui, ayant fait l'analyse de «l'âme» de Julien, conclut que Julien ignore les véritables émotions et mobiles au fond de lui-même. L'analyse du narrateur nous permet de saisir rapidement et explicitement un aspect de la personnalité de Julien qui serait difficile à révéler par une description extérieure ou par une présentation directe.

L'**analyse de la part du narrateur** se manifeste parfois par des généralités et des comparaisons. Dans la phrase suivante, tirée d'*Eugénie Grandet* de Balzac, le narrateur présente ainsi Monsieur Grandet, le père d'Eugénie:

Financièrement parlant, monsieur Grandet tenait du tigre et du boa: il savait se coucher, se blottir, envisager longtemps sa proie, sauter dessus; puis il ouvrait la gueule de sa bourse, y engloutissait une charge d'écus, et se couchait tranquillement, comme le serpent qui digère, impassible, froid, méthodique.

Ici le narrateur développe une métaphore où son personnage est comparé à des animaux (le tigre et le boa). Ensuite la métaphore est étendue jusqu'à la bourse (la gueule) et à la série d'actions (se coucher, se blottir, etc.) souvent associés à des animaux. Cette comparaison (métaphore), où le narrateur révèle directement sa présence affective, son «analyse» du personnage, lui permet d'esquisser nettement et rapidement une caractéristique de Grandet qui serait difficile à présenter par les autres moyens—description et présentation directe.

Le plus souvent un auteur se sert de tous ces moyens de présenter un personnage—description, présentation directe et analyse de la part du narrateur—selon l'effet qu'il cherche à créer. Dans une situation où il veut créer une certaine intimité entre son personnage et le lecteur, il se servira souvent d'un monologue intérieur (présentation directe); alors que s'il veut insister sur l'influence du milieu sur la psychologie du personnage, il restera sans doute à l'extérieur du personnage pour décrire son aspect physique, ses vêtements et les objets qui l'entourent; enfin, si l'auteur veut exposer rapidement et explicitement un phénomène psychologique assez complexe, comme dans le passage précédent du *Rouge et le noir,* il aura recours à l'analyse du narrateur. La combinaison des trois moyens de présentation contribue à la création du personnage développé, complexe, à plusieurs dimensions, qui caractérise le roman.

Pourtant, on risque de trop insister sur le personnage littéraire en tant que personne «réelle», qu'être «vivant», et pas assez sur sa *fonction* dans l'œuvre d'art. Puisqu'il est enraciné dans un monde inventé, puisqu'il est situé irrévocablement vis-à-vis d'autres éléments, qu'il occupe une place dans la structure de l'œuvre, qu'il remplit un rôle envisagé par l'auteur, tout personnage est fonctionnel—quoiqu'il existe des différences énormes dans le degré de fonction des personnages. Pour préciser la fonction du personnage, son rôle, sa raison d'être dans le roman, nous désignons (assez arbitrairement, d'ailleurs) trois fonctions principales—philosophique, sociale, et psychologique.

Lorsqu'un personnage incarne une idée abstraite d'ordre philosophique ou métaphysique, lorsqu'il illustre un principe moral ou religieux que l'auteur veut exposer, ou lorsqu'il représente quelque vérité universelle sur la condition de l'homme dans l'univers, on peut dire qu'il remplit une **fonction philosophique.** Dans *La Condition humaine* d'André Malraux, par exemple, Gisors, un vieux Chinois, représente la philosophie orientale de l'abnégation de soi, la préférence de la retraite à la vie active, par contraste avec son fils, Kyo, qui représente une philosophie de l'existence fondée sur l'action et la solidarité humaine.

D'autre part, si un personnage représente les courants économiques et politiques d'une certaine époque, s'il sert à dévoiler la hiérarchie d'institutions et de classes qui domine la structure d'une société particulière, ou s'il illustre les traditions, les coutumes, les mœurs d'un certain groupe—soit d'une classe soit d'une nationalité—on peut dire que ce personnage a une **fonction sociale.** Par exemple, Homais, personnage de *Madame Bovary,* avec ses prétentions scientifiques et intellectuelles, ses notions du «progrès», son amour-propre, est censé représenter tout le courant «positiviste» qui dominait la société bourgeoise de l'époque de Flaubert.

Enfin, un personnage a une **fonction psychologique** si l'auteur entreprend une investigation de ses sentiments, ses mobiles, ses complexes—la constitution de sa psychologie—comme dans *Dominique* où l'intention principale de Fromentin est de dépeindre la sensibilité et la sentimentalité de Dominique. De même, l'auteur peut se servir d'un personnage secondaire pour faire ressortir certains traits ou tendances psychologiques chez son personnage principal. C'est la fonction de Madeleine, qui *provoque* un amour idéal et sentimental chez Dominique, et d'Augustin et d'Olivier, espèces d'alter-egos qui *représentent* deux côtés de la personnalité de Dominique—Augustin, l'homme résigné et travailleur, et Olivier, l'homme qui poursuit son rêve sans jamais se contenter d'une vie ordinaire. On peut dire que la fonction principale de tous ces personnages—Dominique aussi bien que Madeleine, Augustin et Olivier—est psychologique.

Mais il faut insister sur le fait que la fonction d'un personnage n'est presque jamais unique. Dans les exemples que nous venons de citer, Kyo remplit aussi une fonction sociale parce qu'il est révolutionnaire, Homais a une certaine valeur psychologique parce qu'il sert de contrepoint aux rêves d'Emma Bovary, et Olivier a une certaine conception de l'infini qui semble d'ordre philosophique. Nos distinctions sont donc des catégories d'analyse plutôt que des définitions rigides.

Le décor

En créant un décor, un univers fictif pour entourer ses personnages, le romancier essaie de donner l'illusion de certains objets, de certaines choses et de certains endroits qu'il arrange, qu'il compose en «tableaux» littéraires. Ces tableaux peuvent présenter au lecteur «impatient» la tentation de feuilleter rapidement pour revenir aux «idées», aux «personnages», à «l'intrigue», et à d'autres éléments qui peuvent lui sembler plus essentiels à l'analyse et l'appréciation du roman. De plus, le lecteur du roman n'a pas l'avantage d'apercevoir directement des objets matériels, «réels», comme ceux qui composent le décor théâtral; il n'aperçoit, en effet, que des mots, des paroles du narrateur, grâce auxquels il doit faire le travail, assez abstrait et parfois pénible, qui consiste à reconstruire le monde, l'univers fictif que l'auteur veut placer au fond de son roman.

Pourtant, ce travail est essentiel, car le décor, par les rapports qu'il crée avec les autres éléments du roman aussi bien que par ses propres qualités, joue un rôle essentiel dans la création romanesque. Nous avons déjà constaté l'importance de la disposition des objets pour situer la distance physique, le point de vue, du narrateur et le rôle du décor pour la description extérieure du personnage, où l'auteur peut se servir de certains objets pour déterminer, refléter ou symboliser la personnalité du personnage. Il faut ajouter que le décor fournit des clefs importantes pour dégager la vision de l'univers de l'auteur—sa conception de la «réalité» extérieure et du rôle de l'individu par rapport au monde qui l'entoure.

Le romancier se sert de certains moyens, de certaines techniques de présentation du décor, qui lui permettent de créer l'illusion d'objets réels et qui permettent au lecteur de saisir le rôle du décor par rapport aux autres éléments (narrateur, personnage, événements et structure) du roman. Nous soulignons, comme nous l'avons fait pour les personnages, l'importance de la *description des objets* et de l'*analyse de la part du narrateur* pour la création du décor romanesque.

La **description** des objets comprend deux techniques principales—

la *composition des «tableaux»*, la situation des objets, les uns vis-à-vis des autres, dans des ensembles, et le *choix des sens* auxquels l'auteur fait appel pour créer l'atmosphère qu'il cherche dans ces tableaux.

La **composition** d'un tableau est gouvernée surtout par la disposition, la situation des objets dans l'espace et le temps fictifs du roman. Le romancier peut donner à son tableau une étendue spatiale assez large dans une composition panoramique, telle que dans *La Peste* où toute la ville d'Oran est décrite d'un seul coup, à une grande distance physique (voyez la section de notre introduction sur «le point de vue général»):

> Cette cité sans pittoresque, sans végétation et sans âme finit par sembler reposante et on s'y endort enfin. Mais il est juste d'ajouter qu'elle s'est greffée sur un paysage sans égal, au milieu d'un plateau nu, entouré de collines lumineuses, devant une baie au dessin parfait.

Par contre, l'auteur peut composer son tableau dans un espace assez limité où il insiste sur des détails minutieux plutôt que sur une impression générale. Prenons, par exemple, le passage suivant, tiré de *Madame Bovary,* et que nous avons déjà cité en parlant de la distance physique (voyez la section de notre introduction sur «le point de vue limité»):

> Mais ce qui attire le plus les yeux, c'est, en face de l'auberge du *Lion d'or,* la pharmacie de M. Homais! Le soir, principalement, quand son quinquet est allumé et que les bocaux rouges et verts qui embellissent sa devanture allongent au loin, sur le sol, leurs deux clartés de couleur, alors, à travers elles, comme dans des feux de Bengale, s'entrevoit l'ombre du pharmacien accoudé sur son pupitre. Sa maison, du haut en bas, est placardée d'inscriptions écrites en anglaise, en ronde, en moulée: «Eaux de Vichy, de Saltz et de Barèges, robs dépuratifs, médecine Raspail, racahout des Arabes, pastilles Darcet, pâte Regnault, bandages, bains, chocolats de santé, etc.» Et l'enseigne, qui tient toute la largeur de la boutique, porte en lettres d'or: *Homais, pharmacien.*

De plus, en composant son tableau le romancier doit situer, arranger les objets dans le temps. Dans les deux passages précédents la composition est statique; le décor est saisi à un moment fixe dans le temps; il n'y a pas de mouvement dans le tableau. Mais l'auteur peut créer du mouvement dans son tableau en changeant la position de l'observateur (si, par exemple, on entrait progressivement dans la ville d'Oran) ou en changeant des détails dans le décor même (si, par exemple, Camus traçait le mouvement du soleil et ses effets sur l'aspect de la ville). Camus préfère, sans doute, une composition statique pour renforcer l'impression d'une «ville morte», mais certains romanciers, tels qu'Emile Zola, préfèrent une composition «cinématographique» où ils peuvent montrer la détermination progressive de l'individu par le milieu qui l'entoure.

Dans un tableau littéraire, quelle qu'en soit la composition, le romancier peut faire valoir tous les **sens physiques** de l'homme—la vue, l'ouïe, l'odorat, le goût et le toucher.

La *vue,* employée dans les deux passages précédents, est le sens le plus souvent utilisé. Comme le peintre, le romancier peut se servir de couleurs pour créer une impression vivante et sensuelle chez le lecteur (voyez plus haut la description de la pharmacie), ou il peut insister sur des lignes et des formes pour créer un effet plus abstrait (voyez, par exemple, la description de la ville d'Oran).

Pour l'*ouïe* et l'*odorat* aussi le romancier choisit des odeurs et des sons particuliers selon l'effet qu'il cherche à donner à un objet particulier ou à créer dans son tableau. Flaubert, par exemple, se sert du son grinçant du tour (lathe) de Binet et des odeurs tièdes des repas avec Charles pour provoquer le désespoir chez Emma et pour symboliser l'ennui de la vie bourgeoise.

Le *goût* et le *toucher* sont les plus directes, les plus intimes des sens. Leur emploi dans un tableau indique un rapprochement physique de la part des personnages ou du narrateur qui est censé les éprouver, mais les effets qu'en tire l'auteur varient énormément. Pour Marcel Proust, l'auteur de *A la recherche du temps perdu,* le goût d'une madeleine (une sorte de biscuit) le plonge dans une scène de son passé où il avait éprouvé cette sensation pour la première fois; dans *La Nausée* Sartre se sert surtout du toucher pour provoquer chez Roquentin, son personnage principal, une prise de conscience à propos de la réalité concrète du moment présent.

Un romancier peut se servir de plusieurs sens dans un seul tableau:

> Peu avant d'y arriver, l'odeur de l'iode et des algues leur annonça la mer. Puis, ils l'entendirent. Elle sifflait doucement aux pieds des grands blocs de la jetée et, comme ils les gravissaient, elle leur apparut, épaisse comme du velours, souple et lisse comme une bête. Ils s'installèrent sur les rochers tournés vers le large. Les eaux se gonflaient et redescendaient lentement. Cette respiration calme de la mer faisait naître et disparaître des reflets huileux à la surface des eaux. Devant eux, la nuit était sans limites. Rieux, qui sentait sous ses doigts le visage grêlé des rochers, était plein d'un étrange bonheur.

Dans ce passage tiré de *La Peste,* Camus se sert d'une variété de sens —l'odorat («l'odeur de l'iode»), l'ouïe («ils l'entendirent»), la vue («elle leur apparut») et le toucher («sentait sous ses doigts»)—pour créer plusieurs effets. L'ordre des changements de sens indique un mouvement vers la mer de la part des personnages, Rieux et Tarrou; et leur variété même signale au lecteur qu'il s'agit d'un moment d'importance capitale. En effet, c'est à ce moment du roman que les sensations des deux personnages, engourdies depuis longtemps, s'aiguisent et se précisent; ils se retrempent dans la vie après le long siège de la peste.

Un moyen complémentaire pour la présentation des objets, comme pour celle des personnages, est l'**analyse de la part du narrateur.** Le narrateur, par sa présence «affective» dans le roman, par ses impressions, ses opinions, ses généralités et ses comparaisons, par son «style» même, ses façons de parler, peut nous révéler explicitement et rapidement la portée du décor particulier qu'il s'efforce de créer. Citons comme exemple les premières phrases d'*Eugénie Grandet,* où le narrateur nous parle directement de la maison du Père Grandet avant d'en faire la description:

> Il se trouve dans certaines villes de province des maisons dont la vue inspire une mélancolie égale à celle que provoquent les cloîtres les plus sombres, les landes les plus ternes ou les ruines les plus tristes. . . . Ces principes de mélancolie existent dans la physionomie d'un logis situé à Saumur, au bout de la rue montueuse qui mène au château, par le haut de la ville.

Ici le narrateur, par des généralités («certaines villes de province», «ces principes»), par des comparaisons (aux cloîtres, landes et ruines), par la précision même de l'impression qu'il veut évoquer (la mélancolie), suggère l'atmosphère du décor avant d'entreprendre la description de la maison elle-même. Cette technique, où le narrateur «analyse» le décor, offre l'avantage d'une exposition explicite et rapide; le lecteur comprend tout de suite les intentions de l'auteur quant à la signification du décor.

La présence du narrateur peut se révéler aussi, de manière moins explicite mais plus «poétique», par son «style», par les **moyens linguistiques**—sonorités, images, répétitions et rythme—dont il se sert pour présenter son décor. L'emploi de moyens linguistiques marque, en effet, un aspect essentiel de la description du décor dans un roman. Prenons, par exemple, le passage suivant tiré de *Madame Bovary:*

> Ils commencèrent lentement, puis allèrent plus vite. Ils tournaient: tout tournait autour d'eux, les lampes, les meubles, les lambris, et le parquet, comme un disque sur un pivot.

Dans ces deux phrases où il décrit un bal auquel assiste Emma, le narrateur se sert de répétitions de mots («tournaient . . . tournait») et de sons («*tout tour*nait au*tour* . . . *l*es *l*ampes, *l*es meub*l*es, *l*es *l*ambris») aussi bien que d'une image («comme un disque sur un pivot») pour suggérer le mouvement régulier et liquide d'une valse. De plus le rythme lent et régulier de la première phrase, créé par de longs mots («commencèrent lentement») fait contraste avec la deuxième phrase où l'abondance d'objets et la ponctuation (série de virgules) crée un rythme plus haché, plus rapide. En effet, le rythme des deux phrases imite le mouvement même de la danse («Ils commencèrent lentement, puis allèrent plus vite»).

De tels *moyens linguistiques,* aussi bien que la composition et les sens dont se sert l'artiste, dépendent surtout de l'effet qu'il cherche à créer en décrivant un objet ou un tableau particulier et de la *fonction*—philosophique, sociale ou psychologique—qu'il veut attribuer à son décor.

Un objet peut avoir une **fonction philosophique,** tel que l'arbre du jardin public qui figure dans *La Nausée* de Jean-Paul Sartre. Cet arbre représente l'existence concrète et étrangère à l'homme de l'univers et provoque une prise de conscience philosophique de la part de Roquentin, le personnage principal.

Les tableaux de la mine dans *Germinal* remplissent une double **fonction sociale** en représentant (en symbole) le capitalisme qui domine la société française de la fin du dix-neuvième siècle et en provoquant (en tant que milieu concret) la déchéance et la défaite des ouvriers.

Dans *Madame Bovary* le son du tour de Binet remplit une **fonction psychologique** par l'irritation et le désespoir qu'il crée chez Emma. Dans ce cas-ci le milieu (décor) détermine la psychologie du personnage, mais il arrive que le personnage détermine son milieu (Dominique, par exemple, a arrangé son cabinet de travail pour lui rappeler, pour symboliser son propre passé). Enfin le rapport (personnel ou impersonnel, conflit ou harmonie) entre l'individu et le décor nous révèle la psychologie du personnage et la conception qu'a le romancier de l'expérience humaine vis-à-vis l'univers extérieur.

Pourtant, nous devons insister, comme nous l'avons fait pour les personnages, sur le fait que la fonction du décor est très rarement unique et facile à dégager. Par exemple, la mine dans *Germinal* remplit aussi une fonction psychologique parce qu'elle crée une image obsédante qui hante Etienne Lantier. Et le tour de Binet a une fonction sociale dans la mesure où il suggère l'ennui de la société provinciale. Nous répétons donc que nos catégories ne sont pas définitives mais plutôt des indications de directions d'analyse.

Les événements

Le jeu entre les trois éléments principaux—narrateur, personnages et décor—leur combinaison en actions, aventures, incidents et épisodes, constitue un autre élément principal du roman—les événements.

L'auteur peut présenter un événement de deux façons principales—par un *résumé* ou par une *scène*. Dans un résumé, un événement est raconté indirectement par le narrateur («telling», selon le mot de Percy Lubbock). Par contre, dans une scène («showing»), l'événement est censé être vu et entendu directement par le lecteur qui assiste avec le narrateur à la scène lorsqu'elle se déroule. Flaubert commence *Madame Bovary,* par exemple, de la manière suivante:

> Nous étions à l'étude, quand le proviseur entra, suivi d'un nouveau habillé en bourgeois et d'un garçon de classe qui portait un grand pupitre. Ceux qui dormaient se réveillèrent, et chacun se leva comme surpris dans son travail.
>
> Le proviseur nous fit signe de nous rasseoir; puis, se tournant vers le maître d'études:
>
> «Monsieur Roger, lui dit-il à demi-voix, voici un élève que je vous recom-

mande, il entre en cinquième. Si son travail et sa conduite son méritoires il passera *dans les grands,* où l'appelle son âge.»

L'événement dans ce texte, l'arrivée de Charles Bovary à l'école, est présenté dans une petite **scène.** Le point de vue particulier («nous»), les détails assez concrets, et surtout le dialogue, nous font assister de façon directe et immédiate à cette scène au moment où elle se déroule. Pourtant, quelques pages plus loin, pour compléter le portrait de Charles, le narrateur nous raconte les événements suivants:

Alors, beaucoup de choses comprimées en lui se dilatèrent; il apprit par cœur des couplets qu'il chantait aux bienvenues, s'enthousiasma pour Béranger, sut faire du punche et connut enfin l'amour.

Les actions dont il s'agit dans ce texte sont résumées par le narrateur. L'absence d'un point de vue particulier, les noms au pluriel, la succession rapide de verbes, le mélange d'événements divers en une seule phrase—tout indique un **résumé** rapide d'une série d'événements qui couvre une longue période de temps. Le lecteur n'a certainement pas l'impression d'y assister directement.

Créer une scène a souvent l'effet de mettre un événement en relief, tandis qu'un résumé supprime l'importance d'un événement ou du moins sa force, sa vivacité pour le lecteur; le romancier varie sa technique de présentation—scène ou résumé—selon l'effet qu'il cherche à créer, selon la fonction qu'il veut attribuer à un événement.

L'attaque, le siège de la peste dans le roman de Camus a une **fonction philosophique** parce que cet événement représente ou suggère, selon Camus, l'absurdité de l'univers et provoque des prises de conscience morales chez les personnages principaux.

Une scène au début d'*Eugénie Grandet,* où deux familles font la cour à Eugénie à cause de l'argent de son père, remplit une **fonction sociale** pour Balzac, qui veut démontrer l'avarice de son époque et illustrer son idée que «l'Argent est le seul Dieu moderne auquel on ait foi.»

La petite scène que nous avons citée plus haut où Emma Bovary brûle son bouquet de mariage indique son état d'esprit, son attitude envers son mariage, et ainsi remplit une **fonction psychologique.**

Une dernière fois nous insistons sur la multiplicité des fonctions que peut remplir une seule scène, situation ou événement. La peste provoque des changements d'ordre psychologique chez plusieurs personnages et peut avoir une valeur sociale si elle symbolise, comme le suggèrent certains critiques, l'occupation de la France par les Allemands pendant la Deuxième Guerre Mondiale.

La structure et la fonction structurale

Le dernier aspect de notre étude du roman—la **structure**—représente la mise ensemble, la mise au point, de tous les autres éléments principaux—narrateur, personnages, décor et événements. Et, en précisant le rôle de ces différents éléments dans la structure du roman, le lecteur dégage, en plus de leur fonction philosophique, sociale et psychologique, leur **fonction structurale.** Concevoir ainsi la structure d'une œuvre, son unité fondamentale, exige un travail de synthèse, engage le lecteur à refaire les combinaisons et les comparaisons à l'aide desquelles l'auteur a construit son roman.

La partie la plus évidente de la structure du roman est l'**intrigue**—la combinaison des événements et des scènes dans une séquence qui mène de page en page, de chapitre en chapitre, du début du roman à la fin. Cette combinaison peut se faire de plusieurs façons: (1) Par un ordre chronologique où la séquence de scènes imite la chronologie des événements, leur ordre dans le temps fictif du roman. *La Nausée,* par exemple, est un journal (diary) écrit jour après jour, et l'intrigue, la présentation des scènes, suit l'ordre chronologique des événements de la vie de Roquentin, le personnage principal. (2) Par retour en arrière ou rétrograde (flashback), où l'auteur, après avoir présenté un personnage ou événement, revient en arrière vers le passé, vers une scène précédente dans la chronologique fictive du roman. Par exemple, dans *Dominique,* nous rencontrons Dominique à quarante ans au début du roman, et, plusieurs chapitres plus loin, nous commençons le récit de sa vie d'adolescent. (3) Par montage ou juxtaposition, où l'auteur arrange une scène principalement pour faire contraste ou complément à la scène précédente. Ici, l'ordre temporel est subordonné à l'effet que l'auteur cherche à créer chez le lecteur. Par exemple, dans *Germinal,* Zola décrit dans un chapitre la pauvreté et la faim des ouvriers alors qu'il crée une scène, dans le chapitre suivant, où le lecteur voit un repas somptueux des bourgeois gloutons. Cette juxtaposition de chapitres, de scènes, a la valeur de mettre en relief la lutte entre les deux classes qui est à la base de la structure de *Germinal.*

Un autre aspect de la structure est la **reprise** de certains passages, d'objets et de scènes—ce qui crée un rythme, un mouvement constant qui mène d'un bout à l'autre du roman et qui est parallèle à celui de l'intrigue. Les objets et événements repris ainsi acquièrent une fonction structurale, un rôle dans la création de l'unité fondamentale du roman.

La reprise peut se faire par la *répétition* du même élément—objet, personnage, phrase ou scène—ce qui en fait un **leitmotiv** (terme emprunté aux opéras de Wagner), une sorte de fil conducteur qui nous mène à travers le labyrinthe du roman. Par exemple, le son du tour de Binet revient si souvent au cours de *Madame Bovary* qu'il devient un moyen principal d'unifier le roman, comme un refrain ou la rime dans un poème. Ainsi, ce son dont nous avons dégagé la fonction psychologique et sociale remplit une fonction structurale puisqu'il se répète à travers le roman.

Pour la plupart, la technique de reprise ne se limite pas à la répétition du même élément mais se manifeste plutôt dans l'association et la variation d'éléments qui remplissent des fonctions semblables mais qui ne sont pas identiques. Ainsi le geste d'Emma qui brûle son bouquet de mariage et dont nous avons dégagé la fonction psychologique, se rattache à d'autres scènes du roman où il s'agit de la détérioration de son mariage (la statue d'un prêtre qui semble bénir son mariage se casse, une lettre où elle refuse un rendez-vous qui peut la conduire à l'adultère est déchirée et jetée par la fenêtre d'une coche juste avant sa séduction). Ce geste a donc une fonction structurale puisqu'il se rattache directement à d'autres scènes du roman pour en fournir un des jeux structuraux essentiels de *Madame Bovary*.

D'ailleurs, c'est grâce à la combinaison et la comparaison de tous les éléments qui se partagent la même fonction que le lecteur met au point la portée philosophique, sociale ou psychologique du roman. Parfois la signification d'un roman peut se résumer en une **configuration** structurale assez simple, telle que l'opposition (sociale) entre les classes dans *Germinal* ou le conflit (psychologique) entre le rêve et la réalité dans *Madame Bovary*. Parfois la configuration est plus compliquée telle que dans *Dominique* où le mouvement, lié au cycle du jour et de l'année, est plutôt circulaire.

Enfin, dans le roman (conte ou nouvelle), comme dans la poésie et au théâtre, le travail ultime du lecteur est la *synthèse*, la mise ensemble et la mise au point de tous les éléments fondamentaux dont il vient de faire l'*analyse*. La longueur du roman en fait un travail plus rétrospectif que la réaction immédiate exigée par la lecture d'un poème ou la représentation d'une pièce, mais le double rôle du lecteur qui dégage la signification en soi de chaque élément (sa valeur dramatique) tout en cherchant le rôle de cet élément par rapport à la totalité de l'œuvre (sa valeur structurale) reste le même dans tous les genres.

Textes modèles

Nous avons choisi ces textes modèles pour illustrer certaines techniques et certains problèmes déjà relevés dans notre Introduction à la prose, et nous les présentons selon la méthode suivante:

1. Nous avons séparé nos textes selon les trois catégories fondamentales de l'analyse du roman—la narration, le personnage et le décor.
2. A l'exception du passage tiré de *A La Recherche du temps perdu* de Proust, ces textes ne font pas partie d'un roman, d'un conte ou d'une nouvelle; ils appartiennent à d'autres catégories de prose telles que l'essai (Montaigne), l'autobiographie (Rousseau), et le portrait (La Bruyère). Ainsi, nous évitons des «morceaux» qui ne sont pas complets en eux-mêmes, et nous pouvons présenter des textes qui mettent en relief un seul élément —narration, personnage, ou décor—plutôt que la combinaison intégrale de tous ces éléments qui caractérise les passages de roman.

La narration

Les deux textes suivants (le premier, «Avis au lecteur», date de 1580 et précède les *Essais* de Michel de Montaigne [1533–92]; le second constitue les premiers paragraphes des *Confessions* [1782] de Jean-Jacques Rousseau [1712–78]) se rapportent directement à la section de notre Introduction où il est question de la distance du lecteur par rapport à l'œuvre (Narration, Distance de l'auteur et du lecteur). Nos questions portent sur l'importance du rapport entre le narrateur (Montaigne ou Rousseau) et le lecteur (vous-même) pour déterminer la distance où le lecteur se place par rapport à l'œuvre qu'il lit.

Avis au lecteur

C'est icy un livre de bonne foy, lecteur. Il t'avertit dès l'entrée que je ne m'y suis proposé aucune fin, que domestique et privée. Je n'y ay eu nulle considération de ton service, ny de ma gloire. Mes forces ne sont pas capables d'un tel dessein. Je l'ay voué à la commodité particulière de mes parents et amis: à ce que m'ayant perdu (ce qu'ils ont à faire bientôt) ils y puissent retrouver aucuns[1] traits de mes conditions et humeurs, et que par ce moyen ils nourrissent plus entière et plus vive la connaissance qu'ils ont eu de moy. Si c'eût été[2] pour rechercher la faveur du monde, je me fusse mieux paré[3] et me présenterais en une marche étudiée. Je veux qu'on m'y voie en ma façon simple, naturelle et ordinaire, sans contention et artifice: car c'est moy que je peins. Mes défauts s'y liront au vif, et ma forme naïve, autant que la révérence publique[4] me l'a permis. Que si j'eusse été entre ces nations qu'on dit vivre encore sous la douce liberté les premières lois de nature, je t'assure que je m'y fusse très volontiers peint tout entier, et tout nu. Ainsi, lecteur, je suis moy-même la matière de mon livre: ce n'est pas raison que tu emploies ton loisir en un sujet si frivole et si vain, à Dieu donc.

Le portrait du narrateur: ses caractéristiques. Quelle est l'attitude de Montaigne envers lui-même? (Quelle image veut-il créer? Comment dépeint-il ses traits physiques? Ses traits intellectuels?) Comment envisage-t-il son œuvre? (A qui est-elle censée être destinée? Pourquoi l'a-t-il écrite? Quelles sont ses intentions en la publiant?) *Ses façons de parler.* Quel est l'effet produit sur vous lorsque Montaigne s'adresse directement à vous («lecteur»), au singulier, à la forme familière (tu)? Etudiez le vocabulaire, la longueur et la syntaxe de ces phrases. Quel rythme et quel ton Montaigne essaie-t-il de créer? Quelle sorte de situation en tire-t-il vis-à-vis du lecteur (un discours, une conversation, etc.)?

La distance du lecteur. En rassemblant vos impressions à propos du narrateur —la manière dont il vous parle, son attitude envers lui-même et envers son œuvre—essayez de préciser son attitude envers le lecteur. (Se dépeint-il comme supérieur, égal ou inférieur au lecteur? Vous parle-t-il en ami ou en adversaire?) Enfin, quelle distance affective semble-t-il vouloir créer entre lui-même et le lecteur?

1. *aucuns:* some.
2. *Si c'eût été:* If it had been.
3. *Je me fusse mieux paré:* I would have better embellished myself.
4. *La révérence publique:* respect for the public.

Les Confessions, «Livre premier»

Intus, et in cute.[1]

Je forme une entreprise qui n'eut jamais d'exemple et dont l'exécution n'aura point d'imitateur. Je veux montrer à mes semblables un homme dans toute la vérité de la nature; et cet homme ce sera moi.

Moi, seul. Je sens mon cœur et je connais les hommes. Je ne suis fait comme aucun[2] de ceux que j'ai vus; j'ose croire n'être fait comme aucun de

1. *Intus . . . cute:* (Latin) within and under the skin (Perse, *Satire III,* verse 30).
2. *Je ne suis fait comme aucun:* I am made like none.

ceux qui existent. Si je ne vaux pas mieux, au moins je suis autre. Si la nature a bien ou mal fait de briser le moule[3] dans lequel elle m'a jeté, c'est ce dont on ne peut juger qu'après m'avoir lu.

Que la trompette du Jugement dernier sonne quand elle voudra, je viendrai, ce livre à la main, me présenter devant le souverain juge. Je dirai hautement: «Voilà ce que j'ai fait, ce que j'ai pensé, ce que je fus. J'ai dit le bien et le mal avec la même franchise. Je n'ai rien tu[4] de mauvais, rien ajouté de bon, et s'il m'est arrivé d'employer quelque ornement indifférent, ce n'a jamais été que pour remplir un vide occasionné par mon défaut de mémoire; j'ai pu supposer vrai ce que je savais avoir pu l'être, jamais ce que je savais être faux. Je me suis montré tel que je fus; méprisable et vil quand je l'ai été, bon, généreux, sublime, quand je l'ai été: j'ai dévoilé mon intérieur tel que tu l'as vu toi-même. Etre éternel,[5] rassemble autour de moi l'innombrable foule de mes semblables; qu'ils écoutent mes confessions, qu'ils gémissent de mes indignités, qu'ils rougissent de mes misères. Que chacun d'eux découvre à son tour son cœur aux pieds de ton trône avec la même sincérité; et puis qu'un seul te dise, s'il l'ose: *Je fus meilleur que cet homme-là.*»

Le portrait du narrateur: ses caractéristiques. Précisez l'attitude de Rousseau envers lui-même, envers les autres, envers Dieu, et envers son livre même. (Quelle sera la signification de ce livre, *Les Confessions,* pour Rousseau? Pour Dieu? Pour les lecteurs?) En étudiant les pronoms dont se sert Rousseau dans ce passage, déterminez de quelle manière il s'adresse au lecteur. (Directement ou indirectement? Personnellement ou impersonnellement?) Quels noms emploie-t-il lorsqu'il fait référence au lecteur? Par comparaison, quel est l'effet obtenu lorsqu'il s'adresse directement (sous forme d'une citation) et personnellement (tu) à Dieu? Quelles conclusions en tirez-vous quant à son attitude envers le lecteur? Envers Dieu? Envers lui-même? *Ses façons de parler.* Dégagez ensuite les manières de parler du narrateur, les qualités stylistiques de ce passage. Quel est l'effet créé par certains traits tels que la répétition de «je», l'emploi des négations (jamais, point, aucun) et la suppression de verbes («Moi, seul»). Quelle sorte de ton (sincère, hautain, méfiant, etc.) donneriez-vous à ce texte? Quelle situation Rousseau veut-il créer vis-à-vis du lecteur (une conversation, une plaidoirie, une confession, un discours, un défi, etc.)?

La distance du lecteur. Groupez vos observations à propos de la manière dont le narrateur s'adresse au lecteur et à Dieu et de son attitude envers lui-même et son œuvre. Quelles réactions prévoit-il chez le lecteur? Lesquelles provoque-t-il? Peut-on préciser sa position (supérieure, égale ou inférieure) telle qu'il l'envisage par rapport au lecteur? Comment conçoit-il le lecteur (ami, adversaire, juge, confesseur, etc.)? A quelle distance affective vous situez-vous par rapport à Rousseau? Comparez-le, à cet égard, avec Montaigne.

3. *moule:* mould.
4. *tu:* from *taire,* to keep quiet.
5. *Etre éternel:* eternal Being (God).

Personnages

Le texte suivant, qui contient deux portraits tirés des *Caractères* (1688) de La Bruyère (1645–96), se rattache à la section de notre Introduction où il s'agit des moyens de présentation et de la fonction du Personnage.

Des biens de fortune[1]

Giton a le teint frais, le visage plein et les joues pendantes,[2] l'œil fixe et assuré, les épaules larges, l'estomac haut, la démarche ferme et délibérée. Il parle avec confiance; il fait répéter celui qui l'entretient, et il ne goûte que médiocrement tout ce qu'il[3] lui dit. Il déploie un ample mouchoir, et se mouche avec grand bruit; il crache fort loin, et il éternue[4] fort haut. Il dort le jour, il dort la nuit et profondément; il ronfle[5] en compagnie. Il occupe à table et à la promenade plus de place qu'un autre; il tient le milieu en se promenant avec ses égaux; il s'arrête, et l'on s'arrête; il continue de marcher, et l'on marche; tous se règlent sur lui. Il interrompt, il redresse[6] ceux qui ont la parole; on ne l'interrompt pas, on l'écoute aussi longtemps qu'il veut parler; on est de son avis, on croit les nouvelles qu'il débite. S'il s'assied, vous le voyez s'enfoncer dans un fauteuil, croiser les jambes l'une sur l'autre, froncer le sourcil, abaisser son chapeau sur ses yeux pour ne voir personne, ou le relever ensuite, et découvrir son front par fierté et par audace. Il est enjoué,[7] grand rieur, impatient, présomptueux, colère, libertin, politique,[8] mystérieux sur les affaires du temps; il se croit des talents et de l'esprit. Il est riche.

Phédon a les yeux creux, le teint échauffé,[9] le corps sec et le visage maigre: il dort peu, et d'un sommeil fort léger; il est abstrait, rêveur, et il a, avec de l'esprit, l'air d'un stupide: il oublie de dire ce qu'il sait, ou de parler d'événements qui lui sont connus; et s'il le fait quelquefois, il s'en tire mal;[10] il croit peser à[11] ceux à qui il parle; il contre brièvement, mais froidement; il ne se fait pas écouter, il ne fait point rire. Il applaudit, il sourit à ce que les autres lui disent, il est de leur avis; il court, il vole pour leur rendre de petits services; il est complaisant, flatteur, empressé. Il est mystérieux sur ses affaires, quelquefois menteur; il est superstitieux, scrupuleux, timide. Il marche doucement et légèrement, il semble craindre de fouler[12] la terre; il

1. *fortune:* fortune (in the sense of chance).
2. *les joues pendantes:* heavy jowls.
3. *il:* the other person.
4. *éternue:* sneezes.
5. *ronfle:* snores.
6. *redresse:* corrects.
7. *enjoué:* jovial.
8. *politique:* shrewd.
9. *échauffé:* flushed.
10. *il s'en tire mal:* he acquits himself poorly.
11. *peser à:* to annoy, to bore.
12. *fouler:* to trample.

marche les yeux baissés, et il n'ose les lever sur ceux qui passent. Il n'est jamais du nombre de ceux qui forment un cercle pour discourir; il se met derrière celui qui parle, recueille furtivement ce qui se dit, et il se retire si on le regarde. Il n'occupe point de lieu, il ne tient point de place; il va les épaules serrées, le chapeau abaissé sur ses yeux pour n'être point vu; il se replie et se renferme dans son manteau; il n'y a point de rues ni de galeries si embarrassées[13] et si remplies de monde, où il ne trouve moyen de passer sans effort, et de se couler sans être aperçu. Si on le prie de s'asseoir, il se met à peine sur le bord d'un siège; il parle bas dans la conversation, et il articule mal; libre néanmoins sur les affaires publiques, chagrin[14] contre le siècle, médiocrement prévenu des ministres[15] et du ministère. Il n'ouvre la bouche que pour répondre; il tousse, il se mouche sous son chapeau; il crache presque sur soi, et il attend qu'il soit seul pour éternuer, ou, si cela lui arrive, c'est à l'insu de[16] la compagnie; il n'en coûte à personne[17] ni salut ni compliment. Il est pauvre.

Nous vous demandons de comparer directement les deux portraits, celui de Giton et celui de Phédon, afin de dégager la contribution des techniques de *description* et d'*analyse* à la *fonction* que La Bruyère veut attribuer à ces deux personnages.

DESCRIPTION

Le physique. Etudiez le portrait physique de chaque personnage. Quelles parties du corps et du visage sont mises en relief par La Bruyère? Lesquelles sont les mêmes pour les deux portraits? Lesquelles sont différentes? Justifiez ces différences selon les caractéristiques que La Bruyère veut souligner chez chaque personnage. Dans les deux portraits il reprend, plus loin dans le passage, «les yeux» du personnage. Quels effets différents en tire-t-il?

Les vêtements. La description des vêtements est assez limitée dans ces passages. Pourtant, quel(s) vêtement(s) La Bruyère choisit-il de décrire dans les deux cas? Quels effets différents en tire-t-il? Quelles caractéristiques chez ces personnages sont soulignées par ces différences?

Les actions et les gestes. Quelles actions, chez les deux personnages, sont décrites de façon générale par La Bruyère? Lesquelles décrit-il de façon plus particulière? Quels traits en sortent lorsqu'il choisit de mettre en relief, par des petites «scènes», la façon dont les deux hommes s'assoient?

Qu'est-ce que la réaction des autres envers les deux personnages—et leurs réactions envers les autres—nous révèlent de leurs «caractères»? (Etudiez, à cet égard, le jeu de pronoms dans chaque portrait: quelles en sont les différences? quelle en est la signification?)

13. *embarrassées:* encumbered.
14. *chagrin:* vexed.
15. *prévenu des ministres:* prejudiced against the ministers.
16. *à l'insu de:* without the knowledge of.
17. *il n'en coûte à personne:* he brings forth from no one.

ANALYSE DE LA PART DU NARRATEUR

A quels moments, dans chacun des textes, le narrateur abandonne-t-il une description neutre et «objective» pour porter des jugements sur le caractère des deux personnages? (Etudiez surtout l'emploi d'adjectifs et de noms qui suggèrent des conclusions, des opinions de la part du narrateur plutôt que de simples constatations sur l'apparence extérieure et les gestes des personnages.) Lesquels de ces jugements pourraient être portés du dehors sur les personnages, simplement d'après leur aspect physique? Lesquels impliquent une connaissance plus intime de leurs mobiles intérieurs? Dans quelle mesure les renseignements «il est riche» et «il est pauvre» constituent-ils des jugements de la part du narrateur? Vous semble-t-il que ces renseignements ajoutent une dimension «nouvelle» aux portraits? Ou s'agit-il d'une conclusion «logique» aux détails que le narrateur vient de nous présenter?

FONCTION

Dans la perspective de vos réponses aux questions précédentes, essayez de dégager la fonction que La Bruyère veut attribuer à ces deux personnages. S'agit-il d'une fonction «psychologique» où l'auteur cherche à exposer des mobiles et la constitution d'une personnalité ou d'un «type» de personnalité? S'agit-il d'une fonction sociale où il nous montre l'influence et la structure de la société? Ou bien s'agit-il des deux fonctions à la fois? Expliquez votre réponse en vous appuyant sur des détails précis tirés du texte et sur les techniques de description et d'analyse que vous venez de dégager.

Décor

Le texte suivant, tiré de *A la recherche du temps perdu* (1913–27) de Marcel Proust (1871–1922), se rapporte à la section de notre Introduction où il s'agit du Décor.

«Les Clochers de Martinville», *Du côté de chez Swann* (1913)

Seuls, s'élevant du niveau de la plaine et comme perdus en rase campagne,[1] montaient vers le ciel les deux clochers de Martinville. Bientôt nous en vîmes[2] trois: venant se placer en face d'eux par une volte hardie, un clocher retardataire, celui de Vieuxvicq, les avait rejoints. Les minutes passaient, nous allions vite et pourtant les trois clochers étaient toujours au loin devant nous, comme trois oiseaux posés sur la plaine, immobiles et qu'on distingue au soleil. Puis le clocher de Vieuxvicq s'écarta, prit ses distances, et les

1. *rase campagne:* open country. 2. *vîmes:* passé simple of *voir.*

clochers de Martinville restèrent seuls, éclairés par la lumière du couchant[3] que même à cette distance, sur leurs pentes, je voyais jouer et sourire. Nous avions été si longs à nous rapprocher d'eux, que je pensais au temps qu'il faudrait encore pour les atteindre quand, tout d'un coup, la voiture ayant tourné, elle nous déposa à leurs pieds; et ils s'étaient jetés si rudement au-devant d'elle, qu'on n'eut que le temps d'arrêter pour ne pas se heurter au porche.[4] Nous poursuivîmes[5] notre route; nous avions déjà quitté Martinville depuis un peu de temps et le village après nous avoir accompagnés quelques secondes avait disparu, que restés seuls à l'horizon à nous regarder fuir, ses clochers et celui de Vieuxvicq agitaient en signe d'adieu leurs cimes ensoleillées. Parfois l'un s'effaçait pour que les deux autres pussent[6] nous apercevoir un instant encore; mais la route changea de direction, ils virèrent dans la lumière comme trois pivots d'or et disparurent à mes yeux. Mais, un peu plus tard, comme nous étions déjà près de Combray, le soleil étant maintenant couché, je les aperçus une dernière fois de très loin, qui n'étaient plus que comme trois fleurs peintes sur le ciel au-dessus de la ligne basse des champs. Ils me faisaient penser aussi aux trois jeunes filles d'une légende, abandonnées dans une solitude où tombait déjà l'obscurité; et tandis que nous nous éloignions au galop, je les vis timidement chercher leur chemin et, après quelques gauches trébuchements[7] de leurs nobles silhouettes, se serrer les uns contre les autres, glisser l'un derrière l'autre, ne plus faire sur le ciel encore rose qu'une seule forme noire, charmante et résignée, et s'effacer dans la nuit.

DESCRIPTION

Composition. Quelle est l'étendue spatiale du tableau au début de ce passage? (Quelle est la distance entre les trois clochers? A quelle distance les observateurs [nous] sont-ils de ces clochers?)

Relevez ensuite tous les mots—surtout des adverbes—qui indiquent le mouvement temporel dans le passage. Quels en sont les effets sur la distance physique des observateurs par rapport aux clochers? Sur la distance entre les trois clochers?

Dans quelle mesure la dernière phrase du texte marque-t-elle une résolution dans la composition spatiale (position des objets et des observateurs) et temporelle du tableau?

Sens. A quel(s) sens Proust fait-il appel dans ce passage? Comment ce choix s'explique-t-il selon la distance des observateurs et selon l'effet que Proust cherche à créer dans ce tableau? Etudiez surtout le soleil et le jeu de lumière dans ce texte. (Quel est l'effet du soleil sur l'aspect des clochers? Sur les métaphores dont se sert le narrateur? Comment le mouvement du soleil est-il lié à la composition temporelle du tableau? Dans quel sens la dernière phrase marque-t-elle une résolution à cet égard?)

3. *couchant:* setting sun.
4. *porche:* porch, portal.
5. *poursuivîmes:* passé simple of *poursuivre.*
6. *pussent:* imperfect subjunctive of *pouvoir.*
7. *trébuchements:* false steps, stumblings.

ANALYSE DE LA PART DU NARRATEUR

Quelle(s) opinion(s) le narrateur exprime-t-il à propos du décor qu'il décrit? Quelles sont, surtout, ses façons de parler, les moyens linguistiques dont il se sert pour décrire les clochers de Martinville? (Qu'est-ce que la répétition de «seuls» nous révèle quant à la position physique des objets? Quels autres mots—noms, verbes et ajectifs—contribuent à la *personnification* des clochers de Martinville? Quelles caractéristiques humaines le narrateur veut-il donner à ce décor? Quel est le rôle, à cet égard, qu'y jouent les comparaisons [«comme . . .»] et les métaphores? Quelle[s] progression[s] peut-on voir dans les images dont se sert le narrateur?)

FONCTION

En tenant compte de la distance (affective aussi bien que physique) du narrateur et des moyens linguistiques dont il se sert (répétitions, personnification, l'emploi et la progression des métaphores), précisez la fonction psychologique de ce tableau. (Qu'est-ce qu'il nous révèle des goûts, des préoccupations, de la personnalité du narrateur, Marcel, qui est le personnage principal de *A la recherche du temps perdu*?) Vous semble-t-il qu'on puisse en dégager également une fonction philosophique (aperçu sur la nature de l'univers et de l'expérience humaine)? Une fonction sociale (révélation de la structure et des mœurs de la société)? Précisez vos réponses en vous appuyant sur des détails et des techniques spécifiques tirés du passage.

The Granger Collection

VOLTAIRE

Ecraser l'infâme!

Biographie

François-Marie Arouet, dit Voltaire, naît à Paris en 1694, y meurt en 1778. Célèbre pour son ironie mordante, Voltaire est mis en prison et exilé à plusieurs reprises à cause de ses opinions et de ses écrits politiques. Obligé de publier des œuvres clandestinement, à l'étranger, il entreprend de nombreux voyages et séjours hors de la France—en Angleterre de 1726 à 1729, en Prusse, où il est l'invité de Frédéric II, de 1750 à 1753, et à Genève de 1755 à 1758. En 1759, il s'installe dans son domaine de Ferney, en France, près de la frontière suisse, où il pratique de nouvelles méthodes d'agriculture, fait bâtir une église et un théâtre, et crée, enfin, un village de 1200 habitants. De plus, sa haine de l'intolérance («écraser l'infâme») le fait intervenir dans plusieurs affaires politiques de son époque, telle que l'affaire Calas (1762) où il prend le parti d'une famille protestante, victime de préjugés religieux. Ferney devient le lieu de réunion des grands hommes de lettres européens (Voltaire est, selon son mot, «l'aubergiste de l'Europe»); et il entretient une correspondance considérable avec Frédéric II, Catherine de Russie, et les rois de Pologne, de Suède et de Danemark, parmi beaucoup d'autres.

La quantité et la variété de ses œuvres font preuve de son génie universel: il ecrit des œuvres d'histoire (*Histoire de Charles XII* en 1731 et *Le Siècle de Louis XIV* en 1751), de philosophie (*Lettres philosophiques* ou *Lettres anglaises* en 1734, et *Dictionnaire philosophique* en 1764), des tragédies (*Zaïre* en 1732 et *Mérope* en 1743), des comédies (*L'Enfant prodigue* en 1736 et *Nanine* en 1749), une épopée (*La Henriade* en 1728), des poèmes philosophiques (*Le Mondain* en 1736 et *Poème sur le désastre de Lisbonne* en 1756) et des contes philosophiques (*Zadig* en 1747, *Micromégas* en 1752 et *Candide* en 1759).

Théories littéraires

Pour Voltaire la littérature doit refléter les autres domaines de l'esprit humain—surtout les sciences et la philosophie—mais sans devenir trop «didactique», sans perdre ses qualités «artistiques»:

> Les vers ne sont plus guère à la mode à Paris. Tout le monde commence à faire le géomètre et le physicien. On se mêle de raisonner. Le sentiment, l'imagination, et les grâces sont bannis. . . . Les belles-lettres périssent à vue d'œil. Ce n'est pas que je sois fâché que la philosophie soit cultivée, mais je ne voudrais pas qu'elle devînt un tyran qui exclût tout le reste. Elle n'est en France qu'une mode qui succède à d'autres, et qui passera à son tour; mais aucun art, aucune science ne doit être de mode. Il faut qu'ils se tiennent tous par la main; qu'on les cultive en tout temps. Je ne veux point payer de tribut à la mode; je veux passer d'une experience de physique à un opéra ou à une comédie, et que mon goût ne soit jamais émoussé par l'étude.
>
> *Correspondance générale*

Il prétend même que la littérature devrait maintenir une sorte de neutralité philosophique et politique: «Il y a tant de préjugés dans le monde, qu'il faut au moins n'en point avoir en littérature» (*Correspondance générale*). Enfin, à la conception «classique» d'une beauté idéale et éternelle, Voltaire oppose plutôt une doctrine de relativisme:

> Demandez à un crapaud ce que c'est que la Beauté, le grand Beau. . . . Il vous répondra que c'est sa crapaude, avec deux grands yeux ronds sortant de sa petite tête, une gueule large et plate, un ventre jaune, un dos brun. Interrogez un nègre de Guinée: le Beau est pour lui une peau noire, huileuse, des yeux enfoncés, un nez épaté. Interrogez le diable; il vous dira que le Beau est une paire de cornes, quatre griffes, et une queue. Consultez enfin les philosophes, ils vous répondront par du galimatias; il leur faut quelque chose de conforme à l'archétype du beau en essence.
>
> *Dictionnaire philosophique*

Micromégas[1]

Histoire philosophique

I

VOYAGE D'UN HABITANT DU MONDE DE L'ETOILE SIRIUS DANS LA PLANETE DE SATURNE

Dans une de ces planètes qui tournent autour de l'étoile nommée Sirius[2] il y avait un jeune homme de beaucoup d'esprit, que j'ai eu l'honneur de connaître dans le dernier voyage qu'il fit sur notre petite fourmilière;[3] il s'appelait Micromégas, nom qui convient fort à tous les grands. Il avait huit lieues[4] de haut: j'entends par huit lieues, vingt-quatre mille pas géométriques[5] de cinq pieds chacun.

Précisez les façons de parler du narrateur dans ce premier paragraphe de *Micromégas:* vous parle-t-il de façon directe ou indirecte? Complexe ou simple? Précise ou imprécise? Qu'est-ce que l'expression «notre petite fourmilière» révèle de son attitude envers la terre? Envers le lecteur? Quelle est son attitude envers Micromégas? Enfin, quelle distance physique et affective établit-il entre lui-même et Micromégas? Entre lui-même et le lecteur? Entre le lecteur et Micromégas?

Quelques algébristes, gens toujours utiles au public, prendront sur-le-champ la plume, et trouveront que, puisque M. Micromégas, habitant du pays de Sirius, a de la tête aux pieds vingt-quatre mille pas, qui font cent vingt mille pieds de roi, et que nous autres citoyens de la terre nous n'avons guère que cinq pieds, et que notre globe a neuf mille lieues de tour; ils trouveront, dis-je, qu'il faut absolument que le globe qui l'a produit ait au juste vingt-un millions six cent mille fois plus de circonférence que notre petite terre. Rien n'est plus simple et plus ordinaire dans la nature. Les Etats de quelques souverains d'Allemagne ou d'Italie, dont on peut faire le tour en une demi-heure, comparés à l'empire de Turquie, de Moscovie ou de la Chine, ne sont qu'une très faible image des prodigieuses différences que la nature a mises dans tous les êtres.

Quelle sorte de détails le narrateur donne-t-il pour décrire le décor de ce conte? Quelle est la fonction philosophique de ces détails? (Quelle

1. Commencé en 1739 et retouché par l'auteur en 1747, au moment où il composait *Zadig, Micromégas* a paru pour la première fois en 1752. «Micromégas» est un nom dérivé du grec, signifiant «petit-grand».
2. Sirius est l'étoile la plus brillante du ciel et de magnitude beaucoup plus grande que notre soleil.
3. *fourmilière:* anthill.
4. La lieue est une ancienne unité de mesure valant environ 5 kilomètres, c'est-à-dire à peu près 3 «miles».
5. Le pas géométrique mesure à peu près 5 pieds (pieds de roi).

image de la terre se dégage de cette description? En quoi cette image dérange-t-elle les conceptions habituelles que les hommes ont de la terre?) Quelle est la fonction sociale de ces détails? (De quels contemporains Voltaire se moque-t-il?)

La taille de son excellence étant de la hauteur que j'ai dite, tous nos sculpteurs et tous nos peintres conviendront sans peine que sa ceinture peut avoir cinquante mille pieds de roi de tour; ce qui fait une très jolie proportion.

Quant à son esprit, c'est un des plus cultivés que nous ayons; il sait beaucoup de choses; il en a inventé quelques-unes: il n'avait pas encore deux cent cinquante ans, et il étudiait, selon la coutume, au collège des jésuites de sa planète, lorsqu'il devina, par la force de son esprit, plus de cinquante propositions d'Euclide. C'est dix-huit de plus que Blaise Pascal,[6] lequel, après en avoir deviné trente-deux en se jouant, à ce que dit sa sœur, devint depuis un géomètre assez médiocre, et un fort mauvais métaphysicien. Vers les quatre cent cinquante ans, au sortir de l'enfance, il disséqua beaucoup de ces petits insectes qui n'ont pas cent pieds de diamètre, et qui se dérobent[7] aux microscopes ordinaires; il en composa un livre fort curieux, mais qui lui fit quelques affaires. Le muphti[8] de son pays, grand vétillard[9] et fort ignorant, trouva dans son livre des propositions suspectes, malsonnantes,[10] téméraires, hérétiques, sentant l'hérésie, et le poursuivit vivement: il s'agissait de savoir si la forme substantielle[11] des puces[12] de Sirius était de même nature que celle des colimaçons.[13] Micromégas se défendit avec esprit, il mit les femmes[14] de son côté; le procès dura deux cent vingt ans. Enfin le muphti fit condamner le livre par des jurisconsultes qui ne l'avaient pas lu, et l'auteur eut ordre de ne paraître à la cour de huit cents années.

Dans les quatre premiers paragraphes Voltaire présente son personnage principal. Dans quelle mesure s'agit-il d'un portrait traditionnel? (Pour répondre à cette question, comparez la description de Micromégas avec celles de Giton et de Phédon—voir les textes modèles, pp. 514–16; considérez le nombre et la variété de détails.) Quelle est la fonction philosophique de ce portrait? (Après avoir parlé de l'espace, de quelle autre dimension Voltaire traite-t-il ici? Quelle opposition Voltaire suggère-t-il entre Micromégas et le muphti?) Quelle en est la fonction sociale? (Quelles institutions politiques et religieuses Voltaire attaque-t-il en racontant l'histoire du livre sur les insectes?)

6. Blaise Pascal (1623–62), auteur des *Pensées*, apologie de la religion chrétienne, fut aussi un mathématicien célèbre qui avait, effectivement, deviné à un très jeune âge trente-deux des propositions géométriques d'Euclide.
7. *se dérobent:* escape.
8. *muphti:* Mohammedan religious leader.
9. *vétillard:* quibbler.
10. *malsonnantes:* offensive.
11. «forme substantielle» est un terme «scolastique» (associé à la philosophie religieuse du moyen âge).
12. *puces:* fleas.
13. *colimaçons:* snails.
14. Au dix-huitième siècle des femmes de l'aristocratie et de la haute bourgeoisie organisèrent des salons où l'on discutait de littérature, de philosophie, etc.

Précisez l'attitude du lecteur à l'égard de Micromégas; jusqu'à quel point Voltaire insiste-t-il sur l'étrangeté de Micromégas? (Quelle distance physique et affective crée-t-il entre le lecteur et l'habitant de Sirius? Par quels moyens? Quel rôle les appellations que le narrateur utilise pour parler de Micromégas jouent-elles dans la création de cette distance?) Dans quelle mesure le lecteur accepte-t-il le point de vue de Micromégas malgré son étrangeté? (Considérez les comparaisons que fait Voltaire entre Micromégas et d'autres personnages réels et fictifs.)

Il ne fut que médiocrement affligé d'être banni d'une cour qui n'était remplie que de tracasseries[15] et de petitesses. Il fit une chanson fort plaisante contre le muphti, dont celui-ci ne s'embarrassa guère;[16] et il se mit à voyager de planète en planète, pour achever de se former *l'esprit et le cœur*,[17] comme l'on dit. Ceux qui ne voyagent qu'en chaise de poste ou en berline[18] seront sans doute étonnés des équipages de là-haut; car nous autres, sur notre petit tas de boue,[19] nous ne concevons rien au delà de nos usages. Notre voyageur connaissait merveilleusement les lois de la gravitation, et toutes les forces attractives et répulsives. Il s'en servait si à propos, que, tantôt à l'aide d'un rayon de soleil, tantôt par la commodité d'une comète, il allait de globe en globe, lui et les siens, comme un oiseau voltige de branche en branche. Il parcourut la voie lactée[20] en peu de temps; et je suis obligé d'avouer qu'il ne vit jamais, à travers les étoiles dont elle est semée, ce beau ciel empyrée[21] que l'illustre vicaire Derham[22] se vante d'avoir vu au bout de sa lunette.[23] Ce n'est pas que je prétende que M. Derham ait mal vu, à Dieu ne plaise![24] mais Micromégas était sur les lieux, c'est un bon observateur, et je ne veux contredire personne. Micromégas, après avoir bien tourné, arriva dans le globe de Saturne.[25] Quelque accoutumé qu'il fût à voir des choses nouvelles, il ne put d'abord, en voyant la petitesse du globe et de ses habitants, se défendre de ce sourire de supériorité qui échappe quelquefois aux plus sages. Car enfin Saturne n'est guère que neuf cents fois plus gros que la terre, et les citoyens de ce pays-là sont des nains[26] qui n'ont que mille toises[27] de haut ou environ. Il s'en moqua un peu d'abord avec ses gens, à peu près comme un musicien italien se met à rire de la musique de Lulli,[28] quand il vient en France. Mais, comme le Sirien avait un bon esprit, il comprit bien vite qu'un être pensant peut fort bien n'être pas ridicule pour n'avoir que six mille

15. *tracasseries:* worries.
16. *dont . . . guère:* to which the latter paid no heed.
17. Voltaire se moque ici, semble-t-il, d'une expression d'un philosophe de son époque, un certain Rollin.
18. *chaise de poste, berline:* two kinds of coaches.
19. *tas de boue:* pile of mud.
20. *voie lactée:* "milky way".
21. *ciel empyrée:* highest heaven.
22. William Derham (1657–1735) est l'auteur de l'*Astrotheology* où il voulait prouver l'existence de Dieu par les merveilles de la Nature.
23. *lunette:* spyglass.
24. *à Dieu ne plaise:* God forbid!
25. Saturne, après Jupiter, est la plus grande des planètes de notre système solaire.
26. *nains:* dwarfs.
27. Une toise est une ancienne mesure valant à peu près deux mètres.
28. Lulli (1632–87), créateur de l'opéra national français, fut attaqué par les musiciens italiens, partisans de l'Opéra-Bouffe.

pieds de haut. Il se familiarisa avec les Saturniens, après les avoir étonnés. Il lia une étroite amitié avec le secrétaire de l'Académie de Saturne,[29] homme de beaucoup d'esprit, qui n'avait, à la vérité, rien inventé, mais qui rendait un fort bon compte des inventions des autres, et qui faisait passablement de petits vers et de grands calculs. Je rapporterai ici, pour la satisfaction des lecteurs, une conversation singulière que Micromégas eut un jour avec M. le secrétaire.

Par quels moyens le narrateur satirise-t-il son époque dans cette première partie de *Micromégas?* (Quel est le rôle des jugements directs de la part du narrateur? A quels moments adopte-t-il un ton de prétendue naïveté? Quelle est la valeur des parallèles qu'il établit entre les mœurs de Sirius et celles de la France?)

A quels moments cette satire s'applique-t-elle au lecteur aussi? A Micromégas lui-même? Enfin, lorsque le narrateur reproche à Micromégas son «sourire de supériorité» au dernier paragraphe, quelles en sont les implications quant à la position (supérieure, égale ou inférieure) que doit adopter le lecteur dans ce conte? Quant au ton qu'on doit imaginer (sarcastique, ironique, plaisant, joyeux, etc.)?

29. Voltaire fait allusion, semble-t-il, à Fontenelle (1657–1757), auteur des *Entretiens sur la pluralité des mondes* (1686) et secrétaire de l'Académie des Sciences.

II
CONVERSATION DE L'HABITANT DE SIRIUS AVEC CELUI DE SATURNE

Après que son excellence se fut couchée, et que le secrétaire se fut approché de son visage: Il faut avouer, dit Micromégas, que la nature est bien variée. —Oui, dit le Saturnien, la nature est comme un parterre[1] dont les fleurs . . . —Ah! dit l'autre, laissez là votre parterre.—Elle est, reprit le secrétaire, comme une assemblée de blondes et de brunes, dont les parures . . .—Eh! qu'ai-je à faire de vos brunes? dit l'autre.—Elle est donc comme une galerie de peintures dont les traits . . .—Eh non! dit le voyageur, encore une fois la nature est comme la nature. Pourquoi lui chercher des comparaisons?—Pour vous plaire, répondit le secrétaire.—Je ne veux point qu'on me plaise, répondit le voyageur; je veux qu'on m'instruise: commencez d'abord par me dire combien les hommes de votre globe ont de sens.—Nous en avons soixante et douze, dit l'académicien, et nous nous plaignons tous les jours du peu. Notre imagination va au delà de nos besoins; nous trouvons qu'avec nos soixante et douze sens, notre anneau,[2] nos cinq lunes, nous sommes trop bornés;[3] et, malgré toute notre curiosité et le nombre assez grand de passions qui résultent de nos soixante et douze sens, nous avons tout le temps de nous

1. *parterre:* flower bed.
2. *anneau:* ring.
3. *bornés:* limited.

ennuyer.—Je le crois bien, dit Micromégas; car dans notre globe nous avons près de mille sens; et il nous reste encore je ne sais quel désir vague, je ne sais quelle inquiétude, qui nous avertit sans cesse que nous sommes peu de chose, et qu'il y a des êtres beaucoup plus parfaits. J'ai un peu voyagé: j'ai vu des mortels fort au-dessous de nous; j'en ai vu de fort supérieurs: mais je n'en ai vu aucuns qui n'aient plus de désirs que de vrais besoins, et plus de besoins que de satisfaction. J'arriverai peut-être un jour au pays où il ne manque rien; mais jusqu'à présent personne ne m'a donné de nouvelles positives de ce pays-là.—Le Saturnien et le Sirien s'épuisèrent[4] alors en conjectures; mais, après beaucoup de raisonnements fort ingénieux et fort incertains, il en fallut revenir aux faits. Combien de temps vivez-vous? dit le Sirien.—Ah! bien peu, répliqua le petit homme de Saturne.—C'est tout comme chez nous, dit le Sirien: nous nous plaignons toujours du peu. Il faut que ce soit une loi universelle de la nature.—Hélas! nous ne vivons, dit le Saturnien, que cinq cents grandes révolutions du soleil. (Cela revient à quinze mille ans ou environ, à compter à notre manière.) Vous voyez bien que c'est mourir presque au moment que l'on est né; notre existence est un point, notre durée un instant, notre globe un atome. A peine a-t-on commencé à s'instruire un peu que la mort arrive avant qu'on ait de l'expérience. Pour moi, je n'ose faire aucuns projets; je me trouve comme une goutte d'eau dans un océan immense. Je suis honteux, surtout devant vous, de la figure ridicule que je fais dans ce monde.

Micromégas lui repartit: Si vous n'étiez pas philosophe, je craindrais de vous affliger en vous apprenant que notre vie est sept cents fois plus longue que la vôtre; mais vous savez trop bien que quand il faut rendre son corps aux éléments, et ranimer la nature sous une autre forme, ce qui s'appelle mourir; quand ce moment de métamorphose est venu, avoir vécu une éternité, ou avoir vécu un jour, c'est précisément la même chose. J'ai été dans des pays où l'on vit mille fois plus longtemps que chez moi, et j'ai trouvé qu'on y murmurait encore. Mais il y a partout des gens de bon sens qui savent prendre leur parti et remercier l'auteur de la nature. Il a répandu sur cet univers une profusion de variétés avec une espèce d'uniformité admirable. Par exemple, tous les êtres pensants sont différents, et tous se ressemblent au fond par le don de la pensée et des désirs. La matière est partout étendue; mais elle a dans chaque globe des propriétés diverses. Combien comptez-vous de ces propriétés diverses dans votre matière?—Si vous parlez de ces propriétés, dit le Saturnien, sans lesquelles nous croyons que ce globe ne pourrait subsister tel qu'il est, nous en comptons trois cents, comme l'étendue,[5] l'impénétrabilité, la mobilité, la gravitation, la divisibilité, et le reste.—Apparemment, répliqua le voyageur, que ce petit nombre suffit aux vues que le Créateur avait sur votre petite habitation. J'admire en tout sa sagesse;

4. *s'épuisèrent:* wore themselves out.

5. *étendue:* extension.

je vois partout des différences, mais aussi partout des proportions. Votre globe est petit, vos habitants le sont aussi; vous avez peu de sensations; votre matière a peu de propriétés: tout cela est l'ouvrage de la Providence. De quelle couleur est votre soleil bien examiné?—D'un blanc fort jaunâtre, dit le Saturnien; et, quand nous divisons un de ses rayons, nous trouvons qu'il contient sept couleurs.—Notre soleil tire sur[6] le rouge, dit le Sirien, et nous avons trente-neuf couleurs primitives. Il n'y a pas un soleil, parmi tous ceux dont j'ai approché, qui se ressemble, comme chez vous il n'y a pas un visage qui ne soit différent de tous les autres.

Après plusieurs questions de cette nature, il s'informa combien de substances essentiellement différentes on comptait dans Saturne. Il apprit qu'on n'en comptait qu'une trentaine, comme Dieu, l'espace, la matière, les êtres étendus qui sentent, les êtres étendus qui sentent et qui pensent, les êtres pensants qui n'ont point d'étendue; ceux qui se pénètrent, ceux qui ne se pénètrent pas, et le reste. Le Sirien, chez qui on en comptait trois cents, et qui en avait découvert trois mille autres dans ses voyages, étonna prodigieusement le philosophe de Saturne. Enfin, après s'être communiqué l'un à l'autre un peu de ce qu'ils savaient et beaucoup de ce qu'ils ne savaient pas, après avoir raisonné pendant une révolution du soleil, ils résolurent de faire ensemble un petit voyage philosophique.

> Au début de cette deuxième partie du conte, Micromégas réagit contre le langage «métaphorique» utilisé par le saturnien—«. . . la nature est comme la nature. Pourquoi lui chercher des comparaisons?» Comment le langage de Micromégas lui-même illustre-t-il cette notion? Quelles raisons Micromégas donne-t-il pour cette conception du langage? Quelle conception de l'art se dégage d'une telle théorie? Jusqu'à quel point l'art de Voltaire dans ce conte (le langage du narrateur, la description du décor, le portrait des personnages) se rattache-t-il à cette théorie?

6. *tire sur:* tends toward.

III
VOYAGE DES DEUX HABITANTS DE SIRIUS ET DE SATURNE

Nos deux philosophes étaient prêts à s'embarquer dans l'atmosphère de Saturne, avec une jolie provision d'instruments de mathématiques, lorsque la maîtresse du Saturnien, qui en eut des nouvelles, vint en larmes faire ses remontrances.[1] C'était une jolie petite brune qui n'avait que six cent soixante toises, mais qui réparait par bien des agréments[2] la petitesse de sa taille. Ah! cruel, s'écria-t-elle, après t'avoir résisté quinze cents ans, lorsque enfin je commençais à me rendre, quand j'ai à peine passé cent ans entre tes bras, tu

1. *remontrances:* objections.
2. *agréments:* charms.

me quittes pour aller voyager avec un géant d'un autre monde; va, tu n'es qu'un curieux, tu n'as jamais eu d'amour: si tu étais un vrai Saturnien, tu serais fidèle. Où vas-tu courir? Que veux-tu? Nos cinq lunes sont moins errantes que toi, notre anneau est moins changeant. Voilà qui est fait, je n'aimerai jamais plus personne. Le philosophe l'embrassa, pleura avec elle, tout philosophe qu'il était, et la dame, après s'être pâmée,[3] alla se consoler avec un petit-maître[4] du pays.

Cependant nos deux curieux partirent; ils sautèrent d'abord sur l'anneau, qu'ils trouvèrent assez plat, comme l'a fort bien deviné un illustre habitant de notre petit globe;[5] de là ils allèrent de lune en lune. Une comète passait tout auprès de la dernière; ils s'élancèrent sur elle avec leurs domestiques et leurs instruments. Quand ils eurent fait environ cent cinquante millions de lieues, ils rencontrèrent les satellites de Jupiter. Ils passèrent dans Jupiter même, et y restèrent une année, pendant laquelle ils apprirent de fort beaux secrets qui seraient actuellement sous presse sans messieurs les inquisiteurs,[6] qui ont trouvé quelques propositions un peu dures. Mais j'en ai lu le manuscrit dans la bibliothèque de l'illustre archevêque de . . ., qui m'a laissé voir ses livres avec cette générosité et cette bonté qu'on ne saurait assez louer.

Mais revenons à nos voyageurs. En sortant de Jupiter, ils traversèrent un espace d'environ cent millions de lieues, et ils côtoyèrent[7] la planète de Mars, qui, comme on sait, est cinq fois plus petite que notre petit globe; ils virent deux lunes qui servent à cette planète, et qui ont échappé aux regards de nos astronomes. Je sais bien que le père Castel[8] écrira, et même assez plaisamment, contre l'existence de ces deux lunes; mais je m'en rapporte à ceux qui raisonnent, par analogie. Ces bons philosophes-là savent combien il serait difficile que Mars, qui est si loin du soleil, se passât à moins de[9] deux lunes. Quoi qu'il en soit, nos gens trouvèrent cela si petit, qu'ils craignirent de n'y pas trouver de quoi coucher, et ils passèrent leur chemin comme deux voyageurs qui dédaignent un mauvais cabaret de village, et poussent jusqu'à la ville voisine. Mais le Sirien et son compagnon se repentirent bientôt. Ils allèrent longtemps et ne trouvèrent rien. Enfin ils aperçurent une petite lueur, c'était la terre; cela fit pitié à des gens qui venaient de Jupiter. Cependant, de peur de se repentir une seconde fois, ils résolurent de débarquer. Ils passèrent sur la queue de la comète, et, trouvant une aurore boréale[10] toute prête, ils se mirent dedans, et arrivèrent à terre, sur le bord septentrional[11] de la mer Baltique, le cinq juillet mil sept cent trente-sept, nouveau style.[12]

3. *s'être pâmée:* having fainted.
4. *petit-maître:* fop.
5. Il s'agit d'Huygens (1629–95), physicien et astronome hollandais.
6. Les inquisiteurs étaient des juges de l'Inquisition, tribunal religieux qui condamnaient les «hérétiques» au dix-huitième siècle.
7. *côtoyèrent:* skirted.
8. Le Père Castel (1688–1757) fut un jésuite qui attaqua Voltaire dans le *Journal de Trévoux.*
9. *se passât à moins de:* make do with less than.
10. *aurore boréale:* a luminous band.
11. *septentrional:* northern.
12. «*nouveau style*», c'est-à-dire, selon le calendrier grégorien adopté en 1582.

IV
CE QUI LEUR ARRIVE SUR LE GLOBE DE LA TERRE

Après s'être reposés quelque temps, ils mangèrent à leur déjeuner deux montagnes, que leurs gens leur apprêtèrent assez proprement. Ensuite ils voulurent reconnaître le petit pays où ils étaient. Ils allèrent d'abord du nord au sud. Les pas ordinaires du Sirien et de ses gens étaient d'environ trente mille pieds de roi; le nain de Saturne suivait de loin en haletant;[1] or il fallait qu'il fît environ douze pas, quand l'autre faisait une enjambée: figurez-vous (s'il est permis de faire de telles comparaisons) un très petit chien de manchon[2] qui suivrait un capitaine des gardes du roi de Prusse.

Comme ces étrangers-là vont assez vite, ils eurent fait le tour du globe en trente-six heures; le soleil à la vérité, ou plutôt la terre, fait un pareil voyage en une journée; mais il faut songer qu'on va bien plus à son aise quand on tourne sur son axe que quand on marche sur ses pieds. Les voilà donc revenus d'où ils étaient partis, après avoir vu cette mare,[3] presque imperceptible pour eux, qu'on nomme *la Méditerranée*, et cet autre petit étang[4] qui, sous le nom du *grand Océan*, entoure la taupinière.[5] La nain n'en avait eu jamais qu'à mi-jambe, et à peine l'autre avait-il mouillé son talon.[6] Ils firent tout ce qu'ils purent en allant et en revenant dessus et dessous pour tâcher d'apercevoir si ce globe était habité ou non. Ils se baissèrent, ils se couchèrent, ils tâtèrent partout; mais leurs yeux et leurs mains n'étant point proportionnés aux petits êtres qui rampent[7] ici, ils ne reçurent pas la moindre sensation qui pût leur faire soupçonner que nous et nos confrères les autres habitants de ce globe avons l'honneur d'exister.

Le nain, qui jugeait quelquefois un peu trop vite, décida d'abord qu'il n'y avait personne sur la terre. Sa première raison était qu'il n'avait vu personne. Micromégas lui fit sentir poliment que c'était raisonner assez mal: car, disait-il, vous ne voyez pas avec vos petits yeux certaines étoiles de la cinquantième grandeur que j'aperçois très distinctement; concluez-vous de là que ces étoiles n'existent pas?—Mais, dit le nain, j'ai bien tâté.—Mais, répondit l'autre, vous avez mal senti.—Mais, dit le nain, ce globe-ci est si mal construit, cela est si irrégulier et d'une forme qui me paraît si ridicule! tout semble être ici dans le chaos; voyez-vous ces petits ruisseaux dont aucun ne va de droit fil,[8] ces étangs qui ne sont ni ronds, ni carrés, ni ovales, ni sous aucune forme régulière; tous ces petits grains pointus dont ce globe est hérissé,[9] et qui m'ont écorché[10] les pieds? (Il voulait parler des montagnes.) Remarquez-vous encore la forme de tout le globe, comme il est plat aux pôles, comme il tourne autour du soleil d'une manière gauche, de façon que

1. *haletant:* panting.
2. *chien de manchon:* lapdog.
3. *mare:* pool.
4. *étang:* pond.
5. *taupinière:* molehill.
6. *mouillé son talon:* got his heel wet.
7. *rampent:* crawl about.
8. *de droit fil:* in a straight line.
9. *hérissé:* bristling.
10. *écorché:* skinned.

les climats des pôles sont nécessairement incultes?[11] En vérité, ce qui fait que je pense qu'il n'y a ici personne, c'est qu'il me paraît que des gens de bon sens ne voudraient pas y demeurer.—Eh bien! dit Micromégas, ce ne sont peut-être pas non plus des gens de bon sens qui l'habitent. Mais enfin il y a quelque apparence que ceci n'est pas fait pour rien. Tout vous paraît irrégulier ici, dites-vous, parce que tout est tiré au cordeau[12] dans Saturne et dans Jupiter. Eh! c'est peut-être pour cette raison-là même qu'il y a ici un peu de confusion. Ne vous ai-je pas dit que dans mes voyages j'avais toujours remarqué de la variété? Le Saturnien répliqua à toutes ces raisons. La dispute n'eût jamais fini, si par bonheur Micromégas, en s'échauffant à parler, n'eût cassé le fil de son collier de diamants. Les diamants tombèrent; c'étaient de jolis petits carats assez inégaux, dont les plus gros pesaient quatre cents livres, et les plus petits cinquante. Le nain en ramassa quelques-uns; il s'aperçut, en les approchant de ses yeux, que ces diamants, de la façon dont ils étaient taillés, étaient d'excellents microscopes. Il prit donc un petit microscope de cent soixante pieds de diamètre, qu'il appliqua à sa prunelle;[13] et Micromégas en choisit un de deux mille cinq cents pieds. Ils étaient excellents; mais d'abord, on ne vit rien par leur secours, il fallait s'ajuster. Enfin l'habitant de Saturne vit quelque chose d'imperceptible qui remuait entre deux eaux dans la mer Baltique: c'était une baleine.[14] Il la prit avec le petit doigt fort adroitement; et, la mettant sur l'ongle de son pouce,[15] il la fit voir au Sirien, qui se mit à rire de l'excès de petitesse dont étaient les habitants de notre globe. Le Saturnien, convaincu que notre monde est habité, s'imagina bien vite qu'il ne l'était que par des baleines, et comme il était grand raisonneur, il voulut deviner d'où un si petit atome tirait son mouvement, s'il avait des idées, une volonté, une liberté. Micromégas y fut fort embarrassé; il examina l'animal fort patiemment, et le résultat de l'examen fut qu'il n'y avait pas moyen de croire qu'une âme fût logée là. Les deux voyageurs inclinaient donc à penser qu'il n'y avait point d'esprit dans notre habitation, lorsqu'à l'aide du microscope ils aperçurent quelque chose de plus gros qu'une baleine qui flottait sur la mer Baltique. On sait que dans ce temps-là même une volée[16] de philosophes revenait du cercle polaire, sous lequel ils avaient été faire des observations dont personne ne s'était avisé jusqu'alors. Les gazettes dirent que leur vaisseau échoua aux côtes de Bothnie,[17] et qu'ils eurent bien de la peine à se sauver: mais on ne sait jamais dans ce monde le dessous des cartes. Je vais raconter ingénument[18] comme la chose se passa, sans y rien mettre du mien; ce qui n'est pas un petit effort pour un historien.

11. *incultes:* uncultivated.
12. *tiré au cordeau:* perfectly straight.
13. *prunelle:* pupil (of the eye).
14. *baleine:* whale.
15. *pouce:* thumb.
16. *volée:* flock.
17. La Bothnie, région partagée entre la Suède et la Finlande, est baignée par la mer Baltique. C'est là qu'en 1737, «nouveau style», aborda une expédition scientifique sous la direction de Maupertuis, ami de Voltaire.
18. *ingénument:* simply.

Dans cette dernière phrase le narrateur discute sa façon de raconter l'histoire—«ingénument . . . sans y rien mettre du mien». Comment cette conception de son rôle constitue-t-elle un parallèle à la théorie du langage exposée par Micromégas au chapitre II? Pourtant, à quels moments, dans les chapitres II, III et IV, peut-on dégager des exemples de la présence du narrateur? (Relevez à cet égard des jugements directs, des «comparaisons» qu'il fait, des «renseignements» qu'il donne et qui dépassent les connaissances des deux personnages—Micromégas et le nain de Saturne). Quelle est la valeur comique, philosophique et sociale de ces interventions?

Vers la fin du chapitre IV le narrateur établit un contraste entre la manière de penser du nain («grand raisonneur») et celle de Micromégas («il examina»). Quel est le principal point de différence entre les deux personnages à cet égard? A quels autres moments de ces trois derniers chapitres le narrateur insiste-t-il sur une telle opposition?

V
EXPERIENCES ET RAISONNEMENTS DES DEUX VOYAGEURS

Micromégas étendit la main tout doucement vers l'endroit où l'objet paraissait, et avançant deux doigts, et les retirant par la crainte de se tromper, puis les ouvrant et les serrant, il saisit fort adroitement le vaisseau qui portait ces messieurs, et le mit encore sur son ongle, sans le trop presser, de peur de l'écraser. Voici un animal bien différent du premier, dit le nain de Saturne; le Sirien mit le prétendu animal dans le creux de sa main. Les passagers et les gens de l'équipage, qui s'étaient crus enlevés par un ouragan,[1] et qui se croyaient sur une espèce de rocher, se mettent tous en mouvement; les matelots[2] prennent des tonneaux de vin, les jettent sur la main de Micromégas, et se précipitent après. Les géomètres prennent leurs quarts de cercle, leurs secteurs[3] et des filles laponnes,[4] et descendent sur les doigts du Sirien. Ils en firent tant, qu'il sentit enfin remuer quelque chose qui lui chatouillait[5] les doigts; c'était un bâton ferré[6] qu'on lui enfonçait d'un pied dans l'index: il jugea, par ce picotement, qu'il était sorti quelque chose du petit animal qu'il tenait; mais il n'en soupçonna pas d'abord davantage. Le microscope, qui faisait à peine discerner une baleine et un vaisseau, n'avait point de prise sur un être aussi imperceptible que des hommes. Je ne prétends choquer ici la vanité de personne, mais je suis obligé de prier les importants de faire ici une petite remarque avec moi; c'est qu'en prenant la taille des hommes d'environ cinq pieds, nous ne faisons pas sur la terre une plus grande figure qu'en ferait sur une boule de dix pieds de tour un animal qui aurait à peu

1. *ouragan:* hurricane.
2. *matelots:* sailors.
3. *quarts de cercle, secteurs:* quadrants, sectors.
4. *laponnes:* from Lapland.
5. *chatouillait:* tickled.
6. *bâton ferré:* iron-shod pole; alpenstock.

près la six cent millième partie d'un pouce en hauteur. Figurez-vous une substance qui pourrait tenir la terre dans sa main, et qui aurait des organes en proportion des nôtres; et il se peut très bien faire[7] qu'il y ait un grand nombre de ces substances: or concevez, je vous prie, ce qu'elles penseraient de ces batailles qui nous ont valu deux villages qu'il a fallu rendre.

Je ne doute pas si quelque capitaine des grands grenadiers[8] lit jamais cet ouvrage, il ne hausse de deux grands pieds au moins les bonnets de sa troupe; mais je l'avertis qu'il aura beau faire,[9] que lui et les siens ne seront jamais que des infiniment petits.

Quelle adresse merveilleuse ne fallut-il donc pas à notre philosophe de Sirius, pour apercevoir les atomes dont je viens de parler? Quand Leuwenhoek et Hartsoeker[10] virent les premiers ou crurent voir la graine[11] dont nous sommes formés, ils ne firent pas, à beaucoup près, une si étonnante découverte. Quel plaisir sentit Micromégas en voyant remuer ces petites machines, en examinant tous leurs tours, en les suivant dans toutes leurs opérations? Comme il s'écria! Comme il mit avec joie un de ses microscopes dans les mains de son compagnon de voyage! Je les vois, disaient-ils tous deux à la fois; ne les voyez-vous pas qui portent des fardeaux,[12] qui se baissent, qui se relèvent. En parlant ainsi, les mains leur tremblaient, par le plaisir de voir des objets si nouveaux, et par la crainte de les perdre. Le Saturnien, passant d'un excès de défiance à un excès de crédulité, crut apercevoir qu'ils travaillaient à la propagation.—"Ah! disait-il, j'ai pris la nature sur le fait."[13] Mais il se trompait sur les apparences; ce qui n'arrive que trop, soit qu'on se serve ou non de microscopes.

7. *il se peut très bien faire:* it is highly possible.
8. *grenadiers:* elite soldiers.
9. *il aura beau faire:* there's no use in trying.
10. Leuwenhoek (1632–1723) et Hartsoeker (1656–1725), naturalistes hollandais, furent les premiers à observer au microscope les protozoaires.
11. *graine:* seed.
12. *fardeaux:* burdens.
13. Il s'agit, paraît-il, d'une expression de Fontenelle dans son *Eloge de M. de Tournefort.*

VI
CE QUI LEUR ARRIVA AVEC DES HOMMES

Micromégas, bien meilleur observateur que son nain, vit clairement que les atomes se parlaient; et il le fit remarquer à son compagnon, qui, honteux de s'être mépris sur l'article de la génération, ne voulut point croire que de pareilles espèces pussent se communiquer des idées. Il avait le don des langues aussi bien que le Sirien; il n'entendait point parler nos atomes, et il supposait qu'ils ne parlaient pas: d'ailleurs comment ces êtres imperceptibles auraient-ils les organes de la voix, et qu'auraient-ils à dire? Pour parler, il faut penser, ou à peu près; mais s'ils pensaient, ils auraient donc l'équivalent d'une âme: or, attribuer l'équivalent d'une âme à cette espèce, cela lui paraissait absurde. Mais, dit le Sirien, vous avez cru tout à l'heure qu'ils faisaient l'amour; est-ce que vous croyez qu'on puisse faire l'amour sans penser et sans proférer quelque parole, ou du moins sans se faire entendre? Supposez-vous d'ailleurs qu'il soit plus difficile de produire un argument qu'un enfant? —Pour moi l'un et l'autre me paraissent de grands mystères: je n'ose plus ni croire ni nier, dit le nain; je n'ai plus d'opinion; il faut tâcher d'examiner ces insectes, nous raisonnerons après.—C'est fort bien dit, reprit Micromégas; et aussitôt il tira une paire de ciseaux dont il se coupa les ongles, et d'une rognure de l'ongle de son pouce[1] il fit sur-le-champ une espèce de grande trompette parlante, comme un vaste entonnoir,[2] dont il mit le tuyau[3] dans son oreille. La circonférence de l'entonnoir enveloppait le vaisseau et tout l'équipage. La voix la plus faible entrait dans les fibres circulaires de l'ongle; de sorte que grâce à son industrie, le philosophe de là-haut entendit parfaitement le bourdonnement[4] de nos insectes de là-bas. En peu d'heures il parvint à distinguer les paroles, et enfin à entendre le français. Le nain en fit autant, quoique avec plus de difficulté. L'étonnement des voyageurs redoublaient à chaque instant. Ils entendaient des mites[5] parler d'assez bon sens: ce jeu de la nature leur paraissait inexplicable. Vous croyez bien que le Sirien et son nain brûlaient d'impatience de lier conversation avec les atomes; le nain craignait que sa voix de tonnerre, et surtout celle de Micromégas, n'assourdît les mites sans en être entendue. Il fallait en diminuer la force. Ils se mirent dans la bouche des espèces de petits cure-dents,[6] dont le bout fort effilé[7] venait donner auprès du vaisseau. Le Sirien tenait le nain sur ses genoux, et le vaisseau avec l'équipage sur un ongle; il baissait la tête et parlait bas. Enfin, moyennant[8] toutes ces précautions et bien d'autres encore, il commença ainsi son discours:

"Insectes invisibles, que la main du Créateur s'est plu à faire naître dans l'abîme de l'infiniment petit, je le remercie de ce qu'il a daigné me découvrir des secrets qui semblaient impénétrables. Peut-être ne daignerait-on pas vous regarder à ma cour; mais je ne méprise personne, et je vous offre ma protection."

Si jamais il y a eu quelqu'un d'étonné, ce furent les gens qui entendirent ces paroles. Ils ne pouvaient deviner d'où elles partaient. L'aumônier[9] du vaisseau récita les prières des exorcismes, les matelots jurèrent, et les philosophes du vaisseau firent un système; mais quelque système qu'ils fissent, ils ne purent jamais deviner qui leur parlait. Le nain de Saturne, qui avait la voix plus douce que Micromégas, leur apprit alors en peu de mots à quelles espèces ils avaient affaire. Il leur conta le voyage de Saturne, les mit au fait[10]

1. *rognure . . . pouce:* cutting from his thumbnail.
2. *entonnoir:* funnel.
3. *tuyau:* smaller end.
4. *bourdonnement:* buzzing.
5. *mites:* tiny parasitic insects.
6. *cure-dents:* toothpicks.
7. *effilé:* tapered.
8. *moyennant:* by means of.
9. *aumônier:* chaplain.
10. *les mit au fait:* made them aware.

de ce qu'était M. Micromégas; et après les avoir plaints d'être si petits, il leur demanda s'ils avaient toujours été dans ce misérable état si voisin de l'anéantissement, ce qu'ils faisaient dans un globe qui paraissait appartenir à des baleines, s'ils étaient heureux, s'ils multipliaient, s'ils avaient une âme, et cent autres questions de cette nature.

Un raisonneur de la troupe, plus hardi que les autres, et choqué de ce qu'on doutait de son âme, observa l'interlocuteur avec des pinnules[11] braquées sur un quart de cercle, fit deux stations,[12] et à la troisième il parla ainsi: Vous croyez donc, monsieur, parce que vous avez mille toises depuis la tête jusqu'aux pieds, que vous êtes un . . .—Mille toises! s'écria le nain; juste ciel! d'où peut-il savoir ma hauteur? mille toises! il ne se trompe pas d'un pouce. Quoi! cet atome m'a mesuré! il est géomètre, il connaît ma grandeur; et moi, qui ne le vois qu'à travers un microscope, je ne connais pas encore la sienne!—Oui, je vous ai mesuré, dit le physicien, et je mesurerai bien encore votre grand compagnon. La proposition fut acceptée; son excellence se coucha de son long; car, s'il se fût tenu debout, sa tête eût été trop au-dessus des nuages. Nos philosophes lui plantèrent un grand arbre dans un endroit que le docteur Swift[13] nommerait, mais que je me garderai bien d'[14]appeler par son nom, à cause de mon grand respect pour les dames. Puis, par une suite de triangles liés ensemble, ils conclurent que ce qu'ils voyaient était en effet un jeune homme de cent vingt mille pieds de roi.

Alors Micromégas prononça ces paroles: "Je vois plus que jamais qu'il ne faut juger de rien sur sa grandeur apparente. O Dieu! qui avez donné une intelligence à des substances qui paraissent si méprisables, l'infiniment petit vous coûte aussi peu que l'infiniment grand; et s'il est possible qu'il y ait des êtres plus petits que ceux-ci, ils peuvent encore avoir un esprit supérieur à ceux de ces superbes animaux que j'ai vus dans le ciel, dont le pied seul couvrirait le globe où je suis descendu."

Un des philosophes lui répondit qu'il pouvait en toute sûreté croire qu'il est en effet des êtres intelligents beaucoup plus petits que l'homme. Il lui conta, non pas tout ce que Virgile[15] a dit de fabuleux sur les abeilles,[16] mais ce que Swammerdam a découvert, et ce que Réaumur[17] a disséqué. Il lui apprit enfin qu'il y a des animaux qui sont pour les abeilles ce que les abeilles sont pour l'homme, ce que le Sirien lui-même était pour ces animaux si vastes dont il parlait, et ce que ces grands animaux sont pour d'autres substances devant lesquelles ils ne paraissent que comme des atomes. Peu à peu la conversation devint intéressante, et Micromégas parla ainsi.

11. *pinnules:* sights.
12. *stations:* sightings.
13. Le docteur Jonathan Swift est l'auteur des *Voyages de Gulliver* (1726), ouvrage plein de détails grossiers.
14. *je me garderai bien de:* I shall take good care not to.
15. Virgile, poète latin, est l'auteur des *Géorgiques,* où il a traité de façon poétique l'histoire naturelle.
16. *abeilles:* bees.
17. Swammerdam (1637–80), naturaliste hollandais, et son émule français, Réaumur (1683–1757), ont étudié les insectes de façon scientifique.

Dans ce conte la description ne joue pas un très grand rôle; en particulier, on y trouve très peu d'objets. Néanmoins, au chapitre IV, il s'agissait de diamants; dans ce chapitre-ci, Voltaire décrit assez longuement l'ongle de Micromégas. Quel rôle pratique l'ongle joue-t-il dans l'intrigue? Quelle est aussi sa foncton philosophique? (Quelle opposition Voltaire établit-il entre le travail des deux voyageurs et les réactions de l'aumônier, des matelots et des philosophes?) Comment le reste du chapitre VI souligne-t-il cette fonction? (Considérez les activités du raisonneur et des philosophes lorsqu'ils voient pour la première fois les deux voyageurs.)

VII
CONVERSATION AVEC LES HOMMES

O atomes intelligents, dans qui l'Etre éternel s'est plu à manifester son adresse et sa puissance, vous devez, sans doute, goûter des joies bien pures sur votre globe; car ayant si peu de matière, et paraissant tout esprit, vous devez passer votre vie à aimer et à penser; c'est la véritable vie des esprits. Je n'ai vu nulle part le vrai bonheur, mais il est ici, sans doute.—A ce discours, tous les philosophes secouèrent la tête; et l'un d'eux, plus franc que les autres, avoua de bonne foi que, si l'on en excepte un petit nombre d'habitants fort peu considérés, tout le reste est un assemblage de fous, de méchants et de malheureux. Nous avons plus de matière qu'il ne nous en faut, dit-il, pour faire beaucoup de mal, si le mal vient de la matière; et trop d'esprit, si le mal vient de l'esprit. Savez-vous bien, par exemple, qu'à l'heure que je vous parle, il y a cent mille fous de notre espèce, couverts de chapeaux, qui tuent cent mille autres animaux couverts d'un turban, ou qui sont massacrés par eux,[1] et que, presque par toute la terre, c'est ainsi qu'on en use de temps immémorial? Le Sirien frémit,[2] et demanda quel pouvait être le sujet de ces horribles querelles entre de si chétifs[3] animaux. Il s'agit, dit le philosophe, de quelques tas de boue grands comme votre talon. Ce n'est pas qu'aucun de ces millions d'hommes qui se font égorger[4] prétende un fétu[5] sur ces tas de boue. Il ne s'agit que de savoir s'il appartiendra à un certain homme qu'on nomme *Sultan*, ou à un autre qu'on nomme, je ne sais pourquoi, *César*. Ni l'un ni l'autre n'a jamais vu ni ne verra jamais le petit coin de terre dont il s'agit; et presque aucun de ces animaux, qui s'égorgent mutuellement, n'a jamais vu l'animal pour lequel il s'égorge.

Ah! malheureux! s'écria le Sirien avec indignation, peut-on concevoir cet excès de rage forcenée![6] Il me prend envie de faire trois pas, et d'écraser de trois coups de pied toute cette fourmilière d'assassins ridicules.—Ne vous en donnez pas la peine, lui répondit-on; ils travaillent assez à leur ruine. Sachez,

1. Voltaire fait allusion ici à la Guerre de Crimée (1736–39) entre la Turquie et la Russie.
2. *frémit:* shuddered.
3. *chétifs:* puny.
4. *égorger:* slaughter.
5. *prétendent un fétu:* give a darn.
6. *forcenée:* frenzied.

qu'au bout de dix ans, il ne reste jamais la centième partie de ces misérables; sachez que, quand même ils n'auraient pas tiré l'épée, la faim, la fatigue, ou l'intempérance les emportent presque tous. D'ailleurs, ce n'est pas eux qu'il faut punir, ce sont ces barbares sédentaires qui du fond de leur cabinet[7] ordonnent, dans le temps de leur digestion, le massacre d'un million d'hommes, et qui ensuite en font remercier Dieu solennellement.—Le voyageur se sentait ému de pitié pour la petite race humaine, dans laquelle il découvrait de si étonnants contrastes. Puisque vous êtes du petit nombre des sages, dit-il à ces messieurs, et qu'apparemment vous ne tuez personne pour de l'argent, dites-moi, je vous en prie, à quoi vous vous occupez.—Nous disséquons des mouches, dit le philosophe, nous mesurons des lignes, nous assemblons des nombres; nous sommes d'accord sur deux ou trois points que nous entendons,[8] et nous disputons sur deux ou trois mille que nous n'entendons pas. —Il prit aussitôt fantaisie au Sirien et au Saturnien d'interroger ces atomes pensants, pour savoir les choses dont ils convenaient. Combien comptez-vous, dit celui-ci, de l'étoile de la Canicule à la grande étoile des Gémeaux?[9]—Ils répondirent tous à la fois: Trente-deux degrés et demi.—Combien comptez-vous d'ici à la lune?—Soixante demi-diamètres de la terre en nombre rond. —Combien pèse votre air? Il croyait les attraper, mais tous lui dirent que l'air pèse environ neuf cents fois moins qu'un pareil volume de l'eau la plus légère, et dix-neuf mille fois moins que l'or de ducat.[10] Le petit nain de Saturne, étonné de leurs réponses, fut tenté de prendre pour des sorciers ces mêmes gens auxquels il avait refusé une âme un quart d'heure auparavant.

Enfin Micromégas leur dit:[11] Puisque vous savez si bien ce qui est hors de vous, sans doute vous savez encore mieux ce qui est en dedans. Dites-moi ce que c'est que votre âme, et comment vous formez vos idées.[11] Les philosophes parlèrent tous à la fois comme auparavant; mais ils furent tous de différents avis. Le plus vieux citait Aristote, l'autre prononçait le nom de Descartes; celui-ci, de Malebranche; cet autre, de Leibnitz; cet autre, de Locke;[11] un vieux péripatéticien[12] dit tout haut avec confiance: L'âme est une entéléchie,[13] et une raison par qui elle a la puissance d'être ce qu'elle est. C'est ce que déclare expressément Aristote, page 633 de l'édition du Louvre: 'Εντελεχεια ἐστι.—Je n'entends pas trop bien le grec, dit le géant.—Ni moi

7. *cabinet:* office.
8. *entendons:* understand.
9. *l'étoile de la Canicule . . . Gémeaux:* the Dog-star . . . Gemini.
10. Le ducat est une ancienne monnaie d'or.
11. Il s'agit de philosophes: Aristote, philosophe grec (384–322 av. J.-C.); René Descartes, philosophe français (1596–1650), auteur du *Discours de la méthode;* Malebranche, philosophe français (1638–1715), disciple de Descartes; Leibnitz, philosophe allemand (1646–1716), partisan de l'«optimisme», doctrine satirisée par Voltaire dans *Candide;* et John Locke, philosophe anglais (1632–1704), auteur de l'*Essay on Human Understanding,* qui rejette la notion cartésienne des idées innées et souligne l'importance des sensations, de l'expérience concrète pour la formation de nos idées.
12. *péripatéticien:* disciple of Aristotle.
13. L'*entéléchie* est un terme de la philosophie d'Aristote, signifiant «toute réalité parvenue à son point de perfection».

non plus, dit la mite philosophique.—Pourquoi donc, reprit le Sirien, citez-vous un certain Aristote en grec?—C'est, répliqua le savant, qu'il faut bien citer ce qu'on ne comprend point du tout dans la langue qu'on entend le moins.

Le cartésien prit la parole, et dit: L'âme est un esprit pur qui a reçu dans le ventre de sa mère toutes les idées métaphysiques, et qui, en sortant de là, est obligée d'aller à l'école, et d'apprendre tout de nouveau ce qu'elle a si bien su, et qu'elle ne saura plus.—Ce n'était donc pas la peine, répondit l'animal de huit lieues, que ton âme fût si savante dans le ventre de ta mère, pour être si ignorante quand tu aurais de la barbe au menton. Mais qu'entends-tu par esprit?—Que me demandez-vous là? dit le raisonneur, je n'en ai point d'idée; on dit que ce n'est pas la matière.—Mais sais-tu au moins ce que c'est que la matière?—Très bien, répondit l'homme. Par exemple, cette pierre est grise et d'une telle forme; elle a ses trois dimensions, elle est pesante et divisible.—Eh bien! dit le Sirien, cette chose qui te paraît être divisible, pesante et grise, me diras-tu bien ce que c'est? Tu vois quelques attributs; mais le fond de la chose, le connais-tu?—Non, dit l'autre. —Tu ne sais donc point ce que c'est que la matière.

Alors M. Micromégas, adressant la parole à un autre sage qu'il tenait sur son pouce, lui demanda ce que c'était que son âme, et ce qu'elle faisait. Rien du tout, répondit le philosophe malebranchiste; c'est Dieu qui fait tout pour moi; je vois tout en lui; je fais tout en lui; c'est lui qui fait tout sans que je m'en mêle.—Autant vaudrait ne pas être,[14] reprit le sage de Sirius. Et toi, mon ami, dit-il à un leibnitzien qui était là, qu'est-ce que ton âme?—C'est, répondit le leibnitzien, une aiguille[15] qui montre les heures pendant que mon corps carillonne;[16] ou bien, si vous voulez, c'est elle qui carillonne pendant que mon corps montre l'heure; ou bien mon âme est le miroir de l'univers, et mon corps est la bordure du miroir: tout cela est clair.

Un petit partisan de Locke était là tout auprès, et quand on lui eut enfin adressé la parole: Je ne sais pas, disait-il, comment je pense, mais je sais que je n'ai jamais pensé qu'à l'occasion de mes sens. Qu'il y ait des substances immatérielles et intelligentes, c'est de quoi je ne doute pas: mais qu'il soit impossible à Dieu de communiquer la pensée à la matière, c'est de quoi je doute fort. Je révère la puissance éternelle; il ne m'appartient pas de la borner: je n'affirme rien; je me contente de croire qu'il y a plus de choses possibles qu'on ne pense.

L'animal de Sirius sourit: il ne trouva pas celui-là le moins sage; et le nain de Saturne aurait embrassé le sectateur de Locke sans l'extrême disproportion. Mais il y avait là, par malheur, un petit animalcule en bonnet carré[17] qui coupa la parole à tous les animalcules philosophes; il dit qu'il savait tout

14. *Autant . . . être:* Might as well not exist at all.
15. *aiguille:* hand (of a clock).
16. *carillonne:* chimes.
17. *animalcule en bonnet carré:* microscopic animal wearing a square clerical hat.

le secret; que cela se trouvait dans la *Somme* de saint Thomas;[18] il regarda de haut en bas les deux habitants célestes, il leur soutint que leurs personnes, leurs mondes, leurs soleils, leurs étoiles, tout était fait uniquement pour l'homme. A ce discours, nos deux voyageurs se laissèrent aller l'un sur l'autre en étouffant de ce rire inextinguible, qui, selon Homère, est le partage des dieux; leurs épaules et leurs ventre allaient et venaient, et dans ces convulsions, le vaisseau que le Sirien avait sur son ongle tomba dans une poche de la culotte du Saturnien. Ces deux bonnes gens le cherchèrent longtemps; enfin ils retrouvèrent l'équipage, et le rajustèrent fort proprement. Le Sirien reprit les petites mites; il leur parla encore avec beaucoup de bonté, quoiqu'il fût un peu fâché dans le fond du cœur de voir que les infiniment petits eussent un orgueil infiniment grand. Il leur promit de leur faire un beau livre de philosophie, écrit fort menu[19] pour leur usage, et que, dans ce livre, ils verraient le bout des choses. Effectivement, il leur donna ce volume avant son départ: on le porta à Paris à l'académie des sciences; mais, quand le secrétaire l'eut ouvert, il ne vit qu'un livre tout blanc: "Ah! dit-il, je m'en étais bien douté."[20]

Dans *Micromégas,* Voltaire fait souvent allusion à des personnes réelles; dans ce dernier chapitre, il fait même un petit survol de la philosophie occidentale. Dans quel ordre présente-t-il les philosophes? Quelle est son attitude envers chaque philosophe? (Pour répondre à cette question, examinez les sortes de raisonnements que font leurs disciples et aussi la réaction des deux voyageurs.) Pour quelles raisons philosophiques et sociales Voltaire termine-t-il par le partisan de St-Thomas d'Aquin?

Quelle est la signification du fait que le livre est tout blanc? (Considérez le but annoncé du livre, l'identité et la réaction de celui qui l'ouvre.) Dans quelle mesure la fin du conte résume-t-elle une des leçons philosophiques de l'œuvre? (Voir, par exemple, Micromégas et le muphti, Micromégas et le nain de Saturne, les géomètres et les métaphysiciens, les moments où les philosophes sont d'accord et ceux où ils se disputent.)

QUESTIONS GENERALES

Micromégas. Voltaire construit son conte autour d'une opposition qu'on trouve dans le sens étymologique de ce nom (micro = petit; mégas = grand). Discutez cette idée sur le plan linguistique (à quels moments Voltaire reprend-il les deux mots «petit» et «grand»? comment leur sens change-t-il?) et sur le plan philosophique (quel rôle les oppositions «microscope-téléscope» et «microcosme-macrocosme» jouent-elles dans le conte? quelle est la conception voltairienne du relativisme?)

La structure. A l'opposition «petit-grand» s'ajoute l'opposition «géomètre-

18. Saint Thomas d'Aquin (1225–74), philosophe catholique, est l'auteur de la *Summa Theologica,* livre de théologie devenu le fondement de la doctrine catholique.
19. *écrit fort menu:* in tiny writing.
20. *je . . . douté:* I suspected as much.

philosophe». Dans quelle mesure cette dernière opposition détermine-t-elle la structure de l'œuvre? (Pour répondre à cette question, considérez à travers le conte l'alternance entre voyages et raisonnement, activités et conversations, *scènes* et *résumés.*) Quelle est la valeur philosophique de cette structure? (En quoi cette alternance souligne-t-elle l'opposition «géomètre-philosophe»? Dans quel sens la fin du conte résoud-elle cette opposition?)

Le sens de l'œuvre. Selon un critique (Ira Wade), la fin de Micromégas est ambiguë: d'un côté, elle propose la leçon amère que la science ne peut pas nous apprendre à comprendre la vie; de l'autre côté, le désespoir qu'une telle idée provoque est allégé par le rire, par la conviction comique que «tout finit par des chansons». Jusqu'à quel point partagez-vous l'avis de ce critique? Quelles preuves allez-vous utiliser pour appuyer cette interprétation ou pour y opposer la vôtre?

La portée de l'œuvre. On est frappé, en lisant *Micromégas,* par le nombre d'indications précises, par la quantité de détails puisés dans la réalité de l'époque de Voltaire. Des personnages réels (le Père Castel, Fontenelle), des endroits particuliers (la Bothnie, la mer Baltique), des événements (la Guerre de Crimée, l'expédition des philosophes), des institutions (l'Académie des Sciences), les mœurs (le procès de Micromégas)—beaucoup de détails reflètent le moment «contemporain» où Voltaire écrit *Micromégas.* Or le critique moderne René Wellek définit ainsi le réalisme: «la représentation objective de la réalité sociale contemporaine». Jusqu'à quel point cette définition et l'étiquette «réaliste» peuvent-elles s'appliquer à *Micromégas?* (Le narrateur est-il «objectif»? S'agit-il de personnages, d'un décor et d'événements qui sont censés imiter la «réalité»? Peut-on apprécier *Micromégas* sans comprendre les allusions «contemporaines»? Discutez.)

The Granger Collection

CHATEAUBRIAND

Des auteurs Français de ma date, je suis quasi le seul qui ressemble à ses ouvrages.
Mémoires d'outre-tombe

Biographie

François-René de Chateaubriand est né à Saint-Malo en 1768, mort en 1848, et enterré au rocher du Grand-Bé, îlot de la côte bretonne où il a vécu. Sa jeunesse, passée au château familial de Combourg et partagée surtout avec sa sœur Lucile, se trouve reflétée à certains moments dans *René*. Chevalier, puis vicomte, il s'embarque pour l'Amérique en 1791 avec une expédition française qui cherche à découvrir le passage du Nord-Ouest, et des souvenirs de ce voyage aussi se retrouvent dans plusieurs de ses écrits. Revenu en France, il craint les suites de la Révolution (son frère aîné est mort sur l'échafaud, sa mère et sa sœur ont été mises en prison), et s'exile en Angleterre où il enseigne le français. De retour en France à partir de 1800, il forge une double carrière de diplomate et d'écrivain. Pendant sa carrière diplomatique, Chateaubriand est ministre de l'Intérieur et ministre des Affaires étrangères aussi bien qu'ambassadeur à Berlin, Londres et Rome. Ses œuvres les plus connues sont *Atala* (1801) et *René* (1802), toutes deux inspirées par son voyage en Amérique. Originalement destinés à faire partie des *Natchez* (publié finalement en 1826), ces deux récits sont incorporés en 1802 au *Génie du christianisme*, grande œuvre où Chateaubriand entreprend une défense de la religion chrétienne. Il écrit d'autres ouvrages d'inspiration religieuse—*Les Martyrs* (1809) et *La Vie de Rancé* (1844); et une œuvre monumentale d'autobiographie—*Les Mémoires d'outre-tombe*—est publiée, comme le suggère le titre, après sa mort.

Théories littéraires

Tandis que la prose de Chateaubriand est pleine d'innovations et de nouveautés stylistiques, ses théories insistent plutôt sur l'importance des traditions littéraires. Dans une préface d'*Atala* il reconnaît sa dette à l'Antiquité:

> Depuis longtemps je ne lis plus qu'Homère et la Bible; heureux si l'on s'en aperçoit, et si j'ai fondu dans les teintes du désert et dans les sentiments particuliers à mon cœur, les couleurs de ces deux grands et éternels modèles du beau et du vrai. . . . Encore une fois, je ne me flatte point d'avoir réussi; mais on doit toujours savoir gré à un écrivain qui s'efforce de rappeler la littérature à ce goût antique, trop oublié de nos jours.

Dans un texte du *Génie du christianisme* il parle de l'importance de l'imitation des grands artistes et conclut que «l'écrivain original n'est pas celui qui n'imite personne, mais celui que personne n'imite».

Tout comme les écrivains classiques, il revendique pour ses œuvres une intention d'instruction morale; dans *Le Génie* il note:

> Encore une fois, l'auteur a dû combattre des poèmes et des romans impies, avec des poèmes et des romans pieux; il s'est couvert des mêmes armes dont il voyait l'ennemi revêtu: c'était une conséquence naturelle et nécessaire du genre d'apologie qu'il avait choisi. Il a cherché à donner l'exemple avec le précepte.

Ce précepte—la vérité et la poésie de la religion chrétienne—domine toute l'œuvre de Chateaubriand et forme un cadre pour le recit intitulé *René*.

Le cadre philosophique

René, qui fait partie du *Génie du christianisme,* illustre un chapitre intitulé «Du vague des passions» dont nous donnons ici des extraits:

> Il reste à parler d'un état de l'âme, qui, ce nous semble, n'a pas encore été bien observé: c'est celui qui précède le développement des grandes passions, lorsque toutes les facultés, jeunes, actives, entières, mais renfermées, ne se sont exercées que sur elles-mêmes, sans but et sans objet. Plus les peuples avancent en civilisation, plus cet état du *vague* des passions augmente; car il arrive alors une chose fort triste: le grand nombre d'exemples qu'on a sous les yeux, la multitude de livres qui traitent de l'homme et de ses sentiments,

rendent habile, sans expérience. On est détrompé sans avoir joui; il reste encore des désirs, et l'on n'a plus d'illusions. L'imagination est riche, abondante et merveilleuse, l'existence pauvre, sèche et désenchantée. On habite, avec un cœur plein, un monde vide; et sans avoir usé de rien, on est désabusé de tout.

Selon Chateaubriand, c'est, paradoxalement, la religion chrétienne qui est responsable de cet état de désespoir:

C'est dans le génie du christianisme qu'il faut surtout chercher la raison de ce *vague* des sentiments répandu chez les hommes modernes. Formée pour nos misères et pour nos besoins, la religion chrétienne nous offre sans cesse le double tableau des chagrins de la terre et des joies célestes, et par ce moyen elle a fait dans le cœur une source de maux présents et d'espérances lointaines, d'où découlent d'inépuisables rêveries. Le chrétien se regarde toujours comme un voyageur qui passe ici-bas dans une vallée de larmes, et qui ne se repose qu'au tombeau. Le monde n'est point l'objet de ses vœux, car il sait que l'*homme vit peu de jours,* et que cet objet lui échapperait vite.

Par conséquent, c'est la religion chrétienne—sa philosophie, ses institutions, ses cérémonies mêmes—qui seule peut offrir une solution à l'individu isolé et désespéré. Il conclut cette préface à *René* de la manière suivante:

Ainsi le double but de notre ouvrage, qui est de faire voir comment le génie du christianisme a modifié les arts, la morale, l'esprit, le caractère, et les *passions* même des peuples modernes, et de montrer quelle prévoyante sagesse a dirigé les institutions chrétiennes; ce double but, disons-nous, se trouve également rempli dans l'histoire de René.

Vous jugerez, en lisant *René* et en répondant aux questions générales à la fin, de la réussite de Chateaubriand quant aux buts religieux qu'il cherche à atteindre dans son récit. Dans quelle mesure, enfin, peut-on dire que *René* constitue une «défense du Christianisme»?

René

En arrivant chez les Natchez,[1] René avait été obligé de prendre une épouse, pour se conformer aux mœurs des Indiens; mais il ne vivait point avec elle. Un penchant mélancolique l'entraînait au fond des bois; il y passait seul des journées entières, et semblait sauvage parmi des sauvages. Hors Chactas,[2] son père adoptif, et le P. Souël,[3] missionnaire au fort Rosalie,[4] il avait renoncé au commerce des hommes. Ces deux vieillards avaient pris beaucoup d'empire sur son cœur: le premier, par une indulgence aimable; l'autre, au contraire, par une extrême sévérité. Depuis la chasse du castor,[5] où le Sachem

1. Les Natchez sont une tribu indienne de la Louisiane.
2. Chactas est le Sachem (chief counsellor) des Natchez, qui raconte sa vie dans *Atala.*
3. Le Père Souël a réellement existé; missionnaire jésuite à la Louisiane, il est massacré par les Indiens en 1729.
4. Le Fort Rosalie fut bâti par les Français en 1716, détruit par les Indiens en 1729.
5. *castor:* beaver.

aveugle raconta ses aventures à René, celui-ci n'avait jamais voulu parler des siennes. Cependant Chactas et le missionnaire désiraient vivement connaître par quel malheur un Européen bien né avait été conduit à l'étrange résolution de s'ensevelir[6] dans les déserts de la Louisiane. René avait toujours donné pour motifs de ses refus, le peu d'intérêt de son histoire qui se bornait, disait-il, à celle de ses pensées et de ses sentiments. «Quant à l'événement qui m'a déterminé à passer en Amérique, ajoutait-il, je le dois ensevelir dans un éternel oubli.»

Par quels moyens (description, présentation directe, analyse de la part du narrateur) Chateaubriand fait-il le portrait de René? Etudiez chaque détail de ce paragraphe en montrant ce qu'il contribue à ce portrait. Lesquels renforcent la peinture de sa solitude? Quelle est l'opposition dans sa personnalité soulignée par ses deux «pères»—Chactas et le Père Souël? Quelle est la valeur, pour son portrait psychologique, de son refus de raconter l'histoire de sa vie? Quelle en est la valeur de suspense? Par quels autres détails, dans ce premier paragraphe et le suivant, Chateaubriand essaie-t-il de provoquer la curiosité du lecteur?

Quelques années s'écoulèrent de la sorte, sans que les deux vieillards lui pussent[7] arracher son secret. Une lettre qu'il reçut d'Europe, par le bureau des Missions étrangères,[8] redoubla tellement sa tristesse, qu'il fuyait jusqu'à[9] ses vieux amis. Ils n'en furent que plus ardents à le presser de leur ouvrir son cœur; ils y mirent tant de discrétion, de douceur et d'autorité, qu'il fut enfin obligé de les satisfaire. Il prit donc jour[10] avec eux, pour leur raconter, non les aventures de sa vie, puisqu'il n'en avait point éprouvées, mais les sentiments secrets de son âme.

Le 21 de ce mois que les Sauvages appellent *la lune des fleurs*,[11] René se rendit à la cabane de Chactas. Il donna le bras au Sachem, et le conduisit sous un sassafras, au bord du Meschacebé.[12] Le P. Souël ne tarda pas à arriver au rendez-vous. L'aurore se levait: à quelque distance dans la plaine, on apercevait le village des Natchez, avec son bocage de mûriers,[13] et ses cabanes qui ressemblent à des ruches d'abeilles. La colonie française et le fort Rosalie se montraient sur la droite, au bord du fleuve. Des tentes, des maisons à moitié bâties, des forteresses commencées, des défrichements couverts de Nègres, des groupes de Blancs et d'Indiens, présentaient dans ce petit espace, le contraste des mœurs sociales et des mœurs sauvages. Vers l'Orient, au fond de la perspective, le soleil commençait à paraître entre les sommets brisés des Apalaches,[14] qui se dessinaient comme des caractères

6. *s'ensevelir:* to bury himself.
7. *pussent:* could (subjunctive of *pouvoir*).
8. Le Bureau des Missions étrangères fut fondé en 1761 et supprimé pendant la Révolution française (1791).
9. *jusqu'à:* even.
10. *Il prit donc jour:* He therefore set a day.
11. La lune des fleurs est le mois de mai dans le calendrier indien.
12. *Meschacebé:* Mississippi.
13. *bocage de mûriers:* mulberry grove.
14. *Apalaches:* Appalachian Mountains.

d'azur dans les hauteurs dorées du ciel; à l'occident, le Meschacebé roulait ses ondes dans un silence magnifique, et formait la bordure du tableau avec une inconcevable grandeur.

A quelle distance René se trouve-t-il de la scène décrite dans ce paragraphe? A quels sens (la vue, l'ouïe, l'odorat, le toucher, le goût) Chateaubriand fait-il appel? Quel est le rythme des phrases? Comment ce choix de distance, de sens, et de rythme contribue-t-il à l'impression générale de «silence magnifique» et d'«inconcevable grandeur» que veut créer Chateaubriand?

Chateaubriand prononce le mot «tableau» à la fin de cette description. Quelles techniques de présentation (images, vocabulaire, etc.) semblent renforcer l'impression d'une peinture?

Par la phrase «des groupes de Blancs et d'Indiens, présentaient dans ce petit espace, le contraste des mœurs sociales et des mœurs sauvages» Chateaubriand attribue une fonction sociale à cette description. Essayez de préciser ici et dans les paragraphes suivants une autre fonction (philosophique, psychologique ou structurale) pour ce tableau.

Le jeune homme et le missionnaire admirèrent quelque temps cette belle scène, en plaignant le Sachem qui ne pouvait plus en jouir; ensuite le P. Souël et Chactas s'assirent sur le gazon, au pied de l'arbre; René prit sa place au milieu d'eux, et après un moment de silence, il parla de la sorte à ses vieux amis:

«Je ne puis, en commençant mon récit, me défendre d'un mouvement de honte. La paix de vos cœurs, respectables vieillards, et le calme de la nature autour de moi, me font rougir du trouble et de l'agitation de mon âme.

«Combien vous aurez pitié de moi! Que mes éternelles inquiétudes vous paraîtront misérables! Vous qui avez épuisé tous les chagrins de la vie, que penserez-vous d'un jeune homme sans force et sans vertu, qui trouve en lui-même son tourment, et ne peut guère se plaindre que des maux[15] qu'il se fait à lui-même? Hélas, ne le condamnez pas; il a été trop puni!

A partir de ces deux derniers paragraphes, c'est René lui-même qui parle, qui devient le narrateur dans ce roman. Quel contraste est marqué entre sa voix (ton, rythme, longueur des phrases, ponctuation, etc.) et celle du narrateur au début du roman? Pour quelles raisons, quant à la distance affective et quant à la présentation de René, Chateaubriand a-t-il dû commencer *René* par une narration à la troisième personne, par la voix d'un narrateur qui ne figure pas dans l'action du roman?

Quelle semble être l'attitude de René envers lui-même? Envers l'histoire de sa vie passée qu'il va raconter? Envers ses deux «pères» qui vont l'écouter? Quelles réactions prévoit-il chez Chactas et le Père Souël? Quelles réactions préfère-t-il leur donner? Quelle est votre réaction? (Est-ce que la tendance dans un tel récit à la première personne est de

15. *maux:* misfortunes (plural of *mal*).

partager la position des deux hommes qui écoutent ou celle de René qui raconte l'histoire? Ou bien est-on à l'écart de ces deux positions?) Vos réactions, votre position, votre distance vont sans doute changer et se préciser au cours du roman. Essayez de les dégager à chaque étape de l'histoire.

«J'ai coûté la vie à ma mère en venant au monde; j'ai été tiré de son sein avec le fer.[16] J'avais un frère que mon père bénit, parce qu'il voyait en lui son fils aîné. Pour moi, livré de bonne heure à des mains étrangères, je fus élevé loin du toit paternel.

«Mon humeur était impétueuse, mon caractère inégal. Tour à tour bruyant et joyeux, silencieux et triste, je rassemblais autour de moi mes jeunes compagnons; puis, les abandonnant tout à coup, j'allais m'asseoir à l'écart, pour contempler la nue fugitive, ou entendre la pluie tomber sur le feuillage.

Dans le portrait qu'il fait de lui-même, quels détails et quels aspects de sa personnalité rappellent le portrait de René qu'avait fait le narrateur dans les premiers paragraphes du roman?

«Chaque automne, je revenais au château paternel, situé au milieu des forêts, près d'un lac, dans une province reculée.

«Timide et contraint devant mon père, je ne trouvais l'aise et le contentement qu'auprès de ma sœur Amélie.[17] Une douce conformité d'humeur et de goûts m'unissait étroitement à cette sœur; elle était un peu plus âgée que moi. Nous aimions à gravir les coteaux ensemble, à voguer sur le lac, à parcourir les bois à la chute des feuilles: promenades dont le souvenir remplit encore mon âme de délices. O illusions de l'enfance et de la patrie, ne perdez-vous jamais vos douceurs?

«Tantôt nous marchions en silence, prêtant l'oreille au sourd mugissement de l'automne, ou au bruit des feuilles séchées, que nous traînions tristement sous nos pas; tantôt, dans nos jeux innocents, nous poursuivions l'hirondelle[18] dans la prairie, l'arc-en-ciel sur les collines pluvieuses; quelquefois aussi nous murmurions des vers que nous inspirait le spectacle de la nature. Jeune, je cultivais les Muses; il n'y a rien de plus poétique, dans la fraîcheur de ses passions, qu'un cœur de seize années. Le matin de la vie est comme le matin du jour, plein de pureté, d'images et d'harmonies.

«Les dimanches et les jours de fête, j'ai souvent entendu, dans le grand bois, à travers les arbres, les sons de la cloche lointaine qui appelait au temple l'homme des champs. Appuyé contre le tronc d'un ormeau,[19] j'écoutais en silence le pieux murmure. Chaque frémissement de l'airain[20] portait à mon

16. *tiré . . . fer:* cut from the womb.
17. Le portrait d'Amélie (qui fait penser à Lucile, sœur de Chateaubriand), comme celui du père de René et du château, rappelle la vie de Chateaubriand lui-même (voyez la *Biographie*).
18. *hirondelle:* swallow.
19. *ormeau:* elm.
20. *airain:* bronze (the bell).

âme naïve l'innocence des mœurs champêtres, le calme de la solitude, le charme de la religion, et la délectable mélancolie des souvenirs de ma première enfance. Oh! quel cœur si mal fait n'a tressailli au bruit des cloches de son lieu natal, de ces cloches qui frémirent de joie sur son berceau, qui annoncèrent son avènement à la vie, qui marquèrent le premier battement de son cœur, qui publièrent dans tous les lieux d'alentour la sainte allégresse de son père, les douleurs et les joies encore plus ineffables de sa mère! Tout se trouve dans les rêveries enchantées où nous plonge le bruit de la cloche natale: religion, famille, patrie, et le berceau et la tombe, et le passé et l'avenir.

La situation narrative dans *René* se constitue d'un René plus âgé qui vit en Amérique (le narrateur) et qui raconte *au passé* la vie du jeune René en France (le personnage). Quelle est la distance temporelle, environ, entre ces deux Renés? Dans chacun des trois paragraphes précédents, pourtant, la dernière phrase est au *présent*. Est-ce que ce sont la voix, les expressions, les idées du jeune René qui percent à travers la voix du narrateur? Ou s'agit-il plutôt de l'opinion qu'a le narrateur au moment où il décrit sa vie? Ou d'un point de contact entre le jeune et le vieux René? Justifiez votre choix par d'autres détails depuis le début du roman.

Ces phrases au présent contiennent surtout des jugements, des maximes, des généralités *philosophiques* sur la condition universelle de l'homme, sur l'existence humaine. Qu'est-ce qu'elles révèlent aussi de la *psychologie* de René? De son attitude envers sa vie? Envers ceux qui l'écoutent? Dans quelle mesure est-ce qu'elles constituent une justification ou une condamnation de sa vie? Quel est leur effet sur la distance du lecteur envers René?

Dans ce dernier paragraphe, quels sont les liens entre le son de la cloche et les autres aspects fondamentaux du début du roman (la religion, l'enfance, la famille)? Dégagez aussi le rythme des phrases dans ce paragraphe. Quel en est l'effet par rapport aux sons de la cloche et à l'état d'esprit de René?

«Il est vrai qu'Amélie et moi nous jouissions plus que personne de ces idées graves et tendres, car nous avions tous les deux un peu de tristesse au fond du cœur: nous tenions cela de Dieu ou de notre mère.

«Cependant mon père fut atteint d'une maladie qui le conduisit en peu de jours au tombeau. Il expira dans mes bras. J'appris à connaître la mort sur les lèvres de celui qui m'avait donné la vie. Cette impression fut grande; elle dure encore. C'est la première fois que l'immortalité de l'âme s'est présentée clairement à mes yeux. Je ne pus croire que ce corps inanimé était en moi l'auteur de la pensée: je sentis qu'elle me devait venir d'une autre source; et dans une sainte douleur qui approchait de la joie, j'espérai me rejoindre un jour à l'esprit de mon père.

«Un autre phénomène me confirma dans cette haute idée. Les traits paternels avaient pris au cercueil quelque chose de sublime. Pourquoi cet étonnant mystère ne serait-il pas l'indice de notre immortalité? Pourquoi la mort qui sait tout, n'aurait-elle pas gravé sur le front de sa victime les secrets d'un autre univers? Pourquoi n'y aurait-il pas dans la tombe quelque grande vision de l'éternité?

Etudiez le rythme des phrases dans les trois derniers paragraphes. Quel contraste Chateaubriand marque-t-il entre ces paragraphes et celui où il décrit le son de la cloche? Pourquoi? Dans ce dernier paragraphe, vous semble-t-il que les questions («Pourquoi . . .») soient censées être posées par le jeune René au moment de la mort de son père ou par le René plus âgé au moment où il raconte l'histoire? Expliquez votre réponse.

«Amélie accablée de douleur, était retirée au fond d'une tour, d'où elle entendit retentir, sous les voûtes du château gothique, le chant des prêtres du convoi et les sons de la cloche funèbre.

«J'accompagnai mon père à son dernier asile; la terre se referma sur sa dépouille;[21] l'éternité et l'oubli le pressèrent de tout leur poids; le soir même l'indifférent passait sur sa tombe; hors pour sa fille et pour son fils, c'était déjà comme s'il n'avait jamais été.

«Il fallut quitter le toit paternel, devenu l'héritage de mon frère: je me retirai avec Amélie chez de vieux parents.

La mort du père de René. En revenant sur des détails précis depuis le début du roman, dégagez le rapport entre René et son père. Ses réactions à la mort de son père, s'expliquent-elles par ces détails précédents? Comment ce rapport avec son père, dans sa jeunesse et au moment de sa mort, se rattache-t-il aux deux pères adoptifs qu'il aura trouvé en Amérique?

Discutez l'effet de cette mort par rapport aux autres scènes de la jeunesse de René et aux réflexions du narrateur à propos de sa vie. Quelle est donc la fonction psychologique et philosophique de la mort du père de René? Quel en est le rôle dans la structure du début du roman?

«Arrêté à l'entrée des voies trompeuses de la vie, je les considérais l'une après l'autre, sans m'y oser engager. Amélie m'entretenait souvent du bonheur de la vie religieuse; elle me disait que j'étais le seul lien qui la retînt dans le monde, et ses yeux s'attachaient sur moi avec tristesse.

«Le cœur ému par ces conversations pieuses, je portais souvent mes pas vers un monastère, voisin de mon nouveau séjour; un moment même j'eus la tentation d'y cacher ma vie. Heureux ceux qui ont fini leur voyage, sans avoir quitté le port, et qui n'ont point, comme moi, traîné d'inutiles jours sur la terre!

«Les Européens incessamment agités sont obligés de se bâtir des solitudes. Plus notre cœur est tumultueux et bruyant, plus le calme et le silence nous

21. *sa dépouille:* his remains.

attirent. Ces hospices de mon pays, ouverts aux malheureux et aux faibles, sont souvent cachés dans des vallons qui portent au cœur le vague sentiment de l'infortune et l'espérance d'un abri;[22] quelquefois aussi on les découvre sur de hauts sites où l'âme religieuse, comme une plante des montagnes, semble s'élever vers le ciel pour lui offrir ses parfums.

«Je vois encore le mélange majestueux des eaux et des bois de cette antique abbaye où je pensai dérober[23] ma vie aux caprices du sort; j'erre encore au déclin du jour dans ces cloîtres retentissants et solitaires. Lorsque la lune éclairait à demi les piliers des arcades, et dessinait leur ombre sur le mur opposé, je m'arrêtais à contempler la croix qui marquait le champ de la mort, et les longues herbes qui croissaient entre les pierres des tombes. O hommes, qui ayant vécu loin du monde, avez passé du silence de la vie au silence de la mort, de quel dégoût de la terre vos tombeaux ne remplissaient-ils point mon cœur!

«Soit inconstance naturelle, soit préjugé contre la vie monastique, je changeai mes desseins; je me résolus à voyager. Je dis adieu à ma sœur; elle me serra dans ses bras avec un mouvement qui ressemblait à de la joie, comme si elle eût été heureuse de me quitter; je ne pus me défendre[24] d'une réflexion amère sur l'inconséquence des amitiés humaines.

«Cependant, plein d'ardeur, je m'élançai seul sur cet orageux océan du monde, dont je ne connaissais ni les ports, ni les écueils.[25] Je visitai d'abord les peuples qui ne sont plus; je m'en allai m'asseyant sur les débris de Rome et de la Grèce: pays de forte et d'ingénieuse mémoire, où les palais sont ensevelis dans la poudre, et les mausolées des rois cachés sous les ronces.[26] Force de la nature, et faiblesse de l'homme: un brin d'herbe perce souvent le marbre le plus dur de ces tombeaux, que tous ces morts, si puissants, ne soulèveront jamais!

Les voyages de René. Comment l'idée de voyager marque-t-elle un contraste avec la scène précédente où Chateaubriand décrit la vie monastique? Comment le rythme des phrases souligne-t-il ce contraste?

En vous appuyant sur des détails précis (images, vocabulaire, idées) dans ces deux derniers paragraphes, quelle est la valeur psychologique et philosophique que Chateaubriand attribue à l'acte de voyager? Qu'est-ce qui vous semble être, en plus, la valeur du voyage pour la construction, la structure du roman? Pourquoi René choisit-il de voyager en Grèce et à Rome? Qu'est-ce qu'il y cherche? Qu'est-ce qu'il y trouve?

«Quelquefois une haute colonne se montrait seule debout dans un désert, comme une grande pensée s'élève, par intervalles, dans une âme que le temps et le malheur ont dévastée.

22. *abri:* shelter, refuge.
23. *dérober:* to conceal.
24. *je . . . défendre:* I could not repress.
25. *écueils:* reefs.
26. *ronces:* brambles.

«Je méditai sur ces monuments dans tous les accidents et à toutes les heures de la journée. Tantôt ce même soleil qui avait vu jeter les fondements de ces cités, se couchait majestueusement, à mes yeux, sur leurs ruines; tantôt la lune se levant dans un ciel pur, entre deux urnes cinéraires[27] à moitié brisées, me montrait les pâles tombeaux. Souvent aux rayons de cet astre qui alimente les rêveries, j'ai cru voir le Génie[28] des souvenirs, assis tout pensif à mes côtés.

«Mais je me lassai de fouiller dans des cercueils, où je ne remuais trop souvent qu'une poussière criminelle.

«Je voulus voir si les races vivantes m'offriraient plus de vertus, ou moins de malheurs que les races évanouies. Comme je me promenais un jour dans une grande cité, en passant derrière un palais, dans une cour retirée et déserte, j'aperçus une statue qui indiquait du doigt un lieu fameux par un sacrifice.[29] Je fus frappé du silence de ces lieux; le vent seul gémissait autour du marbre tragique. Des manœuvres[30] étaient couchés avec indifférence au pied de la statue, ou taillaient des pierres en sifflant. Je leur demandai ce que signifiait ce monument: les uns purent à peine[31] me le dire, les autres ignoraient la catastrophe qu'il retraçait. Rien ne m'a plus donné la juste mesure des événements de la vie, et du peu que nous sommes. Que sont devenus ces personnages qui firent tant de bruit? Le temps a fait un pas, et la face de la terre a été renouvelée.

Dans cette dernière phrase Chateaubriand parle des changements, des ravages même, apportés par le mouvement du *temps*. Quels autres exemples de cette notion peut-on dégager dans les paragraphes précédents où René décrit ses voyages et les monuments de l'antiquité? Comment ce thème du temps qui s'écoule et du monde qui s'écroule se rattache-t-il à d'autres thèmes, scènes et images de *René*, tels que la mort de son père et sa jeunesse perdue? Trouvez-vous d'autres manifestations de ce thème du temps depuis le début du roman?

«Je recherchai surtout dans mes voyages les artistes et ces hommes divins qui chantent les Dieux sur la lyre, et la félicité des peuples qui honorent les lois, la religion et les tombeaux.

«Ces chantres sont de race divine, ils possèdent le seul talent incontestable dont le ciel ait fait présent à la terre. Leur vie est à la fois naïve et sublime; ils célèbrent les Dieux avec une bouche d'or, et sont les plus simples des hommes; ils causent comme des immortels ou comme de petits enfants; ils expliquent les lois de l'univers, et ne peuvent comprendre les affaires les plus

27. *urnes cinéraires:* funeral urns.
28. *Génie:* Spirit.
29. «A Londres, derrière White-Hall, la statue de Charles II» (note de Chateaubriand). Mais il semble que Chateaubriand ait pensé en réalité à la statue de Jacques (James) II, qui marque le lieu où Charles I a été exécuté selon les ordres de Cromwell.
30. *manœuvres:* laborers.
31. *purent à peine:* could hardly.

innocentes de la vie; ils ont des idées merveilleuses de la mort, et meurent, sans s'en apercevoir, comme des nouveau-nés.

Dans ces deux derniers paragraphes René parle de l'art et des artistes. Par quels détails précis cette discussion se rattache-t-elle aux thèmes de la mort et de la jeunesse perdue? Jusqu'à quel point l'art représente-t-il une solution possible pour les problèmes des ravages du temps et de la mort?

«Sur les monts de la Calédonie, le dernier Barde qu'on ait ouï[32] dans ces déserts me chanta les poèmes dont un héros consolait jadis sa vieillesse. Nous étions assis sur quatre pierres rongées de mousse; un torrent coulait à nos pieds; le chevreuil paissait à quelque distance parmi les débris d'une tour, et le vent des mers sifflait sur la bruyère de Cona. Maintenant la religion chrétienne, fille aussi des hautes montagnes, a placé des croix sur les monuments des héros de Morven, et touché la harpe de David,[33] au bord du même torrent où Ossian[34] fit gémir la sienne. Aussi pacifique que les divinités de Selma étaient guerrières, elle garde des troupeaux où Fingal livrait des combats, et elle a répandu des anges de paix dans les nuages qu'habitaient des fantômes homicides.[35]

«L'ancienne et riante Italie m'offrit la foule de ses chefs-d'œuvre. Avec quelle sainte et poétique horreur j'errais dans ces vastes édifices consacrés par les arts à la religion! Quel labyrinthe de colonnes! Quelle succession d'arches et de voûtes! Qu'ils sont beaux ces bruits qu'on entend autour des dômes, semblables aux rumeurs des flots dans l'Océan, aux murmures des vents dans les forêts, ou à la voix de Dieu dans son temple! L'architecte bâtit, pour ainsi dire, les idées du poète et les fait toucher aux sens.

«Cependant qu'avais-je appris jusqu'alors avec tant de fatigue? Rien de certain parmi les anciens, rien de beau parmi les modernes. Le passé et le présent sont deux statues incomplètes: l'une a été retirée toute mutilée du débris des âges; l'autre n'a pas encore reçu sa perfection de l'avenir.

Dans cette maxime universelle, au présent, à propos du mouvement du temps («le passé . . . l'avenir») le narrateur se sert d'une métaphore. Liez les termes de cette métaphore («statue», «mutilée», «débris») à la descrip-

32. *ait ouï:* heard.
33. C'est le roi David, dans l'Ancien Testament, ici symbole de la douceur et de la paix de la religion chrétienne, qui fait contraste, à cet égard, avec les guerriers de Fingal (voir la n. 34).
34. Il s'agit ici du *barde* gaëlique du troisième siècle, *Ossian,* dont les poèmes, publiés vers la fin du dix-huitième siècle, ont exercé une influence énorme sur les écrivains romantiques, Chateaubriand y compris. En réalité ces poèmes ont été écrits par Macpherson, qui prétendait les avoir découverts puis traduits; mais à l'époque de *René* on ne soupçonnait pas encore la supercherie (the fraud) de Macpherson. Selon la légende, Ossian a pour père *Fingal,* roi de *Morven,* une montagne de la *Calédonie* (Scotland). *Selma* est la résidence de Fingal et *Cona* une région des alentours.
35. *homicides:* murderous.

tion du décor dans les voyages du jeune René. Quelle est la fonction (psychologique, philosophique et structurale) de cette image?

«Mais peut-être, mes vieux amis, vous surtout, habitants du désert, êtes-vous étonnés que dans ce récit de mes voyages, je ne vous aie pas une seule fois entretenus des monuments de la nature?

«Un jour, j'étais monté au sommet de l'Etna, volcan qui brûle au milieu d'une île. Je vis le soleil se lever dans l'immensité de l'horizon au-dessous de moi, la Sicile resserrée comme un point à mes pieds, et la mer déroulée au loin dans les espaces. Dans cette vue perpendiculaire du tableau, les fleuves ne me semblaient plus que des lignes géographiques tracées sur une carte; mais, tandis que d'un côté mon œil apercevait ces objets, de l'autre il plongeait dans le cratère de l'Etna, dont je découvrais les entrailles[36] brûlantes, entre les bouffées d'une noire vapeur.

«Un jeune homme plein de passions, assis sur la bouche d'un volcan, et pleurant sur les mortels dont à peine il voyait à ses pieds les demeures, n'est sans doute, ô vieillards, qu'un objet digne de votre pitié; mais, quoi que vous puissiez penser de René, ce tableau vous offre l'image de son caractère et de son existence: c'est ainsi que toute ma vie j'ai eu devant les yeux une création à la fois immense et imperceptible, et un abîme ouvert à mes côtés.»

La description de l'Etna. La position élevée et la distance assez lointaine de René devant ce «tableau» rappellent la situation du narrateur et ses deux amis au début du roman. Par quels autres détails Chateaubriand renforce-t-il cette *ressemblance?* La description de l'intérieur du volcan, pourtant, fait un *contraste* direct avec cette scène. Quelle en est la valeur psychologique? Comment le dualisme de sa personnalité, indiqué par René dans la dernière phrase, a-t-il été déjà préparé par Chateaubriand?

Vers la fin de ce dernier paragraphe il s'adresse directement aux deux pères («o vieillards»). A quels autres moments du récit leur parle-t-il directement? Comment veut-il qu'ils le jugent? Cette réaction qu'il préfigure est-elle celle du lecteur?

En prononçant ces derniers mots, René se tut, et tomba subitement dans la rêverie. Le P. Souël le regardait avec étonnement, et le vieux Sachem aveugle qui n'entendait plus parler le jeune homme, ne savait que penser de ce silence.

René avait les yeux attachés sur un groupe d'Indiens qui passaient gaiement dans la plaine. Tout à coup sa physionomie s'attendrit, des larmes coulent de ses yeux, il s'écrie:

«Heureux Sauvages! Oh! que ne puis-je jouir de la paix qui vous accompagne toujours! Tandis qu'avec si peu de fruit je parcourais tant de contrées, vous, assis tranquillement sous vos chênes, vous laissiez couler les jours sans

36. *entrailles:* bowels.

les compter. Votre raison n'était que vos besoins, et vous arriviez, mieux que moi, au résultat de la sagesse, comme l'enfant, entre les jeux et le sommeil. Si cette mélancolie qui s'engendre de l'excès du bonheur atteignait quelquefois votre âme, bientôt vous sortiez de cette tristesse passagère, et votre regard levé vers le Ciel, cherchait avec attendrissement ce je ne sais quoi inconnu qui prend pitié du pauvre Sauvage.»

Ici la voix de René expira de nouveau, et le jeune homme pencha la tête sur sa poitrine. Chactas, étendant le bras dans l'ombre, et prenant le bras de son fils, lui cria d'un ton ému: «Mon fils! mon cher fils!» A ces accents, le frère d'Amélie revenant à lui, et rougissant de son trouble, pria son père de lui pardonner.

Alors le vieux Sauvage: «Mon jeune ami, les mouvements d'un cœur comme le tien ne sauraient être égaux;[37] modère seulement ce caractère qui t'a déjà fait tant de mal. Si tu souffres plus qu'un autre des choses de la vie, il ne faut pas t'en étonner; une grande âme doit contenir plus de douleur qu'une petite. Continue ton récit. Tu nous as fait parcourir une partie de l'Europe, fais-nous connaître ta patrie. Tu sais que j'ai vu la France, et quels liens m'y ont attaché; j'aimerai à entendre parler de ce grand Chef, qui n'est plus, et dont j'ai visité la superbe cabane.[38] Mon enfant, je ne vis plus que par la mémoire. Un vieillard avec ses souvenirs ressemble au chêne[39] décrépit de nos bois: ce chêne ne se décore plus de son propre feuillage, mais il couvre quelquefois sa nudité des plantes étrangères qui ont végété sur ses antiques rameaux.[40]»

Le frère d'Amélie, calmé par ces paroles, reprit ainsi l'histoire de son cœur:

Les six derniers paragraphes marquent un intermède dans le récit («René se tut . . .»).

Quelle est la valeur psychologique et structurale du tableau des sauvages esquissé au début du roman et qui revient maintenant? En plus, les mots «heureux sauvages» rappellent ceux de la page 546, ligne 20, «Heureux ceux qui ont fini leur voyage. . . .» Est-ce que ce sont les mêmes qualités qui constituent le bonheur dans ces deux cas? Rattachez cette conception du bonheur aux problèmes philosophiques (ravages du temps) et psychologiques (la mort du père) dépeints depuis le début du roman.

Discutez la signification des paroles de Chactas. Quelle est son attitude envers René? Quel en est l'effet sur la distance du lecteur par rapport à lui? Dans un sens Chactas (le sauvage civilisé) sert de contrepoint à René (l'homme civilisé qui s'est fait sauvage). Vous semble-t-il que ce rapport, d'ordre social, joue un rôle important dans *René*? Expliquez votre réponse en citant d'autres détails tirés du roman.

37. *égaux:* regular.
38. Dans *Les Natchez,* Chateaubriand décrit le voyage de Chactas en France, au cours duquel il visite Versailles («la superbe cabane»), le palais de Louis XIV («ce grand Chef»).
39. *chêne:* oak.
40. *rameaux:* branches.

A deux reprises le narrateur se sert de l'épithète «frère d'Amélie» pour parler de René (on suppose qu'il aurait pu dire «l'ami de Chactas» ou «le mari de l'indienne»). Vous jugerez de la valeur de ce détail en lisant les paragraphes et les pages suivants.

«Hélas! mon père, je ne pourrai t'entretenir de ce grand siècle dont je n'ai vu que la fin dans mon enfance, et qui n'était plus lorsque je rentrai dans ma patrie. Jamais un changement plus étonnant et plus soudain ne s'est opéré chez un peuple. De la hauteur du génie, du respect pour la religion, de la gravité des mœurs, tout était subitement descendu à la souplesse de l'esprit, à l'impiété, à la corruption.

«C'était donc bien vainement que j'avais espéré retrouver dans mon pays de quoi calmer cette inquiétude, cette ardeur de désir qui me suit partout. L'étude du monde ne m'avait rien appris, et pourtant je n'avais plus la douceur de l'ignorance.

«Ma sœur, par une conduite inexplicable, semblait se plaire à augmenter mon ennui; elle avait quitté Paris quelques jours avant mon arrivée. Je lui écrivis que je comptais l'aller rejoindre; elle se hâta[41] de me répondre pour me détourner de ce projet, sous prétexte qu'elle était incertaine du lieu où l'appelleraient ses affaires. Quelles tristes réflexions ne fis-je point alors sur l'amitié, que la présence attiédit,[42] que l'absence efface, qui ne résiste point au malheur, et encore moins à la prospérité!

«Je me trouvai bientôt plus isolé dans ma patrie, que je ne[43] l'avais été sur une terre étrangère. Je voulus me jeter pendant quelque temps dans un monde qui ne me disait rien et qui ne m'entendait pas. Mon âme, qu'aucune passion n'avait encore usée, cherchait un objet qui pût l'attacher; mais je m'aperçus que je donnais plus que je ne recevais. Ce n'était ni un langage élevé, ni un sentiment profond qu'on demandait de moi. Je n'étais occupé qu'à rapetisser[44] ma vie, pour la mettre au niveau de la société. Traité partout d'esprit romanesque, honteux du rôle que je jouais, dégoûté de plus en plus des choses et des hommes, je pris le parti de me retirer dans un faubourg pour y vivre totalement ignoré.

«Je trouvai d'abord assez de plaisir dans cette vie obscure et indépendante. Inconnu, je me mêlais à la foule: vaste désert d'hommes!

«Souvent assis dans une église peu fréquentée, je passais des heures entières en méditation. Je voyais de pauvres femmes venir se prosterner devant le Très-Haut, ou des pécheurs s'agenouiller[45] au tribunal de la pénitence. Nul ne sortait de ces lieux sans un visage plus serein, et les sourdes clameurs qu'on entendait au dehors semblaient être les flots des passions et les orages du monde qui venaient expirer au pied du temple du Seigneur. Grand Dieu,

41. *elle se hâta:* she hastened.
42. *attiédit:* cools off.
43. *ne:* the pleonastic «ne», following a comparative (*plus isolé que*) is not a negation.
44. *rapetisser:* to lower, to diminish.
45. *s'agenouiller:* kneel.

qui vis en secret couler mes larmes dans ces retraites sacrées, tu sais combien de fois je me jetai à tes pieds, pour te supplier de me décharger du poids de l'existence, ou de changer en moi le vieil homme![46] Ah! qui n'a senti quelquefois le besoin de se régénérer, de se rajeunir aux eaux du torrent, de retremper son âme à la fontaine de vie? Qui ne se trouve quelquefois accablé du fardeau de sa propre corruption, et incapable de rien faire de grand, de noble, de juste?

«Quand le soir était venu, reprenant le chemin de ma retraite, je m'arrêtais sur les ponts, pour voir se coucher le soleil. L'astre, enflammant les vapeurs de la cité, semblait osciller lentement dans un fluide d'or, comme le pendule de l'horloge des siècles.[47] Je me retirais ensuite avec la nuit, à travers un labyrinthe de rues solitaires. En regardant les lumières qui brillaient dans les demeures des hommes, je me transportais par la pensée au milieu des scènes de douleur et de joie qu'elles éclairaient; et je songeais que sous tant de toits habités, je n'avais pas un ami. Au milieu de mes réflexions, l'heure venait frapper à coups mesurés dans la tour de la cathédrale gothique; elle allait se répétant sur tous les tons et à toutes les distances d'église en église. Hélas! chaque heure dans la société ouvre un tombeau, et fait couler des larmes.

> Etudiez les techniques de description dans ce dernier paragraphe. Quelle est la valeur philosophique, sociale et psychologique des images («l'horloge des siècles», «labyrinthe des rues»)? Par quels détails de rythme et de sonorités Chateaubriand essaie-t-il de suggérer les sons de la cloche dans l'avant-dernière phrase? La reprise de la cloche en fait un *leitmotiv*. Quelle en est la valeur structurale pour ce roman? Quels autres leitmotivs pouvez-vous dégager de ce paragraphe?

«Cette vie, qui m'avait d'abord enchanté, ne tarda pas à me devenir insupportable. Je me fatiguai de la répétition des même scènes et des mêmes idées. Je me mis à sonder mon cœur, à me demander ce que je désirais. Je ne le savais pas; mais je crus tout à coup que les bois me seraient délicieux. Me voilà soudain résolu d'achever,[48] dans un exil champêtre, une carrière à peine commencée, et dans laquelle j'avais déjà dévoré des siècles.

«J'embrassai ce projet avec l'ardeur que je mets à tous mes desseins; je partis précipitamment pour m'ensevelir dans une chaumière,[49] comme j'étais parti autrefois pour faire le tour du monde.

«On m'accuse d'avoir des goûts inconstants, de ne pouvoir jouir longtemps de la même chimère,[50] d'être la proie d'une imagination qui se hâte d'arriver au fond de mes plaisirs, comme si elle était accablée de leur durée;[51] on

46. «Changer en moi le vieil homme» est une expression biblique employée par Saint Paul ("change in me the old man")—i.e. give me a new life.
47. *le pendule de l'horloge des siècles:* the pendulum of the clock of the centuries.
48. *achever:* to end.
49. *chaumière:* cottage.
50. *chimère:* illusion.
51. *durée:* duration.

m'accuse de passer toujours le but que je puis atteindre: hélas! je cherche seulement un bien inconnu, dont l'instinct me poursuit. Est-ce ma faute, si je trouve partout des bornes, si ce qui est fini n'a pour moi aucune valeur? Cependant je sens que j'aime la monotonie des sentiments de la vie, et si j'avais encore la folie de croire au bonheur, je le chercherais dans l'habitude.

«La solitude absolue, le spectacle de la nature, me plongèrent bientôt dans un état presque impossible à décrire. Sans parents, sans amis, pour ainsi dire seul sur la terre, n'ayant point encore aimé, j'étais accablé d'une surabondance de vie. Quelquefois je rougissais subitement, et je sentais couler dans mon cœur, comme des ruisseaux d'une lave ardente; quelquefois je poussais des cris involontaires, et la nuit était également troublée de mes songes et de mes veilles.[52] Il me manquait quelque chose pour remplir l'abîme de mon existence: je descendais dans la vallée, je m'élevais sur la montagne, appelant de toute la force de mes désirs l'idéal objet d'une flamme future; je l'embrassais dans les vents, je croyais l'entendre dans les gémissements du fleuve; tout était ce fantôme imaginaire, et les astres dans les cieux, et le principe même de vie dans l'univers.

«Toutefois cet état de calme et de trouble, d'indigence et de richesse, n'était pas sans quelques charmes. Un jour je m'étais amusé à effeuiller[53] une branche de saule[54] sur un ruisseau, et à attacher une idée à chaque feuille que le courant entraînait. Un roi qui craint de perdre sa couronne par une révolution subite, ne ressent pas des angoisses plus vives que les miennes, à chaque accident qui menaçait les débris de mon rameau. O faiblesse des mortels! O enfance du cœur humain qui ne vieillit[55] jamais! Voilà donc à quel degré de puérilité notre superbe raison peut descendre! Et encore est-il vrai que bien des hommes attachent leur destinée à des choses d'aussi peu de valeur que mes feuilles de saule.

«Mais comment exprimer cette foule de sensations fugitives, que j'éprouvais dans mes promenades? Les sons que rendent les passions dans le vide d'un cœur solitaire, ressemblent au murmure que les vents et les eaux font entendre dans le silence d'un désert: on ne jouit, mais on ne peut les peindre.

«L'automne me surprit au milieu de ces incertitudes: j'entrai avec ravissement dans les mois des tempêtes. Tantôt j'aurais voulu être un de ces guerriers errant au milieu des vents, des nuages et des fantômes;[56] tantôt j'enviais jusqu'au sort du pâtre que je voyais réchauffer ses mains à l'humble feu de broussailles qu'il avait allumé au coin d'un bois. J'écoutais ses chants mélancoliques, qui me rappelaient que dans tout pays, le chant naturel de l'homme est triste, lors même qu'il exprime le bonheur. Notre cœur est un instrument incomplet, une lyre où il manque des cordes, et où nous sommes forcés de rendre les accents de la joie sur le ton consacré aux soupirs.

52. *veilles:* vigils.
53. *effeuiller:* to strip.
54. *saule:* willow.
55. *vieillit:* ages.
56. Allusion aux légendes ossianiques (voyez la n. 34).

«Le jour je m'égarais sur de grandes bruyères terminées par des forêts. Qu'il fallait peu de chose à ma rêverie: une feuille séchée que le vent chassait devant moi, une cabane dont la fumée s'élevait dans la cime dépouillée[57] des arbres, la mousse qui tremblait au souffle du nord sur le tronc d'un chêne, une roche écartée, un étang désert où le jonc flétri murmurait! Le clocher du hameau,[58] s'élevant au loin dans la vallée, a souvent attiré mes regards; souvent j'ai suivi des yeux les oiseaux de passage qui volaient au-dessus de ma tête. Je me figurais les bords ignorés, les climats lointains où ils se rendent; j'aurais voulu être sur leurs ailes. Un secret instinct me tourmentait; je sentais que je n'étais moi-même qu'un voyageur; mais une voix du ciel semblait me dire: «Homme, la saison de ta migration n'est pas encore «venue; attends que le vent de la mort se lève, alors tu déploieras ton vol «vers ces régions inconnues que ton cœur demande.»

«Levez-vous vite, orages désirés, qui devez emporter René dans les espaces d'une autre vie! Ainsi disant, je marchais à grands pas, le visage enflammé, le vent sifflant dans ma chevelure, ne sentant ni pluie ni frimas,[59] enchanté, tourmenté, et comme possédé par le démon de mon cœur.

«La nuit, lorsque l'aquilon[60] ébranlait ma chaumière, que les pluies tombaient en torrent sur mon toit, qu'à travers ma fenêtre je voyais la lune sillonner[61] les nuages amoncelés,[62] comme un pâle vaisseau qui laboure les vagues, il me semblait que la vie redoublait au fond de mon cœur, que j'aurais eu la puissance de créer des mondes. Ah! si j'avais pu faire partager à une autre les transports que j'éprouvais! O Dieu! si tu m'avais donné une femme selon mes désirs; si, comme à notre premier père, tu m'eusses amené par la main une Eve tirée de moi-même . . . Beauté céleste, je me serais prosterné devant toi; puis, te prenant dans mes bras, j'aurais prié l'Eternel de te donner le reste de ma vie.

Durant sept paragraphes Chateaubriand décrit «le spectacle de la nature». Précisez les techniques et la signification (1) des *actions* de René, par exemple, lorsqu'il met des feuilles dans le ruisseau; (2) des *images*—par exemple, «les sons que rendent les passions dans le vide d'un cœur solitaire, ressemblent au murmure que les vents et les eaux font entendre dans le silence d'un désert»; (3) des *objets,* tels que les oiseaux et les feuilles; (4) de la *saison,* l'automne.

Quel rapport Chateaubriand crée-t-il entre René et la nature? (Est-il sensible aux scènes qu'il voit ou plutôt préoccupé par ses propres pensées? Est-il en harmonie ou en conflit avec la nature? La nature pose-t-elle des problèmes philosophiques et psychologiques? Ou représente-t-elle une solution? Le rapport entre René et la nature est-il constant ou changeant? Y voyez-vous des progressions?)

Dans la perspective de vos réponses, quelle semble être la signification

57. *la cime dépouillée:* the bare tops.
58. *hameau:* hamlet.
59. *frimas:* frost.
60. *aquilon:* north wind.
61. *sillonner:* furrow.
62. *amoncelés:* banked, heaped up.

des dernières réflexions de René? Chateaubriand les a-t-il annoncées dans les paragraphes précédents? A d'autres moments du récit de René?

«Hélas! j'étais seul, seul sur la terre! Une langueur secrète s'emparait de mon corps. Ce dégoût de la vie que j'avais ressenti dès mon enfance, revenait avec une force nouvelle. Bientôt mon cœur ne fournit plus d'aliment à ma pensée, et je ne m'apercevais de mon existence que par un profond sentiment d'ennui.

«Je luttai quelque temps contre mon mal, mais avec indifférence et sans avoir la ferme résolution de le vaincre. Enfin, ne pouvant trouver de remède à cette étrange blessure de mon cœur, qui n'était nulle part et qui était partout, je résolus de quitter la vie.

«Prêtre du Très-Haut, qui m'entendez, pardonnez à un malheureux que le ciel avait presque privé de la raison. J'étais plein de religion, et je raisonnais en impie; mon cœur aimait Dieu, et mon esprit le méconnaissait; ma conduite, mes discours, mes sentiments, mes pensées, n'étaient que contradiction, ténèbres, mensonges. Mais l'homme sait-il bien toujours ce qu'il veut, est-il toujours sûr de ce qu'il pense?

Quelle semble être l'attitude morale de René (narrateur) envers les pensées du jeune René? Veut-il, par exemple, se faire pardonner ou se justifier? Quelle est pour René la signification du Père Souël à cet égard? De Chactas? Du lecteur? Etes-vous juge ou plutôt complice de René depuis le début du récit? Comparez son attitude envers lui-même et envers les autres ici avec ses paroles à la page 553 («on m'accuse», etc.). Vous préciserez, en lisant l'histoire d'Amélie qui va suivre, l'attitude morale de René-narrateur envers les actions du jeune René.

«Tout m'échappait à la fois, l'amitié, le monde, la retraite. J'avais essayé de tout, et tout m'avait été fatal. Repoussé par la société, abandonné d'Amélie, quand la solitude vint à me manquer, que me restait-il? C'était la dernière planche sur laquelle j'avais espéré me sauver, et je la sentais encore s'enfoncer dans l'abîme!

«Décidé que j'étais à me débarrasser du poids de la vie, je résolus de mettre toute ma raison dans cet acte insensé. Rien ne me pressait; je ne fixai point le moment du départ, afin de savourer à longs traits les derniers moments de l'existence, et de recueillir toutes mes forces, à l'exemple d'un Ancien,[63] pour sentir mon âme s'échapper.

«Cependant je crus nécessaire de prendre des arrangements concernant ma fortune, et je fus obligé d'écrire à Amélie. Il m'échappa quelques plaintes sur son oubli, et je laissai sans doute percer l'attendrissement qui surmontait peu

63. Il s'agit, sans doute, de Canus Julius, condamné à mort par Caligula et dont les préparatifs pour mourir sont décrits par Sénèque et ensuite par Montaigne dans ses *Essais*.

à peu mon cœur. Je m'imaginais pourtant avoir bien dissimulé mon secret; mais ma sœur accoutumée à lire dans les replis[64] de mon âme, le devina sans peine. Elle fut alarmée du ton de contrainte qui régnait dans ma lettre, et de mes questions sur des affaires dont je ne m'étais jamais occupé. Au lieu de me répondre, elle me vint tout à coup surprendre.

«Pour bien sentir quelle dut être dans la suite l'amertume de ma douleur, et quels furent mes premiers transports en revoyant Amélie, il faut vous figurer que c'était la seule personne au monde que j'eusse aimée, que tous mes sentiments se venaient confondre en elle, avec la douceur des souvenirs de mon enfance. Je reçus donc Amélie dans une sorte d'extase de cœur. Il y avait si longtemps que je n'avais trouvé quelqu'un qui m'entendît, et devant qui je pusse ouvrir mon âme!

«Amélie se jetant dans mes bras, me dit: «Ingrat, tu veux mourir, et ta «sœur existe! Tu soupçonnes son cœur! Ne t'explique point, ne t'excuse «point, je sais tout; j'ai tout compris, comme si j'avais été avec toi. Est-ce «moi que l'on trompe, moi, qui ai vu naître tes premiers sentiments? Voilà «ton malheureux caractère, tes dégoûts, tes injustices. Jure, tandis que je te «presse sur mon cœur, jure que c'est la dernière fois que tu te livreras à tes «folies; fais le serment de ne jamais attenter à tes jours.»

«En prononçant ces mots, Amélie me regardait avec compassion et tendresse, et couvrait mon front de ses baisers; c'était presque une mère, c'était quelque chose de plus tendre. Hélas! mon cœur se rouvrit[65] à toutes les joies; comme un enfant, je ne demandais qu'à être consolé; je cédai à l'empire d'Amélie; elle exigea un serment solennel; je le fis sans hésiter, ne soupçonnant même pas que désormais je pusse être malheureux.

«Nous fûmes plus d'un mois à nous accoutumer à l'enchantement d'être ensemble. Quand le matin, au lieu de me trouver seul, j'entendais la voix de ma sœur, j'éprouvais un tressaillement de joie et de bonheur. Amélie avait reçu de la nature quelque chose de divin; son âme avait les mêmes grâces innocentes que son corps; la douceur de ses sentiments était infinie; il n'y avait rien que de suave et d'un peu rêveur dans son esprit; on eût dit que son cœur, sa pensée et sa voix soupiraient comme de concert; elle tenait de la femme la timidité et l'amour, et de l'ange la pureté et la mélodie.

«Le moment était venu où j'allais expier toutes mes inconséquences. Dans mon délire j'avais été jusqu'à désirer d'éprouver un malheur, pour avoir du moins un objet réel de souffrance: épouvantable souhait que Dieu, dans sa colère, a trop exaucé![66]

«Que vais-je vous révéler, ô mes amis! Voyez les pleurs qui coulent de mes yeux. Puis-je même . . . Il y a quelques jours, rien n'aurait pu m'arracher ce secret . . . A présent tout est fini!

64. *replis:* recesses.
65. *se rouvrit:* opened up.
66. *exaucé:* granted.

«Toutefois, ô vieillards, que cette histoire soit à jamais ensevelie dans le silence: souvenez-vous qu'elle n'a été racontée que sous l'arbre du désert.

«L'hiver finissait, lorsque je m'aperçus qu'Amélie perdait le repos et la santé qu'elle commençait à me rendre. Elle maigrissait;[67] ses yeux se creusaient;[68] sa démarche était languissante, et sa voix troublée. Un jour, je la surpris tout en larmes au pied d'un crucifix. Le monde, la solitude, mon absence, ma présence, la nuit, le jour, tout l'alarmait. D'involontaires soupirs venaient expirer sur ses lèvres; tantôt elle soutenait, sans se fatiguer, une longue course; tantôt elle se traînait à peine; elle prenait et laissait son ouvrage, ouvrait un livre sans pouvoir lire, commençait une phrase qu'elle n'achevait pas, fondait tout à coup en pleurs, et se retirait pour prier.

«En vain je cherchais à découvrir son secret. Quand je l'interrogeais, en la pressant dans mes bras, elle me répondait, avec un sourire, qu'elle était comme moi, qu'elle ne savait pas ce qu'elle avait.

«Trois mois se passèrent de la sorte, et son état devenait pire chaque jour. Une correspondance mystérieuse me semblait être la cause de ses larmes, car elle paraissait ou plus tranquille ou plus émue, selon les lettres qu'elle recevait. Enfin, un matin, l'heure à laquelle nous déjeunions ensemble étant passée, je monte à son appartement; je frappe, on ne me répond point; j'entrouvre la porte, il n'y avait personne dans la chambre. J'aperçois sur la cheminée un paquet à mon adresse. Je le saisis en tremblant, je l'ouvre, et je lis cette lettre, que je conserve pour m'ôter à l'avenir tout mouvement de joie.

A René

«Le Ciel m'est témoin, mon frère, que je donnerais mille fois ma vie pour «vous épargner un moment de peine; mais, infortunée que je suis, je ne puis «rien pour votre bonheur. Vous me pardonnerez donc de m'être dérobée[69] «de chez vous, comme une coupable: je n'aurais pu résister à vos prières, et «cependant il fallait partir . . . Mon Dieu, ayez pitié de moi!

«Vous savez, René, que j'ai toujours eu du penchant pour la vie religieuse: «il est temps que je mette à profit les avertissements du Ciel. Pourquoi ai-je «attendu si tard? Dieu m'en punit. J'étais restée pour vous dans le monde . . . «Pardonnez, je suis toute troublée par le chagrin que j'ai de vous quitter.

«C'est à présent, mon cher frère, que je sens bien la nécessité de ces «asiles,[70] contre lesquels je vous ai vu souvent vous élever. Il est des malheurs «qui nous séparent pour toujours des hommes: que deviendraient alors de «pauvres infortunées? . . . Je suis persuadée que vous-même, mon frère, vous «trouveriez le repos dans ces retraites de la religion: la terre n'offre rien qui «soit digne de vous.

67. *maigrissait:* grew thin.
68. *se creusaient:* grew hollow.
69. *m'être dérobée:* having stolen away.
70. *asiles:* retreats.

«Je ne vous rappellerai point votre serment: je connais la fidélité de votre «parole. Vous l'avez juré, vous vivrez pour moi. Y a-t-il rien de plus miséra- «ble, que de songer sans cesse à quitter la vie? Pour un homme de votre «caractère, il est si aisé de mourir! Croyez-en votre sœur, il est plus difficile «de vivre.

«Mais, mon frère, sortez au plus vite de la solitude, qui ne vous est pas «bonne; cherchez quelque occupation. Je sais que vous riez amèrement de «cette nécessité où l'on est en France de *prendre un état*. Ne méprisez pas «tant l'expérience et la sagesse de nos pères. Il vaut mieux, mon cher René, «ressembler un peu plus au commun des hommes, et avoir un peu moins de «malheur.

«Peut-être trouveriez-vous dans le mariage un soulagement à vos ennuis. «Une femme, des enfants occuperaient vos jours. Et quelle est la femme qui «ne chercherait pas à vous rendre heureux! L'ardeur de votre âme, la beauté «de votre génie, votre air noble et passionné, ce regard fier et tendre, tout «vous assurerait de son amour et de sa fidélité. Ah! avec quelles délices ne te «presserait-elle pas dans ses bras et sur son cœur! Comme tous ses regards, «toutes ses pensées seraient attachés sur toi pour prévenir tes moindres «peines! Elle serait tout amour, toute innocence devant toi; tu croirais re- «trouver une sœur.

«Je pars pour le couvent de . . . Ce monastère, bâti au bord de la mer, «convient à la situation de mon âme. La nuit, du fond de ma cellule, j'enten- «drai le murmure des flots qui baignent les murs du couvent; je songerai à «ces promenades que je faisais avec vous, au milieu des bois, alors que nous «croyions retrouver le bruit des mers dans la cime agitée des pins. Aimable «compagnon de mon enfance, est-ce que je ne vous verrai plus? A peine plus «âgée que vous, je vous balançais dans votre berceau; souvent nous avons «dormi ensemble. Ah! si un même tombeau nous réunissait un jour! Mais «non: je dois dormir seule sous les marbres glacés de ce sanctuaire où repo- «sent pour jamais ces filles qui n'ont point aimé.

«Je ne sais si vous pourrez lire ces lignes à demi effacées par mes larmes. «Après tout, mon ami, un peu plus tôt, un peu plus tard, n'aurait-il pas fallu «nous quitter? Qu'ai-je besoin de vous entretenir de l'incertitude et du peu «de valeur de la vie? Vous vous rappelez le jeune M . . . qui fit naufrage à «l'île de France[71] Quand vous reçûtes sa dernière lettre, quelques mois après «sa mort, sa dépouille terrestre n'existait même plus, et l'instant où vous «commenciez son deuil en Europe était celui où on le finissait aux Indes. «Qu'est-ce donc que l'homme, dont la mémoire périt si vite? Une partie de «ses amis ne peut apprendre sa mort, que l'autre n'en soit déjà consolée! «Quoi, cher et trop cher René, mon souvenir s'effacera-t-il si promptement

71. L'Ile de France, ou l'Ile Maurice (Mauritius), se trouve dans l'Océan Indien.

«de ton cœur? O mon frère, si je m'arrache à vous dans le temps, c'est pour «n'être pas séparée de vous dans l'éternité.»

AMÉLIE.

P. S. «Je joins ici l'acte de donation de mes biens; j'espère que vous ne refu- «serez pas cette marque de mon amitié.»

Dégagez le(s) ton(s) de la lettre d'Amélie. Quel changement de ton est marqué au para. six lorsqu'elle change de «vous» à «tu»? Par quels autres détails (vocabulaire, images, rythme) Chateaubriand renforce-t-il ce changement?

Quels mots, surtout dans les derniers paragraphes, soulignent les problèmes principaux d'ordre philosophique et psychologique posés dans *René*? Quelle solution Amélie embrasse-t-elle? Laquelle suggère-t-elle pour René? Jusqu'à quel point a-t-elle été elle-même une solution pour René?

«La foudre qui fût tombée à mes pieds ne m'eût pas causé[72] plus d'effroi que cette lettre. Quel secret Amélie me cachait-elle? Qui la forçait si subitement à embrasser la vie religieuse? Ne m'avait-elle rattaché à l'existence par le charme de l'amitié que pour me délaisser tout à coup? Oh! pourquoi était-elle venue me détourner de mon dessein! Un mouvement de pitié l'avait rappelée auprès de moi, mais bientôt fatiguée d'un pénible devoir, elle se hâte de quitter un malheureux qui n'avait qu'elle sur la terre. On croit avoir tout fait quand on a empêché un homme de mourir! Telles étaient mes plaintes. Puis faisant un retour sur moi-même: «Ingrate Amélie, disais-je, si tu avais «été à ma place, si, comme moi, tu avais été perdue dans le vide de tes jours, «ah! tu n'aurais pas été abandonnée de ton frère.»

«Cependant, quand je relisais la lettre, j'y trouvais je ne sais quoi de si triste et de si tendre, que tout mon cœur se fondait. Tout à coup il me vint une idée qui me donna quelque espérance: je m'imaginai qu'Amélie avait peut-être conçu une passion pour un homme qu'elle n'osait avouer. Ce soupçon sembla m'expliquer sa mélancolie, sa correspondance mystérieuse, et le ton passionné qui respirait dans sa lettre. Je lui écrivis aussitôt pour la supplier[73] de m'ouvrir son cœur.

«Elle ne tarda pas à me répondre, mais sans me découvrir son secret: elle me mandait[74] seulement qu'elle avait obtenu les dispenses du noviciat, et qu'elle allait prononcer ses vœux.[75]

«Je fus révolté de l'obstination d'Amélie, du mystère de ses paroles, et de son peu de confiance en mon amitié.

«Après avoir hésité un moment sur le parti que j'avais à prendre, je résolus d'aller à B . . . pour faire un dernier effort auprès de ma sœur. La terre où

72. *La foudre . . . causé:* Lightning, had it fallen at my feet, would not have caused.
73. *supplier:* to implore.
74. *mandait:* informed.
75. *vœux:* vows.

j'avais été élevé se trouvait sur la route. Quand j'aperçus les bois où j'avais passé les seuls moments heureux de ma vie, je ne pus retenir mes larmes, et il me fut impossible de résister à la tentation de leur dire un dernier adieu.

«Mon frère aîné avait vendu l'héritage paternel, et le nouveau propriétaire ne l'habitait pas. J'arrivai au château par la longue avenue de sapins; je traversai à pied les cours désertes; je m'arrêtai à regarder les fenêtres fermées ou demi-brisées, le chardon[76] qui croissait au pied des murs, les feuilles qui jonchaient[77] le seuil des portes, et ce perron[78] solitaire où j'avais vu si souvent mon père et ses fidèles serviteurs. Les marches étaient déjà couvertes de mousse; le violier jaune[79] croissait entre leurs pierres déjointes et tremblantes. Un gardien inconnu m'ouvrit brusquement les portes. J'hésitais à franchir le seuil; cet homme s'écria: «Eh bien! allez-vous faire comme cette étrangère «qui vint ici il y a quelques jours? Quand ce fut pour entrer, elle s'évanouit, «et je fus obligé de la reporter à sa voiture.» Il me fut aisé de reconnaître l'*étrangère* qui, comme moi, était venue chercher dans ces lieux des pleurs et des souvenirs!

«Couvrant un moment mes yeux de mon mouchoir, j'entrai sous le toit de mes ancêtres. Je parcourus les appartements sonores où l'on n'entendait que le bruit de mes pas. Les chambres étaient à peine éclairées par la faible lumière qui pénétrait entre les volets fermés: je visitai celle où ma mère avait perdu la vie en me mettant au monde, celle où se retirait mon père, celle où j'avais dormi dans mon berceau, celle enfin où l'amitié avait reçu mes premiers vœux dans le sein d'une sœur. Partout les salles étaient détendues,[80] et l'araignée filait sa toile dans les couches abandonnées. Je sortis précipitamment de ces lieux, je m'en éloignai à grands pas, sans oser tourner la tête. Qu'ils sont doux, mais qu'ils sont rapides, les moments que les frères et les sœurs passent dans leurs jeunes années, réunis sous l'aile de leurs vieux parents! La famille de l'homme n'est que d'un jour; le souffle de Dieu la disperse comme une fumée. A peine le fils connaît-il le père, le père le fils, le frère la sœur, la sœur le frère! Le chêne voit germer ses glands[81] autour de lui: il n'en est pas ainsi des enfants des hommes!

«En arrivant à B . . . , je me fis conduire au couvent; je demandai à parler à ma sœur. On me dit qu'elle ne recevait personne. Je lui écrivis: elle me répondit que, sur le point de se consacrer à Dieu, il ne lui était pas permis de donner une pensée au monde; que si je l'aimais, j'éviterais de l'accabler de ma douleur. Elle ajoutait: «Cependant si votre projet est de paraître à «l'autel le jour de ma profession, daignez m'y servir de père; ce rôle est le «seul digne de votre courage, le seul qui convienne à notre amitié, et à mon repos.»

76. *chardon:* thistle.
77. *jonchaient:* were strewn over.
78. *perron:* steps.
79. *violier jaune:* wallflower.
80. *détendues:* without hangings (curtains and tapestries).
81. *glands:* acorns.

Comme on voit dans la phrase «daignez m'y servir de père» la religion chrétienne (catholique) est pleine de termes et d'images empruntés à la famille (père, frère, sœur). Rapportez ces images traditionnelles à la situation particulière de la famille de René. Dans quels cas René s'en sert-il dans un contexte non-chrétien? Quelle en est la signification philosophique et psychologique?

«Cette froide fermeté qu'on opposait à l'ardeur de mon amitié, me jeta dans de violents transports. Tantôt j'étais près de retourner sur mes pas; tantôt je voulais rester, uniquement pour troubler le sacrifice. L'enfer me suscitait jusqu'à la pensée de me poignarder[82] dans l'église, et de mêler mes derniers soupirs aux vœux qui m'arrachaient ma sœur. La supérieure[83] du couvent me fit prévenir qu'on avait préparé un banc dans le sanctuaire, et elle m'invitait à me rendre à la cérémonie qui devait avoir lieu dès le lendemain.

«Au lever de l'aube, j'entendis le premier son des cloches . . . Vers dix heures, dans une sorte d'agonie, je me traînai au monastère. Rien ne peut plus être tragique quand on a assisté à un pareil spectacle; rien ne peut plus être douloureux quand on y a survécu.

«Un peuple immense remplissait l'église. On me conduit au banc du sanctuaire; je me précipite à genoux sans presque savoir où j'étais, ni à quoi j'étais résolu. Déjà le prêtre attendait à l'autel; tout à coup la grille mystérieuse s'ouvre, et Amélie s'avance, parée de toutes les pompes du monde. Elle était si belle, il y avait sur son visage quelque chose de si divin, qu'elle excita un mouvement de surprise et d'admiration. Vaincu par la glorieuse douleur de la sainte, abattu par les grandeurs de la religion, tous mes projets de violence s'évanouirent,[84] ma force m'abandonna; je me sentis lié par une main toute-puissante, et au lieu de blasphèmes et de menaces, je ne trouvai dans mon cœur que de profondes adorations et les gémissements de l'humilité.

«Amélie se place sous un dais. Le sacrifice commence à la lueur des flambeaux, au milieu des fleurs et des parfums, qui devaient rendre l'holocauste agréable. A l'offertoire, le prêtre se dépouilla de ses ornements, ne conserva qu'une tunique de lin,[85] monta en chaire,[86] et, dans un discours simple et pathétique, peignit le bonheur de la vierge qui se consacre au Seigneur. Quand il prononça ces mots: «Elle a paru comme l'encens qui se consume «dans le feu», un grand calme et des odeurs célestes semblèrent se répandre dans l'auditoire; on se sentit comme à l'abri sous les ailes de la colombe mystique, et l'on eût cru voir les anges descendre sur l'autel et remonter vers les cieux avec des parfums et des couronnes.

«Le prêtre achève son discours, reprend ses vêtements, continue le sacrifice.

82. *me poignarder:* to stab myself.
83. *La supérieure:* the Mother Superior.
84. *s'évanouirent:* faded.
85. *lin:* linen.
86. *monta en chaire:* ascended the pulpit.

Amélie, soutenue de deux jeunes religieuses, se met à genoux sur la dernière marche de l'autel. On vient alors me chercher, pour remplir les fonctions paternelles. Au bruit de mes pas chancelants dans le sanctuaire, Amélie est prête à défaillir. On me place à côté du prêtre, pour lui présenter les ciseaux. En ce moment je sens renaître mes transports; ma fureur va éclater, quand Amélie, rappelant son courage, me lance un regard où il y a tant de reproche et de douleur que j'en suis atterré. La religion triomphe. Ma sœur profite de mon trouble; elle avance hardiment la tête. Sa superbe chevelure tombe de toutes parts sous le fer sacré; une longue robe d'étamine[87] remplace pour elle les ornements du siècle, sans la rendre moins touchante; les ennuis de son front se cachent sous un bandeau de lin; et le voile mystérieux, double symbole de la virginité et de la religion, accompagne sa tête dépouillée. Jamais elle n'avait paru si belle. L'œil de la pénitente était attaché sur la poussière du monde, et son âme était dans le ciel.

«Cependant Amélie n'avait point encore prononcé ses vœux; et pour mourir au monde il fallait qu'elle passât à travers le tombeau. Ma sœur se couche sur le marbre; on étend sur elle un drap mortuaire; quatre flambeaux en marquent les quatre coins. Le prêtre, l'étole[88] au cou, le livre à la main, commence l'Office des morts; de jeunes vierges le continuent. O joies de la religion, que vous êtes grandes, mais que vous êtes terribles! On m'avait contraint de me placer à genoux, près de ce lugubre appareil. Tout à coup un murmure confus sort de dessous le voile[89] sépulcral; je m'incline, et ces paroles épouvantables (que je fus seul à entendre), viennent frapper mon oreille: «Dieu de miséricorde, fais que je ne me relève jamais de cette couche «funèbre, et comble de tes biens un frère qui n'a point partagé ma criminelle «passion!»

«A ces mots échappés du cercueil, l'affreuse vérité m'éclaire; ma raison s'égare, je me laisse tomber sur le linceul[90] de la mort, je presse ma sœur dans mes bras, je m'écrie: «Chaste épouse de Jésus-Christ, reçois mes derniers «embrassements à travers les glaces du trépas et les profondeurs de l'éternité, «qui te séparent déjà de ton frère!»

Durant les cinq derniers paragraphes où René décrit la prise de voile d'Amélie, la plupart des phrases sont au présent. Cette fois il s'agit nettement des impressions du jeune René rendues plus directes et vivaces par l'emploi des verbes au présent. Quel est l'effet de cette technique sur la distance entre René (le narrateur) et la scène qu'il décrit? Quel en est l'effet pour la distance entre le lecteur et ce qu'il lit?

La messe qui est célébrée lors de la prise de voile est «l'office des Morts». Dans ces deux derniers paragraphes relevez d'autres exemples, dans le language traditionnel de l'église et dans celui de René, qui reprennent la notion de la mort. Comment l'emploi de la mort ici se rattache-

87. *étamine:* muslin.
88. *étole:* stole.
89. *voile:* veil.
90. *linceul:* shroud.

t-il au thème de la mort à travers le roman? Précisez. Jusqu'à quel point l'emploi ici marque-t-il un changement?

L'aveu, la révélation du secret d'Amélie, marque le moment de crise dans cette scène. Le narrateur, qui connaît ce secret depuis le début du récit, permet au lecteur de le découvrir en même temps que le jeune René. A part la valeur de «suspense», qu'est-ce que ce refus de parler avant ce moment et la reprise du point de vue du jeune René peuvent nous révéler de la psychologie du René-narrateur? Quel en est l'effet sur la distance du narrateur et du lecteur par rapport à cette scène?

«Ce mouvement, ce cri, ces larmes, troublent la cérémonie, le prêtre s'interrompt, les religieuses ferment la grille, la foule s'agite et se presse vers l'autel; on m'emporte sans connaissance. Que je sus peu de gré[91] à ceux qui me rappelèrent au jour! J'appris, en rouvrant les yeux, que le sacrifice était consommé, et que ma sœur avait été saisie d'une fièvre ardente. Elle me faisait prier de ne plus chercher à la voir. O misère de ma vie: une sœur craindre de parler à un frère, et un frère craindre de faire entendre sa voix à une sœur! Je sortis du monastère comme de ce lieu d'expiation[92] où les flammes nous préparent pour la vie céleste, où l'on a tout perdu comme aux enfers, hors l'espérance.

«On peut trouver des forces dans son âme contre un malheur personnel; mais devenir la cause involontaire du malheur d'un autre, cela est tout à fait insupportable. Eclairé sur les maux de ma sœur, je me figurais ce qu'elle avait dû souffrir. Alors s'expliquèrent pour moi plusieurs choses que je n'avais pu comprendre: ce mélange de joie et de tristesse, qu'Amélie avait fait paraître au moment de mon départ pour mes voyages, le soin qu'elle prit de m'éviter à mon retour, et cependant cette faiblesse qui l'empêcha si longtemps d'entrer dans un monastère; sans doute la fille malheureuse s'était flattée de guérir! Ses projets de retraite, la dispense du noviciat, la disposition de ses biens en ma faveur, avaient apparemment produit cette correspondance secrète qui servit à me tromper.

«O mes amis, je sus donc ce que c'était que de verser des larmes, pour un mal qui n'était point imaginaire! Mes passions, si longtemps indéterminées, se précipitèrent sur cette première proie avec fureur. Je trouvai même une sorte de satisfaction inattendue[93] dans la plénitude de mon chagrin, et je m'aperçus, avec un secret mouvement de joie, que la douleur n'est pas une affection qu'on épuise[94] comme le plaisir.

«J'avais voulu quitter la terre avant l'ordre du Tout-Puissant; c'était un grand crime: Dieu m'avait envoyé Amélie à la fois pour me sauver et pour me punir. Ainsi, toute pensée coupable, toute action criminelle entraîne après elle des désordres et des malheurs. Amélie me priait de vivre, et je lui devais bien de ne pas aggraver ses maux. D'ailleurs (chose étrange!) je n'avais

91. *Que . . . gré:* How little gratitude I felt.
92. *ce lieu d'expiation:* Purgatory.
93. *inattendue:* unexpected.
94. *épuise:* consumes.

plus envie de mourir depuis que j'étais réellement malheureux. Mon chagrin était devenu une occupation qui remplissait tous mes moments: tant mon cœur est naturellement pétri d'ennui et de misère!

Durant quatre paragraphes René décrit ses réactions au moment où il prend conscience du secret d'Amélie. Il peut s'expliquer maintenant «plusieurs choses» telles que la tristesse d'Amélie, sa lettre, sa décision d'entrer au couvent. En relevant des détails précis depuis le début du roman, jugez de l'art de préparation de la part de Chateaubriand. Quelle est la valeur de ces détails pour la structure du roman et pour le portrait psychologique de René? A quel moment avez-vous pu deviner le secret d'Amélie?

Quelle semble être l'attitude morale de René envers «le crime» d'Amélie? Se sent-il coupable pour sa part dans le crime? Eprouve-t-il du remords? Rattachez «la joie» d'être malheureux à la psychologie de René et aux problèmes d'ordre philosophique posés depuis le début du roman. Rattachez cette «joie» à l'acte de se souvenir et de raconter cette histoire de la part du narrateur René.

«Je pris donc subitement une autre résolution; je me déterminai à quitter l'Europe, et à passer en Amérique.

«On équipait, dans ce moment même, au port de B . . . , une flotte[95] pour la Louisiane; je m'arrangeai avec un des capitaines de vaisseau; je fis savoir mon projet à Amélie, et je m'occupai de mon départ.

«Ma sœur avait touché aux portes de la mort; mais Dieu, qui lui destinait la première palme[96] des vierges, ne voulut pas la rappeler si vite à lui; son épreuve ici-bas fut prolongée. Descendue une seconde fois dans la pénible carrière de la vie, l'héroïne, courbée sous la croix, s'avança courageusement à l'encontre des douleurs, ne voyant plus que le triomphe dans le combat, et dans l'excès des souffrances, l'excès de la gloire.

«La vente du peu de bien qui me restait, et que je cédai à mon frère, les longs préparatifs d'un convoi, les vents contraires, me retinrent longtemps dans le port. J'allais chaque matin m'informer des nouvelles d'Amélie, et je revenais toujours avec de nouveaux motifs d'admiration et de larmes.

«J'errais sans cesse autour du monastère bâti au bord de la mer. J'apercevais souvent, à une petite fenêtre grillée qui donnait sur une plage déserte, une religieuse assise dans une attitude pensive; elle rêvait à l'aspect de l'océan où apparaissait quelque vaisseau, cinglant[97] aux extrémités de la terre. Plusieurs fois, à la clarté de la lune, j'ai revu la même religieuse aux barreaux de la même fenêtre: elle contemplait la mer, éclairée par l'astre de la nuit, et semblait prêter l'oreille au bruit des vagues qui se brisaient tristement sur des grèves[98] solitaires.

«Je crois encore entendre la cloche qui, pendant la nuit, appelait les reli-

95. *flotte:* fleet.
96. *palme:* palm (i.e. a prize).
97. *cinglant:* sailing.
98. *grèves:* beaches.

gieuses aux veilles et aux prières. Tandis qu'elle tintait avec lenteur, et que les vierges s'avançaient en silence à l'autel du Tout-Puissant, je courais au monastère: là, seul au pied des murs, j'écoutais dans une sainte extase, les derniers sons des cantiques, qui se mêlaient sous les voûtes du temple au faible bruissement des flots.

«Je ne sais comment toutes ces choses, qui auraient dû nourrir mes peines, en émoussaient[99] au contraire l'aiguillon.[100] Mes larmes avaient moins d'amertume lorsque je les répandais sur les rochers et parmi les vents. Mon chagrin même, par sa nature extraordinaire, portait avec lui quelque remède: on jouit de ce qui n'est pas commun, même quand cette chose est un malheur. J'en conçus presque l'espérance que ma sœur deviendrait à son tour moins misérable.

«Une lettre que je reçus d'elle avant mon départ sembla me confirmer dans ces idées. Amélie se plaignait tendrement de ma douleur, et m'assurait que le temps diminuait la sienne. «Je ne désespère pas de mon bonheur, me «disait-elle. L'excès même du sacrifice, à présent que le sacrifice est con- «sommé, sert à me rendre quelque paix. La simplicité de mes compagnes, la «pureté de leurs vœux, la régularité de leur vie, tout répand du baume sur «mes jours. Quand j'entends gronder les orages, et que l'oiseau de mer vient «battre des ailes à ma fenêtre, moi, pauvre colombe du ciel, je songe au bon- «heur que j'ai eu de trouver un abri contre la tempête. C'est ici la sainte «montagne, le sommet élevé d'où l'on entend les derniers bruits de la terre, «et les premiers concerts du ciel; c'est ici que la religion trompe doucement «une âme sensible: aux plus violentes amours elle substitue une sorte de «chasteté brûlante où l'amante et la vierge sont unies; elle épure les soupirs; «elle change en une flamme incorruptible une flamme périssable; elle mêle «divinement son calme et son innocence à ce reste de trouble et de volupté «d'un cœur qui cherche à se reposer, et d'une vie qui se retire.»

Comparez cette lettre (ton, rythme des phrases, vocabulaire, images et idées) à la lettre qu'Amélie avait écrite à René au moment de le quitter.

«Je ne sais ce que le ciel me réserve, et s'il a voulu m'avertir que les orages accompagneraient partout mes pas. L'ordre était donné pour le départ de la flotte; déjà plusieurs vaisseaux avaient appareillé[101] au baisser du soleil; je m'étais arrangé pour passer la dernière nuit à terre, afin d'écrire ma lettre d'adieux à Amélie. Vers minuit, tandis que je m'occupe de ce soin, et que je mouille mon papier de mes larmes, le bruit des vents vient frapper mon oreille. J'écoute; et au milieu de la tempête, je distingue les coups de canon d'alarme, mêlés au glas de la cloche monastique. Je vole sur le rivage où tout était désert, et où l'on n'entendait que le rugissement des flots. Je m'assieds

99. *émoussaient:* blunted.
100. *aiguillon:* sting.
101. *appareillé:* set sail.

sur un rocher. D'un côté s'étendent les vagues étincelantes, de l'autre les murs sombres du monastère se perdent confusément dans les cieux. Une petite lumière paraissait à la fenêtre grillée. Etait-ce toi, ô mon Amélie, qui prosternée au pied du crucifix, priais le Dieu des orages d'épargner ton malheureux frère? La tempête sur les flots, le calme dans ta retraite; des hommes brisés sur des écueils, au pied de l'asile que rien ne peut troubler; l'infini de l'autre côté du mur d'une cellule; les fanaux[102] agités des vaisseaux, le phare[103] immobile du couvent; l'incertitude des destinées du navigateur, la vestale connaissant dans un seul jour tous les jours futurs de sa vie; d'une autre part, une âme telle que la tienne, ô Amélie, orageuse comme l'océan; un naufrage[104] plus affreux que celui du marinier: tout ce tableau est encore profondément gravé dans ma mémoire. Soleil de ce ciel nouveau maintenant témoin de mes larmes, écho du rivage américain qui répétez les accents de René, ce fut le lendemain de cette nuit terrible, qu'appuyé sur le gaillard[105] de mon vaisseau, je vis s'éloigner pour jamais ma terre natale! Je contemplai longtemps sur la côte les derniers balancements des arbres de la patrie, et les faîtes du monastère qui s'abaissaient à l'horizon.»

> Quelle est la fonction de la tempête que décrit René au moment de son départ pour l'Amérique? Comment la longue série de contrastes («la tempête sur les flots, le calme dans ta retraite . . .») se rattache-t-elle à la psychologie de René et aux problèmes philosophiques du roman? Quels éléments du décor ici représentent une «reprise» d'objets et de scènes qu'on a déjà vus dans le roman? Lesquels reflètent les images dont se sert Amélie dans sa lettre?
>
> Par rapport à ces images, que signifie, d'un point de vue psychologique et philosophique, le départ de René sur l'océan?

Comme René achevait de raconter son histoire, il tira un papier de son sein, et le donna au P. Souël; puis, se jetant dans les bras de Chactas, et étouffant[106] ses sanglots, il laissa le temps au missionnaire de parcourir la lettre qu'il venait de lui remettre.

Elle était de la Supérieure de . . . Elle contenait le récit des derniers moments de la sœur Amélie de la Miséricorde, morte victime de son zèle et de sa charité, en soignant ses compagnes attaquées d'une maladie contagieuse. Toute la communauté était inconsolable, et l'on y regardait Amélie comme une sainte. La Supérieure ajoutait que, depuis trente ans qu'elle était à la tête de la maison, elle n'avait jamais vu de religieuse d'une humeur aussi douce et aussi égale, ni qui fût plus contente d'avoir quitté les tribulations du monde.

Chactas pressait René dans ses bras; le vieillard pleurait. «Mon enfant,

102. *fanaux:* navigation lights.
103. *phare:* beacon.
104. *naufrage:* shipwreck.
105. *gaillard:* forecastle.
106. *étouffant:* stifling.

dit-il à son fils, je voudrais que le P. Aubry[107] fût ici, il tirait du fond de son cœur je ne sais quelle paix qui, en les calmant, ne semblait cependant point étrangère aux tempêtes; c'était la lune dans une nuit orageuse; les nuages errants ne peuvent l'emporter dans leur course; pure et inaltérable, elle s'avance tranquille au-dessus d'eux. Hélas, pour moi, tout me trouble et m'entraîne!»

Jusqu'alors le P. Souël, sans proférer une parole, avait écouté d'un air austère l'histoire de René. Il portait en secret un cœur compatissant, mais il montrait au dehors un caractère inflexible; la sensibilité du Sachem le fit sortir du silence:

«Rien, dit-il au frère d'Amélie, rien ne mérite, dans cette histoire, la pitié qu'on vous montre ici. Je vois un jeune homme entêté de chimères, à qui tout déplaît et qui s'est soustrait aux charges de la société pour se livrer à d'inutiles rêveries. On n'est point, monsieur, un homme supérieur parce qu'on aperçoit le monde sous un jour odieux.[108] On ne hait les hommes et la vie, que faute de voir assez loin. Etendez un peu plus votre regard, et vous serez bientôt convaincu que tous ces maux dont vous vous plaignez sont de purs néants. Mais quelle honte de ne pouvoir songer au seul malheur réel de votre vie, sans être forcé de rougir! Toute la pureté, toute la vertu, toute la religion, toutes les couronnes d'une sainte rendent à peine tolérable la seule idée de vos chagrins. Votre sœur a expié sa faute; mais, s'il faut dire ici ma pensée, je crains que, par une épouvantable justice, un aveu sorti du sein de la tombe, n'ait troublé votre âme à son tour. Que faites-vous seul au fond des forêts où vous consumez vos jours, négligeant tous vos devoirs? Des saints, me direz-vous, se sont ensevelis dans les déserts? Ils y étaient avec leurs larmes et employaient à éteindre leurs passions le temps que vous perdez peut-être à allumer les vôtres. Jeune présomptueux qui avez cru que l'homme se peut suffire à lui-même! La solitude est mauvaise à celui qui n'y vit pas avec Dieu; elle redouble les puissances de l'âme, en même temps qu'elle leur ôte tout sujet pour s'exercer. Quiconque a reçu des forces, doit les consacrer au service de ses semblables;[109] s'il les laisse inutiles, il en est d'abord puni par une secrète misère, et tôt ou tard le ciel lui envoie un châtiment effroyable.»

Troublé par ces paroles, René releva du sein de Chactas sa tête humiliée. Le Sachem aveugle se prit à sourire; et ce sourire de la bouche, qui ne se mariait plus à celui des yeux, avait quelque chose de mystérieux et de céleste. «Mon fils, dit le vieil amant d'Atala, il nous parle sévèrement; il corrige et le vieillard et le jeune homme, et il a raison. Oui, il faut que tu renonces à cette vie extraordinaire qui n'est pleine que de soucis: il n'y a de bonheur que dans les voies communes.

«Un jour le Meschacebé, encore assez près de sa source, se lassa de n'être

107. Le Père Aubry est un personnage qui apparaît dans *Atala*.

108. *sous un jour odieux:* in a bad light.

109. *semblables:* fellow men.

qu'un limpide ruisseau. Il demande des neiges aux montagnes, des eaux aux torrents, des pluies aux tempêtes, il franchit[110] ses rives, et désole ses bords charmants. L'orgueilleux ruisseau s'applaudit d'abord de sa puissance; mais voyant que tout devenait désert sur son passage; qu'il coulait, abandonné dans la solitude; que ses eaux étaient toujours troublées, il regretta l'humble lit que lui avait creusé la nature, les oiseaux, les fleurs, les arbres et les ruisseaux, jadis modestes compagnons de son paisible cours.»

Etudiez les jugements des deux «pères» de René. En quoi sont-ils différents (ton, vocabulaire, images, idées)? En quoi, pourtant, se ressemblent-ils? Comment leur leçon commune a-t-elle été déjà préparée par la narration, la description du décor, et les paroles d'autres personnages dans ce roman? Cette leçon semble-t-elle représenter une véritable solution pour les problèmes psychologiques de René (hantise de la mort, dualisme)? Pour ses problèmes philosophiques (isolement, ravages du temps)? A cet égard, comparez cette solution à d'autres possibilités et tentatives esquissées par René au cours de son récit (le monastère, l'art, le suicide, l'amour d'Amélie, etc.).

Quel est, enfin, l'effet de cette «leçon» sur le lecteur? Ses sympathies sont-elles avec les deux pères ou plutôt du côté de René? Expliquez votre réponse selon les moyens narratifs (la distance, le point de vue) et structuraux (place de la leçon dans le mouvement psychologique et philosophique) du roman même.

Chactas cessa de parler, et l'on entendit la voix du flammant[111] qui, retiré dans les roseaux du Meschacebé, annonçait un orage pour le milieu du jour. Les trois amis reprirent la route de leurs cabanes: René marchait en silence entre le missionnaire qui priait Dieu, et le Sachem aveugle qui cherchait sa route. On dit que, pressé par les deux vieillards, il retourna chez son épouse, mais sans y trouver le bonheur. Il périt peu de temps après avec Chactas et le P. Souël, dans le massacre des Français et des Natchez à la Louisiane.[112] On montre encore un rocher où il allait s'asseoir au soleil couchant.

Comme au début du roman, c'est la voix du narrateur ici qui complète le portrait. Etant donnée la signification des deux pères de René, qu'est-ce que la phrase—«René marchait en silence entre le missionnaire qui priait Dieu, et le sachem aveugle qui cherchait sa route»—semble indiquer sur l'état psychologique de René? Quels autres détails de ce paragraphe contribuent à la précision de son état psychologique après son récit? Quel rapport voyez-vous entre ce dernier paragraphe et les deux «leçons» qui le précèdent?

QUESTIONS GENERALES

«Si *René* n'existait pas, je ne l'écrirais plus; s'il m'était possible de le détruire, je le détruirais. Une famille de René poètes et de René prosateurs a pullulé: on n'a plus entendu que des phrases lamentables et décousues;

110. *franchit:* passes over.
111. *flammant:* flamingo.
112. Le P. Souël fut tué par les Indiens en 1729, à peu près à l'époque de la destruction du Fort Rosalie et du massacre des Français.

il n'a plus été question que de vents et d'orages, que de mots inconnus livrés aux nuages et à la nuit. Il n'y a pas de grimaud sortant du collège qui n'ait rêvé être le plus malheureux des hommes; de bambin qui à seize ans, n'ait épuisé la vie, qui ne se soit cru tourmenté par son génie; qui, dans l'abîme de ses pensées, ne se soit livré au vague des passions; qui n'ait frappé son front pâle et échevelé et n'ait étonné les hommes stupéfaits d'un malheur dont il ne savait pas le nom, ni eux non plus» (Chateaubriand, *Mémoires d'outre-tombe*).

Comme l'indique le jugement de Chateaubriand, il existe une grande différence entre les *intentions* de l'auteur en écrivant *René*—montrer le malheur et le crime de l'homme sans Dieu—et l'*interprétation* de sa génération, qui voit dans René un héros révolté contre sa condition d'homme et contre la banalité et la superficialité de l'existence. En vous appuyant sur les notions d'analyse du roman que nous avons indiquées dans l'Introduction—le narrateur, le personnage, le décor, les événements, la structure—essayez d'expliquer ce paradoxe et de forger votre propre interprétation du roman.

Par exemple, dans la *narration,* étudiez les changements de voix (le narrateur, Amélie, les deux pères, les deux Renés), les changements de distance du narrateur-René par rapport à ce qu'il décrit et du lecteur par rapport à ce qu'il lit. Ces changements sont-ils bien ordonnés de la part de Chateaubriand ou semblent-ils chaotiques et sans direction? Expliquez.

En ce qui concerne le *décor,* avez-vous l'impression que René cherche volontiers des paysages tristes comme le prétend le Père Souël? Ou est-ce que le décor même semble imposer la vision d'un monde croulant, mutilé, et absurde?

En discutant la *psychologie* de René, vous semble-t-il que les problèmes qui le hantent (la mort, son dualisme) puissent être résolus par la solution que choisit Amélie (la religion)? Quant aux problèmes *philosophiques* (les ravages du temps, l'isolement, l'étrangeté de l'homme, son conflit avec l'univers) est-ce que les solutions que propose Chateaubriand semblent être valables et durables?

Enfin, en rassemblant ces différents aspects du roman, est-ce que la *structure* reflète clairement les intentions de Chateaubriand? Est-ce lui qui s'était peut-être trop identifié avec René? Est-ce qu'il avait lui-même une attitude ambiguë envers les problèmes qu'il a posés? Ou est-ce plutôt sa génération qui s'était trop identifiée avec René? A-t-elle mal compris les mouvements, la structure du roman? A-t-elle trop écouté René et pas assez lu *René*?

The Granger Collection

STENDHAL

> Je porterais un masque avec plaisir, je changerais de nom avec délices.
>
> *Souvenirs d'Egotisme*

Biographie

«Stendhal» est le pseudonyme d'Henri Beyle (né à Grenoble en 1783, mort à Paris en 1842) qui, au cours de sa vie, s'est servi de plus de 200 pseudonymes, parmi lesquels Tempête, Mr. Myself, Chauvin, D. Gruffo Papera, Louis-Alexandre-César Bombet, Timoléon Tisset, Sphinx, Machiavelli B., P. F. Piouf, Condetti 48, et William Crocodile. Comme le suggère cette liste, Stendhal est un personnage amusant, joueur et cosmopolite qui sait parler l'anglais, l'italien et un peu d'allemand (Stendhal est le nom d'un petit village en Allemagne). Il aime surtout l'Italie, qu'il visite pour la première fois en 1800 avec l'armée de Napoléon et où il sert plus tard comme consul à Trieste et à Civita-Vecchia près de Rome. L'Italie représente, pour lui, la liberté personnelle et la passion musicale qu'il dépeint dans ses deux chefs-d'œuvre, *Le Rouge et le noir* (1831) et *La Chartreuse de Parme* (1839) et qu'il expose dans une doctrine qu'il appelle le Beylisme, la chasse au bonheur fondée sur le culte du Moi. On compte, parmi ses écrits principaux, des romans—*Armance* (1827), *Lucien Leuwen* (inachevé), et *Lamiel* (inachevé); trois ouvrages autobiographiques découverts depuis sa mort—son *Journal, La Vie de Henri Brulard,* et *Souvenirs d'égotisme;* et des écrits théoriques—*De l'amour* (1822) et *Racine et Shakespeare* (1823–25).

Théories littéraires

Stendhal ne nous a pas laissé de doctrine littéraire complète, claire et cohérente, et parfois même ses prétendues théories sont purement amusantes: «Quant à moi, dans ma petite sphère . . . j'avouerai d'abord que, manquant d'occupations plus sérieuses depuis 1814, j'écris comme on fume un cigare, pour passer le temps» (*Racine et Shakespeare*).

Pourtant, plusieurs définitions du roman reviennent sans cesse dans les œuvres de Stendhal et font preuve de préoccupations sérieuses et significatives. Le roman est souvent comparé à un miroir:

> Eh, monsieur, un roman est un miroir qui se promène sur une grande route. Tantôt il reflète à vos yeux l'azur des cieux, tantôt la fange des bourbiers de la route. Et l'homme qui porte le miroir dans sa hotte sera par vous accusé d'être immoral! Son Miroir montre la fange, et vous accusez le miroir! Accusez bien plutôt le grand chemin où est le bourbier, et plus encore l'inspecteur des routes qui laisse l'eau croupir et le bourbier se former.
>
> *Le Rouge et le noir*

Stendhal constate aussi la nécessité de parler de questions politiques et sociales dans un roman moderne: «La politique dans une œuvre littéraire, c'est un coup de pistolet au milieu d'un concert, quelque chose de grossier et auquel pourtant il n'est pas possible de refuser son attention» (*La Chartreuse de Parme*).

L'intérêt que Stendhal porte à la représentation objective de la réalité (le miroir) et aux questions politiques et sociales (le coup de pistolet) apparaît-il dans les deux chapitres qui suivent, tirés du début du *Rouge et le noir?*

Le Rouge et le noir

Livre i.

La vérité, l'âpre vérité.
DANTON[1]

I
UNE PETITE VILLE

Put thousands together
Less bad,
But the cage less gay.
HOBBES.[2]

La petite ville de Verrières[3] peut passer pour l'une des plus jolies de la Franche-Comté. Ses maisons blanches avec leurs toits pointus de tuiles rouges s'étendent sur la pente d'une colline, dont des touffes de vigoureux

1. Stendhal prétend que la citation vient de Danton (1759–94), l'un des chefs de la Révolution française (1789–99), mais en réalité c'est une invention de sa part, de même qu'un grand nombre des épigraphes des chapitres.
2. Hobbes (1588–1679), le philosophe anglais, est l'auteur de théories sur la politique et sur le rire qui ont beaucoup intéressé Stendhal.
3. La ville de Verrières aussi bien que le Verra (des montagnes) sont des lieux imaginaires, tandis que la Franche-Comté (une province), le Doubs (une rivière) et le Jura (des montagnes) sont des endroits réels du sud-est de la France.

châtaigniers[4] marquent les moindres sinuosités. Le Doubs coule à quelques centaines de pieds au-dessous de ses fortifications, bâties jadis par les Espagnols,[5] et maintenant ruinées.

Verrières est abritée du côté du nord par une haute montagne, c'est une des branches du Jura. Les cimes brisées[6] du Verra se couvrent de neige dès les premiers froids d'octobre. Un torrent, qui se précipite de la montagne, traverse Verrières avant de se jeter dans le Doubs, et donne le mouvement à un grand nombre de scies à bois, c'est une industrie fort simple et qui procure un certain bien-être à la majeure partie des habitants plus paysans que bourgeois. Ce ne sont pas cependant les scies à bois qui ont enrichi cette petite ville. C'est à la fabrique des toiles peintes, dites de Mulhouse,[7] que l'on doit l'aisance générale qui, depuis la chute de Napoléon, a fait rebâtir les façades de presque toutes les maisons de Verrières.

A peine entre-t-on dans la ville que l'on est étourdi par le fracas d'une machine bruyante et terrible en apparence. Vingt marteaux pesants, et retombant avec un bruit qui fait trembler le pavé, sont élevés par une roue que l'eau du torrent fait mouvoir. Chacun de ces marteaux fabrique, chaque jour, je ne sais combien de milliers de clous. Ce sont de jeunes filles fraîches et jolies qui présentent aux coups de ces marteaux énormes les petits morceaux de fer qui sont rapidement transformés en clous. Ce travail, si rude en apparence, est un de ceux qui étonnent le plus le voyageur qui pénètre pour la première fois dans les montagnes qui séparent la France de l'Helvétie. Si, en entrant à Verrières, le voyageur demande à qui appartient cette belle fabrique de clous qui assourdit les gens qui montent la grande rue, on lui répond avec un accent traînard:[8] *Eh! elle est à M. le maire.*

Quelle(s) progression(s) sentez-vous dans la description de Verrières au début du roman? Relevez les aspects que Stendhal veut souligner dans chacun des paragraphes précédents. Sur quels objets ou lieux insiste-t-il? A quels sens physiques (la vue, l'ouïe, l'odorat, le goût, le toucher) fait-il appel? A quelle distance physique sommes-nous du tableau qu'il décrit? Pourquoi insiste-t-il, dans ce dernier paragraphe, sur les jeunes filles de Verrières?

Pour peu que le voyageur s'arrête quelques instants dans cette grande rue de Verrières, qui va en montant depuis la rive du Doubs jusque vers le sommet de la colline, il y a cent à parier contre un qu'il verra paraître un grand homme à l'air affairé et important.

A son aspect tous les chapeaux se lèvent rapidement. Ses cheveux sont grisonnants, et il est vêtu de gris. Il est chevalier de plusieurs ordres, il a un

4. *châtaigniers:* chestnut trees.
5. La Franche-Comté a été occupée par l'Espagne jusqu'en 1674.
6. *cimes brisées:* irregular peaks.
7. Mulhouse est une ville d'Alsace, célèbre pour ses toiles peintes (painted fabric).
8. *accent traînard:* slow drawl.

grand front, un nez aquilin, et au total sa figure ne manque pas d'une certaine régularité: on trouve même, au premier aspect, qu'elle réunit à la dignité du maire de village cette sorte d'agrément qui peut encore se rencontrer avec quarante-huit ou cinquante ans. Mais bientôt le voyageur parisien est choqué d'un certain air de contentement de soi et de suffisance[9] mêlé à je ne sais quoi de borné et de peu inventif. On sent enfin que le talent de cet homme-là se borne à se faire payer bien exactement ce qu'on lui doit, et à payer lui-même le plus tard possible quand il doit.

> Dans cette présentation du personnage, qu'est-ce que Stendhal veut révéler par le portrait physique du maire de Verrières? Quelle est la signification de la couleur grise par rapport aux couleurs du titre, le rouge et le noir? Par quels moyens le narrateur complète-t-il le portrait de M. de Rênal? Dans quelle mesure ses caractéristiques correspondent-elles à celles de la ville elle-même?

Tel est le maire de Verrières, M. de Rênal. Après avoir traversé la rue d'un pas grave, il entre à la mairie et disparaît aux yeux du voyageur. Mais, cent pas plus haut, si celui-ci continue sa promenade, il aperçoit une maison d'assez belle apparence, et, à travers une grille de fer attenante à la maison, des jardins magnifiques. Au delà, c'est une ligne d'horizon formée par les collines de la Bourgogne, et qui semble faite à souhait pour le plaisir des yeux. Cette vue fait oublier au voyageur l'atmosphère empestée des petits intérêts d'argent dont il commence à être asphyxié.

> Le point de vue (l'œil qui regarde) dans cette description est celui d'un voyageur. Tracez, à travers les quatre paragraphes précédents, les étapes par lesquelles Stendhal arrive à préciser les caractéristiques de ce voyageur. Quelles qualités et quelles réactions sont attribuées au voyageur? Quel en est l'effet quant à la description de Verrières et quant au portrait du maire?
>
> Est-ce que le point de vue (celui qui voit) et le narrateur (celui qui raconte) sont identiques? Précisez.

On lui apprend que cette maison appartient à M. de Rênal. C'est aux bénéfices qu'il a faits sur sa grande fabrique de clous que le maire de Verrières doit cette belle habitation en pierre de taille qu'il achève en ce moment. Sa famille, dit-on, est espagnole, antique, et, à ce qu'on prétend, établie dans le pays bien avant la conquête de Louis XIV.[10]

Depuis 1815 il rougit d'être industriel:[11] 1815 l'a fait maire de Verrières. Les murs en terrasse qui soutiennent les diverses parties de ce magnifique

9. *suffisance:* conceit.
10. C'était Louis XIV qui avait repris la Franche-Comté aux Espagnols en 1674 (voyez ci-dessus la note 5).
11. 1815 est la date de l'abdication de Napoléon et de la Restauration de Louis XVIII (de la famille Bourbon) et à partir de laquelle la noblesse, plutôt que l'industrie, redevient la marque de distinction sociale.

jardin qui, d'étage en étage, descend jusqu'au Doubs, sont aussi la récompense de la science de M. de Rênal dans le commerce du fer.

Ne vous attendez point à trouver en France ces jardins pittoresques qui entourent les villes manufacturières de l'Allemagne, Leipsick, Francfort, Nuremberg, etc. En Franche-Comté, plus on bâtit de murs, plus on hérisse sa propriété de pierres rangées les unes au-dessus des autres, plus on acquiert de droits aux respects de ses voisins. Les jardins de M. de Rênal, remplis de murs, sont encore[12] admirés parce qu'il a acheté, au poids de l'or, certains petits morceaux du terrain qu'ils occupent. Par exemple, cette scie à bois, dont la position singulière sur la rive du Doubs vous a frappé en entrant à Verrières, et où vous avez remarqué le nom de SOREL, écrit en caractères gigantesques sur une planche qui domine le toit, elle occupait, il y a six ans, l'espace sur lequel on élève en ce moment le mur de la quatrième terrasse des jardins de M. de Rênal.

Selon Stendhal le point de vue du roman est non seulement celui d'un voyageur mais aussi le vôtre («ne vous attendez point», «vous avez remarqué»). Est-ce que ces deux points de vue sont contradictoires ou complémentaires? Quelles caractéristiques et quelles réactions vous attribue-t-il? Quel est l'effet produit sur vous lorsque le narrateur s'adresse directement à vous? A quels autres moments de ces deux chapitres est-ce qu'il vous parle directement? Quel en est l'effet?

Malgré sa fierté, M. le maire a dû faire bien des démarches auprès du vieux Sorel, paysan dur et entêté; il a dû lui compter de beaux louis[13] d'or pour obtenir qu'il transportât son usine ailleurs. Quant au ruisseau *public* qui faisait aller la scie, M. de Rênal, au moyen du crédit dont il jouit à Paris, a obtenu qu'il fût détourné. Cette grâce lui vint après les élections de 182*. Il a donné à Sorel quatre arpents[14] pour un, à cinq cents pas plus bas sur les bords du Doubs. Et, quoique cette position fût beaucoup plus avantageuse pour son commerce de planches de sapin, le père Sorel, comme on l'appelle depuis qu'il est riche, a eu le secret d'obtenir de l'impatience et de la *manie de propriétaire*, qui animait son voisin, une somme de 6.000 francs. Il est vrai que cet arrangement a été critiqué par les bonnes têtes[15] de l'endroit. Une fois, c'était un jour de dimanche, il y a quatre ans de cela, M. de Rênal, revenant de l'église en costume de maire, vit de loin le vieux Sorel, entouré de ses trois fils, sourire en le regardant. Ce sourire a porté un jour fatal[16] dans l'âme de M. le maire, il pense depuis lors qu'il eût pu obtenir l'échange à meilleur marché.

Pour arriver à la considération publique à Verrières, l'essentiel est de ne pas adopter, tout en bâtissant beaucoup de murs, quelque plan apporté

12. *encore:* also.
13. Un louis est une pièce d'or qui vaut 20 francs.
14. *arpent:* roughly an acre.
15. *bonnes têtes:* "solid citizens".
16. *un jour fatal:* a fateful revelation.

d'Italie par ces maçons qui au printemps traversent les gorges du Jura pour gagner Paris. Une telle innovation vaudrait à l'imprudent bâtisseur une éternelle réputation de *mauvaise tête*,[17] et il serait à jamais perdu auprès des gens sages et modérés qui distribuent la considération en Franche-Comté.

Dans le fait, ces gens sages y exercent le plus ennuyeux *despotisme*; c'est à cause de ce vilain mot que le séjour des petites villes est insupportable pour qui a vécu dans cette grande république qu'on appelle Paris. La tyrannie de l'opinion, et quelle opinion! est aussi *bête* dans les petites villes de France qu'aux Etats-Unis d'Amérique.

II

UN MAIRE

> L'importance! Monsieur, n'est-ce rien? Le respect des sots, l'ébahissement des enfants, l'envie des riches, le mépris du sage.
>
> BARNAVE.[18]

Heureusement pour la réputation de M. de Rênal comme administrateur, un immense *mur de soutènement*[19] était nécessaire à la promenade publique qui longe la colline à une centaine de pieds au-dessus du cours du Doubs. Elle doit à cette admirable position une des vues les plus pittoresques de France. Mais, à chaque printemps, les eaux de pluie sillonnaient la promenade, y creusaient des ravins et la rendaient impraticable. Cet inconvénient, senti par tous, mit M. de Rênal dans l'heureuse nécessité d'immortaliser son administration par un mur de vingt pieds de hauteur et de trente ou quarante toises de long.

Le parapet de ce mur pour lequel M. de Rênal a dû faire trois voyages à Paris, car l'avant-dernier ministre de l'intérieur s'était déclaré l'ennemi mortel de la promenade de Verrières, le parapet de ce mur s'élève maintenant de quatre pieds au-dessus du sol. Et, comme pour braver tous les ministres présents et passés, on le garnit en ce moment avec des dalles de pierre de taille.

> Dans sa description de Verrières, Stendhal insiste beaucoup sur les murs de la ville. Relevez des exemples, dans ce chapitre et dans le précédent, de l'emploi de ce décor. Comment est-il lié au portrait de M. de Rênal? Quelle est la signification de ces murs pour les citoyens de Verrières? Pour le lecteur?

Combien de fois, songeant aux bals de Paris abandonnés la veille, et la poitrine appuyée contre ces grands blocs de pierre d'un beau gris tirant sur

17. *mauvaise tête:* "nonconformist".
18. Barnave (1761–93) était un orateur pendant la Révolution française.
19. *mur de soutènement:* retaining wall.

le bleu, mes regards ont plongé dans la vallée du Doubs! Au delà, sur la rive gauche, serpentent cinq ou six vallées au fond desquelles l'œil distingue fort bien de petits ruisseaux. Après avoir couru de cascade en cascade on les voit tomber dans le Doubs. Le soleil est fort chaud dans ces montagnes; lorsqu'il brille d'aplomb,[20] la rêverie du voyageur est abritée sur cette terrasse par de magnifiques platanes.[21] Leur croissance rapide et leur belle verdure tirant sur le bleu, ils la doivent à la terre rapportée, que M. le maire a fait placer derrière son immense mur de soutènement, car, malgré l'opposition du conseil municipal, il a élargi la promenade de plus de six pieds (quoiqu'il soit ultra[22] et moi libéral, je l'en loue), c'est pourquoi dans son opinion et dans celle de M. Valenod, l'heureux directeur du dépôt de mendicité[23] de Verrières, cette terrasse peut soutenir la comparaison avec celle de Saint-Germain-en-Laye.[24]

Dans ce paragraphe le narrateur parle directement de lui-même pour la première fois: c'est lui qui remplace le point de vue du voyageur («mes regards») et il parle à la première personne («je l'en loue»). Quelles sont ses caractéristiques personnelles? Ses opinions politiques? Quel est l'effet sur le lecteur de cette intervention directe? Est-ce qu'on peut retrouver la trace de ses opinions à d'autres endroits de ces deux chapitres? Quel est l'effet de ses opinions sur votre interprétation des événements qu'il décrit?

Je ne trouve, quant à moi, qu'une chose à reprendre au COURS DE LA FIDÉLITÉ,[25] on lit ce nom officiel en quinze ou vingt endroits, sur des plaques de marbre qui ont valu une croix[26] de plus à M. de Rênal; ce que je reprocherais au Cours de la Fidélité, c'est la manière barbare dont l'autorité fait tailler et tondre jusqu'au vif ces vigoureux platanes. Au lieu de ressembler par leurs têtes basses, rondes et aplaties, à la plus vulgaire des plantes potagères,[27] ils ne demanderaient pas mieux que d'avoir ces formes magnifiques qu'on leur voit en Angleterre. Mais la volonté de M. le maire est despotique, et deux fois par an tous les arbres appartenant à la commune sont impitoyablement amputés. Les libéraux de l'endroit prétendent, mais ils exagèrent, que la main du jardinier officiel est devenue bien plus sévère depuis que M. le vicaire Maslon a pris l'habitude de s'emparer des produits de la tonte.

Ce jeune ecclésiastique fut envoyé de Besançon,[28] il y a quelques années, pour surveiller l'abbé Chélan et quelques curés des environs. Un vieux chirurgien-major[29] de l'armée d'Italie[30] retiré à Verrières, et qui de son vivant

20. *d'aplomb:* straight down.
21. *platanes:* plane trees.
22. *ultra* (ultra-Royaliste): right-wing.
23. *dépôt de mendicité:* poorhouse.
24. Saint-Germain-en-Laye est une ville au nord-ouest de Paris, célèbre pour une terrasse qui a vue sur la capitale.
25. «Cours de la Fidélité» est le nom officiel de la promenade publique de Verrières.
26. Il s'agit d'une croix de la Légion d'honneur, décoration établie par Napoléon pour récompenser le courage militaire, mais, sous la Restauration, décernée surtout aux hommes politiques.
27. *plantes potagères:* vegetables.
28. Besançon est la capitale de la province (la Franche-Comté) et du diocèse où se situe Verrières.
29. *chirurgien-major:* army surgeon.
30. L'armée de Napoléon avait occupé le nord de l'Italie en 1796.

était à la fois, suivant M. le maire, jacobin[31] et bonapartiste, osa bien un jour se plaindre à lui de la mutilation périodique de ces beaux arbres.

—J'aime l'ombre, répondit M. de Rênal avec la nuance de hauteur convenable quand on parle à un chirurgien, membre de la Légion d'honneur; j'aime l'ombre, je fais tailler *mes* arbres pour donner de l'ombre, et je ne conçois pas qu'un arbre soit fait pour autre chose, quand toutefois, comme l'utile noyer,[32] il *ne rapporte pas de revenu.*

> Pourquoi Stendhal insiste-t-il, dans les trois paragraphes précédents, sur la description des arbres? Qu'est-ce que la tonte des arbres nous apprend sur les goûts et les forces qui dominent la ville de Verrières?

Voilà le grand mot qui décide de tout à Verrières: RAPPORTER DU REVENU. A lui seul il représente la pensée habituelle de plus des trois quarts des habitants.

Rapporter du revenu est la raison qui décide de tout dans cette petite ville qui vous semblait si jolie. L'étranger qui arrive, séduit par la beauté des fraîches et profondes vallées qui l'entourent, s'imagine d'abord que ses habitants sont sensibles au *beau;* ils ne parlent que trop souvent de la beauté de leur pays: on ne peut pas nier qu'ils n'en fassent grand cas;[33] mais c'est parce qu'elle attire quelques étrangers dont l'argent enrichit les aubergistes, ce qui, par le mécanisme de l'octroi,[34] *rapporte du revenu à la ville.*

> Encore une fois le narrateur vous parle directement, en vous attribuant une réaction assez précise («cette petite ville qui vous semblait si jolie»). Cette réaction était-elle, en effet, la vôtre? Quel est l'effet de cette technique narrative sur la distance et l'attitude du lecteur envers «la petite ville» de Verrières?

C'était par un beau jour d'automne que M. de Rênal se promenait sur le Cours de la Fidélité, donnant le bras à sa femme. Tout en écoutant son mari qui parlait d'un air grave, l'œil de Mme de Rênal suivait avec inquiétude les mouvements de trois petits garçons. L'aîné, qui pouvait avoir onze ans, s'approchait trop souvent du parapet et faisait mine d'y monter. Une voix douce prononçait alors le nom d'Adolphe, et l'enfant renonçait à son projet ambitieux. Mme de Rênal paraissait une femme de trente ans, mais encore assez jolie.

—Il pourrait bien s'en repentir, ce beau monsieur de Paris, disait M. de Rênal d'un air offensé, et la joue plus pâle encore qu'à l'ordinaire. Je ne suis pas sans avoir quelques amis au château . . .[35]

31. Il s'agit d'un parti radical pendant la Révolution française, responsable de la Terreur (1793), époque à laquelle beaucoup de nobles ont été guillotinés.
32. *noyer:* walnut tree.
33. *ils n'en fassent grand cas:* attach great value to it.
34. *octroi:* village customs house.
35. Il s'agit du Château de Saint-Cloud à l'ouest de Paris, résidence de la Cour.

Mais, quoique je veuille vous parler de la province pendant deux cents pages, je n'aurai pas la barbarie de vous faire subir la longueur et les *ménagements savants*[36] d'un dialogue de province.

Ce beau monsieur de Paris, si odieux au maire de Verrières, n'était autre que M. Appert,[37] qui, deux jours auparavant, avait trouvé le moyen de s'introduire non seulement dans la prison et le dépôt de mendicité de Verrières, mais aussi dans l'hôpital administré gratuitement par le maire et les principaux propriétaires de l'endroit.

—Mais, disait timidement Mme de Rênal, quel tort peut vous faire ce monsieur de Paris, puisque vous administrez le bien des pauvres avec la plus scrupuleuse probité?

—Il ne vient que pour *déverser*[38] le blâme, et ensuite il fera insérer des articles dans les journaux du libéralisme.

—Vous ne les lisez jamais, mon ami.

—Mais on nous parle de ces articles jacobins; tout cela nous distrait *et nous empêche de faire le bien*. Quant à moi je ne pardonnerai jamais au curé.

QUESTIONS GENERALES

Narration. En dégageant le rapport entre le point de vue (le voyageur), le narrateur (le moi) et le lecteur (le vous) dans ces deux chapitres, discutez l'effet produit par la narration stendhalienne. Est-ce qu'on peut préciser nettement la distance et l'attitude du narrateur envers les personnages et envers la ville de Verrières? Pouvez-vous préciser la vôtre?

Décor. En vous appuyant sur la description des objets et des lieux principaux de Verrières (p.e. la rivière, les murs, les arbres), dites quelle vous semble être la fonction (philosophique, sociale ou psychologique) de ce décor. Jusqu'à quel point chaque objet suggère-t-il une opposition entre la Nature et la Société? Vous noterez le rôle de cette opposition, dans le décor et chez les personnages, à travers ce roman.

Personnages. Discutez le portrait des personnages dans cette ouverture du roman. Quel est leur rapport avec les objets décrits par Stendhal? Quel est le rôle du maire de Verrières, M. de Rênal, à cet égard? Peut-on dégager déjà la fonction de ce personnage?

36. *ménagements savants:* clever contrivances.
37. M. Appert fut un personnage réel, philanthrope et réformateur, qui travailla à améliorer le sort des prisonniers à l'époque de Stendhal.
38. *déverser:* to spread.

The Granger Collection

BALZAC

Créer, toujours créer!
Dieu n'a créé que pendant six jours!
Lettre à Mme Hanska

Biographie

Honoré de Balzac naît à Tours en 1799, meurt à Paris en 1850. Toujours endetté à cause de désastres financiers, il doit travailler comme un forçat, parfois écrivant seize heures de suite, à l'aide de cent tasses de café. Ce travail acharné produit une œuvre énorme: 90 romans, 30 contes et 5 pièces écrits en une vingtaine d'années. En 1842 il rassemble la plupart de ses romans sous le titre *La Comédie humaine,* série d'histoires liées ensemble par le retour des mêmes personnages et par une classification des «espèces humaines et sociales» comme celle que les naturalistes de son époque ont faite pour les animaux. La classification de la société (et ainsi de ses œuvres) est la suivante:

A. Etudes analytiques
B. Etudes philosophiques (p.e. *La Peau de chagrin,* 1831)
C. Etudes de mœurs, qui comprennent la plus grande partie de ses romans et qui sont divisés encore en:
   1. Scènes de la vie privée (p.e. *Le Père Goriot,* 1834)

2. Scènes de la vie de province (p.e. *Eugénie Grandet,* 1833)
3. Scènes de la vie parisienne (p.e. *La Cousine Bette,* 1846, et *Le Cousin Pons,* 1847)
4. Scènes de la vie politique (p.e. *Une Ténébreuse Affaire,* 1841)
5. Scènes de la vie militaire (p.e. *Les Chouans,* 1829)
6. Scènes de la vie de campagne (p.e. *Le Lys dans la vallée,* 1835)

On raconte que sur son lit de mort, Balzac veut faire chercher le docteur Horace Bianchon, un des personnages fictifs qu'il a créés dans sa *Comédie humaine.*

Théories littéraires

Balzac expose la doctrine littéraire qui soutient *La Comédie humaine* dans son «Avant-Propos», écrit en 1842. Il annonce que son idée centrale «vient d'une comparaison entre l'Humanité et l'Animalité» et qu'il s'appuie sur le système du naturaliste français Geoffroy Saint-Hilaire (1772–1844). Selon la théorie de *l'unité de composition* avancée par Saint-Hilaire, l'animal évolue sous l'influence du «milieu», un mot que Balzac est le premier à appliquer à l'étude de la Société:

> Il n'y a qu'un animal. Le Créateur ne s'est servi que d'un seul et même patron pour tous les êtres organisés. L'animal est un principe qui prend sa forme extérieure, ou, pour parler plus exactement, les différences de sa forme, dans les milieux où il est appelé à se développer. Les Espèces Zoologiques résultent de ces différences . . . je vis que, sous ce rapport, la Société ressemblait à la Nature. La Société ne fait-elle pas de l'homme, suivant les milieux où son action se déploie, autant d'hommes différents qu'il y a de variétés en zoologie?

Mais Balzac reconnaît que certaines différences importantes existent entre l'Animalité et l'Humanité:

> L'animal a peu de mobilier, il n'a ni arts ni sciences; tandis que l'homme, par une loi qui est à rechercher, tend à représenter ses mœurs, sa pensée et sa vie dans tout ce qu'il approprie à ses besoins . . . les habitudes de chaque animal sont, à nos yeux du moins, constamment semblables en tout temps; tandis que les habitudes, les vêtements, les paroles, les demeures d'un prince, d'un banquier, d'un artiste, d'un bourgeois, d'un prêtre et d'un pauvre sont entièrement dissemblables et changeant au gré des civilisations. Ainsi l'œuvre à faire devait avoir une triple forme: les hommes, les femmes et les choses, c'est-à-dire les personnes et la représentation matérielle qu'ils donnent de leur pensée; enfin l'homme et la vie.

Après avoir exposé les ressemblances et les différences entre l'homme et l'animal, Balzac discute la tâche de l'écrivain:

> La Société française allait être l'historien, je ne devais être que le secrétaire. En dressant l'inventaire des vices et des vertus, en rassemblant les principaux faits des passions, en peignant les caractères, en choisissant les événements principaux de la Société, en composant des types par la réunion des traits de plusieurs caractères homogènes, peut-être pouvais-je arriver à écrire l'histoire oubliée par tant d'historiens, celle des mœurs.

Mais selon Balzac, l'écrivain doit dépasser la simple reproduction de la vie et chercher pour son œuvre la même «unité de composition» que cherche Saint-Hilaire:

Ce travail n'était rien encore. S'en tenant à cette reproduction rigoureuse, un écrivain pouvait devenir un peintre plus ou moins fidèle, plus ou moins heureux, patient ou courageux, des types humains, le conteur des drames de la vie intime, l'archéologue du mobilier social, le nomenclateur des professions, l'enregistreur du bien et du mal; mais, pour mériter les éloges que doit ambitionner tout artiste, ne devais-je pas étudier les raisons et la raison de ces effets sociaux, surprendre le sens caché dans cet immense assemblage de figures, de passions et d'événements? Enfin, après avoir cherché, je ne dis pas trouvé, cette raison, ce moteur social, ne fallait-il pas méditer sur les principes naturels et voir en quoi les Sociétés s'écartent ou se rapprochent de la règle éternelle, du vrai, du beau? Malgré l'étendue des prémisses, qui pouvaient être à elles seules un ouvrage, l'œuvre, pour être entière, voulait une conclusion. Ainsi dépeinte, la Société devait porter avec elle la raison de son mouvement.

Vous semble-t-il que cette union des sciences et l'histoire avec l'art romanesque, exposée par Balzac dans son Avant-Propos de 1842, se reflète déjà dans les premières pages du *Père Goriot,* écrit en 1834?

Le Père Goriot

AU GRAND ET ILLUSTRE GEOFFROY-SAINT-HILAIRE[1]

Comme un témoignage d'admiration
de ses travaux et de son génie.

DE BALZAC.

I
UNE PENSION BOURGEOISE

Madame Vauquer, née de Conflans, est une vieille femme qui, depuis quarante ans, tient à Paris une pension bourgeoise établie rue Neuve-Sainte-Geneviève,[2] entre le quartier latin et le faubourg Saint-Marceau. Cette pension, connue sous le nom de la maison Vauquer, admet également des hommes et des femmes, des jeunes gens et des vieillards, sans que jamais la médisance ait attaqué les mœurs de ce respectable établissement. Mais aussi, depuis trente ans, ne s'y était-il jamais vu de jeune personne, et pour qu'un jeune homme y demeure, sa famille doit-elle lui faire une bien maigre pension. Néanmoins, en 1819, époque à laquelle ce drame commence, il s'y trouvait une pauvre jeune fille. En quelque discrédit que soit tombé le mot drame par la manière abusive et tortionnaire dont il a été prodigué dans ces temps de douloureuse littérature, il est nécessaire de l'employer ici: non que cette histoire soit dramatique dans le sens vrai du mot; mais, l'œuvre accomplie, peut-être aura-t-on versé quelques larmes *intra muros* et *extra.*[3] Sera-

1. *Saint-Hilaire:* voyez plus haut les théories littéraires de Balzac.
2. La rue Neuve-Sainte-Geneviève, appelée maintenant rue Tournefort, est située sur la rive gauche de la Seine; le quartier latin est le centre de la vie étudiante.
3. *intra muros et extra* (latin): within the walls and without (the walls referred to are those of the city of Paris).

t-elle comprise au delà de Paris? Le doute est permis. Les particularités de cette scène pleine d'observations et de couleurs locales ne peuvent être appréciées qu'entre les buttes de Montmartre et les hauteurs de Montrouge,[4] dans cette illustre vallée de plâtras incessamment près de tomber et de ruisseaux noirs de boue; vallée remplie de souffrances réelles, de joies souvent fausses, et si terriblement agitée qu'il faut je ne sais quoi d'exorbitant pour y produire une sensation de quelque durée. Cependant il s'y rencontre çà et là des douleurs que l'agglomération des vices et des vertus rend grandes et solennelles; à leur aspect, les égoïsmes, les intérêts s'arrêtent et s'apitoient; mais l'impression qu'ils en reçoivent est comme un fruit savoureux promptement dévoré. Le char de la civilisation, semblable à celui de l'idole de Jaggernat,[5] à peine retardé par un cœur moins facile à broyer que les autres et qui enraie[6] sa roue, l'a brisé bientôt et continue sa marche glorieuse. Ainsi ferez-vous, vous qui tenez ce livre d'une main blanche, vous qui vous enfoncez dans un mœlleux fauteuil en vous disant: Peut-être ceci va-t-il m'amuser. Après avoir lu les secrètes infortunes du père Goriot, vous dînerez avec appétit en mettant votre insensibilité sur le compte de l'auteur, en le taxant d'exagération, en l'accusant de poésie. Ah! sachez-le: ce drame n'est ni une fiction, ni un roman. *All is true*, il est si véritable, que chacun peut en reconnaître les éléments chez soi, dans son cœur peut-être.

Le narrateur intervient assez tôt dans son récit («En quelque discrédit . . .») pour discuter des questions «littéraires». Pourquoi? Quelle attitude envers le lecteur est révélée par ses opinions?

Dans les dernières phrases du paragraphe le narrateur s'adresse directement au lecteur («ainsi ferez-vous»). Comment envisage-t-il le lecteur? De quoi veut-il le convaincre? Est-ce que le narrateur conçoit son lecteur comme un ami ou un adversaire? Quelle est votre réaction devant cette intervention?

La maison où s'exploite la pension bourgeoise appartient à Mme Vauquer. Elle est située dans le bas de la rue Neuve-Sainte-Geneviève, à l'endroit où le terrain s'abaisse vers la rue de l'Arbalète par une pente si brusque et si rude que les chevaux la montent ou la descendent rarement. Cette circonstance est favorable au silence qui règne dans ces rues serrées entre le dôme du Vàl-de-Grâce et le dôme du Panthéon,[7] deux monuments qui changent les conditions de l'atmosphère en y jetant des tons jaunes, en y assombrissant tout par les teintes sévères que projettent leurs coupoles. Là, les pavés sont secs, les ruisseaux n'ont ni boue ni eau, l'herbe croît le long des murs.

4. Montmartre et Montrouge étaient à cette époque des communes qui marquaient les limites de Paris.
5. A Jaggernat (Jaggernaut), la plus célèbre des villes religieuses de l'Inde, une idole hindoue était promenée dans les rues sur un char sous lequel des fidèles se jetaient.
6. *enraie:* slows up.
7. Le Val de Grâce est un hôpital pour les pauvres, le Panthéon une église où sont enterrés les grands hommes de la France.

L'homme le plus insouciant s'y attriste comme tous les passants, le bruit d'une voiture y devient un événement, les maisons y sont mornes, les murailles y sentent la prison. Un Parisien égaré ne verrait là que des pensions bourgeoises ou des institutions,[8] de la misère ou de l'ennui, de la vieillesse qui meurt, de la joyeuse jeunesse contrainte à travailler. Nul quartier de Paris n'est plus horrible, ni, disons-le, plus inconnu. La rue Neuve-Sainte-Geneviève surtout est comme un cadre de bronze, le seul qui convienne à ce récit, auquel on ne saurait trop préparer l'intelligence par des couleurs brunes, par des idées graves; ainsi que, de marche en marche, le jour diminue et le chant du conducteur se creuse, alors que le voyageur descend aux Catacombes.[9] Comparaison vraie! qui décidera de ce qui est plus horrible à voir, ou des cœurs desséchés, ou des crânes vides?

> Dans ce deuxième paragraphe le narrateur décrit le quartier où se situe la maison Vauquer. Pourquoi ne parle-t-il pas tout de suite de la maison dont il avait déjà parlé dans la première phrase du roman et encore au début de ce paragraphe-ci? A quels sens physiques (la vue, l'ouïe, l'odorat, le goût, le toucher) fait-il appel? Quel en est l'effet pour la création de l'atmosphère dans ce tableau? Sur quels objets et lieux insiste-t-il pour faire sentir cette atmosphère? Quel est l'effet, à cet égard, de sa comparaison de ce tableau avec les Catacombes?
>
> A quelle distance physique (point de vue) le narrateur se situe-t-il par rapport à la scène qu'il décrit? A quelle distance affective?

La façade de la pension donne sur un jardinet, en sorte que la maison tombe à angle droit sur la rue Neuve-Sainte-Geneviève, où vous la voyez coupée dans sa profondeur.[10] Le long de cette façade, entre la maison et le jardinet, règne un cailloutis en cuvette,[11] large d'une toise,[12] devant lequel est une allée sablée, bordée de géraniums, de lauriers-roses et de grenadiers plantés dans de grands vases en faïence bleue et blanche. On entre dans cette allée par une porte bâtarde,[13] surmontée d'un écriteau sur lequel est écrit: MAISON-VAUQUER et dessous: *Pension bourgeoise des deux sexes et autres*. Pendant le jour, une porte à claire-voie,[14] armée d'une sonnette criarde, laisse apercevoir au bout du petit pavé, sur le mur opposé à la rue, une arcade peinte en marbre vert par un artiste du quartier. Sous le renfoncement[15] que simule cette peinture, s'élève une statue représentant l'Amour. A voir le vernis écaillé qui la couvre, les amateurs de symboles y découvriraient peut-être un mythe de l'Amour parisien qu'on guérit à quelques pas

8. Il s'agit des institutions pour les pauvres, les malades, les invalides et les orphelins. Il y en avait plusieurs dans ce quartier à cette époque.
9. Les Catacombes sont d'anciens cimetières souterrains qui existent à Paris aussi bien qu'à Rome.
10. *coupée dans sa profondeur:* from the side.
11. *cailloutis en cuvette:* pebbled basin.
12. *toise:* a fathom, i.e., six feet.
13. *porte bâtarde:* side gate.
14. *porte à claire-voie:* latticed gate.
15. *renfoncement:* recess.

de là.[16] Sous le socle,[17] cette inscription à demi effacée rappelle le temps auquel remonte cet ornement par l'enthousiasme dont il témoigne pour Voltaire, rentré dans Paris en 1777:[18]

Qui que tu sois, voici ton maître;
Il l'est, le fut, ou le doit être.

A la nuit tombante, la porte à claire-voie est remplacée par une porte pleine.[19] Le jardinet, aussi large que la façade est longue, se trouve encaissé par le mur de la rue et par le mur mitoyen[20] de la maison voisine, le long de laquelle pend un manteau de lierre qui la cache entièrement, et attire les yeux des passants par un effet pittoresque dans Paris. Chacun de ces murs est tapissé d'espaliers[21] et de vignes dont les fructifications grêles et poudreuses sont l'objet des craintes annuelles de madame Vauquer et de ses conversations avec les pensionnaires. Le long de chaque muraille, règne une étroite allée qui mène à un couvert de tilleuls,[22] mot que madame Vauquer, quoique née de Conflans, prononce obstinément *tieuilles*, malgré les observations grammaticales de ses hôtes. Entre les deux allées latérales est un carré d'artichauts flanqué d'arbres fruitiers en quenouille,[23] et bordé d'oseille, de laitue ou de persil. Sous le couvert de tilleuls est plantée une table ronde peinte en vert, et entourée de sièges. Là, durant les jours caniculaires, les convives assez riches pour se permettre de prendre du café viennent le savourer par une chaleur capable de faire éclore des œufs. La façade, élevée de trois étages et surmontée de mansardes, est bâtie en mœllons[24] et badigeonnée avec cette couleur jaune qui donne un caractère ignoble à presque toutes les maisons de Paris. Les cinq croisées[25] percées à chaque étage ont de petits carreaux et sont garnies de jalousies dont aucune n'est relevée de la même manière, en sorte que toutes leurs lignes jurent entre elles. La profondeur de cette maison comporte deux croisées qui, au rez-de-chaussée, ont pour ornement des barreaux en fer, grillagés. Derrière le bâtiment est une cour large d'environ vingt pieds, où vivent en bonne intelligence des cochons, des poules, des lapins, et au fond de laquelle s'élève un hangar à serrer le bois. Entre ce hangar et la fenêtre de la cuisine se suspend le garde-manger, audessous duquel tombent les eaux grasses de l'évier.[26] Cette cour a sur la rue Neuve-Sainte-Geneviève une porte étroite par où la cuisinière chasse les

16. Balzac fait allusion à l'hôpital des Capucins où l'on soignait les maladies vénériennes.
17. *socle:* base.
18. Voltaire (1694–1778), le célèbre philosophe français, a quitté sa maison, Ferney, près de la frontière suisse, pour revenir triomphalement à Paris en 1778 (Balzac se trompe en indiquant que cet événement a eu lieu en 1777).
19. *porte pleine:* solid door.
20. *mur mitoyen:* partition wall.
21. *espaliers:* fruit trees.
22. *tilleuls:* lime or linden trees.
23. *en quenouille:* trained in the shape of a cone.
24. *en mœllons:* of quarrystone.
25. *croisées:* windows.
26. *évier:* sink.

ordures de la maison en nettoyant cette sentine[27] à grand renfort d'eau, sous peine de pestilence.

Dans les deux derniers paragraphes, Balzac décrit l'extérieur de la maison Vauquer. En relevant des détails (mots et images) concrets, dégagez la précision «géométrique» (lignes, angles, volumes, etc.) de cette description. Pourtant, par quels détails et procédés Balzac arrive-t-il à lier la vie des pensionnaires à celle de la pension même?

Naturellement destiné à l'exploitation de la pension bourgeoise, le rez-de-chaussée se compose d'une première pièce éclairée par les deux croisées de la rue, et où l'on entre par une porte-fenêtre.[28] Ce salon communique à une salle à manger qui est séparée de la cuisine par la cage d'un escalier dont les marches sont en bois et en carreaux[29] mis en couleur et frottés.[30] Rien n'est plus triste à voir que ce salon meublé de fauteuils et de chaises en étoffe de crin[31] à raies alternativement mates et luisantes. Au milieu se trouve une table ronde à dessus de marbre Sainte-Anne,[32] décorée de ce cabaret[33] en porcelaine blanche ornée de filets d'or effacés à demi, que l'on rencontre partout aujourd'hui. Cette pièce, assez mal planchéiée,[34] est lambrissée à hauteur d'appui.[35] Le surplus des parois[36] est tendu d'un papier verni représentant les principales scènes de *Télémaque*,[37] et dont les classiques personnages sont coloriés. Le panneau d'entre les croisées grillagées offre aux pensionnaires le tableau du festin donné au fils d'Ulysse par Calypso. Depuis quarante ans, cette peinture excite les plaisanteries des jeunes pensionnaires, qui se croient supérieurs à leur position en se moquant du dîner auquel la misère les condamne. La cheminée en pierre, dont le foyer toujours propre atteste qu'il ne s'y fait de feu que dans les grandes occasions, est ornée de deux vases pleins de fleurs artificielles, vieillies et encagées, qui accompagnent une pendule en marbre bleuâtre du plus mauvais goût. Cette première pièce exhale une odeur sans nom dans la langue, et qu'il faudrait appeler l'*odeur de pension*. Elle sent le renfermé, le moisi, le rance; elle donne froid, elle est humide au nez, elle pénètre les vêtements; elle a le goût d'une salle où l'on a dîné; elle pue le service, l'office, l'hospice. Peut-être pourrait-elle se décrire si l'on inventait un procédé pour évaluer les quantités élémentaires et nauséabondes qu'y jettent les atmosphères catarrhales[38] et *sui generis*[39]

27. *sentine:* bilge.
28. *porte-fenêtre:* French window (or door).
29. *carreaux:* tiling.
30. *mis en couleur et frottés:* restained and worn down.
31. *étoffe de crin:* horsehair.
32. Le marbre Sainte-Anne est un marbre de Flandres à fond gris avec des taches blanches.
33. *cabaret:* tea set.
34. *planchéiée:* floored.
35. *lambrissée . . . appui:* panelled halfway up.
36. *parois:* walls.
37. Télémaque, fils d'Ulysse, est le personnage central et titulaire d'un roman épique de Fénélon (1651–1715).
38. *catarrhales:* nasal.
39. *sui generis* (latin): of its own kind (i.e. peculiar).

de chaque pensionnaire, jeune ou vieux. Eh bien! malgré ces plates horreurs, si vous le compariez à la salle à manger, qui lui est contiguë, vous trouveriez ce salon élégant et parfumé comme doit l'être un boudoir. Cette salle, entièrement boisée, fut jadis peinte en une couleur indistincte aujourd'hui, qui forme un fond sur lequel la crasse a imprimé ses couches de manière à y dessiner des figures bizarres. Elle est plaquée de buffets gluants sur lesquels sont des carafes échancrées,[40] ternies, des ronds de moiré métallique,[41] des piles d'assiettes en porcelaine épaisse, à bords bleus, fabriquées à Tournai. Dans un angle est placé une boîte à cases numérotées qui sert à garder les serviettes, ou tachées ou vineuses, de chaque pensionnaire. Il s'y rencontre de ces meubles indestructibles, proscrits partout, mais placés là comme le sont les débris de la civilisation aux Incurables.[42] Vous y verriez un baromètre à capucin[43] qui sort quand il pleut, des gravures exécrables qui ôtent l'appétit, toutes encadrées en bois verni à filets dorés; un cartel en écaille incrustée de cuivre;[44] un poêle vert, des quinquets d'Argand[45] où la poussière se combine avec l'huile, une longue table couverte en toile cirée assez grasse pour qu'un facétieux externe[46] y écrive son nom en se servant de son doigt comme de style, des chaises estropiées, de petits paillassons piteux en sparterie[47] qui se déroule toujours sans se perdre jamais, puis des chaufferettes[48] misérables à trous cassés, à charnières[49] défaites, dont le bois se carbonise. Pour expliquer combien ce mobilier est vieux, crevassé, pourri, tremblant, rongé, manchot,[50] borgne,[51] invalide, expirant, il faudrait en faire une description qui retarderait trop l'intérêt de cette histoire, et que les gens pressés ne pardonneraient pas. Le carreau rouge est plein de vallées produites par le frottement ou par les mises en couleur. Enfin, là règne la misère sans poésie; une misère économe, concentrée, râpée. Si elle n'a pas de fange encore, elle a des taches; si elle n'a ni trous ni haillons, elle va tomber en pourriture.

Pour décrire l'intérieur de la maison Vauquer dans ce paragraphe, Balzac se sert d'un procédé assez nouveau—la description des odeurs. Par quels détails et par quels autres sens (la vue, l'ouïe, le goût, le toucher) essaie-t-il de préciser la nature de cette «odeur de pension»? Quel est l'effet produit par cette description sur la distance et l'attitude du lecteur envers ce tableau?

Du point de vue stylistique ce paragraphe révèle aussi un certain penchant de la part du narrateur pour des effets sonores tels que l'assonance

40. *échancrées:* chipped.
41. *des ronds de moiré métallique:* discs of shiny metal.
42. Il s'agit de deux hospices pour des maladies «incurables».
43. *capucin:* moine.
44. *cartel . . . cuivre:* wall clock of shell encrusted with copper.
45. Il s'agit d'une lampe à l'huile inventée en 1782 par le chimiste Argand et vendue par le pharmacien Quinquet qui en fait fortune.
46. *externe:* quelqu'un qui dîne à la pension mais qui est logé ailleurs.
47. *petits . . . sparterie:* pitiful little mats of esparto (a Spanish grass).
48. *chaufferettes:* footwarmers.
49. *charnières:* hinges.
50. *manchot:* one-armed.
51. *borgne:* one-eyed.

(«service, office, hospice») et l'allitération («petits paillassons piteux»). Vous semble-t-il que ces effets ajoutent à la précision de l'atmosphère de la maison, ou sont-ils purement gratuits? Qu'est-ce que l'emploi de tels effets nous révèle des goûts du narrateur et de son attitude envers la scène qu'il décrit?

Dans ces dernières phrases, le narrateur se sert d'une série de neuf ajectifs («vieux, crevassé . . .») pour décrire le mobilier de la maison. Pouvez-vous dégager une progression dans la disposition des adjectifs dans cette phrase? Lesquels ne sont pas d'habitude appliqués à un mobilier? Pourquoi le narrateur s'en sert-il ici?

Encore une fois le narrateur essaie de prévoir la réaction de ses lecteurs («des gens pressés»). Quelle réaction prévoit-il? Est-ce la vôtre?

Cette pièce est dans tout son lustre au moment où, vers sept heures du matin, le chat de madame Vauquer précède sa maîtresse, saute sur les buffets, y flaire le lait que contiennent plusieurs jattes couvertes d'assiettes, et fait entendre, son *rourou* matinal. Bientôt la veuve se montre, attifée[52] de son bonnet de tulle sous lequel pend un tour de faux cheveux mal mis; elle marche en traînassant ses pantoufles grimacées.[53] Sa face vieillotte,[54] grassouillette,[55] du milieu de laquelle sort un nez à bec de perroquet; ses petites mains potelées,[56] sa personne dodue[57] comme un rat d'église, son corsage trop plein et qui flotte, sont en harmonie avec cette salle où suinte le malheur, où s'est blottie la spéculation et dont madame Vauquer respire l'air chaudement fétide sans en être écœurée. Sa figure fraîche comme une première gelée d'automne, ses yeux ridés, dont l'expression passe du sourire prescrit aux danseuses à l'amer renfrognement de l'escompteur,[58] enfin toute sa personne explique la pension, comme la pension implique sa personne. Le bagne ne va pas sans l'argousin,[59] vous n'imagineriez pas l'un sans l'autre. L'embonpoint blafard de cette petite femme est le produit de cette vie, comme le typhus est la conséquence des exhalaisons d'un hôpital. Son jupon de laine tricotée, qui dépasse sa première jupe faite avec une vieille robe, et dont la ouate[60] s'échappe par les fentes de l'étoffe lézardée, résume le salon, la salle à manger, le jardinet, annonce la cuisine et fait pressentir les pensionnaires. Quand elle est là, ce spectacle est complet. Agée d'environ cinquante ans, madame Vauquer ressemble à toutes les *femmes qui ont eu des malheurs*. Elle a l'œil vitreux, l'air innocent d'une entremetteuse[61] qui va se gendarmer[62] pour se faire payer plus cher, mais d'ailleurs prête à tout pour adoucir son sort, à livrer Georges ou Pichegru, si Georges ou Pichegru étaient encore à livrer.[63] Néanmoins, elle est *bonne femme au fond*, disent les pen-

52. *attifée:* decked out.
53. *grimacées:* wrinkled.
54. *vieillotte:* aging.
55. *grassouillette:* plump.
56. *potelées:* pudgy.
57. *dodue:* plump.
58. *renfrognement de l'escompteur:* scowl of the bill-discounter.
59. *argousin:* jailer.
60. *ouate:* padding.
61. *entremetteuse:* procuress.
62. *se gendarmer:* to make a fuss.
63. Georges Cadoudal et Charles Pichegru complotèrent contre Napoléon et furent finalement livrés à la police.

sionnaires, qui la croient sans fortune en l'entendant geindre et tousser comme eux. Qu'avait été monsieur Vauquer? Elle ne s'expliquait jamais sur le défunt. Comment avait-il perdu sa fortune? Dans les malheurs, répondait-elle. Il s'était mal conduit envers elle, ne lui avait laissé que les yeux pour pleurer, cette maison pour vivre, et le droit de ne compatir à aucune infortune, parce que, disait-elle, elle avait souffert tout ce qu'il est possible de souffrir. En entendant trottiner sa maîtresse, la grosse Sylvie, la cuisinière, s'empressait de servir le déjeuner des pensionnaires internes.

Dans son portrait de Mme Vauquer, de quelles comparaisons et de quelles métaphores le narrateur se sert-il? Rattachez-les à d'autres aspects du début du *Père Goriot*. Par quels détails concrets (vêtements, habitudes, gestes, etc.) espère-t-il faire sentir la personnalité de Mme Vauquer?

Le narrateur insiste sur «l'harmonie» entre ce personnage et sa maison. Veut-il vous faire croire que cette «correspondance» est due au déterminisme du personnage par son milieu? ou à la création du milieu de la part du personnage? ou s'agit-il simplement d'une unité «métaphorique» saisie par le narrateur? Justifiez votre choix par des détails précis. Quels autres détails dans ce paragraphe renforcent la correspondance entre Mme Vauquer et la maison Vauquer? Quels détails dans les pages précédentes semblent insister sur le rapport étroit entre les hommes et les choses?

Dans ces dernières phrases, qui est censé poser les questions à-propos du passé de Mme Vauquer: le narrateur ou les personnages? Qui est-ce qui répond: le narrateur ou Mme Vauquer elle-même? Dans la phrase «Il s'était mal conduit envers elle, ne lui avait laissé que les yeux pour pleurer, cette maison pour vivre, et le droit de ne compatir à aucune infortune . . .» est-ce Mme Vauquer ou le narrateur qui est censé parler ainsi? Quel est l'effet provoqué chez le lecteur par ces changements et ces confusions de voix?

Généralement les pensionnaires externes ne s'abonnaient qu'au dîner, qui coûtait trente francs par mois. A l'époque où cette histoire commence, les internes étaient au nombre de sept. Le premier étage contenait les deux meilleurs appartements de la maison. Madame Vauquer habitait le moins considérable, et l'autre appartenait à madame Couture, veuve d'un Commissaire-Ordonnateur[64] de la République française. Elle avait avec elle une très jeune personne, nommée Victorine Taillefer, à qui elle servait de mère. La pension de ces deux dames montait à dix-huit cent francs. Les deux appartements du second étaient occupés, l'un par un vieillard nommé Poiret; l'autre, par un homme âgé d'environ quarante ans, qui portait une perruque noire, se teignait les favoris, se disait ancien négociant, et s'appelait monsieur Vautrin. Le troisième étage se composait de quatre chambres, dont deux étaient louées, l'une par une vieille fille nommée mademoiselle Michonneau, l'autre par un ancien fabricant de vermicelles, de pâtes d'Italie et d'amidon, qui se laissait nommer le père Goriot. Les deux autres chambres étaient destinées

64. *Commissaire-Ordonnateur:* Commissioner-General.

aux oiseaux de passage, à ces infortunés étudiants qui, comme le père Goriot et mademoiselle Michonneau, ne pouvaient mettre que quarante-cinq francs par mois à leur nourriture et à leur logement; mais madame Vauquer souhaitait peu leur présence et ne les prenait que quand elle ne trouvait pas mieux: ils mangeaient trop de pain. En ce moment, l'une de ces deux chambres appartenait à un jeune homme venu des environs d'Angoulême[65] à Paris pour y faire son Droit, et dont la nombreuse famille se soumettait aux plus dures privations afin de lui envoyer douze cents francs par an. Eugène de Rastignac, ainsi se nommait-il, était un de ces jeunes gens façonnés au travail par le malheur, qui comprennent dès le jeune âge les espérances que leurs parents placent en eux, et qui se préparent une belle destinée en calculant déjà la portée de leurs études, et, les adaptant par avance au mouvement futur de la société, pour être les premiers à la pressurer. Sans ses observations curieuses et l'adresse avec laquelle il sut se produire dans les salons de Paris, ce récit n'eût pas été coloré des tons vrais qu'il devra sans doute à son esprit sagace et à son désir de pénétrer les mystères d'une situation épouvantable, aussi soigneusement cachée par ceux qui l'avaient créée que par celui qui la subissait.

Comment la description de la maison Vauquer a-t-elle déjà préparé la présentation des personnages? Qu'est-ce que la disposition des étages nous apprend sur la situation économique des personnages qui les habitent? Par quels détails à propos des personnages le narrateur espère-t-il créer un air de mystère et de «suspense» avant de faire se dérouler l'intrigue de son roman? Balzac dit quelques pages plus loin qu'«une réunion semblable devait offrir et offrait en petit les éléments d'une société complète.» Pouvez-vous déjà dégager la fonction sociale des personnages du *Père Goriot?*

QUESTIONS GENERALES

Narration. Comment envisagez-vous le narrateur du *Père Goriot?* Quelles sont ses caractéristiques (préoccupations, opinions, goûts, façons de parler)? Tracez à travers ces pages d'ouverture les changements dans la distance physique (point de vue) entre le narrateur et ce qu'il décrit. Quelle semble être l'attitude du narrateur envers le monde qu'il décrit? Envers les personnages? Envers le lecteur? Selon le narrateur, quelle devait être la position du lecteur envers l'histoire racontée? Quelle a été la vôtre?

Décor. Nous avons examiné, au paragraphe 5, la longue série d'adjectifs à l'aide desquels Balzac décrit le mobilier de la maison Vauquer. Jusqu'à quel point ce procédé d'accumulation est-il typique de la composition des phrases et des paragraphes et de la présentation des tableaux et des personnages dans le début du *Père Goriot?* Quelle est votre réaction devant cette caractéristique de l'art balzacien?

65. Angoulême est une ville au sud-ouest de la France.

Avez-vous discerné, pourtant, à travers cette description de la maison Vauquer, une composition générale, une progression dans l'ordre suivant lequel Balzac présente les différents aspects de «la pension bourgeoise»? Précisez.

A quels sens (la vue, l'ouïe, l'odorat, le goût, le toucher) fait-il appel dans cette description? Quel en est l'effet pour la distance et l'attitude du lecteur envers le monde et la vie de la maison Vauquer?

Personnages. De ses personnages romanesques, Balzac disait: «Ces personnages . . . ne vivent qu'à la condition d'être une grande image du présent. Conçus dans les entrailles de leur siècle, tout le cœur humain se remue sous leur enveloppe, il s'y cache souvent toute une philosophie.» En appliquant ce jugement au texte que vous venez de lire, pouvez-vous dégager déjà la fonction sociale («image du présent») et philosophique («toute une philosophie») de Mme Vauquer et des autres personnages? Remarquez la précision de leurs fonctions au cours du roman.

The Granger Collection

FLAUBERT

Si vous voulez à la fois chercher le Bonheur et le Beau, vous n'atteindrez ni à l'un ni à l'autre, car le second n'arrive que par le sacrifice.

Correspondance

Biographie

Gustave Flaubert (né à Rouen en 1821, mort à Croisset en 1880) est fils, petit-fils et frère de médecins, et il prétend avoir cultivé lui-même un «coup d'oeil médical de la vie». En 1844 il subit une crise nerveuse à forme épileptique qui l'oblige à se retirer dans sa propriété de Croisset où il vit, désormais, une vie d'hermite, consacrée à l'Art. Il écrit avec beaucoup d'effort et ses œuvres portent la trace de nombreuses révisions. Il lui faut 53 mois pour rédiger *Mme Bovary* et il doit écrire trois versions différentes de *La Tentation de Saint Antoine* avant de publier l'œuvre. Surtout, il fait passer ses phrases à «l'épreuve du gueuloir» (shouting room)—il les lit à très haute voix dans son cabinet de travail—pour éviter des répétitions et des combinaisons de sons discordantes. Il entretient une correspondance énorme, et ses lettres à deux femmes—Louise Colet qu'il appelle «La Muse» et George Sand, l'écrivain célèbre—exposent les principes de sa doctrine littéraire.

Ses œuvres, peu nombreuses, sont pourtant d'une grande variété: *Mme Bovary* (1857) est l'histoire d'une bourgeoise de province, alors que dans *Salammbô* (1862) il s'agit d'une révolte à Carthage au deuxième siècle avant J.-C. *L'Education sentimentale* (1869) décrit la Révolution de 1848 en France, tandis que *La Tentation de Saint Antoine* (1874) met en scène les visions d'un saint du troisième siècle. *Bouvard et Pécuchet,* roman inachevé, décrit la vie de deux hommes médiocres poussés par le désir de tout savoir, de tout apprendre.

Les Trois Contes, publiés en 1877, reflètent cette diversité: *Un Cœur simple* se situe dans un cadre contemporain, *La Légende de Saint Julien l'Hospitalier* est le conte «visionnaire» d'un saint du moyen âge, et *Hérodias* reprend l'histoire de Salomé et de saint Jean-Baptiste, à l'époque du Christ.

Théories littéraires

La doctrine littéraire de Gustave Flaubert se trouve, presque entièrement, dans sa *Correspondance,* d'où nous tirons toutes les citations suivantes. Ses théories, comme celles de Balzac, sont fondées sur une admiration pour les sciences:

> Quand on aura, pendant quelque temps, traité l'âme humaine avec l'impartialité que l'on met dans les sciences physiques à étudier la matière, on aura fait un pas immense. C'est le seul moyen à l'humanité de se mettre un peu au-dessus d'elle-même. Elle se considérera alors franchement, purement dans le miroir de ses œuvres. Elle sera comme Dieu, elle se jugera d'en haut. Eh bien, je crois cela faisable.

Mais tandis que Balzac admirait, dans les sciences, les lois générales et les classifications systématiques, l'admiration de Flaubert se fonde sur la méthode objective des sciences. En fait, sa doctrine d'impartialité s'affirme en réaction contre les excès des interventions subjectives chez des romanciers précédents, tels que Balzac et Stendhal; Flaubert affirme qu'«un romancier n'a pas le droit d'exprimer son opinion sur quoi que ce soit». Il revendique plutôt une narration impersonnelle qui rend à l'œuvre son unité formelle sans être brisée par des interventions de la part du narrateur:

> L'illusion (s'il y en a une) vient au contraire de l'impersonnalité de l'œuvre. C'est un de mes principes, qu'il ne faut pas s'écrire. L'artiste doit être dans son œuvre comme Dieu dans la création, invisible et tout-puissant; qu'on le sente partout, mais qu'on ne le voie pas.

Flaubert veut éliminer de ses romans non seulement la présence du narrateur mais tout contact, toute «attache» avec le monde extérieur, pour créer un système de forces intérieures dans l'œuvre même: «Ce qui me semble beau, ce que je voudrais faire, c'est un livre sur rien, un livre sans attache extérieure, qui se tiendrait de lui-même par la force interne de son style, comme la terre sans être soutenue se tient en l'air.»

Ainsi, c'est surtout la structure—les attaches, les associations intérieures, les «assemblages»—de l'œuvre d'art qui constitue pour Flaubert la Beauté: «Dans la précision des assemblages, la rareté des éléments, le poli de la surface, l'harmonie des ensembles, n'y a-t-il pas une vertu intrinsèque, une espèce de force divine, quelque chose d'éternel comme un principe?»

Pour mieux apprécier la «précision des assemblages» et pour mieux saisir «l'harmonie des ensembles» dont parle Flaubert, nous suggérons une lecture rapide d'*Un Cœur simple* avant de commencer l'étude detaillée du conte.

Un Cœur simple

I

Pendant un demi-siècle, les bourgeoises de Pont-l'Evêque[1] envièrent à Mme Aubain sa servante Félicité.

Pour cent francs par an, elle faisait la cuisine et le ménage, cousait, lavait, repassait, savait brider un cheval, engraisser les volailles, battre le beurre, et resta fidèle à sa maîtresse,—qui cependant n'était pas une personne agréable.

Dans la première phrase Flaubert commence son histoire du point de vue des bourgeoises de Pont-l'Evêque. Précisez la distance (physique, temporelle, et affective) que comporte ce point de vue. Quel en est l'effet pour l'introduction de Félicité? Est-ce que le point de vue au deuxième paragraphe est toujours celui des «bourgeoises»? Comment la phrase «qui cependant n'était pas une personne agréable» changerait-elle de signification si le point de vue était celui de Félicité ou d'un narrateur omniscient, plutôt que celui des «bourgeoises»?

Elle avait épousé un beau garçon sans fortune, mort au commencement de 1809, en lui laissant deux enfants très jeunes avec une quantité de dettes. Alors elle vendit ses immeubles, sauf la ferme de Toucques et la ferme de Geffosses,[2] dont les rentes montaient à 5 000 francs tout au plus, et elle quitta sa maison de Saint-Melaine pour en habiter une autre moins dispendieuse, ayant appartenu à ses ancêtres et placée derrière les halles.

Cette maison, revêtue d'ardoises, se trouvait entre un passage et une ruelle aboutissant à la rivière. Elle avait intérieurement des différences de niveau qui faisaient trébucher. Un vestibule étroit séparait la cuisine de la *salle* où Mme Aubain se tenait tout le long du jour, assise près de la croisée dans un fauteuil de paille. Contre le lambris,[3] peint en blanc, s'alignaient huit chaises d'acajou. Un vieux piano supportait, sous un baromètre, un tas pyramidal de

1. Pont-l'Evêque est une ville de Normandie, d'où la mère de Flaubert est originaire.
2. Gefosses et Toucques sont des fermes près de Pont-l'Evêque, qui ont appartenu à la mère de Flaubert.
3. *lambris:* wall paneling.

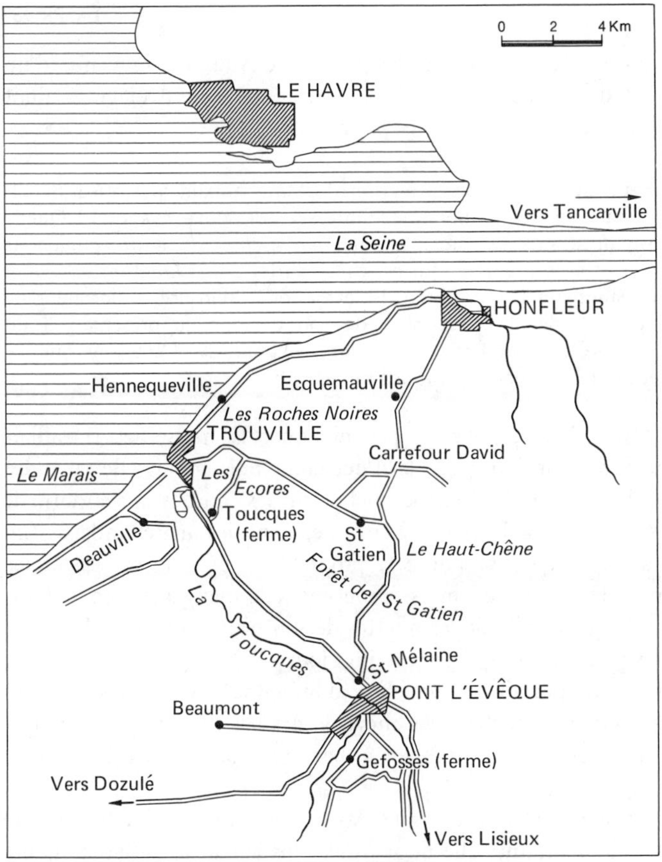

D'après la carte, *Trois Contes* (P. Vernière, éd., Paris, 1960).

boîtes et de cartons. Deux bergères de tapisserie[4] flanquaient la cheminée en marbre jaune et de style Louis XV. La pendule, au milieu, représentait un temple de Vesta,[5]—et tout l'appartement sentait un peu le moisi, car le plancher était plus bas que le jardin.

Au premier étage, il y avait d'abord la chambre de «Madame», très grande, tendue d'un papier à fleurs pâles, et contenant le portrait de «Monsieur» en costume de muscadin.[6] Elle communiquait avec une chambre plus petite, où l'on voyait deux couchettes d'enfants, sans matelas. Puis venait le salon, toujours fermé, et rempli de meubles recouverts d'un drap. Ensuite un corridor menait à un cabinet d'étude; des livres et des paperasses garnissaient les rayons d'une bibliothèque entourant de ses trois côtés un large bureau de bois noir. Les deux panneaux en retour disparaissaient sous des dessins à la

4. *bergères de tapisserie:* deep reupholstered armchairs.
5. Vesta est la déesse du feu et du foyer chez les Romains.
6. *muscadin:* word applied to elegantly dressed Royalists during the French Revolution.

plume, des paysages à la gouache[7] et des gravures d'Audran,[8] souvenirs d'un temps meilleur et d'un luxe évanoui. Une lucarne au second étage éclairait la chambre de Félicité, ayant vue sur les prairies.

> Dans cette description de la maison de Mme Aubain, par quels détails Flaubert essaie-t-il de donner une impression de «luxe évanoui»? Quelle est la signification des mots en italique (*salle*) et entre guillemets («Madame» et «Monsieur»)? Qui est censé parler ainsi? Quel en est l'effet pour la création de l'atmosphère de la maison? Pourquoi le narrateur ne décrit-il pas en détail la chambre de son personnage principal? Il dit seulement que sa chambre a «vue sur les prairies». Qu'est-ce que ce détail peut nous apprendre à propos de Félicité?

Elle se levait dès l'aube, pour ne pas manquer la messe, et travaillait jusqu'au soir sans interruption; puis, le dîner étant fini, la vaisselle en ordre et la porte bien close, elle enfouissait la bûche sous les cendres et s'endormait devant l'âtre, son rosaire à la main. Personne, dans les marchandages, ne montrait plus d'entêtement. Quant à la propreté, le poli de ses casseroles faisait le désespoir des autres servantes. Econome, elle mangeait avec lenteur, et recueillait du doigt sur la table les miettes de son pain,—un pain de douze livres, cuit exprès pour elle, et qui durait vingt jours.

En toute saison elle portait un mouchoir d'indienne[9] fixé dans le dos par une épingle, un bonnet lui cachant les cheveux, des bas gris, un jupon rouge, et par-dessus sa camisole[10] un tablier à bavette, comme les infirmières d'hôpital.

Son visage était maigre et sa voix aiguë. A vingt-cinq ans, on lui en donnait quarante. Dès la cinquantaine, elle ne marqua plus aucun âge;—et, toujours silencieuse, la taille droite et les gestes mesurés, semblait une femme en bois, fonctionnant d'une manière automatique.

> Dans les trois derniers paragraphes Flaubert fait le portrait de Félicité. Qu'est-ce que ses habitudes, décrites dans le premier paragraphe, nous révèlent sur sa personnalité? Quelle est la signification de la description des vêtements de Félicité au deuxième paragraphe? Le dernier paragraphe contient une comparaison («semblait une femme en bois»); vous semble-t-il que ce jugement soit celui des «bourgeoises de Pont-l'Evêque» ou plutôt celui du narrateur?
>
> Dans la dernière phrase, par quels moyens Flaubert crée-t-il un rythme saccadé et un peu «automatique»?
>
> Dans cette première partie du conte, au lieu de commencer chronologiquement, avec la jeunesse de Félicité, le narrateur fait des jugements généraux qui comprennent une assez longue période de temps («pendant un demi-siècle»). Quels autres détails (temps de verbes, adverbes, rythme, ton) ajoutent à cette impression d'un temps indéfini? Qu'est-ce que le narrateur veut nous suggérer par là sur la vie de Félicité?

7. *gouache:* opaque water colors.
8. Audran était un graveur français du dix-septième siècle.
9. *indienne:* printed calico made in India, later in Rouen.
10. *camisole:* jacket.

II

Elle avait eu, comme une autre, son histoire d'amour.

Son père, un maçon, s'était tué en tombant d'un échafaudage. Puis sa mère mourut, ses sœurs se dispersèrent, un fermier la recueillit, et l'employa toute petite à garder les vaches dans la campagne. Elle grelottait sous des haillons, buvait à plat ventre l'eau des mares, à propos de rien était battue, et finalement fut chassée pour un vol de trente sols,[1] qu'elle n'avait pas commis. Elle entra dans une autre ferme, y devint fille de basse-cour, et, comme elle plaisait aux patrons, ses camarades la jalousaient.

Un soir du mois d'août (elle avait alors dix-huit ans), ils l'entraînèrent à l'assemblée[2] de Colleville. Tout de suite elle fut étourdie, stupéfaite par le tapage des ménétriers,[3] les lumières dans les arbres, la bigarrure des costumes, les dentelles, les croix d'or, cette masse de monde sautant à la fois. Elle se tenait à l'écart modestement, quand un jeune homme d'apparence cossue, et qui fumait sa pipe les deux coudes sur le timon[4] d'un banneau,[5] vint l'inviter à la danse. Il lui paya du cidre, du café, de la galette, un foulard, et, s'imaginant qu'elle le devinait, offrit de la reconduire. Au bord d'un champ d'avoine, il la renversa brutalement. Elle eut peur et se mit à crier. Il s'éloigna.

Un autre soir, sur la route de Beaumont, elle voulut dépasser un grand chariot de foin qui avançait lentement, et en frôlant les roues elle reconnut Théodore.

Il l'aborda d'un air tranquille, disant qu'il fallait tout pardonner, puisque c'était «la faute de la boisson».

Elle ne sut que répondre et avait envie de s'enfuir.

Aussitôt il parla des récoltes et des notables de la commune, car son père avait abandonné Colleville pour la ferme des Ecots, de sorte que maintenant ils se trouvaient voisins. «Ah!» dit-elle. Il ajouta qu'on désirait l'établir. Du reste, il n'était pas pressé, et attendait une femme à son goût. Elle baissa la tête. Alors il lui demanda si elle pensait au mariage. Elle reprit, en souriant, que c'était mal de se moquer. «Mais non, je vous jure!» et du bras gauche il lui entoura la taille; elle marchait soutenue par son étreinte; ils se ralentirent. Le vent était mou, les étoiles brillaient, l'énorme charretée de foin oscillait devant eux; et les quatre chevaux, en traînant leurs pas, soulevaient de la poussière. Puis, sans commandement, ils tournèrent à droite. Il l'embrassa encore une fois. Elle disparut dans l'ombre.

Dans ce début de la deuxième partie du conte, Flaubert passe d'un *résumé* à une *scène* précise (voyez l'Introduction, «La présentation des événements»). Quel est le rythme des deux premiers paragraphes? Pourquoi la jeunesse de Félicité est-elle résumée si rapidement par le narrateur? A partir du troisième paragraphe, le narrateur présente des scènes

1. *trente sols (sous):* a very small sum.
2. *assemblée:* village fair.
3. *ménétriers:* country fiddlers.
4. *timon:* shaft.
5. *banneau:* small cart.

précises («Un soir du mois d'août» et «Un autre soir»). Comment ces événements, mis en relief ici, renforcent-ils l'impression créée par le résumé précédent? Par quels moyens Flaubert essaie-t-il de rendre «vivantes» ces scènes de la vie de Félicité?

Théodore, la semaine suivante, en obtint des rendez-vous.

Ils se rencontraient au fond des cours, derrière un mur, sous un arbre isolé. Elle n'était pas innocente à la manière des demoiselles,—les animaux l'avaient instruite;—mais la raison et l'instinct de l'honneur l'empêchèrent de faillir. Cette résistance exaspéra l'amour de Théodore, si bien que pour le satisfaire (ou naïvement peut-être) il proposa de l'épouser. Elle hésitait à le croire. Il fit de grands serments.

Bientôt il avoua quelque chose de fâcheux: ses parents, l'année dernière, lui avaient acheté un homme;[6] mais d'un jour à l'autre on pourrait le reprendre; l'idée de servir l'effrayait. Cette couardise fut pour Félicité une preuve de tendresse; la sienne en redoubla. Elle s'échappait la nuit, et parvenue au rendez-vous, Théodore la torturait avec ses inquiétudes et ses instances.

Enfin, il annonça qu'il irait lui-même à la Préfecture prendre des informations,[7] et les apporterait dimanche prochain, entre onze heures et minuit.

Le moment arrivé, elle courut vers l'amoureux.

A sa place, elle trouva un de ses amis.

Il lui apprit qu'elle ne devait plus le revoir. Pour se garantir de la conscription, Théodore avait épousé une vieille femme très riche, Mme Lehoussais, de Toucques.

Ce fut un chagrin désordonné. Elle se jeta par terre, poussa des cris, appela le bon Dieu, et gémit toute seule dans la campagne jusqu'au soleil levant. Puis elle revint à la ferme, déclara son intention d'en partir; et, au bout du mois, ayant reçu ses comptes, elle enferma tout son petit bagage dans un mouchoir, et se rendit à Pont-l'Evêque.

Flaubert se sert souvent d'un nouveau paragraphe pour marquer un changement de rythme. Comment les changements dans les paragraphes précédents font-ils sentir l'inquiétude et la déception de Félicité?

Devant l'auberge, elle questionna une bourgeoise en capeline[8] de veuve, et qui précisément cherchait une cuisinière. La jeune fille ne savait pas grand'chose, mais paraissait avoir tant de bonne volonté et si peu d'exigences, que Mme Aubain finit par dire:

«Soit, je vous accepte!»

Félicité, un quart d'heure après, était installée chez elle.

D'abord elle y vécut dans une sorte de tremblement que lui causaient «le

6. *lui . . . homme:* had hired a man for him (to do his military service).

7. Il s'agit d'informations à propos du mariage.

8. *capeline:* hooded cape.

genre de la maison» et le souvenir de «Monsieur», planant sur tout! Paul et Virginie,[9] l'un âgé de sept ans, l'autre de quatre à peine, lui semblaient formés d'une matière précieuse; elle les portait sur son dos comme un cheval, et Mme Aubain lui défendit de les baiser à chaque minute, ce qui la mortifia. Cependant elle se trouvait heureuse. La douceur du milieu avait fondu sa tristesse.

Tous les jeudis, des habitués venaient faire une partie de boston.[10] Félicité préparait d'avance les cartes et les chaufferettes. Ils arrivaient à huit heures bien juste, et se retiraient avant le coup de onze.

Chaque lundi matin, le brocanteur qui logeait sous l'allée étalait par terre ses ferrailles. Puis la ville se remplissait d'un bourdonnement de voix, où se mêlaient des hennissements de chevaux, des bêlements d'agneaux, des grognements de cochons, avec le bruit sec des carrioles dans la rue. Vers midi, au plus fort du marché,[11] on voyait paraître sur le seuil un vieux paysan de haute taille, la casquette en arrière, le nez crochu, et qui était Robelin, le fermier de Geffosses. Peu de temps après,—c'était Liébard, le fermier de Touques, petit, rouge, obèse, portant une veste grise et des houseaux[12] armés d'éperons.

Tous deux offraient à leur propriétaire des poules ou des fromages. Félicité invariablement déjouait leurs astuces;[13] et ils s'en allaient pleins de considération pour elle.

A des époques indéterminées, Mme Aubain recevait la visite du marquis de Gremanville, un de ses oncles ruiné par la crapule[14] et qui vivait à Falaise sur le dernier lopin de ses terres. Il se présentait toujours à l'heure du déjeuner, avec un affreux caniche dont les pattes salissaient tous les meubles. Malgré ses efforts pour paraître gentilhomme jusqu'à soulever son chapeau chaque fois qu'il disait: «Feu mon père», l'habitude l'entraînant, il se versait à boire coup sur coup, et lâchait des gaillardises. Félicité le poussait dehors poliment: «Vous en avez assez, monsieur de Gremanville! A une autre fois!» Et elle refermait la porte.

Elle l'ouvrait avec plaisir devant M. Bourais, ancien avoué. Sa cravate blanche et sa calvitie, le jabot[15] de sa chemise, son ample redingote brune, sa façon de priser en arrondissant le bras, tout son individu lui produisait ce trouble où nous jette le spectacle des hommes extraordinaires.

Comme il gérait les propriétés de «Madame», il s'enfermait avec elle pendant des heures dans le cabinet de «Monsieur», et craignait toujours de se compromettre, respectait infiniment la magistrature, avait des prétentions au latin.

9. *Paul et Virginie* est le titre d'un roman sentimental et exotique écrit en 1787 par Bernardin de St-Pierre (1737–1814).
10. Le boston est un jeu de cartes.
11. *au plus fort du marché:* when the market was busiest.
12. *houseaux:* leggings.
13. *déjouait leurs astuces:* thwarted their clever dealings.
14. *crapule:* debauchery.
15. *jabot:* frills.

Dans les six paragraphes précédents, quels sont les aspects du vocabulaire, du rythme et du temps des verbes qui renforcent l'impression d'un temps «indéterminé» qui règne depuis le début du conte?

Pour instruire les enfants d'une manière agréable, il leur fit cadeau d'une géographie en estampes.[16] Elles représentaient différentes scènes du monde, des anthropophages[17] coiffés de plumes, un singe enlevant une demoiselle, des Bédouins dans le désert, une baleine qu'on harponnait, etc.

Paul donna l'explication de ces gravures à Félicité. Ce fut même toute son éducation littéraire.

L'«éducation littéraire» de Félicité est formée par la géographie en estampes de Paul et Virginie. Quelles qualités dominent les images décrites par le narrateur? A quels détails dans les pages précédentes, à propos de la vie et la personnalité de Félicité, chacune de ces images répondent-elles? Vous jugerez, en lisant le conte, jusqu'à quel point la géographie en estampes est liée à l'imagination de Félicité.

Celle des enfants était faite par Guyot, un pauvre diable employé à la Mairie, fameux pour sa belle main,[18] et qui repassait son canif sur sa botte.

Quand le temps était clair, on s'en allait de bonne heure à la ferme de Geffosses.

La cour est en pente, la maison dans le milieu; et la mer, au loin, apparaît comme une tache grise.

Félicité retirait de son cabas[19] des tranches de viande froide, et on déjeunait dans un appartement faisant suite à la laiterie. Il était le seul reste d'une habitation de plaisance, maintenant disparue. Le papier de la muraille en lambeaux tremblait aux courants d'air. Mme Aubain penchait son front, accablée de souvenirs; les enfants n'osaient plus parler. «Mais jouez donc!» disait-elle; ils décampaient.

Paul montait dans la grange, attrapait des oiseaux, faisait des ricochets sur la mare, ou tapait avec un bâton les grosses futailles[20] qui résonnaient comme des tambours.

Virginie donnait à manger aux lapins, se précipitait pour cueillir des bluets, et la rapidité de ses jambes découvrait ses petits pantalons brodés.

Un soir d'automne, on s'en retourna par les herbages.

La lune à son premier quartier éclairait une partie du ciel, et un brouillard flottait comme une écharpe sur les sinuosités de la Toucques. Des bœufs, étendus au milieu du gazon, regardaient tranquillement ces quatre personnes passer. Dans la troisième pâture quelques-uns se levèrent, puis se mirent en rond devant elles. «Ne craignez rien!» dit Félicité; et, murmurant une sorte de complainte, elle flatta sur l'échine celui qui se trouvait le plus près;

16. *estampes:* engravings.
17. *anthropophages:* cannibals.
18. *main:* handwriting.
19. *cabas:* market bag.
20. *futailles:* casks.

il fit volte-face, les autres l'imitèrent. Mais, quand l'herbage suivant fut traversé, un beuglement formidable s'éleva. C'était un taureau, que cachait le brouillard. Il avança vers les deux femmes. Mme Aubain allait courir. «Non! non moins vite!» Elles pressaient le pas cependant, et entendaient par derrière un souffle sonore qui se rapprochait. Ses sabots, comme des marteaux, battaient l'herbe de la prairie; voilà qu'il galopait maintenant! Félicité se retourna, et elle arrachait à deux mains des plaques de terre qu'elle lui jetait dans les yeux. Il baissait le mufle, secouait les cornes et tremblait de fureur en beuglant horriblement. Mme Aubain, au bout de l'herbage avec ses deux petits, cherchait éperdue comment franchir le haut bord. Félicité reculait toujours devant le taureau, et continuellement lançait des mottes de gazon qui l'aveuglaient, tandis qu'elle criait:—«Dépêchez-vous! dépêchez-vous!»

Mme Aubain descendit le fossé, poussa Virginie, Paul ensuite, tomba plusieurs fois en tâchant de gravir le talus, et à force de courage y parvint.

Le taureau avait acculé Félicité contre une claire-voie;[21] sa bave lui rejaillissait à la figure, une seconde de plus il l'éventrait. Elle eut le temps de se couler entre deux barreaux, et la grosse bête, toute surprise, s'arrêta.

Cet événement, pendant bien des années, fut un sujet de conversation à Pont-l'Evêque. Félicité n'en tira aucun orgueil, ne se doutant même pas qu'elle eût rien fait d'héroïque.

Flaubert présente ici une *scène* concrète («Un soir d'automne») suivie d'un *résumé* général («pendant bien des années»). Quel est l'effet, dans la scène, des petites citations directes («Ne craignez rien», «Non! non! moins vite!», «Dépêchez-vous! dépêchez-vous!») entremêlées dans le récit de l'événement?

La petite phrase «voilà qu'il galopait maintenant!» est un exemple du style indirect libre (voyez l'Introduction, «Les personnages, présentation directe»). Ces mots, par l'expression familière «voila que» et par l'émotion marquée par le point d'exclamation, sont sans doute ceux que l'un des personnages dans la scène aurait pu prononcer, mais ils ne sont présentés ni de façon directe («voilà qu'il galope maintenant!» dit-elle) ni de façon indirecte (elle disait qu'il galopait maintenant.). Cette technique de style indirect libre où la voix du personnage n'est pas clairement séparée de celle du narrateur est très souvent employée chez Flaubert. Pouvez-vous en dégager l'effet pour la présentation de cette scène?

Dans quelle mesure le résumé général du dernier paragraphe est-il nécessaire pour comprendre les intentions que Flaubert révèle en dramatisant une telle scène?

Virginie l'occupait exclusivement;—car elle eut, à la suite de son effroi, une affection nerveuse, et M. Poupart, le docteur, conseilla les bains de mer de Trouville.[22]

21. *claire-voie:* wooden barred fence or gate.

22. Trouville, au bord de la mer, se situe à douze kilomètres de Pont-l'Evêque.

Dans ce temps-là, ils n'étaient pas fréquentés. Mme Aubain prit des renseignements, consulta Bourais, fit des préparatifs comme pour un long voyage.

Ses colis partirent la veille, dans la charrette de Liébard. Le lendemain, il amena deux chevaux dont l'un avait une selle de femme, munie d'un dossier de velours; et sur la croupe du second un manteau roulé formait une manière de siège. Mme Aubain y monta, derrière lui. Félicité se chargea de Virginie, et Paul enfourcha l'âne de M. Lechaptois, prêté sous la condition d'en avoir grand soin.

La route était si mauvaise que ses huit kilomètres exigèrent deux heures. Les chevaux enfonçaient jusqu'aux paturons[23] dans la boue, et faisaient pour en sortir de brusque mouvements des hanches; ou bien ils butaient contre les ornières;[24] d'autres fois, il leur fallait sauter. La jument de Liébard, à de certains endroits, s'arrêtait tout à coup. Il attendait patiemment qu'elle se remît en marche; et il parlait des personnes dont les propriétés bordaient la route, ajoutant à leur histoire des réflexions morales. Ainsi, au milieu de Toucques, comme on passait sous des fenêtres entourées de capucines, il dit, avec un haussement d'épaules: «En voilà une Mme Lehoussais, qui au lieu de prendre un jeune homme . . .» Félicité n'entendit pas le reste; les chevaux trottaient, l'âne galopait; tous enfilèrent un sentier, une barrière tourna, deux garçons parurent, et l'on descendit devant le purin,[25] sur le seuil même de la porte.

Mme Lehoussais, dont il est question dans l'avant-dernière phrase, est la femme qu'allait épouser Théodore (cf. p. 598, l. 18). Le narrateur empêche que Félicité entende le reste de la phrase. Pourquoi? Comment cet effet est-il continué par la série de verbes actifs qui terminent la phrase?

La mère Liébard, en apercevant sa maîtresse, prodigua les démonstrations de joie. Elle lui servit un déjeuner où il y avait un aloyau,[26] des tripes, du boudin, une fricassée de poulet, du cidre mousseux, une tarte aux compotes et des prunes à l'eau-de-vie, accompagnant le tout de politesses à Madame qui paraissait en meilleure santé, à Mademoiselle devenue «magnifique», à M. Paul singulièrement «forci»,[27] sans oublier leurs grands-parents défunts que les Liébard avaient connus, étant au service de la famille depuis plusieurs générations. La ferme avait, comme eux, un caractère d'ancienneté. Les poutrelles[28] du plafond étaient vermoulues,[29] les murailles noires de fumée, les carreaux gris de poussière. Un dressoir en chêne supportait toutes sortes d'ustensiles, des brocs, des assiettes, des écuelles d'étain, des pièges à loup,

23. *paturon:* pastern (part of the lower leg of a horse).
24. *ornières:* ruts.
25. *purin:* manure pit.
26. *aloyau:* sirloin of beef.
27. *«forci»:* a colloquial expression meaning larger and stronger.
28. *poutrelles:* beams.
29. *vermoulues:* worm-eaten.

des forces[30] pour les moutons; une seringue énorme fit rire les enfants. Pas un arbre des trois cours qui n'eût des champignons à sa base, ou dans ses rameaux une touffe de gui.[31] Le vent en avait jeté bas plusieurs. Ils avaient repris par le milieu; et tous fléchissaient sous la quantité de leurs pommes. Les toits de paille, pareils à du velours brun et inégaux d'épaisseur, résistaient aux plus fortes bourrasques.[32] Cependant la charretterie tombait en ruines. Mme Aubain dit qu'elle aviserait,[33] et commanda de reharnacher les bêtes.

Le narrateur nous dit que la ferme a «un caractère d'ancienneté». Par quels détails renforce-t-il cette impression? Quelles autres caractéristiques cette ferme a-t-elle? Comparez ce passage, à cet égard, avec la description de la maison de Mme Aubain au début du conte.

On fut encore une demi-heure avant d'atteindre Trouville. La petite caravane mit pied à terre pour passer les *Ecores*; c'était une falaise surplombant des bateaux; et trois minutes plus tard, au bout du quai, on entra dans la cour de l'*Agneau d'or*,[34] chez la mère David.

Virginie, dès les premiers jours, se sentit moins faible, résultat du changement d'air et de l'action des bains. Elle les prenait en chemise, à défaut d'un costume; et sa bonne la rhabillait dans une cabane de douanier qui servait aux baigneurs.

L'après-midi, on s'en allait avec l'âne au delà des Roches-Noires, du côté d'Hennequeville. Le sentier, d'abord, montait entre des terrains vallonnés comme la pelouse d'un parc, puis arrivait sur un plateau où alternaient des pâturages et des champs en labour. A la lisière du chemin, dans le fouillis des ronces, des houx se dressaient; çà et là, un grand arbre mort faisait sur l'air bleu des zigzags avec ses branches.

L'emploi de *choses* comme sujets de phrase est assez typique de l'art de Flaubert (voyez la description de la ferme plus haut et la description de la maison de Mme Aubain aux pages 594–96). Qu'est-ce que cette technique, qui prête une sorte de «vie» aux objets, nous révèle du rapport entre les choses et les êtres dans cette partie du conte?

Presque toujours on se reposait dans un pré, ayant Deauville à gauche, le Havre à droite et en face la pleine mer. Elle était brillante de soleil, lisse comme un miroir, tellement douce qu'on entendait à peine son murmure; des moineaux cachés pépiaient, et la voûte immense du ciel recouvrait tout cela. Mme Aubain, assise, travaillait à son ouvrage de couture; Virginie près d'elle tressait des joncs,[35] Félicité sarclait[36] des fleurs de lavande; Paul, qui s'ennuyait, voulait partir.

30. *forces:* shears.
31. *gui:* mistletoe.
32. *bourrasques:* squalls.
33. *aviserait:* would see about it.
34. «*Agneau d'or*»: nom d'un auberge.
35. *tressait des joncs:* was weaving rushes.
36. *sarclait:* weeded.

D'autres fois, ayant passé la Toucques[37] en bateau, ils cherchaient des coquilles. La marée basse laissait à découvert des oursins, des godefiches, des méduses,[38] et les enfants couraient, pour saisir des flocons d'écume que le vent emportait. Les flots endormis, en tombant sur le sable, se déroulaient le long de la grève; elle s'étendait à perte de vue, mais du côté de la terre avait pour limite les dunes la séparant du *Marais,* large prairie en forme d'hippodrome. Quand ils revenaient par là, Trouville, au fond sur la pente du coteau, à chaque pas grandissait, et avec toutes ses maisons inégales semblait s'épanouir dans un désordre gai.

Les jours qu'il faisait trop chaud, ils ne sortaient pas de leur chambre. L'éblouissante clarté du dehors plaquait des barres de lumière entre les lames des jalousies. Aucun bruit dans le village. En bas, sur le trottoir, personne. Ce silence épandu augmentait la tranquillité des choses. Au loin, les marteaux des calfats[39] tamponnaient des carènes,[40] et une brise lourde apportait la senteur du goudron.

Dans ce paragraphe, deux phrases n'ont pas de verbe: «Aucun bruit dans le village. En bas, sur le trottoir, personne.» Quelle impression du milieu et des personnages Flaubert veut-il souligner par cette absence totale d'action?

Le principal divertissement était le retour des barques. Dès qu'elles avaient dépassé les balises,[41] elles commençaient à louvoyer.[42] Leurs voiles descendaient aux deux tiers des mâts; et, la misaine[43] gonflée comme un ballon, elles avançaient, glissaient dans le clapotement des vagues, jusqu'au milieu du port, où l'ancre tout à coup tombait. Ensuite le bateau se plaçait contre le quai. Les matelots jetaient par-dessus le bordage des poissons palpitants; une file de charrettes les attendait, et des femmes en bonnet de coton s'élançaient pour prendre les corbeilles et embrasser leurs hommes.

Une d'elles, un jour, aborda Félicité, qui peu de temps après entra dans la chambre, toute joyeuse. Elle avait retrouvé une sœur; et Nastasie Barette, femme Leroux, apparut, tenant un nourrisson à sa poitrine, de la main droite un autre enfant, et à sa gauche un petit mousse[44] les poings sur les hanches et le béret sur l'oreille.

Quelle semble être la fonction (philosophique, sociale, psychologique, structurale) de cette très longue description qui s'étend durant six paragraphes et qui précède la fin de la deuxième partie du conte? Quelles impressions de ce milieu Flaubert veut-il créer? Quel doit être l'effet de

37. Il s'agit d'une rivière et non pas de la ferme mentionnée au début.
38. *méduses:* jellyfish; *godefiches:* shellfish; *oursins:* sea urchins.
39. *calfats:* caulkers.
40. *carènes:* hulls.
41. *balises:* buoys.
42. *louvoyer:* to tack.
43. *misaine:* foresail.
44. *mousse:* ship's boy.

ce milieu sur les personnages? Cette description se fait, pour la plus grande partie, à l'imparfait. Quel est l'effet du verbe au passé simple qui commence ce dernier paragraphe?

Au bout d'un quart d'heure, Mme Aubain la congédia.

On les rencontrait toujours aux abords de la cuisine, ou dans les promenades que l'on faisait. Le mari ne se montrait pas.

Félicité se prit d'affection pour eux. Elle leur acheta une couverture, des chemises, un fourneau; évidemment ils l'exploitaient. Cette faiblesse agaçait Mme Aubain, qui d'ailleurs n'aimait pas les familiarités du neveu,—car il tutoyait son fils;—et, comme Virginie toussait et que la saison n'était plus bonne, elle revint à Pont-l'Evêque.

Vous semble-t-il que la phrase «évidemment ils l'exploitaient» doive être prononcée par le narrateur, par Mme Aubain ou par Félicité? Justifiez votre réponse par les détails de ce paragraphe et du précédent. Comment les autres possibilités changeraient-elles la signification de cet événement?

M. Bourais l'éclaira sur le choix d'un collège. Celui de Caen passait pour le meilleur. Paul y fut envoyé; et fit bravement ses adieux, satisfait d'aller vivre dans une maison où il aurait des camarades.

Mme Aubain se résigna à l'éloignement de son fils, parce qu'il était indispensable. Virginie y songea de moins en moins. Félicité regrettait son tapage. Mais une occupation vint la distraire; à partir de Noël, elle mena tous les jours la petite fille au catéchisme.

Quelles sont les scènes principales de cette deuxième partie du conte? Quel semble être le rapport entre elles? Quelle impression de la vie des personnages Flaubert veut-il créer dans cette partie du conte? Pourquoi, par exemple, est-elle dominée par des *résumés* généraux plutôt que par des *scènes* concrètes? Pourquoi cette partie contient-elle tant de description aux dépens des événements? Quelle est la fonction du temps indéterminé et du point de vue illimité pour renforcer cette impression? Comparez cette partie, quant au temps des verbes, au vocabulaire, au rythme et au ton, avec la première partie du conte. Comment Flaubert marque-t-il un changement de ton vers la fin de cette partie?

III

Quand elle avait fait à la porte une génuflexion, elle s'avançait sous la haute nef entre la double ligne des chaises, ouvrait le banc de Mme Aubain, s'asseyait, et promenait ses yeux autour d'elle.

Les garçons à droite, les filles à gauche, emplissaient les stalles du chœur; le curé se tenait debout près du lutrin;[1] sur un vitrail de l'abside, le Saint-

1 *lutrin:* lectern.

Esprit dominait la Vierge; un autre la montrait à genoux devant l'Enfant-Jésus, et, derrière le tabernacle, un groupe en bois représentait saint Michel terrassant le dragon.

Le prêtre fit d'abord un abrégé de l'Histoire Sainte. Elle croyait voir le paradis, le déluge, la tour de Babel, des villes tout en flammes, des peuples qui mouraient, des idoles renversées; et elle garda de cet éblouissement le respect du Très-Haut et la crainte de sa colère. Puis, elle pleura en écoutant la Passion. Pourquoi l'avaient-ils crucifié, lui qui chérissait les enfants, nourrissait les foules, guérissait les aveugles, et avait voulu, par douceur, naître au milieu des pauvres, sur le fumier d'une étable? Les semailles, les moissons, les pressoirs, toutes ces choses familières dont parle l'Evangile, se trouvaient dans sa vie; le passage de Dieu les avait sanctifiées; et elle aima plus tendrement les agneaux par amour de l'Agneau,[2] les colombes à cause du Saint-Esprit.

Dans cette scène qui marque le début de la troisième partie du conte, le point de vue (l'œil qui regarde) pour la première fois, est celui de Félicité («elle promenait ses yeux autour d'elle»). Pourquoi? Le narrateur pénètre même dans l'imagination de Félicité («elle croyait voir»). Quelles sont les qualités principales des images qui s'y trouvent? A quel(s) autre(s) moment(s) dans le conte le narrateur a-t-il exposé une pareille façon de penser chez Félicité? Quel rôle jouent les événements de sa jeunesse dans sa façon de comprendre et de transformer la Bible?

Etudiez le rythme des phrases. Pourquoi Flaubert choisit-il ici d'assez longues phrases?

La longue question à la fin du paragraphe («Pourquoi l'avaient-ils crucifié . . .») semble être posée par un des personnages (Félicité ou le prêtre) malgré l'absence de préparation, soit par guillemets (style direct) soit par proposition principale (style indirect). C'est donc un exemple du style indirect libre. Quel en est l'effet ici?

Elle avait peine à imaginer sa personne; car il n'était pas seulement oiseau, mais encore un feu, et d'autres fois un souffle. C'est peut-être sa lumière qui voltige la nuit aux bords des marécages,[3] son haleine qui pousse les nuées, sa voix qui rend les cloches harmonieuses; et elle demeurait dans une adoration, jouissant de la fraîcheur des murs et de la tranquillité de l'église.

Expliquez la fascination et la confusion qu'éprouve Félicité envers le Saint-Esprit. Vous jugerez, en lisant, du rôle du Saint-Esprit dans ce conte.

Quant aux dogmes, elle n'y comprenait rien, ne tâcha même pas de comprendre. Le curé discourait, les enfants récitaient, elle finissait par s'endormir; et se réveillait tout à coup, quand ils faisaient en s'en allant claquer leurs sabots sur les dalles.

2. L'Agneau est le symbole du Christ. 3. *marécages:* marshes.

Ce fut de cette manière, à force de l'entendre, qu'elle apprit le catéchisme, son éducation religieuse ayant été négligée dans sa jeunesse; et dès lors elle imita toutes les pratiques de Virginie, jeûnait comme elle, se confessait avec elle. A la Fête-Dieu,[4] elles firent ensemble un reposoir.

Comment son «éducation religieuse», décrite ici, correspond-elle à son «éducation littéraire», décrite dans la scène de la géographie en estampes?

La première communion la tourmentait d'avance. Elle s'agita pour les souliers, pour le chapelet, pour le livre, pour les gants. Avec quel tremblement elle aida sa mère à l'habiller!

Pendant toute la messe, elle éprouva une angoisse. M. Bourais lui cachait un côté du chœur; mais juste en face, le troupeau des vierges portant des couronnes blanches par-dessus leurs voiles abaissés formait comme un champ de neige; et elle reconnaissait de loin la chère petite à son cou plus mignon et son attitude recueillie. La cloche tinta. Les têtes se courbèrent; il y eut un silence. Aux éclats de l'orgue, les chantres et la foule entonnèrent l'*Agnus Dei*,[5] puis le défilé des garçons commença; et, après eux, les filles se levèrent. Pas à pas, et les mains jointes, elles allaient vers l'autel tout illuminé, s'agenouillaient sur la première marche, recevaient l'hostie successivement, et dans le même ordre revenaient à leurs prie-Dieu. Quand ce fut le tour de Virginie, Félicité se pencha pour la voir; et, avec l'imagination que donnent les vraies tendresses, il lui sembla qu'elle était elle-même cette enfant; sa figure devenait la sienne, sa robe l'habillait, son cœur lui battait dans la poitrine; au moment d'ouvrir la bouche, en fermant les paupières, elle manqua s'évanouir.

Le lendemain, de bonne heure, elle se présenta dans la sacristie, pour que M. le curé lui donnât la communion. Elle la reçut dévotement, mais n'y goûta pas les mêmes délices.

Quels aspects de la personnalité de Félicité sont révélés par sa réaction à sa propre communion et à celle de Virginie?

Mme Aubain voulait faire de sa fille une personne accomplie; et, comme Guyot ne pouvait lui montrer ni l'anglais ni la musique, elle résolut de la mettre en pension chez les Ursulines d'Honfleur.[6]

L'enfant n'objecta rien. Félicité soupirait, trouvant Madame insensible. Puis elle songea que sa maîtresse, peut-être, avait raison. Ces choses dépassaient sa compétence.

Enfin, un jour, une vieille tapissière[7] s'arrêta devant la porte; et il en des-

4. *Fête-Dieu:* Corpus Christi.
5. *Agnus Dei:* Lamb of God (a prayer sung at the end of the mass).
6. *Ursulines:* an order of nuns; *Honfleur:* a city twenty-three kilometres from Pont-l'Evêque.
7. *tapissière:* small covered coach.

cendit une religieuse qui venait chercher Mademoiselle. Félicité monta les bagages sur l'impériale,[8] fit des recommandations au cocher, et plaça dans le coffre six pots de confitures et une douzaine de poires, avec un bouquet de violettes.

Virginie, au dernier moment, fut prise d'un grand sanglot; elle embrassait sa mère qui la baisait au front en répétant «Allons! du courage! du courage!» Le marchepied se releva, la voiture partit.

Alors Mme Aubain eut une défaillance; et le soir tous ses amis, le ménage Lormeau, Mme Lechaptois, *ces* demoiselles Rochefeuille, M. de Houppeville et Bourais se présentèrent pour la consoler.

La privation de sa fille lui fut d'abord très douloureuse. Mais trois fois la semaine elle en recevait une lettre, les autres jours lui écrivait, se promenait dans son jardin, lisait un peu, et de cette façon comblait le vide des heures.

Le matin, par habitude, Félicité entrait dans la chambre de Virginie, et regardait les murailles. Elle s'ennuyait de n'avoir plus à peigner ses cheveux, à lui lacer ses bottines, à la border dans son lit,—et de ne plus voir continuellement sa gentille figure, de ne plus la tenir par la main quand elles sortaient ensemble. Dans son désœuvrement, elle essaya de faire de la dentelle. Ses doigts trop lourds cassaient les fils; elle n'entendait à rien,[9] avait perdu le sommeil, suivant son mot, était «minée».[10]

Pour «se dissiper»,[11] elle demanda la permission de recevoir son neveu Victor.

Il arrivait le dimanche après la messe, les joues roses, la poitrine nue, et sentant l'odeur de la campagne qu'il avait traversée. Tout de suite, elle dressait son couvert. Ils déjeunaient l'un en face de l'autre; et, mangeant elle-même le moins possible pour épargner la dépense, elle le bourrait tellement de nourriture qu'il finissait par s'endormir. Au premier coup des vêpres, elle le réveillait, brossait son pantalon, nouait sa cravate, et se rendait à l'église, appuyée sur son bras dans un orgueil maternel.

Ses parents le chargeaient toujours d'en tirer quelque chose, soit un paquet de cassonade,[12] du savon, de l'eau-de-vie, parfois même de l'argent. Il apportait ses nippes[13] à raccommoder; et elle acceptait cette besogne, heureuse d'une occasion qui le forçait à revenir.

Au mois d'août, son père l'emmena au cabotage.[14]

C'était l'époque des vacances. L'arrivée des enfants la consola. Mais Paul devenait capricieux, et Virginie n'avait plus l'âge d'être tutoyée, ce qui mettait une gêne, une barrière entre elles.

Victor alla successivement à Morlaix, à Dunkerque et à Brighton,[15] au retour de chaque voyage, il lui offrait un cadeau. La première fois, ce fut une

8. *impériale:* top deck of the coach.
9. *elle n'entendait à rien:* she paid attention to nothing.
10. *minée:* sapped.
11. *«se dissiper»:* "distract herself", keep herself occupied.
12. *cassonade:* brown sugar.
13. *nippes:* old clothes.
14. *cabotage:* offshore commercial navigation.
15. *Morlaix, Dunkerque:* French ports; *Brighton:* English port.

boîte en coquilles; la seconde, une tasse à café; la troisième, un grand bonhomme en pain d'épice.[16] Il embellissait, avait la taille bien prise, un peu de moustache, de bons yeux francs, et un petit chapeau de cuir, placé en arrière comme un pilote. Il l'amusait en lui racontant des histoires mêlées de termes marins.

Un lundi, 14 juillet 1819 (elle n'oublia pas la date), Victor annonça qu'il était engagé au long cours,[17] et, dans la nuit du surlendemain, par le paquebot de Honfleur, irait rejoindre sa goélette,[18] qui devait démarrer du Havre prochainement. Il serait, peut-être, deux ans parti.

La perspective d'une telle absence désola Félicité; et pour lui dire encore adieu, le mercredi soir, après le dîner de Madame, elle chaussa des galoches, et avala les quatre lieues qui séparaient Pont-l'Evêque de Honfleur.

Quand elle fut devant le Calvaire, au lieu de prendre à gauche, elle prit à droite, se perdit dans des chantiers, revint sur ses pas; des gens qu'elle accosta l'engagèrent à se hâter. Elle fit le tour du bassin rempli de navires, se heurtait contre des amarres; puis le terrain s'abaissa, des lumières s'entrecroisèrent, et elle se crut folle, en apercevant des chevaux dans le ciel.

Au bord du quai, d'autres hennissaient, effrayés par la mer. Un palan[19] qui les enlevait les descendait dans un bateau, où des voyageurs se bousculaient entre les barriques de cidre, les paniers de fromage, les sacs de grain; on entendait chanter des poules, le capitaine jurait; et un mousse restait accoudé sur le bossoir,[20] indifférent à tout cela. Félicité, qui ne l'avait pas reconnu, criait: «Victor!»; il leva la tête; elle s'élançait, quand on retira l'échelle tout à coup.

Le paquebot, que des femmes halaient en chantant, sortit du port. Sa membrure[21] craquait, les vagues pesantes fouettaient sa proue. La voile avait tourné, on ne vit plus personne;—et, sur la mer argentée par la lune, il faisait une tache noire qui pâlissait toujours, s'enfonça, disparut.

Félicité, en passant près du Calvaire, voulut recommander à Dieu ce qu'elle chérissait le plus; et elle pria pendant longtemps, debout, la face baignée de pleurs, les yeux vers les nuages. La ville dormait, des douaniers se promenaient; et de l'eau tombait sans discontinuer par les trous de l'écluse, avec un bruit de torrent. Deux heures sonnèrent.

Le parloir n'ouvrirait pas avant le jour. Un retard, bien sûr, contrarierait Madame; et, malgré son désir d'embrasser l'autre enfant, elle s'en retourna. Les filles de l'auberge s'éveillaient, comme elle entrait dans Pont-l'Evêque.

Le pauvre gamin durant des mois allait donc rouler sur les flots! Ses précédents voyages ne l'avaient pas effrayée. De l'Angleterre et de la Bretagne, on revenait; mais l'Amérique, les Colonies, les Iles,[22] cela était perdu dans une région incertaine, à l'autre bout du monde.

16. *bonhomme en pain d'épice:* gingerbread man.
17. *engagé au long cours:* signed on an ocean voyage.
18. *goélette:* schooner.
19. *palan:* block and tackle.
20. *bossoir:* cathead (a beam near the bow to which the anchor is hoisted).
21. *membrure:* ribs (of the ship).
22. *les Iles:* the West Indies or the Antilles.

Dès lors, Félicité pensa exclusivement à son neveu. Les jours de soleil, elle se tourmentait de la soif; quand il faisait de l'orage, craignait pour lui la foudre. En écoutant le vent qui grondait dans la cheminée et emportait les ardoises, elle le voyait battu par cette même tempête, au sommet d'un mât fracassé, tout le corps en arrière, sous une nappe d'écume; ou bien,—souvenir de la géographie en estampes—, il était mangé par les sauvages, pris dans un bois par des singes, se mourait le long d'une plage déserte. Et jamais elle ne parlait de ses inquiétudes.

Mme Aubain en avait d'autres sur sa fille.

Les bonnes sœurs trouvaient qu'elle était affectueuse, mais délicate. La moindre émotion l'énervait. Il fallut abandonner le piano.

Sa mère exigeait du couvent une correspondance réglée. Un matin que le facteur n'était pas venu, elle s'impatienta; et elle marchait dans la salle, de son fauteuil à la fenêtre. C'était vraiment extraordinaire! depuis quatre jours, pas de nouvelles!

Pour qu'elle se consolât par son exemple, Félicité lui dit:

«Moi, madame, voilà six mois que je n'en ai reçu! . . .

—De qui donc? . . .»

La servante répliqua doucement:

«Mais . . . de mon neveu!

—Ah! votre neveu!» Et, haussant les épaules, Mme Aubain reprit sa promenade, ce qui voulait dire: «Je n'y pensais pas! . . . Au surplus, je m'en moque! un mousse, un gueux, belle affaire! . . . tandis que ma fille . . . Songez donc! . . .»

Félicité, bien que nourrie dans la rudesse, fut indignée contre Madame, puis oublia.

Il lui paraissait tout simple de perdre la tête à l'occasion de la petite.

Les deux enfants avaient une importance égale; un lien de son cœur les unissait, et leurs destinées devaient être la même.

Le pharmacien lui apprit que le bateau de Victor était arrivé à la Havane. Il avait lu ce renseignement dans une gazette.

A cause des cigares, elle imaginait la Havane un pays où l'on ne fait pas autre chose que de fumer, et Victor circulait parmi des nègres dans un nuage de tabac. Pouvait-on «en cas de besoin» s'en retourner par terre? A quelle distance était-ce de Pont-l'Evêque? Pour le savoir, elle interrogea M. Bourais.

Il atteignit son atlas, puis commença des explications sur les longitudes; et il avait un beau sourire de cuistre devant l'ahurissement de Félicité. Enfin, avec son porte-crayon, il indiqua dans les découpures d'une tache ovale un point noir, imperceptible, en ajoutant: «Voici.» Elle se pencha sur la carte; ce réseau de lignes coloriées fatiguait sa vue, sans lui rien apprendre; et Bourais, l'invitant à dire ce qui l'embarrassait, elle le pria de lui montrer la maison où demeurait Victor. Bourais leva les bras, il éternua, rit énormément; une candeur pareille excitait sa joie; et Félicité n'en comprenait pas le motif,—elle qui s'attendait peut-être à voir jusqu'au portrait de son neveu, tant son intelligence était bornée!

Ce fut quinze jours après que Liébard, à l'heure du marché comme d'habitude, entra dans la cuisine, et lui remit une lettre qu'envoyait son beau-frère. Ne sachant lire aucun des deux, elle eut recours à sa maîtresse.

Mme Aubain, qui comptait les mailles d'un tricot, le posa près d'elle, décacheta la lettre, tressaillit, et, d'une voix basse, avec un regard profond:

«C'est un malheur . . . qu'on vous annonce. Votre neveu . . .»

Il était mort. On n'en disait pas davantage.

Félicité tomba sur une chaise, en s'appuyant la tête à la cloison, et ferma ses paupières, qui devinrent roses tout à coup. Puis, le front baissé, les mains pendantes, l'œil fixe, elle répétait par intervalles:

«Pauvre petit gars! pauvre petit gars!»

Liébard la considérait en exhalant des soupirs. Mme Aubain tremblait un peu.

Elle lui proposa d'aller voir sa sœur, à Trouville.

Félicité répondit, par un geste, qu'elle n'en avait pas besoin.

Il y eut un silence. Le bonhomme Liébard jugea convenable de se retirer.

Alors elle dit:

«Ça ne leur fait rien, à eux!»

Sa tête retomba; et machinalement elle soulevait, de temps à autre, les longues aiguilles sur la table à ouvrage.

Des femmes passèrent dans la cour avec un bard[23] d'où dégouttelait du linge.

En les apercevant par les carreaux, elle se rappela sa lessive; l'ayant coulée[24] la veille, il fallait aujourd'hui la rincer; et elle sortit de l'appartement.

Sa planche et son tonneau étaient au bord de la Toucques. Elle jeta sur la berge un tas de chemises, retroussa ses manches, prit son battoir; et les coups forts qu'elle donnait s'entendaient dans les autres jardins à côté. Les prairies étaient vides, le vent agitait la rivière; au fond, de grandes herbes s'y penchaient, comme des chevelures de cadavres flottant dans l'eau. Elle retenait sa douleur, jusqu'au soir fut très brave; mais, dans sa chambre, elle s'y abandonna, à plat ventre sur son matelas, le visage dans l'oreiller, et les deux poings contre les tempes.

Beaucoup plus tard, par le capitaine de Victor lui-même, elle connut les circonstances de sa fin. On l'avait trop saigné à l'hôpital, pour la fièvre jaune. Quatre médecins le tenaient à la fois. Il était mort immédiatement, et le chef avait dit:

«Bon! encore un!»

Ses parents l'avaient toujours traité avec barbarie. Elle aima mieux ne pas

23. *bard:* a wheelless hand barrow.

24. *l'ayant coulée:* having prepared it (with lye).

les revoir; et ils ne firent aucune avance, par oubli, ou endurcissement de misérables.

Virginie s'affaiblissait.

Des oppressions, de la toux, une fièvre continuelle et des marbrures aux pommettes décelaient quelque affection profonde. M. Poupart avait conseillé un séjour en Provence. Mme Aubain s'y décida, et eût tout de suite repris sa fille à la maison, sans le climat de Pont-l'Evêque.

Elle fit un arrangement avec un loueur de voitures, qui la menait au couvent chaque mardi. Il y a dans le jardin une terrasse d'où l'on découvre la Seine. Virginie s'y promenait à son bras, sur les feuilles de pampre tombées. Quelquefois le soleil traversant les nuages la forçait à cligner ses paupières, pendant qu'elle regardait les voiles au loin et tout l'horizon, depuis le château de Tancarville jusqu'aux phares du Havre. Ensuite on se reposait sous la tonnelle. Sa mère s'était procuré un petit fût d'excellent vin de Malaga; et, riant à l'idée d'être grise, elle en buvait deux doigts, pas davantage.

Ses forces reparurent. L'automne s'écoula doucement. Félicité rassurait Mme Aubain. Mais, un soir qu'elle avait été aux environs faire une course, elle rencontra devant la porte le cabriolet de M. Poupart; et il était dans le vestibule. Mme Aubain nouait son chapeau.

«Donnez-moi ma chaufferette, ma bourse, mes gants; plus vite donc!»

Virginie avait une fluxion de poitrine;[25] c'était peut-être désespéré.

«Pas encore!» dit le médecin; et tous deux montèrent dans la voiture, sous des flocons de neige qui tourbillonnaient. La nuit allait venir. Il faisait très froid.

Félicité se précipita dans l'église, pour allumer un cierge. Puis elle courut après le cabriolet, qu'elle rejoignit une heure plus tard, sauta légèrement par derrière, où elle se tenait aux torsades,[26] quand une réflexion lui vint: «La cour n'était pas fermée! si des voleurs s'introduisaient?» Et elle descendit.

Le lendemain, dès l'aube, elle se présenta chez le docteur. Il était rentré, et reparti à la campagne. Puis elle resta dans l'auberge, croyant que des inconnus apporteraient une lettre. Enfin, au petit jour, elle prit la diligence de Lisieux.

Le couvent se trouvait au fond d'une ruelle escarpée. Vers le milieu, elle entendit des sons étranges, un glas de mort. «C'est pour d'autres», pensa-t-elle; et Félicité tira violemment le marteau.[27]

Au bout de plusieurs minutes, des savates se traînèrent, la porte s'entrebâilla, et une religieuse parut.

La bonne sœur avec un air de componction dit qu'«elle venait de passer». En même temps, le glas de Saint-Léonard redoublait.

Félicité parvint au second étage.

25. *fluxion de poitrine:* a type of pneumonia.
26. *torsades:* cords.
27. *marteau:* door knocker.

Dès le seuil de la chambre, elle aperçut Virginie étalée sur le dos, les mains jointes, la bouche ouverte, et la tête en arrière sous une croix noire s'inclinant vers elle, entre les rideaux immobiles, moins pâles que sa figure. Mme Aubain, au pied de la couche qu'elle tenait dans ses bras, poussait des hoquets d'agonie. La supérieure était debout, à droite. Trois chandeliers sur la commode faisaient des taches rouges, et le brouillard blanchissait les fenêtres. Des religieuses emportèrent Mme Aubain.

Pendant deux nuits, Félicité ne quitta pas la morte. Elle répétait les mêmes prières, jetait de l'eau bénite sur les draps, revenait s'asseoir, et la contemplait. A la fin de la première veille, elle remarqua que la figure avait jauni, les lèvres bleuirent, le nez se pinçait, les yeux s'enfonçaient. Elle les baisa plusieurs fois; et n'eût pas éprouvé un immense étonnement si Virginie les eût rouverts; pour de pareilles âmes le surnaturel est tout simple. Elle fit sa toilette, l'enveloppa de son linceul, la descendit dans sa bière, lui posa une couronne, étala ses cheveux. Ils étaient blonds, et extraordinaires de longueur à son âge. Félicité en coupa une grosse mèche, dont elle glissa la moitié dans sa poitrine, résolue à ne jamais s'en dessaisir.

> Au début de ce paragraphe le point de vue est celui de Félicité («elle . . . contemplait,» «elle remarqua»), alors que d'habitude Flaubert préfère un point de vue plus général. Pourquoi Flaubert veut-il insister sur les réactions de Félicité dans cette scène? Jusqu'à quel point ses réactions en face de la mort de Virginie sont-elles typiques de sa façon de penser et d'agir? Comment ses réactions font-elles contraste avec celles de Mme Aubain décrites dans les paragraphes suivants? Comparez les réactions des deux femmes ici et au moment du départ de Virginie (p. 608), au départ de Victor (pp. 609–10), à la mort de Victor (p. 611). Quelles sont les différences fondamentales entre les deux femmes?

Le corps fut ramené à Pont-l'Evêque, suivant les intentions de Mme Aubain, qui suivait le corbillard, dans une voiture fermée.

Après la messe, il fallut encore trois quarts d'heure pour atteindre le cimetière. Paul marchait en tête et sanglotait. M. Bourais était derrière, ensuite les principaux habitants, les femmes, couvertes de mantes[28] noires, et Félicité. Elle songeait à son neveu, et, n'ayant pu lui rendre ces honneurs, avait un surcroît de tristesse, comme si on l'eût enterré avec l'autre.

Le désespoir de Mme Aubain fut illimité.

D'abord elle se révolta contre Dieu, le trouvant injuste de lui avoir pris sa fille,—elle qui n'avait jamais fait de mal, et dont la conscience était si pure! Mais non! elle aurait dû l'emporter dans le Midi. D'autres docteurs l'auraient sauvée! Elle s'accusait, voulait la rejoindre, criait en détresse au milieu de ses rêves. Un, surtout, l'obsédait. Son mari, costumé comme un matelot, revenait

28. *mantes:* mantles.

d'un long voyage, et lui disait en pleurant qu'il avait reçu l'ordre d'emmener Virginie. Alors ils se concertaient pour découvrir une cachette quelque part.

Une fois, elle rentra du jardin, bouleversée. Tout à l'heure (elle montrait l'endroit) le père et la fille lui étaient apparus l'un auprès de l'autre, et ils ne faisaient rien; ils la regardaient.

Pendant plusieurs mois, elle resta dans sa chambre, inerte. Félicité la sermonnait doucement; il fallait se conserver pour son fils, et pour l'autre, en souvenir «d'elle».

«Elle»? reprenait Mme Aubain, comme se réveillant. «Ah! oui! . . . oui! . . . Vous ne l'oubliez pas!» Allusion au cimetière, qu'on lui avait scrupuleusement défendu.

Félicité tous les jours s'y rendait.

A quatre heures précises, elle passait au bord des maisons, montait la côte, ouvrait la barrière, et arrivait devant la tombe de Virginie. C'était une petite colonne de marbre rose, avec une dalle dans le bas, et des chaînes autour enfermant un jardinet. Les plates-bandes disparaissaient sous une couverture de fleurs. Elle arrosait leurs feuilles, renouvelait le sable, se mettait à genoux pour mieux labourer la terre. Mme Aubain, quand elle put y venir, en éprouva un soulagement, une espèce de consolation.

Puis des années s'écoulèrent, toutes pareilles et sans autres épisodes que le retour des grandes fêtes: Pâques, l'Assomption, la Toussaint. Des événements intérieurs faisaient une date, où l'on se reportait plus tard. Ainsi, en 1825, deux vitriers badigeonnèrent le vestibule; en 1827, une portion du toit, tombant dans la cour, faillit tuer un homme. L'été de 1828, ce fut à Madame d'offrir le pain bénit,[29] Bourais, vers cette époque, s'absenta mystérieusement; et les anciennes connaissances peu à peu s'en allèrent: Guyot, Liébard, Mme Lechaptois, Robelin, l'oncle Gremanville, paralysé depuis longtemps.

Une nuit, le conducteur de la malle-poste[30] annonça dans Pont-l'Evêque la Révolution de Juillet.[31] Un sous-préfet nouveau, peu de jours après, fut nommé: le baron de Larsonnière, ex-consul en Amérique, et qui avait chez lui, outre sa femme, sa belle-sœur avec trois demoiselles, assez grandes déjà. On les apercevait sur leur gazon, habillées de blouses flottantes; elles possédaient un nègre et un perroquet. Mme Aubain eut leur visite, et ne manqua pas de la rendre. Du plus loin qu'elles paraissaient, Félicité accourait pour la prévenir. Mais une chose était seule capable de l'émouvoir, les lettres de son fils.

Il ne pouvait suivre aucune carrière, étant absorbé dans les estaminets.

29. *le pain bénit:* the blessed bread (distributed alternatively by various members of the parish).

30. *malle-poste:* mail-coach.

31. Il s'agit de la Révolution de Juillet 1830, après laquelle Charles X a été remplacé par Louis-Philippe sur le trône de France.

Elle lui payait ses dettes; il en refaisait d'autres; et les soupirs que poussait Mme Aubain, en tricotant près de la fenêtre, arrivaient à Félicité, qui tournait son rouet[32] dans la cuisine.

Elles se promenaient ensemble le long de l'espalier;[33] et causaient toujours de Virginie, se demandant si telle chose lui aurait plu, en telle occasion ce qu'elle eût dit probablement.

Toutes ses petites affaires occupaient un placard dans la chambre à deux lits. Mme Aubain les inspectait le moins souvent possible. Un jour d'été, elle se résigna; et des papillons s'envolèrent de l'armoire.

Ses robes étaient en ligne sous une planche où il y avait trois poupées, des cerceaux, un ménage,[34] la cuvette qui lui servait. Elles retirèrent également les jupons, les bas, les mouchoirs, et les étendirent sur les deux couches, avant de les replier. Le soleil éclairait ces pauvres objets, en faisait voir les taches, et des plis formés par les mouvements du corps. L'air était chaud et bleu, un merle gazouillait, tout semblait vivre dans une douceur profonde. Elles retrouvèrent un petit chapeau de peluche, à longs poils, couleur marron; mais il était tout mangé de vermine. Félicité le réclama pour elle-même. Leurs yeux se fixèrent l'une sur l'autre, s'emplirent de larmes; enfin la maîtresse ouvrit ses bras, la servante s'y jeta; et elles s'étreignirent, satisfaisant leur douleur dans un baiser qui les égalisait.

C'était la première fois de leur vie, Mme Aubain n'étant pas d'une nature expansive. Félicité lui en fut reconnaissante comme d'un bienfait, et désormais la chérit avec un dévouement bestial et une vénération religieuse.

La bonté de son cœur se développa.

Quand elle entendait dans la rue les tambours d'un régiment en marche, elle se mettait devant la porte avec une cruche de cidre, et offrait à boire aux soldats. Elle soigna des cholériques. Elle protégeait les Polonais;[35] et même il y en eut un qui déclarait la vouloir épouser. Mais ils se fâchèrent; car un matin, en rentrant de l'angélus, elle le trouva dans sa cuisine, où il s'était introduit, et accommodé une vinaigrette qu'il mangeait tranquillement.

Après les Polonais, ce fut le père Colmiche, un vieillard passant pour avoir fait des horreurs en 93.[36] Il vivait au bord de la rivière, dans les décombres d'une porcherie. Les gamins le regardaient par les fentes du mur, et lui jetaient des cailloux qui tombaient sur son grabat, où il gisait, continuellement secoué par un catarrhe, avec des cheveux très longs, les paupières enflammées, et au bras une tumeur plus grosse que sa tête. Elle lui procura du

32. *rouet:* spinning wheel.
33. *espalier:* wall with a trellis on which fruit trees or shrubs are trained to grow.
34. *ménage:* miniature objects for playing house.
35. Beaucoup de Polonais se sont réfugiés en France après la révolte de la Pologne contre la Russie en 1830.
36. Pendant la Révolution française, 1793 fut l'époque de la Terreur, au cours de laquelle un grand nombre d'aristocrates furent guillotinés.

linge, tâcha de nettoyer son bouge,[37] rêvait à l'établir dans le fournil,[38] sans qu'il gênât Madame. Quand le cancer eut crevé, elle le pansa tous les jours, quelquefois lui apportait de la galette, le plaçait au soleil sur une botte de paille; et le pauvre vieux, en bavant et en tremblant, la remerciait de sa voix éteinte, craignait de la perdre, allongeait les mains dès qu'il la voyait s'éloigner. Il mourut; elle fit dire une messe pour le repos de son âme.

Ce jour-là, il lui advint un grand bonheur: au moment du dîner, le nègre de Mme de Larsonnière se présenta, tenant le perroquet dans sa cage, avec le bâton, la chaîne et le cadenas. Un billet de la baronne annonçait à Mme Aubain que, son mari étant élevé à une préfecture, ils partaient le soir; et elle la priait d'accepter cet oiseau, comme un souvenir, et en témoignage de ses respects.

Il occupait depuis longtemps l'imagination de Félicité, car il venait d'Amérique, et ce mot lui rappelait Victor, si bien qu'elle s'en informait auprès du nègre. Une fois même elle avait dit: «C'est Madame qui serait heureuse de l'avoir!»

Le nègre avait redit le propos à sa maîtresse, qui ne pouvant l'emmener, s'en débarrassait de cette façon.

QUESTIONS GENERALES SUR LA TROISIEME PARTIE

Félicité et les autres personnages. Quels parallèles Flaubert établit-il entre l'histoire de Virginie et celle de Victor? entre la scène du départ de Victor et celle de la mort de Virginie? Comment l'histoire du père Colmiche, à la fin de la troisième partie, rappelle-t-elle les autres épisodes de la vie de Félicité? Etudiez le rapport entre Félicité et Mme Aubain au cours de cette partie du conte. Quels changements y voyez-vous? Quelle est la fonction de chacun des personnages (Virginie, Victor, le père Colmiche et Mme Aubain) pour la précision du portrait de Félicité (fonction psychologique)?

Félicité et la géographie en estampes. A plusieurs reprises dans cette section du conte, le narrateur plonge directement dans l'imagination de Félicité, et les images que l'on y voit semblent rappeler, directement ou indirectement, celles de la géographie en estampes; par exemple, à la p. 610, ll. 5–7 («souvenir de la géographie en estampes—, il était mangé par les sauvages, pris dans un bois par des singes, se mourait le long d'une plage déserte») et à la p. 610, ll. 32–34 («elle imaginait la Havane un pays où l'on ne fait pas autre chose que de fumer, et Victor circulait parmi des nègres dans un nuage de tabac»). Quelles images a-t-elle retenues de la géographie en estampes (p. 600)? Qu'est-ce que son imagination a ajouté aux images originelles? Quelles progressions peut-on tracer dans sa façon de transformer ces images? Comment peut-on rattacher l'image des «nègres dans un nuage de tabac» à la géographie? Comment cette image prépare-t-il l'arrivée sur la scène du nègre à la fin de cette partie du conte? Comment l'apparition du nègre renforce-t-elle l'association entre

37. *bouge:* hovel.

38. *fournil:* room where baking is done.

le perroquet et Victor mentionnée dans l'avant-dernier paragraphe de cette partie?

Cette partie, la plus longue du conte, est dominée par deux scènes assez détaillées (Félicité à l'église et la mort de Virginie). Quelle est la fonction de chacune de ces scènes et quel est le rapport entre elles? Quelles sortes d'événements semblent dominer cette partie d'*Un Cœur simple?* Quelles sortes d'objets Flaubert décrit-il? Pourquoi insiste-t-il ici sur des événements (par scènes aussi bien que par résumés) aux dépens de la description du milieu, alors qu'il avait fait le contraire dans la deuxième partie? Quel est le changement de ton marqué par l'apparition du perroquet à la fin de cette partie du conte?

IV

Il s'appelait Loulou. Son corps était vert, le bout de ses ailes rose, son front bleu, et sa gorge dorée.

Mais il avait la fatigante manie de mordre son bâton, s'arrachait les plumes, éparpillait ses ordures, répandait l'eau de sa baignoire; Mme Aubain, qu'il ennuyait, le donna pour toujours à Félicité.

Elle entreprit de l'instruire; bientôt il répéta: «Charmant garçon! Serviteur, monsieur! Je vous salue, Marie![1]» Il était placé auprès de la porte, et plusieurs s'étonnaient qu'il ne répondît pas au nom de Jacquot, puisque tous les perroquets s'appellent Jacquot. On le comparait à une dinde, à une bûche: autant de coups de poignard pour Félicité! Etrange obstination de Loulou, ne parlant plus du moment qu'on le regardait!

Néanmoins il recherchait la compagnie; car le dimanche, pendant que *ces* demoiselles Rochefeuille, M. de Houppeville et de nouveaux habitués: Onfroy l'apothicaire, M. Varin et le capitaine Mathieu, faisaient leur partie de cartes, il cognait les vitres avec ses ailes, et se démenait si furieusement qu'il était impossible de s'entendre.

La figure de Bourais, sans doute, lui paraissait très drôle. Dès qu'il l'apercevait il commençait à rire, à rire de toutes ses forces. Les éclats de sa voix bondissaient dans la cour, l'écho les répétait, les voisins se mettaient à leurs fenêtres, riaient aussi; et, pour n'être pas vu du perroquet, M. Bourais se coulait le long du mur, en dissimulant son profil avec son chapeau, atteignait la rivière, puis entrait par la porte du jardin; et les regards qu'il envoyait à l'oiseau manquaient de tendresse.

Loulou avait reçu du garçon boucher une chiquenaude,[2] s'étant permis d'enfoncer la tête dans sa corbeille; et depuis lors il tâchait toujours de le pincer à travers sa chemise. Fabu menaçait de lui tordre le cou, bien qu'il ne fût pas cruel, malgré le tatouage de ses bras et ses gros favoris. Au contraire! il avait plutôt du penchant pour le perroquet, jusqu'à vouloir, par humeur

1. *«Je vous salue, Marie»:* Hail, Mary.
2. *chiquenaude:* flick of the finger.

joviale, lui apprendre des jurons. Félicité, que ces manières effrayaient, le plaça dans la cuisine. Sa chaînette fut retirée, et il circulait par la maison.

Quand il descendait l'escalier, il appuyait sur les marches la courbe de son bec, levait la patte droite, puis la gauche; et elle avait peur qu'une telle gymnastique ne lui causât des étourdissements. Il devint malade, ne pouvait plus parler ni manger. C'était sous sa langue une épaisseur, comme en ont les poules quelquefois. Elle le guérit, en arrachant cette pellicule[3] avec ses ongles. M. Paul, un jour, eut l'imprudence de lui souffler aux narines la fumée d'un cigare; une autre fois que Mme Lormeau l'agaçait du bout de son ombrelle, il en happa la virole;[4] enfin, il se perdit.

Elle l'avait posé sur l'herbe pour le rafraîchir, s'absenta une minute; et, quand elle revint, plus de perroquet! D'abord elle le chercha dans les buissons, au bord de l'eau et sur les toits, sans écouter sa maîtresse qui lui criait: «Prenez donc garde! vous êtes folle!» Ensuite elle inspecta tous les jardins de Pont-l'Evêque; et elle arrêtait les passants. «Vous n'auriez pas vu, quelquefois, par hasard, mon perroquet?» A ceux qui ne connaissaient pas le perroquet, elle en faisait la description. Tout à coup, elle crut distinguer derrière les moulins, au bas de la côte, une chose verte qui voltigeait. Mais au haut de la côte, rien! Un porte-balle[5] lui affirma qu'il l'avait rencontré tout à l'heure, à Saint-Melaine, dans la boutique de la mère Simon. Elle y courut. On ne savait pas ce qu'elle voulait dire. Enfin elle rentra, épuisée, les savates en lambeaux, la mort dans l'âme; et, assise au milieu du banc, près de Madame, elle racontait toutes ses démarches, quand un poids léger lui tomba sur l'épaule, Loulou! Que diable avait-il fait? Peut-être qu'il s'était promené aux environs!

Elle eut du mal à s'en remettre, ou plutôt ne s'en remit jamais.

Par suite d'un refroidissement, il lui vint une angine; peu de temps après, un mal d'oreilles. Trois ans plus tard, elle était sourde; et elle parlait très haut, même à l'église. Bien que ses péchés auraient pu sans déshonneur pour elle, ni inconvénient pour le monde, se répandre à tous les coins du diocèse, M. le curé jugea convenable de ne plus recevoir sa confession que dans la sacristie.

Des bourdonnements illusoires achevaient de la troubler. Souvent sa maîtresse lui disait: «Mon Dieu! comme vous êtes bête!» elle répliquait: «Oui, Madame», en cherchant quelque chose autour d'elle.

Le petit cercle de ses idées se rétrécit encore, et le carillon des cloches, le mugissement des bœufs n'existaient plus. Tous les êtres fonctionnaient avec le silence des fantômes. Un seul bruit arrivait maintenant à ses oreilles, la voix du perroquet.

3. *pellicule:* growth, film.
4. *happa la virole:* snatched the metal cap (of the umbrella).
5. *porte-balle:* peddler.

Comme pour la distraire, il reproduisait le tic tac du tournebroche,[6] l'appel aigu d'un vendeur de poisson, la scie du menuisier qui logeait en face; et, aux coups de la sonnette, imitait Mme Aubain: «Félicité! la porte! la porte!»

Ils avaient des dialogues, lui, débitant à satiété les trois phrases de son répertoire, et elle, y répondant par des mots sans plus de suite, mais où son cœur s'épanchait. Loulou, dans son isolement, était presque un fils, un amoureux. Il escaladait ses doigts, mordillait ses lèvres, se cramponnait à son fichu; et, comme elle penchait son front en branlant la tête à la manière des nourrices, les grandes ailes du bonnet et les ailes de l'oiseau frémissaient ensemble.

Quand des nuages s'amoncelaient et que le tonnerre grondait, il poussait des cris, se rappelant peut-être les ondées de ses forêts natales. Le ruissellement de l'eau excitait son délire; il voletait éperdu, montait au plafond, renversait tout, et par la fenêtre allait barboter dans le jardin; mais revenait vite sur un des chenets, et, sautillant pour sécher ses plumes, montrait tantôt sa queue, tantôt son bec.

Un matin du terrible hiver de 1837, qu'elle l'avait mis devant la cheminée, à cause du froid, elle le trouva mort, au milieu de sa cage, la tête en bas, et les ongles dans les fils de fer. Une congestion l'avait tué, sans doute? Elle crut à un empoisonnement par le persil; et, malgré l'absence de toutes preuves, ses soupçons portèrent sur Fabu.

Elle pleura tellement que sa maîtresse lui dit: «Eh bien! faites-le empailler!»

Elle demanda conseil au pharmacien, qui avait toujours été bon pour le perroquet.

Il écrivit au Havre. Un certain Fellacher se chargea de cette besogne. Mais, comme la diligence égarait parfois les colis, elle résolut de le porter elle-même jusqu'à Honfleur.

Les pommiers sans feuilles se succédaient aux bords de la route. De la glace couvrait les fossés. Des chiens aboyaient autour des fermes; et les mains sous son mantelet, avec ses petits sabots noirs et son cabas, elle marchait prestement, sur le milieu du pavé.

Elle traversa la forêt, dépassa le Haut-Chêne, atteignit Saint-Gatien.

Derrière elle, dans un nuage de poussière et emportée par la descente, une malle-poste au grand galop se précipitait comme une trombe. En voyant cette femme qui ne se dérangeait pas, le conducteur se dressa par-dessus la capote, et le postillon[7] criait aussi, pendant que ses quatre chevaux qu'il ne pouvait retenir accéléraient leur train; les deux premiers la frôlaient; d'une secousse de ses guides, il les jeta dans le débord,[8] mais furieux releva le bras, et à pleine volée, avec son grand fouet, lui cingla du ventre au chignon un tel coup qu'elle tomba sur le dos.

6. *tournebroche:* roasting spit.
7. *postillon:* postilion (man who rides one of the lead horses).
8. *débord:* side of the road.

Son premier geste, quand elle reprit connaissance, fut d'ouvrir son panier. Loulou n'avait rien, heureusement. Elle sentit une brûlure à la joue droite; ses mains qu'elle y porta étaient rouges. Le sang coulait.

Elle s'assit sur un mètre de cailloux,[9] se tamponna le visage avec son mouchoir, puis elle mangea une croûte de pain, mise dans son panier par précaution, et se consolait de sa blessure en regardant l'oiseau.

Arrivée au sommet d'Ecquemauville, elle aperçut les lumières de Honfleur qui scintillaient dans la nuit comme une quantité d'étoiles; la mer, plus loin, s'étalait confusément. Alors une faiblesse l'arrêta; et la misère de son enfance, la déception du premier amour, le départ de son neveu, la mort de Virginie, comme les flots d'une marée, revinrent à la fois, et, lui montant à la gorge, l'étouffaient.

Puis elle voulut parler au capitaine du bateau;[10] et, sans dire ce qu'elle envoyait, lui fit des recommandations.

Fellacher garda longtemps le perroquet. Il le promettait toujours pour la semaine prochaine; au bout de six mois, il annonça le départ d'une caisse; et il n'en fut plus question. C'était à croire que jamais Loulou ne reviendrait. «Ils me l'auront volé!» pensait-elle.

Enfin il arriva,—et splendide, droit sur une branche d'arbre, qui se vissait dans un socle d'acajou, une patte en l'air, la tête oblique, et mordant une noix, que l'empailleur par amour du grandiose avait dorée.

Elle l'enferma dans sa chambre.

Cet endroit, où elle admettait peu de monde, avait l'air tout à la fois d'une chapelle et d'un bazar, tant il contenait d'objets religieux et de choses hétéroclites.

Une grande armoire gênait pour ouvrir la porte. En face de la fenêtre surplombant le jardin, un œil-de-bœuf[11] regardait la cour; une table, près du lit de sangle, supportait un pot à l'eau, deux peignes, et un cube de savon bleu dans une assiette ébréchée. On voyait contre les murs: des chapelets, des médailles, plusieurs bonnes Vierges, un bénitier en noix de coco; sur la commode, couverte d'un drap comme un autel, la boîte en coquillages que lui avait donnée Victor; puis un arrosoir et un ballon, des cahiers d'écriture, la géographie en estampes, une paire de bottines; et au clou du miroir, accroché par ses rubans, le petit chapeau de peluche! Félicité poussait même ce genre de respect si loin, qu'elle conservait une des redingotes de Monsieur. Toutes les vieilleries dont ne voulait plus Mme Aubain, elle les prenait pour sa chambre. C'est ainsi qu'il y avait des fleurs artificielles au bord de la commode, et le portrait du comte d'Artois[12] dans l'enfoncement de la lucarne.

Au moyen d'une planchette, Loulou fut établi sur un corps de cheminée

9. *un mètre de cailloux:* a pile of stones roughly a cubic meter in size.
10. Il s'agit d'un bateau qui va de Honfleur au Havre.
11. *œil-de-bœuf:* small round window.
12. Le comte d'Artois, devenu Charles X, a été roi de France de 1824 à 1830.

qui avançait dans l'appartement. Chaque matin, en s'éveillant, elle l'apercevait à la clarté de l'aube, et se rappelait alors les jours disparus, et d'insignifiantes actions jusqu'en leurs moindres détails, sans douleur, pleine de tranquillité.

Ne communiquant avec personne, elle vivait dans une torpeur de somnambule. Les processions de la Fête-Dieu la ranimaient. Elle allait quêter chez les voisines des flambeaux et des paillassons, afin d'embellir le reposoir que l'on dressait dans la rue.

A l'église, elle contemplait toujours le Saint-Esprit, et observa qu'il avait quelque chose du perroquet. Sa ressemblance lui parut encore plus manifeste sur une image d'Epinal,[13] représentant le baptême de Notre-Seigneur. Avec ses ailes de pourpre et son corps d'émeraude, c'était vraiment le portrait de Loulou.

L'ayant acheté, elle le suspendit à la place du comte d'Artois,—de sorte que, du même coup d'œil, elle les voyait ensemble. Ils s'associèrent dans sa pensée, le perroquet se trouvant sanctifié par ce rapport avec le Saint-Esprit, qui devenait plus vivant à ses yeux et intelligible. Le Père, pour s'énoncer, n'avait pu choisir une colombe, puisque ces bêtes-là n'ont pas de voix, mais plutôt un des ancêtres de Loulou. Et Félicité priait en regardant l'image, mais de temps à autre se tournait un peu vers l'oiseau.

Elle eut envie de se mettre dans les demoiselles de la Vierge.[14] Mme Aubain l'en dissuada.

Un événement considérable surgit: le mariage de Paul.

Après avoir été d'abord clerc de notaire, puis dans le commerce, dans la douane,[15] dans les contributions,[16] et même avoir commencé des démarches pour les eaux et forêts,[17] à trente-six ans, tout à coup, par une inspiration du ciel, il avait découvert sa voie: l'enregistrement![18] et y montrait de si hautes facultés qu'un vérificateur[19] lui avait offert sa fille, en lui promettant sa protection.

Paul, devenu sérieux, l'amena chez sa mère.

Elle dénigra les usages de Pont-l'Evêque, fit la princesse, blessa Félicité. Mme Aubain, à son départ, sentit un allégement.

La semaine suivante, on apprit la mort de M. Bourais, en basse Bretagne, dans une auberge. La rumeur d'un suicide se confirma; des doutes s'élevèrent sur sa probité. Mme Aubain étudia ses comptes, et ne tarda pas à connaître la kyrielle de ses noirceurs:[20] détournements d'arrérages,[21] ventes de bois dis-

13. Epinal est une ville de l'est de la France, célèbre pour ses images colorées de manière éclatante et exagérée.
14. Les demoiselles de la Vierge (appelées aussi «enfants de Marie») forment une association s'occupant d'œuvres charitables.
15. *la douane:* customs.
16. *les contributions:* internal revenue.
17. *Les eaux et forêts:* "National Forest Service".
18. *enregistrement:* registry office.
19. *vérificateur:* inspector.
20. *la kyrielle de ses noirceurs:* the litany of his black deeds.
21. *arrérages:* arrears (payments due).

simulées, fausses quittances, etc. De plus, il avait un enfant naturel, et «des relations avec une personne de Dozulé».

Ces turpitudes l'affligèrent beaucoup. Au mois de mars 1853, elle fut prise d'une douleur dans la poitrine; sa langue paraissait couverte de fumée, les sangsues[22] ne calmèrent pas l'oppression; et le neuvième soir elle expira, ayant juste soixante-douze ans.

On la croyait moins vieille, à cause de ses cheveux bruns, dont les bandeaux[23] entouraient sa figure blême, marquée de petite vérole.[24] Peu d'amis la regrettèrent, ses façons étant d'une hauteur qui éloignait.

Félicité la pleura, comme on ne pleure pas les maîtres. Que Madame mourût avant elle, cela troublait ses idées, lui semblait contraire à l'ordre des choses, inadmissible et monstrueux.

Dix jours après (le temps d'accourir de Besançon), les héritiers survinrent. La bru fouilla les tiroirs, choisit des meubles, vendit les autres, puis ils regagnèrent l'enregistrement.

Le fauteuil de Madame, son guéridon, sa chaufferette, les huit chaises, étaient partis! La place des gravures se dessinait en carrés jaunes au milieu des cloisons. Ils avaient emporté les deux couchettes, avec leurs matelas, et dans le placard on ne voyait plus rien de toutes les affaires de Virginie! Félicité remonta les étages, ivre de tristesse.

Le lendemain il y avait sur la porte une affiche; l'apothicaire lui cria dans l'oreille que la maison était à vendre.

Elle chancela, et fut obligée de s'asseoir.

Ce qui la désolait principalement, c'était d'abandonner sa chambre,—si commode pour le pauvre Loulou. En l'enveloppant d'un regard d'angoisse, elle implorait le Saint-Esprit, et contracta l'habitude idolâtre de dire ses oraisons agenouillée devant le perroquet. Quelquefois, le soleil entrant par la lucarne frappait son œil de verre, et en faisait jaillir un grand rayon lumineux qui la mettait en extase.

Elle avait une rente de trois cent quatre-vingts francs, léguée par sa maîtresse. Le jardin lui fournissait des légumes. Quant aux habits, elle possédait de quoi se vêtir jusqu'à la fin de ses jours, et épargnait l'éclairage en se couchant dès le crépuscule.

Elle ne sortait guère, afin d'éviter la boutique du brocanteur, où s'étalaient quelques-uns des anciens meubles. Depuis son étourdissement, elle traînait une jambe; et, ses forces diminuant, la mère Simon, ruinée dans l'épicerie, venait tous les matins fendre son bois et pomper de l'eau.

Ses yeux s'affaiblirent. Les persiennes n'ouvraient plus. Bien des années se passèrent. Et la maison ne se louait pas, et ne se vendait pas.

Dans la crainte qu'on ne la renvoyât, Félicité ne demandait aucune répara-

22. *sangsues:* leeches (often used for bloodletting).

23. *bandeaux:* a hair style (parted down the middle).

24. *petite vérole:* smallpox.

tion. Les lattes du toit pourrissaient; pendant tout un hiver son traversin fut mouillé. Après Pâques, elle cracha du sang.

Alors la mère Simon eut recours à un docteur. Félicité voulut savoir ce qu'elle avait. Mais, trop sourde pour entendre, un seul mot lui parvint: «Pneumonie». Il lui était connu, et elle répliqua doucement: «Ah! comme Madame», trouvant naturel de suivre sa maîtresse.

Le moment des reposoirs[25] approchait.

Le premier était toujours au bas de la côte, le second devant la poste, le troisième vers le milieu de la rue. Il y eut des rivalités à propos de celui-là; et les paroissiennes choisirent finalement la cour de Mme Aubain.

Les oppressions et la fièvre augmentaient. Félicité se chagrinait de ne rien faire pour le reposoir. Au moins, si elle avait pu y mettre quelque chose! Alors elle songea au perroquet. Ce n'était pas convenable, objectèrent les voisines. Mais le curé accorda cette permission; elle en fut tellement heureuse qu'elle le pria d'accepter, quand elle serait morte, Loulou, sa seule richesse.

Du mardi au samedi, veille de la Fête-Dieu, elle toussa plus fréquemment. Le soir son visage était grippé,[26] ses lèvres se collaient à ses gencives, des vomissements parurent; et le lendemain, au petit jour, se sentant très bas, elle fit appeler un prêtre.

Trois bonnes femmes l'entouraient pendant l'extrême-onction. Puis elle déclara qu'elle avait besoin de parler à Fabu.

Il arriva en toilette des dimanches, mal à son aise dans cette atmosphère lugubre.

«Pardonnez-moi», dit-elle avec un effort pour étendre le bras, «je croyais que c'était vous qui l'aviez tué!»

Que signifiaient des potins[27] pareils? L'avoir soupçonné d'un meurtre, un homme comme lui! et il s'indignait, allait faire du tapage. «Elle n'a plus sa tête, vous voyez bien!»

Félicité de temps à autre parlait à des ombres. Les bonnes femmes s'éloignèrent. La Simonne[28] déjeuna.

Un peu plus tard, elle prit Loulou, et, l'approchant de Félicité:

«Allons! dites-lui adieu!»

Bien qu'il ne fût pas un cadavre, les vers le dévoraient; une de ses ailes était cassée, l'étoupe[29] lui sortait du ventre. Mais, aveugle à présent, elle le baisa au front, et le gardait contre sa joue. La Simonne le reprit, pour le mettre sur le reposoir.

QUESTIONS GENERALES SUR LA QUATRIEME PARTIE

Félicité et le perroquet. Quelles sont les caractéristiques du perroquet qui plairaient à l'imagination de Félicité telle que nous l'avons déjà vue (dans

25. *reposoirs:* temporary altars set up for outside ceremonies such as the Fête-Dieu.
26. *grippé:* drawn.
27. *potins:* rumors, crazy stories.
28. *La Simonne:* familiar way of referring to la mère Simon.
29. *étoupe:* stuffing.

la géographie en estampes et à l'église par exemple)? Par quels détails, surtout au début de cette section, Flaubert renforce-t-il le jugement que Loulou était «presque un fils, un amoureux» (p. 619, ll. 6–7)? En quel sens l'épisode du perroquet se rattache-t-il, aux autres épisodes de la vie de Félicité? En quoi, pourtant, cet épisode est-il différent des autres?

Félicité et sa chambre. Etudiez la description de la chambre de Félicité (pp. 620–21). Dégagez la signification de tous les objets dans sa chambre. Pourquoi, par exemple, s'y trouve-t-il des «cahiers d'écriture» alors que Félicité ne sait pas écrire? Quelle est l'importance du «petit chapeau de peluche»? Il s'y trouve aussi «plusieurs bonnes Vierges». A quels autres moments, dans cette partie et dans le conte en entier, Flaubert a-t-il établi des associations entre Félicité et la Vierge Marie? Pourquoi y insiste-t-il? Quelle est la position du perroquet vis-à-vis des autres objets de la chambre? Comment cette position renforce-t-elle l'association dans l'esprit de Félicité entre le perroquet et le Saint-Esprit? Comment cette association avait-elle déjà été préparée? Le narrateur nous dit que sa chambre ressemblait à la fois à «une chapelle et un bazar, tant elle contenait d'objets religieux et de choses hétéroclites». Jusqu'à quel point ce jugement, et la description de sa chambre, reflètent-ils la personnalité et les expériences de Félicité à travers le conte? Expliquez votre réponse par des exemples précis.

Comment cette description de la chambre de Félicité fait-elle contraste avec la description de l'état actuel de la maison de Mme Aubain (p. 622)? En vous appuyant sur des détails précis, tirés de cette partie du conte, dégagez des similitudes dans les changements d'état physique entre la maison de Mme Aubain, le perroquet et Félicité. Comment ces «changements physiques» se reflètent-ils dans la vie sociale et personnelle de Félicité? Quel en est l'éffet pour l'atmosphère, pour le ton du conte à la fin de la quatrième partie? Pour la structure du conte?

V

Les herbages envoyaient l'odeur de l'été; des mouches bourdonnaient; le soleil faisait luire la rivière, chauffait les ardoises. La mère Simon, revenue dans la chambre, s'endormait doucement.

Des coups de cloche la réveillèrent; on sortait des vêpres. Le délire de Félicité tomba. En songeant à la procession, elle la voyait, comme si elle l'eût suivie.

Tous les enfants des écoles, les chantres et les pompiers marchaient sur les trottoirs, tandis qu'au milieu de la rue, s'avançaient premièrement: le suisse[1] armé de sa hallebarde, le bedeau[2] avec une grande croix, l'instituteur surveillant les gamins, la religieuse inquiète de ses petites filles; trois des plus mignonnes, frisées comme des anges, jetaient dans l'air des pétales de roses; le diacre,[3] les bras écartés, modérait la musique; et deux encenseurs[4] se re-

1. *suisse:* church officer (porter).
2. *bedeau:* church officer (beadle).
3. *diacre:* the deacon.
4. *encenseurs:* censer-bearers.

tournaient à chaque pas vers le Saint-Sacrement, que portait, sous un dais de velours ponceau tenu par quatre fabriciens,[5] M. le curé, dans sa belle chasuble. Un flot de monde se poussait derrière, entre les nappes blanches couvrant le mur des maisons; et l'on arriva au bas de la côte.

Une sueur froide mouillait les tempes de Félicité. La Simonne l'épongeait avec un linge, en se disant qu'un jour il lui faudrait passer par là.

Le murmure de la foule grossit, fut un moment très fort, s'éloignait.

Une fusillade ébranla les carreaux. C'était les postillons saluant l'ostensoir. Félicité roula ses prunelles, et elle dit, le moins bas qu'elle put: «Est-il bien?» tourmentée du perroquet.

Son agonie commença. Un râle, de plus en plus précipité, lui soulevait les côtes. Des bouillons d'écume venaient aux coins de sa bouche, et tout son corps tremblait.

Bientôt, on distingua le ronflement des ophicléides,[6] les voix claires des enfants, la voix profonde des hommes. Tout se taisait par intervalles, et le battement des pas, que des fleurs amortissaient, faisait le bruit d'un troupeau sur du gazon.

Le clergé parut dans la cour. La Simonne grimpa sur une chaise pour atteindre à l'œil-de-bœuf, et de cette manière dominait le reposoir.

Depuis le début de la cinquième partie du conte le point de vue (l'œil qui regarde) change plusieurs fois: c'est d'abord celui de Félicité («elle la voyait»), ensuite cela devient plus général («on distingua»), et ici c'est celui de la Simonne qui «grimpa sur une chaise pour atteindre l'œil de bœuf». Expliquez l'effet de ces changements de point de vue sur le mouvement de cette dernière scène du conte.

Des guirlandes vertes pendaient sur l'autel, orné d'un falbala en point d'Angleterre.[7] Il y avait au milieu un petit cadre enfermant des reliques, deux orangers dans les angles, et, tout le long, des flambeaux d'argent et des vases en porcelaine, d'où s'élançaient des tournesols, des lis, des pivoines, des digitales, des touffes d'hortensias. Ce monceau de couleurs éclatantes descendait obliquement, du premier étage jusqu'au tapis se prolongeant sur les pavés; et des choses rares tiraient les yeux. Un sucrier de vermeil avait une couronne de violettes, des pendeloques en pierres d'Alençon brillaient sur de la mousse, deux écrans chinois montraient leurs paysages. Loulou, caché sous des roses, ne laissait voir que son front bleu, pareil à une plaque de lapis.[8]

Quelles sortes d'objets sont incorporés à la cérémonie religieuse de la Fête-Dieu? Quelle est la signification de la place tenue par Loulou dans cette description?

5. *fabriciens:* church wardens.
6. *ophicléides:* brass wind instruments.
7. *falbala en point d'Angleterre:* flounce of English lace.
8. *lapis:* blue stone.

Les fabriciens, les chantres, les enfants se rangèrent sur les trois côtés de la cour. Le prêtre gravit lentement les marches, et posa sur la dentelle son grand soleil d'or qui rayonnait.[9] Tous s'agenouillèrent. Il se fit un grand silence. Et les encensoirs, allant à pleine volée, glissaient sur leurs chaînettes.

Une vapeur d'azur monta dans la chambre de Félicité. Elle avança les narines, en la humant avec une sensualité mystique; puis ferma les paupières. Ses lèvres souriaient. Les mouvements de son cœur se ralentirent un à un, plus vagues chaque fois, plus doux, comme une fontaine s'épuise, comme un écho disparaît; et, quand elle exhala son dernier souffle, elle crut voir, dans les cieux entr'ouverts, un perroquet gigantesque, planant au-dessus de sa tête.

A quels sens physiques (la vue, l'odorat, l'ouïe, le goût, le toucher) Flaubert fait-il appel dans ce dernier paragraphe? Pourquoi? Quel en est l'effet pour la création de l'atmosphère dans cette dernière scène? Précisez l'atmosphère et le ton, et relevez d'autres moments dans le conte où l'on ressent les mêmes impressions. Jusqu'à quel point la combinaison un peu fortuite de «sensualité» et «mystique» est-elle typique de Félicité? A quels autres moments dans le conte le narrateur a-t-il insisté sur ce «dualisme» chez son personnage central?

La dernière image du perroquet dans le ciel surprend-elle le lecteur? Quelle est votre réaction devant cette «hallucination» de Félicité? Jusqu'à quel point est-elle typique de ses réactions? Jusqu'à quel point couronne-t-elle le moment de sa mort? Comment Flaubert a-t-il préparé cette vision à d'autres moments dans le conte? Relisez, par exemple, la première scène de Félicité à l'église aux pages 605–7. Quelle signification peut-on lire maintenant dans l'image du vitrail, «le Saint-Esprit dominait la Vierge»? A la page 606, ll. 15–19, où il s'agit de sa confusion à propos du Saint-Esprit, quels éléments semblent préfigurer la dernière image? A la p. 607, ll. 21–22, lorsqu'elle imagine sa «communion», jusqu'à quel point son attitude et ses réactions prévoient-elles celles de la dernière scène du conte? Qu'est-ce que ces associations nous révèlent de l'art de Flaubert?

Cette cinquième partie du conte, très courte comme la première partie, est marquée par une alternance entre l'intérieur de la chambre de Félicité et ce qui se passe à l'extérieur de la maison. Quel est le rapport entre ces deux mouvements alternants? Quelle est la fonction du dernier paragraphe pour la résolution de ces deux mouvements?

QUESTIONS GENERALES

Dans une lettre à une amie, Mme Des Genettes, Flaubert écrit: «*L'Histoire d'un cœur simple* est tout bonnement le récit d'une vie obscure, celle d'une pauvre fille de campagne, dévote mais mystique, devouée sans exaltation et tendre comme du pain frais. Elle aime successivement un homme, les enfants de sa maîtresse, un neveu, un vieillard qu'elle soigne, puis son perroquet, quand le perroquet est mort, elle le fait empailler et, en mourant à son tour, elle confond le perroquet avec le Saint-

9. Il s'agit de l'ostensoir (the monstrance, where the Host is exposed).

Esprit. Cela n'est nullement ironique comme vous le supposez, mais au contraire très sérieux et très triste. Je veux apitoyer, faire pleurer les âmes sensibles, en étant une moi-même.»

Dans les dernières phrases de sa lettre, Flaubert prétend que, malgré les accusations des critiques, il n'est pas «ironique» envers Félicité, mais plutôt sensible et plein de pitié. En étudiant tous les éléments fondamentaux (narrateur, personnages, décor, événements, et structure), essayez de préciser l'attitude de Flaubert envers Félicité et de formuler la vôtre.

Quelle semble être, en effet, la distance physique et affective du *narrateur* par rapport à Félicité? Quel est le rôle du style indirect libre à cet égard? Jusqu'à quel point Flaubert arrive-t-il à être «invisible» et «silencieux» comme il l'a prétendu dans ses théories?

Quelle vous semble être la signification du titre—*Un Cœur simple*—par rapport à la présentation de Félicité dans le conte même? Quelle est la signification de son nom—Félicité—et de ceux des autres *personnages* dans le conte?

Comment l'état et les changements dans le *décor* reflètent-ils le sort de ces personnages et celui de Félicité elle-même? Quelle est la signification à cet égard des objets particuliers qu'elle ramasse au cours de sa vie et qu'elle rassemble dans sa chambre? Quelle en est la valeur structurale?

Etudiez l'alternance des résumés et des scènes. Quels *événements,* d'habitude, sont mis en relief par l'emploi de scènes concrètes?

Jusqu'à quel point la dernière image—celle du perroquet dans le ciel—semble-t-elle «grotesque»? Jusqu'à quel point semble-t-elle «naturelle» et «logique» selon la *structure*—selon les associations, les «attaches» intérieures, les «assemblages»—de l'œuvre?

Enfin, pour les uns, Félicité est presque une artiste qui a su combiner les éléments de sa vie et les concentrer en un objet, le perroquet, qui en devient le symbole suprême. Pour les autres, Félicité elle-même n'est qu'un objet, le jouet d'un auteur insensible, ironique, cruel. Pour d'autres encore, l'attitude de l'auteur et du lecteur n'est qu'une «attache extérieure» qui n'existe qu'en dehors du conte même, et la question d'ironie ou de pitié envers Félicité ne devrait pas se poser. De quel avis êtes-vous?

Jusqu'ici nos interprétations d'*Un Cœur simple* poursuivent une direction essentiellement «psychologique». Jusqu'à quel point peut-on dégager une interprétation «philosophique» (la conception de la religion) et «sociale» (la différence de classe entre Félicité et les autres) dans ce conte?

The Granger Collection

SARTRE

> Nous ne sommes plus avec ceux qui veulent posséder le monde, mais avec ceux qui veulent le changer.
>
> *Qu'est-ce que la littérature?*

Biographie

Né à Paris en 1905, Jean-Paul Sartre est élève à l'Ecole Normale Supérieure de 1924 à 1928, et obtient son agrégation de philosophie en 1929. Il devient professeur de lycée au Havre et à Paris avant de continuer ses études à l'Institut français de Berlin (1933–34) où il subit l'influence de la philosophie allemande, en particulier de celle de Heidegger. Mobilisé pendant la Deuxième Guerre mondiale, il est fait prisonnier en 1940, libéré en 1941, et fait partie, désormais, d'un réseau de résistance. Depuis la guerre Sartre se consacre à une vie d'action politique aussi bien qu'à la création littéraire ou philosophique. Il dirige la revue *Les Temps Modernes,* intervient dans de nombreux événements actuels (contre le projet de constitution gaulliste, contre l'intervention américaine à Cuba et au Vietnam, etc.), et ne cesse d'essayer de préciser son rapport avec le parti communiste (le P.C.).

Le Prix Nobel lui est accordé en 1964, mais Sartre le refuse.

Parmi ses œuvres on constate une grande variété de genres et de sujets: des œuvres philosophiques (*L'Etre et le néant,* 1943); des essais (*L'Existentialisme est un humanisme,* 1946, et *Qu'est-ce que la littérature?,* 1948); des romans et contes (*La Nausée,* 1938, *Le Mur,* 1939, et *Les Chemins de la liberté,* 1945–51); et des pièces (*Les Mouches,* 1943, *Huis Clos,* 1944, etc.). Plus récemment Sartre semble préférer la biographie «psychanalytique» (*Saint Genet,* 1952, et *L'Idiot de la famille: Flaubert,* 1971) et l'autobiographie (*Les Mots,* 1964).

Théories littéraires

La littérature, telle que J.-P. Sartre la définit dans *Qu'est-ce que la littérature,* est un moyen de *s'engager,* de dévoiler et de changer le monde: «L'écrivain «engagé» sait que la parole est action; il sait que dévoiler c'est changer et qu'on ne peut dévoiler qu'en projetant de changer.» L'œuvre littéraire doit surtout «dévoiler» l'illusion bourgeoise d'un monde clos et fixe, fondé sur un ordre préétabli et permanent. Pour Sartre le monde est plutôt ouvert et ambigu, et l'œuvre littéraire doit insister sur les qualités directes et immédiates de l'expérience humaine:

> Mais nous, si nous venions à méditer sur nos écrits futurs, nous nous persuadions qu'aucun art ne saurait être vraiment nôtre s'il ne rendait à l'événement sa brutale fraîcheur, son ambiguïté, son imprévisibilité, au temps son cours, au monde son opacité menaçante et somptueuse, à l'homme sa longue patience. . . .

Afin de communiquer une telle vision de l'expérience humaine, Sartre adopte un point de vue limité à un personnage (personnel), plutôt que celui d'un narrateur omniscient et tout-puissant:

> Puisque nous étions *situés,* les seuls romans que nous puissions songer à écrire étaient des romans de *situation,* sans narrateurs internes ni témoins tout-connaissants; bref il nous fallait, si nous voulions rendre compte de notre époque, faire passer la technique romanesque de la mécanique newtonienne à la relativité généralisée, peupler nos livres de consciences à demi lucides et à demi obscures, dont nous considérerions peut-être les unes ou les autres avec plus de sympathie, mais dont aucune n'aurait sur l'événement ni sur soi de point de vue privilégié, présenter des créatures dont la réalité serait le tissu embrouillé et contradictoire des appréciations que chacune porterait sur toutes—y compris sur elle-même. . . .

Contre les auteurs, tels que François Mauriac, Flaubert, et Balzac, qui créent des narrateurs omniscients qui possèdent leurs mondes clos comme des espèces de «Dieux», Sartre dirige la boutade célèbre: «Dieu n'est pas romancier, François Mauriac non plus!»

Le Mur

On nous poussa dans une grande salle blanche, et mes yeux se mirent à cligner[1] parce que la lumière leur faisait mal. Ensuite, je vis une table et quatre types[2] derrière la table, des civils, qui regardaient des papiers. On avait

1. *cligner:* to blink.
2. *types:* guys (slang).

massé les autres prisonniers dans le fond et il nous fallut traverser toute la pièce pour les rejoindre. Il y en avait plusieurs que je connaissais et d'autres qui devaient être étrangers. Les deux qui étaient devant moi étaient blonds avec des crânes ronds, ils se ressemblaient: des Français, j'imagine. Le plus petit remontait tout le temps son pantalon: c'était nerveux.

Sartre commence *Le Mur* par un point de vue personnel («mes yeux», «je vis», etc.) En étudiant les mouvements de cette personne et les changements dans sa perception des objets et des personnes (notez à cet égard le jeu de pronoms, l'emploi d'articles définis et indéfinis, la disposition des adjectifs, etc.), précisez la composition de cette scène. Quel est l'effet et ce choix de point de vue et de composition sur la distance physique, temporelle et affective du lecteur par rapport à cette scène?

Ça dura près de trois heures; j'étais abruti[3] et j'avais la tête vide mais la pièce était bien chauffée et je trouvais ça plutôt agréable: depuis vingt-quatre heures, nous n'avions pas cessé de grelotter.[4] Les gardiens amenaient les prisonniers l'un après l'autre devant la table. Les quatre types leur demandaient alors leur nom et leur profession. La plupart du temps ils n'allaient pas plus loin—ou bien alors ils posaient une question par-ci, par-là: «As-tu pris part au sabotage des munitions?» Ou bien: «Où étais-tu le matin du 9 et que faisais-tu?» Ils n'écoutaient pas les réponses ou du moins ils n'en avaient pas l'air: ils se taisaient un moment et regardaient droit devant eux puis ils se mettaient à écrire. Ils demandèrent à Tom si c'était vrai qu'il servait dans la Brigade internationale:[5] Tom ne pouvait pas dire le contraire à cause des papiers qu'on avait trouvés dans sa veste. A Juan ils ne demandèrent rien, mais, après qu'il eut dit son nom, ils écrivirent longtemps.

«C'est mon frère José qui est anarchiste, dit Juan. Vous savez bien qu'il n'est plus ici. Moi je ne suis d'aucun parti, je n'ai jamais fait de politique.»

Ils ne répondirent pas. Juan dit encore:

«Je n'ai rien fait. Je ne veux pas payer pour les autres.»

Ses lèvres tremblaient. Un gardien le fit taire et l'emmena. C'était mon tour:

«Vous vous appelez Pablo Ibbieta?»

Je dis que oui.

Le type regarda ses papiers et me dit:

«Où est Ramon Gris?

—Je ne sais pas.

—Vous l'avez caché dans votre maison du 6 au 19.

—Non.»

Ils écrivirent un moment et les gardiens me firent sortir. Dans le couloir

3. *abruti:* dazed, "out of it".
4. *grelotter:* shiver.
5. *la Brigade internationale:* brigade de volontaires, composée d'étrangers de gauche, qui se sont battus pour la République pendant la guerre civile d'Espagne (1936–38).

Tom et Juan attendaient entre deux gardiens. Nous nous mîmes en marche.[6] Tom demanda à des gardiens:

«Et alors?

—Quoi? dit le gardien.

—C'est un interrogatoire ou un jugement?

—C'était le jugement, dit le gardien.

—Eh bien? Qu'est-ce qu'ils vont faire de nous?»

Le gardien répondit sèchement:

«On vous communiquera la sentence dans vos cellules.»

C'est surtout par le dialogue que Sartre nous présente ses personnages. Quelles différences établit-il déjà par leurs façons de parler, par leurs préoccupations, entre les trois personnages—Juan, Tom et Pablo (le narrateur)? Quel est l'effet de l'emploi soutenu de dialogue en ce qui concerne la distance, temporelle aussi bien qu'affective, du lecteur par rapport aux personnages?

En fait, ce qui nous servait de cellule c'était une des caves de l'hôpital. Il y faisait terriblement froid à cause des courants d'air. Toute la nuit nous avions grelotté et pendant la journée ça n'avait guère mieux été. Les cinq jours précédents je les avais passés dans un cachot[7] de l'archevêché,[8] une espèce d'oubliette[9] qui devait dater du Moyen Age: comme il y avait beaucoup de prisonniers et peu de place, on les casait n'importe où. Je ne regrettais pas mon cachot: je n'y avais pas souffert du froid mais j'y étais seul; à la longue c'est irritant. Dans la cave j'avais de la compagnie. Juan ne parlait guère: il avait peur et puis il était trop jeune pour avoir son mot à dire. Mais Tom était beau parleur et il savait très bien l'espagnol.

Dans la description des caves de l'hôpital (le décor), à quels sens physiques (la vue, l'ouïe, le goût, l'odorat, le toucher) Sartre fait-il appel? Quel en est l'effet quant à la distance du narrateur par rapport à cet endroit? Quant à la distance du lecteur?

Quel contraste le narrateur établit-il entre ces caves et le cachot où il avait passé les cinq jours précédents? Quelles précisions ce détail ajoute-t-il à notre conception du rapport entre le narrateur et les choses? Le narrateur et les autres?

Dans la cave il y avait un banc[10] et quatre paillasses.[11] Quand ils nous eurent ramenés, nous nous assîmes et nous attendîmes en silence. Tom dit, au bout d'un moment:

«Nous sommes foutus.[12]

6. *nous . . . marche:* we began to move along.
7. *cachot:* dungeon.
8. *archevêché:* Archbishop's palace.
9. *oubliette:* secret dungeon.
10. *banc:* bench.
11. *paillasses:* straw mattresses.
12. *foutus:* screwed (slang).

—Je le pense aussi, dis-je, mais je crois qu'ils ne feront rien au petit.

—Ils n'ont rien à lui reprocher, dit Tom. C'est le frère d'un militant, voilà tout.»

Je regardai Juan: il n'avait pas l'air d'entendre. Tom reprit:

«Tu sais ce qu'ils font à Saragosse?[13] Ils couchent les types sur la route et ils leur passent dessus avec des camions. C'est un Marocain déserteur qui nous l'a dit. Ils disent que c'est pour économiser les munitions.

—Ça n'économise pas l'essence», dis-je.

J'étais irrité contre Tom: il n'aurait pas dû dire ça.

«Il y a des officiers qui se promènent sur la route, poursuivit-il, et qui surveillent ça, les mains dans les poches, en fumant des cigarettes. Tu crois qu'ils achèveraient les types? Je t'en fous.[14] Ils les laissent gueuler.[15] Des fois pendant une heure. Le Marocain disait que, la première fois, il a manqué dégueuler.[16]

—Je ne crois pas qu'ils fassent ça ici, dis-je. A moins qu'ils ne manquent vraiment de munitions.»

Le jour entrait par quatre soupiraux[17] et par une ouverture ronde qu'on avait pratiquée au plafond, sur la gauche, et qui donnait sur le ciel. C'est par ce trou rond ordinairement fermé par une trappe, qu'on déchargeait le charbon dans la cave. Juste au-dessous du trou il y avait un gros tas de poussier;[18] il avait été destiné à chauffer l'hôpital, mais, dès le début de la guerre, on avait évacué les malades et le charbon restait là, inutilisé; il pleuvait même dessus, à l'occasion, parce qu'on avait oublié de baisser la trappe.

Tom se mit à grelotter:

«Sacré nom de Dieu, je grelotte, dit-il, voilà que ça recommence.»

Il se leva et se mit à faire de la gymnastique. A chaque mouvement sa chemise s'ouvrait sur sa poitrine blanche et velue.[19] Il s'étendit sur le dos, leva les jambes en l'air et fit les ciseaux: je voyais trembler sa grosse croupe.[20] Tom était costaud[21] mais il avait trop de graisse. Je pensais que des balles de fusil ou des pointes de baïonnettes allaient bientôt s'enfoncer dans cette masse de chair tendre comme dans une motte[22] de beurre. Ça ne me faisait pas le même effet que s'il avait été maigre.

Je n'avais pas exactement froid, mais je ne sentais plus mes épaules ni mes bras. De temps en temps, j'avais l'impression qu'il me manquait quelque chose et je commençais à chercher ma veste autour de moi, et puis je me rappelais brusquement qu'ils ne m'avaient pas donné de veste. C'était plutôt pénible. Ils avaient pris nos vêtements pour les donner à leurs soldats et ils ne nous avaient laissé que nos chemises—et ces pantalons de toile que les

13. Saragosse (Sarogossa) est une ville du nord de l'Espagne.
14. *Je t'en fous:* like hell (slang).
15. *gueuler:* scream, yell (common language).
16. *dégueuler:* vomit, barf (common language).
17. *soupiraux:* air holes.
18. *poussier:* coal dust.
19. *velue:* hairy.
20. *croupe:* rump.
21. *costaud:* sturdy (common language).
22. *motte:* pat.

malades hospitalisés portaient au gros de l'été. Au bout d'un moment, Tom se releva et s'assit près de moi en soufflant.

«Tu es réchauffé?

—Sacré nom de Dieu, non. Mais je suis essoufflé.»

Vers huit heures du soir, un commandant entra avec deux phalangistes.[23] Il avait une feuille de papier à la main. Il demanda au gardien:

«Comment s'appellent-ils, ces trois-là?

—Steinbock, Ibbieta et Mirbal», dit le gardien.

Le commandant mit ses lorgnons[24] et regarda sa liste:

«Steinbock . . . Steinbock . . . Voilà. Vous êtes condamné à mort. Vous serez fusillé demain matin.»

Il regarda encore:

«Les deux autres aussi, dit-il.

—C'est pas possible, dit Juan. Pas moi.»

Le commandant le regarda d'un air étonné:

«Comment vous appelez-vous?

—Juan Mirbal, dit-il.

—Eh bien, votre nom est là, dit le commandant, vous êtes condamné.

—J'ai rien fait», dit Juan.

Le commandant haussa les épaules et se tourna vers Tom et vers moi.

«Vous êtes Basques?[25]

—Personne n'est Basque.»

Il eut l'air agacé.

«On m'a dit qu'il y avait trois Basques. Je ne vais pas perdre mon temps à leur courir après. Alors naturellement vous ne voulez pas de prêtre?»

Nous ne répondîmes même pas. Il dit:

«Un médecin belge viendra tout à l'heure. Il a l'autorisation de passer la nuit avec vous.»

Il fit le salut militaire et sortit.

«Qu'est-ce que je te disais, dit Tom. On est bons.[26]

—Oui, dis-je, c'est vache[27] pour le petit.»

Je disais ça pour être juste mais je n'aimais pas le petit. Il avait un visage trop fin et la peur, la souffrance l'avaient défiguré, elles avaient tordu tous ses traits. Trois jours auparavant, c'était un môme[28] dans le genre mièvre,[29] ça peut plaire; mais maintenant il avait l'air d'une vieille tapette,[30] et je pensais qu'il ne redeviendrait plus jamais jeune, même si on le relâchait. Ça n'aurait pas été mauvais d'avoir un peu de pitié à lui offrir, mais la pitié me dégoûte, il me faisait plutôt horreur.

Il n'avait plus rien dit mais il était devenu gris: son visage et ses mains

23. *phalangistes:* membres de la Phalange, parti fasciste pendant la guerre civile d'Espagne.
24. *lorgnons:* eyeglasses.
25. Les Basques, peuple du nord de l'Espagne, sont presque tous des catholiques.
26. *on est bons:* we're done for (slang).
27. *c'est vache:* it's rough (slang).
28. *môme:* kid (common language).
29. *mièvre:* delicate.
30. *tapette:* queer, fairy (common).

étaient gris. Il se rassit et regarda le sol avec des yeux ronds. Tom était une bonne âme, il voulut lui prendre le bras, mais le petit se dégagea violemment en faisant une grimace.

«Laisse-le, dis-je à voix basse, tu vois bien qu'il va se mettre à chialer.[31]»

Tom obéit à regret; il aurait aimé consoler le petit; ça l'aurait occupé et il n'aurait pas été tenté de penser à lui-même. Mais ça m'agaçait: je n'avais jamais pensé à la mort parce que l'occasion ne s'en était pas présentée, mais maintenant l'occasion était là et il n'y avait pas autre chose à faire que de penser à ça.

Tom se mit à parler:

«Tu as bousillé[32] des types, toi?» me demanda-t-il.

Je ne répondis pas. Il commença à m'expliquer qu'il en avait bousillé six depuis le début du mois d'août; il ne se rendait pas compte de la situation, et je voyais bien qu'il ne *voulait* pas s'en rendre compte. Moi-même je ne réalisais pas encore tout à fait, je me demandais si on souffrait beaucoup, je pensais aux balles, j'imaginais leur grêle brûlante à travers mon corps. Tout ça c'était en dehors de la véritable question; mais j'étais tranquille: nous avions toute la nuit pour comprendre. Au bout d'un moment Tom cessa de parler et je le regardai du coin de l'œil; je vis qu'il était devenu gris, lui aussi, et qu'il avait l'air misérable, je me dis: «Ça commence.» Il faisait presque nuit, une lueur terne filtrait à travers les soupiraux et le tas de charbon, et faisait une grosse tache sous le ciel; par le trou du plafond je voyais déjà une étoile: la nuit serait pure et glacée.

Dans les pages précédentes étudiez les impressions et les réactions qu'éprouve le narrateur envers Tom et Juan. Quels contrastes et contradictions y a-t-il entre ses paroles et ses pensées intimes? Qu'est-ce que ces contrastes nous révèlent à propos de la personnalité du narrateur? Quels changements ou progressions peut-on constater dans sa conception des deux autres condamnés? Qu'est-ce que ces changements nous révèlent sur l'état d'esprit du narrateur?

A la fin de ce dernier paragraphe le narrateur reprend la description du ciel, vu par «les soupiraux.» A deux reprises le narrateur détourne son regard des autres condamnés pour contempler le ciel. Quelles circonstances provoquent ces détournements? Qu'est-ce que ces indications nous apprennent sur son état d'esprit?

Ainsi, bien que nos renseignements soient limités à ce que nous dit le narrateur, Sartre nous laisse apercevoir ces traits de la psychologie de Pablo dont il est ignorant ou au moins qu'il ne nous fournit pas de façon explicite. En examinant les pages précédentes, définissez les différents moyens dont se sert Sartre pour nous faire comprendre la psychologie «inconsciente» de Pablo. Quel est l'effet de ces renseignements sur l'attitude du lecteur envers Pablo? Essayez de dégager, au cours de votre lecture de ce conte, d'autres exemples de cas où nos renseignements dépassent la conscience du narrateur et d'en préciser l'effet quant à notre attitude (distance affective) à son égard.

31. *chialer:* cry (common).

32. *bousillé:* killed, "rubbed out" (slang).

La porte s'ouvrit, et deux gardiens entrèrent. Ils étaient suivis d'un homme blond qui portait un uniforme belge. Il nous salua:

«Je suis médecin, dit-il. J'ai l'autorisation de vous assister en ces pénibles circonstances.»

Il avait une voix agréable et distinguée. Je lui dis:

«Qu'est-ce que vous venez faire ici?

—Je me mets à votre disposition. Je ferai tout mon possible pour que ces quelques heures vous soient moins lourdes.

—Pourquoi êtes-vous venu chez nous? Il y a d'autres types, l'hôpital en est plein.

—On m'a envoyé ici, répondit-il d'un air vague.

«Ah! vous aimeriez fumer, hein? ajouta-t-il précipitamment. J'ai des cigarettes et même des cigares.»

Il nous offrit des cigarettes anglaises et des puros,[33] mais nous refusâmes. Je le regardai dans les yeux, et il parut gêné. Je lui dis:

«Vous ne venez pas ici par compassion. D'ailleurs je vous connais. Je vous ai vu avec des fascistes dans la cour de la caserne, le jour où on m'a arrêté.»

J'allais continuer, mais tout d'un coup il m'arriva quelque chose qui me surprit: la présence de ce médecin cessa brusquement de m'intéresser. D'ordinaire, quand je suis sur un homme je ne le lâche pas. Et pourtant l'envie de parler me quitta; je haussai les épaules et je détournai les yeux. Un peu plus tard, je levai la tête: il m'observait d'un air curieux. Les gardiens s'étaient assis sur une paillasse. Pedro, le grand maigre, se tournait les pouces, l'autre agitait de temps en temps la tête pour s'empêcher de dormir.

«Voulez-vous de la lumière?» dit soudain Pedro au médecin. L'autre fit «oui» de la tête: je pense qu'il avait à peu près autant d'intelligence qu'une bûche, mais sans doute n'était-il pas méchant. A regarder ses gros yeux bleus et froids, il me sembla qu'il péchait surtout par défaut d'imagination. Pedro sortit et revint avec une lampe à pétrole qu'il posa sur le coin du banc. Elle éclairait mal, mais c'était mieux que rien: la veille on nous avait laissés dans le noir. Je regardai un bon moment le rond de lumière que la lampe faisait au plafond. J'étais fasciné. Et puis, brusquement, je me réveillai, le rond de lumière s'effaça, et je me sentis écrasé sous un poids énorme. Ce n'était pas la pensée de la mort, ni la crainte: c'était anonyme. Les pommettes me brûlaient et j'avais mal au crâne.

Je me secouai et regardai mes deux compagnons. Tom avait enfoui sa tête dans ses mains, je ne voyais que sa nuque grasse et blanche. Le petit Juan était de beaucoup le plus mal en point, il avait la bouche ouverte et ses narines tremblaient. Le médecin s'approcha de lui et lui posa la main sur l'épaule comme pour le réconforter: mais ses yeux restaient froids. Puis je vis la main du Belge descendre sournoisement le long du bras de Juan jusqu'au poignet. Juan se laissait faire avec indifférence. Le Belge lui prit le poignet

33. *puro:* espèce de cigare espagnol.

entre trois doigts, avec un air distrait, en même temps il recula un peu et s'arrangea pour me tourner le dos. Mais je me penchai en arrière et je le vis tirer sa montre et la consulter un instant sans lâcher le poignet du petit. Au bout d'un moment, il laissa retomber la main inerte et alla s'adosser au mur, puis, comme s'il se rappelait soudain quelque chose de très important qu'il fallait noter sur-le-champ, il prit un carnet dans sa poche et y inscrivit quelques lignes. «Le salaud,[34] pensai-je avec colère, qu'il ne vienne pas me tâter le pouls, je lui enverrai mon poing dans sa sale gueule.»

Il ne vint pas, mais je sentis qu'il me regardait. Je levai la tête et lui rendis son regard. Il me dit d'une voix impersonnelle:

«Vous ne trouvez pas qu'on grelotte ici?»

Il avait l'air d'avoir froid; il était violet.

«Je n'ai pas froid», lui répondis-je.

Il ne cessait pas de me regarder, d'un œil dur. Brusquement je compris et je portai mes mains à ma figure: j'étais trempé de sueur. Dans cette cave, au gros de l'hiver, en plein courant d'air, je suais. Je passai les doigts dans mes cheveux qui étaient feutrés[35] par la transpiration; en même temps, je m'aperçus que ma chemise était humide et collait à ma peau: je ruisselais depuis une heure au moins et je n'avais rien senti. Mais ça n'avait pas échappé au cochon de Belge; il avait vu les gouttes rouler sur mes joues et il avait pensé: c'est la manifestation d'un état de terreur quasi pathologique; et il s'était senti normal et fier de l'être parce qu'il avait froid. Je voulus me lever pour aller lui casser la figure, mais à peine avais-je ébauché un geste que ma honte et ma colère furent effacées; je retombai sur le banc avec indifférence.

Je me contentai de me frictionner[36] le cou avec mon mouchoir parce que, maintenant, je sentais la sueur qui gouttait de mes cheveux sur ma nuque et c'était désagréable. Je renonçai d'ailleurs bientôt à me frictionner, c'était inutile: déjà mon mouchoir était bon à tordre,[37] et je suais toujours. Je suais aussi des fesses[38] et mon pantalon humide adhérait au banc.

Le petit Juan parla tout à coup.

«Vous êtes médecin?

—Oui, dit le Belge.

—Est-ce qu'on souffre . . . longtemps?

—Oh! Quand . . . ? Mais non, dit le Belge d'une voix paternelle, c'est vite fini.»

Il avait l'air de rassurer un malade payant.

«Mais je . . . on m'avait dit . . . qu'il fallait souvent deux salves.

—Quelquefois, dit le Belge en hochant la tête. Il peut se faire que la première salve n'atteigne aucun des organes vitaux.

—Alors il faut qu'ils rechargent les fusils et qu'ils visent de nouveau?»

34. *salaud:* bastard (slang).
35. *feutrés:* matted.
36. *frictionner:* to rub.
37. *bon à tordre:* ready to be wrung out.
38. *fesses:* buttocks.

Il réfléchit et ajouta d'une voix enrouée.

«Ça prend du temps!»

Il avait une peur affreuse de souffrir, il ne pensait qu'à ça: c'était de son âge. Moi je n'y pensais plus beaucoup et ce n'était pas la crainte de souffrir qui me faisait transpirer.

Je me levai et je marchai jusqu'au tas de poussier. Tom sursauta et me jeta un regard haineux: je l'agaçais parce que mes souliers craquaient. Je me demandais si j'avais le visage aussi terreux que lui: je vis qu'il suait aussi. Le ciel était superbe, aucune lumière ne se glissait dans ce coin sombre, et je n'avais qu'à lever la tête pour apercevoir la Grande Ourse. Mais ça n'était plus comme auparavant: l'avant-veille, de mon cachot de l'archevêché, je pouvais voir un grand morceau de ciel et chaque heure du jour me rappelait un souvenir différent. Le matin quand le ciel était d'un bleu dur et léger, je pensais à des plages au bord de l'Atlantique; à midi je voyais le soleil et je me rappelais un bar de Séville,[39] où je buvais du manzanilla[40] en mangeant des anchois et des olives; l'après-midi j'étais à l'ombre et je pensais à l'ombre profonde qui s'étend sur la moitié des arènes pendant que l'autre moitié scintille au soleil: c'était vraiment pénible de voir ainsi toute la terre se refléter dans le ciel. Mais à présent je pouvais regarder en l'air tant que je voulais, le ciel ne m'évoquait plus rien. J'aimais mieux ça. Je revins m'asseoir près de Tom. Un long moment passa.

Tom se mit à parler, d'une voix basse. Il fallait toujours qu'il parlât, sans ça il ne se reconnaissait pas bien dans ses pensées. Je pense que c'était à moi qu'il s'adressait mais il ne me regardait pas. Sans doute avait-il peur de me voir comme j'étais, gris et suant: nous étions pareils et pires que des miroirs l'un pour l'autre. Il regardait le Belge, le vivant.

> En étudiant les verbes de perception visuelle («regarder» et «voir») dans les pages précédentes, précisez les changements dans le rapport du narrateur avec (1) le décor, (2) sa vie passée, (3) Tom et Juan, et (4) le médecin belge. A quels autres sens physiques Sartre fait-il appel? Quelle distance en résulte?
>
> Déterminez ensuite la *fonction* (psychologique, sociale, philosophique) du médecin belge: pour quelles raisons Sartre le met-il dans la cellule des condamnés? Quelles réactions provoque-t-il chez eux? Qu'est-ce qu'il représente pour les condamnés? Pour le lecteur?

«Tu comprends, toi? disait-il. Moi, je comprends pas.»

Je me mis aussi à parler à voix basse. Je regardais le Belge.

«Quoi, qu'est-ce qu'il y a?

—Il va nous arriver quelque chose que je ne peux pas comprendre.»

39. Séville est une ville au sud de l'Espagne.

40. Le manzanilla est un vin légèrement amer.

Il y avait une étrange odeur autour de Tom. Il me sembla que j'étais plus sensible aux odeurs qu'à l'ordinaire. Je ricanai.[41]

«Tu comprendras tout à l'heure.

—Ça n'est pas clair, dit-il d'un air obstiné. Je veux bien avoir du courage, mais il faudrait au moins que je sache . . . Ecoute, on va nous amener dans la cour. Les types vont se ranger devant nous. Combien seront-ils?

—Je ne sais pas. Cinq ou huit. Pas plus.

—Ça va. Ils seront huit. On leur criera: «En joue[42]», et je verrai les huit fusils braqués sur moi. Je pense que je voudrai rentrer dans le mur, je pousserai le mur avec le dos de toutes mes forces, et le mur résistera, comme dans les cauchemars. Tout ça je peux me l'imaginer. Ah! Si tu savais comme je peux me l'imaginer.

—Ça va! lui dis-je, je me l'imagine aussi.

—Ça doit faire un mal de chien.[43] Tu sais qu'ils visent les yeux et la bouche pour défigurer, ajouta-t-il méchamment. Je sens déjà les blessures; depuis une heure j'ai des douleurs dans la tête et dans le cou. Pas de vraies douleurs; c'est pis: ce sont les douleurs que je sentirai demain matin. Mais après?»

Je comprenais très bien ce qu'il voulait dire, mais je ne voulais pas en avoir l'air. Quant aux douleurs, moi aussi je les portais dans mon corps, comme une foule de petites balafres. Je ne pouvais pas m'y faire, mais j'étais comme lui, je n'y attachais pas d'importance.

«Après, dis-je rudement, tu boufferas du pissenlit.[44]»

Il se mit à parler pour lui seul: il ne lâchait pas des yeux le Belge. Celui-ci n'avait pas l'air d'écouter. Je savais ce qu'il était venu faire; ce que nous pensions ne l'intéressait pas; il était venu regarder nos corps, des corps qui agonisaient tout vifs.

«C'est comme dans les cauchemars, disait Tom. On veut penser à quelque chose, on a tout le temps l'impression que ça y est, qu'on va comprendre et puis ça glisse, ça vous échappe et ça retombe. Je me dis: après, il n'y aura plus rien. Mais je ne comprends pas ce que ça veut dire. Il y a des moments où j'y arrive presque . . . et puis ça retombe, je recommence à penser aux douleurs, aux balles, aux détonations. Je suis matérialiste, je te le jure; je ne deviens pas fou. Mais il y a quelque chose qui ne va pas. Je vois mon cadavre: ça n'est pas difficile mais c'est *moi* qui le vois, avec *mes* yeux. Il faudrait que j'arrive à penser . . . à penser que je ne verrai plus rien, que je n'entendrai plus rien et que le monde continuera pour les autres. On n'est pas faits pour penser ça, Pablo. Tu peux me croire: ça m'est déjà arrivé de veiller toute une nuit en attendant quelque chose. Mais cette chose-là, ça n'est pas pareil: ça nous prendra par-derrière,[45] Pablo, et nous n'aurons pas pu nous y préparer.

41. *Je ricanai:* I sneered.
42. *«En joue»:* "Take aim!"
43. *faire un mal de chien:* hurt like hell (slang).
44. *tu boufferas du pissenlit:* you'll be eating dandelions (slang).
45. *ça nous prendra par-derrière:* it'll sneak up on us.

—La ferme,[46] lui dis-je, veux-tu que j'appelle un confesseur?»

Il ne répondit pas. J'avais déjà remarqué qu'il avait tendance à faire le prophète et à m'appeler Pablo en parlant d'une voix blanche. Je n'aimais pas beaucoup ça; mais il paraît que tous les Irlandais sont ainsi. J'avais l'impression vague qu'il sentait l'urine. Au fond je n'avais pas beaucoup de sympathie pour Tom et je ne voyais pas pourquoi, sous prétexte que nous allions mourir ensemble, j'aurais dû en avoir davantage. Il y a des types avec qui ç'aurait été différent. Avec Ramon Gris, par exemple. Mais, entre Tom et Juan, je me sentais seul. D'ailleurs, j'aimais mieux ça: avec Ramon je me serais peut-être attendri. Mais j'étais terriblement dur, à ce moment-là, et je voulais rester dur.

Il continua à mâchonner[47] des mots, avec une espèce de distraction. Il parlait sûrement pour s'empêcher de penser. Il sentait l'urine à plein nez comme les vieux prostatiques. Naturellement j'étais de son avis, tout ce qu'il disait j'aurais pu le dire: ça n'est pas *naturel* de mourir. Et, depuis que j'allais mourir, plus rien ne me semblait naturel, ni ce tas de poussier, ni le banc, ni la sale gueule[48] de Pedro. Seulement, ça me déplaisait de penser les mêmes choses que Tom. Et je savais bien que, tout au long de la nuit, à cinq minutes près, nous continuerions à penser les choses en même temps, à suer ou à frissonner en même temps. Je le regardai de côté et, pour la première fois, il me parut étrange: il portait sa mort sur sa figure. J'étais blessé dans mon orgueil: pendant vingt-quatre heures, j'avais vécu aux côtés de Tom, je l'avais écouté, je lui avais parlé, et je savais que nous n'avions rien de commun. Et maintenant nous nous ressemblions comme des frères jumeaux, simplement parce que nous allions crever[49] ensemble. Tom me prit la main sans me regarder:

«Pablo, je me demande . . . je me demande si c'est bien vrai qu'on s'anéantit.»

Je dégageai ma main, je lui dis:

«Regarde entre tes pieds, salaud.»

Il y avait une flaque[50] entre ses pieds, et des gouttes tombaient de son pantalon.

«Qu'est-ce que c'est? dit-il avec effarement.

—Tu pisses dans ta culotte, lui dis-je.

—C'est pas vrai, dit-il furieux, je ne pisse pas, je ne sens rien.»

Le Belge s'était approché. Il demanda avec une fausse sollicitude:

«Vous vous sentez souffrant?»

Tom ne répondit pas. Le Belge regarda la flaque sans rien dire.

«Je ne sais pas ce que c'est, dit Tom d'un ton farouche, mais je n'ai pas peur. Je vous jure que je n'ai pas peur.»

Le Belge ne répondit pas. Tom se leva et alla pisser dans un coin. Il revint

46. *la ferme:* shut up (slang).
47. *mâchonner:* mumble.
48. *la sale gueule:* the filthy mug (slang).
49. *crever:* to die (slang).
50. *flaque:* puddle.

en boutonnant sa braguette,[51] se rassit et ne souffla plus mot. Le Belge prenait des notes.

Nous le regardions tous les trois parce qu'il était vivant. Il avait les gestes d'un vivant, les soucis d'un vivant; il grelottait dans cette cave, comme devaient grelotter les vivants; il avait un corps obéissant et bien nourri. Nous autres nous ne sentions plus guère nos corps—plus de la même façon, en tout cas. J'avais envie de tâter mon pantalon, entre mes jambes, mais je n'osais pas; je regardais le Belge, arqué sur ses jambes, maître de ses muscles—et qui pouvait penser à demain. Nous étions là, trois ombres privées de sang; nous le regardions et nous sucions sa vie comme des vampires.

Il finit par s'approcher du petit Juan. Voulut-il lui tâter la nuque pour quelque motif professionnel ou bien obéit-il à une impulsion charitable? S'il agit par charité ce fut la seule et unique fois de toute le nuit. Il caressa le crâne et le cou du petit Juan. Le petit se laissait faire, sans le quitter des yeux, puis, tout à coup, il lui saisit la main et la regarda d'un drôle d'air. Il tenait la main du Belge entre les deux siennes, et elles n'avaient rien de plaisant, les deux pinces grises qui serraient cette main grasse et rougeaude. Je me doutais bien de ce qui allait arriver et Tom devait s'en douter aussi: mais le Belge n'y voyait que du feu,[52] il souriait paternellement. Au bout d'un moment, le petit porta la grosse patte[53] rouge à sa bouche et voulut la mordre. Le Belge se dégagea vivement et recula jusqu'au mur en trébuchant. Pendant une seconde il nous regarda avec horreur, il devait comprendre tout d'un coup que nous n'étions pas des hommes comme lui. Je me mis à rire, et l'un des gardiens sursauta. L'autre s'était endormi, ses yeux, grands ouverts, étaient blancs.

Dans les pages précédentes le narrateur devient plus conscient de la présence imminente de la mort. Quelle est la valeur des *images* (p.e. le mur, p. 638), des *personnages* (p.e. l'apparence physique de Tom, p. 639), et des *scènes* (p.e. celle où Juan mord le médecin belge) pour renforcer les préoccupations avec la mort chez le narrateur?

Enfin, la structure du conte semble se baser surtout sur les rapports entre ces quatre personnages—Tom, Juan, le médecin et Pablo. Précisez la fonction psychologique et philosophique de chacun de ces personnages. L'emploi prédominant des *personnages,* à cet égard, rappelle surtout la construction d'une pièce de théâtre; quelles autres qualités «théâtrales» voyez-vous dans *Le Mur?*

Je me sentais las et surexcité, à la fois. Je ne voulais plus penser à ce qui arriverait à l'aube, à la mort. Ça ne rimait à rien,[54] je ne rencontrais que des mots ou du vide. Mais dès que j'essayais de penser à autre chose je voyais des canons de fusil braqués sur moi. J'ai peut-être vécu vingt fois de suite mon

51. *sa braguette:* his fly.
52. *n'y voyait que du feu:* suspected nothing.
53. *patte:* paw.
54. *ça ne rimait à rien:* there was no rhyme nor reason to it.

exécution; une fois même, j'ai cru que ça y était pour de bon: j'avais dû m'endormir une minute. Ils me traînaient vers le mur, et je me débattais; je leur demandais pardon. Je me réveillai en sursaut et je regardai le Belge: j'avais peur d'avoir crié dans mon sommeil. Mais il se lissait[55] la moustache, il n'avait rien remarqué. Si j'avais voulu, je crois que j'aurais pu dormir un moment: je veillais depuis quarante-huit heures, j'étais à bout.[56] Mais je n'avais pas envie de perdre deux heures de vie: ils seraient venus me réveiller à l'aube, je les aurais suivis, hébété de sommeil, et j'aurais clamecé[57] sans faire «ouf»; je ne voulais pas de ça, je ne voulais pas mourir comme une bête, je voulais comprendre. Et puis je craignais d'avoir des cauchemars. Je me levai, je me promenai de long en large et, pour me changer les idées, je me mis à penser à ma vie passée. Une foule de souvenirs me revinrent, pêle-mêle. Il y en avait de bons et de mauvais—ou du moins je les appelais comme ça *avant*. Il y avait des visages et des histoires. Je revis le visage d'un petit novillero[58] qui s'était fait encorner à Valence[59] pendant la Feria,[60] celui d'un de mes oncles, celui de Ramon Gris. Je me rappelai des histoires: comment j'avais chômé[61] pendant trois mois en 1926, comment j'avais manqué crever de faim. Je me souvins d'une nuit que j'avais passée sur un banc à Grenade:[62] je n'avais pas mangé depuis trois jours, j'étais enragé, je ne voulais pas crever. Ça me fit sourire. Avec quelle âpreté, je courais après le bonheur, après les femmes, après la liberté. Pour quoi faire? J'avais voulu libérer l'Espagne, j'admirais Pi y Margall,[63] j'avais adhéré au mouvement anarchiste, j'avais parlé dans des réunions publiques: je prenais tout au sérieux, comme si j'avais été immortel.

A ce moment-là, j'eus l'impression que je tenais toute ma vie devant moi et je pensai: «C'est un sacré mensonge.» Elle ne valait rien puisqu'elle était finie. Je me demandai comment j'avais pu me promener, rigoler[64] avec des filles: je n'aurais pas remué le petit doigt si seulement j'avais imaginé que je mourrais comme ça. Ma vie était devant moi, close, fermée, comme un sac, et pourtant tout ce qu'il y avait dedans était inachevé. Un instant, j'essayai de la juger. J'aurais voulu me dire: c'est une belle vie. Mais on ne pouvait pas porter de jugement sur elle, c'était une ébauche; j'avais passé mon temps à tirer des traites pour l'éternité, je n'avais rien compris. Je ne regrettais rien: il y avait des tas de choses que j'aurais pu regretter, le goût du manzanilla ou bien les bains que je prenais en été dans une petite crique près de Cadix;[65] mais la mort avait tout désenchanté.

55. *se lissait:* was preening.
56. *à bout:* exhausted.
57. *clamecé:* died, "kicked the bucket" (slang).
58. *novillero:* novice bullfighter.
59. Valence (Valencia) est une ville du sud de l'Espagne.
60. La Feria est une fête espagnole.
61. *j'avais chômé:* I had been out of work.
62. Grenade (Grenada) est une ville du sud de l'Espagne.
63. Pi y Margall (1821–1901) fut ministre de la République espagnole en 1873.
64. *rigoler:* have fun (common).
65. Cadix (Cadiz) est une ville du sud de l'Espagne.

Le Belge eut une fameuse idée, soudain.

«Mes amis, nous dit-il, je puis me charger—sous réserve que l'administration militaire y consentira—de porter un mot de vous, un souvenir aux gens qui vous aiment . . .»

Tom grogna:

«J'ai personne.»

Je ne répondis rien. Tom attendit un instant, puis me considéra avec curiosité:

«Tu ne fais rien dire à Concha?

—Non.»

Je détestais cette complicité tendre: c'était ma faute, j'avais parlé de Concha la nuit précédente, j'aurais dû me retenir. J'étais avec elle depuis un an. La veille encore, je me serais coupé un bras à coups de hache pour la revoir cinq minutes. C'est pour ça que j'en avais parlé, c'était plus fort que moi. A présent je n'avais plus envie de la revoir, je n'avais plus rien à lui dire. Je n'aurais même pas voulu la serrer dans mes bras: j'avais horreur de mon corps parce qu'il était devenu gris et qu'il suait—et je n'étais pas sûr de ne pas avoir horreur du sien. Concha pleurerait quand elle apprendrait ma mort; pendant des mois, elle n'aurait plus de goût à vivre. Mais tout de même c'était moi qui allais mourir. Je pensai à ses beaux yeux tendres. Quand elle me regardait, quelque chose passait d'elle à moi. Mais je pensai que c'était fini: si elle me regardait *à présent* son regard resterait dans ses yeux, il n'irait pas jusqu'à moi. J'étais seul.

Tom aussi était seul, mais pas de la même manière. Il s'était assis à califourchon[66] et il s'était mis à regarder le banc avec une espèce de sourire, il avait l'air étonné. Il avança la main et toucha le bois avec précaution, comme s'il avait peur de casser quelque chose, ensuite il retira vivement sa main et frissonna. Je ne me serais pas amusé à toucher le banc, si j'avais été Tom; c'était encore de la comédie d'Irlandais, mais je trouvais aussi que les objets avaient un drôle d'air: ils étaient plus effacés, moins denses qu'à l'ordinaire. Il suffisait que je regarde le banc, la lampe, le tas de poussier, pour que je sente que j'allais mourir. Naturellement, je ne pouvais pas clairement penser ma mort, mais je la voyais partout, sur les choses, dans la façon dont les choses avaient reculé et se tenaient à distance, discrètement, comme des gens qui parlent bas au chevet d'un mourant. C'était *sa* mort que Tom venait de toucher sur le banc.

Dans l'état où j'étais, si l'on était venu m'annoncer que je pouvais rentrer tranquillement chez moi, qu'on me laissait la vie sauve, ça m'aurait laissé froid: quelques heures ou quelques années d'attente c'est tout pareil, quand on a perdu l'illusion d'être éternel. Je ne tenais plus à rien, en un sens, j'étais calme. Mais c'était un calme horrible—à cause de mon corps: mon

66. *à califourchon:* straddling.

corps, je voyais avec ses yeux, j'entendais avec ses oreilles, mais ça n'était plus moi; il suait et tremblait tout seul, et je ne le reconnaissais plus. J'étais obligé de le toucher et de le regarder pour savoir ce qu'il devenait, comme si ç'avait été le corps d'un autre. Par moments, je le sentais encore, je sentais des glissements, des espèces de dégringolades,[67] comme lorsqu'on est dans un avion qui pique du nez,[68] ou bien je sentais battre mon cœur. Mais ça ne me rassurait pas: tout ce qui venait de mon corps avait un sale air louche.[69] La plupart du temps, il se taisait, il se tenait coi, et je ne sentais plus rien qu'une espèce de pesanteur, une présence immonde contre moi: j'avais l'impression d'être lié à une vermine énorme. A un moment, je tâtai mon pantalon et je sentis qu'il était humide; je ne savais pas s'il était mouillé de sueur ou d'urine, mais j'allai pisser sur le tas de charbon, par précaution.

> Quelles sont les conséquences des préoccupations avec la mort chez le narrateur—sur sa conception de sa vie passée (p. 641), sa maîtresse (p. 642), les choses (p. 642) et son propre corps (p. 643)? Le narrateur parle de «la façon dont les choses avaient reculé et se tenaient à *distance,* discrètement, comme des gens qui parlent bas au chevet d'un mourant.» En effet, comment cette conception de la *distance physique* pourrait-elle s'appliquer à la *distance temporelle* et *affective* que le narrateur a établie par rapport aux autres aspects de sa vie (son corps, sa maîtresse, son passé)? Peut-on parler, à cet égard, de changements ou d'une évolution chez le narrateur, depuis le début du conte?

Le Belge tira sa montre et la regarda. Il dit:

«Il est trois heures et demie.»

Le salaud! Il avait dû le faire exprès. Tom sauta en l'air: nous ne nous étions pas encore aperçus que le temps s'écoulait; la nuit nous entourait comme une masse informe et sombre, je ne me rappelais même plus qu'elle avait commencé.

Le petit Juan se mit à crier. Il se tordait les mains, il suppliait:

«Je ne veux pas mourir, je ne veux pas mourir.»

Il courut à travers toute la cave en levant les bras en l'air, puis il s'abattit sur une des paillasses et sanglota. Tom le regardait avec des yeux mornes et n'avait même plus envie de le consoler. Par le fait ce n'était pas la peine: le petit faisait plus de bruit que nous, mais il était moins atteint: il était comme un malade qui se défend contre son mal par de la fièvre. Quand il n'y a même plus de fièvre, c'est beaucoup plus grave.

Il pleurait: je voyais bien qu'il avait pitié de lui-même; il ne pensait pas à la mort. Une seconde, une seule seconde, j'eus envie de pleurer moi aussi, de pleurer de pitié sur moi. Mais ce fut le contraire qui arriva: je jetai un coup d'œil sur le petit, je vis ses maigres épaules sanglotantes et je me sentis

67. *dégringolades:* spin-outs.
68. *pique du nez:* nosedives.
69. *un sale air louche:* a dirty, suspicious air about it.

inhumain: je ne pouvais avoir pitié ni des autres ni de moi-même. Je me dis: «Je veux mourir proprement.»

Tom s'était levé, il se plaça juste en dessous de l'ouverture ronde et se mit à guetter le jour. Moi j'étais buté,[70] je voulais mourir proprement et je ne pensais qu'à ça. Mais, par en dessous, depuis que le médecin nous avait dit l'heure, je sentais le temps qui filait, qui coulait goutte à goutte.

Il faisait encore noir quand j'entendis la voix de Tom:

«Tu les entends.

—Oui.»

Des types marchaient dans la cour.

«Qu'est-ce qu'ils viennent foutre?[71] Ils ne peuvent pourtant pas tirer dans le noir.»

Au bout d'un moment nous n'entendîmes plus rien. Je dis à Tom:

«Voilà le jour.»

Pedro se leva en bâillant et vint souffler la lampe. Il dit à son copain:[72]

«Mince de froid.[73]»

La cave était devenue toute grise. Nous entendîmes des coups de feu dans le lointain.

«Ça commence, dis-je à Tom, ils doivent faire ça dans la cour de derrière.»

Tom demanda au médecin de lui donner une cigarette. Moi je n'en voulais pas; je ne voulais ni cigarettes ni alcool. A partir de cet instant, ils ne cessèrent pas de tirer.

«Tu te rends compte?» dit Tom.

Il voulait ajouter quelque chose mais il se tut, il regardait la porte. La porte s'ouvrit, et un lieutenant entra avec quatre soldats. Tom laissa tomber sa cigarette.

«Steinbock?»

Tom ne répondit pas. Ce fut Pedro qui le désigna.

«Juan Mirbal?

—C'est celui qui est sur la paillasse.

—Levez-vous», dit le lieutenant.

Juan ne bougea pas. Deux soldats le prirent aux aisselles et le mirent sur ses pieds. Mais dès qu'ils l'eurent lâché il retomba.

Les soldats hésitèrent.

«Ce n'est pas le premier qui se trouve mal, dit le lieutenant, vous n'avez qu'à le porter, vous deux; on s'arrangera là-bas.»

Il se tourna vers Tom:

«Allons, venez.»

Tom sortit entre deux soldats. Deux autres soldats suivaient, ils portaient le petit par les aisselles et par les jarrets. Il n'était pas évanoui; il avait les

70. *buté:* obstinate.
71. *Qu'est-ce qu'ils viennent foutre?:* what the hell are they doing here (slang)?
72. *copain:* buddy, pal (common).
73. *mince de froid:* damned cold (slang)!

yeux grands ouverts, et des larmes coulaient le long de ses joues. Quand je voulus sortir, le lieutenant m'arrêta:

«C'est vous, Ibbieta?

—Oui.

—Vous allez attendre ici: on viendra vous chercher tout à l'heure.»

Ils sortirent. Le Belge et les deux geôliers sortirent aussi, je restai seul. Je ne comprenais pas ce qui m'arrivait, mais j'aurais mieux aimé qu'ils en finissent tout de suite. J'entendais les salves à intervalles presque réguliers; à chacune d'elles, je tressaillais. J'avais envie de hurler et de m'arracher les cheveux. Mais je serrais les dents et j'enfonçais les mains dans mes poches parce que je voulais rester propre.

Depuis que le médecin belge leur dit l'heure, le narrateur «sent le temps qui file, qui coule goutte à goutte». Quel est le rôle des *actions* des personnages, des *sons* qu'ils entendent, du *dialogue* et du *rythme* des phrases pour renforcer cette impression du temps qui coule? Quelle en est la valeur pour la précision de l'état d'esprit du narrateur et pour la progression de l'intrigue?

Au bout d'une heure, on vint me chercher et on me conduisit au premier étage, dans une petite pièce qui sentait le cigare et dont la chaleur me parut suffocante. Il y avait là deux officiers qui fumaient assis dans des fauteuils, avec des papiers sur leurs genoux.

«Tu t'appelles Ibbieta?

—Oui.

—Où est Ramon Gris?

—Je ne sais pas.»

Celui qui m'interrogeait était petit et gros. Il avait des yeux durs derrière ses lorgnons. Il me dit:

«Approche.»

Je m'approchai. Il se leva et me prit par les bras en me regardant d'un air à me faire rentrer sous terre. En même temps, il me pinçait les biceps de toutes ses forces. Ça n'était pas pour me faire mal, c'était le grand jeu: il voulait me dominer. Il jugeait nécessaire aussi de m'envoyer son souffle pourri en pleine figure. Nous restâmes un moment comme ça, moi ça me donnait plutôt envie de rire. Il en faut beaucoup plus pour intimider un homme qui va mourir: ça ne prenait pas. Il me repoussa violemment et se rassit. Il dit:

«C'est ta vie contre la sienne. On te laisse la vie sauve si tu nous dis où il est.»

Ces deux types chamarrés[74] avec leurs cravaches[75] et leurs bottes, c'étaient

74. *chamarrés:* bedecked (i.e. with gold braid).

75. *cravaches:* riding crops.

tout de même des hommes qui allaient mourir. Un peu plus tard que moi, mais pas beaucoup plus. Et ils s'occupaient à chercher des noms sur leurs paperasses, ils couraient après d'autres hommes pour les emprisonner ou les supprimer; ils avaient des opinions sur l'avenir de l'Espagne et sur d'autres sujets. Leurs petites activités me paraissaient choquantes et burlesques: je n'arrivais plus à me mettre à leur place, il me semblait qu'ils étaient fous.

Le petit gros me regardait toujours, en fouettant ses bottes de sa cravache. Tous ses gestes étaient calculés pour lui donner l'allure d'une bête vive et féroce.

«Alors? C'est compris?

—Je ne sais pas où est Gris, répondis-je. Je croyais qu'il était à Madrid.»

L'autre officier leva sa main pâle avec indolence. Cette indolence aussi était calculée. Je voyais tous leurs petits manèges[76] et j'étais stupéfait qu'il se trouvât des hommes pour s'amuser à ça.

«Vous avez un quart d'heure pour réfléchir, dit-il lentement. Emmenez-le à la lingerie, vous le ramènerez dans un quart d'heure. S'il persiste à refuser, on l'exécutera sur-le-champ.»

Ils savaient ce qu'ils faisaient: j'avais passé la nuit dans l'attente; après ça, ils m'avaient encore fait attendre une heure dans la cave, pendant qu'on fusillait Tom et Juan et maintenant ils m'enfermaient dans la lingerie; ils avaient dû préparer leur coup depuis la veille. Ils se disaient que les nerfs s'usent à la longue et ils espéraient m'avoir comme ça.

Ils se trompaient bien. Dans la lingerie, je m'assis sur un escabeau,[77] parce que je me sentais très faible et je me mis à réfléchir. Mais pas à leur proposition. Naturellement je savais où était Gris: il se cachait chez ses cousins, à quatre kilomètres de la ville. Je savais aussi que je ne révélerais pas sa cachette, sauf s'ils me torturaient (mais ils n'avaient pas l'air d'y songer). Tout cela était parfaitement réglé, définitif et ne m'intéressait nullement. Seulement j'aurais voulu comprendre les raisons de ma conduite. Je préférais plutôt crever que de livrer Gris. Pourquoi? Je n'aimais plus Ramon Gris. Mon amitié pour lui était morte un peu avant l'aube en même temps que mon amour pour Concha, en même temps que mon désir de vivre. Sans doute je l'estimais toujours; c'était un dur. Mais ça n'était pas pour cette raison que j'acceptais de mourir à sa place; sa vie n'avait pas plus de valeur que la mienne; aucune vie n'avait de valeur. On allait coller un homme contre un mur et lui tirer dessus jusqu'à ce qu'il en crève: que ce fût moi ou Gris ou un autre c'était pareil. Je savais bien qu'il était plus utile que moi à la cause de l'Espagne, mais je me foutais[78] de l'Espagne et de l'anarchie: rien n'avait plus d'importance. Et pourtant j'étais là, je pouvais sauver ma peau en livrant Gris et je me refusais à le faire. Je trouvais ça plutôt comique:

76. *manèges:* games.
77. *escabeau:* stool.
78. *je me foutais:* I didn't give a damn (slang).

c'était de l'obstination. Je pensai:

«Faut-il être têtu![79]» Et une drôle de gaieté m'envahit.

Ils vinrent me chercher et me ramenèrent auprès des deux officiers. Un rat partit sous nos pieds et ça m'amusa. Je me tournai vers un des phalangistes et je lui dis:

«Vous avez vu le rat?»

Il ne répondit pas. Il était sombre, il se prenait au sérieux. Moi j'avais envie de rire mais je me retenais parce que j'avais peur, si je commençais, de ne plus pouvoir m'arrêter. Le phalangiste portait des moustaches. Je lui dis encore:

«Il faut couper tes moustaches, ballot.[80]»

Je trouvais drôle qu'il laissât de son vivant les poils envahir sa figure. Il me donna un coup de pied sans grande conviction, et je me tus.

«Eh bien, dit le gros officier, tu as réfléchi?»

Je les regardai avec curiosité comme des insectes d'une espèce très rare. Je leur dis:

«Je sais où il est. Il est caché dans le cimetière. Dans un caveau[81] ou dans la cabane des fossoyeurs.[82]»

C'était pour leur faire une farce. Je voulais les voir se lever, boucler leurs ceinturons[83] et donner des ordres d'un air affairé.

Ils sautèrent sur leurs pieds.

«Allons-y. Moles, allez demander quinze hommes au lieutenant Lopez. Toi, me dit le petit gros, si tu as dit la vérité, je n'ai qu'une parole. Mais tu le paieras cher si tu t'es fichu de nous.[84]»

Ils partirent dans un brouhaha,[85] et j'attendis paisiblement sous la garde des phalangistes. De temps en temps, je souriais parce que je pensais à la tête qu'ils allaient faire. Je me sentais abruti et malicieux. Je les imaginais, soulevant les pierres tombales, ouvrant une à une les portes des caveaux. Je me représentais la situation comme si j'avais été un autre: ce prisonnier obstiné à faire le héros, ces graves phalangistes avec leurs moustaches et ces hommes en uniforme qui couraient entre les tombes; c'était d'un comique irrésistible.

Dès sa rencontre avec ses ravisseurs (captors), Pablo (le narrateur) a «envie de rire». Comment sa distance affective par rapport aux autres (amis et ennemis) et par rapport à lui-même (au présent et au passé) pourrait-elle expliquer le sentiment de comique qu'il éprouve envers la vie?

Pour quelles raisons veut-il «faire une farce» en leur disant que Gris se

79. *Faut-il être têtu!:* I must be awfully stubborn.
80. *ballot:* meat-head (slang).
81. *caveau:* vault.
82. *fossoyeurs:* grave-diggers.
83. *ceinturons:* swordbelts.
84. *si tu t'es fichu de nous:* if you've tried to make damned fools of us (slang).
85. *brouhaha:* hubbub.

cache au cimetière? (Pourquoi choisit-il le cimetière comme théâtre de cette farce? Comment s'imagine-t-il dans cette farce? Quel est son rôle, actif ou passif? Quelle est sa position—supérieure, égale ou inférieure—envers ses ravisseurs? Quelles raisons plus «sérieuses» peut-on attribuer à cet acte?)

Enfin, quel est l'effet du «comique» ressenti par le narrateur sur le ton du conte? (Le lecteur ressent-il aussi une sorte de comique? Quelle est l'attitude du lecteur envers le narrateur à ce moment du conte?)

Au bout d'une demi-heure le petit gros revint seul. Je pensai qu'il venait donner l'ordre de m'exécuter. Les autres devaient être restés au cimetière.

L'officier me regarda. Il n'avait pas du tout l'air penaud.[86]

«Emmenez-le dans la grande cour avec les autres, dit-il. A la fin des opérations militaires, un tribunal régulier décidera de son sort.»

Je crus que je n'avais pas compris. Je lui demandai:

«Alors on ne me . . . on ne me fusillera pas? . . .

—Pas maintenant en tout cas. Après, ça ne me regarde plus.»

Je ne comprenais toujours pas. Je lui dis:

«Mais pourquoi?»

Il haussa les épaules sans répondre, et les soldats m'emmenèrent. Dans la grande cour il y avait une centaine de prisonniers, des femmes, des enfants, quelques vieillards. Je me mis à tourner autour de la pelouse centrale, j'étais hébété. A midi, on nous fit manger au réfectoire.[87] Deux ou trois types m'interpellèrent. Je devais les connaître, mais je ne leur répondis pas: je ne savais même plus où j'étais.

Vers le soir, on poussa dans la cour une dizaine de prisonniers nouveaux. Je reconnus Garcia, le boulanger. Il me dit:

«Sacré veinard![88] Je ne pensais pas te revoir vivant.

—Ils m'avaient condamné à mort, dis-je, et puis ils ont changé d'idée. Je ne sais pas pourquoi.

—Ils m'ont arrêté à deux heures, dit Garcia.

—Pourquoi?»

Garcia ne faisait pas de politique.

«Je ne sais pas, dit-il. Ils arrêtent tous ceux qui ne pensent pas comme eux.»

Il baissa la voix.

«Ils ont eu Gris».

Je me mis à trembler.

«Quand?

—Ce matin. Il avait fait le con.[89] Il a quitté son cousin mardi parce qu'ils avaient eu des mots. Il ne manquait pas de types qui l'auraient caché, mais

86. *penaud:* sheepish.
87. *réfectoire:* dining hall.
88. *sacré veinard!:* lucky dog (slang).
89. *Il avait fait le con:* He'd acted like an ass (obscene).

il ne voulait plus rien devoir à personne. Il a dit: «Je me serais caché chez «Ibbieta, mais puisqu'ils l'ont pris j'irai me cacher au cimetière.»

—Au cimetière?

—Oui. C'était con.[90] Naturellement, ils y ont passé ce matin, ça devait arriver. Ils l'ont trouvé dans la cabane des fossoyeurs. Il leur a tiré dessus, et ils l'ont descendu.[91]

—Au cimetière!»

Tout se mit à tourner et je me retrouvai assis par terre: je riais si fort que les larmes me vinrent aux yeux.

Dans quelle mesure «le rire» du narrateur ici est-il différent du rire des pages précédentes? (En tenant compte de son attitude envers Gris, envers lui-même, et envers la farce qu'il jouait aux autres, déterminez la sorte de rire—ironique, gai, triste, philosophique, etc.—dont il s'agit.)

Quelle est la réaction du lecteur devant la fin du conte? (Quelle est son attitude envers Pablo? En quoi le dénouement surprend-il le lecteur? Pourtant, comment sert-il à communiquer une vision de l'univers et de l'expérience humaine que Sartre suggère au cours du conte même?)

QUESTIONS GENERALES

Dans les théories de narration qu'il expose dans *Situations* (1947–49) et *Qu'est-ce que la littérature?* (1948), Sartre veut que «le roman se déroule au présent, comme la vie». *Le Mur* (1939) est écrit plutôt au passé, mais peut-on sentir déjà le caractère «immédiat» du temps en mouvement que veut suggérer Sartre? Par quels moyens *narratifs* Sartre essaie-t-il de créer l'impression d'une expérience immédiate, fraîche et relative dans un univers ouvert et ambigu?

Sartre a noté dans *Qu'est-ce que la littérature* qu'«un objet, dans un récit, ne tire pas sa densité d'existence du nombre et de la longueur des descriptions qu'on y consacre, mais de la complexité de ses liens avec les différents personnages; il paraîtra d'autant plus réel qu'il sera plus souvent manié, pris et reposé, bref dépassé par les personnages vers leurs propres fins.» En discutant le rapport, la distance entre le *décor* et les *personnages* dans ce conte, quelle semble être la fonction (philosophique, sociale, psychologique) de certains objets et endroits tels que la cave, le trou rond, le(s) mur(s) même? Quelle est, enfin, la signification du titre *Le Mur* à cet égard?

La liberté, les qualités «immédiates» et «imprévues», que cherche Sartre dans ses *événements,* dans son intrigue, semblent rendre impossible une *structure* rigide qui limiterait trop la prétendue liberté des personnages. En effet, comment doit-on envisager, concevoir la structure du *Mur?* (Y a-t-il des leitmotivs, des juxtapositions, des configurations, des rapports qui dépassent l'intrigue en formant une construction plus fondamentale dans ce conte? Sur quel(s) élément(s) romanesque(s)—personnages, décor ou événements—cette construction serait-elle fondée?)

90. *C'était con:* it was damned stupid (obscene).

91. *ils l'ont descendu:* they shot him down (slang).

Sartre, comme on sait, fonde son art sur un système philosophique qu'il appelle l'*existentialisme*. Brièvement, les principes de cette philosophie sont les suivants: L'homme est situé, de façon concrète et immédiate, dans un univers ouvert et ambigu où tout est relatif: l'univers n'a pas d'absolus (y compris Dieu) et l'homme n'a pas d'essence préétablie. Au contraire, l'homme est *libre* et responsable de la création, de la définition de sa propre essence par ses actes mêmes. Ainsi, «l'existence précède l'essence» selon la formule célèbre de l'existentialisme. Le jugement des *autres* joue un rôle fondamental dans la définition de l'individu, car l'homme est toujours «en situation» dans une société humaine de laquelle il ne peut jamais se retirer mais qu'il est obligé de «dévoiler et de changer». La véritable liberté est, donc, une liberté «engagée» dans la société et manifestée par des actions concrètes.

Dans quelle mesure cette vision de l'univers et ces notions de l'expérience individuelle et collective se retrouvent-elles dans *Le Mur*? (Le narrateur est-il libre, bien qu'il soit prisonnier? Quel est le rôle joué par les autres dans sa façon de se concevoir? Le narrateur est-il «engagé»? Peut-on parler d'un personnage «existentialiste» qui se définit de façon active et puissante?) Enfin, jusqu'à quel point est-il justifiable et important de parler de «l'existentialisme» (doctrine philosophique qui doit *dire*) dans *Le Mur* (œuvre d'art qui doit *faire*)?

The Granger Collection

CAMUS

Créer, c'est vivre deux fois.
Le Mythe de Sisyphe

Biographie

Albert Camus est né à Mondovi en Algérie (1913), mort en France dans un accident de voiture (1960). Après une jeunesse de pauvreté à Alger où il contracte plus tard la tuberculose, il fait des études universitaires (licence et diplôme de philosophie) et se prépare à une carrière dans l'enseignement. Mais il fait partie, d'abord, d'une troupe théâtrale et s'embarque, ensuite, dans une carrière de journalisme. Pendant la Deuxième Guerre mondiale il fait partie du mouvement de la Résistance et dirige le journal *Combat* de 1944 à 1947. Il reçoit le Prix Nobel en 1957.

Ses œuvres littéraires se rattachent de façon étroite à sa philosophie et nous permettent de tracer une évolution, composée de plusieurs étapes, dans la pensée de Camus.

1. La première étape de sa pensée est marquée par le sentiment de l'*absurde:* «dans un univers soudain privé d'illusions et de lumières, l'homme se sent un étranger. Cet exil est sans recours puisqu'il est privé des souvenirs d'une patrie perdue ou de l'espoir d'une terre promise. Ce divorce entre l'homme et sa vie, l'acteur et son décor, c'est proprement le sentiment de l'absurdité.» La notion de l'absurde est exposée dans l'essai *Le Mythe de Sisyphe* (1942) et inspire un roman, *L'Etranger* (1942), aussi bien que des pièces, *Caligula* et *Le Malentendu* (1945).

2. La *révolte,* exposée dans la série d'essais intitulée *L'Homme révolté* (1951), marque la seule position philosophique possible, selon Camus, et amène l'individu à un sens de solidarité, de communauté avec les autres hommes: «Dans l'expérience absurde, la souffrance est individuelle. A partir du mouvement de révolte, elle a conscience d'être collective, elle est l'aventure de tous. . . . Je me révolte, donc nous sommes.» Le mouvement de révolte inspire également un roman, *La Peste* (1947), et des pièces, *L'Etat de siège* (1948) et *Les Justes* (1949).

3. L'*inquiétude,* l'angoisse, marquent sinon une position philosophique de la part de Camus au moins le sentiment dominant de ses dernières œuvres. Camus semble remettre en question sa position philosophique aussi bien que le sens de sa propre existence, et son incertitude se manifeste dans un récit, *La Chute* (1956) et dans la série de nouvelles, *L'Exil et le royaume* (1957), d'où nous tirons *Le Renégat.*

Théories littéraires

L'art, pour Camus, est une des formes les plus élevées de la révolte de l'individu contre l'univers qui l'écrase:

> De toutes les écoles de la patience et de la lucidité, la création est la plus efficace. Elle est aussi le bouleversant témoignage de la seule dignité de l'homme: la révolte tenace contre sa condition, la persévérance dans un effort tenu pour stérile. Elle demande un effort quotidien, la maîtrise de soi, l'appréciation exacte des limites du vrai, la mesure et la force. Elle constitue une ascèse. Tout cela «pour rien», pour répéter et piétiner. Mais peut-être la grande œuvre d'art a moins d'importance en elle-même que dans l'épreuve qu'elle exige d'un homme et l'occasion qu'elle lui fournit de surmonter ses fantômes et d'approcher d'un peu plus près sa réalité nue.

Mais la révolte de l'artiste ne doit pas rester individuelle; elle doit envisager la communauté d'hommes:

> L'art n'est pas à mes yeux une réjouissance solitaire. Il est un moyen d'émouvoir le plus grand nombre d'hommes en leur offrant une image privilégiée des souffrances et des joies communes. Il oblige donc l'artiste à ne pas s'isoler. L'artiste se forge dans cet aller-retour perpétuel de lui aux autres, à mi-chemin de la beauté dont il peut se passer et de la communauté à laquelle il ne peut s'arracher.

Quant à son style, Camus veut se placer à mi-distance entre le formalisme (insistance sur la forme) et le réalisme (insistance sur le fond, la réalité concrète du monde physique): «Si le révolté doit refuser à la fois la fureur du néant et le consentement à la totalité, l'artiste doit échapper en même temps à la frénésie formelle et à l'esthétique totalitaire de la réalité.» Ainsi, l'art véritable, que Camus appelle volontiers «classique», est fondé sur une *tension* constante entre la forme et le fond:

Il en est de la création comme de la civilisation: elle suppose une tension ininterrompue entre la forme et la matière, le devenir et l'esprit, l'histoire et les valeurs. Si l'équilibre est rompu, il y a dictature ou anarchie, propagande ou délire formel.

Enfin, pour Albert Camus, «une époque créatrice en art se définit par l'ordre d'un style appliqué au désordre d'un temps.»

Le Renégat
ou Un esprit confus

«Quelle bouillie, quelle bouillie![1] Il faut mettre de l'ordre dans ma tête. Depuis qu'ils m'ont coupé la langue, une autre langue, je ne sais pas, marche sans arrêt dans mon crâne, quelque chose parle, ou quelqu'un qui se tait soudain et puis tout recommence ô j'entends trop de choses que je ne dis pourtant pas, quelle bouillie, et si j'ouvre la bouche, c'est comme un bruit de cailloux remués. De l'ordre, un ordre, dit la langue, et elle parle d'autre chose en même temps, oui j'ai toujours désiré l'ordre. Du moins, une chose est sûre, j'attends le missionnaire qui doit venir me remplacer. Je suis là sur la piste, à une heure de Taghâsa,[2] caché dans un éboulis[3] de rochers, assis sur le vieux fusil. Le jour se lève sur le désert, il fait encore très froid, tout à l'heure il fera trop chaud, cette terre rend fou et moi, depuis tant d'années que je n'en sais plus le compte . . . Non, encore un effort! Le missionnaire doit arriver ce matin, ou ce soir. J'ai entendu dire qu'il viendrait avec un guide, il se peut qu'ils n'aient qu'un seul chameau[4] pour eux deux. J'attendrai, j'attends, le froid, le froid seul me fait trembler. Patiente encore, sale esclave!

La répétition de certains mots-clefs dans ce premier paragraphe a l'effet de les mettre en relief—ce qui nous aide à faire le portrait de l'homme qui nous parle (le narrateur) et nous fournit des indices importants quant à la façon de lire ce conte. Qu'est-ce que la répétition de «j'attends» («j'attendrai») nous révèle de l'état d'esprit (désirs, préoccupations, faiblesses, etc.) du narrateur? Quel effet cette répétition a-t-elle sur le progrès de l'intrigue? La répétition de «quelle bouillie» reprend le sens du sous-titre du conte—*un esprit confus*—et s'oppose au mot «ordre» répété quatre fois dans les trois premières phrases du paragraphe. Qu'est-ce que cette opposition nous révèle sur la condition physique, psychologique et philosophique du narrateur?

1. *Quelle bouillie!*: What a mess!
2. Taghâsa est une ville, probablement fictive, que Camus situe en Afrique du Nord.
3. *éboulis*: pile.
4. *chameau*: camel.

Le narrateur commence à parler sans aucune préparation, sans aucune introduction, et il semble ne parler qu'à lui-même et non à d'autres personnes comme le René de Chateaubriand. Quels semblent être les avantages d'une telle forme narrative quant à la création, la présentation d'un état d'«esprit confus»? Quant à la distance affective et temporelle du lecteur?

Enfin, étudiez le temps des verbes dans ce paragraphe. Quelles précisions et quels mystères à propos du narrateur sont amenés par les différents changements? (Au *présent,* où se trouve-t-il? A quel moment de la journée? Pourquoi est-il là? Au *passé,* qu'est-ce qu'il nous apprend de sa condition? De ses désirs? Au *futur,* qu'est-ce qu'il s'attend à faire plus tard dans la journée?) Vous étudierez le rapport entre ces trois moments dans le temps à travers *Le Renégat,* et vous préciserez leur mouvement et leur rôle dans la structure du récit.

Il y a si longtemps que je patiente. Quand j'étais chez moi, dans ce haut plateau du Massif Central,[5] mon père grossier, ma mère brute, le vin, la soupe au lard tous les jours, le vin surtout, aigre et froid, et le long hiver, la burle[6] glacée, les congères,[7] les fougères[8] dégoûtantes, oh! je voulais partir, les quitter d'un seul coup et commencer enfin à vivre, dans le soleil, avec de l'eau claire. J'ai cru au curé, il me parlait du séminaire, il s'occupait tous les jours de moi, il avait le temps dans ce pays protestant où il rasait les murs quand il traversait le village. Il me parlait d'un avenir et du soleil, le catholicisme c'est le soleil, disait-il, et il me faisait lire, il a fait rentrer le latin dans ma tête dure: «Intelligent ce petit, mais un mulet», si dur d'ailleurs mon crâne que de ma vie entière, malgré toutes les chutes, il n'a jamais saigné: «Tête de vache», disait mon père ce porc. Au séminaire, ils étaient tout fiers, une recrue du pays protestant c'était une victoire, ils m'ont vu arriver comme le soleil d'Austerlitz.[9] Pâlichon[10] le soleil, il est vrai, à cause de l'alcool, ils ont bu le vin aigre et leurs enfants ont des dents cariées, râ râ[11] tuer son père, voilà ce qu'il faudrait, mais pas de danger, au fait, qu'il se lance dans la mission puisqu'il est mort depuis longtemps, le vin acide a fini par lui trouer l'estomac, alors il ne reste qu'à tuer le missionnaire.

J'ai un compte à régler avec lui et avec ses maîtres, avec mes maîtres qui m'ont trompé, avec la sale Europe, tout le monde m'a trompé. La mission, ils n'avaient que ce mot à la bouche, aller aux sauvages et leur dire: «Voici mon Seigneur, regardez-le, il ne frappe jamais ni ne tue, il commande d'une voix douce, il tend l'autre joue, c'est le plus grand des seigneurs, choisissez-le, voyez comme il m'a rendu meilleur, offensez-moi et vous en aurez la preuve.» Oui, j'ai cru râ râ et je me sentais meilleur, j'avais grossi, j'étais presque beau,

5. Le Massif Central est un vaste plateau au centre de la France.
6. *burle:* wind.
7. *congères:* snowdrifts.
8. *fougères:* ferns.
9. Austerlitz est une ville de Tchécoslovaquie où Napoléon a battu les Autrichiens et les Russes en 1805.
10. *Pâlichon:* somewhat pale.
11. *râ, râ:* an expletive (probably a cackle, perhaps that of a tongueless man) which punctuates the story.

je voulais des offenses. Quand nous marchions en rangs serrés et noirs, l'été, sous le soleil de Grenoble,[12] et que nous croisions des filles en robes légères, je ne détournais pas, moi, les yeux, je les méprisais, j'attendais qu'elles m'offensent et elles riaient parfois. Je pensais alors: «Qu'elles me frappent et me crachent au visage», mais leur rire, vraiment, c'était tout comme hérissé de[13] dents et de pointes qui me déchiraient, l'offense et la souffrance étaient douces! Mon directeur ne comprenait pas quand je m'accablais:[14] «Mais non, il y a du bon en vous!» Du bon! il y avait en moi du vin aigre, voilà tout, et c'était tant mieux, comment devenir meilleur si l'on n'est pas mauvais, je l'avais bien compris dans tout ce qu'ils m'enseignaient. Je n'avais même compris que cela, une seule idée et mulet intelligent j'allais jusqu'au bout, j'allais au-devant des pénitences, je rognais sur l'ordinaire,[15] enfin je voulais être un exemple, moi aussi, pour qu'on me voie, et qu'en me voyant on rende hommage à ce qui m'avait fait meilleur, à travers moi saluez mon Seigneur.

Soleil sauvage! il se lève, le désert change, il n'a plus la couleur du cyclamen[16] des montagnes, ô ma montagne, et la neige, la douce neige molle, non c'est un jaune un peu gris, l'heure ingrate avant le grand éblouissement. Rien, rien encore jusqu'à l'horizon, devant moi, là-bas où le plateau disparaît dans un cercle de couleurs encore tendres. Derrière moi, la piste remonte jusqu'à la dune qui cache Taghâsa dont le nom de fer bat dans ma tête depuis tant d'années. Le premier à m'en parler a été le vieux prêtre à demi aveugle qui faisait sa retraite au couvent, mais pourquoi le premier, il était le seul, et moi, ce n'est pas la ville de sel, les murs blancs dans le soleil torride, qui m'ont frappé dans son récit, non, mais la cruauté des habitants sauvages, et la ville fermée à tous les étrangers, un seul de ceux qui avaient tenté d'y entrer, un seul, à sa connaissance, avait pu raconter ce qu'il avait vu. Ils l'avaient fouetté et chassé dans le désert après avoir mis du sel sur ses plaies et dans sa bouche, il avait rencontré des nomades pour une fois compatissants, une chance, et moi, depuis, je rêvais sur son récit, au feu du sel et du ciel, à la maison du fétiche[17] et à ses esclaves, pouvait-on trouver plus barbare, plus excitant, oui, là était ma mission, et je devais aller leur montrer mon Seigneur.

Ils m'en ont fait des discours au séminaire pour me décourager et qu'il fallait attendre, ce n'était pas un pays de mission, je n'étais pas mûr, je devais me préparer particulièrement, savoir qui j'étais, et encore il fallait m'éprouver, on verrait ensuite! Mais toujours attendre ah! non, oui, si on voulait, pour la préparation particulière et les épreuves puisqu'elles se fai-

12. Grenoble est une ville au sud-est de la France.
13. *hérissé de:* bristling with.
14. *je m'accablais:* I heaped abuse on myself.
15. *je rognais sur l'ordinaire:* I cut down on meals.
16. *cyclamen:* pinkish mountain flower.
17. *fétiche:* fetish (a religious object or idol believed to have magic powers and inspiring unreasoning devotion).

saient en Alger et qu'elles me rapprochaient, mais pour le reste je secouais ma tête dure et je répétais la même chose, rejoindre les plus barbares et vivre leur vie, leur montrer chez eux, et jusque dans la maison du fétiche, par l'exemple, que la vérité de mon Seigneur était la plus forte. Ils m'offenseraient, bien sûr, mais les offenses ne me faisaient pas peur, elles étaient nécessaires à la démonstration, et par la manière dont je les subirais, je subjuguerais ces sauvages, comme un soleil puissant. Puissant, oui, c'était le mot que, sans cesse, je roulais sur ma langue, je rêvais du pouvoir absolu, celui qui fait mettre genoux à terre, qui force l'adversaire à capituler, le convertit enfin, et plus l'adversaire est aveugle, cruel, sûr de lui, enseveli[18] dans sa conviction, et plus son aveu proclame la royauté de celui qui a provoqué sa défaite. Convertir des braves gens un peu égarés, c'était l'idéal minable de nos prêtres, je les méprisais de tant pouvoir et d'oser si peu, ils n'avaient pas la foi et je l'avais, je voulais être reconnu par les bourreaux eux-mêmes, les jeter à genoux et leur faire dire: «Seigneur, voici ta victoire», régner enfin par la seule parole sur une armée de méchants. Ah! j'étais certain de bien raisonner là-dessus, jamais très sûr de moi autrement, mais mon idée quand je l'ai, je ne la lâche plus, c'est ma force, oui, ma force à moi dont ils avaient tous pitié!

Le soleil est encore monté, mon front commence à brûler. Les pierres autour de moi crépitent[19] sourdement, seul le canon du fusil est frais, frais comme les prés, comme la pluie du soir, autrefois, quand la soupe cuisait doucement, ils m'attendaient, mon père et ma mère, qui parfois me souriaient, je les aimais peut-être. Mais c'est fini, un voile de chaleur commence à se lever de la piste, viens, missionnaire, je t'attends, je sais maintenant ce qu'il faut répondre au message, mes nouveaux maîtres m'ont donné la leçon, et je sais qu'ils ont raison, il faut régler son compte à l'amour. Quand j'ai fui du séminaire, à Alger,[20] je les imaginais autrement, ces barbares, une seule chose était vraie dans mes rêveries, ils sont méchants. Moi, j'avais volé la caisse de l'économat,[21] quitté la robe, j'ai traversé l'Atlas,[22] les hauts plateaux et le désert, le chauffeur de la Transsaharienne[23] se moquait de moi: «Ne va pas là-bas», lui aussi qu'est-ce qu'ils avaient tous, et les vagues de sable pendant des centaines de kilomètres, échevelées, avançant puis reculant sous le vent, et la montagne à nouveau, toute en pics noirs, en arêtes coupantes comme du fer, et après elle il a fallu un guide pour aller sur la mer de cailloux bruns, interminable, hurlante de chaleur, brûlante de mille miroirs hérissés de feux, jusqu'à cet endroit, à la frontière de la terre des noirs et du

18. *enseveli:* buried.
19. *crépitent:* crackle.
20. Alger est la ville principale de l'Algérie, ancien térritoire de la France en Afrique du Nord.
21. *la caisse de l'économat:* the bursar's till (at the seminary).
22. L'Atlas est une chaîne de montagnes de l'Afrique du Nord.
23. Il s'agit d'une ligne (de camions ou d'autobus) qui suit la piste («la Transsaharienne») qui traverse le Sahara du nord au sud.

pays blanc, où s'élève la ville de sel. Et l'argent que le guide m'a volé, naïf toujours naïf je le lui avais montré, mais il m'a laissé sur la piste, par ici, justement, après m'avoir frappé: «Chien, voilà la route j'ai de l'honneur, va, va là-bas, ils t'apprendront», et ils m'ont appris, oh oui, ils sont comme le soleil qui n'en finit pas, sauf la nuit, de frapper toujours, avec éclat et orgueil, qui me frappe fort en ce moment, trop fort, à coups de lances brûlantes soudain sorties du sol, oh à l'abri, oui à l'abri, sous le grand rocher, avant que tout s'embrouille.[24]

Durant cinq paragraphes Camus insiste sur la présence et les images du soleil. Etudiez le mouvement du soleil au *présent*. Quel en est l'effet sur le narrateur (réactions physiques, réflexions, comparaisons)? Quelle en est la valeur pour le progrès de l'intrigue?

Etudiez aussi, à travers ces paragraphes, le rôle du soleil aux différents moments du *passé* du narrateur. Quelles qualités physiques et métaphoriques sont attribuées au soleil? Le soleil devient, surtout, une image qui représente différentes personnes et notions à travers ces paragraphes. Comment l'emploi du soleil en tant qu'image change-t-il selon le mouvement du passé lointain (sa jeunesse en France) au passé qui se rapproche du présent (son arrivée en Afrique du Nord)? Qu'est-ce que ces changements au passé et l'emploi du soleil au présent nous révèlent de la progression dans l'esprit et les idées du narrateur à travers les différents moments de sa vie?

A part cet emploi «psychologique» (l'esprit) et «philosophique» (les idées), le soleil a aussi une fonction *structurale* dans cette partie du conte: la présence dominante du soleil, la progression dans les images, créent un certain ordre, une certaine unité. Vous semble-t-il que cette unité indique un ordre plus profond qui règne dans l'esprit du *narrateur,* malgré les «confusions» apparentes? Ou bien avez-vous l'impression que cet ordre soit imposé par l'*auteur* sur la matière «confuse» (l'état d'esprit du narrateur) de son œuvre? Dans la perspective de votre réponse, essayez de préciser votre distance affective par rapport au narrateur. (Vous identifiez-vous avec lui ou commencez-vous à vous séparer de lui?) Quelle est votre position «intellectuelle» par rapport au narrateur? (Etes-vous toujours à pied d'égalité avec le narrateur ou lui êtes-vous supérieur grâce aux renseignements que vous possédez?)

Continuez à suivre l'emploi du soleil au présent, au passé et comme suggestion du futur dans ce conte et dégagez la fonction psychologique, philosophique et structurale d'autres éléments du décor tels que le sel, le fer (les objets et images métalliques), l'eau (la liquidité), etc.

L'ombre ici est bonne. Comment peut-on vivre dans la ville de sel, au creux de cette cuvette[25] pleine de chaleur blanche? Sur chacun des murs droits, taillés à coups de pic,[26] groissièrement rabotés,[27] les entailles[28] laissées par le pic se hérissent en écailles[29] éblouissantes, du sable blond épars les

24. *s'embrouille:* gets confused, muddled.
25. *cuvette:* basin.
26. *taillés à coup de pic:* hewn out with a pick.
27. *rabotés:* planed.
28. *entailles:* nicks.
29. *écailles:* scales.

jaunit un peu, sauf quand le vent nettoie les murs droits et les terrasses, tout resplendit alors dans une blancheur fulgurante, sous le ciel nettoyé lui aussi jusqu'à son écorce[30] bleue. Je devenais aveugle, dans ces jours où l'immobile incendie crépitait pendant des heures sur la surface des terrasses blanches qui semblaient se rejoindre toutes comme si, un jour d'autrefois, ils avaient attaqué ensemble une montagne de sel, l'avaient d'abord aplanie, puis, à même[31] la masse, avaient creusé les rues, l'intérieur des maisons et les fenêtres, ou comme si, oui, c'est mieux, ils avaient découpé leur enfer blanc et brûlant avec un chalumeau[32] d'eau bouillante, juste pour montrer qu'ils sauraient habiter là où personne ne le pourrait jamais, à trente jours de toute vie, dans ce creux au milieu du désert, où la chaleur du plein jour interdit tout contact entre les êtres, dresse entre eux des herses[33] de flammes invisibles et de cristaux bouillants, où sans transition le froid de la nuit les fige un à un dans leurs coquillages de gemme, habitants nocturnes d'une banquise[34] sèche, esquimaux noirs grelottant tout d'un coup dans leurs igloos cubiques. Noirs oui, car ils sont habillés de longues étoffes noires et le sel qui envahit jusqu'aux ongles, qu'on remâche amèrement dans le sommeil polaire des nuits, le sel qu'on boit dans l'eau qui vient à l'unique source au creux d'une entaille brillante, laisse parfois sur leurs robes sombres des traces semblables aux traînées des escargots après la pluie.

La pluie, ô Seigneur, une seule vraie pluie, longue, dure, la pluie de ton ciel! Alors enfin la ville affreuse, rongée peu à peu, s'affaisserait[35] avec lenteur, irrésistiblement, et, fondue[36] tout entière dans un torrent visqueux, emporterait vers les sables ses habitants féroces. Une seule pluie, Seigneur! Mais quoi, quel seigneur, ce sont eux les seigneurs! Ils règnent sur leurs maisons stériles, sur leurs esclaves noirs qu'ils font mourir à la mine, et chaque plaque de sel découpée vaut un homme dans les pays du Sud, ils passent, silencieux, couverts de leurs voiles de deuil, dans la blancheur minérale des rues, et, la nuit venue, quand la ville entière semble un fantôme laiteux, ils entrent, en se courbant, dans l'ombre des maisons où les murs de sel luisent faiblement. Ils dorment, d'un sommeil sans poids, et dès le réveil ils commandent, ils frappent, ils disent qu'ils ne sont qu'un seul peuple, que leur dieu est le vrai, et qu'il faut obéir. Ce sont mes seigneurs, ils ignorent la pitié et, comme des seigneurs, ils veulent être seuls, avancer seuls, régner seuls, puisque seuls ils ont eu l'audace de bâtir dans le sel et les sables une froide cité torride. Et moi . . .

Pendant deux paragraphes le narrateur se met à l'abri du soleil («L'ombre ici est bonne»). Quelles réflexions et images (visuelles et tactiles) sont provoquées par ce changement de position? Quelles opposi-

30. *écorce:* crust.
31. *à même:* straight from.
32. *chalumeau:* jet.
33. *herses:* iron gratings.
34. *banquise:* ice floe.
35. *s'affaisserait:* would sink.
36. *fondue:* melted.

tions sont créées avec le soleil des paragraphes précédents? Quelles oppositions pouvez-vous dégager dans ces paragraphes-ci?

Quelle bouillie quand la chaleur monte, je transpire, eux jamais, maintenant l'ombre elle aussi s'échauffe, je sens le soleil sur la pierre au-dessus de moi, il frappe, frappe comme un marteau sur toutes les pierres et c'est la musique, la vaste musique de midi, vibration d'air et de pierres sur des centaines de kilomètres râ comme autrefois j'entends le silence. Oui, c'était le même silence, il y a des années de cela, qui m'a accueilli quand les gardes m'ont mené à eux, dans le soleil, au centre de la place, d'où peu à peu les terrasses concentriques s'élevaient vers le couvercle[37] de ciel bleu dur qui reposait sur les bords de la cuvette. J'étais là, jeté à genoux au creux de ce bouclier[38] blanc, les yeux rongés par les épées de sel et de feu qui sortaient de tous les murs, pâle de fatigue, l'oreille saignante du coup que m'avait donné le guide et eux, grands, noirs, me regardaient sans rien dire. La journée était dans son milieu. Sous les coups du soleil de fer, le ciel résonnait longuement, plaque de tôle[39] chauffée à blanc, c'était le même silence et ils me regardaient, le temps passait, ils n'en finissaient plus de me regarder, et, moi, je ne pouvais soutenir leurs regards, je haletais de plus en plus fort, j'ai pleuré enfin, et soudain ils m'ont tourné le dos en silence et sont partis tous ensemble dans la même direction. A genoux, je voyais seulement, dans les sandales rouges et noires, leurs pieds brillants de sel soulever la longue robe sombre, la pointe[40] un peu dressée, le talon[41] frappant légèrement le sol, et quand la place a été vide, on m'a traîné à la maison du fétiche.

Accroupi,[42] comme aujourd'hui à l'abri du rocher, et le feu au-dessus de ma tête perce l'épaisseur de la pierre, je suis resté plusieurs jours dans l'ombre de la maison du fétiche, un peu plus haute que les autres, entourée d'une enceinte de sel, mais sans fenêtre, pleine d'une nuit scintillante. Plusieurs jours, et l'on me donnait une écuelle[43] d'eau saumâtre[44] et du grain qu'on jetait devant moi comme on donne aux poules, je le ramassais. Le jour, la porte restait fermée et pourtant, l'ombre devenait plus légère, comme si le soleil irrésistible parvenait à couler à travers les masses de sel. Nulle lampe, mais en marchant à tâtons[45] le long des parois,[46] je touchais des guirlandes de palmes sèches qui décoraient les murs et, au fond, une petite porte, grossièrement taillée, dont je reconnaissais, du bout des doigts, le loquet.[47] Plusieurs jours, longtemps après, je ne pouvais compter les journées ni les heures, mais on m'avait jeté ma poignée de grains une dizaine de fois et j'avais creusé un trou pour mes ordures[48] que je recouvrais en vain, l'odeur

37. *couvercle:* cover.
38. *bouclier:* shield.
39. *plaque de tôle:* sheet of metal.
40. *pointe:* toe (of sandal).
41. *talon:* heel (of sandal).
42 *accroupi:* crouched.
43. *écuelle:* bowl.
44. *saumâtre:* briny (salty).
45. *marchant à tâtons:* groping my way.
46. *parois:* walls.
47. *loquet:* latch.
48. *ordures:* excrement.

de tanière[49] flottait toujours, longtemps après, oui, la porte s'est ouverte à deux battants[50] et ils sont entrés.

L'un d'eux est venu vers moi, accroupi dans un coin. Je sentais contre ma joue le feu du sel, je respirais l'odeur poussiéreuse des palmes, je le regardais venir. Il s'est arrêté à un mètre de moi, il me fixait en silence, un signe et je me suis levé, il me fixait de ses yeux de métal qui brillaient, inexpressifs, dans sa face brune de cheval, puis il a levé la main. Toujours impassible, il m'a saisi par la lèvre inférieure qu'il a tordue lentement, jusqu'à m'arracher la chair et, sans desserrer les doigts, m'a fait tourner sur moi-même, reculer jusqu'au centre de la pièce, il a tiré sur ma lèvre pour que je tombe à genoux, là, éperdu, la bouche sanglante, puis il s'est détourné pour rejoindre les autres, rangés le long des murs. Ils me regardaient gémir dans l'ardeur intolérable du jour sans une ombre qui entrait par la porte largement ouverte, et dans cette lumière a surgi le sorcier[51] aux cheveux de rafia,[52] le torse couvert d'une cuirasse[53] de perles, les jambes nues sous une jupe de paille, avec un masque de roseaux et de fil de fer[54] où deux ouvertures carrées avaient été pratiquées pour les yeux. Il était suivi de musiciens et de femmes, aux lourdes robes bariolées[55] qui ne laissaient rien deviner de leurs corps. Ils ont dansé devant la porte du fond, mais d'une danse grossière, à peine rythmée, ils remuaient, voilà tout, et enfin le sorcier a ouvert la petite porte derrière moi, les maîtres ne bougeaient pas, ils me regardaient, je me suis retourné et j'ai vu le fétiche, sa double tête de hache,[56] son nez de fer tordu comme un serpent.

On m'a porté devant lui, au pied du socle,[57] on m'a fait boire une eau noire, amère, amère, et aussitôt ma tête s'est mise à brûler, je riais, voilà l'offense, je suis offensé. Ils m'ont déshabillé, rasé la tête et le corps, lavé à l'huile, battu le visage avec des cordes trempées dans l'eau et le sel, et je riais et détournais la tête mais, chaque fois, deux femmes me prenaient par les oreilles et présentaient mon visage aux coups du sorcier dont je ne voyais que les yeux carrés, je riais toujours, couvert de sang. Ils se sont arrêtés, personne ne parlait, que moi, la bouillie commençait déjà dans ma tête, puis ils m'ont relevé et forcé à lever les yeux sur le fétiche, je ne riais plus. Je savais que je lui étais maintenant voué pour le servir, l'adorer, non, je ne riais plus, la peur et la douleur m'étouffaient. Et là, dans cette maison blanche, entre ces murs que le soleil brûlait au-dehors avec application, le visage tendu, la mémoire exténuée, oui, j'ai essayé de prier le fétiche,[58] il n'y avait que lui, et même son visage horrible était moins horrible que le reste du monde. C'est alors qu'on a enchaîné mes chevilles[59] avec une corde qui laissait libre la

49. *tanière:* animal lair.
50. *la porte . . . battants:* the double door was flung open.
51. *sorcier:* sorcerer, priest of evil.
52. *rafia:* palm fiber.
53. *cuirasse:* breastplate.
54. *masque . . . fer:* mask of reeds and wire.
55. *bariolées:* gaudy.
56. *hache:* hatchet.
57. *socle:* base of pedestal.
58. *prier le fétiche:* pray to the idol.
59. *chevilles:* ankles.

longueur de mon pas, ils ont encore dansé, mais cette fois devant le fétiche, les maîtres un à un sont sortis.

La porte fermée derrière eux, la musique à nouveau, et le sorcier a allumé un feu d'écorces autour duquel il trépignait,[60] sa grande silhouette se brisait aux encoignures[61] des murs blancs, palpitait sur les surfaces plates, remplissait la pièce d'ombres dansantes. Il a tracé un rectangle dans un coin où les femmes m'ont traîné, je sentais leurs mains sèches et douces, elles ont placé près de moi un bol d'eau et un petit tas de grains et m'ont montré le fétiche, j'ai compris que je devais garder les yeux fixés sur lui. Alors le sorcier les a appelées, une à une, près du feu, il en a battu quelques-unes qui gémissaient, et qui sont allées ensuite se prosterner devant le fétiche mon dieu, pendant que le sorcier dansait encore et il les a toutes fait sortir de la pièce jusqu'à ce qu'il n'en restât plus qu'une, toute jeune, accroupie près des musiciens et qui n'avait pas encore été battue. Il la tenait par une tresse[62] qu'il tordait de plus en plus sur son poing, elle se renversait, les yeux exorbités, jusqu'à ce qu'enfin elle tombe sur le dos. Le sorcier la lâchant a crié, les musiciens se sont retournés contre le mur, pendant que derrière le masque aux yeux carrés le cri enflait jusqu'à l'impossible, et la femme se roulait à terre dans une sorte de crise et, à quatre pattes enfin, la tête cachée dans les bras joints, elle a crié elle aussi, mais sourdement et c'est ainsi que, sans cesser de hurler et de regarder le fétiche, le sorcier l'a prise prestement, avec méchanceté, sans qu'on puisse voir le visage de la femme, maintenant enseveli sous les plis lourds de la robe. Et moi, à force de solitude, égaré, n'ai-je pas crié aussi, oui, hurlé d'épouvante vers le fétiche jusqu'à ce qu'un coup de pied me rejette contre le mur, mordant le sel, comme je mords aujourd'hui le rocher, de ma bouche sans langue, en attendant celui qu'il faut que je tue.

Durant cinq paragraphes le narrateur («l'esclave») décrit sa première rencontre avec ses «maîtres» et le fétiche. Quel rôle joue le soleil dans le déclenchement de ses souvenirs? Quels changements dans la description de l'atmosphère et du décor pouvez-vous y constater? (Dans votre réponse indiquez le mouvement du soleil et des ombres, les changements de l'extérieur à l'intérieur, les nouvelles sensations auxquelles Camus fait appel, et la signification d'autres aspects du décor, tels que le sel, le fer [les métaux], et l'eau [les liquides], dans cette partie du conte.) Quelles précisions quant à l'état d'esprit du narrateur, quant à son rapport avec les objets du décor (au présent et au passé), et quant à sa conversion religieuse, sont amenées par ces changements?

La précision de détails et les limitations temporelles de ce dernier paragraphe en font une «scène» (voyez L'*Introduction,* «La présentation des événements»). Pourquoi Camus veut-il mettre en relief cet événement? Comment le mélange de religion et de sensualité de cette cérémonie a-t-il été déjà préparé dans cette section et dans le conte en entier? Quel

60. *il trépignait:* he danced.
61. *encoignures:* corners.
62. *tresse:* tress of hair.

est l'effet de la «scène» et du mélange sensuel et religieux sur la distance affective du lecteur (qu'il soit croyant ou athée) par rapport à cet événement?

Dans cette dernière phrase, le narrateur passe rapidement de cet événement au passé, à sa situation présente pour aller jusqu'au futur (l'attente). Qu'est-ce que cette transition rapide nous révèle de son état d'esprit quant au meurtre? Quel en est l'effet pour le rythme et la structure du conte?

Maintenant, le soleil a un peu dépassé le milieu du ciel. Entre les fentes[63] du rocher, je vois le trou qu'il fait dans le métal surchauffé du ciel, bouche comme la mienne volubile, et qui vomit sans trêve des fleuves de flammes au-dessus du désert sans couleur. Sur la piste devant moi, rien, pas une poussière à l'horizon, derrière moi ils doivent me rechercher, non, pas encore, c'est à la fin de l'après-midi seulement qu'on ouvrait la porte et je pouvais sortir un peu, après avoir toute la journée nettoyé la maison du fétiche, renouvelé les offrandes et, le soir, la cérémonie commençait où j'étais parfois battu, d'autres fois non, mais toujours je servais le fétiche, le fétiche dont j'ai l'image gravée au fer dans le souvenir et maintenant dans l'espérance. Jamais un dieu ne m'avait tant possédé ni asservi, toute ma vie jours et nuits lui était vouée, et la douleur et l'absence de douleur, n'était-ce pas la joie, lui étaient dues et même, oui, le désir, à force d'assister, presque chaque jour, à cet acte impersonnel et méchant que j'entendais sans le voir, puisque je devais maintenant regarder le mur sous peine d'être battu. Mais le visage collé contre le sel, dominé par les ombres bestiales qui s'agitaient sur la paroi, j'écoutais le long cri, ma gorge était sèche, un brûlant désir sans sexe me serrait les tempes et le ventre. Les jours ainsi succédaient aux jours, je les distinguais à peine les uns des autres, comme s'ils se liquéfiaient dans la chaleur torride et la réverbération sournoise[64] des murs de sel, le temps n'était plus qu'un clapotement[65] informe où venaient éclater seulement, à intervalles réguliers, des cris de douleur ou de possession, long jour sans âge où le fétiche régnait comme ce soleil féroce sur ma maison de rochers, et maintenant comme alors, je pleure de malheur et de désir, un espoir méchant me brûle, je veux trahir, je lèche le canon de mon fusil et son âme à l'intérieur, son âme, seuls les fusils ont des âmes, oh! oui, le jour où l'on m'a coupé la langue, j'ai appris à adorer l'âme immortelle de la haine!

Quelle bouillie, quelle fureur, râ râ, ivre de chaleur et de colère, prosterné, couché sur mon fusil. Qui halète ici? Je ne peux supporter cette chaleur qui n'en finit plus, cette attente, il faut que je le tue. Nul oiseau, nul brin d'herbe, la pierre, un désir aride, le silence, leurs cris, cette langue en moi qui parle et, depuis qu'ils m'ont mutilé, la longue souffrance plate et déserte

63. *fentes:* crevices.
64. *sournoise:* tricky.
65. *clapotement:* lapping (of waves).

privée même de l'eau de la nuit, la nuit à laquelle je rêvais, enfermé avec le dieu, dans ma tanière de sel. Seule la nuit, avec ses étoiles fraîches et ses fontaines obscures, pouvait me sauver, m'enlever enfin aux dieux méchants des hommes, mais toujours enfermé, je ne pouvais la contempler. Si l'autre tarde encore, je la verrai au moins monter du désert et envahir le ciel, froide vigne d'or qui pendra du zénith obscur et où je pourrai boire à loisir, humecter[66] ce trou[67] noir et desséché que nul muscle de chair vivant et souple ne rafraîchit plus, oublier enfin ce jour où la folie m'a pris à la langue.

Qu'il faisait chaud, chaud, le sel fondait, je le croyais du moins, l'air me rongeait les yeux, et le sorcier est entré sans masque. Presque nue sous une loque[68] grisâtre, une nouvelle femme le suivait dont le visage, couvert d'un tatouage qui lui donnait le masque du fétiche, n'exprimait rien qu'une stupeur mauvaise d'idole. Seul vivait son corps mince et plat qui s'est affalé[69] au pied du dieu quand le sorcier a ouvert la porte du réduit.[70] Puis il est sorti sans me regarder, la chaleur montait, je ne bougeais pas, le fétiche me contemplait par-dessus ce corps immobile, mais dont les muscles remuaient doucement et le visage d'idole de la femme n'a pas changé quand je me suis approché. Ses yeux seuls se sont agrandis en me fixant, mes pieds touchaient les siens, la chaleur alors s'est mise à hurler, et l'idole, sans rien dire, me regardant toujours de ses yeux dilatés, s'est renversée peu à peu sur le dos, a ramené lentement ses jambes vers elle, et les a élevées en écartant doucement les genoux. Mais, tout de suite après, râ le sorcier me guettait, ils sont tous entrés et m'ont arraché à la femme, battu terriblement à l'endroit du péché, le péché! quel péché, je ris, où est-il, où la vertu, ils m'ont plaqué contre un mur, une main d'acier a serré mes mâchoires, une autre ouvert ma bouche, tiré ma langue jusqu'à ce qu'elle saigne, était-ce moi qui hurlais de ce cri de bête, une caresse coupante et fraîche, oui fraîche enfin, a passé sur ma langue. Quand j'ai repris connaissance, j'étais seul dans la nuit, collé contre la paroi, couvert de sang durci, un bâillon[71] d'herbes sèches à l'odeur étrange emplissait ma bouche, elle ne saignait plus, mais elle était inhabitée et dans cette absence vivait seule une douleur torturante. J'ai voulu me lever, je suis retombé, heureux, désespérément heureux de mourir enfin, la mort aussi est fraîche et son ombre n'abrite aucun dieu.

Pendant trois paragraphes, pour le narrateur (au présent) il est juste après midi («le soleil a un peu dépassé le milieu du ciel»). Quel est le rapport entre la position du soleil et la place de ces phrases dans le conte même? Quel est le rapport entre le soleil et la manière dont le narrateur se conçoit au *présent,* au *passé,* et au *futur?* (Pour préciser l'état d'esprit du narrateur et le rôle qu'y joue le soleil, considérez les idées et les techniques suivantes: Au *présent,* quelle est la valeur des comparaisons dont

66. *humecter:* moisten.
67. *ce trou:* this hole (i.e. his mouth).
68. *loque:* ragged garment.
69. *s'est affalé:* fell down.
70. *réduit:* niche.
71. *bâillon:* gag.

il se sert? Du rythme des phrases qu'il prononce—ponctuations, répétitions, suppression de verbes, etc.? Au *passé,* quelle est sa notion du temps? Quelle est maintenant sa conception de la religion? Au *futur,* quelle est la signification des images et des oppositions qu'il établit pour exprimer son attente?)

Le narrateur nous dit qu'il avait «un brûlant désir sans sexe» alors qu'il raconte le moment où il essaie de prendre la femme. Faudrait-il y voir une contradiction, ou pourrait-on dire que cette «attaque» n'est pas sexuelle? Comment cette scène se rattache-t-elle à la scène précédente (la cérémonie religieuse), à l'état d'esprit du narrateur à ce moment du conte, et à son rapport avec le fétiche et ses maîtres?

Quelle est la place de cette dernière phrase, où il décrit l'attraction de la mort, dans le mouvement des images, l'évolution du narrateur, et la précision de son rapport avec le fétiche et ses maîtres?

Je ne suis pas mort, une jeune haine s'est mise debout un jour, en même temps que moi, a marché vers la porte du fond, l'a ouverte, l'a fermée derrière moi, je haïssais les miens, le fétiche était là et, du fond du trou où je me trouvais, j'ai fait mieux que de le prier, j'ai cru en lui et j'ai nié tout ce que j'avais cru jusque-là. Salut,[72] il était la force et la puissance, on pouvait le détruire, mais non le convertir, il regardait au-dessus de ma tête de ses yeux vides et rouillés.[73] Salut, il était le maître, le seul seigneur, dont l'attribut indiscutable était la méchanceté, il n'y a pas de maîtres bons. Pour la première fois, à force d'offenses, le corps entier criant d'une seule douleur, je m'abandonnai à lui et approuvai son ordre malfaisant, j'adorai en lui le principe méchant du monde. Prisonnier de son royaume, la ville stérile sculptée dans une montagne de sel, séparée de la nature, privée des floraisons fugitives et rares du désert, soustraite à ces hasards ou ces tendresses, un nuage insolite, une pluie rageuse et brève, que même le soleil ou les sables connaissent, la ville de l'ordre enfin, angles droits, chambres carrées, hommes roides,[74] je m'en fis librement le citoyen haineux et torturé, je reniai la longue histoire qu'on m'avait enseignée. On m'avait trompé, seul le règne de la méchanceté était sans fissures, on m'avait trompé, la vérité est carrée, lourde, dense, elle ne supporte pas la nuance, le bien est une rêverie, un projet sans cesse remis et poursuivi d'un effort exténuant, une limite qu'on n'atteint jamais, son règne est impossible. Seul le mal peut aller jusqu'à ses limites et régner absolument, c'est lui qu'il faut servir pour installer son royaume visible, ensuite on avisera,[75] ensuite qu'est-ce que ça veut dire, seul le mal est présent, à bas l'Europe, la raison et l'honneur et la croix. Oui, je devais me convertir à la religion de mes maîtres, oui oui j'étais esclave, mais si moi aussi je suis méchant je ne suis plus esclave, malgré mes pieds entravés et ma bouche muette. Oh! cette chaleur me rend fou, le désert crie partout sous la lumière intolérable, et lui, l'autre, le Seigneur de la douceur, dont le seul nom me révulse, je le renie, car je le connais maintenant. Il rêvait et il

72. *Salut:* Hail!
73. *rouillés:* rusty.
74. *roides:* stiff.
75. *on avisera:* we'll see what happens.

voulait mentir, on lui a coupé la langue pour que sa parole ne vienne plus tromper le monde, on l'a percé de clous jusque dans la tête, sa pauvre tête, comme la mienne maintenant, quelle bouillie, que je suis fatigué, et la terre n'a pas tremblé, j'en suis sûr, ce n'était pas un juste qu'on avait tué, je refuse de le croire, il n'y a pas de justes mais des maîtres méchants qui font régner la vérité implacable. Oui, le fétiche seul a la puissance, il est le dieu unique de ce monde, la haine est son commandement, la source de toute vie, l'eau fraîche, fraîche comme la menthe qui glace la bouche et brûle l'estomac.

Dans ce long paragraphe, avec la reprise des mots «quelle bouillie» qui soulignent l'idée d'un «esprit confus», revient aussi, deux fois, le mot «ordre». Comment le narrateur conçoit-il l'ordre (1) par rapport au monde extérieur (quelles qualités trouve-t-il dans la ville et dans le paysage? à quels autres moments dans le conte voit-on sa préoccupation avec de telles qualités?) et (2) par rapport au dieu et à ses maîtres? (comment voit-il maintenant son rapport—infériorité, égalité, supériorité—avec le dieu? Avec ses maîtres? Par quelles démarches, selon quelles mobiles psychologiques, ce changement s'est-il opéré?)

En comparant ses conceptions avec sa situation réelle et en étudiant les mobiles psychologiques selon lesquels le narrateur arrive à sa conception de lui-même, vous semble-t-il qu'il se fasse des «illusions» ou qu'il soit arrivé à un véritable changement de position vis-à-vis de son univers? Enfin, quelle position «intellectuelle» (supériorité, égalité ou infériorité) prenez-vous par rapport au narrateur à ce moment du conte? A quelle distance affective (identité ou séparation) êtes-vous? Quelles émotions éprouvez-vous à son égard (admiration, pitié, ironie, etc.)?

J'ai changé alors, ils l'ont compris, je baisais leur main quand je les rencontrais, j'étais des leurs, les admirant sans me lasser, je leur faisais confiance, j'espérais qu'ils mutileraient les miens comme ils m'avaient mutilé. Et quand j'ai appris que le missionnaire allait venir, j'ai su ce que je devais faire. Ce jour pareil aux autres, le même jour aveuglant qui continuait depuis si longtemps! A la fin de l'après-midi, on a vu surgir un garde, courant sur le haut de la cuvette, et, quelques minutes après, j'étais traîné à la maison du fétiche la porte fermée. L'un d'entre eux me maintenait à terre, dans l'ombre, sous la menace de son sabre en forme de croix et le silence a duré longtemps jusqu'à ce qu'un bruit inconnu remplisse la ville d'ordinaire paisible, des voix que j'ai mis longtemps à reconnaître parce qu'elles parlaient ma langue, mais dès qu'elles résonnèrent la pointe de la lame[76] s'abaissa sur mes yeux, mon garde me fixait en silence. Deux voix se sont alors rapprochées que j'entends encore, l'une demandant pourquoi cette maison était gardée, si on devait enfoncer la porte, mon lieutenant, l'autre disait: «Non», d'une voix brève, puis ajoutait, après un moment, qu'un accord était conclu, que la ville acceptait une garnison[77] de vingt hommes à condition qu'ils campent hors de l'enceinte et qu'ils respectent les usages. Le soldat a ri, ils mettent les

76. *lame:* blade.

77. *garnison:* garrison.

pouces[78] mais l'officier ne savait pas, pour la première fois en tout cas ils acceptaient de recevoir quelqu'un pour soigner les enfants et ce serait l'aumônier,[79] après on s'occuperait du territoire. L'autre a dit qu'ils couperaient à l'aumônier ce qu'il pensait[80] si les soldats n'étaient pas là: «Oh! non, a répondu l'officier, et même le Père Beffort arrivera avant la garnison, il sera ici dans deux jours.» Je n'entendais plus rien, immobile, atterré sous la lame, j'avais mal, une roue d'aiguilles et de couteaux tournait en moi. Ils étaient fous, ils étaient fous, ils laissaient toucher à la ville, à leur puissance invincible, au vrai dieu, et l'autre, celui qui allait venir, on ne lui couperait pas la langue, il ferait parade de son insolente bonté sans rien payer, sans subir d'offenses. Le règne du mal serait retardé, il y aurait encore du doute, on allait à nouveau perdre du temps à rêver du bien impossible, à s'épuiser en efforts stériles au lieu de hâter la venue du seul royaume possible et je regardais la lame qui me menaçait, ô puissance qui seule règnes sur le monde! O puissance, et la ville se vidait peu à peu de ses bruits, la porte enfin s'est ouverte, je suis resté seul, brûlé, amer, avec le fétiche, et je lui ai juré de sauver ma nouvelle foi, mes vrais maîtres, mon Dieu despote, de bien trahir, quoi qu'il m'en coutât.[81]

Râ, la chaleur cède un peu, la pierre ne vibre plus, je peux sortir de mon trou, regarder le désert se couvrir une à une des couleurs jaunes et ocres, bientôt mauves. Cette nuit, j'ai attendu qu'ils dorment, j'avais coincé la serrure[82] de la porte, je suis sorti du même pas que toujours, mesuré par la corde, je connaissais les rues, je savais où prendre le vieux fusil, quelle sortie n'était pas gardée, et je suis arrivé ici à l'heure où la nuit se décolore autour d'une poignée d'étoiles tandis que le désert fonce un peu. Et maintenant, il me semble qu'il y a des jours et des jours que je suis tapi[83] dans ces rochers. Vite, vite, oh, qu'il vienne vite! Dans un moment, ils vont commencer à me chercher, ils voleront sur les pistes de tous les côtés, ils ne sauront pas que je suis parti pour eux et pour mieux les servir, mes jambes sont faibles ivre de faim et de haine. O ô, là-bas, râ râ au bout de la piste deux chameaux grandissent, courant à l'amble, doublés déjà par de courtes ombres, ils courent de cette allure vive et rêveuse qu'ils ont toujours. Les voici enfin, voici!

Le fusil, vite, et je l'arme vite. O fétiche, mon dieu là-bas, que ta puissance soit maintenue, que l'offense soit multipliée, que la haine règne sans pardon sur un monde de damnés, que le méchant soit à jamais le maître, que le royaume enfin arrive où dans une seule ville de sel et de fer de noirs tyrans asserviront et posséderont sans pitié! Et maintenant, râ râ feu sur la pitié, feu sur l'impuissance et sa charité, feu sur tout ce qui retarde la venue du mal, feu deux fois, et les voilà qui se renversent, tombent, et les chameaux

78. *ils mettent les pouces:* they're knuckling under.
79. *aumônier:* the chaplain.
80. *ce qu'il pensait:* "you-know-what".
81. *quoi qu'il m'en coutât:* no matter what it might cost me.
82. *j'avais coincé la serrure:* I had jammed the lock.
83. *tapi:* squatting.

fuient droit vers l'horizon, où un geyser d'oiseaux noirs vient de s'élever dans le ciel inaltéré. Je ris, je ris, celui-ci se tord dans sa robe détestée, il dresse un peu la tête, me voit, moi, son maître entravé[84] tout-puissant, pourquoi me sourit-il, j'écrase ce sourire! Que le bruit est bon de la crosse sur le visage de la bonté, aujourd'hui, aujourd'hui enfin, tout est consommé et partout dans le désert, jusqu'à des heures d'ici, des chacals hument le vent absent, puis se mettent en marche, d'un petit trot patient, vers le festin de charogne qui les attend. Victoire! j'étends les bras vers le ciel qui s'attendrit, une ombre violette se devine au bord opposé, ô nuits d'Europe, patrie, enfance, pourquoi faut-il que je pleure au moment du triomphe?

L'arrivée du missionnaire, décrite dans ces deux derniers paragraphes, marque une résolution dans les trois moments du temps: le narrateur cesse de raconter son *passé* et il n'attend plus au *futur* le missionnaire; tout rejoint le *présent*. Comment Camus souligne-t-il cette résolution par le mouvement du soleil? (A quel moment de la journée le narrateur se trouve-t-il maintenant?)

Quel effet Camus crée-t-il par la répétition de certaines consonnes (v), de voyelles (i) et de mots (feu) sur le rythme de ce moment du récit? Comment ces procédés servent-ils à préciser l'état d'esprit du narrateur?

Quelle progression dans le rapport maître-esclave, qui domine les préoccupations du narrateur, est marquée par l'acte de tuer le missionnaire? Quel est, pourtant, l'effet de la dernière phrase sur cette «progression»?

Il a bougé, non, le bruit vient d'ailleurs, et de l'autre côté là-bas ce sont eux, les voilà qui accourent comme un vol d'oiseaux sombres, mes maîtres, qui foncent sur moi, me saisissent, ah! ah! oui, frappez, ils craignent leur ville éventrée et hurlante, ils craignent les soldats vengeurs que j'ai appelés, c'est ce qu'il fallait, sur la cité sacrée. Défendez-vous maintenant, frappez, frappez sur moi d'abord, vous avez la vérité! O mes maîtres, ils vaincront ensuite les soldats, ils vaincront la parole et l'amour, ils remonteront les déserts, passeront les mers, rempliront la lumière d'Europe de leurs voiles noirs, frappez au ventre, oui, frappez aux yeux, sèmeront leur sel sur le continent, toute végétation, toute jeunesse s'éteindra, et des foules muettes aux pieds entravés chemineront[85] à mes côtés dans le désert du monde sous le soleil cruel de la vraie foi, je ne serai plus seul. Ah! le mal, le mal qu'ils me font, leur fureur est bonne et sur cette selle guerrière[86] où maintenant ils m'écartèlent,[87] pitié, je ris, j'aime ce coup qui me cloue crucifié.

. . . .

Que le désert est silencieux! La nuit déjà et je suis seul, j'ai soif. Attendre encore, où est la ville, ces bruits au loin, et les soldats peut-être vainqueurs, non il ne faut pas, même si les soldats sont vainqueurs, ils ne sont pas assez méchants, ils ne sauront pas régner, ils diront encore qu'il faut devenir meil-

84. *entravé:* shackled.
85. *chemineront:* will trudge along.
86. *selle guerrière:* warrior's saddle.
87. *ils m'écartèlent:* they are quartering me.

leur, et toujours encore des millions d'hommes entre le mal et le bien, déchirés, interdits,[88] ô fétiche pourquoi m'as-tu abandonné? Tout est fini, j'ai soif, mon corps brûle, la nuit plus obscure emplit mes yeux.

Ce long, ce long rêve, je m'éveille, mais non, je vais mourir, l'aube se lève, la première lumière le jour pour d'autres vivants, et pour moi le soleil inexorable, les mouches. Qui parle, personne, le ciel ne s'entrouvre pas, non, non, Dieu ne parle pas au désert, d'où vient cette voix pourtant qui dit: «Si tu consens à mourir pour la haine et la puissance, qui nous pardonnera?» Est-ce une autre langue en moi ou celui-ci toujours qui ne veut pas mourir, à mes pieds, et qui répète: «Courage, courage, courage?» Ah! Si je m'étais trompé à nouveau! Hommes autrefois fraternels, seuls recours, ô solitude, ne m'abandonnez pas! Voici, voici, qui es-tu, déchiré, la bouche sanglante, c'est toi, sorcier, les soldats t'ont vaincu, le sel brûle là-bas c'est toi mon maître bien-aimé! Quitte ce visage de haine, sois bon maintenant, nous nous sommes trompés, nous recommencerons, nous referons la cité de miséricorde, je veux retourner chez moi. Oui, aide-moi, c'est cela, tends ta main, donne . . .»

Une poignée de sel emplit la bouche de l'esclave bavard.[89]

Etudiez soigneusement les quatre derniers paragraphes du conte. Précisez le mouvement de l'intrigue—les changements dans le temps, dans les idées de l'esclave, et dans ce qui lui arrive.

Précisez, surtout, les rôles, tels qu'il les envisage lui-même, de l'esclave envers ses maîtres dans ces quatre paragraphes: (1) Dans la «vision» des conquêtes (soulignée par la répétition des verbes au futur), quel rôle l'esclave envisage-t-il pour lui-même? (2) La phrase «j'aime ce coup qui me cloue crucifié» rappelle, sans doute, la crucifixion du Christ. Quels autres détails dans ces paragraphes complètent cette image qu'a l'esclave de lui-même? (3) Une fois les maîtres défaits (le retour du sorcier à la fin), quelle est l'attitude de l'esclave envers ses maîtres (infériorité, égalité, supériorité)? Quel changement de pronom voyons-nous à ce moment? Dans quel sens cette étape du rapport maître-esclave semble-t-elle marquer une «résolution» dans le récit? Comment le décor (mouvement du soleil) semble-t-il suggérer cette «résolution»? A quoi le lecteur s'attend-il? (4) Quel est l'effet du mot «esclave» dans la dernière phrase quant aux conceptions du narrateur (l'esclave) et quant aux prévisions («expectations») du lecteur?

Cette dernière phrase du conte marque le seul moment où la narration est faite à la troisième personne. Quel en est l'effet quant à la distance affective du lecteur par rapport à l'esclave? Quel changement de ton est marqué par la juxtaposition de cette phrase, si courte, avec le long monologue de l'esclave?

Il reste, sans doute, plusieurs questions dans ces quatre derniers paragraphes auxquelles la réponse est difficile: Qu'est-ce que représente la coupe entre le premier et le second paragraphes? Quel est «le long rêve»

88. *interdits:* confused.

89. *bavard:* garrulous, talkative.

dont parle le narrateur au début du troisième paragraphe? Qui est «cette voix» qui lui parle au cours de ce paragraphe? Pourquoi la blessure du sorcier («la bouche sanglante») est-elle pareille à celle de l'esclave? De quel endroit (réel ou imaginaire, proche ou lointain) l'esclave parle-t-il lorsqu'il dit «chez moi»? Dans le dernier paragraphe, pourquoi dit-on «l'esclave *bavard*» alors que l'esclave n'a pas de langue, alors qu'il est censé être muet? Enfin, quel est l'effet de cette «confusion» quant à la distance et la position du lecteur envers l'esclave? Quel en est l'effet sur la structure, sur «l'ordre» formel du conte? Comment une telle structure correspond-elle à la vision camusienne de l'univers?

QUESTIONS GENERALES

Le Renégat reprend une image centrale de l'œuvre philosophique de Camus—l'esclave en tant que représentation de la condition humaine et de la révolte de l'intellectuel européen:

> L'esclave proteste contre la condition qui lui est faite à l'intérieur de son état; le révolté métaphysique contre la condition qui lui est faite en tant qu'homme. L'esclave rebelle affirme qu'il y a quelque chose en lui qui n'accepte pas la manière dont son maître le traite; le révolté métaphysique se déclare frustré par la création. Pour l'un et l'autre, il ne s'agit pas seulement d'une négation pure et simple. Dans les deux cas, en effet, nous trouvons un jugement de valeur au nom duquel le révolté refuse son approbation à la condition qui est la sienne (*L'Homme révolté*).

En tenant compte des catégories d'analyse que nous avons esquissées dans notre introduction au roman, essayez de préciser l'attitude de Camus dans *Le Renégat* envers la condition de l'esclave et envers ses tentatives de solution. Qu'est-ce que le passage à une *narration* à la troisième personne à la fin du conte peut nous révéler de son attitude envers l'esclave? En ce qui concerne le rapport maître-esclave, qui domine l'interaction des *personnages,* peut-on constater une résolution ou simplement des variations? S'agit-il d'une véritable «révolte» de l'esclave contre sa condition ou plutôt d'une perpétuation de cette condition? En regardant la ville de sel (le *décor*) l'esclave dit que «la vérité est carrée, lourde, dense, elle ne supporte pas la nuance . . .». Selon la vision de l'univers exprimée dans ce conte et dans les œuvres philosophiques de Camus, quelle semble être l'attitude de Camus envers cette définition de la part de l'esclave? Quels *événements* Camus choisit-il de mettre en relief par des scènes concrètes? Quel en est l'effet quant à la présentation de l'esclave? Comment concevez-vous la *structure* du conte? Vous semble-t-il qu'elle marque une progression, un cycle sans issue, un désordre profond, etc.? Dans la perspective de votre réponse, indiquez l'effet de la structure sur votre conception de l'esclave.

Cherchez la définition de chaque mot du *titre* du conte—*Le Renégat ou Un esprit confus*—et du recueil où il se trouve—*L'Exil et le royaume.* Quelles précisions ces titres apportent-ils à l'attitude de Camus envers les tentatives philosophiques de l'esclave? Quelles ambiguïtés sont soulevées par les différents mots et par les rapports entre les mots dans ces titres?

Grove Press

ROBBE-GRILLET

L'œuvre d'art, comme le monde, est une forme vivante; elle *est*, elle n'a pas besoin de justification.

Pour un nouveau roman

Biographie

Alain Robbe-Grillet, né à Brest en 1922, est un ingénieur agronome qui a également fait des études à l'Institut National de la Statistique. Ses recherches sur les fruits exotiques l'amènent à faire des séjours aux Antilles aussi bien qu'en Afrique du Nord. Il devient ensuite directeur littéraire des Editions de Minuit, romancier et cinéaste.

Il publie plusieurs romans: *Les Gommes* (1953), *Le Voyeur* (1955), *La Jalousie* (1957), *Dans le labyrinthe* (1959), *La Maison de rendez-vous* (1965) et *Projet pour une révolution à New York* (1971). Il écrit également une série de textes descriptifs (*Instantanés,* 1961) et une collection d'essais (*Pour un nouveau roman,* 1963). Mais depuis sa collaboration avec Alain Resnais sur le film *L'Année dernière à Marienbad* en 1961, il semble préférer le cinéma comme moyen d'expression. Il réalise *L'Immortelle* (1963),

Trans-Europ-Express (1966), *L'Homme qui ment* (1968), et *Eden et après* (1970).

Théories littéraires

Robbe-Grillet développe ses théories du roman dans une collection d'essais publiés sous le titre *Pour un nouveau roman.* Il explique que le roman doit être «nouveau» en ce sens qu'il rejette les formes traditionnelles du genre romanesque pour découvrir et épouser celles qui expriment le moment actuel:

L'écrivain doit accepter avec orgueil de porter sa propre date, sachant qu'il n'y a pas de chef-d'œuvre dans l'éternité, mais seulement des œuvres dans l'histoire; et qu'elles ne se survivent que dans la mesure où elles ont laissé derrière elles le passé, et annoncé l'avenir.

Pour Robbe-Grillet, la pensée moderne vise à «une destitution des vieux mythes de la profondeur»; elle rejette une conception de l'univers qui essaie d'y imposer une signification humaine, anthropomorphique, et elle insiste plutôt sur l'existence *concrète* du monde extérieur, sa présence *matérielle:*

A la place de cet univers de «significations» (psychologiques, sociales, fonctionnelles), il faudrait donc essayer de construire un monde plus solide, plus immédiat. Que ce soit d'abord par leur *présence* que les objets et les gestes s'imposent, et que cette présence continue ensuite à dominer, par-dessus toute théorie explicative qui tenterait de les enfermer dans un quelconque système de référence, sentimental, sociologique, freudien, métaphysique, ou autre.

Une telle constatation à propos de l'univers influence, bien sûr, sa conception du roman, et Robbe-Grillet rejette également la notion de la «signification» des personnages littéraires:

Quant aux personnages du roman, ils pourront eux-mêmes être riches de multiples interprétations possibles; ils pourront, selon les préoccupations de chacun, donner lieu à tous les commentaires, psychologiques, psychiatriques, religieux ou politiques. On s'apercevra vite de leur indifférence à l'égard de ces prétendues richesses. Alors que le héros traditionnel est constamment sollicité, accaparé, détruit par ces interprétations que l'auteur propose, rejeté sans cesse dans un *ailleurs* immatériel et instable, toujours plus flou, le héros futur au contraire demeurera là.

Les deux jugements précédents s'opposent nettement aux catégories d'analyse (fonction philosophique, sociale et psychologique) que nous avons établies pour l'analyse du roman traditionnel. De même, Robbe-Grillet veut bouleverser la conception traditionnelle d'une intrigue chronologique; il parle de «la désagrégation de l'intrigue» et ajoute que «l'intrigue sera d'autant plus «humaine» qu'elle sera plus *équivoque*. Enfin le livre entier aura d'autant plus de vérité qu'il comportera davantage de contradictions.»

Pourtant, la conception «nouvelle» de Robbe-Grillet n'implique pas la disparition totale des éléments fondamentaux du roman:

De même qu'il ne faut pas conclure à l'absence de l'homme sous prétexte que le personnage traditionnel a disparu, il ne faut pas assimiler la recherche de nouvelles structures du récit à une tentative de suppression pure et simple de tout événement, de toute passion, de toute aventure.

Robbe-Grillet vise, plutôt, à l'intégration plus complète de ces différents éléments dans la *structure* même de l'œuvre. Il reconnaît à cet égard sa dette envers Flaubert (voyez les théories littéraires de Flaubert): «Je ne transcris pas, je construis. C'était déjà la vieille ambition de Flaubert: bâtir quelque chose à partir de rien, qui tient debout tout seul sans avoir à s'appuyer sur quoi que ce soit d'extérieur à l'œuvre; c'est aujourd'hui l'ambition de tout le roman.» Alain Robbe-Grillet affirme l'importance fondamentale de la *forme,* de la construction même de l'œuvre d'art: «Il en va de même pour une symphonie, une peinture, un roman: c'est dans leur forme que réside leur réalité.»

En même temps que vous lisez les deux premiers «chapitres» de *La Jalousie,* examinez la validité des catégories d'analyse que nous utilisons depuis le début de cette section sur la Prose. Faut-il garder ou abandonner ces notions—personnage, décor, intrigue, fonction (philosophique, sociale, psychologique)—en discutant le roman moderne, le «nouveau roman»?

La Jalousie

Maintenant l'ombre du pilier[1]—le pilier qui soutient[2] l'angle sud-ouest du toit—divise en deux parties égales l'angle correspondant de la terrasse. Cette terrasse est une large galerie couverte, entourant la maison sur trois de ses côtés. Comme sa largeur[3] est la même dans la portion médiane[4] et dans les branches latérales,[5] le trait d'ombre projeté par le pilier arrive exactement au coin de la maison; mais il s'arrête là, car seules les dalles[6] de la terrasse sont atteintes par le soleil, qui se trouve encore trop haut dans le ciel. Les murs, en bois, de la maison—c'est-à-dire la façade et le pignon[7] ouest—sont encore protégés de ses rayons par le toit (toit commun à la maison proprement dite et à la terrasse). Ainsi, à cet instant, l'ombre de l'extrême bord du toit coïncide exactement avec la ligne, en angle droit, que forment entre elles la terrasse et les deux faces verticales du coin de la maison.

A quelle distance *temporelle* de la scène qu'il décrit (remarquez le temps des verbes) le narrateur se trouve-t-il? Quels autres mots contribuent à la précision du moment dans le temps que décrit ce premier paragraphe?

Quelle est la distance *physique* (le point de *vue*) du narrateur par rap-

1. *pilier:* pillar.
2. *soutient:* supports.
3. *largeur:* width.
4. *médiane:* central.
5. *latérales:* side.
6. *dalles:* flagstones.
7. *pignon:* gable.

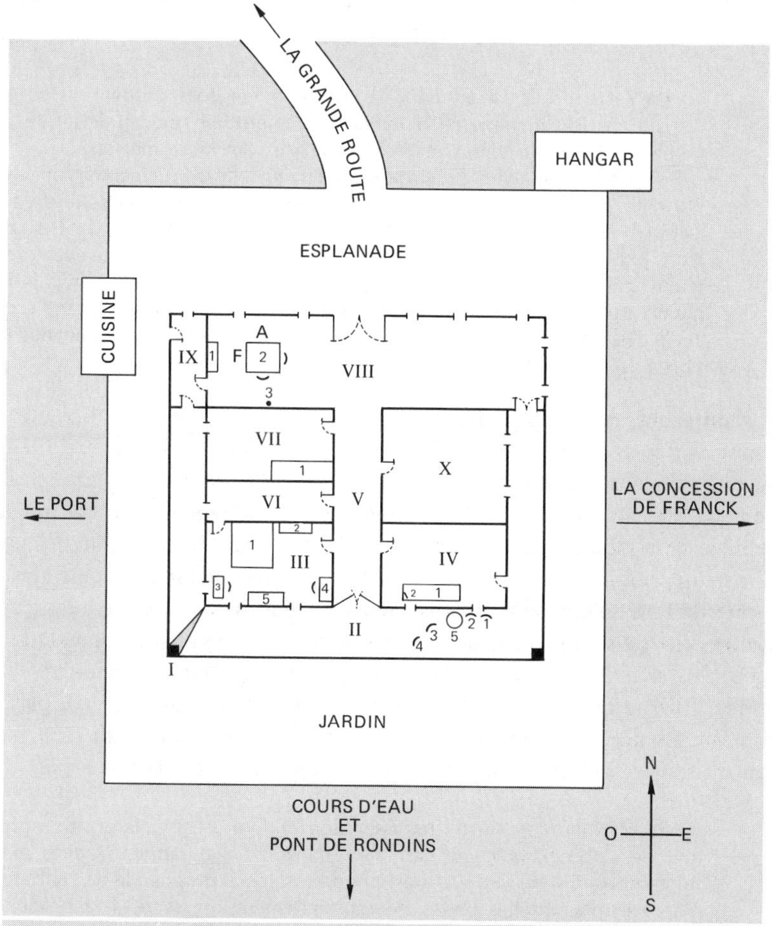

Légende

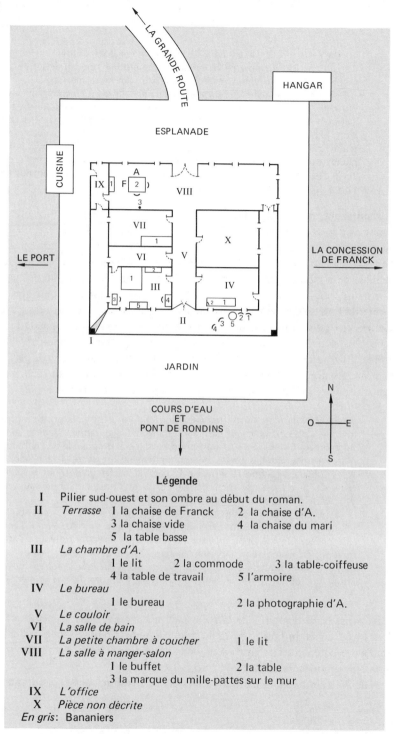

I Pilier sud-ouest et son ombre au début du roman.

II *Terrasse* 1 la chaise de Franck 2 la chaise d'A. 3 la chaise vide 4 la chaise du mari 5 la table basse

III *La chambre d'A.* 1 le lit 2 la commode 3 la table-coiffeuse 4 la table de travail 5 l'armoire

IV *Le bureau* 1 le bureau 2 la photographie d'A.

V *Le couloir*

VI *La salle de bain*

VII *La petite chambre à coucher* 1 le lit

VIII *La salle à manger-salon* 1 le buffet 2 la table 3 la marque du mille-pattes sur le mur

IX *L'office*

X *Pièce non décrite*

En gris: Bananiers

port à cet endroit? En étudiant les indications «géométriques», la position des piliers, la direction et la longueur des ombres, etc., précisez le moment exact dans le temps et reconstituez le plan de la maison.

Sans doute, de telles précisions exigent un effort intellectuel considérable chez le lecteur. Quelle est votre première réaction à la suite de cette lecture? (Etes-vous irrité, intéressé, etc.? Vous semble-t-il qu'il s'agisse d'un jeu «mathématique» irréel ou d'une expérience «nouvelle» de la réalité même? peut-on se mettre dans cette scène, s'identifier avec le narrateur, ou doit-on se tenir à distance, maintenir un détachement envers cette description? Enfin, quelle est la distance *affective* du lecteur par rapport à ce début du roman?)

Maintenant, A . . . est entrée dans la chambre, par la porte intérieure qui donne sur le couloir[8] central. Elle ne regarde pas vers la fenêtre, grande ouverte, par où—depuis la porte—elle apercevrait ce coin de terrasse. Elle s'est maintenant retournée vers la porte pour la refermer. Elle est toujours habillée de la robe claire, à col droit, très collante, qu'elle portait au déjeuner. Christiane, une fois de plus, lui a rappelé que des vêtements moins ajustés[9] permettent de mieux supporter la chaleur. Mais A . . . s'est contentée de sourire: elle ne souffrait pas de la chaleur, elle avait connu des climats beaucoup plus chauds—en Afrique par exemple—et s'y était toujours très bien portée. Elle ne craint pas le froid non plus, d'ailleurs. Elle conserve partout la même aisance.[10] Les boucles noires de ses cheveux se déplacent d'un mouvement souple, sur les épaules et le dos, lorsqu'elle tourne la tête.

L'indication «ce coin de terrasse» nous aide à préciser la position physique de l'observateur, du narrateur, dans ce paragraphe. Quelles autres suggestions Robbe-Grillet nous donne-t-il ici à propos de ce narrateur? (Par exemple, quelles sortes de renseignements possède-t-il à propos de A . . .? Qu'est-ce que le refus de la part du narrateur de nous révéler le nom de A . . . alors qu'il donne celui de Christiane nous suggère à propos de ses rapports avec A . . .?)

La phrase «elle ne craint pas le froid non plus, d'ailleurs,» par son ton et son style de conversation courante, suggère que c'est A . . . qui l'aurait prononcée. C'est là donc un exemple du *style indirect libre* (voyez l'*Introduction,* la présentation des personnages). Quels autres exemples du style indirect libre trouve-t-on dans ce paragraphe? Par quels autres moyens Robbe-Grillet arrive-t-il à suggérer certains traits de la personnalité de A . . .?

L'épaisse barre d'appui[11] de la balustrade n'a presque plus de peinture sur le dessus. Le gris du bois y apparaît, strié[12] de petites fentes[13] longitudinales. De l'autre côté de cette barre, deux bons mètres au-dessous du niveau de la terrasse, commence le jardin.

Mais le regard qui, venant du fond de la chambre, passe par-dessus la

8. *couloir:* hallway.
9. *ajustés:* tight-fitting.
10. *aisance:* comfort.
11. *l'épaisse barre d'appui:* the thick handrail.
12. *strié:* streaked.
13. *fentes:* cracks.

balustrade, ne touche terre que beaucoup plus loin, sur le flanc opposé de la petite vallée, parmi les bananiers de la plantation. On n'aperçoit pas le sol entre leurs panaches[14] touffus de larges feuilles vertes. Cependant, comme la mise en culture de ce secteur est assez récente, on y suit distinctement encore l'entrecroisement[15] régulier des lignes de plants. Il en va de même dans presque toute la partie visible de la concession, car les parcelles les plus anciennes—où le désordre a maintenant pris le dessus—sont situées plus en amont,[16] sur ce versant[17]-ci de la vallée, c'est-à-dire de l'autre côté de la maison.

C'est de l'autre côté, également, que passe la route, à peine un peu plus bas que le bord du plateau. Cette route, la seule qui donne accès à la concession, marque la limite nord de celle-ci. Depuis la route un chemin carrossable[18] mène aux hangars et, plus bas encore, à la maison, devant laquelle un vaste espace dégagé, de très faible pente,[19] permet la manœuvre des voitures.

La maison est construite de plain-pied[20] avec cette esplanade,[21] dont elle n'est séparée par aucune véranda ou galerie. Sur ses trois autres côtés, au contraire, l'encadre la terrasse.[22]

La pente du terrain, plus accentuée à partir de l'esplanade, fait que la portion médiane de la terrasse (qui borde la façade au midi[23]) domine d'au moins deux mètres le jardin.

Tout autour du jardin, jusqu'aux limites de la plantation, s'étend la masse verte des bananiers.

A droite comme à gauche leur proximité trop grande, jointe au manque d'élévation relatif de l'observateur posté sur la terrasse, empêche d'en bien distinguer l'ordonnance; tandis que, vers le fond de la vallée, la disposition en quinconce[24] s'impose au premier regard. Dans certaines parcelles de replantation très récente—celles où la terre rougeâtre commence tout juste à céder la place au feuillage—il est même aisé de suivre la fuite régulière des quatre directions entrecroisées, suivant lesquelles s'alignent les jeunes troncs.

Cet exercice n'est pas beaucoup plus difficile, malgré la pousse[25] plus avancée, pour les parcelles qui occupent le versant d'en face: c'est en effet l'endroit qui s'offre le plus commodément à l'œil, celui dont la surveillance pose le moins de problèmes (bien que le chemin soit déjà long pour y parvenir), celui que l'on regarde naturellement, sans y penser, par l'une ou l'autre des deux fenêtres, ouvertes, de la chambre.

Durant huit paragraphes la répétition de mots tels que «le regard», «visible», «l'observateur», et «l'œil» nous révèlent que le point de *vue* n'est pas impersonnel et neutre, mais plutôt celui d'une présence subjec-

14. *panaches:* tufts.
15. *entrecroisement:* intersection.
16. *en amont:* above.
17. *versant:* side.
18. *carrossable:* accessible to vehicles.
19. *pente:* slope.
20. *de plain-pied:* on a level with.
21. *esplanade:* courtyard.
22. *l'encadre la terrasse:* the terrace encloses it (the house).
23. *au midi:* to the south.
24. *en quinconce:* in alternate (staggered) rows.
25. *pousse:* growth.

tive et humaine—d'une personne. Suivez le mouvement et le mécanisme de son regard. Quel est le rapport entre son regard (direction, choses décrites, etc.) et celui de A . . .? (Dans le premier de ces paragraphes, par exemple, pourquoi le narrateur décrit-il la balustrade au moment où A . . . commence à regarder par la fenêtre?) Quelles autres indications avons-nous quant à la position physique du narrateur? Quant à ses limites? Quant à ses obsessions? (Quel est, par exemple, le sens du mot «surveillance», qu'il emploie ici par comparaison avec un mot comme «observation»?)

Adossée[26] à la porte intérieure qu'elle vient de refermer, A . . ., sans y penser, regarde le bois dépeint de la balustrade, plus près d'elle l'appui dépeint de la fenêtre, puis, plus près encore, le bois lavé du plancher.

Elle fait quelques pas dans la chambre et s'approche de la grosse commode, dont elle ouvre le tiroir supérieur. Elle remue les papiers, dans la partie droite du tiroir, se penche et, afin d'en mieux voir le fond, tire un peu plus le casier[27] vers elle. Après de nouvelles recherches elle se redresse et demeure immobile, les coudes au corps, les deux avant-bras repliés et cachés par le buste—tenant sans aucun doute une feuille de papier entre les mains.

Elle se tourne maintenant vers la lumière, pour continuer sa lecture sans se fatiguer les yeux. Son profil incliné ne bouge plus. La feuille est de couleur bleue très pâle, du format ordinaire des papiers à lettres, et porte la trace bien marquée d'un pliage[28] en quatre.

Ensuite, gardant la lettre en main, A . . . repousse le tiroir, s'avance vers la petite table de travail (placée près de la seconde fenêtre, contre la cloison[29] qui sépare la chambre du couloir) et s'assied aussitôt, devant le sous-main[30] d'où elle extrait en même temps une feuille de papier bleu pâle—identique à la première, mais vierge. Elle ôte le capuchon de son stylo, puis, après un bref regard du côté droit (regard qui n'a même pas atteint le milieu de l'embrasure,[31] situé plus en arrière), elle penche la tête vers le sous-main pour se mettre à écrire.

Les boucles noires et brillantes s'immobilisent, dans l'axe du dos, que matérialise un peu plus bas l'étroite fermeture[32] métallique de la robe.

Durant cinq paragraphes, le narrateur regarde les mouvements de A . . . à travers la fenêtre de sa chambre. Qu'est-ce qu'une telle surveillance et le choix de détails (nouveaux et repris) qu'il remarque nous suggèrent à propos des préoccupations du narrateur? De son rapport avec A . . .? De A . . . elle-même?

Maintenant l'ombre du pilier—le pilier qui soutient l'angle sud-ouest du toit—s'allonge,[33] sur les dalles, en travers de cette partie centrale de la ter-

26. *adossée:* her back against.
27. *casier:* pigeonhole.
28. *pliage:* folding.
29. *cloison:* partition wall.
30. *sous-main:* writing pad (and case).
31. *embrasure:* window opening.
32. *fermeture:* fastener.
33. *s'allonge:* lengthens.

rasse, devant la façade, où l'on a disposé les fauteuils pour la soirée. Déjà l'extrémité du trait d'ombre atteint presque la porte d'entrée, qui en marque le milieu. Contre le pignon ouest de la maison, le soleil éclaire le bois sur un mètre cinquante de hauteur, environ. Par la troisième fenêtre, qui donne de ce côté, il pénétrerait donc largement dans la chambre, si le système de jalousies[34] n'avait pas été baissé.

Dans ce paragraphe, Robbe-Grillet reprend certains objets et expressions du premier paragraphe du roman («maintenant l'ombre du pilier—le pilier qui soutient l'angle sud-ouest du toit—») tout en variant sa description du décor. Quelles sont les variations que vous remarquez dans cette nouvelle description? Qu'est-ce qu'elles nous indiquent à propos de l'heure où a lieu cette nouvelle description?

Cette manière d'indiquer un changement de scène, par une comparaison, une juxtaposition de cette description avec celle du début du roman, est typique de Robbe-Grillet. Quelles difficultés présente-t-elle pour le lecteur? Quels en sont les avantages? En faisant attention à des détails tels que le temps des verbes, l'emploi d'adverbes, et le mouvement du soleil dans les deux pages suivantes, indiquez d'autres changements de scène effectués par Robbe-Grillet et précisez-en les techniques.

A l'autre bout de cette branche ouest de la terrasse, s'ouvre l'office. On entend, venant par sa porte entrebâillée,[35] la voix de A . . . , puis celle du cuisinier noir, volubile et chantante, puis de nouveau la voix nette, mesurée, qui donne des ordres pour le repas du soir.

Le soleil a disparu derrière l'éperon[36] rocheux qui termine la plus importante avancée[37] du plateau.

Assise, face à la vallée, dans un des fauteuils de fabrication locale, A . . . lit le roman emprunté la veille, dont ils ont déjà parlé à midi. Elle poursuit sa lecture, sans détourner les yeux, jusqu'à ce que le jour soit devenu insuffisant. Alors elle relève le visage, ferme le livre—qu'elle pose à portée de sa main sur la table basse—et reste le regard fixé droit devant elle, vers la balustrade à jours[38] et les bananiers de l'autre versant, bientôt invisibles dans l'obscurité. Elle semble écouter le bruit, qui monte de toutes parts, des milliers de criquets peuplant le bas-fond.[39] Mais c'est un bruit continu, sans variations, étourdissant, où il n'y a rien à entendre.

Pour le dîner, Franck est encore là, souriant, loquace, affable. Christiane, cette fois, ne l'a pas accompagné; elle est restée chez eux avec l'enfant, qui avait un peu de fièvre. Il n'est pas rare, à présent, que son mari vienne ainsi sans elle: à cause de l'enfant, à cause aussi des propres troubles de Christiane, dont la santé s'accommode mal de ce climat humide et chaud, à cause enfin

34. *jalousies:* blinds.
35. *entrebâillée:* half-open.
36. *éperon:* spur.
37. *avancée:* projection.
38. *balustrade à jours:* openwork balustrade.
39. *bas-fond:* hollow.

des ennuis domestiques qu'elle doit à ses serviteurs trop nombreux et mal dirigés.

Ce soir, pourtant, A . . . paraissait l'attendre. Du moins avait-elle fait mettre quatre couverts.[40] Elle donne l'ordre d'enlever tout de suite celui qui ne doit pas servir.

Sur la terrasse, Franck se laisse tomber dans un des fauteuils bas et prononce son exclamation—désormais coutumière—au sujet de leur confort. Ce sont des fauteuils très simples, en bois et sangles[41] de cuir, exécutés sur les indications de A . . . par un artisan indigène. Elle se penche vers Franck pour lui tendre son verre.

Bien qu'il fasse tout à fait nuit maintenant, elle a demandé de ne pas apporter les lampes, qui—dit-elle—attirent les moustiques. Les verres sont emplis, presque jusqu'au bord, d'un mélange de cognac et d'eau gazeuse où flotte un petit cube de glace. Pour ne pas risquer d'en renverser le contenu par un faux mouvement, dans l'obscurité complète, elle s'est approchée le plus possible du fauteuil où est assis Franck, tenant avec précaution dans la main droite le verre qu'elle lui destine. Elle s'appuie de l'autre main au bras du fauteuil et se penche vers lui, si près que leurs têtes sont l'une contre l'autre. Il murmure quelques mots: un remerciement, sans doute.

Elle se redresse d'un mouvement souple, s'empare du troisième verre—qu'elle ne craint pas de renverser, car il est beaucoup moins plein—et va s'asseoir à côté de Franck, tandis que celui-ci continue l'histoire de camion en panne[42] commencée dès son arrivée.

C'est elle-même qui a disposé les fauteuils, ce soir, quand elle les a fait apporter sur la terrasse. Celui qu'elle a désigné à Franck et le sien se trouvent côte à côte, contre le mur de la maison—le dos vers ce mur, évidemment—sous la fenêtre du bureau. Elle a ainsi le fauteuil de Franck à sa gauche, et sur sa droite—mais plus en avant—la petite table où sont les bouteilles. Les deux autres fauteuils sont placés de l'autre côté de cette table, davantage encore vers la droite, de manière à ne pas intercepter la vue entre les deux premiers et la balustrade de la terrasse. Pour la même raison de «vue», ces deux derniers fauteuils ne sont pas tournés vers le reste du groupe: ils ont été mis de biais,[43] orientés obliquement vers la balustrade à jours et l'amont de la vallée. Cette disposition oblige les personnes qui s'y trouvent assises à de fortes rotations de tête vers la gauche, si elles veulent apercevoir A . . .—surtout en ce qui concerne le quatrième fauteuil, le plus éloigné.

Le troisième, qui est un siège pliant fait de toile tendue sur des tiges[44] métalliques, occupe—lui—une position nettement en retrait, entre le quatrième et la table. Mais c'est celui-là, moins confortable, qui est demeuré vide.

La voix de Franck continue de raconter les soucis de la journée sur sa

40. *couverts:* place-setting.
41. *sangles:* thongs.
42. *en panne:* broken down.
43. *de biais:* at an angle.
44. *tiges:* rods.

propre plantation. A . . . semble y porter de l'intérêt. Elle l'encourage de temps à autre par quelques mots prouvant son attention. Dans un silence se fait entendre le bruit d'un verre que l'on repose sur la petite table.

De l'autre côté de la balustrade, vers l'amont de la vallée, il y a seulement le bruit des criquets et le noir sans étoiles de la nuit.

Précisez la position du narrateur et des autres personnages dans cette scène où l'on prend l'apéritif sur la terrasse. Qu'est-ce que la distribution des verres et la disposition des chaises nous révèlent à cet égard? Qu'est-ce que son attention à la position et aux actions de A . . . et de Franck nous suggère à propos des préoccupations du narrateur? Que pourraient suggérer à cet égard les phrases qui expriment des hésitations de sa part, telle que «—dit-elle—» ou «sans doute»?

Dans la salle à manger brillent deux lampes à gaz d'essence.[45] L'une est posée sur le bord du long buffet, vers son extrémité gauche; l'autre sur la table elle-même, à la place vacante du quatrième convive.

La table est carrée, puisque le système des rallonges[46] (inutile pour si peu de personnes) n'a pas été mis. Les trois couverts occupent trois des côtés, la lampe le quatrième. A . . . est à sa place habituelle; Franck est assis à sa droite—donc devant le buffet.

Sur le buffet, à gauche de la seconde lampe (c'est-à-dire du côté de la porte, ouverte, de l'office), sont empilées les assiettes propres qui serviront au cours du repas. A droite de la lampe et en arrière de celle-ci—contre le mur—une cruche indigène[47] en terre cuite marque le milieu du meuble. Plus à droite se dessine, sur la peinture grise du mur, l'ombre agrandie et floue[48] d'une tête d'homme—celle de Franck. Il n'a ni veste ni cravate, et le col de sa chemise est largement déboutonné; mais c'est une chemise blanche irréprochable, en tissu fin de belle qualité, dont les poignets à revers[49] sont maintenus par des boutons amovibles[50] en ivoire.

A . . . porte la même robe qu'au déjeuner. Franck s'est presque disputé avec sa femme, à son sujet, lorsque Christiane en a critiqué la forme «trop chaude pour ce pays». A . . . s'est contentée de sourire: «D'ailleurs, je ne trouve pas que le climat d'ici soit tellement insupportable, a-t-elle dit pour en finir avec ce sujet. Si vous aviez connu la chaleur qu'il faisait, dix mois sur douze, à Kanda![51] . . .» La conversation s'est alors fixée, pour un certain temps, sur l'Afrique.

La conversation dans ce paragraphe-ci reprend celle du deuxième paragraphe du roman. Quels nouveaux éléments, pourtant, sont introduits ici? Comment ces éléments suggèrent-ils encore une fois les obsessions du narrateur? Peut-on parler, alors, d'une «fonction» psychologique et structurale dans cette scène?

45. *à gaz d'essence:* kerosene.
46. *rallonges:* leaves (of a table).
47. *cruche indigène:* native pitcher.
48. *floue:* indistinct.
49. *poignets à revers:* French cuffs.
50. *boutons amovibles:* detachable buttons (cuff links).
51. Kanda est une ville d'Afrique, probablement fictive.

Le boy fait son entrée par la porte ouverte de l'office, tenant à deux mains la soupière pleine de potage. Aussitôt qu'il l'a déposée, A . . . lui demande de déplacer la lampe qui est sur la table, dont la lumière trop crue—dit-elle—fait mal aux yeux. Le boy soulève l'anse[52] de la lampe et va porter celle-ci à l'autre bout de la pièce, sur le meuble que A . . . lui indique de sa main gauche étendue.

La table se trouve ainsi plongée dans la pénombre. Sa principale source de lumière est devenue la lampe posée sur le buffet, car la seconde lampe—dans la direction opposée—est maintenant beaucoup plus lointaine.

Sur le mur, du côté de l'office, la tête de Franck a disparu. Sa chemise blanche ne brille plus, comme elle le faisait tout à l'heure, sous l'éclairage direct. Seule sa manche droite est frappée par les rayons, de trois quarts arrière: l'épaule et le bras sont bordés d'une ligne claire, et de même, plus haut, l'oreille et le cou. Le visage est placé presque à contre-jour.[53]

«Vous ne trouvez pas que c'est mieux?» demande A . . ., en se tournant vers lui.

«Plus intime, bien sûr», répond Franck.

Il absorbe son potage avec rapidité. Bien qu'il ne se livre à aucun geste excessif, bien qu'il tienne sa cuillère de façon convenable et avale le liquide sans faire de bruit, il semble mettre en œuvre, pour cette modeste besogne, une énergie et un entrain[54] démesurés. Il serait difficile de préciser où, exactement, il néglige quelque règle essentielle, sur quel point particulier il manque de discrétion.

Evitant tout défaut notable, son comportement, néanmoins, ne passe pas inaperçu. Et, par opposition, il oblige à constater que A . . ., au contraire, vient d'achever la même opération sans avoir l'air de bouger—mais sans attirer l'attention, non plus, par une immobilité anormale. Il faut un regard à son assiette vide, mais salie,[55] pour se convaincre qu'elle n'a pas omis de se servir.

La mémoire parvient, d'ailleurs, à reconstituer quelques mouvements de sa main droite et de ses lèvres, quelques allées et venues de la cuillère entre l'assiette et la bouche, qui peuvent être considérés comme significatifs.

Pour plus de sûreté encore, il suffit de lui demander si elle ne trouve pas que le cuisinier sale[56] trop la soupe.

«Mais non, répond-elle, il faut manger du sel pour ne pas transpirer.»

Ce qui, à la réflexion, ne prouve pas d'une manière absolue qu'elle ait goûté, aujourd'hui, au potage.

Maintenant le boy enlève les assiettes. Il devient ainsi impossible de contrôler à nouveau les traces maculant[57] celle de A . . .—ou leur absence, si elle ne s'était pas servie.

52. *anse:* handle.
53. *à contre-jour:* turned away from the light.
54. *entrain:* briskness.
55. *salie:* dirty.
56. *sale:* salts.
57. *maculant:* soiling.

La conversation est revenue à l'histoire de camion en panne: Franck n'achètera plus, à l'avenir, de vieux matériel militaire; ses dernières acquisitions lui ont causé trop d'ennuis; quand il remplacera un de ses véhicules, ce sera par du neuf.

Mais il a bien tort de vouloir confier des camions modernes aux chauffeurs noirs, qui les démoliront tout aussi vite, sinon plus.

«Quand même, dit Franck, si le moteur est neuf, le conducteur n'aura pas à y toucher.»

Il devrait pourtant savoir que c'est tout le contraire: le moteur neuf sera un jouet d'autant plus attirant, et l'excès de vitesse sur les mauvaises routes, et les acrobaties au volant[58] . . .

Fort de ses trois ans d'expérience, Franck pense qu'il existe des conducteurs sérieux, même parmi les noirs. A . . . est aussi de cet avis, bien entendu.

Elle s'est abstenue de parler pendant la discussion sur la résistance comparée des machines, mais la question des chauffeurs motive de sa part une intervention assez longue, et catégorique.

Il se peut d'ailleurs qu'elle ait raison. Dans ce cas, Franck devrait avoir raison aussi.

Tous les deux parlent maintenant du roman que A . . . est en train de lire, dont l'action se déroule en Afrique. L'héroïne ne supporte pas le climat tropical (comme Christiane). La chaleur semble même produire chez elle de véritables crises:

«C'est mental, surtout, ces choses-là», dit Franck.

Il fait ensuite une allusion, peu claire pour celui qui n'a même pas feuilleté le livre, à la conduite du mari. Sa phrase se termine par «savoir la prendre» ou «savoir l'apprendre», sans qu'il soit possible de déterminer avec certitude de qui il s'agit, ou de quoi. Franck regarde A . . ., qui regarde Franck. Elle lui adresse un sourire rapide, vite absorbé par la pénombre. Elle a compris, puisqu'elle connaît l'histoire.

Non, ses traits n'ont pas bougé. Leur immobilité n'est pas si récente: les lèvres sont restées figées depuis ses dernières paroles. Le sourire fugitif ne devait être qu'un reflet de la lampe, ou l'ombre d'un papillon.

Du reste, elle n'était déjà plus tournée vers Franck, à ce moment-là. Elle venait de ramener la tête dans l'axe de la table et regardait droit devant soi, en direction du mur nu, où une tache noirâtre marque l'emplacement[59] du mille-pattes[60] écrasé la semaine dernière, au début du mois, le mois précédent peut-être, ou plus tard.

Le visage de Franck, presque à contrejour, ne livre pas la moindre expression.

Le boy fait son entrée pour ôter les assiettes. A . . . lui demande, comme d'habitude, de servir le café sur la terrasse.

58. *au volant:* at the steering wheel.
59. *emplacement:* location.
60. *mille-pattes:* centipede.

Durant cette scène la conversation s'étend sur trois sujets différents: le goût du potage, les camions de Franck, et un roman africain. Dans chacun des trois cas essayez de déterminer le rôle du narrateur dans la conversation, ses paroles et ses opinions.

Quels sont surtout les *doutes* du narrateur à l'égard de chacun de ces trois sujets de conversation aussi bien qu'à d'autres moments dans les paragraphes précédents? Quelle en est la valeur pour la représentation de la psychologie du narrateur? Quelle est la réaction du lecteur devant ces hésitations de la part du narrateur? (Ces doutes semblent-ils surprenants ou plutôt justifiés selon les circonstances du dîner? Semblent-ils typiques de la façon de penser du narrateur ou plutôt surprenants chez un esprit qui s'exprime souvent avec une précision «géométrique»? Enfin, quel est l'effet de ces «doutes» sur l'attitude du lecteur envers le narrateur? Envers les deux autres personnages—A . . . et Franck? Quelle conception de la perception humaine chez Robbe-Grillet semble être exprimée par une telle scène?)

Là, l'obscurité est totale. Personne ne parle plus. Le bruit des criquets a cessé. On n'entend, çà et là, que le cri menu[61] de quelque carnassier[62] nocturne, le vrombissement[63] subit d'un scarabée,[64] le choc d'une petite tasse en porcelaine que l'on repose sur la table basse.

Franck et A . . . se sont assis dans leurs deux mêmes fauteuils, adossés au mur de bois de la maison. C'est encore le siège à ossature[65] métallique qui est resté inoccupé. La position du quatrième est encore moins justifiée, à présent, la vue sur la vallée n'existant plus. (Même avant le dîner, durant le bref crépuscule, les jours trop étroits de la balustrade ne permettaient pas d'apercevoir vraiment le paysage; et le regard, par-dessus la barre d'appui, n'atteignait que le ciel.)

Le bois de la balustrade est lisse[66] au toucher, lorsque les doigts suivent le sens des veines et des petites fentes longitudinales. Une zone écailleuse[67] vient ensuite; puis c'est de nouveau une surface unie, mais sans lignes d'orientation cette fois, et pointillée[68] de place en place par des aspérités[69] légères de la peinture.

En plein jour, l'opposition des deux couleurs grises—celle du bois nu et celle, un peu plus claire, de la peinture qui subsiste—dessine des figures compliquées aux contours anguleux, presque en dents de scie.[70] Sur le dessus de la barre d'appui, il n'y a plus que des îlots épars,[71] en saillie,[72] formés par les derniers restes de peinture. Sur les balustres, au contraire, ce sont les régions dépeintes, beaucoup plus réduites et généralement situées vers le milieu de la hauteur, qui constituent les taches, en creux,[73] où les doigts reconnaissent

61. *menu:* slight.
62. *carnassier:* carnivore.
63. *vrombissement:* buzzing.
64. *scarabée:* beetle.
65. *ossature:* frame.
66. *lisse:* smooth.
67. *écailleuse:* splintery.
68. *pointillée:* dotted.
69. *aspérités:* rough spots.
70. *en dents de scie:* in a sawtooth effect (serrated).
71. *îlots épars:* scattered islands.
72. *en saillie:* protruding.
73. *en creux:* hollowed out.

le fendillement[74] vertical du bois. A la limite des plaques,[75] de nouvelles écailles de peinture se laissent aisément enlever; il suffit de glisser l'ongle sous le bord qui se décolle et de forcer, en pliant la phalange;[76] la résistance est à peine sensible.

De l'autre côté, l'œil, qui s'accoutume au noir, distingue maintenant une forme plus claire se détachant contre le mur de la maison: la chemise blanche de Franck. Ses deux avant-bras reposent à plat sur les accoudoirs.[77] Son buste est incliné en arrière, contre le dossier du fauteuil.

A . . . fredonne[78] un air de danse, dont les paroles demeurent inintelligibles. Mais Franck les comprend peut-être, s'il les connaît déjà, pour les avoir entendues souvent, peut-être avec elle. C'est peut-être un de ses disques favoris.

Les bras de A . . ., un peu moins nets que ceux de son voisin à cause de la teinte—pourtant pâle—du tissu, reposent également sur les accoudoirs. Les quatre mains sont alignées, immobiles. L'espace entre la main gauche de A . . . et la main droite de Franck est de dix centimètres, environ. Le cri menu d'un carnassier nocturne, aigu et bref, retentit de nouveau, vers le fond de la vallée, à une distance imprécisable.

«Je crois que je vais rentrer, dit Franck.

—Mais non, répond A . . . aussitôt, il n'est pas tard du tout. C'est tellement agréable de rester comme ça.»

Si Franck avait envie de partir, il aurait une bonne raison à donner: sa femme et son enfant qui sont seuls à la maison. Mais il parle seulement de l'heure matinale à laquelle il doit se lever le lendemain, sans faire aucune allusion à Christiane. Le même cri aigu et bref, qui s'est rapproché, paraît maintenant venir du jardin, tout près du pied de la terrasse, du côté est.

Comme en écho, un cri identique lui succède, arrivant de la direction opposée. D'autres leur répondent, plus haut vers la route; puis d'autres encore, dans le bas-fond.

Parfois la note est un peu plus grave, ou plus prolongée. Il y a probablement différentes sortes de bêtes. Cependant tous ces cris se ressemblent; non qu'ils aient un caractère commun facile à préciser, il s'agirait plutôt d'un commun manque de caractère: ils n'ont pas l'air d'être des cris effarouchés,[79] ou de douleur, ou menaçants, ou bien d'amour. Ce sont comme des cris machinaux, poussés sans raison décelable,[80] n'exprimant rien, ne signalant que l'existence, la position et les déplacements respectifs de chaque animal, dont ils jalonnent[81] le trajet[82] dans la nuit.

«Quand même, dit Franck, je crois que je vais partir.»

74. *fendillement:* the cracks.
75. *plaques:* patches.
76. *phalange:* the finger joint.
77. *accoudoirs:* arm rests.
78. *fredonne:* is humming.
79. *effarouchés:* frightened.
80. *décelable:* detectable.
81. *ils jalonnent:* they mark.
82. *trajet:* trajectory.

A . . . ne répond rien. Ils n'ont bougé ni l'un ni l'autre. Ils sont assis côte à côte, le buste incliné en arrière contre le dossier du fauteuil, les bras allongés sur les accoudoirs, leurs quatre mains dans une position semblable, à la même hauteur, alignées parallèlement au mur de la maison.

Depuis la fin du dîner jusqu'à la fin de ce premier chapitre, le narrateur reprend la description de la plantation, dans l'obscurité. A quelles sensations physiques fait-il appel? (Etudiez les changements à travers chacun des paragraphes précédents. En quoi sont-ils justifiés par l'obscurité même? Par la position du narrateur? Lesquelles sont des sensations immédiates? Lesquelles sont des souvenirs? Lesquelles sont des reprises de détails déjà décrits?)

Etudiez surtout, dans les huit paragraphes précédents, le jeu des cris des bêtes. Quel est leur rapport avec la position et la conversation des différentes personnes? Avec les préoccupations du narrateur? (Quelle signification veut-il essayer d'attribuer à leurs cris? Laquelle trouve-t-il?) Précisez surtout la construction spatiale que crée ce jeu de cris. Comparez cette construction «sonore» avec la construction «visuelle» du narrateur tout au long de ce premier chapitre. Quelles en sont les similitudes? Les différences?

Maintenant l'ombre du pilier sud-ouest—à l'angle de la terrasse, du côté de la chambre—se projette sur la terre du jardin. Le soleil encore bas dans le ciel, vers l'est, prend la vallée presque en enfilade.[1] Les lignes de bananiers, obliques par rapport à l'axe de celle-ci, sont partout bien distinctes, sous cet éclairage.

Depuis le fond jusqu'à la limite supérieure des pièces les plus hautes, sur le flanc opposé à celui où se trouve bâtie la maison, le comptage des plants est assez facile; en face de la maison surtout, grâce au jeune âge des parcelles situées à cet endroit.

La dépression a été défrichée,[2] ici, sur la plus grande partie de sa largeur: il ne reste plus, à l'heure actuelle, qu'un liseré de brousse[3] d'une trentaine de mètres, au bord du plateau, lequel se raccorde[4] au flanc de la vallée par un arrondi,[5] sans crête ni cassure rocheuse.

Le trait de séparation entre la zone inculte et la bananeraie n'est pas tout à fait droit. C'est une ligne brisée, à angles alternativement rentrants et saillants, dont chaque sommet appartient à une parcelle différente, d'âge différent, mais d'orientation le plus souvent identique.

Juste en face de la maison, un bouquet d'arbres marque le point le plus élevé atteint par la culture dans ce secteur. La pièce qui se termine là est un rectangle. Le sol n'y est plus visible, ou peu s'en faut, entre les panaches de

1. *en enfilade:* along the length (of the valley).
2. *défrichée:* cleared.
3. *liseré de brousse:* border of brush.
4. *se raccorde:* joins.
5. *arrondi:* knoll.

feuilles. Cependant l'alignement impeccable des pieds montre que leur plantation est récente et qu'aucun régime[6] n'a encore été récolté.[7]

A partir de la touffe d'arbres, le côté amont de cette pièce descend en faisant un faible écart (vers la gauche) par rapport à la plus grande pente. Il y a trente-deux bananiers sur la rangée,[8] jusqu'à la limite inférieure de la parcelle.

Prolongeant celle-ci vers le bas, avec la même disposition des lignes, une autre pièce occupe tout l'espace compris entre la première et la petite rivière qui coule dans le fond. Elle ne comprend que vingt-trois plants dans sa hauteur. C'est la végétation plus avancée, seulement, qui la distingue de la précédente: la taille un peu plus haute des troncs, l'enchevêtrement[9] des feuillages et les nombreux régimes bien formés. D'ailleurs quelques régimes y ont été coupés, déjà. Mais la place vide du pied abattu est alors aussi aisément discernable que le serait le plant lui-même, avec son panache de larges feuilles, vert clair, d'où sort l'épaisse tige courbée portant les fruits.

En outre, au lieu d'être rectangulaire comme celle d'au-dessus, cette parcelle a la forme d'un trapèze;[10] car la rive qui en constitue le bord inférieur n'est pas perpendiculaire à ses deux côtés—aval[11] et amont—parallèles entre eux. Le côté droit (c'est-à-dire aval) n'a plus que treize bananiers, au lieu de vingt-trois.

Le bord inférieur, enfin, n'est pas rectiligne, la petite rivière ne l'étant pas: un ventre[12] peu accentué rétrécit[13] la pièce vers le milieu de sa largeur. La rangée médiane, qui devrait avoir dix-huit plants s'il s'agissait d'un trapèze véritable, n'en comporte ainsi que seize.

Sur le second rang, en partant de l'extrême gauche, il y aurait vingt-deux plants (à cause de la disposition en quinconce) dans le cas d'une pièce rectangulaire. Il y en aurait aussi vingt-deux pour une pièce exactement trapézoïdale, le raccourcissement restant à peine sensible à une si faible distance de la base. Et, en fait, c'est vingt-deux plants qu'il y a.

Mais la troisième rangée n'a, elle encore, que vingt-deux plants, au lieu des vingt-trois que comporterait de nouveau le rectangle. Aucune différence supplémentaire n'est introduite, à ce niveau, par l'incurvation[14] du bord. Il en va de même pour la quatrième, qui comprend vingt-et-un pieds, soit un de moins qu'une ligne d'ordre pair[15] du rectangle fictif.[16]

La courbure de la rive entre à son tour en jeu à partir de la cinquième rangée: celle-ci en effet ne possède également que vingt-et-un individus, alors qu'elle en aurait vingt-deux pour un vrai trapèze, et vingt-trois pour un rectangle (ligne d'ordre impair).

6. *régime:* stem (of bananas).
7. *récolté:* harvested.
8. *rangée:* row.
9. *enchevêtrement:* tangle.
10. *trapèze:* trapezoid.
11. *aval:* downstream.
12. *ventre:* bulge.
13. *rétrécit:* narrows.
14. *incurvation:* curve.
15. *une ligne d'ordre pair:* a row of even numbers.
16. *fictif:* hypothetical.

Ces chiffres eux-mêmes sont théoriques, puisque certains bananiers ont déjà été coupés au ras du sol, à la maturité du régime. C'est en réalité dix-neuf panaches de feuilles et deux espaces vides qui constituent le quatrième rang; et, pour le cinquième, vingt panaches et un espace—soit, de bas en haut: huit panaches de feuilles, un espace vide, douze panaches de feuilles.

Sans s'occuper de l'ordre dans lequel se trouvent les bananiers réellement visibles et les bananiers coupés, la sixième ligne donne les nombres suivants: vingt-deux, vingt-et-un, vingt, dix-neuf—qui représentent respectivement le rectangle, le vrai trapèze, le trapèze à bord incurvé, le même enfin après déduction des pieds abattus pour la récolte.

On a pour les rangées suivantes: vingt-trois, vingt-et-un, vingt-et-un, vingt-et-un. Vingt-deux, vingt-et-un, vingt, vingt. Vingt-trois, vingt-et-un, vingt, dix-neuf, etc. . . .

Sur le pont de rondins,[17] qui franchit la rivière à la limite aval de cette pièce, il y a un homme accroupi.[18] C'est un indigène, vêtu d'un pantalon bleu et d'un tricot de corps,[19] sans couleur, qui laisse nues les épaules. Il est penché vers la surface liquide, comme s'il cherchait à voir quelque chose dans le fond, ce qui n'est guère possible, la transparence n'étant jamais suffisante malgré la hauteur d'eau très réduite.

Sur ce versant-ci de la vallée, une seule parcelle s'étend depuis la rivière jusqu'au jardin. En dépit de l'angle assez faible sous lequel apparaît la pente, les bananiers y sont encore faciles à compter, du haut de la terrasse. Ils sont en effet très jeunes dans cette zone, récemment replantée à neuf. Non seulement la régularité y est parfaite, mais les troncs n'ont pas plus de cinquante centimètres de haut, et les bouquets de feuilles qui les terminent demeurent bien isolés les uns des autres. Enfin l'inclinaison des lignes par rapport à l'axe de la vallée (quarante-cinq degrés environ) favorise aussi le dénombrement.[20]

Une rangée oblique prend naissance au pont de rondins, à droite, pour atteindre le coin gauche du jardin. Elle compte trente-six plants dans sa longueur. L'arrangement en quinconce permet de voir ces plants comme alignés suivant trois autres directions: d'abord la perpendiculaire à la première direction citée, puis deux autres, perpendiculaires entre elles également, et formant avec les deux premières des angles de quarante-cinq degrés. Ces deux dernières sont donc respectivement parallèle et perpendiculaire à l'axe de la vallée—et au bord inférieur du jardin.

Le jardin n'est, en ce moment, qu'un carré de terre nue, labouré de fraîche date, d'où n'émergent qu'une douzaine de jeunes orangers, maigres, un peu moins hauts qu'un homme, plantés sur la demande de A . . .

17. *de rondins:* of logs.
18. *accroupi:* squatting.
19. *tricot de corps:* undershirt.
20. *dénombrement:* enumeration.

La maison n'occupe pas toute la largeur du jardin. Ainsi est-elle isolée, de toute part, de la masse verte des bananiers.

Sur la terre nue, devant le pignon ouest, se projette l'ombre gauchie[21] de la maison. L'ombre du toit est raccordée à l'ombre de la terrasse par l'ombre oblique du pilier d'angle. La balustrade y forme une bande à peine ajourée,[22] alors que la distance réelle entre les balustres n'est guère plus petite que l'épaisseur moyenne de ceux-ci.[23]

> Dans quelle mesure cette description de la plantation depuis le début du chapitre 2 reprend-elle celle du début du premier chapitre (objets décrits, vocabulaire, position du passage dans le chapitre, etc.)? Pourtant, dans quelle mesure en diffère-t-elle? (Quelles nouvelles précisions apporte-t-elle sur le temps et l'espace? Quelles sont maintenant la position, la distance physique et la direction du regard du narrateur? Quelle est l'importance des jugements «théoriques» par rapport aux sensations immédiates? Qu'est-ce que de tels jugements nous indiquent à propos de l'observateur?)

Les balustres sont en bois tourné, avec un ventre médian et deux renflements[24] accessoires, plus étroits, vers chacune des extrémités. La peinture, qui a presque complètement disparu sur le dessus de la barre d'appui, commence également à s'écailler sur les parties bombées[25] des balustres; ils présentent, pour la plupart, une large zone de bois nu à mi-hauteur, sur l'arrondi du ventre, du côté de la terrasse. Entre la peinture grise qui subsiste, pâlie par l'âge, et le bois devenu gris sous l'action de l'humidité, apparaissent de petites surfaces d'un brun rougeâtre—la couleur naturelle du bois—là où celui-ci vient d'être laissé à découvert par la chute récente de nouvelles écailles. Toute la balustrade doit être repeinte en jaune vif: ainsi en a décidé A . . .

Les fenêtres de sa chambre sont encore fermées. Seul le système de jalousies qui remplace les vitres a été ouvert, au maximum, donnant ainsi à l'intérieur une clarté suffisante. A . . . est debout contre la fenêtre de droite et regarde par une des fentes, vers la terrasse.

L'homme se tient toujours immobile, penché vers l'eau boueuse, sur le pont en rondins recouverts de terre. Il n'a pas bougé d'une ligne: accroupi, la tête baissée, les avant-bras s'appuyant sur les cuisses, les deux mains pendant entre les genoux écartés.

Devant lui, dans la parcelle qui longe[26] le petit cours d'eau sur son autre rive, de nombreux régimes paraissent mûrs pour la coupe. Plusieurs pieds

21. *gauchie:* warped.
22. *ajourée:* perforated.
23. *l'épaisseur moyenne de ceux-ci:* the average thickness of the latter.
24. *renflements:* bulges.
25. *bombées:* bulging.
26. *longe:* runs alongside.

ont été récoltés déjà, dans ce secteur. Leurs places vides ressortent avec une netteté parfaite, dans la succession des alignements géométriques. Mais, en regardant mieux, il est possible de discerner le rejet[27] déjà grand qui va remplacer le bananier coupé, à quelques décimètres de la vieille souche,[28] commençant ainsi à gauchir la régularité idéale des quinconces.

Le bruit d'un camion qui monte la route, sur ce versant-ci de la vallée, se fait entendre de l'autre côté de la maison.

La silhouette de A . . ., découpée[29] en lamelles[30] horizontales par la jalousie, derrière la fenêtre de sa chambre, a maintenant disparu.

Ayant atteint la partie plate de la route, juste au-dessous du rebord rocheux par lequel le plateau s'interrompt, le camion change de vitesse et continue avec un ronronnement[31] moins sourd. Ensuite son bruit décroît,[32] progressivement, à mesure qu'il s'éloigne vers l'est, à travers la brousse roussie parsemée[33] d'arbres au feuillage rigide, en direction de la concession suivante, celle de Franck.

La fenêtre de la chambre—celle qui est la plus proche du couloir—s'ouvre à deux battants.[34] Le buste de A . . . s'y tient encadré. Elle dit «Bonjour», du ton enjoué[35] de quelqu'un qui a bien dormi et se réveille d'agréable humeur; ou de quelqu'un, du moins, qui préfère ne pas montrer ses préoccupations—s'il en a—et arbore,[36] par principe, toujours le même sourire; le même sourire où se lit, aussi bien, la dérision que la confiance, ou l'absence totale de sentiments.

D'ailleurs elle ne vient pas de se réveiller. Il est manifeste qu'elle a déjà pris sa douche. Elle a gardé son déshabillé matinal, mais ses lèvres sont fardées, de ce rouge identique à leur rouge naturel, à peine un peu plus soutenu, et sa chevelure peignée avec soin brille au grand jour de la fenêtre, lorsqu'en tournant la tête elle déplace les boucles souples, lourdes, dont la masse noire retombe sur la soie blanche de l'épaule.

Elle se dirige vers la grosse commode, contre la cloison du fond. Elle entrouvre le tiroir supérieur, pour y prendre un objet de petite taille, et se retourne vers la lumière. Sur le pont de rondins l'indigène accroupi a disparu. Il n'y a personne de visible aux alentours.[37] Aucune équipe n'a affaire dans ce secteur, pour le moment.

A . . . est assise à la table, la petite table à écrire qui se trouve contre la cloison de droite, celle du couloir. Elle se penche en avant sur quelque travail minutieux et long: remaillage d'un bas[38] très fin, polissage des ongles, dessin au crayon d'une taille réduite. Mais A . . . ne dessine jamais; pour reprendre

27. *rejet:* shoot.
28. *souche:* stump.
29. *découpée:* cut up.
30. *lamelles:* strips.
31. *ronronnement:* rumble.
32. *décroît:* decreases.
33. *parsemée:* sprinkled.
34. *s'ouvre à deux battants:* opens wide.
35. *enjoué:* playful.
36. *arbore:* flashes (a smile).
37. *aux alentours:* in the vicinity.
38. *remaillage d'un bas:* mending of a stocking.

une maille filée,[39] elle se serait placée plus près du jour; si elle avait besoin d'une table pour se faire les ongles, elle n'aurait pas choisi cette table-là.

Malgré l'apparente immobilité de la tête et des épaules, des vibrations saccadées agitent la masse noire de ses cheveux. De temps à autre elle redresse le buste et semble prendre du recul pour mieux juger de son ouvrage. D'un geste lent, elle rejette en arrière une mèche, plus courte, qui s'est détachée de cette coiffure trop mouvante, et la gêne. La main s'attarde à remettre en ordre les ondulations, où les doigts effilés[40] se plient et se déplient, l'un après l'autre, avec rapidité quoique sans brusquerie, le mouvement se communiquant de l'un à l'autre d'une manière continue, comme s'ils étaient entraînés par le même mécanisme.

Penchée de nouveau, elle a maintenant repris sa tâche interrompue. La chevelure lustrée luit de reflets roux, dans le creux des boucles. De légers tremblements, vite amortis,[41] la parcourent d'une épaule vers l'autre, sans qu'il soit possible de voir remuer, de la moindre pulsation, le reste du corps.

> Durant plusieurs pages, A . . . est de nouveau sur la scène. Dans les premiers paragraphes, qu'est-ce que l'alternance entre la description du décor et les mouvements de A . . . nous révèle du regard du narrateur? Dans les derniers paragraphes, quelles sont la position, la distance et la direction de son regard?
>
> C'est surtout la chevelure de A . . . qui attire le regard du narrateur. En étudiant tous les détails (verbes, noms, ajectifs, etc.) à l'aide desquels le narrateur décrit la chevelure, essayez de préciser l'attirance qu'il ressent. (Est-elle «personnelle» ou «abstraite», «sensuelle» ou «intellectuelle», etc.? Y trouvez-vous des parallèles ou des contrastes avec les qualités qui le fascinent dans la maison et le jardin?)
>
> Souvent interposées entre le narrateur et A . . . sont les jalousies (p.e., «la silhouette de A . . . découpée en lamelles horizontales par la jalousie . . .»). En étudiant l'emploi des «jalousies» dans les pages précédentes et par rapport au titre du roman, précisez la fonction «psychologique» de cet aspect du décor.
>
> Examinez l'emploi des «jalousies» aussi bien que de la chevelure de A . . . au cours des pages suivantes.

Sur la terrasse, devant les fenêtres du bureau, Franck est assis à sa place habituelle, dans un des fauteuils de fabrication locale. Seuls ces trois-là ont été sortis ce matin. Ils sont disposés comme à l'ordinaire: les deux premiers rangés côte à côte sous la fenêtre, le troisième un peu à l'écart, de l'autre côté de la table basse.

A . . . est elle-même allée chercher les boissons, eau gazeuse et cognac. Elle dépose sur la table un plateau chargé portant les deux bouteilles et trois grands verres. Ayant débouché le cognac, elle se tourne vers Franck et le re-

39. *reprendre une maille filée:* mend a run.
40. *effilés:* slender.
41. *amortis:* controlled.

garde, tandis qu'elle commence à le servir. Mais Franck, au lieu de surveiller le niveau de l'alcool, qui monte, regarde un peu trop haut, vers le visage de A . . . Elle s'est confectionné un chignon bas, dont les torsades[42] savantes semblent sur le point de se dénouer; quelques épingles cachées doivent cependant le maintenir avec plus de fermeté que l'on ne croit.

La voix de Franck a poussé une exclamation. «Hé là! C'est beaucoup trop!» ou bien: «Halte là! C'est beaucoup trop!» ou «dix fois trop», «la moitié trop» etc . . . Il tient la main droite en l'air, à la hauteur de sa tête, les doigts légèrement écartés. A . . . se met à rire.

«Vous n'aviez qu'à m'arrêter avant!

—Mais je ne voyais pas, proteste Franck.

—Eh bien, répond-elle, il ne fallait pas regarder ailleurs.»

Ils se dévisagent,[43] sans rien ajouter. Franck accentue son sourire qui lui plisse[44] le coin des yeux. Il entrouvre la bouche, comme s'il allait dire quelque chose. Mais il ne dit rien. Les traits de A . . ., de trois quarts arrière,[45] ne laissent rien apercevoir.

Au bout de plusieurs minutes—ou plusieurs secondes—ils sont toujours l'une et l'autre dans la même position. La figure de Franck ainsi que tout son corps se sont comme figés. Il est vêtu d'un short et d'une chemise kaki à manches courtes, dont les pattes d'épaules et les poches boutonnées ont une allure vaguement militaire. Sur ses demi-bas en coton rugueux, il porte des chaussures de tennis enduites[46] d'une épaisse couche de blanc, qui se craquelle[47] aux endroits où plie la toile sur le dessus du pied.

A . . . est en train de verser l'eau minérale dans les trois verres, alignés sur la table basse. Elle distribue les deux premiers, puis, tenant le troisième en main, va s'asseoir dans le fauteuil vide, à côté de Franck. Celui-ci a déjà commencé à boire.

«C'est assez froid? lui demande A . . . Les bouteilles sortent du frigo.»

Franck hoche la tête et boit une nouvelle gorgée.

«On peut mettre de la glace si vous voulez», dit A . . .

Et, sans attendre une réponse, elle appelle le boy.

Un silence se fait, au cours duquel le boy devrait apparaître, sur la terrasse, à l'angle de la maison. Mais personne ne vient.

Franck regarde A . . ., comme si elle était tenue[48] d'appeler une seconde fois, ou de se lever, ou de prendre une décision quelconque. Elle esquisse une moue[49] rapide en direction de la balustrade.

«Il n'entend pas, dit-elle. Un de nous ferait mieux d'y aller.»

Ni elle ni Franck ne bouge de son siège. Sur le visage de A . . ., tendu de profil vers le coin de la terrasse, il n'y a plus ni sourire ni attente, ni signe

42. *torsades:* coils.
43. *Ils se dévisagent:* they examine each other.
44. *plisse:* wrinkles.
45. *de trois quarts arrière:* from three-quarters of the way behind.
46. *enduites:* coated.
47. *se craquelle:* crackle.
48. *tenue:* expected.
49. *moue:* pout.

d'encouragement. Franck contemple les petites bulles de gaz collées aux parois[50] de son verre, qu'il tient devant ses yeux à une très faible distance.

Une gorgée suffit pour affirmer que cette boisson n'est pas assez froide. Franck n'a pas encore répondu nettement, bien qu'il en ait déjà bu deux. Du reste, une seule bouteille vient du réfrigérateur: l'eau minérale, dont les parois verdâtres sont ternies d'une buée[51] légère où la main aux doigts effilés a laissé son empreinte.

Le cognac, lui, reste toujours dans le buffet. A . . ., qui chaque jour apporte le seau à glace en même temps que les verres, ne l'a pas fait aujourd'hui.

«Bah! dit Franck, ça n'est peut-être pas la peine.»

Pour se rendre à l'office, le plus simple est de traverser la maison. Dès la porte franchie, une sensation de fraîcheur accompagne la demi-obscurité. A droite la porte du bureau est entrebâillée.

Les chaussures légères à semelles de caoutchouc[52] ne font aucun bruit sur le carrelage[53] du couloir. Le battant de la porte tourne sans grincer sur ses gonds.[54] Le sol du bureau est carrelé, lui aussi. Les trois fenêtres sont fermées et leurs jalousies n'ont été qu'entrouvertes, pour empêcher la chaleur de midi d'envahir la pièce.

Deux des fenêtres donnent sur la partie centrale de la terrasse. La première, celle de droite, laisse voir par sa plus basse fente, entre les deux dernières lamelles de bois à inclinaison variable,[55] la chevelure noire—le haut de celle-ci, du moins.

A . . . est immobile, assise bien droite au fond de son fauteuil. Elle regarde vers la vallée, devant eux. Elle se tait. Franck, invisible sur la gauche, se tait également, ou bien parle à voix très basse.

Alors que le bureau—comme les chambres et la salle de bains—ouvre sur les côtés du couloir, celui-ci se termine en bout par la salle à manger, dont il n'est séparé par aucune porte. La table est mise pour trois personnes. A . . . vient sans doute de faire ajouter le couvert de Franck, puisqu'elle était censée n'attendre aucun invité pour le déjeuner d'aujourd'hui.

Les trois assiettes sont disposées comme à l'ordinaire, chacune au milieu d'un des bords de la table carrée. Le quatrième côté, qui n'a pas de couvert, est celui qui longe à deux mètres environ la cloison nue, où la peinture claire porte encore la trace du mille-pattes écrasé.

Dans l'office, le boy est en train déjà d'extraire les cubes de glace de leurs cases. Un seau plein d'eau, posé à terre, lui a servi à réchauffer la petite cuve[56] métallique. Il lève la tête et sourit largement.

Il aurait à peine eu le temps d'aller prendre les ordres de A . . ., sur la terrasse, et de revenir jusqu'ici (par l'extérieur) avec les objets nécessaires.

«Madame, elle a dit d'apporter la glace», annonce-t-il avec le ton chantant

50. *parois:* sides.
51. *ternies d'une buée:* dulled with a film.
52. *semelles de caoutchouc:* rubber soles.
53. *carrelage:* tiling.
54. *gonds:* hinges.
55. *à inclinaison variable:* which can be set at any angle.
56. *cuve:* tray.

des noirs, qui détache certaines syllabes en les accentuant d'une façon excessive, au milieu des mots parfois.

A une question peu précise concernant le moment où il a reçu cet ordre, il répond: «Maintenant», ce qui ne fournit aucune indication satisfaisante. Elle peut lui avoir demandé cela en allant chercher le plateau, tout simplement.

Le boy, seul, pourrait le confirmer. Mais il ne voit dans l'interrogation, mal posée, qu'une invite à se dépêcher davantage.

«Tout de suite j'apporte», dit-il pour faire prendre patience.

Il parle de façon assez correcte, mais ne saisit pas toujours ce que l'on veut obtenir de lui. A . . . parvient pourtant sans aucun mal à s'en faire comprendre.

Vu de la porte de l'office, le mur de la salle à manger paraît sans tache. Aucun bruit de conversation n'arrive de la terrasse, à l'autre bout du couloir. A gauche, la porte du bureau est cette fois demeurée grande ouverte. Mais l'inclinaison trop forte des lames, aux fenêtres, ne permet pas d'observer l'extérieur depuis le seuil.[57]

C'est à une distance de moins d'un mètre seulement qu'apparaissent dans les intervalles successifs, en bandes parallèles que séparent les bandes plus larges de bois gris, les éléments d'un paysage discontinu: les balustres en bois tourné, le fauteuil vide, la table basse où un verre plein repose à côté du plateau portant les deux bouteilles, enfin le haut de la chevelure noire, qui pivote à cet instant vers la droite, où entre en scène au-dessus de la table un avant-bras nu, de couleur brun foncé,[58] terminé par une main plus pâle tenant le seau à glace. La voix de A . . . remercie le boy. La main brune disparaît. Le seau de métal étincelant, qui se couvre bientôt de buée, reste posée sur le plateau à côté des deux bouteilles.

Le chignon de A . . . vu de si près, par derrière, semble d'une grande complication. Il est très difficile d'y suivre dans leurs emmêlements[59] les différentes mèches: plusieurs solutions conviennent, par endroit, et ailleurs aucune.

Au lieu de servir la glace, elle continue à regarder vers la vallée. De la terre du jardin, fragmentée en tranches verticales par la balustrade, puis en tranches horizontales par les jalousies, il ne reste que de petits carrés représentant une part très faible de la surface totale—peut-être le tiers du tiers.

La description de l'intérieur de la maison, à travers les pages précédentes, nous permet de constater que c'est le narrateur qui a dû aller chercher les glaçons qu'avait demandés A. . . . Qu'est-ce que les actions du narrateur, la question qu'il pose au boy, et son regard à travers les fenêtres nous permettent de comprendre concernant ses soupçons à l'égard de la demande de A . . .?

57. *seuil:* threshold.
58. *foncé:* dark.
59. *emmêlements:* tanglings.

Le chignon de A . . . est au moins aussi déroutant[60] lorsqu'il se présente de profil. Elle est assise à la gauche de Franck. (Il en est toujours ainsi: à la droite de Franck sur la terrasse pour le café ou l'apéritif, à sa gauche pendant les repas dans la salle à manger.) Elle tourne encore le dos aux fenêtres, mais c'est à présent de ces fenêtres que vient le jour. Il s'agit ici de fenêtres normales, munies de vitres: donnant au nord, elles ne reçoivent jamais le soleil.

Les fenêtres sont closes. Aucun bruit ne pénètre à l'intérieur quand une silhouette passe au dehors devant l'une d'elles, longeant la maison à partir des cuisines et se dirigeant du côté des hangars. C'était, coupé à mi-cuisses, un noir en short, tricot de corps, vieux chapeau mou, à la démarche rapide et ondulante, pieds nus probablement. Son couvre-chef de feutre,[61] informe, délavé,[62] reste en mémoire et devrait le faire reconnaître aussitôt parmi tous les ouvriers de la plantation. Il n'en est rien, cependant.

La seconde fenêtre se trouve située en retrait, par rapport à la table; elle oblige donc à une rotation du buste vers l'arrière. Mais aucun personnage ne se profile devant celle-là, soit que l'homme au chapeau l'ait déjà dépassée, de son pas silencieux, soit qu'il vienne de s'arrêter ou de changer soudain sa route. Son évanouissement[63] n'étonne guère, faisant au contraire douter de sa première apparition.

«C'est mental, surtout, ces choses-là», dit Franck.

Le roman africain, de nouveau, fait les frais[64] de leur conversation.

«On parle de climat, mais ça ne signifie rien.

—Les crises de paludisme[65] . . .

—Il y a la quinine.

—Et la tête, aussi, qui bourdonne à longueur de journée.»

Le moment est venu de s'intéresser à la santé de Christiane. Franck répond par un geste de la main: une montée suivie d'une chute plus lente, qui se perd dans le vague,[66] tandis que les doigts se referment sur un morceau de pain posé près de l'assiette. En même temps la lèvre inférieure s'est avancée et le menton a indiqué rapidement la direction de A . . ., qui a dû poser une question identique, un peu plus tôt.

Le boy fait son entrée, par la porte ouverte de l'office, tenant à deux mains un grand plat creux.

A . . . n'a pas prononcé les commentaires que le mouvement de Franck était censé introduire. Il reste une ressource: prendre des nouvelles de l'enfant. Le même geste—ou peu s'en faut[67]—se reproduit, qui s'achève encore dans le mutisme de A . . .

«Toujours pareil», dit Franck.

En sens inverse, derrière les carreaux, repasse le chapeau de feutre. L'allure

60. *déroutant:* baffling.
61. *couvre-chef de feutre:* felt hat.
62. *délavé:* washed out.
63. *évanouissement:* disappearance.
64. *les frais:* the main topic.
65. *paludisme:* malaria.
66. *dans le vague:* in space.
67. *peu s'en faut:* nearly.

souple, vive et molle à la fois, n'a pas changé. Mais l'orientation contraire du visage dissimule entièrement celui-ci.

Au delà du verre grossier, d'une propreté parfaite, il n'y a plus que la cour caillouteuse,[68] puis, montant vers la route et le bord du plateau, la masse verte des bananiers. Dans leur feuillage sans nuance les défauts de la vitre dessinent des cercles mouvants.

La lumière elle-même est comme verdie qui éclaire la salle à manger, les cheveux noirs aux improbables circonvolutions, la nappe sur la table et la cloison nue où une tache sombre, juste en face de A . . ., ressort sur la peinture claire, unie et mate.[69]

Pour voir le détail de cette tache avec netteté, afin d'en distinguer l'origine, il faut s'approcher tout près du mur et se tourner vers la porte de l'office. L'image du mille-pattes écrasé se dessine alors, non pas intégrale, mais composée de fragments assez précis pour ne laisser aucun doute. Plusieurs des articles du corps ou des appendices ont imprimé là leurs contours, sans bavure,[70] et demeurent reproduits avec une fidélité de planche[71] anatomique: une des antennes, deux mandibules recourbées, la tête et le premier anneau,[72] la moitié du second, trois pattes[73] de grande taille. Viennent ensuite des restes plus flous: morceaux de pattes et forme partielle d'un corps convulsé en point d'interrogation.[74]

C'est à cette heure-ci que l'éclairage de la salle à manger est le plus favorable. De l'autre côté de la table carrée où le couvert n'est pas encore mis, une des fenêtres, dont aucune trace de poussière ne ternit les vitres, est ouverte sur la cour qui se reflète, en outre, dans l'un des battants.[75]

Entre les deux battants, comme à travers celui de droite qui est à demi poussé, s'encadre, divisée en deux par le montant vertical, la partie gauche de la cour où la camionnette bâchée[76] stationne, son capot[77] tourné vers le secteur nord de la bananeraie. Il y a sous la bâche une caisse en bois blanc, neuve, marquée de grosses lettres noires, à l'envers, peintes au pochoir.[78]

Dans le battant gauche, le paysage réfléchi est plus brillant quoique plus sombre. Mais il est distordu par les défauts du verre, des taches de verdure circulaires ou en forme de croissants, de la teinte des bananiers, se promenant au milieu de la cour devant les hangars.

Entamée[79] par un de ces anneaux[80] mobiles de feuillage, la grosse conduite-intérieure[81] bleue demeure néanmoins bien reconnaissable, ainsi que la robe de A . . ., debout près de la voiture.

68. *caillouteuse:* pebbly.
69. *mate:* dull.
70. *bavure:* smudges.
71. *planche:* plate.
72. *anneau:* joint.
73. *pattes:* legs.
74. *point d'interrogation:* question mark.
75. *battants:* window leaves.
76. *bâchée:* tarpaulin-covered.
77. *capot:* hood.
78. *pochoir:* stencil.
79. *entamée:* cut into.
80. *anneaux:* rings.
81. *conduite-intérieure:* sedan.

Elle est penchée vers la portière.[82] Si la vitre en a été baissée—ce qui est vraisemblable—A . . . peut avoir introduit son visage dans l'ouverture au-dessus des coussins. Elle risque en se redressant de défaire sa coiffure contre les bords du cadre et de voir ses cheveux se répandre;[83] à la rencontre du conducteur resté au volant.

> Depuis cinq paragraphes, le narrateur décrit le verre «distordu» de la fenêtre. Qu'est-ce que son regard nous révèle de sa position actuelle et du mouvement, temporel et spatial, de A . . . et de Franck? En quoi la distortion du verre pourrait-elle constituer un commentaire sur la perception du narrateur lui-même?
>
> Cet emploi «symbolique» du verre et celui des jalousies plus haut, soulèvent des problèmes fondamentaux en ce qui concerne le rapport entre le narrateur, l'auteur et le lecteur. En effet, le narrateur est-il capable d'un tel jugement symbolique? Ou bien est-ce que les connaissances, les renseignements de l'auteur et du lecteur commencent à dépasser ceux du narrateur? Quels autres aspects du décor et de la structure de *La Jalousie* pourraient marquer un dépassement, un écart de la part de l'auteur qui compose et du lecteur qui lit le roman?

Celui-ci est encore là pour le dîner, affable et souriant. Il se laisse tomber dans un des fauteuils tendus de cuir, sans que personne le lui ait désigné, et prononce son exclamation coutumière au sujet de leur confort:

«Ce qu'on est bien là-dedans!»

Sa chemise blanche fait une tache plus pâle dans la nuit, contre le mur de la maison.

Pour ne pas risquer d'en renverser le contenu par un faux mouvement, dans l'obscurité complète, A . . . s'est approchée le plus possible du fauteuil où est assis Franck, tenant avec précaution dans la main droite le verre qu'elle lui destine. Elle s'appuie de l'autre main au bras du fauteuil et se penche vers lui, si près que leurs têtes sont l'une contre l'autre. Il murmure quelques mots: sans doute un remerciement. Mais les paroles se perdent dans le vacarme assourdissant[84] des criquets qui monte de toutes parts.

A table, la disposition des lampes une fois modifiée de manière à éclairer moins directement les convives, la conversation reprend, sur les sujets familiers, avec les mêmes phrases.

Le camion de Franck est tombé en panne au milieu de la montée, entre le kilomètre soixante—point où la route quitte la plaine—et le premier village. C'est une voiture de la gendarmerie qui, passant par là, s'est arrêtée à la plantation pour prévenir Franck. Quand celui-ci est arrivé sur les lieux, deux heures plus tard, il n'a pas trouvée son camion à l'endroit indiqué, mais

82. *portière:* car door.
83. *se répandre:* spill out.
84. *vacarme assourdissant:* deafening racket.

beaucoup plus bas, le chauffeur ayant essayé de lancer le moteur en marche arrière,[85] au risque de s'écraser contre un arbre en manquant un des tournants.[86]

Espérer un résultat quelconque, en opérant de cette façon, était d'ailleurs absurde. Il a fallu démonter complètement le carburateur, une fois de plus. Franck heureusement avait emporté un casse-croûte,[87] car il n'a été de retour qu'à trois heures et demie. Il a décidé de remplacer ce camion le plus tôt possible, et c'est bien la dernière fois—dit-il—qu'il achète du vieux matériel militaire:

«On croit faire un bénéfice, mais ça coûte en définitive beaucoup plus.»

Son intention est de prendre maintenant un véhicule neuf. Il va descendre lui-même jusqu'au port à la première occasion et rencontrer les concessionnaires des principales marques,[88] afin de connaître exactement les prix, les divers avantages, les délais de livraison,[89] etc . . .

S'il avait un peu plus d'expérience, il saurait qu'on ne confie pas de machines modernes à des chauffeurs noirs, qui les démolissent tout aussi vite, sinon plus.

«Quand comptez-vous y aller? demande A . . .

—Je ne sais pas . . .» Ils se regardent, tournés l'un vers l'autre, par-dessus le plat que Franck soutient d'un seul bras, vingt centimètres plus haut que le niveau de la table. «Peut-être la semaine prochaine.

—Il faut aussi que je descende en ville, dit A . . .; j'ai des quantités de courses[90] à faire.

—Eh bien, je vous emmène. En partant de bonne heure, nous pouvons être rentrés dans la nuit.»

Il pose le plat, sur sa gauche, et s'apprête à se servir. A . . . ramène son regard dans l'axe de la table.

«Un mille-pattes!» dit-elle à voix plus contenue, dans le silence qui vient de s'établir.

Franck relève les yeux. Se réglant, ensuite, sur la direction indiquée par ceux—immobiles—de sa voisine, il tourne la tête de l'autre côté, vers sa droite.

Sur la peinture claire de la cloison, en face de A . . ., une scutigère[91] de taille moyenne (longue à peu près comme le doigt) est apparue, bien visible malgré la douceur de l'éclairage. Elle ne se déplace pas, pour le moment, mais l'orientation de son corps indique un chemin qui coupe le panneau en diagonale: venant de la plinthe,[92] côté couloir, et se dirigeant vers l'angle du plafond. La bête est facile à identifier grâce au grand développement des

85. *en marche arrière:* in reverse.
86. *tournants:* turns.
87. *casse-croûte:* snack.
88. *marques:* makes.
89. *délais de livraison:* times for delivery.
90. *courses:* errands.
91. *scutigère:* scutigera (type of centipede).
92. *plinthe:* baseboard.

pattes, à la partie postérieure surtout. En l'observant avec plus d'attention, on distingue, à l'autre bout, le mouvement de bascule[93] des antennes.

A . . . n'a pas bronché[94] depuis sa découverte: très droite sur sa chaise, les deux mains reposant à plat sur la nappe de chaque côté de son assiette. Les yeux grands ouverts fixent le mur. La bouche n'est pas tout à fait close et, peut-être, tremble imperceptiblement.

Il n'est pas rare de rencontrer ainsi différentes sortes de mille-pattes, à la nuit tombée, dans cette maison de bois déjà ancienne. Et cette espèce-ci n'est pas une des plus grosses, elle est loin d'être la plus venimeuse. A . . . fait bonne contenance, mais elle ne réussit pas à se distraire de sa contemplation, ni à sourire de la plaisanterie concernant son aversion pour les scutigères.

Franck, qui n'a rien dit, regarde A . . . de nouveau. Puis il se lève de sa chaise, sans bruit, gardant sa serviette à la main. Il roule celle-ci en bouchon[95] et s'approche du mur.

A . . . semble respirer un peu plus vite; ou bien c'est une illusion. Sa main gauche se ferme progressivement sur son couteau. Les fines antennes accélèrent leur balancement alterné.

Soudain la bête incurve son corps et se met à descendre en biais vers le sol, de toute la vitesse de ses longues pattes, tandis que la serviette en boule s'abat,[96] plus rapide encore.

La main aux doigts effilés s'est crispée sur le manche du couteau; mais les traits du visage n'ont rien perdu de leur fixité. Franck écarte la serviette du mur et, avec son pied, achève d'écraser quelque chose sur le carrelage, contre la plinthe.

Un mètre plus haut, environ, la peinture reste marquée d'une forme sombre, un petit arc qui se tord en point d'interrogation, s'estompant[97] à demi d'un côté, entouré çà et là de signes plus ténus,[98] d'où A . . . n'a pas encore détaché son regard.

La scène du mille-pattes écrasé, qui termine ce deuxième chapitre, reprend la description de la tache sur le mur déjà décrite par le narrateur à deux reprises (p. 681 et p. 694). Comparez directement les trois passages. Quels éléments (vocabulaire, comparaisons, personnages, sujets de conversation, etc.) cette dernière scène emprunte-t-elle directement aux autres passages? Quels nouveaux éléments sont introduits ici? (En étudiant le rôle de Franck et de A . . . , qu'est-ce que cette scène nous suggère sur leurs rapports? Sur l'obsession du narrateur avec la tache du mille-pattes écrasé?)

Tachez de préciser le rapport «chronologique» entre ces trois passages

93. *mouvement de bascule:* rocking motion.
94. *bronché:* budged.
95. *en bouchon:* into a ball.
96. *s'abat:* crushes down.
97. *s'estompant:* blurred.
98. *ténus:* tenuous.

où il s'agit du mille-pattes écrasé. Comment cette chronologie est-elle «contredite» par le rapport chronologique qui semble exister entre toutes les autres scènes—la surveillance du narrateur, le déjeuner, l'apéritif, le dîner, etc.—depuis le début du roman? Enfin, peut-on dire avec «certitude» s'il s'agit dans cette dernière scène (1) d'un événement raconté au présent au moment où il se déroule, (2) d'un événement rappelé du passé mais dont la vivacité le fait se raconter au présent ou (3) d'un événement purement imaginé? Comment Robbe-Grillet profite-t-il de cette «confusion» en communiquant le sujet de *La Jalousie* aussi bien que sa propre vision de la perception, de l'expérience humaine?

QUESTIONS GENERALES

Le narrateur. Robbe-Grillet a constaté que «le narrateur de ce récit—un mari qui surveille sa femme—est toujours au centre de l'intrigue. Il reste d'ailleurs en scène de la première phrase à la dernière, quelque fois légèrement à l'écart d'un côté ou l'autre, mais toujours au premier plan. Souvent même il s'y trouve seul.» Pourtant ce narrateur, un «personnage» qui est «au centre de l'intrigue», ne dit jamais «je». Quel est l'effet de son refus de dire «je» sur la distance et les doutes du lecteur par rapport au narrateur? Jusqu'à quel point cet aspect «policier», où le lecteur lui-même a des doutes et des soupçons à propos du narrateur, est-il parallèle au sujet du récit? Quelle vision du monde—quant à la perception et les connaissances humaines—en résulte?

Les personnages et le décor. En discutant la conception et l'emploi de personnages et d'objets dans son roman, Robbe-Grillet a noté:

> Comme il n'y avait pas, dans nos livres, de «personnages» au sens traditionnel du mot, on en a conclu, un peu hâtivement, qu'on n'y rencontrait pas d'hommes du tout. C'était bien mal les lire. L'homme y est présent à chaque page, à chaque ligne, à chaque mot. Même si l'on y trouve beaucoup d'objets, et décrits avec minutie, il y a toujours et d'abord le regard qui les voit, la pensée qui les revoit, la passion qui les déforme. Les objets de nos romans n'ont jamais de présence en dehors des perceptions humaines, réelles ou imaginaires; ce sont des objets comparables à ceux de notre vie quotidienne, tels qu'ils occupent notre esprit à tout moment.

Alors que nous avons insisté, dans nos questions, sur l'importance de l'observateur (sa position, sa distance, ses facultés de perception) pour la reconstitution du monde extérieur, le jugement de Robbe-Grillet nous fait remarquer l'importance des objets du monde extérieur pour la reconstitution de l'observateur. Montrez avec précision le rôle joué par les descriptions (la plantation, les fenêtres, la tache faite par le mille-pattes écrasé, etc.) dans le portrait du narrateur. Jusqu'à quel point devient-il, comme le suggère Robbe-Grillet, un «personnage», selon la définition et les moyens de présentation que nous avons esquissés dans notre introduction au roman? Dans quelle mesure est-il différent du personnage «traditionnel»?

Le temps—événements, intrigue et structure. Selon Robbe-Grillet «il était absurde de croire que, dans le roman *La Jalousie* . . . existait un ordre des événements, clair et univoque, et qui n'était pas celui des phrases du livre, comme si je m'étais amusé à brouiller moi-même un calendrier préétabli, ainsi qu'on bat un jeu de cartes. Le récit était au contraire fait de telle façon que tout essai de reconstitution d'une chronologie extérieure aboutissait tôt ou tard à une série de contradictions, donc à une impasse . . . il n'existait pour moi aucun ordre possible en dehors celui du livre.»

Malgré l'emploi des verbes au présent, du mot «maintenant» et des sensations «immédiates» du narrateur, l'intrigue de *La Jalousie* n'est pas chronologique. Nous avons déjà vu, dans ces deux premiers chapitres, des exemples de rupture dans le temps, de mouvement arrêté ou rétrograde et de changements rapides de scènes—ce qui rompt et rend difficile à saisir l'ordre chronologique du récit. Quelle est la valeur de la technique de *montage,* de la juxtaposition violente de différentes scènes, pour la confusion chronologique? Dans les scènes qui se ressemblent—telle que celle du dîner—peut-on déterminer s'il s'agit du même événement, d'un événement «habituel» qui a lieu plusieurs fois, ou d'événements assez différents mais rendus pareils par les obsessions constantes du narrateur? Peut-on déterminer si l'événement a lieu dans «la réalité», dans la mémoire du narrateur, ou dans son imagination? Enfin, est-il possible et valable d'établir une chronologie hypothétique à ce moment de votre lecture du roman?

Mais si l'on doit éviter une reconstitution chronologique, comme Robbe-Grillet le prétend, de quelle(s) manière(s) doit-on lire, doit-on *construire* ce livre? Quels sont les rapports structuraux (reprises, comparaisons, oppositions, contrastes, progressions, etc.) qu'établit le lecteur? Jusqu'à quel point l'emploi d'un vocabulaire «géométrique» de la part du narrateur, suggère-t-il des formes et des figures (triangle, trapézoïdes, cercles, etc.) pour représenter la *structure* de *La Jalousie?*

La Mise en question des genres

Butor

Agence de Presse Bernand

BUTOR

Un livre doit être un mobile réveillant la mobilité des autres livres, une flamme ranimant leur feu.

Répertoire II

Biographie

Michel Butor est né en 1920 à Mons-en-Barœul (près de Lille), mais il a passé la plus grande partie de sa jeunesse à Paris, où son père, employé de chemin de fer, pratique, pendant ses loisirs, le dessin, la gravure et la peinture. Bien que Butor se consacre surtout à la littérature, il gardera toujours un intérêt pour les arts plastiques et aussi pour la musique. Les principaux ouvrages romanesques de Butor sont liés aux nombreux séjours qu'il a faits, comme professeur de littérature et comme voyageur, à l'étranger: en Egypte (*Passage de Milan,* 1954), en Angleterre (*L'Emploi du temps,* 1956), à Rome (*La Modification,* 1957) et en Amérique (*Mobile,* 1962; *6 800 000 litres d'eau par seconde,* 1965). Depuis 1965 il essaie de réunir les différents arts qui l'intéressent—par exemple, *Illustrations* (poèmes ou morceaux de prose inspirés par des tableaux ou des photos) et *Votre Faust* (opéra écrit en collaboration avec Henri Pousseur)—tout en poursuivant ses recherches critiques sur la littérature.

Théories littéraires

Comme de nombreux romanciers modernes, l'écrivain chez Butor se double d'un critique. Des essais (recueillis dans trois volumes appelés *Répertoire I, II, III*) accompagnent et complètent ses ouvrages romanesques. Au début, Butor s'est intéressé surtout aux problèmes techniques du roman (le rôle de la description, le choix de pronoms personnels, le symbolisme interne du récit). Mais ensuite il a développé toute une théorie de la littérature, dont nous exposerons ici les grandes lignes.

«Instrument de recherche», moyen de connaissance, le livre doit occuper une place centrale dans la civilisation moderne. On pourrait très bien dire de l'écrivain ce que Butor écrit au sujet du peintre: «. . . le problème fondamental pour le peintre vivant, ce n'est pas seulement de dénoncer le désordre de la réalité contemporaine en lui opposant le spectacle ou la promesse d'un paradis, d'une harmonie, d'une réalité future, mais, par son tableau, de commencer à fonder celle-ci.» Butor reprend donc la célèbre devise de Rimbaud: «Il faut changer la vie.» En somme, il envisage dans l'avenir «ce bienheureux état où, comme dira Mondrian, il n'y a plus d'art, où la société n'a plus besoin d'autre spectacle qu'elle-même en ses fêtes . . .»

Dans l'évolution de la société vers ce nouvel état, c'est l'art—et surtout le livre, qui aura intégré autant que possible les éléments des autres arts—qui jouera le rôle fondamental. Un tel travail exige, selon Butor, de nouvelles formes romanesques susceptibles de révéler de «nouveaux sujets . . . des relations nouvelles» et, en fin de compte, une transformation de la notion même du livre. Bien entendu, ce «nouveau» livre aura besoin d'un «nouveau» lecteur, qui devra «créer» l'œuvre à l'intérieur du cadre que l'auteur lui prépare:

> Mais on peut avoir l'idée d'une mobilité supérieure, tout aussi précise et bien définie, le lecteur devenant responsable de ce qui arrive dans le microcosme de l'œuvre, miroir de notre humaine condition, en grande partie à son insu, bien sûr, comme dans la réalité, chacun de ses pas, de ses choix, prenant et donnant sens, l'éclairant sur la liberté.
>
> Un jour, sans doute, nous en serons là.

En lisant cet extrait de *Mobile,* essayez de déterminer quel rôle le lecteur doit jouer dans l'œuvre littéraire.

L'extrait que nous reproduisons ici ne représente que le début d'une œuvre contenant plus de 300 pages. A cause de sa disposition typographique particulière, nous avons mis toutes les questions à la fin du texte; de cette façon, vous pourrez voir les pages telles que l'auteur les conçut.

Mobile

Etude pour une représentation des Etats-Unis

nuit noire à
CORDOUE,[1] ALABAMA, le profond Sud,

1. Cordoue est aussi le nom d'une ville d'Espagne (Cordoba).

nuit noire à

CORDOUE, ALASKA, l'extrême Nord, l'extrême proximité de l'effroyable, l'abominable, l'inimaginable pays où il est déjà lundi tandis qu'ici il est encore dimanche, fascinant pays sinistre avec ses envols de satellites inattendus, le pays des cauchemars[2] qui vous poursuivent toute la nuit, et insinuent entre vos pensées du jour, malgré tous vos efforts, tant de minuscules susurrements[3] dévastateurs comme une infiltration d'eau dans le plafond d'une chambre ancienne, le monstrueux pays des ours, — nuit noire à

DOUGLAS, près du monument national de la baie des Glaciers (on appelle monument national une curiosité naturelle ou archéologique que l'on a jugée digne d'être préservée de l'indiscrétion des amateurs ou des colons[4]),

2. *cauchemars:* nightmares.
3. *susurrements:* whisperings.
4. *colons:* settlers.

nuit noire à

DOUGLAS, temps des montagnes, ARIZONA, far-west, — la réserve des Indiens Navajos (les Indiens des Etats-Unis, au nombre d'environ cinq cent mille, vivent pour la plupart dans des réserves dispersées sur tout le territoire, où ils ont été parqués peu à peu lors de l'occupation progressive du pays par l'envahisseur blanc. Il ne serait pas gentil de les comparer à des camps de concentration. Ce serait même un peu injuste: certaines de ces réserves sont touristiques).

« *En dépit de l'immensité du Sud-Ouest, ce sont souvent de petites choses vues, entendues, senties, qui créent les impressions les plus durables. En voici quelques exemples:*
– des lacets[5] *de chili écarlate, séchant contre des murs de terre,*
– un manteau de trembles[6] *dorés couvrant les flancs d'une montagne,*
– souple relaxation de Navajos aux portes d'une épicerie,
– l'allure inquiétante de l'oiseau-coureur[7] *en fuite,*
– une massive tête d'orage[8] *traînant après soi ses tresses*[9] *de pluie,*
– une file d'autos résignées attendant la fin d'une brusque inondation,
– une file de bœufs attendant au point d'eau,[10]
– les échos et silences dans une grande ruine pueblo,
– le beuglement[11] *du bétail qu'on rassemble,*
– l'arôme entêtant du café sur un feu de bois,
– de jeunes garnements à poil s'éclaboussant[12] *dans un réservoir,*
– le cri perçant d'un cheval rebelle à un rodéo,
– le gémissement d'un coyote et le jappement des autres en réponse la nuit,
– la palpitation d'un tambour, et le chant strident d'une danse indienne,

5. *lacets:* strings.
6. *trembles:* aspens (species of poplar).
7. *oiseau-coureur:* roadrunner.
8. *tête d'orage:* thunderhead.
9. *tresses:* braids.
10. *point d'eau:* waterhole.
11. *beuglement:* lowing (of cattle).
12. *garnements . . . s'eclaboussant:* naked young boys splashing each other.

– *l'odeur moisie*[13] *de la brousse*[14] *après une averse,*
– *le braiment lointain d'un âne sauvage au lever du jour,*
– *l'âcre odeur de chair brûlée dans un corral où l'on marque les bêtes,*
– *soudain l'orage d'été attaque sa lapidation,*[15]
– *l'inimaginable immensité du grand Canyon,*
– *le jus d'un épais steak grillé sur des braises,*[16]
– *l'éclaboussement et la secousse d'une truite happant votre mouche,*[17]
– *la saveur des enchiladas enrobées dans leur sauce au piment*[18]» *(extrait du* « Sud-Ouest *américain, par* Dodge *et* Zim, *avec plus de quatre cents illustrations en couleurs,*
– *merveilles de la nature,*
– *villages indiens,*
– *sites historiques,*
– *routes pittoresques,*
– *itinéraires,*
– *parcs publics,*
– *minéraux,*
– *animaux,*
– *oiseaux,*
– *arbres,*
– *fleurs* »).

Le monument national de la Forêt Pétrifiée, — nuit noire à

FLORENCE, sur la rivière Gila, près du monument national de la Casa Grande,

13. *moisie:* musty.
14. *brousse:* underbrush.
15. *attaque sa lapidation:* begins to pelt down.
16. *braises:* coals.
17. *happant votre mouche:* biting (taking the fly from the fishing line).
18. *piment:* red pepper, chili.

nuit déjà moins noire à
FLORENCE, temps central.

Bleu nuit.

Les monts Ozarks, — passée la frontière du Sud-Ouest,

FLORENCE.

GEORGETOWN, comté de White ou comté Blanc.

Les monts la nuit.

Sur la route une Buick (vitesse limitée à 60 miles).

GEORGETOWN, chef-lieu[19] de Williamson, — en continuant
vers l'ouest,

GEORGETOWN, NEW MEXICO, — la réserve
des Indiens Zunis.

LA GRANGE, comté de Lee, ARKANSAS.

Le réveil sonne.

B. P.

19. *chef-lieu:* county seat.

LA GRANGE, chef-lieu de La Fayette, TEXAS.

La mer la nuit.

MARSHALL, pays de l'opportunité.

Il rêvait.

Le lac Ouachita.

MARSHALL, chef-lieu de Harrison.

Dans la première de ses immenses magnifiques planches consacrées aux oiseaux d'Amérique, John James Audubon (1780–1851), l'un des plus grands amoureux de la nature américaine, a représenté le dindon[20] sauvage mâle.

EL DORADO.

EL DORADO, ARKANSAS, Etat de lourd été.

Il rêvait qu'il était grand.

L'Eglise catholique romaine, — passée la frontière de l'Ouest,

EL DORADO, OKLAHOMA, — la réserve des Indiens Osages.

Deux coucous à bec jaune, sur un feuillage tacheté,[21] celui de gauche montrant son ventre blanc, celui de droite saisissant le corps d'un grand papillon.

MARSHALL.

GREENWOOD, comté de Sébastien, Etat de la fleur de pommier.[22]

Elle rêvait qu'elle était belle...

La caverne mystique, — passé le père des fleuves,

GREENWOOD, MISSISSIPI, le profond Sud.

20. *dindon:* turkey.
21. *tacheté:* spotted, blemished.
22. *fleur de pommier:* apple blossom.

BENTON, avec ses mines de bauxite, chef-lieu de Salines.

Qu'elle remportait un prix de beauté...

Le caverne du Grand-Ouragan, — passé le père des fleuves, mais plus au nord,

BENTON, TENNESSEE, le Sud.

La fauvette protonotaire,[23] ses pattes agrippant une liane,[24] tête et ventre jaune éclatant, queue en éventail blanche et noire, — passée la frontière rectiligne du sud,

BENTON, LOUISIANE, le profond Sud.

La fauvette[25] bleue à dos jaune, perchée sur un grand iris saumon,[26] dit le drapeau de Louisiane, — passée la frontière rectiligne du nord,

BENTON.

Deux couples de colombes pleureuses se béquetant sur un buisson[27] à grosses fleurs blanches.

MARSHALL, chef-lieu de Salines, MISSOURI, middle-west.

Le ciel nocturne qui pâlit.

LA GRANGE, chef-lieu de Lewis.

L'étoile du matin.

CORNING. — En continuant vers le nord,

CORNING, IOWA, — la réserve des Indiens Tamas. — A l'équinoxe de printemps, quand le jour se lève à

CORNING,

23. *fauvette protonotaire:* wood-warbler.
24. *liane:* vine.
25. *fauvette:* warbler.
26. *saumon:* salmon-colored.
27. *colombes . . . buisson:* mourning doves billing on a bush.

nuit noire à
CORNING, temps du Pacifique.

La mer la nuit.
La désert la nuit.

Sur les montagnes, l'ancolie[28] du Colorado, avec ses fleurs bleues à cœur blanc.

LA GRANDE, sur la rivière Toulumee qui se jette dans la rivière de San
Joaquin, comté de Stanislaus.

Les bateaux qui attendent le départ pour le Japon.
Les bateaux qui attendent le départ pour Formose.

Une Ford couverte de poussière, surchargée de malles,[29] arrêtée sur le bord de la route, « il faudra prendre de l'essence au prochain B. P. », — sur les montagnes, les campanules des lièvres,[30] sur les plateaux, les primevères[31] du soir.

MARSHALL, sur la baie de Tomales, comté de Marin ou comté Marin,
CALIFORNIE, l'Etat le plus peuplé après le New York, à la frontière de la province mexicaine de California Baja, — la réserve d'Indiens de Manzanita.

Je rêvais de San Francisco.

28. *ancolie:* columbine.
29. *malles:* trunks.
30. *campanules des lièvres:* harebell (flowering plant).
31. *primevères:* primrose (flowering plant).

Esso, — sur les montagnes l'achillée d'Occident,[32] dont les Indiens se servaient pour composer leurs médecines; sur les plateaux, les gaillardes[33] dites « roues de feu »; dans les déserts, le pavot blanchâtre épineux.[34]

BENTON, entre la forêt nationale d'Inyo et celle de Toyabe, près du lac Noir, dans la Sierra Nevada, dans l'immense et quasi désert comté de Mono, Etat du séquoia, — la réserve d'Indiens Inajas.

L'avion dans lequel je voyageais vers San Francisco s'est arrêté trois fois à Los Angeles: à Long Beach, à l'aérodrome international, à Burbank. Je voyais défiler sous mes yeux les hectares[35] et hectares de petites rues perpendiculaires faiblement éclairées...

Dans les forêts du Nord, les trilliums[36] du Pacifique, pétales blancs et feuilles vertes trois par trois, et la fleur jumelle[37] avec ses clochettes[38] roses par paires.

GREENWOOD, comté d'El Dorado.

Je suis arrivé la nuit à San Francisco. Il y avait peu de lumières sur la baie. Mais le matin...
Je rêve de San Francisco.

Le palmier de Washington, dont les palmes épineuses, en séchant, recouvrent le tronc d'un manchon de rude fourrure ocre,[39] — quand il est cinq heures du matin à

CONCORD, près de l'embouchure[40] du fleuve Sacramento dans la baie de San Pablo, qui donne elle-même dans la baie de San Francisco,

32. *achillée d'Occident:* milfoil, yarrow (plant).
33. *gaillardes:* daisies.
34. *pavot . . . épineux:* hairy and spiny poppy.
35. *hectare:* approximately two and a half acres.
36. *trilliums:* kind of flowering herb.
37. *fleur jumelle:* twin flower.
38. *clochettes:* bell-shaped flowers.
39. *d'un . . . ocre:* with a muff of rough ocre fur.
40. *embouchure:* mouth.

BIENVENUE EN CAROLINE DU NORD

il fait déjà jour depuis longtemps à
CONCORD, temps oriental, où vous pourrez demander, dans le restaurant
Howard Johnson, s'ils ont de la glace à l'abricot.

La mer,
les vagues,
le sel,
le sable,
l'écume,[41]
les algues.

Les Indiens Cherokees invitèrent les missionnaires à venir s'installer parmi eux et à ouvrir des écoles pour leur enseigner leurs secrets; mais ceux-ci, jugeant que la langue des Indiens ne pouvait pas s'écrire, et ne modifiant nullement les méthodes qu'ils avaient apportées d'Angleterre, n'obtenaient que peu de résultats...

Noir.

Le marais[42] d'Angola, « Hello, Al! » — Passée la frontière du Sud-Ouest,

CONCORD, GEORGIE, côte atlantique (for whites only)
(dans les Etats du Sud, une partie des autocars ou des tramways est interdite[43] aux gens de couleur).

La mer,

41. *écume:* foam.
42. *marais:* swamp.
43. *interdite:* forbidden.

la marée,[44]
la houle,[45]
la brise,
les îles,
les lagunes.
Houx noirs,
lauriers-roses,
myrtes dahoon.[46]

Les tumulus[47] *d'Ocmulgee révèlent les traces de six civilisations successives, la plus ancienne pouvant remonter jusqu'à 8000 avant Jésus-Christ, la plus récente mourant au XVIIIe siècle...*

Noire.

« Hello, Mrs. Greenwood! » — L'immense marais d'Okefenokee, — en continuant vers le sud,

CONCORD, FLORIDE (...whites only), — la réserve des Indiens Séminoles.

Tornades,
paquets d'eau,[48]
toits arrachés.

Geais de Floride,
cailles colombes de Key West,
gobe-mouches à queue fourchue,
coucous de Maynard,
oiseaux royaux gris.[49]

La mer,
conques[50] *de combat,*
coquilles[51] *ailes de faucon,*
arches pesantes,[52]
coquilles ailes de dindon,
conques à la reine.

44. *marée:* tide.
45. *houle:* swell (of the sea).
46. *Houx . . . dahoon:* Inkberry, rose laurel, dahoon holly.
47. *tumulus:* burial mounds.
48. *paquets d'eau:* heavy seas.
49. *Geais . . . gris:* five varieties of birds (. . . jays, . . . quail doves, fork-tailed flycatchers, . . . kingbirds).
50. *conques:* conches.
51. *coquilles:* shells.
52. *arches pesantes:* cumbersome arks.

Bananiers,
orangers de Valence,
orangers de Jaffa,
feuilles de cuivre,
plantes chenilles,
agaves.[53]

Les premiers explorateurs découvrirent au sud de la Floride de nombreuses tribus indiennes. Les Calusas par exemple, plus de trois mille en 1650, chassaient, pêchaient, ramassaient des coquillages. Excellents marins, il voyageaient au moins jusqu'à Cuba. En 1800, sous la domination espagnole revenue après un court entracte anglais, ils n'étaient plus que quelques centaines. En 1835, sous le joug des Etats-Unis, les derniers survivants furent déportés dans l'Oklahoma, alors appelé territoire indien, avec la majorité des Séminoles. Quelques-uns s'enfuirent à Cuba.

Noirs.

Le gigantesque marais des Everglades.
GREENVILLE, sur la rivière du Goudron, chef-lieu de Pike, CAROLINE DU NORD (...only), — ...des Indiens Cherokees.

La mer,
coquilles à grelots,
tellines lever du jour,
Vénus rayon de soleil,
chitons,
coquilles Saint-Jacques calicot.[54]
Noires.

Un Indien Cherokee nommé Sequoyah, se méfiant de l'enseignement des missionnaires, s'abstint d'aller à leurs écoles, mais étudia leurs livres avec grand soin et décida d'inventer un système d'écriture. Grande méfiance dans les missions et chez les autres Cherokees. Nouvelle sorcellerie puissante qu'il vaut mieux étouffer dans l'œuf[55]...

53. *feuilles . . . agaves:* copper-leaves, caterpillar plants, aloes.
54. *coquilles . . . calicot:* five varieties of sea creatures (jingle shells, sunrise tellins, sunbeam Venus clams, chitons, calico scallops).
55. *étouffer dans l'œuf:* nip in the bud (literally, smother in the egg).

Sur la route, une Oldsmobile grise, très endommagée, qui dépasse largement les soixante miles autorisées, « il faudra prendre de l'essence au prochain Caltex », — les marais des Houx et Sinistre.[56]

GREENVILLE.

GREENVILLE.

CLINTON, chef-lieu de Sampson.

Des noirs.

La mer,
coques atlantiques,
coques papillons,
dents saignantes,
coquilles tulipes,
homard épineux.[57]

Les Indiens Cherokees encouragés par les missionnaires brûlèrent la maison de Sequoyah et les papiers qui s'y trouvaient...

Flying Service, — les marais Vert, du lac Waccamaw, de la forêt nationale de Croatan, — passées les montagnes Fumeuses,

CLINTON, sur la rivière du Rivet, qui se jette dans le Tennessee, affluent du père des fleuves, TENNESSEE, le Sud (...only). En continuant vers l'ouest,

CLINTON, ARKANSAS (...only). — Vers l'ouest,

CLINTON, sur la rivière Wachita qui se jette dans la rivière Rouge, frontière du Texas, affluent du père des fleuves, OKLAHOMA, middle-west (...only), — ... des Indiens Osages.

56. *marais . . . Sinistre:* Holly Swamp and Dismal Swamp.

57. *homard épineux:* spiny lobster.

Le perroquet des Carolines, espèce disparue depuis 1904, — passée la frontière du Nord,

MARION, à l'orée[58] de la forêt nationale de Jefferson, VIRGINIE, côte atlantique. — Quand il est neuf heures

à

MARION, à l'orée de la forêt nationale de Pisgah,

58. *orée:* edge.

BIENVENUE EN CAROLINE DU SUD

Neuf heures à
MARION, passé la frontière du sud.

La mer,
crabes bleus,
crabes pierres,
bernard l'ermite,
crabes fer à cheval,
oursins.[59]

Les vieilles maisons de Charleston.

Il est noir.

Les marais du fleuve Pee Dee.

CLINTON, à l'orée de la forêt nationale de Sumter, comté de Laurens.

La mer,
ouïes bleues,
pompanos,
requins nourrices,
dauphins,
poissons voiles.[60]
Très noir.

59. *bernard . . . oursins:* hermit crabs, horseshoe crabs, sea urchins.

60. *ouïes . . . voiles:* bluegills, pompanos, nurse sharks, dolphins, sailfish.

Les vieilles maisons de Beaufort.

Sur la route une Studebaker indigo, conduite par un Blanc (vitesse limitée à 55 miles), « il faudra prendre de l'essence au prochain Esso », — les marais Noir et de Jones.

GREENVILLE, où vous pourrez demander, dans le restaurant Howard Johnson, s'ils ont de la glace à l'amande,[61] chef-lieu de Greenville, CAROLINE DU SUD, l'un des treize Etats primitifs (for whites only).

D'un beau noir.

La mer,
flaques,
chenaux,[62]
rochers,
le bleu de la mer,
le blanc de l'écume.
Les vieilles maisons de Columbia.

Mobil, — les marais de la forêt nationale de Francis Marion, de la rivière Noire, de Moselle.

GEORGETOWN, à l'embouchure du fleuve Pee Dee, près des jardins de Belle-Isle, chef-lieu de Georgetown, Etat du jasmin jaune (hommes, femmes, gens de couleur) (dans les pays du Sud, il n'y a pas seulement deux portes pour les commodités dans les lieux publics: hommes et femmes, mais trois; quatre dans les endroits les plus chics: hommes, femmes, hommes de couleur, femmes de couleur).

N'est-ce pas? Une statue d'ébène[63]...

Les vieilles maisons de Georgetown.

La mer,
le bruit mouillé,
le mouvement,

61. *amande:* almond.
62. *flaques, chenaux:* tide pools, channels.
63. *ébène:* ebony.

le flux,
reflux,
raz de marée.[64]

Les marais Snuggedy et de l'Enclos aux Veaux,[65] « Hello, Bill! » — Passé le fleuve Savannah,

GEORGETOWN, sur la rivière Chattahootchie, frontière de l'Alabama, qui se joint à la rivière du Silex pour former le fleuve Apalachicola, GEORGIE, côte atlantique (...whites only). — En continuant vers le sud,

GEORGETOWN, sur le lac George, à l'orée de la forêt nationale d'Ocala, FLORIDE, le golfe du Mexique (...only), — la réserve d'Indiens de Brighton. — Quand il est dix heures à FLORENCE, près des marais du fleuve Pee Dee, chef-lieu de Florence ou se trouve aussi
LAKE CITY,

64. *raz de marée:* tidal wave.

65. *l'Enclos aux Veaux:* Calfpen.

QUESTIONS SUR LE TEXTE

Page 705. En quoi cette première page sort-elle de l'ordinaire (typographie: mise en page, caractères d'imprimerie; choix de ville)? Quels rapports phonétiques et sémantiques Butor crée-t-il entre les mots (*nuit, noire; nuit noire, le profond Sud*)?

Page 706. Dans quelle mesure le début de ce chapitre (jusqu'à «l'extrême Nord») reprend-il le chapitre premier? Dans quel sens ce nouveau chapitre marque-t-il une expansion du premier? (Considérez l'apparence physique de la page et les nouveaux éléments—état, région—que Butor y introduit.)

Les deux premiers chapitres présentent au lecteur une opposition géographique (Alabama-Alaska) et temporelle (lundi-dimanche). Quelle impression initiale des Etats-Unis Butor cherche-t-il ainsi à suggérer?

Au premier chapitre on ne trouve que des renseignements géographiques et temporels, présentés de façon objective; ici, on rencontre la voix d'un narrateur: à quelle distance affective de ce qu'il raconte le narrateur est-il? Comment son langage révèle-t-il cette distance? (Considérez surtout son choix d'adjectifs et de métaphores.) Qu'est-ce que ce langage ajoute à la première impression des Etats-Unis?

Pages 707–8. Examinez le mouvement du livre: quelles règles Butor suit-il pour passer d'un chapitre à un autre? (Quelle ressemblance lui permet de relier un état à un autre? Dans quel ordre introduit-il les états)? Dans quel sens ce chapitre marque-t-il une expansion du deuxième? (Considérez la longueur, l'apparence physique des pages et les nouvelles sortes de renseignements.)

Le paragraphe en italique qui présente «de petites choses vues, entendues, senties» est tiré d'un livre, par Dodge et Zim, avec beaucoup d'illustrations—«merveilles de la nature, villages . . . fleurs»: en lisant le reste de notre extrait de *Mobile,* essayez de trouver un rapport entre cette liste et le livre de Butor; de plus, essayez de montrer comment ce paragraphe aide le lecteur à lire et à comprendre *Mobile*.

Page 709. A partir de ce chapitre la structure du livre commence à se compliquer; en effet, la page comprend maintenant trois colonnes (ou axes). Première colonne (de gauche): toutes les villes de cette colonne se trouvent dans le même état—lequel? Par quels moyens peut-on le savoir? (Quel état doit s'ajouter à la série Alabama-Alaska-Arizona? A quel moment Butor précise-t-il le nom de cet état?) Deuxième et troisième colonnes: par quels moyens passe-t-on de la première à la deuxième colonne? de la deuxième à la troisième (noms de ville, situation géographique)? Qu'est-ce qu'une telle structure suggère pour l'image des Etats-Unis que le lecteur commence à former?

Page 710. Mobile se prête à des lectures différentes. Par exemple, on peut lire uniquement les mots en majuscules: qu'est-ce que les villes homonymes suggèrent au sujet des Etats-Unis? On peut lire surtout les mots en caractères romains: quelles différentes catégories de renseignements trouve-t-on à cette page et à la précédente? Quelle image de l'Arkansas s'en dégage? On peut se limiter aux mots en italique: dans ce chapitre on a, paraît-il, une sorte de début de «roman»—dans quelle mesure peut-on le situer du point de vue spatial? Temporel? Quelle sorte de narrateur y a-t-il? Qui veut-il désigner par les pronoms «il» et «elle» sans antécédents? Qu'est-ce que ce «roman» ajoute à l'image des Etats-Unis? Enfin, on peut regarder la page en bloc: pouvez-vous voir un rapport entre l'apparence physique de la page et la carte des Etats-Unis? Discutez.

Page 711. A la fin de ce chapitre le soleil se lève. Par quels moyens Butor suggère-t-il dans ce chapitre le lever progressif du jour? (Quelles nouvelles sortes de renseignements donne-t-il? Pourquoi ne les a-t-il pas introduits auparavant?) Parmi ces nouveaux éléments il y a des oiseaux; pourtant, il les donne tel qu'on les trouve dans les planches d'Audubon: qu'est-ce que Butor veut suggérer, à propos des Etats-Unis, par le choix d'Audubon?

Faites un résumé des catégories de renseignements que Butor donne dans ce chapitre (par exemple, montagnes, lacs, indications géographiques, etc.): où aurait-il pu trouver de tels renseignements? Sous quelle forme et sur quel ton les présente-t-il? Comment a-t-il dû composer ces pages? Quel(s) rôle(s) l'auteur semble-t-il donc jouer dans ce livre?

Pages 712–13. A la fin du chapitre précédent (l'Arkansas), le soleil se levait; dans ce chapitre (la Californie) il fait toujours nuit. Revoyez les débuts de chapitre depuis le commencement: quel rapport Butor marque-t-il entre le temps et l'espace? Qu'est-ce que ce rapport ajoute à l'image des Etats-Unis?

Dans ce chapitre, le narrateur adopte le pronom «je» pour donner certains renseignements: quelles distances temporelle et affective sont recouvertes par ce pronom? En revoyant les autres voix du narrateur, essayez de préciser la structure narrative de *Mobile*. (Quelle voix domine? Pour quelles raisons Butor aurait-il voulu multiplier ces voix?)

Pages 714–15. Pour la première fois, un chapitre porte un titre: à quel élément du «paysage» américain ce titre fait-il penser? Pourquoi n'a-t-on pas pu le «voir» jusqu'ici? Il y a également pour la première fois des idéogrammes—ici, des mots disposés pour figurer ou pour suggérer un objet. Regardez d'abord l'idéogramme de la mer: quel rythme de lecture cette disposition impose-t-elle au lecteur? Qu'est-ce que ce rythme pourrait suggérer? Cherchez ensuite d'autres idéogrammes: en quoi consistent-ils? quels rapports pouvez-vous trouver entre leur forme et ce qu'ils doivent représenter?

La disposition typographique du livre suggère une structure bien ordonnée; au contraire, le contenu même de cette structure peut sembler, à première vue, assez désordonné et décousu. Pourtant, à l'examen, on peut trouver toutes sortes de rapports subtils établis par Butor. Par exemple, en introduisant le restaurant Howard Johnson, il commence par le parfum «abricot»; en introduisant des prénoms américains, il donne d'abord «Al»: quel ordre ces deux choix semblent-ils annoncer? Par contre, lorsqu'il commence une série de noms de famille, son premier exemple est «Mrs. Greenwood»: à quel autre principe cette série va-t-elle obéir? (Où a-t-on déjà vu le nom «Greenwood»?)

Pages 716–18. Dans ce chapitre on peut découvrir le début de deux développements thématiques—les Indiens et les Noirs. Examinez d'abord les rapports entre ces développements et leur place dans le chapitre: comment les paragraphes en italique où il est question d'histoire indienne sont-ils liés aux colonnes où ils se trouvent? Pourquoi les mots en italique faisant allusion aux Noirs paraissent-ils dans toutes les colonnes? Ensuite, considérez la valeur thématique de chaque série. (1) Les Indiens—qu'est-ce que ces passages apportent à l'image des Etats-Unis? Qu'est-ce que Butor veut suggérer en omettant le mot *réserve* («. . . des Indiens Cherokees»)? (2) Les Noirs—quelle impression Butor crée-t-il par ces adjectifs et substantifs sans verbe («*Noir . . . Noire . . . Des noirs . . .*»)? Quel effet crée-t-il en opposant ces mots en italique et les mots en caractères romains («for whites only»)? qu'est-ce qu'il veut suggérer en simplifiant cette expression («. . . whites only»; «. . . only»)?

Pages 719–21. Chaque ville de la Caroline du Sud (colonne de gauche) est accompagnée de trois sortes de notations en italique—(1) la mer, (2) les maisons, (3) les Noirs: dans quel ordre Butor les distribue-t-il? Quel est l'effet des changements dans l'ordre?

Dans *Mobile,* Butor crée pour chaque état une sorte de blason—ensemble de signes distinctifs et caractéristiques. En vous mettant à la place d'un Européen, essayez de composer le blason de la Caroline du Sud; ensuite, comparez ce blason à celui de l'Arkansas. Butor va reprendre chacun de ces états trois ou quatre fois, mais dans quelle mesure ces deux blasons vous offrent-ils déjà une connaissance des deux états?

QUESTIONS GENERALES

L'image des Etats-Unis. Tout en créant un blason pour chaque état individuel, Butor mêle ces blasons les uns aux autres, ce qui révèle, entre autres choses, son désir de donner au lecteur une image du pays entier. Dans quelle mesure ces premiers chapitres suggèrent-ils un certain conformisme américain? Comment? Quelles sortes de différences à l'intérieur du pays ces chapitres suggèrent-ils? Comment? Quelles sont donc les impressions générales qu'on a après avoir lu cette première partie de *Mobile?*

Le titre. Le titre *Mobile* se prête à de nombreuses interprétations. On peut y voir des allusions précises—par exemple, une ville de l'Alabama, une marque d'essence. On peut également l'associer aux mobiles d'Alexandre Calder. Dans quelle mesure la structure de ce livre ressemble-t-elle à un mobile artistique? (Considérez, par exemple, le rôle des colonnes et les liens entre elles.) Les constructions de Calder sont nommées *mobiles,* bien entendu, par allusion au sens propre du mot—au mouvement. Pourtant, certains critiques ont objecté que *Mobile* est un livre immobile, figé, statique. Etes-vous d'accord? Pour répondre à cette question, essayez de voir si Butor réussit à créer une structure et à utiliser des procédés qui suggèrent le mouvement.

La question du genre. Jusqu'en 1962 (année où *Mobile* a paru en France), Butor était surtout connu comme romancier. En parlant de ce livre, les critiques se sont demandé si Butor avait renoncé au roman, s'il était revenu aux poésies de sa jeunesse ou, surtout, s'il voulait détruire la littérature. Lorsqu'on a monté à Berlin un spectacle théâtral (acteurs, diapositifs, bandes sonores) inspiré par *Mobile,* la confusion a redoublé. En effet, une question fondamentale s'est posée et se pose toujours: quelle sorte de livre *Mobile* est-il?

1. Selon la définition du roman qu'on vous a proposée, trois éléments principaux—le narrateur, le personnage, le décor—entrent en jeu pour créer des événements et, finalement, une structure. Quelles sortes de personnages y a-t-il dans *Mobile?* (Comparez-les aux personnages d'autres romans que vous avez lus; comment en diffèrent-ils?) Quels événements pouvez-vous y relever? (Certains critiques prétendent que le livre raconte un voyage imaginaire à travers les Etats-Unis: quels arguments pourriez-vous proposer pour appuyer ou pour réfuter cette hypothèse?) Il y a aussi

un narrateur: quelles voix différentes adopte-t-il? Laquelle domine? Quel semble donc être son rôle principal?

C'est surtout le décor qui occupe une place importante dans ce livre: quelles différences y a-t-il entre les représentations traditionnelles de la réalité (romans, récits de voyage, essais) et celle-ci? En quoi la structure de ce monde est-elle censée «représenter» la structure de la réalité? (Quels éléments sont donnés? Quels rapports l'auteur établit-il entre ces éléments? Quels rapports le lecteur peut-il et doit-il établir? En quoi ce processus suggère-t-il une sorte de perception qui dépasse notre façon habituelle de voir et d'écouter?) Enfin, pour quelles raisons Butor appelle-t-il *Mobile* une «étude» pour la représentation des Etats-Unis?

2. En parlant de la poésie, nous avons défini le langage poétique comme une déformation du langage quotidien. Dans quelle mesure cette définition convient-elle au langage de *Mobile?* Par quels procédés Butor invite-t-il le lecteur à revaloriser le langage de tous les jours? (Bien qu'il y ait peu de métaphores, de quelle manière arrive-t-il à créer un langage métaphorique? Quels jeux phonétiques et sémantiques crée-t-il?) Quelle semble être pour vous la fonction principale de cette poésie? (Créer un état émotif? Changer le monde? Autre chose?) Discutez.

3. Nous avons insisté sur le côté représenté de l'œuvre théâtrale. Dans quelle mesure *Mobile* serait-il une sorte de pièce ou le scénario d'un film? (Comment pourrait-on le traduire en termes concrets? Quel y serait le rôle des mots? Des diapositives? Des films? Des acteurs? Du bruitage? En particulier, quels équivalents pourrait-on trouver pour les effets typographiques du livre imprimé?) Qu'est-ce qu'une telle représentation ajouterait à cet effort pour représenter la réalité américaine? Qu'est-ce que l'entreprise y perdrait?

4. Dans *Mobile* l'apparence physique du livre (caractères d'imprimerie, marges, disposition typographique de la page) joue un rôle important, ce qui suggère un lien entre ce livre et d'autres formes artistiques. Nous avons déjà parlé des mobiles de Calder; à quels autres arts plastiques pense-t-on? (Par exemple, le livre est dédicacé à Jackson Pollock.) Trouvez-vous aussi des rapports entre ce livre et la musique?

L'écrivain et la littérature. Dans ses articles, Butor prévoit une époque ou la littérature aura une forme et un rôle différents. Cette littérature sera «à la fois architecture et livres: des sites, des monuments travaillés de telle sorte que puissent s'y produire des événements admirables . . .»; le livre sera donc «la partition d'un événement sonore, d'un événement en général» et, selon lui, cet événement marquera une nouvelle sorte de civilisation, où le monde sera de plus en plus «son propre spectacle, sa propre illustration». Expliquez d'abord de quelle façon *Mobile* semble marquer une étape vers une nouvelle littérature: considérez surtout comment le travail de Butor semble s'opposer à la tâche traditionnelle de l'écrivain—d'inventer et d'intégrer ses inventions dans un discours continu. Ensuite, discutez les questions suivantes: Quels liens voyez-vous entre cet «événement» et d'autres phénomènes sociaux et culturels de notre époque? (Voir la musique «rock», les «communes», McLuhan et Marcuse, par exemple.) Butor a-t-il raison de prévoir cette révolution littéraire et artistique ou bien *Mobile* n'est-il que le symptôme d'un phénomène passager?